中国铁建股份有限公司
中铁十八局集团有限公司 组织编写

ROCK TUNNEL BORING MACHINE (TBM)
CONSTRUCTION HANDBOOK

岩石隧道掘进机(TBM)施工手册

雷升祥　主编

人民交通出版社股份有限公司
北　京

内 容 提 要

本书以近年来TBM在铁路、水利、市政等行业领域的典型工程实践以及诸多科研创新成果为基础，结合国家和相关行业最新规范的技术要求，按照"系统全面、精准权威、实用可操、图文并茂、纸数融合"的编写要求和目标，对目前TBM法隧道修建中相对成熟且又广泛使用的典型施工技术、工法、工艺进行统一和规范，对各种新技术、新工艺、新材料，尤其新装备等创新成果的应用做了梳理总结。全书总计7篇43章，内容涵盖TBM及施工配套设备选型与配置、TBM法隧道施工准备、TBM法隧道施工、不良地质隧道TBM施工、TBM保养与修理、TBM法隧道施工组织等。手册内容全面，素材丰富，数据翔实。在阐明TBM隧道工程施工技术体系基础上，针对破碎、富水、软岩变形、岩爆、岩溶、蚀变岩、完整硬岩、高地温、瓦斯洞段等9种特殊地质及环境的隧道TBM施工提出风险管理措施与施工关键技术，同时结合TBM施工的主要环节，提供了丰富的工程案例。手册作为工程技术人员的案头工具书，致力于提供全面、丰富、细致、实用的施工技术知识和资料，以期帮助一线专业技术人员解决现场技术问题，全面提升隧道工程建设者的业务能力与建设管理水平。

为便于广大读者的阅读、查询，本手册配套富媒体电子书及相关扩展数字资源，读者可通过扫描封面与内页的二维码获取相关资源。

本手册可作为TBM法隧道建设一线工程技术和管理人员的指导性工具书，也可供隧道勘察设计、建设管理、TBM及配套施工设备设计制造等相关领域的从业人员阅读借鉴，亦可作为高等教育及职业教育院校师生的参考用书。

图书在版编目(CIP)数据

岩石隧道掘进机(TBM)施工手册／雷升祥主编. —北京：人民交通出版社股份有限公司，2024.2
ISBN 978-7-114-18712-4

Ⅰ.①岩… Ⅱ.①雷… Ⅲ.①隧道工程—全断面掘进机—工程施工—手册 Ⅳ.①U455.31-62

中国国家版本馆CIP数据核字(2023)第054559号

Yanshi Suidao Juejinji(TBM) Shigong Shouce

书　　名：	岩石隧道掘进机(TBM)施工手册
著 作 者：	雷升祥
责任编辑：	张　晓　谢海龙
责任校对：	赵媛媛　龙　雪　宋佳时　刘　璇　卢　弦
责任印制：	刘高彤
出版发行：	人民交通出版社股份有限公司
地　　址：	(100011)北京市朝阳区安定门外外馆斜街3号
网　　址：	http://www.ccpcl.com.cn
销售电话：	(010)59757973
总 经 销：	人民交通出版社股份有限公司发行部
经　　销：	各地新华书店
印　　刷：	北京印匠彩色印刷有限公司
开　　本：	880×1230　1/16
印　　张：	49.5
字　　数：	1352千
版　　次：	2024年2月　第1版
印　　次：	2024年2月　第1次印刷
书　　号：	ISBN 978-7-114-18712-4
定　　价：	345.00元

(有印刷、装订质量问题的图书，由本公司负责调换)

ROCK TUNNEL
BORING MACHINE (TBM)
CONSTRUCTION HANDBOOK

岩石隧道掘进机（TBM）施工手册

组织与编审委员会

组织委员会

主 任 委 员：雷升祥
副主任委员：闫广天　雷　军　于长彬　王立川
委　　　员：胡恒千　张春渝　廖建炜　李庆斌　赵静波　王建伟　张海波

编审委员会

主　　编：雷升祥
副 主 编：齐梦学　张斌梁　王宝友
编　　委：（按姓氏笔画排序）
　　　　王　博　安　仓　安龙飞　许天珍　李建华　李新成　杨国清
　　　　汪守印　张帅华　张连喜　张经纬　张　浩　张湘涛　陈红伟
　　　　苗　斌　苑进才　周雁领　郑克新　单　军　赵爱胜　高振宅
　　　　黄江帆　彭海宇　曾绍毅　薛永庆
审稿专家：（按姓氏笔画排序）
　　　　王武现　王雁军　田四明　张旭东　张　茜　李建军　李树忱
　　　　李凌志　沙明元　肖广智　陈志敏　陈　健　周　烨　夏毅敏
　　　　梅勇兵　黄明琦　彭正阳　谢江胜　谭忠盛　潘　晴

主编单位

中国铁建股份有限公司

中铁十八局集团有限公司

主编简介

雷升祥，1965年3月生，工学博士，正高级工程师，中国铁建股份有限公司总工程师。原铁道部中青年突出贡献专家，施工和建设管理专家，国家重点研发计划项目负责人（首席科学家），享受国务院政府特殊津贴。主要社会兼职：中国施工企业管理协会科学技术委员会副主任、中国铁道学会常务理事、中国土木工程学会隧道及地下工程分会副理事长、中国岩石力学与工程学会地下空间分会副理事长，西南交通大学、石家庄铁道大学兼职教授、博士生导师。

长期从事重大工程建设管理和隧道及地下工程领域研究工作，牵头组织国家重点研发计划"城市地下大空间安全施工关键技术研究"和主持国家科技支撑计划"煤矿长距离斜井盾构始发及连续下坡掘进技术"等多个国家级科研项目(课题)，取得科研成果40余项，获省部级科技进步奖10余项，发表学术论文50余篇，授权专利14件，主编工法10余项，出版专著11部。

INTRODUCTION 序

岩石隧道掘进机(TBM)修建技术的研究和发展,既是为满足国家大规模重大基础设施建设快速推进的需要,也是未来一段时期隧道及地下工程修建技术向机械化、智能化发展的总体趋势。

TBM 是应用于隧道及地下工程建设的高端装备,在合适的岩石地层条件及辅助工法协同下,安全环保、掘进速度快、劳动强度低,与相关隧道掘进技术相比,具有显著的优势。伴随我国装备制造能力和水平的不断提升,长大隧道工程的不断增多,TBM 法隧道工程修建技术在公路、铁路、城市轨道交通、水利水电、矿山等领域得到了越来越广泛的应用。与此同时,随着川藏铁路、引江补汉等一大批重大工程的投入建设,TBM 呈现出更加广阔的应用前景,应用领域也进一步拓展。

我国 TBM 修建技术历经 30 余年的发展,技术积累和经验总结不断完善,装备应用和技术体系基本成熟。中国铁建股份有限公司及其下属中铁十八局集团有限公司作为我国 TBM 隧道建设的先行者和主力军,20 多年来积累了丰富的技术资料和工程经验,全面掌握了 TBM 施工技术与管理体系。由其组织编写《岩石隧道掘进机(TBM)施工手册》,恰逢其时,对于有效推动构建形成系统完备的 TBM 施工技术体系,进而提升行业的整体技术水平,具有重要作用。

作为 TBM 施工领域的一部大型手册工具书,本书内容完整、全面,具有很好的专业性、可读性,适用范围广,兼具学术性和实用性,涵盖了 TBM 选型设计、施工技术方法、维护保养全过程,重点总结了 9 种特殊地质条件下 TBM 施工风险处置技术,对规范 TBM 施工操作、提升 TBM 施工技术和管理水平、保障安全生产必将起到积极作用。

这部手册汇集了来自一线的近百位工程师的共同成果,他们对工程实践及技术发展前沿的诸多理念、经验、做法,必然使广大读者深受助益。

乐为之序。

二〇二三年七月三日

前言

我国是隧道建设大国,传统钻爆法、大型机械化钻爆法、机械法并存,其中机械法通常采用盾构机、岩石隧道掘进机(TBM)和悬臂掘进机施工。

TBM 具有破岩、出渣、支护三大基本功能,各工序同步作业,实现了隧道工厂化流水施工,具有技术先进、速度快、一次成型、工作环境好、安全性高、对围岩扰动小、对自然环境破坏小等优点,也存在投入大、消耗高、地质敏感、断面适应性差等局限性。经过 60 多年的发展,TBM 设备技术与施工技术取得了重大进步,工程适应性显著提升,在城市地铁隧道、水工隧洞、铁路隧道、公路隧道、市政管道、综合管廊等工程中的应用越来越成熟、越来越广泛,TBM 施工技术已经得到了普遍认可,正在向煤矿、军工等新领域拓展。TBM 是目前最先进的隧道施工设备之一,TBM 法已成为一些发达隧道施工的首选工法,在我国也正处于大范围推广阶段,为提升我国隧道施工水平、加快建设速度、提高建设质量、促进环境保护做出了重大贡献,TBM 法与钻爆法相结合让以往无法实施的超长隧道开挖成为现实。

TBM 应用规模的扩大促进了 TBM 施工企业的发展,已经由原来的 2 家发展到约 30 家。同时,市场对 TBM 专业人才的需求也大幅增加,许多刚出校门的年轻人加入 TBM 施工大军中,学习理论知识的同时,需要更多可供学习借鉴、随时查阅,甚至能够套用的 TBM 施工参考资料。为此,中国铁建股份有限公司组织一线的 TBM 施工人员编写了《岩石隧道掘进机(TBM)施工手册》,系统总结 TBM 施工相关知识,涵盖项目策划到完工全过程。

本书分为 7 篇,共 43 章。第 1 篇概述,主要介绍 TBM 的概念、分类、工作原理与结构、TBM 施工特点与施工理念、国内外 TBM 发展现状与趋势;第 2 篇 TBM 及施工配套设备选型与配置,结合工程实例系统介绍了 TBM 及其主要施工配套设备选型与配置;第 3 篇 TBM 法隧道施工准备,重点讨论施工场地规划与布置、预制构件生产、辅助洞室与施工通道规划布置、TBM 施工段洞内布置、TBM 设计联络、监造、验收、进场运输;第 4 篇 TBM 法隧道施工,从 7 个方面详细介绍了 TBM 施工全过程,分别是现场组装调试、步进、掘进与支护、辅助工艺、中间转场、拆卸、二次衬砌与灌浆;第 5 篇不良地质隧道 TBM 施工,结合工程实例,在吸收广大 TBM 一线作业人员及科研人员经验与教训的基础上,总结了适用于 TBM 法隧道施工的超前地质预报方法与技术,介绍了破碎围岩、富水、软岩变形、岩爆、岩溶、蚀变岩、完整硬岩、高地温、瓦斯洞段共 9 种不良地质隧道 TBM 施工风险与施工技术;第 6 篇 TBM 保养与修理,介绍 TBM 机械、电气、液压系统及刀盘刀具的维护保养与修理规程、状态监测,并提供了大量故障处理案例;第 7 篇 TBM 法隧道施工组织,介绍了施工调查、进度管理、设备物资管理、施工技术管理、质量与安全管理、绿色施工、文明施工8个部分；附录，按3种机型提供部分典型TBM技术参数表，汇总统计国内TBM工程信息。

本书具有以下特点：

（1）系统阐述TBM法隧道工程从施工调查到方案策划、从设备选型配置到完工拆后存储和维保、从施工准备到二次衬砌灌浆全过程，并独立成篇地总结了TBM施工中至关重要的TBM维保、不良地质施工技术两大环节。

（2）以铁路隧道敞开式TBM施工为主线，兼顾其他领域和机型。

（3）重点结合一线技术人员使用场景，使其能够从中查阅TBM施工全过程的相关方案、工艺、方法、要点和标准。

（4）理论与实践相结合，以TBM施工实践为主，TBM工程设计、设备设计为辅，具有学术性，更具实用性，施工技术人员均可获得较为系统、全面的专业知识和信息。

（5）在各章节系统介绍的基础上，采用了大量工程实例，并辅以大量图表，便于理解、掌握和查阅，且具有更加直接的借鉴意义。

本书可作为TBM法隧道施工人员的指导性工具书，面向一线工程技术人员，提供全面、实用的施工技术知识，提高其解决工程实际问题的能力。本书也可供隧道勘察设计、建设管理、TBM及施工配套设备设计制造等相关领域从业人员、高等教育及职业教育院校师生参考。

本书由中国铁建股份有限公司总工程师雷升祥主编，中铁十八局集团有限公司齐梦学、张斌梁、王宝友副主编，其中齐梦学负责全书内容的审改（曾绍毅辅助审改）与统稿工作。第1篇由周雁领编写，齐梦学、曾绍毅、杨国清参编；第2篇由齐梦学、杨国清、曾绍毅、安龙飞、郑克新共同编写；第3篇由单军、杨国清编写，安仓、安龙飞、张连喜参编；第4篇由曾绍毅、赵爱胜、张浩编写，薛永庆、高振宅、汪守印、李新成参编；第5篇由王宝友编写；第6篇由黄江帆、苗斌、苑进才编写；第7篇由高振宅、彭海宇、张湘涛编写，齐梦学、曾绍毅、李建华、陈红伟、张经纬、王博、王建伟、张海波参编；附录由齐梦学、周雁领、张帅华、许天珍整理；全书思维导图由彭海宇、齐梦学绘制。

本书编著过程中人民交通出版社给予了极大帮助，得到了广大基层技术人员、TBM制造商的支持与帮助，同时查阅和参考了大量TBM相关文献。在本书即将出版之际，谨向所有审稿专家、编辑、参考文献的作者与广大基层TBM技术人员致以崇高的敬意！

经过多年实践与积累，TBM设备技术与施工技术正在快速发展，新技术、新工艺仍在不断研发，部分技术未能囊括其中。由于编著者水平有限，书中疏漏和不当之处在所难免，恳请广大专家和读者批评指正。

雷升祥

二〇二三年七月

CONTENTS
目录

第1篇 概述

第1章 岩石隧道掘进机简介 / 3
1.1 隧道掘进机概念及分类 / 3
1.2 岩石隧道掘进机概念与分类 / 4

第2章 TBM 工作原理与结构 / 7
2.1 TBM 基本功能 / 7
2.2 敞开式 TBM 工作原理与结构 / 8
2.3 单护盾 TBM 工作原理与结构 / 32
2.4 双护盾 TBM 工作原理与结构 / 35
2.5 复合式 TBM 工作原理与结构 / 39

第3章 TBM 法隧道施工技术适用性及特点 / 42
3.1 TBM 法适用范围 / 42
3.2 TBM 法隧道施工技术优点 / 43
3.3 TBM 法隧道施工技术局限性 / 47

第4章 国内外 TBM 发展与现状 / 49
4.1 国内外 TBM 发展历程 / 49
4.2 国内外 TBM 应用发展现状 / 54

第5章 TBM 装备与施工技术发展趋势 / 65
5.1 TBM 装备技术发展趋势 / 65
5.2 TBM 法隧道施工技术发展趋势 / 68

第6章 TBM 持续、均衡、快速施工作业探讨 / 73
6.1 SPS 作业法的含义 / 73
6.2 SPS 作业法基础条件 / 73
6.3 SPS 作业法保障措施 / 75

本篇参考文献 / 79

第 2 篇
TBM及施工配套设备选型与配置

第 1 章　TBM 选型与配置 / 83
1.1　TBM 选型 / 83
1.2　TBM 配置 / 90
1.3　TBM 选型与配置工程案例 / 101

第 2 章　TBM 法隧道施工配套设备选型与配置 / 116
2.1　施工配套设备选型与配置原则 / 116
2.2　出渣设备选型与配置 / 116
2.3　物料运输设备选型与配置 / 121
2.4　通风设备选型与配置 / 124
2.5　供电设备选型与配置 / 127
2.6　供排水设备选型与配置 / 132
2.7　起重设备选型与配置 / 133

本篇参考文献 / 136

第 3 篇
TBM法隧道施工准备

第 1 章　施工调查 / 139
1.1　施工调查内容 / 139
1.2　施工调查方法 / 143
1.3　施工调查报告 / 144
1.4　工程案例 / 145

第 2 章　施工场地规划与布置 / 146
2.1　总体布置 / 146
2.2　主要设施布置 / 148
2.3　场地布置工程案例 / 152

第 3 章　预制构件生产 / 153
3.1　TBM 法隧道施工预制构件 / 153
3.2　预制构件生产准备 / 154
3.3　预制构件生产工艺 / 160
3.4　预制构件质量控制 / 169

第 4 章　辅助洞室及施工通道规划 / 171
4.1　辅助洞室规划设计 / 171
4.2　施工通道规划设计 / 176

第 5 章　洞内断面布置 / 180
5.1　洞内断面布置原则与影响因素 / 180
5.2　洞内断面布置计算方法 / 182
5.3　洞内断面布置工程案例 / 185

第 6 章　TBM 设计联络、监造与验收 / 190
6.1　TBM 设计联络 / 190
6.2　TBM 设备监造 / 191
6.3　TBM 验收 / 198
6.4　TBM 设计联络、监造与验收工程案例 / 207

第 7 章　TBM 进场运输 / 208
7.1　运输准备 / 208
7.2　运输方案 / 212
7.3　TBM 运输组织案例 / 217

本篇参考文献 / 218

4 第4篇 TBM法隧道施工

第1章　TBM及施工配套设备现场组装调试 / 223
 1.1　组装调试准备 / 223
 1.2　TBM现场组装 / 228
 1.3　TBM调试 / 239
 1.4　带式输送机出渣系统组装调试 / 242
 1.5　隧道施工通风系统组装调试 / 248
 1.6　施工设备联调联试 / 252

第2章　TBM步进 / 254
 2.1　步进方式 / 254
 2.2　空推式步进 / 255
 2.3　滑板式步进 / 257
 2.4　夹轨器式步进 / 262
 2.5　轨行式步进 / 265

第3章　敞开式TBM掘进与支护 / 268
 3.1　敞开式TBM始发和试掘进 / 268
 3.2　敞开式TBM掘进 / 270
 3.3　敞开式TBM支护 / 280

第4章　护盾式TBM掘进与衬砌 / 294
 4.1　TBM始发与试掘进 / 294
 4.2　单护盾TBM掘进 / 306
 4.3　双护盾TBM掘进 / 309
 4.4　管片衬砌 / 311

第5章　TBM法隧道施工辅助工艺 / 321
 5.1　管线延伸 / 321
 5.2　物料运输 / 324
 5.3　出渣 / 325

第6章　二次衬砌与灌浆 / 328
 6.1　现浇混凝土边顶拱衬砌 / 328
 6.2　现浇混凝土仰拱 / 341
 6.3　现浇混凝土全圆衬砌 / 349

第7章　TBM法隧道施工中间转场 / 350
 7.1　工作内容与流程 / 350
 7.2　转场准备 / 350
 7.3　TBM步进与检修 / 352
 7.4　TBM法隧道施工配套设备转场 / 354
 7.5　TBM法隧道施工中间转场案例 / 355

第8章　TBM及施工配套设备拆卸 / 368
 8.1　拆卸准备 / 368
 8.2　TBM拆卸 / 371
 8.3　施工配套设备拆卸 / 377
 8.4　拆后存储 / 378
 8.5　TBM拆卸工程案例 / 379

本篇参考文献 / 391

5 第5篇 不良地质隧道TBM施工

第1章　超前地质预报技术 / 395
 1.1　超前地质预报的目的与内容 / 395
 1.2　TBM法隧道施工超前地质预报方法 / 396
 1.3　工程案例 / 406

第2章　破碎围岩洞段TBM法隧道施工 / 409
 2.1　地质特征与施工风险 / 409
 2.2　破碎围岩洞段TBM施工技术 / 411
 2.3　TBM卡机预防措施及脱困技术 / 420
 2.4　工程案例 / 432

第3章　富水洞段TBM法隧道施工 / 452
 3.1　地质特征与施工风险 / 452
 3.2　富水洞段TBM法隧道施工技术 / 455

3.3 工程案例 / 459

第4章 软岩洞段 TBM 法隧道施工 / 464
4.1 地质特征与施工风险 / 464
4.2 软岩洞段 TBM 法隧道施工技术 / 466
4.3 工程案例 / 469

第5章 岩爆洞段 TBM 法隧道施工 / 473
5.1 岩爆特征与施工风险 / 473
5.2 岩爆洞段 TBM 法隧道施工技术 / 477
5.3 工程案例 / 484

第6章 岩溶洞段 TBM 法隧道施工 / 494
6.1 地质特征与施工风险 / 494
6.2 岩溶洞段 TBM 法隧道施工技术 / 496
6.3 工程案例 / 499

第7章 蚀变岩洞段 TBM 法隧道施工 / 505
7.1 地质特征与施工风险 / 505
7.2 蚀变岩洞段 TBM 法隧道施工技术 / 508
7.3 工程案例 / 510

第8章 完整坚硬岩洞段 TBM 法隧道施工 / 516
8.1 地质特征与施工影响 / 516
8.2 完整坚硬岩洞段 TBM 法隧道施工技术 / 520
8.3 工程案例 / 523

第9章 高温热害洞段 TBM 法隧道施工 / 527
9.1 高温热源与施工风险 / 527
9.2 高温热害洞段 TBM 法隧道施工技术 / 530

第10章 瓦斯洞段 TBM 法隧道施工 / 536
10.1 瓦斯性质与施工风险 / 536
10.2 瓦斯洞段 TBM 法隧道施工技术 / 538
10.3 工程案例 / 541

本篇参考文献 / 548

第6篇 TBM保养与修理

第1章 TBM 保养 / 553
1.1 保养目的及原则 / 553
1.2 保养规程 / 554
1.3 刀盘刀具保养 / 580

第2章 状态监测 / 587
2.1 状态监测的目的与范围 / 587
2.2 状态监测部位及技术 / 588
2.3 状态监测标准 / 597

第3章 TBM 修理 / 600
3.1 修理模式 / 600
3.2 修理要点 / 602
3.3 刀盘刀具修理 / 611

第4章 故障处理案例 / 631
4.1 主轴承密封故障 / 631
4.2 刀盘转接座故障 / 636
4.3 高压电缆卷筒故障 / 642
4.4 主驱动流量控制阀故障 / 643
4.5 折臂吊机液压泵故障 / 645
4.6 锚杆钻机蓄能器故障 / 646
4.7 钢拱架拼装器驱动马达故障 / 648
4.8 喷射混凝土设备导向轮故障 / 649
4.9 仰拱吊机行走故障 / 651
4.10 管片拼装机纵向移动故障 / 653
4.11 豆砾石泵喷射压力故障 / 655
4.12 支洞带式输送机大坡度小半径转弯改造 / 657
4.13 TBM 转场检修 / 659

本篇参考文献 / 660

第7篇 TBM法隧道施工组织

第1章　施工进度管理 / 665
1.1　工期计划的编制 / 665
1.2　TBM 法隧道施工的主要进度指标分析 / 668
1.3　工期保障措施 / 670

第2章　设备物资管理 / 672
2.1　TBM 及施工配套设备来源与统筹配置 / 672
2.2　TBM 及施工配套设备管理 / 676
2.3　TBM 备品备件管理 / 684
2.4　TBM 设备评估 / 692
2.5　TBM 周转使用 / 693
2.6　TBM 再制造 / 695

第3章　TBM 法隧道施工技术管理 / 700
3.1　图纸会审 / 700
3.2　设计方案的核实与优化 / 702
3.3　施工方案管理 / 703
3.4　实施性施工组织设计管理 / 703
3.5　技术交底管理 / 705
3.6　变更设计管理 / 707
3.7　测量与监控量测管理 / 707

第4章　TBM 法隧道施工质量管理 / 716
4.1　施工质量管理体系 / 716
4.2　施工质量管理制度 / 723
4.3　施工质量管理措施 / 723

第5章　TBM 法隧道施工安全管理 / 731
5.1　施工安全管理目标与组织机构 / 731
5.2　施工安全管理制度 / 738
5.3　TBM 法隧道施工安全管理措施 / 738

第6章　绿色施工与文明施工 / 763
6.1　环境保护 / 763
6.2　节材与材料资源利用 / 765
6.3　节水与水资源利用 / 766
6.4　节能与能源利用 / 767
6.5　节地与土地资源利用 / 768
6.6　文明施工 / 769

本篇参考文献 / 772

附录 / 774

第1篇 概述

岩石隧道掘进机（Tunnel Boring Machine，简称TBM）是集机械、电气、液压、信息等技术于一体的地下空间大型施工装备。随着基础设施建设的发展、施工技术与装备技术的进步，TBM法隧道施工技术已经得到了普遍认可，TBM在市政、交通、水利等工程建设中的应用逐渐成熟，并向军工、能源、矿产等领域拓展。随着新一代信息技术和施工技术的迭代与创新，TBM逐渐向智能化、高地质适应性方向发展。

本篇主要介绍TBM的概念与分类，分析不同机型TBM的典型结构与工作原理，详细阐述TBM法隧道施工的特点以及施工理念，客观分析国内外TBM发展与应用现状，并预测TBM装备和施工技术的发展趋势。

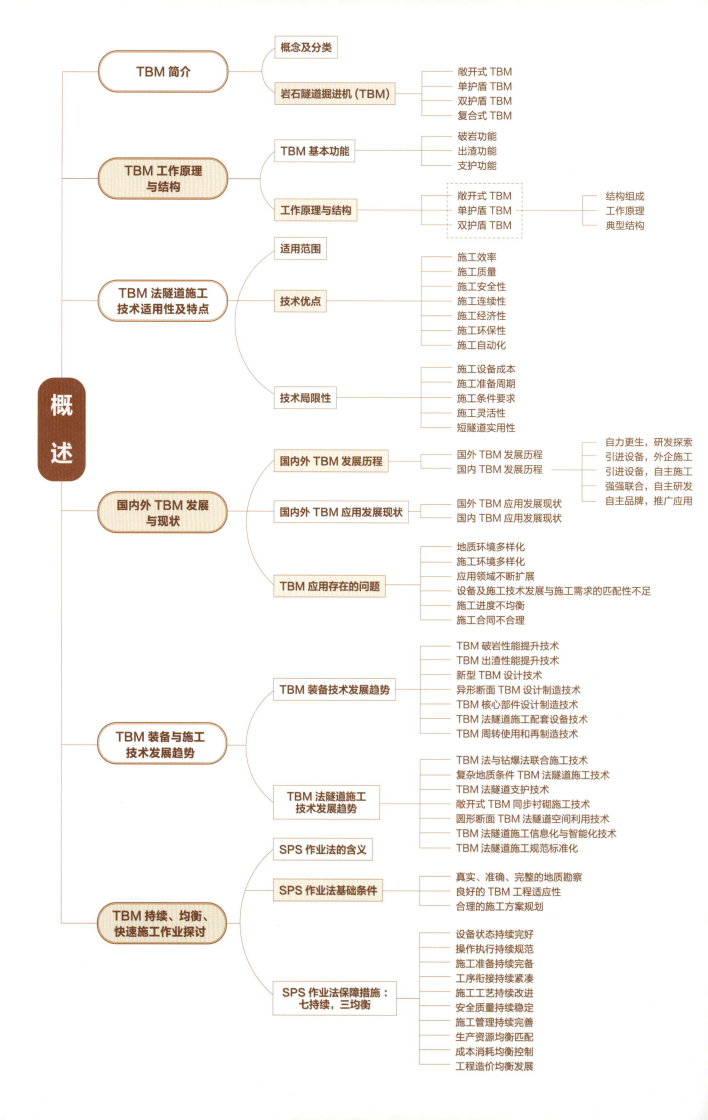

第 1 章 岩石隧道掘进机简介

隧道掘进机是一种融合机械、电气、液压、信息等技术的隧道施工成套装备,该装备集隧道施工的开挖、支护、出渣等工序于一体,能实现连续作业、工厂化流水施工。隧道掘进机产品系列丰富,机型较多,按我国惯例,TBM 通常是指全断面岩石隧道掘进机(本手册中如无特殊说明,TBM 仅特指该机型)。本章介绍了隧道掘进机和岩石隧道掘进机的概念和分类,分别阐述了敞开式、单护盾、双护盾和复合式 TBM 的概念和特点。

1.1 隧道掘进机概念及分类

广义上,隧道掘进机可分为全断面隧道掘进机和部分断面隧道掘进机。

根据国家标准《全断面隧道掘进机 术语和商业规格》(GB/T 34354—2017)规定,全断面隧道掘进机的定义为:通过开挖并推进式前进实现隧道全断面成型,且带有周边壳体的专用机械设备。根据开挖断面形式,全断面隧道掘进机可分为圆形全断面隧道掘进机和异形全断面隧道掘进机。其中,圆形全断面隧道掘进机是指用于建造单圆形断面隧道的全断面隧道掘进机;根据应用场景可以分为岩石隧道掘进机、盾构机和顶管机;异形全断面隧道掘进机是指用于建造非圆形断面隧道(如矩形、双圆形、多圆形、椭圆形、马蹄形等)的全断面隧道掘进机。

部分断面掘进机包括扩孔式掘进机、摇臂式掘进机和悬臂式掘进机。

隧道掘进机分类如图 1-1-1 所示。

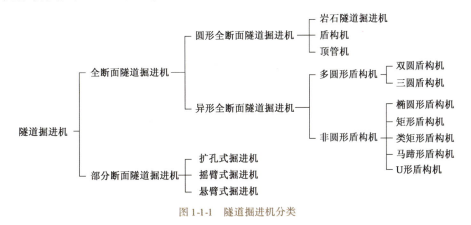

图 1-1-1 隧道掘进机分类

1.2 岩石隧道掘进机概念与分类

1.2.1 岩石隧道掘进机定义

根据国家标准《全断面隧道掘进机 术语和商业规格》(GB/T 34354—2017)规定,岩石隧道掘进机的定义为:通过旋转刀盘并推进,使滚刀挤压破碎岩石,采用主机带式输送机出渣的全断面隧道掘进机。岩石隧道掘进机也称硬岩隧道掘进机或TBM(Tunnel Boring Machine)。

1.2.2 TBM分类

根据工作原理和结构形式,TBM分类如图1-1-2所示。

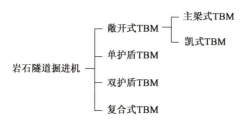

图1-1-2 岩石隧道掘进机分类

1.2.3 敞开式TBM

1) 定义

根据国家标准《全断面隧道掘进机 术语和商业规格》(GB/T 34354—2017)规定,敞开式TBM的定义为:在稳定性较好的岩石中,利用撑靴撑紧洞壁以承受掘进反力及扭矩,不采用管片支护的岩石隧道掘进机,也称为撑靴式TBM。

2) 特点

敞开式TBM开挖后根据需要施作初期支护,以现浇混凝土衬砌作为永久支护时可在隧道贯通后施作或者采用同步衬砌技术施工。

根据主机结构形式,敞开式TBM分为主梁式TBM和凯式TBM。主梁式TBM采用主梁及单对水平撑靴,应用广泛,如图1-1-3所示。凯式TBM采用内外机架及2对双X形撑靴,目前应用较少,如图1-1-4所示。

图1-1-3 主梁式TBM

图1-1-4 凯式TBM

1.2.4 单护盾 TBM

1) 定义

根据国家标准《全断面隧道掘进机 术语和商业规格》(GB/T 34354—2017)规定,单护盾 TBM 的定义为:具有护盾保护,仅依靠管片承受掘进反力的岩石隧道掘进机。

2) 特点

单护盾 TBM 的破岩机理和出渣方式与敞开式 TBM 相同,依靠推进液压缸顶推在已经拼装好的预制管片上,为掘进提供反力,掘进与管片拼装交替作业,如图 1-1-5 所示。

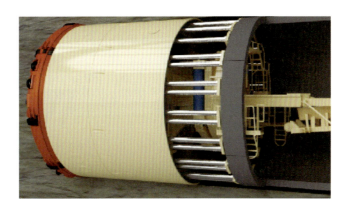

图 1-1-5 单护盾 TBM

1.2.5 双护盾 TBM

1) 定义

根据国家标准《全断面隧道掘进机 术语和商业规格》(GB/T 34354—2017)规定,双护盾 TBM 的定义为:具有护盾保护,依靠管片和/或撑靴撑紧洞壁以承受掘进反力和扭矩,掘进可与管片拼装同步的岩石隧道掘进机。

2) 特点

双护盾 TBM 既有与敞开式 TBM 类似的撑靴,围岩自稳能力较好时撑靴撑紧洞壁,为掘进提供反力,又利用了单护盾 TBM 的支护方式,并兼有单护盾 TBM 的所有功能,如图 1-1-6 所示。

图 1-1-6 双护盾 TBM

双护盾 TBM 有双护盾和单护盾两种工作模式,在双护盾模式下,依靠撑靴撑紧洞壁为掘进提供反力,掘进同时拼装管片;单护盾模式作业时,撑靴及伸缩盾收回,作业方式与单护盾 TBM 相同。

1.2.6 复合式 TBM

随着 TBM 应用领域逐渐扩大,地质及施工环境愈发复杂,对 TBM 的要求越来越高,部分工况条件下传统机型适应性差,在此背景下复合式 TBM 应运而生。

复合式 TBM 又称作双模式 TBM、多模式 TBM,是在一种隧道掘进机基本机型的基础上,融合其他机型的优点,从而拓展其工程适应性。复合式 TBM 具有多种作业模式,理论上能适应从土层到岩石的各种地质条件,可根据地质条件在两种或多种模式中选择切换,但现阶段功能融合的同时会导致部分功能弱化、性能降低。该机型目前实际应用较少,但已经成为 TBM 的一种发展趋势。重庆轨道交通 6 号线铜锣山隧道应用了 2 台基于单护盾的复合式 TBM,具备单护盾和土压平衡两种掘进模式,如图 1-1-7 所示。

图 1-1-7　单护盾复合式 TBM

第 2 章
TBM工作原理与结构

TBM 不仅具有破岩、出渣、支护三大基本功能,还需具备导向调向、通风除尘、供水排水、润滑、冷却、照明、通信、视频监控、安全消防、超前地质预报等必要功能,以及物料运输、残渣清理、降温等辅助功能。TBM 主要由刀盘系统、主驱动系统、支撑系统、推进系统、润滑系统、液压系统、控制系统、导向系统、支护系统等多个系统组成。了解和掌握 TBM 结构组成和工作原理是工程技术人员进行设备操作维护、施工管理所必备的基础知识。本章首先介绍 TBM 的基本功能,再分别概述不同类型 TBM 的基本结构组成和工作原理,并详细说明各机型的典型结构。

2.1 TBM 基本功能

TBM 的破岩、出渣、支护三大基本功能中,破岩和出渣功能贯穿于 TBM 掘进全过程中,需要时合理支护。破岩功能是指 TBM 能够以机械方式连续不断地破碎围岩并向前推进完成开挖;出渣功能是将 TBM 破岩产生的岩渣由掌子面输送到带式输送机或列车编组等隧道施工出渣设备;支护功能主要是隧道开挖后的锚、网、喷等初期支护,管片衬砌和掌子面及其前方围岩超前支护(加固)等预处理。

2.1.1 破岩功能

TBM 的破岩功能即 TBM 在掌子面连续破碎围岩且持续前进的功能。为此,TBM 必须配置合适的破岩刀具(即滚刀)并给予足够的破岩力,即推动刀盘、刀具前进的推力和驱动刀盘旋转、变换刀具破岩位置的扭矩,还必须配置合适的支撑机构将破岩的推力和刀盘扭矩的反力传递给洞壁或管片;同时推进和支撑机构还应具有换步功能,以实现 TBM 掘进循环结束后的复位,为下一循环掘进做好准备。刀盘、刀具、刀盘的驱动机构、推进机构和支撑机构是实现 TBM 破岩功能的基本结构。

图 1-2-1 为 TBM 滚刀破岩时刀具和岩体的相互作用关系。在刀盘推力及扭矩作用下,滚刀紧压掌子面,岩体受滚刀的挤压作用。当滚刀施加于岩石的压强超过岩体抗压强度时,滚刀临近部位的岩体产生裂纹和粉碎性破坏,即滚刀与岩体接触部位出现压碎区。此时,滚刀贯入岩体,岩体内部产生前向和侧向裂纹。随着刀盘所受推力继续增大和刀盘转动,滚刀造成的岩体破碎区增大,同时岩体内部裂纹逐渐扩展。当相邻滚刀之间的岩体裂纹相互交汇时,岩石碎裂块开始整体破碎和剥离脱落,完成破岩过程。

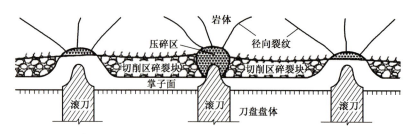

图 1-2-1　TBM 滚刀破岩基本原理

2.1.2　出渣功能

TBM 出渣功能可分为铲渣、溜渣、运渣 3 个阶段。掌子面上被破碎的岩渣受重力作用沿掌子面向洞底坠落,在刀盘设计和刀具布置时,需充分考虑岩渣运动特性,确保岩渣下落顺畅,同时刀盘面板设置耐磨板以增加其耐磨性。刀盘四周设置有足够数量的铲斗,铲斗口缘配置铲齿,将落入洞底的岩渣铲入铲斗,完成铲渣过程。随着刀盘的回转,铲斗及溜渣板携带岩渣向上运送,当溜渣板转动至超过岩渣堆积的安息角时,岩渣在重力作用下自然下落,通过溜渣槽滑落到主机带式输送机上,完成溜渣过程。主机带式输送机接受的岩渣向后方输送,经后配套带式输送机卸入渣斗车或者连续带式输送机,再运至洞外。刀盘铲斗、铲齿、溜渣板、溜渣槽和带式输送机是实现 TBM 出渣功能的基本结构。

2.1.3　支护功能

TBM 支护功能可分为掘进前对掌子面前方围岩的预处理(超前支护)、开挖后洞壁的局部支护(初期支护)和衬砌(永久支护,主要指预制管片衬砌)。超前支护,又称超前加固,当掌子面前方地质条件复杂,TBM 无法正常掘进时施作,为 TBM 安全施工创造条件,主要采用超前注浆、超前小导管、超前管棚等措施,必要时采用冻结法固结围岩。初期支护主要采用锚杆、挂网、喷射混凝土、钢拱架、钢筋排等措施加固出露的围岩,必要时径向注浆固结松散围岩。管片衬砌是在 TBM 主机尾部拼装预制管片封闭围岩。不同的支护功能需配置相应的支护设备,如超前钻机、注浆设备、锚杆钻机、钢拱架拼装器、喷射混凝土装置和管片拼装机等。

2.2　敞开式 TBM 工作原理与结构

2.2.1　结构组成与工作原理

1)敞开式 TBM 分类与结构

敞开式 TBM 分为两种机型,即主梁式 TBM 和凯式 TBM。

(1)主梁式 TBM 结构

主梁式 TBM 主机结构主要包括刀盘、护盾、初期支护系统、主驱动系统、主梁、推进系统、支撑系统和后支撑等,如图 1-2-2 所示。

(2)凯式 TBM 结构

凯式 TBM 主机结构主要包括刀盘、护盾、内机架、前推进液压缸、前外机架、前撑靴、后推进液压缸、后外机架、后撑靴和后支撑,如图 1-2-3 所示。

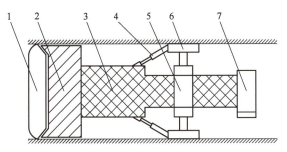

图 1-2-2 主梁式 TBM 主机结构示意图
1-刀盘;2-护盾;3-主梁;4-推进液压缸;5-鞍架;6-撑靴;7-后支撑

图 1-2-3 凯式 TBM 主机结构示意图
1-刀盘;2-护盾;3-内机架;4-前推进液压缸;5-前外机架;6-前撑靴;7-后推进液压缸;8-后外机架;9-后撑靴;10-后支撑

2）敞开式 TBM 工作原理

敞开式 TBM 的掘进作业循环由掘进和换步交替组成。以主梁式 TBM 为例，掘进时，撑靴撑紧洞壁以承受刀盘推进和旋转的反作用力（推力和扭矩的反力），收起后支撑，主驱动系统驱动刀盘旋转、推进系统推动主梁带动刀盘向前移动连续破岩，破岩产生的岩渣在重力作用下向洞底坠落，落到洞底的岩渣通过刀盘铲斗铲起（部分岩渣在坠落过程中进入铲斗）并随刀盘旋转向上运动，滑入溜渣槽到达主机带式输送机受料端；推进液压缸达到行程长度（即复位完成一个掘进循环长度）后依次停止刀盘推进和刀盘旋转，开始换步，伸出后支撑，收回撑靴，推进液压缸带动鞍架及撑靴向前滑移，然后撑靴重新撑紧洞壁，收回后支撑，开始下一循环掘进。

主梁式 TBM 掘进作业循环如图 1-2-4、图 1-2-5 所示。

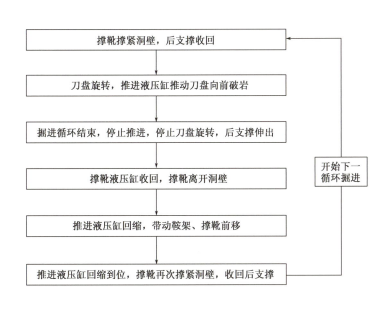

图 1-2-4 敞开式 TBM 掘进作业流程图

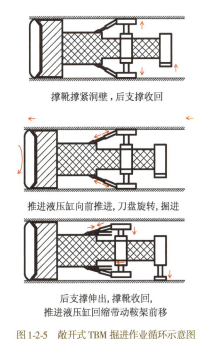

图 1-2-5 敞开式 TBM 掘进作业循环示意图

2.2.2 敞开式 TBM 典型结构

1）主梁式 TBM 典型结构

主梁式 TBM 外观如图 1-2-6 所示。

图 1-2-6　主梁式 TBM

（1）刀盘刀具

①刀盘

刀盘设置在 TBM 的前端，是通过旋转和推进实施破岩的执行机构。滚刀通过刀座安装在刀盘上，刀盘通过法兰与主轴承连接，滚刀破岩的反力通过刀座、面板、背板、隔板、锥板连接法兰传递到主轴承。根据刀盘盘面几何形状，刀盘通常分为平面刀盘和球面刀盘，参见图 1-2-7、图 1-2-8。与球面刀盘相比，平面刀盘在软弱围岩中掘进时可以减少上部掌子面失稳情况，在实际工程中被广泛应用。

图 1-2-7　平面刀盘　　　　　　　　　　　图 1-2-8　球面刀盘

如图 1-2-9 所示，刀盘由本体结构、刀具、铲斗与斗齿、溜渣板、喷水系统组成。其本体结构按材料与工艺可分为箱形焊接结构、厚板结构两种形式，由于箱形焊接式刀盘结构整体强度好、刚度大，应用范围更广泛。为了方便大直径刀盘的制造加工、运输交付和现场组装，采用分体式刀盘可减小最大单块的结构尺寸和质量。刀盘根据分块形式可分为整体式、两块式、多块结构（如中心块＋边块）。多块结构焊接式刀盘盘体采用低合金高强度钢板焊接而成，可分为前后两端，前端由面板、背板及其之间的筋板组成箱形结构，并布置刀座和喷水系统；后端是与主轴承连接的法兰，大多为锻件；后面板与法兰之间周边为锥板、内部为径向布置的筋板，锥板与筋板共同组成溜渣板。

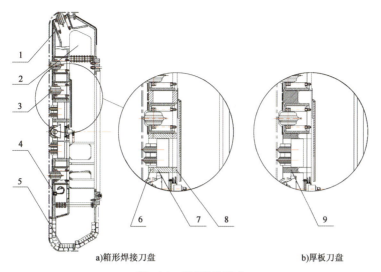

a) 箱形焊接刀盘   b) 厚板刀盘

图 1-2-9　刀盘结构组成

1-本体结构；2-溜渣板；3-滚刀；4-喷水嘴；5-铲斗；6-面板；7-筋板；8-背板；9-厚板

刀盘周边布置有若干铲斗和铲齿，作用是将掌子面底部的岩渣铲入刀盘内部，再经溜渣板、溜渣槽落到主机带式输送机的受料端。铲斗上设计有格栅限径块，以控制允许进入刀盘岩渣的最大粒径，避免石块尺寸过大而损伤带式输送机。为了防止洞底残留过多虚渣，刀盘最外侧设计有挡渣环（又称大圆环），通常为 3 道，如图 1-2-10 所示。

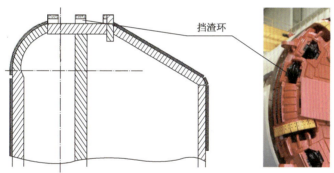

图 1-2-10　刀盘挡渣环

② 刀具

TBM 配置的刀具通常是盘形滚刀，是 TBM 破岩的核心部件，通过刀座安装于刀盘前端，安装方式分为前装式和背装式，仅少量小直径 TBM 由于空间限制采用前装式滚刀，如图 1-2-11 所示。由于 TBM 法隧道施工现场刀盘面板前方为掌子面，换刀空间十分狭窄，一般采用背装式滚刀。背装式滚刀结构在刀盘内部进行刀具检查和更换作业，具有更好的安全性和便捷性。

图 1-2-11　前装式滚刀

滚刀在刀盘上的布置形式主要分为"米"字形和双螺旋线形,如图1-2-12所示。根据滚刀在刀盘上的安装位置,刀盘面板可分为中心区域、正面区域和边缘区域,对应的滚刀分别为中心刀、面刀和边刀。不同区域滚刀的刀间距不同,主要取决于刀盘和刀具结构、空间大小和地质条件,如图1-2-13所示。

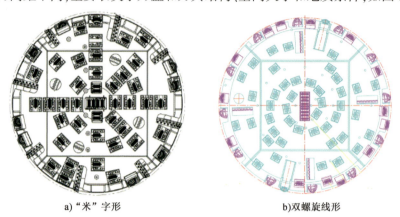

a)"米"字形　　　b)双螺旋线形

图1-2-12　刀具布置

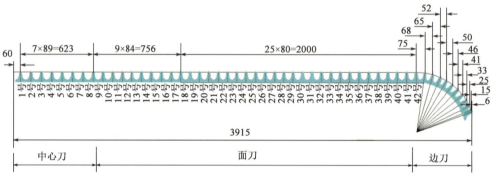

图1-2-13　刀具分区示例(尺寸单位:mm)

中心刀通常采用双刃滚刀,如图1-2-14所示,双刃滚刀主要由2个刀圈、刀体、刀轴、轴承、密封和端盖组成,其安装方式如图1-2-15所示,采用楔块拉紧方式安装,能够同时防止中心刀沿轴向和径向窜动,减少因中心刀固定不牢造成刀具异常损坏的情况,并且能够快速安装及拆卸。面刀和边刀一般采用单刃滚刀,如图1-2-16所示,单刃滚刀主要由刀圈、刀体、刀轴、轴承、密封和端盖组成。

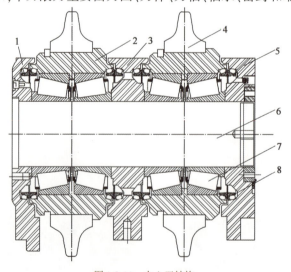

图1-2-14　中心刀结构
1-上端盖;2-刀体;3-中间端盖;4-刀圈;5-下端盖;6-刀轴;7-轴承;8-密封圈

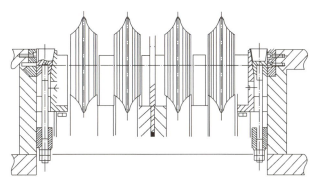

图 1-2-15　中心刀安装方式

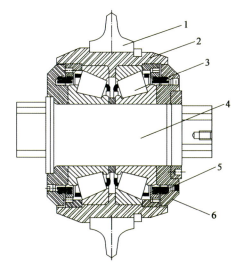
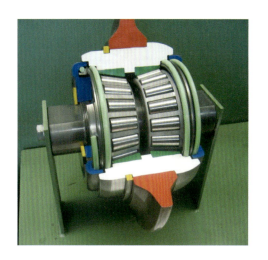

图 1-2-16　单刃滚刀结构
1-刀圈;2-刀体;3-轴承;4-刀轴;5-密封;6-端盖

刀盘还具有扩挖功能,可通过两种方式实现,一是采用扩挖刀,二是通过垫块调整边刀安装高度。刀盘设计通常采用后者,最大扩挖量为50mm(半径)。

③刀座

刀座焊接在刀盘箱形结构中,用于安装刀具,并实现滚刀与刀具之间的荷载传递。典型的刀座结构如图1-2-17所示,主要通过螺栓拉紧前端的楔块将刀轴固定在刀座上。长时间大负荷掘进时容易出现螺栓松动、脱落、断裂等问题,进而导致刀座表面出现压痕甚至被压溃,修复难度极大。因此有另一种安装方式,在刀轴和刀座之间设计C型块,C型块与刀座之间采用螺栓连接,如图1-2-18所示,目的是保护刀座、减少维修工作量,但结构相对复杂。

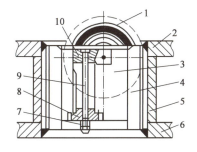
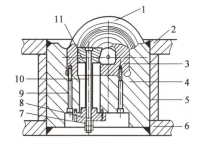

图 1-2-17　典型刀座结构示意图
1-滚刀;2-刀盘面板;3-内刀座;4-外刀座;5-刀盘筋板;6-刀盘背板;7-螺母;8-压块;9-螺栓;10-楔块

图 1-2-18　带有C型块的刀座结构示意图
1-滚刀;2-刀盘面板;3-C型块;4-刀座;5-刀盘筋板;6-刀盘背板;7-螺母;8-压块;9、10-螺栓;11-楔块

④刀盘喷水嘴

刀盘上设有若干喷水嘴,高压水通过回转接头及管路,由喷嘴喷射到刀盘前方,主要用于除尘、降温。喷水嘴可分为外置式结构和隐藏式结构,前者喷水嘴容易被岩渣等碰撞而损坏,后者能有效保护喷水嘴,同时大大降低喷水嘴被堵塞的概率。目前大多采用隐藏式结构,可在刀盘内更换喷水嘴。刀盘喷水嘴如图 1-2-19 所示。

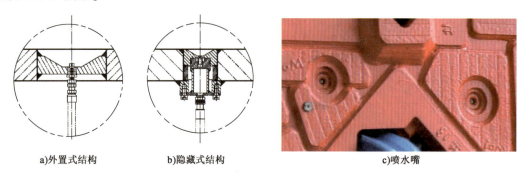

a)外置式结构　　b)隐藏式结构　　c)喷水嘴

图 1-2-19　刀盘喷水嘴

⑤耐磨层

为了满足 TBM 长距离掘进,刀盘易磨损区需采取针对性的耐磨措施。例如,刀盘面板耐磨材料可选用 SA1750CR 复合耐磨板、Kenna 复合耐磨板或 Hardox 耐磨板,过渡弧面及后部锥面可焊接 Hardox 耐磨板,滚刀前端焊可焊接 Hardox 耐磨保护块,挡渣环可选择 Hardox 耐磨板或镶嵌合金的耐磨板,如图 1-2-20、图 1-2-21 所示。

 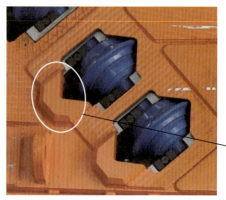

滚刀保护块

图 1-2-20　刀盘面板耐磨板和滚刀保护块

图 1-2-21　刀盘挡渣环镶嵌合金

⑥扩挖

通常,TBM有4种扩挖方式:一是在边刀刀轴与刀座之间增加垫块来实现扩挖,其半径最大扩挖量一般为50mm,这是当前最为普遍的扩挖方式,参见图1-2-22;二是预留扩挖刀座,必要时安装扩挖刀,其扩挖量比第1种方式大,可以实现较大尺度扩挖;三是设置伸缩式扩挖刀,通过液压缸将扩挖刀伸出,并机械锁固,由于结构复杂、可靠性差,目前大部分情况下不再使用;四是更换刀盘边块实现扩挖,大多用于大尺度长距离扩挖的工况,如西北某工程通过更换刀盘边块,将TBM开挖直径从6.5m扩大到6.8m。

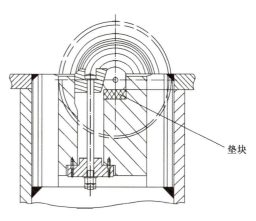

图1-2-22 增加垫块扩挖

(2)主驱动系统

主驱动系统为刀盘旋转提供动力,并传递推力,同时也是刀盘的安装基座,主要由转接环、主轴承及密封、减速箱、减速机、电机和机头架组成,如图1-2-23所示。主驱动系统总体分为两级减速机构,一是安装在电机与小齿轮之间的减速机,二是小齿轮和大齿圈组成的减速箱。

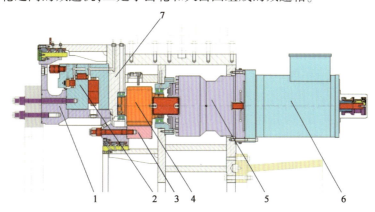

图1-2-23 主驱动系统结构图
1-转接环;2-主轴承;3-大齿圈;4-小齿轮;5-减速机;6-电机;7-机头架

①主轴承与大齿圈

主轴承通常为三列圆柱滚子轴承,包括2列轴向推力滚子和1列径向滚子,如图1-2-24所示。主轴承设计寿命计算的荷载情况以刀盘轴向荷载、径向荷载、倾覆力矩、施工工况及其比例为依据,这些荷载充分考虑了主轴承在施工过程中可能遇到的极端工况,从而保证主轴承在使用过程中的寿命。

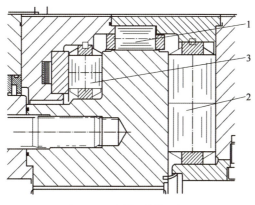

图1-2-24 主轴承结构示意图
1-径向滚子;2-主推滚子;3-辅推滚子

为了保证制造质量,便于更换部件,通常采用大齿圈和主轴承分离式设计,轴承内外圈与大齿圈分别进行热处理。大齿圈分为内齿和外齿两种结构形式,内齿结构如图1-2-25所示,外齿结构如图1-2-26所示。

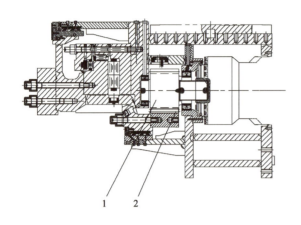

图1-2-25 大齿圈结构图(内齿)
1-小齿轮;2-大齿轮

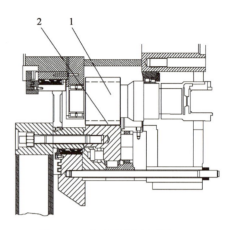

图1-2-26 大齿圈结构图(外齿)
1-小齿轮;2-大齿轮

②主轴承密封

主轴承密封主要用于防止粉尘、岩屑和水等异物进入润滑系统,导致主轴承损伤。主轴承密封主要由内密封、外密封、迷宫密封等组成。其中,内、外密封结构形式基本一致,一般由唇形密封、密封隔环、密封压环、耐磨环等组成,其中唇形密封共有3道,2道密封唇边向前(即朝向刀盘方向),阻挡粉尘、岩屑和水等,1道密封唇边向后(即朝向主轴承方向),防止齿轮油泄漏。目前常见的密封形式主要有两种,分别是油水组合式密封和脂密封。油水组合式密封方式,密封腔1采用水冲刷方式阻止前方异物入侵,密封腔2注入密封脂保证内外隔离,并对密封处进行润滑和降温。脂密封方式则是在密封腔1和密封腔2注入密封脂。无论采用哪一种方式,第2道密封处的压力与流量是极其重要的参数,一旦控制不力,极易造成外部异物与水进入润滑系统,污染油液,损坏密封。

目前,常用的耐磨环设计为磨损位置可调,初装后可调整两次,可在施工期便捷调整。耐磨环有两种典型结构设计,一是整体结构,内、外密封耐磨环均采用整体锻件、表面淬火等热处理,如图1-2-27所示;二是分体结构,焊接成环的合金耐磨带安装在其基体上,耐磨带的机械性能更佳且便于洞内更换,但对焊接和安装工艺要求较高,如图1-2-28所示。

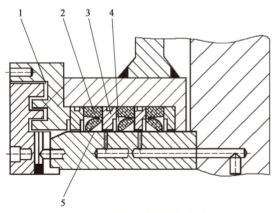

图1-2-27 主轴承密封结构示意图
1-迷宫密封;2-唇形密封;3-隔环;4-密封腔;5-耐磨环(整体结构)

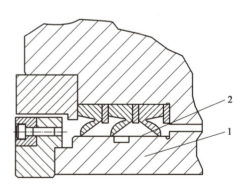

图1-2-28 主轴承密封耐磨环(分体结构)结构示意图
1-耐磨环基体;2-耐磨带

③主驱动单元

主驱动单元由若干个主驱动子单元组成,由变频电机、扭矩限制器和行星齿轮减速机组成,扭矩限制器安装在电机尾部。正常工况下,扭矩限制器被启动,当电机传输到减速机的扭矩超过限值时,扭矩限制器将会断开电机和行星齿轮减速机之间的动力传递,防止造成驱动系统损伤。

(3)护盾

护盾的主体为钢结构焊接件,围绕在主驱动周边,与机头架相连接,用于支撑和稳定TBM主机,如图1-2-29所示。敞开式TBM的护盾包括顶护盾、搭接护盾(有的设计合并于顶护盾)、侧护盾和底护盾,底护盾通过键和螺栓与机头架连接,侧护盾和顶护盾通过液压缸与机头架相连,侧护盾与底护盾之间采用销接。护盾与机头架之间设计有防尘护盾,可将灰尘密闭在掌子面,有效地防止灰尘进入主机。

(4)支撑推进系统

支撑推进系统由主梁、鞍架、推进液压缸、撑靴、撑靴液压缸、扭矩液压缸和后支撑构成,如图1-2-30所示。其主要功能一是为掘进提供足够的推力和稳定的支撑;二是换步;三是调整掘进方向,即调向功能。

图1-2-29 护盾结构
1-底护盾;2-侧护盾;3-搭接护盾;4-顶护盾

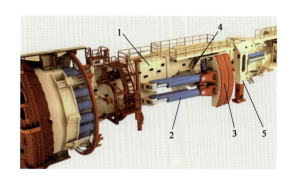

图1-2-30 推进系统组成
1-主梁;2-推进液压缸;3-撑靴;4-鞍架;5-后支撑

①主梁

主梁通常分为2段或3段,各段之间采用高强度螺栓连接。主梁前端与机头架连接,后端与撑靴、撑靴液压缸、鞍架、推进液压缸及后支撑连接,推进液压缸通过主梁将掘进推力传递给主轴承。根据主梁横断面形状可分为方形主梁和圆形主梁,如图1-2-31所示。

a)方形主梁

b)圆形主梁

图1-2-31 主梁结构

②鞍架

如图1-2-32所示,鞍架分为两部分,分别安装在主梁的左右两侧,两部分之间有连接架。连接架之间安装十字铰接装置,连接架与十字铰接装置之间以调节板调整间隙。鞍架下侧安装压缩弹簧及托板,通过弹簧弹力保证托板始终与撑靴液压缸贴合。鞍架沿主梁前后移动的滑轨(大直径TBM为滑管)两端安装有清扫装置,用于清除滑轨表面的杂物和渣粒,清扫装置为拆装式结构,以利于维护和更换。十字铰接装置包括连接块、异形轴、关节轴承和铜套,十字铰接装置通过销轴与撑靴液压缸连接架连接,并通过螺栓与鞍架连接。十字铰接装置是鞍架系统的重要部件,在主机调向过程中发挥重要作用。

a)连接架

b)十字铰接装置

图 1-2-32　鞍架结构

③撑靴

撑靴为焊接钢结构件,合适的撑靴面积能够调整撑靴最大接地比压,避免接地比压过大而导致或加剧洞壁失稳。撑靴可安装抗滑钉以增大撑靴与洞壁的摩擦力,但特硬岩地质条件下抗滑效果不及无抗滑钉结构。撑靴与撑靴液压缸采用球面接触副连接,使撑靴能够适应各个方向允许角度范围内的摆动,以适应TBM姿态和不规则的洞壁。为避免撑靴摆动过大,并且能够主动调整回位,设有回位液压缸,可保证换步过程中撑靴的正常姿态。结合特定隧道的地质条件,根据TBM设计的最大推力,确定撑靴液压缸选型参数以及撑靴面积,保证掘进过程中合理的接地比压,同时采用推进-支撑力比例控制技术,避免撑靴在复杂地质条件下压溃洞壁,以保证稳定支撑。为了避免撑靴撑紧洞壁时损坏钢拱架,敞开式TBM的撑靴通常需要开槽,可采用单槽结构、双槽撑靴,也可采用多槽结构,如图1-2-33所示。

a)单槽撑靴

b)双槽撑靴

图　1-2-33

c) 多槽撑靴

图 1-2-33　撑靴

④撑靴液压缸

撑靴液压缸经过特殊设计，左右撑靴液压缸的缸筒通过中间的重型钢结构连接架组合为一个整体，并保持在同轴线，活塞杆端与撑靴连接。连接架不仅起到连接撑靴液压缸的作用，同时也是十字铰接装置的安装基础。撑靴液压缸的缸筒表面设计有耳环，为扭矩液压缸的安装机构。中小直径 TBM 采用单撑靴液压缸结构，大直径 TBM 采用双撑靴液压缸结构。撑靴液压缸如图 1-2-34 所示。

⑤扭矩液压缸

扭矩液压缸一端与鞍架连接，一端与撑靴液压缸连接，传递刀盘破岩扭矩的反力，并为 TBM 调向提供动力，用以调整主机俯仰角度并纠正主机扭转，如图 1-2-35 所示。

图 1-2-34　撑靴液压缸　　　　　图 1-2-35　扭矩液压缸

⑥推进液压缸

推进液压缸提供破岩所需的推力，一端安装于主梁前端，一端安装于撑靴。通常左右分别配置 2 根平行布置的推进液压缸，均以万向铰连接。推进液压缸为双作用缸，并具备行程测量功能。主梁式 TBM 的推进液压缸与实际掘进方向有一定夹角，该夹角在实际工作过程中会随推进液压缸行程变化而变化，如图 1-2-30 所示。

TBM 调向分为垂直调向和水平调向，如图 1-2-36 所示。可靠的 TBM 导向系统实时测量 TBM 位姿，为掘进方向控制和调整提供依据。需要垂直调向时，底护盾作为主机支点，左右两侧扭矩液压缸同步伸出，主机尾部提升，掘进方向开

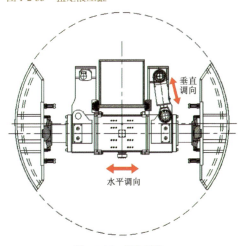

图 1-2-36　调向机构

始向下调整。相反,左右两侧扭矩液压缸同步缩回,主机尾部下降,掘进方向开始向上调整。需要水平调向时,通过改变左右两侧撑靴液压缸行程差使缸筒横向移动,带动鞍架和主梁以底护盾为支点水平微量旋转,从而调整水平掘进方向。需要调整主机圆周方向扭转角度时,通过反向调整左右扭矩液压缸伸缩实现。左侧扭矩液压缸伸出,同时右侧扭矩液压缸回缩,带动主梁沿顺时针方向轻微扭转;反之,则主梁沿逆时针方向轻微扭转。在调向的过程中为了保护刀具,要停止推进并控制每次调向的幅度。

⑦后支撑

主梁尾部设有后支撑,TBM换步时作为主机后端支点,与底护盾一起承担主机重力;TBM掘进时,后支撑收回,在推进液压缸的作用下随主梁一起向前移动,如图1-2-37所示。

图1-2-37　后支撑结构

(5)出渣系统

TBM上完整的出渣系统由刀盘铲斗、刀盘溜渣板、溜渣槽和带式输送机组成,部分采用有轨运输方式出渣的TBM还设计有移动式卸渣机。刀盘铲斗及溜渣板详见本节"(1)刀盘刀具",溜渣槽和带式输送机分别说明如下:

①溜渣槽

溜渣槽安装在机头架上,多为梯形槽状结构,其主要作用是将从刀盘铲入的岩渣转运到主机带式输送机受料端,溜渣槽内壁受岩渣冲刷部位焊有耐磨钢板提供缓冲,如图1-2-38所示。

图1-2-38　溜渣槽

②带式输送机

TBM设备上的带式输送机出渣系统通常设计为两段式,包括主机带式输送机和后配套带式输送机,部分设备按三段式设计,二者之间在连接桥区域设置带式输送机,部分设备在后配套带式输送机卸料端设置转载带式输送机,使安装于洞壁的连续带式输送机能够转载岩渣。采用有轨运输出渣时后配套带式输送机需要相应配置卸渣机、布料带式输送机或者通过移动列车编组装载岩渣。

主机带式输送机作为出渣系统的主要组成部分,安装于主梁内,随主机一起移动,将刀盘破岩产生的岩渣运出主机,保证 TBM 高效、安全掘进。主机带式输送机需要具备顶升和/或回缩功能,以便为刀具检查更换提供适宜的作业空间。主机带式输送机大多采用液压驱动。

后配套带式输送机布置在连接桥和后配套台车上,受料端与主机带式输送机卸料端顺接,卸料端根据出渣系统向连续带式输送机或者矿车卸渣。后配套带式输送机通常采用变频电机驱动。

(6)导向系统

导向系统是引导 TBM 按照设计轴线前进的关键系统,能够完成自动测量,从三维空间自动确定 TBM 的准确方位和姿态,并在显示终端形象化展现测量结果,同时提供 TBM 偏离设计轴线的所有信息,规划 TBM 返回设计轴线的最佳路线,指导下一步的调向操作。

导向系统由硬件和软件两部分组成,硬件包括发射装置、接收装置、后视校准装置、通信系统、主控器等。导向系统根据发射源可分为红外线(目前几乎不被采用)和激光两种形式,根据接收装置可分为棱镜式和激光靶式。

如图 1-2-39 所示,以激光靶式导向系统为例,发射装置为激光全站仪(分为单激光束和双激光束);接收装置为激光靶,内置激光接收器、双轴倾斜仪及传感器,辅以外置倾斜仪,测定机器的水平方位角,仰俯角及滚动角,激光靶要有可靠的减振措施以保证其性能与寿命;所有的导向系统都需要后视棱镜校准,全站仪自动检查后视棱镜方位。

图 1-2-39　激光靶式导向系统

(7)超前钻机

TBM 通常需要配置超前钻机,或者预留超前钻机安装接口。超前钻机的功能通常分为 3 种:一是超前钻探,二是超前注浆加固,三是超前管棚,根据地质条件选配相应的钻机。超前钻机如图 1-2-40 所示。

(8)锚杆钻机

敞开式 TBM 通常配备锚杆钻机,一般在护盾尾部(L1 区)配备 2 台锚杆钻机,分别位于主梁左右两侧,如图 1-2-41 所示,2 台锚杆钻机可以独立钻孔作业,并可以在 TBM 掘进过程中同步钻孔作业,辅助完成左右围岩加固、钢筋网片固定和钢拱架锁脚等施工工序。

图 1-2-40　超前钻机

图 1-2-41　L1 区锚杆钻机

根据支护设计需要,部分 TBM 在主机后方(L2 区)配备 2 台锚杆钻机,可位于主机尾部或连接桥前端、连接桥后端和喷射混凝土台车前端等位置。作业范围与 L1 区形成互补,轴向作业范围不小于 L1 区。

每台锚杆钻机组件主要包括:液压冲击式凿岩机、推进梁、安装在轴向滑架上的钻机齿圈环形轨道、泵站和控制台等。锚杆钻机通过底座安装在环形齿圈上,在环形齿圈上沿圆周方向运动,由于主梁顶部和底部均为重要的作业和通行通道,环形齿圈通常采用上下开口设计,因而锚杆钻机不具备全圆作业条件。环形齿圈设计有行走装置,可以在隧道轴线方向上前后移动,行程通常不小于1个掘进循环长度。

(9) 仰拱吊机

仰拱吊机通常安装于连接桥,主要用于吊运安装仰拱预制块,如图1-2-42所示。

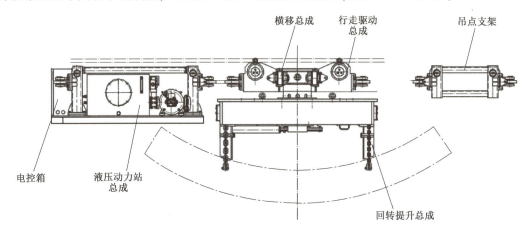

图 1-2-42　仰拱吊机

仰拱吊机主要包括电液动力总成、行走驱动总成、横移总成和回转提升总成等组件,整机沿着安装于连接桥下方的平行轨道前后移动。电液动力包括电控箱、液压动力站和控制阀。电液动力总成通过液压软管和控制电缆连接,实现对行走驱动、横移和回转提升的驱动和控制。行走驱动台车总成包括驱动装置、车轮、水平导轮、支架和台车架等。驱动装置包括液压马达、传动齿轮及传动轴等,是整个设备行走的驱动执行装置。横移小车包括横移液压缸、横移车架、滚轮、旋转座及旋转液压缸等,横移小车的4个滚轮沿着行走驱动台车的纵梁内侧行走,通过横移液压缸,使仰拱块横向移动。回转提升总成包括下支架、回转支撑轴承、大滑动轴承、1套左传动、2套右传动、大环链及小环链等。通过回转支承、滑动轴承及旋转液压缸与横移小车连接,回转提升总成通过3根起重环链上的专用吊具连接仰拱块的3个吊点。旋转支座通过两个承重轴承连接下面的回转提升装置,旋转液压缸可以推动回转提升总成旋转。为了防止吊运过程中发生碰撞,仰拱吊机安装有限位装置;操作面板中配有急停装置,用于紧急情况停止设备运动。

(10) 钢拱架安装器

敞开式TBM施工所用的钢拱架为封闭的全圆结构,由多段弧形型钢片拼装而成,钢拱架安装器需要完成旋转拼装、轴向平移、准确定位、顶部和侧向撑紧、底部开口张紧封闭等动作。

钢拱架安装器包括钢拱架拼装环(齿圈旋转机构)和撑紧环(撑紧臂)两部分,也有一体式设计,布置在主梁前部护盾内,以便在护盾的保护下拼装钢拱架,图1-2-43所示。钢拱架拼装环采用齿轮齿圈驱动,固定在机头架或主梁前端,安装时由型钢组成环形钢拱架,对各段钢拱架进行定位、卡位旋转及逐节拼装。撑紧环可抓取拼装

图 1-2-43　钢拱架安装器

好的整环钢拱架,沿轴向方向前后移动定位,最后通过撑紧臂径向撑开将钢拱架固定在洞壁上。

(11)钢筋排及钢筋网支护系统

如图1-2-44所示,顶护盾上设计有钢筋排存储仓,圆周方向覆盖范围通常为拱顶120°~150°,有时拓展到200°以上。部分TBM在顶护盾还设计有钢筋网存储仓。

图1-2-44 钢筋排和钢筋网存储仓

(12)喷射混凝土系统

①L2区喷射混凝土系统

L2区喷射混凝土系统通常配置2套设备,主要由混凝土输送泵及其控制柜、喷射混凝土机械手及其控制柜、外加剂输送泵、机械手遥控器、输送管路等构成。混凝土输送泵具有搅拌、泵送等功能,并配套混凝土罐体移位装置(罐体吊机、平移平台等),如图1-2-45所示。

图1-2-45 喷射混凝土输送泵

2套喷射混凝土机械手前后或平行布置,环向作业范围通常为240°~270°(开挖直径、布置方式等因素影响作业范围),轴向作业范围需要综合考虑系统工作能力与TBM掘进速度之间的匹配性来确定,通常不小于6m,如图1-2-46所示。

图1-2-46 喷射混凝土机械手

②应急喷射混凝土系统(L1区喷射混凝土)

遇到复杂地质条件时,需要在护盾后方及时喷射混凝土封闭围岩。现有敞开式TBM由于空间限制,L1区大多配置手动喷头,从L2区喷射混凝土系统泵送混凝土,手动喷射效率低。虽然部分设备配置了独立喷射混凝土机械臂,如图1-2-47所示,但实用性差、应用效果欠佳,有待进一步研发,实现L1

区喷射混凝土常态化和自动化。

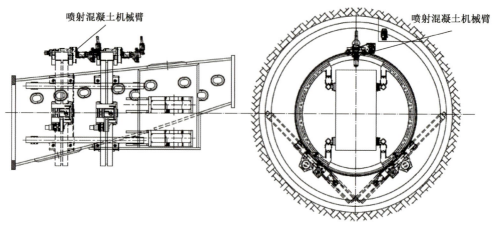

图 1-2-47　应急喷射混凝土系统

图 1-2-48　连接桥

（13）连接桥

连接桥位于主机和后配套台车之间，多采用钢桁架结构，下部空间用于轨道延伸、仰拱预制块铺设等工作；上部有时布置主控室、液压泵站、润滑泵站、除尘器等设备，支护材料通常在此处中转和存放，连接桥长度通常不小于20m，以满足单根长度12.5m的钢轨铺设需要，如图1-2-48所示。

（14）后配套台车

后配套台车上布置TBM工作所需的机械、电气、液压辅助设备，以及支持掘进机作业的各种配套设备，主要包括后配套带式输送机、材料运送吊机、配电柜、变频柜、变压器、高压端子箱、压缩空气系统、供排水系统、除尘通风系统等，并为物流、客流、气流、能量流提供必要通道。

后配套台车有2种形式，即门架式和平台车式，分别如图1-2-49、图1-2-50所示。门架式后配套结构应用较多，结构简单、质量轻，设备布设在上层平台和下部左右两侧，下部通行高度相对宽裕，洞内运输轨道系统可直接延伸通行至连接桥区域；小直径TBM由于空间限制，宜采用平台车式后配套结构，中等直径及大直径TBM多采用门架式后配套结构。平台车式结构底部为平板车，平板车上布设轨道、设备、设支架支撑上部平台，后配套尾部跟随坡道、道岔和错车平台等，以利于物料运输。平台车式台车结构相对复杂、质量大，底部淤积的岩渣、岩粉等清理困难，增加后配套部分拖动阻力。

图 1-2-49　门架式后配套台车

图 1-2-50　平台车式后配套台车

(15) 液压系统

TBM 的主液压系统主要为支撑推进系统、护盾系统、钢拱架安装系统、后配套拖拉系统、主机带式输送机系统提供动力,还有独立的液压系统,比如锚杆钻机系统、喷射混凝土系统等。主液压泵站和独立的液压泵站布置在连接桥和后配套台车上,采用钢管或软管与各个设备单元连接,液压泵站是完整的独立单元,包括液压泵、电机、滤清器、阀组、冷却器、油箱和监测仪器等,如图 1-2-51 所示。

图 1-2-51 主液压泵站

(16) 润滑系统

TBM 润滑系统主要包括主轴承润滑系统、主驱动密封系统和集中润滑系统。

主轴承密封系统是采用油脂对主驱动进行密封的系统,包括油脂泵、分配阀和管路等。主轴承与变速箱采用润滑油润滑,为独立的循环系统,小齿轮及其前后轴承、主轴承部分采用强制润滑,大齿圈油浴润滑。润滑油经由润滑泵站,经过阀组分配到各润滑部位,汇集到变速箱底部腔体内,通过回油泵返回油箱,如此反复循环。润滑原理如图 1-2-52 所示。

集中润滑系统主要是对主机运动部件采用油脂集中润滑,如图 1-2-53 所示。

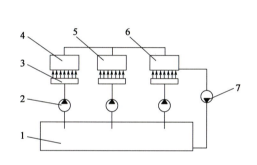

图 1-2-52 主轴承润滑系统原理示意图
1-油箱;2-油泵;3-分配阀;4-小齿轮轴承润滑点;5-小齿轮和大齿圈润滑点;6-主轴承润滑点;7-回油泵

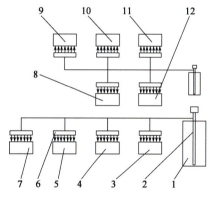

图 1-2-53 集中润滑系统原理示意图
1-脂桶;2-脂泵;3-外密封迷宫;4-外密封第 1 道密封腔;5-内密封迷宫;6-分配阀;7-内密封第 1 道密封腔;8-护盾液压缸润滑点;9-左侧推进液压缸润滑点;10-右侧推进液压缸润滑点;11-鞍架十字销轴润滑点;12-撑靴液压缸润滑点

(17) 电气系统

①供配电系统

供配电系统为 TBM 用电设备提供电能,主要由开关柜、变压器、配电柜、电容补偿柜和电缆等组成。

②控制系统

控制系统是可实现 TBM 操作控制、状态监控的系统,主要包括数据采集系统(各类传感器、检测元器件)、控制柜(PLC、工业计算机等)、控制电缆以及人机操作界面(按钮、指示灯、触摸屏等)等。控制系统的核心部件是可编程控制器(Programmable Logic Controller,PLC),位于主控室。PLC 的输入信号来自操作者的控制和安装在设备上的传感器,根据内部程序设定,输出信号至 TBM 操作显示台(指示灯、报警等)和控制设备上。操作台的显示器能够以数字或曲线图等形式来显示 TBM 配套装备运行状态信息(压力、流量、位姿等),同时也可以提示故障信息,主控界面如图 1-2-54 所示。

图 1-2-54　TBM 主控界面

(18)供排水和冷却系统

TBM 排水和冷却系统主要有 3 种设计方式:开式系统、半开式系统和循环回路系统。

图 1-2-55 为开式供水系统,其中,供水管路连接到后配套的水管卷筒,将洞外清水注入一级水箱,经水泵向整机各部位供水,并为主驱动系统、液压系统、润滑系统等提供冷却水。由于刀盘喷水、锚杆钻机造孔对水压有较高要求,需要单独设置二级水箱和水泵。用于冷却的水经热交换后排入刀盘、锚杆钻机水箱,多余部分排入隧道或者污水箱。

图 1-2-56 为半开式供水系统,与开式系统的不同之处在于,冷却用水设计为闭式循环系统。半开式供水系统的冷却介质为冷却液或者冷却液与蒸馏水的混合液,可有效避免产生水垢,同时对冷却介质采用清水箱中的水进行冷却,洞外进水经热交换后回到清水箱。

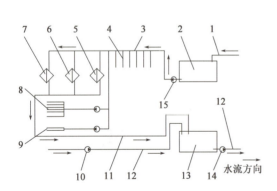

图 1-2-55　开式供水系统原理示意图

1-进水管;2-清水箱;3-供水管;4-设备冲洗水管;5-液压系统冷却器;6-润滑系统冷却器;7-主驱动电机和减速机;8-刀盘喷水管路;9-锚杆钻机供水管;10-污水泵;11-回水管;12-污水管;13-污水箱;14-污水泵;15-清水泵

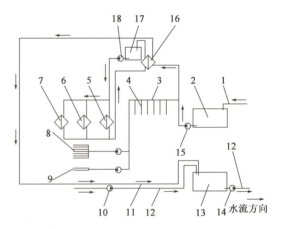

图 1-2-56　半开式供水系统原理示意图

1-进水管;2-清水箱;3-供水管;4-设备冲洗水管;5-液压系统冷却器;6-润滑系统冷却器;7-主驱动电机和减速机;8-刀盘喷水管路;9-锚杆钻机供水管;10-污水泵;11-回水管;12-污水管;13-污水箱;14-污水泵;15-清水泵;16-内循环冷却器;17-内循环水箱;18-内循环水泵

图 1-2-57 为循环供水系统,是目前供水系统的主要方式。所有消耗性用水全部为经冷却器热交换之后的热水,能够最大程度节约用水。循环回路系统一般由外循环水系统(一级循环系统)和内循环水冷却系统(二级循环系统)组成。其中,外循环水系统又分为 TBM 施工用水单元和降温单元;内循环水冷

却系统为闭式系统,封闭独立运行,冷却介质从发热设备带来的热量在冷却器内与外循环水冷却系统实现热交换。外循环水冷却系统为半封闭式系统,自清水箱抽取冷水,在冷却器内与内循环水冷却系统实现热交换,换热后回水至热水箱供消耗使用。外循环TBM施工用水单元为开式系统,自热水箱抽水泵送至各用水点,当外循环水冷却系统回水量不足、热水箱水位低于最低液位限定值时,从清水箱自动补水。

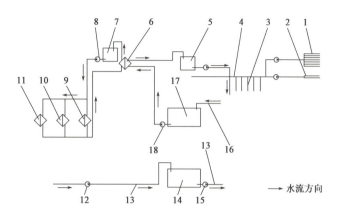

图1-2-57 循环供水系统图

1-刀盘喷水管路;2-锚杆钻机供水管;3-设备冲洗水管;4-供水管;5-热水箱 6-内循环冷却器;7-内循环水箱;8-内循环水泵;9-液压系统冷却器;10-润滑系统冷却器;11-主驱动电机和减速机;12-污水泵;13-污水管;14-污水箱;15-污水泵;16-进水管;17-清水箱;18-清水泵

(19) 二次通风与除尘系统

二次通风系统主要由软风管存储筒、二次风机和风管组成,如图1-2-58所示。软风管存储筒布置在后配套尾部,前面紧接二次风机,可以将一次通风系统送进的新鲜风压入TBM的主要工作区域。随着TBM向前掘进,风管从储存筒内不断被抽出实现自动延伸,风管通常存储200m,释放完毕后更换另一个风管存储筒。

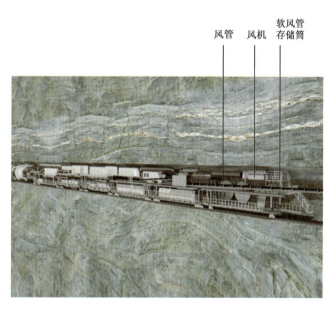

图1-2-58 二次通风系统

除尘系统主要由除尘风机、除尘器和风管组成。除尘方式可分为干式除尘和湿式除尘,目前工程使用以前者为主,如图1-2-59所示。

图 1-2-59　干式除尘器与除尘风机

(20) 压缩空气系统

压缩空气系统布置在后配套台车上，由空压机、过滤器、储气罐、汽水分离和油水分离设备、管路和阀件等组成。空压机输出的高压气体经过高效过滤器过滤后进入储气罐，然后经过管路为喷射混凝土及所有气动工具、设备提供高压风，如锚杆钻机、油脂泵、风动扳手等，通常采用多台低噪声螺杆式空压机并联工作。空压机工作过程中发热较多，宜布置在后配套靠近尾部的部位，根据工况条件选用风冷式或者水冷式，有时会配置双冷却系统，如图 1-2-60 所示。

图 1-2-60　压缩空气系统

(21) 物料运输系统

物料运输是 TBM 施工的物资保障线。TBM 施工需要运输的物料主要包括初期支护材料、洞底残渣、刀具、备品备件、油料等，其中初期支护材料所占比重最大。需要根据不同物料的使用部位、物料特性和空间条件合理规划设计，确保物流通畅高效，尽量减少二次倒运和人工搬运工作量。以刀具运输为例，运输车辆到达连接桥以后，连接桥下方的吊机起吊刀具并向前运送到主机后支撑部位，转换为主机下方吊机运送到前主梁靠近机头架部位的吊装孔，再转换为刀盘内部刀具吊机提升并运抵刀具安装位置。

(22) 人行通道与工作平台

TBM 内从刀盘到后配套尾部保持畅通的人行通道，是各个工作部位人员安全施工作业的保障。合理设置人行通道、扶梯、爬梯、工作平台，并配置安全护栏，确保工作人员可以轻松到达任何工作区域且容易到达安全地带。人行通道与工作平台设计需要以人体工程学为指导，充分考虑人性化需求，尽量为

(23) 清渣系统

地质条件适宜的情况下,洞底残留渣量很少,围岩破碎、坍塌时往往会有大量岩渣落入洞底,必须清除才能拼装钢拱架、铺设仰拱块等。目前可用的清渣方式大多以人工为主,辅以小型无尾回转挖掘机、吊斗、平板车、提升吊机等,清理的残渣运送到带式输送机上或者随列车编组运至洞外。由于空间限制,现有清渣技术和装备机械化程度普遍偏低、人力劳动强度较大,小直径 TBM 上尤为突出,需要加大研发力度,早日实现机械化清渣作业。

(24) 气体检测系统

隧道施工中,有害气体及含氧量检测是十分重要的安全保障措施。TBM 主机和后配套区域安装有气体检测装置,实时监测氧气(O_2)、瓦斯(CH_4)、硫化氢(H_2S)、一氧化碳(CO)、一氧化氮(NO)和二氧化氮(NO_2)等含量,所有气体检测传感器信号接入 PLC 控制系统,监测数据在控制室屏幕显示。设置三级预警,当有害气体浓度达到预设值时发出提示,甚至声光报警,达到极限值时自动切断电源,并启动应急照明灯和其他应急设备。

(25) 照明系统

为了保证人员工作安全,满足必要位置设备操作、维护和检查的需要,TBM 上设有照明系统,不仅配备充足且适宜的照明灯,还在应急通道安装应急照明灯,采用蓄电池供电,保证在无电力供应的情况下仍可以保持不小于 2h 的应急照明。应急照明灯一般选用 LED 灯和日光灯等。

(26) 通信与视频监视系统

为了便于 TBM 上各个区域之间的沟通,通常配置 2 套通信系统,一是装备于重点部位及主要作业点的工业电话系统,二是手持对讲系统。

为了使 TBM 主司机在主控室内能够实时了解设备的运转状态和工序进展,合理协调整个掘进作业系统,TBM 配置视频监视系统,监视器置于主控室内,摄像头则分布于需要监视的重要工作部位,并且可传输视频信息到洞外监控室,如图 1-2-61 所示。

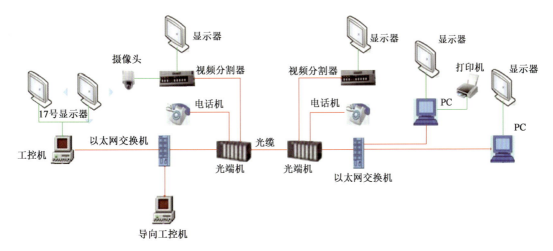

图 1-2-61 视频监视系统

(27) 消防安全系统

TBM 配电柜、变频器柜、应急发动机、主控室、液压泵站、润滑泵站等重要部位和易发生火灾区域配置烟雾和温度监测系统(或者自动监测及灭火系统),实时监测,及时发现火情并报警,便于迅速处理火情。根据可能发生的火灾类型,在主机至后配套尾部的重要区域针对性布置手持式干粉灭火器和二氧化碳灭火器,可供人工操作灭火。

在 TBM 的重要设备上安装有紧急停机的按钮,可以简单、迅速启动,一旦发生意外或故障可保证设备和人员安全,并且在报警解除后可人工复位。刀盘、带式输送机等设置有检修模式,由检修人员当场控制,避免主控室误操作。

(28)其他设施

TBM 通常配置休息室、库房、维修间等设施,有时配置应急避难舱。

2)凯式 TBM 典型结构

图 1-2-62　凯式 TBM

与主梁式 TBM 相比,凯式 TBM 主要区别在于支撑推进系统。凯式 TBM 的内机架类似于主梁,前端与机头架连接,尾部安装后支撑并与连接桥相接,内机架中间部位设置前后两套外机架,前后外机架上安装呈双 X 形布置的撑靴,即配置两套呈 X 形布置的撑靴,分别安装于前后外机架上,对称布置,每一组 X 形支撑都安装有 8 个撑靴,每个撑靴的面积相对较小,用以撑紧洞壁为掘进提供反力。凯式 TBM 实物如图 1-2-62 所示。

(1)内机架

如图 1-2-63 所示,内机架是支承刀盘的钢结构焊接件,前端与机头架用螺栓连接,中部安装有驱动装置,尾部安装有后支撑。为了便于制造和运输,内机架分前后两部分。内机架作为外机架和后支撑的导轨,使外机架的滑动垫块在其上滑行,前后外机架上各有 4 根推进液压缸,使之在内机架上前后滑动,从而完成掘进和换步工作。内机架既作为推进的导向装置,同时将 TBM 掘进时推进力与扭矩的反力传递给外机架,再通过 X 形支撑靴传递到洞壁上。内机架前端外侧安装的导轨板基架,作为锚杆钻机和钢拱架安装器的支座。在内机架内部,装有主机带式输送机,当带式输送机退回时,前端下部的孔口允许作业人员通过内机架进入刀盘。

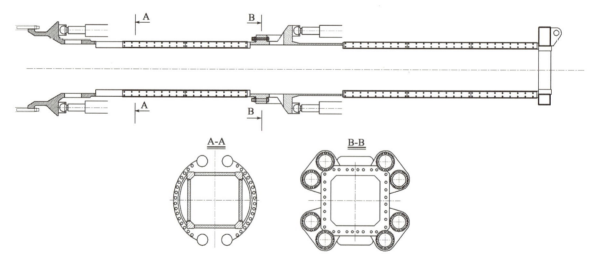

图 1-2-63　凯式 TBM 内机架

(2)外机架与支撑系统

如图 1-2-64 所示,外机架由前后两个装在内机架上互相独立可滑动的框架结构组成。为便于运输,外机架结构可以分解。前后外机架配置 8 个撑靴,成对配置,分别以 X 形安装在外机架的四角。TBM 掘进过程中的推力和扭矩的反作用力通过撑靴装置可以传到隧道洞壁上。每个撑靴装置包括 1 个撑靴、2 个撑靴液压缸和 1 个传力导轨,通过撑靴液压缸控制伸缩。各撑靴装置可以联动,也可以单独操作。这种主支撑结构可以满足机身的调向要求,并能使 TBM 顺利通过钢拱架支护洞段。

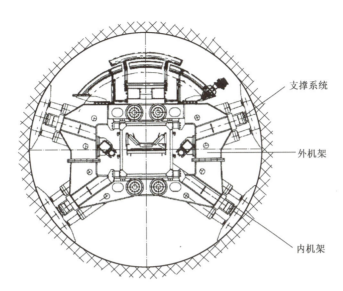

图 1-2-64　凯式 TBM 外机架与支撑系统

两个独立的外机架组件通过推进液压缸与内机架相连。通过单独移动前、后推进液压缸组,可以改变两外机架之间的距离,以避免撑靴直接顶压在钢架上。为了更好地放置撑靴,通过推进液压缸的反向移动,可使外机架支撑位置相对于隧道轴线有一定的上下和左右偏斜量。

(3)推进系统

如图 1-2-65 所示,推进系统有 2 组,共 8 根推进液压缸,前一组 4 根推进液压缸安装在前外机架与内机架前端,后一组 4 根推进液压缸安装在后外机架与内机架中部。每根推进液压缸可单独操作,以满足掘进机调向时外机架所需的姿态要求。

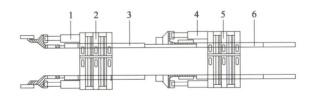

图 1-2-65　凯式 TBM 推进系统
1-前推进液压缸;2-前外机架;3-前内机架;4-后推进液压缸;5-后外机架;6-后内机架

(4)后支撑

如图 1-2-66 所示,后支撑由带移动液压缸的滑动机架、带支承靴的框架、支承液压缸和调向液压缸组成。调向液压缸可作横向调整。一旦支撑在洞壁的撑靴缩回,可通过水平方向与竖直方向调节内机架的位置来调整下一个掘进循环的方向,保持 TBM 在施工设计轴线上。TBM 换步时,首先伸出后支撑,外机架撑靴收回。在此位置,通过调节支承液压缸和调向液压缸实现 TBM 尾部的水平方向和竖直方向移动,并通过支承液压缸的反向移动使 TBM 尾部绕纵向轴线滚动。

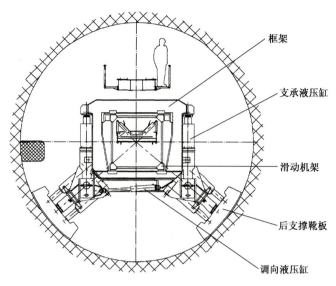

图 1-2-66 凯式 TBM 后支撑

凯式 TBM 的其他结构与主梁式 TBM 类似,不再赘述。

2.3 单护盾 TBM 工作原理与结构

2.3.1 结构组成与工作原理

1)单护盾 TBM 结构

单护盾 TBM 由主机、连接桥和后配套三部分组成,与敞开式 TBM 的区别主要在于主机结构和支护设备。单护盾 TBM 主机由刀盘、护盾(前盾、中盾、尾盾)、主驱动、推进液压缸、主机带式输送机组成,如图 1-2-67 所示。支护设备主要包括管片拼装机、豆砾石吹填系统和注浆系统。

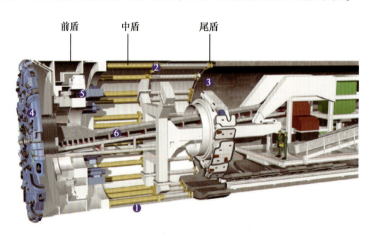

图 1-2-67 单护盾 TBM 主机结构
1-护盾;2-推进液压缸;3-管片拼装器;4-刀盘;5-主驱动;6-主机带式输送机

2)单护盾 TBM 工作原理

单护盾 TBM 掘进与管片拼装依次交替作业,掘进时,推进液压缸顶紧管片推动 TBM 前进破岩,管片承受掘进反力;掘进一个行程后,停止掘进,在尾盾保护下逐块拼装管片;整环管片拼装完毕,开始下一循环掘进。拼装管片时,相应部位推进液压缸收回,拼装机安装管片到预定位置并与后部、左右管片相连,推进液压缸伸出顶紧管片。管片拼装顺序为先底部、再两侧、最后封顶。

单护盾 TBM 掘进作业循环如图 1-2-68 所示。

图 1-2-68　单护盾 TBM 掘进作业循环

2.3.2　单护盾 TBM 典型结构

1）护盾

单护盾 TBM 的护盾由前盾、中盾、盾尾三部分组成,呈前大后小的台阶结构(又称锥形结构),有利于防止护盾被卡。

(1) 前盾

前盾主要用来安装主驱动并支撑刀盘,同时为主机带式输送机等各种设备提供安装接口。

(2) 中盾

中盾是推进液压缸、管片拼装机等设备的安装基座,与前盾之间采用螺栓连接,与盾尾之间通过液压缸铰接。

(3) 尾盾

尾盾为管片拼装提供作业空间和有效保护,推进液压缸的活塞杆在尾盾内伸缩,管片拼装器在尾盾空间内运行,盾尾内侧安装密封刷并紧贴管片外壁,外侧安装密封钢板用以阻挡管片背后吹填的豆砾石进入护盾区域。

2）推进系统

推进液压缸布置在盾体内壁,前端安装在中盾,后端顶推在管片上,为掘进提供推力,推进液压缸布置需与管片结构相匹配,避免推进液压缸顶推在管片接缝处。推进液压缸末端配置靴板,双缸末端共用 1 个靴板,可有效防止液压缸扭转,靴板与液压缸球头和球套连接,靴板附有一层聚亚安酯板,将力均匀地分散在管片接触面上,防止对混凝土管片造成点损坏。球头和球套以靴板为中心而非液压缸轴线为中心,确保推进力的反力均匀地作用在靴板上,然后传递到管片上。

为控制 TBM 掘进方向,推进液压缸合理分区,如 4 个分区或 6 个分区,可联动也可分区调整,各区分别配置行程传感器。

3）抗扭稳定器

为防止盾体扭转,前盾和中盾分别设置液压缸控制的稳定器。稳定器由液压缸和稳定靴构成,稳定靴通过盾体的窗口撑在洞壁上,推进时合理调整液压缸压力,以保证掘进过程中稳定靴对洞壁保持一定压力,又能沿洞壁滑动。

4）调向系统

TBM 调向时,通过每组推进液压缸的行程差来调节中盾与盾尾之间的夹角,此时铰接液压缸进出油相互连通,处于浮动状态,行程中可自行调整实现调向。TBM 直线掘进时,铰接液压缸进出油口关闭。

5）管片吊运与拼装系统

如图 1-2-69 所示，管片拼装机由举升液压缸、回转机构、管片抓持机构、平移机构和支撑梁等组成，有 6 个自由度，可灵活运动且精准控制，以保证管片安装质量。

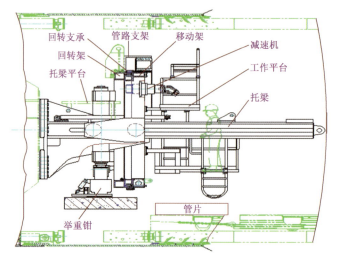

图 1-2-69　管片拼装机

管片拼装机抓取管片有两种方式，即机械抓取和真空吸盘抓取，如图 1-2-70 所示。

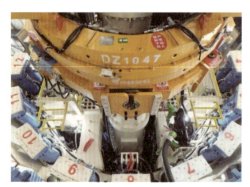
a)机械抓取式

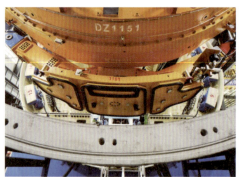
b)真空吸盘抓取式

图 1-2-70　管片抓取方式

管片吊运系统有 2 种方式：一种是列车编组运送管片到连接桥区域，管片吊机将其吊装到专用管片小车上，向前运送至管片拼装机作业区，如图 1-2-71 所示；第二种是列车编组运送管片到连接桥区域，管片吊机将其逐块依次吊运到喂片器，喂片器可存储 1 环管片，如图 1-2-72 所示。

图 1-2-71　管片小车运送管片

图 1-2-72　喂片器运送管片

6）豆砾石吹填系统

后配套台车上布置有风动豆砾石泵，通过压缩空气将豆砾石吹入管片与开挖洞壁之间的空腔。豆砾石充填能力与最高掘进速度相匹配，并有一定余量。通常，豆砾石由列车编组采用豆砾石罐运抵相应区域，以专用吊机转运到工作位置，通过波状挡边带式输送机卸料至豆砾石泵。

7）注浆系统

后配套上配置注浆泵，通过注浆管道将砂浆（水泥浆）注入管片与开挖洞壁之间的空腔，用以填充豆砾石之间的间隙。注浆压力可以调节，注浆泵的泵送频率可连续调整，并通过注浆压力传感器监测其压力变化。注浆泵有手动控制和自动控制两种模式。自动控制模式下，设置好起始和停止压力，此时 PLC 会根据压力传感器反馈的压力进行工作，当反馈的压力低于起始压力时，注浆泵开始工作；当反馈压力达到或高于停止压力时，注浆泵停止工作。水泥浆可洞内现场搅拌，也可拌制后采用搅拌运输车运输。

2.4 双护盾 TBM 工作原理与结构

2.4.1 结构组成与工作原理

1）双护盾 TBM 结构

双护盾 TBM 由刀盘、前盾、外伸缩盾、主推进液压缸、内伸缩盾、撑靴、支撑盾、辅推液压缸和盾尾组成，如图 1-2-73 所示。

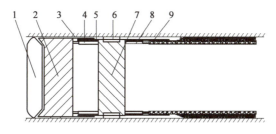

图 1-2-73　双护盾 TBM 基本结构
1-刀盘；2-前盾；3-外伸缩盾；4-主推进液压缸；5-内伸缩盾；6-撑靴；7-支撑盾；8-辅推液压缸；9-尾盾

2）双护盾 TBM 工作原理

双护盾 TBM 具有两种掘进模式：通常情况下采用双护盾掘进模式，遇到软弱破碎围岩，撑靴无法撑紧洞壁提供掘进反力时采用单护盾掘进模式。

双护盾掘进模式下，稳定器伸出，主推进液压缸推动前盾及刀盘向前破岩，同时在尾盾保护下拼装管片，撑靴撑紧洞壁承受掘进反力；掘进行程结束并且整环管片拼装完毕，收回撑靴，主推进液压缸回缩，辅推液压缸伸出，带动支撑盾及尾盾向前移动；支撑盾复位后，撑靴再次撑紧洞壁，开始下一循环掘进。

双护盾 TBM 掘进作业循环如图 1-2-74 所示。

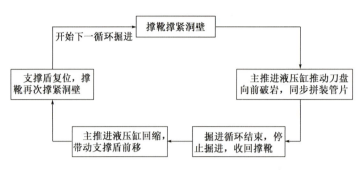

图 1-2-74　双护盾 TBM 掘进作业循环

单护盾掘进模式下,撑靴收回,主推进液压缸回缩,支撑盾始终处于复位状态,其工作原理与单护盾 TBM 类似,辅推液压缸顶推已经拼装好的管片,推动 TBM 向前掘进。

2.4.2　双护盾 TBM 典型结构

双护盾 TBM 主机护盾结构包括:前盾、伸缩盾、支撑盾和尾盾,直径呈前大后小台阶式布置。主机结构如图 1-2-75 所示。

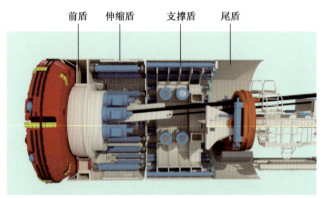

图 1-2-75　双护盾 TBM 主机

1）护盾

（1）前盾

前盾是主驱动系统的安装基座和保护壳,前端通过主驱动与刀盘相连接,后端通过主推进液压缸与支撑盾相连接。前盾配置稳定器,用来稳定前护盾,减少掘进时产生的振动,减缓主机扭转,如图 1-2-76 所示。

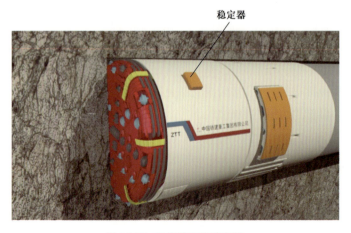

图 1-2-76　双护盾 TBM 稳定器

（2）伸缩盾

伸缩盾安装在前盾和支撑盾之间，由内外两层盾体组成，外伸缩盾与前盾刚性连接，内伸缩盾与支撑盾通过伸缩液压缸连接。伸缩盾的主要功能是双护盾TBM正常掘进时，为主推进液压缸提供伸缩工作空间，掘进和管片拼装可同时作业。伸缩液压缸连接座设置关节轴承，当伸缩盾发生滚动时，伸缩液压缸可以适应伸缩盾一定范围内的滚动。TBM正常掘进时，伸缩液压缸保持收缩状态，内伸缩盾紧贴支撑盾，防止落渣。向前移动内伸缩盾时，伸缩盾与支撑盾之间区域的隧道围岩可以裸露出来，复杂地质条件下可采取其他辅助措施。

（3）支撑盾

支撑盾是承受TBM推进反力的主要结构，前部安装主推进液压缸，尾部安装辅助推进液压缸，中间设置水平撑靴。撑靴由撑靴液压缸控制，撑紧力无级可调。在不同地质条件下，根据洞壁的稳定性及承载力调整撑紧力，以满足不同围岩条件下的掘进需求。

支撑盾内设计有超前预处理系统，可以用于超前钻孔、超前注浆、超前地质钻探等。

（4）尾盾

盾尾与支撑盾刚性相连，与单护盾TBM的尾盾类似，不再赘述，相关内容参见"2.3.2 单护盾TBM典型结构"。

2）推进系统

双护盾TBM的推进系统由主推进系统和辅助推进系统组成。

（1）主推进系统

主推进液压缸位于伸缩盾内，前端安装于前盾，后端安装于支撑盾，采用铰接式，既传递推力又传递拉力。

主推进液压缸有两种布置方式，分别是平行布置和V形布置，图1-2-75为平行布置，图1-2-77为V形布置。液压缸分成上下左右四组，分别设置有行程传感器，每组液压缸的压力可以独立调节，通过调整每组液压缸的推进压力和速度可实现TBM纠偏和调向。

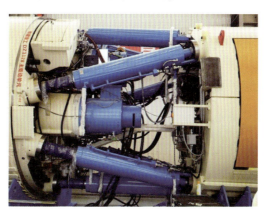

图1-2-77　V形布置的主推进液压缸

（2）辅助推进系统

辅助推进系统正常情况下用于辅助管片拼装，当TBM采用单护盾模式掘进时其作用与单护盾TBM的推进系统相同。

3）抗扭机构

抗扭机构布置在伸缩盾区域，将TBM掘进时产生的扭矩从前盾传递给支撑盾，前盾与支撑盾之间发生滚动时,可通过抗扭液压缸予以调整。

抗扭机构通常有两种结构形式。一是扭矩梁结构,左右对称布置一对,如图 1-2-78 所示,扭矩梁前部连接前盾,后部连接支撑盾,通过扭矩梁将刀盘扭矩的反力传递至支撑盾;扭矩液压缸安装于外伸缩盾,作用于扭矩梁,通过液压缸伸缩调整前盾滚动。二是扭矩臂结构,左右对称布置一对,如图 1-2-79 所示,扭矩臂两端分别安装于前盾、支撑盾,通过扭矩液压缸相连。

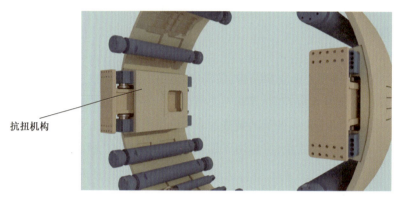

图 1-2-78　扭矩梁式抗扭机构

图 1-2-79　扭矩臂式抗扭机构

4)调向系统

双护盾模式掘进时,通过分组控制主推进液压缸的行程和压力调整掘进方向,如图 1-2-80 所示。单护盾模式掘进时通过分组控制辅助推进液压缸的行程和压力调整掘进方向。

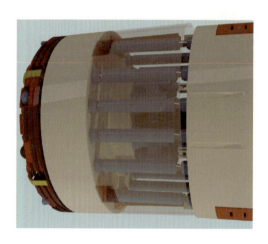

图 1-2-80　双护盾 TBM 调向系统

2.5 复合式TBM工作原理与结构

复合式TBM又称双模式TBM、多模式TBM。双模式TBM可以是硬岩敞开模式与软岩平衡模式转换、管片拼装模式和混凝土衬砌模式转换、土压平衡模式与泥水平衡模式转换。目前投入应用的主要为土压/TBM双模式TBM，多模式TBM目前处于理论研究层面。下面以土压/TBM双模式TBM做详细介绍。

2.5.1 土压/TBM双模式TBM结构组成与工作原理

1) TBM结构

土压/TBM双模式TBM主机主要包括刀盘、盾体、人舱、螺旋输送机、管片安装机、主机带式输送机（TBM模式用）等设备，如图1-2-81所示。

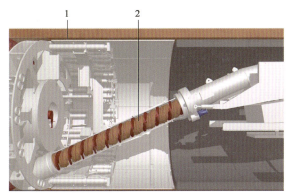

a) 土压平衡模式　　　　　　　　　　b) TBM模式

图1-2-81　土压/TBM双模式TBM结构组成
1-盾体；2-螺旋输送机；3-刀盘；4-主机带式输送机

2) TBM工作原理

土压/TBM双模式TBM可以根据地质条件调整掘进模式，其综合了TBM和土压平衡盾构（EPB）的优点，在全断面硬岩或围岩比较完整、自稳能力好且沉降控制要求不高的地层中采用TBM模式掘进，在软岩、土层以及对沉降敏感的地层采用EPB模式掘进，有利于控制沉降和保护建筑物及地下管线。土压/TBM双模式TBM模式的转换主要是出渣装置和掘进控制系统的调整，TBM模式下采用带式输送机出渣，岩体经刀盘刀具破碎后进入土仓，通过刮渣板集中至溜渣槽，再由带式输送机输送出渣；EPB模式下采用螺旋输送机出渣，通过调整刀盘转速、推进速度、螺旋输送机转速来调整切削土量和出土量，并保持土仓压力，使之与开挖面土压力保持平衡，维持围岩稳定。

根据TBM和土压平衡两种模式出渣的差异，TBM转土压平衡的主要工作是拆除TBM模式下的刮渣板、溜渣槽、主机带式输送机，同时安装土压平衡模式下的螺旋输送机、中心回转体、被动搅拌棒等装置。模式转换工作分为土仓内作业和盾体内作业，模式转换时土仓内作业和盾体内作业同时进行。TBM转EPB的转换流程如图1-2-82所示。

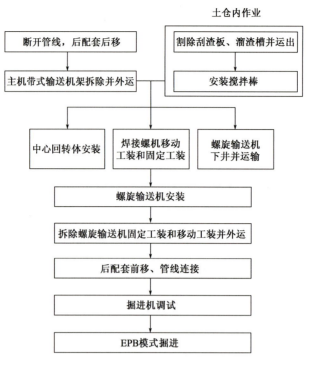

图 1-2-82　TBM 转 EPB 的转换流程

2.5.2　土压/TBM 双模式 TBM 典型结构

1）刀盘

刀盘是土压/TBM 双模式 TBM 的主要工作部件，可适应风化岩及软土地层掘进的复合式刀盘。由刀盘钢结构、刀具、渣土改良系统等组成，其主要作用是切削掌子面并收集、转运渣土。刀盘上安装有滚刀、切刀、贝壳刀和边缘刮刀，对隧道进行全断面开挖，并可实现正反双向旋转出渣。根据不同的地质工况，滚刀可以全部或部分更换成齿刀。所有可拆式刀具均可从刀盘背部进行更换。土压/TBM 双模式 TBM 刀盘如图 1-2-83 所示。

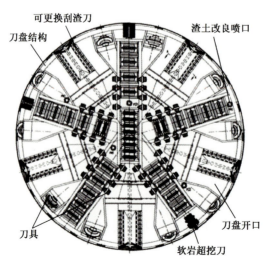

图 1-2-83　双模式 TBM 刀盘

刀盘面板配置有渣土改良注入口,在土压模式掘进下可通过结构内部预埋的改良剂管路注入渣土改良剂,对掌子面及土仓渣土进行改良。在TBM模式下由安装在刀盘背部中心位置的中心回转接头供水,对开挖面进行喷水处理,用于防尘和冷却。刀盘背部配置有搅拌棒,可对渣土进行搅拌,增强渣土的流动性。

2)主机

主机可满足土压平衡掘进模式下通过螺旋输送机出渣、中心回转接头通道进行渣土改良,以及单护盾掘进模式下主机带式输送机出渣功能要求;同时具备土压平衡模式人舱保压功能及敞开模式除尘功能要求;前盾隔板上设计有可拆卸的搅拌棒、高压喷水口、除尘通道,驱动中心可以安装溜槽、中心回转接头、主机带式输送机,下部可以安装螺旋输送机。其中人舱、搅拌棒、中心回转接头、螺旋输送机为土压平衡模式下使用,并在敞开模式下拆除或封堵;除尘通道、稳定器、溜槽、可拆卸溜渣板、主机带式输送机为单护盾模式下使用,并在土压平衡模式时拆除、闲置或封堵;搅拌棒、溜槽、中心回转接头承压隔板、除尘通道等为可拆卸或分块设计,便于在模式转换过程中拆除、运输。

3)螺旋输送机

螺旋输送机采用有轴式螺旋,后部双闸门结构形式。螺旋输送机固定在前盾底部套筒法兰上。在掘进时,刀盘开挖的渣土掉落到土仓底部,通过螺旋输送机输送到带式输送机上。螺旋输送机通过液压缸的伸缩使螺旋轴与筒体形成相对运动,以此来处理堵塞和卡顿现象;筒体上设有检修门,必要时可以打开检修门来清理被卡在螺旋叶片间的渣土。螺旋机筒体上布置有改良剂注入口,可通过这些孔注入膨润土或泡沫来改善渣土的流动性。螺旋输送机如图1-2-84所示。

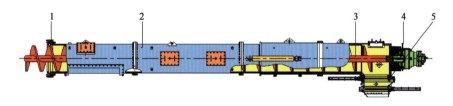

图1-2-84 螺旋输送机示意图
1-防涌门;2-筒体;3-螺旋轴;4-驱动装置;5-闸门

第 3 章
TBM法隧道施工技术适用性及特点

与传统钻爆法相比，TBM法隧道施工效率较高，同时具备施工安全、自动化程度高、成洞质量高、对围岩扰动较小等诸多优势。TBM已成为国家基础建设、资源开发和国防建设的重大技术装备，TBM法隧道施工成为各种长距离隧道首选施工工法，被广泛应用于水利、隧道、地铁、市政、矿山、军事等地下工程施工。但是TBM法隧道施工技术也有其适用范围，并且存在一定的局限性，本章全面系统总结了TBM法隧道施工技术的适用范围、优点和局限性。

3.1 TBM法适用范围

1）隧道断面

目前，TBM仅用于圆形断面隧道施工，开挖直径通常为3.5~15m。开挖断面过大，如超大直径TBM，开挖后洞室稳定性欠佳，并且由于刀盘转速较低会严重影响施工效率，TBM法隧道施工安全、快速的优势得不到体现；开挖断面过小，洞内作业空间小，施工条件差，长距离施工组织难度大，现阶段微型TBM应用较少。

2）地质条件

TBM对地质条件比较敏感，同一机型在不同地质条件下的适应性差异很大，适宜的地质条件下可充分发挥其快速施工的优势，遭遇复杂地质时，施工效率会大幅下降，甚至需要长时间停机处理。因此不同的地质条件需要配置适宜机型的TBM和相应的设备，TBM法适用的地质条件以Ⅱ~Ⅳ级围岩为宜；Ⅰ级围岩由于节理不发育甚至无节理、抗压强度高、磨蚀性高、破岩效率低、施工成本高，其适用性较差，且部分机型不适用；Ⅴ级围岩及复杂地质条件下，通过加强支护、超前处理等措施，部分情况下TBM具有一定的适应性，有时不适用。软岩大变形、长距离断层破碎带、大流量涌水涌泥等复杂地质条件下，受设备结构、空间限制，大型支护设备无法进入TBM前端作业，缺乏行之有效的处置措施，虽然目前在个别项目实现了掌子面注浆、管棚等超前处置，但对于整体工效而言，存在明显不足，特别是当复杂地质段较长时，隧道施工进度无法满足工程需求。对于大型岩溶暗河、软岩大变形、强烈与极强岩爆、大规模突水涌泥涌砂等复杂地质条件，不适合采用TBM法施工。

3）隧道长度

受施工准备期长、设备投入大等因素影响，TBM 在长隧道、特长隧道中的实用性强；短隧道中，技术上可以适用，但工期、成本等方面存在明显劣势，有时为适应建设环境需求，TBM 也会用于较短隧道施工（如适宜地质条件下的城市地铁隧道）。根据相关文献，隧道长度与直径比不小于 600 时，适合采用 TBM 法施工，通常独头施工长度超过 5km 时宜采用 TBM 法施工。

4）其他

工期、成本、环境等因素也会影响 TBM 的适用性，详见第 2 篇。

3.2　TBM 法隧道施工技术优点

3.2.1　施工效率

TBM 法隧道施工技术采用机械化、工厂化作业，实现了连续掘进，隧道破岩、出渣、支护平行作业，一次成洞，掘进速度较快，效率较高。适宜的地质条件下，TBM 可持续、均衡、快速施工，平均日进尺可达 20~40m，甚至超过 60m，最高日进尺可达 80~90m，甚至超过 100m，平均月进尺 300~2000m。

20 世纪 90 年代初期，在甘肃省引大入秦工程、山西省引黄入晋工程总干线隧洞施工中，双护盾 TBM 平均月进尺 800~1000m，最高月进尺 1300m，最高日进尺 60~80m；引黄入晋南干线隧洞采用双护盾 TBM 施工，最高月进尺 1821.5m，最高日进尺 99.37m；甘肃省引洮供水工程 7 号隧洞单护盾 TBM 施工最高月进尺 1869m，9 号隧洞双护盾 TBM 施工平均月进尺 802m，最高月进尺 1464m，最高日进尺 86.7m。

辽西北供水工程二段四标，采用敞开式 TBM 施工，平均月进尺 610m，最高月进尺 822.6m，最高日进尺 56m；新疆 EH 工程双三段二标，采用敞开式 TBM 施工，平均月进尺 720m，最高月进尺 1280m，最高日进尺 56.6m。上述两项工程敞开式 TBM 以及山西省中部引黄工程双护盾 TBM 逐月施工进度统计如图 1-3-1 所示，起始月进度偏低主要是受两方面因素影响，一是开始掘进时间并非月初，二是此时 TBM 处于试掘进初期，需要严格控制掘进参数；中间进度为零的月份，2 台敞开式 TBM 中间转场，相邻月份进度较低是由于施工时间并非整月统计。

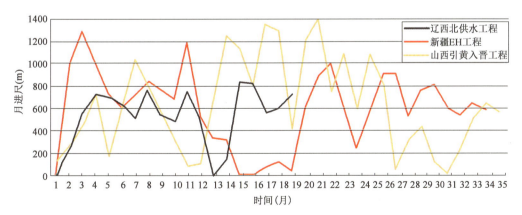

图 1-3-1　TBM 法隧道施工月进尺统计图

3.2.2　施工质量

通常，圆形断面有利于隧道结构稳定。TBM 法施工的隧道断面为圆形，有利于围岩稳定。圆形断面更有利于水的流动,且断面利用率高,因此水工隧洞采用 TBM 法施工的工程较多,其他领域隧道采用 TBM 法施工需要特别关注断面布置。

机械破岩对围岩扰动小。TBM 采用滚刀等工具实现机械破岩,避免了爆破作业,对围岩扰动小,隧道周围岩层不会受爆破振动影响而破坏,洞壁完整光滑,如图 1-3-2 所示。研究表明:变质砂岩受 TBM 掘进影响较小,围岩扰动范围在 0.3m 左右;蚀变角斑岩受 TBM 掘进影响较明显,围岩扰动范围约 0.6m;完整花岗岩受 TBM 掘进影响小,围岩扰动范围多在 0.3m 以内;较完整至较破碎花岗岩,TBM 掘进围岩扰动范围多在 0.6m 以内;破碎花岗岩,TBM 掘进围岩扰动范围多在 1.3m 以内。某工程 TBM 掘进围岩扰动测试结果见表 1-3-1。

图 1-3-2 完整硬岩段 TBM 法施工隧道洞壁

TBM 掘进围岩扰动测试结果表 表 1-3-1

测点	断面里程	岩 性	岩体完整性	围岩扰动范围(m)	岩体平均纵波波速(km/s)	岩体完整性系数 K_v
1	DK142+946	变质砂岩	Ⅲ级	0.3	5.30	0.79
2	DK142+880	变质砂岩	Ⅴ级	0.3	5.11	0.73
3	DK142+860	变质砂岩	Ⅳ级	0.3	4.98	0.70
4	DK145+540	角斑岩	Ⅲ级	0.6	5.49	0.89
5	DK147+516	花岗岩	较破碎	0.6	4.676	0.498
6	DK147+715	花岗岩	完整	0.3	6.249	0.890
7	DK147+940	花岗岩	完整	0.3	5.778	0.761
8	DK148+240	花岗岩	破碎	1.3	2.597	0.154

定尺开挖,超欠挖量少。对于一台特定的 TBM,其开挖断面通常是确定的,施工过程中变化极其微小,正常情况下主要是边刀磨损所致,通常边刀使用新刀圈时开挖直径比边刀刀圈磨损到极限时大 30mm,以开挖直径 4~12m 的 TBM 为例,边刀磨损导致的断面变化为 0.50%~1.51%,因此正常情况下 TBM 开挖断面的变化可以忽略,认为不存在超欠挖。TBM 掘进方向一旦偏离隧道设计轴线,会存在一侧超挖和对侧欠挖的情况,TBM 配备有可靠的导向系统,具有调向纠偏功能,规范操作可避免该情形。

随时调向,方向控制好。TBM 导向系统具有准确测量、实时测量、实时解析、实时显示功能,可以实时为主司机提供 TBM 的准确位置和姿态数据。如果掘进方向偏离隧道设计轴线,系统可实时提供纠偏路径;TBM 掘进过程中,可随时调整方向(双 X 形支撑敞开式 TBM 只能在换步过程中调向),因此规范操作可确保 TBM 掘进方向可控(软弱围岩时,可能会发生意外情况),隧道实际开挖轴线与设计轴线偏差极小。

3.2.3 施工安全性

TBM法施工的隧道断面为圆形,隧道结构稳定性好,施工风险相对较低;TBM掘进过程中对围岩扰动小,洞壁掉块、坍塌风险小。隧道施工风险最高位置为掌子面附近,TBM刀盘后均配置有护盾,能够为人员、设备提供可靠防护。TBM法隧道施工过程中,刀盘始终紧贴或者靠近掌子面,对于突水、涌泥、涌砂具有一定的阻挡作用,可减缓突发复杂地质带来的危害。TBM设计制造过程中,会结合工程特点配置相应的安全保护措施,如用电安全、防水安全、高空作业防护、冷却及保护、有毒有害气体监测预警保护等措施,必要时配置救生圈、避难舱等设备设施。与钻爆法相比,TBM法隧道施工显著改善了洞内劳动环境和条件,减轻了体力劳动量,安全性显著提高。

3.2.4 施工连续性

钻爆法独头连续施工长度不宜超过4km,最长可达约6km,长距离隧道的施工难度和成本会急剧增加,施工效率显著降低。TBM法独头连续施工长度不宜超过12km,一般控制在15km以内,最长可超过20km。部分工程TBM法隧道施工长度统计参见图1-3-3。

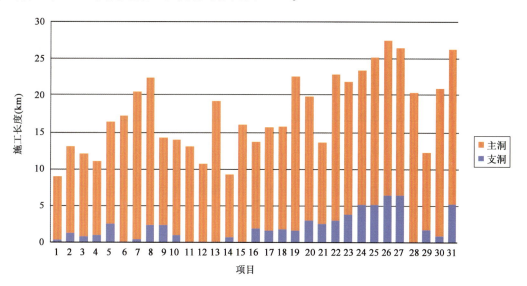

图1-3-3　部分TBM法隧道项目施工长度统计

3.2.5 施工经济性

TBM法在地质较好洞段基本没有超欠挖,在Ⅳ级、Ⅴ级围岩洞段也因支护及时,通常仅存在局部塌方造成的小范围超挖,超挖量小可节省大量回填费用。TBM法施工对围岩扰动小,原状围岩承载力强,支护(含初期支护和永久支护)要求相对较低,支护成本低。TBM法具有快速施工优势,总工期缩短可以节约大量间接费用。TBM法连续掘进长度大,在长隧道施工中可减少辅助施工通道数量,辅助通道总成本远远低于钻爆法。因此,TBM法在长隧道施工中具备缩减成本的优势,且工程建设周期短、投入使用时间早,经济效益与社会效益显著。

某隧道全长20.05km,采用钻爆法施工,辅助坑道共计16座,其中斜井13座,竖井2座,横洞1座,辅助坑道总长度19.82km,详见表1-3-2,共8家施工单位参与施工。类似工程若采用TBM法施工,中间仅需1座斜井、由1家施工单位承建即可,辅助工程和间接费用可大幅降低。尽管目前TBM法施工单价仍高于钻爆法,通过综合考虑、全面对比,TBM法的经济性优势仍非常明显。

某隧道钻爆法施工辅助坑道参数　　　　表 1-3-2

辅助坑道名称	里　程	坡度(°)	与线路相对关系	运输方式	长度(m)
1号斜井	YDK164+170	0.1219	右	无轨	323.81
2号斜井	DK164+000	0.1196	左	无轨	291.44
3号斜井	YDK168+313.08	0.112	左	无轨	1665.83
4号斜井	DK167+100	0.3098	左	无轨	522.84
5号斜井	YDK169+700	0.1233	右	无轨	2182.35
6号斜井	DK169+600	0.118	左	无轨	2135.38
7号斜井	YDK172+100	0.1071	右	无轨	3361.97
8号斜井	YDK174+000	0.0944	右	无轨	2773.76
9号斜井	YDK176+600	0.126	右	无轨	2399.34
10号斜井	DK178+066	0.0838	右	无轨	1640.79
11号斜井	YDK178+300	0.3682	右	有轨	671.51
12号斜井	DK180+300	0.3351	右	有轨	342.51
13号斜井	YDK1805662	0.4192	右	有轨	233.83
横洞	DK182+900	0.0047	左	有轨	294.83
1号竖井	DK176+500		左		515.66
2号竖井	YDK169+542		右		466.6
合计					19822.45

3.2.6　施工环保性

TBM法隧道施工采用机械破岩,从源头上杜绝了炸药爆破造成的相关污染。

TBM配备有完善的降尘除尘设备,除尘效率高达99.9%。TBM掘进过程中,通过刀盘上配置的喷水嘴喷射雾化的高压水,从而达到掌子面降尘目的;降尘后的污浊空气,在除尘风机形成的负压作用下,通过除尘通道和管路到达除尘器,经除尘后的空气,经管路排放到洞内。除尘方式主要有两种,一是干式除尘系统,二是湿式除尘系统,目前以前者为主,详见本篇第2章。

长隧道采用TBM法施工,可大大减少辅助施工通道,从而减少了征拆点数量和征地面积,临时工程相对集中布置,各类污染集中控制,减少弃置和污染,保护生态环境。例如十堰市城市水资源配置工程,5号隧洞下穿赛武当风景区,全长29km,开挖直径4.0m,若采用钻爆法施工,小断面情况下,独头连续施工长度控制在3~4km,至少需要设置3~4座施工支洞,每座支洞进入主洞后分别向上下游方向施工;采用TBM法施工,从隧洞进口和出口分别采用1台TBM相向施工,中间无施工支洞。显然,采用TBM法施工,减少了中间支洞,环境保护意义重大,特别是隧道线路下穿自然保护区、环境敏感区域时TBM法施工成了必然选择。

3.2.7　施工自动化

TBM配备各类传感器,采用激光导向技术、测量技术和通信技术以及计算机程序控制,具有施工数据采集、处理、故障分析、预警、TBM姿态管理、施工数据实时远传功能,实现信息化施工,自动化程度高。

3.3 TBM法隧道施工技术局限性

3.3.1 施工设备成本

TBM设备造价高,通常为数千万元到亿元,大直径TBM造价高达2亿元,连续带式输送机、物料运输车辆等施工配套设备配置也要与之相匹配,因此一次性设备投入大。部分项目TBM及施工配套设备价格见表1-3-3。

部分项目TBM及施工配套设备价格　　　　表1-3-3

序号	项目	机型	开挖直径(m)	采购时间(年)	TBM(万元)	连续带式输送机(万元)	施工通风系统(万元)	有轨运输设备(万元)	备注
1	西康铁路秦岭隧道	敞开式	8.8	1995	36000		192	2020	有轨运输出渣;施工通风系统仅含风机
2	锦屏二级水电站引水洞	敞开式	12.43	2008	23500	4250	980	1150	
3	兰渝铁路西秦岭隧道	敞开式	10.23	2009	21300	3800	560	1350	
4	辽西北供水工程	敞开式	8.53	2012	15000	3500	300	1300	
5	吉林引松供水工程	敞开式	7.93	2014	12600	2900	380	1200	
6	新疆EH工程	敞开式	7.83	2016	10700	4600	700	1800	TBM批量采购18台,仅含L1区锚杆钻机

3.3.2 施工准备周期

TBM开始掘进前,准备工作内容多、时间长,按关键线路分析,典型时间安排示例见表1-3-4。

TBM法隧道施工准备工作关键线路示例(单位:月)　　　　表1-3-4

序号	项目	时长	开始时间	结束时间	工作进展
1	TBM招标采购	3	1	3	1-3月
2	TBM设计制造	10	4	13	4-13月
3	TBM进场运输	1	14	14	14月
4	TBM工地组装调试	2	15	16	15-16月
5	TBM步进	1	17	17	17月
6	TBM开始掘进	—	18	—	18月

3.3.3 施工条件要求

TBM法隧道施工,需要具备相应的交通条件,以便于设备及物资能够顺利运抵工地现场,应特别关注超限件运输道路要求;需要具备相应的供水能力、水质达到相应标准,满足施工和生活用水;需要具备相应的供电能力,为施工提供动力保障;需要具备相应的场地条件,满足TBM组装调试、掘进施工和办公生活的需求;还需要具备相应的施工通道,满足洞内洞外、场内场外交通的需求。

以 TBM 法施工用电为例，单台 TBM 装机功率达数千千瓦，施工配套设备也以电力驱动为主，TBM 及施工配套设备功率配置往往为数千或数万千瓦，所以 TBM 法隧道施工需要解决大容量电力供应问题。部分 TBM 及电力驱动的主要施工配套设备功率配置见表 1-3-5。

TBM 及施工配套设备功率配置（单位：kW）　　　　表 1-3-5

序号	设备名称	数量	单机功率	功率合计
1	TBM	1 台	7300	7300
2	连续带式起重机	1 台	2500	2500
3	支洞带式起重机	1 台	800	800
4	桥式起重机	1 台	430	430
5	通风机	1 台	750	750
6	供水水泵	2 台	92	184
7	排水水泵	3 台	137	411
8	混凝土搅拌机	1 台	230	230
总计		—	—	12605

其他内容详见"第 3 篇 TBM 法隧道施工准备"。

3.3.4　施工灵活性

开挖断面灵活性差。目前 TBM 只能用于圆形断面隧道，其他断面形式无法一次成型。如前所述，一般情况下，较适宜采用 TBM 法施工的隧道断面直径为 3.5~15m，且对于特定的 TBM 其断面大小是相对固定的；特殊情况下，可以通过扩挖措施在较小范围内实现扩挖，或者通过更换刀盘边块等措施实现大尺度扩挖，但存在较多弊端，推广价值较小。

地质敏感，作业灵活性差。每种机型的 TBM 都有其适用的地质条件，超出适应范围则 TBM 法隧道施工效率会显著降低，甚至停机采用矿山法处理后再恢复掘进。特定机型的 TBM，作业模式相对固定，且 TBM 占据了洞内绝大部分空间，遇到特殊情况时，工法转换难度大，采取辅助措施便捷性差。TBM 法隧道施工地质适应性详见第 2 篇。

转弯受限。由于结构限制，TBM 在施工过程中的转弯半径较大，一般无法实现小半径转弯，通常平面曲线转弯半径在 300m 以上，竖曲线转弯半径在 500m 以上。

空间受限。施工过程中，由于 TBM 体积大，占据了掘进作业区域的绝大部分空间，留给人员作业的空间相对较小，并且 TBM 开挖直径越小，供人员作业的空间越狭窄。

3.3.5　短隧道实用性

TBM 法隧道施工准备周期长、施工准备工作量大、设备投入大，在短隧道施工中即便技术上可行，受总体工期与施工成本的劣势限制，实用性差，一般不予选用。特殊情况下，如处于岩石地层中的城市地下工程、不允许爆破的自然保护区内隧道工程、军事敏感区的地下工程等，受环境限制不允许采用钻爆法施工、钻爆法施工严重受限制，或钻爆法施工需要投入大量防护措施时，宜采用 TBM 法施工。

第 4 章
国内外TBM发展与现状

TBM起源于19世纪中叶,1846年比利时工程师毛瑟(Maus)开发了世界首台TBM,1953年美国工程师詹姆斯·罗宾斯(James Robbins)成功研制了第一台现代意义上的TBM,开创了TBM设备技术、施工技术发展与应用的新时代。

我国TBM装备研制与施工应用始于20世纪中叶,1966年研制了首台TBM,直径3.5m,并应用于引水隧洞。经过50余年的发展,国内TBM从探索自主研制到引进设备,从受制于国际技术封锁到国际合作、收购外企、自主知识产权产品下线,从引进外企承包施工到自主施工、走出国门对外承包,我国TBM装备技术与施工技术取得了骄人的成绩,有力地推动了国家交通、水利、市政等多行业的基础建设进程;另一方面,国内TBM研制与施工仍然面临着关键部件制造能力不足和核心技术欠缺等挑战,施工市场不规范、施工管理粗放、复杂地质条件下的隧道建设需求与当前TBM法隧道施工技术水平间存在差距等问题依然严峻。

本章主要介绍国内外TBM的发展历程,并从应用规模、分布区域、应用领域、TBM开挖断面、机型、品牌等多方面统计分析TBM应用与发展,简要总结其规律,可帮助读者客观全面了解TBM的发展历程和现状。

4.1 国内外 TBM 发展历程

4.1.1 国外 TBM 发展历程

1956年,美国工程师詹姆斯·罗宾斯成功设计了只采用滚刀的TBM(图1-4-1),开挖直径3.28m,用于加拿大多伦多市一条长约4.5km隧道的施工。此后,TBM法隧道施工技术经过几十年的应用,不断推广、创新,从软岩TBM到中硬岩TBM均取得了成功。国外TBM发展历程参见表1-4-1。

图 1-4-1 世界上第一台成功使用的 TBM

国外 TBM 发展历程表(截至 2008 年)　　　　　　　　　　　　　　　　　　表 1-4-1

序号	时　间	历　史　事　件
1	1846 年	比利时工程师毛瑟发明了"片山机(Mountain-slicer)",未实际应用,却是公认的世界上第一台 TBM
2	1851—1856 年	1851 年,美国人查理士·威尔逊开发了一台蒸汽机驱动的 TBM,重 75t,用于马萨诸塞州西北胡塞克隧道开挖,未成功应用;1856 年,美国工程师赫尔曼·豪普特制造了另一台 TBM 继续开挖该隧道,仍未成功
3	1881 年	1856 年后 30 年间,工程师设计试制了各种 TBM 共 13 台,均未成功应用。1881 年波蒙特开发了压缩空气式 TBM,用于直径 2.1m 的英吉利海峡隧道勘探导洞施工,累计掘进约 3 英里(1 英里≈1.6093km)
4	1881—1953 年	工程师们先后设计制造了 21 台 TBM。受当时技术条件限制,TBM 的研制与应用几乎停滞
5	1953 年	美国工程师詹姆斯·罗宾斯制造了世界上第一台现代意义上的软岩掘进机,直径 7.85m,平均掘进速度为 160ft/d(1ft=0.3048m),几乎是同时代钻爆法施工速度的 10 倍。詹姆斯·罗宾斯随后创办了世界上第一家专门研究制造 TBM 的公司,也就是 Robbins 公司的前身
6	1956 年	Robbins 公司制造的中硬岩 TBM 成功通过工业性试验,开挖直径 3.28m,首次配备盘形滚刀,是 TBM 发展中的一个重要转折点,盘形滚刀成为 TBM 破岩的标志性配置。这一时期,Robbins 公司又为某输水隧洞制造了 1 台直径 9m 的全断面 TBM
7	1960 年	Robbins 公司为塔基玛尼亚隧道制造了 1 台直径 4.89m 的 TBM,结构设计上首次采用浮动式球形铰接撑靴系统,实现 TBM 连续转向;同时改进密封,提升主轴承寿命,创造了 6 天掘进 229m 的纪录
8	1963 年	巴基斯坦曼格拉大坝隧道 TBM 法施工中,首次采用带式输送机取代有轨运输出渣
9	1965 年	美国 Robbins 公司制造了第一台单护盾 TBM
10	1967 年	德国维尔特(Wirth)公司开始制造 TBM,第一台 TBM 直径 2.14m,用于奥地利 Ginzling 隧道施工,洞长 263m
11	1973 年	意大利 SELI 公司同美国 Robbins 公司共同设计、Robbins 公司制造完成了第一台双护盾 TBM(编号 144-151)
12	1976 年	瑞士格里姆瑟尔项目中为应对硬岩掘进,Robbins 相继推出了 15in 和 17in 滚刀(1in≈2.54cm)
13	1982 年	Wirth 公司为南美金矿制造了 1 台直径 3.4m 的 TBM,应用较成功,自制的滚刀具有较高的承载力
14	1983 年	Wirth 公司开始制造双护盾 TBM
15	20 世纪 80 年代	Wirth 公司和 Robbins 公司分别开发斜井 TBM,装有 2 套支撑装置,可实现 45°上坡和 18°下坡掘进
16	20 世纪 80—90 年代	Wirth 公司:开始采用 TBM 导洞法施工; 意大利法:先用小直径 TBM 开挖导洞,再采用钻爆法扩挖; 瑞士法:先用小直径 TBM 开挖导洞,再用扩挖机扩挖
17	1988 年	Robbins 推出 19in 滚刀和楔锁式刀具安装法,成为掘进机使用新标准
18	1994—1995 年	Wirth 公司为瑞士弗莱纳隧道(19.062km)制造了 1 台直径 7.64m 的敞开式 TBM;为我国西康铁路秦岭隧道制造 2 台直径 8.8m 的敞开式 TBM
19	1996 年	德国海瑞克公司(Herrenknecht)开始进军 TBM 市场

续上表

序号	时间	历史事件
20	1999年	Wirth公司为西班牙制造了1台直径12.5m的敞开式TBM
21	2006年	Robbins公司制造了当时世界上直径最大的14.44m主梁式TBM,用于加拿大尼亚拉加水电项目,并首次应用20in滚刀
22	2008年	秘鲁奥尔莫斯调水工程中Robbins公司创新使用McNally支护系统,解决TBM破碎段施工问题

4.1.2 国内TBM发展历程

我国于1960年代开始研究与应用TBM,50多年发展历程大致可以分为5个阶段。

1) 自力更生,研发探索(1964—1985年)

1964年,水电部上海水电勘测设计院机械设计室和北京水电学院机电系等单位联合设计研发直径为3.4m的TBM,1965年被列为国家科学技术委员会重点科研项目。1966年,水电部上海水工机械厂组装制造了直径为3.4m的SJ34型TBM,用于杭州市玉皇山、宝石山人防洞。20世纪70年代初,上海水工机械厂相继研制了刀盘直径为5.5m、5.8m和6.8m的TBM,先后投入巨资研制出50多台不同直径的TBM,但受当时国内基础工业水平、产品开发思路及技术路线等方面的影响,TBM破岩能力弱、掘进速度慢、故障率高、可靠性差、实用性差,经过一段时期的实践,多数TBM无法投入使用。

20世纪70年代中期,针对TBM研制存在的关键问题,我国集中技术力量组织联合攻关,通过出国考察、外国专家来华座谈等技术交流活动搜集到大量技术资料,在总结之前产品经验和教训的基础上又研制出一批TBM,如:上海水工机械厂研制的直径为5.8m的TBM,1982—1984年在引滦入津工程新王庄和古人庄两座隧洞施工中总掘进2723m,最高月进尺213.4m,最高日进尺21.35m,平均月进尺92.5m;煤炭科学研究院上海分院设计,上海第一石油机械厂研制的直径3.0m的TBM,1977—1982年分别在江西萍乡、河北迁西、山西怀仁累计掘进2633m,最高月进尺218.3m,最高日进尺14.5m,平均月进尺90m(有水)、150m(无水)。

20世纪80年代中期,我国在TBM关键零部件的攻关研究方面取得一些进展,如刀圈、主轴承及密封、大齿圈热处理和后配套等。煤炭科学技术研究院(以下简称"煤科院")上海分院在原有基础上做了改进,由山西省5409厂研制了4台直径3.2m的TBM,分别在云南省羊场煤矿(1988年开始掘进2500m)、贵州省南山煤矿(1990年掘进780m)、北京十三陵抽水蓄能电站(1992年掘进91.7m)施工,并取得一定成绩。1986—1990年,由煤科院上海分院设计、上海重型机器厂研制的直径5.0mTBM,在山西古交东曲煤矿掘进3654m,最高月进尺202m,最高日进尺12.7m,月平均进尺85m;水电部杭州机械设计研究所设计、上海水工机械厂研制的直径4.0mTBM,在福建省龙门滩工地现场进行刀盘改装,直径扩大为4.5m,但该TBM并没能达到预期效果。

该阶段国产TBM与国外相比差距还很大,但是该阶段为多年后的TBM继续研发和应用培养了一批基础理论扎实的专业人才。

2) 引进设备,外企施工(1985—1995年)

20世纪80年代,随着我国对外开放的深入,国外TBM设备和施工企业进入我国隧道施工市场,如甘肃省引大入秦、山西省引黄入晋输水工程隧洞分别由意大利CMC公司与Impregilo公司用Robbins公司制造的双护盾TBM施工。该阶段以山西万家寨引黄入晋工程南干线为典型代表,隧洞地质以灰岩、泥灰岩为主,采用Robbins1617-290双护盾TBM(ϕ4.94m)施工,最高月进尺1821.49m,平均月进尺784m。

该阶段由国外制造商和承包商主导 TBM 设计和施工,但施工过程中锻炼培养了一批国内 TBM 操作人员,这些人员大部分仍在参与 TBM 设计制造与施工工作。

该阶段 TBM 工程实例见表 1-4-2。

国外 TBM、国外承包商施工工程　　　　　　　　　　　　　表 1-4-2

机 型	承 包 商	工 程	施工时间(年)	洞径(m)	完成洞长(km)
Robbins 1811-256	CMC(意大利)	引大入秦 30A 号 38 号	1991—1992	5.53	17
Robbins 205-277	CMC-SELI 集团(意大利)	引黄入晋主干 8 号	1994—1995	6.13	12
Robbins 1617-290 154-273-1 1616-289	Impregilo(意大利)	引黄入晋南干	1998—2001	4.82~4.94	86.24
Robbins 155-274	CMC(意大利)	引黄入晋 5 标	2000—2001	4.82	13
Robbins 1217-303	CMC(意大利)	昆明掌鸠河供水工程上公山隧道	2003—2006	3.66	21.53

3）引进设备,自主施工(1995—2013 年)

20 世纪 80 年代末至 90 年代初,武警水电部队采用 Robbins 公司的二手 TBM 在广西天生桥水电站尝试了自主施工,但由于 TBM 地质适应性严重不足而未能真正成功。为了修建全长 18.45km 的西康铁路秦岭隧道,1995 年,铁道部从德国 Wirth 公司引进 2 台敞开式 TBM,由铁道部第十八工程局(以下简称"铁道部十八局")和铁道部隧道工程局(以下简称"铁道部隧道局")两家国企承建,分别负责南口和北口的施工,这是我国首次独立使用和管理 TBM,最高月进尺分别为 509m 和 531m,平均月进尺 310m。TBM 在该工程的成功应用奠定了我国推广应用 TBM 的坚实基础,之后的西南铁路桃花铺一号隧道和磨沟岭隧道、吐库二线铁路中天山隧道、大伙房水库输水工程、锦屏二级电站引水洞、辽西北供水工程、山西中部引黄工程等工程,全部采用国外的 TBM 设备,国内企业独立组织施工。施工中克服了一系列地质难题,也取得了较好业绩,如辽西北供水工程 TBM 进度普遍较好,二段四标敞开式 TBM(直径 8.53m)平均月进尺 616m。

该阶段,铁道部及国内企业主导了 TBM 选型和招标采购,并实现 TBM 自主施工,培养和锻炼了一大批相关技术人才,能独立驾驭 TBM 法隧道施工的规划、勘察、设计、施工和管理工作,掌握了 TBM 法隧道施工技术并积累了丰富的经验,为我国大规模隧道建设打下了基础,也为国内科研院所及企业深入研究 TBM 提供了有利条件并取得了丰硕成果,TBM 法隧道施工技术逐步得到推广。

该阶段部分 TBM 法隧道施工工程见表 1-4-3。

部分国外 TBM、国内承包商施工工程　　　　　　　　　　　　表 1-4-3

机 型	承 包 商	工 程	施工时间	洞径(m)	完成洞长(km)	备 注
Robbins 353-196	武警水电部队	广西天生桥水电工程	1985—1991 年	10.8	4.6	遇到极其复杂地质,施工很不顺利
Robbins 353-197	武警水电部队	广西天生桥水电工程	1988—1992 年	10.8	2.9	遇到极其复杂地质,施工受阻

续上表

机 型	承 包 商	工 程	施工时间	洞径 (m)	完成洞长 (km)	备 注
Wirth TB880E	铁道部隧道局	西康铁路秦岭隧道北口	1997年12月—1999年8月	8.8	5.2	
Wirth TB880E	铁道部十八局	西康铁路秦岭隧道南口	1998年2月—1999年8月	8.8	5.6	
Wirth TB880E	中铁隧道局	西南铁路磨沟岭隧道	2000年7月—2001年11月	8.8	5	
Wirth TB880E	中铁十八局	西南铁路桃花铺隧道	2000年9月—2002年5月	8.8	6.2	
Robbins MB264-310	北京振冲公司	大伙房水库输水隧洞TBM1段	2005—2009年	8.03	19.81	
Wirth TB803E	中铁隧道局	大伙房水库输水隧洞TBM2段	2005—2008年	8.03	19.22	
Robbins MB264-311	辽宁水利工程局	大伙房水库输水隧洞TBM3段	2005年7月—2007年12月	8.03	18.49	
Herrenknecht S-301	山西水利工程局	新疆大坂引水隧洞	2006—2010年	6.76	19.71	
Wirth TB593E/TS	中铁隧道局	青海引大入湟引水隧洞	2007—2015年	5.93	19.97	地质复杂造成停机超5年
Wirth TB880E	中铁隧道局	吐库二线铁路中天山隧道右线	2007年12月—2013年9月	8.8	13.4	
Wirth TB880E	中铁十八局	吐库二线铁路中天山隧道左线	2007年12月—2014年2月	8.8	13.514	

4）强强联合，自主研发（2013—2016年）

随着国内各类隧道工程数量和规模的快速增长，为了提高我国掘进装备的设计制造水平，发展核心竞争力，我国在2006年就将隧道掘进机列入国家的重大装备产业之一。近十年来，国家积极推动掘进装备制造业的发展，不断增加科技研发投入。2007年，科学技术部组织了国内的地质勘探单位、科研院校、设计制造单位和施工单位，以国家重点基础研究发展计划（973计划）的形式来积极推进盾构掘进装备的理论创新和设计攻关。2012年，由中国铁建重工集团有限公司（以下简称"铁建重工"）和中国中铁工程装备集团有限公司（以下简称"中铁装备"）牵头，开展了国家高技术研究发展计划（863计划）"大直径硬岩隧道掘进装备（TBM）关键技术及应用"的研究。

2013年，中信重工机械股份有限公司率先研制了国内首台敞开式TBM，开挖直径5m，于2015年10月开始应用于洛阳故县水库引水工程全长6.64km的洛宁段1号隧洞，2017年7月贯通。

2013年和2014年，浙江大学和武汉大学分别作为牵头单位，先后开展了973项目"硬岩掘进装备的关键基础问题"和"深部复合地层围岩与TBM相互作用机理及安全控制"研究。2014年国家再次批准大连理工大学牵头的国家2011协同创新中心第二批计划——辽宁重大装备制造协同创新中心，以区域合作的形式再次向大直径敞开式硬岩掘进机攻坚克难。

在国家这一系列的科技计划投入下，国内TBM的基础理论、设计制造和施工水平有了大幅提高。

2015年1月和3月,铁建重工和中铁装备两家制造企业,在中铁十八局和中铁隧道局两家施工企业的鼎力支持下,联合多家国内科研院所,自主研发设计制造了2台直径为7.93m的敞开式TBM,如图1-4-2所示,并应用于吉林省中部城市引松供水工程。2017年8月28日,洞长22.6km的吉林省中部城市引松供水工程二标段,TBM提前14个月贯通,平均月进尺661m,最高月进尺1209m;2018年1月22日,洞长22.955km的四标段,TBM提前9个月贯通,平均月进尺546m,最高月进尺1318.7m。

a)铁建重工-中铁十八局敞开式TBM

b)中铁装备-中铁隧道局敞开式TBM

图1-4-2 吉林引松供水工程

这在中国TBM领域具有里程碑式的意义,标志着国内自主研制TBM的重大突破。此后,自主品牌TBM陆续研发出不同规格的产品,应用于重庆轨道交通5号线、重庆轨道环线、新疆ABH输水隧洞、兰州水源地、神东补连塔煤矿巷道等工程。

5)自主品牌,推广应用(2016年至今)

以吉林引松供水工程为代表的自主品牌TBM的成功应用,奠定了TBM设备独立设计制造的基础,也奠定了建设单位、施工企业对自主品牌TBM的信赖,从而实现了自主品牌TBM在国内外迅速推广。据不完全统计,鄂北水资源配置宝林隧洞工程、重庆地铁、深圳地铁、青岛地铁、新疆EH工程、大瑞铁路高黎贡山隧道等工程已经采用自主品牌的TBM70余台套,并且已经走出国门,出口数量为16台,标志着中国TBM走向世界。据不完全统计,截至2020年,国内潜在工程规划的TBM需求量逾百台。

4.2 国内外TBM应用发展现状

4.2.1 国外TBM应用发展现状

目前,在世界范围内的TBM生产商有30余家,已生产700多台TBM,最具实力的是美国Robbins、德国Herrenknecht、铁建重工和中铁装备等公司。在国外使用TBM法施工隧道已很普遍,尤其是3km以上的长大隧道,绝大多数会采用TBM施工。截至2018年,国外TBM发展现状统计分析如下(此处统计分析以TBM设备采购合同签订时间为准)。

1)TBM应用规模

近年来,TBM在全球范围内应用规模不断扩大,2003—2018年,TBM应用数量总体呈上升趋势,2003—2014年间,TBM的年平均使用量为10~20台,2014—2018年TBM年平均使用量超过20台,

2016—2017年间使用的TBM数量甚至超过50台,如图1-4-3所示。TBM应用规模受到全球宏观经济发展以及技术进步的影响,2008年全球金融危机导致各行业全面萧条,TBM应用大幅下滑,随着经济复苏,2010年开始显著上升,并且2013年之后呈现了突飞猛进的势头。随着全球经济的发展,基础建设需求量的增加,TBM应用规模会继续扩大。

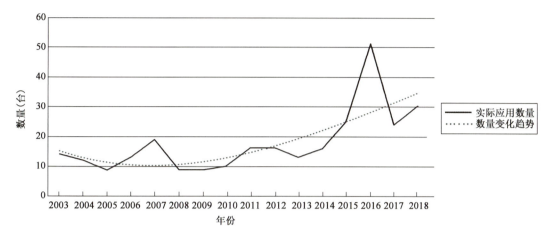

图1-4-3　全球TBM应用规模统计

2003—2018年,国外TBM应用数量如图1-4-4所示,总体上呈大幅波动发展状态,波动中略有增加,2009年出现了低谷,2013年开始连续显著上升,总体上与全球经济发展态势相吻合。

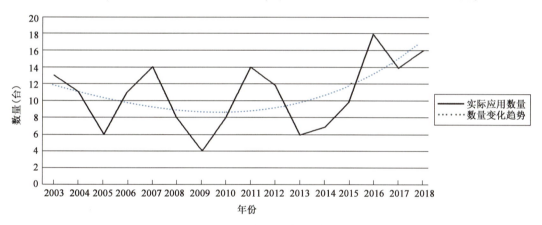

图1-4-4　国外TBM应用规模统计

2）TBM应用区域

TBM应用遍布五大洲,大多分布于亚洲、欧洲和美洲,大洋洲和非洲占少数,如图1-4-5所示。TBM在美洲和欧洲的应用变化趋势如图1-4-6所示。欧美地区TBM主要应用于瑞士、奥地利、德国、英国、法国、美国等多山国家。欧洲2010年之前呈下降趋势,2010年之后平稳中略有增加;美洲平稳中呈缓慢上升趋势,主要是受南美洲部分国家开始采用TBM法隧道施工的影响。

发展中国家的经济实力不断增加,基础建设需求量扩大,TBM的应用随之转向亚洲、非洲等发展中国家。TBM在亚洲应用数量最多,约占全球应用量的1/2,主要原因是亚洲领土面积最大、国家最多、人口最多,基础建设需求量庞大。2003—2018年间,亚洲的TBM应用数量变化趋势如图1-4-7所示,自2010年起,亚洲TBM应用量显著增加,且保持上升趋势,在2016年TBM应用量多达40余台。近年来亚洲TBM应用发展趋势受我国TBM应用的影响较大。

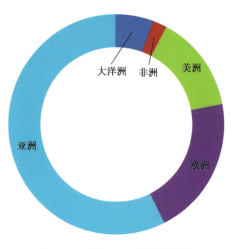

图 1-4-5 全球 TBM 应用区域分布

图 1-4-6 欧美 TBM 应用发展

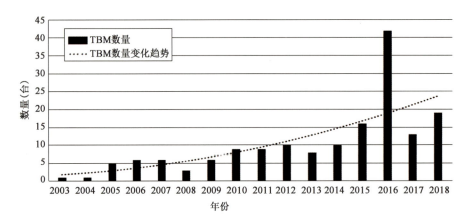

图 1-4-7 亚洲 TBM 应用发展

3）TBM 应用领域

TBM 已经应用于水利水电、市政、铁路、采矿、公路、管廊等领域，如图 1-4-8 所示。从 TBM 全球应用领域分析，水利水电工程应用最多，占 1/2，主要是由于水利水电工程隧洞建设规模大、单洞长度大、深埋长隧多，并且 TBM 开挖断面为圆形，而水利水电工程的隧洞最合理的断面形式为圆形，开始应用早，市场认可度高；其次，市政领域占 1/5，主要是由于城市地铁隧道以机械法开挖为主，TBM 是岩石地质条件下城市地铁隧道施工的最佳选择，并且该领域隧道分布范围广、隧道建设规模大；铁路隧道 TBM 应用量占近 1/5，主要是由于铁路隧道单洞长度大，深埋长隧多，建设规模大，应用实践早，市场认可度高。

从 TBM 国外应用领域来看(图 1-4-9),主要集中于水利水电隧洞和铁路隧道,占比高达 86%,其中水利水电隧洞占 1/2 以上,主要是由于该领域 TBM 圆形断面适应性好,隧洞建设规模大,TBM 引入时间早,市场认可度高;铁路隧道占比近 1/3,总体上应用较为均衡,除 2003—2004 年应用较多外,其他年份平均每年投入 2~4 台。

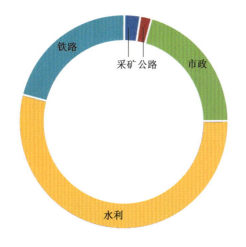

图 1-4-8　全球 TBM 应用领域

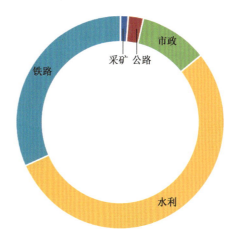

图 1-4-9　国外 TBM 应用领域统计

4) TBM 开挖直径

TBM 开挖直径的行业分布主要取决于不同领域隧道对断面的需求。如图 1-4-10 所示,直径在 4m 以下的 TBM 应用较少,主要是由于断面空间小,无法适应长距离连续掘进的隧道施工需求。直径在 10m 以上的 TBM 应用也较少,特别是直径 12m 以上的 TBM 应用更少,主要是由于大直径圆形断面隧道的洞型适用性差,断面空间利用率偏低,超挖及回填工作量大,经济性差;大直径 TBM 开挖洞室的稳定性差、大直径 TBM 刀盘转速低导致掘进速度慢。因此,TBM 开挖直径大多分布在 4~10m 范围,占比接近 90%。其中 6~7m 直径系列 TBM 应用数量最多,各占近 1/5,主要分布于市政和水利水电领域;5m 直径系列 TBM 占比约 1/10,以水利水电隧洞为主;8~10m 直径系列 TBM 各占比约 1/10,以水利水电隧洞和铁路隧道为主。

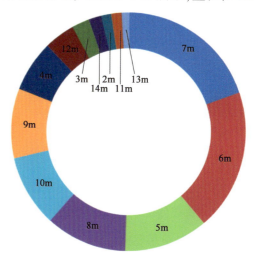

图 1-4-10　全球 TBM 开挖直径统计

预计今后一段时期 TBM 直径系列仍将保持上述趋势,TBM 直径以 4~10m 为主,主要应用于水利水电、铁路、市政工程领域;直径在 4m 以下的 TBM 应用数量增加幅度较小;直径 12m 以上的超大直径 TBM 存在市场需求,但未出现重大技术突破前应用数量不会大幅增加。

5) TBM 制造商

国外生产制造 TBM 的大型企业较多,主要包括美国 Robbins、德国 Wirth、德国 Herrenknecht、加拿大拉瓦特(Lovat)、意大利塞里(SELI)、日本三菱重工、日本株式会社以及川崎重工等。这些公司是世界公认实力雄厚的隧道掘进机研发制造商,目前以美国 Robbins 和德国 Herrenknecht 公司为主。图 1-4-11 为以 Robbins 和 Herrenknecht 为代表的国外品牌 TBM 应用数量,总体上相对平稳。

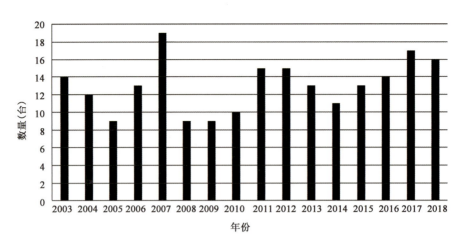

图 1-4-11　国外品牌 TBM 应用统计

6）TBM 配置和施工工艺

目前世界范围内,在适宜的地质条件下 TBM 法隧道施工和装备技术已经十分成熟,复杂地质条件下的 TBM 法隧道施工难度较大,装备技术和施工技术有待进一步大幅提升,这种条件下的 TBM 设备性能和施工能力更能反映出施工单位和制造商的综合技术实力。国外著名 TBM 制造商针对复杂地质在 TBM 装备和施工工艺方面进行了大量的探索。

以美国 Robbins 公司为例,为了应对复杂地质条件下的坍塌造成的卡机,该公司通过联合承包商、业主共同制定应对措施,定制配套管棚钻机和定位器;改进刀盘驱动机构,增大刀盘,以减小卡机风险。上述应对措施应用于土耳其 Kargi Kizilirmak 水电站引水隧洞。

为了满足不同的地质类型下 TBM 的工程适应性,Robbins 公司提出了复合式 TBM,可以使设备在"敞开式"与"封闭式"的施工模式间转换。复合式 TBM 主要包括 XRE(硬岩-土压)、XSE(泥水-土压)以及 XRS(硬岩-泥水)等切换模式,可根据地质条件的需要,选择最适合的机型,必要时从一种模式切换到另一种模式。XRE 型复合式 TBM 应用于墨西哥 TEPⅡ排水隧道工程。

4.2.2　国内 TBM 应用发展现状

自 1990 年引大入秦工程开始,国内 TBM 法隧道施工技术进入应用阶段,截至 2020 年 6 月,应用与发展现状统计分析如下(此处统计分析以 TBM 开始掘进时间为准)。

1）TBM 应用规模

30 年来国内 TBM 应用规模变化趋势统计如图 1-4-12 所示,总体上呈现小幅波动、持续上升态势,大致可以分为 2 个阶段。第一阶段为 1990—2012 年,基本上呈持续应用状态,约 1/3 年份无 TBM 应用,其他年份每年的 TBM 应用数量也较少,在前半段,TBM 每年的应用数量在 0～1 台之间波动;1997 年,山西省引黄入晋工程和西康铁路秦岭隧道采用 TBM 施工,TBM 应用出现小高峰;2009 年,TBM 应用于 2 项水利工程、1 项铁路工程和 1 项市政工程,TBM 应用出现第二个小高峰。第二阶段为 2012—2020 年,TBM 应用总体呈上升趋势,2012—2016 年,新疆 EH 工程(2 座支洞采用旧机施工,全洞全线集中招标采购 18 台 TBM)、青岛地铁及深圳地铁全面开工建设,TBM 应用快速增长,出现高峰。

分析国内 TBM 应用与发展,主要受到 5 方面的影响:一是国内经济发展水平,随着国内经济能力的提升,TBM 应用稳步攀升;二是对 TBM 的认可程度不断提升,TBM 应用经历了从无到有、由少到多的历程;三是随着技术水平的提升,隧道建设规模不断增大、长度不断增长,TBM 应用显著增加;四是环境保护、劳动保护的不断规范,促进了 TBM 应用;五是随着国内劳动力成本的增加,国产 TBM 的成功应用让长期居高不下的 TBM 法隧道施工成本相对降低,促进了 TBM 应用的推广。

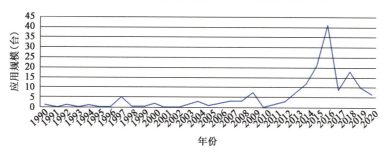

图 1-4-12　国内 TBM 应用规模统计

预计国内 TBM 应用规模在未来一段时期内仍将保持较快增长趋势。

2）TBM 应用区域

国内 TBM 应用分布情况如图 1-4-13 所示,TBM 在国内的应用大多集中于西部地区,占比高达约 60%,主要是由于西部地区多山,并且是大江大河的发源地,水利水电与铁路工程规模大,埋深大、距离长的隧道居多,且近年来西北和西南区域水利水电工程、城市轨道交通工程建设时间相对集中;华东地区 TBM 应用数量约占 20%,主要是由于青岛地铁 2 号线 TBM 法成功应用之后,得到迅速推广;东北地区 TBM 主要集中在辽宁省和内蒙古自治区东部引水工程;华南地区 TBM 主要是深圳地铁隧道施工需求。

预计西部地区仍将是我国 TBM 应用的主要区域,集中于水利水电和铁路工程;华北地区山东省、华南地区深圳市、西南地区重庆市等多山省份,城市地铁隧道对 TBM 的需求量呈持续上升趋势;华南、华北、东北等地区 TBM 应用数量将会明显受到区域性调水、海底隧道等工程建设的影响。

3）TBM 应用领域

国内 TBM 应用领域统计如图 1-4-14 所示,其中水利水电隧洞以占比约 50% 居首位,主要是由于 TBM 开挖断面为圆形,是水利水电隧洞最合理的断面形式,开始应用实践早、市场认可度高,水利水电隧道建设规模大、单洞长度大、埋深大、距离长的隧道居多;市政领域占比约 40%,居第二位,主要是由于青岛、重庆、深圳等岩石地层城市地铁隧道不适合采用钻爆法施工,TBM 法成了岩石地质条件下城市地铁隧道施工的最佳选择;铁路隧道虽然引进 TBM 法施工较早但发展缓慢。

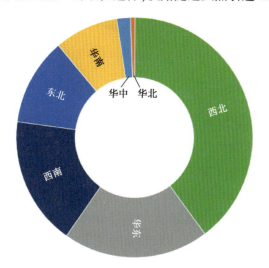

图 1-4-13　国内 TBM 应用分布情况

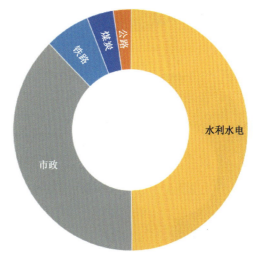

图 1-4-14　国内 TBM 应用领域统计

预期未来很长时期内,TBM应用领域分布仍将保持上述态势,以水利水电和市政工程为主,铁路、煤炭、公路领域的应用数量会呈增长态势,矿山、军工、核工业等特种行业将会陆续开启TBM的应用之路。若TBM破岩技术、断面形式等出现重大变革,上述应用领域分布状态将会发生较大改变。

4) TBM开挖直径

国内TBM开挖直径分布统计如图1-4-15所示。3m以下微型TBM应用较少,主要是由于断面空间小,难以实现长距离连续掘进施工,TBM法长距离连续掘进的优势难以体现;9m及以上大直径TBM应用较少,主要是由于大直径TBM开挖隧洞的稳定性差、刀盘转速低导致掘进速度慢、应用于交通领域存在巨大的空间浪费。因此TBM开挖直径大多分布在3～9m范围,占95%左右。4～5m直径TBM占比约20%,6～8m中等直径TBM应用数量最多,约占70%,主要集中于市政和水利领域。6m直径系列TBM应用数量最多,占比约40%,主要用于城市轨道交通隧道。7m和8m直径系列TBM中,绝大部分用于水利水电隧洞。

5) TBM机型

国内TBM机型统计如图1-4-16所示,以敞开式为主,约占50%,主要原因是采用敞开式TBM施工的隧道支护结构为初期支护与二次衬砌相结合,综合成本较低;工法选择时不仅要充分考虑TBM的工程适用性,还需兼顾施工措施的灵活性,敞开式TBM总体风险可控性较好。其次是双护盾TBM应用较多,占比约40%,大多数应用于青岛地铁、深圳地铁和山西省引水工程的隧道施工,主要是受建设环境、地质条件和综合成洞速度的影响。单护盾TBM应用较少,主要集中在重庆地铁,其主要影响因素为建设环境和地质条件。

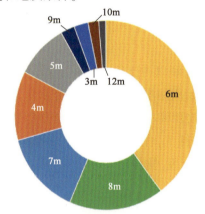

图1-4-15 国内TBM开挖直径统计

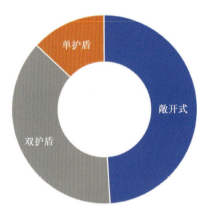

图1-4-16 国内TBM机型统计

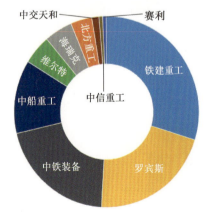

图1-4-17 国内TBM品牌统计

6) TBM制造商

国内已完工程所使用的TBM以国外品牌为主,在建工程所使用的TBM以国产品牌为主。目前国内TBM设计制造企业主要有三家,分别是完全自主研发制造的铁建重工、收购了德国Wirth公司的中铁装备、收购了美国Robbins公司和法国法玛通(NFM)公司的北方重工集团有限公司(以下简称"北方重工")。各品牌的TBM市场占有率统计,如图1-4-17所示。

虽然国内TBM品牌较多,但自吉林引松工程之后的新增市场中,TBM应用业绩相对集中,市场份额主要被中国铁建旗下的铁建重工、中国中铁旗下的中铁装备两公司占有，已经占据了全国 90% 的新增市场份额。主要原因有四点：一是设备设计制造技术，与美国 Robbins 公司、德国 Wirth 公司、德国 Herrenknecht 公司基本保持了同等水平；二是技术沟通便捷，TBM 设计方案能够充分融合施工单位的经验；三是所属中国铁建、中国中铁两个大型企业集团的政策扶持；四是价格优势。

7）TBM 法隧道施工企业

TBM 应用规模的扩张，带动了国内施工企业的迅猛发展，从原来意大利公司负责施工，仅从国内雇用部分劳务人员，发展到中铁十八局和中铁隧道局首次在西康铁路秦岭隧道独立完成 TBM 施工和管理，开启了国内 TBM 法隧道自主施工的管理模式，目前国内具有 TBM 法隧道施工经验的企业约 30 家，其中约 60% 集中于中国铁建和中国中铁，如图 1-4-18 所示。

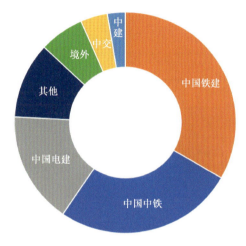

图 1-4-18　国内 TBM 法隧道施工企业集团分布

8）TBM 法隧道施工工期

纵观国内的 TBM 法隧道施工项目，施工进度总体上存在严重的不均衡现象。西康铁路秦岭隧道及西南铁路采用敞开式 TBM 施工，平均月进尺约 300m，最高月进尺 500~600m；山西引黄入晋工程采用双护盾 TBM 施工，总干线月进尺约 700m，最高月进尺约 1100m，南干线平均月进尺约 1300m，最高月进尺约 1800m，南干联络段平均月进尺约 1300m，最高月进尺约 1600m；中天山隧道采用敞开式 TBM 施工，前期平均月进尺约 400m，后期平均月进尺约 100m；兰渝铁路西秦岭隧道采用敞开式 TBM 施工，平均月进尺约 400m；辽宁重点供水工程采用敞开式 TBM 施工，平均月进尺约 600m。

为增强可比性，以同一工程不同标段、同一施工单位不同项目的同机型 TBM 施工进度为例分析。吉林省中部城市引松供水工程（以下简称"引松供水"）采用 3 台敞开式 TBM 施工，开挖直径 7.93m，连续带式输送机出渣，TBM 基本参数和施工进度相关信息见表 1-4-4 和图 1-4-19（图中折线断开部分为 TBM 中间转场，计算平均月进尺时将其扣除）。TBM1 平均月进尺 643m，最高月进尺 983m；TBM2 平均月进尺 549m，最高月进尺 1336m；TBM3 平均月进尺 652m，最高月进尺 1406m。3 台 TBM 月进尺的离散性对比如图 1-4-20 所示（已扣除开始掘进、贯通、中间转场等不满整月的月份），显然月进尺离散性由低到高排序依次为 TBM1、TBM3、TBM2。经初步调研，地质原因、设备完好率、施工技术、施工理念和组织管理的差异是影响施工进度均衡性的主要因素。

引松供水 TBM 法隧道施工信息汇总   表 1-4-4

设备	TBM1	TBM2	TBM3
区段 1 长度(m)	11499	10152	10515
区段 2 长度(m)	8298	10996	5056
区段 3 长度(m)	—	—	4627
合计长度(m)	19797	21148	20198
施工状态	贯通	掘进	贯通
TBM 开始掘进时间	2015 年 4 月	2015 年 5 月	2015 年 6 月
TBM 完工时间	2017 年 7 月	—	2018 年 1 月
累计掘进长度(m)	15528	14552	18798
平均月进尺(m)	643	549	652
最高月进尺(m)	1209	1336	1406

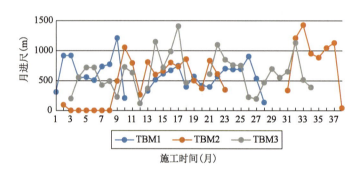

图 1-4-19　引松供水 3 台 TBM 月进尺对比

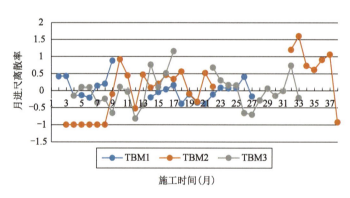

图 1-4-20　引松供水 3 台 TBM 月进尺离散性对比

辽西北供水工程二段四标和新疆 ABH 输水隧洞,均为敞开式 TBM 施工,开挖直径分别为 8.53m 和 6.53m,由同一个 TBM 团队负责施工(主要的 TBM 技术与管理人员从辽宁整体调遣至新疆)。两项工程 TBM 月进尺对比如图 1-4-21 所示(辽宁折线断开部分为 TBM 中间转场)。ABH 项目第一个月份 TBM 掘进只有 2d,计算平均月进尺时将其扣除,TBM 平均月进尺根据围岩条件选取第 2~7 个月的平均值。两台 TBM 月进尺的离散性对比参见图 1-4-22(已扣除开始掘进、贯通、中间转场等不满整月的月份)。TBM 月进尺严重不均衡且后期持续较低,主要原因是恶劣的地质条件和施工干扰,自第 7 个月开始遭遇严重蚀变岩和极度破碎围岩,涌泥涌砂现象非常严重,TBM 对于该段隧洞的地质适应性极差,说明不适合采用 TBM 法隧道施工,若选用机械法则应该考虑土压平衡盾构机。实际揭露的围岩与施工图地勘成果相去甚远,该工程的极度破碎围岩地段在地质勘测报告中标记为"节理密集带",给掘进施工造成了很大的误导。此外,建设单位的盲目指挥、不当指导以及施工单位未能及时采取措施处理等也是导致施工进展缓慢的因素。

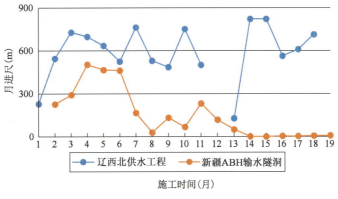

图 1-4-21　两项工程 TBM 月进尺对比

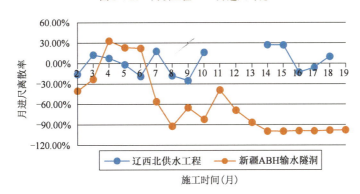

图 1-4-22　两台 TBM 月进尺离散性对比

4.2.3　TBM 应用存在的问题

1)地质条件多样化

随着我国在建工程的增多,TBM 应用数量不断增加、应用领域不断拓展,其分布区域也更加广泛,面临的地质条件呈多样化发展趋势。

在吉林省中部城市引松供水工程、辽西北供水工程中,TBM 法隧道施工取得的良好进度,不仅归功于设备设计制造、施工方案、施工组织方面,更重要的是其地质条件非常适合 TBM 法施工;新疆 EH 工程 TBM 掘进数百公里,其中 Ⅱ、Ⅲ 类围岩比例高达 95%以上,十分适合采用敞开式 TBM 施工。

然而上述适宜地质是可遇不可求的,更多的隧道工程地质条件呈多样化。引汉济渭工程秦岭隧洞 TBM 施工面临着大埋深、高地应力、强岩爆、大流量突涌水、特硬岩、大断层、瓦斯和高地温等考验;新疆 ABH 输水隧洞 TBM 施工面临着"一长(超长)""二强(强岩爆、强蚀变)""三高(高地应力、高岩温、高水压)"和"四大(大埋深、大变形、大断层、大流量突涌水)"难题;大瑞铁路高黎贡山隧道 TBM 施工存在"三高(高地热、高地应力、高地震烈度)"和"四活跃(活跃的新构造运动、活跃的地热水环境、活跃的外动力地质条件、活跃的岸坡浅表改造过程)"的地质难题。地质条件多样化给 TBM 法隧道施工带来巨大挑战。

2）施工环境多样化

目前,基础建设越来越注重环境保护与水土保持,因此,TBM法隧道施工从工程规划设计、设备设计制造环节开始就要重视环保水保问题,如减少污染、杜绝跑冒滴漏、减少耗水、节约能源、突涌水时尽量封堵而减少排放、合理支护以降低材料消耗等。

城市地铁TBM法隧道施工场地狭小,岩渣无法及时外运将直接影响施工效率;采用大高度垂直提升及连续小曲率转弯等运输方式很容易造成岩渣提升及材料装卸耗时过多,这是制约城市地铁TBM隧道掘进效率的短板。

3）应用领域不断拓展

目前,国内TBM主要应用于水利水电工程隧洞,市政工程次之,铁路隧道应用较少,其他领域更少。随着TBM设备技术、设计理念和施工技术的不断进步,TBM技术已经得到业界的广泛认可,更多领域提出了采用TBM法施工的诉求,TBM应用领域正在不断拓展,相应的设备、施工、管理也需要同步跟进。

4）设备及施工技术发展与施工需求的匹配性不足

TBM不是万能的,每一种机型的TBM都有其对应适宜的地质条件;地质环境的多样性和施工环境的多样化对TBM设备与施工技术提出了更高要求;不断拓展的应用领域要求TBM进行针对性设计,甚至对TBM提出全新的研发需求。现有TBM设备技术还不能在更大范围内满足在建隧道工程和潜在隧道工程的需求。例如,极完整特硬岩条件下TBM掘进速度慢;软岩大变形条件下TBM卡机风险高;极端破碎地质条件下掌子面坍塌风险大;大流量突涌水至今仍缺乏有效的超前封堵技术,只能长时间排放;交通领域TBM法施工隧道仰拱区域的空间采用回填方式处理而造成开挖空间的浪费;大坡度隧道与竖井等工程专用TBM设计与施工技术还未成熟;TBM设备及其施工领域尚未做好充足的技术储备来适应巨大的市场需求和信息化、智能化的发展趋势等。这些问题都是我们需要应对的严峻挑战,工程建设需要我们不断探索和迅速提高TBM设备性能及施工技术水平。

5）施工进度不均衡

对于相同的机型,研究同一工程不同标段的TBM法隧道施工进度,以及同一施工企业不同工程的施工进度,发现存在严重的不均衡现象。研究表明,地质条件、设备完好率、施工技术、施工理念和组织管理的差异是影响施工进度均衡性的主要因素。

6）施工合同不合理

王梦恕院士曾撰文指出,我国工程建设中存在"四大不合理现象"(不合理建设工期、不合理工程造价、不合理施工合同、不合理施工方案),这些现象在TBM法隧道施工工程中同样存在。

面对广阔的应用前景与存在的问题,TBM需要具备更加强大的功能、更高的性能、更好的工程适应性,持续改进才能适应不断变化的施工需求,这在一定程度上决定了其发展趋势。

第 5 章
TBM装备与施工技术发展趋势

60多年来,我国TBM应用经历了曲折的发展过程。随着我国水利水电、公路、铁路、现代化城市轨道交通等基础设施建设规模的扩大,积累了大量的TBM装备技术和施工技术方面的实践经验,本章从TBM装备技术和TBM施工技术两方面分析其发展趋势和前景,以供相关专业和领域技术人员参考。

5.1 TBM装备技术发展趋势

提高TBM的工程适应性,在现有机型基础上首先要提升破岩、出渣、支护三大基本功能;刚起步的竖井掘进机、斜井掘进机还需要优化和完善,在工程实践中迅速提升其性能才能满足基础建设发展的需求;随着TBM技术不断普及,更多领域、各种类型的洞室也希望采用TBM施工,要求针对各个应用场景研发出适用的新型TBM。地质环境与施工环境的多样性,以及当前地质勘察水平的局限性,决定了地勘结果无法与实际地质高度吻合,隧道施工过程中需要清晰准确地掌握掌子面前方地质信息,要求配备有TBM超前地质预报技术,目前的超前地质预报技术在准确性、解析的时效性方面还有待加强;TBM核心部件国产化与国际化并存将是TBM设备的必然发展趋势;施工配套设备的功能与性能需要与TBM设备技术水平相适应,共同发展,才能更好地发挥TBM法隧道施工技术的优势。

5.1.1 TBM破岩性能提升技术

提升TBM破岩能力,通常认为从设备性能角度合理增大推力和扭矩、提高转速是提升装备性能的关键,要求液压、机械等主要执行系统预留较大的动力储备,具有更高的可靠性。实现以上目标需要从关键部件的质量、寿命和设备成本方面综合考虑,找到一种平衡来满足设备的能力需求。

在特硬岩、节理极不发育等极端地质条件下,现有TBM破岩效率很低,有人主张加大推力、扭矩的同时减小刀间距以提高破岩性能,但中心刀、安装半径小的面刀,其间距较大且没有更多的空间允许在不改变滚刀直径的前提下缩小刀间距;过渡区域滚刀和边刀,其间距已经很小而不具备继续缩小的可能性,因而可以缩小间距的只有半径方向中间区域均匀间距的滚刀,但其破岩面积比例有限,对于整体破岩性能提升的贡献不一定明显。该措施在大直径TBM上效果相对明显,在中小直径TBM上难以发挥实际作用。

针对高磨蚀性围岩下滚刀消耗严重、刀具成本持续偏高问题,大幅提升滚刀的耐磨性能也是 TBM 亟待解决的重要难题,关键在于滚刀材质与热处理等基础制造工业能力的提升。打破传统思路的限制,金属陶瓷滚刀、激光熔覆滚刀已经开始在 TBM 法隧道施工中试点应用。

隧道的工程地质不可能是均一的,不同地质条件下都需要适用于该地层的较强破岩能力,因此要求 TBM 破岩能力具有更好的兼容性,传统 TBM 破岩技术无法从根本上解决该问题。目前相关研究学者在微波辅助破岩、人造节理辅助破岩、高压水射流辅助破岩、高压水射流与滚刀耦合破岩等新破岩技术方面已经取得了一定的进展。2016 年中铁十八局集团、核工业北京地质研究院、铁建重工联合开展了人造节理辅助破岩研究,并在吉林引松 TBM 法隧道施工中进行了工程试验。2019 年 6 月,中铁装备、黄河勘测规划设计研究院有限公司、南京大地水刀有限公司、联合研发了高压水耦合破岩 TBM 样机,经大量的试验室研究和车间试验后成功下线。

5.1.2　TBM 出渣性能提升技术

TBM 破岩所产生的岩渣通过带式输送机运输至后配套区域,再以有轨运输或者连续带式输送机转运至洞外。多年的 TBM 法隧道施工经验表明,当遭遇断层破碎带时,从刀盘铲入主机带式输送机的岩渣量会骤增,从而导致岩渣外溢损伤带式输送机或造成带式输送机过载而停机,因此 TBM 的出渣性能需要提升。

由于 TBM 主梁内空间有限,无法无限加大胶带宽度;后配套带式输送机能力匹配及其布置方式设计时也要考虑落渣和过载问题。主梁内积渣、粉尘、泥浆淤积问题以及主机底部岩渣清理问题,也是亟待解决的难题。

近年来,TBM 出渣能力和产渣量的匹配性已经得到重视,TBM 装备设计相关单位和人员采取了相应措施,在一定程度上解决了漏渣、过载停机问题;清渣难题也处于不断研究探索和试验阶段,并在实践中不断改革,预期在不久的将来能够研发出较理想的清渣技术及相应的设备。

5.1.3　新型 TBM 设计技术

由于待开挖隧道的地质环境、施工环境和工程建设需求对 TBM 提出了更高的技术要求,采用原有的 TBM 装备设计理念无法适应今后的需求,必须研发、改进和完善现有成熟机型,拓展功能、提升性能,同时也要研发新型 TBM 以扩展其适用范围和应用领域。

针对复杂多变的地质条件,隧道机械化施工、信息化施工要求越来越高,复合式 TBM 的研发势在必行。目前,复合式 TBM 技术已经有了初步研究和应用,例如双模式盾构机已经相对成熟,有过很多成功的工程应用实例;重庆轨道交通 6 号线铜锣山隧道采用了 2 台基于单护盾的复合式 TBM,在单护盾 TBM 的基础上,增加了土压平衡功能,但实际施工实践中未使用土压平衡功能。

交通、水利水电和煤矿领域存在很多大坡度斜井与竖井工程,斜井掘进机的设计制造与应用已经取得了一定进展。补连塔煤矿巷道坡度 9.5%,长 2745km,采用 1 台单护盾 TBM 施工;北京冬奥会延庆赛区综合管廊工程长 7.9km,进口段坡度 4.5%,采用 1 台敞开式 TBM 施工。但是仍需继续加大斜井和竖井 TBM 的研发和应用力度,以适应更多施工条件更加严苛的斜井和竖井隧道施工。地下空间开发利用以及深部地下资源开采,都离不开竖井,特殊的地质环境与施工环境,对竖井掘进机施工技术提出了更加迫切的需求,相对单一的深竖井施工技术难以满足需求。国内外竖井掘进机的很多机型仍停留在概念设计或者初级产品研发阶段,鲜有成功的工程应用实践,但是竖井掘进机装备设计与 TBM 法深竖井施工技术研究已经有了一定的研究基础和前期准备,预期 TBM 法深竖井施工即将成为现实。

铁路隧道、地铁隧道以及特殊功能隧道所需的大量横通道、设备间等辅助洞室,以往只能采用矿山法施工,开挖效率低,且大多无法和正洞同步施工。随着 TBM 装备和施工技术的不断进步,将有望解决该问题,这也是 TBM 装备和施工工法研发的一个重要方向。

5.1.4 异形断面 TBM 设计制造技术

异形断面盾构机,如双圆盾构、三圆盾构、矩形盾构在软土隧道中已经有了一定范围的应用。近期,中铁装备研发了马蹄形盾构,其施工的隧道断面与功能需求的相符性较好。同样,公路、铁路等交通隧道市场对于异形断面 TBM 的需求也很迫切,如果 TBM 开挖断面形式更适合隧道功能需求,其市场前景预期好。

TBM 圆形刀盘倾斜,与隧道轴线形成一定的夹角,可开挖出椭圆形断面;TBM 掘进的圆形断面,初期支护之前,以机械法扩挖两侧边墙,则可形成类似城门洞型断面等,目前这些只是设想,异形断面 TBM 是否具有可行性,怎样实现不同断面形式的开挖,其技术难点有待进一步深入探索和系统研究。

5.1.5 TBM 核心部件设计制造技术

我国是 TBM 的重要应用市场和制造基地,自主品牌 TBM 的成功应用和推广奠定了我国在 TBM 领域的重要地位。

改革开放前,国产化率是衡量设备国产化水平的一个重要指标,改革开放后,受西方国家市场经济的产品、技术、理念的影响,大力推行全球化采购。目前,国产 TBM 核心部件,供选择的国内品牌不多,绝大多数仍依赖于境外采购或者是购买境外品牌在国内代加工的产品。例如:主驱动系统的主轴承、减速机、电机,液压润滑系统的油泵、马达、阀件、软管、接头,电气与控制系统的变频器、变压器、传感器、高压电缆卷筒及柔性电缆等,目前均未找到可靠的国内品牌替代产品。为尽快摆脱受制于人的境地,国内 TBM 制造单位和国内相关的产业机构必须加大合作研发力度,提高核心部件制造水平,早日实现国产件完全替代进口件。目前,刀盘已经全面实现中国制造,国产液压缸在 TBM 上的应用比例大幅提升,国产的主轴承、减速机、主驱动电机等部件已先后应用于盾构机,这代表着我国实现 TBM 核心部件中国制造的目标是必然趋势。

5.1.6 TBM 法隧道施工配套设备技术

隧道施工设备配置原则是施工配套设备能力应适当高于主要施工设备能力。除了水电供应之外,TBM 法隧道施工配套设备包括带式输送机出渣系统、施工材料运输系统(目前主流方式为机车牵引有轨运输)和隧道通风系统。提升 TBM 法隧道施工配套设备性能也是提高 TBM 整体性能的关键。

连续带式输送机出渣技术的应用大幅提升了 TBM 法隧道施工效率,国产连续带式输送机出渣系统已经得到了成功应用,但在产品质量的可靠性与稳定性、相对复杂地质下设备的适应性、制造与服务的及时性等方面还有待进一步提高。带式输送机出渣系统故障一般集中在控制系统和托辊质量,胶带划伤和转弯段运行异常也是带式输送机常见失效形式,需要从合理选配、完善设计制造和提高带式输送机使用管理水平等方面着手解决。

有轨运输设备主要用于施工材料和人员运送,在 TBM 法隧道施工过程中发挥着重要的作用。需要强调的是在一些长大隧道中使用国产牵引机车需要谨慎,切忌为追求降低设备采购成本而忽略了施工中运输效率和设备故障对 TBM 法隧道施工效率的影响,反倒增加了运行成本、降低了 TBM 掘进速度,就得不偿失了。国内运输设备制造商需要加大产品研发力度,提升产品性能,早日制造出综合性价比与国外先进产品相当甚至更优的内燃牵引机车和新能源牵引机车。

通风系统是保证长隧道 TBM 法施工过程环境质量和作业人员安全的关键,目前,高性能进口变频轴流风机在长隧道中通风效果良好,且能耗普遍很低,得到了相关单位的认可。现有的国内通风设备性能与进口设备相比存在明显差距,应该加大研发力度,尽早推出性能可靠、综合成本(包括设备采购成本和运行成本)较低的国产风机,应用于长距离隧道 TBM 法施工。

5.1.7 TBM 周转使用和再制造技术

施工数据表明,通常情况下中等直径 TBM 的使用寿命约为 25km,而单项隧道工程 TBM 掘进长度往往小于上述长度。因此,大多数 TBM 设备在隧道贯通后状态良好,剩余寿命充裕。但是,目前绝大多数建设单位在土建工程招标时明确规定必须采用"全新 TBM 设备",造成大量拥有可观剩余寿命的 TBM 长期闲置,是社会资源的巨大浪费。目前国内只有少量 TBM 得到再次利用,后续应该加大研发 TBM 周转使用技术的力度,并提供 TBM 再次使用条件,大力推动 TBM 周转使用,就像城市地铁隧道所使用的盾构机一样,能够为工程建设提供巨大助力。

再制造 TBM,不完全等同于修复改造,而是通过尺寸维修、换件、修复等手段,应用当前的新技术、新材料、新工艺赋予即将报废或者已经报废的 TBM 以新的生命,使再制造 TBM 性能、质量达到甚至超过原来全新的 TBM,即可重新应用于其他隧道工程。这样才符合科学发展、推进资源全面节约和循环利用的要求。

5.2 TBM 法隧道施工技术发展趋势

TBM 装备技术的发展带动了隧道施工技术的进步,施工技术的发展同样为 TBM 装备技术的进步提供了巨大助力,设备技术与施工技术相互依存、相辅相成、共同发展、共同进步。TBM 法隧道施工技术的发展趋势,总结为以下七个方面。

5.2.1 TBM 法与钻爆法联合施工技术

国内采用 TBM 法施工的隧道工程全部是 TBM 法与钻爆法相结合修建的,这是隧道施工工法选择的现状,也是工法选择的必然,联合施工技术能够更好地发挥两种工法的优势,最大程度促进隧道工程实现建设目标。

图 1-5-1 和图 1-5-2 对比分析了部分工程采用两种工法施工的长度和施工长度百分比。同一隧道工程中 TBM 法隧道施工合计长度及单台 TBM 法隧道施工长度呈上升趋势。一方面是受 TBM 装备与施工技术进步的影响,以往受技术水平的制约无法设计长大隧道工程,即便存在长大隧道也只能被迫采用"长隧短打"的方式。另一方面是 TBM 技术进步让更长隧道施工成为现实,单洞长度增加,相应地 TBM 法隧道施工长度增加。例如,1990 年代开工建设的西康铁路秦岭隧道全长 18.456km,Ⅰ线隧道采用 TBM 法与钻爆法相结合施工,洞口段钻爆法施工 TBM 预备洞,中间通过平导采用钻爆法施工,其余洞段采用 TBM 法施工,2 台 TBM 合计掘进长度 10.8km,单台 TBM 掘进长度分别为 5.2km 和 5.6km;2010 年代开工建设的引汉济渭工程秦岭隧洞越岭段全长 81.8km,岭脊段采用 2 台 TBM 施工,合计掘进长度

34.5km,单台 TBM 掘进长度 16～18km;XE 引水工程 1 号隧洞全长 72.9km,3 台 TBM 合计计划掘进长度 63.9km,单台 TBM 掘进长度 15～24km;全长 283km 的 KS 隧洞 11 台 TBM 合计计划掘进长度 212km。

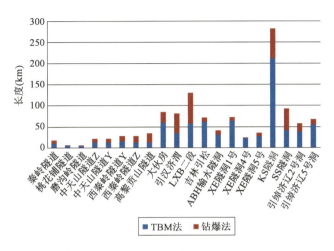

图 1-5-1 部分工程 TBM 法与钻爆法施工长度

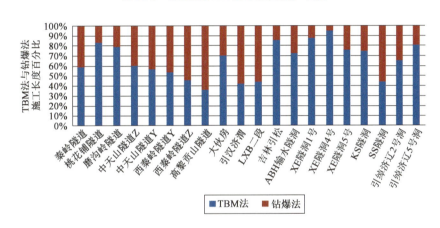

图 1-5-2 部分工程 TBM 法与钻爆法施工长度百分比

已完工和在建铁路工程 10km 以上长大隧道 TBM 法隧道施工长度占比相对较小,平均 51%,最高 60%(吐库二线铁路中天山隧道),最低 36%(大瑞铁路高黎贡山隧道),其中全长 34.5km 的高黎贡山隧道,1 台 TBM 计划掘进长度 12.5km,主要是由于复杂地质条件的影响,部分洞段 TBM 工程适应性不足。水工隧洞 TBM 法隧道施工长度占比相对较大,平均 70%,最高 95%(XE 引水工程 4 号隧洞),最低 42%(引汉济渭工程秦岭隧洞越岭段)。其中引汉济渭工程秦岭隧洞越岭段全长 81.8km,仅岭脊段 34.5km 采用 TBM 法施工,究其原因发现,一是部分洞段 TBM 工程适应性差,二是工法选择对 TBM 法隧道施工的时间效应的影响。全长 92km 的 SS 隧洞,计划采用 2 台 TBM 施工,合计掘进长度 41km,占隧洞总长 44%,主要原因是存在较多洞段不适合采用 TBM 施工。

在今后的隧道建设中,TBM 法仍将与钻爆法结合施工,并且单台 TBM 在同一工程中的掘进长度增加到 20km 左右,有望继续增加到 30～40km,单项隧道工程中 TBM 法施工长度和占比会继续增大。

5.2.2　复杂地质条件 TBM 法隧道施工技术

如前所述,TBM 法隧道地质呈多样化发展趋势,面对诸多复杂地质条件,如极强岩爆、极高地温、强蚀变、严重破碎围岩、大变形等,TBM 法隧道施工安全、施工进度、施工成本与投资都会受到极大影响。

期待在将来的 TBM 法隧道施工过程中,TBM 能够在其适用的地质条件下发挥快速施工的优势,使

TBM 在复杂地质条件下也能够持续掘进施工,避免长时间停机,尽量不采取矿山法等处理措施。因此非常有必要研究复杂地质条件下 TBM 法隧道施工技术,从地质勘察、施工规划、施工技术与施工管理四方面展开研究。开工前地质勘察尽量详细、准确,施工过程中辅以超前地质预报,科学认识 TBM 的工程适应性并合理选型,合理规划施工区段划分,及时合理设置初期支护,必要时实施超前加固(目前仍需系统、深入研究),参建单位各司其职、通力合作,合理控制工期与投资、建立健全复杂地质条件下 TBM 法隧道施工规范。

1)TBM 超前地质预报技术

受当前技术发展水平、工期、投资的影响,前期地勘成果存在偏差,甚至因缺乏有效的勘察手段而无法准确判断地质情况。鉴于地质条件对 TBM 法隧道施工的直接影响,施工过程中非常有必要实施超前地质预报,这是对隧道施工地质勘察工作的必要补充,特别是在可能存在复杂地质的情况下,更应该增加超前地质预报的频次和方法,采用多种方法相互印证,尽可能准确详细地探明前方地质条件。开工前的地质勘察成果、TBM 掘进施工过程中实际揭露的围岩状态、超前地质预报相结合,物探、钻探、地质素描相结合,可大大提高对前方地质条件判断的准确性,为 TBM 掘进施工提供很好的指引。

TBM 法施工中的超前地质预报技术的主要影响因素包括:TBM 结构庞大,作业空间狭小,特别是难以接近掌子面;大量金属结构及电气系统形成强大的电磁干扰。钻爆法施工中应用良好的超前地质预报方法在 TBM 法施工中不一定适用,即便有可行的方法,其准确度仍有巨大的提升空间。慎重选择有潜力的超前地质预报方法,研发新的预报方法,多种方法相融合,取长补短,综合评价,提升预报的准确性。搭载式超前地质预报将会成为主流的设备配置方式,借助于网络、人工智能技术,采用现场解析或者远程实时解译,融入专家知识,及时为现场施工提供相对准确的地质预报成果。

2)超前加固技术

当 TBM 面对复杂地质条件时,迫切需要可靠、及时的超前加固,大幅减少处理断层、破碎带等复杂地质的时间和难度。隧道施工中围岩出露后的处理属于事后处置,有效果但综合成本相对较高,超前加固、超前封堵等措施属于事前预防,是极其重要的手段,并且在钻爆法施工中应用相对成熟,然而由于作业条件的限制在 TBM 法隧道施工中难以实现。

TBM 法隧道施工超前处理技术是应对复杂地质条件最关键的措施,虽然开展了很多 TBM 超前支护、超前封堵等事前预防技术攻关,但在复杂地质条件下尚未成功应用,难题主要集中在以下两点。一是超前钻孔,目前所采用的所有超前处理措施都离不开超前钻孔,如超前小导管、超前管棚、超前注浆、超前锚杆、超前应力释放孔、超前钻探等。受作业空间所限,钻孔深度、间距、工效无法适应施工需求。二是超前灌浆,目前还没有开发出广泛适用的 TBM 止浆、灌浆施工技术。"一种敞开式 TBM 超前支护加固系统"、"一种用于 TBM 隧道施工的超前小导管"等专利技术虽然进行了有益探索,但未经工程实践验证其可靠性。结合面临的地质难题,相关单位需积极创造条件,鼓励创新,保证安全的前提下勇于试验,在摸索中实践,在实践中提升,是 TBM 研发、制造、施工的发展趋势。

5.2.3 TBM 法隧道支护技术

1)TBM 支护系统

目前 TBM 的支护系统功能越来越完善,性能不断提升,但仍然存在一些问题,主要是支护效率、质量与 TBM 掘进效率的匹配性差,特别是在复杂地质段尤为突出,在一定程度上制约了 TBM 掘进速度优势的发挥,从而影响工程整体进展。

敞开式 TBM 由于设备结构的制约,支护设备的工作范围存在一定的局限性。锚杆钻机的钻孔方向难以达到与隧道法线重合的要求,只能呈发散状。当前普遍采用的 Atlas COP 1838 型钻机本身钻孔能力很强、效率很高,但在 TBM 上难以发挥出应有的效率,主要问题是其环向与轴向的移动速度和定位速度较慢。这些方面和钻机本身性能无关,主要受限于 TBM 结构及设备空间的设计局限。锚杆钻机布置方式在部分 TBM 装备上已有新的尝试,今后将致力实现锚杆小角度入岩、便捷安装、作业效率与掘进速度匹配、长度调整方便的目标。喷射混凝土系统已经在护盾后方实现机械化施工,但配套的混凝土供应、设备防护等方面仍存在较大的提升空间;喷射混凝土通常布置在连接桥后方,甚至 1 号台车后方,距离掌子面 50~70m,不符合及时喷射混凝土的要求。在施工单位的主导和制造商积极配合下,引绰济辽供水工程有 2 台敞开式 TBM 已经实现了常规喷射混凝土系统前置,该设计理念将推广应用在后续隧道工程中。配置更加合理、完善的 TBM 隧道支护体系,操作会更加便捷,安全性不断提升。

护盾式 TBM 通常以预制混凝土管片作为最终支护结构,管片壁后吹填豆砾石并注浆回填。其作业效率与质量、及时性与操作便捷性方面仍待改进,关键的原因是豆砾石设备的能力和注浆的及时性、回填质量的可靠性不能满足施工要求。豆砾石吹填设备依赖进口,对豆砾石粒径、外形要求较高,国内工地现场难以获得合适的材料,从而影响设备效率发挥且设备损耗较大。回填注浆严重滞后,影响施工安全与质量。并且,管片衬砌结构的寿命可靠性尚未得到实践验证,近期有管片衬砌的引水隧洞出现较大范围渗漏水问题,修复难度较大。业内正在思考和研发新的管片支护与回填技术。

2)TBM 支护技术

隧道施工已经形成了一系列相对成熟的规范,但大多是基于钻爆法施工的。相比其他断面形式,TBM 法隧道圆形断面更有利于洞室稳定,因而支护体系设计的初始条件已经发生了改变,需要相应转变设计理论,选择更加科学合理的支护方式,形成新的 TBM 法隧道支护体系。这是技术发展的需要,是节能降耗的需要,也是可持续发展的需要。

目前,敞开式 TBM 在 Ⅱ、Ⅲ 类围岩条件下的工程适应性强,既能保证隧道施工安全、质量与速度,又能节约隧道建设成本;近年来随着初期支护技术的发展,合理使用钢拱架(又称作"钢支撑")与钢筋排综合支护技术以及相应的施工工艺,敞开式 TBM 在 Ⅳ 类围岩条件下的工程适应性大大加强,在确保安全与质量的前提下,掘进速度大幅提升。然而,在 Ⅴ 类围岩、破碎带等复杂地质条件下,敞开式 TBM 的工程适应性一直没得到显著提升,TBM 月进尺通常只有寥寥数十米甚至数米,严重影响隧道施工质量、安全、进度与成本,是困扰敞开式 TBM 施工的一大难题。其中,围岩从护盾尾部出露后严重坍塌是重要制约因素之一,特别是在围岩极破碎,存在涌水、涌泥、涌砂等情况下,即便采用钢筋排也无法起到较好的支护效果,并且后期注浆操作困难。开发一种安装便捷、支护可靠的用于敞开式 TBM 法隧道施工的钢管片/钢瓦片支护系统,能够在很大程度上解决上述问题,可以考虑将其与型钢拱架相结合设计,采用改进的钢拱架拼装器安装而不必配置传统的管片拼装机。

为了应对岩爆,锦屏二级引水隧洞在 TBM 法隧道施工过程中探索了柔性防护网支护技术;压型钢板具有刚度大、质量轻、耗材少的特点,已经成功应用于涵洞、管廊等工程,同样可以应用于 TBM 法隧道施工支护领域。

5.2.4 敞开式 TBM 同步衬砌施工技术

为了解决敞开式 TBM 不能同步施作现浇混凝土二次衬砌的问题,分别从有轨运输出渣和连续带式输送机出渣两种工况着手,经过长时间的研发和施工实践,实现了边墙和拱顶同步衬砌施工技术,并在南疆铁路吐库二线中天山隧道、兰渝铁路西秦岭隧道和陕西省引汉济渭工程秦岭隧洞岭北TBM施工段成功应用。但是,受隧道长度、隧道断面、是否铺设仰拱预制块、仰拱预制块的形式、现浇混凝土衬砌范围等因素制约,尚未形成适用范围更广的同步衬砌施工技术。结合工程需求,不断改进和完善不同工况条件下的边墙和拱顶同步衬砌施工、小断面敞开式TBM隧道同步衬砌、现浇仰拱同步衬砌、全断面同步衬砌、距离掌子面更近的同步衬砌等施工技术,实现TBM更加安全和高效隧道施工。

5.2.5　圆形断面TBM法隧道空间利用技术

针对现有技术,采用异形断面TBM施工尚需时日,而大量隧道工程又希望采用TBM法施工,那么充分利用TBM隧道开挖的圆形断面空间,是一个努力的方向,在保证主体功能的同时,合理布置附属设施设备,增加其他辅助功能,尽量减小圆形隧道断面空间浪费。相对于研发异形断面TBM,其实现的可能性更大。

5.2.6　TBM法隧道施工信息化与智能化技术

人工操作→机械化施工→自动化施工→信息化施工→智能建造是隧道施工技术发展的总体趋势,随着科学技术突飞猛进和5G时代的到来,TBM实现信息化管理、自动化操作和智能建造成为可能。TBM法隧道施工具有相应的大数据积累、分析、计算基础,若将大数据与人工智能技术应用于TBM法隧道施工,可在风险防控、提高设备完好率、纯掘进时间利用率、指导TBM掘进与支护、降低人员劳动强度和提高掘进效率等方面发挥积极作用,为工程节能降耗做出积极贡献。目前已经有部分产品在应用,但技术还不够成熟,功能不够完善,未来将会开发出融入地图导航式设计理念、电子处方式操作理念的基于大数据的TBM法隧道施工综合管控系统,具备数据采集、自动分析、综合预判、预警管理、指导操作、多样化适应性报表输出、远程监控、智能学习、考核考评、自主总结等功能,服务于现场TBM法隧道施工、综合管理、设备改进与研发。

5.2.7　TBM法隧道施工规范标准化

钻爆法隧道施工已有完善的设计、施工、定额等管理体系,但TBM法隧道施工的相关规范尚未形成体系,在一定程度上制约了其发展。建立健全适应TBM法施工特点的设计、施工规范、标准和定额等管理体系,是促进TBM法隧道施工技术科学发展的需要,研究和编制指导性文件过程中,需要兼顾各种工况条件,特别要关注复杂地质工况。

第 6 章
TBM持续、均衡、快速施工作业探讨

随着我国 TBM 设备研制水平和 TBM 施工水平的提升以及应用领域的扩展,在 TBM 设备技术、结构选型、施工技术与管理方面已积累了大量研究成果和实践经验。本章从 TBM 法隧道施工进度不均衡的问题入手,提出 TBM 持续(Sustained)、均衡(Proportional)、快速(Speedy)施工理念,简称 SPS 作业法。该施工理念可供规划、建设、设计、施工单位参考,科学使用 TBM 法隧道施工技术,有效提高 TBM 法隧道工程规划的合理性,促进 TBM 法更适应我国隧道建设规模巨大、工期普遍紧张的现状,不断提升我国隧道施工水平。

6.1　SPS 作业法的含义

作为一种新型 TBM 法隧道施工理念,SPS 作业法是 TBM 持续、均衡、快速施工的简称,包含两重含义:

其一,适宜的地质条件下,TBM 持续、均衡、快速施工,实现长期稳产高产;

其二,复杂地质条件下,通过技术创新和管理创新,改进 TBM 的功能与性能,以提升其工程适应性,改进施工技术、完善施工工艺和施工管理,实现 TBM 持续稳步施工,尽量减少和避免长时间停工。

6.2　SPS 作业法基础条件

倡导 TBM 持续、均衡、快速施工理念,需要解决好必要的基础条件,应该从以下三方面奠定基础。

6.2.1　真实、准确、完整的地质勘察

地质条件是隧道建设最重要的影响因素,从选线开始到开挖贯通,需要全过程关注地质勘察工作。可靠的地勘成果能够为 TBM 掘进提供较为准确的指引,可提前做好相应准备工作。

（1）开工前的地质勘察,应尽量真实、准确、完整

开工前的地勘成果直接决定隧道施工工法选择、TBM 机型选择、工期与进度计划,是隧道工程设计施工的首要条件。新疆 EH 工程,平均 1～2km 布设一个地质钻孔,初步分析存在复杂地质的洞段加密

探孔,详尽准确的地勘成果为 TBM 顺利施工奠定了很好的基础,该工程第一台 TBM 自 2017 年 9 月 15 日开始掘进,至 2018 年 2 月底累计掘进 4729m,实际揭露围岩与施工图地勘成果的吻合性约为 70%,平均月进尺 860m。而同一地区另一条输水隧洞,全长 41km,以 2 台敞开式 TBM 施工为主,由于埋深大导致布设地质钻孔困难,前期地勘粗略,洞身段绝大部分未详勘,出口段 TBM 已经掘进的 2773m 洞段,实际揭露围岩与施工图地勘报告的吻合性只有 29.7%,并且出现了未预见的严重蚀变和长距离极度破碎围岩,导致 TBM 掘进施工严重受阻,平均月进尺仅 146m。地质条件与地勘成果的准确度对于 TBM 顺利施工的重要性可见一斑。

(2)TBM 掘进过程中加强超前地质预报

由于当前技术发展水平的限制,深埋于地下的围岩条件准确勘察难度很大,地质勘察成果与实际揭露的围岩存在一定的偏差,因此超前地质预报是 TBM 施工地质勘察工作的必要补充,特别是在复杂地质洞段,超前地质预报成果能够为 TBM 掘进施工提供良好的指引。施工图地勘报告、TBM 掘进揭露围岩状况、超前地质预报三者相结合,有助于准确探明待开挖隧道的地质条件,为 TBM 掘进施工的科学决策提供依据。

(3)及时修正地勘成果

如果施工图地勘报告与 TBM 掘进实际揭露的围岩存在较大差异,则应该结合实际揭露围岩状况及时重新分析并修正原地勘成果,必要时补勘或者重新勘察,否则会严重误导 TBM 掘进施工,给隧道施工安全、质量、工期、成本埋下隐患。如前所述全长 41km、地质吻合性只有 29.7% 的隧洞,应该立即开展地勘结果修正工作。

6.2.2 良好的 TBM 工程适应性

TBM 属于专用设备,每种机型的 TBM 都有其相应的工程适应性,甚至同机型的 TBM 每一台的工程适应性也会存在明显差异。因此需要根据隧道工程的地质条件和建设要求进行针对性选型和设计。目前尚未出现可以应对所有地质条件和建设要求的"全能型"TBM。例如:开挖直径相同的敞开式 TBM,如果隧道地质以完整硬岩为主,则对 TBM 的破岩能力要求较高,对其初期支护能力要求相对较弱;如果隧道地质以Ⅲ、Ⅳ类围岩为主,则需要高效的初期支护能力和适合较软围岩的破岩能力。因此,隧道施工工法选择时首先要以地勘成果等为依据,全面论证 TBM 的工程适应性,合理选型、科学配置。

TBM 工程适应性是一个动态管理过程。隧道工程的地质条件总是存在不确定性,深埋长隧道尤为突出,所以要求 TBM 在能够很好地适应大多数地质条件的同时,也尽量满足本工程可能存在的复杂地质,并在施工实践中不断总结和探索,通过工艺和设备改进提升 TBM 对复杂地质的适应能力。当 TBM 在施工过程中,适应性很差导致施工严重受阻、甚至长时间停机时,应果断地依据地质勘察与超前地质预报结果,结合 TBM 设备状态及施工能力,对施工工法进行科学论证,合理决策,不能一味盲目坚持 TBM 法,否则会加大对工程工期和成本的不良影响,或者造成 TBM 设备严重损坏。

6.2.3 合理的施工方案规划

对于相同的地质条件、相同的施工工法、相同的 TBM 类型及配置,合理的施工规划能够大大降低施工难度和施工风险,缩短工期、节约成本。

例如,根据现有先进的 TBM 设计制造水平、设备管理与施工技术水平,如果将施工区段划分、施工支洞设计、长距离通风与供排水、长距离出渣与运输、是否存在复杂地质洞段及其应对措施等众多影响因素都进行统筹规划,合理设计,完全可以实现单台TBM在同一隧道工程持续掘进20～25km。

以下述3点为例,对通常情况下的施工方案规划予以说明：

(1)TBM单区段连续掘进长度以10～15km为宜。连续掘进长度过大将难以保证TBM设备持续完好,掘进过程中较长时间停机处理设备问题的概率较大。若划分的掘进区段过多,虽然能降低施工难度,但每次中间转场耗时约2个月,多次中间转场也会严重影响工期和成本。

(2)最大通风长度不宜超过15km。采用高效变频轴流风机和合适的通风软管,能够很好地保证通风效果且能耗低。技术上本可以实现更长的通风距离,但加大风管直径会占用洞内运输等其他作业空间或导致洞径加大,多台风机串联通风效果较差且增加能耗,中间增设接力风机需要增加布设电缆和变压器,都会增加通风难度和成本。因此需要结合工程建设条件综合论证;如果长隧道施工的通风距离偏小,会增加通风支洞、竖井工程量以及风机转场工作量,这样工期和成本也会受到影响。

(3)复杂地质洞段需要谨慎对待。首先是更加详尽的地质调查与勘察,其次是综合分析现有的TBM设备能力、初期支护措施和超前加固措施与效果,评判TBM针对复杂地质洞段的适应能力,确保能够安全掘进施工则采用TBM法,否则需要考虑矿山法等其他施工工法处理后TBM步进通过或者下半断面掘进通过。

6.3 SPS作业法保障措施

隧道施工过程中TBM应充分发挥其"快速"的优势,在日常的TBM设备管理和施工管理中,重点体现为两个重要指标:一是设备完好率,二是纯掘进时间利用率。较高的设备完好率和纯掘进时间利用率是TBM持续、均衡、快速施工的重要保证。研究表明,需要在隧道施工全过程贯彻执行"七持续"和"三均衡"十项措施。

6.3.1 设备状态持续完好

保证TBM及关键施工配套设备状态持续完好,是贯穿TBM法隧道施工全过程的动态管理目标,以下以TBM设备为例。

(1)TBM招标采购阶段:根据工程需求全面而详细地分析,提出合理的TBM功能、性能、寿命、工作能力等全方位的要求。

(2)TBM设计阶段:相关各方密切配合、充分沟通,合理调整和完善TBM功能、性能,以及各系统的能力、寿命,且各系统相互匹配。

(3)TBM制造阶段:制造单位严格按工艺流程生产,用户需要严格按规程监造,及时发现问题并整改完善。

(4)TBM验收阶段:高度关注出厂验收,消除存在的一切缺陷。各方共同严格要求,逐项检查、努力发现存在的问题和改进可能性,论证并实施消除缺陷和设备改进措施,原则上验收合格率达到100%方可出厂。出厂验收与工地组装调试验收,均为空载验收,重点关注TBM的设计功能是否满足验收要求。试掘进验收为负载验收,重点关注TBM工作性能是否满足验收要求。把好验收关,才能把好设备质量关。

(5)TBM掘进施工阶段:规范操作,按规程定期对TBM进行维护保养,及时维修,避免和减少故障、降低故障对掘进施工的影响。

只有从设备选型与功能配置的源头抓起,确保出厂的设备质量可靠,并且在使用全过程中加强管理,加大设备维护保养力度,及时正确处置设备故障,才能保持TBM设备长期处于完好状态。

6.3.2　操作执行持续规范

TBM法隧道施工过程中,操作规范涉及每道工序,大到掘进操作,小到洞底清理都要按规范执行。编制并贯彻执行完整的标准化作业指导书,包括维护保养、掘进操作、管片拼装与回填、拼装钢拱架、打锚杆、铺设钢筋网、安装钢筋排、喷射混凝土、洞底清理、刀具检查与更换、管线延伸、连续带式输送机延伸、胶带硫化、物料运输、刀具维修装配、设备维修和轴线控制等。

例如,掘进操作环节,规范操作可以让TBM长期保持在合理的负载范围内工作,并留有足够的余量应对突发情况而尽量避免TBM超负荷运转。规范操作可以减少和避免故障与意外情况发生从而提高TBM纯掘进时间利用率与设备完好率;根据围岩条件选择合适的掘进参数可以长期保持TBM以相对合理较快速度掘进。所以,规范操作是TBM实现持续、均衡、快速施工的重要影响因素。

6.3.3　施工准备持续完备

持续做好各项施工准备,是TBM顺利施工的重要保障,施工准备贯穿隧道施工全过程。例如,道路不通将导致TBM无法运输进场;场地不平造成TBM配套设施布设不稳定;起重设备不到位TBM将无法组装;施工组织设计不齐备TBM将无法开始掘进;若风水电不通、施工材料不加工、备品备件不到场,TBM也同样无法开工。

TBM维护保养是为掘进施工做准备,本掘进循环的完成是为下一个循环的开始做准备,每道工序实际上都是在为下一道工序做准备,直到隧道贯通、TBM拆卸并运出隧道为止,此时又要为TBM后续的维护保养与存储、后续工程施工做好必要的准备工作。施工准备充分完备,能大大减少非掘进所占用的时间,提高TBM纯掘进时间利用率。

6.3.4　工序衔接持续紧凑

工序衔接紧凑能够最大限度地避免时间浪费,提高TBM纯掘进时间利用率。例如,西康铁路秦岭隧道TBM法隧道施工采用有轨运输出渣,平均月进尺310m,TBM纯掘进时间利用率为29.8%,运输故障导致TBM停机等待时间占20%以上,施工工序衔接不畅对TBM法隧道施工进度的影响很大。再如,引汉济渭秦岭隧洞岭北第一阶段TBM掘进过程中,平均月进尺517m,纯掘进时间利用率只有约20%,主要原因之一是带式输送机出渣系统经常性故障导致TBM掘进施工无法长时间紧密衔接,只能间歇性掘进。TBM本身的工程适应性很好,假设该工程的带式输送机出渣系统配置合理、性能可靠,故障率会显著降低,可使TBM纯掘进时间利用率达到业界平均水平30%以上,则平均月进尺将达到700m以上。除了设备原因,施工组织对工序紧凑衔接的影响也很大。劳动力配置不足会增加工序作业时间,技术力量不足会增加问题解决措施决策时间,上下工序不统筹安排会增加单位工程量的作业时间,工序交接拖沓、劳动积极性不高同样会影响施工效率。任何一个环节的问题都会影响TBM顺利掘进,多个工序衔接积累的问题会严重影响TBM纯掘进时间利用率。工序衔接紧凑并且做到持之以恒,需要在技术保障、资源投入、现场管理、人员管理、安全文明施工、质量控制等各个方面具备强有力的综合施工管理水平。

6.3.5 施工工艺持续改进

作为 TBM 掘进施工技术保障的一个不可或缺的环节是不断优化施工工艺,完善设备的工作性能。虽然开工之前已经制定了施工方案和施工工艺,但掘进施工过程中,还需要不断总结经验,发现存在的问题,在现有基础上不断改进施工方案和工艺来增强 TBM 工法的工程适应性,提高技术措施的效率,提升施工能力,减少非掘进工序占用时间,提升 TBM 掘进施工过程中的设备完好率和纯掘进时间利用率。

例如,敞开式 TBM 同步衬砌施工技术能够大大提升隧道施工综合成洞速度与安全性,钢筋排支护系统的合理应用能够大幅减少破碎地质条件下的围岩坍塌,连续带式输送机出渣技术可以有效提升 TBM 纯掘进时间利用率和施工速度。

6.3.6 安全质量持续稳定

安全事故带来的巨大损失直接影响施工进度与工期、社会稳定、经济效益。随着国家、行业及企业对于安全生产的重视程度越来越高,相关法律、法规、规章制度也越来越健全,安全体系和安全措施不断完善是 TBM 顺利施工的重要保障。

TBM 施工安全,首先是人的安全,其次是设备安全。相应的安全措施与资源投入是安全生产的重要保证;在遇到复杂地质条件时,要增强风险意识。例如,为锚杆钻机等初期支护设备配备足够的防护措施可以有效避免拱顶坍塌造成设备损伤;作业人员充分了解岩爆风险及其危害有助于及时规避危险并提前采取预防措施;破碎围岩条件下合理及时支护能够保证隧道结构质量并实现安全目标。

安全与质量密不可分,必须常抓不懈。务必做到时时刻刻讲安全、时时刻刻保质量,才能有效保障 TBM 顺利掘进施工。

6.3.7 施工管理持续完善

施工管理贯穿于 TBM 掘进施工的全方位、全过程。除了前文所述,还包括生产组织管理模式、人力资源管理、执行力建设、成本控制和资金管理等。例如,1990 年代采用的 TBM 施工"9+9+6"工作制(即 2 个掘进班每天分别工作 9h,1 个整备班每天工作 6h,交替循环)已经无法良好适应长距离连续掘进的施工现状,逐步改为"12+12 并 6"工作制(即 3 个掘进班每次工作 12h 休息 24h,轮班作业;同时 1 个整备班每天固定时间开始工作 6h,整备完毕则掘进班开始掘进施工,实现无缝衔接),既保证了工人充分休息,又提升了 TBM 法隧道施工效率。人力资源是第一生产要素,TBM 机械化施工也同样离不开人。比如,TBM 应用规模的扩大,带来建设、设计、监理、施工、制造单位对 TBM 专业人才需求的增加,TBM 人才流动在所难免,合理聘人、育人、用人、留人,营造宽松的工作氛围、培养健康乐观的工作作风,激发人的主观能动性和创造性,持续完善人才管理,为 TBM 法隧道施工提供人力资源保障。

6.3.8 生产资源均衡匹配

TBM 法隧道施工的生产要素涉及人、机、料、财、法、环,既要满足掘进施工需求,又要合理控制实现与工程施工进度的动态匹配。资源配置不足会制约 TBM 掘进,过多又会造成生产资源的浪费,均衡匹配才符合 TBM 持续、均衡、快速施工的要求。

例如,某隧道 TBM 法隧道施工共需配置 5 台牵引机车,施工初期,由于运距小,投入 2 台牵引机车即可满足施工需求;随着运距增大,逐步增加牵引机车和编组列车配置。如果 TBM 进场时一次性投入

5台牵引机车和编组列车,势必造成设备闲置,导致资源浪费;如果随着运距增加,实际投入的牵引机车和编组列车数量不足,则必然制约TBM法隧道施工进度,导致隧道施工工期延长、施工成本增加。

再如,TBM法隧道施工需要大量各相关专业、具有相应技能的工作人员,其中包括清理虚渣的普通工人、主司机、机电液工程师等专业技术人才和高水平的技术管理与综合管理人才,具备与岗位相适应的良好素质和较强能力的人力资源合理匹配才能形成有机整体,为掘进施工全面服务。

6.3.9 成本消耗均衡控制

成本控制涉及所有的生产要素和施工环节,与生产资源均衡匹配是相辅相成的,需要有大局观和整体意识。TBM法隧道施工成本要根据当前的建设环境、地质条件、面临的主要困难实时调整,盲目地减少投入就会制约TBM生产效率,将导致更大的浪费。基于成本消耗与TBM掘进施工进展的内在联系均衡控制,才能实现保生产降成本双赢的局面。

比如,采用TBM法施工的长大隧道,通风距离长达20km,需要配置类似前文所述的高性能通风设备;而对于7~8km甚至更短一些的通风距离,普通风机即可满足通风需求。然而由于设计与制造质量的原因,能耗截然不同,最终降低了设备采购成本——"贪小便宜",而大幅增加了风机耗电成本——"吃大亏"。成本控制的"多"和"少"需要辩证对待。

6.3.10 工程造价均衡发展

上述措施保证了TBM掘进施工的安全、质量、进度、成本,但施工企业必须追求合理的利润,否则将无法生存和发展。因此隧道工程造价需要合理测定编制,根据实际情况及时调整,而不是机械式地执行TBM定额。TBM法隧道施工技术作为近年才推广应用的新技术、新工艺,其技术水平、施工能力、施工规划、施工方案正在发生重大变化,定额编制时虽然合理推知、适当超前,但仍然无法满足技术发展要求。例如,2007年颁布实施的《水利工程概预算补充定额(掘进机施工隧洞工程)》(水总〔2007〕118号),概算部分"TBM掘进定额中轴流通风机台时量是按一个工作面长度6km以内拟定的,当工作面长度超过6km时,应按表2系数调整轴流通风机台时量。"定额所列表2中所列工作面长度最大仅为12km,目前实际应用的工程,TBM最大通风距离已经超过20km。再例如,人工费参照最新的水总〔2007〕118号和水总〔2014〕429号文规定,TBM掘进人工费中级工预算单价8.90元/工时,与目前不少于5000元/人月的普通务工人员工资水平相比,仅40%。定额编制时所依据的工程实例和所采集的工程信息数据样本量太小、样本代表性不足,和现阶段发展趋势差距较大,因此需要合理测定,科学编制TBM法隧道工程造价,实现长久健康、科学、和谐可持续发展。

本篇参考文献

[1] 全国建筑施工机械与设备标准化技术委员会. 全断面隧道掘进机 术语和商业规格:GB/T 34354—2017[S]. 北京:中国标准出版社,2017.

[2] 彭仕国,宋占波,韩利民. 全断面岩石隧道掘进机应用技术指南[M]. 天津:天津大学出版社,2015.

[3] 水利部科技推广中心. 全断面岩石掘进机[M]. 北京:石油工业出版社,2005.

[4] 秦鹏伟. 复合地层TBM滚刀破岩机理的数值模拟研究[D]. 重庆:重庆大学,2016.

[5] 翟淑芳. 深部复杂地层的TBM滚刀破岩机理研究[D]. 重庆:重庆大学,2017.

[6] 魏文杰,王明胜,于丽. 敞开式TBM隧道施工应用技术[M]. 成都:西南交通大学出版社,2015.

[7] 吴圣智,刘大刚,王明年,等. TBM隧道施工对围岩扰动的现场测试研究[C]//2016中国隧道与地下工程大会(CTUC)暨中国土木工程学会隧道及地下工程分会第十九届年会论文集. 2016:4.

[8] 邓勇,齐梦学. 硬岩掘进机施工技术及工程实践[M]. 天津:天津大学出版社,2010.

[9] 张景春. 钻爆法与TBM盾构机施工技术特点比较[J]. 交通世界,2015(06):150-151.

[10] 周小松. TBM法与钻爆法技术经济对比分析[D]. 西安:西安理工大学,2010.

[11] 刘丽萍,谢冰,金中彦. 钻爆法与全断面掘进机修建地下隧洞的比较[J]. 山西水利科技,2000(04):1-5.

[12] 魏永庆,杜士斌. 大断面超长输水隧洞的施工特点[J]. 水利水电技术,2006(03):8-11.

[13] 陈馈,孙振川,李涛. TBM设计与施工[M]. 北京:人民交通出版社股份有限公司,2018.

[14] 茅承觉. 我国全断面岩石掘进机(TBM)发展的回顾与思考[J]. 建设机械技术与管理,2008(05):81-84.

[15] Home L. Hard rock TBM tunneling in challenging ground:Developments and lessons learned from the field[J]. Tunnelling and Underground Space Technology,2016(57):27-32.

[16] Armaghani D J,Mohamad E T,Narayanasamy M S,et al. Development of hybrid intelligent models for predicting TBM penetration rate in hard rock condition[J]. Tunnelling & Underground Space Technology,2017(63):29-43.

[17] Meschke G. From advance exploration to real time steering of TBMs:A review on pertinent research in the Collaborative Research Center "Interaction Modeling in Mechanized Tunneling"[J]. Underground

Space,2018,3:1-20.

[18] 张新曙.乌鞘岭隧道施工组织设计[J].铁道标准设计,2005(09):33-37.

[19] 李志军,李宇江,黄永生,等.城市轨道交通工程硬岩双护盾TBM隧道修建关键技术[M].北京:人民交通出版社股份有限公司,2018.

[20] 曹伟.复合式TBM在重庆地铁的首次应用[J].铁道建筑,2014(07):43-46.

[21] 王俊.复合式TBM在重庆地铁实践中的关键技术研究[J].现代隧道技术,2011,48(6):88-93.

[22] 王梦恕.中国盾构和掘进机隧道技术现状、存在的问题及发展思路[J].隧道建设,2014,34(3):179-187.

[23] 荆留杰,张娜,杨晨.TBM及其施工技术在中国的发展与趋势[J].隧道建设,2016,36(3):331-337.

[24] 齐梦学.一种用于TBM隧道施工的超前小导管:201721689302.X[P].2018-06-26.

[25] 齐梦学.一种敞开式TBM超前支护加固系统:201721691018.6[P].2018-06-26.

[26] 王雁军,齐梦学.岩石掘进机关键技术展望[J].隧道建设(中英文),2018,38(9):1428-1434.

[27] 叶蕾,袁文征,卓兴建.单护盾-土压平衡双模式TBM设计及模式转换分析[J].建筑机械化,2013(12):63-66.

[28] 雷军,朱向飞,彭斌,等.双模盾构TBM转EPB的关键技术与应用研究[C]//2021年工业建筑学术交流会论文集(下册).2021:1125-1129.

第 2 篇
TBM及施工配套设备选型与配置

TBM法隧道施工对于设备的依赖程度高，TBM及施工配套设备的选型与配置直接影响施工进度和工程质量。TBM应具有良好工程适应性，配置科学合理；同时，还要配备适应其工作性能并且具有合理富余量的施工配套设备，才能充分发挥其效能，实现持续、均衡、快速施工，为保障工程质量和工期、合理控制施工成本奠定基础。

本篇系统分析了TBM选型影响因素，介绍了TBM及施工配套设备选型与配置的原则和依据，并给出了出渣及物料运输设备、施工通风设备、供电设备、供排水设备和起重设备等相关施工配套设备选型与配置的计算方法，同时辅以工程实例供读者参考。

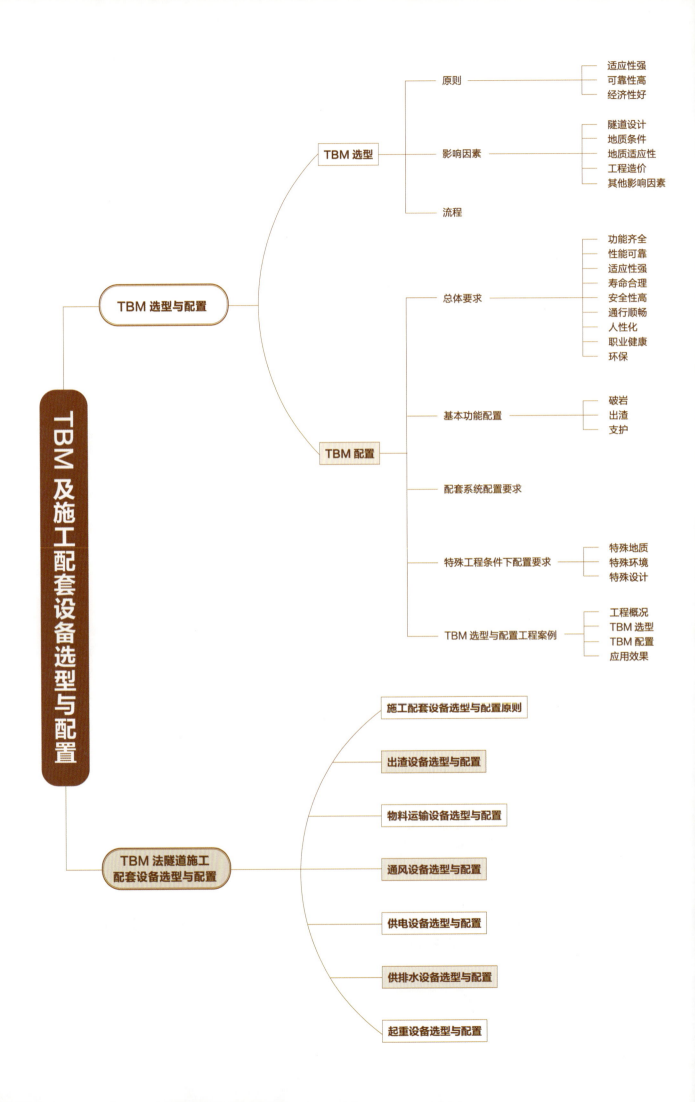

第 1 章 TBM选型与配置

TBM 设备除了应满足工程适应性，所有组成部件及系统需能长期安全可靠运行。由于隧道施工环境及地质条件复杂多样，不同工程对 TBM 的机型、功能、性能等要求也不尽相同。因此，需要从工程设计、功能需求、施工风险等方面综合考量，进行针对性的 TBM 选型与配置，从而满足不同的工程要求。

本章阐述了 TBM 选型原则、影响因素与选型流程，从总体要求、三大基本功能、配套设备、特殊工程条件 4 个方面分析 TBM 配置要求。其中，TBM 选型与配置中需要重点关注隧道设计、地质条件和工程造价 3 个方面的因素。本章最后提供引汉济渭工程秦岭隧洞 TBM 选型与配置实例供读者参考。

1.1　TBM 选型

1.1.1　TBM 选型原则

（1）适应性强：基于隧道设计适应性、环境适应性、工期适应性、地质适应性等方面的可行性分析，满足技术可行、工期可行、环境可行等原则。

（2）可靠性高：对复杂地质、特殊环境、特殊施工要求可能带来的施工技术、安全、质量等方面风险进行全方位评估，从而规避重大风险，确保风险可控。

（3）经济性好：综合分析施工成本与工程收益，合理确定经济技术指标。

1.1.2　TBM 选型影响因素

TBM 选型是基于工程需求的技术决策行为，影响因素众多，一般应综合考量以下关键影响因素。

1）隧道设计

隧道设计是影响 TBM 选型的关键因素之一。主要应考虑隧道断面形式、尺寸、隧道长度以及衬砌形式对 TBM 选型的影响，同时，应兼顾隧道纵坡以及平面曲线等因素。

（1）主要考虑因素

①断面形式：目前，TBM 仅仅适用于圆形开挖断面。

②断面尺寸：TBM 开挖直径通常大于 3.5m，最大约 15m。

③衬砌形式：敞开式 TBM 通常采用现浇混凝土二次衬砌作为永久支护结构，部分隧道在Ⅰ、Ⅱ级围岩和条件较好的Ⅲ级围岩条件下无需二次衬砌；护盾式 TBM 采用预制管片作为永久支护结构；也有部分隧道以管片作为初期支护，永久支护采用现浇混凝土。

④隧道长度：隧道长度通常大于 5km，使用 TBM 法整体效益更佳。

(2) 纵坡

隧道纵坡不同，对 TBM 的配置要求也不同，常规 TBM 适应纵坡 ±3%。特殊 TBM 包括斜井 TBM 和竖井 TBM，可以适应大坡度上坡掘进、下坡掘进、垂直掘进，如图 2-1-1 所示。

图 2-1-1　适应上坡掘进、下坡掘进、垂直掘进的 TBM

(3) 平面曲线

TBM 最小平面转弯半径通常为 500m（现阶段成熟设计），用于地铁隧道施工时根据线路需求有时设计为 300m。在煤矿、矿山抽水蓄能等领域，已经设计制造出了水平转弯半径 75m 甚至更小的 TBM，但在掘进方向控制方面尚有待优化。

2）地质条件

地质条件是影响 TBM 选型的关键因素之一。在适宜的地质条件下，TBM 法隧道施工效率较高；当遇到严重断层破碎带、强岩爆、软岩大变形、强蚀变等复杂地质条件时，TBM 法隧道施工能力会受到限制，从而大幅度降低工效。

根据岩石的抗压强度、岩体的完整程度、岩石的耐磨性和岩石凿碎比功这 4 个影响 TBM 工作条件（工作效率）的主要地质参数指标，将 TBM 工作条件分为三级：A 级，工作条件好；B 级，工作条件一般；C 级，工作条件差。TBM 工作条件分级见表 2-1-1。

TBM 工作条件分级　　　　　　表 2-1-1

序号	围岩级别	分级评判主要因素				TBM 工作条件围岩等级
		岩石饱和单轴抗压强度 R_c（MPa）	岩体完整性系数 K_v	岩石耐磨性 A_b（1/10mm）	岩石凿碎比功 a（J/cm³）	
1	Ⅰ	80～150	0.75～0.85	<4.9	<70	I_B
			>0.85	≥5	≥70	I_C
		≥150	>0.75	—	—	

续上表

序号	围岩级别	分级评判主要因素				TBM工作条件围岩等级
		岩石饱和单轴抗压强度 R_c (MPa)	岩体完整性系数 K_v	岩石耐磨性 A_b (1/10mm)	岩石凿碎比功 a (J/cm³)	
2	Ⅱ	80~150	0.55~0.75	<2.9	<60	Ⅱ$_A$
				3.0~4.9	60~70	Ⅱ$_B$
				≥5	≥70	Ⅱ$_C$
		≥150		—	—	
3	Ⅲ	60~120	0.45~0.65	<2.9	<60	Ⅲ$_A$
				3.0~4.9	60~70	Ⅲ$_B$
				≥5	≥70	Ⅲ$_C$
		≥80	≤0.45	—	—	
4	Ⅳ	30~60	0.45~0.65	<4.9	<70	Ⅳ$_B$
		15~60	0.25~0.40			Ⅳ$_C$
5	Ⅴ和Ⅵ	<15	<0.25	—	—	不宜使用

3) TBM地质适应性

(1) 敞开式TBM：适用于整体较完整、自稳能力较好的围岩，初期支护工作量小，具有较高的掘进速度。采取必要的辅助措施可以应对一定程度的复杂地质洞段，但施工安全性、施工速度会受到明显制约。影响程度较小的复杂地质条件，可以通过控制掘进参数、加强初期支护等措施应对，对掘进效率影响相对较弱，但洞底落渣清理量远高于护盾式TBM。恶劣地质条件下需要采取妥善的辅助措施才能缓慢通过，甚至只能通过矿山法等方式完全处理后再步进通过。与护盾式TBM相比，复杂地质条件下，敞开式TBM处置措施相对灵活，人工干预相对便捷。

(2) 单护盾TBM：适合在围岩抗压强度相对较低、自稳能力较差但掌子面仍具有一定自稳能力的地质条件下施工。与双护盾TBM相比，单护盾TBM无撑靴对洞壁的扰动，管片拼装位置到掌子面距离较小，对软弱围岩的适应性更强。在完整性相对较好的硬岩洞段，由于管片承载力的影响，推力受限，从而导致掘进效率低，并且随围岩完整性、抗压强度的增加而显著降低，施工成本相应增加。

(3) 双护盾TBM：适用于整体较完整、自稳能力较好、收敛变形较小的地质条件。复杂地质条件下，其适应性通常略高于敞开式TBM，但围岩收敛变形带来的卡盾风险高。恶劣地质条件下需要采取妥善的辅助措施才能缓慢通过，甚至只能通过矿山法等方式完全处理后再步进通过。在洞壁自稳能力弱，无法承受撑靴必要撑紧力的情况下，可以转换为单护盾模式掘进。

由于围岩收敛变形的时效性、盾体长度及盾体伸缩功能的影响，上述3种机型对围岩收敛变形的适应性，从高到低排序为：敞开式TBM→单护盾TBM→双护盾TBM。敞开式TBM盾体较短且具有一定的径向伸缩能力，有一定变形适应能力，超前处理手段相对灵活，采用新奥法人工干预的条件相对较好，卡盾风险相对较小。护盾式TBM管片支护位置到掌子面距离相对较大，应对围岩收敛变形能力差，卡机（卡盾）和管片损伤的风险较大。单护盾TBM由于盾体较短、管片支护位置到掌子面距离略小于双护盾TBM，卡盾风险略低于双护盾TBM，但两者均不及敞开式TBM。在TBM配置时应重点关注应对特殊地质风险的功能，提高TBM的地质适应性。

TBM不适合在掌子面无自稳能力的围岩条件下施工。3种机型都无法高效应对长距离极端破碎、大变形、强岩爆、强蚀变、大流量突涌水、严重涌泥涌砂、大规模溶洞等极端恶劣地质条件。上述地质条件洞段不适合采用TBM法施工，应尽量规避，在掘进过程中遇到不可预知情况时需要采用辅助工法应对。

TBM地质适应性见表2-1-2。

TBM地质适应性与机型特点对比　　　　　　　　　　　表2-1-2

TBM类型		敞开式TBM	双护盾TBM	单护盾TBM
常规地质适应性		Ⅱ~Ⅲ级围岩适应性好，Ⅳ级围岩次之； Ⅰ级围岩适宜但掘进速度低，消耗大； Ⅴ级围岩适应性差，掘进速度低且支护时间长	Ⅱ~Ⅳ级围岩适应性好； Ⅰ级围岩适宜但掘进速度低，消耗大； Ⅴ级围岩适应性差，掘进速度低	Ⅳ级围岩适应性好，Ⅲ级围岩次之； Ⅰ~Ⅱ围岩适应性差，掘进速度很低，易损伤管片； Ⅴ级围岩适应性差，掘进速度低
复杂地质适应性	岩爆	没有护盾保护，施工期安全性差，需配备防护措施； 加强初期支护，结合二次衬砌，永久结构可靠性高	有护盾保护，护盾尾部围岩被管片封闭，施工期安全性好； 中等以上等级岩爆可能会导致管片受损，造成安全与质量隐患； 强烈~极强岩爆导致已经拼装的管片损伤甚至失效的风险高	
	贫水断层破碎带	通常情况下，控制掘进、加强初期支护，可安全通过； 较严重时，超前加固、控制掘进、加强初期支护，可安全通过，效率下降； 严重时，适应性差~不适应； 总体适应性较差； 掌子面失稳时，不适应	通常情况下，双护盾模式，控制掘进，可安全通过，效率略有降低； 较严重时，单护盾模式，控制掘进，可安全通过，效率明显降低； 严重时，适应性低于单护盾TBM； 总体适应性较好； 掌子面失稳时，不适应	控制掘进，可安全通过，通常掘进效率下降幅度较小； 严重时，效率明显降低； 总体适应性好； 掌子面失稳时，不适应
	富水断层破碎带	弱富水，加强初期支护、径向注浆堵水，可安全通过，效率低； 中等富水，超前注浆堵水（难度较大）、加强初期支护、径向注浆堵水，可安全通过，效率低； 强富水，不适应； 中等~强富水会加剧掌子面失稳	弱富水，控制掘进，可安全通过，效率降低，适应性介于敞开式TBM和单护盾TBM之间； 中等富水，超前注浆堵水（难度大），控制掘进，可安全通过，效率显著降低，适应性差； 强富水，不适应； 中等~强富水会加剧掌子面失稳	弱富水，控制掘进，可安全通过，效率降低； 中等富水，超前注浆堵水（难度略低于双护盾TBM），控制掘进，可安全通过，效率显著降低但略高于双护盾TBM； 强富水，不适应； 中等~强富水会加剧掌子面失稳
	贫水蚀变岩	弱蚀变，适应性较好； 中等蚀变，适应性较差； 强蚀变，适应性差	弱蚀变，适应性较好； 中等蚀变，适应性较好； 强蚀变，适应性较差，低于单护盾TBM	弱蚀变，适应性较好； 中等蚀变，适应性较好； 强蚀变，适应性较差
	富水蚀变岩	弱富水，适应性较差； 中等富水，适应性差； 强富水，不适应	弱富水，适应性较好； 中等富水，适应性较差，低于单护盾TBM； 强富水，不适应	弱富水，适应性较好； 中等富水，适应性较差； 强富水，不适应
	软岩变形	通常情况下，较适应； 大变形，适应性较差； 总体适应性较差	通常情况下，较适应； 大变形，不适应； 总体适应性差	通常情况下，较适应； 大变形，不适应； 总体适应性较差

续上表

TBM 类型		敞开式 TBM	双护盾 TBM	单护盾 TBM
复杂地质适应性	地下水处理	裂隙水,适应; 集中大流量突涌水,不适应; 承压水,不适应; 超前注浆堵水,排水降压,难度较大	裂隙水,适应; 集中大流量突涌水,不适应; 承压水,不适应; 超前注浆堵水,排水降压,难度最大	裂隙水,适应; 集中大流量突涌水,不适应; 承压水,不适应; 超前注浆堵水,排水降压,难度大
	超前支护	较差	差,适应性最低	差
卡机风险(卡刀盘)		相同		
卡机风险(卡护盾)		较低	高	较高

4)工程造价

TBM 机型不同,设备采购与使用成本不同,支护成本不同。并且 TBM 机型不同,综合成洞速度不同,工期不同,工程实际成本存在差别。以下从工程造价的角度对 TBM 选型进行分析。

(1)根据 TBM 的设备配置情况,同断面常规配置的双护盾 TBM 造价比敞开式 TBM 高,单护盾 TBM 采购成本最低。

(2)适用的同等地质条件下,上述 3 种机型的开挖成本总体上基本持平。敞开式 TBM 以现浇混凝土作为永久支护结构,必要时施作锚网喷等初期支护,甚至部分洞段允许无支护结构,因而其综合成本最低。护盾式 TBM 以预制管片作为永久支护结构,其成本高于敞开式 TBM。单护盾 TBM 掘进速度低于双护盾 TBM,设备造价低于双护盾 TBM,但施工效率不同,二者的综合成本需要根据具体工程分析。

(3)TBM 工程综合成本不仅要考虑 TBM 设备配置成本、TBM 法隧道施工成本等,也应考虑工程收益、资金成本等经济因素。影响综合成本的最主要因素取决于规划设计,最直接的体现是工程的支护类型和工期。

①TBM 综合掘进速度:TBM 纯掘进速度受围岩条件影响,从推力、推进速度等设备性能上来说,3 种类型的 TBM 纯掘进速度都有足够的富余量,通常设计最大推进速度为 120mm/min。地质条件是影响 TBM 综合掘进速度的关键,在Ⅰ~Ⅲ级围岩条件下,敞开式 TBM 和双护盾 TBM 具有相同的掘进速度,单护盾 TBM 由于掘进与管片拼装交替作业以及管片承载力限制会导致掘进速度偏低。围岩破碎时,敞开式 TBM 需要施作大量初期支护,甚至要注浆加固,其综合掘进速度会显著降低,明显低于双护盾 TBM。单护盾 TBM 由于掘进和拼装管片交替施工,纯掘进时间利用率较低,综合掘进速度总体上低于双护盾 TBM,但当洞壁自稳能力差、无法为撑靴提供足够承载力时,单护盾 TBM 综合掘进速度高于双护盾 TBM。

②综合成洞速度:双护盾 TBM 掘进和管片拼装同步作业,以管片作为永久支护结构,综合成洞速度最快。单护盾 TBM 掘进与管片拼装交替作业,综合成洞速度明显低于双护盾 TBM。敞开式 TBM 需隧道贯通后,再施作现浇混凝土衬砌作为永久支护(适宜的断面下可同步衬砌),其综合成洞速度明显低于双护盾 TBM。

5)其他影响因素

TBM 选型还需要全面调查施工环境,如运输条件、水电供应条件、施工场地、物资供应条件、环境保护与水土保持等相关要求。

（1）运输条件

运输条件包括运输方式、运输线路两个方面的内容。不同运输方式及线路对TBM大件尺寸质量要求也不尽相同，某些情况下会影响TBM机型选择以及结构与尺寸设计。

（2）供水供电条件

供水供电条件要满足TBM法隧道施工需求。TBM法隧道施工用水量相对较大，根据当地水资源情况选择地下水、地表水或城市自来水，不论哪种供水方式都需确认水源质量和供水能力，以满足TBM施工耗水量，并且避免水质不达标而导致TBM供水与冷却系统故障。TBM法隧道施工供电一般采用网电，特殊情况下采用发电机组，不论何种供电方式，都要全面论证其供电容量、供电质量和供电成本。网电应考虑输电距离、供电线路容量，采用高压输电并在施工区附近建设变电所升压或降压至20kV或10kV，发电机组供电则需论证燃油供应条件。

（3）施工场地条件

调查现场的场地条件，能否布置主机及后配套拼装及存放场、混凝土拌和站、预制车间、预制构件（仰拱预制块、预制管片等）堆放场、维修车间、料场、出渣用带式输送机（或翻车机）及临时渣场、生产及生活房屋等。

（4）物资供应条件

根据施工所在地区提前考察市场，确认水泥、钢材等工程物资及施工设备、备品备件供应条件、供应能力是否满足施工要求。

（5）环境保护与水土保持

技术经济分析之外，当地有关政策和环保等要求会影响施工排水、出渣方式、除尘设备和油品选择等方面的设计。

①TBM法隧道施工排水含施工废水和隧道涌水。通常情况下，TBM应配置相应的污水集中抽排系统。隧道排水方式在上坡掘进时一般采用洞底自流排水（缓坡隧道需要抽排，可在施工期调整），下坡掘进时采用抽排。还应在洞外布置污水处理设施对TBM施工排放的废水进行处理，以达到相应的水质要求。

②TBM掘进出渣方式通常为有轨运输出渣和连续带式输送机出渣。目前以连续带式输送机出渣为主，少量短距离洞内运输等条件下采用有轨运输出渣。洞外临时弃渣点需做好防护设施，避免对周边环境造成污染。

③TBM法隧道施工除尘系统分为干式除尘和湿式除尘，目前以干式除尘为主。带式输送机出渣系统卸渣点应布置降尘设施，可采用水雾降尘和封闭场地等方式。

1.1.3 TBM选型流程

TBM选型的流程主要是从可行性、可靠性以及经济性3方面综合分析。其中，可行性分析主要涉及隧道设计适应性、地质适应性、总体施工方案适应性、工期适应性、环境适应性5个方面；可靠性分析是对地质、安全、质量、工期4个方面进行风险评估，并结合应对措施进行综合评价；经济性分析则是对收益和成本进行分析。基于上述3个方面的综合评价，得到TBM选型结果。TBM选型流程如图2-1-2所示。

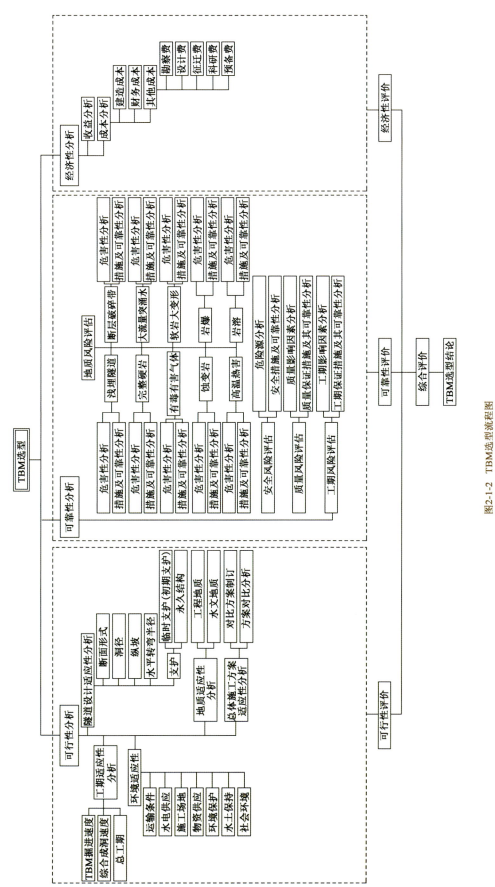

图2-1-2 TBM选型流程图

1.2 TBM 配置

TBM 法实现了隧道施工工厂化流水作业,对设备的依赖性更强,要求 TBM 功能齐全、性能可靠,因此合理的设备配置至关重要。本章以敞开式 TBM 为主,着重介绍 TBM 破岩、出渣、支护基本系统和辅助系统的配置要求,以及配套系统配置要求,特殊条件下的配置要求,并简述护盾式 TBM 与敞开式 TBM 配置要求的区别。

1.2.1 总体要求

1)功能齐全

TBM 除需具备破岩、出渣、支护 3 大基本功能外,还需具有导向、调向、通风除尘、供水排水、润滑、冷却、照明、通信、视频监控、安全消防、超前地质预报等必要功能;同时还应具有合理的物料存储、残渣清理、降温等辅助功能。此外,因 TBM 法隧道施工需要,应合理设置人行通道、作业空间以及物料运输通道。

2)性能可靠

(1)所选设备在满足使用要求的前提下尽量做到结构简单可靠、维修便捷。

(2)整机及附属设备需保证在相应工作条件下连续工作,且保证较低的设备故障率以及较高的设备利用率。

3)适应性强

(1)隧道设计适应性。TBM 配置能够满足如开挖断面、开挖长度、水平曲线、纵坡、支护要求、供排水和通风等方面的要求。

(2)地质适应性。在不同的地质情况下均具有良好的掘进支护能力,辅以针对性设计能够满足相应工程特殊地质的施工需求。

(3)外部环境适应性。整机所有组成部件能适应相应工程的外部环境,并且针对如高海拔、高地温、高寒等特殊环境具备相应的应对措施。

(4)洞内环境适应性。整机所有组成部件能适应洞内作业环境(潮湿、粉尘、高温、涌水等),并且对特殊的洞内施工环境具有适宜的应对措施。

(5)法律法规适应性。整机所有组成设备、材料的选择均符合相应的法律法规,禁止使用不符合规定的材料及设备。

4)寿命合理

(1)在规范操作、正确维保、适度维修的前提下,预估具体工程相应地质条件下 TBM 的工作时间、可能的荷载形式及其大小、占比,推算寿命需求,从而确定相应荷载下的整机的设计寿命。

(2)刀盘、主轴承、大齿圈传动副、主轴承密封、主电机、变频器、减速机、液压泵及马达、液压阀组、液压缸、控制系统、电缆卷筒及其电缆、导向系统等主要部件的寿命必须与整机寿命相匹配,原则上不允许在工程施工过程中大修或更换。其他部件的寿命应尽量充裕,尽量避免中途大修或更换。

5)安全性高

(1)各系统、部件的设计与选型,性能、寿命都要有合理的富余量,避免超负荷工作。

(2)各工作部位人工平台和通道周围设置必要的防护栏,其他存在安全隐患的部位悬挂明显的警示标识,确保施工人员人身安全。

(3)在TBM合适的位置安装可以实时监测气体成分含量的仪器,能够在有害气体含量到达预警值时启动报警装置。

(4)包括后配套设备在内的所有TBM移动设备应具有足够的防护措施,设备启动时应具有声光警告装置;在大型设备上的关键部位应安装紧急停机的按钮。

(5)关键位置应合理配备灭火器或自动灭火装置。

6)通行顺畅

(1)物流通畅

TBM结构设计和设备安放应合理紧凑,保证有足够的物料运输和存放空间,确保各工作部位所需材料能及时方便送达。物料提升区应合理设置,避免干涉运输通道,弃渣及物料运输应尽量避免频繁上下转换。除了物流的通畅外,TBM结构设计同样需要满足人流以及气流通畅的设计要求。

①客流通畅:TBM上的人行通道应满足施工人员和检修人员的需求,可以安全快速到达TBM的前后、上下各位置。

②气流通畅:新鲜风应通过洞外风机(一次通风风机)经风管传递到后配套,通过后配套的风机(二次通风风机)经风管传递到主机区域后方。污风通过除尘器和除尘风机除尘后排放到后配套区域或延伸排放到后配套尾部。风机进出风口位置应布设合理,避免污风污染新鲜风。

(2)能量流通畅

TBM掘进过程中主机和设备产生的热量可及时交换或排放至非工作区(设备区域空闲空间、后配套尾部等),物料运输尽量避免频繁上下而增大能量消耗。

7)人性化

(1)应为操作人员设置合理的人行通道、作业空间和良好的工作环境,便于作业。

(2)在护盾后方,应有可立即进行支护作业的工作平台并且设计紧凑、合理,从而便于人员作业和堆放、吊卸、运输支护材料。

(3)通过护盾后的工作平台,作业人员能够方便地进行钢拱架安装、锚杆安装、铺设钢筋网或拼装管片等作业。

(4)在后配套合理位置配备休息室。

8)职业健康

(1)配备功率足够的除尘风机和性能良好的除尘器,保证除尘效果。

(2)在特殊环境(高温高寒、高海拔等)下施工应采取一定的措施,如安装制冷设备、工作区域配备供氧设备等,保证施工人员的身体健康。

(3)配备环保厕所,必要时配备紧急避难舱并配备常用的急救药品和医疗用品。

9)环保

(1)TBM及附属设备应符合国家关于节能减排和环保相关的规定。

(2)刀盘区域和带式输送机出渣系统配备喷水系统,减少扬尘。

1.2.2 基本功能配置要求

1）破岩

（1）刀盘刀具

TBM 刀盘刀具的配置主要是根据对应的地质条件、隧道设计以及工作环境对整体结构、刀座、刀具等关键部件进行选择。具体配置要求见表 2-1-3。

刀盘刀具配置要求　　　　　　　　　　　表 2-1-3

序号	项目	配置要求
1	整体结构	刀盘设计应适应工程不同地质的掘进需要，合理设计滚刀间距、刀尖距离刀盘高度，并配置刀具保护装置
		刀盘应具有足够的刚度和强度，在设计寿命内刀盘不变形、不产生严重裂纹或开裂；本体材料性能一般不低于 Q345D
		刀盘要满足相应工程的运输条件，采用分块或整体设计（满足运输要求通常选择整体式，多为直径 7m 以下；直径 7~10m 以下可选择两块式，或者"1+4"分块；直径 10m 以上选择多分块式）
		刀盘表面设置耐磨保护措施，应具有良好的耐磨性能，与相应的地质条件和工作长度相匹配，确保工程之内不需要大范围补焊维修（维修量不超过 30%）；耐磨材料性能不低于 Hardox500
		合理设置刀盘人孔数量及尺寸，提供可靠的封堵措施，以利围岩较差情况下阻止大粒径石块进入刀盘
2	开挖直径	为满足工程要求，保证边刀磨损到极限时不小于最小设计开挖洞径，一般边刀磨损极限为 15mm
		具有合理的扩挖能力，常规设计扩挖量为 50mm（半径）
3	刀座	刀座必须采用广泛成熟应用的结构形式、材质、工艺，性能稳定、可靠，施工过程中不出现开裂、变形等严重问题（优先选用整体式，岩石多为Ⅲ、Ⅳ级可带 C 型块式）
4	刀具	刀具应具有良好的性能，有与相应工程地质条件相适应的刚度、强度、耐磨性能，保证不同地质情况下具有良好的破岩能力
		刀具为盘形滚刀，尽可能选用大直径滚刀（除小直径 TBM，优选 19in 或 20in），安装采用背装式，有足够的刀具更换空间及设施，方便刀具检查和更换
		应配置刀具起吊、运输设备，可便捷地将刀具运至刀盘内
5	铲斗	铲斗和溜渣板的出渣能力应满足最大掘进速度要求，并留有合理的富余量
		铲斗及安装基座结构设计合理，并选用适合相应工程地质的材质与工艺，拆装与维护检修方便
		控制进入岩渣粒径与带式输送机系统相匹配，不宜超过 300mm
6	喷水	刀盘应配置良好的、便于维护的喷水降尘冷却系统，喷水量可调
		喷水嘴应布置均匀，数量合理，降尘效果良好，便于维护
		喷水系统具有连续工作的能力，喷头具有良好的防堵塞功能，喷头、管路具有良好的保护措施

注：1in ≈ 0.025m，以下同。

（2）主驱动系统

主驱动系统的关键部件为驱动电机、减速机、变频器以及主轴承，应在满足具有良好的制动、反转等功能的总体要求下对主驱动系统的关键部件加以选择。主驱动系统配置要求见表 2-1-4。

主驱动系统配置要求　　　　　　　　　　　表 2-1-4

序号	项目	配置要求
1	总体要求	宜采用变频电机驱动，转速无级可调
		驱动功率具有足够的储备，通常要求在 30% 的驱动电机不能工作的情况下 TBM 仍能继续掘进
		具有反转功能，具有足够的脱困扭矩。正、反转方向的脱困扭矩一般不小于额定扭矩的 1.5 倍，脱困模式应操作便捷

续上表

序号	项目	配置要求
1	总体要求	具有良好的制动功能,保证制动系统在整机寿命期内有效
		具备点动功能,要求配置单独的、易拆装的、可直接由刀具检查更换人员在作业区域操作的控制装置,并且实施安全联锁,防止人员在刀盘内工作时主控室内启动刀盘
		有相应的安全措施,如减速机温度警报、油温警报、液位警报等
2	驱动电机	宜采用变频电机驱动
		冷却系统性能可靠,通常选择强制水冷
		具有停机加热等防潮功能
		适于洞内作业环境,满足在振动、粉尘、水雾等环境下掘进期间内可靠运行
3	减速机	冷却系统配置可靠,通常采用强制水冷
		适于洞内作业环境,满足在振动、粉尘、水雾等环境下掘进期间内可靠运行
4	变频器	每台变频电机配备独立变频器,具有停机加热等防潮功能
		具有配置可靠、独立的冷却系统
5	主轴承及密封	主轴承功能、性能与寿命需满足工程需要
		主轴承密封布置合理,具有可靠的防尘和润滑措施,并具有低流量报警功能
		具有密封失效检测功能
		密封结构及寿命满足工程需要
		设计耐磨环或耐磨带,位置应可调

(3)推进系统

推进系统的关键部件为推进液压缸,推进系统的总体要求以及推进液压缸的配置要求见表2-1-5。

推进系统配置要求　　　　　　　　表 2-1-5

序号	项目	配置要求
1	总体要求	应有足够的推力以满足相应工程任何地质条件掘进破岩的需要,并应达到相应设计贯入度
		推力比例可调,最大推力值应在程序内限定,防止损坏设备
		推进速度和推进位移的数值应在操作界面直观显示
		单循环推进行程不小于拟定值(通常为1.5~1.8m)
2	推进液压缸	最大伸出速度应满足掘进速度需求,最大回缩速度应满足最小换步时间需求
		液压缸应具备缓冲功能;额定工作压力不低于系统最高压力并有足够富余量
		液压缸应配置行程传感器,能实时反馈位移值(磁滞式、红外式、拉绳式)
		推进液压缸两端铰接位置(液压缸与主梁/机架、撑靴)结构合理、性能可靠

(4)主梁/机架与撑靴

主梁/机架与撑靴除了满足足够的强度和刚度外,具体的配置要求见表2-1-6。

主梁/机架与撑靴配置要求　　　　　　　　表 2-1-6

序号	项目	配置要求
1	主梁/机架	应具有足够的强度、刚度和耐磨性,防止壳体的变形、裂纹
		空间安排应当方便支护材料和刀具运输到前方,且主梁上部应有合适的人员作业空间
		应便于主梁/机架内主机带式输送机的维护保养和残渣清理,尽可能有封闭的除尘风道,便于主梁/机架内刀具的吊运
2	撑靴	应具有足够的强度和刚度,掘进过程中不会变形、开裂
		撑靴结构设计与相应工程钢拱架支护方式相匹配,预留槽尺寸及间距(通常按拱架间距900mm)设计合理

续上表

序号	项目	配 置 要 求
2	撑靴	接地比压需适合相应工程的地质条件,支撑力应比例可调整,接地比压的调整应与支撑力相匹配,撑靴最大接地比压应不超过 3MPa
		撑靴收回时,具有自动准确回位功能
3	撑靴液压缸	行程应满足撑靴能通过设计最小初期支护净空并留有安全富余量
		配备行程传感器,数值实时显示在操作屏幕上
		具有与推进液压缸和后支撑液压缸动作的安全互锁

2）出渣

影响 TBM 出渣功能与性能的主要设备是主机带式输送机,后配套带式输送机需与之相匹配,主要配置要求见表 2-1-7。

主机带式输送机配置要求　　　　表 2-1-7

项目	配 置 要 求
主机带式输送机	运输能力与 TBM 最高掘进速度相匹配,同时具有足够的驱动力富余量以应对突变荷载,能有效地转运大量堆积的岩渣,遭遇围岩坍塌、出渣量急剧增加时带式输送机不会停机
	安装方式可靠、作业便捷,带式输送机落渣(含泥水等)清理便捷
	应具有自动清理、刮渣、防跑偏、耐磨、防滑、张紧等功能,且带式输送机转速可调
	驱动优先选择液压驱动,具有调速、手动正反转功能
	受料处需设置缓冲装置,料斗两侧设计裙边防止岩渣飞出
	应在尾部滚筒前部回程皮带上表面安装三角刮渣器

3）支护

下面以敞开式 TBM 为例,说明总体配置要求以及各系统配置要求。

(1) 总体配置要求

① TBM 应具有快速完成初期支护的能力,支护能力应与掘进速度相匹配。应配备钢拱架安装机、锚杆钻机、喷射混凝土机械手等辅助施工设备,其主要功能、工作范围和工作能力需满足各类围岩支护工艺要求,支护效率应与 TBM 在相应地质条件下的最高掘进速度相匹配。

② 支护系统设备布置需满足系统支护以及复杂地质条件下的随机支护需求。

③ 支护区域提供足够的作业空间与平台。

④ 支护设备均有可靠的保护,以保证在复杂地质条件下顺利施工。

(2) 各系统配置

各系统配置要求见表 2-1-8。

支护系统配置要求　　　　表 2-1-8

序号	系统	配 置 要 求
1	护盾	具有足够的强度与刚度,有防止壳体变形、裂纹的措施,在相应工程地质条件下,保证不发生塑性变形
		耐磨性能良好,满足工程需求
		护盾与 TBM 开挖直径具有良好的匹配性能,不论安装新边刀、边刀磨损到极限,还是最大扩挖状态下,均可有效发挥作用
		护盾直径可以变化,能适应一定程度的围岩收敛变形
		底护盾与洞壁的接地比压需满足工程地质条件要求

续上表

序号	系 统	配 置 要 求
2	锚杆钻机	锚杆钻机的作业范围、钻孔能力、作业效率满足隧洞设计
		每台钻机具备独立的移动装置(移动装置在整个工程施工中不变形),同一区域2台锚杆钻机在洞轴线方向可独立运行,可在不同轴线位置进行独立钻孔作业,并且不受掘进或者换步的影响
		配备能够满足锚杆支护设计的注浆设备,要求注浆设备先进,快速高效,作业速度与支护设计相匹配
		具备与钻机配套的锚杆安装作业平台,要求平台设计合理、安全可靠
		同时配置线控和遥控2种操作方式
		宜配置独立的液压泵站
3	钢拱架安装机	能提起、旋转、就位、纵向移动和径向撑紧分段或整环钢拱架
		应方便操作,并有足够的撑紧能力保证拱架与洞壁良好贴合
		应采用液压驱动,人工操纵机械手完成安装作业
		可环向旋转360°,纵向移动的工作范围不小于2m
4	钢筋排支护系统	宜配置钢筋排支护系统,满足设计要求的各种型号钢筋排,施作范围不宜小于120°
5	喷射混凝土系统(即喷混系统)	宜配置超前喷混系统,可根据作业空间选择机械手或者手工模式
		喷混能力、作业范围需满足设计要求
		喷混应选择自动喷射机械手,喷混能力与最大掘进速度相匹配
		配置功能可靠、回收作业效率高、操作方便的喷射混凝土回弹料收集设备
		宜前后布置2套机械手,或左右平行布置
		应尽量减小混凝土输送管路长度,减少管路弯折
		应配置线控和遥控2种操作方式
6	超前预报系统	配置适于相应工程施工的必要的超前地质预报手段,以方便探测掌子面前方地质状况。地下水探测可选择激发极化法,围岩探测可选择地震波法,也可选择综合探测法,如水平声波剖面法(HSP)
7	超前支护系统	具备围岩超前加固能力,配备超前钻机或凿岩钻注一体机等相应设备,超前钻机的钻孔范围:拱顶不小于150°,钻孔深度≥50m,能满足超前管棚、超前小导管的施工要求,外插角不大于6°;管棚可跟管施工
		若受TBM空间限制,超前钻机应易拆装,运输方便;应配有独立的液压泵站和操作装置,其钻孔效率应能满足施工要求
		配置注浆设备以注浆加固围岩,注浆设备应安全可靠、效率高

1.2.3 配套系统配置要求

1)设备桥与后配套系统

后配套系统主要担负着配合轨道运输系统进行物料运输的作业任务,同时还可利用其支架安装机电动力、通风除尘等有关设备。设备桥位于主机之后,其主要目的是实现主机和后配套系统的连接。具体配置要求见表2-1-9。

配套系统配置要求 表2-1-9

序号	系 统	配 置 要 求
1	设备桥	结构设计合理,满足每2个掘进循环运送一次掘进用材料(如喷锚混凝土、锚杆、钢拱架、仰拱块等)
		应有足够的强度和刚度,长度应满足施工需要,减少施工干扰
		具有适用、操作便捷、效率高的材料倒运设备,保证物料在设备桥与主机之间的运输,同时应具备一定的材料存储能力

续上表

序号	系 统	配 置 要 求
1	设备桥	应便于布置相关的设备、设施,上部设便于人员行走的带护栏平台
		在不可避免需要更改人行通道的水平面时,应有坡道、台阶或阶梯,至少有一侧安装有护栏
		在进入高度小于1.8m的通道时,应设防护装置;通道平台高于周围平面0.6m时,应设立防护围栏,且围栏高度一般不低于1.1m
2	后配套	辅助设备布置的具体位置从其本身的特性、安装尺寸、质量及台车平衡等方面综合考虑,合理布置
		在布置紧凑、满足使用需要的前提下,缩短长度
		后配套台车全程要布置满足人员行走和检查各项设备的通道和平台,人行通道区域及边界应有清晰标志;通道应畅通无阻,表面应防滑,不应有突出障碍物、空隙及松动部件等易造成绊跌或摔倒危险的设施
		设置相应空间,用以合理存放液压油、齿轮油、刀具等备品备件
3	底部清渣 (敞开式TBM)	宜配置机械化清渣设备,以免完全依靠人力清理占用较多的掘进时间
		后配套至主机下部清渣运输通道畅通,设备桥至机头架下方清渣工作空间充足
		配置适合的岩渣转运设备

2)流体系统

TBM流体系统主要包括液压、润滑、供水、排水等多个子系统。其中液压系统为TBM设备提供驱动力,润滑系统满足主轴承等关键部位的润滑需求,供水系统能够满足冷却水、刀盘水以及其他辅助施工设备用水需求,排水系统能够满足正常的施工废水排放需求以及有足够的排水能力应对突涌水等突发情况。流体系统配置要求见表2-1-10。

流体系统配置要求 表2-1-10

序号	系 统	配 置 要 求
1	液压系统	系统稳定、可靠,泵站结构紧凑、功能齐全,易于操作维修保养
		液压泵站、阀站安装位置合理,有相应的安全防护措施,宜布置在设备桥或后配套
		有可靠的过滤装置,供油和回油回路均设有过滤器。过滤器前宜安装阀门,各过滤器应设有堵塞提示及报警,便于维修保养
		液压泵站本身有机械式压力表以及温度等参数的显示仪表,同时系统的关键参数应能在主控室显示
		同一类型元件尽量采用同一厂家、同一制式
		液压管路优先选用钢管
		设有便于测量压力的快速接头,合理配置手动截止阀,方便维修或更换液压元件
		TBM的支撑系统(水平支撑、X形支撑、后支撑、顶护盾、侧护盾等)都需要长期保压功能,液压缸需要设有高性能的液压锁或平衡阀
		推进液压缸和撑靴液压缸后配套拖拉液压缸应具有空行程快速移动的功能,节省换步时间
2	润滑系统	根据各润滑部位不同的需求,选用适用的润滑方式和润滑介质,确保润滑效果
		脂润滑采用自动、半自动集中润滑。推进系统、支撑系统、护盾系统,要求采用自动集中润滑
		关键部位(主轴承及密封)润滑流量设有监控及互锁,具有报警和低于设定值停止掘进功能
		同一类型元件尽量采用同一厂家、同一制式
		具备可靠的过滤装置和冷却装置,过滤系统中设污染度报警装置
		润滑油箱设有润滑油位监控装置,在润滑油不足时,设备应自动报警甚至停机。设有加热器,在油温低于设定值时自动启动
		有可靠的过滤装置,供油和回油回路均设有过滤器。过滤器前宜安装阀门,各过滤器应设有堵塞提示及报警,便于维修保养;主回油回路应配置磁性过滤器

续上表

序号	系统	配置要求
3	供水系统	宜设计为两级系统，一级为冷水系统连接洞外供水，二级为内循环冷却系统
		应配置带有自动液位控制装置的水箱，液位传感器能在低水位时自动启动、高水位时自动关闭进水口。所有水泵的操作应能在主机操作室内远程控制
		水箱容量合理、水泵能力充足，满足冷却水、刀盘喷水以及其他辅助施工设备用水需求
4	排水系统	有完善的、适应相应项目地质条件的排水系统，水泵和管道系统应具备必要的耐泥沙、耐污染性能，流量和扬程满足在出现最大涌水量时能将涌水顺利排至 TBM 后方的隧洞排水系统。应设有备用排水泵
		配置强制排水系统，满足施工正常排水（含施工废水）的要求且具备较大富余量，当出现突涌水时，保证有足够的排水能力，保证施工安全
		在底护盾（敞开式 TBM）后部的较低位置，安放两台排水泵（一用一备），将主机下部的施工废水排至后配套台车上的污水箱（具有沉淀功能，且清理便捷），沉淀后经 TBM 后配套尾部的污水管卷筒排放
5	压缩空气系统	空压机工作能力应满足喷混、豆砾石吹填、气动工具等需求，并留有一定富余量
		空压机为高性能低噪声螺杆式；具有汽水分离、油水分离功能
		空压机散热系统应满足洞内工况条件；可选择水冷或风冷
		合理配置储气罐
		在用风点预留足够的快速接头，如刀盘内、L1 区超前喷射混凝土作业区、L2 区喷射混凝土作业区、维修区、每节台车固定区域等

3）电气及其他系统

电气系统高低压供电系统保证 TBM 设备的高负荷要求，照明系统保证工作人员的照明需求，通信系统维持工作人员之间的正常沟通，导向系统能够实时监测 TBM 的方位及姿态。电气及其他系统配置要求见表 2-1-11。

电气及其他系统配置要求 表 2-1-11

序号	系统	配置要求
1	电气系统	TBM 供电电压通常为 20kV（+10%，-15%）或 10kV（+10%，-15%）、频率 50Hz
		合理配备高低压供电系统，与 TBM 配置设备、系统的功率分配情况相匹配。变压器容量除 TBM 本身需要外，还能够为其他用电设备供电，具体容量需求根据实际工况确定
		整机具有动态功率补偿功能，功率因数 $\cos\varphi \geq 0.9$
		TBM 电气设备的继电保护等级要高于系统电网的保护等级，即 TBM 电气设备的继电保护整定值，必须要小于上一级电网的整定值，以防越级跳闸
		高压、低压供电系统均分区域设置漏电监视器和短路、接地保护装置。可在操作室显示监测结果并确定故障位置
		高压开关柜具有明显的开、关电源指示信号，具有缺相、超压、欠压、过载保护功能
		30kW 以上的电机应采用对电网和设备冲击小的启动方式（软启动方式或变频启动）
		防护等级与相应的工作环境相适应。通常，刀盘驱动电机、整机传感器防护等级不低于 IP67，其余电气设备防水、防潮、防尘、防振，防护等级不小于 IP55，主机区域电气设备及控制柜应具有相应的防尘、减振措施
		TBM 设备上所有动力电缆、控制电缆的敷设应整齐划一，并在必要位置上采取防护措施，避免动力电缆、控制电缆及通信电缆相互干扰
		配置可收放的高压电缆卷筒、软电缆及快速接头，软电缆有效工作长度通常要求不小于 400m
		设备应有足够的防护措施和醒目的标识，启动时具有声光警告和紧急停机按钮
		配置性能优良应急发电机，采用低污染动力设备（排放标准不低于国家现行标准），能满足二次通风、排水、照明，保证施工人员和 TBM 安全的需要

续上表

序号	系统	配置要求
2	控制系统	控制系统的电源采用稳压电源。保证最远端的控制电压在允许的范围,必须采用不间断电源供电
3	照明系统	配备足够的照明设备,保证人员工作安全和满足设备操作、维护、检查的需要
		主机区域照明系统应具有防尘、防振、防水功能
		刀盘内配备安全电压照明设备
		照明系统供电应为独立的系统,并且可以实现分区控制,不得由于照明系统故障而影响其他设备的正常运行
		配备正常照明和应急照明两套照明系统,应急照明最低照度不应小于15lx,应急照明时间不应小于2h
4	通信系统	在关键施工部位与主控室之间配备内部通信设备(具有语音广播、对讲等功能)
		语音广播的声音报警装置输出的最低声级值应比施工环境噪声至少高出10dB(A),整机范围内可清晰收听并及时应答
		应配备备用电源
		语音广播系统应能在洞内施工环境下稳定运行,具备一定的抗干扰能力
		主控室内应配备对外通信设备
5	视频监控系统	配置彩色视频监视系统,确保能够在主控室内对主机底部清渣区域、撑靴、L1区、仰拱铺设区域、带式输送机转渣处、后配套运行车辆进出情况等部位进行监视
		视频监视数据可在TBM操作室内的视频监视控制计算机中存储,存储容量至少可以存储7d监视数据(24h/d)
		监控系统所采用的元器件应能适应洞内的工作环境,性能可靠,运行稳定
		预留向洞外传送视频的接口
6	导向系统	适合TBM洞内作业环境(TBM设备、隧洞内),有自动导向功能,实时监测显示TBM的方位、姿态。自动导向系统运行连续可靠,数据可靠,系统误差小
		通常全站仪的精度等级为2″,有效工作长度不小于200m,激光接收及系统反应时间小于1″,精度等级与有效长度满足施工之需,并设定报警偏差,一旦超过设定值,系统立即报警提示;
		自动导向系统安装位置应合理,具有安全防护装置,系统防水、防潮、防尘、防震性能良好,视距范围内保证视窗通畅,且搬站方便,便于操作、检查、故障排除

4)职业健康、安全及其他功能

由于TBM运行过程中会产生大量的灰尘以及有害气体,达到一定的浓度时会对工作人员造成一定危害。因此,TBM对除尘、气体检测等系统具有一定的配置要求,具体配置要求见表2-1-12。

职业健康、安全及其他功能配置要求 表2-1-12

序号	系统	配置要求
1	二次通风与除尘	TBM本身的通风(二次通风)、除尘设备应具有足够的能力(风量、风速),在隧洞施工通风系统正常工作的情况下,确保TBM区域具有适宜的工作环境;TBM工作区域回风速度不小于0.5m/s
		除尘系统宜采用干式除尘设备,除尘效率不小于99%,除尘精度要求小于1mg/m³
		除尘风机宜靠近主机区布置;除尘器具备自动集尘、清理功能
		通风除尘系统管路布置合理,尽量减少弯折和变径
		硬质风管之间的软连接要求结构合理、性能可靠、密封良好。如果风管之间存在相对运动(如主机和设备桥之间),则需有针对性设计,确保运转顺畅

续上表

序号	系统	配置要求
2	气体监测系统	配备氧气（O_2）、瓦斯（CH_4）、硫化氢（H_2S）、一氧化碳（CO）、一氧化氮（NO）、二氧化氮（NO_2）气体浓度探测器，探测器涵盖范围应合理且可在主控室操作面板进行实时监测，通常布置在主机前部、主控室外部、除尘风机排风口等处
		能连续监测，且监测数据应能记录和打印
		有害气体浓度达到预设值时，启动报警装置；瓦斯浓度达到极限值时，自动切断电源，同时启动应急照明灯和其他应急设备
3	休息室	休息室应具有隔热、隔音、减振功能，并配备空调，噪声不应高于70dB(A)
4	避难舱	配备可靠的紧急供氧设备和空气过滤系统，保证避险人员的呼吸安全
		具有一定的抗冲击能力，保证舱体的密封性良好
		在正常使用的情况下，避难舱满员时的舱内温度不得超过35℃。在舱体内部的持续噪声水平不得超过75dB(A)
		配备双向通信设施和紧急备用电源，确保避难舱内避险人员和外界的联络；确保舱内适宜的照明，在合适的位置设置观察窗，以便避险人员可以及时了解舱外情况
		配备使用时不产生有害副产品的低毒性灭火器
5	消防系统	配备人工操作灭火器，在主机及后配套关键位置放置若干手提式灭火器
		后配套台车出入口、人行通道两侧、主机工作区、主控室附近等关键工作位置应设置紧急信息指示牌，包括疏散路线、救护设备和灭火器存放位置等

5）护盾式TBM配套设备

与敞开式TBM相比，护盾式TBM配套设备配置的主要区别在于管片拼装机的选择，其具体配置要求见表2-1-13。

护盾式TBM配套设备配置要求　　　　　　　　　　表2-1-13

序号	系统	配置要求
1	管片拼装机	应能装卸、运输、安装和固定管片
		管片拼装机及管片存储输送机构的能力应与最大掘进速度相匹配
		应安全、可靠、高效，具有必要的联锁功能
		具有6个自由度，每个自由度均有快速、慢速、点动三挡速度，且具有足够的行程，满足拆卸尾盾内管片，更换尾盾密封的要求
		平移距离和初始工作位置应根据管片的宽度、封顶块插入的形式、纠偏等因素综合考虑
		应能保证管片之间有合适的间隙，以保证隧洞线形，避免产生管片边角破损和止水条皱褶
		管片应配备机械式（机械手）或真空吸盘式抓取机构
		管片应能实现有线和无线两种控制方式
2	其他	管片运送机构可选择电动环链葫芦或喂片机
		壁后回填系统包括豆砾石回填系统和注浆系统，回填速度应能满足掘进速度

1.2.4　特殊工程条件下配置要求

1）特殊地质

（1）断层破碎带

初期支护量大大增加，必要时需要超前加固围岩。要求根据相应围岩条件下的初期支护设计、TBM

预期掘进速度,合理配备初期支护设备、超前钻机和注浆设备、超前地质预报系统,并且配备先进、适用的其他支护设备。

洞壁不能为 TBM 撑靴提供必要的承载力,致使 TBM 推进困难,掘进方向难以控制。要求根据工程最小的围岩抗压强度,在保证为掘进提供足够反力的前提下,设计撑靴撑紧压力与面积,合理确定撑靴在 TBM 掘进过程中的最大接地比压,确保撑靴最大接地比压小于围岩最小抗压强度,并预留足够的富余量。

塌方导致清渣支护工作量大,要求 TBM 配置高效、适用的清渣设备,并且能够将弃渣及时运离 TBM 作业区域。出渣量瞬间增加可能导致带式输送机系统瘫痪,被迫频繁停机,因此,要求 TBM 带式输送机出渣系统按照最快掘进速度配备,并且留有一定富余量。

(2) 高压富水

所有电气设备均布置在预计最大涌水量时洞内水面以上。除配备正常排水设备外,增加应急排水系统,以保证人员和设备安全。同时,还应具备施作排水孔的设备和条件,配置和预计最大涌水量相适应的强制抽排水设备,以便及时把涌水排至 TBM 后配套后方。此外,TBM 上还需配置能够快速清除涌泥的设备。

(3) 软岩变形

要求 TBM 具备扩挖能力,能快速掘进通过围岩收敛变形段。同时具有快速支护能力,避免围岩进一步收敛变形导致卡机。

(4) 岩爆

要求 TBM 具备抵抗岩爆冲击的能力,不能因岩爆导致设备损伤;具备超前地质预报功能,在一定范围内可以探测前方地质条件,预测发生岩爆的可能性;具备加强喷水的功能;具备施作径向应力释放孔和水平应力释放孔的能力;具备快速初期支护的能力。

(5) 岩溶

要求 TBM 具有超前地质预报能力,针对掘进过程中出现的岩溶状况,配备超前注浆设备,填充岩溶空洞,确保 TBM 顺利通过岩溶地段。

(6) 完整硬岩

TBM 在完整性好且抗压强度高的围岩下掘进效率低,刀具检查更换工作量大,要求 TBM 设计时应充分考虑可能出现的硬岩状况并进行针对性设计,主轴承和推进液压缸等关键部件应具有一定的富余量,同时为可能采取的辅助破岩措施提供作业空间。

(7) 高温热害

在地热资源丰富地段易导致洞内环境温度过高,对人员和设备造成损伤。要求 TBM 具有可靠的冷却系统,能快速降温,确保正常掘进。要求通风系统配置冷却设备,能为工作区域提供新鲜冷风。排风设备能快速将热风排至 TBM 尾端或其他非工作区域。

(8) 瓦斯(有毒有害气体)

结合前期地质勘测资料,掘进过程中对可能出现的有害气体进行实时监测,在 TBM 主机段和主控室附近安装气体监测设备,具有报警和紧急停机功能;瓦斯隧道要求设备具有防爆设计,通风系统要有针对性设计,能满足稀释洞内瓦斯所需供风量。

2)特殊环境

(1) 高原高寒

针对高原高寒缺氧的情况,TBM 上应配备供氧设备,在主控室或避难舱常备氧气瓶,以应对突发状况,确保施工人员人身安全。在海拔3000m以上应为施工人员单独配备便携式供氧设备,TBM休息室应常备急救药品和供氧设备。高原高寒条件下,由于空气稀薄,造成电气设备降容,设计时应根据海拔考虑增容。缺氧环境导致施工人员工作效率低,应加大机械设备投入,如底部清渣设备,在一定程度上减少施工人员工作量,提高施工效率。

(2)运输困难

由于TBM设备部件较大,隧洞多建在山岭地区,运输困难。TBM设计前,应充分考察运输路线,结合运输路线确定部件最大尺寸和质量,必要时选择分块设计或加固加宽运输道路等手段,确保运输通畅。

(3)水、电资源匮乏

在水资源贫乏地区施工,要求配备可靠的水循环过滤系统,实现循环水重复利用。某些地区电力供应不足,需要配备发电机;要求各类电气设备能承受一定范围电压波动,不会因为发电机波动造成电气设备损坏等问题。

3)特殊设计

(1)斜井施工。纵坡超过±3%,TBM上坡掘进时需考虑TBM自身重力沿轴线方向的分力变成阻力,推力计算时应予以考虑。沿坡向下掘进时,淹机风险高,要求根据预测最大涌水量配备排水设备,并且配置发电机时要充分考虑排水设备的负荷,避免淹机事故。

(2)小半径转弯平面曲线。需要TBM具备相应转弯半径,满足设计要求的最小转弯半径;配备可靠的出渣系统,后配套带式输送机应加强纠偏设计,避免因转弯半径过小导致胶带跑偏。

1.3 TBM选型与配置工程案例

本节以陕西省引汉济渭工程秦岭隧洞为例,简要介绍TBM选型与配置,旨在提供选型与配置示例,供读者参考,实际论证过程中,每一个环节都需要结合工程条件进行全面详细论证。

1.3.1 工程概况

陕西省引汉济渭工程秦岭隧洞越岭段(以下简称"秦岭隧洞")全长81.779km,采用TBM法与钻爆法相结合的方式施工,建设工期7年。秦岭隧洞岭脊段采用TBM法施工,全长39.021km,划分为岭南段和岭北段,各采用1台TBM施工。以岭北段为工程背景,介绍TBM选型与配置。

1.3.2 TBM选型

TBM选型需要从可行性、可靠性、经济性三方面进行分析、论证和比选。

1)可行性分析

(1)隧洞设计可行性分析

秦岭隧洞岭北段全长16543m(桩号:K46+360～K62+903),TBM施工段为圆形断面,最小成洞内径为6.92m,可采用复合式衬砌(初期支护+现浇混凝土二次衬砌)或者管片作为永久支护结构,隧洞纵坡1/2500,无平面曲线。

从断面形式、洞径、纵坡、平面曲线、支护结构方面分析,TBM适应性好,3种机型在隧洞设计方面均可行。

（2）地质适应性分析

秦岭隧洞岭北段高程1070~1850m，洞室最大埋深约1300m，地质条件简要说明如下：

①岩性。区内主要地层岩性包括石炭系变砂岩、千枚岩；泥盆系变砂岩、千枚岩；中元古界绿泥片岩、云母片岩、石英片岩；并伴有燕山期花岗岩、印支期花岗岩、华力西期闪长岩、加里东晚期花岗岩、闪长岩体的侵入。

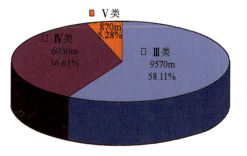

②围岩类别。围岩类别以Ⅲ、Ⅳ类为主，其中Ⅲ类围岩9570m，Ⅳ类围岩6030m，Ⅴ类围岩870m，各类围岩占比见图2-1-3。

③地下水。地下水为基岩裂隙水，补给性好，隧洞弱富水区正常涌水量2757m³/d，可能出现的最大涌水量5514m³/d；中等富水区正常涌水量9511m³/d，可能出现的最大涌水量19022m³/d。

图2-1-3　秦岭隧洞岭北TBM施工段围岩占比饼状图

从地质条件分析各机型TBM适应性：

①洞身段位于弱风化~微风化岩体中，围岩以Ⅲ、Ⅳ及为主，围岩完整系数介于0.33~0.71之间，整体稳定较好，从围岩类别方面分析，宜采用敞开式TBM或双护盾TBM，单护盾TBM的适应性较差。

②岩性为千枚岩、炭质千枚岩、变砂岩、角闪石英片岩、华力西期闪长岩以及断层碎裂带、糜棱岩、断层角（泥）砾。岩石单轴饱和抗压强度R_c多介于46.3~73.9MPa之间，部分洞段岩石强度达到180MPa以上。单护盾TBM利用管片提供掘进反力，高抗压强度围岩洞段破岩效率低、管片损坏风险较高。本工程不适合采用单护盾TBM施工，宜采用敞开式TBM或者双护盾TBM。

③地下水较丰富，岭北段3种TBM机型在水文地质方面的适应性差距较小，均可行。

综上所述，从工程地质和水文地质条件方面分析，不适合选用单护盾TBM，敞开式TBM和双护盾TBM均可行。

（3）总体施工方案适应性分析

秦岭隧洞岭北段施工段落划分见图2-1-4，标段起点靠近6号支洞，6号支洞和2261m主洞钻爆段作为该工程先期试验段，支洞长2470m，城门洞型，采用双车道断面形式，综合纵坡为8.32%；中间布置5号施工支洞，长4595m，城门洞型，采用单车道+错车道断面形式，支洞综合纵坡为9.94%。

图2-1-4　施工段落划分示意图（尺寸单位：m）

TBM自6号支洞进入主洞内组装,掘进至5号支洞与主洞交叉处,检修并转场后继续掘进至标段分界点处拆卸洞,实施洞内拆卸。

第一阶段TBM掘进长度7272.517m,施工长度12337.517m;第二阶段TBM掘进长度8855m,施工长度13465m。TBM累计计划掘进长度16126.517m,与现阶段TBM设计寿命25km相比,余量较为充裕;施工长度13.5km相对较长,长距离TBM施工技术已经相对成熟,重点关注TBM及施工配套设备合理配置、正确操作、规范保养、及时修理,编制完善的施工组织设计。从总体施工方案方面分析,可选用的敞开式TBM和双护盾TBM均可行。

(4) 工期适应性分析

结合本工程隧洞设计、地质条件,各类围岩条件下可选用TBM的施工进度指标分析如下:

① Ⅲ类围岩条件下,敞开式TBM破岩效率高且初期支护与弃渣清理工作量小,进度指标可达到400~600m/月;双护盾TBM施工进度指标与敞开式TBM基本相当。

② Ⅳ类围岩条件下,敞开式TBM施工,初期支护与弃渣清理工作量较大,采用钢筋排等支护措施,进度指标可达250~400m/月;双护盾TBM施工,掘进与管片拼装同步施作,无初期支护,盾尾围岩无出露,几乎无须清理洞底落渣,其进度指标明显高于敞开式TBM,可达300~500m/月。

③ Ⅴ类围岩主要集中在断层破碎带等复杂地质洞段,敞开式TBM施工过程中,为保证施工安全,初期支护、超前支护以及主机底部清渣将会占用大量时间,纯掘进时间占比较小,且严格控制掘进参数导致掘进速度很低,因而进度指标低,约150m/月;双护盾TBM将采用单护盾模式掘进,掘进与管片拼装交替施作,掘进速度与敞开式TBM基本相当,但纯掘进时间略有增加,进度指标可按200m/月计算。

秦岭隧洞岭北段TBM掘进工期计算见表2-1-14。

秦岭隧洞岭北段TBM掘进工期计算 表2-1-14

序号	围岩类别	长度(m)	进度指标(m/月)		掘进工期(月)	
			敞开式TBM	双护盾TBM	敞开式TBM	双护盾TBM
1	Ⅲ	9150	500	500	18.3	18.3
2	Ⅳ	6187	300	400	20.6	15.5
3	Ⅴ	870	150	200	5.8	4.4
合计					44.8	38.2

敞开式TBM及双护盾TBM施工总工期计算见表2-1-15。

秦岭隧洞岭北段TBM施工总工期计算 表2-1-15

序号	关键线路工作内容	计划工期(月)		备注
		敞开式TBM	双护盾TBM	
1	TBM招标采购	3	3	同期完成施工准备
2	TBM设计制造	12	12	
3	TBM进场运输	1	1	
4	TBM工地组装调试与步进	2.5	2.5	
5	TBM掘进	50.8	46.8	不可预见因素,敞开式TBM考虑6个月,双护盾TBM考虑8个月
6	TBM检修与转场	2	2	
7	TBM拆卸	2	2	

续上表

序号	关键线路工作内容	计划工期(月)		备 注
		敞开式 TBM	双护盾 TBM	
8	二次衬砌	3	0	同步衬砌,仅计算直线工期
9	仰拱清理与处置	4	3	
10	总工期	77.3	72.3	

岭北段采用敞开式 TBM 和双护盾 TBM 的计算工期分别为 77.3 个月、72.3 个月,本段计划工期 7 年(84 个月),因此从工期方面分析,二者均可行,双护盾 TBM 施工总工期上具有一定的优势。

(5)环境适应性分析

①运输条件

秦岭隧洞岭北段位于西安市周至县王家河乡王家河沟内,G108 线在马召镇接环山公路和西安—汉中高速公路,沿 G108 线可从马召镇行进至王家河口,交通便利。王家河河口至工地段按山岭Ⅳ级标准已修建了进场道路。运输条件满足 TBM 进场和施工需求。

②水电供应条件

建有 35/20/10kV 变电所一座,该所设 2 台主变压器,分别为 35/20kV-6300kVA 变压器、35/10kV-3150kVA 变压器。电力供应方面满足 TBM 施工需求。

黑河一级支流王家河,常年有水,水量丰富,水质良好,达地表Ⅱ类水源以上标准,水质、水量均满足 TBM 施工需求。

③施工场地条件

6 号支洞及 5 号支洞的洞口均处于山谷中,紧邻河道,场地相对狭小,经现场踏勘、详细勘察,初步分析认为分散布置砂石料加工场、混凝土生产系统(含仰拱预制厂或管片预制厂)、弃渣场、库房、停车场、办公生活区等设施,可满足 TBM 施工需求。

④物资供应条件

TBM 施工所需水泥、钢材等建筑材料可从西安采购供应,块石、碎石、砂等地材可就近取材,块石、碎石由王家河采石场供应,砂由黑河采砂场供应,平均运距 30km;同时,地材也可现场加工。物资供应方面满足 TBM 施工需求。

⑤环境保护与水土保持

工程位于黑河水库上游支流附近,环境保护、水土保持要求高,施工废水需处理达标后方可排放。技术上具有高可行性,但需要相应的资金投入。

⑥社会环境

工程所在区域居民以汉族为主,工程建设过程中仍应加强管理,尊重当地习俗,遵守国家相关政策。

⑦其他

施工通信和邮政条件相对较好。

(6)可行性评价

3 种机型的可行性评价见表 2-1-16。

秦岭隧洞岭北段 TBM 机型选择可行性评价　　　　表 2-1-16

序号	项　　目	进度指标(m/月)		
		敞开式 TBM	双护盾 TBM	单护盾 TBM
1	隧洞设计	适合	适合	适合
2	地质条件	适合	适合	不适合
3	总体施工方案	适合	适合	—
4	工期	适合	适合	—
5	环境	适合	适合	—

综上所述,秦岭隧洞岭北段选用敞开式 TBM、双护盾 TBM 均可行,不适合采用单护盾 TBM。

2）可靠性分析

TBM 选型的可靠性分析,需要从地质、安全、质量、工期 4 个方面评价,查找对比风险源,分析其危害性,研究可采取的措施并评价其可靠性。

（1）地质风险评价

岭北段地质风险主要有断层破碎带、突涌水、软岩大变形、高地温和岩爆。

①断层破碎带。岭北段需要穿越的Ⅳ、Ⅴ类围岩长度分别为 6102.517m 和 870m,占 TBM 掘进段总长度的 42.15%,其中穿越 14 条断层,累计影响长度为 920m,占 TBM 掘进长度的 5.69%。

②突涌水。岭北段预测存在 14 个突涌水区段,总长度 920m。正常涌水量 12268m^3/d,可能出现的最大涌水量 24536m^3/d。

③软岩大变形。岭北段预测可能发生软岩变形洞段共有 26 段,合计长度 12250m,为轻微~中等变形,占 TBM 掘进长度的 75.82%;还有 12 段Ⅲ、Ⅳ类千枚岩洞段,也可能发生软岩变形。

④高地温。岭北段隧洞最大埋深约 1300m,埋深大于 1000m 的洞段,预测岩温超过 28℃,最高可达 42℃,为高温施工地段。

⑤岩爆。岭北段预测岩爆将发生在Ⅲ类围岩洞段,合计 14 个区段、总长 9420m,占 TBM 掘进长度的 58.3%,岩爆的等级以中等~轻微为主。

5 种地质风险的危害性分析与应对措施参见第 5 篇相关章节内容。

总体分析,岭北段敞开式 TBM 卡机风险相对较低,需要施作初期支护甚至超前支护,支护作业时间明显超过掘进时间;当洞壁不能承受撑靴压力时,需要特殊处理,占时更长,掘进效率严重下降。围岩收敛变形情况下,双护盾 TBM 卡机风险高,即便超前预加固,由于双护盾主机影响,也无法避免护盾被卡,将会造成较长时间停机处理;此时,管片开裂、渗水风险也偏高。

敞开式 TBM 护盾短,护盾后方可以直观地对围岩情况做出判断,作业空间较大,复杂地质条件下人工处置条件相对较好;在 TBM 靠自身能力无法推进,需要钻爆法辅助时,能够使用多种方式对围岩进行处理。双护盾 TBM 在尾盾保护下拼装管片,洞壁围岩无出露,无法便捷观察洞壁;护盾长度大,护盾后作业空间封闭,超前支护难度较大;需要人工用钻爆法辅助时,缺少灵活的处理措施,耗时较长。

通过采取相应措施,TBM 在上述复杂地质条件下施工的风险显著降低,可靠性大大提升。敞开式 TBM 和双护盾 TBM 在不同复杂地质条件下的可靠性评价见表 2-1-17。

秦岭隧洞岭北复杂地质段 TBM 施工可靠性评价　　　　表 2-1-17

序号	复杂地质	可靠性评价	
		敞开式 TBM	双护盾 TBM
1	断层破碎带	3	4
2	突涌水	3	3.5
3	软岩大变形	4	1
4	高地温	3	2.5
5	岩爆	3	3.5
	合计	16	14.5

注：表中可靠性评价按 5 分制打分，1～5 依次升高。

从地质可靠性角度，岭北段软岩大变形地质条件下，双护盾 TBM 施工存在高风险，综合评价，采用敞开式 TBM 的可靠性略高于双护盾 TBM。

(2) 安全风险评价

TBM 选型中的安全风险评价，聚焦于不同 TBM 机型可能存在差异的风险源，从人员安全、设备安全、构筑物安全 3 方面进行危害分析、研究应对措施、可靠性评价，具体见表 2-1-18。

秦岭隧洞岭北段 TBM 施工安全风险评估　　　　表 2-1-18

序号	风险源	项目	机型	
			敞开式 TBM	双护盾 TBM
1	始发	危害性分析	始发洞始发，撑靴外露，动作过程中存在人员伤害风险	始发洞始发，撑靴在支撑盾内，人员伤害风险小；反力架始发，存在反力架失稳导致人员、设备、构筑物损伤风险，辅助推进液压缸运动过程中存在人员伤害风险
		应对措施	规范操作，严格遵守操作规程	规范操作，严格遵守操作规程，严格反力架安全质量控制
		可靠性评价	5	5
2	洞壁落石	危害性分析	护盾后方围岩出露，落石风险相对较高，对人员、设备安全存在安全隐患	护盾后方围岩被管片封闭，无落石风险
		应对措施	及时支护，严格遵守操作规程	—
		可靠性评价	4	5
3	主机区域作业空间与条件	危害性分析	空间相对开阔，存在人员坠落风险	空间狭小，设备复杂，存在相对密闭空间作业风险
		应对措施	设置护栏、爬梯、作业平台等安全措施，严格遵守操作规程	优化结构设计，严格遵守操作规程
		可靠性评价	4	4.5
4	支护方式	危害性分析	初期支护作业环节多、作业面分散	管片作为永久支护结构，支护作业环节少、作业面集中
		应对措施	设置护栏、爬梯、作业平台等安全措施，严格遵守操作规程	合理设置工作平台等安全措施，严格遵守操作规程
		可靠性评价	4	4.5

续上表

序号	风险源	项目	机型	
			敞开式TBM	双护盾TBM
5	复杂地质	危害性分析	超前地质预报方法相对较多,经验相对丰富; 护盾后方存在围岩坍塌风险,有时塌腔较大; 岩爆导致人员、设备损伤风险相对较高; 软岩大变形卡机(卡护盾)风险较低; 洞壁突涌水,封堵难度较大	超前地质预报方法相对较少,经验相对匮乏; 护盾后方围岩被管片封闭,坍塌风险极小; 岩爆导致人员、设备损伤风险低; 软岩大变形卡机(卡护盾)风险较高; 洞壁突涌水,易被管片封闭
		应对措施	控制掘进参数,及时合理支护,尽量减少减弱坍塌、岩爆、突涌水、软岩大变形对人员、设备、构筑物的影响	选择可用的超前预报方法,持续积累,提高其可靠性; 控制掘进参数,尽量减少长时间停机,应对卡机风险
		可靠性评价	4	4.5
	合计		21	23.5

注:表中可靠性评价按5分制打分,1~5依次升高。

由上表可见,从安全风险评估角度分析,岭北段采用敞开式TBM和双护盾TBM的可靠性均比较高,其中,双护盾TBM的可靠性更高。

(3)质量风险评价

TBM选型中的质量风险评价,聚焦于不同TBM机型对隧洞开挖、支护质量可能存在差异的风险源,通过分析其危害、研究应对措施、可靠性评价,得到TBM施工质量风险评估,见表2-1-19。

秦岭隧洞岭北段TBM施工质量风险评估 表2-1-19

序号	风险源	项目	机型	
			敞开式TBM	双护盾TBM
1	轴线控制	危害性分析	调向相对便捷、可靠	主机结构复杂,方向控制难度相对较大,调向难度相对较大
		应对措施	可靠的导向系统; 及时复测	可靠的导向系统; 及时复测; 更加严格的方向控制标准,及时调向
		可靠性评价	5	3.5
2	支护	危害性分析	初期支护环节多,质量控制点多、面广; 初期支护+现浇混凝土二次衬砌组成复合式支护结构,可靠性更高	无初期支护,管片为永久支护结构,质量控制点集中; 管片背后豆砾石回填、注浆回填密实度难以保障
		应对措施	严格按流程及质量控制标准作业,遵守相关质量控制要点	严格按流程及质量控制标准作业,遵守相关质量控制要点; 二次注浆增加密实度
		可靠性评价	5	4.5
3	复杂地质	危害性分析	后盾后方易形成较大塌腔; 撑靴撑紧洞壁可能导致洞壁围岩失稳; 收敛变形可能会导致侵限; 钢拱架可能变形而失效	出现塌腔时管片背后回填难度大; 单护盾模式掘进时管片存在由于辅助推进液压缸推力过大而损伤风险; 软岩大变形及强岩爆存在管片破损风险

续上表

序号	风险源	项 目	机 型	
			敞开式TBM	双护盾TBM
3	复杂地质	应对措施	控制掘进参数,及时合理支护,尽量减少减弱坍塌,及时可靠回填塌腔; 必要时,提前加固撑靴部位围岩; 拆除侵限或者失效的支护结构,重新施作	控制掘进参数,及时合理支护,尽量减少减弱坍塌,必要时灌注混凝土、砂浆等材料回填; 单护盾模式掘进时严格控制掘进参数; 必要时修补管片,甚至更换失效的管片
		可靠性评价	4.5	4
	合计		14.5	12

注:表中可靠性评价按5分制打分,1~5依次升高。

由上表可见,从质量风险评估角度分析,岭北段采用敞开式TBM和双护盾TBM的可靠性均比较高,其中,敞开式TBM的可靠性更高。

(4)工期风险评估

由工期可行性分析可知,敞开式TBM施工计算总工期为77.3个月,双护盾TBM施工计算总工期为72.3个月,计划工期为84个月,因此工期风险低。

工期保障措施:确保TBM设备采购进度与质量;配置先进的设备及配套设施;做好排水、通风措施准备;做好应对地质风险措施准备;加强施工组织管理,提高TBM纯掘进时间利用率;加大科研攻关力度,提高TBM施工技术水平;加强组织保障,保证施工安全稳定高效。

从工期可靠性分析,双护盾TBM优于敞开式TBM。

(5)可靠性评价

岭北段TBM选型综合评价见表2-1-20。

秦岭隧洞岭北段TBM选型综合评价 表2-1-20

序号	评价指标	敞开式TBM	双护盾TBM	单护盾TBM
1	可行性评价	可行	可行	不可行
2	可靠性评价	高	低	低
3	经济型评价	造价低	造价高	造价高
	选型结论	建议采用	不建议采用	不建议采用

由上表可知,岭北段采用敞开式TBM是最合适的。

3)经济性分析

TBM选型的经济性分析,需要从成本和收益两方面综合评价,其中成本包括建造成本、财务成本和其他成本。

(1)建造成本:敞开式TBM的采购价格比双护盾TBM低20%,价差约为4800万元(按2012年的采购价格水平计算);两种机型开挖价格基本相当;敞开式TBM施工的支护方式为"初期支护+现浇混凝土二次衬砌"组成的复合衬砌结构,双护盾TBM施工的支护方式为预制钢筋混凝土管片,与复合式衬砌相比,预制混凝土管片衬砌造价约高25%,价差约为8500万元;采用双护盾TBM施工比敞开式TBM节约工期5个月,可节约管理成本2500万元。综上,与双护盾TBM相比,岭北段采用敞开式TBM可降低建造成本约10800万元。

(2)财务成本:与双护盾TBM相比,采用敞开式TBM,财务成本增加225万元。

(3)其他成本:2种机型基本相同。
(4)收益分析:略。
(5)经济性评价:经济性分析汇总见表 2-1-21。

秦岭隧洞岭北段 TBM 机型选择经济性分析汇总　　　　表 2-1-21

序号	项　　目	经济性分析(敞开式 TBM – 双护盾 TBM)(万元)
1	建造成本	– 10800
2	财务成本	225
3	其他成本	0
4	收益	0
	合计	– 10575

由上表可知,岭北段采用敞开式 TBM 施工,可降低造价 10575 万元。

4)综合评价与选型结论

(1)岭北段以Ⅲ、Ⅳ类围岩为主,占 95.08%,敞开式 TBM 与双护盾 TBM 在Ⅲ类围岩掘进速度基本相同,在Ⅳ类围岩工程适应性方面,双护盾 TBM 占优。通过加强 TBM 超前支护和初期支护的能力,配置高效的清渣设备,能够最大程度减小围岩状况对敞开式 TBM 掘进的影响。

(2)岭北段断层较多,且存在中等变形,敞开式 TBM 的处理方式更为灵活,易于实施超前支护,卡机风险小;双护盾 TBM 由于结构所限,卡护盾风险较大。

(3)综合成洞速度方面,使用管片支护的双护盾 TBM 具有一定优势,本工程敞开式 TBM 具备同步衬砌施工条件,可以大幅度缩小与双护盾 TBM 成洞速度的差距,因而总工期差异较小。

(4)与双护盾 TBM 相比,敞开式 TBM 施工经济性优势明显。

1.3.3　TBM 配置

秦岭隧洞岭北段 TBM 设备配置,本篇 1.2 节所述为通用性配置要求,针对本工程特点,专用性配置要求见表 2-1-22。

秦岭隧洞岭北段 TBM 专用配置要求　　　　表 2-1-22

序号	项　　目	配置要求
1	整机	设备应能适应秦岭隧洞岭北段的综合地质条件,具有足够的推力、扭矩和功率储备,在本隧道工程地质条件下 TBM 应具有针对断层破碎带、岩爆、高地应力下软岩大变形、较长洞段围岩完整性低、千枚岩软化、突然涌(泥)水、高岩温热害等复杂地质条件的处理能力,配置相应的设备或系统,以确保 TBM 能够安全、顺利地通过复杂地质段
		换步时间应不大于 5min
		最小转弯半径不大于 500m
		本工程地质条件下,最快掘进速度不得低于 100mm/min;各类围岩条件下 TBM 实际掘进平均月进尺(含全部初期支护)不得低于下列指标:Ⅲ类围岩 700m,Ⅳ类围岩 500m,Ⅴ类围岩 300m
		掘进行程≥1.8m
		设计寿命不小于 25km,整机不需要大修的情况下可连续掘进 20km
2	刀盘刀具	采用背装式的刀具安装方式,有足够的刀具更换空间及设施
		刀具在本工程不同地质情况下具有良好的破岩能力。盘形滚刀直径不小于 19in
		设备要具有连续扩挖能力,扩挖量不小于 50mm(半径)
3	主驱动	主轴承、减速箱、减速机设计寿命不小于 15000 工作小时

续上表

序号	项　目	配 置 要 求
4	护盾	底护盾与洞壁的接地比压最大不超过 3MPa
5	推进系统	最大推进速度不小于 120mm/min，推进液压缸最大回缩速度不小于 1000mm/min
6	主梁与撑靴	撑靴及后支承最大接地应力应不超过 3MPa
7	设备桥与后配套	每 2 个掘进循环运送一次掘进用材料（喷锚混凝土、锚杆、钢拱架、钢轨等），通常情况下，拟采用的物料运输列车编组为牵引机车 1 台 + 混凝土搅拌运输车 2 台 + 仰拱块车 2 台 + 平板车 2 台 + 人员乘坐车 1 台。后配套台车应留有足够的内部空间，便于列车进出
		适当位置可以存储钢轨不少于 16 根以及配套使用的钢枕。钢轨规格 43kg/m×12.5m；钢枕材料为 20 号工字钢，规格另附。同时配置用于钢轨装卸车与安装的吊机
8	液压润滑	所有的液压泵、液压阀组、液压缸、传感器、滤清器等元器件应采用品牌产品，产品质量与寿命满足整机设计寿命要求
9	电气系统	输入电压 20kV（+10%～−10%Un）、频率 50Hz
		整机具有动态功率补偿功能，功率因数 $\cos\varphi \geq 0.9$
		配备可收放的高压电缆卷筒、软电缆及快速接头，电缆有效工作长度不小于 400m
		刀盘驱动电机、整机传感器防护等级不低于 IP67，其余电气设备防水、防潮、防尘、防振，防护等级不小于 IP55
		30kW 以上的电机均采用电子软启动
10	照明	设置应急照明系统，当照明系统停止工作后可立即自动启动，系统供电持续时间不少于 2h
11	初期支护	锚杆钻机单根钻杆钻孔深度不小于 3.5m，钻孔直径不小于 38mm。钻机建议分区布置，刀盘后部（L1 区）配置 2 台钻机、L2 区配置 2 台钻机。每台钻机具备独立的移动装置（移动装置在整个工程施工中不变形），可在不小于一个掘进行程的范围内自由移动和作业，并且不受掘进或者换步的影响
		钻机钻孔范围和速度与支护设计相匹配，要求说明孔径为 38mm 时不同围岩条件下的成孔速度。围岩抗压强度 100MPa 情况下钻进速度不小于 1.5m/min
		每环钢拱架安装时间不大于 20min
		混凝土湿式喷射系统（L2 区）为自动喷射系统，喷射能力满足支护要求并与最快掘进速度相匹配，混凝土实际喷射到洞壁的能力不小于 20m³/h。能适应普通混凝土、钢纤维混凝土和纳米混凝土
		配置功能可靠、回收作业效率高、操作方便的喷射混凝土回弹料收集设备，该设备至少能够回收约 80% 的回弹料
		混凝土自动喷射系统有效工作长度不小于 8m，机械手有效喷锚工作范围可达 300°
		护盾部位（L1 区）能够进行混凝土湿式初喷，要求单独配置喷射机械手、混凝土输送泵、混凝土输送管、速凝剂泵、高压风及速凝剂管路。喷射机械手的喷射范围不小于顶部 120°，混凝土实际喷射到洞壁的能力不小于 15m³/h，能适应普通混凝土、钢纤维混凝土和纳米混凝土
12	仰拱吊机	仰拱块安装采用机械吊装式机构，行走、起吊动力宜采用液压方式，工作安全、可靠、高效，具有必要的联锁、防撞功能
		能实现有线和无线两种控制方式
		仰拱块铺设速度应与最大掘进速度相匹配
		提供仰拱吊机作业范围
		提供仰拱块底部注浆装置与措施
13	超前地质预报与超前支护	配备超前探测钻机，可在刀盘正前方钻探，掌子面孔位 1～4 个；亦可在护盾尾部以不大于 6° 的外插角向前方钻孔探测围岩。钻孔深度不小于 50m，孔径不小于 75mm，具备取芯功能。当采用 65mm 钻具时的钻孔速度不小于 10m/h。对主要钻进参数（钻进压力、速度等）实时监测和记录，以便分析判断前方围岩状态

续上表

序号	项目	配置要求
13	超前地质预报与超前支护	配置适用于本工程的必要的超前地质预报手段,以方便探测掌子面前方地质状况。如实时电法超前预报方法(BEAM系统)、声波反射法地质超前预报系统(HSP)等
		超前支护钻机,钻孔范围拱顶不小于150°,钻孔深度≥50m,能满足超前锚杆钻孔直径不小于38mm,超前小导管直径42~50mm的施工要求,外插角不大于6°
		超前支护要求配套注浆设备,注浆设备可实现刀盘前方超前注浆加固,工作介质包括水泥浆、化学浆液或双液浆(水泥-水玻璃),注浆压力不小于2.0MPa且可调,浆液扩散半径不小于40cm
14	导向系统	自动导向系统应能精确地测得TBM与设计轴线的偏差,并能同步反映TBM的姿态
		全站仪的精度等级为2″或更高,有效工作长度不小于200m,激光接收及系统反应时间小于1″,精度等级与有效长度满足施工之需,并设定报警偏差,一旦超过设定值,系统立即报警提示
		自动导向系统安装位置应合理,具有安全防护装置,系统防水、防潮、防尘、防震性能良好,视距范围内保证视窗通畅,且搬站方便,便于操作、检查、故障排除
15	供排水系统	洞外清水进水温度按不高于25℃考虑,供水系统应满足刀盘喷水、冷却和其他所有工作用水的需求,在满足设备及作业需求的前提下,尽量减小耗水量
		供水管卷筒存储软管能力100m,卷筒应自带100m软管
		污水管卷筒存储软管能力100m,卷筒应自带100m软管
		配置2台大流量污水泵,进水口位于主机底部,在后配套上布设满足大涌水排水需要的排水管路,出水口延伸至后配套尾部
16	通风除尘	隧道通风软管直径不大于2.2m,每节风管长度不小于200m,按此配置二次通风风机、软风管存储筒
		根据本工程洞外环境、岩温、TBM设备等,合理配置空气冷却系统,以保证洞内较为舒适的作业温度环境

秦岭隧洞岭北段敞开式TBM主要技术参数见表2-1-23。

秦岭隧洞岭北段敞开式TBM主要技术参数 表2-1-23

序号	系统	项目	配置及性能参数
1	整机	机型	敞开式、主梁式
		整机长度	200m
		整机质量	1395t
		装机功率	5000kW
		掘进行程(额定)	1800mm
		换步时间	<5min
		主机长度	25m
		最小转弯半径	500m
		适应坡度	±3%
2	刀盘	刀盘形式/材质	面板式平面刀盘/Q345D
		开挖直径	8060mm
		最小开挖直径(边刀磨损到极限时)	8020mm
		分块数量	1(中心块)+4(边块)
		刀间距(均匀部分)	82mm
		刀高	160m
		滚刀保护块	V形保护块

续上表

序号	系统	项目	配置及性能参数
2	刀盘	耐磨材料	Hardox500
		人孔	2个,直径550mm
		扩挖/方式	50mm(半径)/更换边刀垫块
		刀座形式	带C型块
		双刃中心刀数量/直径	4把8刃/19in
		正滚刀数量/直径	35把/19in
		边刀数量/直径	10把/19in
		装刀方式	背装式
		铲斗	6个
		铲齿	整体式
		喷水嘴	12个
3	主驱动	电机形式	变频调速电机(水冷)
		电机功率	3150kW(10×315kW)
		减速机	10台(水冷)
		变频器	10台
		反向旋转	可以,正转出渣
		刀盘转速	0~7.25r/min
		额定扭矩	7661kN·m
		脱困扭矩	11951kN·m
		点动方式	点动站(刀盘内)
		轴承形式	三列滚子轴承
		润滑方式	油浸式润滑,抽油双泵循环润滑
		寿命	大于17000工作小时
		密封形式	内外各3道唇形密封/耐磨环
4	推进系统	液压缸数量	4个
		最大推进力	24788kN(@350bar)
		液压缸行程	2100mm
		液压缸内径/活塞杆直径	500mm/360mm
		最大伸出速度	120mm/min
		最大回缩速度	1900mm/min
5	撑靴	支撑形式	水平支撑
		最大接地比压	<3MPa
		开槽数量及宽度	1个/250mm
		液压缸数量/行程	2个/1000mm
		最大总支撑力	54978kN(@350MPa)
6	后支撑	液压缸数量	2个
		最大支撑力	8620kN
7	主机带式输送机	驱动方式	液压驱动
		胶带宽度	1000mm
		长度	24m

续上表

序号	系统	项目	配置及性能参数
7	主机带式输送机	输送能力	860t/h
		运行速度	0~3m/s
		允许物料尺寸	0~300mm
8	后配套带式输送机	驱动方式	液压驱动
		胶带宽度	800mm
		长度	150m
		输送能力	860t/h
		运行速度	0~3m/s
9	护盾	分块形式	分顶护盾、侧护盾和底护盾
		调整方式	液压缸伸缩推拉护盾开合变径
10	锚杆钻机	钻机数量	L1区2台/L2区2台
		钻孔直径	30~60mm
		单杆钻孔深度	3.5m
		环向钻孔范围	240°
		轴向行程	2m
		控制方式	遥控/线控
		泵站/功率	L1区、L2区各1个/55kW
11	拱架安装器	工作范围	轴向2m,环向360°
		驱动方式	液压驱动
12	钢筋排	范围/规格	顶护盾120°/钢筋直径不大于22mm
13	应急喷射混凝土	数量	1台
		喷射范围	120°
		行程	5m
		喷射能力	15m³/h
14	喷射混凝土	数量	2台
		布置方式	前后布置
		喷射范围	300°
		行程	6m
		喷射能力	25m³/h
15	超前地质预报系统	—	搭载综合地质预报系统
16	超前支护系统	作业范围	120°
		外插角	6°
		钻孔深度	不小于60m
		钻孔直径	50~120mm
17	设备桥与后配套	设备桥	1节
		后配套台车	7节
		结构	门架式
18	底部清渣设备	清渣方式	滑移装载机
		设备配置	1台小型滑移装载机,卸料至设备桥带式输送机

续上表

序号	系统	项 目	配置及性能参数
19	液压与润滑系统	泵、阀	国外品牌
		管路、接头制式	均为公制
		液压最大系统压力	35MPa
		过滤精度	10μm
20	供排水系统	供水系统	两级系统:一级清水,二级为冷却水
		供水系统压力	0.7MPa
		排水泵	120m³/h,2 台
		排水泵位置	设备桥底部
21	压缩空气系统	空压机数量和功率	螺杆式空压机 2×90kW,1×55kW
		输送能力	16.2m³/min,10.1m³/min
		储气罐数量	1 个
22	电气系统	初级电压	20kV
		次级电压	690V/400V
		变压器容量及数量	2×2300kVA,1×2000kVA(干式)
		功率因数	0.9
		变压器防护等级	IP45
		电缆卷筒存储能力	400m
		应急发电机容量	400kVA
23	视频监控系统	摄像头数量	14 个
		位置	主机底部、左右撑靴、L1 区、仰拱铺设区域、带式输送机转渣处、后配套台车尾部
		存储器容量	2TB(7d,24h)
24	导向系统	品牌	VMT
		全站仪	徕卡 TS15G
		精度	2″
		有效距离	最大 200m
		接收装置	激光靴式
25	二次通风除尘系统	二次风机功率	2×45kW
		风量	1398m³/min
		风管直径	1200mm
		除尘风机	2×55kW
		除尘风管	1000mm
		除尘方式	干式
		除尘器数量	1 台
		过滤精度	0.1mg/m³
		除尘能力	800m³/h
		除尘效率	99.9%
26	有害气体监测系统	种类及数量	监测氧气(O_2)、瓦斯(CH_4)、硫化氢(H_2S)、一氧化碳(CO)、一氧化氮(NO)、二氧化氮(NO_2),8 个(瓦斯3个,其余各1个)

注:1bar≈0.1MPa。

1.3.4 应用效果

引汉济渭工程秦岭隧洞岭北段 TBM 自 2014 年 8 月 20 日开始掘进,2018 年 12 月 26 日完成标段内掘进施工任务,累计掘进长度 15215m,累计施工时间 52 个月,其中检修转场 4 个月,处理断层 5 个月,揭露瓦斯处理 1 个月,有效掘进时间 42 个月,平均月进尺 362m,提前完成施工任务。应建设单位要求,检修改造后继续掘进,接应相邻的岭南段 TBM 施工。

第 2 章
TBM法隧道施工配套设备选型与配置

TBM法隧道施工配套设备指为配合TBM施工而配置的除TBM外的施工设备。施工配套设备与TBM相辅相成,直接影响施工效率,为了给TBM高效施工提供设备保障,应根据施工条件、工程地质与水文地质、工期等因素,科学选型、合理配置。

本章阐述了出渣设备、物料运输设备、施工通风设备、供电设备、供排水设备、起重设备的选型与配置原则和依据,并分别提供了选型计算方法和工程实例,可供隧道设计和施工人员参考。

2.1 施工配套设备选型与配置原则

配套设备要为TBM持续、均衡、快速施工提供设备保障,选型与配置应遵循如下原则:

(1)适应性强。TBM法隧道施工配套设备与TBM功能、性能、施工方案、进度计划相适应,工作能力与TBM施工需求相匹配,并保留合理富余量,满足运行安全需要,符合当地有关安全的法律、法规、规章制度要求,符合环境保护要求并节约能源消耗。同时,TBM法隧道施工配套设备按施工进度计划和可合理推测的高水平施工进度强度配置,并合理考虑应急、备用设备。

(2)可靠性高。TBM法隧道施工配套设备具有较高的可靠性、较低的故障率,可长时间连续正常运转,原则上不应出现由于配套设备质量原因影响TBM正常掘进。

(3)经济性好。TBM法隧道施工配套设备需要具有较高的技术经济性,不仅仅关注采购价格,更要关注使用成本,以综合成本作为经济性评价指标。

2.2 出渣设备选型与配置

TBM法隧道施工配套设备中的出渣设备是指将TBM掘进产生的岩渣由洞内转运至洞外的设备,通常有带式输送机出渣、有轨运输出渣2种方式,特殊工况下可能涉及门式起重机垂直提升出渣、绞车出渣、罐笼垂直提升出渣、箕斗垂直提升出渣等方式。

2.2.1 出渣方式

TBM法隧道施工过程中,最常用的2种出渣方式为带式输送机出渣和有轨运输出渣,其出渣方式对比见表 2-2-1。

TBM 法隧道施工出渣方式对比 表 2-2-1

序号	出渣方式		特点及适用范围
1	带式输送机	连续带式输送机	连续带式输送机具有连续输送、运距远、运量大、污染小、设备利用率高等特点,但初期设备投入大,长度在 5km 以下的隧道带式输送机投入成本占比大;适用于长大山岭隧道和城市地铁项目,不适用曲线复杂,转弯半径过小(转弯半径小于 350m 慎用)的隧道;垂直带式输送机通常用于地铁、竖井等需要垂直提升的工况
		垂直带式输送机	
2	有轨运输	内燃机车牵引矿车	技术成熟,设备运行可靠,但内燃机尾气排放对洞内空气造成污染,需加大隧道通风要求;适用于长大山岭隧道、小半径曲线隧道,不适合大坡度(±3%以上)隧道
		电动机车牵引矿车	隧道施工用电动机车通常由电池供电,结构相对简单,无尾气排放污染,但电池使用寿命短、续航能力后期不足,电池更换成本相对较高;适用城市地铁项目或者短距离隧道施工、小半径曲线隧道,不适合大坡度(±3%以上)隧道

2.2.2 连续带式输送机选型与配置

连续带式输送机选型与配置的主要依据为输送能力以及带宽要求,其中输送能力计算是为了确定是否满足出渣过程中所需的最大负荷;带宽计算是为了满足带宽与岩渣粒径、最大运量的匹配性要求,满足洞内横断面布置和 TBM 后配套结构设计的需要。

1) 参数计算

(1) 输送能力计算

$$Q = \rho \frac{\pi d^2}{4} v k \xi \tag{2-2-1}$$

式中:Q——输送能力(t/h);

ρ——岩渣虚方密度(t/m³);

d——开挖直径(m);

v——TBM 最大掘进速度(m/h);

k——岩渣松散系数;

ξ——岩渣瞬时增大系数。

以岩渣松散系数和虚方密度取代实方密度,是为了计算更加贴合实际,岩性和围岩级别是岩渣松散系数的主要影响因素;岩渣瞬时增大系数是指 TBM 掘进过程中,遇到自稳能力差、岩爆等复杂地质条件时,超出设计开挖轮廓线的围岩垮塌、坠落,实际出渣量大于计算出渣量,可依据地质条件、施工经验预判。

(2) 带宽计算

TBM 法隧道施工配套设备中连续带式输送机带宽选择需要考虑岩渣粒径、最大运量两方面的因素,初步选定后,复核连续带式输送机宽度与后配套结构设计的匹配性。

①按最大通过粒度初步选择带宽:

$$B \geqslant 2X_{max} + 200 \tag{2-2-2}$$

式中:X_{max}——运输物料允许最大粒径(mm)。

②按最大运量复核带宽:

$$Q_{max} = 3600 A_{max} V K \rho_s \tag{2-2-3}$$

式中：Q_{max}——最大瞬时量（m³/h）；
　　A_{max}——最大允许装料断面面积（m²）；
　　V——胶带运行速度（m/s）；
　　K——倾斜系数，选取0.98；
　　ρ_s——岩渣堆积密度（kg/m³）。

比较所选带宽输送机的输送能力与实际所需运量。

(3) 其他参数计算

参考相关带式输送机设计手册，如《DTII(A)型带式输送机设计手册》。

2) 选型与配置要求

(1) 输送能力应满足TBM最大掘进速度的需要。

(2) 长度应满足工程的需要。

(3) 通常情况下，宜选用钢丝绳芯胶带。

(4) 采用变频驱动，具有调速功能，带速通常不高于3.0m/s。

(5) 驱动布置根据长度、驱动电机所需功率及皮带张力，可采用头部驱动、头部+中间驱动、头部+尾部驱动以及头部+中间驱动+尾部驱动方式。

(6) 合理选择张紧方式，张紧装置可自动调整皮带张力，自动张力调整响应速度应满足皮带张力波传递速度的要求，启动时不打滑。

(7) 皮带存储机构(储带仓)有效存储能力通常不小于500m。

(8) 托辊支架应明确采用三脚支架支撑或链条悬挂；回程托辊宜采用V形布置。

(9) 应具有自动清理、刮渣、防跑偏、耐磨、防滑、张紧等功能。

(10) 能与TBM控制系统互相连接、接口匹配、程序兼容，具有TBM主控远程控制功能和安全连锁功能。各前后搭接带式输送机的控制系统互相连接，接口匹配、程序兼容，具有控制室远程控制功能和安全连锁功能。

(11) 具有故障诊断功能、显示和报警功能；具有防止跑偏和自动调向功能。

(12) 具有沿线紧急停机装置。

2.2.3　垂直提升带式输送机选型与配置

垂直提升带式输送机是大倾角带式输送机的一种，通常又称为垂直皮带输送机，其选型与配置的主要依据为输送能力。以常用的T形隔板波状挡边带式输送机为例，说明如下：

1) 参数计算

(1) 输送能力计算

$$\left. \begin{array}{l} Q = k \times 1800 \times v \times \rho \times h \times B_f \times t_q/t_s \quad (t_q \leq t_s) \\ Q = k \times 1800 \times v \times \rho \times h \times B_f \times (2 - t_s/t_q) \quad (t_q > t_s) \end{array} \right\} \quad (2\text{-}2\text{-}4)$$

式中：k——物料填充系数；
　　t_q——物料与基带理论接触长度（m），$t_q = h \times [0.364 + \tan(90° - \beta)]$；
　　ρ——物料松散密度（kg/m³），查阅相关手册选取；
　　h——横隔板高（m），查阅相关手册选取；

β——输送机倾角(°);

t_s——横隔板间距(m),t_s 通常为 3~6 倍波形距;

B_f——有效带宽(m),查阅相关手册选取;

v——带速(m/s);

Q——输送能力,不小于上级带式输送机的输送能力(t/h)。

(2)其他参数计算

参考相关垂直提升输送机设计要求。

2)选型与配置要求

(1)与上一级带式输送机出渣能力相匹配。

(2)垂直提升带式输送机最大运输粒径不小于最大岩渣粒径。

(3)垂直提升带式输送机全程配置安全防护装置。

(4)垂直提升带式输送机具备可靠的渣石防粘黏措施。

(5)垂直提升带式输送机具备良好的制动性能,保证皮带满载急停不会反转,具备满载启动能力。

2.2.4 有轨运输出渣设备选型与配置

有轨运输出渣设备主要涉及牵引机车的选型与配置计算以及列车编组数量的计算。

1)牵引机车选型参数计算

根据出渣运输需求,确定最大列车编组。

(1)机车牵引质量计算

TBM 出渣列车牵引阻力按编组(最大)矿车满载总重。重载上坡或下坡(按最大坡度)牵引阻力。

$$F = (P + Q)[(\omega + i)g + 1.075a] \tag{2-2-5}$$

式中:P——机车黏着质量(t);

Q——出渣矿车编组总重(t);

ω——列车阻力系数,一般取 0.012;

i——坡度;

a——机车加速度(m/s²),一般取 0.05m/s²。

(2)最大轮周牵引力

$$F_{max} = Q\phi g \tag{2-2-6}$$

式中:Q——出渣矿车编组总重(t);

ϕ——机车最大黏着系数,一般取值 0.24;

g——重力加速度(m/s²),一般取值 9.8m/s²。

机车能牵引编组,需 $F_{max} \geq F$,得出机车黏着质量 P 的最小值。

2)牵引机车选型与配置要求

根据计算结果,对照机车牵引曲线图,根据速度、坡度、牵引质量选择适合的机车。常用规格 25t、35t、45t、55t。

可供选用的机车轨距为600mm、760mm、900mm，TBM法隧道施工中常选用的轨距为900mm。

TBM法隧道施工用内燃牵引机车国内品牌较多，大多是近年发展起来的，价格较低，随着电池技术的不断进步，电动牵引机车正在不断推广应用。

以某工程所用内燃牵引机车为例，其主要配置要求如下：

（1）隧道坡度

隧道平均纵坡0.3115‰，加利福尼亚道岔坡度约2.5%。

（2）运输方案及列车编组

正常情况下列车编组为牵引机车（1台）+6m³混凝土搅拌运输车（2台）+平板车（1台），运送钢轨时增加1台平板车，运送钢拱架时在平板车上增设专用运输架，施工以及维护保养所需油脂、配件等随车运输或者整备时统一运输，上下班时增加2～3台人员乘坐车（以下简称"人车"）。编组车辆质量见表2-2-2。

有轨运输车辆质量　　　　　　　　　　　　　　　　　　　　表2-2-2

序号	设备名称与规格	空车质量(t)	满载质量(t)	备注
1	混凝土搅拌运输车,6m³	8	25	
2	平板车	4	10	
3	乘坐车,20人/车	4	6	

（3）主要配置要求

内燃牵引机车主要配置要求见表2-2-3。

内燃牵引机车主要配置要求　　　　　　　　　　　　　　　　表2-2-3

序号	项目	要求	备注
1	洞内最远运距(km)	20	
2	重载进洞平均时速(km/h)	10～12	
3	轻载出洞平均时速(km/h)	12～15	
4	外形尺寸	长度≤7000mm（不含车钩），高度≤2300mm，宽度≤1700mm	
5	最小转弯半径(m)	25	
6	车钩类型	詹式车钩，具有自动挂钩、半自动摘钩、围绕车钩中心旋转的功能	
7	车钩中心距轨面高度(mm)	430	
8	车轮直径(mm)	≤700	
9	液力变矩器	可实现前进、空挡、后退3种状态，前进和后退挡需合理设置挡位	
10	发动机	冷却方式适于在隧道内运行，排放标准不得低于欧Ⅲ标准，废气需经净化后排放	
11	制动系统	空气制动系统，并可实现断气刹车；制动系统性能可靠、操作灵活；有防止车轮打滑的措施，刹车片间隙可自动调整补偿	
12	操作室	带有防护篷，面板布置合理，便于操作控制，显示各种必需的运行参数；视野开阔，便于驾驶员瞭望；噪声：正常运行中噪声不大于75dB(A)	
13	车灯	前后合理配置适于隧道环境的车灯	
14	消防	操作室内配置灭火器	
15	减振	合理的减振措施，以利于机车的正常运行	

3）列车编组配置数量计算

设备数量根据最远运输距离所需列车编组数量而定。

列车运行循环时间：

$$t = \frac{S}{v_1} + \frac{S}{v_2} + t_1 \qquad (2\text{-}2\text{-}7)$$

式中：t——循环时间(h)；

S——最远运距(km)；

t_1——装卸车调度时间(h)；

v_1——空载运行速度(m/h)；

v_2——重载运行速度(m/h)。

假设理想单循环掘进时间为 t_2，列车循环期间理想状态下可掘进 $N([N] \geq t/t_2)$ 环，则需要 $(N+1)$ 列矿车出渣以保证 TBM 正常掘进。

有轨运输出渣系统如图 2-2-1 所示。

图 2-2-1　有轨运输出渣系统

2.2.5　出渣设备选型配置案例

青岛地铁工程出渣设备选型配置案例见二维码链接。

2.3　物料运输设备选型与配置

TBM 法隧道施工配套设备中的物料运输设备是指用于施工材料、备品备件、人员、洞内废弃物转运的运输设备及交通工具，特指洞口施工场地（或洞内工业广场）到 TBM 作业区域的运输设备及交通工具。

2.3.1 物料运输方式

国内外 TBM 法隧道施工物料运输系统一般采用有轨运输、无轨运输以及 2 种运输方式组合,3 种运输方式组成及适用条件见表 2-2-4。

供料运输方式组成及适用条件　　　　表 2-2-4

序号	类别	组　成	适用条件	选择方式
1	有轨运输	物料直接由有轨运输车辆运送至 TBM	适用于长隧道、小坡度工况	物料运输的方式运距、线路坡度、场地条件、运输通道、出渣运输方式、洞外环境因素等综合评价,合理选择
2	无轨运输	物料直接由无轨运输车辆运送至 TBM	适用于坡度较大,无法使用有轨运输的工况	
3	组合运输	物料由无轨运输车辆 + 有轨运输车辆 + 转载设备(起重机等)相结合的方式运送至 TBM	适用于 TBM 洞内组装,物料需在组装洞中转的工况	

2.3.2 有轨运输设备选型与配置计算

1)列车编组

根据 TBM 法隧道施工需要运输物料料的最大运量配置列车编组。

(1)敞开式 TBM 施工物料统计

敞开式 TBM 主要施工物料需求统计(样表)见表 2-2-5。

敞开式 TBM 主要施工物料需求统计(样表)　　　　表 2-2-5

施　工　材　料	单位	围岩级别	每延米	每循环	备　注
仰拱块(或钢枕)	块				每掘进循环的需求量
喷射用混凝土	m³				每掘进循环的需求量
钢筋网	kg				每掘进循环的需求量
锚杆	根				每掘进循环的需求量
细石混凝土(铺设仰拱块需要)	m³				每 6~7 个掘进循环的需求量
钢拱架	榀				每掘进循环的需求量
钢轨	m				每 6~7 个掘进循环的需求量

常规情况下,列车编组顺序从前到后依次为仰拱块 + 锚杆、钢筋网片等材料车 + 混凝土搅拌运输车 + 机车,需要运送施工人员时在机车的尾部增加乘坐车。在铺设钢轨的时,运送钢轨的车辆安排在编组的最前部。

(2)护盾式 TBM 施工物料统计

护盾式 TBM 主要施工物料需求统计(样表)见表 2-2-6。

护盾式 TBM 主要施工物料需求统计(样表)　　　　表 2-2-6

序号	施工材料	单　位	每　循　环	备　注
1	管片	块		每掘进循环的需求量
2	混凝土	m³		每掘进循环的需求量
3	岩渣	m³		每掘进循环的需求量
4	豆砾石	m³		每掘进循环的需求量
5	其他材料			根据需要

材料车的编组必须由车辆调度直接和洞内施工人员联系,根据施工的需要安排车辆的先后顺序,安排车辆前后顺序依次为管片车+混凝土搅拌运输车+豆砾石车+出渣车+机车,需要运送施工人员时在机车的尾部增加乘坐车。

2)牵引能力计算

同本章 2.2.4 有轨运输出渣机车的计算方法。

3)机车选型

同本章 2.2.4 有轨运输出渣机车的选型。

2.3.3 无轨车运输设备选型与配置计算

1)多功能胶轮车(MSV)特点及适用情况

无轨运输配置多功能胶轮车(MSV)以便通过狭小的 TBM 后配套,同样可用于 TBM 法隧道施工材料运输和人员运输。该车适用于坡度较大的情况,无须铺设轨道,可节约周转材料的消耗成本。与有轨运输相比,其运输效率偏低,不适合长距离运输,但在短距离运输时具有一定优势,如图 2-2-2 所示。

图 2-2-2 多功能胶轮车

2)设备选型

胶轮车根据施工主要材料(敞开式 TBM 如仰拱块、混凝土、钢拱架等,护盾式 TBM 如管片、混凝土、豆砾石等)配置相应的运输车厢,其余材料可根据需要单独运送。

根据胶轮车牵引曲线图,以牵引载重(物料及物料车厢)、坡度、速度等参数选择相应的胶轮车。由于目前国内应用较少,其选型可参照相关厂家的手册。

2.3.4 组合运输设备选型与配置计算

组合运输设备由于自身运输特点,其部分选型与配置计算可参考有轨运输。其他相关参数计算如下。

1)组合运输特点

组合运输是指无轨+有轨运输模式,该方式适用于 TBM 在洞内组装工况,物料由材料加工、存放区转运至组装洞,再由有轨运输设备倒运至 TBM。

主洞有轨运输编组配置参照本章有轨运输设计选型。

洞外至组装洞采用无轨运输方式,由平板车或混凝土搅拌运输车运输施工所需材料。

2)设备配置计算

列车编组装卸车调度时间为 t_2,在此期间洞外必须供应一列车所需施工材料,主要为仰拱块、管片、混凝土、豆砾石等,可装汽运平板车 n 辆。锚杆、钢筋网等可在组装洞备存使用。

无轨运输循环时间:

$$t = \frac{l}{v_1} + \frac{l}{v_2} + t_3 \tag{2-2-8}$$

式中:l——洞外至组装洞运距(km);

v_1——重载运行速度(km/h);

v_2——空载运行速度(km/h);

t_3——汽车平板装卸时间(h)。

主洞列车编组装车期间每车可运行 n 车次:

$$[n] \leqslant \frac{t_2}{t} \tag{2-2-9}$$

则需要汽运平板车 X 辆:

$$[X] \geqslant \frac{N}{n} \tag{2-2-10}$$

2.3.5 物料运输选型与配置案例

兰渝线西秦岭特长隧道施工物料运输选型与配置案例见二维码链接。

2.4 通风设备选型与配置

TBM 法隧道施工过程中,需要将洞外新鲜风送到施工区域,或将洞内污浊空气排至洞外,以实现洞内外空气流通,确保洞内适宜空气条件(如温度、湿度、含氧量、粉尘含量、有毒有害气体含量等),满足施工人员及设备要求。因此,针对不同的隧道,需合理配置通风设备。

2.4.1 隧道施工通风方式

隧道施工通风主要采用机械通风,机械通风分为管道式通风和巷道式通风。其中,管道式通风分压入式、压出式和混合式。压入式通风是利用设置在洞外的通风机械通过通风管道将新鲜空气送至工作面;压出式通风是通过风机把室内的空气抽出部分,导致室内空气压力瞬时比大气压小,外界空气在大气压力下,自动进入空间;混合式通风是压出式和压入式相结合的局部通风方式,其特点是整个隧道用压出通风,而工作面附近则使用压入式通风,以加速有害气体的排出。TBM 法隧道施工普遍采用压入式通风。

2.4.2 施工通风设计计算

1）通风计算依据

相关规范规定，在整个隧道施工过程中，作业环境应符合下列要求：

（1）空气中氧气含量，按体积计不得小于20%。

（2）粉尘容许浓度，每立方米空气中含有10%以上的游离二氧化硅的粉尘不得大于2mg。每立方米空气中含有10%以下的游离二氧化硅的矿物性粉尘不得大于4mg。

（3）有害气体最高容许浓度：

①一氧化碳最高容许浓度为30mg/m³；

②二氧化碳含量，按体积计不得大于0.5%；

③氮氧化物（换算成NO_2）为5mg/m³以下。

（4）新鲜空气单人供应量不能低于3m³/min。

（5）洞内柴油设备每千瓦需风量为3m³/min。

（6）TBM法施工，要求隧道内回风风速最低为0.5m/s。

（7）隧道内气温不得超过28℃。

2）通风量计算

TBM法隧道施工通风通常根据洞内新鲜风供应量、柴油设备需风量及保证最小回风速度需风量来确定隧道通风量。

（1）根据施工人员计算需风量

新鲜空气供应量不能低于3m³/(人·min)。因此，供风量计算如下：

$$Q_1 = kqm \quad (2\text{-}2\text{-}11)$$

式中：Q_1——需风量(m³/min)；

k——风量备用系数，取1.10~1.15；

q——洞内每人所需新鲜空气量(m³/min)，取3m³/min；

m——洞内同时工作最多人数(人)。

（2）根据柴油设备计算需风量

柴油设备机械每千瓦需风量3m³/min。因此，供风量计算如下：

$$Q_2 = kbn \quad (2\text{-}2\text{-}12)$$

式中：Q_2——需风量(m³/min)；

k——风量备用系数，取1.10~1.15；

b——洞内柴油设备每千瓦需风量(m³/min)，取3m³/min；

n——洞内柴油设备总功率(kW)。

（3）根据最小回风速度计算需风量

TBM法施工要求隧道内回风风速最低为0.5m/s。据此，通风量计算如下：

$$Q_3 = 60vA \quad (2\text{-}2\text{-}13)$$

式中：Q_3——需风量(m³/min)；

v——隧道允许最低风速(m/s),取0.5m/s;

A——开挖断面面积(m²)。

设计需风量应取上述计算需风量(Q_1、Q_2、Q_3)的最大值 Q_{max}。

(4)通风机设计风量计算

在确定通风机设计风量时必须考虑漏风量,以确保工作区风量的要求。根据隧道断面,初选风管直径,确定百米漏风率,根据下式计算出漏风系数:

$$P_L = \left(1 - P_{100}\frac{L}{100}\right)^{-1} \qquad (2\text{-}2\text{-}14)$$

式中:P_L——漏风系数;

P_{100}——百米漏风率(%);

L——风管总长度(m)。

通风机设计风量应按下式计算:

$$Q = Q_{max}P_L \qquad (2\text{-}2\text{-}15)$$

式中:Q——通风机设计风量(m³/min);

Q_{max}——计算需风量最大值(m³/min);

P_L——漏风系数。

选择通风机时,风机额定风量不应低于设计风量。

3)通风风压计算

(1)沿程阻力计算

根据风管直径,咨询厂家风管摩擦阻力系数,根据下式计算通风阻力系数。

$$R_f = \frac{6.5\alpha L}{d^5} \qquad (2\text{-}2\text{-}16)$$

式中:R_f——通风阻力系数;

α——风管摩擦阻力系数;

L——风管长度(m);

d——风管直径(m)。

通风沿程阻力按下式计算:

$$h_{阻} = \frac{R_f Q^2}{P_L} \qquad (2\text{-}2\text{-}17)$$

式中:$h_{阻}$——通风沿程阻力(Pa);

R_f——通风阻力系数;

Q——通风机设计风量(m³/s);

P_L——漏风系数。

除沿程阻力外,还存在局部损失,可按沿程阻力的20%估算。

总阻力按下式计算:

$$h_{总} = h_{阻} + h_{局} \qquad (2\text{-}2\text{-}18)$$

式中:$h_{总}$——总压力(Pa);

$h_{阻}$——通风沿程阻力(Pa);

$h_{局}$——通风局部阻力(Pa)。

(2) 风机压力

风机压力为 h,则: $h > h_总$。

2.4.3 通风设备选型与配置依据

1）选型原则

(1) 根据风管阻力特性曲线,按照产品样本所提供的风机性能曲线或性能表确定风机的型号及工况点。

(2) 为使风机运转平稳,轴流式风机选用的最大风压不宜超过其性能曲线峰点处最大压力的 0.9 倍。

(3) 长距离风管送风时,为满足风压的要求,可采用相同型号风机串联方式。

2）风机选择依据

(1) 根据计算的通风机设计风量和风压,结合通风方式选择通风机类型。TBM 法隧道施工通风机应选用轴流式风机。

(2) 选择风机型号时,首先确定风机性能曲线和风管阻力特性曲线交点,即风机工作点,如果工作点的参数能够满足设计流量和风压,且处于风机高效率区范围内,则说明该风机适合。

(3) 当单台风机风压不能满足要求时,可采用多台同型号风机串联的方式满足风压的要求。

2.4.4 通风设备选型与配置案例

引汉济渭工程通风设备选型与配置案例见二维码链接。

2.5 供电设备选型与配置

供电设备用于为 TBM、洞内施工、洞外生产及施工现场用电设备供配电,主要包括变压器、高压电缆等。

2.5.1 施工供电电压与供电方式

电网高压供电电源经变电降压至 20kV/10kV 后提供给 TBM 及其他施工用电设备,具体为:

(1) 10kV 或 20kV 驱动 TBM 设备及其他辅助施工用电设备。

(2) 将 10kV 经变压器降压至 400V 低压后供洞内外施工设备、现场生活用电及辅助设备用电。

(3) 应急发电系统,在电力供电网出现故障时,保证必要的电力供应(洞内通风、排水及照明)。

2.5.2 施工用电配置计算

施工用电应根据现场环境、负荷和总平面布置图进行设计、计算,选择变压器、电缆规格、型号。

TBM法隧道施工10kV用电通常经高压开闭所馈出多条回路(具体回路数量根据现场情况、用电设备确定),每条回路配置1台或多台10kV/400V变压器,为400V用电设备供电。

1)变压器需用容量计算

$$S = K_x \cdot \frac{\sum P_e}{\cos\varphi} \tag{2-2-19}$$

式中：S——变压器需用容量(kVA)；

K_x——需用系数,经验值可选0.7~0.8；

$\cos\varphi$——全部用电负荷的平均功率因数,经验值可选0.8~0.85；

$\sum P_e$——变压器用电负荷额定功率之和(kW)。

2)高压电缆选用计算

(1)按负荷电流初选电缆截面

$$I = \frac{K_x \cdot \sum P_e \cdot 10^3}{\sqrt{3} \cdot U \cdot \cos\varphi \cdot \eta} \tag{2-2-20}$$

式中：I——负荷电流(A)；

K_x——需用系数；

$\cos\varphi$——全部用电负荷的平均功率因数；

$\sum P_e$——变压器用电负荷额定功率之和(kW)；

U——高压电缆额定电压(V)；

η——用电负荷的平均效率。

根据负荷电流,初步选定电缆截面。

(2)按经济电流密度核算电缆截面

经济电流密度见表2-2-7。

经济电流密度(单位:A/mm²)　　　表2-2-7

序号	导线名称	年最大负荷利用小时数(h)		
		3000以下	3000~5000	5000以上
1	铜芯电缆	2.5	2.25	2
2	铝芯电缆	1.92	1.73	1.54

经济截面可按经济电流密度条件进行选择：

$$A = \frac{I}{I_j} \tag{2-2-21}$$

式中：A——经济截面面积(mm²)；

I——负荷电流(A)；

I_j——经济电流密度(A/mm²)。

(3)按允许压降值校验电缆截面

线路总的电压损失可按下式计算：

$$\Delta U\% = \frac{K_x \cdot \sum P_e \cdot L}{10U^2}(R + X \cdot \tan\varphi) \tag{2-2-22}$$

式中：$\Delta U\%$——线路总的电压损失额定电压比；

K_x——需用系数；

$\sum P_e$——变压器用电负荷额定功率之和(kW)；

U——高压电缆额定电压(kV)；

L——高压电缆长度(km)；

R——单位长度电阻(Ω/kW)；

X——单位长度电抗(Ω/kW)；

$\tan\varphi$——平均功率因数对应的正切值。

2.5.3 供电设备选型与配置依据

1）高压电缆选型

（1）根据电缆敷设的电压等级、使用地点及使用环境，选择电缆的绝缘方式。TBM法隧道施工多选用YJV电缆（铜芯交联聚乙烯、绝缘聚乙烯护套电力电缆）。

（2）根据电缆的敷设环境，选择电缆外壳保护方式（如钢带铠装、钢丝铠装等），一般选用钢带铠装。

（3）根据电缆使用的电压等级，选择电缆的额定电压。

（4）根据本节2.5.2的计算电流，选择电缆的截面。

2）变压器选型

（1）根据计算，确定变压器需用容量，根据变压器的容量等级选用。10kV/400V变压器最大容量通常为2500kVA。

（2）根据变压器分类，有干式变压器和油浸式变压器。同等容量条件下，干式变压器质量小、体积小、价格高；油浸式变压器质量大、体积大、价格低。两种变压器散热方式不同，干式变压器利用自然风或风机冷却，油浸式变压器是通过绝缘油循环冷却。

（3）变压器绕组联结组别的选择：三相变压器的三相绕组或组成三相组的3台单相变压器同一电压的绕组联结成星形、三角形或曲折形时，对高压绕组应用大写字母Y、D或Z表示；对中压或低压绕组用对应字母的小写形式y、d、z表示；对有中性点连出的星形或曲折形联结应用YN(yn)或ZN(zn)表示。3种绕组联结方式主要特点见表2-2-8，三相变压器常用联结绕组和适用范围见表2-2-9。

3种绕组联结方式主要特点　　　　表2-2-8

特　点	星形联结	三角形联结	曲折形联结
优点	对高压绕组更经济实用； 可提供中性点； 允许中性点直接接地或通过阻抗接； 允许降低中性点的绝缘水平； 允许在每相中性点端设置绕组分接和安装分接开关； 允许带具有中性点的单相负荷	对大电流低压绕组更经济实用； 与星形联结组组合，可降低该绕组的零序阻抗	允许带具有固定零序阻抗的中性点电流负荷； 当相间负载不平衡时，可减少系统中电压不平衡
中性点负载能力	与其他绕组的联结方法和变压器所在系统的零序阻抗有关	—	可带绕组额定电流的负载

续上表

特　点	星　形　联　结		三角形联结	曲折形联结
励磁电流	三次谐波不能通过（中性点绝缘，无三角形联结的绕组）	三次谐波至少能在变压器的一个绕组中通过（中性点引出）	三次谐波电流能在三角形联结绕组中通过	—
相电压	含三次谐波电压		正弦波	正弦波

三相变压器常用联结绕组和适用范围　　　　表 2-2-9

序号	变压器联结绕组	绕组接线简图	适　用　范　围
1	Yyn0	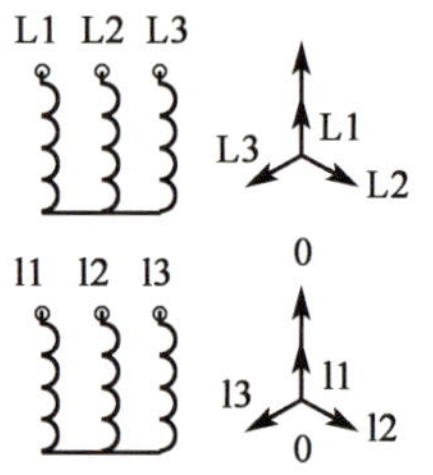	三相负荷基本平衡，其低压中性线电流不超过低压绕组额定电流的25%时，如要考虑电压的对称性（如为照明供电），则中性点的连续负载不应超过10%额定电流；供电系统中谐波干扰不严重时；用10kV配电系统
2	Dzn0	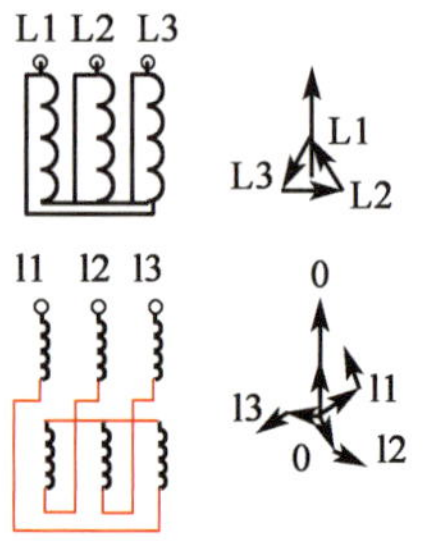	供电系统存在着较大的谐波源，高次谐波电流比较突出时；中性点可承受绕组额定电流；由单相不平衡负荷引起的中性线电流超过变压器低压绕组额定电流的25%时
3	Yd11	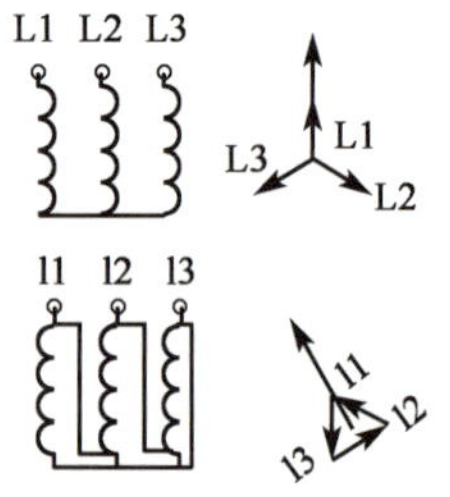	用于110kV/10kV配电系统主变压器
4	Dyn11	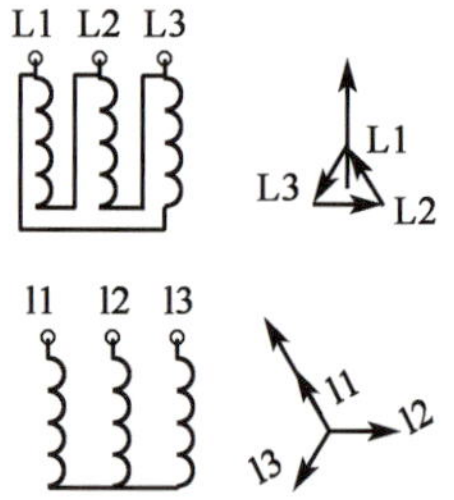	由单相不平衡负荷引起的中性线电流超过变压器低压绕组额定电流的25%时；供电系统存在着较大的谐波源，$3n$ 次谐波电流比较突出时；用于10kV配电系统；用于多雷地区
5	Yzn11	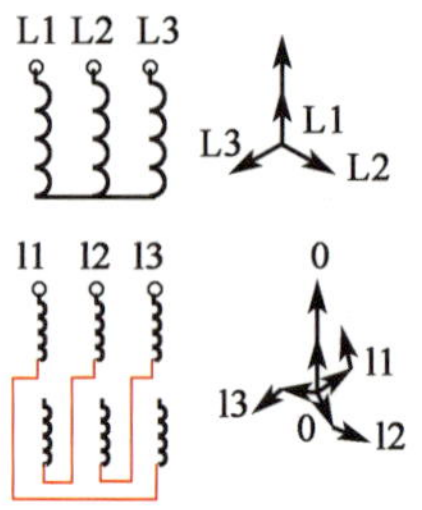	曲折结线的变压器既具有三角形结线变压器可以承担单相负荷的特点，同时星形结线变压器具有的中性点的特点；曲折结线方式有利于防止过压和雷击造成的损害，多用于多雷地区

(4)变压器调压方式的选择。

变压器调压原理是通过调压开关调节一侧绕组的分接头改变绕组的匝数,达到改变输出电压的目的。变压器调压分为无载调压和有载调压两种。

无载调压就是先把变压器的电源断开,然后调节电压分接开关,再接上电源让变压器正常工作,无载调压是在停电情况下进行变压器调压。

有载调压就是不断开电源,让变压器在正常工作状态下,带负载调节电压分接开关。

①无调压变压器一般用于发电机升压变压器和电压变化较小且另有其他调压手段的场所。

②无励磁调压变压器一般用于电压波动范围较小且电压变化较少的场所。

③有载调压变压器一般用于电压波动较大,且电压变化较频繁的场所。

④在满足使用要求的前提下,能用无调压的尽量不用无励磁调压,能用无励磁调压的尽量不用有载调压。无励磁分接头应尽量减少分接头数目,可根据电压波动范围只设最大、最小、额定分接。

⑤并联运行时,调压绕组分接区域及调压方式应相同。

⑥并列运行条件选择变压器。

两台或多台变压器的变电站,各台变压器通常采用分列运行方式,如需采用变压器并列运行方式时,需满足表2-2-10条件。

变压器并列运行条件　　　　　表2-2-10

序号	并列运行条件	技术要求
1	额定电压和变压比相同	变压比差值不得超过0.5%,调压范围与每级电压要相同
2	联结组别相同	包括联结方式、极性、相序都必须相同
3	短路电压相等(即阻抗电压)	短路电压值不得超过±10%
4	容量相等或相近	两变压器容量比不宜超过3∶1

2.5.4　应急供电系统选型与配置

(1)隧洞应急供电

洞口设立独立发电机房,通过升压变压器升压至10kV接入开闭所,为隧洞(道)沿线照明、排水、通风提供应急电源。

设置电源转换开关,停电后自动启动发电机,再次送电后自动切断发电机供电并停止发电。

(2)发电机选型配置

根据隧道内照明、排水及风机的总功率之和确定应急供电设备功率,考虑发电机实际效率,预留20%容量。选择不低于国家现行排放标准的发电机组,避免发电机组尾气加重洞内空气污染。

2.5.5　供电设备选型配置案例

供电设备选型配置案例见二维码链接。

2.6 供排水设备选型与配置

供水系统用于将 TBM 法隧道施工用水供应至 TBM 水箱,排水系统用于将洞内施工废水、隧道涌水排至洞外。供排水系统包括水泵、水管等。

2.6.1 隧道施工供排水方式

(1)施工供水

TBM 供水方式有两种:一种通过变频供水系统及管道输送至 TBM,另一种在洞外修建高位水池,再经供水管路进入后配套水管卷盘。通常情况下,选用变频供水系统,在保证施工用水的同时,可显著节约能源消耗;当洞口供水点与 TBM 作业面存在显著高差,足以满足供水压力要求时,如果高位水池以及水源补给综合费用明显低于变频供水系统,可选择高位水池供水方式。

(2)施工排水

当隧道顺坡排水且满足自流条件时,可利用仰拱块排水沟或者直接自流排水;当顺坡排水无法自流或反坡排水时,利用污水泵与排污管道组成排水系统,污水泵扬程应大于污水管两端水头高差;当排水距离过长,管道阻力或水头高差过大,污水泵扬程无法满足要求时,可在排水管路中间设多处集水坑及接力泵站,形成多级排水系统。

2.6.2 供排水设计计算

1)计算依据

(1)供排水能力至少要满足施工现场生产用水水量或排水量的总和。
(2)由于隧洞(道)存在一定的坡度或高差,供排水设计时需要考虑水泵能否满足相应的压力要求。
(3)当管路距离过长时,则供排水在设计时需考虑管道阻力,避免水泵无法满足要求。

2)管径及扬程计算

(1)管径计算

已知流量,根据管径和经济流速对照表 2-2-11 查询,选择适合的管径,按下式计算流速,流速值应不大于表中对应经济流速,否则重新选择。

管径和经济流速对照表　　　　表 2-2-11

管径(DN)	50	80	100	125	150	200	250	300	400
经济流速(m/s)	0.8~1.0	1.1~1.4	1.2~1.6	1.4~1.8	1.5~2.0	1.6~2.3	1.7~2.4	1.7~2.4	1.8~2.3

$$v = \frac{4Q}{3600\pi d^2} \quad (2\text{-}2\text{-}23)$$

式中:v——流速(m/s);

Q——流量(m^3/h);

d——管道内径(m)。

(2)计算沿程阻力确定水泵扬程

根据达西公式沿程阻力:

$$h_f = \lambda \cdot \frac{l}{d} \cdot \frac{v^2}{2g} \tag{2-2-24}$$

式中：λ——沿程摩阻系数，经验值 0.015~0.025（管径范围 50~300mm）；

　　l——管长(m)；

　　d——管道内径(m)；

　　v——流速(m/s)；

　　g——重力加速度(m/s²)，取 9.8m/s²。

如果沿程阻力过大，可选择更大管径，再次计算。

总阻力即为水泵扬程，按下式计算：

$$h = h_f + h_1 + h_2 + h_3 \tag{2-2-25}$$

式中：h——水泵扬程(m)；

　　h_f——沿程阻力(m)；

　　h_1——局部阻力(m)，取沿程阻力的 15%~20%；

　　h_2——水泵到管路末端的高差(m)；

　　h_3——TBM 进水压力需求(m)，通常取 10m。

2.6.3　供排水设备选型配置依据

(1)水泵选型配置

水泵应能满足供排水计算的基本要求，水泵扬程超过总阻力，排量超过需用流量。根据上述计算，参考相关手册选用水泵。供水系统采用水泵供水方式，为保证供水压力，多选用恒压变频控制。

(2)管路选型配置

水管可选用螺旋焊缝钢管或无缝钢管，选择合适壁厚，确保水管工作耐压能力大于供水压力。水管采用焊接法兰或铸铁卡箍接头连接。

2.7　起重设备选型与配置

TBM 法隧道施工配套设备中的起重设备用于 TBM 组装和拆卸、掘进期间物资材料与设备吊运，包含组装场地起重设备、材料加工场地起重设备、材料存放场地起重设备及施工现场其他起重设备。起重设备有桥式起重机、门式起重机及移动式起重机。本节主要介绍桥式起重机、门式起重机的选型与配置。

2.7.1　起重设备选型配置依据

起重设备应满足现场吊装需求，主要包括以下几点：

(1)依据吊装需求确定起重设备类型及数量；

(2)因 TBM 主机结构件与后配套结构件质量悬殊，不同吨位起重设备作业效率不同，为提高组装与拆卸效率，场地条件足够时主机与后配套可分别配置起重设备；

(3)起重能力应满足最大件质量要求，并考虑合理的富余量；

(4)起重机高度应满足现场最大起吊高度要求；

(5)起重机跨度应满足 TBM 组装要求,且与组装洞场地(洞外组装场地或洞内组装洞室)相匹配。

2.7.2 起重设备选型与配置计算

1)桥式起重机选型与配置

洞内起重设备可选用桥式起重机或门式起重机,为节约空间和减少土建工程量通常选用桥式起重机。洞内桥式起重机选型依据 TBM 组装需求,兼顾后期施工材料转运。

桥式起重机选型需要确定两个主要参数,即额定起重质量和最大起重高度。跨度在组装洞室设计时已经确定,主梁结构一般选择箱梁。

(1)额定起重质量

根据 TBM 最重吊装部件质量计算吊装荷载,吊装荷载包括 TBM 结构、吊钩、钢丝绳及索具。

吊装荷载计算公式:

$$Q_j = k_1 \cdot Q \tag{2-2-26}$$

式中:Q_j——计算荷载(t);

k_1——动荷载系数,取 1.1;

Q——吊装荷载包括设备及索具总质量(t)。

额定起重质量大于吊装荷载,通常选取 1.1~1.2 倍的安全系数。

(2)最大起重高度

最大起重高度应满足下式要求:

$$H \geq H_1 + H_2 \tag{2-2-27}$$

式中:H——起重高度(m);

H_1——设备(TBM)高度(m);

H_2——吊索长度(m)。

整机选用箱形双梁结构,配置要求如下:

①宜选用遥控控制和线控操作,也可配置操作室;

②大车运行速度在合理范围,可实现无级调速,变频控制;

③大车行程满足组装需求,建议配置柔性电缆;

④通常选用双小车。钩头选用单钩,根据需求可配置副钩;

⑤两主钩共用同一组主梁,左右布置;

⑥两主钩吊钩中心距最小距离满足双钩起吊的间距要求;

⑦两主钩可实现小车移动、升降同步动作,同步差异控制在不超过 1%;

⑧重载升降速度在合理范围,可实现无级调速,变频控制。制动性能可靠、灵活、制动后可顺利实现平稳启动,符合国标要求。

⑨小车运行速度范围为 0.4~4m/min,可实现无级调速,变频控制。

2)门式起重机选型与配置

TBM 洞外组装、主要施工材料吊装设备通常选用门式起重机。门式起重机选型需要确定三个主要参数:额定起重质量、最大起重高度、跨度。前两个参数选取同桥式起重机。

TBM 洞外组装门式起重机最小跨度一般比掘进直径大 4m(经验值)。

其他选型配置要求同桥式起重机。

其他材料吊装起重机,选型配置原则基本同上,由于额定起重质量多为10~25t,主梁可选择桁架结构或者箱梁,配置单钩。

2.7.3 起重设备选型与配置案例

兰渝铁路西秦岭隧道右线出口段采用1台ϕ10.2m敞开式TBM施工,需配置3台门式起重机,分别用于TBM主机洞外组装、后配套洞外组装、预制仰拱块室外养护、存储与装车。以TBM主机组装用门式起重机为例,详细说明如下。

TBM组装用门式起重机,起吊最重件刀盘,总重260t,根据式(2-2-26),得出吊装荷载为286t,考虑安全系数,选取额定起重质量为300t。TBM直径为10.2m,吊具长度为3m,所以最大起吊高度不低于13.2m。由于组装场地长度不足,为加快组装进度,选择并行组装(图2-2-3),即跨度满足主机和部分后配套并列组装,跨度选择26m(中间安全距离预留2m)。

图2-2-3　TBM工地组装用门式起重机

图2-2-3中,右侧为组装完成的TBM主机和连接桥,左侧并列组装喷混桥和1号后配套台车。门式起重机结构为轮轨箱形双梁结构,吊钩为双钩,配置要求见表2-2-12。

起重机配置要求　　　　　　　　　　　表2-2-12

起重机类别	机　　构	备　　注
300t门式起重机	大车及整机	结构形式:箱形双梁; 大车运行速度:最大速度约20m/min; 最小速度约2m/min,无级调速,变频控制; 大车行程:80m; 小车数量及吊钩布置方式:2个主钩、1个副钩分别配置一台小车,吊钩均采用单钩 操作室、爬梯布置在同一侧,电缆卷筒布置在另一侧,同时配置遥控操作
	主起升机构(主钩)	额定起重质量:2×150t; 两主钩共用同一组主梁,左右布置; 升降速度:重载最大起升和下降速度约4m/min,最小速度约0.4m/min,无级调速,变频控制; 起升高度:走行轨面至吊钩的净空高度15m; 双小车吊钩中心距最小距离不大于2.5m,最大中心距不小于20m; 小车运行速度范围为0.4~4m/min,无级调速,变频控制; 两主钩可实现小车移动、升降同步动作,同步差异控制不超过1%

本篇参考文献

[1] 周雁领.TBM 工程适应性研究与挑战及应对思路[J].铁道建筑技术,2020(02):24-26,67.

[2] 尹一龙.基于模糊数学模型的 TBM 选型研究[D].长春:长春工程学院,2020.

[3] 白亮.双护盾 TBM 掘进地质条件适应性研究[J].工程技术研究,2019,4(23):1-4.

[4] 田彦朝,贺飞,张啸.敞开式 TBM 护盾半径适应性设计[J].浙江大学学报(工学版),2019,53(12):2280-2288.

[5] 洪松,陈端,暴艳利.深埋长隧洞 TBM 主机选型研究[J].水利水电工程设计,2019,38(04):4-7.

[6] 詹金武.基于人工智能的 TBM 选型及掘进适应性评价方法与决策支持系统[D].北京:北京交通大学,2019.

[7] 郭灿.高黎贡山隧道 TBM 适应性设计和掘进性能的测试分析[D].石家庄:石家庄铁道大学,2019.

[8] 曾博文.不良地质条件下双护盾 TBM 掘进适应性研究及施工安全性评价[D].成都:西南交通大学,2019.

[9] 罗小刚.双护盾 TBM 选型设计与施工[J].四川建材,2018,44(12):211-214,216.

[10] 李清波,杨继华,齐三红,等.TBM 施工隧洞地质适宜性研究及工程应用[C]//水工隧洞技术应用与发展,2018.

[11] 杨振兴,王浩,周建军,等.功效系数法在 TBM 选型定量化决策中的应用[J].地下空间与工程学报,2018,14(3):799-804.

[12] 齐梦学,赵洪力,陈立和.TBM 拆装技术研究与应用[J].铁道建筑技术,2009(11):11-13,33.

[13] 姜金言.岩石城市地铁施工应用复合式 TBM 风险研究[D].兰州:兰州交通大学,2017.

[14] 袁宏利,程向民.关于隧洞 TBM 施工地质条件适宜性的探讨[J].资源环境与工程,2020,38(1):1-10.

[15] 齐祥.深部复合地层 TBM 选型与掘进适应性分析及评价软件开发[D].北京:北京交通大学,2017.

[16] 中华人民共和国铁道部.铁路隧道全断面岩石掘进机法施工技术指南:铁建设[2007]106 号[S].北京:中国铁道出版社,2007.

第3篇 TBM法隧道施工准备

TBM法隧道施工为工厂化流水作业,所需配套设备多,各工序平行施作,必须全面做好各项准备工作。TBM法隧道施工准备不仅仅包括"三通一平",即通电、通水、通路和场地平整,还应贯穿于施工全过程,不同的施工阶段需要与之匹配的施工准备工作。TBM法隧道施工准备涉及"人、机、料、法、环"等生产要素,同时需要综合考虑质量、安全、成本等诸多方面的因素。

本篇重点讨论施工场地规划与布置、预制构件生产、辅助洞室及施工通道规划设计以及洞内断面布置等TBM法隧道施工准备的详细工作内容;同时梳理了TBM设计联络、监造、验收以及进场运输等准备工作的作业流程和管理要点;阐述TBM法隧道施工准备工作内容的同时,提供了施工准备工作的工程案例,可供建设、设计、施工单位以及相关管理和技术人员参考。

第1章 施工调查

施工调查的主要目的是了解施工条件和施工环境,为核对并完善施工图设计、编制实施性施工组织设计、合理配置资源、科学组织施工提供基础信息。TBM法隧道施工调查应结合TBM施工特点和实际需求,突出针对性。

本章主要通过介绍施工调查的内容、常用方法,提出施工调查报告撰写要求,并以某铁路隧道施工调查实例作为参考。

1.1 施工调查内容

通过施工调查,掌握与工程施工相关的自然条件、施工条件以及环境特点,并将这些资料作为编制和优化施工方案、施工组织设计的依据。根据调查目的不同施工调查工作可分阶段实施,包括开工前、施工过程中的现场调查,必要时可根据专业需要组织专项调查。调查内容包括隧道进出口地理位置、周边管线情况、施工便道、气候环境、水文条件、临建场地布置、施工供电、弃渣场选址、施工及生活用水、物资供应、炸药库选址、油库选址、砂石料供给、预制仰拱预制块/管片供给、TBM进出场运输条件、环水保要求、民俗宗教等。

1.1.1 隧道进出口地理位置

通过观察法、访谈法及测量法调查隧道进出口地理位置、周边环境。调查内容包括可用场地面积及形状、地势海拔、地形地貌(如平均海拔、周边自然环境、周边名胜古迹等)、房屋拆迁、交通条件、供电条件、施工水源、污水处理与排放条件等。

1.1.2 周边管线

通过资料查询法、人工探挖、管线检测、管线探测仪法等方法调查管线情况,探明周边管线及其与构筑物的位置关系(可列表说明),调查表示例见表3-1-1。

周边管线调查表（示例）　　　　　　表 3-1-1

序号	管线类别	与线路位置关系	拟采取措施	备 注
1				
2				
……				

1.1.3 施工便道

为保证车辆人员进出现场通畅，所需物资能及时运至现场。需具备相应的道路条件，并通达所有工作面。通过观察法、测量法等方法调查既有道路及施工便道修建条件。调查内容包括周边坡度、与现有道路关系、既有道路宽度、需要硬化的路段、运输线路中桥梁宽度及承载力、沿途隧道净空尺寸等。

1.1.4 水文气象条件

水文气象条件是影响临建设计、设备选型与配置等工作的重要因素。施工期通常采用资料查询法，调查地表水的性质、位置、分布范围、水位、流量、水质与动态变化，地表水切割的地形、岩性、地质构造特征及与地下水的补给排泄关系等，以及气温、湿度、降水、蒸发、风力风向、日照时间、冻土深度、积雪深度、汛期、冰冻期等。

1.1.5 临建场地布置

通过观察法、资料查询法等方法调查临建场地布置条件。依据临建场地规划，调查内容应包含场地与洞口的关系、场地与道路的关系、场地大小及形状、场地地形、场地性质、场地的属地关系、场地与环保的关系等。调查表示例见表 3-1-2。

临建用地调查表（示例）　　　　　　表 3-1-2

工区名称	初步占地亩数	占地类型						工区所属乡镇	与环保的关系
		林地	旱地	闲置	草地	水田	耕地		

1.1.6 施工供电

通过观察法、资料查询法等方法调查施工供电情况。依据施工用电量及负荷分布，调查内容应包含附近高压线路情况、高压开闭所选址、临电引入位置及接入方式、输电线路（电力接入应与当地电力部门协商）距离洞口的距离关系等，调查表示例见表 3-1-3、表 3-1-4。

隧道各洞口既有电力线路统计表（示例）　　　　　　表 3-1-3

序号	位 置	线路名称	杆 号	电压等级(kV)	供电容量(kVA)	距洞口距离(m)
1	隧道进口					
2	……					
……	隧道出口					

各用电部位负荷估算表(示例)　　　　　　　　　　　　　　　　　表 3-1-4

序号	用电部位	使用功率(kW)	变压器规格	数量	备注
1	进口				
2	……				
……	出口				

1.1.7 施工及生活供排水

通过观察法、访谈法、测量法等方法调查施工及生活供排水条件。调查内容包括取水点选址、取水点水源是否可直接饮用、水源与工区的距离、引水管长度及高度差、水源水流量、污水处理后是否可直接排放、污水排放处及下游水源所属区域、是否为国家保护级水源、河水结冰的影响等。调查表示例见表 3-1-5、表 3-1-6。

施工生产用水调查表(示例)　　　　　　　　　　　　　　　　　　表 3-1-5

工 区	水源名称	枯水期流量(m³/h)	距洞口距离(m)	水源所属乡镇	与环保关系	备注

生活用水调查表(示例)　　　　　　　　　　　　　　　　　　　　表 3-1-6

工 区	水源名称	枯水期流量(m³/h)	水源类别	水源所属乡镇	与环保关系	备注

1.1.8 物资供应

通过观察法、访谈法、测量法等方法调查物资供应条件。调查内容包括周边供应商供给能力、物资供应道路、可选择的运输公司及其运输能力、必要时的物资中转站选址、占地面积、规划及存储能力、与邻近工区位置关系等。调查表示例见表 3-1-7。

物资中转站材料储备调查表(示例)　　　　　　　　　　　　　　　表 3-1-7

序号	地 点	占地面积(m²)	数量	备注
1	建筑钢材			
2	型材存区			
……	……			
	合计			

1.1.9 炸药库选址

通过观察法、访谈法、测量法等方法调查炸药库选址。调查内容应包括炸药库选址、订购火工品所需办理的手续、当地公安部门所允许的最大存储量、炸药库与工区的距离、每个炸药库需配置的安全人员及运输车辆等。炸药库的安全至关重要，建设和使用须遵循国家和当地相关法律法规和政策。

1.1.10 油库选址

施工现场油库主要用于存储燃油，通常只允许存储柴油，在确保安全的前提下保障供给。通过观察法、测量法等方法调查油库选址。调查内容包括油库选址、需配置柴油罐容量与数量、加油车的容量与数量等。油库选址与建设须遵循国家和当地相关法律法规和政策。

1.1.11 砂石料供给

通过观察法、访谈法、测量法等方法调查砂石料加工厂选址与建设条件。调查内容包括自建砂石厂选址、占地面积、原材料来源、所生产砂石料是否能够满足施工要求等;如需向周边砂石厂购买,还需调查周边砂石厂的数量、生产能力、存储能力、运距、运输能力、价格等。调查表示例见表3-1-8。

砂石料厂主要设备配置要求调查表(示例)　　　表3-1-8

序号	产品名称	规格型号	功率(kW)	单位	数量	备注
1	双轴给料机			台		
2	颚式破碎机			台		
……	……					
合计						

1.1.12 预制仰拱预制块/管片供给

通过观察法、访谈法、测量法等方法调查预制仰拱预制块/管片供给条件。调查内容包括自建仰拱预制块/管片预制厂的选址、供应能力,以及周边仰拱预制块/管片预制厂的供应能力、运输线路、运距、价格等。

1.1.13 TBM进出场运输条件

通过观察法、访谈法、测量法、资料查询法等方法调查TBM进出场运输条件。依据TBM主要部件尺寸、质量,确定调查内容,主要包括运输车辆和运输线路两方面,如车辆尺寸与自重、单轴承载力、车组额定载重力、装载后车辆最大宽度及高度、车辆最大爬坡、车辆最小转弯半径等运输车辆信息、运输线路中桥梁数量及参数(桥体结构、桥面宽度、限高限载、护栏高度)、狭窄段(是否存在岩体探出)、转弯段(转弯半径)、沿途隧道净空是否满足、冬季路面是否结冰等运输线路信息。调查表示例见表3-1-9。

TBM主要部件尺寸表(示例)　　　表3-1-9

序号	名称	数量(件)	外形尺寸			单重(t)	备注
			长(m)	宽(m)	高(m)		
1	刀盘中心块1						
2	主驱动						
……	……						

1.1.14 环水保要求

通过访谈法、资料查询法等方法调查当地环水保要求与条件。调查内容包括当地环水保方针、目标、保护范围、监督机构等。环水保调查中需要注意如下事项:

(1)施工现场的环境保护项目必须纳入工程项目的施工组织设计中,加强生产过程中废水、废气(烟)、施工扬尘、噪声(振动)、固体废弃物(渣)的排放控制,建立环保目标,实现达标排放。

(2)工程项目施工临时用地要节约土地,尽量不占耕地。施工过程中,要加强管理,减少对周围自然环境和社会环境的破坏和影响,防止水土流失,保护生态平衡。要特别注意居民密集区、水源保护区、风景游览区、自然保护区以及国家重点保护名胜古迹的环境保护。工程竣工后要尽量恢复、修复环境。

(3)施工机械设备选型要符合环境保护要求,首选低噪声、低振动、低排放的机械设备。

(4)合理利用资源、能源,推广清洁生产工艺,在生产的全过程控制污染。

(5)固体废弃物应分类收集、综合利用和无害化处理,不得随意堆放、弃置。有害固体废物的堆放、处理,应符合国家和当地相关法律法规和政策。

1.1.15 民俗宗教

通过访谈法、资料查询法等方法调查当地民俗宗教。调查内容包括民族分布、信仰分布、所信奉的动物、当地寺庙及民居等场所内应遵守的礼节、对衣着及行为有无特殊要求、与本地文化的差异表达等,调查过程中应充分尊重当地居民的隐私权,熟悉了解当地居民惯用的称呼、当地居民特定的象征符号意义等。

1.1.16 入户调查

通过访谈法、资料查询法等方法进行入户调查。调查内容以风险源为重点,特别是涉及施工线路下穿、侧穿构筑物、文物保护单位、军事区、老旧房屋时应入户调查,必要时对房屋结构情况开展详细调查并委托专业机构做安全鉴定。

1.1.17 弃渣场选址

通过观察法、访谈法、测量法等方法调查弃渣场选址。调查内容包括弃渣场区地形地貌、弃渣场区地质勘察资料、弃渣的来源、堆渣量等。弃渣场选址应根据弃渣场容量、占地类型与面积、弃渣运距及道路建设、弃渣组成及排放方式、防护整治工程量及弃渣场后期利用等情况,经综合分析后确定。

1.2 施工调查方法

为了充分掌握工程项目的客观情况,每一项工程开工前都必须进行周密的施工调查。TBM法隧道施工调查,经过多年的积淀和发展,其调查内容和方法已经有章可循。由于各地区的实际情况千差万别,施工调查的内容也有所不同,要充分利用多种施工调查方法。施工调查的方法主要包括观察法、访谈法、测量法、资料查询法、地质补勘法、人工探挖法、雷达检测法、管线探测仪法。

1.2.1 观察法

观察法是通过观看、跟踪和记录来汇集信息的调查方法,可以依靠调查人员在现场直接观看、跟踪和记录,也可以利用照相、摄像、录音等手段间接地从侧面观看、跟踪和记录。

1.2.2 访谈法

通过口头交谈等方式,向当地居民、村组、乡镇、县市及以上政府部门人员了解本项目相关信息。

1.2.3 测量法

通过实地测量、控制桩复测、相邻标段联测方式,了解掌握本项目相关信息。

1.2.4 资料查询法

通过查阅建设单位、设计单位、当地档案馆等相关部门以及附近类似工程的资料、文献,了解本项目相关信息。

1.2.5 地质补勘法

当详勘成果与实际地质条件存在较大差异,严重影响施工安全、进度等建设目标时,应及时开展地质补勘工作,进一步详细查明重点区域的水文地质、工程地质等状况,修正原地勘结果,并针对性地调整、优化 TBM 设备配置、施工方案、施工工艺等,为 TBM 正常施工奠定基础。

1.2.6 人工探挖法

人工探挖法主要适用于其他方法无法清晰、准确地探明埋深较浅的地下障碍物情况,以便探查并掌握危险源信息,如电力、天然气、电信、通信、供排水等管线。

1.2.7 雷达检测法

雷达检测法是通过对地下目标体及地质现象进行高频电磁波扫描来确定其结构形态及位置的地球物理探测方法,一般需满足目标体或者掩埋物与周围介质间存在着一定的物性差异。雷达检测法实质上是一种高频电磁波发射与接收技术,利用电磁波探测地层情况或地下障碍物等。

1.2.8 管线探测仪法

管线探测仪法是探查地下管线的主要方法,是以地下管线与周围介质的导电性及导磁性差异为主要物性前提。管线探测仪利用电磁感应原理探测金属管线、电/光缆以及一些带有金属标志线的非金属管线。

1.3 施工调查报告

施工调查之后撰写调查报告,可为后续合理编制施工组织设计和安排施工生产提供真实、完整的信息。施工调查报告编制内容如下:

(1)工程概况

介绍工程的基本情况。

(2)调查时间

说明施工调查的起止时间。

(3)调查地点

明确调查对象、具体地理位置及行政区域划分。

(4)参加人员

成立以分管领导为组长的施工调查小组,参加部门根据各单位的组织机构确定,应包含负责工程管理、安全管理、质量管理、TBM 技术管理、环保管理、水保管理、设备管理、物资管理的职能部门以及综合办公室等。

(5) 调查内容

具体内容见 1.1 节。

(6) 风险源识别

工程施工中的风险源主要分为施工自身风险和环境风险。施工自身风险是由于工程本身所处地质条件复杂、工法复杂、危险性高等原因造成的工程本身在施工过程中存在的潜在风险；环境风险是由于施工引起的水土流失、岩土变形、爆破振动、水土污染、噪声污染等原因造成对周边环境破坏的潜在风险。

为确保施工安全，必须全面辨识和分析施工范围内的风险源，并采取相应的措施，降低施工过程中潜在风险的危害性。为此，应建立完善的风险管理体系并制定详细的预防控制措施。

(7) 合理化建议与备选方案

结合调查内容，研究制定合理化建议，必要时研究制定备选方案。

1.4 工程案例

某复杂艰险山区 TBM 法隧道施工调查报告见二维码链接。

第 2 章
施工场地规划与布置

施工场地规划与布置是对施工组织设计中涉及的场地进行功能区域划分综合规划，合理布局施工生产和办公生活场地，并安排好水平方向和垂直方向的交通组织。合理规划设计施工平面布置是充分利用有限的场地做好施工各项工作的必要条件，不仅能为项目的顺利实施提供保障，进而实现项目高效、快速地推进，缩短工期，提高效益，同时达到安全文明绿色施工的目的。TBM 法隧道施工场地应结合具体工程建设环境与条件、总体施工方案、进度计划等因素进行合理规划。

本章主要介绍施工场地布置的原则与要求，并基于兰渝铁路西秦岭隧道 TBM 法隧道施工场地布置工程案例进行具体说明，可供 TBM 法隧道施工人员参考。

2.1 总体布置

1）总体布置基本原则

施工总体布置应满足"因地制宜，方便施工，集中设置，便于管理，规范有序"的要求。施工场地布置通常遵循以下原则：

（1）安全性原则

符合有关安全生产、劳动保护、防火、防洪等法律、法规和要求；针对本隧道施工环境制定切实、有效的安全措施，确保施工安全。

（2）实用性原则

现场布置规划设计尽量靠近施工工点，有条件时办公生活区与作业区保持适当距离，实用方便，不重复建设，确保各项设施的高效使用。

（3）合理性原则

施工场地尽量布置在既有道路附近，有利于机械设备、工程材料运输；尽量利用工程所在地既有资源和通信联系条件。场地布置以便于施工管理，便于劳力、机具设备和材料等调配，有利于减少施工干扰，有利于文明工地建设。

（4）环保性原则

施工场地选址、临时设施的规划应充分考虑环境保护要求。根据现场施工环境，结合当地环保部门要求,科学规划施工场地、施工道路等临时设施,尽量避开基本农田、集中居住区等生态环境敏感区域,尽可能减少施工对环境产生的不利影响。

(5)经济性原则

尽量缩减大型临时(以下简称"大临")设施规模和用地数量,充分利用工程所在区域红线用地(如果有),以减少临时用地。混凝土拌和站、混凝土构件预制厂、钢构件加工厂等满足工厂化集中生产的要求。

(6)永临结合原则

以满足工程建设需要为前提,以节约用地、节约投资、减少土地复垦、利于施工组织为原则,充分考虑永临结合进行场地布置。

2)场地布置

TBM法隧道施工场地布置应包含以下内容。

(1)办公及生活区

办公及生活区应与生产区、变电站以及其他危险源和噪声较大区域保持合理间距,并根据临建占地测算。宜采用防水阻燃彩钢及砖砌结构搭建办公楼、住宿楼以及食堂、洗浴室、卫生间等配套房屋。办公及生活区场地清理、平整碾压后硬化处理,并在周边布置排水沟,满足安全管理要求。项目部庭院式封闭管理,围墙采用钢结构或者砖砌结构,并在出入口设置值班室。院内道路及场地硬化宜采用水泥混凝土路面,并进行适当植草绿化,环境优美整洁。项目经理部办公及生活区设置如图3-2-1所示。

图3-2-1 项目经理部办公及生活区

项目部规划布置尽量遵循"办公与生活分离,集中办公"原则。办公区通常设会议室、接待室、经理办公室、副经理办公室、总工办公室、集中及单独办公室、建设单位办公室和监理办公室等,此外,财务室和档案室应单独布设。新购TBM需要结合现场技术服务需求合理预留外来技术服务人员的办公与生活用房。

(2)生产区

生产区选址应尽量靠近隧道洞口,便于施工管理。生产区包括拌和站、加工厂、变电站、供水泵站等生产设施。生产区布置应做到"衔接紧密、工序就近、生产与原材料就近",如混凝土拌和系统和管片预制厂应就近布置、钢筋加工厂和钢材存放区应就近布置。TBM组装场区需与施工期场地规划布置相结合,按施工阶段合理布设,综合利用。

（3）物资材料存放区

物资材料存放区选址应靠近洞口，并临近加工厂或维修厂，以便运输和倒运。物资材料存放区需存放施工用钢材等原材料，以及带式输送机、电缆、软风管等配套附属设施；布置应尽量做到"生产与原材料就近、防潮防晒"。存放区应采用钢结构棚搭建，并对物资材料做好防潮工作后，采用篷布遮挡，或搭建防雨棚。

（4）设备维修区

设备维修区应布置在洞口附近，靠近物资材料存放区，便于维修物料领用，保证维修的及时性。一般用于维护挖掘机、叉车、起重机、机车等设备。

（5）机械停放区

机械停放应区布置在洞口场地内，一般存放挖掘机、叉车、起重机等施工辅助设备，常用和备用机械分区划线，露天整齐停放即可。

（6）废料处置区

废料处置区应充分考虑工程和水文地质条件，相对生产和生活区较远布置，同时还需减小对周围生态环境造成影响。废料处置区主要包括临时弃渣场、污水处理中心等。

2.2 主要设施布置

主要设施布置按照生产区、生活区、办公区及其他设施布置。

2.2.1 生产区

1）TBM组装场地布置

根据组装位置，TBM组装场地可分为洞外组装场地和洞内组装场地，洞内组装场地布置详见本篇第4章。

TBM洞外组装场地宜设置在洞口，因地制宜确定场地规划与布置，前期用于TBM洞外组装，后期作为施工场地。

2）加工厂

加工厂布置在洞口生产加工区内，包括5个部分：钢筋加工厂、木材加工厂、钢结构加工厂、预制混凝土构件加工厂、砂石骨料加工厂。可根据场地生产计划统筹考虑，有条件的可以合并建设。分别说明如下：

（1）钢筋加工厂

钢筋加工厂因噪声和空气污染，应尽量远离办公生活区，外搭钢结构棚，内部布置初期支护材料加工设备，如锚杆加工设备、拱架加工机床、电焊机、钢筋切断机、小型起吊设备等。配备空气处理器和安全防火装置，地面为10cm厚C15混凝土地坪。物资整齐摆放，并留足运输通道和起吊物资空间，成品和半成品分区摆放、原材料存放区和加工区以方便施工为主，顺次布置。

（2）木材加工厂

木材加工厂因噪声和空气污染，应远离生活区，外搭钢结构棚，内部布置木工用工机具，主要用于加工二次衬砌需用的木模板等。地面为10cm厚C15混凝土地坪；物资整齐摆放，并留足运输通道和起吊物资空间,成品和半成品分区摆放、原材料存放区和加工区以方便施工为主,顺次布置。

(3) 钢结构加工厂

钢结构加工厂因噪声和空气污染,应远离生活区,外搭钢结构棚,内部布置小型起吊设备、车床、钻床、切割机、电焊机等设备,配备空气处理器和安全防火装置,地面一般为10cm厚C15混凝土地坪。物资整齐摆放,并留足运输通道和起吊物资空间,成品和半成品分区摆放、原材料存放区和加工区以方便施工为主,顺次布置。

(4) 混凝土构件预制厂

混凝土构件预制厂用于混凝土构件的生产、存放,应设置在拌和站附近或为其单独配置拌和站。建造时宜采用钢桁架结构,外敷保温板。按需配置桥式起重机、蒸汽锅炉、电焊机、钢筋弯曲机、钢筋截断机模具等,必要时可建生产线。具体参见本篇第3章。

(5) 砂石骨料加工厂

砂石骨料加工厂场地周边开挖排水沟,避免由于骨料的加工、生活污水的排放对环境造成污染。砂石骨料按各个施工工序所需生产,厂区地面应采用25cm厚的C25混凝土硬化。

3) 混凝土拌和站

混凝土拌和站需满足初期支护和永久支护衬砌混凝土供应需要,有时还需要为就近布置的构件预制场供应混凝土。在场地条件允许的情况下,拌和站位置靠近洞口,方便车辆进出以及物料倒运,否则需要考虑混凝土洞外倒运措施。拌和站附近还需设置与拌和系统配套的散装水泥存储罐以及带保温的储料仓。场内地面一般采用25cm厚C20混凝土硬化处理。拌和站需设消防及生产污水处理系统,周围安放围栏及警示牌,必要时拌和站要配备保温设施。拌和站采取集中布置方式,即供水、水泥存放区、粗骨料、细骨料存放区、锅炉房、试验室等均靠近拌和站。

(1) 骨料存放区

骨料存放区应布置在拌和站厂棚内部,防止骨料因外部条件影响配合比,料仓之间砌筑墙体分隔,高度与厂棚相匹配,并留足倒车和装卸空间,容积根据最大单日消耗量计算,并留足储备量。

(2) 拌和区及控制室

拌和区及控制室均应布置在拌和站厂棚内部,方便操作与控制,满足上料简单、拌和快速、检修保养方便等要求。

(3) 外加剂存放区

外加剂存放区原则上采用砖砌房屋,尽量靠近拌和机,库房内部采用水泥粉刷,地面采用C15混凝土硬化,然后利用方木或砖砌上搭木板,使外加剂存储离地30cm,外加剂存放应离四周墙体30cm以上,保证运输和装卸方便。

4) 试验室

试验室主要功能是进行项目施工原材料进场检验、岩石点荷载测试、混凝土配比等工程试验。试验室应近邻拌和站布置或在拌和站上设混凝土取样养护间,主要配置资料室、混凝土试验间、材料试验间、力学试验间、混凝土拌和间、养护间、岩石样本采集与存储间等。建筑面积根据需求确定,建筑材料采用防水阻燃彩钢、砖砌结构或混凝土框架结构,外敷保温板。

5) 供水泵站

TBM法隧道施工应设置供水泵站及供水管。供水系统通常采用变频调压供水系统,通过管路输送至各用水点。

6）变电所

变电所应设置在洞口附近，二次侧电压通常为 20kV 和 10kV，TBM 供电由 20kV 电源提供，其他生产及生活用电由 10kV 电源提供。

变电所内设置带自动发电功能的柴油发电机组，通过升压变压器接入 10kV 母线作为备用电源，备用电源为拌和站、生活、排水、照明等一类负荷提供应急电源。

7）材料存放场

材料存放场主要用于存放施工过程中木材、钢材、电缆、皮带、水管、风管等物资，考虑到材料运输和取用方便，宜靠近加工厂、维修厂布置，部分材料可露天堆放，但需做好防雨处理。

8）库房

TBM 法隧道施工用库房主要用于存储三大类物资：TBM 配件、五金工具、燃油。

(1) TBM 配件库

TBM 配件库主要存储 TBM 的常用零部件、易损件及 TBM 日常维护和修理的专用工具。TBM 配件仓库内设置电动葫芦，用于各种材料（如各种油料、速凝剂）、备件的装卸。TBM 配件仓库建筑面积根据需求确定，采用防水阻燃彩钢和砖砌结构。

(2) 五金工具库

五金工具库主要用于存储常用五金工具等。

(3) 燃油库（加油站）

燃油库主要存储内燃机车、自卸车、装载机等内燃机械设备的燃油。油料存储区应远离物资库布置，占地面积根据需求确定，油罐设置满足消防要求。油料库需设值班室，采用砖混或防火板材结构，油库周围需设有防火区和消防设施。

9）维修厂

维修厂主要包括 TBM 刀具维修车间、TBM 零部件维修车间、油样分析室、车辆维修车间。维修厂位置应尽量靠近洞口，以便运输，同时还应靠近物资材料存放区，及时取用备件，提高维修效率。

(1) TBM 刀具维修车间

主要用于 TBM 刀具维修、存放，可选择集装箱式车间，集装箱外部搭设保温棚或板房，配置检修台、空压机、电焊机、小型吊机、压力机、烤箱、运刀小车、清洗池、工具箱等。车间内部空间布局应分区规划、便于施工，并分别预留足够的存放新旧刀具空间。

(2) TBM 零部件维修车间

主要用于维修 TBM 上出现故障的设备并临时存储部分备件，可选择集装箱式整体结构，外部搭设保温棚，也可搭建板房。房屋内部空间布局应分区规划、便于施工，所有维修工器具应配置齐全，尽量靠近物资库房，便于领取物资。

(3) 油样分析室

主要用于 TBM 油样检测分析，可选择集装箱式整体结构或适用的其他房间，配置试验台和常用检测工具。

(4)车辆维修车间

主要用于有轨运输设备以及其他常用车辆的保养和维修。机车维修车间需布置维修线、维修地沟或者高架轨道,其选址要遵循以下原则:合理延伸运输轨道或设置岔线增加一股道作为维修线;要避免机车保养维修工作和列车编组运行发生干涉;在条件允许的情况下,车间选址靠近配件库。自卸车、平板车、装载机、挖掘机等常用设备维修厂布置要求与钻爆法施工无明显差异,应尽量远离洞口施工区域,加强污染物管控。

10)施工便道

施工便道应尽量利用既有道路,既有道路无法满足施工运输要求时,优先考虑对既有道路进行改扩建;无既有道路时,需新建临时运输便道。施工便道路面宜采用混凝土硬化。

11)临时渣场

临时渣场一般布设在连续带式输送机卸料端(有轨运输方式出渣时,为翻渣机下方),若施工场地受限,可在连续带式输送机卸料端布设转载带式输送机,将岩渣倒运至临时渣场,并规划有出渣设备空间。临时渣场存渣量可按式(3-2-1)计算。

$$Q = \partial \pi r^2 P_r U H \tag{3-2-1}$$

式中:∂——岩石松散系数(一般可取 1.45);

r——开挖半径(m);

P_r——平均掘进速率(m/h);

U——TBM 纯掘进时间利用率(%),一般可按 40% 考虑;

H——每天工作时间(h),一般可取 20h。

临时渣场总占地面积主要包括三部分,除上述存渣区域、装渣区域,以及自卸车停放区域(可与其他车辆停车场一并规划)。

12)污水处理中心

污水处理中心用于处理生产污水和生活污水,两者的处理方式不同。一般情况下污水经三级沉淀后引排至污水处理中心,经过处理达标后才可排放,部分处理后的污水可用于生产循环利用和场地降温除尘。污水处理中心应靠近沉淀池,占地面积及污水处理能力根据需求确定,采用防火板材或砖混结构搭建防护棚。

2.2.2 办公区

根据项目管理人员及部门的设置,配置相应的办公用房、会议室及其他配套设施。房屋机构根据实际情况选用活动板房或砖混结构等。

2.2.3 生活区

根据现场管理和作业人员数量规划房间数量,并配置相应的生活配套设施。房屋建筑结构可根据实际需求选用活动板房或砖混结构等。

2.3　场地布置工程案例

TBM 法隧道施工场地规划与布置工程案例见二维码链接。

第 3 章
预制构件生产

TBM 法隧道施工涉及的预制构件一般包括仰拱预制块(以下简称"仰拱块")和预制管片(以下简称"管片")。在实践中需结合工程施工要求、建设环境与条件等因素,确定生产规模,合理规划布置生产车间,严格遵守生产工艺,以确保预制构件生产质量,促进 TBM 顺利施工。本章从生产准备、生产工艺、质量管理三个方面系统说明仰拱块和管片生产的流程和质量管控要点,其中生产规模测算及其规划是预制构件的基础,工艺流程和质量管控是预制构件生产的重点。

3.1 TBM 法隧道施工预制构件

3.1.1 仰拱块

仰拱块是敞开式 TBM 施工隧道衬砌结构的一部分,施工期用作 TBM 后配套以及有轨运输列车编组运行轨道铺设的道床。仰拱块分为底部不设凹槽和设凹槽两种。底部不设凹槽仰拱块用于无钢拱架洞段,底部设凹槽仰拱块用于安设钢拱架的洞段,如图 3-3-1 所示。

图 3-3-1 仰拱块

3.1.2 管片

管片是护盾式 TBM 施工隧道衬砌结构主体，直接关系到隧道的质量和寿命。目前管片的类型主要有球墨铸铁管片、钢管片、复合式管片和钢筋混凝土管片，其中钢筋混凝土管片是最常用的管片形式（本章所称的管片如无特别说明均指钢筋混凝土管片）如图 3-3-2 所示。

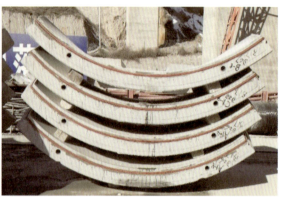

图 3-3-2 钢筋混凝土管片

3.2 预制构件生产准备

3.2.1 生产规模计算

仰拱块和管片是 TBM 法隧道施工过程中使用的重要构件之一，其生产规模规划直接影响施工生产。为保证 TBM 顺利施工，预制厂需提前建设并试生产。考虑预制构件龄期为 28d，其生产规模计算方法如下：

1）仰拱块生产规模计算

$$Q_{月} = \frac{X}{B} \tag{3-3-1}$$

式中：$Q_{月}$——仰拱块月生产规模（块）；

X——TBM 月平均进尺（m/月）；

B——仰拱块宽度（m）。

$$Q_{日} = \frac{Q_{月}}{D} \tag{3-3-2}$$

式中：$Q_{日}$——为仰拱块日生产规模（块）。

D——为每月施工天数（d）。

一般仰拱块预制厂设计生产能力为日生产规模的 1.5 倍，即 $1.5Q_{日}$。在实际仰拱块生产过程中，可以根据仰拱块生产的熟练程度、生产环境及产能要求对生产节奏进行调节。

2）管片生产规模计算

为了便于分析，本章除 TBM 月平均进尺和隧洞开挖断面直径用 X 和 d 表示以外，其余参数均参考某 TBM 隧道混凝土管片预制厂生产工效,以及相关的国家规范和标准。为了加快预制混凝土衬砌管片的安装,同时便于管片的生产和运输,一般将管片宽度设计为 1.8m。因此,本章在分析计算中,管片宽度取为 1.8m。如果将每环管片分成 7 块(6 个标准块和 1 个闭环嵌入块),则满足 TBM 掘进进度的管片月生产规模 $Q_月$ 可以用 TBM 月平均进尺 X 表示为:

$$Q_月 = \frac{7}{1.8}X \tag{3-3-3}$$

每月工作天数按 30d 算,则混凝土管片预制厂的日均生产规模为:

$$Q_日 = \frac{Q_月}{30} = \frac{7}{54}X \tag{3-3-4}$$

一般管片预制厂流水线设计生产能力为日生产规模的 1.5 倍,即 $1.5Q_日$。在实际管片生产过程中,可以根据掌握流水线生产的熟练程度、生产环境及产能要求对生产节奏进行调节。

3.2.2 主要设备配置

预制构件生产设备主要包括混凝土拌和设备、起重设备、钢筋生产设备、模具、养护设备及运输设备等,设备配置要求如下:

(1)混凝土拌和设备的生产能力根据实际需要确定;

(2)起重设备(门式起重机、桥式起重机、汽车起重机)的配置需满足钢筋原材的卸车、钢筋加工中的转运、钢筋骨架存放及入模、预制构件起吊等工序的需求;

(3)钢筋加工及焊接设备根据设计图纸提供的钢筋规格种类、弯钩和弯弧形式、日生产量等因素配备;

(4)模具数量根据日生产数量、循环周转时间、生产线工位总数量等因素确定;

(5)蒸汽锅炉根据生产时处于升温和恒温状态的预制构件数量、环境温度、设置的蒸养温度、混凝土配比等参数确定。

仰拱块预制厂主要设备配置见表 3-3-1。

兰渝铁路西秦岭隧道 XQLS2 标仰拱块预制主要机具设备表　　表 3-3-1

序号	设备名称	规格型号	单位	数量	备注
1	仰拱模具		套	17	
2	混凝土拌和站	HZS60	台	1	
3	蒸汽锅炉	2t	台	2	养护用
4	桥式起重机	16t	台	1	
5	门式起重机	16t	台	1	吊运、翻转仰拱块
6	装载机	ZL40B	台	1	上料
7	电动空压机		台	1	
8	温度控制台		台	1	
9	配电设备		套	2	
10	卷扬机	3t	台	2	牵引斗车
11	斗车	自加工	台	2	运输混凝土
12	插入式振动棒		个	6	
13	钢筋弯曲机	GW40	台	2	
14	钢筋切断机	GQ40B	台	2	

续上表

序号	设备名称	规格型号	单位	数量	备注
15	钢筋调直机	GT/10-20	台	2	
16	钢筋加工台座	自加工	台	3	
17	平板车	自加工	台	1	
18	检测设备及工具		套	1	
19	蒸汽养护罩		个	20	
20	电焊机	ZX7-500A	台	6	焊接钢筋笼

管片生产所需主要设备，见表3-3-2。

管片生产需要主要机械设备一览表　　　　表3-3-2

序号	设备名称	规格型号	单位	数量
1	管片生产流水线	1+4型	条	1
2	混凝土拌和站	HZN120	座	1
3	装载机	ZL50	台	1
4	蒸汽锅炉	4t(DZL2-1.25-AⅡ)	台	1
5	热水锅炉	4t(DZL2.8-0.7/95/70)	台	1
6	管片模具	内径5500mm,环宽1500mm	套	11
7	管片模具	内径5500mm,环宽1200mm	套	3
8	钢筋骨架焊接胎膜	1.5m宽	个	12
9	钢筋骨架焊接胎膜	1.2m宽	个	4
10	门式起重机	10t,34m跨度	台	3
11	桥式起重机	10/5t,25.5m跨度	台	5
12	桥式起重机	5t,25.5m跨度	台	2
13	汽车起重机	25t	台	1
14	真空吸盘	5t	台	2
15	空压机	HTA-120	台	1
16	全自动钢筋弯箍机	先锋WG12B-2	台	1
17	钢筋自动传送切断机	自制	台	1
18	弯圆机	5~12mm	台	1
19	钢筋弯弧机	Q-32	台	2
20	钢筋切断机	GQ50	台	1
21	CO_2气保焊机	NB500	台	13

3.2.3　场地规划与布置

预制厂由钢筋笼制作区、生产区、仰拱块或管片存放场、养护区、原材料堆放区锅炉等设备区组成。为便于施工，钢筋加工区、生产区、养护区、锅炉等设备区一般相邻布置，仰拱块或管片存放场可单独布置。各功能区规划布置应包括以下内容。

(1)钢筋笼制作区

钢筋笼制作区主要用于钢筋半成品加工、钢筋笼绑扎、钢筋笼焊接等工作。该区域在功能上应满足钢筋卸车、原材料堆放、钢筋放样、钢筋调直与切断、钢筋调弧弯曲、半成品钢筋分类堆存、钢筋笼绑扎、焊接及吊运等工序需求。钢筋半成品加工区面积主要受制于钢筋笼绑扎区的占地大小，一般钢筋加工区和钢筋笼绑扎区两者面积基本相同时,可避免由于场地原因对半成品钢筋加工生产带来影响。因此,确定钢筋笼绑扎区的面积后,才可确定整个钢筋笼制作区的面积。

(2)生产区

生产区主要承担模具清理、涂刷脱模剂、钢筋笼安设、预埋件安装、混凝土浇筑、蒸汽养护、脱模翻转等工序。生产区除了满足生产线两侧 2m 以上的间隔距离外,还需要满足钢筋笼吊装转运的交通需求(运输通道宽度不得低于钢筋笼长度)。同时,为了预防钢筋笼制作生产线出现故障,在生产区预留满足当日生产规模的钢筋笼存储场地。

(3)养护区

养护区可分为蒸养区和静养区。蒸养区主要是对新浇筑的预制构件进行蒸汽养护,加快混凝土硬化达到拆模吊运的设计强度,同时保证预制构件的硬化质量。静养区的主要功能是使预制构件从蒸养区拆模吊运出来之后在室内静养。预制构件静养 1 天之后,第二天再将静养完成的预制构件运往堆存区室外养护 28 天,因此该区域面积至少应满足预制厂 1 天正常生产量的堆存需求。

(4)预制构件室外养护存放场

预制构件室外养护存放场主要功能是使预制构件混凝土达到 28d 养护龄期,以及预防预制厂出现较大生产故障或受外部因素影响停产,导致 TBM 无法掘进。为了满足预制构件混凝土 28d 养护龄期以及预制构件 1 个月的备用之需,存放场占地面积应按不少于 2 个月产能规划。

(5)锅炉等设备区

锅炉等设备区主要有生活区宿舍、拌和站、空压机房、锅炉房、变压器房、厂房外预制块存放区、燃煤存放区等。附属设施建设位置依附于主功能区,使其与主功能区方便连接。

3.2.4 模具选型与安装

1)模具选型

模具选型需确定模具的结构、振捣形式、脱模形式、精度要求、使用寿命等要求。

(1)模具的基本结构形式

按生产模具可否移动分为移动式和固定式两种。移动式模具的特点具备钢筋笼就位,混凝土浇筑,蒸汽养护等功能,在固定模具移动到相应区域完成相应工序。还需要配置热源、供热系统、模具移动动力、平台、生产线、养护线联络设备和控温显示设备。固定式模具的特点是脱模及其之前的工序需要模具固定安装位置完成,需要配置养生罩、热源、供热系统、可移动浇筑平台(根据需要)、温度显示系统等。移动式模具投入较高,适用于产量、产能较大的工况;固定式模具投入较低。一般情况下仰拱预制块生产采用固定式模具,管片生产采用移动式模具。

(2)模具振捣形式

模具振捣形式可分为三种类型:人工插入式振捣、附着式整体振捣、整体振捣台振捣。振捣形式要与模具设计相匹配。

① 人工插入式振捣

人工插入式振捣为手动操作,将振捣棒插入到混凝土中振捣,使混凝土密实。人工插入式振捣对模具影响小,有利于长期保持模具生产精度,延长模具使用寿命。但人工插入式振捣的质量取决于人员的操作水平。人工插入式具有模具价格低、配套设施少等优点;缺点是劳动强度大、生产效率低、管片外观和内在质量不稳定,只适合于小批量预制构件生产的项目。人工插入式振捣模具如图 3-3-3 所示。

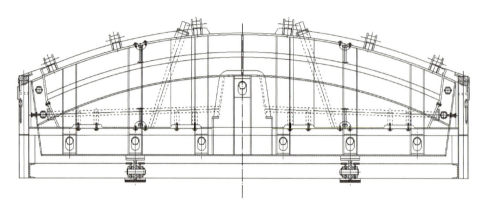

图 3-3-3　人工插入式振捣模具示意图

②附着式整体振捣

附着式整体振捣是把振捣器直接固定在模具的外表面,一般固定在底座弧面的外表面,振动通过钢结构件传递到混凝土,使之密实。附着式整体振捣的优点是生产效率较高、预制构件质量稳定;缺点是振动噪声大、对混凝土配合比要求高,模具钢材强度不足时容易变形,影响模具寿命。附着式整体振捣模具如图 3-3-4 所示。

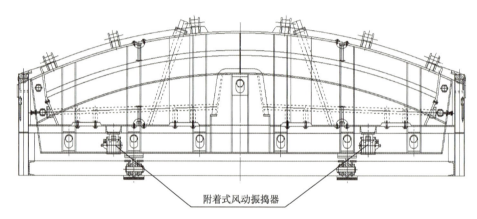

图 3-3-4　附着式振捣模具示意图

③整体振捣台

整体振捣台振捣是利用电动机驱动,配合变频器以实现模具程序化的变频变幅振动。因此,可根据混凝土浇筑的各阶段对振动的不同要求编制最适合的振动程序,实现按需的程序化振动。整体振捣台噪声小,振捣质量好,可节省劳动力,但对模具制造要求较高,因此模具成本也较大,模具在振动台的使用条件下,寿命较短。整体振捣台模具如图 3-3-5 所示。

(3)质量精度要求

生产模具需要满足高精度性、坚固耐久性、易于操作性三方面要求。钢模精度要求有钢模宽度,钢模高度,钢模内外径弧弦长,纵向环向芯棒中心距,纵向环向芯棒孔径 5 项检测指标。

(4)模具数量

统计各种规格预制构件的总数量,结合生产循环时间、生产线工位总数量等因素确定模具数量。考虑模具的修理和养护等

图 3-3-5　振动台振捣模具

因素,应合理备用一定数量的模具。

2)模具安装

以管片模具安装为例,其安装工艺流程如图3-3-6所示。

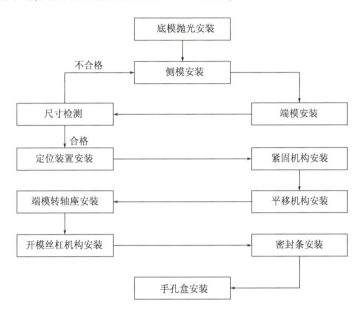

图3-3-6 管片模具安装工艺流程图

模具安装操作要点如下:

(1)底模抛光完毕后,分别将对应的侧模安装就位,侧模定位板需与底模定位板对平,用侧模左右调整工装将侧模中线与底模中线对齐,并用螺栓将侧模与底模固定。将环宽检具的尖点对齐底模的中线,检具两侧与侧模的间隙相等时可以继续装配;否则调整侧模与底模的紧固机构直至满足检具检验的要求。底模抛光施工如图3-3-7所示。

图3-3-7 底模抛光施工

(2)分别将对应的端模安装就位,利用端模上下调整工装将端模下方的平面与底模面板端面在模具型腔深度(即模具厚度)方向对齐;用端模左右调整工装将端模中线与底模中线对齐;用侧模、端模连接夹紧调整工装将侧模与端模固定。

(3)尺寸检测。

尺寸检测满足表3-3-3标准后,方可继续进行装配,否则将侧模、端模拆下研磨直至满足装配要求。

管片模具装配允许误差表　　　　　　表3-3-3

序号	检测项目	检测工具	允许误差(mm)
1	宽度	内径千分尺	±0.3
2	弧、弦长	钢卷尺、样板、塞尺	±0.4
3	边模夹角	样板、塞尺	≤0.2
4	对角线	钢卷尺、样板	±0.8
5	内腔高度	深度尺	±1.0

（4）依次将侧模底模定位装置、侧模端模定位装置、侧模底模紧固机构、侧模端模紧固机构分别安装，要求点焊；将平移机构焊接在底模底座和侧模支腿；将端模转轴座与底模焊接安装；将开模丝杠机构进行焊接。

（5）当所有部件点焊完成后，打开模具，依据上述的装配步骤，依次闭合端模、侧模，并分别检验相应的弦弧长、环宽、间隙等尺寸和装配要求，全部符合要求时可继续装配，否则要调整修磨模具直至合格。模具整修如图3-3-8所示。

图3-3-8　模具整修

（6）反复开合模具测试尺寸，满足要求后，将各个部件焊接完成，并复检。

（7）将模具型腔内外清理干净，安装底模、侧模、端模之间的密封条，复检各要求尺寸、间隙等。

（8）安装手孔盒，要配合手孔盒样板及高精度钢卷尺测量确定准确位置。

（9）手孔盒安装完成后，安装弯螺栓。

（10）注浆孔座用氩弧焊焊接在底模面板。

3.3　预制构件生产工艺

预制仰拱块和管片均为钢筋混凝土结构，两者的生产工艺基本相同，主要包含钢筋笼制作和预制构件制造成型两个步骤。

3.3.1　钢筋笼制作

1）工艺流程

钢筋笼制作工艺流程如图3-3-9所示，主要包括材料检验、钢筋翻样编制、钢筋断料、断料尺寸检验、钢筋弯曲成型、材料检验、焊接组装、养护处理、成品检验、标识及存储。

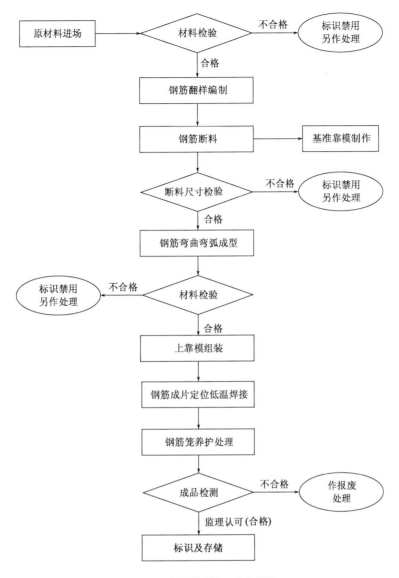

图 3-3-9 钢筋笼制作工艺流程图

2）操作要点

（1）钢筋断料、弯曲及弯弧成型之前需放样。根据下料单及样板图确定规格、下料长度、外形尺寸、下料数量,结合钢筋定尺长度排列钢筋下料组合,以保证在断料时下料准确,降低损耗。钢筋加工允许误差和检验方法见表3-3-4。

钢筋加工允许误差和检验方法　　　　表3-3-4

序号	检验项目	允许误差（mm）	检验工具	检验数量
1	主筋和构造筋长度	±10	钢卷尺	抽检比例不宜低于总产量1/3
2	主筋弯折点位置	±10		
3	箍筋外廓尺寸	±5		

（2）钢筋骨架采用CO_2保护焊机低温焊接,焊缝不得出现漏焊、咬肉、气孔、夹渣现象,焊接后及时清除氧化皮及焊渣。

（3）对成型的钢筋骨架进行质量检验,检测结果应符合相关规定（如《盾构法隧道施工及验收规范GB 50446—2017》）。主要检测项目包括主筋数量、外观、焊接和精度（公差）等,见表3-3-5。

钢筋骨架制作、安装允许误差和检验方法　　　　表 3-3-5

序号	检验项目		允许误差(mm)	检验工具	检查数量
1	钢筋骨架	长	-10 ~ +5	钢卷尺	按日生产量的3%抽检,每日抽检不少于3件,且每件的每个检验项目检查4点
		宽	-10 ~ +5		
		高	-10 ~ +5		
2	主筋	间距	±5		
		层距	±5		
3	箍筋间距		±10		
4	分布筋间距		±5		

(4)骨架焊接完成后吊入待检区检验,检验合格后吊入存放区存储待用。

3.3.2　预制构件制造

1)工艺流程

通常情况下,仰拱块生产采用固定模生产线,管片生产采用自动化生产线,两者生产工艺流程相似。现以管片生产为例,简述预制构件生产工艺流程。自动化生产线由控制系统、生产线、养护线、浇筑室、平移小车、浇筑系统和养护系统组成。整个生产流程由控制系统进行调节,通过 PLC 控制各个驱动电机,由驱动电机或者液压泵站完成相应工作。管片生产工艺流程如图 3-3-10 所示。

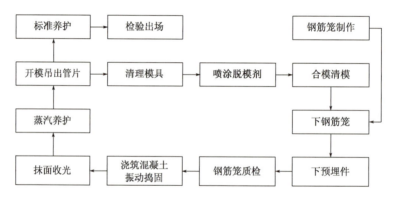

图 3-3-10　管片流水线生产工艺流程图

2)操作要点

(1)脱模

模具小车在脱模工位就位后,脱模人员开始管片脱模作业,依规定顺序用风动扳手拆卸模具侧模、端模固定螺栓;利用真空吊具将管片从模具中起吊,并摆放到指定的管片临时存储修补区。管片脱模如图 3-3-11 所示。

(2)清模及喷涂脱模剂

清理模具需彻底清理模具内侧各表面及各接缝处残留的混凝土块、混凝土浆,并用高压水吹净,特别是所有接缝处和密封胶条,必须保证清洁无夹渣。

喷涂脱模剂时首先应检查模具是否已经完全清理干净,如未清理干净,必须再次清理。模具内表面应均匀喷涂薄层脱模剂,模具夹角处不应漏涂,且无集聚、流淌现象。钢筋骨架和预埋件严禁接触脱模剂。喷涂脱模剂如图 3-3-12 所示。

图 3-3-11　管片脱模

图 3-3-12　喷涂脱模剂

(3) 钢筋笼入模

采用桥式起重机吊装钢筋笼,根据模具选择合适的钢筋笼,并在内弧面主筋上安放保护层支架。钢筋笼入模时起吊点宜在主筋和构造筋的交叉点,避免骨架钢筋错位。钢筋骨架就位时,从模具上方缓慢调整其位置,避免骨架撞击模具成型面。钢筋笼入模如图 3-3-13 所示。

图 3-3-13　钢筋笼入模

(4) 安装预埋件

按设计要求及施工工艺,装配好管片内的各种预埋件,确保牢靠、密贴、正确紧固,防止松动、漏浆。

(5) 隐蔽工程检查

管片预制的隐蔽工程检查主要是钢筋笼与预埋件,检查内容包括:纵向主筋的品种、规格、数量、位置等;箍筋、横向钢筋的品种、规格、数量、间距等;钢筋的连接方式、接头位置、接头数量、接头面积百分率、预埋件规格、数量、位置等。检查合格后,将两边的模具盖板闭合并将盖板的紧固螺栓拧紧到合适的扭矩。

(6) 混凝土浇筑、振捣

小车运输模具进入混凝土浇筑振动室,连接动力装置。模具小车被振动台托起,并与轨道分离,以防止振动能量通过钢轨传给其他模具。浇筑振捣工位上方的混凝土储料斗开出料口下料浇筑,同时开启振捣器。注意模具不得空振,混凝土边下料边振动,直到混凝土表面不再冒出气泡、不再显著下沉、表面泛浆。振捣结束后关闭气源,打开盖板,清理盖板上的混凝土,并涂隔离剂。

(7) 抹面

混凝土浇筑振捣后,根据气温情况,至少间隔 10min 方可拆除压板,开始管片外弧面抹面工序。先用刮板刮去多余混凝土,使管片弧面同钢模外弧保持和顺与平整,后用拉尺抹平压实,用钢抹子抹光。

间隔一定时间后,对管片外弧面进行第二次抹面。混凝土初凝前转动模芯棒,但严禁向外抽动;当混凝土初凝后再次转动模芯棒,2h 后将其拔出,严禁提前拔出模芯棒,以防止产生坍孔。

(8)模具外观清理

清理模具及弯芯棒,保持模具外观清洁,以延长模具使用寿命。

(9)自然养护

自然静置,弥补混凝土凝固时间不足,等待达到收面强度。

(10)收面

打开模具盖板,对混凝土表面进行最终处理,完工之后将管片送入蒸养室。

(11)蒸汽养护

蒸汽养护能提高混凝土脱模强度、缩短养护时间,加快模具周转提高管片预制效率。混凝土浇筑完成并经过 4 个工位的移动后,进入预热窑升温。为防止温度升过快造成混凝土膨胀、损害内部结构,升温速度不能超过 15℃/h。随着模具的移动,管片进入恒温区,最高温度为 60℃,恒温时间 4h,恒温时的相对湿度不应小于 90%。随后,管片模具进入降温区,降温速度不能超过 20℃/h,蒸养后管片温度与外界温差不得大于 20℃。采用温度监控系统控制蒸养阶段温度及湿度升降速度,并派专人监控升温、恒温、降温情况,以保证管片表面不出现温度裂缝。

蒸养完成后,脱模进入养护工序。

3)养护

脱模后需经 2 级养护,即水养和喷淋养护。存放时采用养护剂养护。

(1)水养及喷淋养护

水养即将管片放入水池中浸泡养护。养护时,应经常检查水温,防止水温过高或过低影响管片强度。在水池中养护 7 天后,吊起预制构件,经由翻转架翻转后,转运到喷淋养护区,喷淋养护 7 天。

管片内外温差、管片温度与水温度相差不宜超过 20℃。如不符合温差要求,需在车间内对管片采取降温措施,达到温差要求后再入水养护。水养池中水位高过管片顶面,确保管片全部浸泡在水中。管片喷淋养护如图 3-3-14 所示。

图 3-3-14　管片覆盖土工布喷淋养护

(2)养护剂养护

管片脱模后经翻转机翻转 90°,而后吊运至养护区域。采用专用的喷雾器全面喷涂养护剂,并从两个方面检查养护剂喷涂效果确保混凝土处于湿润状态:一是喷射范围要确保养护剂在管片外表面全覆盖,无漏喷;二是喷射覆膜厚度,要确保管片外表面任何部位的养护剂喷涂厚度不低于规定值,并力争养护剂喷涂均匀。

4)试验检测

(1)外观检测

外观质量不允许存在露筋、空洞、疏松、夹渣、有害裂缝、缺棱掉角、飞边等缺陷。当出现一般缺陷时,需采取技术措施处理。产品外观、尺寸偏差及其他质量要求应符合相关标准,如《盾构法隧道施工及验收规范》(GB 50446—2017)。管片产品外观检测标准见表3-3-6。

管片产品外观、尺寸允许偏差及其他质量要求　　　　　　表3-3-6

序号	项　目		允许误差/质量标准	备　注
1	外观质量		无空洞、蜂窝麻面、漏浆、硬伤掉角等缺陷	轻微缺陷可整修并规范养护后再检查
2	表面裂纹		不允许有可见的贯穿裂纹,不允许有深度超过密封槽且宽度>0.1mm的裂缝	—
3	外形尺寸	宽度	±1mm	用游标卡尺测量3点
		弧、弦长	±1mm	测3点,用钢卷尺测量
		厚度	-1mm ~ +3mm	测3点,用钢卷尺或游标卡尺测量
4	主筋保护层厚度		-3mm ~ +5mm,或设计要求	用钢卷尺或游标卡尺测量
5	螺栓孔位及孔径		±1.0mm	用钢卷尺测量全部孔
6	胶条粘贴		齐全完整、安装牢固	目测
7	施工原始记录、制造技术证明书		完整正确,签章齐全	检查

(2)管片三环拼装试验

随机抽取不同模具生产的3环管片在水平拼装试验台上混合拼装,检验其内外直径、环缝和纵缝宽度是否符合设计要求。正常生产期间,每生产1000环后随机抽取2~3环做一次水平拼装检验。管片三环拼装试验拼装如图3-3-15所示。拼装试验工作内容及步骤见表3-3-7。

图3-3-15　管片三环拼装试验

管片拼装试验工作内容及步骤　　　　　　表3-3-7

步骤	拼装内容	
1	拼装准备	选定平整混凝土地台,按隧道内径划线,作为拼装基准线。沿线预先安装螺杆式升降台座,并调整水平
2	拼装底部标准环	放置第一块标准块,用水平尺测量,使管片水平、直立

续上表

步骤	拼装内容	
3	拼装底部标准环	拼装第二块标准环,用水平尺测量调整水平、直立,穿入弧形螺杆,逐步紧固,使之与第一块贴合
4		拼装第三块
5		拼装左、右邻接块
6		插入封顶块
7		检查环间及纵向接缝及错位,调整升降台座及弧形螺栓,尽量减小缝宽及错位
8		用钢卷尺测量环内外直径,并通过钢管、千斤顶调整至最佳状态
9	拼装中间楔形环	将楔形环3块标准片之中间块吊放在第一环上,错位拼装,以弧形螺栓调整合格后紧固
10		拼装另2块标准块
11		拼装左、右邻接块
12		插入封顶块
13		检查环间及纵向接缝宽度、错位,并调整至最佳状态
14		用钢卷尺测量环内外直径,并通过钢管、千斤顶调整至最佳状态
15	拼装顶环标准环	工作内容及步骤,同底部标准环
16	检查	检查测量各螺栓与孔之间的间隙

管片三环拼装完成后,检测其质量,结果应满足相关规范、设计要求等,如《盾构法隧道施工及验收规范》(GB 50446—2017)。拼装试验检测项目及允许误差见表3-3-8。

管片三环拼装试验检测项目及允许误差表 表3-3-8

序号	项目	检测要求	检测方法	允许误差(mm)
1	环缝间隙	每环测6点	插片	2
2	纵缝间隙	每条缝测3点	插片	2
3	成环内径	测4条(不放衬垫)	用钢卷尺	±2.0
4	成环外径	测4条(不放衬垫)	用钢卷尺	-2~+6
5	纵向螺栓孔孔径及孔位	螺栓安装顺畅,螺栓与孔壁间隙合格	安装螺栓	±1.0

(3)检漏试验

预制构件成品应定期进行检漏试验。管片正式生产后,每生产1000环抽取1环做检漏试验。如检漏试验不达标,则随机选取2块复检,2块检测均合格,则视为当前批次合格。检漏装置如图3-3-16所示。

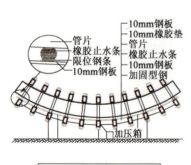

图 3-3-16 检漏装置

检漏试验需在管片达到28d强度后实施。渗漏检验前,首先应安装好渗漏检验装置,打开泄压孔,接通进水阀门注水,当泄压孔关闭后,启动水泵分级增压。具体检验步骤如下:

(1)按0.05MPa/min的加压速度,加压到0.2MPa,稳压10min,检查管片的渗漏情况,测量侧面渗透高度。

(2)按上述加压速度继续依次加压到0.4MPa、0.6MPa……,每级稳压时间10min,直至加压到设计抗渗压力,稳压2h,检查管片内弧面的渗漏情况,测量侧面渗透高度。

(3)加压至0.8MPa时,恒压3h,测量管片侧面渗水,如不超过管片厚度的1/5即为合格。

(4)稳压时,应保证水压稳定,水压回落应及时补压。

(5)检漏试验过程中,若密封垫不密实导致渗漏水时,则判定试验失败,重新试验。

管片混凝土强度、抗渗性能、抗弯性能、抗拔性能等,应满足相关设计及规范要求,如《盾构隧道管片质量检测技术标准》(CJJ/T 164—2011)、《预制混凝土衬砌管片》(GB/T 22082—2017)、《盾构法隧道工程施工及验收规范》(GB 50446—2017)。

5)存储及成品保护

管片室内养护结束,运往室外存储,并做好成品保护,以防意外损伤导致管片缺陷。需按型号及生产顺序堆码存放。存储场地面应坚实平整,管片堆放高度不超过5层,各层之间用方木垫好。

(1)管片存储

①存储场地应平整、坚实平整,排水通畅。

②管片按型号及生产顺序堆码存放,按生产时间逐环取用,遵循先进先出原则。

③管片存储须堆码整齐,无倾斜,印戳和型号清楚易见。

④管片存储时,底部及各层之间以木方等适宜材料支垫,并且支垫稳固牢靠,堆码高度不超过5层,构件间采用柔性垫条相隔,如图3-3-17所示。

图3-3-17 管片堆码

⑤管片采用侧面立放或内弧面向上堆码存放,底部用200mm×200mm方木支垫,中间层采用100mm×100mm方木支垫,所有垫木必须垫平、垫实,上下层垫木应在一条垂线上。管片存储码放如图3-3-18所示。

(2)成品保护

管片成品保护主要分为存储、吊装、运输3个阶段。

①存储:整齐堆码、可靠支垫,保持合理间距以防磕碰;场内设置排水沟,确保排水通畅,以防管片被淹。

②吊装：采用专用吊具或者吊带吊装，保证吊装安全，避免损伤管片；平稳起吊，以防管片晃动、脱落、磕碰；起重工、起重设备操作人员须具备相应能力且经培训取证。

③运输：装车时要可靠支垫，同一车装运2层及以上管片时，除底部外，各层之间亦需以方木等柔性材料支垫，且垫料垂向呈直线排列以利于运输中管片受力均衡；运输车上易碰撞位置应粘贴胶带，起到缓冲作用，减少管片在倒运过程中的磕碰。装车后及时以软绳带捆扎牢固，防止磕碰损坏棱角。

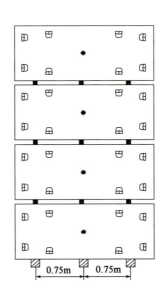 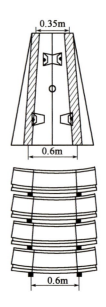

图 3-3-18 管片码放示意图

加强工人对成品保护意识的教育，制定明确的奖惩措施实行成品保护责任制，并由专人检查管片磕碰情况，责任到人，确保完好率在 95% 以上。

6）缺陷修补

如果预管片存在小范围缺陷，且主要强度不低于设计要求，修补合格可继续使用，以便在保证质量的前提下尽量减少浪费。管片缺陷修补要求，修补方法根据设计要求不同，存在差异。故无法全部介绍，此处提供一个示例供参考。

（1）修补工具及修补材料

①修补工具。

尖头灰匙、灰匙、平镗、灰斗桶、海绵、细砂纸、铁凳等。

②修补材料。

粘补剂、42.5R 二级白度白色硅酸盐水泥（白水泥）、P·O42.5R 普通硅酸盐水泥（普通水泥）、水、粒径 0~3mm 砂、粉煤灰。

（2）修补砂浆、水泥浆配合比

①修补水泥浆（修补轻微裂缝及不大于 2mm 气泡等）：白水泥 1.5kg、普通水泥 1kg、粘补剂 0.55kg、水 0.48kg、粉煤灰 0.5kg。

②修补砂浆（修补大于 2mm 气泡、气孔、蜂窝、飞边及缺角）：白水泥 0.26kg、普通水泥 1kg、粘补剂 0.41kg、细砂 168kg（过 0.63mm 筛）、水 0.381kg。

③用 302 混凝土界面处理剂配成胶液，再拌和水泥进行修补。302 界面剂甲组分：乙组分 = 1:3（体积比），修补材料配比：胶液:水泥 = 1:2（质量比）。

(3)修补程序与方法

①修补程序。

a. 管片到达存储场后,即可开始缺陷修补工作,并做好标记。

b. 由于管片在存储、运输过程中有可能由于磕碰等造成损伤,应定期/随时检查,有条件的及时修补并做好标记,损伤严重的按报废处理。

②修补方法。

a. 裂缝。

管片混凝土限裂设计要求裂缝宽度≤0.15mm。对于裂缝宽度≤0.2mm的裂缝,用粘补剂涂面封堵;裂缝宽度>0.2mm的裂缝,若已属贯穿性裂缝,应报废预制件,非贯穿性裂缝,经现场确认允许修补使用后,方可进行修补,否则按报废处理。

修复方法:凿一条宽2cm的槽,深度大于裂缝深度,用水冲洗干净后采用同标号的修补砂浆填补缺陷处,并及时洒水养护。

b. 小蜂窝、小气泡(用修补水泥浆)。

修补部位及相邻区域清理干净后,喷水湿润(要求吸水均匀饱和,无积水);用海绵粘取修补水泥浆在两侧均匀涂抹,直到把蜂窝、气泡填满抹平。要求修补面干后与管片颜色一致,修补后的蜂窝、气泡部位要与管片浑然一体,表面光滑平整。

c. 飞边、缺角(用修补砂浆)。

凿除缺陷部分松动的混凝土并清理干净,用水泥浆湿润修补部位,迅速用尖匙填补修补砂浆,用灰匙、平镘初步修饰成型,10~15min后检查修补砂浆与原有混凝土结合情况。如果结合紧密则再次用修补砂浆填满找平抹光滑,如有剥离或裂纹则需重新修补。修补后新旧混凝土应紧密结合,强度达到要求,颜色一致,平整光滑,表面没裂纹、无凹凸,用灰匙敲击修补部位不会发出裂纹脱落、剥离现象。

(4)修补质量要求

①当管片出现缺棱掉角、混凝土剥落及宽度0.1~0.2mm非贯穿性裂缝时,必须进行修补。缺陷修补严格执行批准的修补方案。

②修补材料的抗拉强度和抗压强度均不低于管片设计强度。

③严禁采用过期受潮的原材料,不合格的材料禁止用到施工现场。

④拌和砂浆必须严把计量关,精确计量,严禁采用体积比代替。各种材料计量允许误差为:砂±3%、水泥±1%、外加剂±1%、水±1%。

⑤砂浆配合比要注意色差调整,确保修补后砂浆的颜色与管片颜色一致。

⑥修补后的管片必须根据不同情况覆盖保护膜,或用湿麻布覆盖修补部位并洒水养护,养护时注意不得冲损、划花修补浆液。

⑦加强对临期混凝土的覆盖等保护措施,使其强度达到75%以上后方可转为自然养护,以弥合浆液补偿收缩功能。

3.4 预制构件质量控制

预制构件的质量直接关系到成洞后的隧道质量和使用寿命,以管片预制为例进行说明。

管片生产过程需要严格按照以下管理规程执行。

(1)管片正式生产前必须经过检验和试生产,主要包括模具加工装配精度检验、模具安装就位后的精度复检、试生产后的模具精度同实物精度对比检验及管片拼装精度的综合检测。各项检测指标均在标准的允许公差内,方可投入正常生产。

(2)模具使用过程中,按每天不少于一套的频次循环检测。制定模具维修保养规程,使用过程中,每日对模具例行保养;建立模具精度动态监控制度,实施卡片式管理,每周对全部模具进行一次全面检查。根据每日保养、每周全面检查以及管片出场精度检查反馈结果,及时对模具进行调整、更换零部件等维修工作。由于模具的磨损而不能保证允许误差时,需更换新模具。

(3)钢筋笼加工、混凝土拌和与灌注需按现行国家标准《预制混凝土衬砌管片》(GB/T 22082)、《预制混凝土衬砌管片生产工艺技术规程》(JC/T 2030)等执行。

(4)混凝土拌和站安装调试并经计量鉴定后投入使用,严格动态控制配合比。

(5)预制过程中同步制作混凝土试件,并按相关规范试验,判定管片混凝土质量。

第 4 章
辅助洞室及施工通道规划

辅助洞室和施工通道是 TBM 施工及其配套设备组装、步进、始发、检修、拆卸等工序的作业空间以及运输、出渣、供排水、通风、供电、通信、人员通行的通道，是 TBM 法隧道施工的必要条件。为了保证 TBM 顺利施工，需结合具体工程建设规模、建设条件、施工环境与施工需求等因素，统筹规划、合理布设辅助洞室和施工通道。

本章详细阐述了辅助洞室和施工通道类型、功能特点和设计要求，并提供了具体施工设计案例，可供建设、设计、施工单位以及相关管理和技术人员参考。

4.1 辅助洞室规划设计

辅助洞室是 TBM 掘进前装配、始发及掘进完成后接收、拆卸等工序的重要工作空间。合理的辅助洞室设计和布置不但能避免施工过程中所需空间不足，还能避免尺寸过大引起的施工成本增加。本节总结了主要辅助洞室的设计要求，并提供了部分辅助洞室设计案例。

4.1.1 辅助洞室功能与分类

辅助洞室依据不同功能可分为组装洞室、步进洞室、始发洞室、检修洞室、拆卸洞室等。分别说明如下：

（1）组装洞室

组装洞室（以下简称"组装洞"），是 TBM 洞内组装的作业空间，用以临时存放少量 TBM 部件并及时完成 TBM 拼装的工作场地。根据 TBM 组装区域不同可分为主机组装洞和后配套组装洞室，两者也可以共用一个组装洞室。通常情况下 TBM 主机与连接桥在主机组装洞室内组装，后配套台车在后配套组装洞室内组装。若两者共用一个洞室，待主机向前步进后，后配套台车在主机组装洞室内组装。组装洞室内需配置起重设备、工具间、备品备件临时存放等空间。

TBM 掘进时，组装洞室转变为施工材料中转站、列车编组调度站，也是连续带式输送机主驱动安装间，并为起重机、管线等其他设备设施提供安装和工作空间。

（2）步进洞室

步进洞室（以下简称"步进洞"），是布置在始发洞室和组装洞室之间的辅助洞室，同时也是主体隧道构筑物的一部分。TBM 组装后或施工区间转化时通过该洞室步进到始发洞室。在 TBM 开始掘进之前,步进洞室内需要安装必要的 TBM 法隧道施工配套设备(如带式输送机)。TBM 掘进初期,步进洞室主要用于临时容纳 TBM;TBM 正常掘进期间,步进洞内需要布置通风管、带式输送机、轨道、高压电缆、照明线路与灯具、通信线路、供水管路、排水通道等。步进洞室的空间通常较大,可作为部分材料存储空间、列车编组调度空间,也可以布置施工废水沉淀池。

(3)始发洞室

始发洞室(以下简称"始发洞"),有时称为"出发洞室",是为 TBM 开始掘进施工提供必要条件的辅助洞室。始发洞室能保证 TBM 以准确的位置、正确的姿态开始掘进。对于具有撑靴的敞开式和双护盾 TBM,始发洞室需要满足撑靴撑紧洞壁提供掘进反力的要求,步进机构(如果有)将在 TBM 始发后被拆除并临时在此存放。

(4)检修洞室

TBM 检修洞室(以下简称"检修洞"),专供 TBM 主机和大件拆卸、检修、安装所用。检修洞室除要考虑 TBM 检修必需的空间外,还要考虑下一段掘进施工的物料转运以及连续带式输送机主驱动、排水设施等的布置。

(5)拆卸洞室

拆卸洞室(以下简称"拆卸洞"),TBM 掘进完成后解体吊装外运的场所。拆卸洞施工比较繁杂,工期一般为 5 个月左右,甚至更长,应根据工程总体规划布设拆卸洞。TBM 法隧道施工若有钻爆法开挖接应,拆卸洞室钻爆法开挖、支护完成时间,与起重机设备安装时间之和,应与 TBM 掘进到达拆卸洞室日期基本相同或者提前;若无钻爆法开挖接应,需在 TBM 后部钻爆法开挖拆卸洞室,TBM 回退至拆卸洞室进行拆卸。

(6)掉头洞室

洞内空间相对狭小,往往无法满足组前期 TBM 部件、施工期钢轨钢管等物资与设备运输车辆掉头需求,因此应合理规划用于车辆掉头的洞室。

4.1.2 辅助洞室设计要求

1)TBM 组装洞室

洞内组装时,TBM 进场前需先采用钻爆法开挖组装洞室,并完成组装洞室的衬砌支护及底拱硬化工作。组装洞室采用拱顶直墙结构,主机区域硬化采用 C30 混凝土,厚度不小于 30cm。组装洞室配备满足刀盘、主驱动吊装所需的起重设备以及风、水、电等接口,以满足 TBM 组装需求。一般根据 TBM 组装方案进行组装洞室的整体结构布局规划,然后结合 TBM 设备、组装辅助设施参数以及后续施工过程中其他需求,确定组装洞室的细部参数。本节以先组装主机和连接桥,TBM 步进进入步进洞,再组装后配套的组装方案为例,介绍组装洞室的结构尺寸设计。

(1)组装洞长度 L

$$L = L_1 + L_2 + L_3 \tag{3-4-1}$$

式中:L_1——主机和连接桥总长度;

L_2——桥式起重机工作盲区;

L_3——余量(余量需满足主机结构件现场平面摆放组装,一般不小于 $0.5L_1$)。

(2)组装洞的宽度 B

$$B = 2C + D \tag{3-4-2}$$

式中:C——刀盘安装时,两侧安全距离;
D——TBM 刀盘直径。

(3)组装洞的高度 H

$$H = D + H_1 + H_2 \tag{3-4-3}$$

式中:D——TBM 刀盘直径;
H_1——桥式起重机吊钩至高位时,吊钩到洞顶的高度;
H_2——刀盘起吊最大高度。

2)TBM 步进洞室

(1)TBM 主机和后配套同洞室组装

TBM 主机和后配套在同一个洞室组装时,TBM 主机组装完成需要前移为后配套组装提供场地,为此需要在组装洞室前方设计一个步进洞室。步进洞室长度取决于主机和后配套的组装方案,即主机前移为后配套组装移出空间的长度,步进洞室宽度大于刀盘直径和人行道宽度之和即可。在 TBM 主机和后配套分别设计有组装场地的情况下可不设计步进洞室,TBM 组装调试完成直接步进至始发洞室进入始发状态。步进洞室主要尺寸计算如下:

①步进洞的长度 L

$$L = L_1 + L_2 + L_3 + L_4 \tag{3-4-4}$$

式中:L_1——TBM 整机长度;
L_2——连续带式输送机最小组装长度(如果有);
L_3——同步衬砌台车总长度(如果有);
L_4——组装洞室长度。

②步进洞的宽度 B

$$B = D + 2D_1 \tag{3-4-5}$$

式中:D——TBM 刀盘直径;
D_1——人行道宽度。

③步进洞的高度 H

$$H = D + H_1 \tag{3-4-6}$$

式中:D——TBM 刀盘直径;
H_1——余量,为保证 TBM 步进正常通行,一般取余量 30~45cm。

(2)隧道底板硬化

TBM 完成一阶段掘进施工后,需步进通过钻爆法施工洞段进行下一步掘进施工任务,并对隧道底板进行硬化处理。TBM 步进对硬化场地地面接地比压要求较高。为避免在步进的过程中出现地面接地比压不足,造成地面塌陷,在进行底板硬化施工时,重点对地面的强度进行控制。同时底板硬化施工时,表面平整度要求起伏差不应大于 10mm。该部分步进洞室尺寸计算方法与始发前步进洞室计算略有差别,其计算方法如下:

①步进洞的长度 L

$$L = L_1 \tag{3-4-7}$$

式中：L_1——为钻爆接应段长度。

②步进洞的宽度 B

$$B = D + 2D_1 \qquad (3\text{-}4\text{-}8)$$

式中：D——TBM 刀盘直径；

D_1——人行道宽度。

③步进洞的高度 H

$$H = D + H_1 \qquad (3\text{-}4\text{-}9)$$

式中：D——TBM 刀盘直径；

H_1——余量，为保证 TBM 步进正常通行，一般取余量 $30\sim45\text{cm}$。

3）TBM 始发洞室

始发洞室是在 TBM 完成现场组装或在转场完成检修后，使其具备正常掘进条件而设置的。这些条件主要是通过撑靴撑紧洞壁，为 TBM 掘进提供足够的推力和扭矩，同时为 TBM 的姿态和方位控制提供满足掘进要求的初始条件。当 TBM 的水平支撑进入始发洞后，将水平支撑在始发洞室加固好的洞壁上，采用正常的行走和换步方式，前行至掘进位置。始发洞室尺寸计算如下：

（1）始发洞的长度 L

$$L = L_1 + L_2 \qquad (3\text{-}4\text{-}10)$$

式中：L_1——刀盘前端面至撑靴后端面的长度；

L_2——撑靴后方的安全距离，通常不小于 5m，以防始发掘进时，撑靴撑紧洞壁导致始发洞室尾部侧墙混凝土碎裂垮塌。

（2）始发洞室的宽度 B

$$B = D + 2D_1 \qquad (3\text{-}4\text{-}11)$$

式中：D——TBM 刀盘直径；

D_1——余量，根据撑靴液压缸伸缩直径确认，一般余量取 $20\sim30\text{cm}$。

（3）始发洞室的高度 H

$$H = D + H_1 \qquad (3\text{-}4\text{-}12)$$

式中：D——TBM 刀盘直径；

H_1——余量，为保证 TBM 顺利步进至掌子面，一般余量取 $20\sim30\text{cm}$。

始发洞室设计为圆形断面时，其直径按式（3-4-11）计算。

4）TBM 检修洞室

TBM 检修洞室专供 TBM 主机和大件拆卸、检修、安装所用。TBM 检修洞室除要考虑 TBM 检修必需的空间外，还要考虑下一段掘进施工的物料转运以及连续带式输送机主驱动、排水设施等的布置。在 TBM 转场中，是否要设置 TBM 检修洞室，可根据 TBM 运行、检测、评估情况而定。

5）TBM 拆卸洞室

拆卸洞室必须有足够的空间和结构强度，以保证安装起重机及 TBM 部件拆卸放置及运输，起重机走行轨基础要有可靠的承载能力，以确保安全稳妥地吊装 TBM 大件。

一般根据 TBM 拆卸方案规划拆卸洞的整体结构布局和尺寸，然后结合 TBM 设备、拆卸辅助设施参数以及拆卸的其他需求，确定拆卸洞的细部结构与尺寸。本节以先拆卸主机，拖拉连接桥、后配套进入拆卸洞室,再拆卸后配套的拆卸方案为例,介绍拆卸洞的结构尺寸设计。

(1)拆卸洞室最小长度 L

$$L = L_1 + L_2 + L_3 \tag{3-4-13}$$

式中:L_1——主机长度;

L_2——桥式起重机工作盲区;

L_3——余量,需满足主机结构件平面摆放和组装,一般余量不小于 $L_1/2$。

(2)拆卸洞的宽度 B

$$B = 2C + D \tag{3-4-14}$$

式中:C——刀盘安装时,两侧安全距离;

D——TBM 刀盘直径。

(3)拆卸洞的高度

$$H = D + H_1 + H_2 \tag{3-4-15}$$

式中:D——TBM 刀盘直径;

H_1——起重设备吊钩至高位时,吊钩到洞顶的高度;

H_2——刀盘起吊最大高度。

6)掉头洞室

掉头洞室的设计需要考虑主支洞布置形式,再具体确定其长度、断面及坡度与高程。设计时需满足如下设计要求。

(1)位置:主支洞呈"T"形布置时,掉头洞室宜布置在主支洞交叉口正对支洞处,以便于车辆掉头驾驶操作;主支洞呈"干"形、"开"形布置时,洞室布置已经具备了车辆掉头条件,但需要结合车辆转弯半径合理规划洞门扩大;主支洞或者两主洞呈"Y"形布置时,如果洞内设组装洞室,则掉头洞室宜设置在组装洞附近,如果没有组装洞,则无须掉头洞室,有轨运输延伸至洞外。

(2)长度:掉头洞室长度需要根据计划采用的运输车辆长度、转弯半径、运输物资与设备尺寸等因素,结合正洞宽度等因素,计算模拟后综合确定。

(3)断面:综合考虑运输车辆的限界尺寸、安全间距确定掉头洞室净空尺寸,安全间距不小于50cm。

(4)高程与坡度:掉头洞室洞口底板高程与正洞保持一致,以便于车辆进出;为了避免积水,掉头洞室宜设计为内高外低,坡度约为1.5%。

(5)掉头洞室内不宜放置其他设备、物资。

4.1.3 辅助洞室设计案例

辽西北供水工程某标段辅助洞室设计案例见二维码链接。

4.2 施工通道规划设计

施工通道是 TBM 法隧道施工的运输通道,也是出渣、供排水、通风、供电以及人员通行的通道。合理的施工通道规划设计是提高 TBM 法隧道施工效率,保障施工顺利与安全的先决条件。本节简要介绍 TBM 法隧道施工通道的功能与设计要求,并辅以案例供读者参考。

为了便于阐述,结合通常工况条件,本节主要介绍最大坡度不超过 10% 的施工支洞,并统称为"施工支洞"。

4.2.1 施工通道功能与分类

1)施工通道功能

(1)运输功能

施工通道需要实现前期洞内钻爆法施工运输,洞内辅助设施设备运输,TBM 部件运输,TBM 法隧道施工物料、人员及渣土等运输功能。

(2)供排水功能

施工通道是施工期供水、排水的主要通道,甚至是唯一通道;具备其自身废水汇集排放功能,施工坡度较大时需要配置多级供排水装置。

(3)通风排污功能

施工通道是施工通风的主要甚至唯一通道,需要合理配置,将新鲜空气送至工作面,并排出污风,为施工生产提供必要的空气环境。

(4)供电功能

施工通道需为洞内施工供电提供线缆铺设条件。

(5)地质综合测试功能

准确查明工程地质和水文地质条件,预测、预报地质灾害的类型、分布和规模等,并且可取得为 TBM 法隧道施工服务的岩石硬度、岩石耐磨性及岩石裂隙系数等特殊参数和指标。

(6)导线测量

施工通道与正洞之间形成闭合测量导线网,有利于提高测量精度。

(7)其他功能

施工通道还需提供洞内外通信线缆敷设、必要通信设备安装条件,洞内照明安装条件。

2)施工通道分类

TBM 法隧道施工通道分为两种:一是直接利用隧道正洞,由进口或者出口进出隧道;二是不具备条件直接以隧道出入口作为施工通道时,需要设置施工支洞或平导。根据地形地貌以及主支洞位置关系,施工支洞的纵断面可以是水平、倾斜甚至垂直的。根据坡度不同,铁路行业通常称之为横洞、斜井、竖井,水利水电行业称之为平支洞、缓斜井、斜井、竖井。以平行导坑、大坡度施工支洞作为 TBM 法隧道施工通道应用较少,以竖井作为 TBM 法隧道施工通道大多用于城市地铁等埋深相对较小的工况。

4.2.2 施工通道设计要求

1）平行导洞设计要求

(1) 坡度及功能设计

平行导洞简称为平导，宜设在出渣运输方便的一侧，对于预留第二线的隧道，应设在二线位置上。平导与隧道正洞间的净距一般结合洞径地质条件、功能需求等因素确定，一般为15~20m。为便于施工，平导的纵向坡度常与隧道平导纵坡坡度一致，为保持排水通畅性，纵坡坡度一般不小于3‰。对于富水隧道，平导可作为施工期应对涌突水等突发情况的应急排水通道，运营期间可降低正洞隧道周边水压力，防止正洞排水不畅造成隧道衬砌结构破坏或发生突水导致行车中断等。因此，平导坑底高程一般应低于正洞底面高程[《铁路隧道设计规范》(TB 10003—2016)规定宜低于隧道水沟底面不少于1.2m]，平导内需设置排水沟，其过水断面应根据施工及运营期间排水要求统筹考虑。

(2) 模式设计

①"Y"形模式

很多工程需要建设2座平行布置的隧道，当在洞口区域两座隧道合并为一座隧道时，需要采用"Y"形模式，如大瑞铁路高黎贡山隧道出口段。如图3-4-1所示，全长34.5km的高黎贡山隧道由怒江特大桥分左右线进入，平行布置，在距离隧道出口约500m处合并为大断面隧道，以利于车站布置。该隧道出口段正洞和平导分别以直径9.6m、6m的敞开式TBM施工为主，由出口洞外组装后步进到掌子面开始同向掘进施工，所有工序都需要以出口段的隧道作为通道。

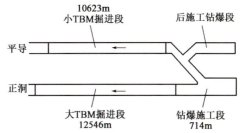

图3-4-1　高黎贡山隧道施工通道"Y"形模式示意图

两台TBM以同一隧道洞口进入组装洞室或者始发洞室，分左右线同向掘进施工，并且大部分相关工序都以上述同一洞口作为通道，称为"Y"形模式。

②"干"形模式

两台TBM分别施工并行隧道，且分阶段施工，中间支洞作为两台TBM第二阶段(或以上)施工的共同通道，该类工况称为"干"形布置。例如，全长28.23km的兰渝铁路西秦岭隧道出口段左右线分别采用1台TBM施工，距离洞口约10km处设有罗家理斜井，如图3-4-2所示。TBM法隧道施工分为两个阶段，第一阶段TBM在洞口场地组装调试后步进到掌子面开始掘进，到达罗家理斜井后开始第二阶段施工，TBM第二阶段施工时以罗家理斜井作为施工通道。

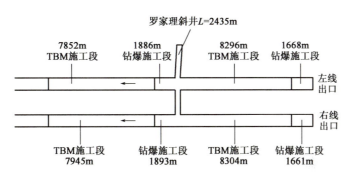

图3-4-2　西秦岭隧道施工通道"干"形布置示意图

③"开"形模式

两台 TBM 利用同一支洞同向或者背向施工左右线隧道,为了减少干扰、提高工效,将设计 2 座并行的施工支洞,称之为"开"形布置,如图 3-4-3 所示。

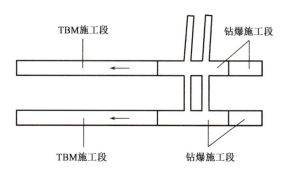

图 3-4-3　TBM 法隧道施工通道"开"形布置示意图

2）斜井设计要求

(1) 坡度及功能设计

①条件允许、洞长对总体投资影响较小时尽量减小斜井纵坡,最大坡度最好不高于 2.5%,以便有轨运输列车在洞外装车后正常运行至洞内并抵达 TBM 工作区域。否则需要无轨运输至洞内再转换为有轨运输方式,影响施工效率。

②斜井内应参照相关规范合理设置平坡段或者缓坡段,以利于运输安全。

③综合考虑设备设施安装、安全间距、运输通道等因素,确定斜井净宽。通常情况下带式输送机出渣系统以支架安装在洞壁或以吊链悬挂在洞顶,带式输送机应合理提高安装高度,与洞壁间距不小于 30cm;供排水管路宜铺设在带式输送机下方,以托架上下布置;高压电缆、照明、通信线缆等宜布置在带式输送机对侧,竖向排布;中间布置运输通道,无轨运输按双车道(上行与下行分离)规划,有轨运输布置四轨双线制轨道,列车编组与其他设备设施安全间距不小于 30cm,无轨运输车辆运行安全间距不小于 50cm,兼顾施工期最宽部件(如软风管存储筒)运输、人员躲避等要求。确实不具备双车道通行条件,则需间隔设置扩大洞室,供某个方向的车辆临时停靠,为另一方向车辆正常通行创造条件,称之为错车洞,错车洞应布置在带式输送机对侧。

④如果支洞较短(不大于 500m),可以不强制要求无轨运输双车道布置。

a. 重点考虑通风软管尺寸与安装位置、运输线路规划及限界尺寸,确定支洞净高。通风软管到洞顶(或洞壁)间距不小于 20cm;停风软管下垂时最低点与运输限界最高点的间距不小于 20cm;缓坡段或者平坡段风管悬挂应顺直,风管与运输限界的间距仍需满足上述要求。

b. 支洞带式输送机配置辅助驱动系统时,应合理规划扩大洞室,满足带式输送机顺直布置要求;同时规划辅助驱动专用的变压器洞室。

c. 根据排水规划,应合理布置梯级排水泵站专用洞室,宜布置在支洞带式输送机同侧;集水仓容积满足设计要求,断面满足水泵拆装、变压器安装、控制柜安装要求,并合理考虑电气设备安装高度,避免水淹。

(2) 模式设计

①"L"形模式

TBM 通过支洞进入主洞组装,1 个施工通道只为 1 台 TBM 服务,称为"L"形布置。如图 3-4-4 所示。

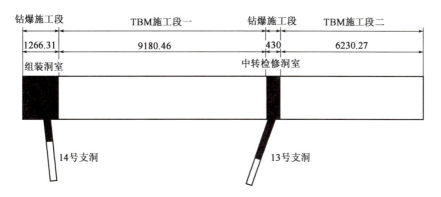

图 3-4-4 TBM 法隧道施工通道"L"形布置示意图(尺寸单位:m)

②"T"形模式

两台 TBM 背向掘进,同时施工同一隧道的不同区段,共用同一支洞作为施工通道,称之为"T"形布置,如图 3-4-5 所示。

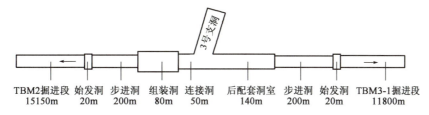

图 3-4-5 TBM 法隧道施工通道"T"形布置示意图

4.2.3 施工通道规划设计案例

辽西北供水工程施工通道规划设计案例见二维码链接。

第 5 章
洞内断面布置

TBM 开挖支护后的隧道,承担了全部物流、客流、气流、水流、能量流、信息流服务,隧道内需要布置的设备与设施较多,为了确保洞内运输顺畅,保证施工进度、安全性、质量以及降低施工成本,应结合具体工程建设环境与条件,合理规划布置洞内断面基础设施(洞内出渣运输、供排水、通风供电等设备)。尤其是当隧道洞径较小时,洞内布置的重要性愈发突出,其难度也更大。

本章总结洞内断面布置的原则与要求,主要介绍通风、供排水、轨线运输、带式输送机系统等对洞内断面布置的影响及相应施工措施,同时提供洞内断面布置工程案例,可供隧道设计、施工人员参考。

5.1 洞内断面布置原则与影响因素

5.1.1 洞内断面布置原则

TBM 法隧道施工洞内布置遵循"集中规划、规范有序、方便施工、便于管理"的原则,科学筹划、合理布置,充分利用洞内有限的空间,满足施工需要,为 TBM 施工提供便利。具体要求如下:

(1)安全性

综合考虑设备设施安装、安全间距、运输通道等因素,确保人员与设备安全,兼顾施工期最宽部件(如软风管存储筒)运输、人员躲避等要求,有条件的尽量实现人车分流。

(2)通畅性

TBM 法隧道施工洞内人行道路、运输轨道、水电风等布置应顺直通畅、规范有序、条理清晰,保证各系统顺畅运行。

(3)洞内空间利用充分

TBM 法隧道施工支护后隧道断面通常较为狭小,辅助配套设施较多,洞内布置难度较大,需充分利用洞内空间,为施工提供便利,对于小断面 TBM 尤为突出。例如,受隧道开挖断面限制,只能布设单线轨道,在隧道合适位置需设会车平台或道岔,减轻运输压力。

(4)功能配置完备性

TBM法隧道施工隧道除配置通风软管、出渣系统、运输线路以及风、水、电常规设备设施,还需配置集水沉淀池、掉头洞室以及变压器存储洞室等设施,以满足施工需求。

(5)可靠性

洞内设备与设施布置需长期可靠,否则会影响TBM法隧道施工进度,甚至影响施工安全。例如,钢轨铺设基础应坚实稳定,特别是采用钢枕时必须具有合理的刚度与强度。皮带和通风软管安装吊点或支点需牢靠,特别是复杂地质洞段需要采取适宜的加固措施。

(6)便捷性

洞内应注重施工期作业的便捷性,规范布置,全面考虑施工期沿途可能存在的施工工序与施工内容,便于TBM辅助设备设施维护、调整、维修,如轨道巡检、带式输送机巡查与检修、通风管修补、洞底清淤等。

5.1.2 洞内断面布置影响因素

1)通风系统

通风系统是为隧道内作业人员提供足够的新鲜空气,排出有害气体和粉尘,降低TBM段作业区空气温度,改善施工环境,保障施工人员身体健康,加快施工速度的重要辅助系统。通风系统的布置直接影响隧道断面布置。

(1)长距离施工供风

长距离施工供风在方案设计、设备配置等方面难度较大,除采用欧美进口大功率节能风机、重型风管外,还需根据施工长度、施工洞径大小以及风量要求等,选配大直径通风软管或两条小直径通风软管,以满足洞内通风需求。

(2)洞内取风

主副支洞贯通后,洞内通风形成对流,新鲜空气质量满足施工需求时,可从洞内取风为施工工作面供风。根据施工洞径及配套设备设施,合理规划施工断面,布设风机及通风软管位置。

2)轨线运输系统

众所周知,物流在社会生产中至关重要,TBM法隧道施工过程中,物流同样占据非常重要的地位。根据洞径大小与运输强度,确定轨道布置方案以及道岔、会车平台结构形式及间距。一般洞内行车线路铺设四轨双线或四轨三线,每隔约4km安装一组交叉渡线道岔。若不具备三线或者双线运输条件,只能布设单线轨道,则每隔约5km设置一处会车平台,用于洞内列车编组错车。若条件允许,可在TBM后配套尾部配置加利福尼亚道岔,跟随TBM掘进向前移动,减轻运输压力。道岔、会车平台间距应根据运输距离、运输强度、列车编组运行速度等因素综合确定。

3)施工用电及洞壁照明系统布置

洞壁照明系统采用380/220V三相五线制,电源由洞外10kV变压器供给。尾随TBM后配套工作平台架设,采用防水与绝缘性能良好的优质绝缘导线整齐排列,照明灯具平均布置于三相电源线,确保三相负载平衡。根据施工长度及供电负载,在合适洞段安装自动升压有载调压变压器,避免压降过大影响洞壁照明正常工作。

4）供排水系统

TBM 在隧道施工中的用水量比较大，并且刀盘喷水、设备冲洗用水均为开式循环系统。洞内岩体出水以及 TBM 设备排放的废水，共同组成施工废水，需要排至洞外并合理处置。合理规划供排水系统，才能保证设备人员安全及正常施工。连续长距离施工及逆坡供排水，单泵供排水不能满足施工需求，需根据距离、坡度、水量等布置增加接力泵站，布设大管径管路。

5）连续带式输送机

连续带式输送机出渣，具有出渣效率高、设备投入少、施工干扰小、环保性能好，维护成本低等显著优势。是在长距离隧道 TBM 施工中可供选择的 3 种洞内出渣方式（有轨运输、连续带式输送机输送、无轨运输）中最经济、便捷、高效的方式，现已被众多 TBM 工程广泛应用。

连续带式输送机安装方式通常分为吊链式和支架式两种形式，可根据不同断面需求选择不同的布设形式。出渣运输距离较长（10km 以上）时，为了控制胶带张力并保证连续带式输送机的驱动能力，除头部主驱动外，还要配置尾部驱动、中间配置辅助驱动。辅助驱动一般占用断面空间较大，需综合考虑通风软管、运输轨线等因素，合理规划施工断面，预留安装空间。

6）复杂地质条件

TBM 在遇复杂地质洞段施工时，若洞壁及掌子面渗水量较大，岩渣随渗水及涌水排出，淤积在 TBM 设备区域及已开挖区域轨枕下方，不断抬高排水平面，甚至淹没轨道，需要经常清淤。为保证列车行驶安全，必要时在 TBM 后方适当位置布设排水沉淀池和多级过滤装置，积水经初步处理后，继续向洞外排放。

7）同步衬砌洞段管线穿行

敞开式 TBM 同步衬砌施工技术，是在确保 TBM 正常掘进的前提下，同步施作仰拱及边顶拱浇筑混凝土衬砌。应合理制定 TBM 掘进与衬砌同步施工总体方案，科学布置洞内施工断面，确保 TBM 法隧道施工的通风、供水、排水、供电、连续带式输送机出渣作业不能中断，解决 TBM 掘进与二次衬砌施工相互干扰的矛盾。

5.2　洞内断面布置计算方法

洞内断面布置计算方法需分析 TBM 与机车轨面是否在同一水平面，不同轨面形式的断面布置方法会有差异。本节分别介绍两种轨面分布形式的计算方法。

5.2.1　TBM 与机车钢轨共面

当 TBM 与机车运行轨道在同一水平面（钢轨共面）时，其结构尺寸如图 3-5-1 所示，在计算时需考虑如下两种情况：

（1）机车轨距为 90cm，当连续带式输送机托架至洞壁距离 $L_2 < 50$cm 时，宜布置单线运输系统，连续带式输送机布设形式参见本章 5.2.2 节 TBM 与机车钢轨不共面的计算方法。

（2）机车轨距为 90cm，当 $L_2 \geqslant 50$cm 时，可根据实际施工情况布置四轨双线或四轨三线制运输系统，断面布置示意如图 3-5-1 所示。

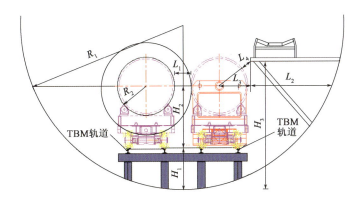

图 3-5-1　台车与机车钢轨共面示意图

1）连续带式输送机布设计算

连续带式输送机自后配套延伸高度及水平位置已确定，即 H_4 和 L_4 已知。轨枕高度及运输车辆尺寸可查知，即 H_1、H_2、R_2 已知。连续带式输送机布置计算如下：

$$L_3 = \sqrt{R_1^2 - (R_1 - H_1 - H_2)^2} - R_2 - L_2 - \frac{L_1}{2} \tag{3-5-1}$$

$$L_4 = \sqrt{L_3^2 + (H_3 - H_1 - H_2)^2} - R_2 \tag{3-5-2}$$

式中：R_1——隧道开挖半径；

R_2——混凝土搅拌运输车运输半径；

H_1——轨面高度；

H_2——轨面至运输货物中心高度；

H_3——连续带式输送机托架下边缘距隧道底部高度；

L_1——运输车辆安全间距；

L_2——连续带式输送机托架至洞壁距离（运输货物中心高度平面）；

L_3——连续带式输送机托架至运输车辆（右侧）中心距离；

L_4——运输车辆与连续带式输送机安全间距。

连续带式输送机采用支架式布置时运输车辆与连续带式输送机安全间距 L_4 应大于30cm，若 L_4 小于30cm，连续带式输送机宜采用吊链式布置，适量提高连续带式输送机高度，加大安全距离，确保设备运行安全。TBM法隧道施工运输大尺寸物料（如软风管储存筒）时，优先行走远离连续带式输送机的轨线。

2）双线适用条件计算

一般每列编组列车运送2个掘进循环的施工材料，每列车的运行循环时间计算如下：

$$t_3 = \frac{L}{X} \times 60 + \frac{L}{Y} \times 60 + t_1 \tag{3-5-3}$$

$$Q = \frac{t_3}{t_2} \tag{3-5-4}$$

$$Q_1 = \frac{Q}{2} \tag{3-5-5}$$

式中：L——运距（含洞外轨线）（km）；

X——列车重载进洞平均时速（km/h）；

Y——列车轻载出洞平均时速（km/h）；

t_1——洞外装车及调度时间（min）；

t_2——TBM 单循环掘进时间（min）；

t_3——列车运行循环时间（min）；

Q——理想状态下编组列车驶离 TBM 至在此返回 TBM 期间（即列车运行循环时间）TBM 掘进循环数（环）；

Q_1——列车运行循环时间内需要另外投入运行的列车数量（列）。

一般情况下，$Q_1 > 2$ 时，宜布设双线轨道；$Q_1 \leqslant 2$ 时，布设单线轨道，并且每隔 4~5km 布设 1 处会车平台。

5.2.2　TBM 与机车钢轨不共面

中等直径 TBM，其后配套走行钢轨通常与机车运行轨道不在同一水平面（不共面）如图 3-5-2 所示。这种情况宜采用单线轨道，轨线布置在隧道中线，连续带式输送机自 TBM 后配套延伸，高度及水平位置已基本确定，即 H_3 和 L_1 已知，连续带式输送机布置计算如下：

$$L_2 = \sqrt{(H_3 - H_1 - H_2 - R_2)^2 + L_1^2} - R_2 \tag{3-5-6}$$

式中：H_1——轨顶高度；

H_2——运输车辆平板高度；

H_3——连续带式输送机托架下边缘距隧道底部高度；

R_1——隧道开挖半径；

R_2——大件物料运输半径；

L_1——连续带式输送机至托架边缘轨线中心距离；

L_2——大件物料与连续带式输送机托架安全距离。

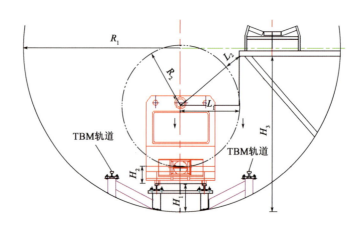

图 3-5-2　台车与机车轨面不在同一水平面示意图

连续带式输送机采用支架式布置时列车与连续带式输送机安全间距 L_2 应大于 30cm;若 L_2 小于 30cm,连续带式输送机宜采用吊链式布置,适量提高连续带式输送机的高度,加大安全距离,确保设备运行安全。

5.3 洞内断面布置工程案例

5.3.1 正常段断面布置

辽西北供水工程二段四标段 TBM 施工段总长度 15410.73m,隧洞为直线,逆坡掘进,纵坡坡度 0.3‰,敞开式 TBM 开挖直径为 8.53m。正常段断面布置如图 3-5-3 所示。

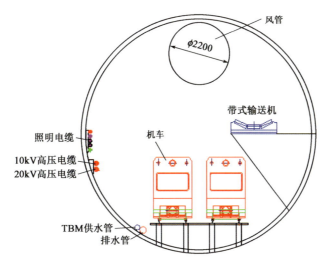

图 3-5-3　TBM 正常段施工断面布置示意图(尺寸单位:mm)

(1)通风软管布置

通风软管一端连接通风风机,另外一端连接 TBM 上的通风软管储存筒。通风软管沿洞顶隧道中线布置,随着 TBM 掘进向前延伸,每隔 6m 以锚杆固定,确保柔性通风软管整体平顺。TBM 法隧道施工通风系统布设如图 3-5-4 所示。

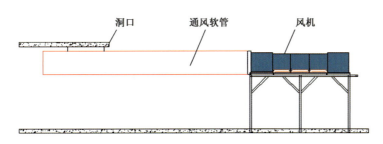

图 3-5-4　TBM 法隧道施工通风系统布设示意图

(2)轨线布置

TBM 掘进段布设四轨三线制轨道,钢轨规格 P43,轨距 90cm,2 根外轨同时可供 TBM 后配套台车走行。

(3)施工用电及洞壁照明系统布置

TBM 用 10kV、20kV 电源由变电所高压开关柜引出,沿主洞左侧腰线(TBM 掘进方向,下同)跟随

TBM 掘进向前敷设。洞壁电缆托架安装在左侧洞壁同一高度,托架下侧支腿距离洞底 420cm,托架纵向间距 10m。每个托架处安装一盏节能灯照明。

(4)供排水系统布置

TBM 供水管路沿洞壁进洞,供水管路与 TBM 水管卷盘相连。供水管路一般每隔 500m 设置闸阀,便于检修、延伸水管。洞内沿线生产用水由供水管路引至各用水点。

本工程主洞纵坡较缓,无法满足自流排水要求,因此在主洞内每隔 200m 设置排水泵,将施工废水和洞内积水接力抽排至排水管输送到主、支洞交叉处的集水井内,排水管采用 DN150 钢管。

(5)带式输送机布置

连续带式输送机架安装在隧道右侧,在后配套尾部随 TBM 掘进不断延伸。

5.3.2 特殊洞段断面布置

1)道岔布置

辽西北供水工程二段四标 TBM 施工洞内有轨运输最大运距为 11.23km,中间位置设置一组交叉渡线道岔,便于洞内列车调度。道岔布置如图 3-5-5 所示。

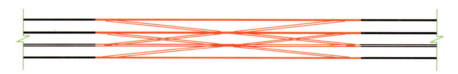

图 3-5-5 交叉渡线道岔布置示意图

2)会车平台

新疆双三输水隧洞 TBM 开挖直径 5.53m,洞内布设单线轨道,轨距为 900mm,每隔 4km 布设 1 处会车平台。会车平台典型断面布置如图 3-5-6 所示。

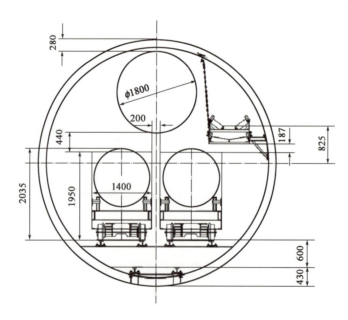

图 3-5-6 会车平台断面布置示意图(尺寸单位:mm)

3）供排水系统

新疆双三隧洞纵坡0.177%,施工坡度较缓,施工中洞内的涌水和施工废水自流排出效率低,设置中间加压排水泵站。排水泵站安装在洞室左侧(掘进方向),排水泵站布置实例如图3-5-7所示。

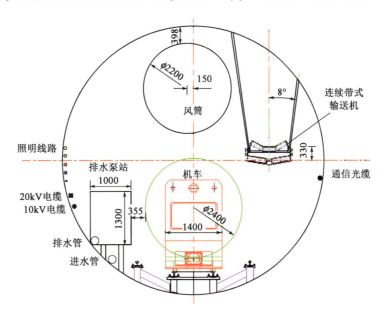

图 3-5-7　排水泵站布置示意图(尺寸单位:mm)

4）连续带式输送机辅助驱动布置

新疆双三隧洞 TBM 施工段初期支护后洞径为6.1m,布设连续带式输送机辅助驱动时需扩挖右侧洞室,施作辅助驱动基础。通风软管及机车运行轨道左移,合理规划专用变压器位置,断面布置如图3-5-8所示。

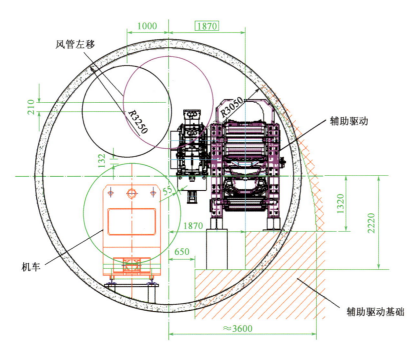

图 3-5-8　连续带式输送机辅助驱动断面布置示意图(尺寸单位:mm)

5）复杂地质洞段排水沉淀槽布设断面

某输水隧洞,蚀变岩、断层破碎带等复杂地质段 TBM 施工时,洞壁及掌子面出水携带大量泥沙,为提高安全性,避免泥沙在洞底淤积而影响有轨运输列车编组,在 TBM 后配套后方单侧拱脚部位砌筑排水沉淀槽,将 TBM 法隧道施工废水抽排至此,经过初步沉淀后排放至洞底继续自流,大大减少了后方洞底淤积,减轻后期清理难度及工作量。沉淀槽砌筑在连续带式输送机下部,为防止列车编组与沉淀槽干涉,沉淀槽顶部不得高于平板车板面,沉淀槽洞段断面布置如图3-5-9所示。

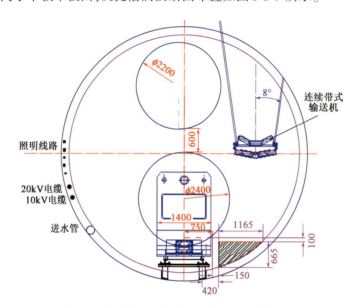

图 3-5-9　沉淀槽洞段断面布置示意图(尺寸单位:mm)

6）同步衬砌洞段管线穿行断面

引汉济渭工程秦岭隧洞岭北敞开式 TBM 开挖直径8.02m,边顶拱同步衬砌,成洞直径最小6.92m。TBM 同步衬砌段施工布置如图3-5-10所示。

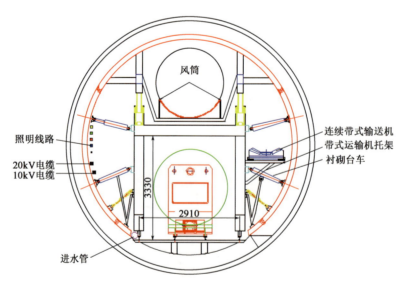

图 3-5-10　TBM 同步衬砌段断面布置示意图(尺寸单位:mm)

(1)通风软管布置

TBM 法隧道施工通风软风管直径2.2m,台车上软风管通过区域的在台架的上层空间设置通风软管专用通道,通道有效断面直径不小于2.3m,为120°弧形槽结构。台车前移过程中降低风机频率,减小通风风压,人工辅助通风软管通行,以保证台车移动过程中TBM法隧道施工通风不中断。

(2)管线布置

高压电缆、带式输送机电气线路及照明线路在台车处从边墙上移至台车轨道内侧处,台车通过后再将高压电缆、皮带电气线路和照明线路移至衬砌后的边墙上。

供水管路采用φ150mm钢管作为台车区段的供水管道,会导致其通过衬砌台车时与平板车、机车和道岔互相干涉,且穿行操作困难。穿行台车段供水管路改为φ150mm软管,台车前后在钢枕左端头(TBM掘进方向)放置供水管道,软管长度为200m左右。钢管每500m设置一个阀门。

(3)连续带式输送机布置

连续带式输送机穿行衬砌台车,台车上需设计专用皮带架托梁。台车行走前,应先拆去前方连续带式输送机的挂点,将皮带架置于托梁滑道上方,行走时,皮带架跟随台车的行走而滑动。通过同步衬砌台车后挂设皮带架挂链,从而保证带式输送系统不中断。

(4)运输轨线布置

同步仰拱衬砌台车前后均为四轨三线制轨道,台车作业区域为中间单线通行。为保证轨道衔接,在台车前后各设1组渡线道岔,保证TBM与二次衬砌施工运输通畅。

第 6 章
TBM设计联络、监造与验收

TBM 设计联络是在 TBM 完成初步设计,并签订设备采购合同后设备设计阶段的重要内容,是施工单位、TBM 制造、建设、设计及监理单位之间为完善 TBM 设计方案而开展的一系列沟通联络工作。TBM 监造是根据 TBM 设备采购合同,按照国家有关法律法规、规章、技术标准,对 TBM 设备制造过程及工厂预组装的质量和进度实施监督。TBM 验收是对 TBM 设备质量、性能的检查与整改,保证设备抵达工地现场顺利组装,具备正常掘进、可靠运行的基础。

本章主要介绍 TBM 设计联络、监造与验收的相关内容和工作流程,并通过工程案例详细说明其细节和要点,为 TBM 设备采购、管理与验收提供参考。

6.1 TBM 设计联络

6.1.1 设计联络目的

联计联络以 TBM 采购合同等文件为基础,优化和完善设备设计方案,研究完善 TBM 设计质量、设备配置、功能与性能,提升相应工程适应性,进一步优化细化制造与交货计划,亦可研讨相关单位共同关注的其他设计制造相关内容。

6.1.2 设计联络内容

(1)确认 TBM 功能与性能。
(2)确认产品的技术参数、技术标准。
(3)确认设备与部件的选型设计、品牌产地。
(4)提出对 TBM 配置方案的优化内容并确认。
(5)确认 TBM 优化设计与各系统的配置、性能。
(6)确认 TBM 步进形式。
(7)确认 TBM 最大件的质量和尺寸、运输方案,以及 TBM 工地组装、步进、始发、试掘进、洞内拆机与运输方案,并提供相关技术文件。以此作为 TBM 设计、制造、交货的依据。

6.1.3 设计联络方案

TBM 设计联络需依据相关文件,组织开展相关会议,落实相应工作内容。

1)设计联络依据

(1)招投标文件。
(2)采购合同。
(3)相关专业设计和技术文件。
(4)TBM 法隧道施工方案及工艺书。

2)设计联络组织

TBM 设计联络通常以会议形式召开,建设、设计、监理、施工、制造等单位参加,必要时邀请有关专家参加。一般由制造商负责会务组织工作。为使设计联络会能取得实际效果,在召开前应进行必要的技术准备和组织策划工作。设计联络会召开的时间和内容应按合同规定,同时满足工程设计的进度要求。

3)设计联络阶段

TBM 设计联络一般分两个主要阶段研究确定相关设计方案,期间会针对细节问题多次深入沟通协商,各阶段主要工作内容见表 3-6-1。

设计联络会各阶段主要工作内容　　表 3-6-1

设计联络会阶段	主要工作内容	预期成果
第一阶段	提供 TBM 功能配置书	定初稿设计方案; 促使具备 TBM 细化设计的条件
	供货合同技术条款的澄清	
	TBM 功能及性能的确认	
	卖方提供的相关设计资料	
	明确未定的供货范围和服务	
第二阶段	完成优化后 TBM 的最终设计方案	确定详细设计方案; 促使具备加工图设计条件
	明确 TBM 性能要求和技术标准的补充	
	明确 TBM 的运行、维护、保养要求	
	确定 TBM 的步进形式及步进机构图纸	

4)设计联络成果

TBM 设计联络后编制设计联络成果文件(纪要),详细载明确认的事项,遗留问题及其解决思路(或相关要求)和时间节点,作为下一步工作的依据。

6.2　TBM 设备监造

6.2.1　监造目的

TBM 监造是为了确保设备的制造质量,为所采购的 TBM 设备完全满足采购合同约定及设计联络等工作成果达成一致的设备功能、性能、参数、质量等方面的要求提供保障,同时确保 TBM 设备按合同约定的交货期运抵工地现场,并能在施工中正常运行。

6.2.2 监造内容

TBM 监造主要是指设备制造、工厂组装调试阶段的质量控制、进度控制和供货范围,即 TBM 监造"三要素",具体包括对 TBM 整机及各零部件从技术文件、原材料、加工制造、外购检验、组装调试等方面进行质量、进度和供货范围的把关。其中质量控制最为重要,其关键是设备制造、调试的过程控制。TBM 监造主要工作内容见表 3-6-2。

TBM 监造主要工作内容 表 3-6-2

序号	项目	监造内容
1	准备工作	1. 确定监造小组成员,阅读掌握 TBM 采购合同,熟知条款规定; 2. 监造小组成员熟悉设备制造图纸及有关技术说明和标准,掌握设计意图和制造工艺; 3. 编制 TBM 监造大纲和实施细则
2	监造过程的叙述性记录和报告	1. 当日完成监造日志,全面系统记录当日监造相关各类事件、事实和相应的照片、收集复印件等其他文件; 2. 归纳、汇总、编制 TBM 的监造周报和月报
3	制造、组装调试质量控制及记录、报告	1. 审查、核实 TBM 制造商分包单位的资质和实力; 2. 检验计划、检验手段的审查、督促,重大质量失控和事故的处理及报告; 3. 原材料、外购件、分包商的加工件的质量审查签认; 4. 供货范围、品牌、产地和规格的审查; 5. 工艺准备及工序制造质量的监督; 6. 对生产质量记录的检查和分析; 7. 对产品检验试验的监督; 8. TBM 部件装配和工厂组装调试过程监督; 9. TBM 的解体、打包及防护检查
4	制造进度控制及记录报告	1. 审查制造商提供 TBM 制造进度计划; 2. 审查制造商提供 TBM 制造进度计划的保证措施; 3. 检查 TBM 生产速度进展情况,并于进度计划对比分析,找差距,分析原因,督促制造商制定并实施整改措施; 4. 检查 TBM 工厂组装调试、解体、打包及防护; 5. 记录相关内容并作为日志的一部分
5	供货范围控制及记录、报告	根据合同规定的供货范围,详细复核到达制造现场的货物规格型号种类数量
6	工作例会制度	每周召开工作例会,提出制造过程中质量、进度及其他问题,找差距,辨原因,定措施
7	资料存档	1. 监造大纲及工作细则,合同文件有关合同产品质量问题的所有函电及有关书面文件、监造日志、监造周报、监造月报、监造总结、监造问题通知单; 2. 整改回复、产品质量见证表、产品监造证书、卖方处理合同产品质量问题的书面意见; 3. 有关的会议纪要、监造总结等

6.2.3 监造方案

为确保 TBM 监造工作顺利开展,实现质量、进度、供货范围控制目标,需编制实施 TBM 监造方案,明确相关工作要求。

1)监造依据

(1)TBM 采购合同及相关要求、设计联络会相关资料成果。

(2)与设备部件制造、工厂预组装相关的国家标准、行业标准和企业标准。

2)监造组织

TBM监造工作通常由买方负责组织,有能力的独立监造,也可委托有资质有经验的设备监理公司负责。

(1)监造人员配置及人员安排

TBM监造工作涉及领域众多,需要由机械、电气、液压等相关专业人员成立专业的TBM设备监造小组。监造组织机构如图3-6-1所示,必要时可委托专业的第三方,审查相关图纸、生产工艺、控制标准,查验关键部件和重要材料的质量证明文件,检查重要生产过程。

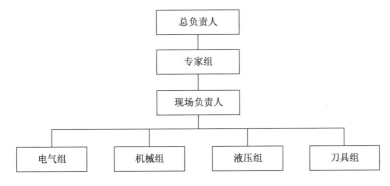

图3-6-1 TBM监造组织机构

(2)监造职责

TBM监造组有依据TBM采购合同相关条款的规定,对设备卖方在设备制造过程中的制造质量、制造工期、供货范围、技术性能以及其他方面进行监理和控制的权利。监造人员职责见表3-6-3。

TBM 监 造 职 责 表　　　　表3-6-3

序号	部门	职责
1	监造总负责人	对TBM监造全过程负责,是TBM监造工作的第一责任人
2	现场负责人	1. 全面负责TBM监造工作,TBM监造方案的执行人,按总负责人的要求落实监造工作; 2. 明确各TBM监造组的工作任务,检查其执行情况,发现问题及时纠正,督促整改; 3. 组织现场监造人员学习与本次TBM监造相关的文件、理论知识; 4. 全面了解TBM制造进度计划,随时掌握生产进展与动态,努力发现存在的问题,及时与制造商沟通、协商整改; 5. 与制造商共同组织监造例会; 6. 定期或按需组织现场建造人员及时总结经验、查找不足,分析研判监造过程中出现的问题,不断提升监造工作质量
3	监造专业组	1. 在监造方案基础上,编制并执行专业组监造细则; 2. 每日现场巡查,全面记录,包含但不限于部件/设备位置、投入人力、投入设备、进度情况、关键部件的探伤、检测报告,努力发现问题,并及时现场负责人汇报; 3. 与制造商相关人员通报情况,研究解决办法,督导落实并再次检查; 4. 监督制造商开展原材料及外购件进厂检验,必要时组织复检; 5. 每日完成本专业组监造日志

3)监造内容

TBM监造工作内容如图3-6-2所示。

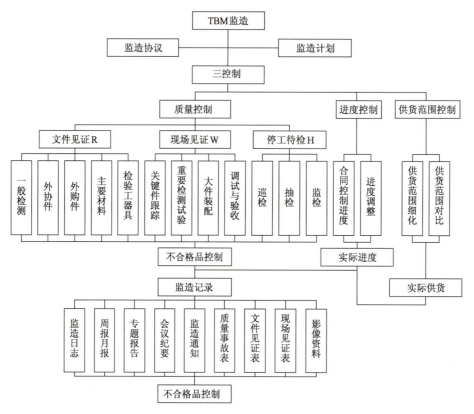

图 3-6-2　TBM 监造工作内容

4）监造流程

熟悉 TBM 设备的设备采购合同、TBM 设计图、加工图及技术说明,掌握设计意图和 TBM 设备的功能要求,了解相关规范、标准,在此基础上买方与卖方共同确定监造大纲和实施细则,并遵照执行。监造流程如图 3-6-3 所示。

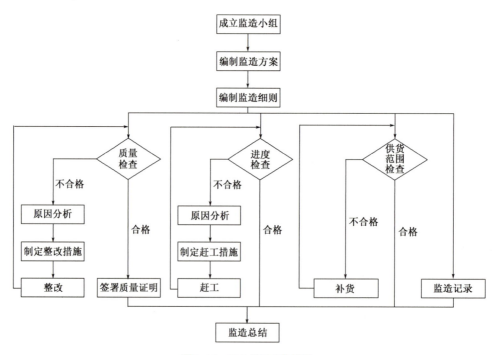

图 3-6-3　TBM 监造工作流程

5）监造质量控制方法及措施

（1）监造质量控制方法

TBM 监造工作中的质量控制主要有 3 种方法：检验质量管理、统计质量管理、全面质量管理，见表 3-6-4。

质量控制方法   表 3-6-4

方法	内容
检验质量管理	监督、检查制造商的原材料、外购件、加工组装调试等过程中的自检，重点关注自检方法是否适用，流程是否规范，结果是否达标
统计质量管理	对 TBM 制造过程中发现的质量问题，利用统计学原理，分析产生的原因，进而制定整改措施，提高产品质量
全面质量管理	检查制造商的质量管理体系及其在本 TBM 设备制造全过程的运行情况，检查制造商在 TBM 设计、制造过程中所遵循的规范、标准等是否适用、有效，并核查其执行情况

（2）监造质量控制措施及要点

①建立质量检验工作程序，按国家或欧盟技术规范和标准要求，核定工序质量。

②熟悉招标文件对各设备的制造要求和执行标准，审核设备制造进度计划、制造方案，严把事前技术报告审批关，明确质量标准。

③建立监造工作制度。

监造过程中将按事前、事中和事后质量控制的具体要求开展监造工作，严格把好质检与验收关。项目事前、事中、事后控制项目见表 3-6-5。监造过程中通过量测检测、跟踪检测、感观检查、试验与检验、巡视检查、见证型式检验过程与参数测试、审查检验报告等方法跟踪质量检查，当发现质量不符合要求、质量出现下降时，及时与卖方联系、发布指令，要求处理或通过专题会议进行处理。监造人员必须有必要且合理、根据国家检验标准规定的相关检测手段，对制造件进行抽查和复核。工艺准备及工序制造质量主要检查项目见表 3-6-6。

TBM 监造质量控制项目表   表 3-6-5

控制阶段	控制项目/内容
事前控制	1. 通过设计联络审查设计和制造工艺是否满足要求； 2. 审查制造计划和工艺方案； 3. 审核外协件、外购件制造单位的资质、加工能力、质量保证体系； 4. 审查设备原材料、外购件、外协件的质量证明文件及检验报告，验证进口设备报关手续； 5. 审查设备制造检验计划，提出各阶段检验时间、内容、方法、检测设备，检查测试和计量器具、设备是否处于受控状态，抽样送检单位是否具有相应资质； 6. 审查关键零部件的生产工艺设备、操作规程和制造人员上岗证书； 7. 审查设备制造和装配场所的环境
事中控制	1. 监督、检查从进货检验、工序检验到成品检验的检验点设置及检验方法是否符合要求，数据与记录是否准确可靠； 2. 对设备制造过程进行监督检查，对关键零部件的制造工序质量进行检验，对关键工艺重点根据图纸技术要求跟踪检查，发现问题及时要求卖方整改； 3. 检查关键部件的加工精度和装配精度； 4. 检查卖方质量控制职能是否有遗漏环节； 5. 选择见证点，详细记录制造过程中原材料检验、工艺检验、无损检测等情况； 6. 监督电机等设备组装后的性能试验，核实有关测试数据和试验记录； 7. 要求制造单位按合同规定执行检验计划，做好检验记录； 8. 监督、检查对合格成品的包装、存储、运输管理

续上表

控制阶段	控制项目/内容
事后控制	1. 严把质量验收关,包括制造过程中间检查验收、设备出厂验收,根据验收结果进行监督跟踪; 2. 参加设备制造过程中的预组装、调试、整机性能检测和验证,组织出厂验收,做好检验记录;不符合质量要求时,监造人员指令设备制造单位进行整改、返修或返工; 3. 当发生质量失控或重大质量缺陷时,下达暂停制造指令(告知书),提出处理意见; 4. 设备出厂前,检查设备防护和包装措施是否符合要求,随机文件是否齐全; 5. 检查设备制造单位各类资料的收集、整理情况

工艺准备及工序制造质量主要检查项目表　　表 3-6-6

项目	主要检查内容
产品设计规范	1. 刀盘、主驱动、主梁、盾体、撑靴等结构件板材切割、加工、焊接等机械加工设备和技术措施的落实; 2. 泵、阀、液压密封件等工艺、材料、检测手段的落实 3. 电动机、马达、锚杆钻机、喷锚设备、超前支护设备、监测设备、导向设备等外购件与外协件,以及其他采购渠道的落实; 4. 工厂预装配等特殊工序的技术落实; 5. 其他关键部件的加工方案及工艺指导; 6. 现场装配件及跨车间、多工种的特殊要求; 7. TBM 设备出厂验收检查试验方案
重要/特殊工序	1. 对重要生产工序的实际质量保证能力进行验证,验证的内容包括材料、设备、操作技术及计算机系统与软件程序; 2. 重要部件工序控制设置情况及有关程序文件的执行情况; 3. 特殊工序的检查频次、验证情况、设备精度、操作技术及特殊环境要求等因素是否符合技术要求; 4. 重要工艺实施过程,如果因故监造人员不在场,监造组保留随时查验重要过程的影视资料权利

④质量监造见证。

质量监造见证一般分为文件见证(R 点)、现场见证(W 点)及停工待检(H 点)3 种。文件见证(R 点)为见证项目由制造商自行进行检验,监造小组结合设备采购合同、设计文件等查阅制造商的检验记录、试验报告和技术文件等,对符合要求的资料予以签认;现场见证(W 点)为监造人员与制造商在现场对复杂的关键工序、测试、试验项目实施会同检验,对符合要求的予以签认;停工待检(H 点)为监造人员与制造商在现场对见证项目实施会同检验,没有监造方参加并签字认可的,制造商不得自行检验并转入下一道工序,停工待检项目必须有监造人员参加,现场检验签证后方能转入下道工序。TBM 整机监造点设置见表 3-6-7。

TBM 整机监造点设置　　表 3-6-7

序号	监造项目			R 点	W 点	H 点
	项目名称	内容	技术要点			
1	技术文件	设计图纸	根据以往使用经验,要求功能齐全、结构合理	*		
		制造工艺	焊接工艺,热处理工艺,机加工工艺	*		
		生产标准	GB、ISO	*		
2	原材料	质量证明文件	是否与设计相符,是否合格	*		
		原材料代替品	要得到设备使用方的签字认可	*		
3	外(协)购件	卖方	主要考察生产规模、垫资能力、业绩等	*		
		机械部件	主轴承、大齿圈、变频电机、减速器、限矩器等		*	
		液压部件	液压泵、阀组、各类液压缸及国内加工硬管等		*	
		电气部件	数据采集和控制系统、高低压配电柜等		*	
		附属部件	激光导向系统等		*	

续上表

序号	监造项目			监造点		
	项目名称	内容	技术要点	R点	W点	H点
4	机械结构件	毛坯件拼装	外观检查(外形,尺寸及表面质量)		*	
		焊接	焊缝内部质量(探伤报告)	*		
		焊后尺寸检查	外形尺寸,各局部定位尺寸,平面度,垂直度		*	
		热处理	热处理参数,热处理后的机械性能			*
		精加工	设计图纸的精度、尺寸检查、表面粗糙度检查		*	
		试拼装	主要是连接螺栓、结构干涉,整体外观检查		*	
5	工厂组装调试	资源的准备	人、机、料、场地的配置,技术方案		*	
		组装	高空作业、大件吊装、特殊岗位作业的安全		*	
		功能性调试	整机工作性能			*
		参数性测试	旋转范围及速度,各液压缸的行程和速度			*
6	工厂拆卸与设备运输	运输线路	运输方案,检查超宽、超高、超重		*	
		装、卸设备	工厂、施工工地等地的吊装设备		*	
		装、卸车	包装,装卸车顺序,装卸车场地面积及承载量		*	

⑤指令性文件。

设备制造单位应按批准的检验计划和检验要求进行设备制造过程的检验工作,做好检验记录,并对检验结果进行审核。对不符合质量要求的,监造人员指令设备制造单位进行整改、返修或返工。当发生质量失控或重大质量缺陷时,下达暂停制造指令(告知书),提出处理意见。

6)监造进度控制方法及措施

(1)监造进度控制方法

TBM制造进度控制,主要依据合同总工期和双方认可的节点生产工期。一般TBM监造工期控制方法见表3-6-8。

TBM监造工期控制方法   表3-6-8

方 法	内 容
节点工期对比	1. 根据TBM生产实际进度,对比节点工期,进行关键部件(如刀盘等)的控制; 2. 以工作联系单方式和卖方沟通; 3. 根据节点工期对比情况,及时上报,共同确定赶工措施
倒排工期	主要适用于试组装,审查主要部件及配套设施的到位情况,及时反馈信息,共同确定保障措施

(2)TBM监造进度控制措施

根据TBM制造特点,结合卖方实际,按照合同交货期以及进度计划,检查机加工结构、外购件购置、部件试装配、总机装配调试等方面进度执行情况,制定TBM监造管理机制。

分析TBM生产过程中的遗漏环节,防止部分部件或零件未及时生产或采购而影响TBM生产总体工期。

根据有关要求,制定进度控制计划与责任,采取必要的措施实现进度目标,根据合同的约定,执行对工期的奖惩,做好组织协调工作。进行进度计划的检查、统计分析,当进度计划不能满足合同要求,与设备卖方进行协调,对进度计划进行调整,使调整后的进度计划能够满足整个工程进展或合同的要求。

7)监造供货范围控制

(1)供货范围控制方法

供货范围控制方法见表3-6-9。

TBM 监造供货范围控制方法　　　　　表 3-6-9

方　法	内　　　容
供货范围细化	1. 监造小组及时要求承包商提供更新的供货范围明细表，包括订货厂家、联系电话、到货时间； 2. 对于进口部件，必须逐渐细化到订货厂家、订货时间、分船计划（或空运计划）
供货范围对比	1. 依据合同供货范围对比实际供货计划，如有不符（尤其为遗漏环节），及时与卖方沟通； 2. 并将沟通情况上报
供货范围最终确认	1. 在 TBM 零部件逐渐到货过程中，要求卖方及时上报到货零部件合格证明，并进行审核； 2. 如有不符，及时与卖方沟通，并将沟通情况上报

（2）控制措施

TBM 监造过程中严格按照合同供货范围进行审核。

6.3　TBM 验收

TBM 验收按 TBM 供货流程一般分为工厂验收、工地组装调试验收、试掘进验收、质保期满验收 4 个阶段。工厂验收是指 TBM 在工厂组装调试完毕，对整机按照采购合同约定的标准进行的空载验收；工地组装调试验收是指 TBM 在到达施工现场完成组装调试的再次空载验收；试掘进验收是指 TBM 完成合同约定的试掘进及试掘进性能考核，对其组织的全方位带负载综合验收，又称为最终验收；质保期满验收是指 TBM 质保期满之后组织的最后一次设备考核验收。

6.3.1　验收目的

TBM 验收目的是检查、验证检验 TBM 的各项功能与性能指标是否满足合同要求。TBM 各阶段验收目的见表 3-6-10。

TBM 验 收 目 的　　　　　表 3-6-10

验收阶段	验收目的
工厂验收	TBM 组装调试后，空载验收，查验 TBM 的功能与性能，整改不合格项，以确保 TBM 出厂质量
工地组装调试验收	TBM 工地组装调试后，再次空载验收，查验 TBM 的功能与性能，进一步整改不合格项，特别是工厂验收时不具备整改方案的问题，需重点检查
试掘进验收	经试掘进期间带负载调试与试运行，全面调整完善 TBM 的功能与性能，解决存在的问题，以保证 TBM 质量全面达标，为正常掘进施工奠定良好的设备基础
质保期满验收	质保期内，TBM 经长时间带负载工作，全面发现存在的质量问题和质量缺陷，制定措施力争全面消除问题与缺陷，为 TBM 顺利完工制造条件

6.3.2　验收内容

验收内容包括功能和性能两个方面。主要验收内容见表 3-6-11。

TBM 主要验收内容　　　　　表 3-6-11

序　号	主要验收内容
1	原材料出厂、进厂检验合格证明文件
2	外购件及委外件进厂检验或原制造厂出厂检验合格证
3	主机关键部件制造质量自检及第三方检测资质文件及检测报告

续上表

序号	主要验收内容
4	TBM 各部件设计及安装位置合理性
5	TBM 功能与性能检查与测试,侧重于功能检查,有条件的实施性能检查
6	监造过程中提出问题整改落实情况检查
7	提出设备现阶段所存在的问题,制定整改方案并实施
8	整改后再次专项验收

6.3.3 验收方案

1)验收依据

TBM 各阶段验收依据见表 3-6-12。

TBM 各阶段验收依据(示例)　　　　　　　表 3-6-12

序号	验收依据	验收阶段		
		工厂验收	工地验收	试掘进验收
1	TBM 采购合同			
2	设计联络成果			
3	监造过程中形成的纪要、文件			
4	国家、行业相关技术规范			
5	TBM 工厂组装调试验收工作成果			
6	TBM 工地组装调试验收工作成果			

2)验收组织

不同的 TBM 采购模式、TBM 设备管理模式,其验收组织存在差异,通常由买方负责,组织建设单位、施工单位、TBM 制造商等参建单位共同成立 TBM 验收工作组,必要时设立专家组,为 TBM 验收提供技术支持。

以建设单位组织验收为例,说明验收工作组及其职责。TBM 设备验收涉及机械、电气、液压技术内容,根据需要成立 TBM 设备验收专业组。工厂验收组织机构如图 3-6-4 所示。

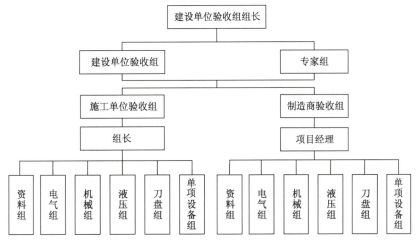

图 3-6-4　TBM 工厂验收组织机构

建设单位及其专家组组织验收,督促各方按照验收标方案或大纲开展验收工作,监督验收过程,审核验收结果,对存在争议的项目组织专项研究并决策,评定整改措施、检查落实情况。

施工单位是TBM验收的责任主体之一,初步审核并完善制造商编制的验收大纲,组建TBM验收资料组、现场组(包括刀盘刀具组、机械组、电气组、液压组、单项设备组等),执行TBM工厂验收的各项工作,审核并完善整改措施,检查整改落实情况。

TBM制造商与施工单位共同构成TBM验收的责任主体,需做好验收准备工作,为顺利验收创造条件。负责协调厂方各项资源,包括人员、设备、器具等,组建验收专业组,保障验收工作的安全(工地各阶段验收的安全责任由施工单位承担)、进度、质量,编制并完善验收大纲和验收计划,针对验收问题制定整改方案并制定落实经建设单位及其专家组审定的整改措施;正式开展各阶段验收工作前,自检自查、自行整改,确保验收合格率不低于95%、整改后验收合格率达到100%。

3)验收流程

由TBM制造商编制验收大纲及分项验收表,与施工单位共同研究并达成一致后,制造商上报建设单位审批。经建设单位批准后,按照验收大纲及分项验收表,由三方组成验收小组逐项验收。验收工作完成后由建设单位组织三方人员对验收工作进行总结,由TBM制造商整改验收发现的问题,再次验收合格后,三方签署准验收合格证书。

验收大纲及分项验收表应包含但不限于:验收人员名单、双方验收负责人,验收地点、开始与完成时间、验收项目、检测方式、设计值、实测值、检测人等信息。

验收双方的负责人负责验收文件的签署。验收文件一式三份,建设单位、施工单位、制造商各持一份。TBM工厂组装验收流程如图3-6-5所示。

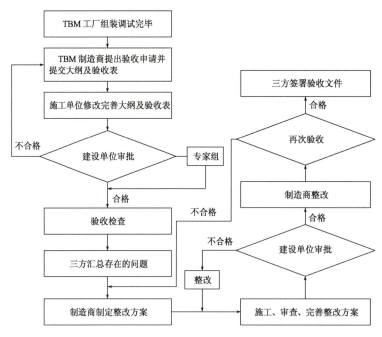

图3-6-5 TBM工厂组装验收流程图

4)验收标准

根据TBM设计文件及相关技术规范、标准等,编制验收标准,并遵照实施。

5)验收及验收总结

(1)验收实施

全面检查测试,确定设备功能与性能、参数是否符合合同要求。验收要求及验收方法见表3-6-13。

表 3-6-13

敞开式 TBM 验收表

序号	系统	检验项目	技术要求	试验方法	出厂检验	工地组装检验	掘进检验
1	整机参数	开挖直径	公称直径/开挖直径的偏差应符合设计值	选准基点，测量最大号刀具坐标，计算刀盘开挖直径	√		
2		推进速度	在推进模式下，用卷尺和秒表，计算推进缸最大伸出速度，对比设计值		√	√	
3		最大推力	符合设计值	查验计算书	√		
4		刀盘转速		刀盘从零转至最大转速平稳后，用秒表记录刀盘每分钟转动圈数	√	√	√
5		换步循环时间		查验计算书		√	
6		掘进行程		完全伸出至收缩推进缸，整架在滑道上行程，对比设计值		√	
7	刀盘及刀具	刀盘本体平面度	应符合现行标准《重型机械通用技术条件》(JB/T 5000.3)中 E 级的规定	水平放置刀盘，用数显水平尺测刀盘本体平整度	√	√	
8		喷水装置效果	设置雾化喷水装置	现场目测观察	√		
9		刀具轨迹半径偏差	检查是否符合设计值	水平放置刀盘，用测量工装及直角尺测刀刃中心直径，读工装数值，对比设计值	√	√	
10		刀具刀刃高度偏差	检查是否符合设计值	水平放置刀盘，用测量工装及直角尺计算刀具最高点，读直角尺数值，对比设计值	√		
11		刀具与刀座间隙	检查是否符合设计值	用塞尺检查刀具与刀座结合面的间隙	√	√	
12	护盾	护盾伸缩	顶护盾、侧护盾具有支撑调节功能	现场目测观察	√	√	
13		主轴承设计寿命	检查是否符合设计值	查验计算书	√		
14	主驱动单元	正反转功能	具有正反转功能	正转刀盘，用秒表测量刀盘旋转一圈所用时间，与主控室操作面板数据比对。启动反转模式，检查是否具有反转功能	√	√	
15		刀盘点动功能	具有点动功能，刀盘点动转速符合设计值	点动状态下刀盘旋转，用秒表测量刀盘旋转一圈所用时间，计算刀盘转速	√	√	
16		制动功能	有驻车制动器，驻车制动器与刀盘动作控制有联锁功能	启动停机制动器，在刀盘边缘施加最小 5kN 偏心荷载，刀盘是否转动	√		√
17		脱困扭矩	有脱困模式，脱困扭矩不低于设计值	查验计算书	√		

续上表

序号	系统	检验项目	技术要求	试验方法	出厂检验	工地组装检验	掘进检验
18	支撑推进系统	撑靴回正功能	撑靴应具有回正功能	目测检查		√	
19		最大回转速度	负载下最大回转速度不低于设计值，回转速度连续可调	用秒表测量钢拱架安装器在旋转范围内旋转特定角度用时，计算最大回转速度	√	√	√
20	钢拱架安装器	制动效果	能实现设计回转范围内的可靠制动	钢拱架安装器运转正常情况下，按压停止开关，检查制动及液压缸伸出锁定功能的有效性	√	√	√
21		轴向行程	轴向行程不应小于推进液压缸的最大行程	在钢拱架安装器初始位置，运行钢拱架安装器至最大轴向行程位置，用卷尺测量行程值，与推进液压缸行程进行验证	√	√	
22		限位装置	轴向移动应平稳，设置缓冲和限位装置	目测检查	√	√	
23	锚杆钻机系统	制动功能	应能实现设计回转范围内的可靠制动	锚杆钻机系统运转正常情况下，按压停止开关，检查制动及位置自锁的有效性	√	√	√
24		轴向行程	轴向行程不应小于掘进机推进液压缸的最大行程	在锚杆钻机系统初始位置，运行锚杆钻机至最大轴向行程，用卷尺测量行程值，与推进液压缸行程比对	√	√	
25		喷射装置轴向行程	喷射装置轴向行程不低于设计值	用钢卷尺测量单个喷装置轴向行程值	√	√	
26	混凝土喷射系统	喷射范围	喷射装置喷射范围不低于设计值	喷射装置旋转到极限角度，用数显水平尺测量旋转角度	√	√	
27		急停保护功能	混凝土输送泵应设置急停装置	输送泵运行状态下，按压停止开关，检查制动及自锁功能的有效性	√	√	
28		调速功能	输送泵运机具有调速功能	系统运行后，通过主控室操作面板，调节速度旋钮，检查调速性能	√	√	
29	带式输送系统	降尘装置	设置防偏尘、刮渣、张紧装置，接渣口有缓冲和防冲击功能	目测检查	√	√	√
30		联锁、急停功能状况	设置急停开关及联锁装置，且能现场和主控室控制，并能互锁	目测检查	√	√	√

续上表

序号	系统	检验项目	技术要求	试验方法	出厂检验	工地组装检验	掘进检验
31	液压系统	油液污染度检测	油液固体颗粒污染等级不应低于现行标准（GB/T 14039）的规定	液压油污染度检测按现行标准GB/T 20082的方法进行	√	√	
32		油温报警装置	液压油箱应设置液位及高温报警装置	设定温度传感器油温报警，停机试验值，启动液压系统，当油温升至设定的报警试验值时，观察控制面板报警指示，用温度计测量油温进行比对。当油温升高至设定的停机试验值时，检查主机停机状况，用温度计测量油温进行比对	√	√	√
33		测压点装置	各子系统应设置测压点	目测检查	√	√	√
34	供配电系统	漏电保护功能	TN电网的低压配电系统应具有漏电保护、短路保护、过载保护、缺相保护和相序保护功能。漏电保护不少于两级，过载保护和短路保护不宜超过三级	TN电网：逐一按回路漏电保护装置的测试开关，观察开关是否跳开；合上开关后，恢复回路供电	√	√	√
35		绝缘电阻报警功能	IT电网的低压配电系统应采用绝缘监测系统实现漏电保护功能	IT电网：调定绝缘检测仪的绝缘电阻报警值，启动动力回路的电机，观察绝缘检测仪是否报警	√	√	√
36	控制系统	联锁次序	应具有掘进机起、停次序和工作模式转换联锁功能	按照掘进启动次序，启动各机构，检查各机构动状况。按正常次序按下停止按钮，检查各机构停止状况。颠倒启动次序，检查各机构启动状况	√	√	√
37	数据采集系统	数据收集功能	应有掘进数据采集、保存、查询、打印功能	目测检查	√	√	√
38		远程信息传输接口	应预留远程数据传输接口	目测检查	√	√	√
39	视频监视系统	掘进机内置监控	应在主控室，变压器处，后配套人员通道区域口，尾部台车位置、带式输送机卸渣口，主梁、撑靴、后支撑、轨道铺设区域设置监视器	在主控室的监视器上，观察规定区域的图像是否稳定、清晰	√	√	√
40	急停开关	控制室急停开关	主控室、变压器处，后配套区域应配置急停开关，急停开关复位时不应直接恢复供电	在规定的区域按急停开关，观察掘进机的相应执行机构是否停止动作。急停开关复位后，观察能否恢复供电；在配电柜上按急停开关后，再合上电源总开关，观察系统是否恢复供电	√	√	√
41		操作箱急停开关	现场操作箱上应配置急停开关，急停开关复位时不应直接启动机构	在规定的区域按急停开关，观察相应机构是否停止工作；急停开关复位后，观察机构能否自行启动；在主控室或者操作箱上按下复位开关，再按机构的启动顺序启动，观察是否能正常恢复机构动作	√	√	√

续上表

序号	系统	检验项目	技术要求	试验方法	出厂检验	工地组装检验	掘进检验
42	照明系统	灯具防护等级	选用密闭、防水的照明灯具	检查照明灯的配置及防护等级,灯具的防护等级查看产品说明书	√		
43	导向系统	导向系统精度	宜采用激光靶式或棱镜式导向系统,测角精度不应低于2"	目测检查	√		
44		设计轴线管理	具有设计轴线管理功能	输入数据与设计数据允许的偏差值,模拟输入错的设计轴线数据,使测量数据与设计轴线的偏差大于允许误差,观察导向系统是否发出警告			√
45		空间位置检测	实际掘进坐标偏离设计轴线时,导向系统应具有报警功能	开始测量时导向系统是否自动捕捉激光靶或者棱镜表的操作			√
46		信息交换功能	具有与掘进机控制系统通信的功能	在导向系统工控机上进行数据查询,导出和生成报表的操作			√
47	通风、除尘系统	回风速度	检查设备配置	查看标识、标牌			√
48	润滑、密封系统	主驱动密封润滑	主驱动密封系统采取强制润滑和冷却方式,设置流量报警装置	调节润滑泵排量,降低出口有效流量,观察主控室操作面板报警指示;继续调节流量,当有效流量低于限值时,检查主机停机状况	√	√	√
49		主轴承润滑	主轴承润滑系统采取强制润滑和冷却方式,设置温度、流量报警装置	调节润滑泵出口压力,增大溢流量,降低出口有效流量。继续调节压力,有效流量低于极限值,检查主机停示状况	√	√	√
50		空桶检测功能	油脂注入系统具有脉冲计数和空桶检测报警功能	运行密封润滑系统,当空桶接近开关到达指定位置时,观察报警指示状况	√	√	√
51	供排水系统	主要部件冷却	主驱动电机、变频器、减速机宜采用强制循环水冷方式,设置温度、流量报警装置	调节润滑泵出口压力,增大溢流量,降低出口有效流量。观察控制面板报警指示,继续调节流量,有效流量低于极限值,检查主机停机状况	√	√	√
52	压缩空气系统	出口压力	空气压缩机额定压力不低于0.8MPa	目测检查	√	√	
53		空气过滤装置	设置储气罐,储气罐应符合现行标准GB/T 150的规定	目测检查	√	√	

续上表

序号	系统	检验项目	技术要求	试验方法	出厂检验	工地组装检验	掘进检验
54	职业健康与环境安全	气体检测	设置气体检测装置，至少能检测 O_2、CO、CH_4、CO_2、H_2S 气体浓度	使用 O_2、CH_4、H_2S 标准气体对气体监测系统进行测试			√
55		声音报警音量值	声音报警装置输出的最低音量值比施工环境噪声至少高出 10dB	用声级计测量背景噪声，在距离声音警报装置 1m 四周测量报警装置的声压级		√	√
56		主操作室噪声	主操作室配备空调，具有隔热、隔声、减振功能，主操作室噪声不高于 75dB	掘进机掘进作业状态下，用声级计测量主操室噪声值		√	
57		电器设备警告标志	电气设备应设置警告标志，高压电设备周围应设置防护隔离装置	目测检查	√	√	
58		运动部件警示	易对人体造成伤害的外露运动部件设置警示光标识，颜色标识符合《安全标志及其使用导则》(GB 2894—2008) 的规定	目测检查	√	√	
59		安全通道标志	人行通道设置导向标志，标志符合《安全标志及其使用导则》(GB 2894—2008) 的规定	目测检查	√	√	
60		紧急疏散标志	通道内有分支、转弯、台阶、坡道及重要出入口处均设置紧急疏散标志	目测检查	√	√	
61		紧急信息指示牌	在台车的出入口、主操作室内设置醒目的紧急信息指示牌，包括：疏散线路、救护设备、灭火设备存放位置、灭火系统安装示意图	目测检查	√	√	

①对外购件相关文件、加工件加工记录、监造记录和工厂组装调试记录等严格审查,必要时采用有效工具现场量测,如刀盘直径、刀具安装、主轴承规格型号与出厂证明、驱动电机类型规格及详细参数、变压器等配套设备品牌产地规格与参数、锚杆钻机等辅助设备品牌产地规格与参数、螺栓等连接件的规格等级产地等,各方验收前编制详细的验收记录表格,逐项验收、如实填写。文件验收检查参照表3-6-14。文件验收意见参照表3-6-15。

文件验收检查表(示例)　　　　　　　　　　　　　　　　　表3-6-14

检查人					
品名	规格型号	产地	品牌	文件检查*	备注

注:文件检查*需要检查所提供文件的名称、内容等信息。

文件验收意见表(示例)　　　　　　　　　　　　　　　　　表3-6-15

……

……

建设单位:　　　　姓名/部门/职务:_____(签字)
施工单位:　　　　姓名/部门/职务:_____(签字)
制造单位:　　　　姓名/部门/职务:_____(签字)

　　　　　　　　　日　　　期:_____

②性能测试是TBM验收的关键环节。根据采购合同、技术文件、性能测试登记表,其内容包括所有合同规定的动作能否实现、运转参数、逻辑控制、掘进施工数据采集与处理、导向系统、消防系统等,逐项测试、详实记录,认真对照合同及技术文件,以准确反映设备性能。

(2)验收报告

TBM设备验收完成后,制造商负责根据验收的实际结果起草验收总结,经建设单位代表、施工单位审核同意后三方共同签字确认。

6)验收遗留问题整改

TBM全面验收结束后,建设单位验收组组长组织召开验收总结会,由施工单位验收组汇报依据验收大纲统计出来设备存在的问题,由制造单位提供整改方案,经建设单位、施工单位同意后,落实整改,整改完毕再次验收,直至拟整改项目全部完成且合格。整改项目及整改后再次验收检查见表3-6-16,整改项目再验收意见参照表3-6-17。

整改项目及再次验收检查表(示例)　　　　　　　　　　　　表3-6-16

检查人	建设单位:		买方:		卖方:	
项目	问题	解决措施	计划/实际完成时间	执行人	检查	备注

整改项目再验收意见(示例)　　　　　　　　　　　　　　表 3-6-17

……

……

建设单位：　　　　姓名/部门/职务：＿＿＿＿＿＿＿＿＿＿（签字）
施工单位：　　　　姓名/部门/职务：＿＿＿＿＿＿＿＿＿＿（签字）
制造单位：　　　　姓名/部门/职务：＿＿＿＿＿＿＿＿＿＿（签字）
　　　　　　　　　　日　　　　期：＿＿＿＿＿＿＿＿＿＿

6.4　TBM 设计联络、监造与验收工程案例

引松供水工程 TBM 设计、监造与验收工程案例见二维码链接。

第 7 章
TBM进场运输

　　TBM体型庞大,进场运输前必须适当拆解。TBM拆解后的大型部件如刀盘、主轴承、主梁、主驱动等仍然属于超限件,对运输方式(道路、桥梁、隧道)的通行能力都有相应要求。另一方面,TBM法隧道施工现场大多处于山岭地区,TBM进场运输的问题显得尤为重要。TBM进场运输涉及设备拆解、运输方式、运输组织协调等内容。TBM运输组织和实施过程需要由卖方、买方、承运单位共同研究确定,应符合铁路、公路和航运等有关规定和管理办法。

　　本章从运输准备和运输方案实施两个方面,分析TBM进场运输的内容和工作流程,辅以典型案例,可供设计、施工人员参考。

7.1 运输准备

7.1.1 拆解及包装

1）TBM拆卸

（1）拆机总体要求

TBM拆机总体要求见表3-7-1。

TBM拆机总体要求　　　　　　　　　　　表3-7-1

序号	要求内容
1	TBM拆卸前须确认已完成厂内验收,并签署厂内验收证书,完成验收整改事项、机电液下发的更改单整改事项,以及其他临时整改项(限新购TBM)
2	检查各部件、系统是否安装并运行正常
3	断电拆机之前需按照"TBM大件尺寸吊装图"将所有运动部件调整至设计要求的位置,并固定
4	在拆卸前,要仔细核查各配电柜、变频柜、控制盒、接线盒、外部电缆等的标识清楚牢固
5	在拆卸前,要保证变压器柜、配电柜、变频柜、电缆接头等设备的干燥
6	对拆机零部件分类整理装箱,按要求统一标识,装箱零、散件应随所属大件一起发货

（2）拆机各系统要求

TBM 拆机各系统要求见表 3-7-2。

TBM 拆机各系统要求　　　　　　　　　　　　　　　　　表 3-7-2

序号	系统名称	拆机要求
1	电气系统	1. 电气设备拆机前必须断开电源； 2. 同一台车上不影响拆机的连接电缆不用拆卸；不在同一台车上的电缆需两端拆卸，单独打包； 3. 控制室与配电柜、主驱动变频电机与变压器、配电柜与变压器、配电柜与液压站之间的电缆，需两端拆卸，单独打包； 4. 电器柜、变频柜等包装前，柜内必须放置适量的干燥剂； 5. 电缆拆卸应尽量遵循方便快捷的原则，在两端源接处拆卸，不得破坏性拆卸； 6. 电缆拆装要确保接线柱及接头的完好，电缆线号标记完整，对电缆接头进行包裹和防潮处理； 7. 单端拆线：从电缆拆线端拆线后把电缆整齐打包到另一端旁边，动力电缆用打包带捆绑并用塑料膜包裹好，用尼龙绳系好固定在车架上，防止滑落或碰撞。多芯（≥12 芯）控制电缆同理。其他较细的电缆可用扎带捆扎； 8. 两端拆线：从电缆两端拆线后把电缆在地面上盘好，动力电缆用打包带捆绑并用塑料膜包裹好，多芯（≥12 芯）控制电缆同理。其他较细的电缆可用扎带捆扎； 9. 所有电气设备元件应包裹捆扎好，防潮、防碰撞
2	流体系统	1. 液压设备拆机前必须断开电源，并对高压管路、蓄能器等有压部件进行泄压； 2. 液压元器件在拆卸前需恢复至初位。液压设备断开时须做标识，断开的液压管路必须防护； 3. 长期不使用的情况下关闭所有液压泵出口球阀； 4. 液压管路拆卸前将液压油箱及液压管路内的液压油、流体管路内的水及油脂等介质清理干净。特别是流体管路内的水要排放干净，再用风吹干，管路内不得有水残留； 5. 备用水气管路球阀打开，循环系统单向阀要前后吹干，外循环散热器要拆开放水，用气吹干； 6. 将所有流量计前后管路拆开放水、吹干，并打包，切记流量计旁搭线焊接； 7. 为保护元器件，对管路进行吹气干燥时，气压不得高于 5bar； 8. 在对各管路进行放水、吹气干燥时，技术人员要进行确认后，方可对各管路进行包装
3	机械结构	1. 应根据下发的 TBM 拆机、吊装、大件尺寸质量图纸进行各部件或各系统的拆卸； 2. 对各部件、系统总图，检查各零部件完备性，核对定位尺寸； 3. 查看所有部件油漆质量，尤其注意配焊部分的油漆、护栏油漆等； 4. 所有外露的非贴合机加面均需要涂刷防锈油； 5. 机械设备拆机前必须对要拆卸的零部件及相对运动的零部件提前支撑固定，对于刀盘、主驱动、主梁一、主梁二、后支撑等大型结构件，需按照设计和工艺确定的方案进行拆卸和装车； 6. 机械设备拆机前须确认吊点最大承载量是否满足设备起吊要求； 7. 主驱动齿轮箱、减速机内的齿轮油排放干净； 8. 机械设备拆机后须对机加部位做好相应的防护； 9. 后配套行走机构、连接附件、楼梯平台、风管等按照同一节台车配车发货，保证齐套性，软风管均需要两端拆卸，单独打包随车发货； 10. 设备所需灭火器需装箱单独发货； 11. 装卸螺栓时注意不能损坏螺纹，螺栓、垫圈、螺母应拆卸清点数量，单独打包，随车发货，保证齐套性，散件装箱，同一节台车的螺栓单独打包发货； 12. 销轴、机加工小件等若需拆卸，必须做防锈、防碰撞包装，随大部件配车发货，保证齐套性； 13. 各部件固定时注意合理布置，尖角、棱边须做保护； 14. 各部分零部件包装箱内外贴清单，做好防潮防水措施，装箱清单严禁罗列数量不明的货物
4	放置、捆扎、包装	1. 在放置拆卸电缆时，所有的电缆不得受压、受拉，以免对电缆造成损坏，影响使用； 2. 拆卸的电缆必须单独打包，避免在运输过程中对电缆造成磨损、擦伤及破损； 3. 拆卸电缆过长时，将其卷至电缆卷盘或布置在线槽内或支架上进行折返，捆绑固定； 4. 拆卸电缆在放置时要平行布置，不得与其他电缆绞合、缠绕；

续上表

序号	系统名称	拆机要求
4	放置、捆扎、包装	5. 拆卸过程中先拆小线,后拆大线(因为在装配布线时要先布置大线再布置小线); 6. 对于变压器柜与配电柜及补偿柜之间的电缆,根据拆线原则,将变压器柜处的电缆拆卸,并将接头用塑料进行包装防水,用防水塑料布捆绑包装; 7. 对于液压站与配电柜之间的电缆,将配电柜处的电缆拆卸,并将接头用塑料进行包装防水,用防水塑料布捆绑包装; 8. 与控制室相连的不在同一单元上的其他设备,根据拆线原则,将控制室处的电缆进行拆卸,并将接头用聚氯乙烯(PVC)涂塑布进行包装,并将其捆绑固定在适当的位置; 9. 与配电柜及补偿柜相连接的不在同一单元上的其他设备,将配电柜及补偿柜处的电缆进行拆卸,将接头用塑料布包装防水,将其折返回该设备所在单元,并将其捆绑固定在适当的位置; 10. 液压管路拆卸部位用塑料或堵头捆扎防护,液压管路折弯半径不得小于管路的最小折弯半径; 11. 液压流体管路的拆卸必须明确标识,对管路的固定必须牢固可靠; 12. 机械加工部位必须涂抹黄油并用保鲜膜覆盖; 13. 所有捆扎部位应注意防护,不得损坏捆扎部位的零部件; 14. 对所有零部件对表面破损的部位进行补漆; 15. 包装材料使用PVC覆膜材料
5	清理/清洁	1. 对污染的表面进行清理以保证清洁; 2. 对锈蚀的表面进行除锈作业; 3. 对油漆脱落的表面进行补漆作业; 4. 对所有油管按序进行标号,油管油口使用堵头封堵; 5. 对所有线缆、油管进行整理,卷绕整齐并用扎带绑扎,固定在设备上
6	防护	1. 对所拆卸零部件上所有外露机加工表面涂防锈油进行防护; 2. 对设备上固定不牢的零部件进行加强固定; 3. 对螺纹孔攻丝后进行封堵处理,防止螺纹孔内进入杂物; 4. 对所有拆卸的管路进行封堵,防止杂物进入
7	标记	1. 粘贴标签前,必须将粘贴位置的油污擦拭干净; 2. 粘贴标签必须使标签平整无凸起、无气泡夹杂; 3. 标签位置的粘贴要遵循整齐、美观、易于看清的原则; 4. 在合适位置喷涂名称标识、规格大小,喷涂的字体均为黑体字,字体颜色为红色,字号统一; 5. 设备装车称重后,将部件实际质量喷涂在名称下方以便现场吊装参考; 6. 所有粘贴的标签要耐油、防水、抗高温,同时黏附力强,在潮湿震动环境中长期黏附不脱落

2)TBM零部件包装

(1)包装总体要求

TBM零部件包装总体要求见表3-7-3。

TBM零部件包装总体要求　　　　　表3-7-3

序号	包装总体要求
1	所有外露机加工表面涂完防锈油后,使用PE薄膜覆盖,重叠绕包,绕包后不留缝隙、不松散
2	在运输过程中包装膜可能发生破裂等情况,使用PE薄膜覆盖后,再使用防雨布进行包装加强
3	使用防雨布对设备上的接线盒进行包装
4	使用防雨布对设备上的所有附属液压、流体元器件进行包装
5	使用防雨布对设备上的所有附属电气元器件进行包装
6	设备装车后,整体使用篷布进行覆盖

(2)各系统零部件包装要求

TBM各系统零部件包装要求见表3-7-4。

TBM各系统零部件包装要求　　　　表3-7-4

序号	系统名称	包装要求
1	机械部件	1. 部件主体按大件尺寸图进行拆解； 2. 对污染的表面进行清理以保证清洁； 3. 所有外露机加工表面清理干净，表面涂EP2或防锈蜡，使用透明塑料薄膜防护，外层包裹防雨布，重叠绕包，绕包后不留缝隙，不松散； 4. 对固定不牢的零部件进行加强固定； 5. 所有螺栓螺纹涂抹防锈油，分类打包，未拆除螺栓预紧； 6. 螺栓、垫圈、销轴等小件单独装箱，做防锈、防碰撞处理，随大件一同运输，保证齐套性； 7. 螺栓装箱时分层放置，每层螺栓固定，层与层之间填充泡沫板隔离防护； 8. 拆卸主驱动各液压流体管路，打包、包装、标识； 9. 减速机安装配套盖板防护，外侧使用防雨布包装； 10. 刀盘、主驱动连接法兰面，主驱动与主梁一连接法兰面需涂抹EP2或喷防锈蜡，表面使用透明塑料薄膜防护，外层使用防雨布覆盖，重叠绕包，绕包后不留缝隙，不松散； 11. 减速机与驱动电机内冷却水必须使用压缩空气吹干，气压不能大于5bar
2	电气部件	1. 盘线时应按照电缆的位置、功能及先后次序进行区分，并做好标记； 2. 在放置所拆电缆时，所有的电缆不得承受对电缆造成损害、影响使用的挤压、拉力； 3. 拆卸过程中先拆小线，后拆大线（因在装配布线时先布置大线再布置小线）； 4. 将电缆两端拆除，用自封袋包裹电缆头，用透明胶带将自封袋缠紧，将电缆缠绕至电缆卷盘，用PVC涂塑布包裹，扎带绑紧，统计此卷盘所有电缆贴至卷盘上； 5. 所有电气设备元件用PVC涂塑布包裹，扎带捆扎好或透明胶带缠紧，做好防潮防损； 6. 在配电柜、变频柜、电容柜、操作箱、变压器柜、高压端子箱、控制柜内放适量的干燥剂； 7. 所有电器柜门锁好，包括配电柜、变频柜、电容柜、变压器柜、中压端子箱、控制柜等； 8. 所有端子箱盖紧固好； 9. 所有电机盖紧固好； 10. 锁好控制室门，保管好钥匙； 11. 所有电器设备及其防护装置必须固定牢固，做好标记，防止拆机、运输和再装机损坏； 12. 需要同机械部件一起运输，不需拆解的线缆及电气元件应做好防护，固定牢靠
3	流体部件	1. 首先对高压管路、蓄能器等存在压力的零部件进行泄压； 2. 将液压油箱和液压管路液压油、主驱动变速箱中的齿轮油放出回收，流体管路内水、油脂管路的油脂等介质清理干净； 3. 液压管路、油脂管路断开后必须及时用堵头或者封板将油口封堵完好； 4. 流体管路断开后，先将管路内部的水排尽，并用压缩空气吹干，然后再用塑料袋堵塞扎紧； 5. 台车与台车（含连接桥、主机）之间的连接软管，拆开后将软管留在带平台的那端，然后随该台车进行发货；在捆绑时，必须注意预留弯曲半径的空间，严禁将软管强行弯曲造成损坏，如果空间确实不足的，可以将管路拆卸单独打包； 6. 液压泵站电机、散热器、油箱顶部及水泵站中的电机、气动球阀、流量计等部件打包防护； 7. 液压油、齿轮油、润滑脂等油料应包装好，单独装车发货（单独发货的见发货清单）

7.1.2 运输车辆准备

牵引车和挂车需符合车辆技术规范规定的运行标准，如有必要时，按运输方案的要求调整车辆运行参数，如挂车轮胎气压、牵引车配重等，并完成相应的试验和检查。

7.1.3 运输外界条件准备

整顿装、卸车场地，使之满足车辆进出和货物装卸要求、运输道路排障、办理超限件运输通行手续。对于需在运输途中处理的道路障碍，提前制定可行的方案。

7.1.4 运输文件准备

理货报告、验道报告、计算说明书、运输方案、安全措施、车辆检查报告等运输文件准备，所有报告的相关数据应该一致。如果进行了修改，应附详细的说明，并经相关人员确认。

7.2 运输方案

7.2.1 运输组织机构

1）运输组织形式

TBM 出场运输组织形式分为以下两种。

(1)施工单位自行组织运输。

招标前，必须全面掌握 TBM 设备构成、大件的尺寸及质量，全面考察工厂到工地运输线路、潜在投标人的情况。编制招标文件时必须严格限定投标人的资质业绩，具体包括：

①拟邀请或选择的投标人要具备与需要运输部件的尺寸、质量、规格相对应的运输资质。

②要求承运单位具备一定数量的注册资金与运输能力，根据 TBM 设备价值等综合考虑确定。

③界定潜在投标人具备的业绩，近年有 TBM 或类似设备承运业绩，并且其运输设备的运输最大尺寸、最大运输能力满足要求。

④潜在投标人具有相应的起重运输专业技术人员，并具备相应的资质证书与丰富经验。

⑤潜在投标人具有良好的社会沟通协作能力，以应对路政运管、沿途障碍等因素。

(2)卖方组织运输。

卖方需要选择具有丰富运输经验的承运单位进行运输工作，目前主要是以卖方组织运输为主。运输过程中要有严格的、层次分明的组织机构，明确规定各部门及人员的职责权限，以及内部和外部的联络渠道，使各项与运输有关的工作落实到人。设备从出厂到现场，发货清单及车辆完整信息要记录清楚，可追踪运输车辆具体位置。

2）运输组织机构组成及人员职责

出厂前合同方成立运输组织机构，确保运输工作可以高效、有序完成。运输组织机构包括总负责人(买方)、发货负责人(卖方)、发货小组、运输单位负责人、货车驾驶员、收货负责人(买方)、商检小组。组织机构如图 3-7-1 所示。

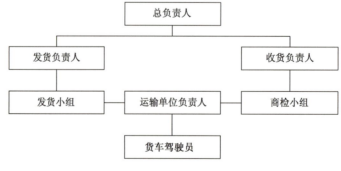

图 3-7-1　运输组织机构图

（1）总负责人职责

根据现场情况,制定到货计划,跟踪出厂货物,现场商检货物,协调发货负责人和收货负责人。

（2）发货负责人职责

根据到货计划,制定出厂计划,协调运输单位负责人及发货小组,同收货负责人对接,向总负责人汇报发货情况及货物跟踪情况。

（3）发货小组职责

按照发货顺序,根据装货要求,详细填写货单,过程中出现问题及时向负责人反映。

（4）运输单位负责人职责

协调运输车辆和驾驶员及时到厂装车,运输途中处理一切干扰因素,跟踪车辆信息,并及时向合同方汇报。

（5）货车驾驶员职责

安全、高效地将运输货物运至指定地点,并同现场商检小组完成货物交接工作。运输途中负责对货物的遮盖及捆绑工作,运输途中每天向负责人汇报行程信息及定位,遇到问题及时向运输单位负责人汇报。

（6）商检小组职责

做好 TBM 的接收工作,负责对到达工地的 TBM 设备、备件、配件等的商检工作。随车清单到场,商检人员与卖方及运输单位对照发货清单逐件、逐项检查,将检查中发现的问题记录在案,做到账目清楚。

（7）收货负责人职责

根据运输计划,同发货负责人对接,及时了解运输信息,做好现场接货准备,认真做好商检组织工作,及时向总负责人汇报。

TBM 部件起运顺序及到达工地现场的摆放位置,应提前做好沟通,严格按照组装顺序,合理安排发货计划。如有特殊情况出现,需临时调整运输计划,应及时联络。尽量避免现场二次倒运,如因组装场地受限或其他原因导致倒运情况出现,要根据现场实际情况进行倒运车辆配备。TBM 部件装车起运后,工厂内签字确认,卸货完成以后,双方签字确认,完成现场货物交接,代表单次运输工作结束。

7.2.2 运输流程及内容

TBM 运输流程如图 3-7-2 所示。

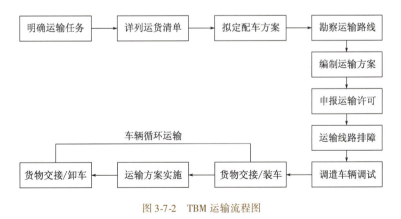

图 3-7-2　TBM 运输流程图

1）明确运输任务

运输任务需要明确如下内容:运输起止地、交接货物接线、有无二次倒运、装卸货物分工、运输周期要求等。

2）详列运货清单

根据卖方工厂拆解情况、组装工作实际情况及运输沿线道路情况,确认运输货物清单,分类装车,标注货物名称、尺寸、质量。以某TBM为例,其发货清单见表3-7-5。

某 TBM 发 货 清 单　　　表 3-7-5

序号	细目号	名　　称	最小可拆分	数量(件)	外形尺寸(mm)	单件质量(t)	总质量(t)
1	1.1	刀盘	中心块	1	4850×4850×1780	75	75
	1.2		边块	4	5586×1525×1780	21	84
2	2.1	主驱动	主驱动	1	5960×5690×2178	140	140
	2.2		变频电机	10	1500×1000×1200	1.9	19
	2.3		扭矩限制器	10	—	0.23	2.3
3	3.1	护盾	搭接护盾	2	4050×2748×1137	9	18
	3.2		顶护盾	1	4225×3933×1365	17	17
	3.3		侧护盾	2	5277×2600×1731	25	50
	3.4		底护盾	1	4126×2290×1485	22	22
4		主梁一		1	7650×4050×4658	75	75
5		主梁二		1	8235×4300×3390	120	120
6		撑靴		2	4206×2248×1439	25	50
7		后支撑		1	5465×3440×5270	37	37
8	8.1	连接桥	连接桥1段	1	7000×3380×2000	25	25
	8.2		连接桥2段	1	11116×3380×2831	25	25
9	9.1	1号台车	液压主泵站	1	7000×1246×2727	20	20
	9.2		润滑泵站	1	4000×1200×2285	1.1	1.1
	9.3		喷混机械手泵站	1	1500×800×1686	0.8	0.8
	9.4		底框架	1	10800×3221×2447	9.2	9.2
	9.5		中间框架	1	10480×3200×2445	11.5	11.5
	9.6		上平台	2	10480×1860×386	1.6	3.2
10	10.1	3号台车	变频柜	1	8000×610×2362	3.5	3.5
	10.2		罐体吊机总装	1	1500×800×1686	11	11
	10.3		底框架	1	14340×3250×3195	12.7	12.7
	10.4		中间框架	1	14620×3200×2767	12	12
	10.5		上平台	2	14620×1880×400	3	6
11		连续带式输送机		36	φ1500×914	13.5	486
12		高压电缆		20	φ1500×1500	6	120
13		通风软管		73	2200×2000×1000	1	73

3）初拟配车计划

运输车辆配备应综合考虑到货物的外形尺寸、质量、运输道路承载情况,部分超限设备采用低平板。对于常规普通货物可选择集装箱半挂或半挂车进行运输。对超限件,需要配置多轴线或者液压板,确保运输货物平稳,例如主驱动、主梁一、主梁二段等。根据《电力大件运输规范》(DL/T 1071—2014),将运输设备进行分级,分为普通货物和大型货物(以下简称"大件")。根据交通运输部《道路大型物件运输管理办法》中的相关规定对TBM主要大件设备进行分类。大件等级分类见表3-7-6。

大件等级分类表　　　　　　表 3-7-6

级别/名称	标准条件	备注
一级大型物件	长度大于 14m(含 14m),小于 20m	满足条件之一即可
	宽度大于 3.5m(含 3.5m),小于 4.5m	
	高度大于 3m(含 3m),小于 3.8m	
	质量大于 20t(含 20t),小于 100t	
二级大型物件	长度大于 20m(含 20m),小于 30m	
	宽度大于 4.5m(含 4.5m),小于 5.5m	
	高度大于 3.8m(含 3.8m),小于 4.4m	
	质量大于 100t(含 100t),小于 200t	
三级大型物件	长度大于 30m(含 30m),小于 40m	
	宽度大于 5.5m(含 5.5m),小于 6m	
	高度大于 4.4m(含 4.4m),小于 5m	
	质量大于 200t(含 200t),小于 300t	
四级大型物件	长度在 40m 及以上	
	宽度在 6m 及以上	
	高度在 5m 及以上	
	质量在 300t 及以上	

(1)全液压挂车的承载部位就是挂车车架的上平面,呈网格式平板状,平板挂车的连接部件都是标准化、系列化的,可按所运大件货物的尺寸、质量灵活组合,以使其限定在额定轴重范围之内。

(2)低平台挂车:可降低运输高度,满足沿途桥下净空要求,从而减少运输工艺,避免对市政设施的干扰,最大限度节省运输费用。

4)勘察运输路线

承运单位要对 TBM 设备本身,从工厂到工地可供选择的运输线路认识清楚,需实地考察 TBM 设备实物、始发地、目的地等,详细勘察运输道路,尽量避过大江大河、城镇。充分利用高等级公路,力求运输距离最短、排障工作量最少。最终形成的验道报告,应包括推荐路线、备用路线、运输线路图示、桥涵、困难路段照片、示意图等内容。

5)编制运输方案

运输方案应包括车辆配置、技术计算、运输路线分析、排障措施、中转装卸现场条件、装卸工艺方案、运行作业计划、安全质量保障措施、应急预案、监督管理等内容。

6)申报运输许可

按照交通运输部门规定,准备申报必需的文件、资料、图样等,经审核批准领取"超限运输车辆通行证"。运输中涉及交通管制时,要与公安交通管理部门办理通行安全保障协作手续。

7)运输线路排障

按照既定的运输线路排障方案,及时组织好并按施工进度要求完成各排障点施工任务和验收工作。

在正式运输前,对线路进行复查,了解近期有无变化,各排障点经施工后,能否满足车组通行要求,必要时组织整改。

8）调遣车辆调试

牵引车、挂车及附属设备,按规定保养检测和维修,涉及安全的重要部件进行性能测试。车辆调集后,按既定车组形式进行组织模拟试运。

9）货物交接/装车

货物装车后进行安全检查及外观检查,确认有关标记,必要时拍照记录。货物装车要求如下：

(1)每个部分拆卸的螺栓需做好包装,并标示清楚使用位置,与该部分其他零部件一起装车运输；如果螺栓、螺钉不拆卸,要保证预紧力。

(2)装车时要防止偏载、偏重,保证车辆运行时的平稳性。

(3)绑扎固定工作要指派有经验的工人进行操作。

(4)检查绑扎用的绑索是否良好,不得使用有缺陷的绑索进行绑扎。

(5)对设备的绑扎要牢固,不得松动或折断,同时又要易于解开,以便万一发生危险时能立即解绑。

(6)绑扎时,设备的左右、前后绑索应基本对称,且各绑索的受力应尽可能均衡。

(7)绑扎时,绑索的加绑水平角应尽量小,从而减小绑索的受力程度,充分发挥绑索的拉力。

(8)禁止使用钢丝绳串联的绑扎方法。

(9)车板与设备之间垫木方、胶皮或棉垫,以防止设备在运输过程中因颠簸而导致表面受损伤。

(10)运输总则参照技术说明书运输规范章节施行。

10）运输方案实施

严格按照规定程序和规范进行操作,按既定的路线和行程运行,按规定的地点和期限停车作业、检查、食宿。

11）货物交接/卸货

按指定卸货地点和货物摆放方位要求停放车辆,承运方和接货组配合验货、卸货。

7.2.3 运输过程控制

1）运输过程安全检查

运输过程实施安全检查,根据安全及预防措施所列项目和运输方案所制定的措施由安全负责人适时进行。

(1)装车检查:检查货物是否装在挂车指定位置,货物的重心是否与挂车的中心对正,挂车液压悬挂支承回路间的压力是否平衡,垫木与车体间连接是否合理,捆扎工具、捆扎方式是否符合技术要求并牢固可靠,重要部位的防护措施是否有效,信号指示措施是否得当等。

(2)运行中检查:行驶一段距离后对货物的移位情况检查,捆扎情况的检查,每日运行前操作人员是否对车辆进行了检查,是否按指定的路线运行,运行途中是否按运输方案的要求操作（如上下坡、车速等）,通过桥梁时的措施是否可行等。

(3)卸车检查:车辆停放的位置是否符合卸车要求,捆扎工具已全部解除,卸车过程是否符合方案要求等。

2）设备吊装检查

在设备吊装和大件运输过程中安排专业人员处理各种应急情况并实时观察车辆运行过程中设备的状态等。大件运输过程中每一个环节需要慎重，任何细节的疏忽都会导致无法补救的严重后果。

7.3　TBM 运输组织案例

兰渝铁路西秦岭隧道 TBM 运输组织案例见二维码链接。

本篇参考文献

[1] 唐经世,张松柏.西康铁路秦岭Ⅱ线隧道北口大导洞完工之回顾[J].建筑机械,1998(06):3-5.

[2] 楼文虎,舒磊.中国第一座特长越岭隧道——西康铁路秦岭隧道[J].铁道工程学报,2005(S1):185-191.

[3] 徐赞,胡必飞.仰拱预制厂厂房建设及维护要点[J].隧道建设,2011,31(6):770-775.

[4] 杨红军,童星宽.混凝土管片质量控制[J].混凝土,2007(03):100-103.

[5] 王春梅,李达,郑强.平导设置对富水山岭隧道排水效应影响研究[J].现代隧道技术,2019,56(01):87-93.

[6] 孙谋,周振国.秦岭Ⅰ线隧道进口仰拱预制块生产工艺的确定[J].世界隧道,1998(05):49-52.

[7] 邓勇.大断面TBM组装洞室设计与施工[J].现代隧道技术,2010,47(1):66-71.

[8] 袁亮.TBM地下组装洞室的设计与施工[J].水电站设计,2012,28(S1):48-50,57.

[9] 杨光."一洞双机"TBM组装洞结构形式优化分析与探讨[J].隧道建设(中英文),2019,39(7):1158-1164.

[10] 罗俭,陈姿霖.TBM混凝土管片预制厂规划及设计[J].湖南水利水电,2018(05):28-31.

[11] 赵宪女.吉林省中部城市引松供水工程(温德河至岔路河段)安装间设计分析[J].长春工程学院学报(自然科学版),2017,18(2):65-67.

[12] 蒲青松,管会生.盾构管片模具的选型研究[J].四川建筑,2011,31(6):205-206,209.

[13] 蔡宪功.预制混凝土管片生产工艺及质量控制分析[J].广东建材,2017,33(6):74-76.

[14] 邓子谦.TBM混凝土管片预制厂占地规模快速计算方法研究[J].水电站设计,2017,33(3):58-64.

[15] 贾建宇.TBM全断面掘进隧洞预制管片的施工及质量控制[J].山西水利科技,2009(02):29-30.

[16] 徐赞,胡必飞.仰拱预制厂厂房建设及维护要点[J].隧道建设,2011,31(6):770-775.

[17] 苏利军,刘立新.锦屏二级水电站施工排水洞TBM组装洞设计研究[J].隧道建设,2007(06):36-38.

[18] 齐梦学."一洞双机"TBM施工辅助洞室规划影响因素分析[J].国防交通工程与技术,2019,17(5):6-11.

[19] 国家铁路局.铁路隧道设计规范:TB 10003—2016[S].北京:中国铁道出版社,2017.
[20] 全国建筑施工机械与设备标准技术委员会,中国铁建重工集团有限公司,等.全断面隧道掘进机 敞开式岩石隧道掘进机:GB/T 34652—2017[S].北京:中国标准出版社,2017.
[21] 王小红.浅谈盾构TBM的大件运输[J].城市建设理论研究(电子版),2018(14):130.
[22] 姚新尚.浅谈盾构TBM的大件运输[J].隧道建设,2007(06):112-113.
[23] 国家能源局.电力大件运输规范:DL/T 1071—2014[S].北京:中国电力出版社,2014.
[24] 中华人民共和国住房和城乡建设部.盾构法隧道施工及验收规范:GB 50446—2017[S].北京:中国建筑工业出版社,2017.

ROCK TUNNEL
BORING MACHINE(TBM)
CONSTRUCTION HANDBOOK

第4篇
TBM法隧道施工

TBM法隧道施工是包含多个工艺环节的系统工程,了解和掌握各施工环节的工艺特点,对施工全过程进行科学管理是保障TBM顺利施工的根本。本篇从TBM及施工配套设备现场组装调试、TBM步进、掘进与支护、辅助工艺、二次衬砌与灌浆、中间转场、拆卸七个方面,阐述了各环节的施工工艺流程、技术特点和管控要点。其中,TBM及施工配套设备现场组装调试是施工的基础,TBM步进、掘进与支护是施工的关键环节,辅助工艺、中间转场和拆卸是施工的保障。

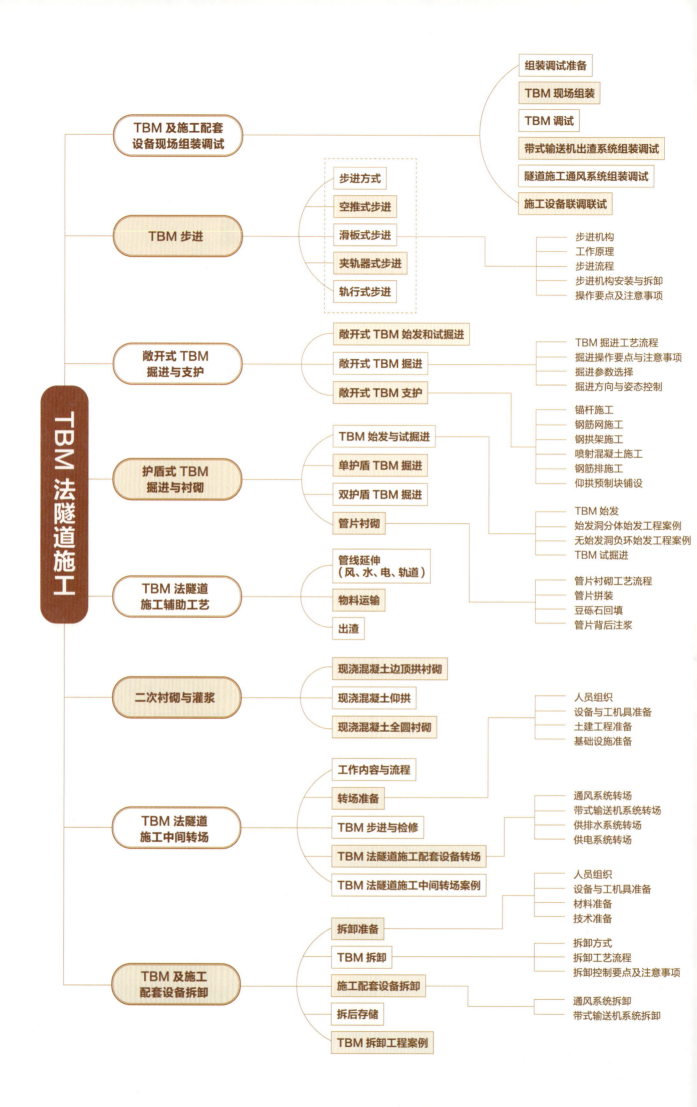

第 1 章 TBM及施工配套设备现场组装调试

为了确保TBM法隧道施工各个工艺环节的有序高效衔接,保障施工设备和资源合理配置,TBM及施工配套设备以部件形式运抵工地现场后,需要现场组装并全面调试,达到相互协调、正常工作的状态。本章以全新设备现场组装调试为例,介绍TBM、带式输送机出渣系统、隧道施工通风系统的组装调试(含联调联试)工作流程、操作要点和注意事项。

1.1 组装调试准备

1.1.1 专项方案编制

TBM及主要施工配套设备现场组装调试前,需编制组装调试专项方案,并做好组装场地规划、设备、工机具、材料等准备工作。TBM及主要施工配套设备组装调试专项方案包括编制依据、工程概况、组装调试方案、人员组织、设备及工机具计划、材料计划、工艺方案等方面的内容。组装调试方案条目和内容见表4-1-1。

现场组装调试专项方案编制大纲　　　　表4-1-1

方案条目	主要内容	方案条目	主要内容
1 编制说明	1.1 编制依据	4 施工准备	4.6 制定施工方案
	1.2 适用范围		4.7 环境保护措施
2 工程概况	2.1 工程介绍		4.8 TBM及配套设备出厂运输
	2.2 地质特点	5 TBM组装调试	5.1 TBM组装
	2.3 技术参数		5.2 TBM调试
3 总体方案	3.1 组装调试概述	6 带式输送机组装调试	6.1 带式输送机组装
	3.2 组装调试总体流程		6.2 带式输送机调试
4 施工准备	4.1 组装场地	7 施工通风组装调试	7.1 通风系统组装
	4.2 风水电供应		7.2 通风系统调试
	4.3 人员组织	8 联调联试	8.1 PLC程序互锁
	4.4 设备准备		8.2 信息相互传输
	4.5 材料准备		

续上表

方案条目	主要内容	方案条目	主要内容
9 安全保证措施	9.1 安全保证体系	11 进度计划及保障措施	11.1 工期
	9.2 应急救援措施		11.2 进度计划
10 质量保证措施	10.1 质量保证体系		11.3 进度保障措施
	10.2 质量巡检制度		

1.1.2 组织机构设置

新购TBM的现场组装调试一般由制造商提供技术指导并对组装调试质量负责。为了便于协调组装调试过程的各方资源,并对组装调试质量进行监控和管理,施工单位需组建相应的管理团队,并科学配备管理和技术人员,以及强有力的后勤保障团队。

1）组织机构

TBM组装前成立组织机构,合理配备人员并明确分工。组织机构由TBM经理担任总指挥,TBM专家组、机电总工、制造商技术服务人员任技术指导;配备TBM组装调试组、带式输送机组装调试组、通风系统组装调试组、后勤保障组等。TBM现场组装调试组织机构如图4-1-1所示。

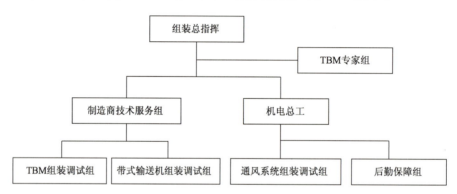

图4-1-1 TBM现场组装调试组织机构示例

2）人员配备及职责

TBM现场组装调试通常采用两班作业制,工作时间可根据现场实际情况适当调整。制造商需配备现场服务经理和专业工程师;施工方需配置TBM经理、机电总工程师、专业工程师等,人员配置示例见表4-1-2所示。

某工程TBM及主要施工配套设备现场组装调试人员配备表　　表4-1-2

序号	部门	岗位	人数(人)	岗位职责
1	管理人员	总指挥	1	人员协调、工序安排
2		TBM专家组	4	组织、方案、工期等论证、审核、优化,技术指导
3		机电总工程师	1	人员组织、培训教育、质量审核
4		制造商服务经理	1	制造商人员管理、两方协调
5	TBM制造商技术服务组	机械工程师	2	对施工方人员技术培训,指导机械部件的组装、调试
6		液压工程师	2	对施工方人员技术培训,指导液压部件的组装、调试
7		电气工程师	2	对施工方人员技术培训,指导电气部件的组装、调试
8		带式输送机工程师	2	对施工方人员技术培训,指导带式输送机部件的组装、调试

续上表

序号	部门	岗位	人数(人)	岗位职责
9	TBM制造商技术服务组	隧道通风工程师	1	对施工方人员技术培训,指导风系统安装调试
10		测量导向工程师	1	对施工方人员技术培训,测量导向系统安装调试
11	TBM组装组	组装工班长	2	安排本班工作、人员分工
12		机械工程师	2	组织机械部件的组装调试
13		液压工程师	2	组织液压部件的组装调试
14		电气工程师	2	组织电气部件的组装调试
15		技工	10	协助各专业工程师组装、调试
16		普工	6	在技术人员指导下组装、调试各部件
17	带式输送机组装组	带式输送机制造商服务工程师	3	对施工方人员进行带式输送机使用、维保培训,指导组装
18		工程师	2	带式输送机组装调试技术指导、人员管理
19		技工	4	电焊、吊装等作业
20		普工	4	组装调试带式输送机部件
21	通风系统组装组	风机制造商服务工程师	1	对施工方人员进行风机使用、维保培训,指导组装
22		专业技工	2	通风系统组装调试人员管理
23		普工	6	负责通风系统的组装、调试
24	后勤保障组	安全员	2	负责组装调试期间的安全管理
25		运输调度	2	负责材料、设备的运输调度
26		运输员	4	负责材料运输
27		吊装专业人员	4	负责大件吊装
		合计	71	

1.1.3 设备机具配置

TBM及施工配套设备现场组装调试工作量大,涉及范围广,相互交织,持续时间长,因此需要合理配置起重设备、风水电供应设备、专用工机具等。组装用设备主要包括起重设备、动力设备、专用设备、通用设备等,TBM组装用设备和工机具应在TBM组装前全面检查,必要时需经试验确认其适用性与可靠性,确保状态良好。起重机等特种设备需按相关规定办理验收取证手续。

TBM及施工配套设备现场组装调试根据TBM机型、开挖直径、组装工艺、现场环境等科学规划、合理配置。敞开式TBM洞内组装调试主要设备配置见表4-1-3。

敞开式TBM洞内组装调试主要设备配置 表4-1-3

序号	设备类型	设备名称	数量	备注
1	起重设备	桥式起重机	1台	根据最大起吊重物质量选择
2		桥式起重机	1台	快速起吊、装卸部件
3		汽车起重机	1台	洞外物料装卸
4		液压升降平台	1台	辅助组装
5	动力设备	变压器	1台	组合变电站
6		空压机	2台	包括配套设备
7		通风机	1台	隧道供给新鲜风

续上表

序号	设备类型	设备名称	数量	备注
8	动力设备	水泵	2台	施工排水
9		水泵	3台	施工供水
10		发电机组	1台	应急供电
11		辅助液压泵站	1套	为TBM调试、步进提供动力
12	专用设备	胶管扣压机	1套	液压胶管扣压
13		切管机	1套	切割液压胶管
14		液压扭矩扳手	1套	配套泵站、套筒等
15		液压预紧螺栓拉拔器	1套	预紧螺栓紧固
16		电焊机	4台	机械构件焊接
17		割枪	3套	机械件的切割
18		刨枪	1套	焊缝的刨除
19		胶带、电缆收卷设备	1套	收放胶带、电缆等
20		胶带硫化器	2套	硫化胶带
21	专用工具	各类吊具	若干	吊环、导链、吊带、钢丝绳
22	通用工具	—	3套	—

1.1.4 组装调试材料配置

TBM及施工配套设备组装过程中所需的材料,主要包括钢材、电缆、油管、油料、方木等,上述材料应提前准备到位。某工程TBM组装调试材料准备示例见表4-1-4。

某工程TBM组装调试材料准备　　表4-1-4

序号	名称	数量	备注
1	煤油	100kg	清洗用
2	柴油	100kg	清洗用
3	擦机布	100kg	化纤布
4	电焊防护用品	10套	劳保用品
5	风镜	10副	打磨防护
6	螺纹胶	2L	根据需求配备
7	密封胶	2L	根据需求配备
8	螺栓润滑剂	5桶	
9	螺栓紧固剂	5桶	
10	铜基抗咬合剂	约5kg	
11	油石	2块	
12	油漆	若干	
13	开口销	系列	
14	绑扎带	若干	各种系列
15	密封袋	若干	图纸、小型配件存储
16	钢材	若干	扁钢、角钢、工字钢、钢板、圆钢、钢管、钢筋

续上表

序号	名称	数量	备注
17	枕木	300 根	24cm×16cm×250cm（尺寸根据需求）
18	主梁临时支架	8 根	2 根 4 支腿（需核实厂家是否配备）
19	清洗用油盆	4 个	铁皮盆
20	胶带硫化材料	若干	根据胶带硫化次数决定数量
21	化油器清洗剂	10 箱	清洗生锈部位
22	哨子	6 个	
23	电焊条	若干	根据焊接强度要求配备多种型号
24	安全绳	300m	$\phi20mm$
25	氮气	2 瓶	钻机蓄能器使用
26	二氧化碳	10 瓶	二保焊机使用，随时补充
27	低高压胶管	若干	根据需求配备

1.1.5 辅助设施配置

为了确保顺利完成组装调试工作，TBM 及施工配套设备组装前应做好场地布置、通风、供排水、供配电、部件运输与放置等辅助设施的准备工作。

（1）组装场地准备

TBM 组装场地详见第 3 篇第 2 章"施工场地规划与布置"及第 4 章"辅助洞室及施工通道规划"。

（2）通风与供风

TBM 组装调试期间焊接、切割、运输等环节会产生大量烟尘，为创造适宜的作业环境，应根据环境条件，如内燃设备单位功率需风量、人员需风量、切割耗氧量、环境空气置换等因素进行通风设计计算，选择合适的通风设备。通常在洞口设置新风机，将新风经软风管输送到组装洞室。某工程 TBM 洞内组装期间的通风布置如图 4-1-2 所示。TBM 及施工配套设备组装用高压风通过洞外或洞内布置的空压机提供，高压风经管路引至组装区域。

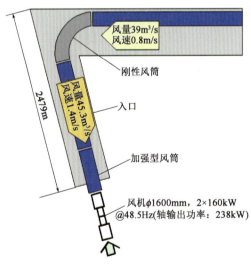

图 4-1-2 某工程 TBM 洞内组装期间的支洞通风

（3）供排水

TBM 及施工配套设备洞内组装调试时，供水可采用辅助洞室开挖时的供水系统，也可根据后续 TBM 法隧道施工需求布置供水系统；洞外组装调试时，可利用准备期间的供水系统或后续 TBM 法隧道施工的供水系统。

洞内组装时，组装调试期间排水可采用污水泵抽排，通过在辅助洞室布置排水管延伸至洞外预定地点。当支洞坡度较大时，应设置梯级排水系统；洞外组装时，需合理规划场地，自流排水系统。

（4）供电及照明

TBM 组装期间的供电除满足照明和起重设备使用外，还应满足其他电气工具、电气设备等用电。

通常在组装洞室附近布置一台箱式变压器(如 10 kV/400 V,1600 kVA),低压侧引出 400 V 电源至配电箱。配电箱中均安装漏电断路器,防止发生漏电伤人事故。

在 TBM 调试前宜完成 TBM 供电变压器安装调试,满足调试期间用电需求。

组装调试照明采用节能灯具,沿洞口直线布设至组装区域。组装区域采用大功率节能灯具,确保适宜的照明。

(5) TBM 部件运输

工厂组装调试和验收完毕后,TBM 适度拆解后运至工地现场。由于 TBM 部件众多而组装场地空间有限,应按 TBM 工地组装流程与工期,结合运输周期合理组织部件发运。

TBM 部件运输流程具体参见第 3 篇第 7 章"TBM 进场运输"。

(6) TBM 部件放置

TBM 部件运抵现场后,需要按照组装顺序和场地规划合理摆放,大型结构件(如前下支撑、驱动组件、主轴承、刀盘、主梁等),力争一次摆放到位,避免组装期间二次倒运影响组装进度和效率。某工程 TBM 主机大件在组装洞室内的摆放如图 4-1-3 所示。

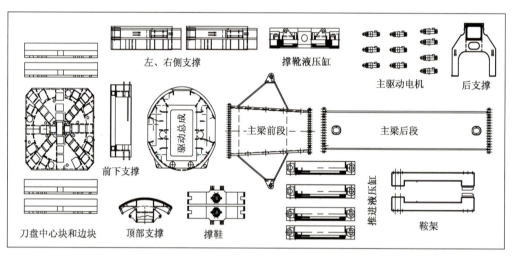

图 4-1-3 某工程 TBM 主机大件摆放示意图

1.2 TBM 现场组装

为了确保工程进度,提高施工效率,需提前编制 TBM 组装工艺流程、进度、计划,并规范落实组装安全和组装质量管理。TBM 现场组装按照组装场地的不同,分为洞内组装和洞外组装两种方式。本节以洞内组装为主线,分别介绍敞开式 TBM 和护盾式 TBM 组装流程、操作要点和注意事项,并简要说明洞外组装与洞内组装方式之间的差异。

1.2.1 组装总体要求

TBM 现场组装应在保证安全、质量的前提下,高效快速完成。

1) 组装准备阶段

(1) 组装前制定详细可行的 TBM 组装计划,以保证组装工作有序可控。

(2) 提前做好技术培训,使参与组装的人员了解整机结构及功能。

(3) 制定合理的组装材料、配件、工机具供应计划。
(4) 组装零部件标识清楚、摆放整齐,并做好清洁工作。
(5) 制定组装安全措施及应急预案。

2) 组装实施阶段

(1) 制定技术交底,根据组装计划,做好每日工作计划清单。
(2) 组装时与设备制造商技术人员积极配合。
(3) 设置质量控制组,加强组装质量的过程控制,检验每道工序,并及时总结。
(4) 设专职安全员,全程监督组装安全。
(5) 独立设备组装完成后,检查独立设备,发现问题及时处理。
(6) 整机组装完成后,组织施工单位、建设单位、监理单位、制造商联合检查。

1.2.2 敞开式 TBM 组装

敞开式 TBM 组装主要包含主机组装、连接桥组装、后配套组装。在工地现场,应根据开挖直径、设备配置、组装环境的差异,适当调整组装方案。本节以中等直径、常规配置敞开式 TBM 为例说明其组装过程。

1) 组装流程

敞开式 TBM 组装总体工艺流程包括主机组装、连接桥组装、后配套组装,如图 4-1-4 所示。

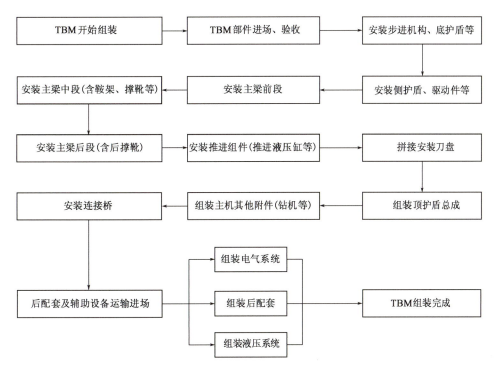

图 4-1-4　敞开式 TBM 组装工艺流程图

2) 主机组装

TBM 主机大件应直接在组装洞内卸车验收。吊装时要特别注意设备和人员的安全。TBM 主机组装步骤如下:

(1)步进机构、底护盾组装

在主机组装前,在地面测量放线后,步进机构底板准确就位,然后将底护盾放置在步进机构底板上,如图4-1-5所示。

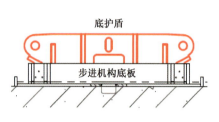

图4-1-5　组装步进机构和底护盾

(2)侧护盾、驱动组件组装

先将侧护盾安装在底护盾上并支撑牢固,然后将驱动组件起吊并竖直安装在底护盾上。侧护盾与驱动组件安装顺序可以互换,如图4-1-6所示。

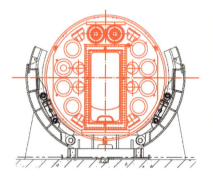

图4-1-6　侧护盾与驱动组件

(3)主梁前段组装

吊运主梁前段至预装位置,一端组装到驱动组件上,另一端采用型钢、支撑架、千斤顶等支撑牢固,带式输送机架和受料斗在主梁前段内部组装,如图4-1-7所示。

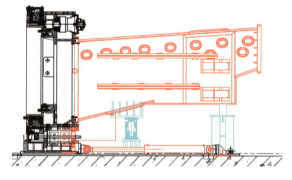

图4-1-7　主梁前段组装

(4)主梁中段组装

主梁中段包含鞍架、撑靴液压缸等机构,吊运主梁中段组装在前段上,另一端采用步进机构的承重托架支撑,如图4-1-8所示。

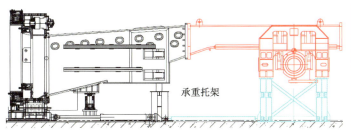

图 4-1-8 主梁中段组装

(5) 主梁后段组装

将主梁后段上的后支撑装置整体吊装并组装在主梁中段，底部可依靠钢托架或枕木支撑，如图 4-1-9 所示。

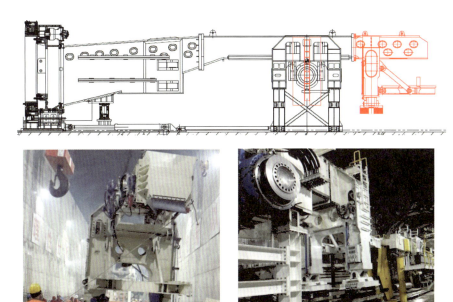

图 4-1-9 主梁后段组装

(6) 推进组件组装

将撑靴、推进液压缸等组装到主梁上，如图 4-1-10 所示。

a) 撑靴安装　　　　　　　　b) 推进液压缸安装

图 4-1-10 撑靴、推进液压缸组装

（7）刀盘组装

为便于运输和现场组装，根据刀盘直径的不同，刀盘可采用分块式，也可采用整体式。分块式刀盘在主机组装前拼装和焊接。为保证焊接质量，一般选择将刀盘水平放置拼装后平焊，再翻转刀盘平焊另一侧。当场地受限、刀盘整体质量过大时，也可将刀盘竖直放置拼装后立焊。刀盘焊接质量直接关系到刀盘寿命，以分块式刀盘（中心块1件+边块4件）平焊为例对其主要工艺流程介绍如下：

①刀盘组立：将刀盘边块与中心块组立，边块之间结合缝处装好垫片，安装连接螺栓及定位销后按要求预紧螺栓。刀盘法兰面朝上平放，下方用枕木垫起300～400mm。

②焊接准备：焊接前做好临时防风围挡，刀盘处于相对封闭空间内，为避免湿气和风力的影响，必要时布设热风设备保证焊接期间刀盘温度。焊接前要将焊接区域处的油漆、油脂、锈蚀等杂物全面清除、打磨干净，露出金属光泽。

③刀盘焊接：刀盘焊接首选的焊接方法是药芯焊丝气体保护焊，其次是手工电弧焊，焊接标准因制造商而异。在焊接前，药芯焊丝或焊条要预热，焊接后要使用保湿棉保温，使焊接区域缓慢冷却。刀盘焊缝一般先打底焊，渗透探伤（Penetrant Testing, PT）检查完全合格后再进行气体保护焊。

④焊缝检查：焊后100%目测检查和磁粉探伤（Magnetic particle Testing, MT）检查，不允许有任何裂纹等缺陷。

刀盘焊接完成后起吊并组装到驱动组件上，刀盘吊装及其组装位置如图4-1-11所示。

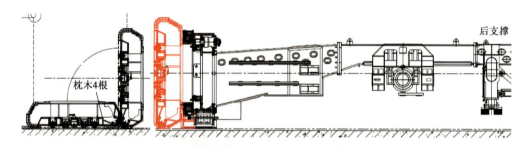

图4-1-11　刀盘吊装及其组装位置

（8）顶护盾总成组装

顶护盾总成包括顶护盾和两个搭接护盾，组装时将其整体起吊并安装在驱动组件上，如图4-1-12所示。

（9）其他设备组装

组装主驱动减速机和电机、拱架安装器、锚杆钻机、附属平台等，如图4-1-13所示。

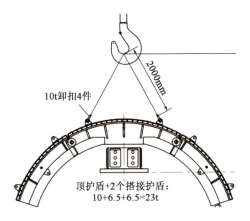

图 4-1-12　顶护盾吊装

a) 减速机安装　　　　　　　　b) 锚杆钻机安装

图 4-1-13　主驱动减速机、锚杆钻机等组装

3）连接桥组装

主机结构部件组装完毕后，即可开始组装连接桥。在组装连接桥前，需要在组装平台上预先安装轨道，以满足连接桥后部滚轮的定位安装。

连接桥的组装顺序如下：首先预装连接桥两侧主梁，将两侧主梁与后段连接，连接桥后部轮对就位，固定轮对，将连接桥箱梁后段与轮对连接；架设支撑，将箱梁中段与前段连接，将连接桥中段与后段连接。然后进行连接桥整体吊装，安装后部临时支撑以及带式输送机前部；连接桥与主机连接部分组装完毕后，需要组装调试步进机构。铺设轨道，并拆除临时支撑；TBM 主机向前方步进，步进调试与其他部件组装同时进行。连接桥组装工艺流程如图 4-1-14 所示。

4）后配套组装

后配套组装位置为 TBM 组装洞室。当主机、连接桥主结构部件组装完毕后向前步进，从而预留出桥式起重机有效运行空间。后配套结构件及附属设备分批次运抵组装洞室，边运输边组装，根据组装计划与实际进展安排运输工作。

根据组装洞室长度，后配套台车通常采取边步进边组装的方法，从前到后顺次完成后配套台车及附属设备组装，即组装完第一节台车（包括附属设备）后，TBM 向前步进，移出空间后，组装第二节台车及附属设备，然后再向前步进，再组装，以此类推，完成后配套的组装。

附属设备安装于后配套台车上，包括：混凝土喷射等支护设备，变压器、配电柜等电气设备，空压机、供排水系统等辅助设备。

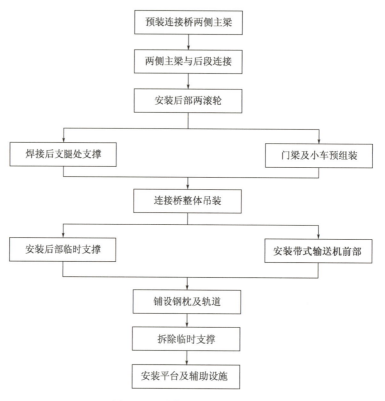

图 4-1-14 连接桥组装工艺流程图

1.2.3 护盾式 TBM 组装

护盾式 TBM 组装过程中，连接桥与后配套组装与敞开式 TBM 相同，主要区别在于主机。本节以城市地铁隧道双护盾 TBM 组装为例，介绍整机组装流程以及主机组装工艺（单护盾 TBM 组装过程可参照双护盾 TBM 组装）。

1）组装流程

双护盾 TBM 组装包含盾体组装、刀盘组装、连接桥组装、后配套设备组装等内容，双护盾盾体结构如图 4-1-15 所示。双护盾 TBM 组装工艺流程如图 4-1-16 所示。

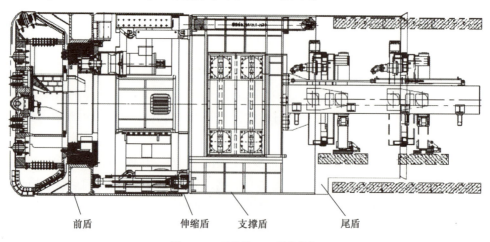

图 4-1-15 双护盾 TBM 盾体结构

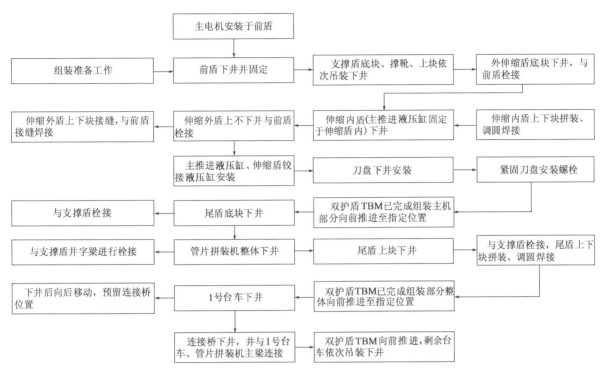

图 4-1-16 双护盾 TBM 组装工艺流程图

2）前盾组装

双护盾 TBM 的前盾内安装有主驱动系统。为便于组装，通常以整体形式运输至现场，经卸车、翻转直立，吊装于预定位置。如前盾重心与几何中心不重合，需调整吊索及吊装方式，就位后需采取加固措施，以防倾倒。前盾翻转及防倾倒斜撑如图 4-1-17 所示。

3）支撑盾组装

前盾下井就位并可靠固定后，吊装支撑盾。如果支撑盾外形尺寸大、质量大，设计时将其分为支撑盾上分块、撑靴部分、支撑盾下分块 3 个部分，由下至上依次下井组装。支撑盾上分块吊装如图 4-1-18 所示。

a) 前盾翻转

b) 前盾防倾倒斜撑

图 4-1-17 前盾翻转及防倾倒斜撑

图 4-1-18 支撑盾上分块吊装

4）伸缩盾吊装

伸缩盾分为内外两部分,即与支撑盾相连接的内伸缩盾及与前盾连接的外伸缩盾,分别设计为均分的上下两块,内伸缩盾内侧固定有主推进液压缸及铰接液压缸。吊装时先将外伸缩盾下半部分下井就位,并与前盾栓接;在地面将内伸缩盾上、下两部分拼装为整体,调圆后焊接,并整体吊装;再吊装外伸缩盾上半部分,就位后与前盾栓接。地面拼装、调圆、焊接后的内伸缩盾如图 4-1-19 所示,外伸缩盾上半部分吊装如图 4-1-20 所示。

图 4-1-19　内伸缩盾地面拼装、调圆、焊接

图 4-1-20　外伸缩盾上半部分吊装

图 4-1-21　刀盘下井与前盾对接

为防止变形,伸缩盾四个分块内部均需设置较多的临时支撑,根据需要吊装前可全部或者适当去除一部分,以保证吊装过程中伸缩盾不变形为控制标准。

伸缩盾完成组装后,安装主推进液压缸,焊接外伸缩盾与前盾的环向焊缝以及上下两块之间的纵向焊缝。

5）刀盘吊装

主推进液压缸安装完成后,拆除前盾防倾倒支架,吊装刀盘。刀盘水平运输到达组装现场,翻转直立后吊装下井。刀盘下井组装前,清理主驱动轴承与刀盘接触面,安装密封圈并防止其在吊装过程中掉落。刀盘吊装如图 4-1-21 所示。

6）尾盾及管片拼装机组装

尾盾由上下两部分组成,分块运输至施工现场;管片拼装机在工厂组装后整体运抵施工现场。尾盾及管片拼装机组装工艺流程如图 4-1-22 所示,管片拼装机组装现场如图 4-1-23 所示。

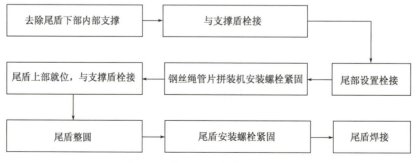

图 4-1-22　管片拼装机组装工艺流程图

图 4-1-23 管片拼装机组装

7）连接桥及后配套台车组装

如组装空间受限，管片拼装机完成组装后，已完成组装部分整体向前推进至预定位置，为设备连接桥及 1 号台车预留吊装位置。

按照双护盾 TBM 整机布置，管片拼装机后部为连接桥。连接桥为悬空设计，其前端架设于管片拼装机主梁上，尾部架设于 1 号台车上。在组装时，需先将 1 号台车吊装下井，并向后推移，留出充足的空间后，再将连接桥式起重机装下井，其他台车下井方式与 1 号台车相同。

根据实际工况后配套台车组装次序可提前于主机或滞后于主机。如果场地不受限制，可以多节台车同时组装，加快进度。后配套台车单节台车整体吊装如图 4-1-24 所示。

图 4-1-24 后配套台车单节台车吊装

1.2.4 组装注意事项

1）组装管控要点

TBM 组装涉及大件吊装及运输、设备验收、高空作业、机电系统组装等方面，在组装时要注意以下事项：

（1）吊装前要确认起吊件的质量，合理选用吊具，并在安全范围内起吊，起吊时以原设计吊装位置为准,确保起吊平稳、安全。

(2)组装之前应认真研究图纸图册,确认部件装配关系(按照前后、左右、上下的先后装配顺序),避免盲目作业造成的返工甚至部件损伤。

(3)注意保持液压元件及工作场所的清洁,使用前应清洁组装工具,操作人员应避免穿戴布/线手套操作,应使用不脱毛的布或涤纶毛巾,严禁使用棉纱擦洗管接头和外露的阀平面,避免由于布料纤维进入液压系统,引起阀内阻尼孔或其他小孔径元件堵塞故障。

(4)组装结合面刮脂、除锈并用清洗剂清洗干净(必要时涂油保护);已涂油漆的接合面(螺栓接合或焊接)均应除漆并清洗。

(5)液压系统总装前,必须清洗所有液压元件、辅助件及管路,并检验合格后方可开始后续工作,并注意各接口密封件不得遗漏破损。对于首次使用的液压阀、液压泵、回转马达、带式输送机托辊等执行元件,安装前应注入适量的液压油或润滑油、润滑脂。对于各轴承部位,应加入适量的润滑油或润滑脂,确保良好润滑。

(6)核实并确认各紧固件的规格、强度等级、紧固扭矩,确定螺栓端口涂抹材料(如HV10.9级高强螺栓喷涂MoS_2),采用正确的工具、方法和顺序将其紧固至规定扭矩,螺栓紧固扭矩见表4-1-5。

螺栓紧固扭矩(ISO 898/1—1988)　　　　　表4-1-5

螺栓规格	强度等级8.8			强度等级10.9			强度等级12.9		
	夹持荷载(N)	扭矩(lb·ft)	扭矩(N·m)	夹持荷载(N)	扭矩(lb·ft)	扭矩(N·m)	夹持荷载(N)	扭矩(lb·ft)	扭矩(N·m)
M6	9280	6.4	8.6	13360	9.2	12.4	15600	10.7	14.5
M8	16960	16	21	24320	22	30	28400	26	35
M10	26960	31	42	38480	44	60	45040	51	70
M12	39120	54	73	56000	77	104	65440	90	122
M14	53360	85	116	76400	122	166	89600	143	194
M16	72800	133	181	104000	190	258	121600	222	302
M18	92000	189	257	127200	262	355	148800	306	415
M20	117600	269	365	162400	371	503	190400	435	590
M24	169600	465	631	234400	643	872	273600	751	1018
M30	269600	925	1254	372800	1279	1734	435200	1493	2024
M36	392000	1613	2187	542400	2232	3027	633600	2608	3535
M39	468800	2090	2834	648000	2889	3917	757600	3378	4580
M42	537600	2581	3500	743600	3570	4840	869100	4173	5658
M45	626800	3225	4372	867000	4460	6047	101300	5210	7065

(7)电气、液压元件的安装应依据设计标准安装,并确保安装的准确性。

2)洞外组装注意事项

TBM洞内和洞外组装准备及组装流程基本相同,洞外组装时需注意天气的变化、周边环境及建(构)筑物等因素的影响。TBM洞外组装应注意以下事项:

(1)洞口场地需满足TBM大件临时存放及主机组装要求,同时兼顾TBM法隧道施工时的出渣及材料运输要求。

(2)组装位置和TBM始发方向要根据测量数据确定,控制组装场地标高与坡度,以确保TBM步进时无台阶,且尽量平坡步进进洞。

(3)洞外组装场地要求地基夯实、表面平整。

(4)组装场地排水顺畅、无积水,做好设备苫盖准备,防止被雨淋湿受潮。

(5)冬季组装时,需要注意水、油料、重要设备的保温;若组装所在地区冬季气温较低,必要时需搭建保温棚。

1.3 TBM调试

TBM整机组装完成后,需对各子系统和整机进行调试,以确保设备正常运行。TBM调试分为空载调试和加载调试2个阶段,分别在组装后和试掘进过程中完成。TBM调试主要内容包括外观检查、功能检查和性能测试,本节以空载调试为例说明TBM调试过程。

1.3.1 调试流程

TBM调试先分系统(电气系统、机械系统、单项设备、液压系统等)调试,再整机调试并试运行。调试与测试过程中应详细记录各系统运行参数,发现问题及时分析解决。TBM调试流程如图4-1-25所示。

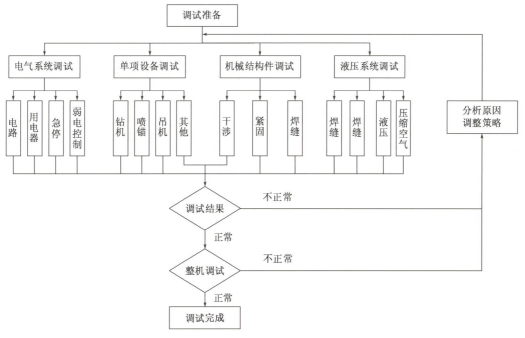

图4-1-25 TBM调试流程图

1.3.2 调试要点及注意事项

1)TBM调试要点

(1)TBM调试前检查工作

TBM调试所需的高压风、供水等可沿用组装期间布置的设施,调试时还需预先配置TBM所需的高压与低压供电系统等。调试前检查工作应注意以下要点:

①检查底护盾、刀盘与步进机构或洞壁的位置关系,确保刀盘旋转时不发生干涉。

②确认两侧洞壁的距离满足撑靴行程需求。

③确认电气系统的电缆连接正确、牢固,高压系统各开关处于正常状态。

④确认液压、润滑、高压风、冷却水系统管线连接正确、牢靠,阀组及传感器处于正常状态。

⑤确认冷却水、液压油、润滑油、冷却液等介质液位满足 TBM 调试需求且库存有合理的余量,确保泄漏时可及时适量补充。

⑥参与调试及巡检人员必须了解各急停按钮的位置,以备紧急时使用。

⑦保证调试人员之间通信畅通,方便联络。

(2) TBM 子系统调试

TBM 调试应遵循"先局部、后整体、先动力、后功能"的原则,依次完成 TBM 机械、液压、电气、单项设备的调试,然后进行 TBM 的整体调试。TBM 子系统和整机调试的主要内容包括外观检查、功能检查、技术性能测试、故障排除和参数调整。

①机械系统调试。

检查 TBM 机械构件的外观、运行干涉、运动能力测试、螺栓校核等,主要内容如下:

a. 检查各组装件的配合间隙、螺栓紧固、焊缝质量等是否存在问题。

b. 检查测试调整,使运动部件运行顺畅。速度、行程等满足设计要求。

c. 检测并核对结构件的运动行程、速度等是否满足需求。

d. 检测旋转构件的同轴度、旋转角度等。

②液压润滑系统调试。

液压润滑系统设备的调试内容主要是各系统的压力测试、信号检测、泵阀的控制等,可在空载和加载时分别测试,主要包括以下内容:

a. 检查软管和接头是否损坏和渗漏,检查阀、液压缸、泵等处的密封有无渗漏。

b. 检测各系统的压力、流量等是否在规定范围内。

c. 检查液压缸、油泵、阀块、管路、压力表、流量计等是否正常。

d. 对所有需要油脂润滑的部位注脂(除电机部分)。

e. 检测并确认液压缸、马达等执行器动作,检测其行程、速度、旋转方向等是否满足设计要求。

液压润滑系统部分常见故障解决方法见表 4-1-6。

TBM 液压润滑系统故障解决方法示例　　　　表 4-1-6

序号	故障表现	可能原因	解决方法
1	泵不供油	吸油管或滤网堵塞	打开阀
		马达联轴器松动或折断	检查、修理或更换
		泵转向错误	立即停泵,将电机接线调相
		液压油黏度过高	油液牌号错误、环境温度太低,换油升温
		吸油管阀处于关闭状态	拆卸清洗
		变量泵行程或行程设置不当	调整泵的设置
		泵损坏	检查、修复泵体
		出油管未接好或破损	检查软管,更换破损件
		阀件接管错误	确定各换向阀位置、置中位,直至正常工作
		溢流阀压力设置太低或失效	重新设置或更换

续上表

序号	故障表现	可能原因	解决方法
2	泵运行噪声	油量不足,造成泵吸空	停泵、补油
		吸油管渗漏导致泵吸空	停泵,检查吸油管连接,紧固、密封,修理或更换
		进油口堵塞	打开进油口截止阀,清理滤网
		呼吸器堵塞	更换呼吸器
		泵转向错误	停泵、调转向
		泵损坏	检查、修复
3	执行元件速度太慢	系统有气体	排气
		油液旁路流回油箱,控制阀阀芯未完全打开	检查、调整
		控制油路压力过低,先导控制阀未完全移动到位	调整
		未达到标称流量	调整
		执行元件内部泄漏	拆卸检查,更换密封或执行元件
4	油温过高	泵流量设置过高	调整流量
		高压泵额外漏损	检查调整泵输出流量
		泵压力补偿器调整不当	调整
5	密封润滑指示灯不指示	密封润滑泵回路不循环	调整
		油路分配阀故障	清洗、调整
		油路分配阀开关不工作	停机、检查、调整

③电气系统调试。

电气系统设备的调试内容可分为电路检查调试、用电设备空载检查调试、用电设备加载检查调试、急停按钮检查调试、控制系统检查调试等,TBM部分电气系统调试内容见表4-1-7。

TBM电气系统调试项目示例　　　　　　　　　　　　表4-1-7

序号	调试项目	调试内容
1	仪表	观察是否正常工作或损坏
2	照明装置	观察是否正常工作或损坏
3	主驱动电机	观察冷却水进排水口的接头是否牢靠
4	动力电缆	检查接线是否完好无损
5	端子	确保所有螺栓连接的接线端子牢靠、无腐蚀
6	电压情况	检查电压是否达到要求
7	快速接头	确保接头牢靠
8	电气元件	观察配电箱内的元器件是否松动
9	电气控制	检查所有控制功能是否正常
10	电机	清理电机外露表面(用干燥高压风吹扫)
11	配电箱	检查配电箱盖是否关闭严密或损坏
12	辅助接线箱	确保所有辅助接线箱关闭严密
13	急停回路	鉴别所有急停开关功能是否正常
14	启动器和接触器	清理启动器和接触器,观察有无老化和腐蚀迹象
15	其他	检查接地系统是否可靠

④单项设备调试。

敞开式 TBM 的单项设备包括拱架安装器、锚杆钻机、喷混设备、空压机、各种吊机等。护盾式 TBM 的单项设备主要包括管片拼装器、豆砾石吹填泵、注浆泵、空压机、吊机等。单项设备调试主要工作内容是检查、测试和调整设备,确保其功能和性能达到设计要求。单项设备可以在其组装完后立即调试,也可与其他设备同时调试。吊机和喷混系统调试如图 4-1-26 所示。

图 4-1-26　TBM 吊机和喷混系统调试

(3)整机调试

TBM 整机调试目的是通过检查和调整设备功能完整性,确保整体系统性能可靠,达到设计要求。整机调试主要工作内容为机械系统、电气系统、液压系统、润滑系统、通风系统、冷却系统、供配电系统等组成的整机系统协调工作能力的检查、检测和调整,使 TBM 联机各部位、各系统形成一个有机的整体,实现协同作业。整机调试应真实、准确、及时记录仪器仪表、运转参数等信息,各系统验收合格并确认具有正常运行功能,性能达标。

2)TBM 调试注意事项

在 TBM 调试过程中,除严格履行调试流程和要点以外,应重点关注以下注意事项:

(1)对电气系统、液压系统、机械系统等全面检验,确保所有管线无漏接、错接现象,确保机械构件连接紧固。

(2)全新 TBM 调试通常由 TBM 制造商负责,如果由施工单位承担调试工作,必须检查确认调试人员的技能水平与从业资格。

(3)调试前,需要检查确认设备安装的完整性和安全性。

(4)调试过程中,原则上相关部位的操作人员、维保人员应全程参与、观摩,以主动了解设备的技术状况、调试程序、操作控制方法、存在的问题及解决办法等。

(5)调试过程由专人负责记录调试过程的相关数据,并存档。

(6)检查液压油、润滑油、润滑脂、冷却液等介质的牌号、技术指标等是否符合 TBM 设计要求,规范加注,加注过程中应注意清洁,防止污染。

1.4　带式输送机出渣系统组装调试

TBM 法隧道施工带式输送机出渣系统,包括隧道连续带式输送机、支洞带式输送机、转载带式输送机,本节以连续带式输送机为例,介绍其组装调试。

连续带式输送机主要包括安装基础、驱动与从动装置、卸料构件、储带仓、张紧机构、控制系统、皮带架、托辊、胶带、支架或者吊链等。连续带式输送机组装调试就是将以上部件有序的组合在一起,使设备能实现运转、张紧、延伸、远程控制等功能,满足 TBM 出渣需求。

1.4.1 组装、调试流程

连续带式输送机组装前需制定组装方案、排定组装工期、明确组装流程、验收标准等;组装顺序为带式输送机基础安装→皮带驱动、卸料、储带仓、张紧装置安装→电气控制系统安装→洞壁支撑或吊链、皮带架、托辊安装→胶带硫化→带式输送机调试。带式输送机出渣系统组装、调试工艺流程如图 4-1-27 所示。

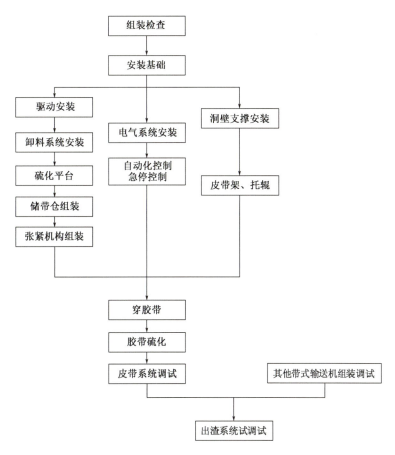

图 4-1-27　带式输送机出渣系统组装、调试工艺流程图

带式输送机出渣系统组装、调试工作,往往战线较长。具备条件的,宜多工作面同时作业,以缩短组装、调试工期,但需要投入较多的人员和设备。

1.4.2　组装操作要点

连续带式输送机组装的设备和装置包含组装主驱动、硫化平台、胶带存储机构、张紧机构、电气柜等,并组装皮带支架、配套托辊、胶带存储机构、胶带等。

1)带式输送机基础施工

根据图纸,确定储带仓、驱动装置卸料端安装位置,测量放样后浇筑混凝土基础并施作预埋件,再焊接支架,保证结构强度。带式输送机基础如图 4-1-28 所示。

图 4-1-28　带式输送机基础

2）带式输送机支架安装

TBM 出渣用带式输送机支架目前有两种形式：环链悬挂式和三角支架式。三角支架组装顺序：洞壁打孔→安装膨胀螺栓→支架就位→两端分别与皮带架、膨胀螺栓相连。环链悬挂式一般采用洞顶锚杆作吊点，吊点在洞室施工时预先施作。支架安装过程中，要严格按设计要求控制其位置和姿态，避免高程、水平位置轴线、左右高差超限，可借助测量仪器或定位激光等辅助安装。TBM 出渣用带式输送机皮带支架两种支架组装方式如图 4-1-29 所示。

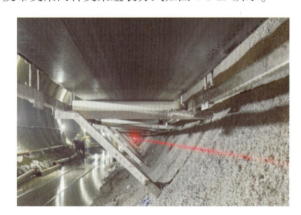 

图 4-1-29　三角支架式支架及悬挂式支架组装

3）驱动装置组装

带式输送机驱动装置包括驱动滚筒、从动滚筒等。驱动装置组装过程如图 4-1-30 所示，组装时要注意以下几点：

（1）将滚筒吊放到预定位置，注意轴承座定位，按照推荐扭矩紧固轴承座固定螺栓，要求位置准确，滚筒水平。

（2）安装滚筒时，保证滚筒本身的位置精度和滚筒之间的安装精度，同时全面检查滚筒两端轴承座的润滑状况，充填足量润滑脂。

（3）减速器总成分别套入滚筒传动轴内定位后，按规范分次对角紧固传动轴固定压圈上的螺栓，最后紧固减速器地脚螺栓。

（4）保证电机和联轴器连接的同心度和同轴度，待镶嵌好联轴器连接簧及相关零件后，再安装保护外罩。

（5）驱动电机接通动力线路后，必须逐台确认转向无误。

图 4-1-30　驱动装置组装

4）张紧机构组装

变频自动张紧装置由变频调速电机、行星减速机、容绳卷筒、导绳器、变频控制器、滑轮组、钢丝绳等组成，通常安装于储带仓前方，目前大多采用变频恒扭矩自动控制系统。拉紧力可根据实际需要调整，并能配合储带仓胶带的增减而收放钢绳，具有极限拉力保护、行程保护、失电保护以及与主机通信等功能。运行前，可将设定的拉力值输入控制器，拉紧装置在电脑的控制下与带式输送机机尾的延伸实现有机配合，张紧力实时自动调节。张紧机构如图 4-1-31 所示。

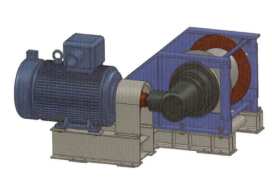

a) 张紧小车　　　　　　　　　　　　　　b) 张紧钢绳

图 4-1-31　连续带式输送机张紧机构

5）储带仓组装

储带仓由滑行梁、滑动小车、转向滚筒组成，利用多层回转机构储存胶带，可实现掘进过程中胶带的自动延伸，存储能力多大于 500m，如图 4-1-32 所示。

6）电气系统组装

电气系统组装应注意如下事项：

(1) 驱动电机安放到位后，按照正确连线方式接通动力线路，通过点动，小心试验并核实电机转向；确认电机转向无误后安装安全护罩，确保护罩固定螺钉上紧并且无遗漏。

(2) 变频柜邻近驱动装置安放，距离宜保持在 30m 内。变频器柜安装基础应适当抬高，以防止积水淹没进入柜内。

（3）控制柜及动力电缆敷设区域周围环境保持清洁、干燥。

图 4-1-32　连续带式输送机储带仓

7）胶带布设及硫化

将胶带一端用夹板夹住并与钢丝绳可靠连接，用绞盘牵引钢丝绳将胶带按照绕行方向从胶带硫化台开始，通过储带仓缠绕，引向掘进方向；通过 TBM 后配套移动尾段驱动滚筒，再将胶带从皮带托架上层绕回，经过储带仓上层支架穿绕驱动装置返回到硫化台，与原来的接头硫化对接。

首先在硫化台处安装储带仓内的胶带，而后继续安装下层胶带，边安装边硫化，到达移动尾端后返回安装上层胶带，最后通过卸料滚筒和驱动滚筒返回至硫化台，完成整条胶带环形连接。

胶带硫化使用专用硫化设备，主要包含剥头、预紧硫化器、硫化完成等工序，硫化整体工艺流程如图 4-1-33 所示，胶带硫化现场如图 4-1-34 所示。

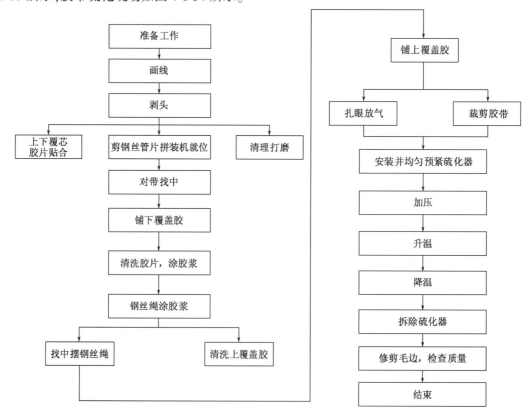

图 4-1-33　胶带硫化工艺流程图

a) 剥头　　　　　　　　　b) 预紧硫化器　　　　　　　c) 硫化完成

图 4-1-34　胶带硫化现场

1.4.3　调试操作要点

连续带式输送机调试遵循先单项后系统的原则,在调试完成后,还应与其他带式输送机联调联试,连续带式输送机出渣系统调试工艺流程如图 4-1-35 所示。

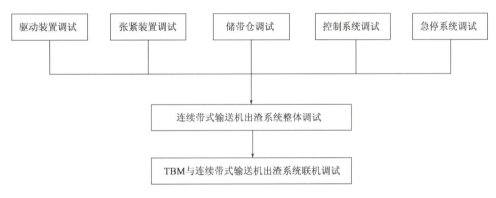

图 4-1-35　连续带式输送机调试工程流程图

1）单项调试

单项系统调试操作要点如下:

(1) 检查皮带架、驱动装置等是否安装完整,检查各注脂口是否注脂。

(2) 检查各滚筒、从动轮、托辊等是否转动正常,对于可手动转动的托辊应手动逐一检查。

(3) 检查刮渣器、刮渣板与胶带表面是否紧密贴合、松紧适度。

(4) 检查带式输送机移动尾端、润滑管路运行情况,防护罩安装是否干涉。

(5) 检查胶带周边有无异物干涉,是否会造成胶带划伤。

(6) 驱动装置安装完成后先单独空载调试,再联动空载调试,最后才可以张紧胶带负载调试。在无负载情况下,单个启动驱动装置的电机,查看电机供电、启停、控制是否正常,转速是否符合要求,查看驱动滚筒是否转动正常,有无异常晃动。

(7) 启动张紧机构,查看胶带张紧、松弛是否正常,张力是否与程序设定相符。

(8) 启动单条带式输送机,查看运转是否正常。

(9) 测试皮带启停、急停、通信、远程控制等是否正常。

2）系统调试

带式输送机出渣系统联调联试主要是检查调整、调试组成系统的各独立带式输送机系统及控制系统运行情况,协调运行状况,胶带是否有跑偏现象,是否与皮带架干涉,各胶带辊处有无噪声或过热现象;联调联试过程中,应派专人记录各系统的运转参数,发现问题及时记录、分析解决。带式输送机出渣系统联调联试操作要点如下:

(1)带式输送机的安装基础强度达到要求后才能进行空载和负载调试。
(2)首次启动带式输送机时,应检查拉线开关、急停按钮等是否工作正常。
(3)首次启动带式输送机时,低速运转,观察各驱动电机的扭矩、电流等是否在设计范围内。
(4)张紧机构设置合适拉力后,才能启动带式输送机,同时观察张紧机构的压力变化。
(5)带式输送机调试时要查看胶带跑偏、托辊旋转等是否正常。
(6)带式输送机调试时需观察刮渣、皮带架、胶带挡板等是否干涉胶带运转。
(7)单台带式输送机调试完成后,多台带式输送机联调联试,查看运转速度、联锁控制、启停等是否符合要求。

1.4.4　组装调试注意事项

带式输送机出渣系统组装前,要熟悉图纸,了解设备机构、安装形式、组装要求及零配件数量等,组装过程需遵循下列要求:

(1)皮带架中心线应与驱动和从动滚筒的中心线重合,偏差不大于2mm。
(2)皮带架中心线在直线段应顺直,偏差不超过5mm;在曲线段皮带架的过渡要顺滑,不可存在较大弯度。
(3)托架的高度应相等或者平滑过渡,不允许忽高忽低。
(4)安装调整机架支撑,保证紧固牢靠、位置正确。
(5)滚筒中心线应垂直于胶带中线。
(6)安装储带仓前确认滚筒转动灵活无损伤、走行滚轮无卡滞,滑道上移动顺畅、灵活。
(7)安装储带仓滚筒时,准确定位,保持滚筒水平,按照推荐扭矩紧固轴承座固定螺栓。
(8)安装和调整储带仓的滚筒时,基本要求同上,关键保证安装平顺,运动灵活。
(9)安装和调整张紧机构滑轮组时,滑轮组装配平顺,保持滑轮组运转灵活,无干涉。
(10)安装和调整张紧机构绞车时,确保钢丝绳在绞盘内顺序排列,不乱缠绳。

1.5　隧道施工通风系统组装调试

隧道施工通风系统包括通风机、电气系统、风管(通常为软管),良好的组装调试质量是施工通风效果的重要保障。

1.5.1　组装调试流程

TBM法隧道施工大多采用压入式通风,由洞外风机将新鲜空气经软风管传输至TBM后配套尾部,其组装流程如图4-1-36所示。

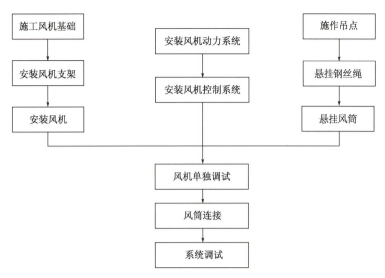

图 4-1-36　隧道施工通风系统组装调试工艺流程图

1.5.2　组装操作要点

隧道施工通风系统的组装包括到货验收、风管悬挂、风机组装等步骤,操作要点如下:

1)到货验收

隧道施工通风系统组装调试前需确保人员、材料等准备充足,并对到货设备检查验收。

风机到货后检查风机的型号和规格等是否与采购合同相符,检查风机有无明显的损伤、变形、锈蚀等现象;清点装箱单中的所有零部件、工器具、备件、出厂合格证、说明书等;手动检查风机叶轮的转动灵活程度;目测扇叶与壳体的间隙是否均匀;检查消声器内部是否损坏,填充的消声材料是否受潮,检查消声器的紧固螺钉有无松动、脱落情况;软风管使用前需检查外观,保证无损坏,粘接缝牢固平顺,接头完好严密,卡扣或吊环齐全。

2)风机安装

隧道施工通风的风机通常布置于隧道洞口以外,采用钢结构悬空架设,高度应与隧道洞顶相适应。为防止洞内排出的污浊空气再次被压入洞内,风机与隧道洞口需隔开一定距离,以不小于30m为宜。

（1）施工风机基础

风机基础通常采用"混凝土 + 预埋件"形式。风机安装位置确定后,在稳固的地面上打孔预埋地脚钢筋,然后浇筑混凝土平台并在混凝土平台内部施作预埋件,预埋件作为风机支架的安装基础;亦可根据现场条件选用其他方式的安装基础,务必确保其具有足够的承载力。

（2）安装风机支架

风机支架大多采用工字钢或其他型钢加工而成,采用焊接或螺栓连接固定在风机基础预埋件上,风机支架上设有检修平台方便风机检修。

风机基础和支架的设计需综合考虑风机本身的动/静荷载、雨雪天气及本区域最大风力等环境因素带来的额外荷载并留有合理的安全富余量。

（3）安装风机

认真核对风机的型号、安装位置、叶轮旋转方向、出风口位置等,吊装时准确定位,并按规范紧固安装螺栓。

风机前后 5m 的范围内无杂物,进气口设置铁箅子或防护网,风机安装架设如图 4-1-37 所示。

图 4-1-37　轴流风机安装架设

3）电气系统安装

风机的电气系统包括有动力系统和控制系统。

风机的动力电缆支架布置,可悬空架设或置于电缆沟内;风机控制柜安装于方便操作的位置,室外安装时顶部需加设防水棚,并检查进线口、出线口、柜门等部位防水措施是否得当。

4）软风管悬挂

(1) 安装过程

隧道施工通风的风管一般悬挂于隧道拱顶,典型的安装过程如下:

①施作吊点。

吊点采用挂钩式短锚杆平行的施作于隧道拱顶,根据风管规格的不同,短锚杆可采用 $\phi 12mm$、$\phi 14mm$、$\phi 16mm$ 等规格,间距 3m;为确保整体稳定,每隔 15m 增设 2 根加强定位锚杆,锚杆规格为 $\phi 22mm$,锚固长度为 1m,外露 200mm。如果位置合适,也可采用支护锚杆、拱架等作为吊点。在有拱架的洞段,可将挂钩直接焊接在拱架上。

②悬挂钢丝绳。

吊点施作完成后,在短锚杆上固定 1~2 根钢丝绳,位置及间距与风管上的悬挂点对应。钢丝绳规格根据风管直径、规格等确定,通常钢丝绳可选用 $\phi 4mm$、$\phi 6mm$、$\phi 8mm$ 等规格。

③悬挂风管。

软风管的安装应吊挂顺直,避免褶皱,避免弯折;转弯半径不小于风管直径的 3 倍,以减少局部阻力;软风管转弯处,需平滑过渡以减少通风阻力,转弯处宜采用与转弯半径相适应的特制弧形风管并加固悬挂。

软风管通常配置有单排或双排圆孔,并配有弹簧卡扣或吊环,安装风管时将其挂在拱顶钢丝绳上。连接时尽量保证风管整体与隧道轴线平行。风管悬挂如图 4-1-38 所示。

(2) 连接方式

软风管连接方式通常有卡箍式和拉链式两种,目前多采用后者。两段风管连接时,拉链方向务必正确,以防增大风阻和漏风率。拉链连接时需注意以下细节:

①带锁扣的一端与没有锁扣的一端连接。

②风管内部拉链挡布应顺着风流方向,避免阻风漏风,如图4-1-39所示。

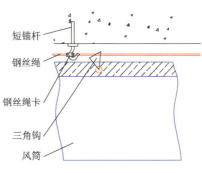

图 4-1-38　风管悬挂

图 4-1-39　软风管拉链

1.5.3　调试操作要点

1）风机调试

风机调试的目的是确定风机运转正常。

风机调试时需缓慢、依次启动各风机,变频风机需低频启动,风机转动正常后逐次提高频率,查看风机运转、风管漏风、电气报警等情况。

调试时严格按照规程操作,不得随意变更保护装置的设定值。

2）风管检查

风管检查的内容包括漏风检查、顺直调整、吊点检查三个方面。防漏降阻是实现长距离通风的关键技术,严格控制风管的质量,安装时保持风管成直线,防止弯折变形;要特别注意风管防护,避免机械摩擦损坏;破损的风管及时修复。

1.5.4　注意事项

(1)风管必须有出厂合格证,使用前全面检查,保证无损坏,粘接缝牢固平顺,接头完好严密。

（2）风管挂设应做到平、直、无扭曲和褶皱。为避免钢丝绳受冲击振动、洞内潮湿空气腐蚀等原因造成断裂，每10m左右增设1个固定挂点，即使某处钢丝绳意外断裂或挂点脱落，也只会影响两固定挂点之间，避免造成更大损失。

（3）软风管破损时，应及时修补或更换。

（4）预埋件施作完成后，应检查预埋件的数量、位置等是否满足设计及安装要求。

（5）风机架连接至预埋件上后要对其施作防腐处理，并测试预埋件的抗拉拔力试验。

（6）软风管的节长不小于100m，节长宜选用200m或300m，以减少接头数量。

1.6 施工设备联调联试

联调联试重点是TBM、带式输送机、供水系统、供电系统的联合调试，其主要目的是测试带式输送机出渣能力、供电能力、供水能力是否满足TBM正常掘进需求，另外还要测试这些系统与TBM的信息传输、互锁功能，查看带式输送机、供电系统、供水系统在急停的情况下，TBM是否会显示故障及自动响应。隧道通风系统目前均单独控制、运行，故联调联试不包括通风系统。

1.6.1 负载能力测试

联调联试中，需复核各系统能否满足TBM掘进需求，并进行空载、负载测试。

1）带式输送机运输能力

带式输送机出渣系统负载调试需在TBM试掘进时同步开展，配合TBM掘进速度，相应调整带式输送机运行速度，查看皮带是否存在溢渣、漏渣情况，初步掌握二者之间的速度匹配关系。

2）供电能力

TBM供电能力通过空载、负载测试。

（1）全部运行TBM设备（刀盘、钻机、喷锚、空压机、带式输送机等），检查电力供应是否满足需求。

（2）供电能力在TBM试掘进时测试，适宜的条件下TBM满负荷掘进，检查供电系统的工作状态，有无过热、过流及其他报警信号。

3）供排水能力

TBM供水、排水能力通过空载、负载测试。

（1）全部运行TBM的设备（刀盘、钻机、喷锚、空压机、带式输送机等），查看供排水系统是否正常工作且满足需求。

（2）按TBM施工最大耗水量测试供水系统的实际供水能力，同时测试排水系统的工作状态。

1.6.2 PLC互锁测试

在TBM法隧道施工中，需要设置若干互锁程序，TBM与供电系统、带式输送机出渣系统必须设置互锁程序，否则将造成设备损坏甚至人员伤亡。互锁设备联调联试主要检测设备之间的互锁功能，主要内容见表4-1-8。

互锁设备联调联试项目 表 4-1-8

序号	名称	TBM 设备	带式输送机	供水供电	调试内容
1	急停互锁	配电柜急停	拉绳急停	供电急停	1. 带式输送机急停启动时 TBM 停止掘进。 2. TBM 急停时,带式输送机降速运行,直至停机。 3. 供电启动流程与 TBM 操作的匹配性检验。 4. 供电急停时,验证 TBM 及其他设备响应能力;恢复供电时,检验各设备供电流程和匹配性及运行状态。 5. 供水急停时,检验 TBM 的响应能力。 6. 其他急停互锁设置
		操作室急停	张紧处急停	供水急停	
		泵站急停	驱动处急停	排水急停	
		刀盘内急停	储带仓急停		
		TBM 尾端急停	支洞带式输送机急停		
		TBM 其他急停	带式输送机其他急停		
2	程序互锁	刀盘	张紧	供电开关	1. TBM 启动刀盘时,带式输送机张紧机构是否自动张紧。 2. TBM 推进时,带式输送机驱动装置是否自动变频。 3. 带式输送机未启动时,TBM 是否被锁定无法掘进。 4. 水电未供应时,TBM 是否被锁定无法掘进。 5. 其他程序互锁设定与测试
		推进	维护开关	供水开关	
		报警	驱动装置	排水开关	
		二次风机	储带仓		
		冷却水泵	多条带式输送机		
3	其他	TBM 设备	带式输送机	水电设备	调试 TBM、带式输送机、水电供应各系统其他互锁项目测试

1.6.3 信息传输测试

TBM 施工过程中,TBM 刀盘、润滑、液压、导向系统、带式输送机、供电供水等系统协同工作,涉及大量的信息传输,如操作信息、显示信息、报警信息等。在联调联试中要确保相互间的信息传输通畅,见表 4-1-9。

信息传输设备联调联试项目 表 4-1-9

序号	名称	TBM 设备	带式输送机	其他系统	声光报警		屏幕显示	
1	操作信息	启停刀盘	启停连续带式输送机	启停供电	是	否	是	否
		启停润滑泵	启停 TBM 带式输送机	启停水泵	是	否	是	否
		启停液压泵	启停带式输送机张紧		是	否	是	否
		启停推进			是	否	是	否
		启停换步			是	否	是	否
		TBM 其他操作			是	否	是	否
2	报警信息	刀盘负载过大	胶带跑偏	水箱水位过低	是	否	是	否
		液压油位过低	张紧拉力过大	软水管限位	是	否	是	否
		润滑流量不足	带式输送机变频器报错	导向系统故障	是	否	是	否
		推进行程限位	储带仓胶带不足	高压电故障	是	否	是	否
		拖拉液压缸限位	胶带断裂		是	否	是	否

第 2 章 TBM步进

由于部件卸车摆放及起重设备工作空间的需要,TBM组装时刀盘与掌子面之间存在间距,TBM贯通后的拆卸工位通常为拆卸洞室或者洞外场地,TBM中间转场时前一阶段贯通工位与后一阶段始发工位存在间距,因此TBM法隧道施工过程中需要在非掘进状态下向前移动,即TBM步进。TBM步进长度少则数十米,多则数千米,因此,步进效率直接影响工期和成本。

本章重点介绍空推式步进、滑板式步进、夹轨器式步进、轨行式步进4种常用步进方式的结构、基本原理、步进流程及操作要点,并阐述了不同步进方式的特点及其适用条件。

2.1 步进方式

根据步进机构的不同,TBM步进可分为空推式步进、滑板式步进、夹轨器式步进、轨行式步进、反力架式步进、坦克式步进、蛙跳式步进等,目前应用较多的为前4种,见表4-2-1。

TBM步进方式一览表　　　　　　表4-2-1

序号	类型	工作原理	特点	适用条件	典型应用
1	空推式步进	撑靴撑紧洞壁,以推进液压缸为前进动力,步进过程与正常掘进相仿	1. 结构简单; 2. 操作便捷; 3. 隧道步进成型质量要求高	1. 敞开式TBM和双护盾TBM; 2. 洞内步进,洞底形状、尺寸与底护盾(或护盾底部)相适应,或增加结构使且步进洞尺寸控制较好	
2	滑板式步进	主机下部安装小滑板,可在大滑板上滑动,大滑板置于混凝土底板上,底护盾和大滑板之间安装有步进液压缸;同时,为保证TBM的稳定,在撑靴下方设有支撑支架。支撑支架有弧形底板、水平底板等不同形式	1. 滑板式步进运行稳定; 2. 步进速度快	1. 敞开式TBM、护盾式TBM; 2. 洞内或洞外; 3. 地面平整,且承载力足够	兰渝铁路西秦岭隧道左线采用滑板式步进技术,25天步进2113m,最高日进度173m;辽西北供水工程二段四标采用滑板式步进技术,35天完成4431.5m步进,平均步进126.6m/天,最高日进度220m

续上表

序号	类型	工作原理	特点	适用条件	典型应用
3	夹轨器式步进	步进区段底部预设滑轨(钢轨、型钢等),护盾与夹轨器之间设置步进液压缸,轨夹器夹紧滑轨为TBM在滑轨上前移提供动力	1. 结构简单; 2. 步进速度较快	1. 敞开式TBM、护盾式TBM; 2. 洞内或洞外; 3. 预先铺设轨道; 4. 轨道承载力足够,轨道质量要求较高	重庆轨道交通6号线铜锣山隧道单护盾TBM、青岛地铁1号线双护盾TBM等
4	轨行式步进	TBM主机下方安装若干带有动力的驱动轮及支撑轮组,在预先铺设的钢轨上带动TBM向前运动	1. 步进机构结构复杂; 2. 成本相对较高; 3. 钢轨质量要求较高	1. 敞开式TBM、护盾式TBM; 2. 洞内或洞外; 3. 预先铺设轨道; 4. 轨道承载力足够,轨道质量要求较高	辽宁大伙房输水工程
5	反力架式步进	TBM组装后,在主机尾部设置反力架(钢结构、混凝土结构等,也可以是反力墙),步进液压缸(如单护盾TBM推进液压缸、双护盾TBM辅助推进液压缸)顶推在反力架上,实现主机前移	1. 需要有反力架; 2. 与盾构机反力架方式始发类似	1. 护盾式TBM; 2. 短距离步进; 3. 洞内或洞外; 4. 步进完的段落适合安装中间支撑物	引大济湟工程
6	坦克式步进	在TBM主机底部安装坦克小车(又称重物移运器),坦克小车上带有驱动装置,TBM主机由坦克小车运载向前移动	1. 结构复杂; 2. 通用性强; 3. 操控灵活	1. 敞开式TBM、护盾式TBM; 2. 洞内或洞外; 3. 地面平整,且承载力足够	盾构机应用较多,TBM应用较少
7	蛙跳式步进	步进机构分别安装于底护盾、前后外机架、后支撑处。步进时底护盾、后支撑脱离地面,主机完全由前后外机架及其步进机构支撑,推进液压缸推动主机在外机架上向前滑动;到位后,底护盾和后支撑步进机构落下并支撑主机,前后外机架及其步进机构脱离地面,推进液压缸收回并带动机架前移	1. 结构简单; 2. 局限性较大	1. 凯式敞开式TBM; 2. 洞内或洞外; 3. 地面平整,且承载力足够	西康铁路秦岭隧道、西南铁路桃花铺一号隧道及磨沟岭隧道、南疆铁路吐库二线中天山隧道

2.2 空推式步进

2.2.1 步进机构

空推式步进是利用TBM本身的液压泵站、撑靴、推进液压缸、后支撑、底护盾等机构完成,无须另外配置步进机构。步进过程与掘进类似,主机依靠底护盾在隧道底部滑行,如图4-2-1所示。

图4-2-1 空推式步进结构

2.2.2 工作原理

空推式步进是用撑靴撑紧洞壁提供反力,依靠推进液压缸推动主机向前移动,步进流程与掘进类似,其实质是"空推 + 换步"的组合。空推式步进对洞壁要求较高,洞壁的弧度、承压强度、洞壁与 TBM 的间距等必须符合要求,必要时可适当改造撑靴或者修整洞壁使二者相适应。

2.2.3 步进流程

空推式步进分为换步、TBM 推进两个阶段,其工作流程如图 4-2-2 所示。

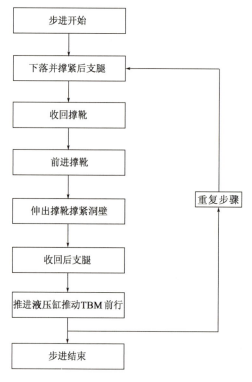

图 4-2-2 空推式步进流程图

(1)换步

TBM 空推式步进的换步与正常掘进的换步相同,包括后支撑下落并撑紧洞底、撑靴收回、推进液压缸带动撑靴复位、撑靴撑紧洞壁 4 步,如图 4-2-3a)~d)所示。

(2)TBM 前进

TBM 前进是依靠推进液压缸推动 TBM 刀盘、主梁、后配套等向前移动,推进液压缸的反力作用于撑靴上,由撑靴传递给洞壁,从而实现 TBM 步进,如图 4-2-3e)、f)所示。

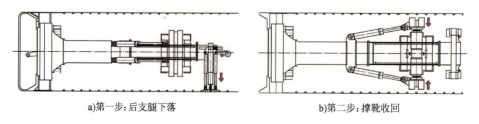

a)第一步:后支腿下落　　　　　　　　b)第二步:撑靴收回

图 4-2-3

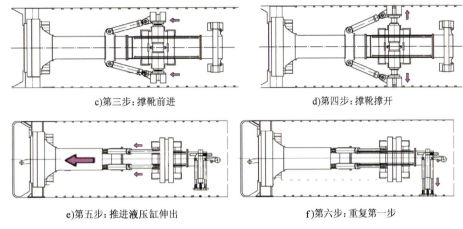

c)第三步:撑靴前进　　　　　d)第四步:撑靴撑开

e)第五步:推进液压缸伸出　　　f)第六步:重复第一步

图 4-2-3　TBM 换步与前进示意图

2.2.4　步进机构安装与拆卸

空推式步进采用 TBM 本身所携带的设备实现步进,无须增加步进机构。

2.2.5　操作要点及注意事项

(1)空推式步进对撑靴撑紧区域的洞壁质量要求较高,形状、尺寸、承载力均需满足要求,步进前需认真检查,必要时修整洞壁或改造撑靴以实现二者匹配。

(2)空推式步进要求隧道底部为弧形,与 TBM 底护盾的弧面相适应。若隧道底部为平面,则需在底护盾下部安装平板。

(3)步进前需测量检查隧道底部高程和平整度,不能出现大幅度高低起伏和不平整。

(4)步进过程中各个移动部位必须有专人观察,并及时和指挥人员联系,报告设备情况,发现异常及时处理,避免发生干涉。

(5)步进过程中,主机的各个移动部位要按规程润滑,避免相对移动部位出现干摩擦造成不必要的损伤。

2.3　滑板式步进

滑板式步进用于敞开式 TBM,是在 TBM 底护盾下部安装小滑板、大滑板,步进液压缸安装于大滑板和底护盾之间,依靠滑板之间的移动来实现 TBM 的步进。

2.3.1　步进机构

滑板式步进机构主要由撑靴支架、大滑板、小滑板、步进液压缸、顶升液压缸等部件组成,根据需求还可能配置有辅助泵站等,如图 4-2-4 所示。

2.3.2　工作原理

滑板式步进机构中的大滑板与混凝土底板之间(即钢材与混凝土之间)以及小滑板与大滑板之间(即钢与钢之间)的摩擦系数不同,前者为 0.2~0.3,后者为 0.15,且大小滑板之间涂抹润滑剂后摩擦系数会更小(0.1~0.12),而两者所承受的压力基本相当,因而后者所产生的摩擦力远小于前者。TBM

步进时,步进液压缸向前顶推 TBM 的反力由上述摩擦力的差值承担。

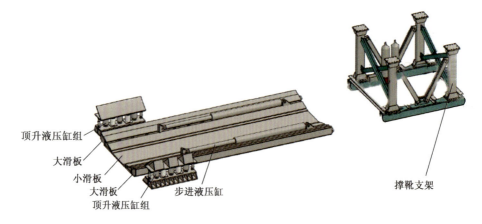

图 4-2-4 滑板式步进机构

在混凝土底板中间沿隧道轴线方向有导向槽,大滑板底部导向轮在导向槽内,步进时便于控制 TBM 方向。

滑板式步进机构各部件工作方式如下:

(1)小滑板

上弧下平的钢板,同 TBM 底支撑连接,放置于大滑板上。

步进液压缸伸长时,小滑板与大滑板相对移动(大滑板与地面相对静止),从而带动 TBM 向前移动。

(2)大滑板

上下都是平面的钢板,上表面与小滑板接触,下表面与地面接触。

承受并分散 TBM 主机重力,减小接地比压;步进时,主机在钢板上依靠相对滑动向前移动。钢板表面相对光滑,减小了 TBM 步进摩擦阻力,提高步进速度。

(3)步进液压缸

步进液压缸连接大滑板和底护盾,在每个步进循环中,当推进液压缸伸出时,因大滑板与混凝土基础之间的摩擦力大于滑板之间的摩擦力,进而推动小滑板及整机向前移动;当步进液压缸收缩时,TBM 主机在举升液压缸和后支撑的共同作用下脱离大滑板,步进液压缸拖动大滑板向前移动一个液压缸的行程。如此不断地循环,TBM 向前步进。

(4)顶升液压缸

当步进液压缸完成一个行程推进后,顶升液压缸配合后支撑将 TBM 主机抬起,使其脱离大滑板,以便于步进液压缸缩回能将大滑板向前拖动。

(5)撑靴支架

一方面用于承受 TBM 主机后部的重力;另一方面当整机向前移动时,提供反力。

(6)后支撑

配合 TBM 主机前部的顶升液压缸,将 TBM 主机抬起,以便于步进液压缸能将大滑板向前拖动。

2.3.3 步进流程

步进前 TBM 各部分初始状态:TBM 后支撑液压缸收回,后支撑抬离地面;步进装置的撑靴支架压紧地面；顶升液压缸处于收回状态，主机前部及小滑板紧压在大滑板上；TBM推进液压缸和步进液压缸处于收回状态。步进循环流程如图4-2-5所示。

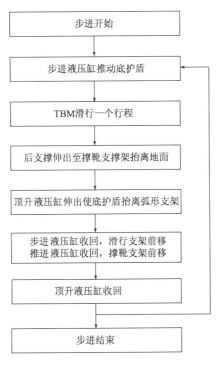

图4-2-5　TBM步进循环流程图

步进过程分5步，步进工序如下：

(1)推进液压缸、步进液压缸、顶升液压缸收回状态下，将后支撑向上收起，如图4-2-6所示。

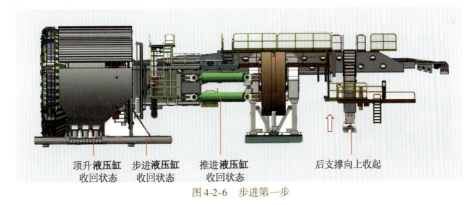

图4-2-6　步进第一步

(2)伸出步进液压缸，同时推进液压缸会伸出，TBM主机向前移动，如图4-2-7所示。

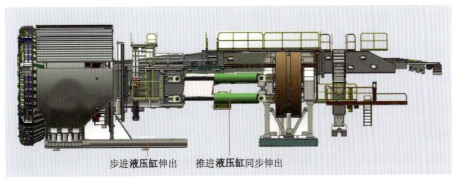

图4-2-7　步进第二步

（3）顶升液压缸伸出，然后伸出后支撑，将主机、撑靴支架抬起，如图 4-2-8 所示。

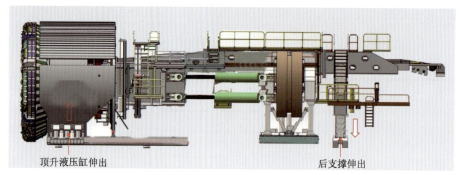

图 4-2-8　步进第三步

（4）收回推进液压缸，撑靴、撑靴支架向前移动。收回步进液压缸，大滑板会向前移动，如图 4-2-9 所示。

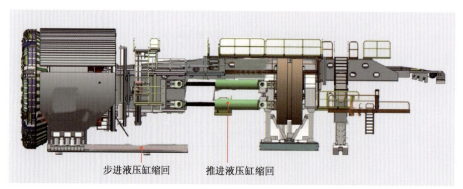

图 4-2-9　步进第四步

（5）顶升液压缸收回，后支撑收回，进入下个循环，如图 4-2-10 所示。

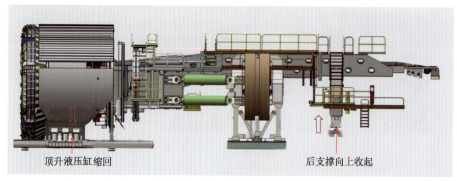

图 4-2-10　步进第五步

2.3.4　步进机构安装与拆卸

根据工作阶段、工作条件，滑板式步进机构安装方式分为两种：一是 TBM 组装时安装，二是 TBM 转场及贯通时安装。

1）步进机构安装

（1）组装时安装

步进机构安装的技术要求严格按照图纸规范进行，安装过程与组装时基本一致，步进机构滑板、撑靴支架等在 TBM 主机组装前预先放置，与 TBM 一起组装完成，如图 4-2-11 所示。

图 4-2-11　组装工况下步进机构安装

（2）贯通时安装

TBM 贯通后，将贯通面、导向槽的岩渣全部清理完毕，然后把步进底板放置于刀盘前方定位。定位完成后在步进底板的四周分别打入 8 根钢筋（φ25mm），钢筋深入地下 1m，地上预留 0.5m，最后将钢筋与步进底板焊接。然后将步进底板爬坡的一侧打磨光滑并涂抹黄油，使驱动组件能沿步进底板滑动。

步进底板准备完毕后，将 TBM 刀盘向上抬起并缓慢推进，沿斜坡"爬上"步进底板，然后将小滑板与 TBM 护盾定位焊接，最后安装提升液压缸、步进液压缸、撑靴支架等，如图 4-2-12 所示。

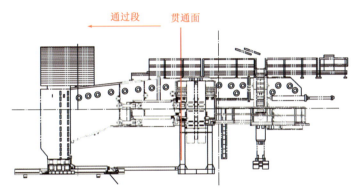

图 4-2-12　贯通时步进机构安装位置示意图

2）步进机构拆卸

步进机构的拆卸执行"步进机构贯通时安装"的反向步骤。

TBM 步进到位后，撑出后支撑，先拆卸撑靴支架、步进液压缸、顶升液压缸，然后割除小滑板与底护盾之间的连接板，最后 TBM 依靠空推式步进向前行走直至完全脱离步进滑板，如图 4-2-13 所示。

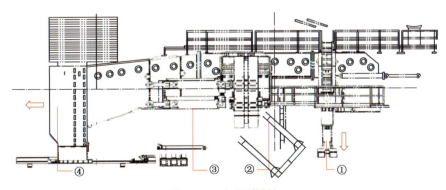

图 4-2-13　步进机构拆卸

①第一步：后支撑撑出；②第二步：拆除撑靴支撑架；③第三步：拆除步进液压缸、顶升液压缸；④第四步：TBM 前进，移出步进滑板

2.3.5 操作要点及注意事项

滑板式步进的速度主要受步进泵站的供油流量、液压缸的动作时间、钢枕及轨道铺设限制。在施工时需注意以下操作要点：

(1) 开始步进前要全面检查步进洞，混凝土底板要有足够的平整度，不能有明显的凸起，更不能残留裸露的钢筋等杂物；复核断面尺寸，如有干扰应提前处理。

(2) 步进前要用泵站校验步进机构的状态，保证步进机构安全可靠。

(3) 全面检查和清理导向槽，不能残留岩渣等杂物，位置和尺寸要满足步进要求，确保不会出现导向轮卡住的现象。

(4) 提前检查 TBM 步进区域，如影响 TBM 步进，需及时处理。

(5) 顶升液压缸承载质量大、行程短，从结构设计至操作过程都要严格把关，控制好伸缩量和垂直度，顶升高度控制以小滑板脱离大滑板约 1cm 为宜，同时又要保证撑靴支架完全脱离底板。

(6) 关注大滑板和小滑板的耐磨防护，避免异常磨损。

(7) 撑靴支架在步进换步过程中可能发生姿态改变，要注意调整左右方向。

(8) 由于 TBM 步进时，整个主机都在钢板上滑动，为减小主机与钢板之间的滑动摩擦力，采取以下两项措施：一是步进滑板（与钢板配合面）采用机加工，并打磨，保证下表面平整度与光洁度；二是每个步进行程都要在钢板上面添加润滑脂，以减小大滑板与小滑板之间的摩擦力。

2.4 夹轨器式步进

2.4.1 步进机构

夹轨器式步进是指在步进区段底部预设滑轨（钢轨、型钢等），护盾与夹轨器之间设置步进液压缸，通过轨夹器夹紧滑轨为 TBM 在滑轨上前移提供动力。夹轨器式步进结构可稍做改变，步进液压缸一端安装于护盾，另一端连接于滑轨上的钢结构，或插入底板的活动式牛腿。夹轨器式步进机构由夹紧液压缸、推移液压缸、钢轨、滑靴组成，根据现场情况决定是否另外配备泵站，步进机构如图 4-2-14 所示。

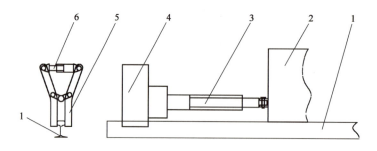

图 4-2-14　夹轨器式步进机构工作原理示意图
1-钢轨；2-重物；3-推移油缸；4-夹轨器；5-夹紧钳；6-夹紧液压缸

步进机构名称、安装位置、作用见表 4-2-2。

夹轨器式步进机构名称及作用　　　　　　　　表 4-2-2

序号	名　称	安　装　位　置	作　用
1	钢轨	预埋导向槽内或铺设底板上	夹紧缸的安装基础
2	夹紧液压缸	依靠液压力夹紧在钢轨上	为步进提供反作用力
3	推移液压缸	TBM 与夹紧液压缸之间	TBM 步进动力
4	滑靴	TBM 护盾下方	负载 TBM 在钢轨上前行
5	液压泵站	步进区域	TBM 步进的动力来源，可采用 TBM 液压泵站

2.4.2　工作原理

夹轨器式步进的工作原理是利用底部的"推移液压缸"推动 TBM 前进，推移液压缸一端作用在滑靴(连接至 TBM 盾体)上，另一端作用于夹紧液压缸上，如图 4-2-14、图 4-2-15 所示。

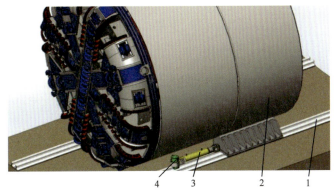

图 4-2-15　夹轨器式步进机构工作原理示意图
1-钢轨；2-重物；3-推移液压缸；4-夹轨器

2.4.3　步进流程

夹轨器式步进流程简单，主要有夹紧液压缸夹紧轨道、推移液压缸伸出、夹紧液压缸换位等，步进流程如图 4-2-16 所示。

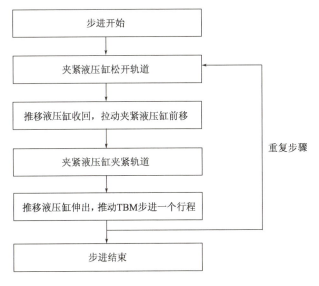

图 4-2-16　夹轨器式步进流程图

(1) 夹紧液压缸

夹紧液压缸具有夹紧、松开两种状态,松开时可向前移动实现换位,夹紧时可为推移液压缸提供反作用力。

(2) 推移液压缸

推移液压缸具有伸出、收回两种状态,伸出时推动 TBM 向前步进,缩回时带动夹紧液压缸前移换位。

(3) TBM 步进

在夹紧液压缸夹紧轨道状态下伸出推移液压缸,推移液压缸一端作用在夹紧液压缸上,另一端推动 TBM 向前步进一个循环。

(4) 夹紧液压缸换位

一个步进行程结束后松开夹紧液压缸,收回推移液压缸拖动着夹紧液压缸前移。

(5) 重复步骤

重复"TBM 步进"和"夹紧液压缸换位"步骤,直至步进完成。

2.4.4 步进机构安装与拆卸

夹轨器步进机构安装主要包括轨道铺设、靴板焊接、夹紧液压缸安装、推移液压缸安装等步骤,其安装工序较简单。

(1) 铺设轨道

夹轨器式步进机构的轨道安装于 TBM 盾体两侧,根据步进的难易程度可选择"单边单轨"或"单边双轨"的方式。轨道采用压板锁定在预埋钢板上,也可采用膨胀螺栓固定在混凝土底板上。

(2) 靴板焊接

将靴板底部放置在轨道上,圆弧面与护盾焊接连接。

(3) 夹紧液压缸安装

将夹紧液压缸安装在轨道上,并依靠液压力夹紧。

(4) 推移液压缸安装

将推移液压缸安装在靴板与夹紧液压缸之间,并连接液压管路,夹轨器式步进及轨道安装如图 4-2-17 所示。

图 4-2-17　夹轨器式步进及轨道安装

夹轨器的拆卸执行安装的逆步骤即可,先泄压并拆除夹轨器的油管,然后拆除夹紧液压缸、推移液压缸,最后割除靴板完成拆卸。

2.4.5 操作要点及注意事项

在夹轨器式步进流程中,导向槽施作质量很大程度上决定了TBM的步进速度,需严格控制导向槽的方向与质量,还需注意以下几点。

1) 步进前的准备工作

(1) 主机基座到掌子面的混凝土仰拱基座完成浇筑,在基座内预埋好步进滑行用的钢轨,精确定位基座及钢轨空间尺寸,满足步进需要。

(2) 清理步进、始发段,确保没有干涉TBM通过的设施及杂物。

(3) 准备编组车辆,满足步进期间钢轨、电缆、风水管延伸等需要。

(4) 割除护盾上焊接的临时吊点。

(5) 在步进钢轨上涂抹润滑脂,减少步进的阻力。

(6) 在护盾后部两侧盾壳与预埋钢轨接触部位各焊接一块止转块。

2) TBM步进过程中需要注意的事项

(1) 滑行过程中,需对主机及后配套加强巡视,确保TBM各部位与洞壁没有干涉,特别是刀盘前方,必须派专人负责观察。

(2) 用TBM自带的导向系统加强TBM姿态控制。

(3) 控制滑行速度。

(4) 滑行过程中,相关部位的人员之间以对讲机相互联系,确保信息畅通。

(5) 滑行过程中,刀盘前方负责观察的人员与TBM主司机密切联系。

(6) 推进过程中,夹紧液压缸后部不得站人。

(7) 观察滑行区域基座和钢轨情况,如果出现变形,及时处理。

2.5 轨行式步进

轨行式步进是利用TBM推进液压缸、滚轮(带制动)的步进机构。在TBM步进期间,整个主机的鞍架置于其上。轨行式步进机构工序简单、步进方便,速度快捷,需提前完成步进前轨道铺设,TBM步进受到铺轨速度影响,整体效率提升有限,且步进机构成本较高。

2.5.1 步进机构

轨行式步进机构包括有TBM推进液压缸、步进滚轮、驱动装置,质量较大。TBM主机下部铺设有轨道供步进滚轮行走,轨行式步进结构如图4-2-18所示。

2.5.2 工作原理

步进滚轮行走在预先铺设好的钢轨上,推进时伸出推进液压缸,同时撑靴部位的轮对利用制动将其固定在钢轨上,前部轮对制动松开,完成推进后,将前部轮对利用轮边制动将其固定在钢轨上,后部轮对制动松开,收回推进液压缸,如此循环。

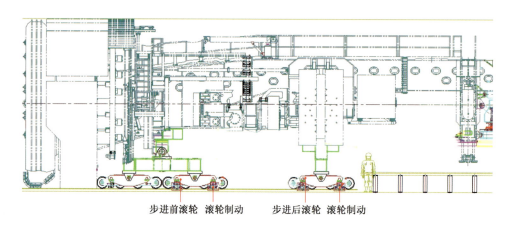

图 4-2-18　轨行式步进结构图

2.5.3　步进流程

轨行式 TBM 步进过程可分为推进过程和复位过程。

(1) 推进过程

推进液压缸、撑靴液压缸、前下支撑液压缸、后支撑液压缸完全缩回。

制动(后轮)启动→制动(前轮)松开→推进液压缸伸出(推动 TBM 前进)。

(2) 复位过程

推进液压缸伸出,撑靴液压缸、前下支撑液压缸、后支撑液压缸完全缩回。

制动(前轮)启动→制动(后轮)松开→推进液压缸缩回(带动鞍架、后轮等前移)。

(3) 轨道铺设

步进段铺设 4 根钢轨,供步进滚轮行走。可综合考虑设计轨距,作为后续 TBM 施工用轨道,设计为四轨三线制或者四轨双线制轨道。

2.5.4　步进机构安装与拆卸

轨行式步进流程中,预先铺设的步进轨道质量在很大程度上影响着 TBM 步进速度。

(1) 轨道铺设、拆除

步进滚轮的轨道提前铺设,轨道的数量由步进滚轮的列数决定,多为 2 道或 4 道。轨道分列隧道中心线的两侧,铺设前需测量、画线,保证步进时 TBM 不剐蹭洞壁。

(2) 步进机构安装

滚轮的安装方式、位置由厂家不同而有所差别,多数为前滚轮安装在 L_1 区主梁下,后滚轮安装在撑靴鞍架上。前、后滚轮均需安装刹车装置,另外还需配置辅助液压泵站。安装时先将滚轮运至安装位置定位,然后再逐段安装滚轮顶部支撑。全部完成后,连接液压部件完成制动组装。

(3) 步进机构拆卸

TBM 步进到位后,拆除辅助泵站等液压系统,然后依次拆除滚轮支架、滚轮完成拆卸。

2.5.5　操作要点及注意事项

轨行式步进的重点是提高钢枕及轨道铺设的速度。可提前加工足够数量的特殊钢枕,同时协调运输钢枕与安装轨道之间的工序问题,尽量减少轨道铺设时间,另外还需注意以下操作要点。

(1)对后配套组装时的步进过程总结,制订详细可行的步进计划。

(2)配备专职安全员负责步进阶段的安全工作。

(3)步进过程中各个移动部位必须有专人观察,并及时和指挥人员联系,报告设备情况,必要时修复可能发生干涉的区域。

(4)步进过程中,主机的各个移动部位要利用注脂设备注脂处理,避免相对移动部位出现干摩擦造成不必要的损伤。

第 3 章
敞开式TBM掘进与支护

TBM 经组装调试、步进等工序,到达掌子面,开始掘进和支护。掘进与支护是 TBM 施工工序中的关键,是影响掘进效率和施工质量的决定性因素。

不同 TBM 机型的掘进与支护施工工艺存在差异。本章以敞开式 TBM 为例,重点介绍 TBM 始发、试掘进、正常掘进技术以及掘进参数、姿态控制、设备操作的技术要点和注意事项,为敞开式 TBM 掘进与支护提供作业指导。

3.1 敞开式 TBM 始发和试掘进

TBM 掘进可分为始发、试掘进、正常掘进三个阶段。本节分别说明始发和试掘进 2 个工序的工艺流程和注意事项,正常掘进的操作注意事项参见本章 3.2 节。

3.1.1 TBM 始发

敞开式 TBM 始发是刀盘接触掌子面开始破岩到撑靴全部进入 TBM 开挖断面、以常规流程掘进的过程。TBM 主机及其后配套系统、连续带式输送机等单机调试、联调联试正常,轨道铺设完成,轨道运输设备就位,混凝土拌和系统等其他施工准备完毕后,即可始发。敞开式 TBM 始发工艺流程如图 4-3-1 所示。

TBM 始发时,TBM 刀盘从步进机构向 TBM 掘进的圆形断面过渡,需要严格控制过渡面的水平及垂直误差,将撑靴撑紧在洞壁上,收起后支撑,低速转动刀盘、缓慢向前推进,慢速接触掌子面,逐步开始破岩。

敞开式 TBM 始发操作要点与注意事项:

(1)始发时要求 TBM 组装完成,各系统及各单项设备全部调试合格,始发洞能提供撑靴足够的承载力,调整撑靴归"0"位后伸出撑靴撑紧洞壁,撑靴撑紧压力达到标准后,后支撑伸出达设计压力后保压。拆除步进机构的液压缸、鞍架支撑架、步进泵站及相关配套设施,主机不再与步进机构相连。

(2)在 TBM 破岩掘进前,校核洞轴线,TBM 激光导向系统和人工校核两种方式相互印证,确保轴线准确无误。

（3）始发前整机再次空载运行，检查确认整机各系统和各设备能正常运行，并对锚杆钻机、喷混系统、拱架安装器等移动设备检查确认掘进时不与洞壁干涉，以及刀盘、带式输送机等运动部位无人员。

（4）调整主机姿态满足要求，后支撑收缩离地20cm以上。

（5）依次启动连续带式输送机、后配套带式输送机、主机带式输送机、刀盘，缓慢推进。

（6）刀盘接触岩面后，严格控制初始掘进参数，刀盘保持低转速，根据刀盘直径和掌子面状态调整刀盘转速，刚接触掌子面时刀盘转速宜≤1r/min。

（7）TBM始发段宜采用Ⅳ级围岩支护方案，锁口段拼装不少于3榀钢拱架或按照设计要求执行，确保TBM顺利通过及后续安全。

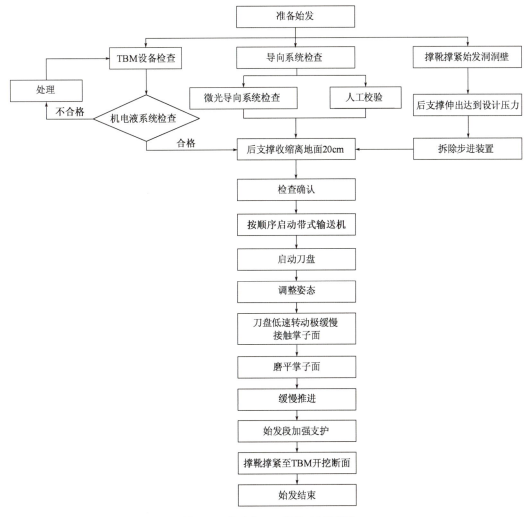

图4-3-1　敞开式TBM始发工艺流程图

3.1.2　TBM试掘进

TBM完成始发进入试掘进阶段，对于新购TBM，长距离施工的试掘进长度通常为2km，短距离施工的试掘进长度为1km或者500m。

1）试掘进目的

试掘进作为TBM正常掘进前的重要环节，是"人、机、岩、料、法、环"等生产要素之间的磨合、适应、优化过程。试掘进可使设备的功能和性能结合工况条件和施工需求得到进一步的改进，物资供应满足

TBM 施工要求,施工工艺更加完善,施工全过程与自然环境、地理环境、物资供应环境、地质环境等的适应性更强,施工管理与技术人员全面掌握 TBM 法隧道施工全过程的组织协调、技术保障,并可全方位奠定 TBM 正常掘进的基础。

在试掘进过程中发现设备问题,以便及时解决,同时了解设备性能,为后期 TBM 掘进施工奠定坚实的基础,其间对比地质勘探是否存在误差,现场支护方式需根据实际揭露围岩做适当调整,做好应对措施;另外通过试掘进,可以对 TBM 操作人员进行培训和施工技术规范指导,为提高掘进效率、支护效率、成洞质量、施工工艺优化等积累经验。同时试掘进还具有以下作用:

(1)TBM 磨合。在试掘进阶段可以使 TBM 机械、电气、液压各系统充分磨合、各系统与各项辅助系统、单项设备之间充分磨合,及时发现操作人员收发指令与设备实际动作有无偏差等,弥补组装期间遗漏或者不足,使 TBM 以良好状态进入掘进阶段。

(2)TBM 性能完善与改进。试掘进过程中,努力发现 TBM 存在的缺陷,及时完善,最大化满足施工生产需求。根据现场施工环境,合理调整 TBM 各系统性能,使之与施工需求相匹配。

(3)TBM 与施工配套设备磨合。试掘进过程中,不断优化 TBM 与连续带式输送机等施工配套设备的协同能力,发现问题,及时调整完善,确保后续施工稳定、顺畅。

(4)"人—机—岩"磨合。通过试掘进,有关参建人员可以更加熟悉本工程 TBM 及地质条件的特点,更熟悉 TBM 的功能与性能。根据试掘进期间揭露的围岩状况,探索不同地质条件下掘进参数,提高掘进效率、保证设备及人员安全。

(5)人员培训。试掘进是对 TBM 各专业、各工种作业人员的技术培训和实践锻炼。试掘进工作过程中,积极总结经验教训,提高工作能力,提高团队合作能力。

(6)施工组织优化。试掘进过程中积极探索各生产要素的调度匹配方法,不断总结、改进施工组织中存在的问题,优化施工工艺,使工序衔接更紧凑,同时合理控制施工消耗。

2)试掘进工艺流程

TBM 试掘进工艺流程与掘进施工基本相同,操作控制略有区别。试掘进工艺流程详见本章 3.2 节。

3)试掘进注意事项

(1)明确掘进流程和换步流程,做好技术交底,告知施工人员在掘进和换步期间禁止动作和注意事项。

(2)用最短的时间熟悉掌握掘进机的操作方法和机械性能,培训合格的设备操作人员与维护管理人员。

(3)了解 TBM 调向原理和调向幅度,对后期隧洞轴线与设计轴线的偏差起至关重要的作用。

(4)TBM 操作人员应提前了解地质情况,并做好不同地质条件下掘进参数的记录和统计,为后期不同地质条件下高效掘进积累经验。

(5)TBM 操作人员要向制造方深入了解 TBM 性能、相关技能、调向技巧等问题,明确施工工序及衔接,不断优化施工工序,尽早实现规范化、高效文明施工。

3.2 敞开式 TBM 掘进

本节围绕敞开式 TBM 破岩和出渣 2 项基本功能,介绍掘进工艺流程与操作要点、掘进参数控制、掘进姿态控制。

3.2.1 TBM 掘进工艺流程

TBM 掘进工序主要包括掘进前准备、设备启动、掘进中设备操作、掘进方向与 TBM 姿态控制、掘进停止和换步。敞开式 TBM 掘进开始前,确保撑靴处于撑紧状态,后支撑处于收回状态,依次启动连续带式输送机、后配套带式输送机和主机带式输送机,启动主驱动电机慢速转动刀盘,缓缓推进让刀盘接触掌子面,根据岩石情况调整掘进参数。随着刀盘旋转,刀盘上的铲斗将岩渣从隧道底部铲起,经溜渣槽卸入主机带式输送机,通过主机带式输送机、后配套带式输送机、连续带式输送机运至洞外。同时施作锚杆、网片、钢拱架、混凝土喷射等支护结构,并完成延伸胶带、轨道、通风、供电、照明、供水、排水等辅助作业工序。敞开式 TBM 掘进工艺流程如图 4-3-2 所示。

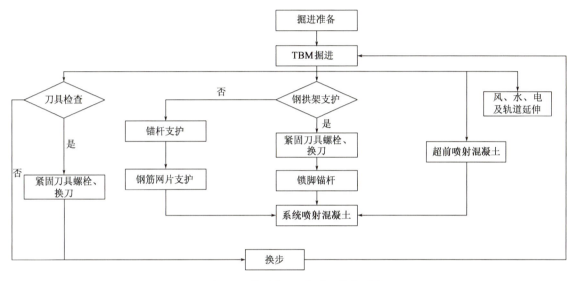

图 4-3-2　敞开式 TBM 掘进工艺流程图

3.2.2 掘进操作要点与注意事项

TBM 掘进是一个系统工程,任何环节、任何系统在掘进过程中出现故障,都有可能导致掘进停止,因此必须规范操作。

1)TBM 掘进操作要点

(1)掘进准备。

①开始掘进前,检查确认带式输送机和其他所有运动部件周围没有人员,与维护人员共同确认 TBM 启动前所有部件和系统都处于非维修状态。

②检查延伸水管、电缆、风管等。

③检查供电状态。

④检查循环水系统。

⑤检查所有带式输送机。

⑥检查压缩空气系统。

⑦检查液压系统。

⑧检查油脂润滑系统。

⑨检查供排水系统。

⑩检查支护系统。

⑪检查后配套台车轨道。

⑫检查 TBM 操作面板状态。

⑬检查刀盘系统。

⑭检查护盾系统。

⑮检查支撑推进系统。

⑯检查导向系统。

⑰检查初期支护工作完成情况。

准备工作就绪,上述检查确认状态正常后,开始推进;若存在问题,需分情况处理,后方可推进。

(2)启动。确认撑靴撑紧洞壁且撑紧压力适宜,后支撑回缩到位,依次启动连续带式输送机、后配套带式输送机、主机带式输送机、除尘系统和刀盘喷水,再启动主驱动电机。

(3)掘进。开始掘进时,控制刀盘低速旋转、慢速推进,刀盘接触掌子面后根据地质条件和掘进参数反馈,调整刀盘转速、推进速度和推进压力,TBM 以适宜的参数掘进。

(4)掘进过程中调向。主梁式 TBM 须根据激光导向系统数据,及时调整掘进方向,垂直方向和滚动角通过左右扭矩液压缸联动或者单独动作调整,水平方向通过左右撑靴液压缸伸缩调整。

(5)掘进停止。掘进一个循环后,停止推进,操作推进液压缸回退刀盘离开掌子面 2～5cm,其间刀盘继续旋转直到掌子面及刀盘内的余渣全部排出;依次停止刀盘喷水、刀盘旋转。若掘进后无须停机,待主机带式输送机上无渣土后,停止主机带式输送机、换步、继续掘进;若掘进后需长时间停机进行其他工作,带式输送机上无渣土后,依次停止主机带式输送机、后配套带式输送机、连续带式输送机。

(6)换步。掘进结束,刀盘、主机带式输送机停止后,开始换步。伸出后支撑,先点动操作撑靴液压缸卸压,再回缩撑靴液压缸,至撑靴脱离洞壁 5～10cm,调整扭矩液压缸归"零"位;若撑靴前无钢拱架则推进液压缸回缩到位,若撑靴前有钢拱架,则继续低压回缩撑靴液压缸至撑靴外弧面能安全顺利通过钢拱架,推进液压缸回缩到位;低压伸出撑靴至撑紧洞壁,撑靴压力不再升高后切换高压继续撑紧。当撑靴踩踏位置围岩承载力不足时,可相应降低撑靴压力设定值,满足推进需求即可。适当调整扭矩液压缸和水平液压缸,缩回后支撑,完成换步。

2）TBM 掘进操作注意事项

(1)TBM 主司机应熟悉设备的机械结构、电气与液压系统、控制面板显示的按钮和仪表的功能、操作程序,了解各工序的施工流程。

(2)除特殊地质影响外禁止带负载启动刀盘,避免损伤主驱动电机和刀具;停止刀盘时,应后退刀盘脱离掌子面,待刀盘内余渣清理干净后再停止刀盘旋转。

(3)启动带式输送机时,先确认无人员在运行区,然后开启声光报警,警示全体人员撤离到安全区域。

(4)换步后和掘进过程中,均需严格控制调向幅度,遵守多次少量的原则,禁止单次调向过大,避免损伤刀具和刀盘部件。

(5)换步前,检查确认后支撑和撑靴区域无人员和干涉物。

(6)回缩撑靴时,先点动操作卸压,避免因撑靴液压缸压力剧烈变化形成冲击,对后支撑结构件和液压缸造成不利影响。

(7)掘进期间 TBM 主司机要集中精力,时刻关注操作界面及监视系统,出现异常提示时,及时合理处置,避免不必要的停机。

(8)PLC系统提示的故障、施工期间发现的故障,须及时有效处理,确认消除后方可继续掘进。

3)开挖轴线与TBM姿态控制

TBM开挖轴线直接影响成洞质量,开挖轴线出现大幅度波动时,一方面会影响施工期间轨道铺设质量,导致后配套台车、机车不能正常行驶,严重时会导致设备与洞壁干涉,无法正常通过;另一方面会导致超欠挖,增加后期二次衬砌难度,严重时需要在衬砌前人工扩挖以修正轴线,确保衬砌厚度符合设计要求。

TBM主司机的操作水平是决定TBM开挖轴线的关键因素,掘进方向控制要点如下:

(1)按照TBM导向系统数据,及时调整方向。

(2)随时保持TBM水平、垂直姿态处于正常范围。

(3)严格控制滚动角在小范围内波动。

(4)受刀盘回转方向的影响,TBM掘进期间存在方向右偏趋势,需提前主动补偿修正。

(5)严格按照操作手册进行操作,防止换步导致主机姿态变化。

4)TBM操作解析

(1)初步检查和调整

①每班作业之前和每次停机(无论时间长短)后、再次启动之前都要按流程操作。

②检查确认刀盘、带式输送机和其他所有运动部件周围没有人员,与维修人员共同确认机器启动前所有的部件和系统处于非维修状态。

③检查确认润滑油和液压油等介质的液位正常,如有必要在启动前适量添加。

④检查确认所有泵的进口阀都已经打开。

⑤检查确认所有液压控制开关处于中间或中立位置。

⑥检查确认供水系统,阀门均处于打开状态。

⑦启动程序。

(2)启动TBM系统

按下列步骤启动TBM系统:

①插入控制钥匙旋转电源开关至接通位置。

②按下重置按钮,重置系统。

③检查仪表确认正常状态。液压和润滑系统显示无压力;电流表读数为零(如果电流表没归零,调整面板上的调整螺钉至零);水压显示正常。

④按下警报器按钮,让声音报警持续10s左右,提醒作业人员设备即将启动。

⑤观察撑靴压力显示屏,如果压力正常则依次启动供水系统、液压系统、润滑系统。关注PLC提示信息,检查各系统的运行情况。

⑥检查后支撑液压缸压力、位置。

⑦将撑靴高压选择开关旋至伸出位置,观察撑靴压力显示,压力应稳定。在掘进过程中,撑靴高压选择开关应始终处于伸出位置。

⑧后支撑脱离洞底不小于50mm(根据地质条件、支护结构适当调整,确保掘进过程中后支撑前移时无干涉)。

⑨操作左右侧护盾液压缸伸出,直到侧护盾完全撑到洞壁上,两侧伸长量保持一致。

⑩在围岩稳定地段,将顶护盾选择开关打到伸出位置,撑紧洞壁后将开关打到中间位置。压力设定保持顶支撑满足最小拖拉力即可。

⑪观察冷却水指示模块并接通冷却水。

⑫观察刀盘喷水指示模块并启动刀盘喷水。

⑬观察带式输送机控制界面,并按下启动控制按钮,警报器将自动报警15s以提醒有关人员带式输送机即将启动,警报结束后带式输送机系统自动启动。

⑭观察主驱动电机控制界面,设定需要的刀盘速度,启动刀盘电机;观察主驱动电机的图示信息,检查电机的运行情况。

⑮根据导向系统信息适当调整TBM姿态,确保掘进方向和设备姿态处于正常水平。

⑯将推进选择开关打到伸出位置,开始向前掘进,通过推进流量选择开关调整掘进机推进速度达到期望值。

（3）掘进操作

在掘进过程中,主司机必须实时监视TBM运行状态,适时调整TBM运行参数。不要忽视任何异常信息提示,务必及时查明原因,迅速处理,必要时应停机检查处理。

TBM掘进的调整参数为刀盘转速、刀盘扭矩、推力和掘进速度。从设备操作角度,特定地质条件下刀盘转速是根据地质条件选择的,刀盘扭矩是由主驱动电机电流决定的,推力是由推进液压缸压力(即推进压力)决定的,推进压力则根据地质条件和主驱动电机电流调定。掘进速度取决于推进液压缸有效流量,推进压力限值根据地质条件设定后,实时压力取决于推进液压缸流量。TBM掘进参数相互关系如图4-3-3所示。

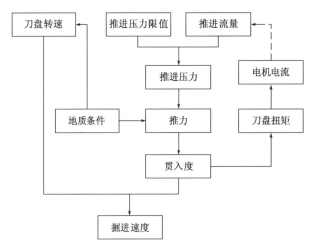

图4-3-3　TBM掘进参数相互关系

掘进速度控制方法如下：

①根据地质条件选择刀盘转速,开始掘进时,刀盘转速由低到高逐步调整。

②根据主驱动电机电流调整推进流量,开始掘进时推进流量是由小到大逐步调整。

③推进压力随推进流量正比变化,如果长时间大流量推进,则推进压力随之保持高值;若推进压力超过设定的限值,则液压油会通过溢流阀自动溢流,会导致液压油温度迅速升高,应避免此类现象发生。

④掘进过程中,地质条件随时可能发生变化,因而需要实时关注TBM掘进参数变化,适时调整;否则可能影响掘进效率,造成设备损坏,甚至发生安全事故。

(4)换步程序

推进液压缸伸出至限定行程(即行程结束),停止掘进开始换步。保持刀盘转动,收回顶护盾和侧护盾,使顶护盾和侧护盾脱离洞壁,向推进液压缸有杆腔供油,拉动刀盘脱离掌子面。换步过程如下:

①确认 TBM 主机处于水平位置,检查导向系统显示数据。

②刀盘继续旋转,清除刀盘内的岩渣。

③主驱动电机电流降低至极低时,关闭电机让刀盘静止。

④确认主机带式输送机上的岩渣已清除,主机带式输送机停机。

⑤后支撑选择开关置于伸出挡位,液压缸伸出,后支撑撑靴接触到洞底,液压缸继续伸出则主梁尾部开始抬升,液压缸压力随之上升,达到规定值后停止伸出,并将选择开关置中。

⑥撑靴选择开关置于高压回缩挡位,撑靴液压缸开始泄压,压力降到规定值后,开关置中;撑靴选择开关转换为低压快速回缩挡位,液压缸回缩至撑靴脱离洞壁75~100mm。

⑦推进液压缸选择开关置于高压回缩挡位,液压缸开始泄压,压力降到规定值后,开关置中,再切换到低压快速回缩挡位,操作推进液压缸回缩复位。

⑧调整扭矩液压缸将撑靴对中。

⑨撑靴选择开关置于快速伸出挡位,液压缸伸出,撑靴接触洞壁后将开关置中。

⑩撑靴选择开关置于高压伸出挡位,操作液压缸继续伸出,则液压缸压力上升至规定值后停止。

完成换步,按程序再次启动设备,进入掘进状态。

(5)停机程序

①常规停机。

常规停机操作程序如下:

a. 推进液压缸选择开关置于高压回缩档位,推进压力逐步降为0,将开关置中。

b. 让刀盘继续旋转,刀盘内岩渣全部排空,按下刀盘停止按钮,将刀盘停止;停止刀盘喷水。

c. 主机带式输送机上岩渣全部排空后,按下停止按钮停机。

d. 伸出后支撑,后支撑靴板接触洞底,主机尾部开始抬升,达到规定压力后,开关置中。

e. 撑靴控制旋钮置于高压伸出挡位。

f. 关闭其他系统。

g. 关闭主控开关,拔出钥匙。

②紧急停机。

遭遇突发情况,需要立即停机时,在 TBM 的任何部位,按下任何急停开关,均可停止 TBM 的所有运转。

(6)刀盘点动旋转

刀盘控制钥匙开关共有2个,一个位于主控室操作面板,另一个位于刀盘附近点动站。为确保安全,2个控制开关共用一把钥匙,并且任何情况下 TBM 上仅允许有一把钥匙。通常情况下,该钥匙插入主控室操作面板上的控制开关内,点动站控制开关由于钥匙被拔出而处于断开状态。刀盘点动运转时,必须按如下操作顺序正确操作:

①关闭操作台控制开关并拔出钥匙。部分 TBM 主控室内刀盘控制开关有"本地控制"和"点动控制"2个挡位,需切换到"点动控制"挡位。

②将钥匙插入点动站的控制开关,转动钥匙至"开"挡位,启动点动站。

③接通点动控制盒(一般为线控模式,以快速插头插入点动站)开启点动许用开关。部分许用开关

设置为 2 挡,分别为"远程控制"和"本地控制",此时选择"本地控制"挡位。

④按住点动按钮,如果所有的条件均满足,点动蜂鸣器报警。通常报警结束 5s 以后,PLC 控制器启动刀盘点动。当刀盘不转动时,刀盘制动器是自动制动的。

⑤在点动运行过程中,出现以下故障/条件,点动运行将自动断开:按下任何急停开关,主驱动系统故障,点动钥匙或点动许用开关断开。

⑥为确保安全,无论进入刀盘作业的人数多少,点动控制盒操作人员必须第一个进入刀盘,最后一个离开刀盘,并且离开刀盘前务必清点其他人员已经安全撤离。

3.2.3 掘进参数选择

为了提高 TBM 法隧道施工效率,应根据地质条件和设备性能及时合理调整掘进参数。本节以某项目敞开式 TBM 为例详细说明掘进参数选择的技术要点。

1) 掘进参数影响因素

对于特定的敞开式 TBM,掘进参数的影响因素主要是地质条件,其次是当前的设备性能,如设备完好状态、刀盘携渣能力、岩渣粒径限值、带式输送机出渣能力、滚刀状态等。

2) TBM 掘进主要参数

TBM 掘进主要参数包括刀盘转速(r/mm)、推进压力(bar)、贯入度(mm/r)、掘进速度(mm/mim)、推进行程(mm)、护盾及楔块压力(bar)、扭矩液压缸行程(mm)、带式输送机速度(m/s)、撑靴压力(bar)。

TBM 掘进参数的选择和调整的目的是为了在保护设备的前提下提高掘进效率,应注意以下几点:

(1)推力是 TBM 掘进过程中非常重要的参数,实际掘进中对于推力的控制是通过调整推进液压缸进油量来实现。通常情况下,推力的大小和围岩抗压强度成正比,但也受推进支撑系统能力的制约,撑紧力应与推力相匹配。一般根据工程围岩强度设计最大撑紧力和推力。TBM 换步后开始掘进过程中缓慢增加推进力,之后保持推力不变,但是往往掘进中受围岩强度、设备调向、出渣、设备故障等影响,需要及时调整推力或停止推进。正常情况下撑紧力基本稳定,但随推力增加有少许增加,在硬岩条件下掘进时要避免由于撑紧力不足导致撑靴打滑现象。软弱地质条件下掘进要降低推力以适应地质,避免出现带式输送机过载运输,造成带式输送机压停、溜渣槽堵塞或者撑靴撑紧力过大而加剧洞壁围岩失稳等问题。

(2)完整硬岩条件下掘进时,刀盘转速、推进压力等参数可适当提高,刀盘转速不宜超过最高转速的 85%,推力与撑靴撑紧力相适应,但是在掌子面局部破碎或坍塌时,若主机带式输送机负荷过大或者岩渣块径过大应及时降低刀盘转速和推进压力,防止滚刀瞬时荷载过大而异常损坏或主机带式输送机超载而停机。

3) TBM 掘进参数选择实例

(1)地质条件

本项目隧洞在长白山余脉及其支脉龙岗山底部通过,山体走向 NE,地势呈东北高西南低。地貌类型为侵蚀构造地形和侵蚀堆积地形,以尖顶状低山和中低山、锯齿状中低山和树枝状窄谷地为主,多为侵蚀隆起与断褶中低山丘陵地形,地面高程一般为 420~560m,最大高程 840m。洞室一般埋深为 200~300m,最大埋深 590m。工区范围内主要有中生界白垩系火山碎屑岩系及太古代等侵入岩。现由老至新分述为:

①侵入岩,太古代混合花岗岩、花岗片麻岩。洞线穿越该地层有2处,其分布位置依次为:北旺清二道沟至大荒沟红河河谷,洞线穿越该层宽度为13809m;沙河河谷至浑河左岸,洞线穿越该层宽度约15030m。

②中生代白垩系小南沟组:下部为紫色砾岩夹砂岩,上部为杂色砂岩、凝灰岩及紫色砾岩。分布于清原浑河河谷一带,与小东沟组和太古代混合花岗岩分别以断层接触,洞线穿越该层宽度约526m。

岩体完整性较完整,多为块状构造,无规模较大的断层通过,成洞条件好。节理一般较发育,节理面多微张~闭合,多平直光滑,一般无充填。

(2) TBM主机技术参数

某项目TBM主机技术参数见表4-3-1。

某项目TBM主机主要技术参数　　　表4-3-1

序号	名称	单位	参数
1	刀盘开挖直径	m	8.53
2	滚刀额定荷载	kN	311.5
3	滚刀数量	把	53
4	刀盘驱动形式	—	变频电机
5	刀盘驱动功率	kW	330×10=3300
6	刀盘转速范围	r/min	0~8.5
7	额定扭矩(6.5bar)	kN·m	9633
8	刀盘脱困扭矩	kN·m	14449.5
9	撑靴最高撑紧压力	bar	310
10	推进液压缸最大工作压力	bar	345
11	额定总推力	kN	20491

(3) 掘进参数及掘进效率

根据不同地质条件,调整TBM掘进参数使TBM掘进效率最优化,达到安全高效的生产目的。某项目TBM施工阶段与对应围岩类型的掘进效率如表4-3-2中数据所示。

不同围岩条件下的掘进参数　　　表4-3-2

围岩类别	Ⅱ	Ⅲa	Ⅲb	Ⅳ
推进压力(bar)	305~313	250~310	260~310	150~260
掘进速度(mm/min)	30~40	40~60	50~70	50~90
刀盘转速(r/min)	5.2~6	4.5~5.5	4.5~5.0	2.4~4.5
刀盘扭矩(kN.m)	2020~2483	2316~3500	2400~3100	3000~3675
电机电流(A)	180~220	170~250	260~270	160~220
撑靴撑紧压力(bar)	317~223	317~225	318~322	318~325
推进流量(%)	44~45	30~40	38~44	27~32
平均日进尺(m)	19.207	23.830	18.453	8.822
平均月进尺(m)	573.077	714.926	553.605	264.652
综合平均月进尺(m)	605.817	605.817	605.817	605.817
最高月进尺(m)	609	884.4	884.4	884.4

4) 掘进参数选择注意事项

(1) 掘进前TBM主司机要充分了解掌子面围岩情况,结合围岩类型,合理选择刀盘转速、推力、推进流量等参数,除特殊情况外掘进过程中刀盘转速单次调整幅度不宜超过 1r/min。

(2) 任意滚刀更换或调整后,开始掘进时必须低速转动刀盘并缓慢推进至掌子面,待所有滚刀全部接触岩面后方可提高刀盘转速和推力。

(3) 蚀变带、破碎带等不良地质条件下,调整 TBM 撑靴撑紧压力适应掘进时所需推力,避免撑紧力过大造成洞壁塌陷等危险,但也要注意掘进过程可能造成撑紧力不满足推进要求,出现撑靴打滑等现象,必要时适当增大撑紧力。

(4) 蚀变带、破碎带等软弱地质条件下掘进,由于围岩自稳能力差,导致掘进过程中掌子面无规则塌方,刀盘驱动电机电流变化较大,掘进过程必须关注电机电流变化幅度,并控制掘进速度,避免电机过载,造成安全销损坏等事故。

(5) 完整硬岩地质条件下掘进时,时刻注意撑靴撑紧力变化,撑紧压力变化范围超过 10bar,及时停止掘进,并检查撑靴是否打滑。TBM 调向幅度每循环不宜超过 5 次,且每次调向幅度不超过 3mm,且严禁利用护盾调向。若 TBM 掘进速度明显下降,且有继续下降趋势,应根据边刀磨损数值和护盾压力的变化,及时调整护盾伸出值,避免 TBM 盾体被卡住。

(6) 正常掘进过程中推进液压缸泄压后方可调向,禁止带压调向。

3.2.4 掘进方向与姿态控制

在掘进过程中,TBM 方向的控制是掘进操作过程中的关键环节。合理调向是确保 TBM 沿正确路径掘进的首要条件。

TBM 掘进施工时,因为推进速度快、作业面狭小、视线阻挡严重等原因,单纯人工测量姿态的方法不能满足主机调向的要求,因此,TBM 配备有自动导向系统,以连续测量 TBM 位置和姿态,实时显示在主控室电脑屏幕上据此调向,使 TBM 按照设计隧道轴线精确掘进。

1) 调向

按照调向方位不同,调向分为水平调向、垂直调向、滚动角调整。水平调向是以底护盾为支点,通过横向摆动主机尾端实现刀盘水平方向轻微偏转,改变其前进方向,TBM 继续向前掘进时滚刀将沿新轨迹破岩;垂直调向是以底护盾为支点,通过竖向摆动主机尾端实现刀盘垂直方向轻微偏转,TBM 继续向前掘进时滚刀将沿新轨迹破岩;滚动角是 TBM 掘进过程中掌子面对刀盘的反作用力造成机身旋转形成的角度,通过主机尾部圆周方向的小幅转动调整。

TBM 调向按照工作模式的不同分为掘进调向和换步调向,掘进调向需在刀盘旋转状态下完成。为避免滚刀在侧向力和推力的共同作用下异常损坏,调向前应停止推进,保持刀盘空转,按以下要求完成调向:

(1) 严格控制单次调向幅度,每次调向边刀位移不超过 3mm。

(2) 严禁连续调向,2 次调向之间 TBM 至少应掘进 25mm,以保护边刀。

如某 TBM 要求掘进长度在 254mm 以内,边刀累计位移不允许超过 13mm,则需严格控制调向频率,避免边刀刀座或刀体接触岩壁而异常损坏。某 TBM 要求掘进长度在 915mm 以内,边刀累计位移不允许超过 25mm。则需严格控制调向频率,避免其接触原始围岩而导致快速磨损。

2) 导向与测量

(1) 自动导向测量系统

通常,TBM 掘进中会存在一定的姿态偏差,自动导向系统可计算出纠偏曲线,主司机参考该纠偏曲线调整掘进参数,使 TBM 能够从目前的偏差位置平滑地调整到设计隧道轴线上。正是由于 TBM 配置的导向系统能够修正其姿态误差,从而确保高达几千公里长的隧道以毫米级轴线偏移精度掘进至目标地点,直至最终贯通。

导向系统一般采用模块化的软件架构、便捷的菜单引导操作,并配备先进的测量与通信技术。导向系统可获得掘进机的当前姿态,自动计算纠偏曲线,实时向操作者显示相对于隧道轴线的姿态及倾斜角度,主司机参考纠偏曲线,操纵 TBM 使其能够从偏差位置平滑地调整到隧道轴线上。导向系统采用可重构和模块化的系统结构,并可根据项目要求进行调整。借助于导向系统显示的隧道掘进姿态控制的全面信息,能实现 TBM 掘进姿态的最佳控制,从而有助于保持主机沿隧道轴线均匀掘进。

(2) TBM 姿态的人工导向

TBM 必须建立人工导向系统,作为设备自身导向系统的检查和备份。出现以下情况时,需要人工导向:

①导向系统故障不能工作,需继续掘进时。

②导向系统测量部件位置变形或移动。

③棱镜或激光靶、倾斜仪等需要设置初始参数的仪器损坏,修理后或使用备件时。

④掘进方向或高程偏差设计轴线较大时。

⑤怀疑导向系统测量结果有问题时。

⑥TBM 始发或贯通前。

(3) 导向系统初始设置数据

施工时,导向系统各部件安装位置数据、角度偏差、全站仪和导向系统软件上的主要设置等初始数据均应复核确认,并备份。

(4) 导站和托架检查

①导站检查。

导站测量方法有两种:一是从控制点上测量;二是利用后面现有的坐标已知的托架直接向前引申。第一种测量方法精度高,但工作量大、测量时间长,对于后配套较长的 TBM 以及 TBM 位于小半径曲线的情况,导站测量有时需要几个小时。第二种方法工作量小,一般需 0.5h 左右,但精度略差。条件允许时,应优先采用第一种方法。

关闭导向系统后开始导站,导站结束后再开机。在整个过程中,TBM 位置保持固定,以便于对导站前后姿态数据进行对比。上述流程是 TBM 测量最重要、也是最容易出现问题的一项复核工作。它可以及时发现导站过程中发生的错误,也能够发现对导向系统影响较大的误差因素。当姿态超出限差时,应及时查明原因并改正,必要时重测。

②托架检查。

有些项目受现场测量条件所限,只能采用第二种方法导站。由于存在围岩变形,系统的方向测量误差连续累积并向前放大,以至误差超限。因此,对于后配套长度较短的 TBM,最优方法为每次都从控制点开始引测,尽量不用上次的托架向前引测。对于后配套较长的 TBM,尤其是围岩变形较大和搬站距离较远的情形,可以在托架上向前传递坐标,但传递次数应不超过一次。

施工现场应注意提供必要的测量时间和测量窗口。从控制点上测量托架,可以发现导站过程中发生的错误和累积起来的误差,但时间滞后。这项工作是现场测量中一项重要的复核工作,许多 TBM 施工现场出现的较大的测量偏差,均可通过这种办法尽早发现。

3）TBM 导向系统精度影响因素及应对措施

（1）影响因素

①灰尘：若洞内灰尘太大，导致固定全站仪无法前（后视）视到目标棱镜（定向棱镜），使系统无法正常工作。

②水雾气：由于掘进洞段地下水影响，可能出现高压喷射水流，会在目标棱镜和全站仪之间形成水雾，将导致无法前视到棱镜内的照准目标，使系统无法正常工作。

③TBM 设备阻挡全站仪通视到目标棱镜。

④洞内照明不能满足条件全站仪无法测量和定向。

⑤导向系统出现线路故障、全站仪故障等会造成系统无法正常工作。

（2）应对措施

①保证 TBM 通风系统和除尘系统正常工作，减少灰尘。

②在富水地段，对出水点封堵、引排，防止水流影响导向系统工作。

③对导向系统定时检查，及时排除故障；加强施工区域照明，满足导向系统要求。

3.3 敞开式 TBM 支护

敞开式 TBM 支护一般指初期支护，主要包括锚杆、钢筋网、钢拱架、喷射混凝土、钢筋排等，根据地质条件和施工图设计选定，单独或者组合使用，利用 TBM 配置的初期支护设备完成上述支护工作。

3.3.1 锚杆施工

1）设备配置

敞开式 TBM 在锚杆施工量大的情况下可配置 4 台锚杆钻机，分为 2 个作业区域。一般情况下，主机前端的 L1 区（主机区域）锚杆钻机用于安全支护，后方 L2 区（连接桥区域）锚杆钻机用来补全支护要求的系统锚杆。TBM 停机与正常掘进状态下，所有锚杆钻机均可完成移位、定位、钻孔、安装锚杆等正常作业，并且不存在相互干扰。

2）锚杆类型

根据地质条件及隧道设计要求，在 TBM 法隧道施工过程中选取相应类型和规格的锚杆。通常采用的锚杆类型有药卷锚杆、砂浆锚杆、中空注浆锚杆、预应力锚杆等。

3）施工工艺

下面分别介绍药卷锚杆、砂浆锚杆、中空注浆锚杆、预应力锚杆的施工工艺流程。

（1）药卷锚杆

药卷锚杆是锚固剂和锚杆杆体的合称。隧道施工常选用水泥药卷锚杆，是以水泥药卷为锚固剂的黏结型锚杆，按黏结范围可分为有端黏结和全长黏结两种。锚杆杆体一般采用螺纹钢。

①工艺流程。

药卷锚杆施工包含施工准备、钻孔、清洗、注入锚固剂、后处理等工序，其施工工艺流程如图 4-3-4 所示。

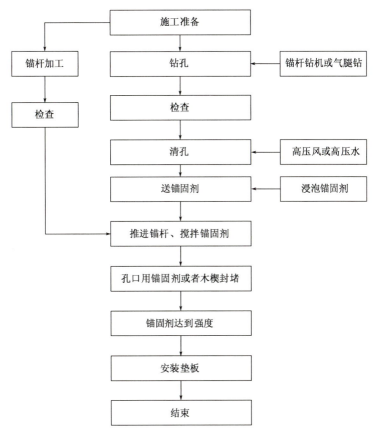

图 4-3-4　药卷锚杆施工工艺流程图

②操作要点。

a. 锚杆孔位测量。采用卷尺测量放样并用喷漆标识锚杆孔位,孔位偏差应小于或等于 100 mm。并在锚杆定位前做好点位的保护工作。

b. 钻孔。钻孔作业通常采用锚杆钻机,要求钻机钻孔前定位准确,大臂顶紧洞壁,确保锚杆钻机在钻孔过程中不移位,核查确认钻机方位、倾角、开孔位置。钻孔时要求一次成孔,避免钻孔过程中卡钻等,钻孔深度超出锚杆长度 5~10cm。

c. 清孔。使用高压风或者高压水清孔或洗孔,要求孔内出水为清水或者无岩渣吹出。

d. 浸泡锚固剂。锚固剂浸泡时间约 2min,锚固剂在水中无气泡或者少量气泡冒出为宜。

e. 装药卷。通常采用竹竿等将锚固剂药卷逐卷顶入钻孔内并夯实,药卷数量满足设计要求,且顶入时间不宜超过 2min。

f. 安装锚杆。锚固剂药卷顶入结束后立即安装锚杆杆体,手工插入或以锚杆钻机大臂顶入锚杆。若锚杆下滑,可在孔口用锚固剂药卷或木楔封孔。

g. 安装垫板。锚固完毕,达到设计初始强度后,在锚杆外露部分安装垫板,并用螺母锁紧,要求垫板紧贴岩面,若受杆体角度影响,垫片无法正常安装,可在垫片与螺栓之间设置楔形垫块。

锚杆钻孔与安装如图 4-3-5、图 4-3-6 所示。

(2)砂浆锚杆

①工艺流程。

砂浆锚杆使用砂浆作为锚固剂,此类锚杆安装简便,成本较低。砂浆锚杆施工包含钻孔、砂浆准备、注浆、锚杆安装等工序,其施工工艺流程如图 4-3-7 所示。

图 4-3-5　锚杆钻孔

图 4-3-6　锚杆安装

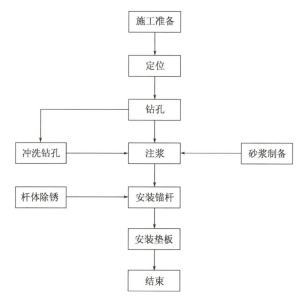

图 4-3-7　砂浆锚杆施工工艺流程图

② 操作要点。

a. 清孔。用高压风清孔,确保孔内不留石粉,不得用水冲洗钻孔。

b. 砂浆。采用高浓度砂浆,配合比通过现场原位试验确定,随拌随用,超过初凝时间的砂浆做报废处理。

c. 注浆。注浆管首先插到孔底,然后退出 50~100mm,开始注浆,注浆管随砂浆的注入缓慢匀速拔出。

d. 安装锚杆。孔内注满浆液后立即插入锚杆,锚杆安装后孔内砂浆必须密实,密实度不小于 75%。

(3) 中空注浆锚杆

TBM 法隧道施工过程中,洞壁难以成孔,无法顺利施作药卷锚杆或砂浆锚杆时,可采用自进式中空注浆锚杆。中空锚杆的杆体是注浆管,注入浆液可黏结固定锚杆,注浆压力较大时部分浆液渗入围岩缝隙,进一步加固围岩。

① 工艺流程。

中空注浆锚杆施工包含施工准备、钻孔、制浆、注浆、后处理等工序,中空注浆锚杆施工工艺流程如图 4-3-8 所示。

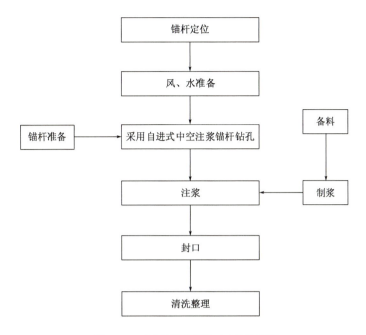

图 4-3-8 中空注浆锚杆施工工艺流程图

② 操作要点。

a. 锚杆孔位放样。采用卷尺测量放样并用喷漆标识锚杆孔位,孔位偏差应小于或等于 100 mm。并在锚杆定位前做好点位的保护工作。

b. 锚杆杆体安设。将带有钻头的中空锚杆安装在锚杆钻机上,移动钻机,将钻头置于放样点位上,启动钻机钻孔,要求锚杆孔深偏差≤50mm,且锚杆入岩深度应不小于设计长度的 95%。锚杆外露岩面的长度应小于等于杆体设计长度的 5%。

c. 安装排气管、封孔。钻孔结束,将锚杆钻机与中空锚杆分离,锚杆留在岩体中。在锚杆孔口位置安装止浆塞和排气管,排气管插入深度不小于 20cm,管内径 12mm,外露长度不小于 20cm,然后安装锚垫板、螺栓封孔,周边采用锚固剂结合土工布封堵空隙,确保不漏浆。若受杆体角度影响,垫片无法正常安装,可在垫片与螺栓之间设置楔形垫块。

d. 洗孔。Ⅳ、Ⅴ级围岩破碎,锚杆安设完成后孔内残存大量渣屑,注浆前需通过中空锚杆注水排渣,若杆体被堵,必须疏通,确保钻孔与杆体之间、杆体中心孔通畅。

e. 注浆。将锚杆和注浆管用快速接头可靠连接。启动注浆泵,连续注入配置好的浆液直到浆液从排气管流出或压力达到设计值,即可停泵。单根锚杆注浆要求一次性连续完成,中间不停顿;一根锚杆注浆后,迅速拆除注浆软管并立即安装至另一根锚杆注浆。浆液达到设计初始强度后,紧固垫板螺母。

(4) 预应力锚杆

预应力锚杆由锚头、杆体及垫板组成,通过锚头产生的锚固力对围岩施加一定的预压应力,主动加固围岩。根据锚固方式不同,常用的预应力锚杆分为机械胀壳预应力锚杆、树脂预应力锚杆、水泥药卷预应力锚杆三种形式。下面以机械胀壳预应力锚杆为例,说明其施工工艺。

① 工艺流程。

预应力锚杆施工工艺主要包括钻孔、杆体制作与安放、注浆机张拉与锁定等。预应力锚杆支护具体施工工艺流程如图 4-3-9 所示。

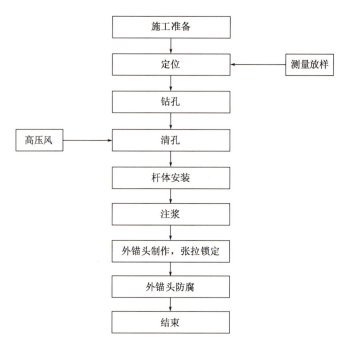

图 4-3-9 预应力锚杆施工工艺流程图

②操作要点。

a. 钻孔应采用无水干钻,严禁带水钻进,钻孔速度根据钻机性能和地质条件严格控制,防止钻孔扭曲和变径。

b. 钻孔达到设计孔深后,稳钻 1~2min。

c. 钻孔结束,用高压空气(压力 0.2~0.4MPa)清孔,将孔内岩粒及杂物全部吹出。

d. 若钻孔孔壁坍塌,应重新钻孔、清孔,直到可顺利安放杆体为止。

e. 杆体必须顺直,无油无锈。

f. 安放杆体时,防止杆体扭曲、压弯,杆体放入角度与钻孔一致,且处于钻孔中心。

g. 注浆管宜随锚杆一并安装,管端距孔底 50~100mm。

h. 采用常压注浆、孔底返浆法施工,待孔口溢出浆液或排气管停止排气时,停止注浆。注浆完毕将外露钢筋清洗干净,做好保护。

i. 预应力张拉及锁定施工时,锚杆张拉至设计轴向拉力值的 1.05~1.10 倍,保持 10~15min,卸荷至锁定荷载,锁定。

j. 锁固工程检测合格后,封锚,多余的钢筋以机械法切除,严禁火焰切割,外露锚杆长度不小于 100mm,封锚混凝土强度等级不低于 C20。

4)锚杆钻机操作

(1)工前检查

开钻前检查钻机泵站油位。

检查确认齿圈、推进梁总成已清理干净,推进伸缩装置完好且润滑正常,检查钻杆、钻头完好,钻机所有执行机构动作正确且运行平稳。

检查确认钻机与岩石、平台、钢拱架安装机构等无干涉。

空运转 1~2min,确保各管路、接头等无漏油、漏水等现象。

(2) 钻孔作业

①定位。轴向、径向调整钻机位置,调整钻孔角度,推进梁顶紧岩面,检查确认钻头正对孔位。

②开孔。缓慢匀速推动钻机,带动钻杆,使钻头靠近岩面,钻头即将接触岩面时,打开供水开关,开启钻机旋转功能,低速钻进开孔口,调整钻杆顺直。

③钻孔。开启钻机冲击功能,钻头在旋转、冲击、推进作用下完成钻进至设计钻孔深度。

④清孔。钻进至设计深度后,停止推进,关闭冲击功能,钻头继续旋转并供水,冲洗孔内残渣。

⑤退杆。钻孔清洗干净后,退出钻杆,撤回推进梁,钻孔完毕。

⑥实时观察冲洗水,避免堵塞钻杆。钻孔过程中钻杆堵塞,可停止推进,边冲击边冲水疏通,若反复操作数次无效,则应更换钻杆。

⑦破碎地质或钻孔区域存在空洞时,容易卡钻,应慢速钻进并加强冲水清洗。一旦卡钻,可边旋转冲击边回退钻杆,有时需调整推进梁,方可恢复正常。如上反复操作数次无效,则应割断钻杆,切不可盲目操作,以免损坏钻机。

⑧钻孔过程中注意钻机安全,如存在围岩坍塌砸坏钻机风险,应停止钻孔,将钻机移至安全区域,处理完毕方可继续钻孔施工。

⑨保持钻机清洁,钻孔完毕,全面彻底清理钻机、推进梁等设备和部件。钻机附近喷射混凝土、注浆时,需遮盖、防护,避免混凝土浆液等污染钻机。

⑩钻机不用时关闭钻机泵站。

3.3.2 钢筋网施工

1) 钢筋网规格

隧道初期支护用钢筋网通常采用盘条加工或网片,TBM施工用网片尺寸要适中,以方便铺设,例如120cm×200cm;网格大小取决于地质条件,例如15cm×15cm 和 20cm×20cm。

2) 钢筋网铺设方法

TBM施工过程中,钢筋网一般有人工铺设、自动铺设、机械铺设3种铺设方法。

(1) 人工铺设

用手持冲击钻在铺设钢筋网区域内的岩面打孔,插入ϕ8mm短钢筋,人工将网片移动到安装位置并紧贴岩面,以短钢筋作为铆钉将钢筋网片固定在洞壁上。

(2) 自动铺设

钢筋网预先置于网片储存仓内,尾部与已经铺设好的钢筋网连接并固定于洞壁,随TBM向前掘进,储存仓内的网片自动被拉出,再以短钢筋等固定于洞壁。自动铺设的钢筋网往往不整齐,应用较少。

(3) 机械铺设

将网片挂在网片安装器托板的挂钩上,网片安装器旋转环旋转,可将网片安装在任意角度,提升托架液压缸,将网片安装在指定位置,以短钢筋等方式将网片固定在洞壁上,然后反向旋转旋转环,使网片托板挂钩与网片脱离,再收液压缸,完成铺设。受制于钢筋网铺设区域空间,为避免影响钢拱架拼装器、锚杆钻机正常工作,通常不采用该方法。

3) 注意事项

(1) 铺设钢筋网过程中,钢筋网之间需要搭接15~20cm,并绑扎或焊接。

(2)钢筋网应紧贴岩面,必要时增加锚固点如图 4-3-10 所示。

图 4-3-10　钢筋网铺设

(3)钢筋网在施作钢拱架和锚杆的同时铺设,并与钢架和锚杆牢固连接,喷射混凝土时钢筋网不得晃动。

(4)钢筋网使用前必须除锈。

3.3.3　钢拱架施工

1)设备配置

TBM 配置有钢拱架拼装器,包括大齿圈、移动小车和顶升机构,布置在主驱动与锚杆钻机之间。

2)施工工艺流程

采用拼装器将分段的弧形钢拱架拼装成环,再用举升机构将其移至安装位置,紧贴岩面,底部封闭,紧固各段连接螺栓,再以锁脚锚杆锁固。相邻拱架间用钢筋纵向连接,围岩坍塌严重时,用槽钢或工字钢纵向连接,钢拱架间距根据施工图和实际揭露地质条件确定。钢拱架施工工艺流程如图 4-3-11 所示。

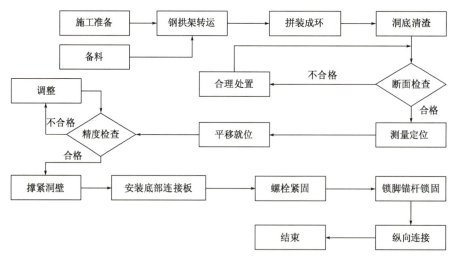

图 4-3-11　钢拱架施工工艺流程图

(1)钢拱架拼装

钢拱架拼装可在主机顶部或主机底部操作,可根据作业空间、钢拱架转运方式及操作习惯选择,操作流程基本相同。在拼装钢拱架时,清理护盾后洞底虚渣,保证拱架拼装大齿圈回转顺畅,将 1 段钢拱架固定在大齿圈上,转动大齿圈;第 2 段钢拱架就位,并与第 1 段对接,端面法兰以螺栓宽松连接,不可紧固,保持相邻弧段钢拱架不分离即可;重复上述操作,直至钢拱架拼装成环,但钢拱架首尾连接处此时会有搭接,也无法以螺栓连接其端面法兰。将钢拱架首尾搭接处调整至洞底,以便于架设。

（2）钢拱架架设

清理钢拱架架设区域洞底虚渣,利用顶升机构拼装大齿圈,抓取已拼装成环的钢拱架,纵向移动至架设位置,准确定位后,撑紧臂伸出,将钢拱架撑出紧贴洞壁,钢拱架首尾搭接处会出现小段缺口,以预先加工好的夹板栓接,钢拱架形成完整且封闭的环,紧固全部连接的螺栓。钢拱架架设如图 4-3-12 所示。

图 4-3-12　拼装钢拱架

（3）锁脚

根据施工图设计,采用锚杆或者锚管,将拼装架设完毕的钢拱架锁固于洞壁。

（4）纵向连接

为使各榀钢拱架连接为一个整体,增强其稳定性和承载力,相邻各榀钢拱架需纵向连接,根据施工图和实际揭露的地质条件,可采用螺纹钢或者型钢作为纵向连接筋。纵向连接筋通常焊接在钢拱架之间。

3) 注意事项

（1）应清除立拱区杂物,使得钢拱架安装在牢固坚实的基础上。

（2）钢拱架间距与设计相符,横向位置和高程的偏差不得超过 ±5cm,垂直偏差不得超过 ±2°。

（3）钢拱架应尽量减少接头个数,接头位置不允许出现在拱顶与拱肩。

（4）排除隐患,确保操作区域安全。

（5）钢拱架拼装前,检查拱架安装器轨道是否清洁、各项指示灯是否正常,试运行判断各种动作是否能正确执行。

（6）钢拱架拼装过程中,注意操作手与安装人员之间的配合与协调。

（7）注意拱架安装器的保护,不使用的情况下必须停在延伸护盾的保护之下,防止被岩石砸坏。

（8）应急喷射混凝土前,须将拱架安装器扩张臂、夹紧液压缸、夹紧轮等做好防护,经常清洁轨道。

3.3.4　喷射混凝土施工

隧道施工初期支护喷射混凝土目前主要有干喷和湿喷两种方式,TBM 法隧道施工一般采用湿喷方式。

1) 设备配置

喷射混凝土支护由 TBM 喷混系统完成,喷混系统通常由输送泵、速凝剂泵、罐体吊机、喷混大车、喷混小车和喷混机械手等组成。混凝土采用混凝土搅拌运输车运送到 TBM 上,利用罐体吊机吊运到卸料位置,罐体出料口对准输送泵进料口,输送泵和速凝剂泵分别将混凝土和速凝剂输送到喷头,在压缩空气的作用下,将混凝土和速凝剂吹散并将其喷射到洞壁。

2)施工工艺

喷射混凝土主要分为系统喷射混凝土和应急喷射混凝土两种作业模式,通常采用系统喷射混凝土模式,只有从护盾出露的围岩自稳能力弱、需要及时喷射混凝土时才会采用应急喷射混凝土模式。两种作业模式的施工工艺流程基本一致,其具体施工工艺流程如图 4-3-13 所示。

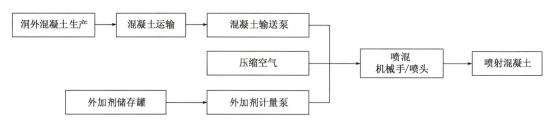

图 4-3-13　喷射混凝土工艺流程图

(1)系统喷射混凝土

该方式是 TBM 法隧道施工中喷射混凝土的主要方法,通常配置喷混机械手,通过喷混大车、喷混小车、喷头的组合运动完成喷混工作,其作业过程如图 4-3-14 所示。

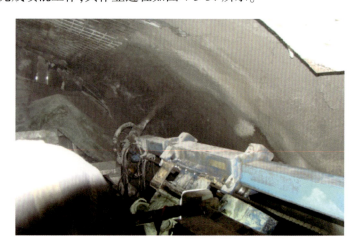

图 4-3-14　系统喷射混凝土

(2)应急喷射混凝土

将 TBM 后配套上喷混区域的混凝土和速凝剂输送管路延伸至主机区域,接入空压机系统的风管,增加喷混专用机械手或人工辅喷喷头,当遇到护盾区域需要喷射混凝土支护的情况时,利用输送泵将混凝土输送到主机区域,完成初期喷射混凝土支护。

①适用条件。

L1 区(TBM 主机区域)出现较大塌腔需要回填处理;撑靴预踩位置存在空腔或围岩平整度差;安装钢拱架间距过小不满足撑靴换步要求;强岩爆、蚀变带、断层破碎带、围岩收敛等不良地质洞段设计支护参数有相关要求时也需要进行应急喷射混凝土。

②施工要求。

施工前必须做好设备防护,包括锚杆钻机、钢拱架安装器、钢筋排储存仓、液压缸、管线等,施工完成后及时清理回弹料。

应急喷射混凝土必须保证与原围岩弧面基本一致，混凝土平整度、密实度等达到撑靴受力条件，回弹料及时清理，尤其是下侧混凝土回弹料，防止撑靴撑紧后偏转过大，超出撑靴凹球滑动范围，造成凹球螺栓受力拉断。应急喷射混凝土如图4-3-15所示。

图4-3-15　护盾区域应急喷射混凝土

3）混凝土输送泵操作规程

（1）作业前检查

①按要求穿戴好防护用具，检查灭火器是否过期，急救药箱内物品是否充足。

②检查各部螺栓应紧固，管道接头应紧固密封，防护装置应齐全可靠。

③向各润滑点加注润滑油（脂）。每个班各润滑点必须润滑一次。

④搅拌斗内应无杂物，上方的保护格网应盖严。

⑤检查输送管道的磨损程度，管壁壁厚不能小于3mm。管道接头、密封圈及弯头应定期更换。

⑥料斗清洗口关闭，密封正常。

⑦检查活塞杆冷却润滑密封室的冷却水面，水量不足应加满；水不清洁应更换，并检查混凝土活塞是否已损坏，及时更换。

⑧检查液压管线有无挤压、是否破碎，连接是否可靠。

⑨检查液压油冷水箱水位是否正常，冷却泵是否运转正常。

⑩所有控制开关均应放在中位（或切断位置）。

⑪检查电源、供风和安全装置是否已按原厂说明书要求正确连接，电压、风压是否正常。

⑫检查急停按钮是否工作正常。

⑬检查液压油箱的油量不足时，应加注同型号液压油。检查液压系统应正常无泄漏。

⑭准备好清洗用品。

⑮作业区域照明良好。

⑯配电柜显示屏无报警信息。

⑰无关人员必须离开管道。

（2）输送泵作业流程

①启泵，打开主电源开关，电气系统运行起来后配电柜操作面板切换至远程模式，打开遥控器，按启动输送泵按钮。

②启动混凝土输送泵后，仔细检查泵和搅拌装置的运转情况，发现异常（反转、不转、异响等）立即停机。

③分别拨动正泵、反泵开关,检查主推缸、S管阀是否动作到位,油路是否漏油。

④随时监视各种仪表和指示灯,发现不正常应及时调整和处理。

⑤运行过程中遇到紧急情况可按下紧急急停按钮,保护人员、设备安全。

⑥一切正常后,停止正泵。

⑦调拌水泥浆润管。使用与混凝土相同强度等级的水泥加水搅拌,加入料仓25kg水泥和40kg水,根据管路长短可适当调整用量,搅拌均匀、无气泡、凝结块,然后开启正泵开关,向前打水泥浆润管。

⑧试验人员从混凝土罐中取混凝土做洞内坍落度试验,确保其流动性及和易性。当坍落度不满足设计要求时,根据试验结果和试验人员指示采取补救措施,或运出洞外重新拌和。

⑨料管进空气前打开混凝土罐放料口,根据泵送速度调节混凝土罐放料口开度来控制放料速度,使放料速度与泵送速度相匹配。如混凝土料在振动筛上堆积,开启振捣器,辅助料斗进料。

⑩作业时不准取下搅拌斗格网或乱动其他安全装置。如发现不合格的骨料和杂物应挑出斗外。

⑪泵送混凝土应连续作业,必须暂停时,停机时间应控制在10min以内,最长不超过30min。暂停时间内,应每隔2min泵送一次。如时间过长,应排空管道,清洗输送泵料斗、S管阀、缸体、管路,以防混凝土固结。

⑫如出现输送管堵塞应及时处理。必要时应拆管疏通,管口禁止朝向人员方向,禁止朝管内查看。

⑬泵送系统受压力时,不得开启任何输送管道和液压管道,不得随便调整修理和润滑正在运转的部件。

⑭喷射混凝土期间,输送泵放料人员应全程与操作手保持有效沟通,掌握喷射状况、设备状况及混凝土料状况。

(3)注意事项

输送泵正常停机后应注意以下要点:

①作业完毕,将料斗内和管道内的混凝土全部输出,然后对输送泵缸体、料斗、S管阀、管道进行泵水冲洗。

②喷头处出清水1min后停止泵水,关泵。

③拆开输送泵弯头与管路接头,检查料斗、振动筛、缸体、S管阀、弯头内是否残留混凝土,如有应清理干净后再次用水冲洗。一个缸体检查完成后应撤离料斗,然后切换本地模式,开泵、手动摆动S管阀、停泵,检查另一个缸体。检查期间挂设"正在检修,禁止合闸"警示牌,并派专人看管。

④对各润滑点加注润滑油,并涂油防锈。

⑤所有控制开关均应回复中位(或切断位置),长时间停机应关闭电源。

⑥彻底清扫施工现场。

输送泵紧急停机时应注意以下要点:

①关闭配电箱中的主开关。

②按下紧急停机开关。

③通知维修人员与喷射混凝土作业人员一同查找故障原因,尽快恢复。

④在安全的前提下及时泄压、清洗管路、缸体、S管阀、弯管、料斗等。

4)喷混机械手操作规程

(1)作业前检查

①按要求穿戴好防护用具,检查灭火器是否过期,急救药箱内物品是否充足。

②检查喷射臂、速凝剂、压缩空气等的管路连接是否正常。

③检查电源、液压油、冷却水、润滑油、速凝剂泵齿轮油、高压风,保证电压正常、液位正常、润滑充足、压力正常。

④所有控制开关均应放在中位(或切断位置)。

⑤电缆、油管、软管应有足够的活动余量,无破损,接头处完好,油管、行走马达无渗油。

⑥检查料管、管接头、喷头、混凝器等的磨损程度,及时更换。

⑦检查大车、小车、喷射臂各结构件连接可靠,螺栓紧固、焊缝饱满无裂纹,否则,应进行加固处理。

⑧检查喷锚大车、小车运行轨道是否清洁,各管路无小角度弯折。

⑨检查电源是否正常,遥控器信号是否正常。

⑩根据现场坍落度试验和试验人员沟通,确认混凝土流动性和和易性。

⑪确认进入料斗的混凝土经过筛子过滤。

⑫准备好清洗用品。

⑬作业区域照明良好。

⑭配电柜显示屏无报警信息。

⑮无关人员必须离开管道。

(2)喷混台车作业流程

①开启空压机,将配电柜、喷射臂泵站旋钮旋至远程模式。

②启动喷射臂泵站。检查大车前后行走,小车左右行走,旋转喷头前后、左右、旋转动作是否正常,行走是否顺畅,有无倾斜,如有,及时纠正。

③检查电缆卷盘、油管卷盘动作正常,喷头、混合仓、风眼、螺栓紧固是否正常。

④启动混凝土输送泵,根据输送泵操作规程检查各事项。

⑤启动速凝剂泵,检查速凝剂泵工作是否正常,流量是否根据调节比例变化。

⑥打开压缩空气阀,根据需要调整压缩风风压、流量。随时观测仪表板上的指示压力、油温、电压等,发现异常立刻停机检查。

⑦启动后应严格执行操作规程,让油泵空转几分钟提高液压油的温度。开机后严禁擅离岗位。

⑧根据输送泵操作规程调拌水泥浆润管、做坍落度试验、放料。

⑨将喷锚大车和小车移动至待喷射混凝土位置,拨动正泵开关,开始泵送混凝土。

⑩根据混凝土流量调节速凝剂流量,使混凝土流量和速凝剂流量匹配,保证喷锚质量。

⑪喷射混凝土从下往上喷射,先拱腰、后拱顶。先调整喷头角度,喷头固定,利用小车下上移动扫射,直到拱架填充完成。

⑫然后开启喷头旋转,前后移动大车,在拱架之间横向扫射喷射混凝土,厚度达到设计要求后向上移动小车,继续横向扫射喷射。

⑬根据回弹料情况及平整度适当调节速凝剂参量及风压、风量,确保在保证喷锚质量前提下降低速凝剂用量、减少回弹料。

⑭操作手与放料人员保持有效沟通,及时掌握泵送压力、泵送流量及混凝土剩余量。

⑮当泵送压力过大时,会导致堵管,此时应正反泵送2次,如仍然不能降低压力,此时确定已经堵管,应将管路泄压后拆解,疏通管路后清洗输送泵料斗、S管阀、缸体、管路,重新润管后继续泵送。

⑯泵送混凝土应连续作业,必须暂停时,停机时间应控制在10min以内,最长不超过30min。暂停时间内,应每隔2min泵送一次。如时间过长,应排空管道,清洗输送泵料斗、S管阀、缸体、管路,以防混

凝土固结。

⑰喷射过程中时刻观察软管,严禁小角度弯折。严禁泵送混凝土过程中私自加水。

⑱喷射混凝土作业完成后,及时清洗输送泵料斗、S管阀、缸体、管路,清洗速凝剂泵及管路。

⑲因故障或其他原因停机超过30min应清洗管路。

⑳如发生紧急情况,立即按下遥控器上紧急急停按钮。

(3)注意事项

①作业完成后及时清洗输送泵及管路。

②然后拆除喷头、混合器等进行清洗,再用清水和高压风对管内进行冲洗,冲洗过程中下方管口远离人员和设备,管道出口端前方10m内不得站人,并应用金属网篮等收集冲出的清洗球及砂石粒。

③最后用清洁球、水和高压风冲洗管路,直到管路彻底清底干净。

④清洗速凝剂泵和速凝剂泵管路。

⑤将喷混大车、小车行走至合适位置。

⑥关闭速凝剂泵,关闭输送泵,关闭喷射臂泵,关闭压缩空气球阀。各开关置于中位或断开状态。将遥控器放置在规定位置,做好防护,并及时对亏电电池充电。

⑦对于拱架等喷射混凝土超出设计厚度的位置应及时进行铲除,防止设备干涉,也避免影响后期二次衬砌质量。

⑧彻底清洗机械的各个部分,对于混凝土凝固的部分可用刮刀清除,保证各部分无残存混凝土。

⑨对机械进行保养,各连接点和润滑点加注润滑脂,给各运动部分涂油防锈。

⑩彻底清扫现场,清理回弹料。

3.3.5 钢筋排施工

敞开式TBM普遍配置有钢筋排储存仓,可以提前装入单根螺纹钢或焊接有横向连接筋的钢筋排单元。当围岩破碎时,为防止围岩坍塌,首先安装一榀钢拱架作为支点,依次将储存仓内的钢筋排拉出(密度以破碎情况而定),并焊接在钢拱架上,随TBM掘进,钢筋排被自动抽出,连续加固围岩。掘进长度足够时立即安装下一榀钢拱架,并将钢筋排依次焊接在该榀钢拱架上,如图4-3-16所示。

a)单根钢筋

b)钢筋排单元

图4-3-16 钢筋排

钢筋排支护将破碎围岩阻隔在钢筋排外侧,避免了拱顶出现大规模塌腔,但钢筋排背后松散岩体须注浆加固,提高围岩承载能力和稳定性。

3.3.6 仰拱预制块铺设

仰拱预制块是隧道结构的一部分,施工期在承轨槽内铺设钢轨,作为 TBM 后配套及有轨运输设备的走行轨道。仰拱预制块随 TBM 掘进同步铺设,其铺设进度和质量直接制约着 TBM 掘进效率。铺设仰拱预制块一般分为清渣、铺设和回填混凝土 3 个作业步骤。

(1)清渣

仰拱预制块在铺设前,需全面清理洞底残渣、污水等杂物。

(2)铺设

如图 4-3-17 所示,利用仰拱吊机将仰拱块吊运到铺设位置。通过水平回转、前后运动、左右移动及吊钩升降,在测量装置的辅助下,准确调整仰拱预制块铺设位置与姿态。精确定位后,在仰拱预制块左右两侧可靠安放支撑垫块(混凝土或木制楔块)。铺设精度按施工图控制,根据隧道结构要求,有时需安装止水材料。

(3)回填

仰拱预制块底部与洞底之间,预留回填间隙,通常采用细石混凝土或水泥砂浆回填。一般分组回填仰拱预制块底部空隙,以不影响后配套台车正常前行为宜。回填可由仰拱预制块直达底部的注浆孔灌注,自下而上返浆,也可由仰拱预制块左右两侧插管浇筑。不论采用何种回填方式,均需要保证回填密实。回填作业过程如图 4-3-18 所示。

图 4-3-17 仰拱预制块铺设

图 4-3-18 背后回填注浆

第 4 章
护盾式TBM掘进与衬砌

护盾式 TBM 与敞开式 TBM 设备结构不同、隧道支护结构不同,因而掘进施工工艺也不同。护盾式 TBM 掘进施工的特点是掘进和管片拼装交替或者同步施作,管片背后回填后隧道施工一次成型。本章系统介绍护盾式 TBM 始发、试掘进、掘进、管片衬砌作业工艺流程,并重点阐述施工工艺中的进度和质量管控技术要点。

4.1 TBM 始发与试掘进

护盾式 TBM 始发方式需根据现场施工条件,结合设备结构特点选择。本节总结护盾式 TBM 始发方式,并结合工程实例,详细说明两种始发方式的工艺流程与技术要点,并介绍护盾式 TBM 与敞开式 TBM 试掘进工作流程的差异。

4.1.1 TBM 始发

护盾式 TBM 始发方式共分为 4 种。按照设备完整性分为整体始发与分体始发,按始发洞施作情况分为始发洞始发与负环始发,见表 4-4-1。

护盾式 TBM 始发方式   表 4-4-1

序号	始发方式		始发空间	始发洞施作情况	备 注
1	按照设备完整性	整体始发	充足	有	常用
		分体始发	不足	无	满足整体机组装备后二次组装始发
2	按始发洞施作情况	始发洞始发	充足	有	常用
		负环始发	不足	无	整机进入隧道后拆除负环管片

1)整体始发

护盾式 TBM 完成整机组装调试,步进至掌子面始发,称之为整体始发,是 TBM 始发的常用方式。

2)分体始发

施工场地狭小,作业空间长度不满足 TBM 整体始发条件时,多采用分体始发方式,其选用条件见

式(4-4-1):

$$L_{始发场地} < L_{TBM整机} + L_{列车编组} \tag{4-4-1}$$

式中:$L_{始发场地}$——始发场地长度;

$L_{TBM整机}$——TBM整机长度;

$L_{列车编组}$——列车编组长度。

分体始发时护盾式TBM组装调试分为以下两个阶段:

(1)第一阶段

TBM主机和部分主要后配套台车先行组装调试,满足基本的掘进和拼装管片及管片壁后回填注浆功能,完成分体始发并掘进至后部空间满足整机剩余的后配套台车安装及出渣要求后进入第二阶段组装调试。

(2)第二阶段

组装调试阶段即整机组装调试,组装前,必要时对TBM进行改造,保留TBM施工必要设备,以缩短始发时所需的TBM长度。TBM分体始发,需根据TBM设备及施工场地布置等情况,计算TBM最短分体始发长度。当TBM推进长度满足整体始发要求后,将后配套台车拖拉至洞外,各配套设备恢复原设置,完成TBM需求组装与调试,TBM继续推进施工,始发工作结束。

3)始发洞始发

始发洞始发,需提前施作TBM始发洞,始发洞长度通常为大于主机长度3m。双护盾TBM空推至掌子面后,在尾盾后方20cm位置处安装分体式反力架。利用分体式反力架固定首环管片,为换步提供所需反力。

4)负环始发

护盾式TBM始发时反力架提供掘进时推进反力的方式称之为负环始发。反力架由斜撑和直撑及上下横梁组成,斜撑与支撑底部通过螺栓与预埋钢板连接。TBM需空推至反力架前端指定位置处后方可安装反力架。通常情况下,尾盾后端距离反力架前端面20cm为宜。TBM始发前,先安装首环负环管片,始发时,反力架整体提供掘进时所需的全部反力,护盾式TBM无始发洞始发如图4-4-1所示。

图4-4-1 无始发洞始发

4.1.2 始发洞分体始发工程案例

以青岛地铁1号线土建二标02工区为工作背景说明,双护盾TBM始发洞分体始发关键技术。

1）工程概况

青岛地铁1号线土建二标02工区承担海泊桥站—青岛站区间TBM施工任务，采用2台双护盾TBM施工。海泊桥站—青岛站区间为双线隧道，其中单线TBM掘进长度为4647.82m，采用预制管片衬砌，壁后回填豆砾石并灌注单液浆。TBM掘进通过连续带式输送机出渣、有轨运输方式运送物料。TBM在海泊桥站组装始发，掘进至青岛站竖井后拆卸。海泊桥站为明暗挖结合车站，车站明挖段长53.1m，为TBM始发场地，其平面布置如图4-4-2所示。车站明挖段结构施工完毕，施作TBM始发洞。由于施工场地狭小，采用分体方式始发。

海泊桥站基坑南侧区间隧道下穿人民路5-1、5-2号楼（砖混结构）及部分海地俪园小区，需避免钻爆法下穿居民楼施工。TBM隧道下穿建（构）筑物如图4-4-3所示。

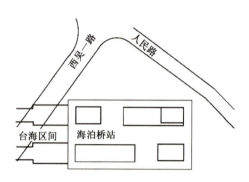

图4-4-2　TBM始发场地平面布置示意图

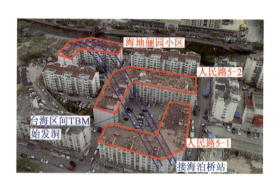

图4-4-3　TBM隧道下穿建（构）筑物示意图

2）TBM设备概况

双护盾TBM开挖直径6.3m，整机长度158m，主机长度为12m，后配套台车共有10节台车组成，后配套台车主要设备配置见表4-4-2。

后配套台车主要设备配置表　　　　表4-4-2

序号	台车	右侧	左侧
1	1号台车	6m³空压机、储气罐	污水泵站、润滑泵站
2	2号台车	刀具储存区	操作室
3	3号台车	豆砾石罐	豆砾石泵1、豆砾石罐吊机1
4	4号台车	空压机、注浆系统	液压泵站1、豆砾石输送带泵站
5	5号台车	变频器总成1、布料带式输送机	液压泵站2
6	6号台车	1600kVA变压器1、变频器总成2	热交换器、内循环储能罐、内循环系统
7	7号台车	1600kVA变压器2、应急发电机	清水箱、清水泵、空压机冷却水泵
8	8号台车	主控制柜、400V变压器	除尘器
9	9号台车	1000kVA变压器、电容补偿柜	除尘风机、污水箱
10	10号台车	高压电缆卷筒、高压开关柜	清水管卷筒、污水管卷筒

根据施工图地质条件及施工场地情况，原计划采用悬臂掘进机开挖预备洞180m及始发洞，TBM整体始发。预备洞施工38m后，实际揭露围岩抗压强度达到100~120MPa，悬臂掘进机无法继续施工。该洞段又不允许爆破施工。因此TBM改为分体始发。

3) 分体始发方案

在满足 TBM 正常掘进施工情况下,改造 TBM,保留 TBM 掘进必要设备并重新布置,缩短始发时 TBM 长度,从而达到减小 TBM 始发洞长度的目的。根据 TBM 设备及施工场地布置等情况,计算 TBM 最短分体始发长度,采用悬臂掘进机开挖并施自作始发洞,TBM 部分组装、分体始发。当 TBM 施工长度满足整体始发长度,完整组装并调试后,再次始发,隧道累计开挖 180m 后,将后配套台车拖拉至洞外,恢复原布置,TBM 掘进施工。

4) 施工准备

(1) TBM 改造

TBM 分体始发必须投入使用的设备见表 4-4-3。

TBM 分体始发必须使用的设备　　表 4-4-3

序号	设　备	数量	位　　置	功　　能
1	空压机	3	1 号台车右侧、4 号台车右侧	豆砾石吹填、刀盘注脂、服务风
2	循环水系统	1	6 号台车右侧	润滑液压系统冷却
3	注浆系统	1	4 号台车右侧	管片壁后注浆
4	豆砾石系统	1	3 号台车右侧、3 号台车左侧、4 号台车左侧	管片壁后豆砾石吹填
5	水系统	1	7 号台车右侧、9 号台车右侧、10 号台车右侧	刀盘喷水、服务水
6	1600kVA 变压器	2	6 号台车右侧、7 号台车右侧	变频器供电
7	变频器总成	7	5 号台车右侧、6 号台车右侧	驱动刀盘旋转
8	液压泵站	2	4 号台车左侧、5 号台车右侧	推进、换步等
9	润滑泵站	1	1 号台车左侧	主轴承润滑
10	1000kVA 变压器	1	9 号台车右侧	主电柜供电
11	除尘系统	1	8 号台车左侧、9 号台车左侧	除尘
12	主电柜	1	8 号台车右侧	各分系统供电
13	高压开关柜	1	10 号台车右侧	
14	功率补偿器	1	9 号台车右侧	

分体始发需要调整 TBM 各单项设备及管线布置,将必要的掘进设备前移。改造后 TBM 后配套设备布置见表 4-4-4。以保证 TBM 在分体状态下顺利施工。

改造后 TBM 后配套设备布置　　表 4-4-4

方位	连接桥	1 号台车	2 号台车	3 号台车	4 号台车	5 号台车
右侧		搅拌罐	VFD1	VFD2	主电柜	3 号变压器
		双液注浆机		主驱动变压器	主驱动变压器	10kV 电缆接线箱
						高压隔离开关
左侧	污水泵站	操作室	注脂泵站	豆砾石泵	豆砾石带式输送机	2 号带式输送机驱动
	润滑泵站		液压泵站 1	液压泵站 2	豆砾石罐吊机	内循环系统

(2) 施工现场布置

① 水循环系统。

a. 在车站设置清水箱,由洞外向洞内直接供水。

b. 内循环热交换器与供排水管路连通,排水管连接至车站内回水箱。

c. 内循环冷却系统除自动控制系统外,采用强制冷却方式。

d. 污水排放至车站污水池,再抽排至地面沉淀池。

②除尘系统。

除尘风机放置于海泊桥车站负4层板,临时安装150m硬传风管作为除尘吸风管;在负4层板上安装3台24m³/min风冷空压机,为TBM配套提供压缩空气。

③支护系统。

分体始发时在地面新增拌浆机、注浆机,通过临时管路输送至TBM上的浆液罐内。

④提升设备。

安装1台55t龙门式起重机用于TBM分体始发施工,采用1节矿车出渣,掘进完毕更换为平板车向洞内运输管片、钢轨、豆砾石罐等物资。

(3)始发洞施工

始发洞开挖支护完成,施作弧形导台,用于TBM始发。始发洞支护如图4-4-4所示。

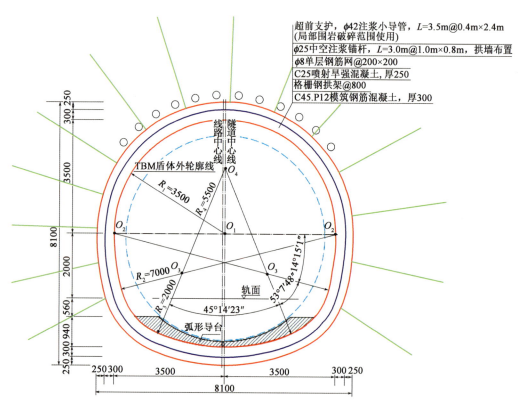

图4-4-4 始发洞支护体系(尺寸单位:mm)

5)始发流程

准备工作完成后,开始TBM分体始发工作。始发时启动风、水、供电、液压系统设备,撑靴撑紧洞壁,依次启动带式输送机,转动刀盘,伸出推进液压缸,开始始发掘进;管片拼装、碎石回填及壁后注浆同步进行。掘进和支护施工完毕后,TBM换步为下一循环施工做准备。分体始发流程如图4-4-5所示。

TBM掘进至隧道累计开挖180m时,将所有TBM台车及其附属设备管路解体运至洞外,恢复TBM原配置。TBM二次整体组装并始发,开始正常掘进施工。

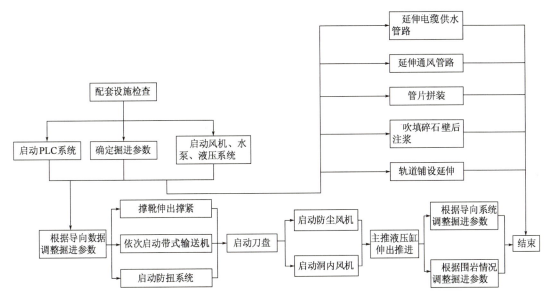

图 4-4-5　分体始发流程图

6）测量定位

TBM 始发的测量定位工作包括以下几方面：

(1) 地面布设监测点并测定始发前初始值。

(2) TBM 始发洞内测量基准平面控制点和水准点的引测布设。

(3) TBM 始发洞内隧道轴线的放样测试和隧道起始里程线的定测。

(4) 测量弧形导台预埋钢轨的布置圆心与始发洞设计轴线偏差是否满足始发要求。

(5) 反力座定位放样测试、复检。

(6) 始发段掘进过程中的 TBM 导向控制及洞内环片的姿态测量。

(7) TBM 步进洞到始发洞内布设隧道轴线底控制点，在洞底每隔 30m 设一点。

7）首环管片拼装

为保证管片拼装质量，首环管片需安装于反力座上，反力座由环形钢板和三角支腿组成，锚固于洞壁。

8）注意事项

(1) TBM 始发时严格控制推力和扭矩，严密监测地表及围岩变化情况。

(2) 严格控制掘进方向，防止出现旋转、栽头现象。

(3) 及时回填注浆，防止管片变形、移位。

(4) 始发起始阶段，TBM 换步时，采用收缩主推进液压缸方式拖拉支撑盾、尾盾及后配套台车前移，严格控制辅推液压缸的推力，避免局部推力过大致使反力座变形。TBM 推进 8 环后即可恢复正常换步方式。

4.1.3　无始发洞负环始发工程案例

1）工程概况

青岛地铁 1 号线土建二标 02 工区广台区间 TBM 原计划采用始发洞始发方式。台东站为 1 号线与

2号线的换乘站，双护盾TBM完成上一区间掘进至广台区间时，2号线台东站施工尚未完成。受台东站施工进度制约，该区间无法提供施作始发洞的场地条件，且受地质条件与周边环境（建筑物、管线）等因素影响，采用矿山法交叉作业施作始发洞存在较大安全隐患，因此改为无始发洞负环始发方式。

2）TBM设备概况

广台区间位于青岛地铁1号线南段，其地质基岩以花岗岩为主且出露较高，区间隧道大部分位于中、微风化花岗岩、煌斑岩地层，耐磨性大部分为强-极强。因此，该区段选用双护盾TBM完成隧道掘进。

双护盾TBM刀盘开挖直径6300mm，配置41把48.26cm（19in）滚刀，具备半径扩挖50mm的能力。整机装机功率4700kVA，刀盘驱动功率2205kW，额定/脱困转矩2850kN·m/5700kN·m。主推最大推力24000kN，辅推最大推力45000kN。主机长度约为12m，可实现最小曲线半径250m掘进。

3）负环始发方案

无始发洞条件下双护盾TBM负环始发是通过辅推液压缸顶推负环管片和反力架提供掘进反力，将始发基座上的TBM由始发井推入地层并沿设计线路掘进。具体流程为：TBM空推至始发位置后安装反力架，在反力架处拼装首环负环管片，首环管片后端通过纵向螺栓固定于反力架，辅推液压缸顶紧管片；负环管片拼装完毕后始发掘进，随后拼装第二环负环管片；以此类推，安装完所有的负环管片。过程中需加固已安装负环管片，防止椭圆度发生变化，影响后续管片拼装质量。当正环管片安装完3环后，在管片注浆孔处注双液浆，稳定管片。当整机进入区间隧道且管片壁后注浆全部完成后，择机拆除负环管片及反力架，始发结束。护盾式TBM无始发洞负环始发流程如图4-4-6所示，此工况条件下，双护盾TBM始发时采用单护盾模式推进。

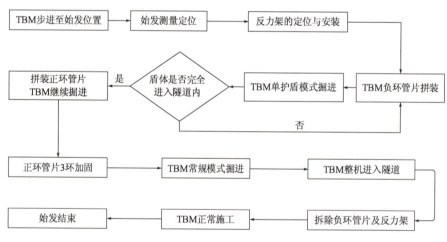

图4-4-6 护盾式TBM无始发洞始发方案

4）施工准备

（1）施工场地布置。

配套设施及场地布置满足始发要求，综合考虑物料运输、设备安全、给排水等情况，合理布置拌和站、高压开闭所、箱式变电所、循环水池等设施。

（2）检查弧形导台混凝土强度、预埋钢轨质量，防止导台破碎或轨道铺设质量不合格而影响TBM始发。弧形导台大样如图4-4-7所示。

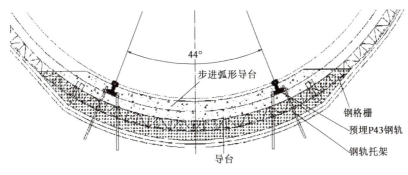

图 4-4-7　弧形导台大样图

5）反力架安装

反力架以箱形钢结构作为主要构件,如图 4-4-8 所示。反力架主体结构包括框架梁和斜撑两部分,其中框架梁由立柱(左右各 1 件)和横梁(上下各 1 件)组成,斜撑由左右斜撑组构成。框架梁和斜撑均固定于底板预埋件上,二者之间用螺栓连接并焊接加固。

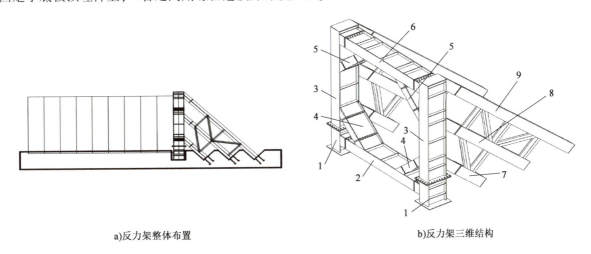

a)反力架整体布置　　　　　　　　　　b)反力架三维结构

图 4-4-8　反立架安装示意图
1-底座;2-下横梁;3-立柱;4-下部加强筋;5-上部加强筋;6-上横梁;7、8、9-斜撑

(1)反力架安装基础施工

①反力架斜支撑预埋件。

在洞壁内预埋足够数量的预埋件,斜支撑前端与反力架后端栓接,后端与地面预埋钢板焊接牢固,预埋钢板锚固达到设计要求。预埋件与反力架连接后的强度应能满足 TBM 始发时的反力。

②反力架预留沟槽施工。

安装始发反力架立柱和下横梁时,在反力架位置底板及弧形导台施工时预留反力架立柱底部工作沟槽,如图 4-4-9 所示。

(2)反力架定位

反力架立柱前面位置根据掌子面与主机长度确定,当 TBM 步进至距离掌子面 50cm 时,反力架前端面距盾尾 20cm 为宜;反力架安装姿态控制要点为确保其轴线与隧道轴线重合。

(3)反力架安装

反力架安装流程如下:

①框架梁与斜撑预埋件的施工,预埋钢板面四角在同一平面内且高程符合设计要求。

②底座运送至相应的预埋钢板处,精确定位后以螺栓固定于预埋钢板。
③安装下横梁,栓接与底座,下部加强筋再安装。
④安装立柱,栓接与底座。
⑤吊装上横梁,栓接与立柱,再安装上部加强筋。
⑥复测框架梁安装精度,确认合格后再次紧固所有螺栓,框架梁安装完毕。
⑦安装斜撑一端栓接与立柱,另一端栓接于洞底预埋件,确认位置正确后,紧固螺栓。

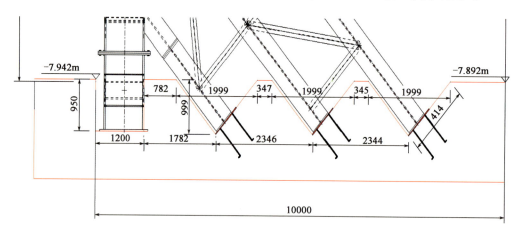

图 4-4-9　反力架预留沟槽(尺寸单位:mm)

反力架安装过程中,需注意如下操作要点:
①严格以偏差里程控制反力架底座位置,确保其位置和姿态精确。
②反力架为 TBM 始发时提供推进反力并控制负环管片拼装质量,需安装牢固,定位精确,水平偏差控制在 ±10mm 之内,高程偏差控制在 ±5mm 之内。
③始发导台轴线的垂直方向与反力架的夹角小于 ±2‰,TBM 设计掘进轴线与隧道设计轴线竖直偏差小于 2‰,水平偏差小于 ±3‰。

6) 始发掘进

首环负环管片拼装加固完毕,TBM 缓慢向前推进,刀盘切入掌子面,开始始发掘进,始发时主要掘进参数需要严格控制。

(1) 推进液压缸推力 F
额定最大推力 F_{max} 时总推力控制在 $0.5F_{max}$ 内。

(2) 刀盘转速 n
满足转速和扭矩曲线,刀盘转速 $n = 0 \sim 1.5\text{r/min}$。

(3) 刀盘扭矩 T
刀盘扭矩控制在正常掘进扭矩的 60% 以内,以防止盾体滚动。

(4) 掘进速度 v
始发时需低速推进,一般控制在正常掘进速度的 25% 左右,并根据地质条件及时调整。

(5) 分区推进液压缸行程差 S
S 主要是根据线路特点和 TBM 在始发时水平、垂直方向与设计轴线的偏差来确定。合理调整各分区推进液压缸行程调整 TBM 的姿态。

(6) TBM 俯仰角 α
α 根据线路特点和 TBM 在竖直方向与设计轴线的程度来确定。

(7) TBM 滚转角 β

β 与刀盘转动方向、扭矩大小有关,始发时通过稳定器及刀盘扭矩控制一般情况下,β 值不应超过 $\pm 10\text{mm/m}$。

(8) 管片与盾尾的空隙 $\delta_1 \sim \delta_4$

$\delta_1 \sim \delta_4$ 反映了管片和 TBM 的相对位置关系,对确定下一环的管片类型和掘进参数有指导意义。

理论值 $\delta_1 = \delta_2 = \delta_3 = \delta_4 =$ 设计盾尾间隙 $= (\phi_{尾盾} - \phi_{管片})/2$,通过管片选型及拼装点位控制调整(其中,$\phi_{尾盾}$ 表示尾盾内径,$\phi_{管片}$ 表示管片外径)。

7) 负环管片拼装

负环管片采用错缝拼装,管片数量根据主机长度确定,管片中心线应与隧道设计轴线一致,偏差满足设计要求。首环负环管片通过管片螺栓安装于反力架预留螺栓孔固定。首环负环管片拼装流程参考本章 4.4 节,需注意如下要点:

(1) 在尾盾范围放至 4 条 $L \times B \times H = 1500\text{mm} \times 100\text{mm} \times 40\text{mm}$ 板条并固定,保证足够的盾尾间隙。

(2) 根据管片安装顺序,回缩对应位置的推进液压缸。

(3) 将管片旋转至设计位置后,精确调整,栓接固定于反力架,为防止管片姿态变化,在管片前端木板、木楔等可靠稳固

(4) 负环管片加固:当负环管片脱离盾壳时,弧形导台与管体之间内打入木楔支撑负环管片,底部及时吹填碎石,必要时灌注双液浆防止管片下沉。用钢丝绳加拉链葫芦在负环管片背面箍紧,以提高负环管片的刚度。管片外侧型钢制作三角支撑加强,防止管片变形或滚动,负环管片加固方式如图 4-4-10 所示。

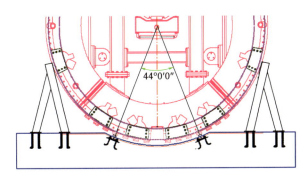

图 4-4-10 负环管片加固

8) 正环管片拼装与洞门封闭

隧道支护方式为管片衬砌,盾体进入隧道后拼装正环管片。正环管片安装从隧道底部开始,逐次安装两侧壁管片以及封顶块。管片拼装详细工艺和流程参考本章 4.4 节。

为了防止管片背后回填的豆砾石和砂浆在洞门处流失,需安装洞门密封。洞门密封主要由帘布橡胶板和钢板组成。图 4-4-11 分别提供了自由状态、TBM 盾体通过洞门以及管片通过洞门时洞门密封的工作状态。

洞门密封安装过程中,需注意以下事项:

(1) 安装前复核帘布橡胶板螺栓孔位置、尺寸,确保其与洞上预留螺纹孔位置一致,并清理螺孔内螺纹。

（2）安装顺序为帘布橡胶板→环形钢板→扇形铰链板。

（3）首环管片拼装到位后，立即吹填豆砾石并注浆，进一步提高洞门密封的可靠性。盾尾通过洞门后立即进注双液浆封堵洞门。

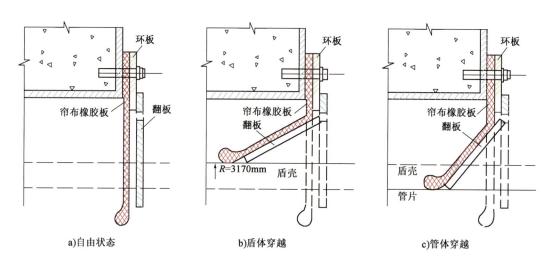

图 4-4-11　TBM 穿越洞门各阶段密封工作状态示意图

9）反力架拆除

TBM 后配套台车全部进入隧道后，拆除反力架，拆卸过程中需注意安全拆盾及时运离施工现场。

10）负环管片拆除

反力架拆除完毕，从首环开始逐环拆除所有负环管片。管片拆除时从封顶块开始拆除，然后对称自上而下逐块拆除其余管片。

（1）拆除前的准备工作

①清理负环管片区域杂物，保护电缆、水管等管线。

②清点工器具确认无遗漏，管片拆除工器具见表4-4-5。

管片拆除工器具　　　　　　　　　　表 4-4-5

序号	名　称	数　量	单　位	规　格
1	专用吊具	2	个	
2	钢丝绳	2	根	$\phi 18 \times 6m$
3	钢丝绳	1	根	$\phi 28 \times 6m$
4	卡扣	8	个	
5	特制管片螺栓	4	根	M27
6	梯子	1	把	6m
7	锤子	2	把	8磅
8	冲击钻	1	把	
9	钎子	1	个	
10	对讲机	2	对	
11	安全带	4	根	

③起重设备进场,使用前检查确认设备完好,必要时提前向有关部门报备。

④劳动力组织充分。

⑤拆除负环管片内铺设的轨道、水管,无法移除的电缆、管线等做好保护。

(2)单环管片拆除流程

单环负环管片分块拆除工艺流程如图4-4-12所示。

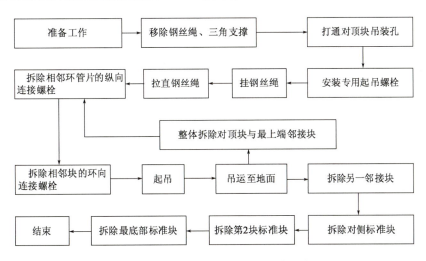

图4-4-12 单环负环管片拆除工艺流程图

(3)负环管片拆除操作要点

①拆除原则,如图4-4-13所示,由负8环向0环连环拆除;如图4-4-14所示,由上到下,左右对称,变替逐环除各块管片。

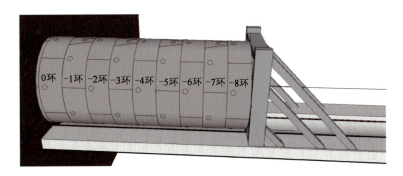

图4-4-13 负环管片拆除示意图

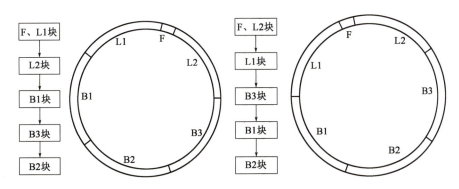

图4-4-14 负环管片拆除顺序

②移除稳固管片的钢丝绳、三角支撑等。

③封顶块拆除：封顶块与最上端邻接块整体拆除，先将封顶块吊装孔打穿、安装特制吊装螺栓，起重机缓慢起吊使钢丝绳处于拉直但不受力状态，卸除管片纵向连接螺母，用铁锤击打管片，螺栓顶出纵向连接螺栓。再分别卸除两侧环向连接螺母，以同样方法取出环向连接螺栓，封顶块最上端邻接块整体与其他块分离，将其吊至地面。

④如图4-4-13所示，类似上述操作，按顺序逐块拆除的所有管片并吊运到地面。

⑤拆除底部标准块时，其与弧形导台之间回填的豆砾石及浆液可能会脱落，起吊过程中注意安全。标准块吊离地面约0.5m后，先将块体表面清理干净，再提升块体。

4.1.4 TBM试掘进

1）试掘进目的和准备工作

护盾式TBM试推进目的和准备工作与敞开式TBM基本相同，此处不再赘述，参考本篇第3章3.1.2节。

2）工作流程

护盾式TBM试掘进施工流程和正常掘进流程相同，分别参见本章4.2和4.3节。

3）护盾式与敞开式TBM试掘进的差异

护盾式TBM与敞开式TBM试掘进的不同之处主要体现在以下两个方面：

(1)两种机型调向方法不同，通过试掘进逐步熟悉、掌控调向方法。

敞开式TBM调向主要由撑靴液压缸调节左右方向，后支撑调节上下方向。护盾式TBM主要由上、下、左、右分布的多组推进液压缸调整掘进方向。

(2)两种机型的支护方式不同，通过试掘进逐步熟悉、掌控并优化掘进与支护环节的关系。

敞开式TBM在试掘进时始发洞长度较长，已满足撑靴支撑提供掘进反力。因此，敞开式TBM在试掘进段重点是掌握锚杆钻机、拱架安装器、喷混系统的各项设备的性能与能力，为不良地质段掘进施工做好充分的技术准备，最大限度地实现连续掘进。

护盾式TBM在试掘进时始发洞长度较短，需要安装反力架以满足管片安装要求，首环管片拼装质量好坏直接影响后续TBM掘进及后续管片拼装质量。护盾式TBM在试掘进阶段重点是掌握管片拼装、碎石吹填、壁厚注浆止水各环节设备的性能和能力，特别是双护盾TBM要通过优化设备各项性能，以实现掘进与拼装管片同步进行。

4.2 单护盾TBM掘进

4.2.1 工艺流程

单护盾TBM在掘进过程中，需根据施工图地质、实际揭露地质、邻近与实时掘进参数、出渣情况等，选择合适的掘进参数。必要时施作超前地质预报，进一步确定前方围岩状态。单护盾TBM掘进施工工艺流程如图4-4-15所示。

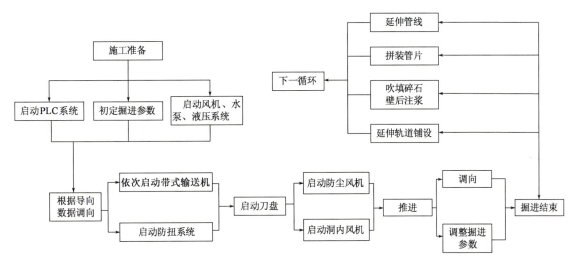

图 4-4-15　单护盾 TBM 掘进施工工艺流程图

4.2.2　掘进操作要点

1）掘进准备

单护盾 TBM 掘进前的准备工作与敞开式 TBM 基本相同,不再赘述,可参考本篇第 3 章 3.2.2 节。另外,单护盾 TBM 掘进准备工作需要注意检查确认管片拼装完毕且质量合格,管片壁后豆砾石已吹填密实。

2）启动

依次启动以下系统：

(1) 选择合适的工程参数；

(2) 检查是否存在当前错误报警,若有,先处置；

(3) 启动水系统；

(4) 启动油、脂润滑系统；

(5) 启动空气系统；

(6) 启动推进液压泵；

(7) 启动辅助液压泵。

至此,单护盾 TBM 的动力部分启动完毕。

3）掘进

上述动力部分启动完毕后,按下述步骤操作。

(1) 刀盘联锁钥匙旋至本地控制；

(2) 再次检查水系统、润滑系统、液压系统、空气系统运行正常；

(3) 刀盘驱动、推进、带式输送机电位计归零位；

(4) 按下警示按钮,提醒施工人员 TBM 即将启动；

(5) 启动刀盘喷水；

(6) 顺序启动带式输送机后配套带式输送机,主机带式输送机,调节速度电位计至所需速度；

(7) 启动刀盘,调节速度电位计至所需的速度；

(8) 检查 TBM 的位姿,并调向；

(9)启动推进液压缸,调节推进速度电位计至所需的速度,开始掘进。

4)停机

正常停机步骤如下:

(1)减小推进速度直到为0,停止推进;

(2)刀盘继续旋转,直到刀盘内无残留岩渣,减小刀盘旋转速度,至停止旋转;

(3)停止刀盘喷水;

(4)主机带式输送机上岩渣传输完毕后,停止主机带式输送机;

(5)后配套带式输送机上岩渣传输完毕后,停止后配套带式输送机;

(6)停止液压、润滑、空气、水冷等系统;

(7)停机完毕。

在紧急情况下,按下整机急停按钮,可以紧急停机。

4.2.3 掘进参数选择

地质条件一定的情况下,提高刀盘推力和转速,可以提高掘进速度;随推力和转速的增加,刀具的损耗也会增大,并且刀具、刀盘等承受荷载的能力有限;既要提高掘进速度,又要合理控制刀具损耗,在一定条件下达到技术与经济的统一,需要合理选择掘进参数。

(1)硬岩节理不发育段的作业

围岩本身的抗压强度较高,不易破碎,掘进推力可能达到刀盘的额定推力值。若推进速度太慢将造成盘形滚刀刀圈的大量磨损;若推进速度太快会造成滚刀超负荷,产生轴承漏油或者刀圈偏磨现象。所以此时必须选择合理的参数掘进。正常情况下,选定的推进速度不大于电位计设定最大推进速度值的35%,开始掘进时推进速度选择为15%,推进到5cm左右时方可逐渐提高推进速度,此时刀盘转速可向较高的速度调整。

(2)均质软岩、一般节理段的作业

此时所需推力较小,推进速度调整为80%左右,扭矩值不大于80%,且变化范围不大于10%,观察掘进速度指标以小于40mm/min为宜。

(3)围岩硬度变化较大、节理较发育段的作业

因围岩不均质,硬度变化大,掘进中刀盘会出现较大振动,推力和扭矩值也会发生较大幅度的变化,此时应选择手动控制模式,密切观察推力和扭矩变化。在这种工况下,即使扭矩和推力都未达到额定值,也会使部分滚刀过载,产生冲击荷载,降低刀具寿命,同时也将造成主轴承受力恶化,故应尽量降低推进速度,控制在30%左右为宜。

(4)节理发育、裂隙较多或在破碎带、断层等地质条件下的作业

TBM在这种地质条件下的掘进较为困难,掘进速度很低,还需要经常停机进行支护或者超前预处理。掘进时围岩状况变化大,刀具将承受径向和侧向冲击荷载,降低刀具寿命,控制扭矩变化范围不大于10%,并降低推进速度,控制贯入度指标在20mm以下。

刀盘转速选用低速,推进速度开始为20%,待围岩变化趋于稳定后,推进速度可调整为45%左右,扭矩变化范围小于10%。

当带式输送机上出现一定比例(如20%左右)的块状岩渣时,降低推进速度,控制掘进速度指标不大于7mm/min。当带式输送机上连续不断出现大量块状岩渣时,调低刀盘转速,继续降低贯入度。

4.2.4 掘进方向与姿态控制

TBM掘进方向与姿态控制十分重要，会影响成洞质量、设备状态、施工进度，严重时可能导致管片拼装困难甚至无法拼装。施工中应严格控制掘进方向和TBM姿态，将偏差控制在允许的范围内。

开始掘进前，检查导向数据，调整TBM姿态，确保掘进方向。如有必要，掘进施工过程中可适时调整。

上坡掘进时，适当加大下部液压缸组的推力；下坡掘进时则适当加大上部液压缸组的推力；左转弯曲线段掘进时，适当加大右侧液压缸组的推力；右转弯曲线段掘进时，则适当加大左侧液压缸组的推力；直线平坡段掘进时则应尽量使所有液压缸的推力保持一致。

1）方向控制及纠偏注意事项

总体上，单护盾TBM调向注意事项与敞开式TBM类似，参见本篇第3章3.2.4节，同时需特别注意以下几点：

(1) 推进液压缸油压的调整不宜过快、过大，否则可能造成管片局部破损甚至开裂。
(2) 管片选型正确，确保拼装质量与精度，使管片端面尽可能与计划的掘进方向垂直。
(3) TBM导向角控制在8mm/m以内，否则易造成管片破损。

2）单护盾TBM在软硬不均地质条件下的方向控制措施

单护盾TBM施工过程中，均质围岩存在的概率相对较小，大多数情况下掌子面会存在软硬不均的情况，此时需根据地质条件、导向数据及掘进参数的变化，实时调整TBM掘进参数。掌子面软硬不均地质条件下TBM掘进方向变化见表4-4-6。

软硬不均地层掘进参数控制　　　　　　表4-4-6

序号	围岩状况	顶部液压缸压力	底部液压缸压力	左部液压缸压力	右部液压缸压力	刀盘出现状态
1	上软下硬	减小	加大	—	—	栽头
2	上硬下软	加大	减小	—	—	仰头过大
3	左硬右软	—	—	加大	减小	左急转弯
4	左软右硬	—	—	减小	加大	右急转弯

掌子面软硬不均地质条件下，单护盾TBM掘进应注意以下事项：

(1) 严格控制各组推进液压缸尽量同行程推进，防止部分方向液压缸推进行程过大，导致掘进方向大幅变化。
(2) 掌子面或局部为严重破碎、软弱围岩时，宜及时施作掌子面注浆加固，以防止掌子面失稳。
(3) 减小刀盘转速和贯入度，防止刀盘姿态出现较大变化。
(4) 加强盾尾管片豆砾石回填与注浆，严格控制速度、质量，为推进液压缸提供稳定、可靠的支撑。

4.3 双护盾TBM掘进

4.3.1 工艺流程

在稳定性较好的地质条件下双护盾TBM采用正常模式施工（即双护盾模式），撑靴撑紧洞壁提供掘进反力，掘进与管片拼装同步。软弱围岩条件下，撑靴无法提供掘进反力，双护盾TBM转换为单护盾模式,由辅推液压缸顶推管片提供掘进反力。单护盾掘进模式参见本章 4.2 节,不再赘述。双护盾 TBM 掘进施工工艺流程如图 4-4-16 所示。

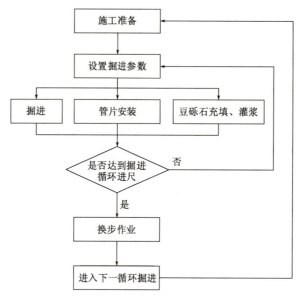

图 4-4-16　双护盾 TBM 掘进施工工艺流程图

4.3.2　掘进操作要点

1）掘进准备

双护盾 TBM 掘进前的准备工作与单护盾 TBM 基本相同,不再赘述,可参考本章第 4.2.2 节。

2）启动

双护盾 TBM 掘进启动流程与单护盾 TBM 基本相同,不再赘述,可参考本章第 4.2.2 节。

3）掘进

与单护盾 TBM 不同,双护盾 TBM 具有单护盾和双护盾两种掘进模式,既可用于硬岩又可用于软岩,常用于混合地层施工,适应性更加广泛。

在单护盾模式下,TBM 掘进与管片安装不可同步进行,此模式下双护盾 TBM 掘进操作流程与单护盾 TBM 一致,具体参考本章第 4.2.2 节。

在双护盾模式下,双护盾 TBM 掘进操作流程与单护盾 TBM 基本相同,具体参考本章第 4.2.2 节,其不同之处在于:掘进、出渣、管片拼装等工序同步进行,豆砾石的喷灌、注浆等辅助作业可实施平行作业。

4）换步

当一个循环掘进完成、管片拼装完毕后,双护盾 TBM 需换步。与单护盾 TBM 相比,双护盾 TBM 存在如下不同之处:

(1)伸缩盾完全收回,使盾体内密闭无外漏岩壁;

(2)刀盘停止转动后,稳定器伸出撑紧洞壁,撑靴液压缸完全收回;

(3)管片拼装完毕,检查辅推液压缸全部伸出并撑紧管片;

(4)按下"警示音"按钮,提示作业人员进行步进工序;

(5)按下"换步"按钮,保持撑靴、稳定器压力,进入步进工序;

(6)尾盾区域满足拼装管片空间或主推液压缸达到最小行程后停止换步,撑紧撑靴液压缸,收回稳定器,开始下一循环施工作业。

5）停机

双护盾 TBM 掘进停机流程与单护盾 TBM 基本相同,不再赘述,可参考本章第 4.2.2 节。

4.3.3 掘进参数选择

与敞开式 TBM 和单护盾 TBM 相同,双护盾 TBM 掘进时主要关注的掘进参数包括刀盘转速、刀盘扭矩、电机电流值、推进力、推进液压缸压力、贯入度和推进速度。

TBM 在硬岩、软岩及破碎带围岩掘进施工时,掘进参数及带式输送机出渣量、渣粒形态会出现明显变化,据此可判断刀盘工作面围岩状况,及时调整掘进参数。掘进时主要关注的设备和工艺参数如下:

推进速度:硬岩状况下,贯入度一般为 9～12mm/r,进入较软围岩过渡段时,贯入度微小上升,完全进入软岩时贯入度一般在 3～6mm/r。

推力:在硬岩状况下,推进速度一般为额定值的 75% 左右,推进压力也成相应比例变化;当进入过渡段时,推进压力成反抛物线形态下降,推进速度随推进压力的下降而适当降低;完全进入软岩时,压力趋于相对平稳,此时推进速度一般维持在额定值的 40% 左右。

扭矩:在硬岩状况下一般为额定值的 50%,当进入软岩过渡段时,扭矩有缓慢上升趋势,上升时间与过渡段长度成正比,当完全进入软岩时,由于推进速度的下降扭矩相应降低,一般为额定值的 80% 左右。

刀盘转速:在硬岩状况下一般为 6.0r/min 左右,当进入较软围岩过渡段时,调整刀盘转速为 3～4r/min,当完全进入软岩时,刀盘转速维持在 2r/min。

撑靴支撑力:在硬岩状况下,一般为额定值,当进入较弱软岩时,撑靴支撑力一般调整为额定值的 90% 左右,当撑靴进入较软围岩地段时,撑靴支撑力一般调整为最低限定值,必要时需改变 PLC 程序来设定限值,并根据刀盘前部围岩状况随时调整推进速度以确保 TBM 有足够的稳定性。

双护盾 TBM 掘进参数选择时应着重注意以下内容:

(1)在软弱围岩条件下掘进时,应特别注意撑靴的位置和压力变化。撑靴位置选择不好,会在掘进中打滑导致停机。如受 TBM 机型条件限制无法调整支撑位置,则应对该位置做预加固处理。

(2)撑靴刚刚撑到洞壁上时,洞壁可能较软,容易陷落,若仪表盘上撑靴压力值下降较快,操作人员应及时给撑靴补压,避免撑靴失压引起撑靴滑动,同时注意撑靴液压缸行程不得超出额定值。

4.3.4 掘进方向与姿态控制

双护盾 TBM 以单护盾模式掘进时,掘进方向与姿态控制同单护盾 TBM,此时辅推液压缸相当于单护盾 TBM 的推进液压缸,操作方法详见本章 4.2.4 节。

双护盾 TBM 以双护盾模式掘进时,与单护盾模式下类似,但 TBM 滚动角通过抗扭机构(扭矩梁或扭矩臂)调整。

4.4 管片衬砌

护盾式 TBM 采用预制混凝土管片作为隧道永久衬砌结构,管片衬砌包括管片选型、防水材料粘贴、管片拼装、豆粒石回填、壁后注浆等工序。

4.4.1 管片衬砌工艺流程

管片衬砌施工工艺流程如图 4-4-17 所示。

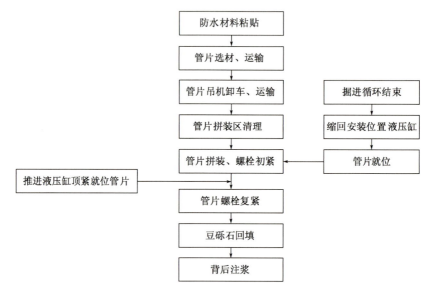

图 4-4-17 管片衬砌施工工艺流程图

4.4.2 管片拼装

管片拼装是护盾式 TBM 施工隧道的重要工序，拼装质量直接关系到隧道成型及结构防水质量。成型管片隧道是使用环、纵向螺栓逐块将高精度预制钢筋混凝土管片组装而成，整个工序由 TBM 主司机、管片吊机操作手和管片拼装手等专业岗位人员协调配合而成。

1）准备工作

(1) 拼装前清除管片上的浮灰、浮砂，清理干净后，按照设计图纸要求粘贴密封垫。
(2) 将管片的连接件、防水垫圈等材料准备好。
(3) 检查管片拼装机的动力、液压和机械设备是否正常，管片吊机是否安全可靠。
(4) 清理管片拼装区积渣、杂物。

2）管片选型

(1) 管片选型的原则

管片选型的原则：一是管片选型要适合隧道设计线路，二是管片选型要适应 TBM 的姿态。

①管片选型要适合隧道设计线路。

TBM 工程开工之前，要根据设计线路对管片生产计划统筹安排，确定施工线路转弯环和标准环的需求量，曲线段标准环与转弯环的布置方式。某 TBM 区间管片参数见表 4-4-7。

某 TBM 区间管片技术参数表　　　　表 4-4-7

序号	项目	参数	序号	项目	参数
1	管片长度（mm）	1500	5	盾尾内径（mm）	6090
2	管片厚度（mm）	300	6	转弯环楔形量（mm）	38
3	管片内径（mm）	5400	7	转弯环截面	等腰梯形
4	管片外径（mm）	6000	8	盾尾间隙	盾尾内径 – 管片外径

某TBM区间，分布多组圆曲线，半径分别为350m、600m、800m、1200m、1500m。依照曲线的圆心角与转弯环偏转角关系，可以计算出区间线路曲线段的转弯环与标准环的布置方式。

转弯环偏转角的计算公式：

$$\theta = 2\gamma = 2\arctan\frac{\delta}{D} \tag{4-4-2}$$

式中：θ——转弯环的偏转角（rad）；

δ——转弯环的最大楔形量的一半（mm）；

D——管片直径（mm）。

将数据代入得出 $\theta = 0.3629\text{rad}$。

根据圆心角的计算公式：

$$\alpha = 180\frac{L}{\pi R} \tag{4-4-3}$$

式中：L——段线路中心线的长度（m）；

R——曲线半径（m），取800m。

而 $\theta = \alpha$，将之代入，得出 $L = 5.067\text{m}$。

因此，在800m的圆曲线上，每隔5.067m需要用1环转弯环，标准环与转弯环的拼装关系为2环标准环+1环转弯环。以此类推，计算当 R 为350m、600m、1200m、1500m时的标准环与转弯环拼装关系，结合线路设计可将管片大致排列出来。

②管片选型要适应TBM姿态。

由于管片拼装位于盾尾内，不可避免地受到TBM姿态的制约。管片平面应尽量垂直于TBM轴线，辅推液压缸垂直顶在管片上，避免管片受力不均。同时兼顾管片与盾尾之间的间隙，避免TBM与管片发生碰撞。在实际掘进过程中，受到地质软硬不均、推力不均等因素的影响，TBM不可避免偏离隧道设计线路，当TBM纠偏时，需要注意管片选型。

（2）管片选型

①管片的拼装点位。

转弯环在实际拼装过程中，可以根据不同的拼装点位来控制不同方向上的偏移量。这里所说的拼装点位是管片拼装时F块所在的位置。某地铁项目管片拼装点位为在圆周上均匀分成10个点，即管片拼装的10个点位，相邻点位的旋转角度为36°。由于是错缝拼装，所以相邻两块管片的点位不能相差2的整数倍。一般情况下，只使用上部6个点位。根据工程实际情况，选择拼装不同点位的转弯环，可以得到不同方向的楔形量（如左、右、上、下等）。

②根据盾尾间隙进行管片选型。

通常将盾尾与管片之间的间隙叫盾尾间隙。如果盾尾间隙过小，盾壳上的力直接作用在管片上，导致TBM在掘进过程中盾尾将会与管片发生摩擦、碰撞，轻则增加TBM向前掘进的阻力，降低掘进速度，重则造成管片错台，管片拼装一边间隙过小，另一边相应变大，这时盾尾尾刷密封效果降低，在注浆压力作用下，水泥浆很容易渗漏出来，破坏盾尾的密封效果。

盾尾间隙是管片选型的一个重要依据。如：某工程TBM盾尾间隙为45mm，每次拼装管片前测量上、下、左、右四个位置。如发现某一方向上的盾尾间隙接近25mm时，需采用转弯环调节盾尾间隙。调整的基本原则是，盾尾间隙过小方向，选择拼装反方向的转弯环。不同点位拼装单环左转弯环调整盾尾间隙见表4-4-8。

拼装单环左转弯环盾尾间隙调整表（单位：mm）　　　　　表4-4-8

序号	项目	点位						
		15点	14点	16点	13点	1点	12点	2点
1	盾尾间隙测量结果	右方较小	右、上方较小	右、下方较小	右、上方较小	右、下方较小	右、上方较小	右、下方较小
2	向左调整量	−7.2	−6.7	−6.7	−5.1	−5.1	−2.8	−2.8
3	向右调整量	7.2	6.7	6.7	5.1	5.1	2.8	2.8
4	向上调整量	0	2.8	2.8	5.1	−5.1	6.7	−6.7
5	向下调整量	0	−2.8	−2.8	−5.1	5.1	−6.7	6.7

右转弯环盾尾间隙的调整量与上表相反，由表4-4-8可以看出，拼装一环左转弯环之后，左边盾尾间隙将减小，右边盾尾间隙将增大，同时通过拼装不同的点位，还可以调节上、下方向的盾尾间隙。如此时TBM正处于直线段的掘进，则必须在拼装完一环左转弯环后，选择适当的时机再拼装一环右转弯环调整，否则左边盾尾间隙将越来越小，直至盾尾与管片发生碰撞。如TBM处于曲线段，则应根据线路特点综合考虑。

③根据液压缸行程差进行管片选型。

将推进液压缸按上、下、左、右四个方向分成四组，每掘进循环这四组液压缸的行程差反映了TBM与管片平面之间的空间关系，可以看出下一掘进循环盾尾间隙的变化趋势。当管片平面不垂直于TBM轴线时，各组推进液压缸的行程就会有差异，差值过大时，推进液压缸的推力就会在管片环的径向产生较大的分力，从而影响已拼装好的管片以及掘进姿态。通常在两个相反的方向上的行程差值超过40mm时，应该拼装转弯环纠偏。

液压缸行程的差值更能反映TBM与管片平面的空间关系，管片选型时，通常情况把液压缸行程的差值作为管片选型的主要依据，只有在盾尾间隙接近于警戒值25mm时，才根据盾尾间隙确定管片选型。

④影响管片选型的其他因素。

a. 铰接液压缸行程的差值。

目前护盾式TBM工程中大多采用的是铰接式TBM，即TBM不是一个整体，而是在TBM中体与盾尾之间通过铰接液压缸连接，这样有利于TBM曲线段掘进及TBM纠偏。铰接液压缸通过位移传感器将上、下、左、右四个方向的行程显示在显示屏上，当上下或左右的行程差值较大时，TBM中体与盾尾间存在一个角度，这将影响到液压缸行程差的准确性。此时应当将上下或左右的行程差减去该方向铰接液压缸行程的差值，最终结果作为管片选型的依据。

b. TBM掘进。

TBM应尽量依据设计线路掘进，避免产生不必要的偏差，按照管片排版计划拼装管片。如TBM偏离设计线路，在纠偏过程中不应过急，否则转弯环管片的偏移量跟不上TBM的纠偏幅度，盾尾会挤坏管片。

TBM掘进纠偏原则：蛇行修正应以长距离缓慢修正，修正过急会导致TBM蛇行会更加明显，在直线推进的情况下，应选取TBM当前位置所在点与设计线上远点连线作为新的基准线形管理，在曲线推进情况下，应保证TBM当前位置所在点与远点的连线同设计曲线相切。

3）拼装工艺

（1）管片防水材料安装

①密封垫。

a. 管片密封垫沟槽内粘贴三元乙丙橡胶弹性密封垫，通过其被压紧挤密实现防水。管片密封垫应满足在设计水压和接缝最大张开值下不渗漏的要求,在环缝张开量为0时,密封垫可完全压入管片的密封垫沟槽内。

b.在管片密封垫沟槽内涂刷单组分氯丁-酚醛粘接剂。涂刷前,管片表面应干燥,粘贴基面保持干净、干燥、光滑平整。涂刷时粘接剂应均匀,密封垫沟槽内应满涂。

c.粘接剂涂刷后,晾置一段时间(10~15min),待手指接触不黏时,再将加工好的框形橡胶圈套入密封垫沟槽。

d.封顶块密封垫纵缝表面应设置尼龙绳或帆布衬里,以限制插入时橡胶条的延伸。

②软木衬垫。

a.在管片背千斤顶面粘贴丁腈软木橡胶片,根据管片分块大小及螺栓孔位置确定其尺寸。

b.在软木衬垫与管片背千斤顶面对应粘贴处分别涂刷单组分氯丁-酚醛粘接剂。涂刷前,软木衬垫及管片表面应干燥,涂刷时粘接剂应均匀。

c.粘接剂涂刷后,晾置一段时间,待手指接触不黏时,再将软木衬垫与管片对贴,软木衬垫粘贴后,表面应平整,不得出现脱胶、翘边、歪斜等现象。

③管片角部防水。

a.为加强弹性密封垫角部防水,需在密封垫外角部覆贴自黏性橡胶薄板(未硫化丁基橡胶),黏结时约覆盖一半的弹性密封垫(迎水侧)。

b.自黏性橡胶板由两种板厚1.5mm的未硫化丁基橡胶薄板构成:A型2块,宽50mm,长75mm;B型1块,宽50mm,长75mm。其技术指标:剪切黏结强度≥0.15MPa,伸长率≥500%,管片角部自黏性橡胶薄板布置如图4-4-18所示。

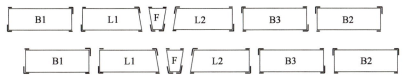

图4-4-18 管片角部自黏性橡胶薄板布置图

(2)管片拼装

①根据设计图要求,减少累计误差,相邻两环管片采用错缝拼装。

②管片分为左、右转弯环和标准环,拼装满足隧道轴线要求,重点考虑管片拼装后盾尾间隙应满足下一掘进循环限值,确保有足够的盾尾间隙,以防盾尾直接接触管片。管片拼装前根据盾尾间隙和推进液压缸行程差选择拟拼装管片。

③护盾式TBM掘进行程结束,所有推进液压缸行程都大于1.5m时,停止掘进拼装管片。

④为确保管片拼装精度,拼装前应清理管片拼装区。

⑤管片拼装必须从底部开始,然后依次拼装邻接块,最后拼装封顶块。每安装一块管片,立即将管片连接螺栓插入连接,戴上螺帽用气动扳手紧固。

⑥拼装封顶块时先搭接1.0m利用拼装机径向顶进,调整位置后缓慢纵向顶推,为防止封顶块顶入时损坏防水密封条,拼装前两侧的橡胶垫需涂抹黏度不小于200mPa·s水性润滑剂。

⑦管片拼装到位后,及时伸出相应位置的推进液压缸顶紧管片,其顶推力应大于管片稳定所需力,然后方可移开管片拼装机。

⑧管片环脱离护盾式盾尾后应及时对管片连接螺栓二次紧固。

⑨拼确保管片拼装质量,减少错台,保证其密封止水效果。拼装管片后顶出推进液压缸,拧紧连接

螺栓,保证防水密封条接缝紧密,避免相邻两环管片在护盾式 TBM 推进过程中防水密封条接缝增大和错动,影响止水效果。

4）注意事项

(1)管片拼装应遵循由下至上、左右交叉、最后封顶的顺序。

(2)通过管片拼装机微调装置,将待拼装管片分块与已拼装管片分块内弧面调整平顺相接,此时螺栓孔位置对正,螺栓容易穿插。

(3)封顶块拼装前对止水条润滑处理,拼装时先径向插入,调整位置后缓慢纵向顶推,严禁借用推进液压缸强行顶推。

(4)管片拼装完成后,利用推进液压缸对管片的变形及时矫正,确保椭圆度满足施工规范要求,并在管片环脱离盾尾后对连接螺栓再次紧固。

(5)在盾尾姿态不利于管片拼装的情况下,双护盾 TBM 换步时可通过主推进液压缸换步,换步过程中对液压缸行程差及盾尾间隙微调便于管片的拼装。

4.4.3　豆砾石回填

管片拼装完毕脱离尾盾后管片及时吹填豆砾石,回填底部与洞底之间的间隙;管片脱离尾盾 3 环后,两侧及拱部吹填豆砾石回填管片与洞壁之间的间隙。回填效果如图 4-4-19 所示。

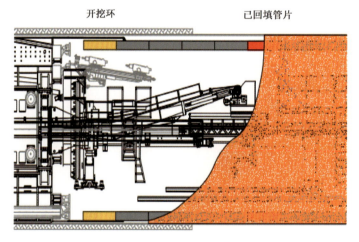

图 4-4-19　豆砾石回填

1）豆砾石吹填

豆砾石吹填施工工艺流程如图 4-4-20 所示。

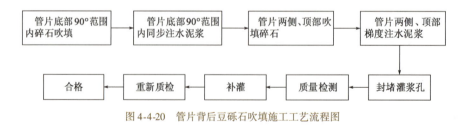

图 4-4-20　管片背后豆砾石吹填施工工艺流程图

2）豆砾石选材

吹填用豆砾石粒径为 5～10mm,空隙率约为 47%,可选用天然卵石或机制碎石。

3）施工工艺

（1）吹填前的准备

①施工前期做好各项准备工作，材料细致检验、设备精心测试、人员严格培训。

②对进场的豆砾石材料做好指标检测工作。

③确认喷射机等豆砾石吹填设备良好。

④施工人员岗前培训，熟悉豆砾石吹填的全部施工流程、操作规范、实施方法、质量保证、安全防范等知识技能，使每一位施工人员具有该岗位所需的责任能力。

（2）豆砾石运输

通常情况下，豆砾石用专用罐体装运，以有轨运输方式运抵TBM后配套台车上的豆砾石喷射机卸料平台，通过波状挡边带式输送机传送主喷射机。

（3）豆砾石吹填

管片拼装完毕脱离护盾后立即吹填豆砾石，及时充填管片与外壁之间的空腔，遵循"脱离一环吹填一环"的原则。

豆砾石罐就位，启动带式输送机，打开放料阀，豆砾石卸入带式输送机受料端，传送到卸料端，卸入喷射机上方料斗，经放料阀，豆砾石均匀进入喷射机接料口，同时启动喷射机。豆砾石有序分配到喷射机内各料腔，压缩空气为动力，豆砾石经管道至管片与洞壁之间空腔。豆砾石吹填操作流程如图4-4-21所示。

豆砾石吹填时为防止偏压使管片发生错台或损坏，必须自下而上、交叉对称吹填。

为便于说明，以刚脱离尾盾的管片编号为第1环，向后依次为第2环、第3环……

①底部豆砾石吹填。

管片脱离尾盾后，豆砾石喷头插入第1环管片回填孔并锁紧，开始吹填。当管道内无碎石流动且气压开始升高时，停止吹填。

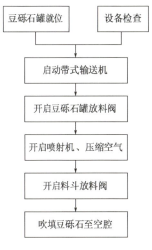

图4-4-21 豆砾石吹填操作流程图

②两侧豆砾石吹填。

豆砾石喷头插入第2环管片B1块回填孔并锁紧，开始吹填。当管道内无碎石流动且气压开始升高时停止灌注，取下喷头将B1块孔临时封堵；以同样的方法，继续依次由B3、L1、L2块回填孔吹填豆砾石，至此完成两侧拱碎石吹填。

③顶部豆砾石吹填。

顶部豆砾石吹填滞后于两侧拱碎石灌注部位1~2环。具体方法同前述豆砾石吹填过程一致：将连接喷碎石管道的喷头装入顶拱部F块孔吹填灌注，当吹填碎石工人感觉到管道内无碎石流动且气压升高时立即停止吹填灌注，取下喷头将F块孔及时封堵，完成顶拱部碎石回填。

④顶部吹填效果检查。

取下第6、7环顶拱部F块孔封堵，并检查豆砾石是否充满。如果充填不密实或存在空洞，则需要及时补吹。

错缝拼装时，管片拼装点位不同，豆砾石吹填顺序也不同。以6 m级TBM为例，管片拼装常用点位及豆砾石吹填顺序如图4-4-22所示。

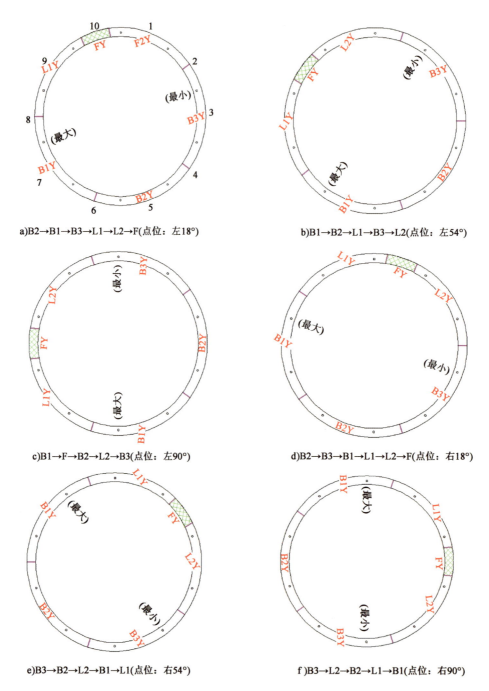

图 4-4-22　常用点位图及吹填顺序

（4）操作注意事项

①豆砾石吹填时要先开开压缩空气，后下料；停机则相反，先停止下料，再关闭压缩空气，这样可以有效防止管路堵塞。

②喷头插入回填孔后，务必及时缩紧。

③吹填用软管宜采用多层钢丝胶管，每吹填 4 环将胶管旋转 90°，并经常检查软管磨损情况，防止爆管伤人。

④吹填管应具有较好的耐磨性能，每吹填 4 环所有钢管要旋转 90°，避免过度磨损。

⑤严格控制豆砾石输送管路长度，以便于操作的最小长度为宜，且尽量采用短软管。

⑥严格控制管路弯折,条件允许的情况下,管路转弯半径尽量大,避免出现死弯。

4.4.4 管片背后注浆

管片背后豆砾石吹填完毕需及时注浆,其目的一是及时填充豆砾石空隙,保障管片与围岩紧密结合,保证隧道管片衬砌设计承载能力;二是与豆砾石混合凝结后的浆液混凝土将作为隧道的第一道防水屏障,增强隧道的防水能力。注浆分为3个步骤:水玻璃双液浆形成密封环;两环密封环间注水泥浆,密实填充管片背后豆砾石间隙,形成混凝土回填环;注浆完成后,利用雷达检测回填密实度,对空腔部位补注浆,补注浆后检查确保注浆密实。

1）施作双液浆止浆环

TBM盾尾与管片之间,缺乏有效密封,为及时注浆,需施作双液浆止浆环。

止浆环设置原则:半径>800m的曲线或直线段每30m设置一道;半径为700~800m的曲线段每15m设置一道;半径≤500m的曲线段每7~10m设置一道。两止浆环的封闭区间内灌注水泥浆,止浆环灌注长度通常为3环管片。

（1）注浆材料

止浆环采用水泥-水玻璃双液浆,水泥P·O42.5等级,水玻璃波美度为29~37°Bé,密度为1.25~1.35g/cm³。

（2）注浆配合比

止浆环浆液的配合比需日调试监测定,例如水泥浆水灰比为0.6:1~1:1,水泥浆与水玻璃体积比为1:1。经试验:双液浆凝结时间为127s,垂直扩散80s,扩散高度为1.75m,1d强度为0.47MPa,28d强度1.6MPa。

（3）注浆压力

止浆环注浆过程中压力应稳定控制在0.3~0.5MPa范围内。

（4）注浆时长及注浆间隔时长

根据浆液扩散速度及凝固时长,注浆或者设计要求时长120~140s/次。

（5）注浆工序

3环止浆环同步从下向上、左右对称注浆。浆液罐体到位后,注浆每120~140s停止一次,确保浆液从本层注浆孔顺利流到下层注浆孔,暂停时长30s,确保浆液合理扩散,每次暂停时先关闭水玻璃再关闭水泥浆,注浆至能稳压1min为止,注浆时详细记录各项注浆参数。

2）回填注浆

（1）注浆材料

注浆材料为水泥浆,材质及配合比需根据设计要求,经试验测定,例如:水泥等级P·O 42.5,水灰比0.75。

（2）注浆压力

注浆压力应控制在0.3~0.5MPa。

（3）回填注浆工序

回填注浆采用分层水平注浆,注浆顺序为底部→两侧→拱顶。从底部注浆孔水平注浆,注浆过程中密切关注串浆情况,当底部注浆孔冒出浓浆,且腰部注浆孔也开始冒浆,当冒出的浓浆符合配合比时,表明底部注浆孔已经注满,停止注浆并及时安装止浆盖。

其次从拱腰上部的注浆孔水平注浆,注浆过程中密切关注串浆情况,当拱腰上部注浆孔冒出浓浆,且顶部注浆孔开始冒浆,表明第二层已经注满,停止注浆并及时安装止浆盖。

最后从拱顶注浆孔注浆,注浆过程中密切关注注浆压力及串浆情况,当顶部注浆孔开始冒浓浆止,且注浆压力达到 0.5MPa,10min 内进浆不大于 5L,停止注浆,安装止浆盖。此段回填注浆施工完毕。回填注浆如图 4-4-23 所示。

图 4-4-23 管片背后回填注浆

(4)特殊情况处理

①注浆过程因故中断应及时恢复注浆,中断时间大于 30min 时,应做好注浆泵清洗、弃浆处理、注浆孔等工作。

②管片背后围岩破碎、坍塌、软弱时,豆砾石吹填量会明显降低,此时需增大注浆量。按上述要求控制注浆压力,甚至适当提高注浆压力,使水泥浆液穿透围岩空隙,提高结石强度。

③富水洞段,可适当提高水泥浆的密度,以增强抗离析能力、降低水泥浆的损耗。

3）补注浆

回填注浆后,在局部地段浆液凝固过程中,可能存在局部不均匀、浆液的凝固收缩浆液稀释流失等情况,为提高注浆层的防水性能及密实度,有效填充管片背后的环形间隙,根据检测结果,必要时进行补强注浆。

地下水特别丰富时,需要封堵疏散或引流排放,再注浆。浆液的凝胶时间调整至 1~4min,必要时可采用水泥-水玻璃双液浆二次注浆。

补注浆的压力控制在 0.5~0.6MPa。

4）注浆泵操作

(1)启动前准备

①注浆泵应放置在洁净、平整稳固处。

②检查确认电源、水源、安全装置、压力表正常,检查确认注浆管路通畅。

③注浆管道宜平顺铺设、可靠固定,各接头连接牢固、密封良好。

④作业前,检查确认泵送方向正确,传动部分、工作装置及料斗滤网齐全可靠,方可作业。

(2)工作流程

注浆泵操作流程：

连接电源,启动注浆泵,运行平稳后,调节注浆泵排量。

第 5 章
TBM法隧道施工辅助工艺

TBM法隧道施工辅助工艺包括通风、供排水、供电、仰拱预制块（钢枕）铺设、钢轨延伸、连续TBM与照明通信线缆等延伸，以及材料运输、洞内出渣、施工测量、监控量测等工序。辅助工艺是为掘进、支护、出渣提供保障和配套功能的工艺过程。

本章从管线延伸、物料运输、洞内出渣3个方面总结TBM法隧道施工辅助工艺的工艺流程、操作要点和保证措施。

5.1 管线延伸

TBM法隧道施工过程中的管线延伸主要包括通风软管延伸、供排水管路延伸、高压电缆延伸、照明、通信线路以及轨道延伸。

5.1.1 通风软管延伸

通风软管延伸包括掘进过程中通风软管不间断延伸和通风软管储存筒更换两道工序。

（1）掘进过程中通风软管的延伸

首先制作延伸通风软管所需的悬挂装置，利用锚杆钻机或冲击钻，根据通风软管挂钩间距在洞顶合适位置打孔并装入锚杆或膨胀螺栓，然后焊接钢筋弯钩，钢筋弯钩处铺设2根 ϕ8mm 钢丝绳并固定，当TBM掘进或者拖拉后配套时，通风软管从通风软管储存筒拉出，在后配套尾端配有作业管平台，通风软管锁扣挂在提前铺设的钢丝绳上，完成通风软管延伸。施工工艺流程如图4-5-1所示。

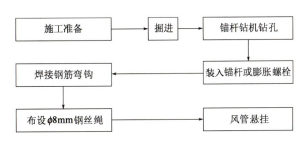

图4-5-1 通风软管延伸施工工艺流程图

在通风软管挂钩安装过程中,安装人员严格按照技术要求,确定挂钩位置、间距,尽可能保证通风过程中安全性及减少风阻,保证通风顺畅。

(2)更换通风软管储存筒

当TBM尾部的通风软管储存筒内软管即将被全部拉出时,停止通热或调低热量,操作储存筒吊机如图4-5-2、图4-5-3所示,将其吊放在提前准备好的空板车上并固定好;再操作储存筒吊机将事先运抵的储存筒(已充填通风软管)吊装到位,机车向前移动,并用保险装置固定好,将储存仓内风管同延伸末端风管用拉链对接后,恢复通风。空的软风管储存筒运出洞外,重新填装新通风软管。

图4-5-2　通风软管储存筒

图4-5-3　通风软管储存筒吊机

5.1.2　供排水管路延伸

TBM后配套处配备供排水水管卷盘,如图4-5-4所示;当掘进或拖拉后配套时,卷盘电机自动反向转动,延伸水管。

图4-5-4　供排水管路延伸

供排水管路安装在隧道一侧,每节水管利用两根钢筋支撑固定于洞壁,水管安装完成后尽量成一条直线,减少管道阻力,保证供排水顺畅。

(1)供水管延伸

关闭供水管路水管闸阀,拆掉供水软管,启动卷盘马达,收卷软管,新铺设水管与原水管对接,最后将卷盘软管与新铺设水管对接。

(2)排水管延伸

关闭污水泵,断开卷盘排水软管与排水管路连接,启动排水管卷盘收卷软管,将新铺设水管和原水管对接,最后将软水管和新铺设水管对接。

(3)注意事项

供水管路延伸过程中,注意保持管路清洁,避免杂物进入管道。如果杂物已进入管路,新铺设水管与原水管对接后,在安装软管前要先打开供水管闸阀冲洗。

5.1.3 电缆延伸

(1)高压电缆延伸

铺设于洞壁的TBM供电电缆通常为铠装电缆。TBM后配套上配备高压电缆卷筒(图4-5-5),通常柔性电缆储存能力不小于400m,每掘进400m左右需增加相应的长度的铠装电缆。

将柔性电缆从洞壁托架上取下,将铠装电缆架设在托架上,如图4-5-6所示,切断TBM上供电高压开关,切断洞外高压开关柜开关;断开柔性电缆与铠装电缆之间的快速接头。启动电缆卷筒,收卷柔性电缆,以快速接头将柔性电缆与新架设铠装电缆可靠连接,完成高压电缆延伸。

图4-5-5 电缆卷筒

图4-5-6 人工放置电缆

人工配合收卷高压电缆时,安排一名电气工程师负责总体安全、质量,防止高压电缆损坏造成后续事故发生。

(2)照明系统延伸

TBM掘进段照明线路采用三相五线制,通常为单芯电缆,整齐排列,并架设在洞壁支架上,随TBM掘进人工架设同步延伸。

5.1.4 轨道延伸

轨道延伸的质量和安全保证措施:

(1)禁止选用有破损的钢轨。

(2)严格控制距离,偏差±5mm以内,间距过大或过小容易引起掉道。

(3)钢轨对接柔顺、无错台,避免掉道。

(4)钢轨紧贴钢枕或仰拱预制块,如无法做到紧贴则增加垫板,以消除间隙,增强轨道稳定性,避免钢轨被压断。

钢轨铺设如图 4-5-7 所示。

图 4-5-7　钢轨铺设

5.2　物料运输

TBM 法隧道施工物料运输方式包括有轨运输与多功能胶轮车（MSV）无轨运输，本节重点介绍最常用的有轨运输。

5.2.1　总体运输方案

TBM 法隧道施工物料运输范围主要包括：

（1）支护材料，如敞开式 TBM 施工所需锚杆、钢筋网、钢拱架、钢筋排、混凝土等，护盾式 TBM 施工所需管片、豆砾石、水泥浆等。

（2）TBM 备品备件与耗材，如刀具、油脂、备品备件等。

（3）水管施工辅助材料，如连续带式输送机延伸用支架或吊链、纵梁、托辊，动力电缆、照明与通信线缆、通风软管等。

（4）施工废弃油脂与油桶等废弃物，如洞底积渣、坍塌岩体等、替换下来的 TBM 刀具与部件。

物料运输设备选型与配置参见第 2 篇第 2 章。

洞内轨道根据隧道断面尺寸和计划运输强度布设，轨道制式可设计为单线、四轨双线制、四轨三线制等。根据运距和运输强度，洞内合理布设道岔或者会车平台，以利进出洞列车编组顺畅运行。具体内容参见第 3 篇第 4 章。

5.2.2　运输组织及调度

有轨运输车辆主要包括牵引机车、人员乘坐车、轨行式混凝土搅拌运输车、平板车等、豆砾石车、砂浆车等。TBM 掘进阶段运输车辆运送所需材料数量、品类较多，随着 TBM 掘进长度增加，物料有轨运输能力带来挑战。因此，必须加强编组列车运行组织与调度管理，科学合理地配置和搭载，才能有效保证 TBM 掘进连续均衡。

1）人员组织与配备

根据运输物料种类分为若干运输编组，每个运输班组各设调度员 1 名，运输车辆调度直接和洞内掘进人员联系进料调车事宜。洞外场地配备扳道人员。

各运输班组作息时间安排应遵循与洞内作业班组一致的原则,以确保 TBM 施工高效、连续。

2）运输车辆调度

根据 TBM 掘进施工进程和工序需要,合理编组车辆运输顺序,科学制定物料运输和行车调度方案。施工中应根据实际情况,科学地安排行车进洞和出洞速度,适时调整车辆运行时间,实施对车辆信号和车辆闭塞的有效控制。

料车的编组在洞外调车场进行。洞内班组负责人应提前将施工所需的物料通知值班调度,由调度通知备料人员备料。根据施工情况,洞内所需物料应按顺序分类放置于轨道附近,安排车辆的进出的先后顺序,确保运输通道畅通,避免影响正常的掘进施工。

5.2.3　运输保障措施

(1)安排经验丰富的人员担任总调度,负责洞内运输车辆的管理和调度。
(2)加大对机车的维护力度,对驾驶员进行技术培训。
(3)加强线路信号管理,确保信号准确无误。
(4)提高轨道铺设质量,安排专人日常维护轨道。
(5)严格控制行车速度,在通过道岔或中途施工区域时标识行车速度。
(6)确保通信畅通,洞内施工人员和调度员能随时保持沟通,了解各工作面的运输需要以及车辆运行状况。
(7)信号员、机车驾驶员、调度员、扳道员和无轨车辆驾驶员配备无线对讲机,可以相互之间随时保持联络。
(8)严禁酒后驾驶和疲劳驾驶。

5.3　出渣

本节所说的出渣是指弃渣从 TBM 后配套带式输送机卸料端开始,到达弃渣场的运输过程。重点说明最常用的带式输送机和有轨运输两种洞内出渣方式,以及洞外弃渣倒运方式。

5.3.1　带式输送机出渣

连续带式输送机受料端安装在 TBM 后配套上,接收后配套带式输送机卸载的弃渣,输送到洞外临时弃渣场或支洞带式输送机。

连续带式输送机出渣系统延伸包括皮带支架、托辊、急停系统延伸和胶带硫化。

由于带式输送机运输的距离较长,因此,保证带式输送机的正常运转是岩渣运输的关键。要经常对各种部件保养和维修,保证机械设备处于良好的运行状态。

5.3.2　连续带式输送机延伸

连续带式输送机延伸包括 TBM 后配套移动尾端支架安装和胶带的延伸。

1）移动尾端支架的安装

皮带支架安装的作业区在 TBM 后配套台车的移动尾端处,如图 4-5-8 所示,随着不断地向前掘进,按照皮带支架的设计间距安装皮带支架及托辊,安装时用冲击钻打孔,打入膨胀螺栓,将皮带支架固定在洞壁上,用扳手拧紧螺栓,平行于皮带托架洞壁位置,同样安装膨胀螺栓,固定皮带托架,然后在托架上安装回程托辊,待移动尾端经过时安装上部托辊。

图 4-5-8　皮带支架安装

2）胶带硫化

TBM 每掘进 300m 就需要增加一卷新胶带,为节约硫化时间,现在多采用双头硫化技术,如图 4-5-9 所示。

图 4-5-9　胶带硫化

5.3.3　有轨运输出渣

TBM 隧道施工采用有轨运输方式出渣时,弃渣在后配套区域的装车方式通常为三种:

(1)TBM 后配套上配置可自行移动的卸渣机,如图 4-5-10a)所示。出渣编组列车在指定位置停靠后固定不动,通过卸渣机前后运动,逐节装载矿车。

(2)TBM 后配套配置带式输送机,出渣编组列车在指定位置停靠后固定不动,通过带式输送机正反向运转及前后移动,将后配套带式输送机卸载的岩渣逐节装载矿车。

(3)后配套带式输送机卸载点固定,通过编组列车前后行驶逐节装载矿车,运至洞外,通过翻渣机卸载矿车,如图 4-5-10b)所示。

a)卸渣机

b)翻车机

图 4-5-10　卸渣机和翻车机

5.3.4　洞外弃渣二次倒运

目前洞外弃渣二次倒运方式主要有两种：

（1）无轨运输二次倒运

无轨运输二次倒运一般采用燃油式动力装载机、液压挖掘机、装渣机等设备倒运弃渣，将弃渣拉至永久弃渣场。无轨运输二次倒运不需要铺设运输轨道，配置设备少，运输速度快，调度和管理流程简单。当 TBM 快速掘进时，适量增加装载机和自卸车数量，避免渣量过多堆积至皮带，影响带式输送机的正常运转。无轨运输二次倒运设备选择需充分考虑 TBM 施工效率，应与运输车辆调度相匹配，以保证弃渣二次倒运效率。

（2）带式输送机二次倒运

洞外弃渣二次倒运也常采用转载带式输送机与连续带式输送机搭接方式，将弃渣直接运抵永久弃渣场。利用带式输送机进行岩渣二次倒运具有运输效率高、污染小的优点，但其检修、维护成本较高，带式输送机出现故障，将直接导致弃渣二次倒运中断。

第 6 章 二次衬砌与灌浆

为了保证隧道结构防水性、稳定性和耐久性,隧道开挖后需合理支护和衬砌。护盾式 TBM 施工隧道以预制混凝土管片作为永久衬砌结构,管片衬砌施工工艺详见本篇第 4 章。敞开式 TBM 施工隧道支护分为初期支护和二次衬砌(初期支护工艺请参阅本篇第 3 章)。根据作业范围不同,二次衬砌可分为仰拱衬砌、边顶拱衬砌和全圆衬砌;根据衬砌结构形式不同,二次衬砌可分为整体式混凝土衬砌、拼装式混凝土衬砌、喷射混凝土衬砌和复合式衬砌等。

本章主要介绍敞开式 TBM 施工隧道的现浇混凝土仰拱衬砌、边顶拱衬砌、全圆衬砌、回填灌浆与固结灌浆等施工工艺,重点阐述二次衬砌和灌浆的工艺流程和操作要点,同时提供兰渝铁路西秦岭隧道敞开式 TBM 边顶拱同步衬砌施工案例,以供参考。

6.1 现浇混凝土边顶拱衬砌

TBM 施工隧道的现浇混凝土边顶拱衬砌,可分为两种工况:一是隧道贯通后施作,二是随 TBM 掘进同步施工。

6.1.1 贯通后边顶拱衬砌

贯通后边顶拱衬砌是指在敞开式 TBM 隧道,浇筑仰拱或仰拱预制块铺设完成后,施作二次衬砌,其优点是单工序作业施工,施工组织便利,二次衬砌工效率较高;其缺点是 TBM 掘进后围岩暴露时间长,存在一定的安全隐患,施工总工时相对较长。

1)工艺流程

TBM 掘进贯通后边顶拱衬砌施工工艺流程如图 4-6-1 所示。

2)操作要点及注意事项

(1)基面处理

铺设防水板前首先整平基面,封堵或引流渗漏水,确保基面干燥。

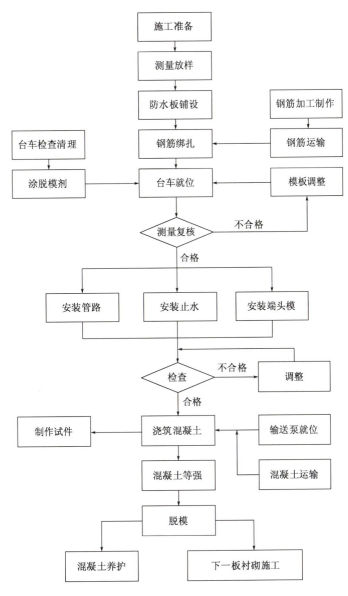

图 4-6-1　贯通后边顶拱衬砌流程图

(2) 防水板铺设

防水板铺设使用多功能作业台车,如图 4-6-2 所示,防水板铺设需遵循相关规范及设计要求。目前防水板大多采用无钉铺设方法,先用热熔垫圈和射钉将无纺布固定于基面上,再将防水板(EVA)用超声波焊机固定在热熔垫圈上。防水板接缝焊接采用自动爬焊机,搭接不小于 10cm,两侧接缝宽不小于 2.5cm。防水板焊接完成后,对焊缝做气密性检查,检查合格后方能进入下步工序施工。

(3) 钢筋制作与安装

① 钢筋表面应洁净,表面有漆污、油污、锈蚀的钢筋,使用前清除干净;

② 按照设计图纸要求下料并适当加工后,现场安装;

图 4-6-2　防水板作业台车示意图

③钢筋安装偏差同排间不得超过0.1倍间距,不同排间钢筋布设的局部误差不得超过0.1倍排距;

④钢筋接头按设计要求采用焊接或绑扎方式搭接焊接时单面焊缝长度不得小于$10d$(d为钢筋直径,后同),双面焊缝长度不得小于$5d$;

⑤绑扎接头长度不得小于$40d$。

(4)立模

台车走行至待浇筑洞段,精确放样定位。清理模板并涂脱模剂,拧紧转角处的对接板螺栓,加挂台车两侧的侧向千斤顶,安装台车顶部抗浮支撑杠,安装抗浮机构,基脚贴模并支撑牢固。按照设计要求安装止水带,然后安装堵头模板。同时,混凝土输送泵就位后连接混凝土输送管路至投料口。

(5)混凝土浇筑

混凝土浇筑时水平分层、对称浇筑,控制混凝土浇筑速度和单侧浇筑高度,单侧一次连续浇筑高度不超过0.4m。输送软管管口至浇筑面垂直距离即混凝土自落高度控制在1.5m以内,以防混凝土离析,超过时采用串筒或滑槽,采用附着式振捣器和插入式振捣器振捣密实。混凝土浇筑须连续,若超过允许间歇时间(表4-6-1)按施工缝处理。施工缝处浇筑混凝土前须冲毛或凿毛处理。

混凝土浇筑允许间歇时间表(单位:min)　　　表4-6-1

气温 (℃)	水泥类型	
	普通硅酸盐水泥	矿渣及火山灰水泥
20~30	90	120
10~20	135	180
5~10	195	—

(6)施工缝、变形缝处理

根据衬砌台车长度、地质以及衬砌结构设计要求设置施工缝、变形缝,施工缝、变形缝处采用止水带等防水构造。

立模后安装除水构造,严格按施工详图和设计的工艺实施,止水设施的形式、尺寸、埋设位置和材料应满足施工图纸的要求,止水带的安装应防止变形和撕裂,止水带设置在衬砌混凝土厚度中间部位,衬砌台车立模时,将止水带通过带弯钩的钢筋固定在挡头板上,混凝土浇筑完毕拆模后,露出的橡胶止水带随下一模混凝土浇筑入模。

(7)拆模

洞径不大于10m的隧道,顶拱混凝土强度达到8MPa时脱模,进入下一板衬砌施工,洞径大于10m的隧道时,顶拱混凝土强度达到设计要求的强度后,方可拆模。拆模后,根据温度、湿度及设计要求养护。

6.1.2 边顶拱同步衬砌

TBM边顶拱同步衬砌施工技术是指,TBM掘进和初期支护施工的同时,在TBM后方适当位置同步组织边顶拱现浇混凝土衬砌施作的工艺。由于TBM掘进和支护与同步衬砌施工之间存在较严重的相互干扰,必须妥善解决。

TBM边顶拱同步衬砌施工技术按照出渣工况的不同,分为有轨运输出渣和连续带式输送机出渣两种工况下的同步衬砌技术路径。

(1)有轨运输出渣工况下的同步衬砌施工技术

有轨运输出渣工况下TBM掘进与二次衬砌同步施工的特点是允许有轨运输列车从台车的下部台架中穿行,允许大直径通风软管从台车的上部台架中穿行,解决了TBM掘进与二次衬砌之间相互干扰无法协调的困难。

有轨运输出渣工况下 TBM 同步衬砌台车横断面典型布置，如图 4-6-3 所示。TBM 掘进的同时，在连接桥位置铺设仰拱预制块，TBM 后方适当位置开始施作两侧小边墙，待其强度合格后施工边顶拱同步衬砌。同步衬砌台车走行于小边墙上，仰拱预制块上部平面铺设四轨双线制轨道供有轨运输列车通行，台车下部台架结构设计为列车双线通行提供足够空间且无须布置台车底部横向抗变形丝杠支撑，上部台架预留通风软管穿越通道，通过仰拱预制块的中心水沟实现隧道施工排水，其他水、电、通信管线可以穿越台车。

（2）连续带式输送机出渣工况下的同步衬砌施工技术

连续带式输送机出渣可靠性更高、速度更快。连续带式输送机在运行中其状态不允许发生改变，否则将会导致皮带跑偏、漏渣，甚至导致带式输送机严重损坏，这就要求连续带式输送机在穿越同步衬砌台车前、穿越中及穿越后，其位置和姿态保持不变。针对连续带式输送机运行的特殊需求，进行深入研究，提出多种方案，全面论证比选后，采用了减振承台方式。连续带式输送机出渣工况下的 TBM 同步衬砌台车断面布置如图 4-6-4 所示。

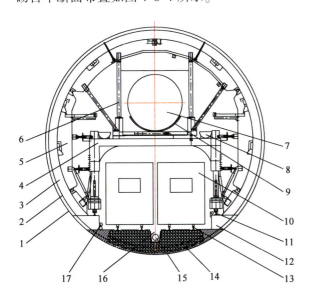 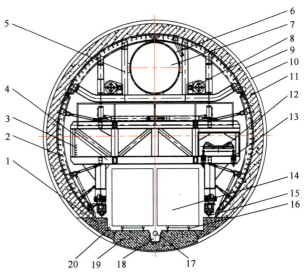

图 4-6-3 有轨运输出渣工况下 TBM 同步衬砌断面布置
1-TBM 开挖轮廓线；2-初期支护轮廓线；3-二次衬砌混凝土；4-台车下部台架；5-台车模板系统；6-台车上部台架；7-通风软管；8-通风软管支架；9-照明通信线路通道；10-有轨运输列车限界尺寸；11-台车走行轨；12-小边墙；13-列车走行轨；14-仰拱预制块；15-供水管；16-中心水沟；17-高压电缆

图 4-6-4 连续带式输送机出渣工况下 TBM 同步衬砌断面布置
1-小边墙；2-台车模板系统；3-照明通信线路通道；4-台车下部台架；5-台车上部台架；6-软风管保护筒；7-通风软管；8-混凝土分配器；9-隧道开挖轮廓线；10-初期支护；11-二次衬砌层；12-连续带式输送机；13-连续带式输送机承台；14-列车及其限界；15-台车走行轨；16-列车走行轨；17-供水管；18-中心水沟；19-仰拱预制块；20-高压电缆

1）同步衬砌台车设计

同步衬砌台车是 TBM 掘进与现浇混凝土衬砌同步施工能否顺利实现的最为关键的环节。台车运行过程中几乎涉及同步衬砌施工过程中的各个环节，如模板与台架、掘进与二次衬砌所需物料的运输、出渣运输、施工通风、给水排水、供电照明、通信等。

二次衬砌与 TBM 掘进同步施工需要解决两大问题：一是衬砌作业全过程中所有 TBM 法隧道施工的通风、供水、排水、供电、连续带式输送机出渣作业不能中断；二是需要平衡解决 TBM 掘进与二次衬砌施工材料运输的矛盾。

(1)同步衬砌台车总体设计要求

①科学设计衬砌台车模板面板及有效作业长度，同时合理考虑搭接长度，能够满足单独施工、前端或后端单侧搭接施工和前后两侧搭接施工。

②寿命要求：衬砌台车台架及模板质量可靠，应有足够强度与刚度，保证浇筑过程中不变形，同时单部衬砌台车实际使用寿命应满足整体衬砌施工工期需求。

③衬砌断面模板基准半径可以适应衬砌要求。

④灌注时间按照设计要求设置，保证安全与质量的前提下，台车移位、定位时间尽量缩短，以利于提高整体衬砌施工速度。

⑤配置混凝土布料系统，合理设置混凝土分配器及管路，实现混凝土灌注不倒管作业。

⑥台车模板可以横向移动，以便隧洞掘进方向有偏差时可以调整，横向调整量满足要求。

⑦立模、脱模、模板调整等动作通过液压实现，以丝杠固定模板。

⑧模板表面要求平整光洁，保证使用过程中不出现毛面麻面现象，设计寿命周期内要保证衬砌外观质量。

⑨模板顶部预留排气孔，以保证封顶浇筑密实；模板上设置埋设注浆管的预留孔。

⑩模板直径误差满足设计精度要求；模板连接部位零错台，保证浇筑过程中不漏浆；前后端模直径误差满足设计要求，避免错台。

(2)同步衬砌台车

以连续带式输送机出渣工况下的同步衬砌台车为例对其结构设计进行说明。衬砌台车在结构设计时应考虑连续带式输送机、通风软管、水管、高压及通信电缆、运输车辆的穿行，并且不论同步衬砌台车处于任何工序，都不能中断TBM施工所需的施工材料运输、连续带式输送机运行、通风、高压供电、照明、通信、供水、排水。

连续带式输送机穿行同步衬砌台车典型结构如图4-6-4所示。衬砌台车上部台架结构应预留大直径通风软管通过空间，保证TBM通风系统连续工作；台车走行轨铺设于两侧小边墙上，下部台架空间满足列车通行，满足TBM掘进、二次衬砌大量施工材料运输之需；台车下部台架为连续带式输送机通行提供空间，实现衬砌台车处于所有工作状态时均可仅拆除连续带式输送机三角支撑架而不必解体即可穿越台车；衬砌台车上承载连续带式输送机穿越的支架可以上下左右调整，并有效减振，以适应施工过程中台车与带式输送机之间位置的相对变化，并有效消除带式输送机运转振动对二次衬砌混凝土的影响。

2）工艺流程

目前，同步衬砌施工技术中普遍采用同步衬砌台车与TBM适当分离的方式，即TBM掘进施工在前、二次衬砌在后，二者平行作业并保持合理的间距。施工过程中，可根据同步衬砌台车作业效率和TBM掘进速度合理匹配，确定模板有效作业长度与台车数量。

同步衬砌施工典型工艺流程如图4-6-5所示。

3）操作要点及注意事项

(1)操作要点

①衬砌钢筋的布设。

对表面有锈蚀或油污的钢筋使用前应进行去污、除锈处理，对带有颗粒状和片状老锈的钢筋坚决不应使用。严格按施工设计图纸绑扎钢筋。钢筋设置偏差同排间不得超过0.1倍间距，不同排间钢筋布设的局部误差不得超过0.1倍排距。钢筋接头处理：焊接接头单面焊缝长不得小于$10d$（d为钢筋直径，后同),双面焊缝不得小于 $5d$;绑扎接头不得小于 $40d$。钢筋绑扎完成后,报监理工程师检查,通过后方可进入下一项作业。

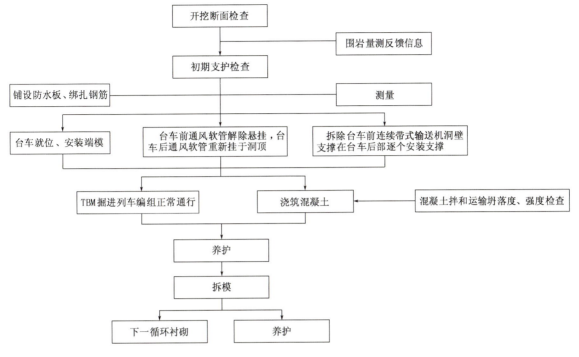

图 4-6-5　同步衬砌施工工艺流程图

②立模。

台车走行至待浇衬砌段,精确测量定位,确保尺寸无误。清理模板并涂脱模剂,拧紧转角处的对接板螺栓,挂上台车两侧的侧向千斤顶、安装台车顶部的抗浮支撑杠,安装好抗浮机构、基脚贴模并支撑牢固。安装堵头板,同时安装混凝土输送管,混凝土输送泵就位,报监理工程师检查。

③混凝土浇筑。

选用优质水泥和骨料,合理确定混凝土配合比,水灰比不宜过大。混凝土采用水平分层、对称浇筑,控制浇筑混凝土的速度和单侧浇筑高度,单侧一次连续浇筑高度不超过 0.4m。输送软管管口至浇筑面垂直距离即混凝土自落高度控制在 1.5m 以内,以防混凝土离析,超过时采用串筒或滑槽。混凝土浇筑必须连续,若超过允许间歇时间(表 4-6-2),要按施工缝处理。施工缝处浇筑混凝土前必须进行冲毛或凿毛处理。

混凝土浇筑允许间歇时间表(单位:mm)　　　　　　　　　　　　　　　表 4-6-2

浇筑时气温 (℃)	水 泥 类 型	
	普通硅酸盐水泥	矿渣及火山灰水泥
20~30	90	120
10~20	135	180
5~10	195	—

④衬砌混凝土的施工缝、变形缝处理。

衬砌混凝土每隔 16m 设一环向施工缝,环向施工缝采用中埋式止水带的防水构造。

各类止水设施安装严格按施工详图和设计所规定的工艺连接,止水设施的形式、尺寸、埋设位置和材料严格按照施工图纸的规定;橡胶止水带的安装防止变形和撕裂,橡胶止水带设在混凝土衬砌内表面

150mm 处，衬砌台车立模时，将橡胶止水带通过带弯钩的钢筋固定在挡头板上，混凝土浇筑完毕拆模时，露出的橡胶止水带随下一模混凝土浇筑入模。

止水加固在模板调整到位后进行，安装好的止水条加罩保护。浇筑混凝土时，清除止水周围混凝土料中的大粒径骨料，并用小型振捣器振捣，确保浇筑质量。

回填灌浆段顶拱端头封堵：根据回填灌浆分段长度，在分段两端顶拱混凝土脱空部位用砂浆或混凝土进行封堵，形成封闭的回填灌浆区域，以提高顶拱回填灌浆质量。

⑤拆模。

在混凝土强度达到 8MPa 时，脱模进入下一衬砌循环施工。并根据温度、湿度情况进行养护，养护时间满足混凝土强度要求，一般为 14 天。

（2）注意事项

①浇筑前注意事项。

a. 混凝土浇筑前应复查台车模板中线、高程、仓内尺寸是否符合设计要求；

b. 台车及挡头模板安装定位是否牢靠；

c. 各种预埋管线预埋件安设是否牢固或遗漏，混凝土浇筑前对钢模板先打磨，除去黏结的混凝土，涂刷脱模剂要均匀，防止影响拱顶混凝土外观质量。

②浇筑过程中注意事项。

a. 灌注混凝土左右交替连续进行，灌注过程中注意两侧灌注高差最大不超过 0.4m；

b. 控制灌注速度，避免台车上浮；

c. 防止过捣或漏捣，保证混凝土密实，表面光滑，无蜂窝麻面；

d. 封顶由第一个灌注口开始由低到高逐一泵送混凝土，并控制好坍落度以确保拱顶混凝土回填密实。混凝土灌注完成后，按规范进行养护。

③脱模后注意事项。

a. 挡头板拆下后应先将止水带翻出，使止水带保持顺直；

b. 对衬砌端头处混凝土采用高压水冲毛处理，保证两板衬砌间连接紧密。

6.1.3　边顶拱同步衬砌技术应用工程案例

边顶拱同步衬砌施工技术始于南疆铁路吐库二线中天山隧道，发展于兰渝铁路西秦岭隧道，并在陕西省引汉济渭工程秦岭隧洞岭北 TBM 施工段得以推广。

本节以常用的连续带式输送机出渣工况为例，选取兰渝铁路西秦岭隧道 TBM 施工工程案例，对边顶拱同步衬砌施工技术中所包含的关键环节、施工组织和控制要点进行说明。

1）工程概况

TBM 施工段位于秦岭岭脊高中山区，地形起伏。高程范围 1070～1850m，洞室最大埋深约 1300m。秦岭隧洞 TBM 施工段岭北工程主洞设计里程为 K46+360～K63+050，全长 16690m，坡降为 1/2473。其中 K62+578～K63+050 为 TBM 配套洞室，长 472m，位于 6 号主洞上游段结束里程处。K55+310～K55+250 为检修洞室，长 60m，位于 5 号支洞洞底；K46+410～K46+360 为拆卸洞室，长 50m，位于岭南岭北 TBM 施工法交界处。检修洞和拆卸洞为钻爆法施工，其余均为 TBM 法施工，TBM 法施工分两个段落，其中段落一长 7268m（K62+578～K55+310），段落二长 8840m（K55+250～K46+410），合计 TBM 法施工长度 16108m。TBM 法施工区段衬砌均为圆形断面，采用同步衬砌台车施工，钻爆法施工区段采用小模板分节施工。

隧道采用连续带式输送机出渣,其施工区段划分如图4-6-6所示。TBM 掘进段二次衬砌厚度30cm,基准半径为4520mm,变径范围为4450~4540mm;TBM 通过段二次衬砌厚度40cm,基准半径为4950mm,变径范围为4900~5000mm。

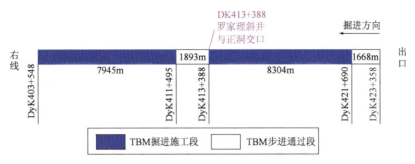

图4-6-6 西秦岭隧道右线 TBM 施工区段划分示意

2)同步衬砌总体方案

(1)同步衬砌总体施工规划

考虑不同台车结构复杂性和空间布置问题,同步衬砌台车与 TBM 后配套保持合理间距,采用液压钢模方案。为实现 TBM 掘进施工与二次衬砌平行作业,二次模筑混凝土衬砌施工安排在 TBM 掘进后再适时跟进。

TBM 掘进段同步衬砌施工安排2部基准半径为4520mm 的大模板液压衬砌台车(以下称"1号台车""2号台车")跟随 TBM 施工,1号台车紧跟 TBM 施工,对围岩较差洞段及时衬砌;2号台车在1号台车后方,预留横通道等辅助洞室的施工位置,完成可施工段的衬砌作业。TBM 步进段(即预备洞)安排一部基准半径为4950mm 的大模板液压衬砌台车(以下称"3号台车")施工。完成该段施工后,该台车改装成基准半径为4520mm,进行 TBM 掘进段的施工。

(2)台车施工流程

TBM 步进进洞时,1号台车、2号台车紧跟进洞,在距离洞口大约100m 位置停止并等待前方矮边墙施工。待矮边墙的施工完成并达到相应强度后,再跟进到 TBM 的后方适当位置,与 TBM 保持合理间距,开始与 TBM 掘进同步施工。

3号台车紧跟1号台车、2号台车一并进洞。3号台车首先完成洞口段V级围岩的衬砌施工,之后继续实施预备洞可以施工的二次衬砌洞段(辅助洞室由于部分位置的衬砌条件不具备或连续带式输送机的皮带仓影响,会导致相应洞段的二次衬砌暂无法施工)。3号台车到达 TBM 始发洞后,暂停施工。待 TBM 掘进的第一阶段完成,洞内的连续带式输送机以及通风管等拆除后,3号台车由内向外施作预备洞剩余洞段的二次衬砌。在 TBM 步进段的所有衬砌施工完成后,3号台车在洞口进行适当的改造,改造成与1号台车、2号台车相同的衬砌断面,再次进洞,完成 TBM 掘进第一段剩余的衬砌施工。

3)同步衬砌台车设计

衬砌台车在结构设计时考虑连续带式输送机、通风软管、水管、高压及通信电缆、运输车辆的穿行,并且台车的所有作业过程中不能中断 TBM 施工所需的施工材料运输、连续带式输送机运行、通风、高压供电、照明、通信、供水、排水。

(1)TBM 掘进速度与同步衬砌工效匹配性设计

正常情况下,TBM 掘进速度可达到350~400 m/月,围岩条件较好时可达到500m/月甚至更高,因此要求同步衬砌的工效应能适应 TBM 掘进速度。

TBM 掘进速度按 430m/月考虑，台车模板有效长度 16m，每部台车施工速度最低为 2 天一模，甚至可达 3 天 2 模，每月有效作业时间按 25 天计算，采用 2 台 16m 同步衬砌台车同时投入使用，则 2 部台车每月进度为 400~530m，可与 TBM 掘进速度相匹配。

(2) 连续带式输送机穿越衬砌台车

西秦岭隧道 TBM 施工采用连续带式输送机出渣，连续带式输送机运转过程中皮带架必须始终保持出渣工况下的位置和姿态不变，否则将导致连续带式输送机跑偏、岩渣坠落等故障。连续带式输送机所运送岩渣的静态荷载可能导致衬砌台车偏载，运行过程中的动态荷载易导致养护状态混凝土质量的下降，造成开裂、不均匀、表面质量差等。连续带式输送机穿越衬砌台车时要求预留固定和充足的空间，同时台架下部要求四轨双线有轨运输列车不间断运行。

针对上述问题，采取以下保证措施连续带式输送机顺利穿越台车。

①在台架和模板之间预留足够空间的专用通道及滑轨，以承载连续带式输送机；为确保连续带式输送机不间断运行，穿越台车时仅拆除其固定于洞壁的三角支撑，此时由台车上的专用滑轨承载连续带式输送机；台车移动过程中，拆除前方连续带式输送机的三角支撑，安装后部的三角支撑。

②为解决偏载、振动对台车以及衬砌混凝土结构的影响，采用综合减振、转移荷载措施，避免连续带式输送机运行中的振动直接传递到模板以及台架。

③为解决连续带式输送机、双列编组列车以及大直径通风软管对通行空间的要求，结合工况条件对台车结构形式和材料进行分析比较，通过反复计算，确定了台车的断面设计。连续带式输送机穿越二次衬砌台车主要结构横断面图、纵断面结构如图 4-6-7 和图 4-6-8 所示，实物照片如图 4-6-9 所示。

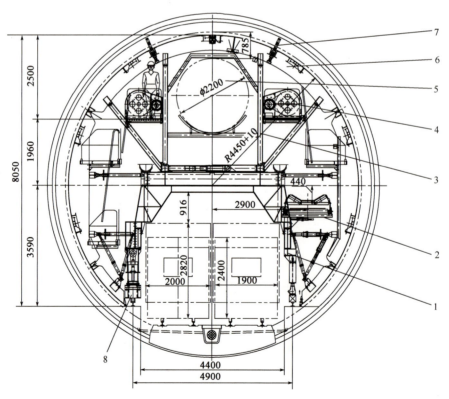

图 4-6-7　二次衬砌台车主要结构横断面图(尺寸单位:mm)

1-下部台架；2-带式输送机；3-上部台架；4-混凝土分配器；5-通风软管；6-模板；7-分散式抗浮；8-走行机构

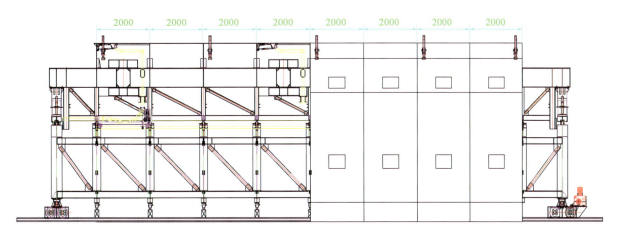

图 4-6-8　二次衬砌台车主要结构纵断面示意图(尺寸单位:mm)

图 4-6-9　施工中的同步衬砌台车

④二次模筑衬砌施工过程中,台车区域仅允许拆除连续带式输送机在洞壁固定的三脚支撑架。台车前进时,前方带式输送机三角支撑架需逐件拆除,后方三角架则逐件安装于已经衬砌完成的洞壁上。

⑤带式输送机支承方式的选择。采用上轨下轮式结构,即带式输送机矩管下部安装轨道(即附加梁),通道内安装滚轮,带式输送机矩管本身平直度较好,所以轨道不需调整,通行时如必要则只需调整滚轮。这种方式在施工中更容易操作,如图 4-6-10 所示。

图 4-6-10　连续带式输送机穿越台车支撑方式

滚轮支架可以上下左右调整并有效锁定,以适应台车发生相对位移时,带式输送机仍可保持原姿态不变。在滚轮支架与安装基座之间设置减振橡胶块,同时在仰拱预制块和滚轮架之间安装异形立柱,以便将振动传导至仰拱预制块。

(3) TBM 通风软管穿越衬砌台车

该工程 TBM 最大独头通风距离约 10000m,采用 φ2.2m 软管通风,必须严格控制风管铺设和延伸的质量。大直径软管穿越同步衬砌台车时不允许出现较大弯折,更不能对软管造成损伤,同时还要保证台车静止或移动过程中通风均不中断。

该工程在台车上部台架设置 φ2.2m 软风管穿行机构以及防护措施即软风管保护筒,为此在台架的上层空间设置槽形结构通风软管专用通道,三面安装滚轮,通风软管脱离洞顶后能够顺利穿越台车,且在台车移动过程中阻力很小,可保障通风软管不受损伤且不会偏离原布置位置。通风软管保护筒内布置若干滚轮,避免通风管和钢结构件直接接触有效减少摩擦力。台车端部采用通风软管斜向过渡桁架,最大限度减少穿行时的阻力。TBM 通风软管穿越衬砌台车断面如图 4-6-10 所示。

在台车移动过程中由于担心通风软管在弧形滑槽摩擦力作用下向前移动,故计算如下:每延米软管毛重 5kg,16m 软管毛重 80kg,其重力主要分布在 120°弧形风袋槽上造成 $21.3N/m^2$ 的均布荷载(测算依据 $Q = 80kg \times 9.8/2.3m \times 16m$),通风软管与风槽接触面的摩擦系数取经验值 $S = 0.15$ 计算其均布摩擦力 $F = Q \times S = 21.3N/m^2 \times 0.15 = 3.2N/m^2$。这样作用在洞顶悬挂点的反拉力的水平分力为 $F_1 = F \times 16m \times 2.3m = 117.6N$。由于 F_1 远远小于一般铁丝(6 号)的极限拉力值,所以通风软管不会在摩擦力的作用下向前移动。

(4) 有轨列车穿行衬砌台车

该工程 TBM 法施工以及二次衬砌采用四轨双线有轨运输,所有的施工材料均通过列车编组运抵施工地点,施工材料运输工作量大,运输组织与调度任务繁重。必须有可靠的运输通道才能保证其正常运转,要求在任何地段无论 TBM 及二次衬砌处于何种工作状态,都要确保运输通道时刻畅通。

为保证台架内净空及铺设轨道,设计了小边墙,台车走行于作为隧道结构一部分的两侧小边墙上(图 4-6-11),台车下部台架有效净高 2800mm、有效净宽 4000m,可供 2 列编组列车同时通行,为 TBM 掘进及二次衬砌施工需快速不间断地运输大量的施工材料提供条件。

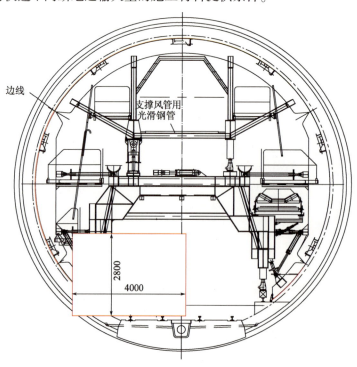

图 4-6-11 有轨运输通行空间示意图(尺寸单位:mm)

为避免混凝土浇筑过程中倒管作业侵占列车通行空间,影响 TBM 掘进物料以及二次衬砌混凝土的运输,设计了专用的混凝土分配器及完善的配管系统。

(5) 管线穿越衬砌台车

TBM 掘进通过后,洞壁布设了照明、带式输送机电气线路、高压电缆及供水管道等管线,在二次衬砌施工时,需要将边墙处的高压电缆、照明线路及供水管道穿过同步衬砌台车及钢筋台车,衬砌施工完毕后,再将这些管线按照要求挂设在边墙上,施工期间不得出现由于衬砌施工造成前方 TBM 停水停电而停工的情况发生。故管线穿行必须要安全可靠,方便现场操作。

为了保证线缆在穿过同步衬砌台车时的安全,在衬砌台车与洞内线缆布设高度相同的台架内设置线缆穿行滑道,线缆通过悬挂在滑道下方穿过衬砌台车。

线缆穿行装置由工字钢吊轨、滑轮、吊环及悬挂绑扎带组成。在衬砌台车与洞内线缆布设高度相同的台架内设置工字钢吊轨,在吊轨上设置 U 形滑轮,在滑轮底部设置有一对吊环,吊环上连接悬挂绑扎带。工字钢吊轨沿着衬砌台车行走方向下坡布置,方便线缆在滑行轨道上滑行通过。悬挂绑扎带为尼龙纤维吊带,不导电,高压电缆接头根据其形状把悬挂绑扎带设置成网兜形,绑扎带通过在线缆上缠绕一圈后悬挂在滑轮下方。洞内线缆穿越同步衬砌台车细部图如图 4-6-12a)所示,洞内线缆穿行装置侧视图如图 4-6-12b)所示。

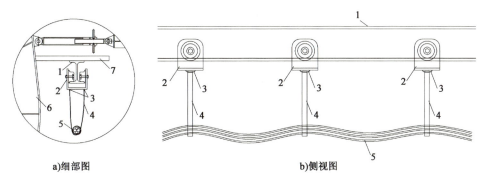

图 4-6-12 洞内线缆穿越同步衬砌台车细部图及侧视图
1-工字钢吊轨;2-滑轮;3-吊环;4-悬挂绑扎带;5-线缆;6-同步衬砌台车台架;7-作业平台

在衬砌台车向前移动时,将洞壁上的通信、照明、高低压等线缆拆卸下来,使用悬挂绑扎带将其绑成一束悬挂在滑轮下的吊环上,随着衬砌台车向前移动,悬挂有线缆的滑轮沿着工字钢吊轨轻松向下滑动,通过衬砌台车后,将线缆恢复到衬砌后的洞壁上,依次循环操作完成线缆穿行衬砌台车的工作。

供水管道由于采用 φ150mm 钢管,在通过衬砌台车时和平板车、机车和道岔有冲突,加上硬质管道现场不好施工,最后决定在通过台车区段采用 φ150mm 软管,台车前后在钢枕右端头(TBM 掘进方向)放置供水管道。软管长度在 200m 左右。钢管每 500m 设置阀门一个。管线穿行放置位置如图 4-6-13 所示。

(6) 分散式抗浮机构

由于工程要求二次衬砌速度较快,而混凝土浇筑后需必要的养护时间,因而立模、混凝土浇筑、拆模、台车移位等工序安排都很紧凑,其中占用时间最长的是混凝土浇筑工序。如混凝土浇筑速度过快,则会导致模板上浮,同时抗浮机构又要适应无搭接、单侧搭接、前后两端同时搭接等不同工况,故台车设计中对抗浮机构提出了更高的要求。

为减少对已经浇筑的混凝土产生不良影响,同时均衡台车负载,设计了全新的抗浮机构,改变以往抗浮机构布置在台车前后两端的模式,采用分散式抗浮,模板全长范围内均布抗浮点,用丝杠支撑于洞顶,以消除下部混凝土浇筑过程中产生的浮力,在封顶之前收回抗浮丝杠。衬砌台车抗浮机构如图 4-6-14 所示。

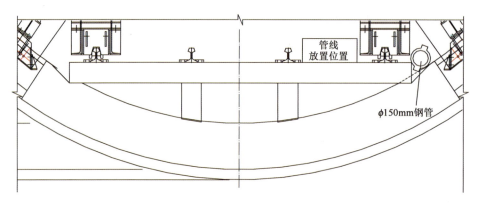

图 4-6-13 管线穿行放置位置示意图

图 4-6-14 衬砌台车抗浮机构

4）施工控制要点

(1) 混凝土运输组织

混凝土由自动计量混凝土拌和站生产,并严格控制混凝土用料,拌和好的混凝土由轮式混凝土搅拌运输车运输至 TBM 组装洞,然后转移至有轨混凝土罐机车,进而运至衬砌工作区。

洞内采用单线运输,因此在衬砌台车前方设置可移动的混凝土浇筑平台。这样混凝土输送泵就可以布置在一条错车道上,不影响通往 TBM 段的运输。由一辆机车推行 2 节混凝土搅拌运输车,在浇筑完一罐混凝土后,可在错车平台的道岔处倒罐,倒罐完成后浇筑第二罐混凝土。整个浇筑过程完成后,机车按调度通知原路返回接料点。

(2) 混凝土运输强度的计算

① 列车编组。

机车 1 辆 + $8m^3$ 搅拌运输车 2 节。

② 台车所需运输车辆计算依据与过程。

模板台车长度为 16m;每模需要浇筑混凝土量为 $88m^3$;混凝土浇筑时间为 8h;有轨运输搅拌运输车

额定容量为 $8m^3$；实际有效容量为 $7m^3$；共需要列车编组运行次数为 7 车次。

同步衬砌混凝土浇筑不间断，1 个编组的混凝土搅拌运输车浇筑时间按 30min（含调度时间）计算，在接料点浇筑衬砌期间每 35min 出发 1 组搅拌运输车。

机车空车出洞的速度为 10km/h，最长运距按 16.5km 计算。扣除在途中错车平台处（5 处）减速消耗的时间 $2min \times 5 = 10min$，靠近掌子面台车施工时需经过 3 部衬砌台车，减速所消耗的时间 $1min \times 3 = 3min$，机车出洞时间为 $60 \times 16.5/10 + 10 + 3 = 112min$，由于 $35min \times 4 - 112min = 28min < 35min$（发车间隔时间）所以当第 1 组搅拌运输车回到接料点时，第 4 组搅拌运输车已经出发 $35min - 28min = 7min$。因此，为满足同步衬砌不间断连续浇筑应设置 5 个搅拌运输车编组。另外，应有 1 个编组的机车备用，以防车辆故障等其他原因导致同步衬砌无法连续浇筑。

因此，对于 1 号台车，投入运行的列车编组为 6 列；1 号台车、2 号台车均跟随 TBM 施工二次衬砌，通过施工组织与协调，基本上可以实现两部台车轮流浇筑，2 部台车共用一套运输设备。

(3) 混凝土浇筑平台

为了满足衬砌施工同时 TBM 材料运输车辆通行的需要，在衬砌台车前方设置可移动的混凝土浇筑平台。选用优质水泥和骨料；合理确定混凝土配合比，大体积混凝土尽量使用矿渣水泥等低水化热水泥、加强模板施工质量，防止模板鼓出防止出现不均匀沉降和模板的不均匀下沉及脱模过早。

混凝土浇筑平台设置于加利福尼亚道岔上，混凝土搅拌运输车由向洞内行驶至渡线时，由进洞方向右侧轨道换轨至进洞方向左侧轨道，然后行驶至浇筑平台实施浇筑。右线轨道可供其他列车正常行驶。浇筑平台由机车拖动前行。

混凝土浇筑平台轨道横断面布置以及各关键尺寸、间距如图 4-6-15 所示，可见各部位的间距符合慢速行车的安全距离要求；加利福尼亚道岔作为浇筑平台置于同步衬砌台车前，混凝土泵车及混凝土搅拌运输车占据右侧轨道上，前行车辆在靠近加利福尼亚道岔时，通过渡线改行左线行驶，绕开浇筑设备。

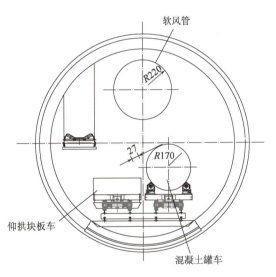

图 4-6-15　混凝土浇筑平台横断面布置示意图（尺寸单位：cm）

5）应用效果

2010 年 9 月，西秦岭隧道开始实施同步衬砌作业，在前期方案研究、台车设计制造的基础上，克服了现场组织实施的困难，3 部台车全部投入使用，TBM 持续稳定快速掘进，同步衬砌台车运转状态良好，各工序衔接紧密，施工组织实施中的不断磨合，二次衬砌效率和完成质量较高。连续带式输送机出渣条件下的 TBM 掘进与二次模筑混凝土衬砌同步施工，在西秦岭隧道真正变成了现实，这在国内是首创。

6.2　现浇混凝土仰拱

根据施工工艺和时间划分，现浇混凝土仰拱分为贯通后现浇仰拱和同步现浇仰拱，通常以前者为主。

6.2.1 贯通后现浇仰拱

常规现浇混凝土仰拱施工与钻爆法相同，不再赘述。本节阐述横向滑模现浇仰拱施工工艺。

1）横向滑模衬砌台车

横向滑模衬砌台车上部为针梁框架，下部为横向滑行模板，利用针梁作为模板定位和行走的装置，采用机械驱动使模板沿隧道横向边浇筑混凝土边滑动。

（1）针梁框架结构

针梁框架采用"口"字形钢梁设计，立柱和斜支撑全部通过螺栓连接，垂直支撑采用液压千斤顶，前后移动通过卷扬机滑轮组设计。针梁框架起到模板提升和移动的导梁作用，同时靠自重解决部分模板上浮问题。

在针梁与针梁框之间有牵引机构，针梁框套在针梁上，弧架与纵梁相连接，纵梁以顶升液压缸作为支点，将针梁托起至悬空，针梁牵引梁与针梁框牵引梁之间采用链条相连，实现针梁在纵梁上滑动。针梁框连接模板弧架，针梁支腿通过顶升液压缸作为支点，将弧架及弧形模板托起至悬空，针梁框带动弧形模板在针梁上移动。针梁框架结构如图4-6-16所示。

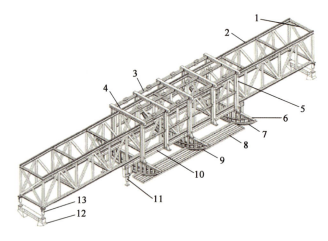

图4-6-16 针梁框架结构

1-针梁牵引梁；2-针梁；3-针梁框纵向连接梁；4-针梁框牵引梁；5-针梁框；6-弧架；7-弧形轨道；8-模板；9-主动板；10-纵梁；11-模板顶升液压缸；12-针梁顶升液压缸；13-针梁支腿

（2）滑模

滑模由两块横向滑动模板组成，单侧模板由桁架及弧架作为支撑，沿隧洞圆弧线由底部分别向两侧滑动。

模板通过螺栓连接在主桁架的主动板上，主动板上配有导向轮，通过电机和液压马达作为动力，采用链条驱动的方式，引导主动板和模板沿弧形轨道运行。导向轮由主动链轮和从动链轮组成，主动链轮与从动链轮将链条形成包角，主动链轮作为动力，带动主动板及模板在弧形轨道上滑动。滑动模板动力装置如图4-6-17所示，模板与主动板连接结构如图4-6-18所示。

（3）溜槽

布料方式采用混凝土输送泵配合分料斗和溜槽的方式。溜槽采用钢板加工制成，直径60cm，共布置9个，模板每侧各3个，中间3个，溜槽在中间接料点设套筒支点，可180°旋转，溜槽末端节点部分圆筒部分可翻转，实现自动接长，从而确保混凝土均匀入仓。布料如图4-6-19所示。

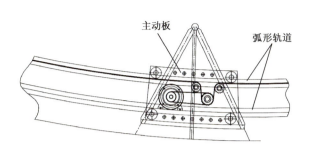 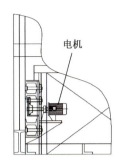

图 4-6-17 滑动模板动力装置图

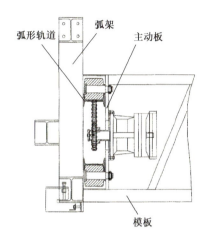 

图 4-6-18 模板与主动板连接结构图

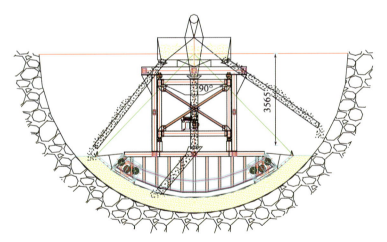

图 4-6-19 布料正视图（尺寸单位：mm）

2）工艺流程

仰拱衬砌施工工艺流程如图 4-6-20 所示。

3）操作要点

(1) 清底。

目前，清底工作以人工作业为主。首先清除洞底松动岩石，再用竹片刷等工具清理岩石缝内的碎石，之后利用高压风清理，最后用高压水冲洗，反复清理，直至达到验收标准。使用测量仪器对隧道仰拱断面进行复核和放样。

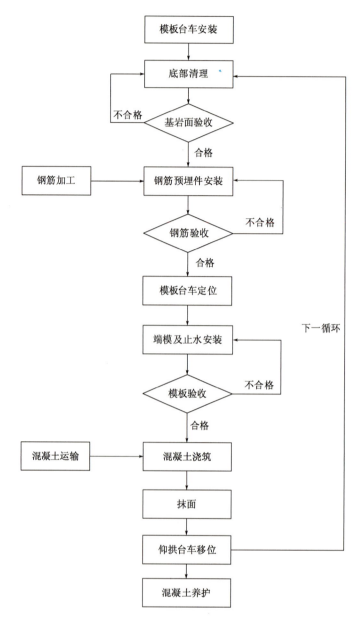

图 4-6-20 仰拱衬砌施工工艺流程图

(2) 钢筋制作与安装。

①钢筋表面应洁净,表面有漆污、油污、锈皮时,使用前需清除干净。

②按照设计图纸通过裁切、弯折等工序将钢筋制作为半成品。

③现场安装时,先布置定位筋,再安装环向筋,最后安装纵向筋。

④钢筋安装偏差同排间不得超过 0.1 倍间距,不同排间钢筋布设的局部误差不得超过 0.1 倍排距。

⑤钢筋接头采用焊接时单面焊缝长度不得小于 $10d$(d 为钢筋直径,后同),双面焊缝长度不得小于 $5d$,绑扎接头长度不得小于 $40d$。

⑥基岩面验收合格后,测量安装定位插筋,以三角形支架固定,采用电钻打孔。

⑦定位插筋安装后,在每个定位筋上标出环向筋的位置。

⑧钢筋安装时首先将环向筋按照设计要求的数量摆放在底部;然后安装纵向定位筋,纵向定位筋按照测量的标位牢固焊接在定位筋上;按照设计间距和定位筋上的标识逐根焊接、牢固绑扎环向筋;按照设计间距从中间向两边安装纵向钢筋并焊接、绑扎牢固。

仰拱钢筋安装效果如图4-6-21所示,仰拱台车就位后效果如图4-6-22所示。

图4-6-21　钢筋安装效果

图4-6-22　仰拱横向滑模台车就位后效果

(3)立模。

仰拱衬砌台车移到待浇筑位置后,支撑模板支腿并加固,再利用台车液压系统精确调整模板位置和姿态。台车行走轨中心线必须与隧道中心线重合,两侧轨面在同一水平面。

(4)挡头板安装。

①首仓浇筑时,前后两端都要安装挡头板,连续浇筑时只需在前端安装挡头板。

②挡头板通常采用木模板,按实际尺寸现场加工。

③安装时,端模紧贴模板及岩面,以钢筋加固,并可靠封堵,以防漏浆。挡头板安装如图4-6-23所示。

图4-6-23　挡头板安装效果

(5)止水安装。

分缝止水材料分为止水铜片和遇水膨胀止水条两种。止水铜片分为复合型止水铜片和平板止水铜片,复合型止水铜片先按设计尺寸定型加工后,再粘接橡胶止水条。

①止水铜片/止水带安装。

止水铜片/止水带安装时,先在环向钢筋上焊接U形卡槽,再将止水铜片/止水带放入U形槽内,最后固定。

②遇水膨胀止水条安装。

安装遇水膨胀止水条时,用水泥钢钉将遇水膨胀止水条固定在预先设置的刻槽内。刻槽分为环向和纵向两种形式,环向刻槽是在混凝土挡头板施工时预先在设计位置安装与遇水膨胀止水条宽度相同的木条,浇筑完毕后凿出木条,即形成刻槽;纵向刻槽是在混凝土初凝前,利用木条压出刻槽。

(6)混凝土运输。

为了保证混凝土运输时不发生分离、漏浆、严重漏水和坍落度损失,应采用搅拌运输车运送混凝土到浇筑位置。

(7)混凝土浇筑。

模板验收合格后,即进行浇筑。浇筑之前清除台车外表面残留混凝土坯层,均匀涂抹脱模剂。以横向滑模工艺为例,介绍混凝土浇筑工艺。

①边墙浇筑高度定位立模后,测量并浇筑左右两侧边墙浇筑高度线,沿该线焊接 $\phi 6mm$ 钢筋定位。

②封底混凝土浇筑。

模板滑移至左右两侧并固定,封底浇筑混凝土。封底混凝土用量比较大,应连续浇筑,避免隔时过长造成"冷缝",否则按施工缝处理。封底混凝土浇筑如图 4-6-24 所示。

③两侧混凝土浇筑。

模板封底混凝土浇筑到稍高于仰拱中心设计高度时,滑移单侧模板抹除多余混凝土,然后左右两侧模板滑移至中间。

左侧模板向上滑移 50cm,浇筑左侧混凝土,同时振捣;左侧浇筑完毕,浇筑右侧混凝土;期间检查左侧已浇筑混凝土凝固状态,滑移模板时,若混凝土无流淌、无拉裂、不变形,则可再次向上滑移左侧模板 50cm,继续浇筑左侧混凝土,重复如上操作,左右分层对称浇筑,直到左右两侧均浇筑至设计高度。为保证混凝土浇筑质量,需严格控制模板及滑轨质量,采用前中后三个断面检测控制滑轨安装质量。

注意事项:滑模施工时,其滑动速度必须与混凝土早期强度增长速度相适应,当出模的混凝土无流淌和拉裂现象时,方可滑动。模板滑动前,应仔细检查电机有无故障,链条松紧是否恰当,两个端头链条中间有无杂物,在模板滑动时严禁下面站人,模板滑到高处时,必须安装上卡轨器,防止模板发生意外下滑造成安全事故,滑模施工后效果如图 4-6-25 所示。

图 4-6-24 封底混凝土浇筑

图 4-6-25 滑模施工后效果

④脱模:两侧混凝土浇筑高度达到定位高度且移除模板后,全部混凝土均无流淌、无拉裂、不变形时,在混凝土初凝前脱模。

脱模按如下两步操作：

a.拆除堵头板，拆卸所有丝杠千斤顶；

b.操作台车液压系统，伸出针梁顶升液压缸，混凝土提升模板脱离，以模板距离混凝土表面20cm为宜。侧向滑模脱模如图4-6-26所示。

（8）抹面。

脱模后，混凝土初凝前抹面施工。

（9）混凝土养护。

抹面结束，混凝土初凝后，在仰拱表面覆盖湿润的土工布养护，养护过程中要确保所覆盖的土工布保持湿润且无积水。混凝土养护如图4-6-27所示。

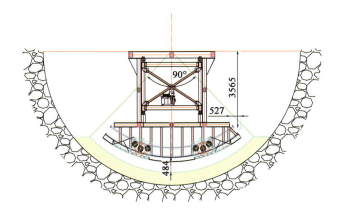

图4-6-26　侧向滑模脱模示意图（单位：mm）

图4-6-27　仰拱混凝土养护

（10）台车行走轨中心线必须与隧道中心线重合，两侧轨面在同一水平面；混凝土两端挡头板安装牢固可靠不漏浆，浇筑时两侧对称进行，不得使台车受到偏压；台车前后轮的相反方向固定牢靠，防止位移。

6.2.2　同步现浇仰拱

同步现浇仰拱衬砌台车一般由前坡道、浇筑区、养护区、后坡道组成，任何工况下均无须拆解，并且不必在台车移动时拆卸或者安装轨排等构件，而是通过竖直支撑固定在洞底。前、后坡道以及道岔区域主要功能是实现有轨运输列车从隧道内轨道向衬砌台车及养护系统上的轨道转换，为系统本身以及通行的有轨运输列车提供支撑。台车及养护系统、道岔、前后坡道连接依靠竖直支撑、支撑纵梁提供反力，可通过若干滚轮在支撑纵梁上行走，实现台车定位。同步现浇仰拱衬砌系统如图4-6-28所示，系统断面如图4-6-29所示。

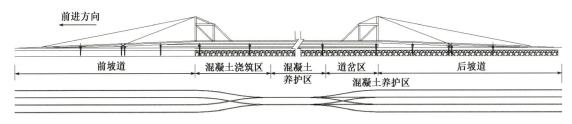

图4-6-28　同步现浇仰拱衬砌台车示意图

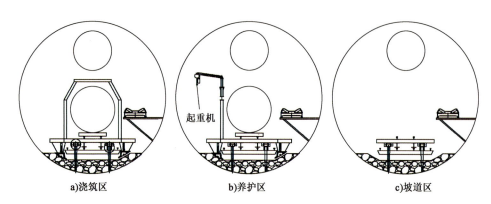

a)浇筑区　　　b)养护区　　　c)坡道区

图 4-6-29　同步现浇仰拱衬砌系统断面示意图

1）工艺流程

同步现浇仰拱衬砌施工工艺流程如图 4-6-30 所示。

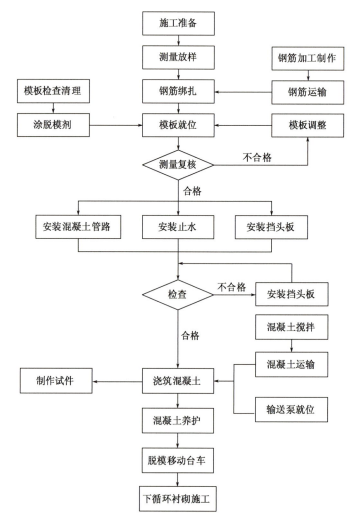

图 4-6-30　同步现浇仰拱衬砌施工工艺流程图

2）操作要点及注意事项

(1) 台车移位

台车移位时,需拆除前方的钢轨、钢枕并恢复原台车区域的轨道系统。

(2)混凝土养护

混凝土浇筑完成后,待混凝土强度达到规范要求的拆模强度即可拆模,裸露混凝土表面覆盖土工布洒水养护。

6.3 现浇混凝土全圆衬砌

现浇混凝土全圆衬砌通常用于敞开式TBM施工隧道,大多在隧道贯通后施作。

6.3.1 工艺流程

全圆混凝土衬砌施工工艺流程如图4-6-31所示。

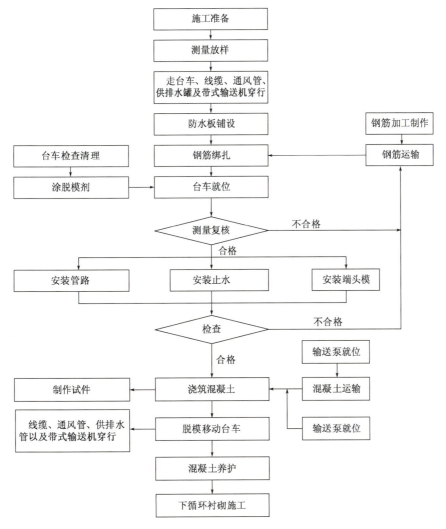

图4-6-31　全圆混凝土衬砌施工工艺流程图

6.3.2 施工控制要点

全圆混凝土衬砌钢筋制作安装、模板就位安装以及混凝土浇筑等施工工艺同拱墙同步衬砌施工,不再赘述,详见本篇6.1节边顶拱同步衬砌。

第 7 章
TBM法隧道施工中间转场

TBM 法隧道施工长度较大时,通常中间设置支洞,即 TBM 分阶段施工。前一施工段贯通后,为了便于后续掘进施工组织、降低施工难度与成本,为前一施工段开展二次衬砌、灌浆等工序创造工作空间,TBM 法隧道施工的部分设备和设施需转移到后一施工段。前一施工段贯通至后一施工段开始掘进的过程,称为 TBM 法隧道施工中间转场。

本章主要以敞开式 TBM 为例,从工作内容与流程、转场准备、TBM 步进与检修、施工配套设备转场 5 个方面,全面系统地介绍 TBM 法隧道施工中间转场工作,并通过辽西北供水工程 TBM 法隧道施工中间转场工程案例对中间转场涉及的工作流程、组织制度、拆卸、安装、检修技术内容,以及管控要点进行重点分析,供相关工程技术人员参考。

7.1 工作内容与流程

中间转场工作主要内容包括 TBM 步进、TBM 检修,施工配套设备拆卸、运输、检修、安装调试。TBM 法隧道施工中间转场工作内容及总体工艺流程如图 4-7-1 所示。

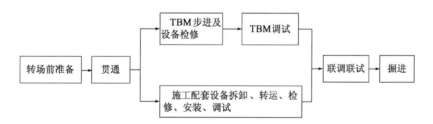

图 4-7-1　TBM 法隧道施工中间转场总体流程图

7.2 转场准备

TBM 法隧道施工中间转场是一个系统工程,工作量大,且很多工序交织,又需合理控制工期。转场前准备工作是顺利转场的重要保证,首先要做好转场专项施工方案。转场方案主要包括场区和洞室布置、土建工程和基础设施建设、关键部件磨损程度和寿命的评估、部件检修区域划分、设备检修计划、拆卸运输及存储计划的编制、转场的组织机构及人员培训、检修工机具和物资材料的准备、质量和安全保障措施等。

7.2.1 人员组织

转场期间施工技术人员可根据施工单位的相关要求合理分组，以利于施工组织和管理，可分为步进组、检修组、洞内运输组、带式输送机拆装组、洞外运输组、风水电保障队 6 个施工班组。

7.2.2 设备与工机具准备

TBM 法隧道施工中间转场，除了步进机构外，还应做好通风、照明、供排水、物料运输、人员通行等所需设备准备，以及工机具准备。

7.2.3 土建工程准备

TBM 分阶段施工的隧道一般设置有支洞，为便于阐述，转场前一阶段施工的辅助支洞称为"支洞"，转场后一阶段施工的辅助支洞称为"中间支洞"。TBM 法隧道施工中间转场后中间支洞场区即成为 TBM 法隧道施工工区，因此必须按照满足 TBM 法隧道施工功能需要，对场区改建或扩建，包括临建房屋、扩大洞室，还应提前做好弃渣场地、场区管线规划布置、材料区规划布置、场区高压变电站修建、供水池、污水处理设施等准备工作。

土建工程主要为主支洞钻爆法开挖支护、底板混凝土施工、后一掘进段始发洞混凝土衬砌、洞内污水沉淀池、带式输送机基础及预埋件施工等。

7.2.4 基础设施准备

1）TBM 法隧道施工用电

根据现场施工条件，中间转场前后 TBM 法隧道供电有以下两种方式。

（1）方式一

TBM 用电仍采用前一阶段变电所及高压开闭所，TBM 步进到位后，仅通过延伸高压电缆至后配套尾部，供电方式与前一阶段一致，若供电距离过长压降影响显著，需在适当位置设置调压变压器调升电压。

（2）方式二

将高压开闭所及相关配套的变压器等供电设备迁移至中间支洞场，变电所应提前规划建设；同时前一阶段使用的高压电缆拆卸收卷检查、保养后用于后一阶段施工。

2）TBM 法隧道施工供排水

根据现场施工条件，中间转场前后 TBM 法隧道施工可分为以下方式。

（1）供水方式一

TBM 法隧道施工供水继续沿用前一阶段供水系统，随 TBM 步进延伸供水管至后一阶段，随 TBM 掘进继续延伸。

（2）供水方式二

在前一阶段贯通后，将进水管拆除转运至后一阶段供 TBM 法隧道施工，利用中间支洞附近水源，为后一阶段 TBM 法隧道施工供水。

(3) 排水方式

宜在中间支洞重新布设排水设备及管路,以免影响第一阶段后续的工程施工。

7.3 TBM 步进与检修

7.3.1 TBM 步进

TBM 中间转场过程中的步进工艺和流程与组装调试后的步进基本相同,详见本篇第 2 章"TBM 步进"。TBM 中间转场时步进需要注意以下操作要点。

1) 步进机构安装

(1) TBM 贯通方向控制

距贯通面 50m 时,复测 TBM 掘进方向,保证贯通误差为水平方向 ±60mm、高程 ±40mm。

(2) 贯通处理

临近贯通时,减慢 TBM 推进速度,提高转速,掌子面向前垮塌后,继续向前推进 20cm,直至完全贯通。贯通后彻底清理 TBM 刀盘前面岩渣,若有步进导向槽,一并清理。

(3) 岩渣清理完毕,安装步进机构

步进机构需精确定位,牢靠固定。如滑板式步进机构,小滑板端头及两侧各施作 8 根 φ25mm 锚杆,入岩深度不小于 1m,外露长度 0.5m,用以稳固小滑板。

贯通后 TBM 底护盾落在已浇筑好的混凝土底板上,缓慢推进,使底护盾滑入步进机构小滑板,准确定位后安装挡板,然后继续向前推进待小滑板到达步进机构大滑板前端时拆除固定用锚杆,使底护盾带动小滑板一起沿大滑板滑行。为减小阻力,预先将步进机构小滑板支撑块打磨光滑并涂抹润滑脂。继续推进 TBM,直到撑靴越过贯通面,然后安装步进机构,如图 4-7-2 所示。

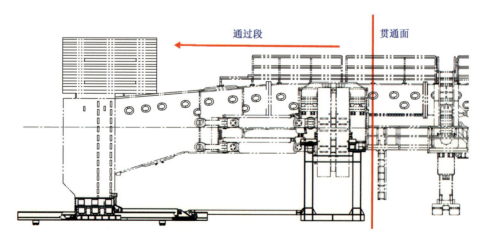

图 4-7-2 TBM 步进机构安装位置示意图

2) 轨道延伸

对于设计有仰拱预制块的隧道,必须边步进边铺设仰拱块,既要保证铺设精度与速度,又要保证及时回填、迅速达到满足后配套及有轨运输车辆通行的承载要求。因此,仰拱铺设与钢轨延伸效率往往会直接制约 TBM 的步进速度。为解决此问题生产仰拱预制块时,在其下部预设 4 个支承墩,有效保证铺设后仰拱块的稳定性及承载能力,且铺设操作便捷、快速,同时,又便于后期背部回填。

对于没有仰拱预制块的隧道,TBM步进的同时必须及时铺设后配套及有轨运输车辆走行钢轨。钢轨大多安装于钢枕或钢支撑上。为提高钢轨延伸效率,可采取如下措施:有轨运输用钢轨直接铺设于混凝土底板,后配套走行轨为独立轨排,需提前预制适当数量的轨排,步进过程中循环使用。此方法铺设速度快、物料投入少、作业效率高、成本低,适合长距离步进。亦可是TBM后配套走行轨、有轨运输车辆走行轨均铺设在混凝土底板上,需以坡道引导后配套及有轨运输车辆轨面缓慢下降,顺接混凝土底板上的钢轨,坡度宜控制在2.5%以下,并核实连接桥与主机的连接方式是否适用于该高差变化,必要时适当改造;在不影响TBM步进的前提下可以采用预埋平交方式在贯通前安装到位,该方式作业效率较前者更高,但施工成本也较高。

独立轨排整体吊装工艺:TBM步进时,TBM后配套在特制轨排上行走,并且通过机车把TBM后配套尾部出露的轨排倒运至TBM铺轨区循环使用。为提高轨排拆卸与倒运效率,在平板车上前后两端各增加1台专用回转吊机,待TBM步进通过一节轨排后,将平板车停至要拆卸轨排之间,辅助轨排整体拆卸与装车倒运。

3)注意事项

(1)TBM步进之前复测步进洞应对钻爆段净空,严禁侵限。检查确认底板平整度及强度应满足步进要求。

(2)步进时应将超前钻机、锚杆钻机以及钢拱架安装器的支撑液压缸锁定在尺寸最小状态。

(3)步进时,密切监视各主要部件的状态,安排专人加强对TBM稳定情况、底板完好状态的巡视,并设专职安全员。

(4)步进轨排应整体安装连接牢固,保证结构的稳定性,防止受压失稳。

(5)步进过程中做好步进中线检查,发现偏差及时纠偏。

7.3.2 TBM中间检修

为确保TBM以良好状态投入下一阶段掘进,中间转场时应根据设备评估结果合理安排检修工作。

检修前应全面评估TBM设备状态,编制合理的检修方案及检修计划,TBM中间检修主要工作内容如下:

(1)设备清理

全面清理机械、液压、电气系统,特别要注意清除堆积各个死角位置的灰尘、积渣、混凝土等。

清理基本原则:确保各部件表面干净、整洁,避免金属部件的氧化、腐蚀;确保整个电气系统、各元器件功能的完整和正常运行;确保整个液压系统、各液压元件功能的完整和正常运行。

主要清理部位:刀盘区域、主机区域、连接桥及后配套、带式输送机、电气部分、液压泵站等。

(2)机械结构检修

机械结构的检修主要包括关键部位的螺栓紧固扭矩、承重部分的焊接检测。检修过程中校对关键部位的螺栓紧固扭矩,尤其是主梁和刀盘螺栓的扭矩;仔细检查立柱、侧支撑、连接法兰、台车连接处等部位焊接质量,尤其是后支撑、撑靴等承重部位;在停机阶段,对TBM运行时无法检测系统部件拆检。

(3)主轴承和密封组件的检修

检查或更换主轴承密封。检查主轴承密封的油脂溢出和磨损情况,密封如出现损坏或者存在隐患,则需要更换。

（4）刀盘检修

经过较长距离的掘进，刀盘表面和出渣机构的耐磨层不可避免会产生较大磨损及变形。刀盘故障的类型主要有刀盘主结构连接处焊缝裂纹和变形，镶入式刀座与刀盘连接磨损和变形，耐磨条、耐磨板、溜渣槽及护盾前部异常磨损及变形和裂纹。对难以更换的磨损部位，使用TBM制造商提供的耐磨材料补焊，恢复功能。检查刀盘喷水的喷嘴功能，更换损坏的喷嘴。

（5）电气系统检修

所有电气、电机状况普查（含除尘风机、增压风机、水泵电机和空气压缩机电机、各液压泵站和润滑系统电机、连续带式输送机驱动电机等），检查绝缘值和精密电阻值，工作温度测试，记录测量数据。

检查必要时更换所有失效传感器，包括胶带转速、润滑脂脉冲计数、油箱油位、水位、压力、流量、温度等传感器。

清理、检查所有电缆、线缆及支架。

检修各接头、控制开关、控制器和螺线管、急停开关、速度开关和拉线开关是否工作正常或损坏。

（6）液压系统检修

TBM转场检修阶段主要对所有液压系统和泵站（喷混、输送泵站、锚杆钻机泵站、润滑系统泵站、主液压系统泵站、罐体吊机泵站等）专项检查，其余液压元件在日常维护过程中检查。

通过掘进期间对油泵、电机的振动、噪声和运行温度等测试记录，以及工作参数的变化情况，初步判断泵站工作状况优劣；

通过观察检测液压油箱、润滑油箱内的油品，判断油品质量，必要时彻底清洗管路、油箱，并更换油液和滤芯。更换重要部位变速器的润滑油，如主轴承减速器、带式输送机减速器、驱动系统减速器等。

7.4　TBM法隧道施工配套设备转场

7.4.1　通风系统转场

1）风机转场

TBM掘进贯通后，即开始风机的拆除转场。

风机检修过程中对风机各部件功能评估，测试其性能状态，核算其工作能力是否满足后一阶段的施工要求，不能满足后续通风的老化部件予以更换。

2）风管转场

（1）风管检查

风管的检查主要依据风管维护记录，标记维护过程中破损较严重、修补较多的风管。同时检查新的漏风点，并做好标记，在风筒拆下后修补。

（2）风管安装

TBM步进过程中，待TBM后配套台车上层平台到达风机安装位置时，在TBM台车上层平台处向洞顶打眼，并装入风管挂钩，边步进边安装；若TBM步进速度较快，可后期使用升降平台安装。

7.4.2 带式输送机系统转场

1）带式输送机系统拆卸

在安装步进机构的同时即可拆卸带式输送机,拆卸完成后及时转运至中间支洞等待安装。

2）带式输送机系统安装

当 TBM 步进通过检修洞以后,即可安装带式输送机系统。安装顺序一般从中间支洞交叉口向上游方向开始,首先安装带式输送机主驱动、储带仓、卸料斗以及卷扬机等,随 TBM 步进,再分批次运输安装。

支洞带式输送机采用先卷后拆。把胶带、钢结构依次拆卸,运输到中间支洞重新安装,安装前需要提前布设孔位。

7.4.3 供排水系统转场

TBM 供水若继续使用前一阶段的水源则只需延伸供水管路。

若使用后一阶段的新水源则需在 TBM 前一阶段贯通后,将前一阶段的进水管、污水排放管拆除后转运至后一阶段,在中间支洞现场开挖水池专为 TBM 法隧道施工供水,并将原水泵及变频器转运至中间支洞重复使用,水池容量应有一定的储备量,满足洞内集中用水的需要。

中间支洞水池完成后,埋设供水管直至中间支洞口处,并在供水管和抽水池之间设置闸阀。

对主支洞交叉口处集水池扩挖,增大蓄水能力,使水泵意外停机时具备一定的存储能力。若支洞坡度较大,在支洞中段设立积水坑将污水接力排至洞外。支洞自身水通过重力作用顺流至主隧道,再通过梯级排水到洞外。

7.4.4 供电系统转场

（1）TBM 供电若继续使用前一阶段的电源则只需延伸供电电缆。

（2）若使用后一阶段的电源则需要转运相关电气设备及电缆。变压器及其高压开闭所由原址到中间支洞口的转运工作,由无轨运输车辆运输,由汽车起重机配合完成。

TBM 开始步进后即可收卷高压电缆,收卷前务必切断电源并放电。电缆收卷时采用有轨机车平板上放置收卷装置,边运行边收卷,避免机车运行和电缆收卷不协调,造成电缆与洞壁摩擦破损,收卷时对高压电缆快速接头做防水防潮处理。除转场至中间支洞安装的高压电缆外,剩余电缆检查、保养、标识后做好标记存储,便于后续使用。

7.5 TBM 法隧道施工中间转场案例

7.5.1 工程概况

LXB 供水工程二段四标。主隧洞 TBM 法施工总长度 9452m,14 号支洞和 12 号支洞分别为 TBM 的进口支洞和出口支洞,13 号支洞为中间支洞,13 号支洞与主洞交叉口布置检修洞室,隧道施工中间转场如图 4-7-3 所示。

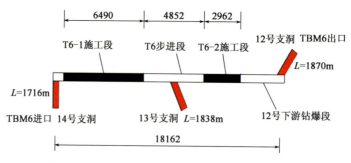

图 4-7-3　TBM 法隧道施工中间转场示意图(尺寸单位:m)

TBM 中间转场计划工期 89 天,实际仅用 31 天完成了 4.8km 超长步进,平均日步进 146.6m,单日最高步进 220m;同时采用科学规范化管理,使各系统转场在 TBM 步进期间平行作业,总计 57 天完成了全部 TBM 中间转场工作。

7.5.2　转场准备

TBM 中间转场准备主要包括施工人员和工器具准备、转场主要材料准备、土建工程和基础设施准备、供电准备、供排水准备。

1)施工人员

转场期间主要配备班组有步进组 36 人,检修组 30 人,洞内运输组 16 人,连续带式输送机和支洞带式输送机拆卸组及安装组 76 人,洞外运输组 40 人,风水电保障队 30 人,总计 228 人。各班组人员配置见表 4-7-1。

TBM 法隧道施工中间转场人员配备　　表 4-7-1

序号	班　　组	人　数	备　　注
1	步进组	36	三班制人员
2	检修组	30	
3	洞内运输组	16	
4	带式输送机拆装组	76	
5	洞外运输组	40	
6	风水电保障队	30	
	合计	228	

2)设备与工机具准备

中间转场主要设备配置见表 4-7-2。

TBM 法隧道施工中间转场主要设备配置　　表 4-7-2

序号	设备名称	规　格	数量	备　　注
1	进口内燃机车	25t	4 辆	
2	搅拌运输车	6m³	4 辆	
3	变压器	6300kVA	1 台	TBM 供电
4	箱式变压器	2000kVA	1 台	带式输送机驱动
5	箱式变压器	1600kVA	1 台	带式输送机驱动
6	新鲜风机	2×200kW	1 台	
7	支洞带式输送机		1 套	

续上表

序号	设备名称	规格	数量	备注
8	连续带式输送机		1套	
9	开闭所		1套	高压供电系统
10	汽车式起重机	25t	1辆	洞外吊大件
11	叉车	5t	1辆	倒运小型设备、材料
12	双排		2辆	材料运输车
13	装载机		4辆	
14	出渣车		6辆	
15	平板车		3辆	设备、材料运输
16	直流电焊机	400A	2台	配电焊用具
17	交流电焊机	500A	4台	配电焊用具
18	液压升降平台	8m	1台	
19	风动冲击扳手	3/4″方头、1″方头	4套	
20	手持式打磨机	100mm	10个	备耗材
21	固定式打磨机	200mm	1个	
22	切割机		1台	
23	液压扭矩扳手		1套	
24	水泵		2台	施工排水

中间转场工机具配置见表4-7-3。

TBM法隧道施工中间转场工机具配置　　　　　表4-7-3

序号	名称	规格	单位	数量	备注
1	钢丝绳(带耳)	φ43mm,4m	条	4	
2	钢丝绳(带耳)	φ25mm,4m	条	8	
3	钢丝绳(带耳)	φ16mm,4m	条	4	
4	吊环(卸扣)	55t	个	4	
5	吊环(卸扣)	25t	个	8	
6	吊环(卸扣)	12t	个	8	
7	吊环(卸扣)	5t	个	8	
8	扁平吊带	1t,3m	条	4	
9	扁平吊带	3t×3m	条	8	
10	扁平吊带	3t×6m	条	8	
11	扁平吊带	5t×3m	条	8	
12	扁平吊带	5t×6m	条	8	
13	扁平吊带	10t×6m	条	4	
14	手扳葫芦	6t×3m	个	2	
15	手扳葫芦	3t×3m	个	4	
16	手扳葫芦	1t×3m	个	4	
17	手拉葫芦	1t×3m	个	4	
18	手拉葫芦	1t×6m	个	4	
19	手拉葫芦	3t×3m	个	4	
20	手拉葫芦	3t×6m	个	4	
21	手拉葫芦	5t×6m	个	4	
22	手拉葫芦	5t×3m	个	2	

续上表

序号	名称	规格	单位	数量	备注
23	手拉葫芦	10t×6m	个	2	
24	滑轮	5t	套	2	
25	砂轮机	200	台	1	
26	直磨机	3mm	台	2	配电磨头
27	机械千斤顶	10t	个	2	
28	机械千斤顶	20t	个	2	
29	机械千斤顶	50t	个	2	
30	液压千斤顶	20t	个	4	
31	液压千斤顶	50t	个	4	
32	铝合金作业梯	直(8m)	把	2	
33	铝合金作业梯	人字(3m)	把	3	
34	重型套筒	M8~M42	套	3	1″方头
35	重型套筒内六角	M8~M36	套	3	1″方头
36	套筒	6~32mm	套	2	
37	24件套筒套装	32pc8″~32″	套	2	
38	26件套筒套装	32pc8″~32″	套	2	
39	变径头	1″变3/4″	套	3	
40	变径头	3/4″变1″	套	2	
41	变径头	1/2″变3/4″	套	2	
42	重型开口扳手	27-65、75	套	3	
43	重型梅花扳手	46-65	套	3	
44	内六角扳手	10pc套装	套	4	
45	内六角扳手	1.5~10英制	套	2	
46	内六角扳手	14~32	套	2	
47	快速扳手	3/4″	套	3	
48	开口扳手	10~32	套	3	
49	梅花扳手	10~32	套	3	
50	活动扳手	24″	把	4	
51	活动扳手	6″、8″、10″、12″、15″、18″	套	4	
52	扭矩扳手	250~1000N·m	把	2	
53	扭矩扳手	750~2000N·m	把	2	
54	风动扳手	3/4″	台	3	配风管
55	管钳	18″、24″、36″、48″	套	2	
56	水泵钳		把	2	
57	台虎钳	10″	台	2	
58	电工专用工具	DL1050	套	4	
59	十字螺丝刀	0~3号	套	5	
60	一字螺丝刀	0~3号	套	5	
61	万用表	F15B	个	2	
62	卡簧钳	内卡外卡	套	各2	
63	断线钳	900mm	把	4	
64	电工斜嘴钳	150mm	把	4	

续上表

序号	名称	规格	单位	数量	备注
65	电工平嘴钳	175mm	把	8	
66	多用尖嘴钳	150mm	把	6	
67	手动液压钳		把	2	
68	裁纸刀		把	40	配刀片
69	大锤	8磅	把	2	
70	大锤	12磅	个	2	
71	钢卷尺	3m、5m	把	各5	
72	皮尺	100m	把	2	
73	钢板尺	2m	把	2	
74	直角靠尺	300mm	把	2	
75	游标卡尺		套	2	
76	水平尺	1.8m	把	2	
77	热缩枪		把	2	
78	兆欧表	500V	个	2	
79	兆欧表	2500V	个	2	
80	撬棍		支	10	
81	手电钻	配钻头	部	2	
82	冲击钻		部	3	
83	手动黄油枪		把	4	
84	揽风绳		m	200	
85	毛刷		把	10	
86	油灰刀		把	10	
87	气动黄油泵		台	1	
88	斧头		把	3	
89	电烙铁		块	2	
90	钢锯弓		把	2	
91	割枪	100	把	10	
92	割枪	300	把	3	
93	气管	氧气、乙炔管	卷	各10	
94	枪嘴	100	个	20	
95	枪嘴	300	个	5	
96	丝锥	18″、20″、22″、24″、27″、30″、36″	套	2	配专用扳手
97	板牙	M16~M32	套	2	配专用扳手
98	清洗铁盆		个	2	
99	对讲机		个	8	
100	碳弧气刨枪		把	2	
101	电焊钳	800A	把	20	
102	电焊钳	600A	把	30	
103	三爪拉马		套	2	
104	焊工眼镜		个	10	
105	焊帽		个	10	
106	焊接手套		双	20	
107	安全带		副	20	

3）基础设施

13号支洞口有临建房屋33间，不能满足TBM中间转场及后续工作的人员生活需要，新建住房61间；并对该工区原有的食堂、浴室、厕所予以改扩建。

拆除13号支洞口处原有拌和站，改建为临时弃渣场（2000m²），带式输送机直接从洞口延伸至临时弃渣场。

13号支洞口原有空压机房改建为TBM临时库房和刀具车间。

在13号洞原有沉淀池的基础上，增加一座污水处理池，满足TBM排水的环保要求。

建拌和站处新增临时征地用作砂石料厂。

4）TBM法隧道施工用电

14号支洞的变电所及高压开闭所整体迁移至13号支洞口，14号变电所保留一台1000kVA变压器。TBM使用的6300kVA变压器、2000kVA箱式变压器、1600kVA箱式变压器全部转运到13号支洞。TBM法隧道施工用电来自变电所10kV高压，经6300kVA升压变压器升压至20kV为TBM供电；TBM洞内辅助施工用电由10kV高压进洞，在13号检修室左侧靠近连续带式输送机主驱动位置安装变压器为用电设备供电；场外用电由施工变电所10kV高压接出至洞口附近安装变压器；生活用电就近取380V电源。

13号支洞洞场区供电系统布置如图4-7-4所示，主接线如图4-7-5所示。

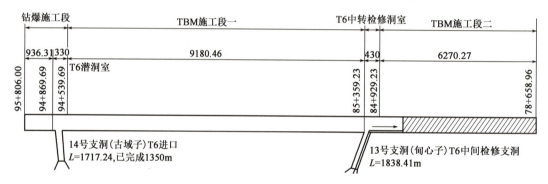

图4-7-4　13号支洞洞场区供电布置示意图（尺寸单位：m）

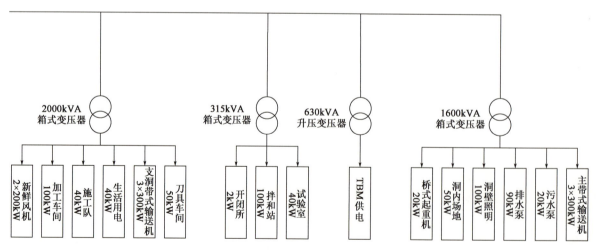

图4-7-5　13号支洞洞场区供电系统主接线图

5）TBM法隧道施工供水

TBM第二阶段施工用水继续采用第一阶段施工供水管路，随TBM步进将供水管延伸至13号掘进洞段。

7.5.3　TBM步进与检修

1）TBM步进

(1)步进准备工作

①土建准备。

步进前再次检查步进洞室,必要时合理处置,确保无欠挖,底板混凝土强度合格,表面工整。左右两侧底板高差保持在5cm以内。

TBM步进装置如图4-7-6所示,步进通道断面如图4-7-7所示。TBM步进过程中若遇到欠挖、地面不平、导向槽不合适等情况,临时处理不但效率低,而且可能会损伤步进机构,从而严重的影响步进效率。为保证TBM在整个步进段都能保持高效率,土建准备工作尤为关键。

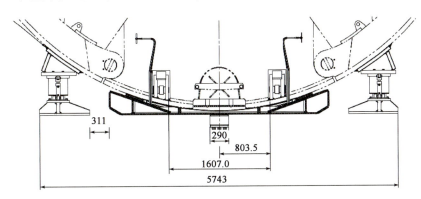

图4-7-6　TBM前步进装置宽度尺寸图(尺寸单位:mm)

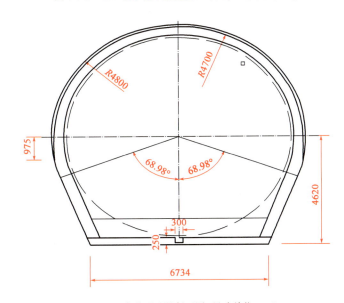

图4-7-7　步进通过段断面图(尺寸单位:mm)

以步进通过段的断面图和TBM的步进机构为基准,制作一个简易的台车结构。在步进段沿导向槽来回移动台车,处理有干涉的地方。

②TBM步进段专用钢枕。

为了加快步进速度,节约成本,设计制作钢枕,步进时循环使用,为了增强稳固性,每个钢枕用[10槽钢连接为一组(图4-7-8),总共制作400组。

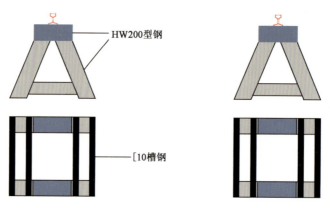

图 4-7-8　TBM 步进专用钢枕

步进专用钢枕上铺设钢轨供后配套系统行走,有轨运输用钢轨直接铺设于洞底,以膨胀螺栓和扣件固定 TBM 步进轨道布置如图 4-7-9 所示,有轨运输用钢轨铺设如图 4-7-10 所示。

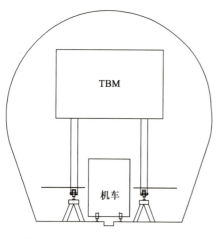

图 4-7-9　TBM 步进段钢轨布置示意图

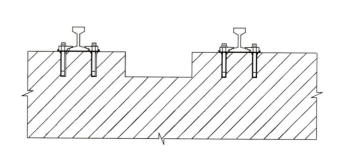

图 4-7-10　有轨运输钢轨铺设示意图

③步进机构安装。

步进机构的安装,参见本章 7.3 节。

(2)步进作业流程

TBM 步进作业与组装时基本一致,详见本篇第 2 章 2.3 节。

2)TBM 中间检修

TBM 贯通前全面检查检测、评估 TBM 设备状况,并合理制定检修计划,检修完毕需组织验收,整改存在的缺陷和不足,确保转场后 TBM 功能完整,性能可靠。

(1)设备全面检查、技术状况评定

设备全面检查及技术状况评定是制定检修方案的基础,只有掌握了设备技术状况,才能制定合理的检修方案及检修计划。

为了完成 TBM 全面检测及设备技术状况判定,在贯通前 1km 对 TBM 设备逐部件、逐系统进行调查和检测。调查工作主要是对设备前期运转情况摸底,根据运转情况判断设备可能的状态;检测工作是通过一定的技术手段检测每个部件、每个系统。检测方法主要是:使用检测仪器带载、空载检测,外观目测,抽样拆检等方法。典型部件的检测方法及检测项目见表 4-7-4,表 4-7-5。

掘进中期 TBM 部件检测报告（主轴承） 表 4-7-4

部件名称	主轴承	装机数量	1	所属系统	刀盘驱动系统
检测单位					
检测者			检测日期		
运转情况调查					
检测项目			密封性能,油样分析		
检测方法			外观目测,油样铁谱、光谱分析		
检测结果					
性能评价 原因分析					
建议措施					

掘进中期 TBM 部件检测报告（刀盘） 表 4-7-5

部件名称	刀盘	装机数量	1	所属系统	刀盘驱动系统
检测单位					
检测者			检测日期		
运转情况调查					
检测项目			板材厚度(磨损情况),变形情况,裂纹		
检测方法			外观目测,游标卡尺测量,裂纹着色剂,钢卷尺测量		
检测结果					
性能评价 原因分析					
建议措施					

全部部件和系统检测完毕,汇总形成"掘进中期 TBM 部件检测及技术状况判定报告",为制定 TBM 检修方案提供依据。

（2）制定检修方案及检修计划

以掘进中期 TBM 部件检测及技术状况判定报告为依据,组织专家及相关技术人员,逐系统,逐部件科学、细致地分析,制定每一个系统、每一个部件的详细检修方案及检修计划。包括主要大件的检修、单项设备检修、液压系统润滑系统检修、电气系统检修。

检修准备工作主要包括依据 TBM 中期检修方案,制定详细的中间检修备件计划,并给予足够的采购时间,保证在中间检修开始前所需备件能够运抵工地现场,并做好人员准备、设备准备、备件准备、物资准备。

（3）主轴承和密封组件检修

检查主轴承密封的油脂出露情况和磨损情况,密封如出现损坏或者不能保证完成后续工程的施工则需要更换。测量驱动总成关键零件的磨损及配合尺寸,决定是否更新或修复。

检查主轴承及其滚道、保持架、大齿圈与小齿轮轴等部件内外唇型密封,通过油样分析评估主轴承磨损或损伤情况。

（4）整机清理

全面、彻底清理 TBM 整机各部位,各部件表面、角落的灰尘、积渣、油泥、混凝土等附着物,保证各部位、各部件表面清洁,全面、彻底清理 TBM 整机电气柜,液压泵站与阀组附着的灰尘、油泥等附着物。整机清理的部位、方法及标准,见表 4-7-6。

TBM 整机各部位清理方法及标准　　　　　　　　　　　　　　　　　　　　　表 4-7-6

清理部位	清理方法	清理标准
刀盘	1. 用手持式风镐、铁锤、铁锹、铁钎等工具清理积渣； 2. 用高压水、高压风冲洗各结构件表面、缝隙里的松散渣石和灰尘； 3. 用钢丝刷擦除各角落的残留物	1. 各机构件表面、每个角落干净、整洁，无残留的积渣； 2. 各结构件功能正常
L1区：机头架内部左右两侧的各空腔、护盾、钢拱架安装器、主驱动电机、锚杆钻机、锚杆钻机齿圈及移动轨道、主梁上层平台、推进液压缸保护盖、润滑泵站、锚杆钻机泵站	1. 用铁锹、铁镐将空腔、结构件表面的虚渣清除； 2. 用手持式风镐、大铁锤、铁钎清理部件表面的凝结的混凝土及大块渣石； 3. 用适量的高压风吹净主驱动电机以及其他部件表面； 4. 用铲刀、钢丝刷、棉纱清理和擦拭液压缸表面的附着物	1. 各部件表面、机器各角落干净、整洁，无残留混凝土、积渣等附着物； 2. 各结构件功能正常
L2区：喷锚大车行走环形梁、前后喷锚大车；除尘风机、除尘器	1. 用手持式风镐、铁锤、铁锹、铁钎等工具清理清理附着在顶棚、环形梁上的喷射混凝土回弹料； 2. 用高压水、高压风冲洗各部件表面的水泥浆液、积渣、灰尘等； 3. 用钢丝刷、小铁铲轻轻敲击喷锚大车表面的附着物	1. 各部件表面、机器每个角落干净、整洁，无残留混凝土、积渣等附着物； 2. 各部件功能正常
后配套：1号、2号输送泵，1号、2号罐体吊机，1号、2号空压机，液压泵站	1. 用手持式风镐、铁锤、铁锹、钢钎等工具清理附在储料罐四周、输送泵料斗内的混凝土； 2. 利用高压风、高压水吹除附着在储料罐、混凝土输送泵内的混凝土积渣和灰尘等附着物； 3. 清理空压机及液压泵站	1. 各结构件表面、每个角落干净、整洁，无残留混凝土、积渣等附着物； 2. 各部件、系统的功能正常
带式输送机：1号带式输送机及相关的结构件、1号带式输送机回程底部、2号带式输送机及相关的结构件、2号带式输送机回程底部、3号带式输送机结构件及回程底部	1. 利用手持式风镐、铁锹、铁锤、铁钎等工具清理带式输送机下的积渣； 2. 利用高压风、高压水冲洗松散的积渣等附着物	1. 带式输送机底部干净、整洁，无残留积渣； 2. 各部件功能正常
电气部分：主液压阀站配电柜、主电柜、锚杆钻机配电柜、喷锚机械手配电柜、变压器、VFD控制柜、空压机控制柜、高压电缆卷筒、三相电等	1. 首先用吸尘器清理积尘； 2. 继续用高压风吹净配电柜内的电气元件表面的灰尘； 3. 用毛刷刷净电气元件表面灰尘	电气元件表面干净、整洁，特别是接触部分
液压阀站：主液压阀站、主润滑站、凿岩机阀站、喷锚机械手阀站等液压控制阀	1. 用钢丝刷、铲刀清除控制阀外表面的污垢； 2. 用棉纱、柴油擦拭外表面，并对接管处用合适的堵塞加以封堵	外部干净、整洁

(5) 停机拆检和维修

TBM 贯通前运行过程中，无法对运转部位的部分系统和部件检测，需要停机拆检。如主轴承密封，在停机阶段，需对密封及其配合部件拆检，如磨损情况不能保证下一阶段掘进，则需要更换密封系统。

检测立柱、侧支撑、连接法兰、台车连接处等承重部分的焊接质量，校正变形部分，检查连接螺栓查漏补缺。

(6) 功能校核

对传感器、测量系统等部件校核，以保证传感数据准确无误。

(7) 更换备件

根据既定检修方案，更换损坏或达到使用寿命的备件，如各系统滤芯；更换重要部位的润滑油，如液压泵站液压油、润滑泵站齿轮油、主轴承减速机、带式输送机减速机、驱动系统减速机等。

（8）恢复性维修

对难以更换的磨损部位恢复性维修，主要针对刀盘。

经过较长距离的掘进，刀盘表面和出渣机构的耐磨层不可避免会产生较大磨损。在此要对所有位置的耐磨材料补焊，恢复功能。对刀具、刮渣板安装位置的磨损予以恢复。检查刀盘喷水的喷嘴功能，更换损坏的喷嘴。

（9）单项设备检修

①除尘风机。

彻底清理除尘风机及除尘器沿途积垢、积尘。

修复或更换从主机到后配套的漏风空隙，包括破损折叠风管的更换。

②锚杆钻机。

彻底拆检锚杆钻机，提前订购凿岩机的水封、铜衬套及其他密封。

查找氮气充填装置，补充蓄能器的氮气压力到规定数据。

检修滑轨，需加入新的垫片升高滑轨，以便轮组在滑轨上自由滑动。

同时更换左侧锚杆钻机前后两条走行滑道。

检修推进机构大梁相应损坏部件。

③混凝土输送泵。

检查混凝土输送泵的工作状况，提出检修所需备件计划；大臂伸缩液压缸、耐磨板、马达和密封需要更换，提前订购准备，集中更换。

④空压机。

根据说明书及运行小时数对空压机保养的要求，逐项例行维护，如更换压缩机油、油滤、空气滤芯等。

（10）液压系统

包括所有液压系统和泵站（喷锚、混凝土输送泵站、锚杆钻机泵站、润滑系统泵站、主液压系统泵站、罐体吊机泵站等）。

①根据对油泵、电机的振动、噪声和工作温度测试记录，以及工作参数的明显变化（各回路压力、液压缸和马达运动速度、温升），初步判断泵站工作状况优劣。

②检查油路外泄漏状况。

③提前订购各类油管和扣件接头，检查油管破损情况，必要时更换。

④放净残油，彻底清洗管路、油箱，必要时重复清洗几遍。

⑤订购并更换所有滤芯和油液。

（11）电气系统

①电机检修。

检查主电机的所有接头，摇表测量绝缘值，用精密电阻测定仪（0.01Ω 精度）测量电机线圈的精密电阻值，记录数据，判断电机绝缘损坏情况。

所有电气、电机状况普查（含除尘风机、增压风机、水泵电机和空气压缩机电机、各液压泵站和润滑系统电机、连续带式输送机驱动减速机电机的轴承、密封状况检查，必要时更换），在贯通前做好测量数据。

a. 检查绝缘值和精密电阻值。

b. 振动加速度或速度值测定。

c. 工作温度测试和听诊器测试,大致判断运行优劣。
d. 拆除电机接线盒盖,检查内部接头是否松动。摇表并记录数据。
② 检查、订购并更换所有失效传感器。
含胶带转速、润滑脂脉冲计数、油箱油位、水位、压力、流量、温度等。
③ 检查所有电缆、线缆及支架并清理。
a. 逐根破损检查、清理电缆支架上的混凝土及渣石,检查电缆损伤程度必要时修理更换;拆除电缆保护套清理内部岩渣。
b. 及时更换电机黄油嘴。
c. 电路(含控制、信号)逐根开路导通测试、绝缘测试,尤其是频繁弯折处必要时重新护套连接。
④ 检查各接头、控制开关、控制器和螺线管、急停开关、速度开关和拉线开关是否工作正常。
⑤ 检查冷却系统和水泵,控制设备和滤芯,必要时修理或清理。
⑥ 所有接线柱螺栓检查、紧固(提前订购缺损螺栓)。
⑦ 电气开关柜及干式变压器(主电机 VFD 变频柜、带式输送机变频柜、TBM 各开关柜、PLC 控制柜等)。
a. 拆除防尘滤芯和盖板,高压风吹扫,毛刷、皮老虎仔细清除浮尘,彻底清理、揩净并作防尘处理。
b. 需拆除再安装的电气柜,应提前做好相互连接标记、标识,并记录备案,便于安装。
c. 接线柱松动检查、拧紧。
d. 缺损零件更换。
⑧ 清理 TBM 操作室并作防尘处理,检查所有开关和电缆。
⑨ 导向系统设备需检查、修理。
⑩ 彻底检查带式输送机通信设备,检查清理通信电缆和控制开关。

7.5.4　TBM 法隧道施工配套设备转场

TBM 法隧道施工配套设备转场共包含 3 个部分,分别为设备中间检修、设备拆除、设备组装调试。分别参考本篇第 1 章、第 8 章相关内容,此处不再赘述。

7.5.5　应用效果

辽西北供水工程二段四标 TBM 于 2015 年 1 月 13 日贯通,1 月 17 日开始步进,2 月 23 日步进结束,共计 37 天,累计步进长度 4432m,最高日进度 220m,平均日进度 119.8m。

转场期间对 TBM 实施全面检修,主要修理工作安排见表 4-7-7。

TBM 中间检修主要修理工作　　表 4-7-7

序号	时间	修理内容
1	1 月份	1. 拆卸推进液压缸 4 根; 2. 修补 2 号、3 号、6 号、8 号仓刀牙座
2	2 月份	1. 装推进液压缸 3 根; 2. 13 号营区供电,高压电调试; 3. 焊接人孔 4 个,恢复 V 形块 9 块,恢复弯板 5 个
3	3 月份	1. 刀盘修补; 2. 焊接中心刀座; 3. 装刀和刀牙; 4. 调试整机

带式输送机转场耗时57天,2015年1月14日开始收卷胶带、至2月10日完成拆卸工作;2月11日开始再次组装调试,至3月11日全部完成;供电系统和供排水系统在转场期间早于步进和带式输送机转场完成。

辽西北供水工程TBM施工中间转场经过56天连续作业,中间转场步进全长4432m,为国内最长步进距离,得益于施工方案优异、施工组织得当,积累了丰富的经验,也为其他项目提供了借鉴。

第 8 章
TBM及施工配套设备拆卸

TBM完成掘进任务后,需要拆卸并运离现场。通常情况下,TBM在洞内拆卸;对于长度较短、单向施工或贯通后距离洞口较近的隧道,TBM掘进完成后,可以后退或步进至洞外拆卸。

本章系统介绍TBM及施工配套设备拆卸准备、拆卸流程、运输与存储等施工工艺,重点分析TBM与施工配套设备拆卸时的组织管理、技术要点和注意事项,并提供辽西北供水工程TBM拆卸案例供工程施工技术人员参考。

8.1 拆卸准备

提前编制拆卸方案,并做好拆卸场地和起重设备、工机具物资、人员组织及安排、存储场地规划、运输设备准备等工作。

8.1.1 人员组织

为了安全、顺利、如期完成TBM及施工配套设备拆卸工作,需合理组织和配置人员,召开技术交底会,对拆卸工作细化、分解,确保技术人员及施工队熟悉整个拆卸流程,使每一位员工都能深刻理解和掌握准确标识、正确拆解、完好包装、合理存放相关流程、工艺和要点。拆卸过程中实行项目领导带班、技术人员跟班作业制度,随时处理拆卸过程中出现的技术问题,随时调配工作任务及人员安排,详细记录当日拆卸情况及拆卸进度,收集拆卸影像资料。

8.1.2 设备与工机具准备

拆卸平台要求地面抗压强度不得小于20MPa。TBM刀盘、机头架质量一般都超过100t,直径较大的机型甚至达到200t以上,拆卸必须使用专用吊装设备。

洞外拆卸一般使用门式起重机和汽车起重机。首选设备为TBM组装所用的起重机,该起重机从TBM组装场地拆除后,运输到拆卸平台重新组装;同时要辅以汽车起重机以方便部件拆卸和装车。运输设备需要准备载重100t左右的拖板车,负责从拆卸平台到存放场地运输散件。起重设备属于特种设备,需按相关要求完成验收取证工作方可投入使用。

洞内拆卸一般选用桥式起重机,TBM拆卸前应完成拆卸洞施工、桥式起重机安装调试以及步进底板施工。采用桥式起重机时,宜采用双钩双梁式,桥式起重机的横向工作范围应大于TBM主机直径,吊钩相对地面的最大有效起吊高度应大于刀盘直径3~4m,同时应充分考虑起吊能力匹配性及桥式起重机在洞内的运输和安装条件。

通用型工机具:10t、5t及3t手拉葫芦,液压扳手及风动扳手,电焊机,85t及以下卸扣若干,钢丝绳、吊带、千斤顶等常用工具;配置数量充足的枕木、方木、气割等物资。

对专用工具要预先检查和调试,提前对操作人员培训,使其熟练掌握操作方法。

对于高压拆装设备(如液压预紧螺栓的拆卸装置和气动、液压扭矩扳手等),没有经过操作检验,一律不得投入使用。

紧固件优先选用梅花扳手或套筒扳手,其次才是开口扳手和活动扳手。

8.1.3 材料准备

TBM拆卸过程中,需要用到擦机布、方木、螺栓松动剂等材料,应提前做好准备。

8.1.4 技术准备

1）方案准备

拆卸前根据TBM、带式输送机出渣系统、隧道施工通风系统等主要施工配套设备说明书、图纸及相关技术资料,结合项目实际特点,编制详细的拆卸方案,内容应包括但不限于:

(1)编制依据、原则、适用范围;
(2)工程概况;
(3)总体布置及工期安排;
(4)拆卸总体方案;
(5)施工准备及资源配置,现场准备、技术准备、人材机配置计划等;
(6)施工技术方案:拆卸流程、主要部件拆卸工艺、运输顺序、用车计划、包装及存储等;
(7)安全、质量、工期目标及保证措施,环境保护措施,文明施工要求,应急预案等。

2）资料准备

(1)人员培训

人员培训是在拆卸前安排相关技术人员熟悉拆卸流程及具体拆卸方案、标识,拆卸标准及要求,可在拆卸前一周组织实施。在拆卸期间每天安排例会(通常为早会),布置当天拆卸任务及要求,解决拆卸相关问题,不定期召开重点部位拆卸专题会议。

(2)设备资料准备

设备资料准备是准备拆卸部位的相关图纸、整机部件详单、组装期间资料及照片,以方便拆卸。拆卸前对整机工作状况做全面的评价,掌握主要设备、部件的运行状态,检测零部件的性能。统计拆卸前不能正常工作的部件,以便拆卸完成后检修、方便下次使用。对于拆卸前可以正常工作的部件进行检测维护,避免拆卸后存储期间部件状态发生非正常恶化。

(3)设备标识

设备标识包括机械、液压、电气系统的标识,以及拍照与登记等工作,是再次组装时最具参考价值的资料,应高度重视。标识要求清晰可见、简单易懂、不易破损,与图纸或技术文件相对应。

①机械部分零部件相互之间差异较大,根据各部分的不同特点分别采取不同的标识方式,一般采用喷字标识和挂牌标识两种方式。

②以 TBM、带式输送机系统、通风系统的技术文件为依据,充分保留原有标识,结合实际情况和习惯标识方法对连接电缆与电气设备编码与登记,要求简单易懂、方便易查。

③为下次组装时便于查看、对照,拆卸之前要对机械、电气、液压系统的位置、相互关系、管路布置情况选取适宜的角度拍照,以准确表现位置关系,如有必要,一个部位可拍 3~4 张照片,拍照过程应做好记录。对每张照片做必要的说明,说明内容至少应包括照片编号、拍照部位或元件名称、标识码或标识牌、所在位置等。照片要存档。

④机械结构件标识。大型结构件标识采用自喷油漆喷字标识。小尺寸散件采用红白油性记号笔在明显部位写字标识或悬挂标识牌。

⑤流体系统标识。由于 TBM 将大量的控制阀安装于液压泵站和润滑泵站中,并完成了相互连接,在拆卸时可不解体,因此重点对各液压(润滑)回路中从泵站延伸至液压缸、润滑点、外部控制阀的管路标识。按液压系统、润滑系统、水系统分类标识,如分别首字母 H(液压系统)、L(润滑系统)、W(水系统)标识。同时做好标识登记表,其中泵站、阀件、液压缸、马达标识登记表中要包括部件名称、规格型号、标识码、安装位置等内容,油管标识登记表中应包括图名、图号、图代码、油管标识码、管径、型号、长度、起止位置与走向等内容。

⑥电气标识。需按照一定原则对所有电气设备统一标识,可以方便归类存储且再次组装。

a. 电气元器件标识:电气元器件(如传感器、压力开关等)可以其在电气图纸中的编号或作用标识,包括所有配电柜外部的电气元器件。

b. 电缆标识:电缆标识可以图纸设计为准,主动力电缆以两端所接设备或配电柜标识。例如:电机电缆 VFD1-M1,表示电机的动力电缆从 VFD1 电柜到 M1 电机,即电缆的一头接入 VFD1,另一头接入 M1 电机,在电缆的两头贴上标签。控制电缆以图纸设计为准,总线电缆以模块编号标识。

c. 配电柜标识:配电柜标识可根据电气图纸中的命名为准,图纸中没有的以配电柜安装位置及作用描述。

上述标识方法仅供参考,实施中以实用为原则制定表示方法。

3)场地准备

TBM 洞外拆卸,主驱动、刀盘质量较大,对地基稳定性有一定的要求。拆卸平台应地面平整,基础密实,面层用钢筋混凝土浇筑厚度约50cm,用混凝土硬化,抗压强度在20MPa 以上,同时满足 TBM 步进要求。

TBM 洞内拆卸需根据总体工程划分,在 TBM 计划贯通面附近选择拆卸洞室位置。拆卸洞室长度和断面尺寸设计应综合考虑各相关因素,详见第3篇第4章"辅助洞室及施工通道规划"。

(1)设备总成拆卸时,要清理拆卸设备的场地和周围环境,场地要除污(油污、油泥、脏污)、擦干并铺垫、遮盖,以防止人员滑倒、设备污染、重物坠落。

(2)拆卸前,必须断开设备用电,释放封闭油箱的气压、油压和其他弹性构件的预压缩力,必要时放油,对电气、易氧化、易锈蚀的部件进行保护。

(3)必须有专人负责在拆卸部位做标识和记号(系统类别、名称、装配图号、原始安装方位、接口符号等),并填写拆卸登记表;须进一步了解和判断设备状态,为再次使用前的维护保养及修理积累依据。

(4)分工合作,各司其职,拆卸人员不得跨专业、跨系统工作;同一系统,专人负责到底,以保持工作的延续性。

(5)对于高空、容易坠落、非人力所能控制的结构件和大件,在拆卸之前必须采取一定的支承和起重保护措施,拴绑牢靠、悬挂可靠后才能拆卸和起吊。

(6)制定拆卸部件装箱、存储场地等规划方案并落实。

(7)提前倒运步进机构、临时支撑至拆卸场地,保证TBM贯通后能及时安装步进机构。

(8)吊点选择及安全控制措施:

①采用一个吊点起吊时,吊点必须选择在构件重心以上,使吊点与构件重心的连线和构件的横截面垂直。

②采用多个吊点起吊时,应使各吊点吊索拉力的合力作用点置于构件的重心以上,使各吊索的汇交点与构件重心连线和构件的支座面垂直。

(9)焊接式吊耳安全控制措施:

①吊耳材料以及尺寸、焊接位置必须经过设计计算,按要求选材和制作,保证吊装时承载力足够且受力均衡。

②吊耳焊接必须按照相关规范操作,保证焊接质量。

③承载力较大的吊耳焊缝需进行渗透检测(PT)。

8.2 TBM拆卸

8.2.1 拆卸方式

1)TBM洞内拆卸

洞内拆卸按照TBM主机、连接桥、后配套的顺序进行,由前向后或由后向前,根据运输通道与TBM的位置关系合理选定;部件或设备损坏后及时运至洞外。

洞内拆卸又可分为有拆卸洞室和无拆卸洞室两种方式。

(1)有拆卸洞室

拆卸洞室为TBM掘进完成后解体和吊运的场所,条件具备时可提前施作拆卸洞室;不具备提前施作条件时,TBM掘进到位后停机等待拆卸洞室施工。拆卸洞室必须有足够的空间和结构强度,用以安装起重机;起重机走行轨基础要有可靠的承载能力,以确保起重机安全稳妥地吊装TBM的大型部件。

TBM洞内拆卸需设置拆卸洞室,拆卸洞室尺寸设计参照本篇第3章"辅助洞室",针对不同工程特点及需求,拆卸洞室尺寸可以在一定范围内适当调整。例如某工程TBM开挖直径8m,主机长22m,拆卸洞室尺寸为11m×16m×60m(宽×高×长),断面为蘑菇形,洞室顶部安装桥式起重机。

通常TBM拆卸洞需在TBM贯通前完成开挖、初期支护、二次衬砌、起重机安装等工作,这就需要在拆卸洞附近设置支洞;如果无条件通过支洞在TBM贯通前施工拆卸洞,则需待TBM到达相应里程停止掘进后,从适当部位向TBM前方施作导洞,再施工扩大洞室。

(2)无拆卸洞

TBM洞内采用无拆卸洞方式拆机,可利用TBM开挖后的洞室空间,适度扩挖布置吊点及起重设备。一般来说,当TBM掘进到指定位置后,在后配套尾部合适位置局部扩挖洞顶,布置固定吊点、安装起重葫芦及葫芦滑车工作吊梁;利用固定吊点和葫芦滑车完成TBM拆卸。拆卸顺序为:先由后向前拆卸后配套,然后再拆卸主机。

由后向前逐节拆卸后配套,边拆卸边通过TBM掘进期间的施工材料运输系统将拆下来的部件及时运至洞外。后配套采用能够在吊梁上前后行走的滑车和起重葫芦拆卸和装车,吊梁对称分布于隧道轴线左右两侧。固定吊点安装于洞顶扩挖洞内,每个吊点需要的有效扩挖面积为1m²,扩挖深度以满足起重高度为宜,具体根据起重葫芦和吊点吊具尺寸确定。

固定吊点的位置以导轨位置作参照布设,以起吊质量50t和30t举例说明。

①50t固定吊点采用8根ϕ25mm锚杆(HEB400级)固定,锚杆单根长3.6m,锚固长度不小于3m。

②30t固定吊点采用6根ϕ25mm锚杆(HEB400级)固定,锚杆单根长3.6m,锚固长度不小于3m。

所有型钢导轨定位后,调整锚杆与导轨的相对位置,将锚杆、加强筋板和导轨焊接加固。某项目无拆卸洞室拆卸吊机布置如图4-8-1所示。

图4-8-1 某项目无拆卸洞室拆卸吊机布置

2)TBM洞外拆卸

洞外拆卸适用于TBM掘进完成后,距离洞口较近,并且具备对外运输条件的隧道。洞外拆卸需提前做好场地硬化、起重设备安装、水电供应等准备工作,场地应平整,地面承载力应满足TBM拆卸场地的要求,长度、宽度应满足TBM拆卸和大件吊装,并留有一定的机动长度。

图4-8-2 TBM洞外拆卸

根据运输通道与TBM的位置关系,合理选择拆卸顺序。以TBM主机、连接桥、后配套及附属设备的拆卸顺序为例:TBM步进出洞,先后拆除刀盘、主驱动、主梁、后支撑、连接桥等部件;然后采用机车牵引(也可根据现场实际情况,设置卷扬机配地锚牵引)后配套台车,逐节牵引出洞,逐节拆除,直至全部拆卸完成。TBM部件拆卸过程中,边拆卸边运输,尽量减少已经拆卸部件停留时间,为后序拆卸工作创造空间。

TBM后配套拆卸时依次将后配套台车顺序从隧道拖出,根据拆卸场地,每次拖出1~2节后配套台车。后配套台车到位以后,遵循从上到下的原则按照先附属设备后机架拆卸,并将拆卸的零部件集中运输存储。

TBM在贯通前,应精确测量,及时调整方向,确保掘进方向和出洞精度,TBM洞外拆卸如图4-8-2所示。

8.2.2 拆卸工艺流程

根据施工组织总体规划和现场条件,按照施工计划安排、设备组成和结构要求,制定拆卸工艺流程,分系统、分部位、分时段进行 TBM 拆卸的管理、技术组织和时间安排。

拆卸流程一般为先拆卸电气系统,再拆卸液压流体系统,最后拆卸机械部件。典型 TBM 拆卸工艺流程如图 4-8-3 所示,其中部分主机结构件的拆卸顺序根据现场实际情况及拆卸进度可适当调整。

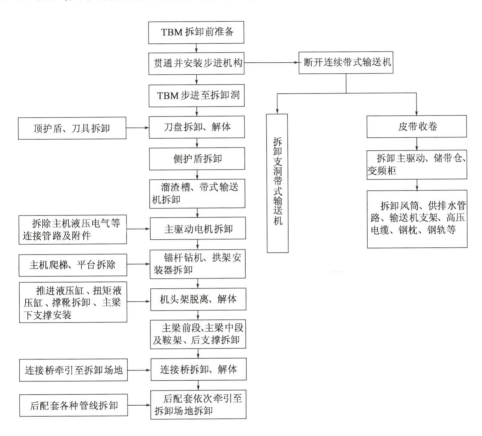

图 4-8-3 典型 TBM 拆卸工艺流程

8.2.3 拆卸控制要点及注意事项

1)拆卸原则

(1)一般原则

拆卸前,首先必须切断并拆除设备的电源、水源、气源等和动力联系的部位。

拆卸的一般顺序:先电路、信号、通信系统;再液压、管路系统,最后拆卸机械结构;先强电、后弱电;自上而下、先外后内。

(2)减少解体

从实际出发,允许不解体的尽量不解体。对于某些设备总成、液压泵站等自身连接的线路和管路,只要不影响吊装、运输,尽量不拆,维持原状。

(3)兼顾再用

液压系统拆卸时,应特别小心谨慎,注意元件外表及环境的清洁,尤其是管路阀件等接头拆卸后立即安装堵头、防护帽或采取其他适宜的防护措施,以免人为污染。

所有的电线、电缆不准剪断,拆下来的线缆都要有标号,拆线前要三对照(对照内部线号、端子板号、外部线号),确认无误后,方可拆卸,否则要调整线号。

拆卸中要保证设备安全,选用合适的工机具,不得随便代用,不得蛮力拆卸。拆卸中应尽量避免破坏性拆卸(如火焰切割等),如只能破坏性拆除的,须认真论证并报相关部门审批。

在拆卸轴孔装配件时,通常应坚持装配和拆卸用力相同的原则。若出现异常情况,要查找原因,防止在拆卸中将零件碰伤、拉毛甚至损坏。一般情况下不允许破坏性拆卸。

记录拆卸过程,以便再次安装时参考。将拆卸过程中的重点、难点应详细记录,以便查询和总结。

各结构件的接合面按技术要求无损伤拆卸,检验后涂抹防锈油脂,其他部位涂防锈漆。

(4)分类存储

拆卸后的零部件应分类存储,以便查找,防止损坏、丢失。按照"总成、部件、零件""电气、液压、机械""大件、小件""粗糙、精密"等原则合理分类,分别存储,以便后期维护保养,并妥善保管,防止意外损伤、灭失。

各类紧固件、连接件应尽量无损伤拆卸,拆卸后及时清洗、分类、统计并核对。各类电气元件按照技术规范清理、防潮、包装,缺损件及时统计汇总。

2)控制要点

(1)电气系统拆卸

电气系统主要包括:主机控制系统、动力系统、锚杆钻机电气系统、喷混电气系统、后配套独立设备动力系统。

①电缆拆卸。

在拆卸电缆前首先要将电源切断,然后组织专业人员将电缆的两头从配电柜中拆卸,在回收电缆的过程中,一定要将捆绑于电缆上用来固定电缆的扎带等全部剪掉,以免拖拽过程中损伤电缆。回收电缆时如果发现电缆有破损,应该先用防水自粘胶带包裹防护破损处,然后用绝缘胶带包裹。电缆在回收后要盘成卷,便于后期运输、储存。

②电气元件拆卸。

拆卸电气元件是指实现某一功能的小型电气设备、安装于配电柜或独立设备的外部、需要单独拆卸的电气元件,如传感器、指示灯等。

液压阀块上的传感器拆卸时需要保证液压泵已关闭,以免高压液压油伤人。

拆卸的电气元件应该清理干净,按照电气元件的型号、安装部位、功能分别存储到事先准备好的包装箱内,统一运往洞外。

③配电柜及独立设备拆卸。

待接入配电柜或独立设备的电缆拆卸后,再拆卸配电柜或独立设备整体。拆卸时,需要保证配电柜的完整性,不能用割枪或其他设备破坏配电柜的完整性。拆卸后,需对配电柜做简单的防水处理,如原电缆接头用防水胶紧密包裹或用玻璃胶封闭。配电柜及独立设备内的电气元件保持原状,不必拆卸,但需可靠固定,以免运输途中损坏。

配电柜及独立设备在洞内临时存储时,应根据其尺寸及质量大小,摆放整齐,且存储位置不能积水、滴水,以免水进入配电柜内损坏配电柜内部的电气元件。

(2)液压系统拆卸

液压系统包括主机液压及润滑系统、钻机液压系统、喷混液压系统等,拆卸主要是管路、阀、泵站的拆卸。

液压系统拆卸前，须将液压缸全部收回，以便液压油可返回至油箱。然后开始按照不同油路逐个拆卸油管及控制阀，并标识。风、水系统在拆卸后配套时逐节拆卸。

①泵站拆卸及处理。

液压泵站、润滑泵站和供水泵站均为箱体、泵站和主阀站集成为一体的方式布置。在拆卸时，只需将其与外部执行机构的连接管路断开即可。

泵站拆卸后，为了保证其长时间存储不被锈蚀及系统内部不被污染，采取以下处理措施：

a. 箱体内部的油液及水等介质全部排放；外部均清理干净，并做防锈处理。

b. 清理电机和油泵表面，给电机注润滑脂。

c. 清理泵站内的阀块及管路。

d. 拆卸时，所有接口均需及时封堵。

②管路及阀块拆卸及处理。

a. 在各系统中，管路及阀块应逐个拆卸，并标记清楚。

b. 阀站内阀块维持原状，不必拆卸。

c. 管路拆除后先清理外表面，再用高压风将油管内的油液及水吹尽后用堵头封住。

d. 阀块拆卸后，先用堵头将各油口封好，再清理外表面，最后对外表防锈。

(3) 主机拆卸

先拆卸刀盘上所有刀具及顶护盾，牢固焊接刀盘吊耳后，安装吊索吊具，并适度提升起重机吊钩，主吊索被拉直但尚未受力，以此稳固刀盘。拆除机头架与刀盘的液压张紧螺栓，将刀盘与机头架脱离，整体拆卸刀盘（若刀盘直径较大可分块拆卸），翻转、平放于地面后解体逐块外运（若刀盘直径较小可整体外运）。拆除依附在主机周边的所有液压、电气等管路及附件，再依次拆卸左右侧护盾、主电机及减速机总成、钢拱架安装器、锚杆钻机等，然后拆卸TBM主要结构件（机头架、推进液压缸、撑靴、后支撑、鞍架等）。

(4) 连接桥及后配套拆卸

拆卸连接桥及后配套时，先拆卸连接销，用机车牵引至拆卸位置逐节拆卸。

①连接桥及后配套大部分设备损耗较小，设备再利用率高，拆卸过程中避免对构件造成损坏。

②先拆卸辅助设备，如通风设备、通信设备、电气控制柜、变压器、空压机及其他设备。

③分体拆卸钢结构。

3) 拆卸注意事项

(1) 拆卸洞应选择在围岩自稳能力较好的洞段，相关设计参见第2篇第1章。

(2) 加强洞内、洞口的安全保卫工作，危险部位设置安全警示牌，拆卸作业区应设置防护装置及消防器材。

(3) 避免拆卸洞地面积水，拆卸洞设置集水坑，底板合理设置横坡、排水洞，并在洞壁、洞顶存在出水时，应合理引排，及时抽排洞内积水。

(4) 交接班时工机具应现场交接和检查，如有损坏、裂纹、断裂现象，及时更换，做好交接班记录，交接班记录中应包括当班拆卸作业内容和遗留问题。

(5) 机械、液压及电气系统的标识、拍照与登记等工作，是再次组装时最具参考价值的资料，必须给予高度重视。TBM拆卸前需全面、仔细复查，补全机械、电气、液压各零件的标识。

(6) TBM拆卸前应测试各系统设备的带负荷性能，以全面鉴定各机构、设备的状态，为拆卸后及时维护、修理和制定配件计划提供依据。

（7）超限件补运时，需注意装载质量及隧道界限尺寸。

（8）零部件的包装储存。

①机械零部件。

a.清理接合面的污物、锈斑，涂防锈油或油脂，重要件根据需要做防尘处理，然后用木板防护包装。

b.清洁零部件表面，并喷漆。

c.用塑料布包扎、木箱包装后封存。

d.紧固件连接件应分开包装并做标志。

②电气元器件。

a.元器部件表面及内部应除尘、去污，做好防潮、防尘、防冻工作。

b.电缆表面要清理干净，用防水胶带或塑料布包扎端头，并用胶带封口。

c.配电柜、配电箱等重要电气控制设施要严格做好防水、防潮、防尘处理，放置干燥剂（袋装），以塑料布/塑料膜全封闭包裹。

d.木箱包装防护后放入库房或集装箱内储存。

③液压元器件。

a.液压元器件表面应除尘、去污。

b.油泵、油马达内部添加原牌号的矿物油，不少于其容积的3/4。

c.液压缸活塞杆全部收回，液压缸内要充满液压油并用堵头封堵，外露活塞杆应妥善防护。

d.液压胶管用堵头封堵，盘卷整齐储存。

e.液压阀内部灌油，所有盖口用堵头封堵。

f.液压油箱要保证内表面被油膜覆盖，并封堵各接口。

（9）拆卸安全注意事项。

①拆卸人员必须进行安全技术培训，设专职安全员。

②作业人员必须正确佩戴安全帽；登高作业时，应系扎安全带；梯上作业时，严禁站立2人以上。

③焊接作业人员应佩戴防护眼镜和手套，氧气瓶、乙炔瓶应放置在安全区域。

④起重作业应执行相关法律法规及当地安监部门的要求。

4）资料汇编与总结

TBM拆卸完成后，应及时整理拆卸期间的文字、影像资料，对TBM拆卸全过程统计分析，并形成总结性的文件，以便后续TBM存放、维保及之后工程项目参考，拆卸后资料归档应包含以下内容：

（1）拆装记录

①各班组拆卸记录。

②运输装车记录。

③装箱记录。

④拆卸中编码标识记录（液压系统、电气系统、裸放部件等）。

（2）拆卸过程影像记录

制定拆卸过程中摄影、摄像计划，实施过程中适当修改、完善、汇总，在拆卸完成后收集整理，主要包括：

①TBM主机大件、带式输送机系统、通风系统的解体、装运过程。

②附属设备安装位置、拆解过程。

③风水电缆等管线布置及连接情况。
④其他部件安装、拆卸位置、过程关系等。
⑤所有影像资料都应做必要的说明,所属系统、名称、位置等要求语言简练,表达清晰,可列表。
(3)拆卸统计资料
①核对设备构件及数量,整理编码标识及存放位置记录。
②拆卸后维修项目统计。
③各类紧固件统计、缺损件统计、库存备件统计。
④拆卸后的遗留问题统计。
⑤报废设备及零部件统计。
⑥工、料、机消耗统计。
(4)拆卸总结
①拆卸工作总体总结。
②拆卸实际工期与投入成本总结与分析。
③拆卸期间方案调整及优化。
④拆卸期间重难点及突发事件处理。

8.3 施工配套设备拆卸

8.3.1 通风系统拆卸

风管拆卸可根据现场实际情况,有轨段可利用机车牵引板车(大平板车与液压升降平台),边走边拆,从接头处断开,拆后叠放在车托盘上;无轨段可利用可移动的液压升降台,边走边拆,拆后将风管叠放在托盘上。风机控制柜整体拆卸。

8.3.2 带式输送机系统拆卸

1) 胶带拆卸

当TBM停机后,安放卷带机,调整胶带硫化接头至硫化平台处,切断,收卷胶带,直到下一个硫化接头。接头到达硫化平台时(若胶带收卷长度较小,如不足200m,可继续收卷,直至后续硫化接头到达硫化平台),切断,则一卷胶带收卷完毕。收卷胶带时,需点动运行驱动滚筒辅助收卷。

2) 电气设备拆卸

胶带拆卸完毕,开始拆卸电气系统。总体拆卸过程运行如下:切断电源,回收电缆整体拆卸控制柜,逐台拆卸驱动电机与驱动滚筒组合体。

(1)电缆拆卸与回收

在确认带式输送机系统无须运行后,切断电源。为了防止误操作造成触电事故,应将主供电电缆与控制柜断开。

拆卸电机电缆及控制电缆并标识,清洁表面,封闭接头,然后收卷存储。

(2)控制柜拆卸

控制柜从安装基座上整体拆卸后,清洁表面与内部,做好防潮处理,放置干燥剂,实施必要密封后存放至库房。

(3) 电机拆卸

由于驱动电机和减速机是一体式连接,并安装于机架上,故拆卸时亦需整体拆卸。拆后清洗表面,必要时将电机与减速机分离。

3) 机械结构件拆卸

胶带全部拆卸后,分段平行作业拆卸托辊及支架;电气系统拆卸后可开始拆卸储带仓张紧机构及主驱动结构件。

储带仓拆卸步骤如下:

(1) 清理并涂抹润滑油后,将钢丝绳与小车分离,点动卷扬机将钢丝绳缠绕在卷筒上,整体拆卸张进卷扬机;

(2) 拆卸顶部框架;

(3) 拆卸储带仓小车;

(4) 拆卸底座框架。

8.4 拆后存储

根据设备存储的期限、存储场地的位置地形、交通运输条件、环境气候条件、防护等级要求等,提前做好设备存储的技术方案,内容应包括存储场地规划、存储场地安全防护措施等。由于存储期一般都超过3个月,因此大多数零部件的存储应按照机械设备封存的要求进行相关处理,采取可靠的防护、保安措施,以减少各部件的自然老化、损耗。存储具体要求如下:

(1) 存储场地应选择地势较高、容易排水的场所,基础承载能力应满足设备存储、吊装、运输要求;通往存储场地的道路应满足大件运输的要求。

(2) 安排专人定期进行设备的清理、保养,对设备部件连接的结合面涂抹黄油保护,小型贵重件按类别存放在集装箱内,按照主机、后配套结构部件、电气设备、液压阀体管路、带式输送机系统及通风系统等对储藏环境的不同要求分类存储,确保各部件存储安全可靠。

(3) 刀盘中心块、刀盘边块、主梁前段、主梁中段、后支撑等重要部件的结合面应认真清理、除锈,涂抹防锈油并用塑料膜覆盖结构件外表,底面放置枕木;结构件的内腔容易存水,应妥善遮盖或排尽积水,防止锈蚀。特殊部件应做好支撑且离地大于0.5m,禁止直接接触地面。

(4) 贵重零部件(所有电气柜、变压器、变频器以及操作室、主驱动电机、风机、泵站、电气元件、各类液压缸等)不能裸放,必须放入条件良好的库房内,保持重心位置居中,合理摆放、防止碰撞、可靠牢固定位,并做好密封处理,采取可靠的防潮、防雨措施。

(5) 对于主轴承及驱动组件,应使用齿轮油注满整个润滑密闭腔,将关键件沉浸在齿轮油中,有效保护主轴承和大齿圈,并将主轴承放置于密闭干燥的环境中保护,定期检查保存情况。备用轴承在组装时,应分别在滚子、内外滚道以及耐磨环等精密表面涂刷防锈漆,组装完成后整体用高强镀膜包裹,同时用真空泵抽出空气,严密封装,然后吊入实木包装箱,摆放若干硅胶干燥剂,可靠钉箱。

(6) 液压阀件、电气元件、传感器、精密零件、密封、通信器件及仓库进口配件等应分类存储,制作一批木包装箱,编号存储,同时要特别注意防潮防护。

(7) 橡胶软管(液压油管、高压水管)装箱入库保存,防止烈日暴晒,因为阳光中的紫外线会加速橡胶的老化,使其变硬、变脆。

(8)风吹日晒雨淋将导致风管布迅速老化失效,通风软管应在室内存储。胶带、滚筒、高压电缆等在室外存放时做好遮盖及防雨防潮处理工作。

(9)专人守卫、防盗、防火。存储场地周边应有安全网、墙、监控设备,设专人24h看守,对出入的车辆和人员应有登记,防止失盗。

(10)高寒地区应采取冬季保温措施。

(11)将拆解的零部件设置二维码,标明部件的名称、型号等内容,张贴在拆解的部件上,同时对拆解的设备标识、拍照、登记造册,为再次组装提供参考资料。

8.5 TBM 拆卸工程案例

辽西北供水工程二段四标,TBM 贯通后,洞内拆卸。TBM 于 2015 年 8 月 18 日贯通,在拆卸洞安装步进机构,TBM 步进至拆卸洞室预定位置。安装步进机构期间,拆卸单项设备、部分液压系统、电气系统等。TBM 步进到位后,迅速开始主体拆卸。

TBM 整机均在洞内拆卸,因拆卸洞长度仅 40m,主机全部拆卸完成后,将主机逐次、逐部件运至洞外。连接桥及后配套台车在机车牵引下,移动至拆卸洞拆卸,同时拆卸连续带式输送机系统、高压电缆、软水管、钢轨、钢枕等部件。

8.5.1 拆卸准备

TBM 拆卸任务重、时间紧、工序复杂、作业面广、技术要求严格。拆卸前,制定 TBM 拆卸方案、大件倒运方案、TBM 存储方案,并对 TBM 拆卸人员进行安全、技术培训,确保 TBM 拆卸安全、高效、快速进行。拆卸期间,项目部管理人员跟班指导、合理安排工作,施工中不断总结经验、优化工序,合理利用时间、空间,平行作业与顺序作业交叉,确保各点、线、面流水线化施工。按照"方案制定、实施、修正、成果利用"的思路为 TBM 拆卸高效施工提供可靠保障,最终仅用 10 天时间完成 TBM 主机拆卸。

TBM 拆卸期间已进入冬季,支洞内温度较低,地面结冰,加上坡度较大,大件运输车辆爬坡极其困难;运输路线山路崎岖,雪地路滑,运输效率较低。为保证运输安全,现场施工人员根据现场情况、车辆载重及当天气候,合理安排车辆,积极调配重物,严格控制车辆载重、大件捆绑方式等。

TBM 拆卸设备配备见表 4-8-1。

TBM 拆卸设备配备表 表 4-8-1

序号	设 备 名 称	规 格	数量	备 注
1	起重机	与设备组装时所用吊机相同	1 台	主机拆卸
2	汽车起重机		2 台	
3	叉车	5t	1 台	
4	空压机	0.8~1.0MPa	2 台	
5	变压器	400kVA	1 台	
6	机车	25t	2 台	
7	液压扭矩扳手		2 套	
8	液压拉拔扳手		1 套	

根据拆卸需要,在主机拆卸洞安装 2×80t 桥式起重机。将原有组装洞内的桥式起重机经检修拆卸后安装于拆卸洞,检验合格后投入使用。桥式起重机技术参数见表 4-8-2,桥式起重机安装如图 4-8-4 所示。

桥式起重机技术参数　　　　　　　　　　　　　　　　　　　　表4-8-2

序号	项　目	参　数	备　注
1	额定起重量	80t+80t/10t	整机质量51t(不含轨道)
2	跨度	14m	大车最大轮压,30t
3	起升高度	10.8m	整机功率86kW
4	起升速度	2m/min	0~20m/min 变频调速
5	小车吊钩最小距离	2m	操作方式:司机室+无线遥控
6	电源	三相交流380V、50Hz	供电方式:4组500A单级滑线
7	主梁结构形式		箱式焊接结构,双架

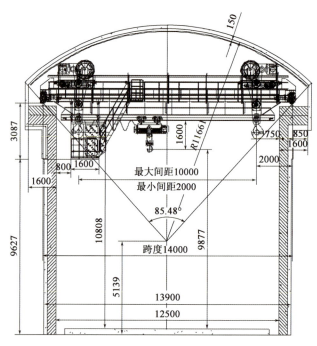

图4-8-4　2×80t桥式起重机安装示意图(尺寸单位:mm)

TBM拆卸工机具配备见表4-8-3。

TBM拆卸工机具配备表　　　　　　　　　　　　　　　　　　　　表4-8-3

序号	名　称	规　格	单位	数量	备　注
1	安全带		条	20	
2	百叶轮		个	100	
3	扁平吊带	10t×6m	条	4	
4	扁平吊带	10t×8m	条	2	
5	扁平吊带	3t×3m	条	6	
6	扁平吊带	3t×6m	条	8	
7	扁平吊带	5t×3m	条	6	
8	扁平吊带	5t×6m	条	8	
9	扁平吊带	8t×10m	条	2	
10	变径头	1″变3/4″	套	3	
11	变径头	1/2″变3/4″	套	2	
12	变径头	3/4″变1″	套	2	

续上表

序号	名称	规格	单位	数量	备注
13	标识牌		个	2000	
14	擦机布		kg	100	
15	裁纸刀		把	20	足量刀片
16	大锤	8~16b	把	8	
17	大件吊耳		个	若干	
18	电锤	24RE	台	2	
19	电动钢丝刷	φ100	个	50	
20	电工斜嘴钳	150mm	把	4	
21	电焊钳	600A	把	30	
22	电缆延长卷盘	50m	台	6	
23	吊耳	M6、M8、M12、M14、M16	只	各4	
24	吊环(卸扣)	12t	个	8	
25	吊环(卸扣)	25t	个	8	
26	吊环(卸扣)	55t	个	4	
27	吊环(卸扣)	5t	个	8	
28	吊环(卸扣)	85t	个	4	
29	断线钳	J40B	把	1	
30	断线钳	J75	把	2	
31	对讲机		对	4	
32	多用尖嘴钳	150mm	把	6	
33	防水胶带		卷	200	
34	风动扳手	1″方头	台	4	配套管/套筒
35	钢板尺	2m	把	2	
36	钢锯弓		把	2	
37	钢卷尺	3m、5m	把	各5	
38	钢丝绳(带耳)	φ16mm,4m	条	4	
39	钢丝绳(带耳)	φ25mm,4m	条	8	
40	钢丝绳(带耳)	φ43mm,4m	条	4	
41	钢丝绳(带耳)	φ65mm,8m	条	4	
42	割枪	100	把	10	
43	割枪	300	把	6	
44	管钳	10″~48″	套	各2	
45	焊工手套		双	20	
46	焊工眼镜		个	10	
47	焊帽		个	20	
48	活动扳手	250	把	4	
49	活动扳手	300	把	2	
50	活动扳手	400×55	把	2	
51	机械千斤顶	20t	个	2	
52	机械千斤顶	50t	个	2	
53	交流焊机	500A	台	4	
54	角磨机	230mm	台	4	

续上表

序号	名　　称	规　　格	单位	数量	备　　注
55	重型套筒	M16～M42	套	3	1″方头
56	卷带式输送机器		台	1	定制
57	卷扬机	5t	台	1	
58	卡簧钳	内卡外卡	套	各2	
59	开口扳手	13～36	套	2	
60	揽风绳		m	100	
61	铝合金爬梯	6m,可伸缩	把	1	
62	铝合金爬梯	人字(2m)	把	1	
63	铝合金爬梯	人字(3m)	把	3	
64	铝合金爬梯	直(8m)	把	2	
65	梅花扳手	M10～M42	套	2	
66	梅花扳手	13～36	套	1	
67	内六角扳手	14～32	套	2	
68	内六角扳手	公制,英制	套	2	
69	气管	氧气、乙炔管	卷	各10	
70	重型套筒内六角	M8～M36	套	3	1″方头
71	敲击扳手	41～65	套	1	
72	撬棍		支	6	
73	切割机		台	1	
74	升降平台	8m	台	1	
75	十字螺丝刀	0～3号	套	5	
76	石笔		盒	5	
77	手扳葫芦	3t×3m	个	4	
78	手扳葫芦	6t×3m	个	2	
79	手拉葫芦	10t×6m	个	2	
80	手拉葫芦	1t×6m	个	4	
81	手拉葫芦	3t×3m	个	4	
82	手拉葫芦	3t×6m	个	4	
83	手拉葫芦	5t×3m	个	2	
84	手拉葫芦	5t×6m	个	4	
85	套筒	6～32mm	套	2	
86	套筒扳手	8～32mm	套	2	
87	头灯		个	20	
88	万用表		个	2	
89	小手电		把	20	
90	直流MIG焊机	400A	台	3	含气刨功能
91	液压千斤顶	20t,50t	个	各2	
92	一字螺丝刀	0～3号	套	5	
93	油性记号笔	白,红	支	各20	
94	凿子及冲子		套	2	
95	长套管套筒扳手		套	1	
96	直角靠尺		把	2	

拆卸人员安排可见表4-8-4～表4-8-6,其他内容详见本章8.1节。

主机、后配套拆卸人员　　　　　　　　　　　　　　　　表4-8-4

序号	工 种	人数(人)	工 作 职 责
1	工班负责人	1	总体负责拆卸
2	机械工程师	2	负责主机、后配套拆卸并对质量、安全监控
3	机械工	6	负责主机、后配套拆卸工作
4	桥式起重机操作工	1	负责设备吊卸、装车、安全作业
5	力工	6	配合主机、后配套拆卸
6	电气工程师	2	负责电气设备、线路拆卸并对质量、安全监控
7	电工	4	负责电气设备、线路拆卸
8	液压工程师	2	负责液压配件、管路拆卸并对质量、安全监控
9	液压工	4	负责液压设备拆卸
10	机车司机	1	负责设备、材料、人员运输
11	安全员	1	负责施工现场总体安全
	合计	30	两班共60人

带式输送机系统拆卸人员　　　　　　　　　　　　　　　表4-8-5

序号	工 种	人数(人)	备 注
带式输送机系统拆卸前期(卷胶带)人员			
1	工班负责人	1	负责胶带收卷总体工作
2	机械工程师	1	负责胶带卷扬机正常工作及安全监督
3	机械工	3	负责胶带收卷
4	力工	4	负责胶带收卷
5	电工	1	负责施工现场用电及电气安全
	合计	10	两班共20人
带式输送机系统拆卸后期(结构件拆除)人员			
1	工班负责人	1	负责带式输送机结构件拆卸总体工作
2	机械工程师	3	负责带式输送机结构件拆卸及安全监督
3	机械工	4	负责带式输送机结构件拆卸
4	电工	2	负责施工现场用电及电气安全
5	力工	10	负责带式输送机结构件拆卸
	合计	20	两班共40人

风水电拆卸人员　　　　　　　　　　　　　　　　　　　表4-8-6

序号	工 种	人数(人)	备 注
1	工班负责人	1	负责风水电拆卸总体工作
2	机械工	3	负责机械设备拆卸
3	电工	2	负责施工用电及电气安全
4	力工	10	负责风管、电缆拆卸
	合计	16	共16人

8.5.2 TBM 拆卸

1) TBM 主要大件参数

TBM 拆卸主要包括 TBM 主机、连接桥、喷混台车、后配套台车的拆卸工作,主要大件参数见表 4-8-7。

TBM 主要大件参数　　　　　　　　　　　　　　　　　　表 4-8-7

序号	设备名称	外形尺寸(mm)	质量(t)
1	刀盘	φ8530	约160
2	刀盘中心块	4810×4810×1657	64
3	刀盘边块	5854×1745×1657	4×23
4	驱动组件及主轴承	φ5700×2100	105
5	底护盾	3881×1920×1748	21.2
6	顶护盾	4383×4534×1257	13.8
7	下支撑护盾	4532×2637×592	3.5
8	左右侧护盾	6177×2508×1675	25.6
9	刀盘主驱动电机	1263×820×880	10×1.9
10	支撑液压缸	4989×1320×1638	34.2
11	主梁	15082×3670×4570	54.6+52.5
12	前主梁	7577×3630×4562	54.6
13	后主梁	7505×3670×2896	52.5
14	撑靴	4199×2170×1503	23.3
15	推进液压缸	3784×586×586	7.2
16	后支撑	5418×3563×4472	30.6
17	接渣斗	2800×2608×2185	6.5
18	操作室	3600×1600×2264	10.7
19	带式输送机尾架	2775×2137×806	1.8
20	2200kVA 变压器	3200×1500×2250	8
21	1500kVA 变压器	3000×1300×2000	8

2) TBM 主机拆卸

TBM 贯通后安装步进机构,考虑大件运输及刀盘拆卸空间,TBM 向前步进26m。拆卸洞前部留出刀盘平放解体空间。步进到位的同时,确保刀盘到达步进底板最前端。

TBM 拆卸工艺流程详见本章8.2.2小节。

(1) 顶护盾拆卸

将两侧护盾伸出,为顶护盾起吊环留空间;将侧护盾用临时支撑(在护盾外侧)固定;拆除顶护盾液压缸与机头架连接销,将顶护盾整体吊出。

(2) 刀盘拆卸

停机前将刀盘转正,拆卸刀具刀盘喷水装置及相应的附件并及时运出。待顶护盾拆卸完成后,焊接吊耳,挂钢丝绳,用桥式起重机将钢丝绳带紧。

拆除连接螺栓,焊缝刨完后,在详细检查确认无误后,缓慢起吊,起吊时要时刻注意起吊重物质量,防止结构件未完全脱离损坏桥式起重机或引发安全事故。

因刀盘背面焊缝在现有竖直位置没有刨开的作业空间,只能整体拆除,平放于地面后分解。

利用液压拉伸器拆除刀盘与机头架之间的双头螺柱(共84颗),其间随时观察桥式起重机起重量显示器,对比两吊钩承重,缓慢调整吊钩位置,直至两吊钩受力均匀,然后整体起吊刀盘,将刀盘背面朝上平放于地面。在刀盘放置位置预先匀称的铺设枕木。

利用碳弧气刨刨开刀盘边块与中心块之间的焊缝。

拆除刀盘边块与边块、边块与中心块的连接螺栓,并清点数量(螺栓数量:M36×140mm-10.9 共792颗,M36×190mm-10.9 共216颗)。

确定螺栓全部拆卸后,分离刀盘边块、中心块,合理摆放并运出洞外,刀盘拆卸如图4-8-5所示。

(3)溜渣槽拆卸

溜渣槽销接于机头架前端。拆下主机带式输送机后,以钢丝绳将溜渣槽悬挂于吊钩。适度提升吊钩轻微张紧钢丝绳;拆下溜渣槽连接销,起吊并将溜渣槽放置于地面,择机装车运至洞外。溜渣槽拆卸如图4-8-6所示。

图4-8-5 刀盘整体拆卸　　　　图4-8-6 溜渣槽拆卸

(4)后支撑拆卸

①缓慢收回后支撑液压缸,确保步进钢支撑架完好接触地面,此时后支撑后端滑道与连接桥上的滑轮出现空隙,拆除滑轮螺栓,并将轮子向前滑出、吊卸。

②拆除主梁中段和后支撑连接螺栓。

③将后支撑总成挂好钢丝绳,缓慢提升吊钩,轻微张紧钢丝绳。缓慢调整吊钩高度与位置,然后将后支撑总成向后移动,脱离主梁中段,牢靠放置,具备运输空间后运出。

(5)鞍架及主梁拆卸

①拆除步进底板和钢支撑的连接拉杆,用手拉葫芦将鞍架拉至主梁中间并固定,确保主梁中段和鞍架整体吊起时保持平衡。

②刨开步进钢支撑架与鞍架焊缝、拆下其连接螺栓,利用手拉葫芦将钢支撑架解体成2部分,吊至机头架前并运至洞外。

③将主梁中段挂好钢丝绳并轻微张紧,割除主梁中段临时支撑梁。

④拆除主梁前段和中段连接螺栓(M36×180-12.9,内部74颗、外部54颗)。

⑤整体吊卸主梁中段及鞍架,放置地面,将主梁中段与鞍架解体,择机运至洞外。

鞍架和主梁中段拆卸如图4-8-7所示。

图 4-8-7　鞍架和主梁中段拆卸

3）连接桥拆卸

在连接桥前部使用 HW300 型钢及后配套轮组加工连接桥行走轮,并铺设轨道,待 TBM 主机拆卸完成后,将连接桥使用机车牵引至主机拆卸洞内拆卸。

将连接桥整体吊放到地面上,在地面解体。整齐码放,待主机大件运输结束后,将之运到洞外。

4）后配套拆卸

先拆下各节后配套间的连接销,用机车牵引 122 节台车至拆卸洞解体,逐节完成全部拆卸。

后配套台车拆卸采用由上至下,先局部设备,后整体结构件。拆卸过程需将小结构件集中装到箱内,做好装箱单记录。

8.5.3　配套设备拆卸

1）连续带式输送机系统拆卸

(1)胶带收卷

胶带收卷,参见本章 8.3.2 小节。

(2)电气系统拆卸

电气系统拆卸,参见本章 8.2.3 小节。

(3)机械结构件拆卸

胶带及电气系统拆卸完毕,分多工作面同时拆卸胶带托辊及支架,托辊及支架拆卸后要捆绑以便运输,如图 4-8-8、图 4-8-9 所示。同时,拆卸储带仓及主驱动。

图 4-8-8　托辊打捆

图 4-8-9　托辊支架打捆

2）通水、通风系统拆卸

通水系统拆卸，参见本章8.3.2节。风管拆卸现场如图4-8-10所示。

图4-8-10　风管拆卸现场

8.5.4　运输与存储

1）运输

（1）运输货物质量及尺寸

运输货物质量及尺寸参见本章8.5.3。

（2）运输线路

由于涉及场外运输，TBM主机大件洞内拆卸后，委托专业运输公司负责运输。

超限类大型设备运输需要现场踏勘道路条件、桥梁的承载能力、道路净高、通行宽度、平竖曲线半径及沿途的交通流量、地理状况、气候条件等提出公路改造、路桥加固方案和排障、交通控制等具体措施。最终运输线路为：拆卸洞→12号施工支洞→彰恒线→国道202线→古城3号线→14号施工专区→14号存放场地。

（3）运输方式

全程采用公路运输。运输中使用的主要运输机具见表4-8-8。

主要运输机具　　　　　　　　表4-8-8

序号	类　型	数　量	功　率	用　途
1	牵引车头	若干辆	540马力	主体牵引
2	重型平板车	若干辆		载货平台
3	17.5m板车	若干辆		载货平台
4	轿车	1辆		开道护送
5	钢丝绳	8根	规格φ18.5mm，6×19m	捆扎主体（6个使用，2个备用）
6	链条葫芦	16个	规格10t	捆扎主体（8个使用，2个备用）

（4）安全技术措施

①严格执行《中华人民共和国道路交通安全法》《防止超载、违章驾驶、疲劳驾驶的管理方案》等法规。

②运输前应熟悉行驶路线并对安全行车注意事项等交代。

③装车时设备重心应与平板车货载中心保持一致，设备底部与平板接触面间垫方木、胶板等以增加

摩擦力,防止滑动和因振动引起的设备损伤。

④设备绑扎选用 φ21.5mm 钢丝绳,设备两侧采用剪刀型和八字绑扎,手拉葫芦紧固避免设备侧翻。设备两端采用剪刀型绑扎,手拉葫芦紧固避免设备前后滑移。

⑤运输车辆事先应做严格细致的检查,如转向、制动、车轮状况等,确保车辆性能可靠。

⑥在设备运输途中,遇到道路施工、道路狭窄、路肩不实等特殊情况必须与有关部门联系,严禁靠边行驶,应单线居中通行。

⑦设备运输中途停运时,应以三角木契契紧前后车轮,防止平板前后移动,夜间停车应在设备前后设红灯警示标志并派专人看管。

⑧沿途穿过电力线、通讯线、广播线时应减速行驶,应注意保持对电力线路的安全距离,如有碍安全通行应由专业人员采取适当措施后方可通行。

2)存储

TBM 拆机后,主要分为 4 个区域存储,即 TBM 主机区域、连接桥和后配套区域、附属设施区域以及带式输送机系统区域。

计划占用场地长度为 95m,宽度为 70m,场地规划,如图 4-8-11 所示。

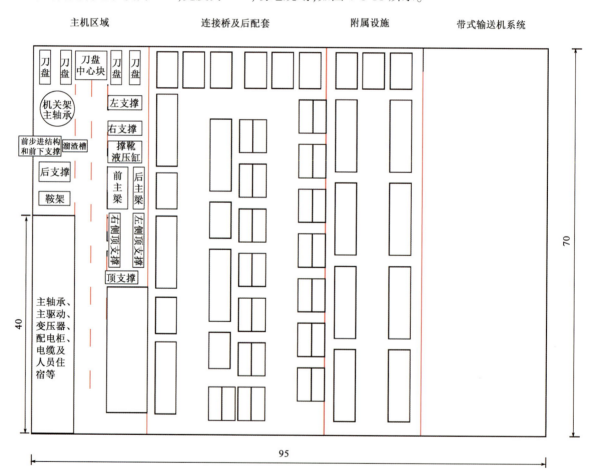

图 4-8-11 TBM 拆机存放场地布置(尺寸单位:m)

(1)TBM 拆卸时运输 63 车次,占地面积约 2205m²。

(2)附属设施包括变压器、有轨运输车辆、桥式起重机、钢枕、水泵、开闭所、风机、软水管、高压电缆。

(3)带式输送机系统为连续带式输送机和支洞带式输送机,主要包括胶带、主驱动、卸渣斗、接渣台、储带仓、变频柜、卷扬机、皮带架、托辊、电缆等。带式输送机系统占地面积约 1000m^2。

(4)TBM 堆放方案。

将 TBM 部件及所有配套设备包括带式输送机、风管及其他部件倒运至 TBM 堆放场存放,受场地面积限制,原敞篷库的堆存方案需发生改变,即部件的堆存高度需增加。为保证安全,装箱件的包装箱需重新设计,部件需倒箱。上述装箱件包含未使用部件及临时堆放在漫水湾转运站的部件。

敞篷库内堆放的部件为裸件、装箱件两种。裸件为胶带、矩形管纵梁、三角支架、风管;装箱件为皮带托架、托辊、螺栓。

考虑敞篷库的面积及实际部件数量,具体堆放方案如下:

①裸件堆放。

a. 胶带。

胶带安装长度按 8km 计算,胶带总长共计 16km,单卷胶带 600m,共计 27 卷。每卷占地面积按 1.5m×4m 计(已考虑中间间隔),总占地面积为 336m^2。

b. 矩形管纵梁。

矩形管纵梁单根长度 4.7m,共计 5958 根。每 40 根 1 捆(5m×8m),共计 150 捆。单捆尺寸为 4.7m×0.8m×0.5m。堆放时按 6 层叠放,高度 3.5m。总占地面积为 94m^2。

c. 三角支架。

共 5958 组。共 4 种,分别包装,放于矩形管纵梁顶部。

d. 风管。

每捆 250m,共计 56 捆。单捆尺寸为 2.8m×2m×1.5m,3 层堆放,占地面积为 156.8m^2。

②装箱件堆放。

a. 皮带托架。

(a)每根矩形管纵梁安装 4 根门形托架,共计 11916 个。每箱 210 个,共 57 箱。箱子尺寸 1.19m×1.05m×1.02m。

(b)每根矩形管纵梁安装 2 个回程托架,共计 5958 个。按 15 箱计,81cm×110cm×91cm。

(c)上述原包装为木箱,木箱保存较完好,再包装时仅外部套铁箱。4 层堆放,总占地面积为 17.8m^2。

(d)每根矩形管纵梁安装 2 个承重托架,共计 5958 个。每 10 根 1 捆,共计 596 捆。每捆尺寸为 1.4m×0.9m×0.508m,外包装为铁箱。6 层堆放,总占地面积为 125.2m^2。

b. 托辊。

(a)承重托辊:托辊每 3 个 1 组,共计 5958 组。

(b)回程托辊:共计 2979 根。

共计 90 箱,按 4 层堆放。包装箱采用铁箱,整体堆放高度为 4.5m,总占地面积为 23m^2。

c. 面积核算。

上述部件堆放面积理论计算之和为 752.8m^2,考虑到 1.5 倍安全系数,总占地面积为 1130m^2 < 实际敞篷库内堆放面积为 1360m^2,满足堆放要求。

(5)拆修后零部件的存放。

TBM 主机及后配套零部件拆修后,零部件方可装箱入库,同时登记造册,交 TBM 技术室存档。零部件的存放应考虑存放的期限、存放地的地形方位、交通运输条件、环境气候条件、防护等级及安全措施等;否则会因保管不善发生不必要的损伤或损坏。确保机械技术状况完好。由于 TBM 的存放期一般都超过3个月,因此大多数零部件的存放应该按照机械设备封存的要求进行相关处理。

①裸露的大型钢结构件存放应选择地形平坦、地势相对较高、相对干燥、利于排水的地方,结构件重心尽量放低,防止停置的构件受到意外干扰发生失稳(移动或倾斜)。结构件底面加垫木或砖坯;结构件的犄角旮旯容易存水,应妥善遮盖或排尽积水,防止锈蚀。精密结合面的防锈、涂油应给予充分的重视;除不能裸露外,应在除锈、刷防锈油、涂黄油或刷漆后,严密包裹,最好放在干燥的室内保管。

②贵重零部件(各类液压缸等精密零部件)必须放入集装箱,在不超重的条件下,应尽量保持重心位置居中(左右前后)合理摆放、充分装填、防止碰撞、可靠牢固定位(采用方木地脚定位、钢丝捆绑上下定位、部件相对位置顶木定位),并加锁存放。

③主轴承及驱动组件除依照第2条规定外,在部件外围应严密包裹塑料薄膜。并定期检查保存情况。备用轴承在组装时,应分别在滚子、内外滚道以及耐磨环等精密表面刷涂防锈漆,组装完成后整体用高强度塑料膜包裹,同时用真空泵抽出里面的空气,同时严密封装,然后吊入实木包装箱,摆放若干硅胶干燥剂,可靠装钉。

④液压阀件、电气元件、传感器、精密零件、密封、通信器件及仓库进口配件等应分类存放,粗细分开,制作一批木包装箱,编号存放,同时特别注意防潮。

⑤风管布折叠时,除摆放平整外,特别注意软风管上是否遗留钢筋挂钩,及时发现及时摘下取出,以免不慎刮破风管,造成意外损失。

⑥橡胶软管(液压油管、高压水管)装箱入库保存,防止烈日暴晒,因为阳光中的紫外线会加速橡胶的老化,使其变硬、变脆。各类油品(油桶)也应入库。

⑦专人守卫、防盗防火。

停放场地均应有专人守卫,防止失盗。停机场应设置安全防火设备,防止火灾险情发生。

8.5.5 应用效果

TBM-6于2015年10月6日开始拆卸,12月25日完成,拆卸、运输总量达到2800t左右,运输120车次之多,支洞坡度较大、运输路线长,恰逢冬季,雨雪天气路滑,经过前期方案准备得当,施工期间项目部相关人员统筹安排、分工协作、配合默契,克服种种困难,总工期共计81d完成任务。拆卸后存储工作也相继展开,所有设备及部件及时进行维护保养工作,部件摆放严格按照方案执行,重要部件如主轴承搭建保温棚、电气部件和液压元件放进厂房内部,清理完毕干燥后包装好,所有设备元件再次使用时均完好。

本篇参考文献

[1] 彭道富,李忠献.特长隧道TBM掘进施工技术研究[J].岩土工程学报,2003(02):55-59.
[2] 李艳明.中天山隧道敞开式TBM施工技术[J].铁道建筑,2009(11):52-53.
[3] 谢明,赵晋友.双护盾隧道掘进机(TBM)技术浅谈[J].现代隧道技术,2006(05):35-42.
[4] 孙金山,卢文波,苏利军.双护盾TBM在软弱地层中的掘进模式选择[J].岩石力学与工程学报,2007(S2):3668-3673.
[5] 韩广有,张乐诗,张忠武.TBM开挖石渣运输方式的选择[J].水利水电技术,2006(04):45-46.
[6] 姜曦,王成端.TBM隧道掘进法出渣系统优化配置分析[J].矿山机械,2005(06):8-9,4.
[7] 姚志国,杜士斌,杜业彦.隧洞掘进机(TBM)的洞外组装[J].安徽农业科学,2007(18):317-318.
[8] 张军伟,梅志荣,唐与.特长隧洞TBM施工与锚喷支护应用研究[J].铁道工程学报,2011(01):41-48.
[9] 周雁领.开敞式TBM步进技术[J].隧道建设,2015(05):88-92.
[10] 周济芳,曾雄辉,周春宏.锦屏二级水电站引水隧洞TBM施工工法研究[J].岩石力学与工程学报,2011(01):154-159.
[11] 本书编纂委员会.岩石隧道掘进机(TBM)施工及工程实例[M].北京:中国铁道出版社,2004.
[12] 杜士斌.开敞式TBM的应用[M].北京:中国水利水电出版社,2011.
[13] 山西省万家寨引黄工程管理局.双护盾TBM的应用与研究[M].北京:中国水利水电出版社,2011.
[14] 仲建华.城市轨道交通工程硬岩掘进机(TBM)技术[M].北京:人民交通出版社,2013.
[15] 吴跃帮,陈国庆,李世民,等.敞开式TBM转场检修方案[J].云南水力发电,2017,33(2):40-42.
[16] 郭惠川.基于单护盾的复合式TBM在城市轨道交通工程的应用与研究[D].石家庄:石家庄铁道大学,2015.
[17] 邓勇.锦屏电站引水隧洞φ12.43m大直径TBM组装洞室设计与施工[J].隧道建设,2010,30(3):271-275,303.
[18] 邓勇.大断面TBM组装洞室设计与施工[J].现代隧道技术,2010,47(1):66-71.
[19] 齐梦学,赵洪力,陈立和.TBM拆装技术研究与应用[J].铁道建筑技术,2009(11):11-13,33.
[20] 翟荟芩.TBM洞外狭小场地快速组装调试技术[J].铁道建筑技术,2009(11):18-20,54.
[21] 曹海涛.大断面TBM洞内组装技术[J].铁道建筑技术,2009(11):14-17.

[22] 文镕.达坂岩石隧洞全断面掘进机(TBM)施工技术[M].北京:中国水利水电出版社,2013.
[23] 铁道部工程管理中心.西安—安康铁路秦岭隧道TBM掘进施工技术总结[M].北京:中国铁道出版社,2003.
[24] 李卫兵.TBM在超长隧道施工中的应用研究[D].长春:吉林大学,2005.
[25] 张建.TBM施工中的通风和散热问题研究[D].武汉:武汉大学,2004.
[26] 陈红超.长距离引水隧洞TBM施工通风数值模拟[D].天津:天津大学,2007.
[27] 刘现春.锦屏二级水电站TBM施工引水隧洞围岩分类及支护措施研究[D].成都:成都理工大学,2012.
[28] 高菊茹,梅志荣,叶国荣,等.一种与掘进同步作业的衬砌台车:CN200520035043.X[P].2006-09-06.
[29] 苏奕文.全环内通式衬砌台车在大伙房水库输水隧洞工程中的应用[J].水利水电技术,2010,41(07):53-56.
[30] 齐梦学.连续带式输送机出渣工况下TBM掘进与二次衬砌同步施工技术[J].铁道建筑,2011(10):35-38.
[31] 齐梦学.长大隧道开敞式TBM同步衬砌施工技术应用前景及发展趋势[J].隧道建设,2013,33(8):679-683.
[32] 郭惠川.长大隧道敞开式掘进机施工中的同步衬砌研究[J].铁道建筑技术,2009(11):61-64.
[33] 张成.双护盾掘进机液压推进系统的研究[D].洛阳:河南科技大学,2009.
[34] 诸葛妃.岩石掘进机隧道管片衬砌的结构分析[D].南京:河海大学,2003.
[35] 侯昆洲.双护盾掘进机推进控制系统的研究[D].洛阳:河南科技大学,2009.

第5篇
不良地质隧道TBM施工

随着TBM应用向纵深推进,处于不良地质条件(对工程建设不利或有不良影响的地质动力环境,如坍塌、突涌水、软岩变形、高地应力、岩溶、高地温等地段)下的隧道工程逐渐增多。国内外TBM法隧道施工中,由于不良地质导致TBM设备被困、拆除、报废和人员安全事故,造成重大经济损失,严重延误工期的案例数不胜数。

本篇结合大量工程实例,在吸收广大一线TBM作业人员经验与教训及科研人员研究成果的基础上,总结了适用于TBM法隧道施工的超前地质预报技术,针对破碎围岩、富水、软岩变形、岩爆、岩溶、蚀变岩、完整坚硬岩、高温热害、瓦斯9种不良地质分析TBM施工风险,介绍施工技术,可供TBM相关隧道工程规划设计、组织管理、施工人员参考。

在未来相当长的一段时期内,针对严重断层破碎带、高压大流量突涌水、软岩大变形、强烈与极强岩爆、完整坚硬岩、高地温等不良地质条件下的TBM适应性设计、支护设计、风险预警、风险防控、施工措施等研究,都是TBM法隧道施工重要的发展方向。在今后的工程规划设计,TBM及施工配套设备选型与设计制造、施工实践中,应继续深入研究,总结经验教训,不断完善相关施工技术。

不良地质隧道 TBM 施工

- 超前地质预报技术
  - 目的与内容
  - 超前地质预报方法
    - 直接超期地质预报法
    - 间接超期地质预报法
    - 技术特点及应用分析
  - 工程案例

- 破碎围岩洞段 TBM 法隧道施工
  - 地质特征与施工风险
  - 破碎围岩洞段 TBM 施工技术
    - 处理原则
    - 处理措施
    - TBM 掘进施工应对措施
  - TBM 卡机预防措施及脱困技术
  - 工程案例

- 富水洞段 TBM 法隧道施工
  - 地质特征与施工风险
  - 富水洞段 TBM 法隧道施工技术
    - 隧道防排水形式及处理原则
    - 突涌水处理措施
    - 特大涌水洞段 TBM 法隧道施工措施
  - 工程案例

- 软岩洞段 TBM 法隧道施工
  - 地质特征与施工风险
  - 软岩洞段 TBM 法隧道施工技术
    - 软弱围岩支护原则
    - 软弱围岩施工措施
    - 软岩洞段 TBM 掘进施工应对措施
  - 工程案例

- 岩爆洞段 TBM 法隧道施工
  - 岩爆特征与施工风险
  - 岩爆洞段 TBM 法隧道施工技术
    - 岩爆防治原则
    - 岩爆洞段 TBM 掘进施工应对措施
    - 岩爆预防措施
    - 岩爆治理措施
  - 工程案例

- 岩溶洞段 TBM 法隧道施工
  - 地质特征与施工风险
  - 岩溶洞段 TBM 法隧道施工技术
    - 岩溶洞段处理原则
    - 岩溶洞段处理措施
    - 岩溶洞段 TBM 掘进施工应对措施
  - 工程案例

- 蚀变岩洞段 TBM 法隧道施工
  - 地质特征与施工风险
  - 蚀变岩洞段 TBM 法隧道施工技术
    - 蚀变岩洞段处理原则
    - 蚀变岩洞段处理措施
    - 蚀变岩洞段 TBM 掘进施工应对措施
  - 工程案例

- 完整坚硬岩洞段 TBM 法隧道施工
  - 地质特征与施工影响
  - 完整坚硬岩洞段 TBM 法隧道施工技术
    - TBM 地质适应性设计
    - TBM 掘进施工应对措施
  - 工程案例

- 高温热害洞段 TBM 法隧道施工
  - 高温热源与施工风险
  - 高温热害洞段 TBM 法隧道施工技术
    - 热源控制及降温应对措施
    - 高温热害洞段支护措施
    - 施工组织应对措施

- 瓦斯洞段 TBM 法隧道施工
  - 瓦斯性质与施工风险
  - 瓦斯洞段 TBM 法隧道施工技术
    - 瓦斯洞段处理原则
    - 瓦斯洞段施工处理措施
    - 瓦斯洞段 TBM 设备应对措施
  - 工程案例

第 1 章
超前地质预报技术

近年来,深埋长大隧道修建所遇到的地质问题越来越复杂,目前,对地质的宏观判断及地质详细勘察工作有了很大进步,但由于对地下工程的认知存在局限和不足,同时受技术水平、工期、地理环境等因素的影响,以及地质勘察工作量的投入及勘察精度有限,客观上仍无法对工程全部地质条件做出精准判断,施工前的地质勘察成果与实际揭露的地质条件必然存在一定差异,甚至相去甚远。对于隧道施工过程中随时可能遭遇的不良地质,仅依靠施工揭露后再处理的方法,具有很大的盲目性和随机性,风险较高,甚至会造成灾难性后果,因此需要将超前地质预报作为一道必要工序纳入 TBM 法隧道施工环节中。

地质形成过程中受到的影响因素众多,因而深埋地下的地质条件可能是多变的,现有地质勘察技术尚无法全面、清晰、精准探明地质条件。施工过程中,应针对不同类型的地质问题,选择不同的超前地质预报方法和手段,单独或者组合使用,并贯穿于 TBM 法隧道施工全过程。本章总结了近年来 TBM 法隧道施工常用的超前地质预报方法,介绍其工作原理、系统特点,并列举了典型工程应用案例,以供参考。

1.1 超前地质预报的目的与内容

超前地质预报的目的是弥补地质勘察的不足,施工期间通过超前地质预报,及时发现异常地质,规避风险。超前地质预报主要涉及工程地质和水文地质两个方面的内容。

1.1.1 超前地质预报的目的

超前地质预报,是以地质学为基础,借助于物理学、数学、逻辑学、计算机科学等多学科,对隧道施工可能遇到的不良地质体的工程性质、位置、产状、规模等进行探测、分析及预报,并为预防隧道地质灾害提供信息,使参建单位提前做好准备,采取必要的工程措施以保证施工安全,减轻地质灾害的损失。

目前,长大隧道越来越多,地质条件复杂时地面勘察并不能完全揭示隧道穿越区域的地质情况,隧道施工中的坍塌、冒顶、涌水、岩爆等地质灾害时有发生,很多地质灾害不但造成经济和工期损失,同时也会导致安全事故,甚至人员伤亡。因此,在施工过程中对掌子面前方的各种不良地质及构造进行预报是十分必要的。隧道施工中的超前地质预报实际上是地质勘察工作的继续,主要是加强施工期间的地质工作,进一步查清隧道掌子面前方一定距离的工程地质与水文地质信息,提前判明掌子面前方的地质风险,从而提前防治,降低地质灾害发生的概率和危害程度,为优化工程设计提供地质依据,为隧道顺利施工提供技术支撑。

超前地质预报对于 TBM 安全科学施工、提高施工效率、缩短工期、避免和减少事故损失、节约投资等具有重要的社会意义和经济意义。目前，隧道施工中越来越重视超前地质预报工作，并将其纳入正常施工工序，对于工程适应性存在局限性的 TBM 法施工，超前地质预报工作越发重要。

超前地质预报应达到下列目的：

(1) 进一步探查 TBM 掘进掌子面前方一定范围内的工程地质和水文地质情况。

(2) 为优化工程设计、降低 TBM 法隧道施工中地质灾害及事故风险提供参考依据。

(3) 为编制竣工文件提供资料。

1.1.2　超前地质预报的内容

TBM 法隧道施工超前地质预报，在分析既有地质资料的基础上，采取地质调查、超前钻探、物探、超前导坑预报等手段，探测、分析掌子面前方的工程地质与水文地质条件以及复杂地质体的工程性质、位置、规模及产状等，综合判断前方围岩状况，评价其对 TBM 法隧道施工的影响，可为采取针对性处理措施提供更翔实的地质信息。

TBM 法隧道施工超前地质预报的主要内容如下：

(1) 地层岩性预测预报。重点关注影响 TBM 法隧道施工安全与进度的特殊岩性，如煤层、糜棱岩、高磨蚀性岩层、蚀变岩等特殊岩体。通过对地层岩性的预报，全面了解隧址区的地层信息，及时调整施工工艺，降低施工风险。

(2) 地质构造预测预报。通过对断层、节理密集带、褶皱构造等发育情况的预测预报，探明断层等不良地质的性质、产状、规模、物质组成、富水性、在隧道中的分布位置等，以分析其对隧道的危害程度，提前做好施工防治措施。

(3) 水文地质预测预报。探测掌子面前方围岩富水情况，预报水体位置、储量、补给，判断有无突水、涌水风险及其规模、变化规律，评价其对 TBM 法隧道施工、隧道结构及环境的影响，提出处理措施及建议。

(4) 围岩类别及其稳定性预报。预报掌子面前方的围岩类别与设计是否吻合，并判断其稳定性，为优化设计、调整施工工艺、确定二次衬砌时间等提供参考。

1.2　TBM 法隧道施工超前地质预报方法

TBM 法隧道施工超前地质预报目前国内外没有统一的分类标准。根据 TBM 法隧道施工技术特点，本节将其分为直接超前地质预报法和间接超前地质预报法。直接超前地质预报法主要包括地质调查法、岩渣和掘进参数分析法、超前地质钻探法等，间接超前地质预报法主要是指地震波法、电法、电磁波反射法等各种物探方法。

1.2.1　直接超前地质预报法

1）地质调查法

地质调查法是根据隧道已有勘察资料、地表补充地质调查资料和隧道内地质素描，通过地层层序对比、地层界线及构造线的地下和地表相关性分析、断层要素与隧道几何参数的相关性分析、邻近隧道内复杂地质体的前兆分析等，利用常规地质理论、地质作图和趋势分析等，推测掌子面前方可能存在地质情况的一种超前地质预报方法。其适用于各种地质条件下的超前地质预报,具有综合和指导其他预报方法的作用。其主要实施手段包括隧道地表补充地质调查和隧道内地质素描等,其中地质素描为主要手段。

(1)隧道地表补充地质调查的主要内容

①核查、确认、研究已有地质勘察成果。

②研究地层、岩性在隧道地表的出露及接触关系。

③研究断层、节理密集带等地质构造在隧道地表的出露位置、规模、性质及其产状变化情况。

④研究含放射性物质等特殊岩土地层在地表的出露位置、宽度及其产状变化情况。

⑤根据隧道地表补充地质调查结果,结合设计文件、资料和图纸,核实和修正超前地质预报重点区段。

(2)隧道内地质素描的主要内容

隧道内地质素描是将隧道所揭露的地层岩性、地质构造、结构面产状、地下水出露点位置及出水状态、出水量等准确记录下来并绘制成图表,是地质调查法工作的一部分,包括掌子面地质素描和洞身地质素描。隧道开挖过程中的工程地质状态,能客观、真实地反映围岩的实际情况。通过地质素描不仅可以评价已开挖的围岩状态,还可以预测掌子面前方围岩。隧道内地质素描应包括以下主要内容：

①工程地质。

a.地层岩性:描述地层时代、岩性、层间结合程度、风化程度等。

b.地质构造:描述断层、节理裂隙特征、岩层产状等。其中,断层特征主要包括断层的位置、产状、性质、破碎带的宽度、物质成分、含水情况以及与隧道的关系；节理裂隙特征主要包括节理裂隙的组数、产状、间距、充填物、延伸长度、张开度及节理面特征、力学性质；岩层产状主要包括组合特征和岩体完整程度。

c.地应力:包括高地应力显示性标志及其发生部位,如岩爆、软弱夹层挤出、探孔饼状岩芯等观象。

d.塌方:记录塌方部位、形式与规模及其随时间的变化特征,并分析产生塌方的地质原因及其对继续掘进的影响。

e.其他危害:有害气体及放射性危害源存在情况。

②水文地质。

a.地下水的分布、出露形态及围岩的透水性、水量、水压、水温、颜色、泥砂含量测定,以及地下水活动对围岩稳定性的影响,必要时应长期观测。地下水的出露形态分为渗水、滴水、线状水、股状水、突涌水、暗河。

b.水质分析:判定地下水对结构材料的腐蚀性。

c.出水点和地层岩性、地质构造等的关系分析。

d.必要时观测地表相关气象、水文情况,判断洞内涌水与地表径流、降雨的关系。

e.必要时应建立涌突水点地质档案。

③围岩稳定性特征及支护情况。

记录不同工程地质、水文地质条件下隧道围岩稳定性、支护方式以及初期支护后的变形情况。在发生围岩失稳或变形较大的地段,详细描述、分析围岩失稳或变形发生的原因、过程、结果等。

④地质条件复杂段落情况。

在地质条件复杂段落,宜开展采样工作,记录采样位置、采样类别、采样方式、保存方式、采样时间、采样人等信息,并进行室内判别或实验室测试,判别隧道洞身围岩的岩性组合特征、风化程度,以及复杂地质体的性质、结构特征等。

⑤影像。

隧道内重要的和具代表性的地质现象应拍照或录像。

(3) 隧道内地质素描预测方法

①岩层岩性和层位预测法：在掌子面揭露岩层与地表某段岩层为同层和确认标志层的前提下，用地表岩层的层序预测掌子面前方将要出现的岩层，其关键技术是确认标志层。

②地质体延伸预测法：在长距离超前地质预报得出的复杂地质体厚度的基础上，依据开挖面复杂地质体的产状和单壁始见位置，经过一系列的三角函数运算，求得条带状复杂地质体在隧道掌子面前方消失的距离，其关键技术是三角函数的正确运算。

③复杂地质前兆预测法：隧道开挖过程中，在出现断层破碎带、洞穴淤泥带之前，一般都会出现各自明显的或不明显的前兆标志，这些标志的出现，常常预示临近前述复杂地质体。

(4) 典型复杂地质的地质素描前兆标志

①临近大型溶洞水体或暗河的前兆标志主要有：裂隙、溶隙间出现较多铁染锈或黏土；岩层明显湿化、软化或出现淋水现象；小溶洞出现的频率增加，且多有流水、河砂或水流痕迹；钻孔中的涌水量剧增，且夹有泥沙或小砾石；有哗哗的流水声；钻孔中有凉风冒出。

②临近断层破碎带的前兆标志主要有：节理组数急剧增加；出现岩层牵引褶曲；岩石强度明显降低；压碎岩、碎裂岩、断层角砾岩等出现；临近富水断层前断层下盘泥岩、页岩等隔水岩层明显湿化或软化。

③临近人为坑洞积水的前兆标志主要有：岩层明显湿化、软化或出现淋水现象；岩层的裂隙有涌水现象；掌子面空气变冷或发生雾气；有明显的水声等。

④大规模塌方的前兆标志主要有：拱顶岩石开裂，裂缝旁有岩粉喷出或洞内无故出现尘土飞扬现象；初期支护开裂掉块、支撑拱架变形或发出声响；拱顶岩石掉块或裂缝逐渐扩大；干燥围岩突然涌水等。

⑤煤与瓦斯突出的前兆标志主要有：开挖工作面地层压力增大、鼓壁、深部岩层或煤层破裂声音明显、掉渣、支护严重变形；瓦斯浓度突然增大或忽高忽低，工作面温度降低，人员感觉闷气、有异味等；煤层结构变化明显、层理紊乱、由硬变软、厚度与倾角发生变化，煤由湿变干、光泽暗淡，煤层顶、底板出现断裂、波状起伏等；钻孔时有顶钻、夹钻、顶水、喷孔等动力现象；工作面发出瓦斯强涌出的嘶嘶声，同时带有粉尘；工作面有移动感等。

根据前兆标志，可以对掌子面前方的复杂地质体做初步预判，同时可结合其他探测手段精确探测，以确定复杂地质体的位置、性质和规模等。

地质素描应随隧道开挖及时进行，地层岩性变化点、构造发育部位、岩溶发育带附近等复杂、重点地段应加密，其他一般地段不应超过 10m 做一次素描。TBM 法隧道施工段落若为一般地段，地质素描10～30m 实施一次，若为地质条件复杂、对施工影响较大的地段建议控制在 5～10m 实施一次。

如果隧道采用的是敞开式 TBM 施工，可在 TBM 停机维护时，对隧道掌子面、洞壁及顶拱进行地质素描。当采用护盾式 TBM 施工时，由于 TBM 的刀盘、护盾及衬砌管片将围岩几乎完全遮挡，无法直接对围岩进行地质素描，仅能通过刀盘空隙、护盾观察孔及伸缩护盾连接处对掌子面和洞壁围岩进行局部观察，所获得的地质信息非常有限。

2) 岩渣和掘进参数分析法

TBM 开挖产生的岩渣一般由片状、块状、颗粒状和粉状岩渣构成，围岩类型不同，各部分所占比例不同，岩渣的粒径大小及形态也不同。通过对岩渣的观察、分析、统计，可在一定程度上获得岩性、岩石强度、岩体结构、构造特征、风化特征和地下水情况等信息，从而对地质条件做出一定的判断，如围岩较完整，则岩渣以片状为主；如围岩节理裂隙较发育，则岩渣以块状为主；如遇断层破碎带，则岩渣不均匀，岩粉含量降低，同时伴有构造岩出现。典型岩渣特征与围岩特性见表 5-1-1。

典型岩渣特征与围岩特性对应一览表　　　　表 5-1-1

序号	岩渣特征	典型图片		地质描述
		岩渣	掌子面	
1	岩渣呈均匀片状			围岩稳定，完整性较好，刀具破岩轨迹清晰
2	岩渣呈块石状			一般围岩节理发育，局部破碎，易坍塌
3	岩渣呈泥状			掌子面富含水，一般为软岩地层，围岩遇水成泥状

TBM掘进参数也可在一定程度上反映围岩地质状况，掘进参数主要有刀盘推力、刀盘扭矩、贯入度、掘进速度等。在硬岩中掘进时，一般刀盘推力先达到最大设定值，而扭矩未达到额定设定值，刀具贯入度小，掘进速度缓慢；在软岩中掘进时，一般扭矩先达到额定设定值，而推力未达到最大设定值，刀具贯入度大，掘进速度快；在节理密集发育的岩体中掘进时，掘进推力变化较大，同时伴随较强烈的机器振动。

一般情况下，在围岩地质条件变化不大的情况下，根据岩渣、TBM掘进参数等可对掌子面地质情况做定性判别；在围岩地质条件变化大的情况下，可结合区域地质勘察资料、地下水活动情况综合分析判断。

目前，该方法基本上依靠经验定性判断，定量分析方面有所研究，但不足以指导施工。

3）超前地质钻探法

(1) 适用条件

超前地质钻探法主要通过钻孔编录、钻进参数分析等揭示和推测掘进面前方一定范围内工程和水文地质条件及可能发生的地质灾害。

超前地质钻探法适用于各种地质条件下的隧道超前地质预报，主要在富水软弱断层破碎带、富水地段、有害气体高～极高度危险区域（段落）、岩溶发育区、重大物探异常区等地质条件复杂地段实施。必要时可采用孔内摄像了解地层相关信息。钻孔孔径应满足钻探取芯、取样和孔内测试的要求，并应符合现行规范要求[如《铁路工程地质钻探规程》(TB 10014—2012)]。

根据钻孔距离，可分为以下3种：

①短距离钻孔（30m以内）。

连续钻探时前后两次预报搭接长度不应小于5m。

②中长距离钻孔（30～100m级）。

连续钻探时前后两次预报搭接长度为5～10m。

③长距离钻孔（100～500m级）。

根据国内外施工经验，超前地质预报中很少采用水平钻探长度过100m的长距离钻孔，若需要采用大于100m的超前水平钻探，建议施工中经建设、设计、监理、施工单位共同研究其必要性与可行性。

目前,该方法探水效果较好,在工程地质探测上主要依靠经验进行定性预测,且预报范围较为有限,仅为探孔周边范围。其主要缺点是占用工时较长,成本高,且对平行结构面预报较差,TBM 工程中应用不多。

(2)钻机配置

TBM 上一般配备有超前钻机(图 5-1-1),可对掌子面前方 10~30m 拱顶中心线左右各 45°范围内的岩体进行钻探,通过钻探结果可以对掌子面前方的围岩做出判断和预测。

图 5-1-1 超前地质钻机

超前钻机可分为两种:一种是冲击式钻机,钻进速度快,占用施工时间较少,但无法取芯;另一种是地质钻机,钻进速度慢,占用施工时间较多,但可采集原状岩芯。

对于冲击式钻机,可通过运行参数变化,预测掌子面前方岩性软硬变化、断层破碎带及地下水情况等。一般在钻进过程中保持钻进压力不变,以每钻进 20cm 所需要的时间作为钻速指标。在岩性变化不大的情况下,钻速大小主要取决于岩石的强度、岩体破碎程度,完整岩体钻速较慢,破碎岩体钻进较快。因断层带岩性一般有明显变化,故可根据钻孔回水的颜色做出判断,另外也可根据钻孔完成后的地下水流量及压力对富水带进行预测。成孔后,还可通过窥测摄像头探测并记录沿钻孔轴线方向的地质情况,根据钻孔电视图像分析前方裂隙分布、围岩稳定性等地质情况。

对于地质钻机,通过采集的原状岩芯可对掌子面前方一定范围的岩性特征、风化程度、岩石强度及地下水情况进行判断,同时可确定围岩结构面的类型、产状、形态、密度和张开度、粗糙度及充填物等。可利用采取的原状岩芯计算岩芯采取率和岩石质量指标(RQD 值),并按 RQD 值对围岩进行初步分类。

超前水平钻探过程中,是否取芯应结合不同的地质条件综合研判。钻探过程中需要查明掌子面前方地层岩性、断层破碎带的宽度、物质组成等特征,应采用取芯钻探方法;若需查明掌子面前方地下水发育程度、高压富水情况,可采用不取芯钻探方法。

(3)报告编制

超前钻探法应编制探测报告,报告内容包括工程概况、钻孔布置图、超前地质预报钻探施工记录表、钻孔柱状图、钻探结果与预报结论等。

(4)应用实例——引汉济渭工程秦岭隧洞 TBM 法施工

在处理桩号 K51+581.1 区域断层带时,曾通过超前探孔电视成像方法对未处理段进行超前探测,为不稳定围岩的下一步处理提供了依据,使得 TBM 安全顺利通过坍塌段。

1.2.2 间接超前地质预报法

间接超前地质预报法一般指采用物探技术来获取地质信息,目前国内外采用的物探预报方法按其原理可分为地震波法、电法、电磁反射法等。根据不同原理研制的超前地质预报方法众多,如 HSP 声波反射法、激发极化法、三维地震波法、微震监测技术等,表 5-1-2 简要介绍了 6 种常用的超前地质预报方法的工作原理、系统特点、适用范围。

表 5-1-2 间接法超前地质预报一览表

序号	超前地质预报方法	工作原理	工作原理图/点位布置图	系统特点	适用范围	检测方法	应用实例
1	HSP声波反射法	其建立在弹性波理论的基础上，传声波过程遵循惠更斯-菲涅尔原理和费马原理。当声波在传播路径中存在两种不同固体介质的界面时，波的传播将发生折射、反射和波形转换。因此，采取HSP声波反射法的物理前提就是不同地质体间或地质体内的声学特性差异。根据反射波信号，分析出不同地质体间的界面，进而划分出不良地质体(带)或地层	断层破碎带 检波器 刀盘 TBM隧洞 检波器 HSP工作原理示意图	利用掘进机刀盘切削岩石产生的声波作为震源，探测方法信便，测试时间短，能够避免隧道内的台架、金属、高压电等影响；探测费用相对于机械钻探法大为降低，探测精度高，可以满足常规的地质勘察工作；成果分析迅速，可以快速完成大面积多点测试。其探测距离可达100~150m	适用面广，能适应各种工程地质条件隧道的超前地质预报。较适用于双护盾TBM施工条件下的地质预报	利用TBM掘进时刀盘切削岩石所产生的声波信号作为HSP声波刀盘及边墙无线接收，并通过阵列式深度域绕射扫描偏移叠加成像技术进行反演解释	1. 锦屏水电站输水工程。通过HSP声波反射法及时预测了隧洞前方的岩溶及岩层破碎带。 2. 引汉济渭引水工程。采用HSP声波反射法持续对前方地质进行探测，及时预测了前方不良地质情况，效果较好
2	TRT超前地质预报法	TRT超前预报系统采用地震层析成像及全息岩土成像技术。TRT技术的基本原理是利用地震波在岩土体传播过程中，遇到有不同震动特性的岩土层间的界面时，部分地震波能量将产生反射的特性。TRT超前预报系统采用空间多点激发和多点接收的观测方式，其检波在分辨空间场波分布，以便充分辨空间场波分布，从而使前方不良地质体的定位精度大大提高	可能反射体与每对震源和传感器组形成一个椭球体 反射体 传感器1 震源 隧道 传感器2 TRT地质预报原理示意图	1. TRT预报成本低，操作简单，结果准确、全面、直观。使用锤击作为震源，可在同一点进行测试，通过信号叠加，使异常反射信号更加明显。 2. TRT采用高精度地震信号传感器，灵敏度高，最大限度地保留了高频信号，提高了精度及探测距离。 3. TRT法探测距离可达100~150m，在软弱的土层和破碎的岩体中也可达60~100m	绝大多数地质结构异常及岩体可及的距离范围内，均可形成可探测的地震反射	检波器通过固定块耦合到隧道壁上，地震产生岩体产生一个触发信号给基站，触发器产生一个触发信号给基站，然后基站将无线远程模块指令下达采集地震波传输回的地震波数据模块传输回计算机，完成地震数据采集	应用TRT技术进行超前预报的第一个案例是我国引汉济渭预引水工程Blisadona隧道施工。在我国引汉济渭引水工程中实际应用了该预报方法。由预报结果与开挖情况，预报结果基本相符

续上表

序号	超前地质预报方法	工作原理	工作原理图/点位布置图	系统特点	适用范围	检测方法	应用实例
3	激发极化法	1. 激发极化法是以不同地质介质之间的激光电效应差异为物质基础，观测研究被测对象的激光电效应进行地质勘察。通过激发极化法中的极化率、电阻率和反演，可以得到掌子面前方岩体的电阻率、极化率结构，从而分析前方地质情况。 2. 为提高超前地质预报效率，山东大学在常规激发极化法基础上研制出适宜TBM的搭载式激发极化超前探测法，并提出了激发极化超前探测方法与技术体系，可以实现对含水导水构造及富水区域进行三维定位。提出了适用于TBM复杂环境超前探测的新型观测模式与三维加权反演理论，突破了TBM强电磁干扰环境下尚无有效探测方法的难题，提高了对远处突水突泥灾害源的定位精度	搭载式激发极化法电极点位布置图 激发极化三维成像图	1. 采用先进的三维反演成像技术，可以详细反映该区域的地质分布和地质结构，并通过切片图反映任何一平面的地质情况。 2. 探测距离为30~40m	预测介质含水性	将供电电极系统集成到TBM的护盾上并沿环向布置，测量电极系统集成在开孔的刀盘上，刀盘上通过开孔的方式安装测量电极，TBM施工时，电极伸缩到预留刀盘的刀仓中。探测仪器安装在TBM主控室。测量时，通过液压系统伸缩出电极实现激发极化超前探测	1. 吉林引松引水工程，采用激反演极化法经三维反演演图分析出涌水段和周围岩破碎段位置，为TBM顺利穿越涌破碎带提供依据。 2. 搭载式激发极化法在高黎贡山隧道、西北某引水工程上得到了成功应用，提高了预报效率
4	三维地震波法	人为激发地震波。当地震波到波阻抗差异（密度和波速度的乘积）界面时，一部分信号会被反射回来，另一部分信号透射进入前方介质。反射回来的地震信号会被高灵敏度地震检波器接收。通过记录检波器接收到的地震记录，即可了解隧道掌子面前方地质体的性质。反射体的尺寸越大，回波就越明显，声阻抗差别越大，越容易探测到	 震源和检波器布置平面图 TBM隧道 马蹄形隧道 震源和检波器的布置方法	1. 采用先进的三维成像技术，可实现对破碎带等不良地质体的三维成像显示。 2. 探测距离≥100m	主要探测目标为断层、破碎带、溶洞等具有明显波阻抗差界面异常的不良地质体	1. 在指定位置的围岩上打孔，并使用楔状锚杆将检波器快速安装到围岩上，之后通过人工或高压激发振源依次激震，检波器接收地震波信号。 2. 由于TBM主机区域空间狭窄，检波器设空间受限，支撑靴后开始，以左、右边呈墙型两排分布任何位置	1. 吉林引松引水工程，采用三维地震技术持续对前方地质进行预测，对前方地质情况做出了较为准确的预测。 2. 目前，此方法在高黎贡山隧道、西北某引水工程上均得到了成功应用

续上表

序号	超前地质预报方法	工作原理	工作原理图/点位布置图	系统特点	适用范围	检测方法	应用实例
5	BEAM系统	BEAM测试系统是以交流激发极化法为理论基础的一种全新的电法勘探技术。BEAM测试技术的原理是通过对岩石进行测试的电法（激发极化法）来探查和岩石质量、空洞和水体等。BEAM系统通过测取与岩石孔隙有关的电能储存能力参数PFE和视电阻率的变化，预报前方岩石的完整性和含水状况	BEAM系统可视化界面	BEAM系统由便携计算机驱动，是一种专门为地下工程施工勘测的地质勘探设备。它由4个电极产生低频交流电场，通过电流聚焦进入要探测的岩体，产生敏感地带，特别是遇到前方开挖面地层变化时，BEAM系统能够将整个极化过程中岩层电阻系数的变化过程记录下来。BEAM系统只能做近距离预报，测试精度与测试频度有关，测试次数越多，精度越高，预报越准确	对隧道掌子面前方水体以及围岩情况具有良好的探测效果。特别是对岩性变化界面、岩石破碎带及含水情况预报具有一定的准确性和有效性	该系统主要由两部分组成：一部分为包含BEAM可视化程序的BEAM处理器，直接安放在TBM掘进机的操作室内；另一部分为连接探测处理器上的4个探测点。施工中可以连续作业。测试过程中可以对刀盘前方围岩裂隙发育程度及含水情况进行预报。测试过程中，通过可以辨识出相关岩石的变化情况，并且通过实时反映，可作为施工现场快速决定的依据	该技术应用于锦屏水电站引水工程，分别在1号引水隧洞K15+595处和4号隧洞K15+573处进行测试，经开挖验证，预报效果较为准确
6	微震监测技术	岩体在开挖扰动作用下发生应力调整，局部应力集中而产生微破裂，在震源周围以一定的网度布置一定数量的传感器，组成传感器阵列，当岩体内产生微震时，传感器即可将微震信号拾取，并将物理量转换为电压量或电荷量，通过多点同步数据采集将传感器接收到的该信号采集的时刻，连同各传感器坐标反应所测波速代入方程组求解，即可确定声发射源的时空分解，达到定位目的	定位原理图（传感器1、传感器2、传感器3、微破裂）	微震监测技术是当前比较有效的一种岩体结构监测手段。通过采集过程中的微震信号，并进行分析，来研究TBM开挖过程中岩爆发生前兆事件，能量释放，视体积与能量指数等微震参数的演化特征及其与岩爆的关系，最终根据分析结果来测定岩爆发生的概率和发生时岩爆级别及岩爆发生时现场预防预测岩爆	监测及预测岩爆	通过安装在岩体内的传感器接收信号，然后通过对信号的处理和分析，确定微破裂产生的位置和可能发生的性质，进而对可能发生宏观破坏的岩体进行预报	此技术成功应用于锦屏水电站微震监测，通过微震监测，将收集到的刀盘前方应力释放的信息，通过分析方程的成果报告，实行日报制度，将岩爆发生时的概率及等级发布，为施工起到了很好的指导作用

1.2.3 技术特点及应用分析

1）超前地质预报方法的技术特点

主要地质预报方法的技术特点见表5-1-3。

地质预报方法技术特点　　　　　　　表 5-1-3

序号	方　　法	原　　理	预 报 对 象
1	地质分析法	趋势推断、分析判断	致灾构造性质
2	超前地质钻探法	直接揭示	任意对象
3	地震波反射法（TRT微震法）	地震波反射	界面位置及规模
4	电磁波反射法	电磁感应异常	介质含水性
5	电法（激发极化法BEAM）	极化特性异常	介质含水性
6	地质雷达法	电磁波反射	岩溶、介质含水性

2）超前地质预报方法选择原则

（1）不同施工方法下超前地质预报方法选择原则

每种不同的超前地质预报方法均有其适用范围及条件，只有合理选用才能发挥其最大效能，超前地质预报前可根据地质条件、工程复杂程度和实际需要等确定施工的高风险段落，初步判断隧道施工面临的地质风险，结合隧道施工环境、各预报方法特点等因素，选择满足现场要求的预报方法。常用的超前地质预报方法见表5-1-4。

常用的超前地质预报方法　　　　　　　表 5-1-4

序号	施工方法	预　报　方　法		
		地质调查法	物探法	超前地质钻探
1	钻爆法	贯通实施	地震波反射法、地质雷达法、电磁波反射法（或电法）	超前地质钻孔在复杂地质段实施（或孔内物探等新方法）
2	TBM法	贯通实施	地震波反射法、电法	建议优先选择TBM搭载的超前水平钻机进行实施；必要时采用长距离钻探进行探测（必要时采用孔内物探等新方法）

TBM法施工隧道地质条件复杂和高风险段落，应进行综合超前地质预报（采用两种或两种以上有效的预报方法进行综合探测），相互验证，提高预报的准确性。

（2）TBM法隧道综合超前地质预报遵循的原则

①洞外与洞内相结合、地质与物探相结合、长距离与短距离相结合的原则，提高超前地质预报成果的准确性和可靠性。

②循序渐进的原则，不断总结经验，及时调整或改进预报方法。

a. 对围岩条件变化、断层破碎带、岩溶管道、溶洞、暗河及人为填洞等复杂地质体的预报，综合超前地质预报应符合以下要求：

a）可根据区域地质资料、隧道工程地质平面图与纵断面图以及必要的地表补充地质调查，研究隧道沿线地区地下水分布运移规律，岩溶地区需分析岩溶发育规律；

b) 核查隧道地质复杂程度和超前地质预报方案;

c) 宜采用隧道内地质素描、地质作图及断层趋势分析等手段预报断层的分布位置,根据隧道内地质素描结果,调整超前地质预报方案;

d) 宜依次采用长、短距离超前地质预报方法,由远及近对复杂地质体进行探测;

e) 必要时应施作超前地质钻探,预报断层等复杂地质体的位置、性质和规模、破碎带的物质组成、地下水的发育情况等,必要时可采用孔中探测法进行补充探测;

f) 应综合判断,提交综合超前地质预报成果报告。

b. TBM法隧道综合超前地质预报宜考虑其他辅助方法,包括岩渣分析、TBM掘进参数分析等。

c. 在条件允许的情况下,宜融合多种信息约束反演,获得综合地质预报成果。

3)不同地质条件地段超前地质预报方法选择

针对以上技术特点及选择原则,根据不同的不良地质条件,应采用合理的超前地质预报方法进行预测。TBM法隧道施工过程中,由于施工环境的限制,钻爆法施工中常用的预报方法难以实施,不同地质条件地段超前地质预报方法推荐见表5-1-5。

TBM法施工隧道不同地质条件地段超前地质预报方法选用推荐简表　　表5-1-5

序号	地质条件	可选用的预报方法
1	一般地段	地震波反射法
2	岩爆	微震法、超前地质钻探
3	软岩变形	地震波反射法、超前地质钻探
4	地下水	激发极化法,必要时采用超前地质钻探
5	软硬岩区分;破碎带;断层	地震波反射法、超前地质钻探,必要时增加电法或电磁波反射法验证
6	岩溶	地震波反射法、电磁波反射法、超前地质钻探
7	有害气体	超前地质钻探、地震波反射法

4)应用分析

TBM设备庞大,主机和后配套较长,洞内超前地质预报操作空间有限,特别是护盾式TBM,施工时,围岩受刀盘、护盾和已安装的管片的遮挡,直接可见的围岩非常有限,导致在钻爆法中常用的隧道地震勘探(Tunnel Seismic Prediction,TSP)、隧道地球物理勘探(Tunnel Geophysics Prediction,TGP)、隧道地质超前预报系统(Tunnel Seismic Tomography System,TST)等方法应用难度较大。TBM配备有大量电气设备,电磁环境极为复杂,容易诱发电磁场畸变,强烈的电磁干扰甚至可能"淹没"掌子面前方的有效地球物理响应,导致在钻爆法隧道中可用的电磁波反射法和地质雷达法的适应性大大降低。

掘进速度快是TBM法隧道施工的重要优势,任何超前地质预报方法都应尽量减少对TBM正常施工的干扰,但从目前的各种超前地质预报方法来看,多数需要TBM停机施作。另外,从各种预报方法的技术原理和探测效果本身来看,TBM法隧道施工超前地质预报技术研究进展仍需大幅提升,现有技术的定量化水平及精度较低,导致有时虽然预测出异常,但无法给出确定性的结论,无法以此为依据采取有针对性的预处理措施。未来的TBM法隧道施工超前地质预报技术与设备应满足定量化、简单化、快速化、自动化、集成化、可视化、实时化的要求。

1.3 工程案例

本节将结合西部某引水隧洞,从探测范围、探测依据、探测原理3个方面进行超前地质预报分析,并介绍超前预测应用效果,提出基于超前地质预报结果的应对措施。

1.3.1 工程概况

西部某引水隧洞总长度43753m,主洞段上下游分别采用1台敞开式TBM施工。下游TBM掘进至里程49+681时,掌子面拱顶出现较大坍塌,刀盘被卡,后退刀盘后,刀盘可转动。经至掌子面探查了解,围岩岩性为华力西期变质花岗岩,呈肉红色,碎块状~次块状结构,岩石受风化变质等作用影响,局部岩块及裂隙面呈糜棱岩化和高岭土化,岩石局部松软,强度低,掌子面围岩节理裂隙发育,为探明下游TBM掌子面前方围岩情况,于2020年5月11日采用地震波法进行超前地质预报。

1.3.2 预报范围

掌子面前方100m范围内地质分布情况。

1.3.3 预报依据

(1)《水利水电工程地质勘察规范》(GB 50487—2008)。
(2)《岩土工程勘察规范》(GB 50021—2001)。
(3)《水电水利工程地质制图标准》(DL/T 5351—2006)。
(4)《铁路隧道超前地质预报技术规程》(Q/CR 9217—2015)。
(5)相关隧洞施工设计图及相关超前预报资料。

1.3.4 原理及点位布置

地震波法超前地质预报原理详见本篇表5-1-2。地震成像结果采用相对解释原理,即确定一个背景场,所有解释相对背景值对比分析,异常区域会偏离背景区域值,根据偏离与分布情况解释隧洞前方的地质情况。

地震的震源和检波器采用分布式的立体布置方式,具体方法如图5-1-2所示。仪器的工作过程为:在震源点锤击岩体产生地震波的同时,触发器产生一个触发信号给基站,然后基站给无线远程模块下达采集地震波指令,并把远程模块传回的地震波数据传输到采集主机,完成地震波数据采集。

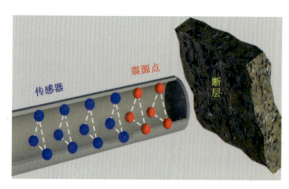

图5-1-2 震源和传感器布置

1.3.5 应用效果分析

探测时掌子面里程为49+681,结合探测区域的地震波反射成像图和地质分析,通过地震波数据处理反演得到地震波成像三维图和俯视图(图 5-1-3、图 5-1-4),推断前方段落节理裂隙发育,围岩破碎,易出现掉块和塌腔,根据预报结果应采取针对性措施。预报结果与实际对比见表 5-1-6。

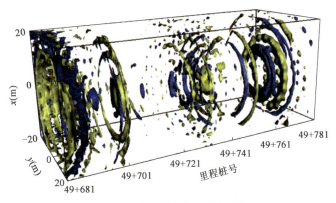

图 5-1-3　隧洞地震波成像三维图

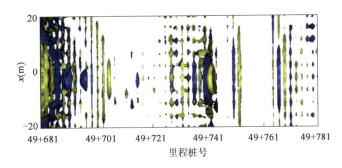

图 5-1-4　隧洞地震波俯视图

超前地质预报结果与实际揭露地质对比　　　　　　　　　　　　　　表 5-1-6

序号	桩　　号	揭露地质描述	地质预报结果
1	49+680~49+684.1	拱顶偏向左方,出现股状水、线性流水,拱顶出现大面积塌腔,有大量泥沙,岩石风化严重	49+681~49+721 段落:在反射图像上,出现强烈的正负反射,推断该段落围岩破碎,易出现掉块和塌腔,应及时加强支护
2	49+684.1~49+687.5	含大量线性流水,拱顶破碎、松软,风化较严重,含大量细沙	
3	49+687.5~49+697.2	右侧拱顶较完整,左侧拱顶破碎,没有局部塌腔现象,两边墙完整,左侧节理发育,岩石强度比右侧低	
4	49+697.2~49+704.2	49+697.2~49+698.9 拱顶稍破碎,两边墙也较完整。49+698.9~49+704.2 拱顶变得破碎、松软,左侧边墙有软弱夹层,右侧边墙较完整。49+697~49+700 拱顶出水在 5m³ 左右	
5	49+704.2~49+707.4	拱顶破碎、松散,出现约 5m³ 小塌腔,含有大量细沙从钢筋排间隙流出,桩号 49+703~49+706 拱顶左侧压力大,拱架有下沉	
6	49+707.4~49+715.3	拱顶破碎,桩号 49+709~49+715 形成较大的塌腔,拱顶含有大量细沙、碎石块,风化特别严重,49+708~49+713 拱顶约有 2m³ 出水	
7	49+715.3~49+723.9	拱顶围岩松软、破碎,含大量泥沙,围岩风化严重,桩号 49+718~49+721 拱顶左侧围岩下沉 10~15cm,49+721~49+724 右侧拱顶稍完整,但是比较松软	
8	49+723.9~49+733	拱顶风化很严重,桩号 49+724~49+728 左侧出现较多的小坍塌,拱顶左侧破碎,右侧拱顶时有变好趋势,起伏变化较大,整体还是破碎,该段盾压力很大,下沉趋势严重,最开始刀盘启动掘进时存在卡滞现象,右侧拱顶有变好的趋势,强度也比较高,左侧边墙有 50cm 的软弱夹层,走向和洞轴线平行,且围岩偏软	49+721~49+781 段落:在反射图像上,局部出现明显的正负反射,推断该段落围岩完整性差,局部较破碎,节理裂隙发育,易出现掉块,其中 49+731~49+751 位置可能出现塌腔,应及时支护

对比分析超前地质预报成果与实际揭露地质,本次超前地质预报较准确地预测了前方地质,掌子面前方围岩节理发育,局部破碎,极易出现坍塌,坍塌部位多集中在隧洞左侧及拱顶。

1.3.6 基于超前地质预报的应对措施

结合地质预报结果,提前制定了破碎围岩段 TBM 法隧道施工应对措施,超前预加固并加强初期支护,避免了较为严重的坍塌,主要措施如下:

(1)调整掘进参数,降低 TBM 推力、贯入度、刀盘转速等参数,以减小对围岩的扰动,避免围岩塌方或减小塌方量;TBM 掘进时如遇刀盘因渣量过大转动困难,必要时可将 TBM 后退少许出渣。

(2)围岩承载力低,合理调向,使 TBM 刀盘保持向上趋势,避免机头下沉。

(3)对于破碎带地层,掌子面前方围岩灌浆加固,以增加围岩的整体性和稳定性,固结时注意灌浆的压力和方向,以防止 TBM 刀盘与掌子面围岩固结在一起。

(4)提升初期支护强度,以防支护体系变形沉降。

第 2 章 破碎围岩洞段TBM法隧道施工

破碎围岩是隧道中最常见的不良地质,其整体强度低,隧道开挖后自稳时间较短,施工中经常会出现围岩失稳坍塌,不仅给人员、设备带来极大危害,而且会对隧道结构造成不良影响。随着破碎围岩处置技术的不断积累和深入研究,形成了较为完善的处置方法。

本章在总结前期实践经验和研究成果的基础上,分析了破碎围岩洞段的围岩特征、施工风险,总结了破碎围岩洞段 TBM 法隧道施工技术、预防卡机及脱困技术,并提供了引汉济渭工程秦岭隧洞 TBM 卡机处理工程实例,供施工技术人员参考和借鉴。

2.1 地质特征与施工风险

不同地质条件的地质特征差异显著,其施工风险也不尽相同。本节基于破碎围岩地质特征及断层破碎带分级分析,阐述了破碎围岩所带来的 TBM 法隧道施工风险。

2.1.1 地质特征及断层破碎带分级

1)地质特征

破碎围岩一般为Ⅳ~Ⅴ级,此类围岩一般出现在断层、节理密集带、不整合接触带和浅埋洞段,以及膨胀岩、软弱地层、含水未固结围岩洞段等。破碎围岩中比较典型的类型为断层破碎带,这类围岩在实际施工中危害性较大,常常出现大面积拱顶坍塌、掌子面围岩沿软弱夹层下滑的现象。断层是地壳岩石体(地质体)中顺破裂面发生明显位移的一种破裂构造,断层发育广泛,是地壳中最重要的构造类型之一。断层是一种面状构造,大的断层一般不是一个简单的面,而是由一系列破裂面或次级断层组成的带,即断层(裂)带。断裂带内夹杂或伴生着搓碎的岩块、岩片及各种断层岩。断层规模越大,断裂带也越宽越复杂。

围岩失稳坍塌是破碎围岩变形破坏的主要形式之一,塌方多发生在断层破碎带或节理密集发育的围岩内。无论是塑性围岩还是脆性围岩,在围岩自重应力、构造应力、节理裂隙发育分布等因素作用下都将产生周边位移或拱顶下沉,当其变形达到一定限值(硬质、脆性围岩的变形限值远小于塑性围岩)后,将失去其自身的稳定性并发生围岩塌方,如图5-2-1 所示。

a)拱顶坍塌　　　　　　　　　　　　b)边墙坍塌

图 5-2-1　TBM 法施工隧道坍塌

破碎围岩地质特点为：节理发育、围岩破碎、自稳能力差；围岩强度低、承载能力低。此类围岩极易造成隧道超挖、变形。在 TBM 法隧道施工时，坍塌方位常为拱顶、护盾两侧、掌子面正前方、掌子面前上方等。

2）断层破碎带分级

断层两盘相对运动，相互挤压，使附近的岩石破碎，形成与断层面大致平行的破碎带，叫断层破碎带，简称断裂带。断层破碎带的宽度有大有小，小者仅几厘米，大者达数公里，甚至更宽，其分级见表 5-2-1。

断层破碎带等级划分　　　　　　表 5-2-1

等　　级	宽度 B(m)	等　　级	宽度 B(m)
D_1	$B<2$	D_3	$15 \leqslant B < 30$
D_2	$2 \leqslant B < 15$	D_4	$B \geqslant 30$

2.1.2　施工风险

深埋隧道，由于围岩失稳所造成的突发性坍塌、堆塌和崩塌，常会造成严重的安全事故，威胁施工人员、施工设备、隧道结构的安全。

浅埋节理裂隙发育的围岩及断层带，坍塌严重时还会造成地表沉陷，威胁地面建（构）筑物或行车、行人的安全。

坍塌是 TBM 法隧道施工过程中需极力避免但又无法完全避免的地质风险。对于护盾式 TBM，塌方岩体挤压刀盘、卡入刀盘与机头架或护盾之间、堆积在护盾外侧造成"卡机"；对于敞开式 TBM，围岩失稳发生的部位和程度不同，所造成的影响差异性也很大，严重的会导致停机。

1）掌子面坍塌导致刀具异常损坏及卡刀盘

掌子面坍塌，可能发生在掌子面正前方，也可能发生在掌子面前上方，如果坍塌规模较小，对 TBM 掘进施工影响亦较小，但会导致刀具异常损坏。如果坍塌范围较大，坍塌体积大，有可能造成卡刀盘。

凹凸不平掌子面或块状岩体往往会造成滚刀刀圈偏磨、刀圈开裂、刀圈崩块、刀圈断裂、密封失效、轴承损坏等异常损坏，如图 5-2-2、图 5-2-3 所示。

图 5-2-2　刀圈偏磨、开裂

图 5-2-3　刀圈断裂、崩块

2）拱顶坍塌易造成人员伤亡、设备损伤及卡护盾

拱顶坍塌通常发生在顶护盾上部、后部，如果支护不及时或者支护方式不当，坍塌体直接坠落，会造成人员伤亡与设备损伤，并且由于隧道坍塌处理困难，掘进施工将会受阻。如果护盾区域垮塌破碎范围大，大量松散渣体堆积在护盾周边，会导致卡护盾。

3）拱墙坍塌影响撑靴支撑

拱墙坍塌，首先会影响撑靴撑紧洞壁，围岩松散、坍塌会导致撑靴撑紧力不足或无法支撑，无法提供足够的推力和扭矩；其次会影响 TBM 姿态和掘进方向，左右撑靴行程、撑紧力不同，会导致 TBM 主机姿态改变，掘进方向可能会严重偏离设计轴线；坍塌体坠落，也会造成人员伤亡与设备损伤，并且会延缓施工进度。

4）初期支护施作困难

出露护盾围岩松散破碎，极易垮塌掉落至隧底，造成隧底大量积渣，支立拱架难度大：一是洞底积渣清理耗时长，二是拱架难以紧贴洞壁而影响支护效果。采用钢筋排支护，一定程度上可避免或减少围岩坍塌，但由于钢筋排与洞壁之间存在间隙且钢筋排易被大型塌落体挤压变形，导致拱架很难安装至设计位置且拱架易变形。若地下水发育，喷射混凝土施工难度将增大。

2.2　破碎围岩洞段 TBM 施工技术

2.2.1　破碎围岩洞段处理原则

当遭遇破碎岩体时，首先及时了解其规模、走向，然后采取措施迅速处理，防止塌方范围的延伸和扩大。可利用TBM设备施作初期支护保证TBM掘进安全,然后对塌腔和较大的溶隙、裂隙回填混凝土或灌浆处理,从而保证隧道施工安全与质量。

(1)TBM掘进接近地质勘察成果中明示的破碎带时,需提前施作超前地质预报;对于未提前发现,直接进入的破碎带,需要立即施作超前地质预报。详细调查破碎围岩范围、形状、塌穴地质构造,查明其诱发原因和塌方类型,据此确定处理方案。

(2)针对破碎带,TBM法隧道施工总体处置原则为"宁慢勿停,稳步通过",短进尺、强支护,持续稳步掘进,力争实现安全通过,避免长时间停机导致围岩继续恶化。

(3)敞开式TBM施工时,围岩自护盾出露后,要根据围岩稳定情况及时施作锚杆、钢筋网、钢筋排、钢拱架、喷射混凝土等联合支护,条件允许的情况下合理控制钢拱架间距并兼顾换步时撑靴撑紧位置。隧道出现塌方时,首先加固塌体周边洞身,并尽快施作喷射混凝土或锚喷联合支护封闭塌穴顶部和侧部,在保证安全的前提下,亦可在塌渣上架设施工临时支架,稳定顶部,然后回填混凝土。

(4)护盾式TBM施工时,要安装重型管片,管片出尾盾后,及时吹填豆砾石并灌浆,如果出现塌方,要及时回填混凝土或者水泥砂浆。

(5)对于破碎围岩地段,要加强围岩监控量测,持续监测围岩变形情况,根据监测结果决定是否采取进一步的衬砌加强措施。

2.2.2 破碎围岩洞段处理措施

1)掌子面坍塌处理

当掌子面局部出现小型碎状岩石塌落时,TBM可正常掘进,待围岩在护盾后方出露后,根据围岩的表现形式与失稳程度,及时选取合适的加强支护措施。但若出现孤石或较大块层状剥落,如图5-2-4所示,则需引起高度重视,必要时停机处理。

a)掌子面滑塌　　　　　　　　　b)对巨型岩石微爆破碎处理

图5-2-4　掌子面剥落块石及岩石处理

(1)掌子面坍塌对TBM掘进的主要影响

①使刀具产生高频率大幅度振动;

②导致刀具、刀盘与堵塞的块状岩之间发生激烈撞击;

③引起刀盘非正常振动;

④冲击造成刀具损坏;

⑤导致出渣运输系统非正常磨损。

（2）处理措施

①块石破碎。

首先破碎刀盘前方堆积的巨石,可采用风镐破碎锤,亦可微爆破处理,然后转动刀盘清理破碎后的岩渣,再掘进。

②刀具防护。

在刀具运动方向的前方安装防护块,避免块状岩石或凹凸不平掌子面冲击刀具,造成损伤。刀具几种防护形式如图 5-2-5 所示。

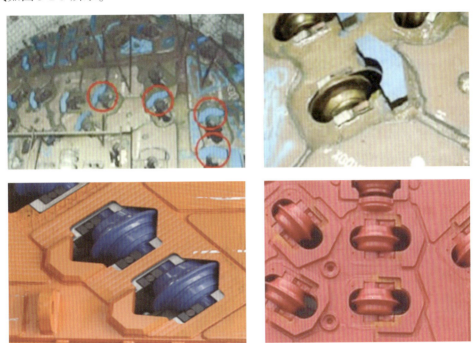

图 5-2-5　刀具防护块

2）TBM 护盾上部区域坍塌处理

拱顶坍塌是敞开式 TBM 施工过程中经常会发生的围岩失稳形式,顶护盾上方塌腔如图 5-2-6 所示,护盾上部区域坍塌,应根据严重程度区别处理。

a)顶护盾指形护盾区域坍塌

b)顶护盾中部区域坍塌

图 5-2-6　顶护盾上部塌腔

（1）坍塌范围较小时

①施工工艺流程。

顶护盾上部小规模坍塌处理工艺流程如图 5-2-7 所示。

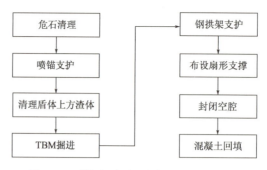

图 5-2-7 顶护盾上部小规模坍塌处理工艺流程

②施工控制要点。

a. 首先处理护盾顶部危石,再对裸露围岩施作喷射混凝土支护,封闭围岩,并清理盾体上方渣体。

b. TBM 掘进。

c. 待塌腔脱离盾体后利用钢拱架安装器拼装全圆闭合钢拱架,拱架外侧施作工字钢或槽钢形成扇形支撑顶于岩壁上,支撑顶端焊接钢板,增加受力面积,支撑顶端需作用于完整岩石上,拱架背后焊接2mm 厚钢板或立木模封闭塌腔,如图 5-2-8、图 5-2-9 所示。

图 5-2-8 安设扇形支撑

图 5-2-9 立木模封闭

d. 对塌腔灌注混凝土并填充密实。

（2）坍塌范围较大时

①施工工艺流程。

顶护盾上部大规模坍塌处理工艺流程如图 5-2-10 所示。

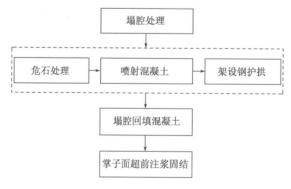

图 5-2-10 顶护盾上部大规模坍塌处理工艺流程

② 施工控制要点。

a. 塌腔处理。

a) 喷射混凝土封闭塌腔岩壁，然后在塌腔内施作工字钢护拱，防止塌腔围岩继续变形、坍塌。

b) 危石处理。通过高压风或其他杆状物清理塌腔岩层危石，确保施工人员的安全。

c) 喷射混凝土支护。塌腔内喷射混凝土分为 3 个步骤：第一步，初喷，向塌腔岩壁喷射混凝土封闭围岩，防止围岩持续风化，确保塌腔内围岩不再掉块，基本稳定围岩；第二步，搭建平台，在护盾前、后及上方搭建施工平台；第三步，复喷，利用工作平台，对塌腔周边围岩再次喷射混凝土直至达到设计厚度要求。

d) 架设钢护拱。以护盾后部三榀拱架为支点，沿隧道轴线方向布设工字钢，环向间距不大于 1m，工字钢在护盾后的部分焊接在三榀拱架上，盾体上方工字钢采用方木支垫。在纵向工字钢上部布设环向工字钢钢护拱，拱脚座固定在两端拱腰处，每榀护拱两端施作锁脚锚杆，不少于 4 根，锁脚锚杆可采用砂浆锚杆，对称布设，双面焊接于拱架上。护拱拱架与纵向工字钢接触部分焊接固定，在护拱拱架上部铺设钢板，形成钢护拱，在护拱上设工字钢扇形支撑，形成对围岩的稳定支撑，如图 5-2-11、图 5-2-12 所示。

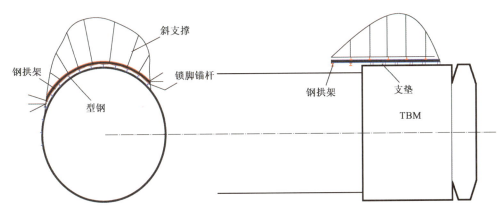

图 5-2-11　钢护拱及扇形支撑架设示意图

a) 安装环向工字钢钢护拱

b) 布设扇形钢支撑

图 5-2-12　架设钢护拱

b. 塌腔回填混凝土。

为使 TBM 开挖轮廓线外形成稳定护拱，对塌腔处钢护拱上部沿两侧向中间分段回填混凝土，与围岩连为一体。

为避免顶护盾承载过重,塌腔沿轴线方向每 1.5~2m 设定为一个灌注段,首次灌注厚度以不超过 50cm 为宜,待混凝土初凝或盾体通过该段后再对剩余部分塌腔分层回填。

c. 超前注浆加固。

为避免 TBM 掘进时再次出现较大坍塌,可根据前方地质情况超前加固。先喷射混凝土封闭掌子面,然后利用超前钻机,在 TBM 开挖轮廓线外侧掌子面施作超前管棚或小导管(视岩层情况而定),超前注浆加固前方围岩。注浆可选用水泥-水玻璃双液浆或化学浆液。

3)边墙滑塌处理

在 TBM 法隧道施工中,另一种常见的塌方类型为边墙失稳,如图 5-2-13 所示。

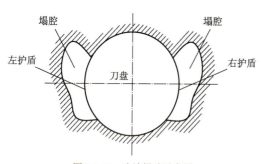

图 5-2-13 边墙塌腔示意图

(1)小范围滑塌

对于围岩软弱结构面引发的边墙小范围滑塌,一般调整掘进参数后继续掘进,待滑塌部位脱离盾体后采用锚杆、挂网、喷射混凝土支护处理。

撑靴部位洞壁坍塌,导致撑靴无法撑紧洞壁时,有如下两种处理措施:

①若坍塌背后围岩自稳能力较好,则布设锚杆,挂网后喷射混凝土封闭围岩并回填到不大于隧道开挖轮廓线,之后恢复掘进。

②若坍塌相对松软、较弱,则缩回撑靴,清理松散岩体后,喷射少量混凝土封闭围岩,再施作注浆锚杆加固围岩,再次喷射混凝土至不大于隧道开挖轮廓线,恢复掘进。

(2)较大面积滑塌

当洞壁一侧边墙出现较大滑塌,导致 TBM 支撑靴无法支撑时,必须停机回填。

①缩回撑靴清理塌腔危石和松散岩体,再对塌腔围岩岩面喷射混凝土封闭围岩。

②利用钢拱架安装器架立全圆钢拱架,钢拱架外侧施焊 2mm 厚钢板或支立木模封闭塌腔。

③喷射或灌注混凝土充填塌腔,使钢拱架、模板、塌腔混凝土与围岩连成一体,待混凝土初凝并具有一定强度后再继续掘进,如图 5-2-14、图 5-2-15 所示。

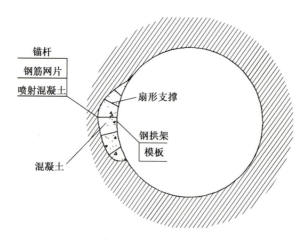

图 5-2-14 侧壁塌腔支护回填示意图

a) 围岩表面铺设钢筋网后喷混　　　　　　　b) 支模后灌注混凝土

c) 采用薄钢板封闭模筑后效果　　　　　　　d) 采用小型模板封闭模筑后效果

图 5-2-15　边墙坍塌喷射与灌注混凝土

4）TBM 护盾后部坍塌处理

通常，护盾后方坍塌现象很少，一旦发生，其危害性往往比较大，严重时会导致安全事故，因而在 TBM 法隧道施工过程中应对此高度重视，极力避免护盾后方坍塌。一般地，此类灾害发生的原因有 3 种：一是未探明复杂地质条件，或者开挖支护后地质条件发生了改变；二是坍塌处理不当；三是初期支护不足。图 5-2-16、图 5-2-17 为护盾后方坍塌所带来的支护体系变形。

图 5-2-16　护盾后方上部支护体系失稳坍塌　　　图 5-2-17　护盾后方边墙拱架变形失稳

对护盾后方坍塌的处理措施如下：

（1）初期支护补强

①加大围岩变形量测频次，严密监视围岩收敛情况。

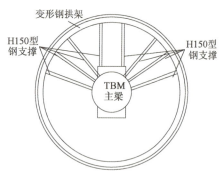

图 5-2-18 型钢支撑布置示意图

②为防止已拼装的钢拱架变形过大,应利用 TBM 主梁或其他结构作为支撑,用型钢对已拼装拱架进行竖向及斜向加固。相邻拱架间用型钢纵向连接,型钢间距 1m。型钢支撑布置如图 5-2-18、图 5-2-19 所示。

③在喷射混凝土开裂部位钢拱架间加密施作纵向连接,加密 L 形锚杆锁定拱架,防止钢拱架整体下沉、扭曲变形。

④在严重变形拱架处加设临时钢拱架。

a)斜向支撑

b)竖向支撑

图 5-2-19 型钢支撑加固拱架

(2)径向注浆加固深部围岩

采用自进式锚杆对深部围岩进行注浆加固,从而形成稳定固结环,如图 5-2-20 所示。自进式锚杆点位、数量、长度等依据地质条件而定,注浆材料为水泥+水玻璃双液浆或化学浆液,浆液配合比由现场试验确定。注浆过程中注意控制注浆速度,随时观察注浆压力及出水现象,并做好注浆记录,最后分析注浆效果。

a)注浆加固

b)注浆后效果

图 5-2-20 深部注浆加固

(3)更换变形侵限钢拱架、处理侵限围岩

根据围岩收敛变形观测数据,待围岩变形趋于稳定后,更换变形侵限钢拱架,处理塌腔,重新施作初期支护,封闭成环并回填。

①做好初期支护补强,并在岩层深部注浆后对坍塌岩层进行处理,处理措施参照本节前文。

②护盾后方支护变形且侵入衬砌施工界限的区段,全断面换拱,新支立钢拱架应采用加强型钢拱架,拱架间距依据现场情况而定,不宜大于45cm。新安装钢拱架布设在相邻两榀变形钢拱架之间,凿岩开槽安设。

③开槽扩挖前,在拱部180°范围施作注浆小导管注浆加固围岩。

④开槽需严格控制隧道轴向开挖尺寸(开槽宽度以能拼装钢拱架为宜),深度以新安设钢拱架不侵限为准(考虑预留变形量),扩挖完成后立即架立钢拱架,钢拱架之间采用槽钢或工字钢纵向连接。

⑤换拱后钢拱架环向侧均匀设置锁脚锚管或锁脚锚杆。

⑥塌腔部位铺装钢板封闭,灌注混凝土回填空腔。

5)断层破碎带施工措施

掘进机在断层破碎带中施工时,宜采取下列措施:

(1)当断层破碎带等级为D_1时,调整掘进参数不间断连续通过,采用常规支护技术。

(2)当断层破碎带等级为D_2时,采用超前小导管注浆等措施进行超前加固;刀盘进行适当扩挖;调整掘进参数,适当减缓掘进速度和刀盘转速;开挖后加强支护,可综合采用钢筋排、钢拱架、预应力锚杆、钢筋网、喷射混凝土支护和注浆等措施。

(3)当断层破碎带等级为D_3时,采用下列围岩加固措施:

①若撑靴部位接地比压不满足掘进机掘进要求,应采用注浆、换填、模筑混凝土等加固措施。

②若护盾和刀盘上方围岩不稳定时,应进行超前预加固处理,处理前必须采取措施对刀盘及主机进行保护。

③若掌子面不稳定时,应采用超前管棚注浆和掌子面预注浆加固围岩。

④若洞室开挖产生缩径侵限,应适当调整刀具进行扩挖;并采用超前管棚和掌子面预注浆加固围岩,相邻两茬超前支护应进行搭接,开挖后立即加强支护,可采用钢筋排、钢拱架、预应力锚杆、钢筋网、喷射混凝土、注浆和预应力锚索等措施。

(4)当断层破碎带等级为D_4时,如采用超前管棚注浆和掌子面预注浆加固围岩等措施后,掘进机仍难于通过时,考虑调整掘进方案,将由掘进机掘进改为钻爆法或人工开挖,待穿越该断层破碎带后再恢复为掘进机掘进,钻爆法地段可采用分步联合支护技术进行围岩稳定控制。

2.2.3　TBM掘进施工应对措施

(1)在稳定性较差的围岩中掘进时,应降低TBM的推力和转速,慢速掘进,减少对掌子面和洞壁围岩的扰动。双护盾TBM施工时,可收回撑靴,利用辅助推进液压缸以单护盾模式掘进;对于敞开式TBM,当围岩无法为撑靴提供足够的支撑反力时,需要对撑靴部位的围岩采取前述措施合理处置。

(2)掌子面坍塌量较大,且岩渣粒径较小易导致过量出渣时,可封闭部分刀盘铲斗,减少出渣量,防止出渣量过大导致带式输送机压停。

(3)根据超前地质预报结果,在进入不稳定围岩之前,将TBM设备维护到最佳状态。在不稳定围岩中掘进时,停机处置围岩时间较长,应创造条件尽量减少长时间连续停机,以防卡机,提高TBM利用率,努力实现持续稳步掘进,快速通过破碎围岩洞段。

2.3 TBM卡机预防措施及脱困技术

TBM法隧道施工遭遇断层破碎带时,因围岩整体抗压强度较低,隧道开挖后围岩稳定性差,极易发生变形或出现大面积失稳坍塌。TBM卡机,掘进受阻,同时还可能导致TBM掘进方向偏移等问题。为避免TBM在断层破碎带掘进时出现卡机情况,应提前采取预处理措施,如超前固结围岩,再采用TBM掘进通过。

为及时全面掌握极端破碎带的潜在影响,应在熟悉前期勘察资料的基础上,结合超前地质预报进一步探明地质条件,制定相应措施。围岩严重破碎洞段,首先应采取合理措施预防TBM卡机;一旦TBM被卡,还需要提前制定相应预案及时脱困。

2.3.1 TBM卡机预防措施

TBM通过软岩、断层带和风化岩等围岩时往往会由于强烈挤压变形和破坏而发生TBM卡机事故,其中断层破碎带是卡机事故的高发地段。

TBM卡机一般有刀盘卡滞、盾体卡滞和刀盘盾体同时卡滞三种形式。

(1)刀盘卡滞主要发生在断层破碎带。在断层破碎带地段,受TBM掘进过程中刀盘扰动,掌子面围岩失去平衡,掌子面岩体稳定性减弱,坍塌形成堆积体。坍塌的岩体堆积在刀盘周边及前方,部分不规则交错岩体卡在滚刀与掌子面、刮渣铲斗与周边完整岩体之间,或者进入刀盘背板与机头架之间致使刀盘无法转动,从而造成刀盘卡滞。

(2)盾体卡滞主要是因围岩收敛变形或大面积坍塌挤压所致。TBM在断层破碎带地段施工如出现较长时间停机,盾体外侧围岩因长时间暴露风化,极易大面积坍塌、沉降;刀盘与盾体位置出现较大坍塌形成临空面,也易造成护盾上方围岩不稳以致大面积坍塌,盾体在大量渣体挤压下,会下沉甚至变形,盾体与洞壁间缝隙完全被岩渣填充,当TBM推进力不足以克服岩壁与盾体间的摩擦阻力时,盾体就会卡滞。

(3)刀盘盾体同时卡滞则经常发生于断层破碎带及软岩大变形段,TBM掘进时如遇掌子面较大坍塌,极易影响盾体外侧围岩的稳定,从而导致刀盘与盾体区域均发生大面积坍塌,使得刀盘与盾体同时卡滞。

为避免因以上因素造成TBM卡机的情况发生,在TBM设计制造期间或掘进至此类围岩地段前应提前采取预防措施,如进行TBM针对性设计、超前预处理等,以降低TBM卡机风险。

1)加强地质勘察及预报的准确性

详细的地质勘察、准确的地质勘察成果是影响TBM法隧道施工工法选择的关键因素,无论在设计阶段还是在施工阶段均会直接制约TBM法隧道施工的安全性。

地质勘察无法全面准确地揭示所有地质问题,因此需要引入超前地质预报技术,进一步查清隧道掌子面前方一定距离的工程地质与水文地质条件,提前分析掌子面前方的地质风险,从而提前防治,以降低地质灾害发生的概率和危害程度,降低TBM卡机风险。另外,要加强对超前地质预报数据的分析、统计、验证、积累、修正工作,以提高超前地质预报的准确性。

2)TBM设备针对性设计

TBM设计之初就要充分考虑TBM的地质适应性,进行针对性设计,以提高TBM不良地质段通过能力。

(1)增强刀盘扩挖能力

采用预留刀位、更换边块等技术,或采取边刀加垫块的方式并结合主驱动抬升功能,实现TBM长距离扩挖。在TBM通过不良地质时,开启刀盘扩挖功能,加大洞壁与护盾间隙,在围岩收敛或沉降触及护盾前,快速掘进通过,并及时吹填豆砾石填充围岩与尾盾间隙或锚喷拱架支护。

(2)增强TBM刀盘脱困能力

采取大扭矩储备设计,如采用液压马达+变频电机的模式或双速减速机模式,加大TBM主驱动额定扭矩,增强TBM刀盘脱困能力。同时适当减小刀盘暴露长度,可降低刀盘对岩层的扰动及刀盘卡滞风险。

(3)提高TBM结构强度及脱困能力储备

为提高TBM抗冲击及脱困能力,降低TBM结构变形损坏或卡滞风险,需合理提高TBM结构强度,并确保足够的推力、扭矩等脱困能力储备。

(4)增强主机带式输送机输送脱困能力

通过加大功率、加大带宽设计,增加带式输送机的运载能力,增加其脱困能力,可有效降低主机带式输送机在破碎地层的过载停机风险。

(5)缩短TBM护盾轴向长度

尽可能缩短护盾长度,加大护盾的径向伸缩量,加大后配套与洞壁安全间隙,从而降低卡机风险。后配套设计时,若条件允许可适当缩小外形尺寸,以避免后配套与支护体系干涉。

(6)阶梯状护盾直径设计

对于护盾式TBM,护盾直径设计为前大后小的阶梯状,可以降低在围岩收敛过程中护盾的卡滞风险。

3)钻爆法预处理

已经探明的不适合TBM施工的长段落断层等极端破碎洞段,如果具备条件,可以设置斜井或竖井采用钻爆法提前施工该洞段,待TBM掘进至此段后步进通过。

4)地表注浆

如极端破碎带处于隧道浅埋段,现场条件允许情况下,可采用地表注浆技术加固掌子面前方破碎围岩,增强围岩自稳能力,以确保TBM顺利掘进通过。

施工控制要点:

(1)确定掌子面前部区域注浆范围(依据断层影响长度确定);

(2)科学设计布孔参数,配置合理钻孔设备;

(3)选择合适的浆液类型及注浆参数;

(4)注浆完成后钻孔检查注浆效果,确认无误后TBM掘进通过。

5)地表开挖

对于部分埋深很小的浅埋段极端破碎洞段,条件适宜时可考虑地表开挖方案,将极端破碎带区域分层开挖至隧道底部高程,并施作混凝土底板,待TBM步进通过后浇筑钢筋混凝土护拱,分层回填。

2.3.2 TBM卡机脱困技术

TBM卡机脱困,常用的处理方法有超前注浆加固、超前管棚加固、迂回导洞开挖等,可根据不同的卡机类型、成因选用单一或组合方案处理。

1）刀盘清理脱困方案

刀盘卡滞时，不能急于启动刀盘，首先要查明刀盘前塌方情况，尤其应明确坍塌渣体规模，再采取相应的处理措施。

（1）当塌方规模较小，松散渣体刚刚超过刀盘的一半或更少时，可将刀盘慢速后退20~30cm，进入刀盘观察塌落体下落及掌子面稳定情况。如果后退刀盘过程中掌子面区域围岩相对稳定，则可尝试采用脱困模式启动刀盘慢速出渣，如果仍然无法启动刀盘则继续后退，并按前述方法进入刀盘进行检查，再尝试，直到刀盘启动为止，注意每次刀盘后退距离不宜过多、过快。

（2）如刀盘后退仍无法脱困，则注浆加固刀盘前方及周边松散岩体，人工清理刀盘内及周边渣体，以减小刀盘转动阻力，待刀盘脱困后采用TBM掘进通过，并及时对破碎岩体合理支护。

①施工流程

施工工艺流程如图5-2-21所示。

②施工控制要点

a. 刀盘拱顶渣体清理。在防尘盾相应位置开口，从开口处伸入风钻/风镐等破碎大块渣体，并推至刀盘前方，过程中严禁人员进入刀盘上部及前部。

b. 刀盘与掌子面之间渣体清理。自上而下，自拱顶向两边，重点清理铲斗口及刀孔周边积渣。

c. 刀盘背部与护盾之间的积渣清理。通过防尘盾下部的两个开口用小型工具清理积渣。

d. 隔仓清理。将刀盘后面板与背板之间所有隔仓积渣清理干净。

e. 刀盘脱困后恢复掘进。遵循三低（低推力、低转速、低贯入度）、一连续（掘进）、宁慢勿停的掘进原则。依据出渣量、主机带式输送机荷载等实时调整掘进参数。

f. 及时支护，参见本章2.2节。

防尘盾开口位置如图5-2-22所示。

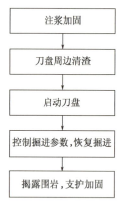

图5-2-21 施工工艺流程图

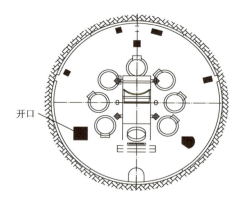

图5-2-22 防尘盾开口位置示意图

2）注浆加固处理方案

当塌方规模较大，刀盘后退有可能引起更大坍塌时（常见于软岩地层），刀盘不可后退。此时刀盘应维持原位不动，通过超前注浆加固破碎岩体。采用玻璃纤维锚杆、超前小导管或大管棚加固掌子面及前方岩体，超前加固完成后清理刀盘内及周边渣体，恢复掘进，TBM开挖完成后及时施作初期支护。

（1）注浆加固施工工艺

注浆加固施工工艺流程如图5-2-23所示。

（2）施工准备

①安全技术交底培训，各跟班技术、安全人员到位。

②刀盘内虚渣、积水清理，照明、通风工作完成。

③TBM停机，刀盘、带式输送机等系统处于制动关停状态。

④作业人员、注浆设备、注浆材料等准备到位。

（3）初期支护补强

参见本章2.2.2小节。

（4）刀盘内注浆加固

可在刀盘内通过边刀孔、铲斗孔向掌子面前方及径向注浆加固围岩。刀盘前方不可布设钢管，以免损伤刀盘刀具，可采用自进式玻璃纤维锚管作为注浆管，由于刀盘内部作业空间狭窄，单节玻璃纤维锚管长度一般为1m，后续采用套管连接加长。采用手持式风钻或改造后的气腿式风钻(气腿长度1~1.5m)将玻璃纤维锚管钻进至松散体内，深度2~5m，注浆加固掌子面破碎岩体。布孔位置如图5-2-24所示。为确保注浆效果，掌子面注浆材料优先考虑化学浆液(一般分为堵水型和加固型)，富水段注浆以堵水为主。

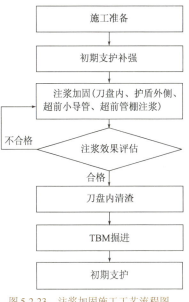

图5-2-23 注浆加固施工工艺流程图

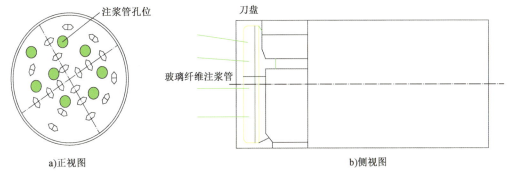

图5-2-24 刀盘内注浆加固位置示意图

刀盘内注浆加固掌子面、周边围岩，加固范围较小，主要是封闭和固结刀盘前面和周边破碎围岩，以防超前管棚或小导管注浆时浆液回流固结刀盘。

（5）护盾外侧注浆加固

如盾体外侧岩体较为松散，需对其固结加固，以防脱离盾体区域时坍塌，同时也可避免长久停机时岩体沉降挤压盾体造成卡机。

通过护盾尾部拱顶外侧斜向上布设注浆管，注浆管环向呈放射性向两侧布设，间距不大于40cm，注浆管可采用φ42mm钢管，外插角选择以固结盾体上部岩体为准。

根据岩体破碎情况注浆材料可选择单液浆，也可选择双液浆或化学浆液，如岩体较为破碎，宜优先选用双液浆或化学浆液。为避免注浆时造成刀盘与盾体间因流入浆液固结，要做好相应部位防护，同时调整注浆角度及注浆压力。

（6）超前小导管注浆加固

为确保刀盘脱困后能顺利掘进，优先考虑采用小导管对掌子面前方破碎岩体进行超前注浆固结。

①布孔参数设计及钻孔设备配置。

布孔参数根据围岩破碎情况及拱部坍塌规模确定，超前注浆孔沿TBM护盾外开挖轮廓线呈伞形辐射状布置，灌浆孔环向布置范围以超出松散体到达稳定基岩为宜，一般不小于顶拱120°，钻孔深度根据刀盘及护盾长度确定,按盾体及刀盘宽 5m 计算,一次钻孔段深度 25～30m,掘进长度为注浆长度的 70%～80%,每段预留 20%～30% 作为下段注浆的止浆盘。采取单双序交叉布管方式,钻孔环向间距一般不大于 45cm,采用 TBM 上配备的超前钻机钻孔,超前钻机配备和布孔分别如图 5-2-25、图 5-2-26 所示。

图 5-2-25　超前钻机

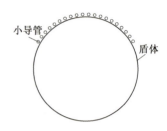

图 5-2-26　超前小导管布孔示意图

②浆液类型及注浆参数选择。

浆液需具有良好流动性和可灌性,凝胶时间可根据需要调节,固化时收缩小,浆液与围岩、混凝土、砂土等黏结力强,固结体具有高强度和良好的抗渗性、稳定性、耐久性等,注浆材料无毒、无污染,同时应充分考虑注浆材料的来源和成本。

浆液根据注浆材料的适用范围和效果等因素可分为 4 大类:

a. 水玻璃浆液:水玻璃是硅酸钠水溶液,为一种矿黏合剂。

b. 水泥类浆液:普通水泥、超细水泥、石墨水泥等使用较为普遍。

c. 高分子浆液:即化学液,主要包括环氧树脂、聚氨酯、弹性聚氨酯、水溶性聚氨酯材料。

d. 水泥加膨润土浆液:加入膨润土的目的是充填大的空隙,使地质均质以防地下水造成的浆液流失。

一般在中强风化及断层破碎带富水或动水条件下,选择采用普通水泥-水玻璃双液浆或者化学浆液;在砂层中,选择采用超细水泥-水玻璃双液浆。

注浆参数根据围岩的工程地质和水文地质(如围岩孔隙率、裂隙率、渗透系数、涌水量、水压等)并结合试验确定。

③超前小导管注浆施工工艺。

超前小导管注浆施工工艺流程如图 5-2-27 所示,注浆管加工如图 5-2-28 所示,施工控制要点见表 5-2-2。

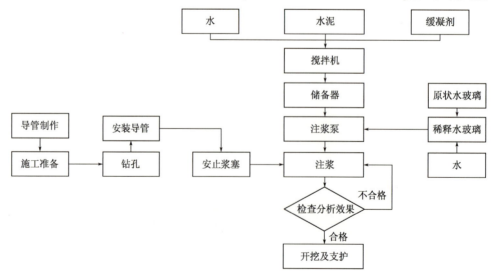

图 5-2-27　超前导管注浆施工工艺流程

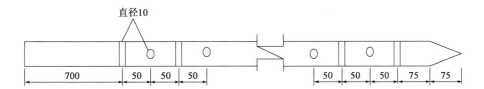

图 5-2-28　注浆管加工示意图(尺寸单位:cm)

超前小导管注浆施工控制要点　　　　　　　　　　　　　　　　　表 5-2-2

序号	工　序	控　制　要　点
1	钻孔	安装导向管,固定钻机。施钻开孔时要轻压、慢速,防止破坏孔口,造成塌孔和断钎。钻孔过程中要做好钻进深度、钻进速度、钻孔出水量以及钻机冲击、回转和推进压力等参数记录,从而可较准确地预测前方围岩的硬度和裂隙发育程度
2	注浆管、止浆塞安装	钻孔完毕,确认没有偏斜和塌孔后,插入注浆管,如有塌孔,应先用钻机扫孔,再将注浆管插入孔内,安好止浆塞。当塌孔严重时,应改由套管护壁钻孔。带有止浆塞的灌浆管采用超前钻机顶入孔内至设计深度,使灌浆塞与孔壁充分挤压紧实,在灌浆塞与孔口空余部分填充塑胶泥,固定注浆管与止浆塞等。注浆管可采用 $\phi 42mm$ 钢管,注浆管外露长度不小于 30～40cm,以便连接阀门及灌浆管路
3	注浆	将水泥浆液按规定配合比配制并不断搅动,并在储浆桶中稀释水玻璃。待注浆管就位,管路系统连接完毕后,即可开始注浆。第一孔宜先压入单液水泥浆,检查止浆情况良好后再注双液浆。当注浆终压达到设计压力或单孔注浆量达到设计量时,停止该孔注浆,以定压注浆为主。注浆结束后须清洗注浆泵、注浆管等相关设备,防止堵塞
4	注浆结束标准	当达到设计终压后继续注浆 10min 以上,单孔注浆量小于初始注浆量的 1/4(此为单孔结束注浆标准)。所有注浆均以单孔结束标准为结束条件,且无漏浆现象。注浆作业应按由浅孔到深孔,自下而上,自两边向中间的顺序进行

(7)超前管棚

如超前小导管注浆难以实现对掌子面前方破碎围岩有效固结,可考虑在 TBM 盾体后部施作超前管棚+小导管方案,即在 TBM 盾体后适当扩挖,施作管棚的工作间(原有隧道断面难以安装管棚钻机),安装管棚钻机施作超前管棚,在相邻两个管棚钢管间再施作超前小导管并注浆,以实现对掌子面及护盾上方破碎岩体的有效固结。

下面以西北某引水隧洞工程为例进行介绍。

①管棚工作间施工。

根据管棚钻机工作空间需求,在护盾尾部(具体尺寸依据管棚钻机施工需求确定)逐步扩挖隧洞上半断面,扩挖施工按照超前管棚外倾角 3°计算,扩挖后隧洞内轮廓距护盾外轮廓约 30cm。扩挖后的上半部分钢拱架与未扩挖的下半部分钢拱架采用型钢连接,下断面钢拱架 90°与 180°位置逐榀施作至少 2 根锁脚锚杆,并施作混凝土扩大基础,上部拱架伸入混凝土不少于 30cm,扩挖后的钢拱架采用锁脚锚杆固定,系统锚杆设置范围为拱顶 180°,布设自进式中空注浆锚杆,锚杆间排距为 1m,扩挖后的钢拱架采用槽钢纵向连接,间距为 0.5m。扩挖后隧洞支护如图 5-2-29 所示,钻机安装如图 5-2-30 所示。

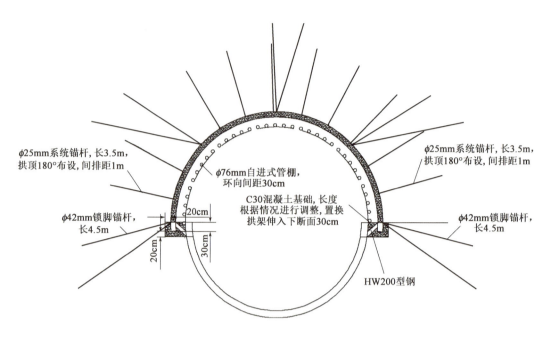

图 5-2-29　扩挖后隧洞支护示意图

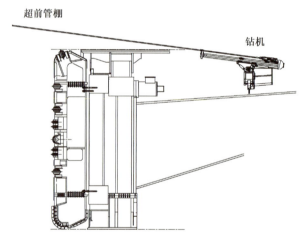

图 5-2-30　钻机安装示意图

为在刀盘前上方及盾体上方形成岩体固结圈，避免管棚施作后注浆时浆液流至刀盘处固结刀盘，扩挖完成后，沿护盾尾部布设自进式中空注浆锚杆，锚杆环向间距为 0.3m，范围为拱顶 180°。灌注化学浆液固结护盾及刀盘上部围岩；同时在刀盘内通过刀孔与铲斗在刀盘上部洞壁及掌子面钻孔，插入玻璃纤维锚杆灌注化学浆液（选用对刀盘无固结效果的化学浆液，如 HC 注浆材料）。

②管棚施工及注浆。

刀盘及护盾上方围岩固结完成后，在护盾尾部安装 1 榀钢拱架，施作管棚导向管，布设管棚钻机，施作管棚。管棚长度根据刀盘及护盾长度确定，以盾体及刀盘长约 5.3m 计算，一次钻孔段长度至少 30m，环向间距为 30cm，外倾角为 3°，范围为拱顶 180°。管棚搭接长度为 5.3m，有效长度为 19.4m。管棚梅花形布设注浆孔，孔径 8mm，杆体尾部 9m 范围内不设孔，管棚布置如图 5-2-31、图 5-2-32 所示。施工完成后对管棚注浆加固，注浆压力为 4~6MPa。

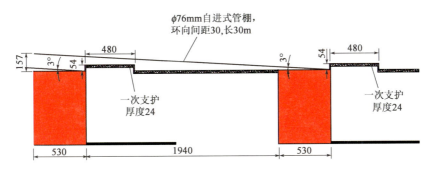

图 5-2-31 管棚布置示意图(尺寸单位:cm)

③扩大洞室回填。

管棚施工完成后,对扩挖段按照设计尺寸架设钢拱架,模筑混凝土回填,TBM 恢复掘进。

(8)刀盘内清渣脱困

超前加固完成后参照"刀盘清理脱困方案"清理刀盘内积渣,确保刀盘正常转动。

(9)分段掘进及注浆加固

当护盾区域及刀盘内注浆加固完成后可恢复掘进,每次掘进长度根据注浆效果可掘进一个注浆段(注浆长度的 70% ~ 80%),分段掘进完成后,进行下循环注浆加固直至通过该不良地质段,掘进过程中每掘进循环完成后进入刀盘观察掌子面情况,如在分段长度内出现掌子面坍塌或注浆加固不到位时可停机加密注浆。

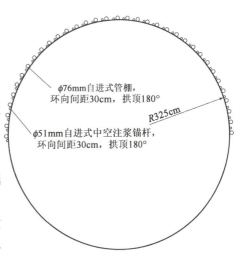

图 5-2-32 护盾顶部围岩加固示意图

3)小导洞法处理方案

上述方案无法脱困时,可采用小导洞法 TBM 脱困方案。在护盾顶部人工开挖小导洞,完成盾体、TBM 刀盘区域导洞施工后再向两边扩挖,清理刀盘上方、护盾顶部及两侧的积渣,以降低刀盘转动及盾体摩擦阻力直至恢复正常。同时利用导洞,施作超前管棚加固前方不良地质围岩,完成后采用 TBM 掘进通过。

(1)总体方案

①在盾尾、刀盘内加固护盾区域围岩;

②自盾尾开挖小导洞并环向扩挖形成管棚工作间;

③在管棚工作间内设置管棚导向墙,施工超前管棚并注浆;

④清理刀盘上方、护盾周边积渣,完成设备脱困;

⑤TBM 掘进后,出露护盾位置空腔回填混凝土并注浆。

(2)施工工艺

小导洞法施工工艺流程如图 5-2-33 所示。

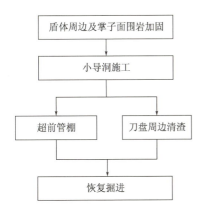

图 5-2-33 小导洞法施工工艺流程图

(3)盾体周边及掌子面加固

具体参见本节注浆加固处理方案。

(4)小导洞施工

小导洞布置位置为拱顶区域围岩相对稳定洞段,自盾尾后方两榀拱架之间开口进入,小导洞开挖尺寸可根据现场实际情况确定。小导洞结构如图 5-2-34、图 5-2-35 所示。

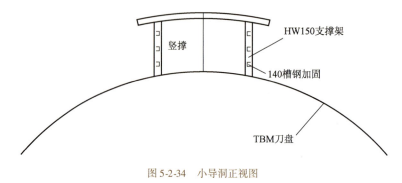

图 5-2-34　小导洞正视图

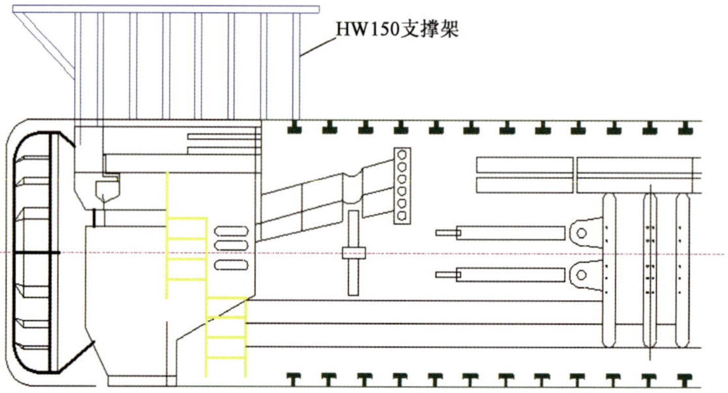

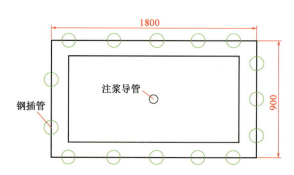

图 5-2-35　小导洞侧视图

①小导洞开口及开口处开挖支护。

径向化学灌浆加固开口处及周边围岩,移除开口处初期支护,人工自下而上开挖,并施作初期支护。

如图 5-2-36 所示,为保证开口处开挖过程中上方及周边岩体稳定,该处岩体需注浆加固,同时周边设置一圈钢插管护壁。开口处正中位置打设一根 $\phi42mm$ 长度不小于 3m 的注浆管,灌注化学浆液固结。周边间距 0.45m 打设 15 根 $\phi76mm$ 钢插管(间隔布孔,必要时注浆),长度不小于 3m,形成一圈围护支撑体系(开挖该处时割除)。

图 5-2-36　开口处加固示意图(尺寸单位:mm)

钢插管及注浆加固后,移除该处初期支护,人工采用风镐等合适工具向上挖,开挖过程中利用木板、方木或其他适宜材料等合适工具做好临时防护。

开口处采用 HW150 型钢门架支撑作为支护体系,开挖完成后安装型钢支架,下部支撑在 TBM 初期支护拱架外弧面上(将主洞初期支护钢拱架间距加密至 0.65m,与小导洞钢拱架相匹配),两者焊接牢固。支架之间采用型钢连接加固,间距 40cm。拱部施作 4 根 $\phi 42$mm 锁脚锚管,长度 4m,斜向洞外方向,注化学浆液加固。面向掌子面一侧拱部施作 4 根 $\phi 42$mm 超前小导管,环向间距 0.4m,长度 4m,外插脚 30°(根据现场空间可适当调整),注化学浆液加固。支架加固完成后喷射 C25 混凝土封闭,喷射厚度以与支架内弧面平齐为宜。

②小导洞开挖支护。

小导洞开挖之前要先施作超前探孔,单次探孔深度不小于 3m。小导洞开口施作完成后,向前开挖,单循环 0.65m 架设一榀拱架,导洞采用人工手持风钻开挖,渣土用小桶倒运至导洞开口处下部放置的手推车内,后由人工配合铲运至主机带式输送机上,输送至洞外。导洞开挖过程中采用方木及木板临时防护,同时上一循环拱架支护后,通过拱架外弧面向开挖方向打设钢插板(厚 16mm),起到超前支护作用。

导洞支护主要采用 HW150 型钢拱架,间距 0.65m,底部支撑在护盾上,与护盾焊接牢固。拱架之间采用型钢纵向连接加固,间距 40cm。拱部施作 4 根 $\phi 42$mm 超前小导管,环向间距 0.4m,纵向间距 1.5m,长度 4m,外插角 30°,注化学浆液加固。导洞洞壁喷射 C25 混凝土封闭(视围岩情况),厚度 15cm。

(5)小导洞扩挖段施工

结合护盾长度和拱架落脚点需求,确定小导洞的开挖长度。小导洞开挖支护完成后向两侧扩挖(盾体卡滞时,扩挖直至盾体脱困),刀盘位置拱部外延施作成帽檐形式,利用斜撑固定在后部门架上。扩挖段正视图和俯视图如图 5-2-37、图 5-2-38 所示。

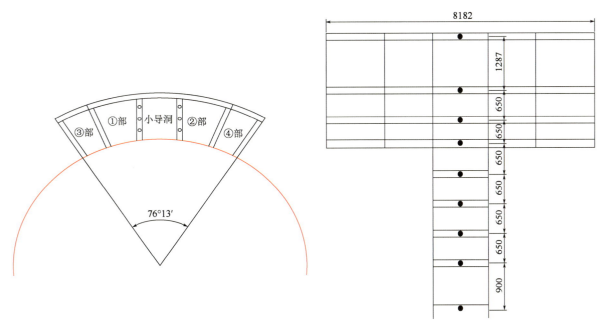

图 5-2-37　扩挖段断面正视图　　　　图 5-2-38　小导洞及扩挖段俯视图(尺寸单位:mm)

(6)超前管棚施工

利用导洞扩挖空间,施作 $\phi 76$mm 超前管棚加固前方围岩,管棚长度 30m,施作范围为拱部 76°,间距 40cm,共计 16 根(可视当时围岩情况确定)。管棚在扩大洞室内施作,考虑到管棚施作过程中前部可能出现下沉情况,管棚施作角度取 1°~3°,管棚分节长度为 15m,管节间采用套管连接,相邻管棚接口交错位置,交错长度不小于 10m,管棚尾端设置 3m 长止浆段,其余部位采用梅花形布孔。

管棚布置正视图和俯视图如图 5-2-39、图 5-2-40 所示。

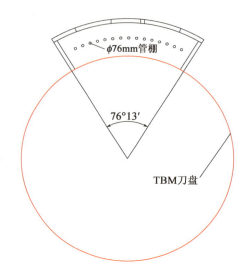

图 5-2-39　管棚布置正视图

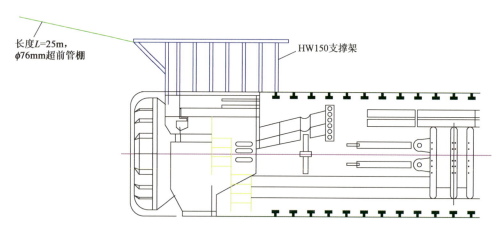

图 5-2-40　管棚布置侧视图

（7）刀盘周边清渣

参见本节刀盘清理脱困方案。

（8）恢复掘进

刀盘周边清渣、超前管棚施工完成后，清除作业区域内杂物，然后将竖撑与护盾分离，竖撑割除顺序为自两侧向中间，由刀盘至洞口方向，割除过程中做好监控量测，如有变形，人员立即撤出，然后采取加固措施。

扩挖处露出护盾后，拼装的全圆拱架间距与导洞拱架间距相同，并与竖撑焊接牢固（竖撑落脚在全圆拱架上），导洞内拱顶位置纵向间隔 2.0m 预埋 ϕ76mm 注浆管，喷射混凝土封闭后灌注强度等级不低于 C25 的细石混凝土或回填 M25 砂浆。

恢复掘进，边掘进边支护，宜采用加强型初期支护，初期支护背后空腔及松散围岩及时灌喷回填并注浆加固。

4）迂回导洞处理方案

如断层破碎带规模较大，采用注浆加固和小导洞方案 TBM 无法脱困时，可开挖迂回导洞绕行至刀盘前部,然后通过导洞以矿山法全断面或上半断面施工断层破碎洞段,矿山法开挖支护完成后,采用TBM步进通过或下半段面掘进通过。待TBM通过后,再将导洞用混凝土回填。导洞开挖如图5-2-41所示。

根据现场作业空间、运输条件等综合因素选择开口位置,主要在护盾尾部和连接桥两个区域。同时,迂回导洞布置还应充分考虑断层破碎带附近横通道、平行导洞与主洞之间的位置关系,尽量减少迂回导洞开挖工程量及对设备的干扰。

(1)施工工艺

迂回导洞法施工工艺流程如图5-2-42和图5-2-43所示。

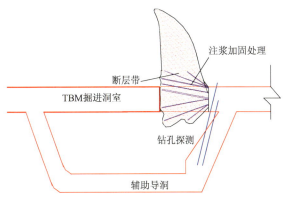

图5-2-41 导洞开挖示意图

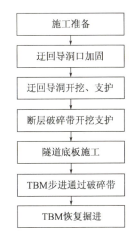

图5-2-42 迂回导洞法施工工艺流程图(一)

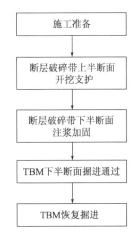

图5-2-43 迂回导洞法施工工艺流程图(二)

(2)施工准备

①开口位置选择:根据隧道实际揭露地质情况,选择迂回导洞开口最佳位置。

敞开式TBM可在顶护盾位置选择围岩相对稳定地段开口,导洞方式可选择小导洞形式,或在锚杆钻机至后支撑之间空间相对宽敞的位置处开口,或在连接桥作业空间相对宽裕处开口。

②人员材料设备准备:根据施工需要提前配置设备、人员、材料等。

(3)迂回导洞口加固

迂回导洞开挖前,要考虑迂回导洞开挖过程中对围岩的扰动,需对迂回导洞附近已开挖初期支护进行注浆或二次套拱加固。迂回导洞开挖前首先施工锁口,在迂回导洞设计开挖轮廓线外对相邻主洞钢拱架施作4根锁脚锚杆,长4m,上仰8°～10°,锁脚锚杆完成后割除开挖轮廓线内钢拱架,使用型钢将其焊接至相邻主洞钢拱架上,以便共同受力。

(4)迂回导洞开挖支护

设备区域迂回导洞宜采用控制爆破或适宜的非爆破方法开挖,爆破开挖过程中导洞洞口处挂设废弃皮带或橡胶类材料,以减小爆破过程中对设备的冲击影响。迂回导洞开挖除采用常规的地质预报手段及超前小导管支护外,还应施工加深炮孔作探孔,以便验证对前方围岩判断的准确性。

(5)断层破碎带开挖支护

迂回导洞挖至卡机位置后,采用台阶法开挖断层破碎带,开挖过程中依据地质情况采用小导管或超前管棚注浆加固处理,同时通过加深炮孔及时探知前方地质情况。如有必要,及时施作仰拱及衬砌。

(6)底板施作及 TBM 掘进

依据地质条件,刀盘前方断层破碎带可采用矿山法全断面开挖或部分断面开挖。如采用全断面开挖,要及时施作 TBM 步进底板,待复杂地质段处理完成后采用 TBM 步进通过断层带;如采用部分断面开挖,剩余部分适当加固后由 TBM 掘进通过。

2.4 工程案例

2.4.1 工程概况

引汉济渭工程秦岭输水隧洞岭北 TBM 施工段主洞全长 16690m,采用钻爆法 + 敞开式 TBM 施工,TBM 施工段全长 15165m,隧洞平均坡降 1/2500,隧洞埋深 545～1570m,使用一台 $\phi 8.02m$ 敞开式硬岩掘进机施工,支洞和主洞采用连续带式输送机出渣。TBM 分两阶段施工,第一阶段贯通后在检修洞室完成设备检修,继续施工第二阶段。

秦岭输水隧洞 TBM 施工段岭北工程通过 F8、F9、F10、F11、F12、F13、F14、F15、F16、F17、QF3、QF3-1、QF3-2、QF3-3 共 14 条断层,断层破碎带物质为碎裂岩、糜棱岩、断层角砾以及断层泥砾,宽度 30～190m 不等。洞身段位于弱风化～微风化岩体中,岩体破碎。洞身段均位于地下水位以下,地下水分布主要受构造、节理、裂隙的发育和分布情况控制,主要表现为基岩裂隙水及构造裂隙水。各断层破碎带处洞身围岩以 V 类为主,极不稳定。

TBM 通过诸如软岩、断层带和风化岩等软弱围岩时往往会由于强烈挤压变形和破坏而发生卡机、塌方、突涌水等事故。断层破碎带是卡机事故的高发洞段。对于非断层破碎带,当围岩较为软弱、节理贯通性好、咬合力弱时容易造成围岩大变形,同样也是卡机事故的易发区。

2.4.2 卡机及分析

2016 年 05 月 31 日上午 7 时 32 分,TBM 掘进至 K51 + 597.6 时,左侧护盾后方 K51 + 603.2 处有砂砾状渣体不断涌出(图 5-2-44),至护盾后方渣体堆积高度超过 TBM 主梁后停止,涌出渣量近百立方;从刀盘孔可见左上方有一塌空腔体(图 5-2-45),此塌腔处于刀盘左上方 10 点至 11 点之间,垂直向上,深 5～6m。如图 5-2-46 所示,塌腔内不断有水涌出,刀盘内岩渣已填充约 2/3,导致刀盘卡滞。

图 5-2-44　左护盾后部涌渣

图 5-2-45　刀盘左上方 11 点位置塌腔

本段原设计为Ⅲ类围岩,岩性为千枚岩夹变砂岩,实际揭露岩性多为千枚岩,少量变砂岩、碎裂岩、糜棱岩及少量断层泥砾。

如图 5-2-47 所示,受该坍塌影响,已开挖段部分钢拱架及钢筋排发生明显挤压变形。根据护盾压力监控数据显示,护盾顶部压力已达到设备极限值,盾体卡滞。

图 5-2-46　刀盘左上方涌水

图 5-2-47　钢拱架挤压变形

现场会勘表明,K51+616～K51+604段(已揭示段)发育一断层,初步判断为逆断层,大致产状为 N55°W/46°N,K51+616～K51+604段岩性主要为千枚岩和少量变砂岩,有少量糜棱岩和断层泥砾夹层,K51+605开始进入断层主带,岩性主要为碎裂岩、糜棱岩和断层泥砾,岩石胶结差,自稳能力差。

2.4.3　超前地质预报

为进一步了解掌子面前方地质情况,采用激发极化法及地震波法对前方地质进行了探测,探测结果如下。

(1)激发极化法探测结果。

探测的激发极化三维成像如图5-2-48、图5-2-49所示,其中 X 方向表示竖直方向,Y 方向表示掌子面宽度方向,Z 方向表示开挖方向,坐标原点为掌子面中心位置,反演区域为 $Y(-9m,9m)$、$X(-11m,11m)$,掌子面坐标为 $Y(-4.0m,4.0m)$、$X(-3.7m,3.7m)$,图中掌子面洞径范围外部分仅供参考,激发极化预报结果如下:

①K51+597.6～K51+587.6段:三维反演图像中掌子面范围内电阻率值较低,在掌子面中部出现较大低阻区域,结合地质分析,推断掌子面左侧围岩破碎,地下水异常发育,开挖易出现股状涌水。

②K51+587.6～K51+577.6段:三维反演图像中掌子面范围内电阻率值较低,在掌子面中部出现

低阻区域,结合地质分析,推断掌子面中部围岩破碎,地下水发育,开挖易出现股状涌水。

③K51+577.6~K51+567.6段:三维反演图像中该段落电阻率较前两段落略有增大,结合地质情况,可推断该段落围岩较破碎,裂隙发育,开挖易出现涌水或流水。

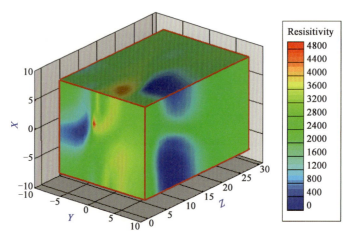

图 5-2-48　激发极化三维成像图

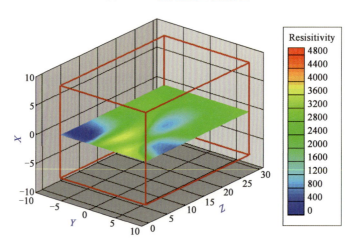

图 5-2-49　激发极化成像 $X=0$ 切片图

(2)通过勘测区域的地震波反射扫描成像三维图和掌子面地质观测的信息,得出此次综合超前地质预报结果,见表 5-2-3。

综合超前地质预报结果　　　　　　　　　　表 5-2-3

序号	里程	长度(m)	推断结果
1	K51+597.6~51+567.6	30	该范围内存在较多负反射,推断该段落围岩破碎,节理裂隙发育
2	K51+567.6~51+547.6	20	该范围内未出现明显正负反射,推断该段落围岩完整性差,局部发育节理裂隙
3	K51+547.6~51+527.6	20	该范围内出现较连续的正负反射,推断该段落围岩较破碎,节理裂隙发育

2.4.4　总体方案与施工工艺

依据前方坍塌情况及超前预报结果,制定了以下脱困方案。

如图 5-2-50 和图 5-2-51 所示,从 TBM 护盾后方相对稳定岩体中开挖纵向小导洞,纵向小导洞穿过破碎带进入围岩稳定洞段后施作横向导洞并形成管棚工作间,反向施作大管棚并注浆加固破碎围岩,在大管棚的安全防护下,配合超前小导管和环形钢拱架,人工开挖通过断层破碎带并清除护盾顶堆积的渣体,实现 TBM 脱困。

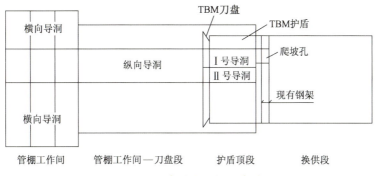

图 5-2-50 断层处理平面示意图

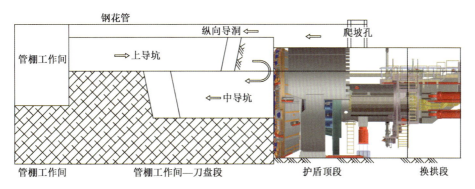

图 5-2-51 断层处理纵断面示意图

总体施工工艺流程如图 5-2-52 所示。

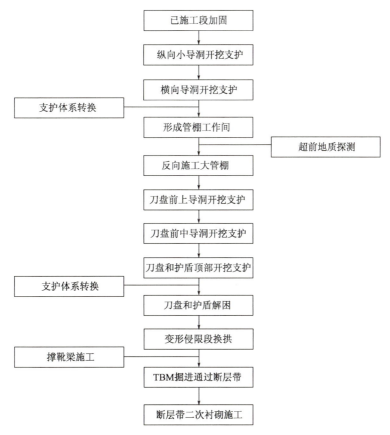

图 5-2-52 总体施工工艺流程图

2.4.5 方案实施

1）护盾后方已施工段加固

(1) 支护加固

K51+625~K51+603段，为防止已拼装的H150型钢拱架及钢筋排变形继续加剧，利用TBM主梁作为支撑，用H150型钢对已拼装拱架进行竖向及斜向支撑。型钢加固布置见图5-2-53和图5-2-54。

a) 斜向支撑　　　　　　b) 型钢加固钢拱架

图 5-2-53　型钢加固钢拱架

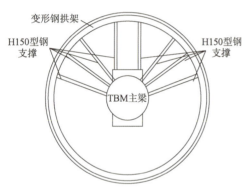

图 5-2-54　型钢加固已拼装拱架示意图

钢架支撑加固完毕后，在现有每两榀钢拱架间根据实际断面增设1榀全断面Ⅰ20a型钢拱架，加密后钢拱架间距不小于45cm。拱架与围岩间空隙采用钢楔块填塞，楔块环向间距不大于0.5m，相邻钢架之间利用H150型钢连接，间距0.5m，并立即对拱架与围岩间空隙喷射混凝土。

(2) 注浆喷混加固

K51+640~K51+603段，为防止已拼装的H150型钢拱架及钢筋排变形继续加剧，对该段全断面施作ϕ42mm小导管并注浆加固，小导管长4.5m，间距0.4m×0.45m（环×纵），小导管靠近拱架施作，与拱架焊接连接。对于成孔困难部位，注浆采用ϕ32mm自进式注浆锚杆，如图5-2-55所示，锚杆长4.5m，间距0.4m×0.45m（环×纵）。注浆采用双液浆，注浆压力根据现场实际情况调整。及时喷射C20混凝土，混凝土厚度为20cm，配合钢拱架及钢筋网片（钢筋排）形成联合支护体系。

图 5-2-55　ϕ32mm自进式中空锚杆注浆加固

K51+667~K51+640段,喷射C20混凝土加固,混凝土厚度为20cm。

2)塌腔回填

为避免二次垮塌,需加固坍塌松散体并回填塌腔。松散体采用注浆加固方案,塌腔采用化学浆液发泡填充。

(1)注浆材料比选

由于刀盘前方、护盾顶部及两侧大部分为空腔,若采用水泥浆固结加固和混凝土回填,水泥浆和混凝土将流入刀盘内,造成刀盘被固结;另外,回填混凝土施工工期长,塌腔不稳定,顶部掉落岩体对已支护段的稳定将产生一定风险,需确定更加实用的方案。通过试验比选,确定采用聚氨酯类双组分化学浆液灌浆固结加固松散岩体,并回填上方及前方塌腔。

聚氨酯类双组分化学灌浆材料及其配套注浆工艺具有对破碎岩体固结快、强度高、注浆效率高、操作简单等特点,固结后质量相对小,对已支护段压力小,固结时间可以精确控制,固结效果试验如图5-2-56所示。

图5-2-56 化学材料固结效果试验

采用"加固系列"聚氨酯类双组分化学浆液对周边破碎围岩及松散渣体进行注浆固结,浆料由A组分和B组分组成,固定配合比为体积比A∶B=1∶1,固结半径3.5m;塌腔采用"充填系列"回填,发泡倍率为1∶10,阻止塌腔继续扩大,确保岩体及塌腔整体稳定。

(2)注浆孔布置

①松散体固结灌浆。探测松散体分布范围、堆积厚度,采用φ32mm自进式中空锚杆注浆。孔间距、排间距根据试验测定结果确定,深度依据松散体厚度确定。如果松散体厚度较大,则在中空锚杆杆体上设置小孔。

②塌腔回填灌浆。塌腔中布设φ32mm自进式中空锚杆注浆管。注浆管间距、排间距根据塌腔规模确定,如注浆管间距1.5mm,排间距2.0mm;深度依据塌腔深度确定,但不可紧贴塌腔顶部。

(3)注浆工艺

注浆工艺如图5-2-57所示。

①按照技术支持方要求进行注浆锚杆施工。

②注浆泵、附件及浆液材料。准备1桶清质油,用于施工前试验及施工后清洗注浆系统。

③准备工作就绪后,检查连接泵的管路及压风管、启动泵、试验泵的管路是否通畅并确定出料比例。

④将A、B两组分的进料管插入吸料桶,不得出现断料现象。

⑤注浆后使用清质油清洗多功能泵及其配件。

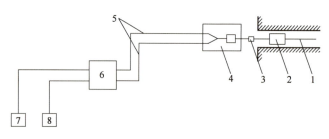

图 5-2-57 注浆工艺示意图

1-注浆管;2-封孔器;3-快速接头;4-专用注浆枪;5-高压胶枪;6-气动注浆泵;7-A 组分;8-B 组分

3）纵向小导洞洞口施工

现场检查发现,护盾后方拟开口洞段左侧围岩破碎,右侧围岩有一定自稳能力,选取右侧偏设计中线 1.1m 处设置纵向小导洞洞口,加固洞口上方两榀钢拱架。具体措施为:在洞口处施作 4 根 φ32mm 自进式注浆锚杆锁脚并注浆加固,锚杆长 6.0m。将靠近护盾的两榀钢拱架用两根 H150 型钢与护盾连接,间距 150cm,在洞口左、右、上三侧施作 φ32mm 自进式注浆锚杆并注浆加固,锚杆长度 4.5m,防止洞口开挖过程中周边坍塌。加固后使用风镐等工具开挖洞口,完成后在洞口四周设置 4 根 H150 立柱框架,底部与护盾和钢拱架连接,顶部利用角钢和 φ22mm 钢筋封顶,并喷锚支护。

4）纵向小导洞开挖支护

（1）护盾段纵向小导洞

纵向小导洞洞口开挖支护后,向前开挖Ⅰ号导洞。开挖前先施作双层 φ32mm 自进式注浆锚杆,锚杆长 3.5m,环向间距 30cm,纵向间距 0.9m,外插角按 25°、45°控制,采用风镐等工具人工开挖,护盾上方开挖循环长度为 45cm。开挖完成后,架设 H150 门形钢拱架,底部焊接于护盾,间距为 45cm,拱架外侧靠近洞壁处焊接钢筋排,内侧焊接 6mm 厚钢板加固,灌注 C30 混凝土回填密实。门形钢架之间采用 H150 型钢连接,钢拱架间距 0.5m。Ⅰ号导洞内设置横向门洞,方便Ⅱ号导洞开挖,Ⅱ号导洞施工工艺与Ⅰ号导洞一致。护盾段导洞断面布置如图 5-2-58 所示,护盾段导洞支护钢架布置如图 5-2-59 所示,成型纵向小导洞如图 5-2-60 所示。

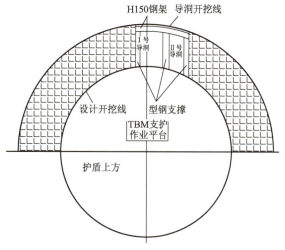

图 5-2-58 护盾段纵向小导洞断面布置示意图

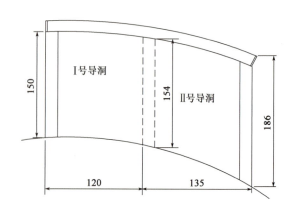

图 5-2-59 护盾段纵向小导洞钢拱架布置示意图(尺寸单位:cm)

图 5-2-60　开挖完成的纵向小导洞

(2) 刀盘前方纵向小导洞

开挖至刀盘前方时,为方便施工,在支护体系可靠的前提下拆除护盾段两个小导洞中间支撑以扩大施工通道断面。刀盘前方纵向小导洞施工断面为Ⅰ号和Ⅱ号导洞合并后的断面,以底板的右侧底端为基准改为平面。由于围岩强度较低,开挖前先施作双层 $\phi32mm$ 自进式注浆锚杆,锚杆长 3.5m,环向间距 30cm,纵向间距 0.9m,外插角按 25°、45°控制。采用风镐人工开挖,开挖循环长度为 45cm,开挖完成后,架设 H150 门形钢拱架,间距为 45cm。拱架立柱底部焊接钢板(长×宽×厚:250mm×250mm×10mm)以增大立柱支撑面积,相邻拱架之间设型钢纵向连接,型钢间距 0.5m,底部采用 H150 型钢横向连接,形成封闭的拱架支护体系。拱架施工完成后,拱架外侧靠近洞壁处焊接钢筋排,拱架内侧采用 6mm 钢板加固拱架,钢板背后灌注 C30 混凝土,防止导洞局部破碎区域坍塌。刀盘前导洞断面布置如图 5-2-61 所示,门形钢架如图 5-2-62 所示。

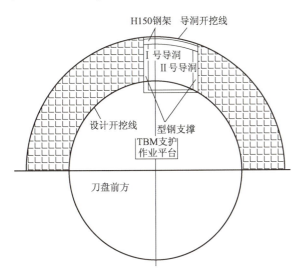 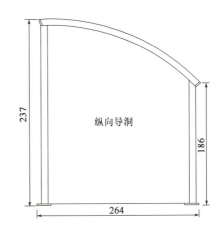

图 5-2-61　刀盘前方纵向小导洞断面布置示意图　　图 5-2-62　刀盘前方纵向小导洞支护钢架示意图(尺寸单位:cm)

5) 横向导洞开挖支护

纵向小导洞穿过塌腔影响区 3~5m 且进入原状稳定岩层后开挖横向导洞,横向导洞单洞宽 1.8m,共三个,最终三个横向导洞合并成管棚工作间。横向导洞利用纵向小导洞进行开挖、支护。横向导洞开挖时,先施作双层 $\phi32mm$ 自进式超前注浆锚杆,锚杆长 3.5m,层间距 30cm,角度分别为 25°、45°,为防止顶部松散物由开挖面滑落,超前锚杆纵向间距 1.2m。采用风镐人工开挖,开挖循环控制在 60cm,拱架采用 H150 型钢,拱架间距 60cm,立柱底部焊接钢板(长×宽×厚:250mm×250mm×10mm)以增大立柱支撑面积,底部采用 H150 型钢横向连接,形成封闭拱架支护体系。拱架外侧靠近洞壁处焊接钢筋排,相邻拱架间焊接 C10 型钢纵向连接,间距 0.5m,拱架内侧封焊 6mm 钢板,钢板背后灌注 C30 混凝土。待横向导洞右侧开挖、支护完毕后,再开挖左侧。

横向导洞开挖、支护完成后,在拱架横梁下方拼接 H150 环形钢拱架,环形钢拱架两侧端头焊接钢板(25cm×25cm)以增大立柱支撑面积,钢架外缘内侧焊接钢筋排,拱架间采用槽钢连接,槽钢间距 0.5m,拱架内侧封焊 6mm 钢板,钢板背后灌注 C30 混凝土。在环向拱架每节接头及端头处均施作 2 根 ϕ42mm 锁脚锚管并注浆加固,锚管长 4.5m。拱架内侧回填混凝土强度达到设计要求后,切除门架立柱,完成横向导洞拱架支护体系到环形钢拱架支护体系的转换,形成管棚工作间。横向导洞开挖如图 5-2-63 所示,管棚工作间横断面如图 5-2-64 所示,管棚工作间钢拱架布置如图 5-2-65 所示,横向导洞及管棚工作间施工工艺流程如图 5-2-66 所示。

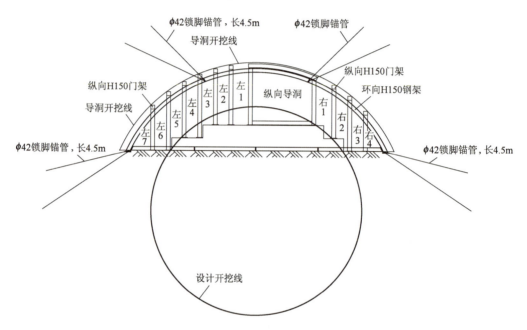

图 5-2-63 横向导洞开挖示意图(尺寸单位:mm)

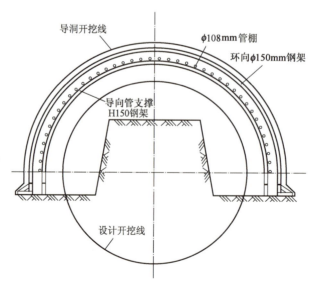

图 5-2-64 管棚工作间横断面示意图

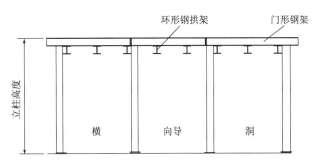

图 5-2-65　横向导洞及管棚工作间钢拱架布置示意图

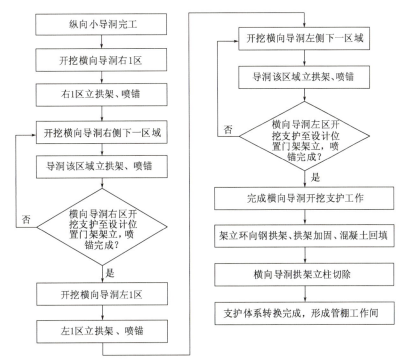

图 5-2-66　横向导洞及管棚工作间施工工艺流程图

管棚工作间施作如图 5-2-67 所示。

图 5-2-67　管棚工作间

6）反向施工大管棚

管棚长度 20m（穿过护盾 3m），环向间距 40cm，外插角 5°。为加强管棚承载能力，管棚钻孔完成后、注浆前，在管棚钢管内安装钢筋加强束（图 5-2-68），钢筋加强束是指在 $\phi32mm$ 钢管（固定环）周边均布焊接 4 根 $\phi22mm$ 钢筋，固定环间距 50cm。

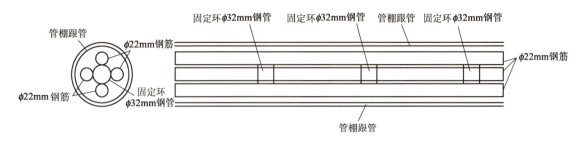

图 5-2-68　管棚钢筋加强束示意图

在管棚工作间大里程端管棚导向管下方拼接两环钢拱架,拱架间距 25cm,用以固定管棚导向管,导向管使用 φ22mm 钢筋焊接固定在钢拱架上,拱架之间采用 10 号槽钢连接,增加其整体承载力。支立模板,浇筑导向墙,导向墙厚度 50cm,混凝土导向墙强度满足要求后,向刀盘方向施作大管棚,管棚施工如图 5-2-69 所示,大管棚施工工艺流程如图 5-2-70 所示。

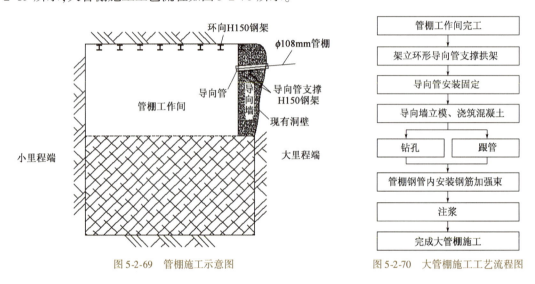

图 5-2-69　管棚施工示意图　　　　图 5-2-70　大管棚施工工艺流程图

由于管棚需要穿过断层破碎带,先钻孔后安装钢管的传统管棚施工方法不能实现,且管棚工作间作业空间狭小,只能采用分节跟进式管棚施工方法,成孔的同时,管棚钢管同步跟进。由于管棚施作长度较长,间距较小,必须加强外插角控制,防止出现相邻管棚碰头或管棚漂移,影响加固效果,或是钢管侵入开挖轮廓线,增加开挖难度。因此需保证相邻管棚加固圈彼此交叉相接,对下方开挖起到应有的防护作用。

7) 管棚工作间小里程端超前地质预报验证及掌子面处理

在管棚工作间,沿隧洞轴向往小里程方向施作两个 φ122mm 超前钻孔,左孔深 32m、右孔深 45m,采用钻孔电视成像技术探测前方地质条件,验证和修正前期超前地质预报结果。超前探孔(右孔)部分电视成像如图 5-2-71 所示。

实际测试深度:左孔 31.2m,右孔 35.6m(右孔由于设备原因未探测到孔底)。根据结构面发育程度将地质情况沿钻孔轴线方向(即小里程方向)分为裂隙密集段、裂隙稀疏段、岩体完整段 3 个区段。

(1)左侧孔探测结果:左孔的裂隙密集段为 0~5m,该段共含裂隙 21 条,平均每米钻孔含裂隙 5.25 条,缝宽均值为 4.48mm,裂隙最大宽度 40mm。左孔裂隙稀疏段为 5~25m,该段共含裂隙 44 条,平均每米钻孔含裂隙 2.2mm,缝宽均值为 2.79mm,裂隙最大宽度 7mm。左孔岩体完整段为 25~31.2m,该段共含裂隙 4 条,平均每米钻孔含裂隙 0.6 条。

(2)右侧孔探测结果:右孔裂隙密集段为 0~5m,该段共含裂隙 21 条,平均每米钻孔含裂隙 5.25

条,缝宽均值为 2.62mm,裂隙最大宽度 18mm。右孔裂隙稀疏段为 5～24m,该段共含裂隙 29 条,平均每米钻孔含裂隙 1.5 条,缝宽均值为 2.5mm,裂隙最大宽度 5mm。右孔岩体完整段为 24～35.6m,该段共含裂隙 4 条,平均每米钻孔含裂隙 0.3 条。

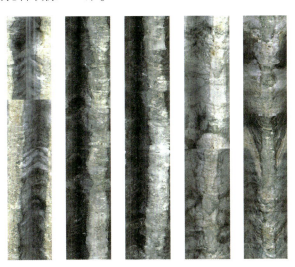

图 5-2-71 超前探孔(右孔)电视成像结果

经分析,0～5m 为裂隙密集段,存在大量明显裂隙,且裂隙与钻孔夹角较大,缝宽偏大,岩体张开度较大、结合较差、稳定性较差;裂隙稀疏段存在少量明显裂隙,裂隙较短,缝宽较小,岩体结合一般、稳定性一般;岩体完整段不存在明显裂隙,岩体张开度很小、结合较好、稳定性较强。右孔的裂隙数量、裂隙宽度、缝宽均值等明显小于左孔,且同等深度右孔岩体结合度高于左孔。探测结果与前期综合预报结果基本一致。

人工开挖通过此断层带后,掌子面施作中空玻璃纤维锚杆,并注浆加固岩体;喷射玻璃纤维混凝土封闭掌子面。中空玻璃纤维锚杆长 3.5m,间距 0.8m×0.8m,呈梅花形布置。

8)刀盘前(上导洞、中导洞)开挖支护

管棚工作间至刀盘段受断层影响严重,开挖过程中极易出现安全事故,开挖前,在相邻两根管棚之间施作双层自进式中空锚杆,在大管棚的安全防护下,配合超前注浆小导管和钢拱架联合支护,人工使用风镐等工具开挖断层破碎带。上导洞采用左右导洞法由管棚工作间向刀盘方向开挖。中导洞在上导洞开挖至刀盘后,由刀盘向管棚工作间左右分步开挖洞身段。管棚工作间至刀盘段施工纵断面、横断面如图 5-2-72、图 5-2-73 所示。

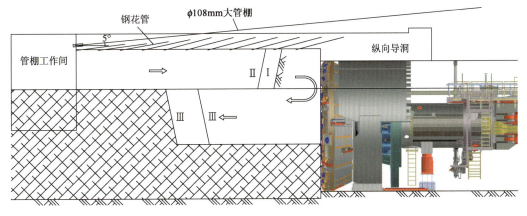

图 5-2-72 管棚工作间至刀盘段施工纵断面示意图

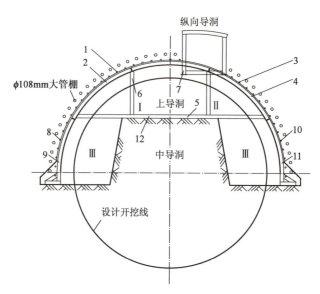

图 5-2-73　管棚工作间至刀盘段施工横断面示意图

注：图中数字表示施工工艺，如图 5-2-74 所示。

人工开挖前施作双层超前小导管预支护，加固围岩并止水。采用 φ32mm 自进式注浆锚杆，锚杆长 3.5m，环向间距 0.3m，纵向间距 0.9m，角度分别为 25°、45°，布置于相邻两根管棚之间。注浆固结后开挖，开挖循环控制在 45cm 以内，钢拱架采用 H150 型钢，间距为 45cm。在环向拱架每节接头及端头处均施作 2 根 φ42mm 锁脚锚管注浆，锚管长 4.5m。两环拱架之间，按环向间距 1m 施作 φ32mm 自进式中空锚杆，锚杆长 3.0m。拱架靠近洞壁处焊接钢筋排，拱架之间采用［10 槽钢连接，间距 0.5m，拱架内侧焊接 6mm 厚钢板，钢板背后回填混凝土，防止拱架背部岩体坍塌。管棚工作间至刀盘段施工流程如图 5-2-74 所示，导洞开挖如图 5-2-75 ~ 图 5-2-78 所示。

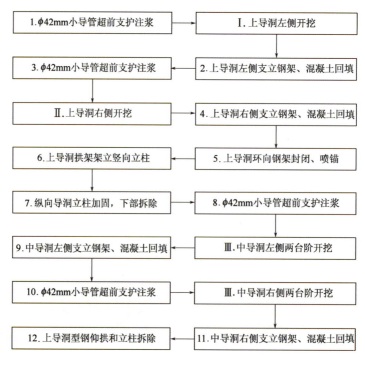

图 5-2-74　管棚工作间至刀盘段施工工艺流程图

图 5-2-75　上导洞开挖

图 5-2-76　上导洞拱顶封模灌注混凝土

图 5-2-77　上导洞开挖完成

图 5-2-78　右导洞开挖

9）刀盘和护盾区段开挖与支护（K51+603.2~K51+597.6 段脱困）

护盾段位于塌腔核心区，开挖安全隐患大，开挖前必须注浆加固，超前小导管注浆配合钢拱架支护。管棚工作间至刀盘段上导洞开挖至刀盘后，为避免护盾顶部开挖时继续发生坍塌，利用上导洞底部平台向护盾上方塌腔内施作自进式中空注浆锚杆并注浆加固。

护盾顶部洞段利用已开挖完成的Ⅰ号和Ⅱ号导洞向两侧开挖环形横向导洞。开挖前，周边施作双层 $\phi32$mm 自进式中空锚杆并注浆加固前方围岩，锚杆间距 30cm，采用风镐人工开挖，开挖循环 45cm，开挖完成后立即架设钢拱架，间距 45cm，钢拱架之间采用 10 号槽钢焊接连接，槽钢之间布设钢筋排，防止破碎渣体掉落，立柱焊接在护盾顶面，钢拱架顶拱内侧封焊钢板，灌注混凝土回填密实，两侧喷射混凝土封闭，保证施工安全。

护盾区域开挖完成后，在横向导洞钢拱架横梁下方架设双层环形钢拱架，每节钢拱架接头处施作 2 根锁脚锚杆，钢拱架之间采用 10 号槽钢和 $\phi22$mm 钢筋焊接连接，钢拱架内侧封焊钢板，灌注混凝土回填密实，形成永久支护结构。在开挖过程中，通过超前锚杆探明塌腔位置，塌腔内预留注浆管，拱架内侧回填混凝土强度达到要求后，通过预留注浆管向塌腔内灌注混凝土回填，待强度达到要求后割除钢拱架立柱，实现护盾和刀盘脱困。护盾顶部开挖分区如图 5-2-79 所示，护盾顶部支护如图 5-2-80 所示，护盾顶部施工工艺流程如图 5-2-81 所示，护盾顶部支护横断面如图 5-2-82 所示。

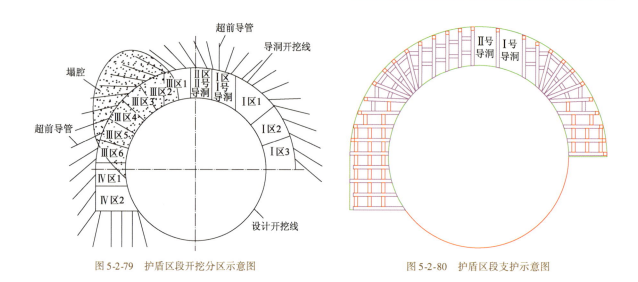

图 5-2-79 护盾区段开挖分区示意图　　　　图 5-2-80 护盾区段支护示意图

```
塌腔回填固结 ──────────→ 盾尾侧护盾外施作超前小导管并注浆
    ↓                                    ↑
通过Ⅰ区开挖Ⅰ区1 ←────── 刀盘侧护盾外施作超前小导管并注浆
    ↓
Ⅰ区1架设钢拱架、回填混凝土 ──────→ 通过Ⅰ区1开挖Ⅰ区2
                                              ↓
通过Ⅰ区2开挖Ⅰ区3 ←────── Ⅰ区2架设钢拱架、回填混凝土
    ↓
Ⅰ区3架设钢拱架、回填混凝土 ──────→ 通过Ⅱ区开挖Ⅲ区1
                                              ↓
通过Ⅲ区1开挖Ⅲ区2 ←────── Ⅲ区1架设钢拱架、回填混凝土
    ↓
Ⅲ区2架设钢拱架、回填混凝土 ──────→ 通过Ⅲ区2开挖Ⅲ区3
                                              ↓
通过Ⅲ区3开挖Ⅲ区4 ←────── Ⅲ区3架设钢拱架、回填混凝土
    ↓
Ⅲ区4架设钢拱架、回填混凝土 ──────→ 通过Ⅲ区4开挖Ⅲ区5
                                              ↓
通过Ⅲ区5开挖Ⅲ区6 ←────── Ⅲ区5架设钢拱架、回填混凝土
    ↓
Ⅲ架6区架设钢拱架、回填混凝土 ──────→ 通过Ⅲ区6开挖Ⅳ区1
                                              ↓
通过Ⅳ区1开挖Ⅳ区2 ←────── Ⅳ区1架设钢拱架、回填混凝土
    ↓
Ⅳ区2架设钢拱架、回填混凝土 ──────→ Ⅳ区底部施作注浆小导管并注浆
    ↓
内层架设环形钢拱架、回填混凝土 ──────→ 外层架设环形钢拱架、回填混凝土
    ↓
左侧右侧撑靴梁施工 ──────→ 护盾顶部立柱割除清理
```

图 5-2-81 护盾区段施工工艺流程图

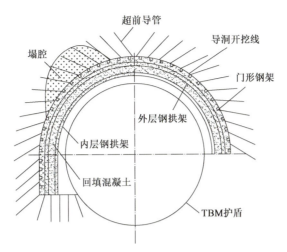

图 5-2-82　护盾区段支护横断面示意图

护盾区域开挖及支护如图 5-2-83、图 5-2-84 所示。

图 5-2-83　自进式中空锚杆注浆

10）变形侵限段换拱

受断层影响，护盾后方部分已开挖段收敛变形严重，初期支护侵入衬砌施工限界，TBM 后配套无法通过，需换拱处理。由于换拱段围岩收敛严重，在扩挖换拱之前，在原有钢拱架下方设置足够的钢支撑，保证换拱期间原有支护稳定，换拱遵循先立后拆的原则，并加密架设钢拱架。

护盾区域塌方段处理完毕后，对护盾后方支护变形且侵入衬砌施工界限的区段进行全断面换拱处理，换拱采用 I20a 钢拱架，拱架间距 30cm，换拱扩挖

图 5-2-84　护盾上部横向导洞开挖支护

半径 4.36m，拱架预留变形量 35cm。扩挖前，在拱部 180°施作 φ42mm 超前注浆小导管，小导管长 3.5m，环形间距 30cm，纵向间距 1.2m。换拱后拱架每侧均匀设置 3 组（6 根）长 φ42mm 锁脚锚杆。扩挖采用人工风镐进行，开挖循环严格控制在 30cm，扩挖完成后立即架立钢拱架，钢架之间采用双层 10 号槽钢连接，钢架内侧焊接钢板封闭，拱架内灌注 C30 混凝土回填密实。换拱如图 5-2-85 所示。

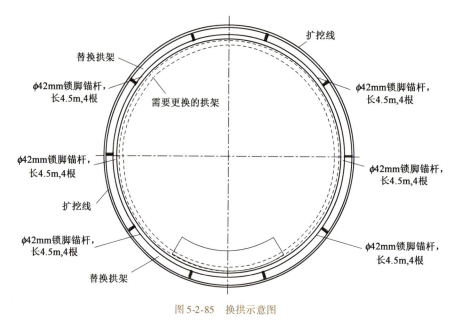

图 5-2-85 换拱示意图

侵限拱架更换及混凝土回填如图 5-2-86 所示。

a)拱架

b)回填混凝土

图 5-2-86 拱架更换及混凝土回填

11）TBM 缓慢掘进通过断层带

TBM 前方断层全部处理完毕，护盾区域双层钢拱架回填的混凝土强度达到设计强度后，拆除护盾顶竖向钢支撑，并打磨护盾焊接处。清除刀盘前方工机具、施工废料等杂物。

护盾后方换拱完毕，拱架间回填混凝土达到设计强度及变形观测稳定后拆除焊接在主梁上的支撑。先拆除斜向支撑，后拆除竖向支撑，拆除过程中实时进行收敛监测。

护盾尾部换拱施工、护盾顶及刀盘前方临时支撑等材料全部清理完毕，检查确认所有影响 TBM 掘进施工的因素消除后，启动 TBM，缓慢向前推进，利用 TBM 开挖刀盘前方剩余的下半断面围岩。由于此段围岩完整性较差，在 TBM 缓慢掘进期间，严格控制掘进方向，保证掘进方向准确，避免出现机头下沉情况。

随着 TBM 向前掘进，及时支立 H150 型钢拱架，间距 0.9m，拱架之间采用 10 号槽钢纵向连接，槽钢间距 0.5m，新立钢拱架与外层钢拱架之间采用 H150 型钢支撑加固，钢支撑间距 1.0m。按照正常程序安装仰拱预制块，并灌注 C20 细石混凝土回填密实。

为保证撑靴受力可靠，隧洞结构不会由于撑靴撑紧而损伤，在左右侧撑靴位置设置钢筋混凝土撑靴梁。撑靴区段新立钢拱架之间以 H150 型钢纵向连接,间距 0.4m,两层拱架之间绑扎钢筋笼,拱架内侧焊接 6mm 厚钢板封闭,灌注 C30 混凝土回填密实。待混凝土强度达到要求后方可允许撑靴支撑。撑靴梁及拱架支护结构横断面如图 5-2-87 所示,TBM 通过断层带后支护效果如图 5-2-88、图 5-2-89 所示。

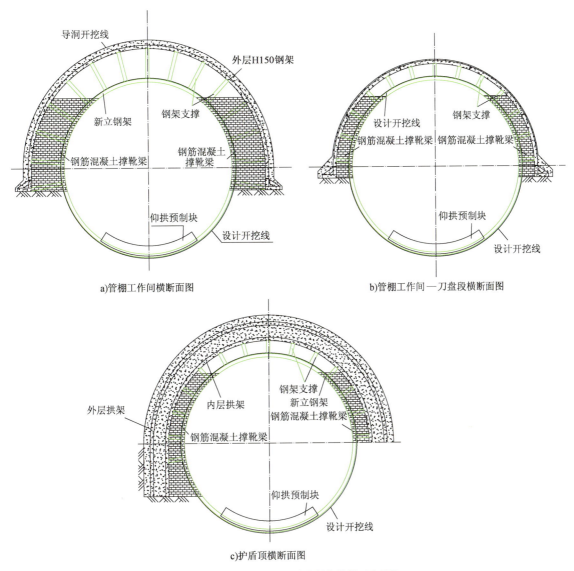

图 5-2-87 撑靴梁及拱架支护结构横断面示意图

图 5-2-88 断层破碎带人工处理后效果

图 5-2-89 TBM 恢复掘进穿过断层破碎带

12）二次衬砌

TBM 完全通过断层破碎带，具备边顶拱衬砌作业空间后，及时施作二次衬砌。拱部两层拱架之间采用衬砌混凝土回填密实。

13）围岩和支护钢拱架受力变形监测

为了顺利通过该断层带，准确掌握在断层破碎带内各类洞室开挖支护、换拱期间围岩及支护结构受力及变形情况，现场先后设置多点位移计2套、锚杆应力计2套、光纤光栅应变计60支、振弦式应变计52支、压力盒10个，实时监测岩体及拱架受力变形情况，发现监测数据突变或增长加速时，第一时间发出预警并及时采取针对性处理方案，确保施工安全。监控量测如图5-2-90所示。

图5-2-90 监控量测

2.4.6 断层影响带超前加固

TBM 通过小导洞处理洞段后，继续向前稳步掘进，前方可能仍处于断层影响带，经超前地质预报，若前方地质破碎，则需加固松散岩体后方可掘进施工。

参照本章2.4.5节中"塌腔回填"内容，可选用聚氨酯类双组分化学浆液。

掌子面及其前方围岩破碎，自稳能力弱时，为避免 TBM 掘进时引发坍塌，可通过刀盘铲斗，人孔或刀孔（必要时拆除滚刀）向前打设玻璃纤维中空锚杆作为注浆管，注浆加固。掌子面打设注浆管如图5-2-91所示，固结后的掌子面如图5-2-92所示，固结后钻取岩芯检查加固效果如图5-2-93所示。

a)掌子面布设玻璃纤维锚杆　　　　　　b)注浆系统

图5-2-91 掌子面注浆加固

图 5-2-92 掌子面裂隙固结

图 5-2-93 注浆岩体取芯效果

注浆管分布范围为起拱线以上，覆盖掌子面正前方，以及开挖轮廓线斜向上方，用以加固掌子面并在开挖轮廓线之外形成固结圈。

2.4.7 应用效果

采用以上处理方案，历时近半年通过了约 200m 断层破碎带及影响带，为 TBM 在隧道施工软岩地质处理断层及卡机问题提供了新的思路，探索了一种安全可靠、行之有效的方法。

第 3 章
富水洞段TBM法隧道施工

在雨量充沛或地下水丰富的地区，隧道穿过断层破碎带、节理密集带或岩溶发育地段时，施工中往往会发生地下水和承压水大量涌出的现象，严重影响隧道施工安全和进度。尤其是隧道下坡施工、反坡排水时，如果遇到突水突泥等灾害，不仅会存在因 TBM 淹机而导致施工设备损坏失效风险，而且会危及施工人员的人身安全，也可能导致围岩失稳坍塌。

本章介绍了富水洞段隧道水文地质特点以及施工风险，讨论了防排水、突涌水处置等施工应对原则、措施以及技术要点，并提供了山西中部引黄引水隧洞富水段 TBM 法隧道施工实例，供广大施工技术人员参考和借鉴。

3.1 地质特征与施工风险

3.1.1 地质特征及突涌水（泥）分级

1）地质特征

隧道掘进过程中，难免会对含水或潜在含水围岩、部分导水通道造成破坏，在这种破坏作用下，一旦地下水或与之有水力联系的其他水体（地表水、地下暗河及溶洞水等）暴露或突然涌入，就会发生突涌水灾害，后果不堪设想。隧道突涌水常出现于断裂构造带、松散岩体和岩溶通道等不良地质段。

隧道施工中的突涌水与地下水赋存有着直接联系，而地下水赋存与地层岩性及构造发育情况密切相关。一般情况下，下列地质构造带地下水比较丰富，在 TBM 法隧道施工中应特别注意。

（1）强弱透水性岩层的接触带。一般情况下，砂岩、灰岩、白云岩，以及裂隙、溶隙比较发育的岩体透水性较强，常构成透水层；而黏土岩、页岩、板岩等透水性较差，常成为相对不透水层。

（2）可溶性岩层与非可溶性岩层交接带。可溶性岩主要指碳酸盐岩（如石灰岩、白云岩等）、硫酸盐岩（石膏等）和卤化物岩（岩盐）。

（3）岩溶发育地区，常会出现含水溶洞、地下河、充水岩溶管道、充水溶缝等。

（4）向斜构造的核部与背斜构造的两翼，特别是向斜构造盆地，其轴部往往富含地下水。

（5）节理密集发育破碎岩体。一般储水量有限，涌水量由大变小直至枯竭，水质清。对于大型密集节理发育破碎岩体含水体,由于揭穿含水体涌水量大、涌水时间长,极易对洞内施工机具设备、材料物资和施工人员构成威胁,通常需全断面预注浆堵水。

(6)断层破碎带,尤其是深大断裂带。一般来说,发育于弹脆性岩层中的张性断裂具有良好的储水和导水性能,而黏塑性岩层中的张性断裂则因构造岩被泥质充填而导水不良;扭性断裂次之,但其两侧常发育多组平行的张性和扭性的次级断层或节理,其储水和导水性能相对于压性断裂略强;各种岩层中发育的压性断裂,由于断裂中心部位多为透水性很差的糜棱岩和断层泥等,储水和导水性能较弱。

突涌水常常具有水量大、水压高、突发性强等特点,经常会导致围岩失稳、塌方,甚至淹没隧道,危及洞内施工人员及设备的安全。图 5-3-1 为隧洞集中涌水及大面积渗漏水。

a)涌水　　　　　　　　　　　　　　b)大面积线状渗水

图 5-3-1　隧洞集中涌水及大面积渗漏水

2)突涌水(泥)分级

富水洞段突涌水(泥)等级划分见表 5-3-1。

突涌水(泥)等级划分　　　　　　　　　　表 5-3-1

等级	主要因素			次要因素		
	含导水构造及其与隧洞的相对位置	围岩可溶性	地下水位与隧洞底板高差 $h(m)$	地表负地形发育情况	裂隙发育情况	隧洞围岩类别
E_1	隧洞附近不存在可致突水的含导水致灾系统	隧洞处于非可岩溶层	$h<0$	地表无负地形	裂隙不发育	Ⅰ、Ⅱ
E_2	隧洞附近底板上方有小型含导水致灾系统,或隧洞附近底板下方有小型承压含导水致灾系统	隧洞处于弱岩溶层	$0 \leqslant h < 30$	地表有小型负地形	裂隙弱发育	Ⅲ
E_3	隧洞附近底板上方有中型含导水致灾系统,或隧洞附近底板下方有中型承压含导水致灾系统	隧洞处于中等岩溶层	$30 \leqslant h < 60$	地表有中型负地形	裂隙中等发育	Ⅳ
E_4	隧洞附近底板上方有大型含导水致灾系统,或隧洞附近底板下方有大型承压含导水致灾系统	隧洞处于强岩溶层	$h \geqslant 60$	地表有大型负地形	裂隙强发育	Ⅴ

注:满足主要因素中的 1～2 条即可划分对应等级,次要因素仅影响既有分级中的风险程度而不影响等级划分。当同时满足不同等级划分条件时,应依照最危险分类方式划分,最终确定为高级别等级。

3.1.2　施工风险

隧道位于区域地下水位线以下时,地下水会不同程度地降低围岩强度和稳定性,恶化围岩的工程地质条件,对 TBM 掘进具有很大的危害性,不但会造成 TBM 掘进受阻,还会影响人员及设备安全。TBM

掘进中突涌水常会带来如下不良影响：

(1) 围岩强度降低，自稳能力下降

由于水压作用，围岩强度降低，自稳能力显著下降，致使发生坍塌，降低 TBM 掘进效率。隧道已开挖段在水流冲刷甚至冲击下，如不及时支护，亦可能造成隧道拱顶及边墙等部位发生围岩失稳坍塌。

(2) 涌水造成设备损坏

TBM 配有大量的电子和电气设备，掘进过程中突然遭遇涌水时，地下水直接冲淋或浸泡设备，损坏设备元器件，降低设备使用寿命，而且可能造成液压及润滑系统（比如主轴承润滑系统）因进水而使油品变质，降低系统工作效率，增加设备故障率，影响正常掘进施工。较大突涌水甚至会威胁设备和人员的安全，制约 TBM 掘进速度。反坡排水时，如果遇到大量涌水无法及时排出，则 TBM 有被淹没的危险。

(3) 涌水造成材料运输困难

洞底大量积水，淹没编组列车运行轨道，材料与人员运输困难，影响 TBM 掘进，并且存在较大安全隐患，也会造成设备异常损坏。

(4) 涌水造成主机区域及带式输送机区域积水、积渣严重

掌子面发生大量涌水时，TBM 掘进过程中，大量被刀盘铲斗铲起的水夹杂岩渣从皮带两侧冲落到主机或盾体底部，造成主机或盾体底部存留大量渣水，直接影响钢拱架安装或管片拼装，不得不进行人工清渣，效率低下，从而降低了 TBM 的施工效率。

刀盘前方突涌水，岩渣会带有大量水，造成连续带式输送机积水严重，沿线渣水滑落，会淹没运输线路，有可能造成有轨运输交通中断。连续带式输送机积水如图 5-3-2 所示，转渣点处积渣如图 5-3-3 所示。

图 5-3-2　连续带式输送机积水情况

图 5-3-3　连续带式输送机转渣点处积渣

(5) 涌水造成钢枕或仰拱块铺设困难

发生高压大涌水时，刀盘前方的渣体在高压水冲击下，粒径在 5cm 以下的细小岩渣会从刀盘前方冲出，堆积到钢枕或仰拱块作业区，导致钢枕或仰拱块无法铺设，造成钢枕或仰拱块铺设工效明显下降。

(6) 涌水造成支护及衬砌困难

涌水地段水量大，水压高，造成隧道洞壁喷射混凝土困难，注浆施作困难且效果较差，只能先封堵止水，无形中增加了支护的作业难度和工作量，同时也对后期衬砌防水造成了直接影响。

(7) 引起地面塌陷、沉降及水资源流失

对于浅埋软岩或岩溶隧道，地下水位急剧变化会引起上覆松散土层内有效应力改变和动水压力增加，造成地面塌陷或沉降，这一情况在地铁隧道尤为突出。地下水流失也会造成农田受损，居民生活和

生产水源遭到严重破坏。

（8）造成工期延误、施工成本增加

如隧道存在高压、大流量突涌水，一旦揭露将严重影响TBM掘进作业。需消耗大量时间处理，会导致劳动强度增加、制约施工进度、延长工期等一系列问题。此外，隧道突涌水封堵和引排会导致施工成本增加，对施工人员的作业安全带来影响。总之，高压大流量涌水会延误工期、增加施工成本。

3.2 富水洞段TBM法隧道施工技术

隧道施工中，富水地层灾害治理目前可采用封堵和引排两种方法。"堵"是控制地下水涌出，减少涌水量；"排"是主动疏导地下水，以减少水压和赋存水量。

3.2.1 隧道防排水形式及处理原则

1）隧道防排水形式

隧道防排水有全包防水型（即"全封堵不排水"）、半包排水型（即"以堵为主，限量排放"）、排水型（即"以排为主"）3种形式。

20世纪90年代前，我国铁路、公路山岭隧道，防排水形式大多采用"以排为主"的原则。20世纪90年代后隧道采用全包防水，几乎不允许排水，对地下水位不会产生影响，适用于浅埋隧道；对于深埋富水隧道，该防排水形式下的衬砌结构将承受较高水压，增加了施工难度及成本。

2）处理原则

（1）行业防排水原则

近年来隧道工程界针对在富水区修建隧道的治理原则和方法进行了多方面的试验研究，得出了全新的认识，并提出了新的理念，即遵循"以堵为主、堵排结合、限量排放"的治水原则。首先通过超前、环向或帷幕等预注浆技术加固隧道前方一定范围内的围岩，从而降低其渗透系数，控制地下水出水量，减少地下水流向隧道；然后通过布设在衬砌背后的排水系统将渗流进衬砌背后的地下水引入排水沟，适量排放，从而使作用在衬砌背后的水压减少到可以承受的水平。另一方面，由于施工中采用注浆堵水技术使得隧道内的排水量相应减少，地下水位保持基本稳定，避免了对地下水环境的破坏。

各行业根据自身工程特点，就防排水原则均做出了明确规定，工程施工中，要在遵循其原则的前提下采取相应的防排水措施。

《铁路隧道设计规范》（TB 10003—2016）规定，新建和改建铁路隧道的防水等级，应根据工程的重要性、使用功能、运营安全保障等要求设计，分为4级（具体可查阅相关规范）。铁路隧道防水应以混凝土结构自防水和防水板防水为主体，以接缝防水为重点，必要时注浆加强防水。铁路隧道的排水应服从保护环境、防止次生灾害的总体要求。下穿河流、湖泊、海洋及城市等地区的隧道，宜按全封闭不排水原则设计。铁路隧道的排水系统应根据其工作环境，采取防淤积、防堵塞、防冻结措施，充分考虑其可维护性，保证排水通畅。

《公路隧道设计规范 第一册 土建工程》（JTG 3370.1—2018）规定，公路隧道防排水设计遵循"防、排、截、堵相结合，因地制宜，综合治理"的原则，妥善处理地表水、地下水，洞内外防排水系统应完善通畅。采取的隧道防排水措施，应注意保护自然环境，当隧道内渗漏水可能引起地表水减少，影响居民生产、生活用水时,或围岩渗水、涌水较大时,应对围岩采取注浆堵水措施。

《水工隧洞设计规范》(SL 279—2016)规定,应根据隧洞沿线围岩的工程地质、水文地质、衬砌形式等设计条件,以及环保、水保、运行等要求,综合分析确定防渗和排水措施。无压洞中设置排水孔时,宜在水面线以上设置。若围岩裂隙发育并夹有充填物时,应在排水孔中设置软式透水管,阻止岩屑随水带出。有压隧洞衬砌设计由外水压力控制时,宜研究设置合适的排水措施,降低外水压强。水工隧洞的下列部位应采取有效防渗措施保证围岩及山坡渗透稳定:有压隧洞的洞口,相邻高压隧洞洞段之间的岩体,复杂地质洞段及Ⅳ类、Ⅴ类围岩洞段。

对于修建于城市的地铁隧道,《地铁设计规范》(GB 50157—2013)要求地下工程防水应遵循"以防为主、刚柔结合、多道设防、因地制宜、综合治理"的原则,采取与其相适应的防水措施。采用盾构法修建地铁隧道时,从保护地下水资源和生态环境出发,一般采用全包防水。

(2)分等级突涌水(泥)处理原则

①当预测突涌水(泥)等级为 E_1 和 E_2 级时,无害地下水可采用排水孔进行放水处理并设置钻孔孔口管、闸阀等,高外水压力洞段设置孔口封闭器,掘进机带水作业。有害地下水宜采取超前注浆封堵措施;当预测突涌水(泥)围岩分类等级为 E_3 和 E_4 级时,应及时论证超前堵水的必要性,并制定详细的应急预案,当减压放水后仍无法达到施工条件时,应进行超前预处理封堵施工,经处理并达到掘进机施工条件后再掘进。

②当预测前方可能发生涌泥时,为防止泥浆涌出给掘进机设备造成严重影响,应采用定域注浆及预加应力等超前灌浆技术进行堵水和加固围岩,然后采用超前管棚注浆预加固,经评判具备掘进机施工条件后再掘进。

③掘进机掘进通过突涌水(泥)地段后,应及时排除作业区积水、遮挡及引排侧壁漏水,并加强初期支护。

3.2.2 突涌水处理措施

隧道突涌水多发生在断层破碎带及侵入岩接触带,根据设计地质勘察资料,一般利用物探方法初步判断掌子面前方岩层含水情况,再超前钻探确定刀盘前方一定范围内的断层和含水情况,接近含水体时利用超前钻孔测定水量和水压,判断水的方向及突水、涌泥的危险程度,根据涌水量和水压确定治水方案。

1)渗漏涌水段导引处理

(1)隧道内地下水渗出呈不连续滴水点,采用喷射混凝土封堵。

(2)隧道内地下水沿岩面裂隙缓慢渗出,岩面湿润,经过长时间汇集成水滴,可先用高压风吹净岩面的滴水,再立即喷射混凝土封堵。

(3)隧道内地下水沿岩面裂隙呈线状或股状出水时,在出水部位钻孔埋塑料软管将水引入洞底部,喷射混凝土封堵。喷射混凝土作业时,应以排水孔为中心由四周向中间喷射。埋管的孔口采用水泥和水玻璃封堵或用浸泡过的药卷锚固剂封堵。

(4)对于围岩稳定,但地下水渗漏大面积分布的洞段,为减小对施工的影响,将横截面为 Ω 形的软式半圆排水管布设在隧道洞壁圆周方向,排水管布设完后铺设防水层,将水导引至隧道底部排水沟。施工步序为:按一定间距安设环向透水盲管→用冲击钻钻出木螺钉孔→铺设无纺布滤层和防水板→采用木螺钉和电子绝缘卡固定防水板→前后防水板环向用压膜焊接→木螺钉外露端用电烙铁热焊防水板片覆盖保护。待此区段进入喷锚区域后,拆除防水层注浆止水并喷锚支护。对于围岩不稳定,伴有小塌方的渗漏水洞段,采用钢筋网、锚杆支护再铺设防水板的方法处理;对于中、大型塌方富水洞段,则必须在架立钢拱架支撑时,用钢板封闭渗漏水部位,让水从两侧汇入泄水孔引流到水沟内,钢板封闭范围的顶部预留注浆孔,待钢板密封后注浆加固。

对于顺流至隧道底部的裂隙水,使用导引的方法,即在TBM盾体后部施作积水坑,将涌水引入坑中,然后用水泵排出,确保TBM可以继续掘进,待TBM通过后再回填灌浆或专项封堵处理。按照TBM正常排水和应急排水相结合的思路设计排水系统,在TBM主机部位配置应急排水设备,排水系统能力要充足,排水泵布置位置应合理。

TBM渗漏水导引方案如图5-3-4所示。

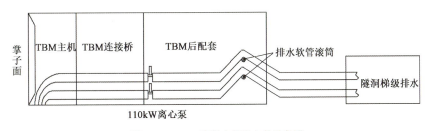

图5-3-4　TBM渗漏水导引方案示意图

2）长距离反坡排水措施

隧道长距离反坡排水应做专项排水设计,根据隧道最大渗、涌水量配置排水设备,避免TBM被淹,保证TBM设备及人员安全。

反坡施工过程中应加强超前探水作业,对于富水区段,要组织设计与施工单位联合补勘、超前探测,提前按照设计和探测的最大涌水量配置排水设备及排水管路,并合理考虑富余抽水能力,设备与管路随TBM向前延伸。长距离反坡排水应根据隧道坡度及抽水量考虑每隔一定距离设置集水箱或集水井,设置中继泵站接力抽水。

(1) 双管路:各级固定水箱之间布置两条排水管路,单管单泵,确保一条排水管路出现故障时,另一条排水管路可立即进入工作状态。排水管路一般采用无缝钢管,并设置防水锤效应闸阀及设施。

(2) 双重水泵保险:为确保排水系统始终正常工作,采用"一用一备一检修"原则,即在每级水箱内均布置3台水泵,其中1台正常运行排水,1台随时待命作为备用,1台检修,即在最不利工况下1台处于检修状态、1台突然损坏也能确保正常排水。

(3) 双电源供电:水泵均采用双电源供电,智能切换供电线路,避免线路断电导致排水系统不能工作。

(4) 备用应急发电机:施工现场设置1套备用应急发电设备以及升压变压器,外部供电停电时,能够为强制抽排水系统提供应急供电。

3）封堵措施

为控制地下水的出水量,减少地下水流向隧道,根据涌水特点,对于不同类型、不同流量、不同压力、不同部位的地下水,分别制定有针对性的措施。一般在TBM通过后再进行封堵处理。

(1) 低压小流量地下水封堵

对掘进中遇到的低压小流量的渗滴水、线状渗水等情况,涌水压力不高,可以采取分流孔分流泄压及侧向注浆等措施封堵。

(2) 高压小流量集中涌水封堵

对揭露出水量相对较小的高压集中涌水,采用钻孔的方式分流泄压,孔口安装导流管和阀门,截取部分岩溶或裂隙水从导流管排出,使原涌水点水量减小,然后注浆封堵。

(3) 高压大流量管道集中出水的控制与封堵

在施工中,揭示出的高压大流量管道集中出水点,若灌浆材料直接注入已发生大涌水的通道中,其封堵作用十分有限,浆液注入后尚未凝固前就会被稀释并冲走。为此,当揭露集中涌水后,可在集中出水点周边埋设带有截止阀的管道,让涌水仅由管道排出。再由周边开始逐步向出水点注浆封堵;或者浇筑混凝土封堵;再择机关闭截止阀,最终封堵。

(4) 大面积溶蚀裂隙出水封堵

对揭示的出水面积较大的涌水段,采用多布置孔口管装置,整体洞身注浆堵水。灌浆压力应遵循先低压后高压、步步加压的原则,直到形成一定厚度的注浆结石体,此时可有效封堵涌水。

(5) 封堵灌浆

堵水工艺流程:分流孔钻孔→表面封堵→表层封堵→浅层固结灌浆→测定涌水量及压力→封堵灌浆。涌水封堵如图5-3-5所示。

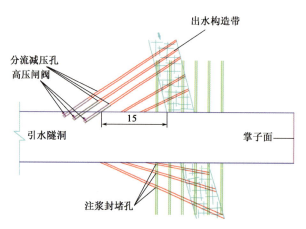

图5-3-5 涌水封堵示意图(尺寸单位:m)

4) 超前预注浆处理

TBM掘进至可能与河流、沟谷相通的断层破碎带时,可采用超前钻孔探明隧道前方地下水及工程地质情况。根据探测钻孔出水量、水压,确定涌水点里程,并依据探测孔出水量、水压的变化采取相应措施处理涌水。

(1) 若预计涌水量较小,排放不会影响围岩稳定,并且在排放过程中水压减小,则钻孔排水,TBM继续进行掘进施工。

(2) 若预计涌水量较大,并且探测孔在排水过程中水压、水量不减,预计开挖后会造成围岩坍塌,则TBM停止掘进,钻孔排水,并超前预注浆封堵。如仅仅对掌子面开挖轮廓线外侧超前预注浆,可采用TBM上配备的超前钻机钻孔;如对开挖轮廓线内超前预注浆,则需要配置专用钻孔设备。

3.2.3 特大涌水洞段TBM法隧道施工措施

(1) 对于可能存在高压大流量突涌水的隧道,超前地质预报能够比较准确地探明地质构造明显部位的较大含水构造。因此,根据地质及环境选择合适的预报方法,是避免揭露出地下水后影响TBM掘进的有效途径。

（2）为尽量避免隧道开挖时发生大流量涌水，结合超前地质预报成果，条件允许时，对可能出现涌水的灌浆封堵，加固的范围主要在开挖断面外5m左右，大致形成环状桶形帷幕，能有效避免开挖后洞壁出现大涌水。

（3）对于可能遇到的大流量涌水，必须先考虑排水通道。只有保证大流量涌水具有畅通的排泄通道后，才能给大流量涌水的处理创造条件，逐步恢复TBM掘进施工。

（4）在揭露出高压、大流量涌水后，应让涌水自然流出，不能贸然采取"堵"的方法。首先探明掌子面涌水变化及其围岩性质，再实施具体的治水方案。若遭遇衰减快的高压、大流量涌水，应尽量让其自然排出，待排泄完毕后，再恢复掘进。但在恢复掘进前，应加强掌子面前方的超前地质探测。如遇无衰减或衰减慢的高压、大流量涌水，则优先考虑采用上述（2）方案，超前灌浆封堵。

（5）针对不同的富水洞段，需采取不同的灌浆封堵方案，以便能更快、更有效地完成富水区的封堵工作。

（6）在可能出现高压涌水的洞段，应预留部分卸水孔，避免在未进行高压固结灌浆前围岩受高压水压力影响造成大面积坍塌或大流量涌水。

（7）建立突涌水的预警报警系统和应急预案，确保人员和设备的安全。TBM上始终保持由前到后通畅的逃生通道，TBM上及隧道内适当部位配备救生衣、救生圈，高涌水的隧道还需配置避险舱，来不及逃出洞外的人员可以进入避险舱，以便等待救援。

3.3 工程案例

3.3.1 工程概况

山西省中部引黄工程TBM1标位于吕梁市兴县境内，进洞支洞洞口位于山西省吕梁市兴县交楼申乡陈家圪台村对面。工程主体为总干3号隧洞总77+020.274～总98+070.25段，长度21049.926m，采用双护盾TBM施工，开挖直径5.06m，下坡掘进，坡度0.04%。

3.3.2 水文地质及施工风险

设计资料表明隧洞进入主洞10km时洞身将进入地下水位线以下，沿线地下水类型主要有变质岩类裂隙水、碳酸盐岩裂隙岩溶水（区域水及层间水）、碎屑岩夹碳酸盐岩类裂隙水，其中，碳酸盐岩裂隙岩溶水（区域水）及变质岩类裂隙水，可能发生突涌水。变质岩类裂隙水地下水储存于岩层风化带及裂隙中，水位随季节变化，地下水的补给主要为大气降水补给。地下水的排泄为向下游的径流排泄或向沟谷的侧向径流排泄，当储水层为埋深较大的构造裂隙时，具承压性。当洞段断层、节理裂隙发育时，洞内可能有突涌水。如突涌水较大，对小断面反坡排水施工的TBM而言，存在淹机风险，同时也会对施工人员人身安全带来较大威胁。

3.3.3 施工方案

1）突涌水情况及处理方案

隧洞施工过程中，2017年共发生3次突涌水，最大突涌水发生于2017年9月21日，掘进至主洞

14.86km(桩号总91+886.168)处,掌子面突涌水最大流量达1187m³/h。掌子面左上角10点钟方向至右下角4点钟方向有一条较大裂隙涌水,缝右上侧围岩有10多处管状涌水及众多小的涌水点,总体出水量较大,围岩坚硬,如图5-3-6所示,致使TBM无法掘进。考虑到目前突涌水量已达到隧洞设置的排水系统排水上限,依据"以堵为主,堵排结合,限量排放"的原则,决定在掌子面突水区域超前注浆堵水,待封堵涌水后再恢复掘进。

图5-3-6 掌子面涌水裂缝出水情况

2)超前钻孔注浆堵水

超前注浆堵水主要作用是封堵裂隙、隔离水源、阻塞水点、减少洞内涌水量。超前堵水注浆施工工艺如图5-3-7所示。

(1)孔位布置及钻孔顺序

根据施工要求和工程师标记的钻孔孔位、孔深、孔径、钻孔顺序钻孔,因故变更孔位要征得工程师同意,并记录实际孔位。根据出水点位情况,设计在掌子面全断面布孔,孔位布置如图5-3-8所示。

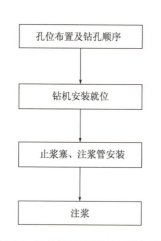 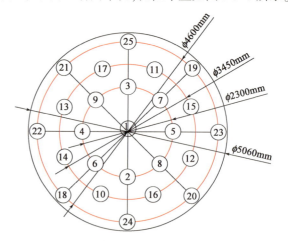

图5-3-7 TBM超前注浆堵水工艺流程图　　图5-3-8 孔位布置图

按灌浆程序分序分段钻孔,先在涌水区域中心钻孔,采用由内向外、由浅到深封堵围岩裂缝,先以灌浆形成的胶凝浆液封堵掌子面正面区域围岩裂缝,再从周边钻孔由浅到深注浆,用大于涌水水头的注浆压力推移浆液沿裂缝延伸,封堵掌子面周围一定范围的水流通道,孔位布置图(图5-3-8)中编号从小到大即为注浆孔钻孔先后顺序。

(2)钻机安装就位

考虑到TBM配置的超前钻机无法实现掌子面全断面钻孔,另配置1台ZYJ-1250/150柱架式液压冲击钻,如图 5-3-9 所示。结合钻机尺寸及操作空间要求,TBM 主机后退 2.0m,为在掌子面区域钻孔作业提供足够空间。

图 5-3-9　柱架式液压冲击钻机

根据掌子面空间,柱架式液压钻机按照顶底支柱法双柱支撑,双柱间隔1m,每柱由4节厚壁钢铝管组成,最长组合为4.8m,直径0.2m,节间为套管丝扣连接,连接后外观一致、平整,最下一节为液压缸,行程0.4m。柱底及柱顶设定外弧形内平面连接板,外弧与洞壁弧度一致,用液压缸顶紧后使之与刀盘平行,并用底部液压支柱与顶部岩面顶紧。两柱间为钻机支架连杆,钻机在支架连杆上安装后采用三角支撑连接柱架与钻机,可上下滑行到目标位置后固定,钻机上设可将钻杆固定与拆装的装置、液压推进装置及钻孔供冷却水装置。

为达到全断面孔位覆盖,可通过柱架在掌子面内不同角度、钻机在柱架内不同高度的安装来实现,如图 5-3-10 所示。

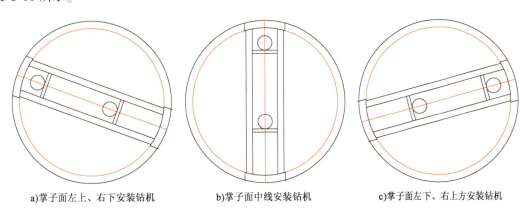

a)掌子面左上、右下安装钻机　　b)掌子面中线安装钻机　　c)掌子面左下、右上方安装钻机

图 5-3-10　钻机角度调整示意图

(3)钻孔

钻进开孔部位应慢速低压钻进。钻孔过程中进行孔斜测量,并采取措施控制孔斜,其孔底偏差要符合设计规定。钻进开孔部位采取慢速低压钻进。

(4)安装止浆塞、注浆管

止浆塞采用胶囊注水式高压注浆塞,如图 5-3-11 所示,止浆塞全长 1m,胶囊部分长 0.6m,直径32～89mm,确保注浆压力为10MPa时能安全使用。止浆塞置于孔内2m处,配置足够长的高压水管延至孔外手压泵,配置专用阀门,注水至胶囊内,注水压力使胶囊胀大与孔壁紧贴,之后关闭注水高压管接口处阀门,保持注浆塞胶囊压力,拆除手压泵。注浆管管口安装专用高压阀门,接入高压注浆管。当注浆结束时,关闭阀门并等待12h,打开注浆阀检查浆液是否凝固。检查并确认浆液凝固后,打开胶囊高压注水管接口阀门,胶囊卸压后即可取出并重复使用。

图 5-3-11　胶囊注水式高压止浆塞及注浆管

(5)注浆

①注浆顺序及方法:钻孔注浆采用5m梯度由浅到深施工,即参照《水工建筑物水泥灌浆施工技术规范》(SL 62—2014)中基岩帷幕灌浆方法(用浆液灌入岩体或土体的裂隙、孔隙,形成连续的阻水幕,以减小渗流量和降低渗透压力的灌浆工程)自上而下分段孔口封闭注浆法实施。

灌浆孔编号-灌浆段编号(孔深)表示为:

1-1(5)、1-2(10)、…、1-10(50);

2-1(5)、2-2(10)、…、2-10(50);

…

25-1(5)、25-2(10)、…、25-10(50);

即1-1(5)表示为1号孔第1段钻孔深度5m时的注浆,当该孔达到5m孔深时即可取出钻杆,孔口安装注浆塞进行水泥浆灌注。

②注浆技术参数:钻孔直径65mm,最大孔深50m,分段梯度5m。

a.选用浆液:灌浆采用P·O 42.5纯水泥浆灌注,浆液由稀到浓分为4个等级(浆液水灰比2、1、0.8和终灌浆液水灰比0.5);当灌浆压力保持不变,单位时间内注浆量持续减少时,或单位时间内注浆量不变而压力逐渐升高时,水灰比保持不变。当某级浆液注入量已达300L以上时,或灌浆时间已达到30min时,而灌浆压力和单位时间内注浆量均无改变或改变不显著时,应改用浓一级水泥浆液。当单位时间内注浆量大于30L/min时,可根据情况越级变浓。

b.注浆压力:设计最大注浆压力 $P_{max} = 3.5 \times 1.5 = 5.25\text{MPa}$(最大注浆压力按照地下水位埋深350m的最大水头压力3.5MPa,注浆压力按大于地下水压力1.5倍计算);当压力大于4MPa时,单位时间内注浆量宜小于10L/min,灌浆过程中发现串浆、漏浆时,应根据具体情况采用嵌缝、表面封堵、低压、浓浆、限流、限量、间歇灌浆等方法处理。

c.注浆结束标准:当灌浆段在最大设计压力下,单位时间内注浆量不大于1L/min时,继续灌注30min,可结束灌浆。当地质条件复杂、地下水流速大、注入量较大、灌浆压力较低时,持续灌注的时间应适当延长。

d.封孔:全孔灌浆结束后,应以水灰比为0.5的新鲜普通水泥浆液置换孔内稀浆或积水,采用全孔灌浆封孔法封孔。封孔压力为最大灌浆压力。封孔灌浆时间可为1h。

e. 灌浆孔深距离差:采用孔口封闭灌浆法自浅而深分段灌浆时,在岩石中钻孔灌浆的距离差不应小于15m。

3.3.4 应用效果

掌子面钻孔期间,多个孔位均出现较大涌水,且呈喷射状,约600m^3/(孔·h),水压为3～4MPa。按照上述方案完成第一阶段注浆堵水后TBM向前掘进了26m,掌子面表面仅有少量渗漏水,未出现较大突涌水,表明堵水效果良好。第一注浆循环施作期间因作业空间狭小、效率较低,因此在后期注浆作业时增加了钻机支架,并对支架进行了改造,可以安装2台钻机,以便在可行的情况下2台钻机同时作业,经过方案优化后,第二阶段注浆堵水作业时间大大缩短。

第 4 章
软岩洞段TBM法隧道施工

软岩隧道施工,因岩石自身强度低、易破碎等特点,极易造成隧道坍塌、大变形等灾害。采用TBM法施工的隧道还易造成卡机、撑靴无法支撑等问题。因此,需要分析软弱围岩隧道的地质特点、隧道变形机理及面临的施工风险,与TBM法隧道施工特点相结合,研究处置措施。

本章在参阅大量技术文献的基础上,充分结合TBM法隧道施工实践,介绍了软弱围岩地质特性以及施工风险等,阐释了TBM在软岩变形条件下的处置措施和技术方案,并提供山西中部引黄工程TBM卡机处理工程实例,供读者参考。

4.1 地质特征与施工风险

4.1.1 地质特征及围岩大变形分级

1) 软岩定义

关于软岩的概念从20世纪60年代开始研究,定义多达几十种,至今未达成共识。不同行业对岩石力学特性的要求不同,因而对软岩的认识也不尽相同。煤炭系统,于1984年12月在云南昆明召开的"煤矿矿压名词"讨论会上形成了统一的软岩定义,即"强度低、孔隙率大、胶结程度差、受构造面切割及风化影响显著或含有大量易膨胀黏土矿物的松、散、软、弱岩层"。在水电工程、边坡工程及基坑工程中,岩石的承载能力为关注的重点,故在相应的规范中进行岩石软硬程度划分时不约而同地选择了岩石单轴饱和抗压强度(R_c)为标准,将$R_c \leq 30\text{MPa}$的围岩归于软岩范畴。软岩是弱、破碎、松散、膨胀、流变、强风化、强蚀变等的统称。为了强化地应力及工程荷载对岩石性质的影响,何满潮院士提出了新的软岩概念及其分类体系,将软岩分为地质软岩与工程软岩两大类:强度低、孔隙度大、胶结强度差、受构造面切割及风化影响显著或含有大量膨胀性黏土矿物的松、散、软、弱岩层,定义为地质软岩;工程力作用下能产生显著塑性变形的工程岩体,称作工程软岩。虽然软岩的定义较多,但目前流行的且在工程中操作性强的软岩评价标准仍为单轴饱和抗压强度。

常见软弱围岩有页岩、片岩、板岩、千枚岩等变质岩类,泥岩、黏土岩、泥灰岩及膨胀岩类,断层构造岩,蚀变岩类,上第三系半成岩等。开挖后软岩的外观表现如图5-4-1所示。

图 5-4-1　软弱岩层

2）软岩典型特征

（1）岩石强度低。根据我国《工程岩体分级标准》(GB/T 50218—2014)、《铁路隧道设计规范》(TB 10003—2016)等标准规范，一般将单轴饱和抗压强度低于 30MPa 的岩石称为软质岩或软岩。软质岩主要包括未成岩的岩石、已风化的岩石以及含有软弱矿物的岩石。典型岩石有泥岩、砂岩、千枚岩、炭质板岩及绢云母片岩等。

（2）岩体破碎。受地质构造影响严重的坚硬岩石也可称为软弱围岩。若硬质岩石受到强烈的构造运动影响，导致节理、裂隙、断层等结构面发育，会造成围岩强度降低、自稳性变差。

（3）围岩赋存环境差。隧道围岩一旦赋存于富水、高地应力等复杂地质环境中将极易引起涌水、塌方等地质灾害。赋存于这些复杂地质环境下的围岩亦可称为软弱围岩。

（4）软岩易风化，遇水易膨胀。隧道开挖后应及时封闭围岩，尽量保持其原始特征。

（5）软岩的地压大，来压快，变形大，且变形持续时间长。为适应软岩隧道特点，可遵照先柔后刚或二次支护甚至多次支护的原则。形式上，先期应有一定的让压作用，即柔性支护；后期要有足够的刚度，防止围岩无限制变形。

（6）软岩隧道自承压能力低。上覆岩层压力主要由围岩承受，只有少部分由支护体承担。因此，要加强软岩自身的承载能力。

（7）软岩隧道出现底鼓。软岩隧道的地压，特别是四周来压，使隧道出现一定量底鼓。因此，对软岩隧道，不仅要加强拱顶、边墙支护，同时要对底部加强支护。

3）围岩大变形分级

TBM 施工隧道围岩大变形等级划分应以围岩变形量 u 与预留变形量 ΔR 的关系、护盾摩阻力 F_P 与极限推力 F_T 的关系为判据，具体划分标准见表 5-4-1。

围岩大变形划分标准　　表 5-4-1

等　　级	判 别 条 件	等　　级	判 别 条 件
C_1	$u < \Delta R$	C_3	$u \geq \Delta R$、$F_T < F_P \leq 2F_T$
C_2	$u \geq \Delta R$、$F_P \leq F_T$	C_4	$u \geq \Delta R$、$F_P > 2F_T$

4.1.2　施工风险

隧道位于地质构造复杂、新构造运动强烈、应力高度集中、多次岩浆侵入、埋深大的地质环境，如岩质较软，有围岩大变形的风险。软岩大变形对 TBM 掘进以及隧道结构影响较大。

（1）隧道变形、坍塌

TBM 开挖后会形成临空面，软弱破碎围岩受自重应力及构造应力的影响发生朝向隧道净空的变形，围岩变形将导致洞径变小；开挖后围岩变形极易失稳导致坍塌。

（2）支护结构破坏

软岩隧道的开挖过程同时也是周边扰动围岩对初期支护结构的逐级逐次加载过程，一旦围岩扰动产生的荷载超出初期支护结构极限承载力，支护结构将会失稳破坏，突出表现为钢拱架扭曲、喷射混凝土开裂掉块，结构变形出现突变等。对于护盾式 TBM 施工的隧道，软岩变形会造成管片安装与豆砾石回填灌浆困难，或引起已安装好的管片损坏，出现裂缝、错台等。

（3）TBM 卡机

TBM 开挖过程中不可避免会扰动围岩，软岩受扰后应力重新分布会导致围岩变形，如果围岩变形速度快，则可能导致 TBM 卡滞，无法继续掘进。卡机风险由高到低排序为：双护盾 TBM，单护盾 TBM，敞开式 TBM。

（4）TBM 撑靴无法撑紧

软岩隧道，岩石抗压强度低，极易造成撑靴撑紧时塌陷，从而导致敞开式 TBM 和双护盾 TBM 撑靴无法正常撑紧，无法提供足够的掘进反力，造成 TBM 掘进时掘进方向偏离设计轴线甚至无法掘进。

4.2 软岩洞段 TBM 法隧道施工技术

避免或降低软岩洞段 TBM 施工风险，除了扩大开挖面预留足够的变形富余量外，重点要对开挖后的裸露围岩及时支护，及时采取相应措施消除应力重新分布造成的围岩变形或坍塌等风险。支护过程中要遵循支护原则选择合理的支护参数，避免因支护结构强度和刚度不足而造成围岩大变形和结构破坏。由锚杆、钢筋网、喷射混凝土、钢拱架等支护组成的复合体，对确保围岩结构处于相对稳定状态至关重要。

4.2.1 软弱围岩支护原则

软岩隧道支护的着眼点应放在充分利用和发挥围岩自承能力上，必须改变传统的单纯提高支护刚度的思想，支护结构及强度应与加固围岩、提高围岩自承能力相结合，与围岩变形及强度相匹配；采取卸压、加固与支护相结合的方法，统筹规则、合理安排。高地应力区，要卸得充分；大变形区，要让得适度；松散破碎区，要注意整体加固；隧道围岩，要整体支护。通过围岩变形量测，准确掌握围岩的活动状态，根据量测结果，确定二次支护结构与参数，确定补强时间、再次支护时间和封底时间。

通过对软弱围岩工程地质特性、软岩隧道变形机制及变形控制基本理念的分析，软岩隧道 TBM 法施工支护应遵循以下几点原则：

（1）隧道结构设计坚持刚度足够、宁强勿弱的原则，采用长锚杆、厚层喷射混凝土、锁脚锚杆和重型钢拱架等组合支护措施，控制围岩变形，达到向围岩深处转移二次应力的效果。

（2）软岩洞段初期支护承受施工期间全部荷载，二次衬砌需承受后期围岩流变产生的荷载。软岩隧道衬砌应通过增设钢筋、加大混凝土厚度等方式增加支护结构的强度。

（3）对于围岩赋存环境较差，地下水较发育的洞段，采用超前预注浆、超前大管棚等辅助施工方法重点改善并加固地层，提高围岩的自承能力，减小作用在支护结构上的荷载。软岩变形的一个主要特征就是掌子面前方及周边围岩变形较大，加强掌子面前方围岩的预加固和超前支护一方面可以提高隧道施工的安全保障,另一方面也可以减少支护工程量,从而达到安全快速施工的目的。

(4)合理选择初期支护,预留变形量。对于易产生变形的软岩隧道,选择合理的预留变形量不仅可以避免侵限风险,亦有助于达到安全、高效施工的目的,软岩洞段可以考虑预留二次衬砌的补强空间。

(5)建立初期支护稳定性评判标准,在施工过程中实时评判初期支护结构安全稳定性,以指导现场施工。

4.2.2 软弱围岩施工措施

1)软弱围岩支护措施

我国软弱围岩隧道的支护形式主要有可伸缩钢拱架(图5-4-2)、锚喷支护和联合支护等,借助敞开式TBM配置的锚杆钻机、钢拱架拼装器、喷射混凝土系统等一次支护系统,在软弱围岩大变形地层采取"支、锚、注、喷一体化围岩加固和支护"的施工措施。推荐支护措施见表5-4-2。

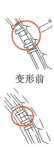

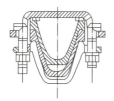

变形前

变形后

图5-4-2 TBM隧道柔性可伸缩钢拱架

软弱围岩支护措施　　　　　　表5-4-2

序号	软岩类别	形成软岩的主要因素	变形机理与特征	支护原则	一次支护推荐方案
1	软弱型软岩	岩块强度低、岩体完整性较好	隧道变形以塑性和流变变形为主,破坏形式主要有持续性的挤压流动性底鼓,大变形量的顶板及两帮收敛变形	高强度支护、适度让压,加全封闭支护结构	喷、锚、钢筋排加可缩性钢拱架;锚注支护加喷射混凝土和钢筋排
2	破碎型软岩	岩体完整性差、岩块强度较高	隧道变形以松动塌落变形和流变变形为主,破坏形式主要有原板冒落、两帮片落、大变形的顶板及两帮收敛变形	加固岩体结构面,提高岩体整体强度,高强支护,适当让压	锚注支护加喷射混凝土和钢筋排
3	高应力型软岩	岩块强度较高、岩体完整性差,高地应力或采动应力	当岩体强度较高时,变形破坏以松动塌落为主,具体形式有冒顶、片帮;在极高地应力条件下会发生岩爆	泄压、较高强度支护	锚注支护加喷射混凝土和钢筋排;组合锚杆、钢筋排加喷射混凝土;喷、锚、钢筋排加可缩性钢拱架
4	软弱破碎型软岩	岩块强度低、完整性差	表现出强烈的流变变形特征,软弱破碎型软岩隧道具体变形形式有来压迅猛变形和持续高速流变变形	超高强支护,加固岩体,全封闭支护结构	锚注支护加喷射混凝土和钢筋排;高强度喷、锚、钢筋排加高强可缩性钢拱架
5	膨胀型软岩	膨胀性矿物、地下水	隧道变形以膨胀和流变变形为主,围岩变形量大,持续时间长,极易崩塌	封闭围岩表面,高阻限制-让压,全封闭支护结构	锚注支护加喷射混凝土和钢筋排;高强锚、喷、钢筋排加高强可缩性钢拱架

2）软岩大变形段施工措施

(1) 当围岩大变形等级为 C_1 时，采用常规掘进参数和常规支护技术通过，必要时采取超前支护措施。

(2) 当围岩大变形等级为 C_2 时，采用适当扩挖和"高预应力锚杆、钢拱架、钢筋排喷射混凝土"联合支护的控制技术。

(3) 当围岩大变形等级为 C_3 时，采用分步联合控制技术，即：采用超前锚杆或超前小导管、小变径扩挖预留变形量、匀速不间断掘进快速通过的方式，减轻时效变形影响；并及时在 L_1 区施作高预应力高强锚杆、钢拱架、钢筋排喷射混凝土进行联合支护；随后在 L_2 区施作预应力锚索。C^3 级及以上大变形围岩不宜采用护盾式掘进机。

(4) 当围岩大变形等级为 C_4 时，采用"大变径扩挖、掘进参数调整和分步联合支护"控制技术，即：采用人工扩挖旁洞和开挖超前导洞更换刀盘，进行大变径扩挖；启动脱困电机和降低刀盘转速等提高刀盘扭矩和主驱动推力；实施超前预注浆加固，并采用钢筋排、可缩式钢拱架、高预应力锚杆、分步注浆和预应力锚索，进行分步联合支护。

4.2.3　软岩洞段 TBM 掘进施工应对措施

无论何种类型软岩，其突出特点就是强度低、易坍塌及收敛变形等，造成 TBM 卡机或撑靴无法支撑，使 TBM 无法向前掘进，此类围岩段也会给管片安装带来困难。TBM 掘进期间应采取以下预防及处理措施。

(1) 适当超挖（安装扩孔垫块、扩孔刀等），增加盾壳与开挖轮廓面之间的间隙，从通常的 3~5cm 调整到 5~10cm。

(2) TBM 在软弱围岩掘进时，应采用低转速、小推力缓速掘进，减少单位时间内出渣量，尽量减少和避免塌方，力争实现不停机稳步通过。对于护盾式 TBM，则应安装重型管片，及时填充豆砾石并注浆，通过后及时固结灌浆。必要时先停机加固围岩或超前处理，待条件具备后，再继续掘进。

(3) 在软弱围岩下，撑靴压力不宜太高，否则，可能由于接地比压高于围岩抗压强度，造成坍落。撑靴压力的大小取决于洞壁围岩完整性及抗压强度，撑靴接地比压控制在软岩抗压强度的 70%~80%。撑靴撑紧力及支撑面积决定了 TBM 掘进推力，进而影响掘进速度。撑靴应至少保证一半撑紧洞壁。掘进中，若撑靴压力降低，应及时补压。如果围岩不足以承受撑靴压力，则必须先加固再掘进。

(4) 在软弱围岩下，刀盘扭矩过大，易产生机身滚动、撑靴打滑。要根据撑靴撑紧力控制刀盘扭矩。

(5) 撑靴打滑时，应立即停止掘进，重新换步或加强打滑的撑靴部位支护强度，调向后恢复掘进。

(6) 针对 TBM 可能的下沉倾向，首先将 TBM 后退到软弱区外，注浆或者浇筑混凝土置换前方已经开挖的软岩、超前加固掌子面前方洞底围岩，加固区域承载力达到要求后再掘进通过。当塑性变形严重时，采用喷锚、钢拱架、灌筑混凝土联合支护方式处理后再掘进通过。

(7) 掘进时，减少 TBM 刀盘喷水量，降低施工用水对围岩的软化作用。

(8) 软岩段，双护盾 TBM 施工，可收回支撑靴，利用辅助推进液压缸采用单护盾模式掘进；通过 TBM 护盾上的预留孔，向护盾上方注入膨润土泥浆，减少围岩对护盾的摩擦阻力。

(9) 软弱围岩的变形与时间有直接关系，因此当 TBM 掘进到隧道快速收敛地段时，可调整施工组织，缩短 TBM 连续停机维护时间，使 TBM 在围岩发生足够大的变形之前，稳步通过。

(10）若围岩已挤压盾体,可在盾体外侧开挖扩大洞室,稳步释放压力,如图 5-4-3 所示。

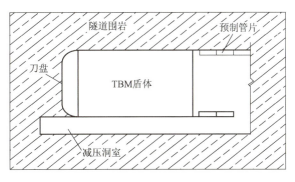

图 5-4-3 减压支洞示意图

(11）正常情况下护盾处于初始整圆的位置,当 TBM 被快速收敛的围岩挤压时,TBM 无法向前掘进,此时对于敞开式 TBM 可适当调整回缩护盾,释放围岩挤压压力,促进 TBM 通过,但需严格控制回缩幅度,否则会造成护盾后的支护结构侵限,严重时需要耗费大量时间和成本处理,并且存在较高安全风险。

(12）如若因围岩收敛造成 TBM 卡机,可参照本篇第 2 章第 2.3 节处理。

4.3 工程案例

4.3.1 工程概况

山西中部引黄工程 TBM1 标,总长 26301.7m（其中进洞支洞长 5199.7m,主支洞交叉扩挖段长 50.5m,主洞长 21051.5m）,采用双护盾 TBM 施工,开挖直径 5.06m,采用 C45 预制钢筋混凝土管片衬砌,管片与围岩之间的空隙用豆砾石充填并灌浆。

4.3.2 工程地质及施工风险

洞室埋深 300~610m,洞身穿越的地层为奥陶系、寒武系和太古界,岩性主要为灰岩、泥岩、白云岩、角闪岩和片麻岩夹石英砂岩等。

施工图地质纵断面显示,TBM 掘进至桩号 78+855 洞段,地下水位位于洞身以下,地层为 O_2S^1,地层岩性为灰黄色泥灰岩、粉砂质泥灰岩夹薄层灰岩,岩层工程地质分类为 V 类围岩,前方 79+400 进入 O_2S^2 地层,地层岩性为深灰色、灰黑色厚层灰岩、豹皮状灰岩,隧洞围岩为中硬岩,岩层工程地质分类为 Ⅲ 类围岩。岩层分界线倾角约 8°。受层间水影响,桩号 78+855 前方 500m 范围开挖时围岩可能发生膨胀变形,需扩挖和加强支护。

4.3.3 施工方案

1）基本情况及原因分析

2016 年 4 月 15 日 22 时 40 分,TBM 施工至桩号 78+855.909 时推进阻力增大,无法继续掘进,后将 TBM 推力调至设计最大推力（20500kN）,并以单护盾及双护盾模式相互切换尝试,仍无法推进,推测 TBM 盾体卡滞（刀盘可以运转）。通过护盾观察孔检查和单独移动盾体测试,确认前盾被卡滞,卡滞范围处于时钟方位 11 时至 5 时位置。

当前地层为泥灰岩,泥灰岩有遇水膨胀特性,属软~较软岩类,受 F1、F2 断层影响,岩石破碎,岩层含泥量大,岩层间有渗水现象,隧洞埋深 369m,地应力大,受地应力影响,岩层塑性形变强烈,造成隧洞挤压变形。故围岩强度低(软岩)、层间剪切带分布、围岩快速变形的联合作用是导致该段围岩收敛变形发生的主要原因。

2)总体方案

前盾卡滞是围岩局部收敛所致,根据现场地质特点,制定了扩挖收敛洞段,辅助前盾脱困方案。为减少工作量,并达到快速处理目的,结合双护盾 TBM 特点,决定将扩挖洞室进口设置在伸缩盾位置,在伸缩盾拉开处设置多个开挖点位,向刀盘方向逐步扩挖,如图 5-4-4 所示。

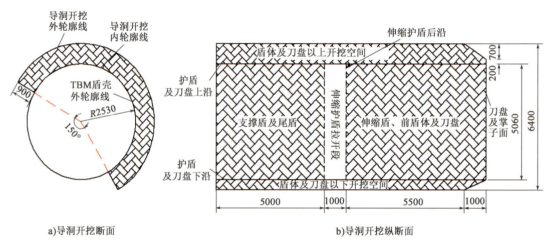

图 5-4-4　导洞开挖示意图(尺寸单位:mm)

扩挖沿盾体外侧从左 11 点至右 5 点的 180°范围,径向扩挖宽 0.7~0.9m(以工作人员能展开工作为准),考虑围岩收敛变形发展,扩挖长度从尾盾至刀盘,释放地应力。导洞开挖过程中及时用 16 号工字钢及波纹板等支护,确保施工人员安全。导洞支护如图 5-4-5 所示。

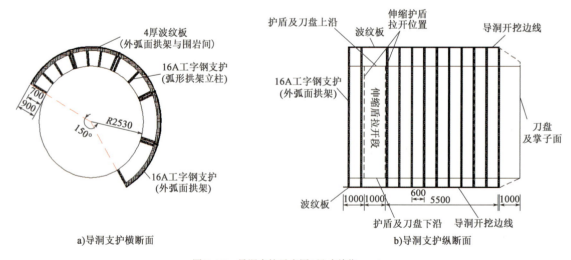

图 5-4-5　导洞支护示意图(尺寸单位:mm)

3)施工工艺

(1)施工组织。扩挖采取三班作业模式,现场交接班,24h 连续作业,每班 4 个作业组,每作业组

4人,组内每次2人轮流进入导洞内用风镐开挖:1人开挖,1人装渣入编织袋,1人负责传递支撑材料,1人看护风管、照明电缆、电焊线并传递焊接材料进入导洞。

(2)工器具准备。配置的主要开挖支护机具为:风镐8台,电焊机4台,切割机1台,千斤顶8台,导链4台,洞外折弯机1台。

(3)导洞开挖。分4组,分别从11点位置、1点位置、3点位置、5点位置在拉开的伸缩盾处,从侧壁开始先进行径向扩挖(宽0.7~0.9m),再向掌子面方向挖0.9m宽导洞,并及时焊钢支撑和连接板支护,直至刀盘处。第一轮开挖完成后,再分组开挖导洞间的隔墙,直至11点至5点180°内导洞连通成环向扩挖洞。

(4)安全隐患处理。扩挖期间,安全工程师24h旁站观察,及时处理安全隐患。扩挖洞完成后TBM掘进前拆除临时支撑(与盾体间的工字钢支撑),拆除顺序分别由盾尾及前盾向伸缩盾方向拆除,拆除过程中要安排专职安全员全程监控。

至4月20日,完成挖掘,TBM顺利脱困。扩挖处理如图5-4-6和图5-4-7所示。

图5-4-6 盾体顶部处理

图5-4-7 盾体侧面处理

4)脱困后继续掘进措施

TBM脱困后,为避免再次卡机,保证施工安全及成洞质量,恢复掘进后宜采取如下措施:

(1)为消除围岩收敛对TBM的影响,边刀加装垫片,扩大TBM开挖断面。

(2)安装重型管片,加大管片的承载能力。

(3)加工钢制定位销,代替原有定位销,加大管片间的锁紧能力。

(4)该区域内管片,相互间采用防锈钢板与膨胀螺栓加固,防止管片错台、接缝变大。

(5)扩挖导洞段管片安装后,立即回填豆砾石,避免管片失稳、接缝变形,并及时回填灌浆,防止围岩变形、塌方,以确保成洞质量。

(6)由于泥灰岩具有膨胀性,故需加强后期管片变形监测,如有错台接缝变大或管片产生裂缝,需重点监测,在确保安全的情况下,及时处理。

(7)为避免 TBM 法隧道施工中因围岩收敛变形使 TBM 再次被困,可在护盾与围岩间强行注入润滑剂,以减少机身与围岩间的摩擦力。

(8)掘进中要确保物资供应,加强维保,减少停机时间,稳步通过,可有效防止再次卡机。

4.3.4　应用效果

从 4 月 15 日双护盾 TBM 前盾卡滞到 4 月 20 日脱困,用时仅 5d,TBM 即恢复了掘进。

通过伸缩盾开辟扩挖通道这一方案不用破除管片,且可以左右同步扩挖,成本低,效率高。采用此类方式进行脱困处理时,一定要加强安全管理,尤其要对围岩收敛情况实时监测,以确保施工人员安全。在拼装管片时加强拼装质量及轴线控制,并及时填充背后空洞,确保管片稳定。

第 5 章
岩爆洞段TBM法隧道施工

岩爆是高地应力区域隧道开挖时,临空岩体出现突发式破坏的现象。岩爆直接威胁到施工人员的人身安全、设备安全,导致 TBM 掘进速度降低,初期支护困难,工程量、成本、工期大幅度增加。迄今为止,岩爆尤其是强岩爆一直是困扰地下工程界的一个难题。

本章重点介绍了岩爆特征、影响因素、发生条件及施工风险等,对岩爆洞段 TBM 法隧道施工技术进行了系统总结和分析,并针对轻微、中等、强烈与极强岩爆提出了相应的施工措施。此外,本章以锦屏二级水电站引水隧洞岩爆处理实践经验为工程案例,从岩爆地层工程地质特征、岩爆发生的规律、超前地质预报、处理对策等方面,分析了高地应力岩爆区施工技术,供施工技术人员参考。

5.1 岩爆特征与施工风险

5.1.1 岩爆特征与分级

1)岩爆特征

岩爆是高地应力条件下隧道施工过程中,围岩因开挖卸荷导致岩体内应力重新分布,硬脆性岩体内部原来储存的弹性应变势能突发性地急剧释放出来,使隧道围岩产生爆裂松脱、剥落、抛掷甚至弹射的一种动力现象。

隧道工程施工中的岩爆主要有以下特征:

(1)突发性:岩爆现象是一种能量的突然释放,在发生前没有明显的预兆。

(2)随机性:统计分析 TBM 法施工隧道岩爆发生规律,不同部位岩爆频次:掌子面和护盾区:L1 区:L1 区后方≈65%:20%:15%。但是针对具体的某一次岩爆发生的准确位置、时间还是很难预测,具有明显的随机性。

(3)延续性:类似地震中的余震,岩爆发生后,不一定完全结束,岩体积聚能量后可能会再次引发一次或者多次岩爆,往往具有延续性。首次岩爆后的几天或几十天内有可能再次发生,有的可能持续较长时间才结束。

(4)滞后性:岩爆现象一般并非伴随岩体开挖立即发生,往往在岩体开挖后数小时、数天甚至更长时间（一个月甚至数月）才发生，发生的频率随暴露后的时间延长而降低。岩体应力分布的微小扰动，也能导致岩爆发生。

（5）衰减性：岩爆一般在开挖初期比较强烈，随着时间推移，能量释放减弱，强度也随之衰减。

2）岩爆分级

岩爆可分为若干等级，根据岩爆抛射初速度 $\bar{v}$ 将岩爆分为 4 级，即轻微岩爆，弹射平均初速度 $\bar{v} < 2\text{m/s}$；中等岩爆，弹射平均初速度 $\bar{v} = 2 \sim 5\text{m/s}$；强烈岩爆，弹射平均初速度 $\bar{v} = 5 \sim 10\text{m/s}$；极强岩爆，弹射平均初速度 $\bar{v} > 10\text{m/s}$。

《水力水电工程地质勘察规范》（GB 50487—2008）将岩爆分为 4 级，见表 5-5-1。简而言之，围岩抗压强度影响岩爆，一定范围内，抗压强度越大，发生岩爆的可能性越大；围岩完整性影响岩爆，岩爆均发生在新鲜完整围岩中。

岩爆分级及判别　　　　　　　　　　　　　　　表 5-5-1

序号	岩爆分级	主 要 表 现	岩石强度应力比 R_b/σ_m
1	轻微岩爆（Ⅰ级）	围岩表层有爆裂脱落、剥离现象，内部有噼啪、撕裂声，人耳偶然可以听到。岩爆零星间断发生，一般影响深度 0.1~0.3m，对施工影响较小	4~7
2	中等岩爆（Ⅱ级）	围岩爆裂弹射现象明显，有似子弹射击的清脆爆裂声，有一定持续时间。破坏范围较大，一般影响深度 0.3~1.0m，对施工有一定影响，对人员及设备安全有一定威胁	2~4
3	强烈岩爆（Ⅲ级）	围岩大片爆裂，出现强烈弹射，发生岩块抛射及岩粉喷射现象，巨响，似爆破声，持续时间长，并向围岩深度发展，破坏范围和块度大，一般影响深度 1.0~3.0m。对施工影响大，威胁机械设备及人员安全	1~2
4	极强岩爆（Ⅳ级）	大部分围岩严重爆裂，大片岩块出现剧烈弹射，震动强烈，响声剧烈，似闷雷。迅速向围岩深处发展，破坏范围和块度大，一般影响深度大于 3m，乃至整个洞室遭受破坏。严重影响施工，工程损失巨大。最严重者可造成地面建筑物破坏	<1

注：表中 R_b 为岩石饱和单轴抗压强度（MPa）；σ_m 为最大主应力。

5.1.2 岩爆的影响因素

国内外研究表明，产生岩爆的原因很多，其中主要包括工程开挖、地应力水平、岩石物理力学性质、岩体结构及裂隙分布、地下水等诸多因素，其中地层的岩性条件和地应力是决定性因素。如前所述，通常以强度应力比作为评价岩爆等级的指标。

1）地质因素

（1）区域构造。在我国的中西部地区，构造活动频繁、地壳水平及垂直升降运动强烈，多以水平应力为主导，工程区实测地应力高，火成岩体和变质岩体分布广泛。因此，我国发生岩爆的隧道（洞）工程多集中在中、西部地区，强烈岩爆多发生在西部地区。

（2）岩体结构及其性能。岩体结构由结构面和结构体两个要素组成，是反映岩体工程地质特征最根本的因素，不仅影响岩体的内在特性，而且影响岩体的物理力学性质及其受力变形的全过程。结构面和结构体的特性决定了岩体结构特征，也决定了岩体的结构类型。工程岩体发生岩爆以及岩爆等级主要取决于结构面性质及其空间组合和结构体的性质及其立体形式。一般来说，当岩体的结构较为完整时，构造变动小，节理裂隙发育弱，岩体的强度大，质地坚硬，可能蓄积的弹性变形势能大，岩体破坏时转化为较大的动能，使其弹射、抛出形成岩爆；反之，在岩性复杂的破碎岩层，构造变动强烈，构造影响严重，接触和挤压破碎带、风化带、劈理等洞段围岩节理较发育，结构面多，密度大，彼此交切，其储存的弹性变形势能越小,岩体破坏时发生岩爆的可能性越小。

(3)地质构造。复杂的地质构造带往往积聚巨大的构造效应,容易发生岩爆,如褶曲、岩脉以及岩层的突变等。特别是向斜的轴部岩层存在较大的地应力,聚积有大量的弹性变形势能,如果开挖,则可能产生岩爆。岩爆也常发生在断裂构造相对不发育、岩体相对完整的围岩、大型压性断层的下盘或在压扭性断层两侧完整性好的岩体洞段,破碎围岩不易发生岩爆。

(4)不连续面性状。不连续面的粗糙程度、组合状态及其充填物的性质,都反映了不连续面的性质,直接影响着结构面的抗剪特性。结构面越粗糙,其抗剪强度中的摩擦系数越高,对块体运动的阻抗能力越强,越易于发生岩爆;结构面的宽度或充填物的厚度越大且其组成物质越软弱,则压缩变形量越大,抗滑移的能力越小,岩爆发生的可能性也越小。此外,不连续面的间距、产状及其组合状态都对岩爆的发生有较大影响,例如在弱面比较发育的地段,其平均间距较小,不同产状的弱面彼此交切,将岩体切割成大小不同的岩块,破坏了岩体的完整性,削弱了岩体的强度,则不易岩爆。

2)环境因素

(1)地应力。高地应力是岩爆发生的决定因素,具有较高地应力的岩石,其弹性模量较高,岩石具有较大的弹性变形势能,易发生岩爆。

(2)埋深。工程埋深影响着原岩应力的大小、方向与分布状态,埋深越大,地应力越大,发生岩爆的概率越大。

(3)渗流量。通常情况下,岩爆大都发生在干燥的岩体中,比较湿润的岩体发生岩爆的概率较小,这是因为渗流对岩石的作用造成的。一方面,水及某些含阳离子的溶液具有降低岩石颗粒间表面能的能力,引起岩石软化;另一方面,渗流量好的岩体明显比干燥的岩体中的层理、节理、裂隙发育好,数量多,岩体的空隙率高,由于裂隙的增加与扩展,岩体的强度和弹性模量降低,泊松比增加,黏结力减小,储存的弹性变形阈值小。

(4)地震。地震是触发岩爆的一个重要外因,当岩体工程处于多震区时(由天然地震、爆破、机械振动、或大规模爆破引起),由于地震产生的巨大的弹性波迅速传播,可使得处于临界状态的岩体受到扰动而发生突然失稳破坏,从而导致岩爆。据不完全统计,有20%左右的岩爆是由地震引发的。

3)开挖因素

岩体工程的开挖打破了岩体中原始应力平衡状态,在其周围一定范围的岩体中发生应力重新分布。这种应力的重新分布与岩体工程的规格形状有着密切的关系。理论分析表明,非圆形隧道的应力重分布不均匀程度较高,当某些部位的应力值达到或超过发生岩爆的临界值时,容易发生岩爆。TBM开挖的隧道为圆形,掘进对围岩整体扰动较小,掘进过程中产生的破坏松动圈小,不利于围岩的应力释放,容易发生岩爆,且岩爆具有一定的滞后性,相对于钻爆法而言,破坏性也更强。这是因为TBM法施工隧道具有对围岩扰动较小、掘进速度快、洞形为圆形等特点,因而在成洞过程中及成洞后的一段时间内,围岩应力释放仍保持缓慢节奏,不会给围岩稳定带来大的冲击,该时段的围岩自稳假象也极易误导施工作业人员。然而,经过一段时间的应力重新分布后,岩爆可能会酝酿并发生。据统计,TBM法施工的隧道,岩爆滞后可达数小时甚至数十小时,例如锦屏水电站引水隧洞,岩爆发生以TBM开挖后1~24h为主,有的岩爆发生滞后72h以上。

5.1.3 施工风险

对于TBM法施工的隧道,岩爆直接威胁施工人员的人身安全及设备安全,导致TBM掘进效率降低,初期支护难度、工程量、工期、成本大幅度增加。岩爆发生的形式和空间部位不同,对 TBM 法隧道施工造成的危害也不同。

1）破坏岩体支护

(1)脆性岩石产生的岩爆对支护产生的影响很大,岩爆会造成洞壁破坏,严重情况下会造成围岩自稳体系失衡,增加坍塌发生的可能性,给支护作业带来较大困难。

(2)岩爆的突发性及巨大冲击力,也很有可能会给 TBM 支护体系带来冲击破坏。

2）损坏 TBM 设备

(1)如掌子面岩爆,一方面岩块冲撞损伤刀具和铲斗齿;另一方面因岩爆造成掌子面凹凸不平,致使刀具、铲斗齿及刀盘易受冲击荷载作用发生非正常损坏。

(2)高地应力条件下,掌子面岩石的破裂及劈裂造成岩石不规则破坏,容易形成大块的岩石使其难以进入铲斗,从而形成岩块的二次碾磨,造成刀具的二次磨损甚至冲击破坏。

(3)岩爆过程中形成的岩渣易造成滚刀刀孔堵塞,影响滚刀正常转动,从而造成滚刀的异常磨损及轴承损坏。

(4)护盾顶部及后部的岩爆易造成锚杆钻机等设备毁坏。

3）制约施工进度

(1)掌子面发生岩爆,将造成掌子面凹凸不平,为降低对刀具的冲击,会降低 TBM 推进速度,掘进效率将大大降低。

(2)大量的塌方体堆积于 TBM 主机底部(图 5-5-1、图 5-5-2),清理耗时较长,会延迟施工进度。

图 5-5-1　主机底部渣体堆积

图 5-5-2　人工倒运清渣

(3)侧墙岩爆形成爆坑后,会导致 TBM 撑靴失去稳定支撑面,难以提供 TBM 推进的足够反力,会制约 TBM 掘进速度,并易造成 TBM 掘进方向失控。

(4)刀盘及护盾部位发生强烈岩爆或极强岩爆,大量塌方体会挤压刀盘或护盾,导致卡机。

4）影响施工安全

(1)威胁人员安全,影响作业人员心理。岩爆发生时伴有飞石或塌方,威胁作业人员安全,易造成作业人员产生"谈爆色变"的恐惧心理,不利于人员的身心健康和作业队伍稳定。

(2)边顶拱发生极强岩爆,可能损毁工程或设备,并存在人员群体性伤亡事故风险。

5.2 岩爆洞段 TBM 法隧道施工技术

5.2.1 岩爆防治原则

岩爆防治应遵循"预防在先,及时治理"的原则,着重在降低围岩强度应力比方面采取措施(调整围岩的应力状态),并及时采取合理的支护措施。

预防在先:开挖前根据超前地质预报结果,采取措施转移应力、改善围岩性质、调整围岩的应力状态。

及时治理:及时采用锚杆、钢筋网、喷射混凝土、钢拱架等支护措施减小岩爆概率、减弱岩爆等级,增强支护系统抵抗岩爆的能力。

1)应力转移

可通过在掌子面施作超前钻孔或在孔中松动爆破、在洞壁上施作应力释放孔等措施,在围岩内部形成一个破坏带,从而降低洞壁和掌子面应力,使高应力转移至围岩深部,起到减小掌子面应力的作用。

2)改善围岩性质

施工过程中,可采取对工作面附近隧道岩壁喷水或钻孔注水的方式来促使围岩软化,从而降低岩爆发生概率。

3)加强支护

首先,要遵循围岩是隧道主要承载结构的设计思想;其次,通过及时支护的手段,尽可能快速维持围压,限制围岩破裂发展的时间效应,并给深部围岩提供三轴围压应力状态,尽可能维持和利用岩石的延性特性,发挥隧道周边一定深度内、三轴围压状态下岩体的自承能力;再次,重点加固围岩表层损伤破裂区域。

经现场实践与总结,岩爆防治对系统支护设计要求归纳为:

(1)锚杆长度要穿过围岩损伤破裂区,以便有效限制围岩破裂裂纹扩展,加固岩体,提高岩体和结构面的抗剪强度,改善结构面附近的应力分布。

(2)锚杆应具有良好的抵抗岩爆冲击能力与支护力。研究与实践表明,从耐久性、支护力、抗冲击能力、经济性以及施工便利性角度出发,全长黏结型锚杆的综合性能相对较优,但效果不够显著,可考虑选用横阻大变形锚杆加固。

(3)支护要及时,以便能够迅速发挥支护作用,保障施工进度及施工安全。经现场实践摸索,选用快速的水胀式锚杆与机械涨壳预应力锚杆组合方案能更快速地给围岩提供支护力,弥补全长黏结砂浆锚杆砂浆强度增速较慢而无法快速形成支护力的缺陷。

(4)支护措施要具备整体性。为了应对高地应力围岩表面卸荷与岩爆冲击破坏问题,全部系统锚杆均应带外钢垫板,以便紧压围岩表面的挂网或喷层,提高锚杆支护效应,使锚杆、挂网、钢拱架、喷层之间相互形成较为完整的结构体系,并使这一结构在围岩内部与表层形成联合整体承载支护体系。

(5)喷射混凝土中掺加钢纤维或仿钢纤维,可提高混凝土喷层的力学性能和支护体系的承载力,以应对岩爆冲击力对锚杆群的分散传力。其中仿钢纤维能有效解决 TBM 设备配置的长距离、小管径喷射混凝土管路在喷射钢纤维混凝土中容易堵管的问题,其力学性能也优于素混凝土与聚丙烯纤维混凝土。

通过现场应用试验和综合效果评估,以下组合支护方案能较好地防治岩爆:在喷射钢纤维或仿钢纤维混凝土及时覆盖裸露岩面的基础上,以水胀式锚杆作为随机锚杆和最快速的防治岩爆锚杆,以局部机械涨壳式预应力锚杆作为及时跟进掌子面的局部系统永久支护(部分该类锚杆也作为临时防治岩爆支护),以普通带外垫板的砂浆锚杆作为滞后掌子面一定距离的永久系统支护。

5.2.2 岩爆洞段 TBM 掘进施工应对措施

(1)强岩爆洞段,由于围岩强度大、地应力高,TBM 掘进的扰动会持续不停地诱发岩爆,掌子面崩落的岩块多、能量大,致使滚刀崩口损坏现象激增,这种情况下需适当降低掘进推力,如取类似地质条件下岩爆时推力的 1/2~2/3。

(2)撑靴撑紧力较大,伸出撑靴支撑洞壁和换步回缩撑靴时会发生外部压力的突变,极易诱发强烈岩爆,故换步时人员应撤离撑靴影响区域,同时减缓加压和卸压速度,给围岩应力一个缓慢调整的过程,减小诱发岩爆的概率。

(3)适当减少刀盘转速,减少大尺寸岩爆岩块对滚刀的损坏。

(4)岩爆洞段施工需对人员和设备采取必要的防护措施,如采取在主机适当区域安装防护钢板,为人员配备钢盔和防弹背心。

5.2.3 岩爆预防措施

通过国内外大量工程实践的经验积累,目前已有许多有效防治岩爆的措施,归纳起来有 4 种:设法降低可能发生岩爆处的应力水平;将可能的震动源推移到距掌子面或洞壁更远处;使岩体内积聚的应变势能均匀释放,从而避免破坏性极大的岩爆发生;改变可能发生岩爆处的岩体力学性质,从而改变岩体的破坏模式(如由猛烈破坏变为缓慢破坏)等。

岩爆防治措施一般分两步,一是开挖前主动的"防",二是开挖后被动的"治"。TBM 前端配备有锚杆钻机、应急混凝土喷射设备、钢筋网及钢拱架安装器、超前钻机,可实现对围岩的及时支护和超前处理,做到事前主动预防和事后治理岩爆。结合国内外 TBM 法隧道施工对岩爆的处理经验,对于不同等级的岩爆要采取不同的措施(或几种措施的合理组合),才能取得比较理想的效果。

1)超前预报

岩爆的发生不仅取决于地应力条件,还与岩性及其分布特征、岩体结构和地下水状况,以及其他扰动因素有关。应根据已开挖完成的洞内地质资料(包括岩爆类型、规模、分布里程与岩爆具体位置)分析隧道地质,初步确定施工区域地应力的数量级,明确施工过程中易发生岩爆的部位并预测岩爆等级,优化施工支护顺序,为施工中岩爆的防治提供初步依据,提前做好岩爆防治技术准备等相关工作。同时,在施工过程中,应加强超前地质探测,如采用超前钻探、声反射等方法,同时利用隧道内地质编录观察岩石特性,综合判断可能发生岩爆的范围。

在岩爆预测方面,目前国内外尚未形成完整准确的预测预报体系,因此很难达到精准预测到某个点位的程度。经过一段时期的现场试验,微震监测在 TBM 法隧道施工中预测岩爆具有一定的指导意义。根据微震监测所采集到的微震事件的多少和能量积聚程度,可大体判断岩爆发生的范围与方位,实现岩爆部分预警作用,当发现微震事件较多且能量较大时应减缓 TBM 掘进速度,加强系统支护。

2)改变或改善围岩力学性质和应力条件

诱发岩爆的基本要素之一是高地应力,即岩爆的动力来源是隧道开挖面周边存在的高地应力,从高地应力分布的角度看,隧道掌子面一带是岩爆风险最高的位置,但是受 TBM 设备结构的限制,施工过程中无法对掌子面前方 3m 和掌子面后方 5m 区域内实施有效的人工干预,同样受 TBM 设备结构与空间的限制,一旦发生大规模岩爆破坏,很难实施高效清理与强化支护措施,因此,积极主动的防治至关重要。

预防岩爆应采取积极主动的防治方案与措施,尽可能避免 TBM 掘进过程中发生强烈与极强岩爆,减缓因岩爆引起的溃决性围岩塌方造成的 TBM 施工安全与进度上的重大干扰,尽可能降低围岩承载结构的损坏程度。具体可采取如下措施:

(1) 应力释放孔法

针对岩爆类型及大小,在掌子面施作超前应力释放孔,部分释放掌子面的高地应力,也可在隧道上半断面打应力释放孔,增加洞壁岩体塑性,降低洞壁应力,使高应力峰值转移至深部围岩,达到降低岩爆等级或防止岩爆发生的目的。要求打孔的部位要精准,孔必须布置在应力集中的部位,并且要有一定的密度和深度,孔径尽可能大。

应力释放孔对于减缓和防止轻微岩爆具有一定的作用,但在中等及以上岩爆洞段因打孔释放的能量有限,效果欠佳。同时,圆形孔的应力释放能力较差,仅能影响孔位周边较小范围。

(2) 冲水减压法

在易发生岩爆洞段,通过向掌子面和开挖后的洞壁喷洒高压水,可在降温除尘的同时润湿岩面,提高表面围岩塑性,减轻岩爆等级。

水可以逐渐改变岩石状态,使其强度及变形特性发生变化。岩石在水作用下表现出的性质有渗透性、溶蚀性、软化性、膨胀性等,水能把岩石中某些组成物质带走,降低岩石致密程度、增大孔隙度,从而降低岩石强度。由于水分子的加入,岩石内部颗粒间的表面能会发生改变,致使岩石强度变低,塑性变形成分增加。同时水分子的水楔作用使颗粒间间距加大,产生膨胀应变和膨胀压力。冲水减压法就是基于上述原理,通过在岩体表面冲水,让水渗透进岩体中,从而改变岩石的力学性能,减弱岩石的强度,从岩爆发生的内因上治理岩爆。但工程实践表明,该方法效果不明显。

锦屏二级水电站辅助洞开挖中采用了冲水减压法,爆破后立即用高压水对掌子面以及周边暴露的岩面进行冲刷,冲水时间约 10min,经多次试验,效果不明显。引水隧洞开挖中总结了辅助洞的经验与教训,延长了冲水时间,第 1 次冲水 10min,而后间断 30min 再冲水 10min,目的是让水有足够的渗透时间,使其能充分渗入岩体中,实施效果较辅助洞有所提高,但因隧洞岩层主要为大理岩,大理岩的抗渗性能较强,向围岩表面洒水并不能有效促进岩体内部含水率增大,岩体受力状况的改善有限,因此对于防治岩爆效果并不理想。

实践证明,冲水减压法只能解决围岩浅层的轻微岩爆,且只适合于渗透性比较好的岩体。

(3) 注水减压法

注水减压法的原理和冲水减压法相似。其差异在于,冲水减压法是作用于岩体表面,注水减压法则是在岩体内部打孔注水,靠高压力让水充分渗入岩体中。在超前孔中注高压水,会在围岩内部形成一个低弹区,使开挖隧道临空面的切向应力达到均匀分布的状态,对主动预防岩爆更加有效。

锦屏二级水电站引水隧洞的开挖中,根据岩爆发生的特点,在掌子面的左侧边墙和右侧顶拱设计了注水孔,在左侧边墙利用锚杆孔进行了一定的注水试验(为便于对比,右侧顶拱注水孔未注水),但注水未施加压力。在注水试验期间,左侧边墙下部的岩爆要远远少于右侧顶拱。

从理论上说,注水减压法的效果要优于冲水减压法,但注水减压法需要增加注水设备,增加了施工组织难度,且往隧道顶拱注水的实施难度比较大。

(4)爆破应力释放法

该法是在掌子面超前探孔内装药爆破,靠爆破的作用改变岩体力学特性。爆破形成爆破破碎圈、爆破松动圈和爆破震动圈,这3个圈内的应力状态因爆破作用而得以改变。施工中,可有针对性地对可能发生岩爆的部位爆破释放应力,形成一圈弱应力范围,从而达到预防岩爆的目的。常规的爆破方法难以满足应力释放爆破的精度要求,目前爆破精度最高的方法是精细爆破法。

所谓精细爆破,即通过定量化的爆破设计和精心的爆破施工,以此达到对爆炸能量释放与介质破碎、抛掷等过程的精密控制。这种方法既能达到预定的爆破效果,又实现了对爆破有害因素的有效控制,具有安全可靠、绿色环保及经济合理的特点。精细爆破的内涵包括"定量设计、精心施工、实时监控、科学管理",因此,精细爆破的理念和方法可以满足应力释放爆破的技术要求。

在TBM掘进时可利用配置的水平钻机在掌子面前钻3~5个孔(孔深5m以上),在孔中放入炸药实施精细爆破释放围岩应力,如图5-5-3所示。

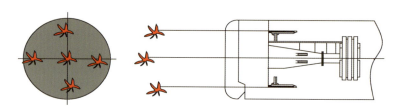

图5-5-3 掌子面精细爆破示意图

在锦屏二级水电站辅助洞和2号、4号引水隧洞都进行了一定程度的试验和实践,应用较为成功,围岩的应力释放范围比较广,对中等及以上岩爆有很好的预防效果。TBM法施工隧道因掌子面空间所限,实施较为困难。

5.2.4 岩爆治理措施

不同岩爆等级相应的处置措施往往不同,因此应先根据监测预报结果确定岩爆等级,再选取合理的处置措施,包括工程处理措施和掘进参数调整。不同等级岩爆处置措施见表5-5-2。

不同等级岩爆处理措施　　　　表5-5-2

岩爆等级	工程处理措施	掘进参数调整
轻微岩爆	以柔性支护为主。敞开式掘进机掘进,立即对出露围岩喷水,宜采取轻型钢拱架、钢筋排、预应力锚杆等措施,及时对盾尾进行挂网喷射纤维混凝土封闭围岩。护盾式掘进机宜采用轻型管片	掘进参数与非岩爆段类似,宜选择高转速、高推力、低扭矩掘进参数
中等岩爆	加强支护。敞开式掘进机掘进,对出露围岩高压喷水或施作径向应力释放短孔,宜采用喷射混凝土及时封闭,快速加固围岩,形成锚、喷、网、钢拱架、钢筋排等联合支护系统,施工中可采取加密轻型钢拱架、安装防爆钢筋网、布设预应力锚杆等措施加强支护。护盾式掘进机宜采用中型管片	宜选择低转速、中推力、中等扭矩掘进参数;在可能发生中等以上规模岩爆的地段,应严格控制掘进机掘进速度,待护盾后方支护体系稳固之后再慢速向前推进
强烈岩爆	弹性应变能释放与加强支护综合处理,控制循环进尺。敞开式掘进机L_1区宜采用高预应力锚杆、重型钢拱架或钢管片、钢筋排背覆钢板等支护;宜采用掺纳米粗纤维或钢纤维的喷射混凝土封闭围岩,必要时采取超前钻孔注水压裂或超前钻孔爆破预裂释放弹性应变能。护盾式掘进机采用重型预制混凝土管片或钢管片	宜选择低转速、中推力、高扭矩掘进参数;强烈及以上等级的岩爆地段一般需要停机进行支护
极强岩爆	应实施超前钻孔注水压裂或超前钻孔爆破预裂释放弹性应变能,评估掘进机继续施工的可行性。评估为可行时,按照强烈等级岩爆控制的掘进支护措施缓慢推进;评估为不可行时,开展专题研究,采用超前小导洞、平洞等方式降低应力集中,必要时,全断面钻爆开挖后使掘进机安全步进通过高岩爆风险区	—

1) 轻微（Ⅰ级）岩爆

以柔性支护为主。对出露围岩应立即采取喷水措施，一般拱墙范围内连续喷水不少于0.5h，喷水有助于软化围岩与提前应力释放，降低滞后性岩爆发生概率。同时，在应力集中部位应实施径向应力释放短孔，应力释放短孔应按为孔径大于38mm、深度0.5m左右、间距1m左右的梅花状布置。如果岩爆范围相对较大，可设置涨壳式预应力锚杆、水胀式锚杆等实现快速支护，必要时，喷射混凝土3~5cm封闭围岩。

(1) 涨壳式预应力锚杆施工工艺：涨壳式预应力锚杆由杆体、钢质涨壳锚固头、止浆塞、注浆（排气）管、垫板和螺母组成（图5-5-4）。涨壳式预应力锚杆通过涨壳锚头，在开挖后可及时提供支护抗力，锚杆蠕变小、锚固效果好；注浆饱满、均匀，确保锚杆全长度锚固效应；施工简单方便，安装速度快；集临时支护与永久支护于一身，性价比高。

图5-5-4 涨壳式预应力中空注浆锚杆

施工工艺流程参见表5-5-3、图5-5-5，施工方法与控制要点参见表5-5-4。

涨壳式预应力锚杆施工工艺流程　　　　表5-5-3

序号	工序	图示	备注
1	施工准备		
2	测量放线		
3	钻孔	图5-5-5a)	
4	孔道清理		
5	预应力中空锚杆安装	图5-5-5b)	
6	锚具安装及施加预应力	图5-5-5c)	
7	从注浆管灌注水泥砂浆	图5-5-5d)	
8	密实度无损检测		

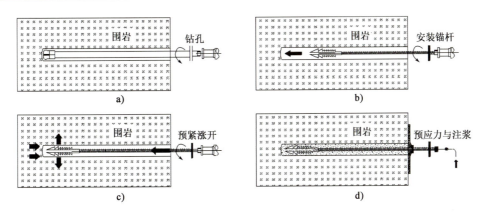

图5-5-5 施工工艺流程图

涨壳式预应力锚杆施工方法与控制要点 表 5-5-4

序号	工 序	控 制 要 点
1	钻孔	钻孔深度比锚杆杆体有效长度大 50～100mm,孔位偏差不大于 100mm
2	孔道清洗与验收	钻孔完毕后,用压力水将孔道清洗干净,经检验合格后,临时封堵孔口
3	锚杆安装与张拉	为保证锚杆与垫板垂直,使锚杆轴向受力,对孔口范围内局部参差不平的岩面,使用快速水泥砂浆找平后,安装锚杆;放入止浆塞和锚垫板,安装排气管,旋上螺母并预紧,使锚杆杆体位于锚杆孔的中部;根据设计要求初始预测应力值,使用扭力扳手施加预应力。正式张拉前取 20% 设计张拉荷载,对其张拉 1~2 次,使其各部位紧密接触,当锚杆达到预定应力,扭力扳手达到预设扭矩值时,扭力扳手会发出"咔哒"的响声。锚杆锁定后 48h 内,如发现预应力损失大于锚杆设计值的 10% 时,应补偿张拉
4	锚杆注浆	利用中空锚杆底部的注浆管注浆,中空杆体排气,直至中空锚杆中部孔道流出浆液方可停止注浆。注浆时注意控制注浆压力和流量,以防止注浆管爆裂

（2）水胀式锚杆施工工艺：水胀式锚杆是一种由外径大于锚孔孔径的无缝钢管加工制作成的双层凹形管状杆体,它由端套、挡圈、注液端、托盘等配件组成(图 5-5-6)。

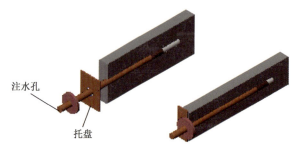

图 5-5-6　水胀式锚杆

水胀式锚杆在高压水作用下,锚杆管壁随锚孔形状膨胀,产生永久变形,使其对围岩产生挤压,获得锚固力,从而起到加固作用。水胀式锚杆作用如下：

①托锚作用。在加压膨胀过程中,杆体沿轴线收缩 1～4mm,使托盘对锚孔附近围岩产生挤压力。

②锚杆对围岩轴向变形的限制作用。它随着围岩变形增加而增强。

③沿锚杆全长对锚孔围岩挤压产生径向压力作用。径向压力随着水压力增大而增大,当水压为 25MPa 时,锚固力可达 20kN/m,而且比较稳定。

施工工艺流程：钻孔→将杆体装上托盘→送入孔底→注液器与注液嘴连接→注入高压水(压力 15～20MPa)→杆体与围岩密贴。

施工方法：首先钻孔、清孔；其次在水胀锚杆的下端套上夹头并将锚杆插入孔中,然后打开高压水泵开关,使高压水充入锚杆内,将凹形断面钢管充填膨胀,如图 5-5-7 所示。

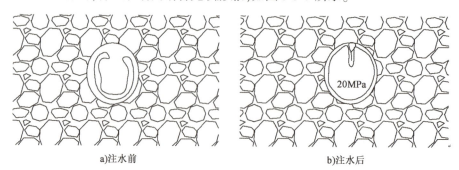

图 5-5-7　水胀式锚杆充水效果图

2）中等（Ⅱ级）岩爆

应加强支护，对出露围岩仍须采取喷水措施和施作径向应力释放孔，岩爆部位进行高压水喷洒，喷水时间应保持在 1h 以上；径向应力释放孔孔径大于 42mm，深度应大于 1.5m，其间距可根据实际应力集中部位及其周边一定范围适当加密。

发生岩爆而未形成塌腔的地段，采用 φ16~20mm 钢筋排配合 H150~H180 型号的全圆或局部钢拱架进行封闭支护，钢拱架需采用砂浆锚杆进行锁脚，砂浆锚杆长度不小于 2.5m。

对岩爆塌腔部位，应及时进行喷浆封闭，初喷厚度一般不小于 5cm，宜添加纳米纤维，使喷射混凝土强度快速增加，同时增加其抗剪性能，待喷射混凝土强度达到 6MPa 以上时，可开展钢拱架及钢筋排安装作业。在初喷完成后可通过挂设 180°整体柔性钢丝网再复喷的支护方式进行施工，但这种情况需要增加系统锚杆的布置，系统锚杆长度也应增加到 3m 以上，有利于提高支护体系的整体受力性能。在围岩坍塌外的区域尽可能实施系统锚杆，系统锚杆长度一般在 2.5m 以上，钢拱架的安装间距可根据实际情况动态调整，一般为 90cm 左右，钢拱架之间应加强纵向连接，采用 φ22mm 螺纹钢筋焊接牢固。

3）强烈（Ⅲ级）岩爆

应进行应力释放与加强支护综合处理。可在爆坑及周边围岩喷射高压水 2h 以上，促使应力进一步释放，能量释放后，初喷 8~10cm 厚纳米仿纤维混凝土，喷射 C20 混凝土对岩面进行封闭，厚度 10~15cm。然后，采用重型钢拱架或钢管片，配合恒阻大变形锚杆联合系统支护。当应力超过岩体强度发生破坏时，钢拱架和锚杆随着岩体变形还能提供一个较大的恒定抗力，直至破坏岩体的动能被全部消耗为止。实践证明，锚杆是防治岩爆最有效的支护手段，锚杆要加垫板以确保轴向受力和加固表层围岩，间距可适当加密。

恒阻大变形锚杆组成：恒阻大变形锚杆为螺纹结构，由杆体、托盘和螺母等组成，如图 5-5-8 所示。恒阻大变形锚杆可以在围岩发生大变形时自动拉伸，并保持恒定的工作阻力，因此能够在围岩大变形条件下仍然具有很好的支护作用以保证隧道的稳定。岩爆发生过程也可视为一种变形，恒阻大变形锚杆可吸收岩爆时的能量，并伸长杆体，从而起到对抗岩爆、减轻岩爆破坏力的作用。

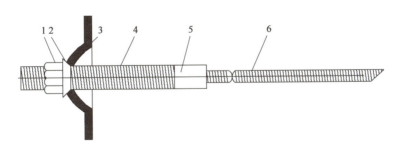

图 5-5-8 恒阻大变形锚杆
1-螺母；2-球垫；3-托盘；4-恒阻装置；5-连接套；6-杆体

恒阻大变形锚杆施工工艺流程：测量放线→钻孔→孔道清理→注浆或安装锚固剂→安装锚杆→安装托盘→施加应力。

4）极强（Ⅳ级）岩爆

隧道施工进入潜在极强岩爆高发洞段，前文所述措施效果不理想，严重影响工期和成本，甚至存在较大的安全隐患。为避免更大的损失，安全、顺利通过较长距离极强岩爆洞段，可采取在 TBM 前方预先钻爆开挖超前导洞，"导洞先行、后续扩挖"的部分断面开挖方案，为 TBM 掘进施工创造安全的条件。

通过先导洞预先释放高地应力,TBM再二次扩挖剩余断面。可采用能量释放率指标评估先导洞方案对TBM开挖岩爆风险的降低程度,能量释放率指围岩开挖导致的单位体积应变能的释放量,低能量释放率往往意味着较低的岩爆风险,这是分析岩爆风险时非常实用的指标之一。先导洞虽不能完全消除岩爆风险,但对TBM二次扩挖过程中降低岩爆风险具有显著作用。同时先导洞本身也可作为地质超前探洞、超前预处理和微震监测的工作面,为施工提供一个良好的预先揭示、监测、分析、处理极强岩爆的条件。若判断某些洞段在TBM二次扩挖过程中,仍然有造成围岩崩溃性塌方的强烈岩爆风险,则这些洞段直接采取钻爆法扩挖支护到位,然后TBM掘进通过。

先导洞布置形式一般分为中导洞、上导洞和上半断面开挖3种,如图5-5-9所示。3种形式的导洞均可以显著地降低TBM掘进的岩爆风险,从岩石力学角度分析,3种形式的导洞方案没有本质的差别,相对于TBM断面开挖均可大幅度降低岩爆风险。可结合导洞施工便捷性、TBM部分断面掘进时的设备保护(重点是驱动受力不均、刀盘偏载、刀盘刀具异常损坏等)、工期与成本等因素,综合论证来选取先导洞形式。

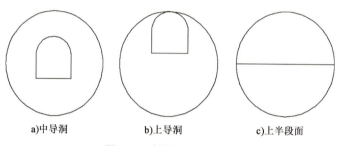

图5-5-9　先导洞形式示意图

导洞预处理并不能确保完全消除岩爆风险,TBM二次扩挖过程中仍有可能触发强烈岩爆。因此,高岩爆风险洞段即使采取了导洞预处理方案,后续掘进过程中仍需谨慎掘进、及时加强支护。

5.3　工程案例

5.3.1　工程概况

锦屏二级水电站隧洞群由4条引水隧洞、1条排水隧洞和2条辅助交通隧道组成。其中4条引水隧洞从进水口至上游调压室的平均洞线长约16.67km,开挖洞径12.4~13.8m;引水隧洞沿线上覆岩体一般埋深1500~2000m,最大埋深2525m,平均埋深近2000m,构成当时世界上埋深、综合规模最大的水工隧洞群,隧洞工程施工随时面临着高地应力、突涌水、强岩爆等世界级施工技术难题。

东端1号引水隧洞采用钻爆法和TBM法相结合的施工方案,初期支护采用锚喷支护,系统布置普通砂浆锚杆和中空预应力锚杆,后期施作全断面钢筋混凝土衬砌,并高压回填灌浆。其中,1号引水隧洞K10+000~K15+795段采用敞开式TBM掘进,圆形断面,开挖直径12.3m,衬砌厚度60~80cm;其余洞段采用钻爆法开挖,马蹄形断面,开挖洞径13.0m,衬砌段洞径11.8m,衬砌厚度40~60cm。

5.3.2　工程地质及施工风险

引水隧洞沿线穿越的主要地层为三叠系中统的大理岩,其中碳酸盐岩占80%,自西向东分别为T2z

杂谷脑组大理岩、T2b 白山组大理岩、T2y 盐塘组大理岩,其余为碎屑岩,有 T1 绿片岩和 T3 砂板岩,地层总体走向以 NNE 向为主。围岩以 Ⅱ、Ⅲ 类为主,分别占 54.1% 和 36.7%,Ⅳ、V 类围岩分别占 8.3% 和 0.9%,围岩分类比例如图 5-5-10 所示。

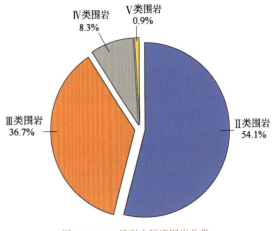

引水隧洞地处我国西南高地应力区,隧洞沿线较多岩石具有高储能性质,具备发生高地应力破坏的强度条件。引水隧洞开挖中,以轻微～中等岩爆为主,部分地段将发生强烈～极强岩爆。预测累计发生岩爆的长度约 5548m,其中发生轻微量级岩爆长度约 3291m,中等量级岩爆长度约 1211m,强烈量级岩爆长度约 895m,极强量级岩爆长度约 151m。因岩爆引起围岩类别降级,$Ⅱ_b$、$Ⅲ_b$、$Ⅳ_b$、V_b 所占的比例分别为 18.3%、6.9%、5.4% 和 0.9%。

图 5-5-10　1 号引水隧道围岩分类

高地应力是隧道工程施工的主要地质问题之一。根据工程区实测地应力成果显示,引水洞沿轴线剖面最大主应力的最大值约 70.1MPa,其分布特征见图 5-5-11,中间主应力最大值约 38MPa,最小主应力最大值约 31MPa。影响隧道工程区地应力场的主要因素是自重和近东西向的水平挤压构造,其次是近南北向的水平挤压构造。

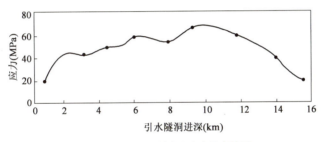

图 5-5-11　工程区最大地应力分布特征

地质钻探中出现饼状岩芯,反映了隧洞沿线岩石具有高储能性质,具备发生高地应力破坏的强度条件。引水隧洞中部桩号 K8+000～K0+000 洞段地层为白山组(T2b)大理岩,岩石脆硬,该段隧洞埋深超过 2000m,根据已经取得的地应力研究资料,该段最大主应力 $\sigma_m \geq 40$MPa,地应力等级为极高地应力,岩石强度应力比 $R_b/\sigma_m < 2$,属于岩爆高发洞段,在开挖过程中常伴有岩爆发生,其强烈程度以轻微～中等为主,局部洞段发生强烈～极强岩爆。岩爆破坏方式有片/层状剥落、弯曲鼓折破裂及弯状/楔状爆裂 3 种方式,主要以张性、张剪性破坏为主,强烈岩爆时部分发生弹射。

5.3.3　岩爆基本情况

1 号引水洞 TBM 开挖直径为 12.43m,施工期间频繁发生岩爆,根据岩爆发生的规律,总结 1 号引水洞岩爆发生的主要特点如下:

(1)环向位置:岩爆发生部位主要以左侧时钟方位 7～10 点钟位置,右侧 1～3 点钟位置为主,且两侧发生的岩爆多以应力型为主,塌腔深度在 2.0m 以内,1.5～2.0m 居多。随着埋深的加大,11～1 点钟位置(顶拱)的岩爆有所增加。

(2)纵向位置:岩爆发生位置以掌子面和护盾后方(撑靴至护盾之间)为主,且两侧和掌子面岩爆大多伴随着 TBM 掘进过程,一旦掌子面发生岩爆则容易诱发护盾区域的岩爆。据统计,掌子面岩爆比例为33%,护盾区域岩爆比例为17%,护盾后方岩爆比例为50%。

(3)岩爆时段:从发生的时段上分析,以TBM开挖后1~24h为主,如图5-5-12所示,最长滞后时间为123h,大多在TBM掘进施工过程中发生,即岩爆伴随TBM掘进发生(这是TBM法隧道施工岩爆的共性),停机时间段发生岩爆频次较小。

(4)塌腔深度:根据岩爆等级不同,塌腔深度一般为0.5~2.0m,环向长度多为10m左右,大多在距离掌子面1.0~3.0倍洞径处,如图5-5-13所示,岩爆影响以纵向长度5~20m居多。

图5-5-12　岩爆次数与掘进时间关系分析

图5-5-13　岩爆次数与刀盘前端距离关系分析

(5)岩爆发生等级:埋深1900m以下发生的岩爆多以轻微~中等为主,超过1900m以后,随埋深增加,强烈岩爆明显增加。

岩爆现场如图5-5-14所示。

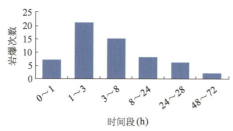

图5-5-14　边墙岩爆

5.3.4　岩爆处理

岩爆与隧洞主应力方向、地质条件、是否及时支护以及支护效果存在直接联系。TBM掘进过程中可能发生岩爆时,应"以防为主、防治结合",遵循"早预报、短进尺、强支护、快封闭、勤量测"的原则,对开挖面前方的围岩特性、水文地质情况等进行预测、预报,准确把握待开挖段岩石的力学性质及开挖卸荷下的力学行为,识别可能的岩爆类型。当发现有较强烈岩爆存在的可能性时,应及时研究开挖、支护对策措施,做好施工前的必要准备,确保掘进过程中人员、设备的安全。对于岩爆,常采用的措施主要有岩爆的综合预测、合理选择掘进参数、改善围岩应力条件、及时有效支护、半导洞预处理措施等。

1)岩爆综合预测

(1)宏观分析判断法:根据隧洞埋深、围岩性质、地质构造和地形条件等因素,从宏观角度预测岩爆的等级、烈度及分布情况,尤其是对可能发生极强岩爆的区域进行初步预测。

(2)围岩性质预测法:根据揭露的围岩特性,如岩石的颜色、硬度、脆性、完整性,以及围岩表面的渗水等现象判断前方岩爆的可能性。施工过程中当遇见白色完整、表面无渗水或少有渗水的大理岩时,要及时提醒现场做好岩爆预防。

(3)渣料预测法:根据 TBM 掘进的岩渣尺寸、形状,以及掘进出露的岩面情况判别岩爆发生的可能性。一般正常的掘进岩渣呈梭片状、宽度小于或接近刀间距,若出现岩渣料呈板块状、宽度大于滚刀间距的现象时,表明该区域存在岩爆迹象或可能性。

(4)微震监测技术:岩爆发生前会在岩体内部产生微震事件,其能量慢慢累积,累积到能量大于围岩的抗压强度时便爆发。微震监测技术就是通过采集该过程中的微震信号并进行分析,来研究 TBM 开挖过程中岩爆发生前的微震事件、能量释放、视体积与能量指数等微震参数的演化特征及其与岩爆的关系,最终根据分析结果来判定岩爆等级和发生的概率,以便指导现场预防岩爆。

①设备布置方案:由于 2 号引水隧洞开工较早,超前于 1 号引水隧洞,故将传感器布置在 2 号引水隧洞内靠近 TBM 法施工的 1 号引水洞一侧来监测岩爆,共布置 6 个,间距 50m,传感器布置如图 5-5-15 所示。信息传输采用边墙布设电缆接到主机及 Paladin 上,随着 TBM 掘进,传感器前移。

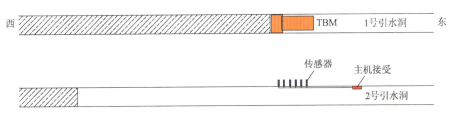

图 5-5-15　传感器布置示意图

②监测情况:利用微震监测技术,能够实时连续监测并分析预报施工掌子面前后的岩体微震活动,以便采取措施避免或减小岩爆对工程实施造成的灾害和影响,微震事件的空间演化如图 5-5-16 所示,图中球体颜色代表微震事件震级大小,色彩越鲜艳,震级越大;球体大小则表示事件的辐射微震能大小,尺寸越大,辐射能量越多,反之亦然。通过微震监测,可收集到刀盘前方应力释放的信息,通过分析形成报告,实行日报制度,将岩爆发生的概率及等级及时发布,以便施工中对支护形式及掘进参数进行调整。

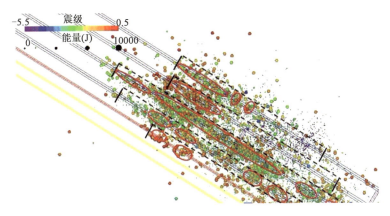

图 5-5-16　微震监测分析

2)合理选择掘进参数

掘进参数的选择在 TBM 法隧道施工中极为重要,参数选择得当,对提高 TBM 的掘进效率、保证围岩的稳定性起着至关重要的作用。

TBM 开挖过程中,由于开挖后存在围岩应力释放和 TBM 刀盘振动影响,TBM 在岩爆洞段掘进过程中很容易诱发掌子面岩爆,从而连带护盾位置岩爆。掌子面岩爆除了给刀盘带来一定的冲击以外,还会造成刀盘前部大量的岩体块体堆积,使刀盘前部出现一定的空腔,导致大部分刀具难以完全接触岩面,刀盘处于偏压状态,此时若仍按照全断面开挖参数掘进,则可能造成刀具异常损伤数量增加,严重时还可能对主轴承造成不良影响。为避免设备损坏,此时需要降低 TBM 掘进速度,严格控制刀盘推力和转速。目前无法准确评判在岩爆段 TBM 掘进速度与岩爆发生频率和岩爆等级的关系,还需在理论上进行进一步的研究。

据统计,TBM 开挖过程中,虽然滞后型岩爆多发生在护盾附近及其后方,但破坏性大的岩爆多发生在掌子面和护盾区域,且滞后型岩爆多由前方岩爆诱发产生。

1 号引水洞岩爆段与非岩爆段 TBM 掘进参数对比见表 5-5-5。

1 号引水洞岩爆段与非岩爆段 TBM 掘进参数对比　　表 5-5-5

序号	地 质 段	推进压力(MPa)	刀盘转速(r/min)	贯入度(mm/r)	掘进速度(mm/min)
1	岩爆段	8~14	2.5~2.85	7~8.5	18~21
2	非岩爆段	15~21	3.0~4.5	10~15	27~45

3)预防措施

(1)喷水软化围岩。对于轻微岩爆地段,利用 TBM 设备上的喷水系统喷水软化围岩面,直接在开挖外露面上喷洒高压水以软化表面,进行岩层原始应力的释放调整,同时可以降低因掘进引起的空气中粉尘的含量,如图 5-5-17 所示。

(2)钻孔释放应力。围岩一旦出露护盾,拱部 90°范围应快速施作锚杆,尽量加密,锚杆间距 1.0m 左右,梅花形布设,同时在拱部 120°范围内施作部分应力释放孔,如图 5-5-18 所示。

图 5-5-17　喷水软化围岩面

图 5-5-18　应力释放孔

4)及时有效支护

(1)施工原则。

考虑施工现场实际情况,TBM 法施工在通过岩爆段时需遵守以下原则:

①充分利用超前地质预报和微震监测成果,提前预测指导施工。

②采取有效的安全防护措施,以确保人员和设备安全。

③结合设备功能与实际性能,优化支护措施。

④施工措施的选择需兼顾掘进效率和工程进度。

(2)支护材料选择:锦屏二级引水隧洞工程特殊的地应力环境及围岩特性造成了围岩破坏形式的多样化,因而对隧洞支护提出了更高的要求。隧洞开挖后必须及时可靠支护,尽可能避免具有硬脆性特征的表层岩体在高应力下围岩破裂损伤不断发展并最终形成失稳破裂。同时,需防止岩爆给人员和设备造成伤害。

①锚杆:根据高地应力破坏及发生的规律,需要不同类型的锚杆来满足不同地段支护的要求,本项目对不同类型锚杆进行了性能对比试验,总结出不同类型的锚杆针对不同级别岩爆所起到的防治效果。各种锚杆特点见表5-5-6。

不同类型锚杆支护特点 表5-5-6

序号	锚杆类型	规格	力学性能	特点
1	水胀式锚杆	长度$L=3.8$m、$\phi 48$mm、壁厚2mm无缝钢管压制而成	极限抗拉≥100kN,锚固力≥10kN	安装速度快、设备简单、施工人员少(2人),可防止中等以下岩爆
2	涨壳式预应力中空注浆锚杆	$L=3.8$m、$\phi 32$mm、壁厚6mm无缝钢管加工而成	极限抗拉≥290kN,锚固力≥100kN,可施加预应力≥80kN,延伸率≥16%	施工可先插杆,以后再注浆,平行作业,预应力施工后即可起到锚固作用,锚固力大,可防治中等岩爆,降低强岩爆危害
3	恒阻大变形锚杆	$L=3.0$m,恒阻装置直径22mm,杆体直径33mm	伸长力≥120kN,伸长量≥60cm	树脂锚固剂锚固,凝固速度快,安装后即可起到锚固作用,锚固力大,具有受冲击后大变形优点,可降低强、极强岩爆冲击
4	砂浆锚杆	$L=3.8$m、$\phi 28$mm	极限抗拉≥290kN,锚固力≥100kN	施工简单,抗拉拔力高,锚固力需待砂浆凝固后,为系统支护

②喷射混凝土:高地应力区施工,必须及时喷射混凝土支护。本工程开展了纳米混凝土、纳米有机仿钢纤维混凝土、纳米钢纤维混凝土对比试验,选取了纳米混凝土和纳米有机仿钢纤维混凝土。

超细粉磨无机纳米材料是一种经过充分研磨颗粒直径达到纳米级的混凝土外加剂,它集减水、增强、促凝为一体,主要成分为二氧化硅,是一种无毒、无害、无味、无污染的无机材料。在喷射混凝土中加入后可以增加一次喷射厚度,降低回弹及粉尘,具有初期强度增长快、后期强度高、抗渗性好、黏结强度高、耐久性强等优点。在施工中,采用C30纳米混凝土和CF30纳米仿钢纤维混凝土(表5-5-7),对岩爆起到了很好的抑制作用。

现场喷射混凝土试验成果 表5-5-7

序号	混凝土种类	回弹率(%)	一次喷射厚度(cm)	不同龄期强度			
				0.5d(MPa)	1d(MPa)	3d(MPa)	7d(MPa)
1	C30普通混凝土	12~15	5~10	1.1	3.8	23.1	30.6
2	C30纳米混凝土	>8	35	4.1	13.2	29.6	38.1
3	CF30纳米有机仿钢纤维混凝土	>11	38	5.2	18.3	28.3	39.6
4	CF30纳米钢纤维混凝土	>12.3	35	4.7	15.2	27.9	37.4

③高强钢丝网:原设计挂网采用$\phi 8$mm钢筋加工成的1.2m×1.5m网片,在施工中由于空间位置限制,边墙部位操作困难,挂网速度慢,不能及时支护将造成岩层松弛加剧。采用高强钢丝网(表5-5-8),起到了快速挂网、及时支护的效果,而且与各种岩面的贴合性更佳,如图5-5-19所示。

高强钢丝网性能参数表 表5-5-8

柔性钢丝网尺寸(m)	网格尺寸(mm)	钢丝抗拉强度(MPa)	钢丝直径(mm)	钢丝弹性模量(GPa)	钢丝拉伸率(%)	表面镀锌厚度δ(mm)
9.9×2.2	150×150	≥600	4	≥200	≥6	≥0.015

图 5-5-19　高强钢丝网施工图

(3) 不同围岩下支护形式

通过分析高地应力对岩层的破坏机理,结合支护措施与支护材料试验,不同地质条件下选择适宜的支护措施及支护参数组合,可以确保 TBM 在中等及以下岩爆洞段正常施工。不同地质条件下的支护措施与参数见表 5-5-9。

岩爆支护措施与参数表　　　　　　表 5-5-9

序号	地质条件/岩爆等级	锚杆	喷射混凝土	挂网	拱架
1	岩层松弛	水胀式锚杆	纳米混凝土	拱部 120°钢筋网 $\phi 8mm \times 15cm \times 15cm$；边墙高强钢丝网	—
2	高地应力坍塌	拱部 120°范围涨壳式预应力中空锚杆 $\phi 32mm \times 1m \times 1m$，$L=3.8m$；边墙带垫板砂浆锚杆 $L=4.5m$，$\phi 32mm \times 1m \times 1m$	纳米仿纤维混凝土	钢筋网 $\phi 8mm \times 15cm \times 15cm$；通过钢筋排系统增加 $\phi 22mm$ 钢筋排	局部拱架(15号槽钢)或全断面 H20 型钢拱架
3	轻微岩爆	局部水胀式锚杆	纳米混凝土	拱部 120°钢筋网 $\phi 8mm \times 15cm \times 15cm$；边墙高强钢丝网	—
4	中等岩爆	拱部 120°范围涨壳式预应力中空锚杆 $\phi 32mm \times 1.5m \times 1.5m$，$L=3.8m$，间隔布置水胀式锚杆；岩爆明显段,恒阻大变形锚杆	纳米仿纤维混凝土	拱部 120°钢筋网 $\phi 8mm \times 15cm \times 15cm$；边墙高强钢丝网	全断面 H20 型钢拱架
5	强烈岩爆	采用钻爆法超前导洞预应力释放方案,具体支护参数见极强岩爆半导洞预处理方案			

5) 极强岩爆半导洞预处理措施

结合排水洞 TBM 遭遇极强岩爆的危害以及 2 号引水隧洞极强岩爆的表现特征,经过专家咨询和参建各方的研究分析,一致认为锦屏引水隧洞的极强岩爆是 TBM 难以承受的施工风险,在施工中应规避极强岩爆。

为应对引水隧洞 TBM 掘进到锦屏山核部极强岩爆风险段的岩爆问题,通过多方面论证,提出了极强岩爆条件下 TBM 安全掘进岩爆控制预案,即在极强岩爆高风险段采用先导洞预先解除高地应力,然后 TBM 掘进。通过钻爆开挖导洞预处理释放应力,完成隧洞顶拱系统支护,然后在顶拱相对安全的条件下,TBM 完成下部围岩的开挖,以规避 TBM 在极强岩爆段的施工风险。该先导洞不仅解决了 TBM 针对极强岩爆"束手无策"的被动局面,同时先导洞还可作为一个地质超前探洞以及超前预处理与微震监测工作面,提供一个良好的预先揭示地质条件、监测、分析、处理极强岩爆的现实条件。该先导洞方案在 1 号引水隧洞部分洞段成功应用。

（1）总体方案：在极强岩爆地段，首先通过2号平行引水隧洞开挖横通道，绕至TBM开挖洞段前部，再采用钻爆法开挖上部断面，释放高地应力，剩余断面由TBM掘进通过，施工平面如图5-5-20所示。

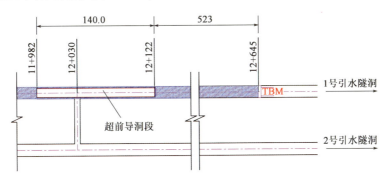

图5-5-20　超前导洞施工平面示意图（尺寸单位：m）

（2）先导洞结构形式：从TBM设备的适应性和方案经济效益角度方面考虑，1号引水隧洞采用钻爆法开挖上半部分变截面半导洞开挖方案，断面设计如图5-5-21所示。

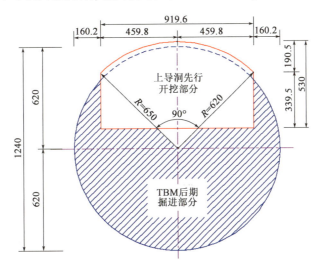

图5-5-21　超前导洞开挖断面示意图（尺寸单位：cm）

预处理洞段顶拱部位采用涨壳式预应力中空注浆锚杆+钢筋网+喷射混凝土的形式系统支护，边墙部位由于后期需二次扩挖，故采用玻璃纤维锚杆+喷射混凝土的形式支护，如图5-5-22所示。

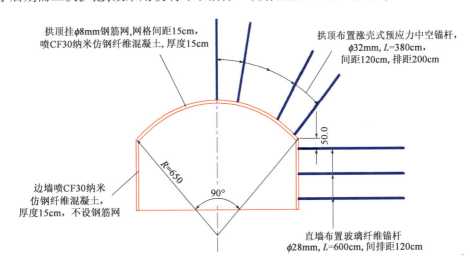

图5-5-22　超前导洞支护示意图（尺寸单位：cm）

(3) TBM 掘进参数选择：实际操作中，在推进流量恒定的情况下，推进压力随围岩状况发生变化，并影响推进速度。刀盘转速对出渣量影响明显，在一定程度上影响推进力及推进速度。所以，掘进参数选择聚焦于推力、刀盘转速和贯入度等。根据空推试验测得摩擦阻力，结合理论计算各类断面实际接触刀具数量、刀盘转速和贯入度，确定了实际掘进参数，见表 5-5-10。

实际掘进参数表　　　　　　　　　　　　　　表 5-5-10

实际推力	刀盘转速	贯入度
8900 ~ 12000kN	2.5r/min	≤8 ~ 10mm/r

TBM 从进入导洞开始，历时 40 余天，最高日进尺为 11.58m/d，平均日进尺 6.78m/d，平均掘进速度 0.76m/h，最高掘进速度 1.3m/h。图 5-5-23 为部分掘进日进尺统计。TBM 在导洞预处理段掘进期间，仅发生数次轻微岩爆，主要表现为局部边墙垮塌和剥落，对 TBM 设备无损坏。TBM 半断面掘进施工如图 5-5-24 所示。

图 5-5-23　TBM 半断面掘进日进尺柱状图

图 5-5-24　TBM 半断面掘进

(4) 微震监测：1 号引水隧洞 TBM 半断面掘进过程中采用了微震监测系统对全断面和半断面的微震事件进行分析预报，见图 5-5-25。从整体上看，超前导洞洞段微震事件的数量、空间集结程度、震级大小与能量辐射均远小于全断面洞段，表明超前导洞的岩爆风险远低于全断面。而超前导洞洞段内，与全断面洞段交界处的岩爆风险高于段内其他区域。超前导洞洞段有效微震事件 14 个，震级范围为 −2.6 ~ 0.1，而强岩爆区域附近的微震活动明显活跃且能量辐射大。

微震信息表明，TBM 超前导洞掘进岩爆风险远远低于全断面掘进，超前导洞预处理对岩爆风险起到了很好的控制作用。

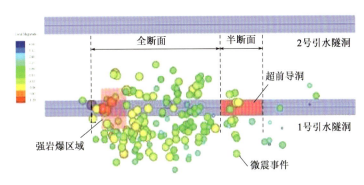

图 5-5-25 超前导洞部分断面掘进区段微震监测分析

6）施工安全防护措施

岩爆给 TBM 法隧道施工带来的破坏性可能是巨大的，但加强管理，采取有效的安全防护措施，可以消除安全隐患。

①施工前，做好安全、技术等方面的培训，讲解高地应力地质可能对 TBM 法隧道施工带来的不利影响及可能的突发状况，掌握必要的应对措施，增强安全防范意识。

②一线人员配发钢盔、防弹衣等劳动保护用品。在可能发生岩爆区段施工时，工人要头戴钢盔，身穿防弹衣，特别是掌子面开挖人员和 L_1 区支护设备操作人员。

③杜绝侥幸心理，规范操作。对可能发生塌方的洞段重点监测，勤观察、勤量测，有变形、开裂等异常现象时及早加固，防患于未然。

④一旦发生岩爆，工作面所有作业必须暂停，施工人员全部撤离至安全区域躲避，待围岩应力释放至岩爆平静之后，再恢复作业，同时应加强围岩撬顶，及时清除爆裂的危石。

⑤增设临时防护设施。对 TBM 上主要施工设备加装防护网或防护顶棚，防止塌方落石砸损设备。

5.3.5 应用效果

采用中空涨壳式预应力锚杆、纳米混凝土、纳米防纤维混凝土等新型材料对高地应力坍塌、岩爆的防治起到了重要作用，部分解决了高地应力条件下 TBM 法隧道施工问题。

在强烈和极强岩爆情况下锦屏二级水电站引水隧洞采用导洞先行、后续扩挖的方案，此方案降低了 TBM 开挖过程中的岩爆风险，提高了施工安全性，避免了工期大幅拖延，值得借鉴。

第 6 章
岩溶洞段TBM法隧道施工

  岩溶是地表水和地下水经过不断的补给、径流、渗透和循环对可溶性岩层发生持续化学溶蚀和机械破坏作用的结果。岩溶形式复杂多样,有的溶洞深不见底或基底被松软堆积物充填,基础处理困难;有的溶洞顶板高悬不稳,有坍塌危险;有的溶洞发育复杂,溶洞暗河上下迂回交错,通道重叠,处理难度大,尤其是岩溶水的侵袭,施工风险高。TBM 穿越岩溶洞段时,极易发生刀盘下沉、方向控制困难、卡机淹机、设备坠落风险,甚至威胁施工人员生命安全。采用管片衬砌的隧道还可能出现管片整体下沉、严重错台等质量问题。为了保证施工安全性和质量,需要探索岩溶洞段 TBM 法隧道施工技术,制定可行的工程处置措施。

  本章介绍了溶洞与隧道的相对空间位置、内部充填形式等地质特点,针对典型的施工风险和岩溶地质情况提出了 TBM 法隧道施工的处理措施,并提供吉林省中部城市引松供水工程案例,说明岩溶地质条件下的 TBM 施工方法、施工工艺,供 TBM 法隧道施工技术人员参考。

6.1 地质特征与施工风险

  本节基于岩溶的定义、岩溶的发育条件、岩溶所导致的岩体结构变化等方面的地质特征分析,总结了岩溶洞段 TBM 法隧道施工存在的风险。

6.1.1 地质特征及溶洞类型

1)地质特征

  岩溶,是水对可溶性岩石(碳酸盐岩、石膏、岩盐等)发生以化学溶蚀作用为主,以流水的冲蚀、潜蚀和崩塌等机械作用为辅的地质作用,以及由这些作用所产生的现象的总称,国际上通称喀斯特(Karst)。

  地下岩溶发育的 3 个必要条件包括可溶性岩石的性质、地质构造特征和地下水动力。其中可溶性岩石是岩溶发育的物质基础,岩石的可溶性越强,在同等条件下,就越有利于岩溶发育。地质构造特征对岩溶发育影响的重要性在于它不仅控制了可溶性岩地层的分布和变形特征,更重要的是它为水流对可溶性岩石的选择性溶蚀创造了基本条件。

  岩溶作用使岩土体结构发生变化,形成各种形状不同、大小各异的溶洞(岩石洞穴)和土洞,以致岩土体强度降低。隧道作为线状工程,其穿越各段可溶性岩石层的溶解度大小控制着隧道沿线岩溶发育的分布特点。

2)溶洞类型

溶洞,根据其充填物分布一般分为无充填、半充填、全充填3种,充填物主要包括水、黏性土或碎石等。根据溶洞与隧道的位置关系可分为包容型、底拱型、顶拱型、边墙型、内嵌型、比邻型6种,如图5-6-1和表5-6-1所示。隧道施工遭遇溶洞实例如图5-6-2所示。底拱型溶洞距隧道开挖轮廓线5m以上且覆跨比(隧底溶洞顶板厚度与跨度之比)大于1,其他类型溶洞隧道距开挖轮廓线3m以上,隧道围岩不发育情况下,不处理;上述情形之外,则需要处理。

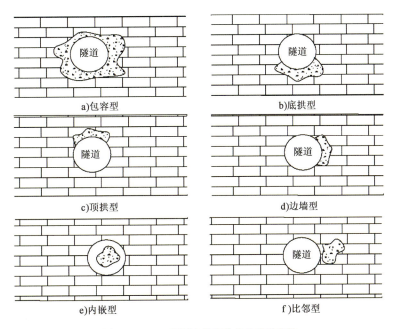

图 5-6-1　TBM 隧道与溶洞位置关系示意图

常见溶洞类型与处理决策　　　　　表 5-6-1

序号	溶洞类型	有无填充物	处理决策
1	包容型	有	处理
		无	处理
2	底拱型	有	处理
		无	处理
3	顶拱型	有	处理
		无	处理
4	边墙型	有	处理
		无	处理
5	内嵌型	有	处理
		无	不处理
6	比邻型	有	不处理
		无	处理

图 5-6-2　隧道施工遭遇溶洞

6.1.2　施工风险

在该类地层中掘进时,TBM 存在掘进方向控制困难、刀盘下沉、刀孔堵塞、收敛变形引起刀盘卡滞、突水突泥造成淹机以及涌水引起电气故障等施工风险。溶洞大小、充填物性质及溶洞与隧道的空间位置不同对 TBM 掘进的影响不同。这里将溶洞尺寸小于隧道断面 30% 的溶洞定义为小型溶洞,大于隧道断面 30% 的定义为大型溶洞。

(1) 引起隧道坍塌掉块威胁人员及设备安全

小型溶洞对 TBM 掘进不会造成重大影响。如溶洞处于隧道轮廓线以内(即内嵌型)且无充填物,对 TBM 法隧道施工影响较小;如溶洞位于隧道底拱(即底拱型)、顶拱(即顶拱型)或边墙(即边墙型)且无充填物,TBM 开挖揭露后,隧道会出现局部小规模塌腔、掉块,造成人员和机械损伤,影响施工;如溶洞位于隧道附近且距离较近(即比邻型),TBM 掘进中可能发生垮塌;存在填充物的溶洞,不论是何种填充物,TBM 掘进时均存在较大风险。

(2) 造成 TBM 卡滞甚至设备坠落事故

如大型溶洞为包容型、底拱型、顶拱型或边墙型,则会对 TBM 掘进造成极大威胁,TBM 贸然掘进容易发生塌方、卡机事故,造成 TBM 难以掘进。大型底拱型及包容型溶洞,TBM 施工时会发生"栽头"现象,甚至发生设备坠落事故。

(3) 发生突水涌泥伤害人员及设备

如 TBM 揭露大型充填溶洞,极易发生突水涌泥,造成 TBM 开挖区域被淹,对人员和设备造成极大伤害,甚至导致掌子面或附近围岩坍塌等严重后果。

(4) 发生突涌水造成 TBM"淹机"

岩溶管道易连通富水断层。TBM 揭露小规模岩溶管道可能出现洞壁涌水,导致施工延误;如果揭露连通大规模含水构造的岩溶管道甚至地下暗河,则极易造成隧道及设备被淹,危害严重,处理困难。

6.2　岩溶洞段 TBM 法隧道施工技术

6.2.1　岩溶洞段处理原则

溶洞是 TBM 法隧道施工中较为复杂的工程问题之一。溶洞处理方式与其分布位置、规模大小、充填物性质及充填程度、岩溶水等有关,一般处理原则如下:

(1) TBM 在岩溶发育洞段施工,要全程辅以超前探测,查明溶洞的分布范围、类型、规模、发育程度、填充物及地下水情况,根据探测结果,采取有针对性的措施。

(2) 对于溶洞,遵循以地面预处理为主(如具备条件),以洞内超前处理为辅的原则。

(3) 在满足地基承载力要求的基础上,结合溶洞的发育形态和规模、覆跨比等确定岩溶处理范围,一般情况下可参照表 5-6-2。

不同类型溶洞处理措施　　　　　　　　　　　　　表 5-6-2

序号	溶洞类型	处 理 措 施
1	比邻型	(1) 超前加固,避免垮塌; (2) 及时加强支护; (3) 必要时适度回填
2	边墙型、顶拱型	(1) 内部充填水,完全排放,若补给充足则排堵结合; (2) 其他填充物,清除或加固; (3) 架设钢拱架,立模浇筑混凝土回填,若空腔过大,则双侧立模回填至适宜高度,其余空腔适度回填碎石等材料
3	底拱型	(1) 内部充填水,完全排放,若补给充足则排堵结合; (2) 小型溶洞,回填混凝土; (3) 大型溶洞,回填碎石并灌浆固结;或回填碎石,表层浇筑混凝土、架桥、渡槽或箱涵。亦可组合上述措施,综合治理
4	内嵌型	(1) 内部充填水,完全排放,若补给充足则排堵结合; (2) 其他填充物,加固,或破碎,或清除,或不处理
5	包容型	参照以上方法完全处理后,TBM 步进通过

①隧道洞身范围内、隧道顶板及两侧外放 3m、隧道底板以下 5m 内溶洞必须处理。

②底板以下 5~10m 范围内的溶洞,溶洞稳定,顶板高度大于 3m 或覆跨比小于 1 的溶洞,需进行处理。

(4) 对于无充填溶洞,根据其与隧道的相对位置、规模大小,可在刀盘前部采取回填、架桥等措施处理;对于充填型溶洞,如富含水,则采取堵排结合的原则进行处理;充填型溶洞如处于非富水区,则换填处理。

6.2.2 岩溶洞段处理措施

TBM 法隧道施工期间遭遇溶洞时常规处理措施见表 5-6-3。

TBM 法隧道施工溶洞处理措施　　　　　　　　　　表 5-6-3

序号	溶洞规模	处 理 措 施
1	小型溶洞	(1) 超前地质预报查明溶洞位置、充填情况等; (2) 根据岩溶及地下水预报结果,TBM 掘进至临近溶洞时,通过超前钻探进一步查明溶洞情况; (3) 对充填溶洞,可采用 TBM 空载运转的方法将充填物挖出; (4) 对可能发生涌水或突泥的溶洞采取封堵排相结合的措施; (5) 对空溶洞,采取填堵措施
2	大溶洞	(1) 对开挖面上部大溶洞,采用以锚杆+钢拱架系统为支座的半环钢支撑; (2) 底拱溶洞,TBM 无法直接通过,采用回填、架桥、桩基渡槽、箱涵结构等措施处理后通过

1) 无填充或少量充填的溶洞处理措施

(1) 开挖轮廓线以内的溶洞,TBM 可掘进通过,掘进期间注意控制好掘进参数,遵循"低转速、慢推进"的原则。对于包容型或开挖轮廓线以外且与隧道交集的溶洞,根据查明的溶洞规模、填充物的情况,后退刀盘,对前方溶洞进行锚网喷+钢拱架方式支护、回填(混凝土或采用吹砂、碎石回填+静压化学灌浆)处理,TBM再掘进通过。支顶加固如图5-6-3所示。

溶洞处理的具体步骤为:清除溶洞填充物,将混凝土软管从护盾延伸到TBM掌子面,使用混凝土填堵溶洞,当混凝土达到要求强度时TBM即可继续推进。

(2)在掘进过程中,通过调整掘进参数控制掘进方向,减缓掘进速度,使掘进机在掘进的瞬间刀盘各部位受力尽量均衡,减少对刀具的偏磨和掘进机姿态的偏移等现象。

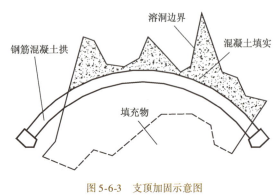

图5-6-3 支顶加固示意图

2)有较大的充填物或充填物含水率高的溶洞处理措施

对于全填充大型溶洞,隧道全周超前注浆,达到封堵溶隙隔绝水源的目的,以便TBM通过时减少或避免下沉。考虑到TBM刀盘与掌子面之间的空间限制,进入溶洞区段时,可后退TBM让出一定作业空间,采用超前小导管(或管棚)支护预加固地层,通过注浆,使溶洞周围岩体固结形成承载壳,开挖时可有效控制拱顶坍塌,保证安全施工。对于隧洞底部软弱地层,则可采取注浆加固或换填处理措施,确保TBM安全通过。

对于含水率高的溶洞,若仅为涌水无突泥或掌子面失稳时,采用以排水为主、封堵为辅的措施,确保设备和人员安全。TBM遇突泥突水地段无法掘进通过时,必须施作超前地质预报,如果判定是突泥地段,则采取矿山法绕洞施工的方式或冻结法+矿山法超前处理后,TBM掘进或步进通过。掘进后将工作面注浆后的剩余水量及时排离工作面,若侧壁漏水采用挡遮、引排措施,保证喷射混凝土质量。

(1)导洞矿山法

预测溶洞存在突泥涌水危险时,TBM停止掘进,在护盾后方,围岩适宜的位置开挖洞口,根据突水涌泥的规模和破坏力选择最为合适的线间距(导洞直线段与主洞的间距),施工导洞,接近溶洞时,采用超前大管棚或全断面帷幕灌浆等措施加固围岩,以矿山法处理溶洞区域后,TBM掘进或步进通过。

(2)冻结法+矿山法处理

①冻结法的原理:冻结法是利用人工制冷技术,使地层中的水结冰,将松散含水岩土变成冻土,增加其强度和稳定性,隔绝地下水,以便在冻结壁的保护下,完成地下工程开挖作业。当工程需要时,冻土可具有岩石般的强度。

②隧道内冻结法开挖施工技术:根据超前地质预报判断帷幕注浆效果无法满足隧道施工要求时,采用冻结法+矿山法处理,必要时可设置辅助坑道。根据工程地质条件及隧道内实际施工条件,按"隧道内钻凿,布设水平孔、近水平孔冻结临时加固土体,矿山法暗挖构筑"的施工顺序进行溶洞处理。即在隧道内利用水平孔和部分倾斜孔冻结加固地层,冻结隧道周围土体,形成强度高、封闭性好的冻土帷幕,然后根据"新奥法"的基本原理,在冻土中采用矿山法施工隧道,其主要工序为:施工准备→冻结孔施工(同时安装冻结制冷系统,盐水系统和检测系统)→冻结→探孔试挖→开挖与临时支护→隧道永久支护→结构注浆→融沉注浆充填。

3)无法回填的较大溶洞处理措施

在TBM盾体后开挖迂回导洞进入前方溶洞,采用现浇桥、拱或桩基渡槽、箱涵结构进行跨越处理,如图5-6-4所示。

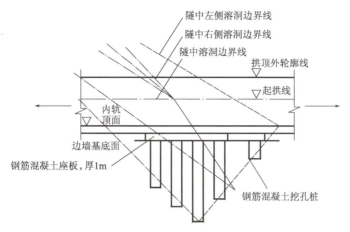

图 5-6-4 挖孔桩架设混凝土底板

6.2.3 岩溶洞段 TBM 掘进施工应对措施

(1) TBM 在岩溶洞段掘进时,要低转速、慢推进,并时刻关注出渣情况及 TBM 姿态变化。如果出现泥饼或涌水、刀盘严重偏离隧道轴线等情况,要及时停机检查并果断采取相应处理措施。

(2) 进入溶洞区域后,要严格控制 TBM 单循环开挖进尺,可每掘进半循环甚至更小长度支护一次,以防临空面裸露时间较长风化剥落,或临空面垮塌。

(3) 如果超前地质预报前方进入岩溶区域,要严格控制 TBM 掘进姿态,为避免"低头",垂直姿态可控制在 10~20mm,水平姿态要趋近于"0",以便在遇到软硬不均地层刀盘发生偏转时能够及时调整姿态。

(4) 掘进期间如出现刀盘"结泥饼"情况,要及时清理,以防刀盘卡滞。

(5) 边墙存在溶洞或临近溶洞时,在护盾后方加固洞壁或回填处理,为撑靴撑紧洞壁创造条件。

6.3 工程案例

6.3.1 工程概况

吉林省中部城市引松供水工程四标段位于吉林市永吉县境内岔路河至饮马河之间,总长度 23km,采用 TBM+钻爆法施工,TBM 施工长度为 16.8km,机型为敞开式,开挖直径为 7.93m。

6.3.2 工程地质及施工风险

地层岩性主要有凝灰岩、砂砾岩、石炭系灰岩、钠长斑岩、石英闪长岩及花岗岩。隧洞穿越多条沟谷,隧洞埋深 38~150m,其中 7km 灰岩岩溶段发育有溶蚀溶洞群。全段共有 49 条断层,31 条在灰岩段。灰岩段已探明的溶洞有 12 处,其中有 3 处为物探疑似溶洞。

TBM 掘进至灰岩洞段后,多次遭遇岩溶,致使 TBM 卡机、突泥涌水情况时有发生。

1) TBM 卡机

TBM 掘进近 7km 灰岩洞段,局部洞段为岩溶区,最大溶洞高 38.52m,距洞顶 5.7m;最小溶洞高

6.3m,距洞顶32.5m处。该段TBM掘进时容易出现偏机、栽头、刀盘被卡、涌泥掩埋盾体、涌水引起电器故障、收敛变形引起整机卡滞等施工风险。溶洞溶腔如图5-6-5所示。

图5-6-5　顶部及撑靴部位溶洞溶腔

2）突泥涌水

2016年2月29日掘进时,掌子面前方发生涌水(图5-6-6),3月24日发生突泥(图5-6-7),底拱部位充满泥水,导致钢拱架无法架设,钢枕钢轨无法延伸,刀盘前方岩渣和淤泥随水涌出,带式输送机打滑,TBM被迫停止掘进。

图5-6-6　刀盘、护盾部位涌水

 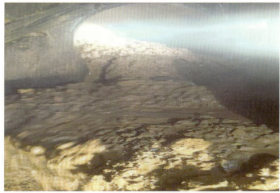

图5-6-7　刀盘内突泥

6.3.3 处理方案

TBM 进入岩溶洞段,需创造条件让 TBM 持续稳步掘进,避免长时间停机。一般处理原则为:超前探、少扰动、短进尺、早封闭、强支护、勤量测。要全程施作超前地质预报,及时查明前方地质情况,以便采取针对性处理措施;破碎围岩要及时支护封闭,存在坍塌风险的要加强支护;对于溶洞,要根据其发育规模、充填物性质等,采取换填、回填、注浆固结等手段处理;如遭遇突泥突水,则依据"以排为主,适时封堵"原则进行处理。

1)超前地质预报

超前地质预报是决定 TBM 能否安全、顺利通过软岩地段的关键,超前地质预报可减少盲目性,便于采取正确的开挖方法和支护措施,尤其是在灰岩岩溶发育地段。

本工程采用物探[激发极化法、地质预报技术(TRT)法]、钻探、地质素描相结合的综合地质预报方法。根据详细的超前地质预报结果,及时调整掘进参数和姿态,并做好洞内应急物资的储备。

2)围岩的及时支护封闭

本工程 TBM 配置有钢筋排支护和应急湿喷系统,两种系统的配置可及时有效完成护盾后裸露围岩的及时支护封闭。

(1)钢筋排支护系统:具体施工工艺详见"第4篇 TBM 法隧道施工"。钢筋排支护如图 5-6-8 所示。

(2)应急湿喷系统:由于 TBM 设备喷混凝土系统位于掌子面后方约 55m 处,无法及时喷护封闭脱离护盾的围岩。因此,增设湿喷机应急喷射混凝土(图 5-6-9),一方面可以及时封闭围岩,防止塌方的进一步发展;另一方面对于撑靴受力部位的塌腔或小型溶洞可及时回填加固,以满足撑靴撑紧洞壁要求。

图 5-6-8 钢筋排支护

图 5-6-9 应急喷射混凝土封闭围岩

3)联合加强支护

(1)围岩出露护盾后,拱顶大范围掉块,存在塌方风险。根据支护设计,采用钢拱架、锚杆、钢筋网钢筋排联合支护,在掉块及钢筋排受力挤压变形处使用 16 号工字钢对钢拱架进行纵向连接加固钢拱架(图 5-6-10)。TBM 通过后,支护背后塌腔及时注浆回填。

(2)围岩出露护盾后,撑靴位置较大范围掉块。此类情况撑靴无法撑紧岩面或出现撑靴打滑,宜采用以下 3 种方法处理。

①减小撑靴压力,控制 TBM 推进力慢速持续掘进通过。

②撑靴(外弧长 4.74m、宽 1.55m)处加垫方木(15cm×15cm),如图 5-6-11 所示,方木的长度视现场实际情况决定,然后小推力慢速掘进通过。

图 5-6-10　工字钢纵向连接拱架　　　　　　　图 5-6-11　撑靴位置加垫方木

③清除掉块及渣土,挂设钢筋网片并与钢拱架焊接牢固,湿喷混凝土封闭,待混凝土强度达到 5MPa 后慢速掘进通过。

(3)围岩出露护盾后,在撑靴部位存在黏土或塌腔时,围岩强度无法满足撑靴压力或撑靴打滑,需湿喷混凝土处理(图 5-6-12)。湿喷前应在撑靴部位挂设网片,使其与钢拱架相连,在塌腔处将钢筋网片(ϕ8mm×150mm×150mm)卷叠后塞入,湿喷厚度与钢拱架内弧面齐平。

(4)隧道底部为黏土时,极易造成整机下沉、掘进偏差超出限制等问题。此种情况下应加强排水,底部铺设干硬性混凝土,并将底部拱架用工字钢纵向连接(图 5-6-13)。

 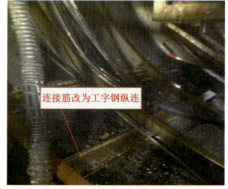

图 5-6-12　撑靴受力范围内湿喷混凝土　　　　　　图 5-6-13　底拱处理

4)溶洞处理

根据超前地质预报成果,探明溶洞的性质、规模,与掌子面的空间位置,采取有针对性的措施。由于吉林地区溶洞规模一般较小,多为半填充型溶洞,本工程溶洞处理原则是隧洞开挖轮廓线 3m 以外(隧底按 5m 控制)的小型溶洞,TBM 直接掘进通过,并加强初期支护;开挖轮廓线 3m 以内(隧底按 5m 控制)的溶洞,根据溶洞具体位置按以下措施进行处理:

(1)顶拱型溶洞,处理方法类似于大规模岩石塌落,主要是加强支护及回填。拱顶溶洞溶腔出护盾后,及时采用钢筋排、钢拱架、工字钢纵向连接筋、拱架背部加焊支撑等联合支护措施;必要时,应急喷射混凝土封闭;若存在塌腔或溶腔,则回填混凝土。拱顶支护如图 5-6-14 所示。

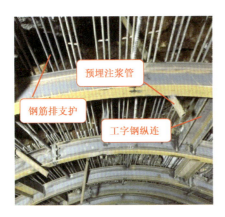 

图 5-6-14　拱顶支护

(2) 边墙型溶洞,类似于边墙较大规模岩石掉块处理方法,主要以回填加固为主。为及早发现开挖轮廓线 3m 以内的溶洞,待围岩出露护盾后及时采用锚杆钻机钻探,发现溶洞后及时采取钢拱架 + 挂网 + 喷射混凝土或灌注混凝土等联合支护措施处理(图 5-6-15),防止到达撑靴位置时撑靴脱空无法撑紧或出现撑靴打滑。

 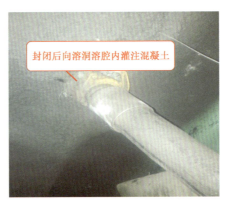

图 5-6-15　喷射混凝土及灌注回填

(3) 低拱型溶洞,与开挖轮廓线间距大于 5m 的不做处理,小于 5m 的采用混凝土回填或换填混凝土。

(4) 根据溶洞发育特征,对于半填充和全填充溶洞采用静压灌浆法注入纯水泥浆进行加固处理。

5) 突水处理

灰岩地层地下水活动多以溶蚀裂隙水为主,导水通道发育,因此涌水处理原则为"以排为主,适时封堵",防止盲目堵水导致水通道堵塞从而造成突水。

主要措施:提前制定应急预案,储备应急物资,按设计最大涌水量的 2 倍配备抽水泵、应急发电机等设备,并保证涌水发生时能及时启动。在涌水发生后及时监测水位、流量,确认实际涌水量,并及时修订完善预案。对集中出水点采用管道引排,排至后配套尾部再经水泵外排,待 TBM 通过后进行封堵。

6) 涌泥处理

灰岩洞段涌泥夹砂及碎块石黏性较差,导致大量泥渣自刀盘涌出,增加了底护盾后方清渣的工作量,进而降低了拱架安装的效率和连续性。

主要措施:一是对刀盘人孔及刮渣孔焊接钢板进行局部封堵,减少出渣量;二是每次掘进前空转刀盘,将刀盘泥浆清理干净;三是增加清渣人员和泥渣收集斗,泥渣涌出时及时清理并采用折臂吊机运至带式输送机上外运。

7）TBM 掘进和出渣控制

（1）掘进参数选择：根据地质预报结果结合实际揭露围岩情况，选择掘进参数时应遵循"低转速、小推力"的原则，减小对围岩的扰动，同时可降低刀具异常损伤的概率。

（2）循环进尺控制：TBM 推进液压缸行程为 1.8m，即正常单循环进尺为 1.8m。岩溶洞段控制掘进进尺的目的在于尽早封闭出露护盾的围岩并加强支护，减少因风化造成的进一步剥落或坍塌，以限制临空面的发展，确保施工安全和施工的连续性。

对围岩完整性和自稳能力差的洞段，循环进尺控制在 0.9m，与钢拱架支护间距相同。对于溶蚀发育、洞顶脱空在 4m 以上的涌泥洞段，循环进尺控制为 0.45m，钢拱架间距相应调整为 0.45m，撑靴范围的钢拱架间采用喷射混凝土回填密实，达到强度后掘进通过。

（3）掘进姿态预调整：在超前地质预报确认围岩存在溶蚀现象时，应立即对 TBM 掘进姿态进行预调整，水平趋近于"0"，垂直控制为 +10mm/m。提前将 TBM 水平姿态调正，垂直姿态呈"抬头"形式，以防 TBM 在软弱围岩中出现"栽头"现象。

6.3.4 处理效果

引松供水工程四标段存在岩溶水洞段 TBM 施工过程中，通过超前地质预报、合理掘进参数的选择、围岩及时支护与封闭、针对性加强支护措施的应用等一系列措施，安全顺利通过了 36 处溶洞（其中洞顶最大规模溶洞弧长 6m、纵向长度 9m、深度 6m）、2 段涌水段（其中最大涌水量 1000m^3/h）、1 段涌泥段。

第 7 章
蚀变岩洞段TBM法隧道施工

蚀变岩是指在高温流体作用下,原岩的矿物成分和化学成分,甚至结构、构造发生改变形成的一类特殊岩石,具有强度低、易潮解、易崩解、完整性差等特点。TBM 在穿越蚀变岩过程中,极易出现围岩大变形、坍塌、突泥涌水等问题,对 TBM 设备和作业人员造成严重伤害。

本章在分析蚀变岩洞段地质特征和 TBM 法隧道施工风险的基础上,讨论了相应的处置原则和施工技术。以西北某输水隧洞工程为实例,结合 TBM 法隧道施工特点,提出了密排拱架支护、撑靴位置换填加固、掘进参数控制、钢瓦片支护、超前固结等敞开式 TBM 穿越蚀变岩施工技术,可供同类隧道施工借鉴。

7.1 地质特征与施工风险

蚀变岩的形成原因一般为区域内重大地质事件和地质作用,尤其是区域蚀变带,一般与区域深断裂的构造岩浆活动有关。因此,岩石类型、活动断裂和流体作用是产生区域蚀变带的前提,具有一定规模的稳定热源是促使岩石蚀变的动力条件。由于不同地区内的围岩成分以及岩浆侵入体的规模、成分、类型等的差异性,蚀变岩的类型是极其复杂和多种多样的。其中,蒙脱石化、黄铁矿化、高岭石化等对工程的危害尤为严重,常常成为工程地质研究中最受关注的对象。蚀变岩洞段 TBM 施工过程中,坍塌、变形时有发生,岩渣多破碎,遇水成泥,如图 5-7-1 所示。

图 5-7-1 蚀变岩出渣成泥状

7.1.1 地质特征及蚀变岩分类

1）蚀变岩特性

岩石的蚀变对岩石变形具有较大的影响,蚀变岩多具有较强的崩解性和膨胀性,其强度、变形特性受蚀变程度、风化程度及岩石性质共同影响。蚀变岩的围岩特性表现为:

（1）随蚀变程度的增强,抗压强度、抗剪强度降低。蚀变程度相同时,蚀变岩强度值受风化程度影响,风化程度越高,强度越低。

（2）蚀变、风化程度均相同的蚀变岩,其强度受蚀变岩性质的影响,如孔隙度、渗透性、裂隙发育程度、主要结构面的张开宽度与方向、与流体的距离、与流体化学性质的差异等。流体与原岩的化学性质差异越大,原岩交代蚀变越强烈。

（3）蚀变作用主要降低岩石的黏聚力。水对蚀变岩的作用也主要体现在降低黏聚力上,随蚀变程度的增加,水的弱化作用增强。

2）蚀变岩分类与分级

由于流体来源和物化性质的差异,蚀变岩的蚀变过程及产物（蚀变岩）各不相同,故其分类没有统一标准。下文提供2种分类方式,供参考。

（1）按蚀变强弱程度分类

国家标准《岩石分类和命名方案 变质岩岩石的分类和命名方案》（GB/T 17412.3—1998）以蚀变矿物（或蚀变矿物组合）为基础划分基本岩类,并以主要蚀变矿物名称命名。

①可恢复原岩的气-液蚀变岩,按蚀变作用种类+原岩名称命名。可根据蚀变作用的强弱程度划分为4个等级,见表5-7-1。

气-液蚀变岩类岩石的命名　　　　表5-7-1

蚀变分类	新生矿物(%)	原岩结构构造	命名方式
弱蚀变岩类	≥5~25	基本保留	弱××化+原岩名称
中蚀变岩类	>25~50	大部分保留	中××化+原岩名称
强蚀变岩类	>50~90	部分保留	强××化+原岩名称
全蚀变岩类	>90	交代假象结构	全××化+原岩名称

②不能或很难恢复原岩的气-液蚀变岩（全蚀变岩类）,可按主要蚀变矿物或蚀变矿物组合直接命名。例如:叶蛇纹石岩,磁铁金云蛇纹岩。

③具有专用名称（基本名称）的气-液蚀变岩,不能或很难恢复原岩时,按主要蚀变矿物（或蚀变矿物组合）+蚀变岩基本名称命名。例如:绿帘青盘岩,刚玉红柱次生石英岩。

（2）按蚀变指数分级

根据蚀变指数,并结合样品的表观特征对岩石蚀变程度分级,可分为弱蚀变、中等蚀变和强蚀变,参见表5-7-2。弱蚀变岩结构完整,浸水后无明显崩解现象,参见图5-7-2;中等蚀变岩结构部分破坏,浸水后强度降低,部分崩解,参见图5-7-3;强蚀变岩结构破碎,手捏即碎,浸水后迅速崩解,参见图5-7-4。

岩石蚀变分级　　　　表5-7-2

蚀变分级	蚀变指数(%)	特征描述
弱蚀变	5~15	结构完整,锤击声较清脆,浸水后无明显崩解现象
中等蚀变	15~25	结构部分破坏,锤击声闷,浸水后强度降低,部分崩解
强蚀变	>25	结构完全破坏,手捏即碎,浸水后呈雾状快速崩解

图 5-7-2　弱蚀变岩

图 5-7-3　中等蚀变岩

图 5-7-4　强蚀变岩

7.1.2 施工风险

TBM法隧道施工穿越蚀变岩洞段时,极易发生坍塌涌砂涌水、围岩大变形等。

(1)隧道坍塌

经蚀变的岩体多呈松散状,经后期错动或风化后呈土状。有时,蚀变物与原岩(或围岩)交错镶嵌在一起。因此TBM在此类围岩段掘进时,围岩稳定性差,极易发生坍塌。

(2)涌水涌砂

隧道涌水的原因是:在富水蚀变岩带施工时,周边地下水位高于隧道基底,隧道周围山体基岩的裂隙水在压力作用下持续涌出,导致隧道洞底长期涌水。涌水主要来自隧道周边长距离补给的溶蚀裂隙或小型管道。

隧道涌砂的原因是:部分泥砂在正常水头压力下无法流动,充填于溶蚀裂隙(管道)内,当隧道溶蚀管道水流的承压水头较高时,带动这些充填泥砂重新流动,形成涌砂。尤其在集中大量降雨发生后或附近有较大水量补给时,由于排泄不及时,地下水水头快速抬高,使得溶蚀裂隙及管道内的充填泥砂在动水压力作用下被大量带入隧道,形成大量涌砂涌水现象。

涌水涌砂极易造成TBM卡机或主机区域下部狭小空间泥砂堆积,清理困难,严重制约施工进度,如图5-7-5、图5-7-6所示。

图5-7-5　涌水涌砂　　　　　　　　　　图5-7-6　泥砂堆积

(3)围岩变形

蚀变岩属于软岩,因此它也具有软岩的诸多特性(如大变形),具体施工风险见本篇第4章4.1.2小节所述。

7.2　蚀变岩洞段TBM法隧道施工技术

7.2.1　蚀变岩洞段处理原则

(1)在蚀变岩发育带应加强超前支护。根据蚀变岩的厚度调整超前支护导管的长度,并在蚀变岩出露部位缩短环向支护间距。情况严重时,可实施全封闭支护,保证开挖面的稳定。

(2)对于正常支护的径向锚杆,应根据围岩情况长短结合。在软弱破碎岩体区,锚杆可适当加密、加长。

(3)在蚀变岩分布区,应合理选择施工方法。TBM掘进宜遵循"低转速、小推力"的原则,以减少对围岩的扰动。

(4)蚀变岩的物质组成和结构决定了在有水情况下隧道塌方问题更为显著。因此,在富水地段应采取堵排结合的方法,通过帷幕注浆或超前钻孔排水,减少地下水对隧道围岩的影响。

7.2.2 蚀变岩洞段处理措施

1)超前地质预报

根据蚀变岩的发育特征和分布规律,结合前期地质勘察成果,开展隧道工程地质超前预报。采用深入细致的隧道地质编录、水平超前钻探、物探法相结合的综合超前预报法,及时掌握蚀变岩的分布及其特性。

2)超前注浆加固、止水

在蚀变岩发育带,应加强超前支护。通过超前管棚或超前小导管(或两者相结合)加固TBM盾体周边及掌子面前方的围岩,稳定岩体,降低其坍塌和收敛变形的概率。根据蚀变岩带的范围调整超前支护导管的长度和固结圈的厚度,在蚀变岩出露TBM盾体后及时支护封闭岩面,并缩短环向支护间距。具体超前支护施作方法参见本篇第2章2.3.2小节中的"注浆加固处理方案"。

蚀变岩在有水情况下隧道塌方问题更为显著,甚至会引发涌砂涌水。因此,在富水地段应采取封堵措施,通过超前止水方式封闭渗水通道,尽量减少地下水对隧道围岩的影响。同时采用导引方式,将多余水量导引至隧底,并排放到洞外。

3)加强支护

TBM法隧道施工时,可通过调整型钢拱架的规格及间距、增加钢筋排和钢板的方式来增加支护强度,并应急喷射混凝土及时封闭岩面,必要时可利用钢瓦片支护并封闭岩体。对于正常支护的径向锚杆,应根据围岩情况长短结合,在软弱破碎岩体区,锚杆可适当加密、加长。

如坍塌,所形成的空腔需回填,支护结构之外的松散体需注浆加固。不同的蚀变岩类别,其支护方式亦有所不同,通常可采用以下支护方式。

(1)弱蚀变岩。该类围岩多表现为拱顶有少量掉块,块度一般较大,岩体较完整,呈镶嵌、次块状结构。施工时可增设钢拱架增加支护强度,同时对空洞部位及时回填灌浆,确保隧道结构安全。

(2)以中等蚀变为主且地下水活动较弱、以干燥状为主的蚀变岩。该类围岩多表现为拱顶掉块较多,块度一般较小,岩体较差或较破碎,呈碎裂结构。施工时可通过调整型钢拱架的规格和间距增加支护强度。同时为了减少掉渣量,可增加钢筋排数量。

(3)以中等蚀变为主且地下水活动较强的蚀变岩。该类围岩岩体较破碎,呈碎裂结构,多表现为自稳能力差,易出现挤压变形、塌方,塌落物多呈碎块状。施工时通过调整钢拱架的规格和间距增加支护强度,为减少掉渣量,可增加钢筋排或钢板。为避免围岩长时间暴露在地下水作用下,导致进一步恶化,可应急喷射混凝土及时封闭岩面。如出现塌方,在塌方处要预埋注浆管,以便后续注浆回填。地下水活动较强地段,普通浆液对松散体固结效果差,宜采用化学灌浆固结。

(4)以强蚀变为主且地下水活动较弱、以干燥状为主的蚀变岩。该类围岩多表现为不能自稳,表层易潮解,易出现挤压变形、塌方,塌落物多呈碎块状,施工时应超前注浆加固岩体;围岩出露护盾后施作以钢筋排和钢拱架为主的初期支护,并及时喷射混凝土封闭岩面。钢拱架规格适当加大,间距适当缩小。

(5)以强蚀变为主且大部分呈湿润或饱和状蚀变岩。该类围岩岩体破碎,呈碎屑状结构,多表现为不能自稳,极易出现塌方、挤压变形和流砂,塌落物多呈碎屑物,该类围岩掘进中掌子面和护盾位置常会出现大面积塌方或流砂,且存在卡机危险。因此施工中应首先对掌子面和护盾位置进行超前预注浆,待掌子面和护盾位置围岩固结后再开始掘进,支护方法与情况(4)类似,其中钢拱架间距需进一步缩小,或拼装钢管片确保支护强度。

7.2.3 蚀变岩洞段 TBM 掘进施工应对措施

蚀变岩是软岩中的一种特殊类别,针对该地质的 TBM 掘进施工应对措施详见本篇第 4 章 4.2.3 节。另外,在蚀变岩洞段施工时,要根据围岩情况严格控制掘进循环长度,每循环掘进长度不得大于相应拱架间距 10cm。掘进过程中,实时关注护盾尾部的落渣情况,如出现大量落渣,应及时停止掘进,采取上述措施加强支护。

7.3 工程案例

7.3.1 工程概况

西北某输水隧洞,长 41.823km,最大埋深约 2268m,纵坡坡度为 0.177‰,设计输水流量 70m³/s。该工程采用敞开式 TBM 和钻爆法相结合施工,TBM 开挖直径 6.53m,计划掘进长度 17.2km。

7.3.2 工程地质及施工风险

桩号 29+790~38+540 洞段共计 8750m,围岩主要为华力西中期侵入二长花岗岩、花岗闪长岩。根据物探、钻孔等探测结果推测,蚀变岩在浅部及深部均有发育,且分布规律性差、厚度变化大(0.1~71.6m 不等),蚀变岩约占总长的 12%。

该隧洞蚀变岩的主要特征,详见表 5-7-3。为了更好地细化蚀变带支护参数,设计单位结合该隧洞蚀变岩特征、围岩蚀变情况和地下水活动状态等因素,研究划分了本工程蚀变岩围岩分类,详见表 5-7-4。

蚀变岩特征表　　　表 5-7-3

蚀变程度	主要特征
强蚀变	岩石的组织结构完全被破坏或残留少量芯石,可见原始结构痕迹。除石英外,其余矿物大部分或全部蚀变为次生矿物。干燥状态呈密实状,潮湿时呈松散土状或砂状,岩石裂隙不明显。锤击有松散感,出现凹坑,手捏即碎,用钢钎可插入。纵波速一般小于 1000m/s,回弹值大多小于 10,易潮解,遇水快速崩解
中等蚀变	岩石的组织结构部分或大部分被破坏,部分岩石呈不连续的骨架和心石。石英以外的矿物部分蚀变为次生矿物。裂隙壁岩石多为强蚀变。锤击声哑,易碎,用钢钎可撬动。岩石遇水后强度明显降低,部分崩解。纵波速一般为 1500~3000m/s,回弹值多在 10~40 之间
弱蚀变	岩石的组织结构基本完整,结构面附近蚀变较强,部分裂隙壁岩石为强蚀变。锤击有一定回弹。波速一般大于 3000m/s,回弹值多在 40~50 之间

蚀变岩围岩分类 表 5-7-4

围岩类别	蚀变程度	其他判别指标						围岩稳定性
		抗压强度（回弹值）	岩体结构	岩体完整程度	纵波波速 V_p(m/s)	结构面特征	地下水活动情况	
Ⅲ	轻微	60~70（30~40）	镶嵌、次块状结构	较完整	$3000<V_p<4000$	局部夹泥		顶拱少量掉块，块度一般较大
Ⅳ	以中等蚀变为主	30~40（15~25）	碎裂结构	差~较破碎	$1500<V_p<3000$	普遍夹泥	地下水活动弱，以干燥状为主	顶拱少量掉块，块度一般较小
V_1	以中等蚀变为主	30~40（10~20）	碎裂结构	较破碎	$1000<V_p<2000$	普遍夹泥	地下水活动较强，大面积滴水或多处线状、股状涌水	不能自稳，易出现挤压变形、塌方，顶拱普遍掉块，塌落物多呈碎块状
	以强蚀变为主	<1（<10）	碎屑结构	破碎	$V_p<1000$	结构面不明显	大部分呈干燥状	不能自稳，表层易潮解，易出现挤压变形、塌方，塌落物多呈碎屑状
V_2	以强蚀变为主	<1（<10）	碎屑结构	破碎	$V_p<1000$	结构面不明显	大部分呈很湿~饱和状	不能自稳，极易出现塌方、挤压变形和流沙，塌落物多呈碎屑物

7.3.3 施工方案

1）基本情况

已经通过的蚀变岩洞段长度约445m，其中强蚀变岩为224m、中等蚀变岩95m、弱蚀变岩126m，强蚀变岩约占蚀变岩洞段的50.3%。该强蚀变岩大部分呈很湿或饱和状，围岩多为V_2类，岩体破碎，呈碎屑状结构，表现为不能自稳，极易出现塌方、挤压变形和流砂，并且塌落物多呈碎屑物。TBM在该类围岩中掘进时，掌子面和护盾位置常会出现大面积塌方或流砂，使得掘进和支护无法施作，且存在卡机危险。现场揭露的强蚀变岩如图5-7-7和图5-7-8所示。

图 5-7-7 洞壁围岩松软呈砂状

图 5-7-8 突砂突水自主梁出入孔流出

2）处理方案

为消除或降低涌砂突水的风险，首先采取超前预加固措施封堵透水通道，降低地下水对蚀变岩的侵蚀软化作用；固结松散围岩，待掌子面与前方岩体固结完成，涌水量降低，再恢复 TBM 掘进；及时支护出露盾体围岩，并灌浆回填。开挖及支护期间实时进行围岩变形监测，以保证施工安全。

(1) 超前预加固

若 V_2 类围岩中以强蚀变为主且大部分呈湿润或饱和状时，为了稳定前方围岩，首先采用化学浆液超前预注浆加固。具体施工措施如下：

①护盾区域注浆加固。

施作注浆锚杆：由于护盾上方坍塌体堆积，无法成孔，采用了 $\phi 25\text{mm}$ 自进式中空注浆锚杆（长 3.0m）。在护盾尾部斜向上布设，排间距 1.0m（根据试验，化学灌浆在强蚀变围岩中的扩散半径为 0.5～0.8m），杆体上注浆孔孔径为 6～8mm，孔间距 40cm，梅花形布置。

超前喷混封闭：为保证注浆效果，中空注浆锚杆施作完成后，应急喷射混凝土封闭注浆区域围岩，喷射厚度 10cm 左右。

化学灌浆：采用气动注浆泵灌浆，化学浆液材料分 A、B 两种组分，比例为 1:1。护盾位置注浆加固的主要作用是固结护盾上方坍塌体，避免坍塌体掉落；同时考虑到撑靴对洞壁承载力的要求，固结强度不低于 3MPa，注浆压力一般控制在 3～8MPa。

②掌子面注浆加固。

施作注浆锚杆：为避免 TBM 掘进过程中损伤刀盘刀具，掌子面注浆采用 $\phi 32\text{mm}$ 玻璃纤维自进式中空注浆锚杆，通过刀孔或人孔向掌子面施作。锚杆长度根据刀盘内空间和布设位置确定，一般为 2.0～3.0m。锚杆安装及注浆效果如图 5-7-9 所示。

图 5-7-9　掌子面注浆锚杆及注浆效果

化学灌浆：采用气动注浆泵灌浆，化学浆液材料分 A、B 两种组分，比例为 1:1。掌子面注浆加固的主要作用是固结掌子面松散岩体和堵水，因此固结强度要求较低，具有一定自稳能力即可。注浆效果现场控制，注浆压力一般控制在 5～10MPa。由于掌子面无法进行超前喷射混凝土，注浆时发现漏浆处需及时封堵。

③开挖轮廓线外注浆加固。

利用超前钻机通过防尘护盾切割孔槽施作 $\phi 42\text{mm}$ 自进式中空注浆锚杆（钻头尺寸 63mm），以环向间距 30cm 沿刀盘外轮廓布设，如图 5-7-10、图 5-7-11 所示。锚杆长度根据实际情况确定（最长不大于 20m），锚杆外插角为 11°，施作范围为拱顶 150° 左右。超前钻机安装于钢拱架拼装器大齿圈上部，通过大齿圈的转动实现钻机移位。锚杆施工完成后灌注化学浆液，注浆压力为 3～8MPa。锚杆注浆完成后割除开挖轮廓线内的锚杆，TBM 掘进通过。

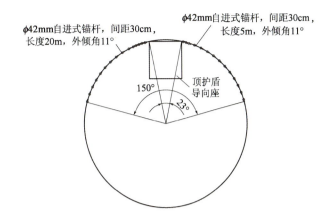

图 5-7-10 超前钻孔立面图

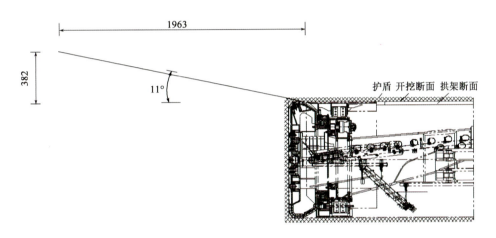

图 5-7-11 超前钻孔侧面图(尺寸单位:cm)

(2) 支护

①底拱处理:强蚀变岩遇水软化、泥化,造成底拱岩石承载力下降和拱架下沉。因此在拱架施作前需清除底拱软化、泥化岩石,换填 C25 干硬性混凝土,确保承载力满足要求。底拱清理、硬化处理的同时,要加强底拱排水工作。

②钢筋排支护:为减少掘进过程中护盾上方松散渣体掉落,掘进过程中需及时做好钢筋排支护。钢筋排型号和长度根据进尺需求灵活调整,一般采用 $\phi 16mm$ 和 $\phi 20mm$ 两种,长度一般为 0.75m、1.5m、2.25m、3.0m,钢筋排间距 5~8cm。若围岩破碎、掉渣呈碎屑状,则在钢筋排上部增设 2mm 厚钢板,以减少掉渣量。

③拱架支护:强蚀变岩洞段由于岩面暴露和地下水的作用,导致围岩进一步恶化。原支护 HW150 型钢拱架间距 50cm 不能满足结构安全要求,参建单位共同商议决定钢拱架间距调整为 30cm。钢拱架 + 钢筋排(钢板)支护如图 5-7-12 所示。

④纵向连接:为确保洞身结构安全,在缩小钢拱架间距的同时,需加强钢拱架纵向连接。由原设计 $\phi 20mm$ 连接筋调整为 10 号槽钢,确保钢拱架整体结构强度。

⑤钢瓦片支护:根据揭露地质及现场施工条件,采用钢板与型钢拱架相结合的钢瓦片结构封闭洞壁围岩,最大程度降低围岩继续坍塌的风险,减少落渣。在塌腔处预留回填注浆管,注浆管一般采用 $\phi 80mm$ 钢管,注浆管数量和长度根据塌腔范围现场确定,如图 5-7-13 所示。

图 5-7-12 钢拱架 + 钢筋排(钢板)支护

图 5-7-13 钢瓦片支护及回填注浆管

⑥喷射混凝土:考虑到初期支护的整体稳定,同时为了减少围岩暴露时间,防止地下水作用进一步恶化围岩,钢拱架支护完成后应急喷射混凝土及时封闭岩面,喷射混凝土材料采用粗纤维混凝土为宜。为保障撑靴位置混凝土的密实性与承载力,该部位立模浇筑混凝土。

⑦撑靴位置软岩处理:撑靴位置的加固措施主要有以下两种:一是对于拱架密集区,采用2mm厚钢板封闭后模筑C30粗纤维混凝土,混凝土浇筑完成后6h内不得踩压。二是对于强蚀变岩段(拱架间距大于0.5m),采用2mm厚钢板封闭,超前喷灌C30粗纤维混凝土,采用YT-28手动风枪造孔,并径向安装φ40mm注浆小导管,导管间排距为1.5m,根据现场操作空间分别施作1.5m与3m长小导管;为缩短凝固时间,采用水泥-水玻璃双液浆固结松软岩体。为保障撑靴通过时超前喷射混凝土的强度,拱架安装完成后每1.2m施作一次超前喷灌,同时撑靴通过时减小撑靴压力以降低混凝土承载力。

⑧锚杆支护:在蚀变带塌方位置取消系统锚杆,按照1.5m×1.5m间距梅花形布设3m长中空注浆锚杆。其中一根锚杆杆体带孔,环向2孔,孔间距为40cm,孔径为6~8mm,杆体与孔壁采用锚固剂封堵,留作排气孔。锚杆施工时部分锚杆深入塌腔内,锚杆长度可适当调整,以用作回填灌浆。

⑨钢筋网铺设:根据蚀变带施工特点,拱架上部渣体以粉状或小块状渣体为主。为减少渣体掉落,将钢筋网间距调整为10cm×10cm,布设范围为拱顶270°(与喷混范围相同)。钢筋网与钢筋排连接,网片具体尺寸按照拱架间距确定。

为确保支护效果,应根据现场地质条件变化情况,将以上技术措施适当组合使用。

(3) 回填、固结灌浆

① 塌腔回填灌浆。通过转换接头将混凝土输送泵管路和 $\phi 80mm$ 钢管连接，分多次回填，且每次回填厚度不宜超过 0.6m，直至塌腔密实。回填材料一般采用流动性较好的 M10 砂浆或流动性较好的 C15 一级配混凝土。

② 中等蚀变无水段，可采用 M20 砂浆固结拱架上方塌落体，使其形成整体，以利于钢拱架受力。选用 3m 长 $\phi 25mm$ 自进式中空注浆锚杆，梅花形布设，间排距 $1.0 \sim 1.5m$，杆体上注浆孔孔径为 $6 \sim 8mm$，孔间距 40cm，梅花形布设。一序孔孔口注浆压力为 $0.1 \sim 0.5MPa$，二序孔孔口注浆压力为 $0.5 \sim 1.0MPa$。

③ 强蚀变岩与中等蚀变岩有水段，采用化学浆液固结。选用 3m 长 $\phi 25mm$ 自进式中空注浆锚杆，梅花形布设，间排距 $1.0 \sim 1.5m$，杆体上注浆孔孔径为 $6 \sim 8mm$，孔间距 40cm，梅花形布设。注浆压力达到 $5 \sim 10MPa$ 时停止注浆。

(4) 安全监测

施工时拱顶大量渣体极易造成钢拱架受压变形。为了保障施工安全，在施工时需不间断地监测围岩变形，以便为后期加强支护提供依据。受设备空间限制，变形监测点布设于拱顶 60° 及拱底 45° 范围内，拱顶 60° 共计布设 3 个监测点，采用全站仪测量，通过监测数据对比确定拱顶的变形情况；拱底 45° 范围内布设 2 个监测点，通过高程数据对比确定拱底沉降变形情况。所有监测数据分析必须包含与设计对比、与上次测量对比、本次测量与初始测量数据对比。监测频次每天不少于 1 次，在钢拱架变形严重、围岩过渡段、注浆前后等特殊时期每日检测不得少于 2 次。

(5) 掘进参数选择

掌子面化学灌浆完成后，TBM 恢复掘进。通过观察掘进参数变化和带式输送机上渣量、渣粒变化，判断掌子面的围岩状况，合理选择 TBM 掘进参数，详见表 5-7-5。

蚀变带 TBM 掘进参数　　　　表 5-7-5

抗压强度 (MPa)	蚀变岩类别	贯入度 (mm/min)	推进压力 (MPa)	刀盘扭矩 (MN·m)	刀盘转速 (r/min)	撑靴压力 (MPa)
$60 \sim 70$	Ⅲ	$4.0 \sim 15.3$	$14.6 \sim 27.7$	$730 \sim 2750$	$6.1 \sim 6.5$	$23.6 \sim 26.5$
$30 \sim 40$	Ⅳ	$10.0 \sim 15.0$	$11 \sim 24.2$	$500 \sim 980$	$5.5 \sim 6.5$	23.5
<1	V_1	$4.1 \sim 16.0$	$8.2 \sim 24$	$180 \sim 650$	$2.3 \sim 6.3$	$21.4 \sim 26.3$
<1	V_2	$5.3 \sim 20.0$	$8.5 \sim 22.5$	$240 \sim 1750$	$1.3 \sim 3.5$	$21.6 \sim 27$

掘进时注意观察带式输送机出渣量，以免出现空转刀盘出渣时间过长，导致出现大塌腔。一旦短时间内未掘进而出渣较多，应立即停机，检查掌子面，及时超前处理。TBM 在蚀变带施工时，停止刀盘喷水。

TBM 掘进时护盾尽量向外撑出，避免围岩收敛导致洞径收缩，造成初期支护侵限。另外，掘进时如发现护盾参数异常，需及时调整，防止护盾卡死。掘进期间随时关注、及时调整 TBM 姿态，防止 TBM 抬头或栽头。

7.3.4 应用效果

富水强蚀变岩 TBM 洞段注浆结束后，在施工中检测到注浆后的围岩较为坚硬、孔隙少，以碎屑状为主的渣体在浆液黏结后呈块状，固结效果明显，固结强度及质量满足设计要求。施工期间未见钢拱架明显变形，围岩的承载能力和稳定性显著提高。采用全站仪对拱顶 60° 及拱底 45° 范围内的测点进行观测，对比分析发现拱顶围岩变形量值较小，新增变形量不超过 10mm，收敛速度趋缓。后续 TBM 掘进过程中，未出现明显的涌水、塌方现象。

第 8 章
完整坚硬岩洞段TBM法隧道施工

完整坚硬岩具有高抗压强度、高完整性、高磨蚀性等特点,完整坚硬岩洞段 TBM 推进速度将大幅度降低,刀具磨损加剧,刀具消耗明显增加,致使工期、成本受到极大影响。目前已完工及正在施工的项目如吐库二线铁路中天山隧道、吉林引松引水隧洞、引汉济渭工程秦岭隧洞、广州北江引水隧洞等,均不同程度遭遇完整坚硬岩。

本章从分析岩体特征的基础上,探讨完整坚硬岩对 TBM 法隧道施工的影响,研究设备适用性设计及施工技术,从 TBM 结构设计、掘进参数优选、设备运行维护、施工组织管理等方面提出了相关应对措施。并结合引汉济渭工程秦岭隧洞,介绍了经过实践验证的施工方案。

8.1 地质特征与施工影响

完整坚硬岩的强度、硬度、耐磨性、完整性等特征对 TBM 的施工效率、设备损耗、施工环境等方面存在显著影响。为了研究相关对策,保工期,降成本,需要了解完整坚硬岩的地质特征。

8.1.1 地质特征及超硬岩分级

1) 地质特征

完整坚硬岩的地质特征主要体现在岩石的坚硬程度、岩体的结构面发育程度及岩石的耐磨性等方面,具体判定标准参见《工程岩体分级标准》(GB/T 50218—2014)。岩石的坚硬程度,是岩石(或岩块)在工程中的最基本性质之一。主要表现为岩石在外荷载作用下抵抗变形直至破坏的能力,其定量指标和岩石组成的矿物成分、结构、致密程度、风化程度以及受水软化程度紧密相关,用来表示这一性质的定量指标有岩石饱和单轴抗压强度 R_c、点荷载强度指数 $I_{s(50)}$、回弹值 r 等。岩体完整程度是决定岩体基本质量的另一个重要因素,规范中用结构面发育程度、主要结构面结合程度和主要结构面类型作为划分岩体完整程度的依据,其定量指标主要有岩体完整性指数 K_v、岩体体积节理数 J_v、岩石质量指标 RQD、节理平均间距 d_p、岩体与岩块动静弹模比、岩体龟裂系数等,具体定义可查阅相关规范。

TBM 在完整坚硬岩洞段施工过程中,需要重点关注 3 个方面的地质特性:

(1) 高抗压强度

岩石饱和单轴抗压强度(R_c)是影响 TBM 破岩难易程度的关键因素之一。盘形滚刀破岩以压碎和剪切为主要破坏形式,同时岩石的抗拉、抗剪强度均与抗压强度密切相关,所以可采用比较容易测得的抗压强度作为衡量 TBM 破岩难易程度的指标之一。完整坚硬岩抗压强度高,岩石单轴饱和抗压强度 $R_c > 60$MPa,甚至达到 300MPa 以上。

(2) 高完整性

岩体的结构面(节理、层理、片理、小断层等)发育程度,即岩体的裂隙化程度或岩体完整性,是影响 TBM 破岩效率的又一重要地质因素。岩体完整程度的定量指标,常采用岩体完整性指数 K_v、岩体体积节理数 J_v 表示,完整坚硬岩结构面不发育,岩体完整性指数 $K_v > 0.75$,岩体体积节理数 $J_v < 3$。

(3) 高磨蚀性

完整坚硬岩的另外一个突出特点体现在其磨蚀性上。完整坚硬岩的岩石硬质矿物成分与单轴抗压强度均较高,磨蚀性指标 CAI 平均在 4 以上,具有较高的耐磨性。

2)超硬岩分级

超硬岩等级划分可参考表 5-8-1。

超硬岩等级划分　　　　　　　　　　表 5-8-1

等　级	判　别　条　件
Ⅰ类	150MPa ≤ R_c < 200MPa 或 CAI ≥ 4.0
Ⅱ类	R_c ≥ 200MPa

8.1.2　施工影响

TBM 在高硬度、完整性好的岩体中掘进时,存在的主要难点是:掘进阻力大,贯入度小,破岩效率低,掘进速度慢;刀具磨损及异常损坏严重,刀具消耗多;易造成刀盘面板开裂、磨损等。因此,TBM 在完整坚硬岩洞段的施工风险主要体现在破岩效率、刀具损耗和设备损伤等方面。

1)降低 TBM 破岩效率

TBM 在完整坚硬岩段掘进时,岩石的完整性和抗压强度会增加 TBM 掘进的贯入难度。因此 TBM 设计制造时需要考虑较高的推力储备和高承载力的刀盘刀具配置。尽管如此,TBM 在此类围岩中掘进时,也难以获得较高的掘进速度。岩石的抗压强度越高,掘进速度就越低。当单轴饱和抗压强度 $R_c >$ 150MPa 时,TBM 掘进贯入度会大幅度降低,从而导致掘进速度大幅降低。

节理不发育、岩体完整的洞段,TBM 破岩困难,这主要是由 TBM 破岩原理所决定的。如果岩体完整性指数 $K_v > 0.75$,岩体体积节理数 $J_v < 3$,破岩时相邻滚刀很难在破岩轨迹之间形成裂纹,也就很难形成块状岩渣,导致岩渣中岩粉含量高。完整坚硬岩 TBM 破岩轨迹如图 5-8-1 所示。

图 5-8-2 为西康铁路秦岭隧道Ⅰ线进口段岩体完整性指数(K_v)与掘进速度的对应关系图。可以看出,节理发育洞段($K_v < 0.6$),围岩破碎,为了降低对围岩的扰动,掘进速度不宜过高;节理较发育洞段($K_v = 0.6 \sim 0.75$),掌子面有部分裂隙,但围岩相对完整,TBM 破岩时,相邻刀具间岩体易形成裂纹并贯通,岩渣呈片状剥落,破岩效率较高,因此掘进速度较高;完整坚硬岩段($K_v > 0.75$),因节理不发育,TBM 破岩困难,且岩体完整性指数越高,破岩效率就越低,进而导致掘进速度明显降低。

图 5-8-1　TBM 破岩轨迹

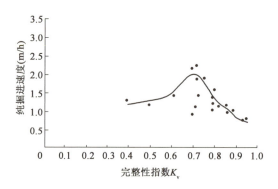

图 5-8-2　岩体完整性指数（K_v）与 TBM 纯掘进速度关系图

吉林引松供水工程穿越的地层主要是花岗岩，中细粒结构、块状构造，岩石强度高、耐磨性强。表 5-8-2 为 2015 年 7 月 19 日采集的围岩数据和对应的主要掘进参数。

岩石样本数据及掘进参数　　　　表 5-8-2

岩样编号	项　目	参　数
JLYS-003	埋深	200m
	围岩类别	Ⅱ类
	岩性	花岗岩
	石英含量	25%
	单轴饱和抗压强度	244.1MPa
	贯入度	2mm
	扭矩	1900kN·m
	推进压力	236MPa
	转速	5.8r/min
	撑靴压力	283MPa
	推力	18000kN
	推进速度	11.5mm/min

引汉济渭工程秦岭隧洞岭南 TBM 施工段，围岩单轴饱和抗压强度在 107MPa 以上，施工单位测得最大单轴干燥抗压强度 307.8MPa，平均值 185.0MPa，设计单位测得最大单轴饱和抗压强度 242MPa。TBM 的平均掘进速度为 0.98m/h，破岩效率低下。

以上工程实例均说明完整坚硬岩对 TBM 掘进速度影响巨大。

2）增加刀具消耗

岩石的磨蚀性对刀具的磨损起着决定性作用,岩石磨蚀性越高,刀具、刀盘的磨损就越大。换刀量和换刀时间的增加,势必影响到 TBM 掘进效率。同时,刀具、刀圈及轴承的磨损或损坏,还会大幅提高 TBM 的使用成本。TBM 在高磨蚀性完整坚硬岩洞段掘进时,需要较高的推力才有可能获得相对较大的贯入度,实现较高的破岩效率。

岩石的抗压强度、岩石中矿物颗粒(特别是高硬度矿物颗粒如石英、长石等)的大小及含量决定了岩石的磨蚀性指标。当岩石中石英含量超过 70% 时,刀具的磨损量显著增大。一般来说,岩石的抗压强度及磨蚀性越高,刀盘刀具的磨损量就越大,同时,由于长时间连续破岩会导致刀盘刀具温度升高,致使刀具润滑效果显著下降,密封工作性能下降乃至失效,使得刀具失效概率明显增大,即刀具正常磨损和异常损坏数量均显著增加。此时,刀具检查更换频繁,会降低 TBM 利用率,进而降低掘进效率。岩石的磨蚀性与 TBM 工作条件之间的关系见表 5-8-3。

岩石磨蚀性与 TBM 工作条件关系 表 5-8-3

岩石磨蚀性指标 CAI(0.1mm)	岩石耐磨性等级	TBM 工作条件
<3	极低耐磨性	好
3~4	低耐磨性	好
4~5	中等耐磨性	好
5~6	强耐磨性	一般
>6	特强耐磨性	差

岩石的高磨蚀性使得刀圈磨损加剧、刀具轴承等零部件使用寿命大大下降,导致刀具的消耗量急剧增加。据不完全统计,已完工的吐库二线铁路中天山隧道刀具成本超过了施工成本的 30%,在建的引汉济渭工程秦岭隧洞岭南 TBM 施工段和已完工的吉林引松供水工程的刀具消耗量在施工成本中也均占较高比例。

吐库二线铁路中天山隧道位于华力西期花岗岩围岩完整或较完整地段,石英含量高达 40%,岩体完整性好,石质坚硬,磨蚀性系数最高达到 5.24,属强耐磨性围岩,刀具消耗平均 0.603 把/m。引汉济渭工程秦岭隧洞岭南 TBM 施工段完整坚硬岩洞段,刀具消耗平均为 0.75 把/m。

滚刀轴承设计寿命为 400h 左右,在实际使用中,由于围岩完整而坚硬,大推力、高温、长时间连续推进工况下,滚刀轴承的平均寿命仅为 150h 左右,导致刀具消耗量急剧增加。

3）加剧设备振动,损伤部件

TBM 在完整坚硬岩洞段掘进时,主机区域振动异常强烈,容易导致刀盘焊缝开裂、主机结构件连接处的紧固件松动甚至断裂等。以吐库二线铁路中天山隧道、青岛地铁 1 号线为例,TBM 在此类围岩中掘进时均出现过主驱动电机连接螺栓松动断裂的情况。受大推力影响,刀具刀座也极易被压溃损伤。完整坚硬岩洞段 TBM 开挖洞壁极其光滑,使得撑靴撑紧作业时与岩面的摩擦阻力降低,TBM 在大推力下掘进时,极易因撑靴提供的掘进反力不足而导致撑靴打滑,从而对刀盘造成较大冲击,严重时甚至会因为主机的偏斜导致边刀受突然冲击而损坏。

4）降低 TBM 利用率和掘进速度

TBM 在完整坚硬岩洞段掘进时,刀具正常磨损和异常损坏量均会急剧增加,刀具检查及更换频繁,占用时间也大幅增加,相应地就会压缩 TBM 纯掘进时间,降低 TBM 利用率,加之如前所述破岩效率低,则必然会降低 TBM 掘进速度。山西中部引黄引水工程 TBM2 标，在完整坚硬岩洞段施工时，刀具检查及更换时间占比达 23%；云南那邦水电站工程，TBM 在类似完整坚硬岩洞段施工时，刀具检查及更换时间占比达 25%，均远远高于其他洞段的刀具检查及更换时间占比（10% 以下）。

5）恶化施工环境

TBM 在完整坚硬岩洞段掘进时，对施工环境的影响主要体现在粉尘、温度及噪声上。刀具在完整坚硬岩洞段破岩时，受挤压破裂作用脱落的片状石块中会夹杂更多的岩粉，致使刀盘与掌子面间的粉尘量增大。同时，带式输送机运输岩渣的过程中，夹杂的粉尘也会在周边流动空气的作用下四处飞扬。这些均会恶化现场的施工环境，增加除尘风机的除尘压力。为了控制刀盘刀具温度，往往会加大刀盘喷水量，与大量岩粉混合，形成泥浆，进入带式输送机或者落于洞底，恶化带式输送机工作环境、增加洞底清淤工作量。TBM 掘进期间主机振动的加剧会产生较大噪声，伤害施工人员的听力，也不利于工作期间的沟通交流。TBM 在完整坚硬岩洞段施工的单循环掘进时间较长，在 TBM 长时间的工作过程中，刀具持续破岩和各系统长时间运转均会产生大量的热量，导致现场工作温度升高，高温环境会大大降低施工人员工作效率，增加设备故障率。

8.2　完整坚硬岩洞段 TBM 法隧道施工技术

对于 Ⅰ 类超硬岩围岩洞段，掘进机工作条件一般，对滚刀材料、刀刃宽度和布置间距以及刀具防磨蚀措施都应进行优化和改进，可采用刀具技术攻关、优化设备结构及引入新型材料、优化掘进参数等措施。对于 Ⅱ 类超硬岩围岩洞段，掘进机工作条件差，除采取针对 Ⅰ 类超硬岩围岩的措施外，还可采取高压水射流、高低温交变、微波、激光等辅助破岩手段。

8.2.1　TBM 地质适应性设计

为提高 TBM 破岩效率，降低设备因剧烈振动、磨蚀等引起的故障率，需对应用于完整坚硬岩隧道施工的 TBM 进行针对性设计，其设计原则为：以提高破岩能力为核心，兼具重载条件下合理使用寿命。重点要关注刀盘刀具耐磨性、结构布置合理性、掘进推力储备、主机结构稳定性等。

1）合理布置刀具

越南上昆嵩水电站引水隧洞采用敞开式 TBM 施工，围岩岩性为花岗岩，完整坚硬。掘进期间，刀具异常损坏严重且频繁。检查分析发现，刀盘上刀具布置不合理，如图 5-8-3 所示，正面滚刀最大刀间距为 115mm，最小刀间距为 55mm，刀具分布不均匀。

引汉济渭工程秦岭隧洞岭南 TBM 施工段围岩岩石饱和单轴抗压强度最小为 107MPa，最大为 242MPa。TBM 开挖直径 8.05m，设备配置刀具 51 把，正面滚刀的刀间距为 82.3mm。TBM 平均掘进速度为 0.98m/h，平均贯入度为 2mm/r，破岩效率低下。专家论证认为在该工程地质条件下刀间距设置偏大，影响破岩效率，并导致刀具消耗增大。

图 5-8-3　刀间距不均匀的破岩轨距

通过以上案例分析得知,TBM 刀盘设计阶段应充分考虑到刀具布置对于完整坚硬岩段掘进的重要性。滚刀在刀盘上的布置要遵循一定的规律,需要注意如下几个方面:①合理的刀间距。根据围岩条件、滚刀规格合理设计刀间距,通常应尽量减小刀间距,有利于提高破岩效率,必要时可通过破岩试验研究。②均衡的刀具布置。通过计算机软件,模拟计算刀盘破岩过程中的动平衡,避免动平衡不合理导致振动加剧。③合理控制刀高,以保证刀具安装过程的稳定性。④合理的刀具布置,并考虑刀盘转动因素利于掌子面岩渣顺畅落到洞底或直接进入铲斗。

2) 优化刀具选型

为使盘形滚刀更适宜完整坚硬岩的地质环境,需要对刀具结构、刀具材料、处理工艺等进行优化或改进。

(1) TBM 滚刀的针对性设计

完整硬岩洞段,优化和改进 TBM 滚刀针对性设计,可以从如下几个方面着手:

①提高滚刀承载力。提高滚刀承载力,可以明显提升破岩效率,其关键在于在尺寸空间受限的情况下提高轴承承载力。TBM 滚刀发展历程也印证了这一点,其承载力逐步提升至 250kN、315kN,目前正在研制更高承载力的滚刀(如承载力 375kN 及以上)。

②加大刀圈尺寸。加大刀圈尺寸,则刀圈可磨损含量显著增加,承载力更大,并且其他条件相同的条件下滚刀自转速度会明显降低,刀圈寿命大大延长。

③提高刀圈耐磨性和韧性。通常,刀圈硬度越高,其耐磨性越好,但其韧性会随之降低,二者需合理匹配,才能保证刀圈既耐磨又不易崩刃。目前,用于完整坚硬岩洞段的刀圈硬度通常控制在 HRC60~62,冲击功≥16J,仍需继续研究改进刀圈材质及热处理工艺,以求进一步提高其耐磨性和韧性。

④提高滚刀耐高温性能。高温情况下,滚刀润滑状态差,密封圈易失效,导致刀具异常损坏。因而用于完整硬岩洞段的滚刀需提高其耐高温性能,有两个途径:一是采用耐高温的润滑油,二是采用耐高温的密封圈。

⑤优化刀圈刃宽和刃形。宽刃刀圈承载力、抗冲击性能都比较好,但会制约破岩效率,且造成大量岩粉,因而需要适当减小刀圈刃宽,现有材质和工艺条件下,宜选用 19mm 刃宽。为避免随刀圈磨损,刃宽大幅增加,需合理控制刀圈刃角,以 12°~15°为宜。

(2) 提高滚刀检修质量。TBM 滚刀各部件的使用寿命不同,施工过程中需要现场检修和装配,完整硬岩洞段 TBM 施工过程中,刀具消耗量大,提高滚刀检修装配质量尤为重要。提高滚刀检修装配质量,有利于减少刀具异常损坏,提高刀具可靠性,减少非计划换刀概率,减少刀具消耗。其重点在于严格按照刀具检修装配工艺规范操作。

3) 提高刀盘结构强度与刚度

为防止大推力下刀盘面板、筋板、刀座等钢结构件变形,要考虑重型设计,即高强度、高刚度、大承载刀盘和高承载、耐久性刀座。运输及工地组装条件允许时,刀盘宜采用整体式设计,以降低在长时间大推力作用下的结构件变形、螺栓松动、焊缝开裂等施工风险,条件不允许时,也应尽量减少刀盘分块。

4) 提高刀盘耐磨性

完整硬岩洞段,围岩抗压强度高,磨蚀性高,长时间掘进,刀盘磨损严重,因而需要提高刀盘耐磨性。刀盘面板通常覆设一层耐磨材料,目前大多采用复合式耐磨板(图 5-8-4),其厚度可根据地质条件、掘进长度等选择;刀盘周边的挡渣环,同样需要较高的耐磨性,实践证明,耐磨铜板+硬质合金效果显著(图5-8-5);刀盘铲斗,位于圆弧区域的限径块,磨损严重,可堆焊耐磨材料,或者镶嵌硬质合金。

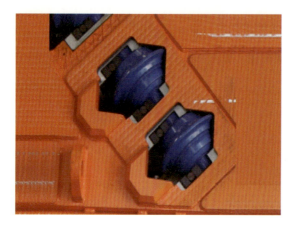

图 5-8-4　刀盘面板耐磨板和滚刀保护块

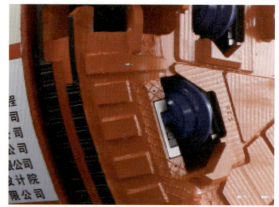

图 5-8-5　刀盘焊接镶嵌合金的耐磨板

5）推力撑紧力富余量储备

TBM 在完整坚硬岩洞段掘进时,需要较高的推进力,因此 TBM 在设计阶段要考虑推进系统的能力储备。推力的反力是通过撑靴与洞壁之间的摩擦力提供的,二者之间的摩擦系数无法增大,因而需提高撑靴撑紧力储备。

6）TBM 结构件抗振性设计

TBM 设计阶段,要充分考虑 TBM 的抗振设计,以降低结构件间因高频振动所造成的连接件松动、焊缝开裂等风险。同时还要注意减振设计,如刀盘动平衡校核与调整,护盾与洞壁之间的撑紧力设计,主机区域精密部件的抗振与减振设计,主机上结构件之间连接方式优化等。此外还可通过减小连接件间接合面的凹凸面来降低连接件松动的风险。

7）刀盘驱动系统长寿命设计

目前,TBM 主轴承、主驱动变速箱等的设计寿命一般不小于 15000 工作小时。TBM 在其设计寿命周期内,刀盘、主轴承、主驱动变速箱、电机等部件的性能会随着使用时间的增加和掘进距离的延长而不断降低。并且长时间连续高负荷运转,振动、高温对 TBM 使用寿命亦有着不可忽视的不利影响。在 TBM 设计阶段要充分考虑现场的施工环境对各关键部件使用寿命的影响。

8.2.2 TBM 掘进施工应对措施

1）优化 TBM 掘进参数

TBM 在完整坚硬岩洞段掘进时，为了获得较好的破岩效果，TBM 掘进参数宜选用高转速、大推力的模式。但考虑到长时间大推力推进会对刀盘和刀具造成损伤，因此禁止长时间采用极限（设计最大）推力推进。可通过控制系统合理设定推力上限，一般不宜超过设计最大推进力的 90%。

完整坚硬岩抗压强度高，因此在调向时要严格控制单次调整幅度，以避免对边刀造成冲击，损伤刀具。如隧道洞壁出现屋脊状痕迹或明显沟槽，说明调向过度，要及时纠正。通常可采用多次小幅调向策略，并且调向时应停止推进。

2）加强维保，提升设备完好率

TBM 在硬岩洞段掘进过程中振动剧烈，会造成螺栓松动、焊缝开裂等故障。因此应加强 TBM 设备巡检工作，增加检查次数，对发现的问题及时进行处理，以避免造成设备更大损伤而影响施工进度。重点加强 TBM 刀盘刀具检查，查看刀盘面板、刀盘周边、刮渣板、刀具等磨损情况以及刀具螺栓紧固状态等；实时监测 TBM 主驱动、主轴承状态，发现问题及时处理；加强维护保养，确保设备处于良好运行状态。

3）降温、除尘、降噪

TBM 在完整坚硬岩洞段掘进时，会导致高温、粉尘量大、噪声大的问题。在施工过程中，要做好劳动保护，佩戴防尘口罩、耳塞等；通过技术手段来改善现场施工环境，通过降温措施（参见本篇第 9 章）控制温度，通过配置高效的除尘系统、合理的喷水降尘系统来达到降尘的目的；通过优化刀盘设计、增加结构件间减振措施等来实现降振降噪效果。

8.3 工程案例

8.3.1 工程概况

引汉济渭工程秦岭隧洞全长为 81.78km，设计流量为 70m³/s，年平均输水量达 15.05 亿 m³，纵坡 1/2500。TBM 法施工断面为圆形，最小开挖直径 8.02m。

其中岭南 TBM 施工段全长 18.275km，工程高程范围为 1050～2420m，最大埋深约 2000m。以完整坚硬岩为主。

8.3.2 工程地质及施工风险

秦岭隧洞岭南 TBM 施工段穿越岩石以石英岩（4%）、花岗岩（约占 75%）和闪长岩（20%）为主，石英含量高（施工单位测得，石英岩石英含量 85%～99%，花岗岩夹石英岩石英含量 35%～75%），岩石强度高（花岗岩最高达 242MPa），完整性好。对已掘进段取样检测，单轴干燥抗压强度最大值 307.8MPa，平均值 185.0MPa，最小值 104.3MPa，完整性系数平均 0.8。

以上指标表明，TBM 法隧道施工将面临高磨蚀性岩石导致的刀具消耗严重、刀盘磨损加剧、TBM 贯入度小、开挖效率低等诸多问题,需制定针对性措施以降低相关问题对施工的影响。

8.3.3 施工方案

1)施工中的问题

(1)设备适应性不足

高磨蚀性硬岩段掘进,对设备的结构强度、推力储备、耐磨性等要求较高。本项目 TBM 刀盘整体强度和刚度不能满足要求,多次出现刀盘面板开裂的问题。一旦刀盘开裂,需要在洞内进行焊接修复。由于受到作业条件和环境的限制,修复质量将难以保证,导致 TBM 推力无法充分发挥,从而致使破岩效率低下。

①TBM 推力问题

该 TBM 液压系统设计压力为 34.5MPa,最大推力为 21000kN。TBM 掘进过程中已趋于全负荷运行,破岩效率低下、推力富余量储备不足是重要影响因素,且最大推力受到刀具承载力制约不允许过高。

②刀间距布置不合理

该 TBM 配置 19″(1″≈2.54cm)盘型滚刀 51 把,正面滚刀的刀间距为 82.3mm(均匀分布区域)。在该工程地质条件下(岩石单轴抗压强度平均在 200MPa 以上)的刀间距设置偏大,影响破岩效率。新疆双三工程的部分 TBM 施工段也面临完整坚硬岩问题,正面滚刀刀间距设计为 75mm(均匀分布区域)。

(2)贯入度低,掘进效率低下

高磨蚀性硬岩的围岩强度高、完整性好,大大限制了掘进速度。TBM 自 2015 年 3 月开始试掘进以来,掘进参数波动大,平均贯入度约为 3.2mm/r,掘进效率低。TBM 累计掘进时间 11012.7h,完成掘进 11453.2m,计算平均掘进速度为 1.04m/h,折算循环 1.8m 所用时间为 104min,最长单循环推进用时 5.3h。TBM 掘进速度与岩石抗压强度之间的关系如图 5-8-6 所示。

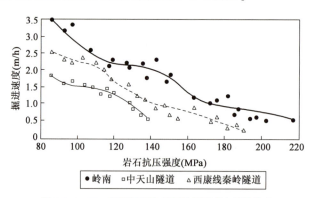

图 5-8-6 TBM 掘进速度与岩石抗压强度之间的关系

由图可知,掘进速度与围岩强度不是单一的线性关系。当饱和单轴抗压强度 $R_c > 120$MPa 时,掘进速度随着围岩饱和单轴抗压强度的增加而明显降低。

(3)刀具消耗严重

由于围岩强度高、岩石耐磨性指数高、石英含量高,掘进过程中刀具磨损严重,消耗量大,需频繁更换刀具。刀具消耗主要表现为正常磨损。此外,也偶尔出现异常损耗的情况,主要表现为刀圈崩刃或断裂、刀具偏磨。截至 2019 年 12 月 20 日,项目共计更换刀具 6647 把,达 0.75 把/m,刮板消耗 3060 块,达 0.32 块/m。刀具具体消耗见表 5-8-4。

不同地质条件下刀具消耗表（单位：把/m） 表 5-8-4

石英含量（%）	围岩强度（MPa）						
	75~100	100~125	125~150	150~175	175~200	200~230	230~260
45~55	0.34	0.42	0.48	0.54	0.62	0.68	0.73
55~65	0.42	0.49	0.55	0.62	0.70	0.75	0.81
65~75	0.55	0.59	0.64	0.70	0.77	0.86	1.06
75~85	0.67	0.71	0.76	0.80	0.88	1.02	1.25
85 以上	0.74	0.84	0.92	1.04	1.08	1.19	1.44

2）处理方案

(1) 刀具技术攻关

开展刀具专项试验，寻求适应工程围岩条件的刀具。在完整坚硬岩段，应适当减小刃宽，以提高其破岩能力。若遇到掌子面围岩坍塌掉块地段，建议采取加厚刃宽、提高刀圈韧性等增加刀具抗冲击能力的措施。完整坚硬岩洞段，刀具参数见表 5-8-5。

刀具参数 表 5-8-5

项目	参数	项目	参数
刀圈尺寸	20	硬度	HRC60~62
刃宽	3/4	材质	H13

(2) 提高刀盘耐磨性

为保持 TBM 持续掘进施工能力，平均掘进 1200m 左右需维修刀盘，掘进 11.5km，共维修 9 次。

在刀盘整修期间，应用新材料、新技术对刀盘进行了全面的耐磨性改造。

① 刀盘面板：焊接 20mm 厚的信铬钢 SA1750CR 新型复合耐磨板。

② V 形保护块：底板 ASTM A572，表面熔焊 9~13mm 的 TRIMAY T-157 耐磨层。

③ 铲齿座：分段整体式锻件。

④ 限径块：材料为 Q690、厚度为 70mm 的新型挡渣块；镶嵌硬质合金限径块。

⑤ 刀座修复采用规格为 3.2mm、STOODY 31 的耐磨焊条。

⑥ 新型滚刀刀座与刀轴接触部位改为螺栓连接的可更换件，避免刀座损伤时整体更换，维修效率高、成本低。

(3) 优化 TBM 掘进参数

对于高磨蚀性硬岩洞段，TBM 掘进参数采用高转速、低贯入度、高推力、低扭矩的"两高两低"模式。掘进参数见表 5-8-6。

秦岭隧洞岭南 TBM 施工段掘进参数拟定 表 5-8-6

围岩强度（MPa）	推力（MPa）	转速（r/min）	扭矩（kN·m）	贯入度（mm/r）
≥180	186~210	5.5~6.87	830~1250	1.2~2.8
140~180	156~186	3.2~5.8	1380~1600	2.2~4.8
100~140	116~156	4.1~5.4	1950~2210	6.4~8.5

(4) 加强设备维修保养

TBM 在硬岩条件下掘进时振动异常剧烈，TBM 附属设备损坏频繁。应配备充足的人员，做好设备维护保养工作，配备专人开展油水检测和状态监测工作，避免设备隐患发展成故障问题而影响施工进度。施工中重点加强对 TBM 刀盘的检查，严密监测 TBM 主驱动电机、主轴承状态，同时对液压系统、

PLC加大监控力度,发现问题及时维修,保证设备正常运转。现场通过加强设备的维修保养,努力提高设备完好率,使其始终保持在90%以上,全力维持设备正常运转。

(5)加强施工组织管理

施工过程中应合理进行设备维修保养,做到不因某一设备(部件)损坏导致TBM长时间停机。合理规划平行作业,将维护保养穿插于工序施工全过程。合理筹划并加强设备构配件的管理工作,做好备品备件的采购工作,消除因人为因素导致构配件短缺而造成的设备故障。

8.3.4 应用效果

通过上述技术措施与管理措施,在一定程度上提高了TBM地质适应性,但由于行业技术发展水平及现场条件限制,不具备彻底解决条件;提升了设备完好率,保证了TBM持续掘进施工能力;提高了刀盘、刀具等部件的耐磨性,降低了磨损程度,提高了TBM利用率和掘进速度。

第 9 章
高温热害洞段TBM法隧道施工

高温隧道的温度和湿度都比较高,掘进过程中会对施工人员的安全和健康造成威胁,降低施工效率,甚至导致无法施工。在这种恶劣的工作条件下,设备的故障率明显增加,使用寿命大大降低。此外,高温热害还会给工程结构的稳定性造成严重的影响。为了保障隧道工程的施工质量,保护施工作业人员的人身安全,降低设备的运维成本,需要探索高温热害洞段施工的应对措施。

本章分析了高温热害洞段的环境条件和施工风险,重点介绍了施工中相对成熟的并经过部分工程验证的施工降温技术、隧道隔热技术、高温水的预防与处理技术、个体防护、高温环境下施工材料选择等施工技术及措施,以期更好地改善隧道施工环境,推进工程顺利施工。

9.1 高温热源与施工风险

TBM掘进过程中,破岩以及设备运转均会产生大量热量,叠加高岩温等因素,会导致施工区段环境温度升高,对作业人员、施工设备造成不利影响,甚至危及人员安全及设备运行。

9.1.1 高温热源及高地温分级

1)高温热源

现场实测表明,TBM法隧道施工中热源主要为高地温(高岩温、高水温)及TBM开挖时自身产生的热量。上述因素导致施工工作面的温度增加,施工人员需要在高温环境中作业。

(1)高地温

随着隧道埋深增加而出现的显著问题便是高地温,而且当地温超过30℃时将会引起热害。通过对国内外高地温隧道的统计分析可以看出:深埋长隧道穿越的地层中坚硬岩占比较大,如花岗岩、片麻岩、混合岩、石英岩、板岩、灰岩等。这些坚硬、致密岩石的热导率较低,传热性能差,在岩体中容易聚集热能。因此随着隧道埋深的增加,地温一般也逐渐增加,但这种增加的趋势是非线性的。如勃朗峰公路隧道埋深2480m,最高地温为35℃,而辛普隆隧道埋深为2140m,最高地温值却达到55.4℃。由此可见,地温的高低不仅仅取决于埋深。事实上,地温值与隧道所在地区的地层岩性、地质构造、近期岩浆活动以及地下水活动等因素均有密切关系,高地温包括岩温高、地下水水温高两种情况。

严重影响隧道稳定性的地热,按热源不同可分地球的地幔对流、火山岩浆集中处的热源和放射性元素的裂变热源三大类。其中,对隧道工程施工造成影响的,主要是火山的热源和放射性元素的裂变热源。

①火山热源:在火山岩浆集中处热能的作用下,地下水的温度升高。这种热水(泉水)成为热源,又将热供给周围的岩层。当隧道或地下工程穿过这种岩层时,就会发生高温现象。

②放射性元素裂变热源:在地球内部由于放射性元素裂变或其他原因放出大量热能,加之岩石是热的不良导体,因此在地下深处积累了大量热能,产生较高的温度。

(2)机电设备散热

一般认为,设备、系统的大部分无用功转化为热量,导致周边环境温度升高。TBM 运转期间,主驱动电机、主驱动减速机、液压系统、空压机、除尘风机、变压器、变频器等均会产生大量热量。为降低这些热源散发的热量,一般会采取水冷、风冷或两者结合方式进行冷却,但也仅仅是减少一部分热量,大部分热量仍会散发到空气中从而导致洞内温度升高。

(3)刀具破岩产生热量

TBM 依靠滚刀机械式破岩,盘形滚刀在垂直力和滚动力的作用下对岩石产生挤压、剪切和拉裂等综合作用。刀具与岩石间强烈的挤压摩擦会产生大量热量,破碎的岩渣在脱离掘进工作面后温度远远超过岩石的初始温度,实测表明很多甚至会超过70℃。出渣过程中这些高温岩渣暴露于空气中,成为工作面附近的又一主要热源。一般来说,在节理较为发育地层,刀具破岩较为容易,岩屑较易剥落,产生热量相对较少;但在完整坚硬岩地层,需大推力、长时间连续掘进,刀具做功较多,产生的热量相对较多。

2)高地温分级

高地温等级划分见表5-9-1。

高地温等级划分　　　　　　　表5-9-1

高地温等级	洞内空气温度 T_1(℃)	岩壁温度 T_2(℃)
F_1	$28 < T_1 < 35$	$40 < T_2 < 50$
F_2	$35 \leq T_1 < 50$	$50 \leq T_2 < 75$
F_3	$T_1 \geq 50$	$T_2 \geq 75$

注:掘进条件下洞内空气温度和岩壁温度中只要一个指标满足,即可判定为该高地温等级。

9.1.2　施工风险

1)高温对施工人员的影响

高温作业环境中,会使人产生一系列生理变化,降低劳动效率,影响施工安全。

(1)体温调节障碍,主要表现为体温和皮温的升高。

(2)水盐代谢紊乱,使机体的机能受到影响。

(3)由于高温高湿下的机体大量失水,循环系统、消化系统、泌尿系统、神经系统等均会改变正常的状态,长期积累甚至发生病变。

(4)在高温环境下,人易变得焦虑、烦躁。

(5)高温环境中,人的中枢神经系统容易失调,从而感到精神恍惚、疲劳、周身无力、昏昏沉沉,这种精神状态往往会引发安全事故。统计表明,在高温隧道中,生产效率一般较低,部分隧道施工的相对劳动率仅为常温条件下的30%~40%。此外,隧道高温也是造成安全事故不可忽视的因素。

2) 高温对设备的影响

环境温度过高,极易造成 TBM 设备电气、液压、润滑等系统性能下降,致使施工设备功效降低,甚至停机,制约施工进度。主要体现在以下几方面:

(1)对液压系统的影响

①高温使液压油黏度变小。液压油的黏度降低到一定程度,会导致液压系统泄漏增大,效率下降,甚至造成液压系统不能正常工作。

②高温使液压油的氧化作用加剧。高温使得液压油中逐渐生成一些酮类、酸类和胶质、沥青质等物质,污染液压油,缩短液压油使用寿命。当液压油氧化到一定程度时,液压油失效,不能使用。

③高温常常会造成钢和其他有色金属在液压油中的腐蚀加剧,造成零件表面损坏,同时产生腐蚀物。

④高温使液压系统中的橡胶密封件的性能变差,会造成橡胶溶胀、变软,加速橡胶老化,甚至密封失效。

(2)对润滑系统的影响

①高温会造成摩擦副金属表面形成的润滑膜发生化学作用分解,导致润滑膜遭到破坏。

②高温更容易产生气泡,气泡会破坏润滑油膜,导致摩擦副金属表面发生烧结或增加磨损。

(3)对电气系统的影响

①对变频器的影响。变频器如果通风散热不良,造成模块温度超过设定值,变频器就会保护跳停,严重时会引起模块损坏。

②对电接触的影响。电接触不良是导致许多电气设备故障的重要原因,而电接触部分的温度对电接触的良好性影响极大。温度过高,电接触两导体表面会剧烈氧化,接触电阻明显增加,造成导体及其附件(零部件)温度升高,甚至可能使触头发生熔焊。由弹簧压紧的触头在温度升高后,也会发生弹簧压力降低的情况,造成电接触的稳定性变差,容易造成电气故障。

③对绝缘材料的影响。温度过高时,有机绝缘材料会变脆老化,绝缘性能下降,甚至发生击穿,材料的使用寿命也将缩短。

3) 高地温对工程材料的影响

高温或高温湿热环境对隧道衬砌支护结构的建筑材料存在如下影响:

(1)高温对喷射混凝土的影响

在高温干燥围岩表面喷射混凝土时,因其水分蒸发较快,可能导致混凝土的水化反应不能正常进行,使得喷射混凝土与围岩的黏结强度降低,甚至使水泥成为干粉脱落,影响支护质量。此外,高温会降低喷射混凝土的黏结强度,从而影响喷射混凝土的初期支护作用。李国良等研究表明,当围岩温度大于 48℃时,初期支护最大主应力将大于喷射混凝土的极限抗拉强度;当围岩初始温度为 48~60℃时,普通 C25 喷射混凝土将发生受拉开裂。

(2)高温对锚杆的影响

当围岩温度处于 30~50℃时,其对锚杆体的力学性能影响不大。但高温对锚杆孔中砂浆(或浆液)的正常凝结产生影响,可能造成砂浆锚杆(或中空注浆锚杆)不能起到应有的支护作用。

(3)高温对衬砌混凝土的影响

高温可能引起衬砌混凝土材料的早期强度升高,后期强度降低。高温地下热水大多具有不同程度的腐蚀性,将影响衬砌混凝土结构的耐久性。

(4)高温对注浆材料的影响

在地下高温热水条件下,注浆材料的浆液初期凝结时间加快,浆液可灌性变差;注浆加固体的强度受高温影响也将降低。

9.2 高温热害洞段 TBM 法隧道施工技术

高温隧道施工时,应对的有效手段主要有控制热源和降低工作环境温度。可采用隧道隔热、冷却水降温、通风降温、空调局部制冷以及设置冷却站通冷风等措施来降温,以保障正常施工。一般,F_1 等级主要采用加强通风结合喷洒冷水及冷水喷雾方式实现洞内降温;F_2 等级在加强通风等措施不足以消除热害时,通过安装制冷机、固定或移动式空调、冷水循环及运送冰块等措施实现降温;F_3 等级一般不适宜采用掘进机施工,如确实需要采用掘进机施工,需要进行高地温掘进机掘进施工专项研究。

9.2.1 热源控制及降温应对措施

1)热源控制

为降低洞内施工温度,首先要考虑的是有效地控制热源,尽可能减少热源散发到空气中的热量。因此要有效地控制高岩温、高水温和设备散热。

(1)隧道隔热技术

隧道内热源主要包括围岩散热、机电设备散热、热水散热、矿物氧化散热等。对于高地温隧道来说主要是围岩散热。国外在隔绝围岩放热方面进行过大量研究,基本结论是:在围岩壁上敷设绝热材料,岩温较高时作用较大,经过一定时间后作用消失。因而针对高温原岩的放热,可以在隧道壁面敷设一层聚氨酯隔热板等隔热材料或能降低隧道壁面与空气热传导系数的物质,以减少原岩对空气的放热量。也可在喷射混凝土时,添加 0.03% 高效引气剂,使混凝土内部形成分布均匀的不连续的封闭球形气泡,气泡孔径范围为 0.02~0.2mm,可起到一定的隔热作用。高原铁路某隧道属于我国铁路建设史上罕见的高岩温隧道,岩温最高达 89.9℃,洞内环境温度最高达 56℃,采用添加引气剂的喷射混凝土,将洞内环境温度降低了 2~3℃。

(2)高温水的预防与处理

在高温热害段进行 TBM 掘进时,为防范可能存在的高温热水,施工中要加强超前地质预报,掌握掌子面前方高温水赋存情况。针对高温导热水断裂地段的地下热水分布情况,依据隧道施工期间的防排水原则以及隧道超前地质预报的结果,超前帷幕注浆或超前局部注浆,封堵地下热水,以形成围岩防渗层,防止地下热水的大量涌出而危及施工安全和作业环境。

对于地下热水集中出水处或大面积渗水洞段,为防止热水产生的高温湿热恶化施工环境,可径向注浆或局部注浆堵水。注浆的参数应结合隧道实际,通过分析导热水断裂洞段的工程地质、水文地质条件确定。

对于注浆未完全封堵的地下热水,应设置排水系统集中引排,以降低地下热水的散热,减少对施工环境的危害。热水排水沟应增设盖板,或采用隔热管道(可在管外包泡沫塑料或在管外喷涂化学发泡剂)排至洞外,减少散热。

(3)冷却水降温

为减少设备运行时与空气的热交换,TBM 要合理配置降温措施。设备自身降温常常采取的措施有风冷、水冷及将热源分散布置、配置低热能设备等。风冷虽能将设备自身的热量快速地散发出去,但却增加了其周边环境温度,因此并不是最优降温方案。目前比较有效的能及时带走设备或系统热量的方式主要是水冷却。

TBM设备水冷却系统设计主要有完全封闭式内外循环水系统、非封闭式内外循环水系统、封闭内循环水和开放外循环水系统3种方式。完全封闭式内外循环水系统主要适合于短距离隧道施工,目前TBM常采用封闭式内循环水和开放式外循环水系统设计。

①完全封闭式内外循环水系统

完全封闭式内外循环水系统形式如图5-9-1所示,水系统分为内循环(内循环可采用蒸馏水或冷却液,防止设备内部腔体结水垢)和外循环两部分。冷却水自洞外引入,经过冷却器与内循环水进行热量交换。内循环水流经主驱动电机、主驱动减速机、液压润滑系统、变频器等设备,携带走设备产生的热量。

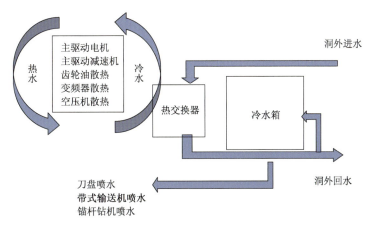

图5-9-1 完全封闭式内外循环水系统

②非封闭式内外循环水系统

非封闭式内外循环水系统形式如图5-9-2所示,水系统分为内循环和外循环补水两部分。内循环水带走设备产生的热量并与外循环冷水箱的水进行热交换。如果内循环水箱温度高于40℃,内循环水箱自动排水,并自外循环系统补充冷水。

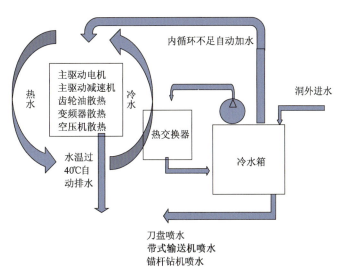

图5-9-2 非封闭式内外循环水系统

③封闭式内循环水和开放式外循环水系统

封闭式内循环水和开放式外循环水系统形式如图 5-9-3 所示,内循环采用完全封闭式系统(内循环可采用蒸馏水或冷却液,防止设备内部腔体结水垢)。外循环采用非封闭式系统,通过冷水泵循环与内循环交换热量,如果水温度超过 40℃,则自动排水。

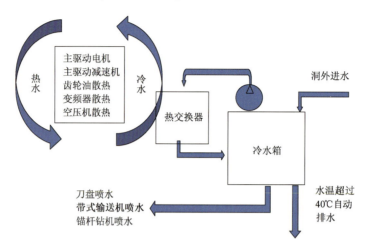

图 5-9-3　封闭式内循环水和开放式外循环水系统

设备冷却用水可取自洞口附近江河之水,江河水温度普遍较低。拉林铁路桑珠岭隧道所经的雅鲁藏布江峡谷,其水温半年时间不超过 13℃,全年不超过 19℃,是天然的冷源。对于洞口及辅助坑道口靠近河道的隧道,施工期间可充分利用低温江河水作为降温系统冷源。

2）降温应对措施

(1)通风降温

隧道通风是一种有效的降温措施,可以一定程度降低施工区域的环境温度。通风量的大小直接影响降温效果,增加通风量,则气流温度会大幅度下降,并且温度的下降程度在通风量达到一定量时,有急剧加快之势。在热害不严重的情况下,加大风量降低作业区段温度比较有效。

TBM 法隧道施工通过洞外取风、压入式通风的方式实现降温,需配备高性能通风设备,确保隧道施工通风系统的稳定运行,以保证洞内氧气供应以及降温需求。图 5-9-4、图 5-9-5 所示为 TBM 常规通风系统配置。

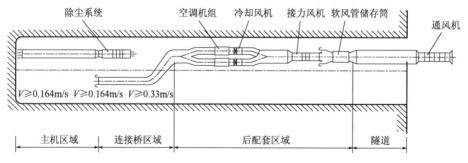

图 5-9-4　TBM 通风制冷系统

增加风量是一种简单易行的降温方法,但是受到进风温度和围岩温度等因素的影响其降温幅度是有限的。当洞内环境温度较高时,仅增加风量的降温效果不够理想。研究表明,当岩温超过 35℃ 时,应考虑采取其他降温措施。必要时,还可采用隔热风管(双层隔热风管或外包隔热材料的风管等),阻止供风过程中的热量交换,提高掌子面附近集中作业区域的降温效果。

图 5-9-5　轴流风机及通风管

(2) 冰冷却技术

① 冰冷却降温系统

冰冷却系统的研究与应用主要以南非技术为主。1976 年南非环境工程实验室提出了向井下输冰降温的方式,1986 年南非 Harmony 金矿首次采用冰冷却系统进行井下降温,取得了一定的降温效果。所谓冰冷却降温系统,就是在洞外利用制冰机制取粒状冰或泥状冰(块状冰要经过片冰机加工),通过风力或水力输送至洞内融冰池,然后利用工作面回水进行喷淋融冰,融冰后形成的冷水送至工作面,采取喷雾形式进行降温。冰冷却降温系统由制冰、输冰和融冰 3 个环节组成。该技术在我国平顶山六矿、新汶孙村矿、沈阳三矿、新龙梁北矿进行了现场应用。

② 放置冰块物理降温

洞外制冰,运送至工作区域,放置冰块附近环境温度可降低 3~5℃,但冰融化时间约为 3h,制冰室需连续 24h 制冰,才能满足洞内需要。蒙河铁路太阳寨等 4 座隧道曾采用此法降温。

重庆轨道交通六号线铜锣山隧道施工时,夏季洞内最高温度达到 42℃。为解决洞内高温问题,采用冰冷却方式对隧道内工作区域降温。每日运送冰块至洞内,放置于自制的冰盒中,并将冰盒分散放于工作区域,对冰盒周边区域起到了一定的降温效果。

(3) 喷雾降温

可利用低温江河水在高岩温洞段洒水或喷雾降温。为形成交叉立体式降温效果,可在主洞工作区域每隔 10m 安装一道喷雾器,通过向洞内喷射雾状冷水有效地降低洞内温度。

(4) 人工制冷降温

根据国内外多年实践经验,当采用隔绝热源、加强通风措施不足以消除热害,或技术经济效果不佳时,可采取人工制冷降温。对 TBM 来说,制冷机的设置位置可大致分为 3 种：

① 独立式可移动制冷机安装在 TBM 各工作区域,对工作面实施局部制冷。

② 大型制冷机集中固定安装在隧道外,与隧道施工通风系统串联,降低进入隧道的空气温度。

③ 大型制冷机集中固定安装在 TBM 后配套区域,串联于二次通风系统上,将洞外输送进来的空气在 TBM 后配套区域进行冷却。

目前 TBM 法隧道施工多采用第 3 种制冷方式,西康铁路秦岭隧道 TB880E 型隧道掘进机,以及目前在建项目的部分 TBM 配置有制冷设备,如图 5-9-6 所示。

图 5-9-6 TBM 配置的隧道制冷装置

9.2.2 高温热害洞段支护措施

(1) 喷射混凝土

在高温环境下喷射混凝土,混凝土后期的黏结强度及抗压强度等都会有所降低。可通过在普通喷射混凝土材料中掺加减水剂、降低水灰比的方式,减小热害影响,提升高温环境下的混凝土力学性能稳定性,降低后期强度倒缩等不利影响。

(2) 二次衬砌结构

对于存在高温热害的洞段,应通过添加高性能外加剂、复合掺合料,以及使用自动喷水系统和喷雾器加强养护等措施,提高衬砌混凝土在高温环境下的力学性能。

①对地温不超过40℃的地热影响段,采用普通的复合式衬砌结构。对于地温40℃及以上地段,采用复合式隔热衬砌结构,即在初期支护和二次衬砌之间设置隔热层。通过隔热层抑制围岩对衬砌的热传递,降低混凝土内的温度应力。

②当地温高于60℃时,衬砌应采用钢筋混凝土结构,并应选择合适的外加剂(如掺粉煤灰、矿渣粉、复掺矿渣粉煤灰)提高混凝土性能,混凝土配合比和掺加剂应通过试验优选确定。

③考虑到高温热水对混凝土耐久性的影响,高温富水段衬砌混凝土宜采用高炉矿渣水泥(分离粉碎型水泥)。为防止高温时混凝土的强度降低,应选定合适的水灰比(≤0.55),混凝土配合比和掺加剂应通过试验优选确定。

④缩短混凝土衬砌一次浇筑的长度,一次浇筑长度不大于6.0m。

⑤设置开裂诱导缝,即在拱部45°的两肩处纵向设2条施工缝(需抗振设防段不适用)。

9.2.3 施工组织应对措施

1) 个体防护

高温环境需要增加个体防护措施,以保护施工人员。个体防护的制冷措施是穿冷却服(图 5-9-7),个体防护的制冷成本仅为其他制冷成本的1/5左右。从冷却服的工作介质来看,有干冰、压缩空气、冷水及自冷却作用的冷却服。用冰作介质的冷却服质量最为可靠,效果也最好,但冷却时间只有2h左右(5kg冰)。

蒙河铁路太阳寨等4座隧道工区给施工人员穿戴内置冰块的冷却服,以达到降温效果。但存在以下问题:冷却服降温部位仅体现在头部、背部和胸部,且衣服内放置冰块导致质量加大,穿上后施工操作不方便。

图 5-9-7　冷却服

2）施工组织措施

（1）施工时间选择

合理安排高温作业时间,根据隧道内的高温程度、劳动强度和劳动效率,确定劳动工时,以保证施工人员的健康和安全。

（2）人员安排

根据施工现场实际情况,增加每个班组作业人员,缩短每班作业人员的作业时间。TBM区域设置低温室,内布空调、风扇及防暑用品等,供班组人员临时休息。

（3）局部加强空气对流

必要时在TBM主机区域、二次衬砌附近增加风扇或射流风机,加强空气对流,改善施工环境。

（4）做好劳动保护

所有施工人员定期体检,施工人员进出洞均采用空调车接送。

（5）防治中暑

在高温条件下施工除采用降温措施外,还应注意中暑症的防治工作,常备防暑药品,培训防暑及紧急救治技术。

（6）加强健康管理

高温隧道施工时可能出现热水喷涌的情况,应加强管理,尽量避免此类事故发生。现场应配置具备相关医疗条件的医务室,及时对可能出现的烫伤患者开展临时治疗。有高血压、心脏病的患者,在高温作业时有引起症状恶化的风险;疲劳、空腹、睡眠不足、酒醉等容易诱发中暑症,对此类人员应禁止参加劳动。在高温作业时,易发生维生素、水分、盐类的不足,需及时补充。为缓解疲劳,必要时,需在工作区域附近设置适温适湿的休息场所。

第 10 章
瓦斯洞段TBM法隧道施工

隧道施工接近或揭露存在有毒有害气体的地层时,有毒有害气体会以较高扩散速度涌入隧道。当有害气体(如瓦斯)积聚到一定浓度,遇火即会燃烧、爆炸,危害施工人员人身安全,造成 TBM 等设备损坏、隧道结构破坏等严重后果。因此,工程技术人员需要深入了解有毒有害气体的危害,并结合 TBM 法隧道施工特点,研究消除或规避其危害的相应措施。

本章详细阐述了隧道施工中瓦斯的性质及危害,从瓦斯爆炸和瓦斯窒息的原理出发,提出相应的 TBM 法隧道施工应对措施,以规避有毒有害气体带来的施工风险,并结合引汉济渭工程秦岭隧洞岭北 TBM 施工段遭遇瓦斯的实例,进一步详述了针对瓦斯隧道的 TBM 法施工具体措施,供施工技术人员参考。

10.1 瓦斯性质与施工风险

瓦斯地层在我国广泛分布,TBM 穿越煤系地层或赋存瓦斯的地层时,可能遭遇瓦斯气体涌出、突出的风险。或者,由于穿越的围岩含有裂隙及孔隙,瓦斯等有毒有害气体也可能从这些孔隙、裂隙扩散至隧道穿越地层区域。TBM 施工区域内所赋存的瓦斯等有毒有害气体会增加施工难度,一旦发生了瓦斯事故,不仅会延误工期、增加隧道施工成本,甚至会造成 TBM 设备损坏、隧道结构受损、人员伤亡等事故。

10.1.1 瓦斯性质及瓦斯含量分级

1)瓦斯成分

瓦斯是从煤(岩)层内逸出的各种有害气体的总称,其主要成分为甲烷(CH_4),另有少量的乙烷、丙烷和丁烷,此外一般还含有硫化氢、二氧化碳、氮和水汽,以及微量的惰性气体,如氦和氩等。

(1)甲烷(CH_4)

甲烷是一种无色、无味、无臭的气体,对空气的相对密度为 0.55,难溶于水,虽然无毒,但浓度较高时会引起窒息;空气中的瓦斯含量在 7%~8% 时,最易引燃。当空气(氧气达到 12% 以上)中的甲烷浓度达到一定值(5%~16%)时,遇到高温(650~750℃)就会发生爆炸。

(2) 硫化氢(H_2S)

硫化氢无色、微甜、有浓烈的臭鸡蛋味,当空气中浓度达到0.0001%时即可嗅到。但当浓度较高时,因嗅觉神经中毒麻痹,反而嗅不到。空气中硫化氢浓度为4.3%~45.5%时有爆炸危险。

硫化氢有剧毒,有强烈的刺激作用,不但能引起鼻炎、气管炎和肺水肿,而且还能阻碍生物的氧化过程,使人体缺氧。当空气中硫化氢浓度较低时,主要以腐蚀刺激作用为主;浓度较高时,能引起人体迅速昏迷或死亡。

(3) 二氧化碳(CO_2)

二氧化碳是无色略带酸臭的气体,不助燃,也不供呼吸,易溶于水,与水反应生成碳酸,使水溶液呈弱酸性,对眼、鼻、喉黏膜有刺激作用。微量的二氧化碳对人体是无害的,它对人的呼吸有刺激作用;但二氧化碳的浓度过高时,将使空气中的氧气浓度相对降低,轻则使人呼吸加快,呼吸量增加,严重时可能造成人员窒息。

以上瓦斯成分的容许浓度见《煤矿安全规程》(2016年)有关规定。

2) 瓦斯性质

(1) 瓦斯为无色、无臭、无味的气体,与碳化氢或硫化氢混合在一起,产生类似苹果的香味。由于空气中瓦斯浓度增加,会导致氧气相应减少,很容易使人窒息或发生死亡事故。

(2) 瓦斯比重为0.55,仅为空气比重的一半,所以在隧道内,瓦斯容易存于顶部,其扩散速度比空气快1.6倍,很容易透过裂隙扩散至结构松散的岩层。

(3) 瓦斯的燃烧。瓦斯不能自燃,但极易燃烧,其燃烧的火焰颜色,随瓦斯浓度的增大而变淡。空气中含有少量瓦斯时火焰呈蓝色,浓度达5%左右时,火焰呈淡青色。

(4) 瓦斯的爆炸性。瓦斯爆炸必须同时具备3个基本条件:一是瓦斯浓度在爆炸界限内,一般为5%~16%;二是混合气体中氧的浓度不低于12%;三是足够能量的高温火源,一般为650~750℃。当洞内的瓦斯浓度小于5%并遇到火源时,瓦斯只是在火源附近燃烧而不会爆炸。同样,瓦斯浓度大于16%时,也会因空气中氧气不足而不发生爆炸,但遇火能平静地燃烧。瓦斯燃烧时,遇到障碍而受压缩,即能转燃烧为爆炸。爆炸时能发生高温,封闭状态的爆炸(即容积为常数)温度可达2650℃,而能向四周自由扩张时的爆炸(即压力为常数)温度可达1850℃。洞内发生瓦斯爆炸后,洞内完全无氧,而充满氮气、二氧化碳及一氧化碳气体,这些有害气体很快传播到邻近的洞室和工作面,来不及躲避的人会中毒窒息,甚至死亡。

瓦斯爆炸时,爆炸波运动使得暴风在前,火焰在后。暴风遇到积存的瓦斯,使它先受到压力,然后火焰点燃发生爆炸。第二次瓦斯受到的压力比原来的压力大,因此爆炸后的破坏力也更剧烈。

3) 瓦斯涌出类型

瓦斯从岩层中涌出,可分为3种类型。

(1) 瓦斯渗出:瓦斯缓慢地、均匀地、连续地从煤层(或岩层)的暴露面空隙中渗出,延续时间很久,有时带有一种嘶音。

(2) 瓦斯喷出:比渗出强烈,瓦斯从煤层(或岩层)的裂缝或孔洞中放出,喷出的时间有长有短,通常有较大的响声和压力。

(3) 瓦斯突出:在短时间内,从煤层(或岩层)中突然猛烈地喷出大量瓦斯,喷出的时间可能从几分钟到几小时不等。喷出时常有巨大轰响,并夹有煤块或岩石。

以上3种形式,以第一种涌出的瓦斯量最大。

4）瓦斯含量分级

瓦斯含量等级划分见表5-10-1。

瓦斯含量等级划分　　　　　表5-10-1

等　级	瓦斯含量(%)	等　级	瓦斯含量(%)
G_1	<0.5	G_3	≥1
G_2	[0.5,1)		

10.1.2　施工风险

1）瓦斯爆炸

瓦斯爆炸引起的温度上升会导致洞内气压急剧增大，从而造成高压冲击，导致人员伤亡、设备损坏和隧道结构损伤。另外，由于瓦斯爆炸或瓦斯燃烧造成氧气减少，一氧化碳大量增加，也会造成人员中毒死亡。

2）瓦斯窒息

瓦斯不利于呼吸，且扩散速度快，密度比空气小，常积聚于隧道顶部，造成局部瓦斯浓度增高，氧气含量减少。当施工人员吸入一定量的瓦斯、空气混合气体时，就会造成瓦斯窒息事故，甚至死亡。

10.2　瓦斯洞段TBM法隧道施工技术

隧道施工期间，如遇瓦斯地层，主要安全技术预防措施参照《煤矿安全规程》（2016年）、《铁路瓦斯隧道技术规范》（TB 10120—2019）及《公路瓦斯隧道技术规程》（DB51/T 2243—2016）有关规定执行，本节重点介绍TBM隧道瓦斯地层施工针对性措施。一般，具有G_1等级的洞段可对掘进机机电和照明设备进行防爆设计，加大通风降低有害气体浓度，增加有害气体监测频率；具有G_2等级的洞段应在防爆设计的基础上，在浓度达到G_2等级后自动切断掘进机供电，有序撤出施工人员后采取措施降低有害气体浓度；具有G_3等级的洞段应专门开展有害气体防治专项研究。

10.2.1　瓦斯洞段处理原则

1）超前探测原则

TBM配置超前地质预报系统和超前钻机，根据现场情况超前探测围岩中瓦斯残存情况。

（1）掘进按"有掘必探、先探后掘"的原则，进行超前钻探与地质分析相结合的超前地质预报。

（2）钻探过程中和钻探完成后，用瓦斯检测仪探明瓦斯气体及其浓度，绘制里程-瓦斯气体浓度曲线，分析掘进前方瓦斯赋存情况，指导掘进施工和管理。

2）组织管理原则

（1）瓦斯检查制度：指定专人定时进行检查，测量风速和瓦斯含量，严格执行瓦斯允许浓度的规定。瓦斯检查手段可采用瓦斯遥测装置、定点报警仪和手持式光波干涉仪。发现异常情况，应及时报告技术主管负责人，采取措施进行处理。

（2）洞内严禁使用明火，严禁将火柴、打火机等火种及易燃品带入洞内。

(3)进洞人员必须经过瓦斯相关知识的安全教育。抢救人员未经专门培训不准在瓦斯爆炸后进洞抢救。

(4)瓦斯检查人员必须挑选工作认真负责、业务能力强、经过专业培训且考核合格的人员。

10.2.2 瓦斯洞段施工处理措施

1)施工通风

隧道通风可以消除有毒有害气体和煤尘岩尘等固体颗粒的影响和危害,是保证隧道施工安全的最主要的技术手段之一。通风的目的在于:一是提供隧道内作业人员呼吸所需要的氧气;二是稀释隧道内各种有毒有害气体和固体颗粒的浓度,保证空气的清洁,防止瓦斯、煤尘爆炸;三是调节隧道内空气的温度、湿度;四是创造良好的作业环境,保障隧道内作业人员的健康和安全。

(1)通风除尘系统配置

①瓦斯洞段必须采用机械通风,其最大通风量需保证满足隧道施工所需;洞内回流风速不低于1m/s;隧道回风风流中瓦斯的体积含量低于0.5%。

②设独立的通风系统。主风机须安装在通风机房或通风洞内,并配备一台同等能力的备用风机。备用风机保持良好的使用状态。采用压入式通风,通过风管将新鲜空气送到TBM后配套尾部,然后借用TBM设备上配备的二次通风系统完成在TBM长度范围内的通风。风管应具有阻燃和抗静电的性能,风管应平直,接头密封;被损坏的风管应及时拆换、修补;风管末端与开挖面的距离保持在30~50m之内。

③通风机设两路电源,配置专用变压器、专用开关、专用线路及风电闭锁、瓦斯电闭锁。

④在主机带式输送机卸料端设置防爆型除尘风机或吸风口,可快速将该处侵入的瓦斯抽排至TBM尾部通风口处稀释。

⑤TBM通风机的通风能力要充分考虑对瓦斯气体的稀释能力。

(2)通风管理

①在施工期间应保持连续通风,无特殊情况不得停风;当通风机发生故障或停止运转时,洞内工作人员应撤离到新鲜空气地区,直至通风恢复正常,才准许进入工作面继续工作。

②设专门的通风管理机构,负责通风系统各种设备的管理和检修,定期测定洞内风速、风量、气温、气压、瓦斯浓度,确保洞内有效风量。

③加强通风是防止瓦斯爆炸最有效的办法。把空气中的瓦斯浓度稀释到爆炸浓度的1/10~1/5,将其排出洞外。

④洞内空气中允许的瓦斯浓度按下述规定控制:

a. 洞内总回风风流中,瓦斯浓度小于0.75%。

b. 从其他工作面进来的风流中,瓦斯浓度小于0.5%。

如瓦斯浓度超过上述规定,工作人员必须立即撤到符合规定的洞段并切断电源。

⑤开挖工作面风流中和电机附近20m以内风流中的瓦斯浓度达到1.5%时,必须停工、停机,撤出人员,切断电源,及时处理。

⑥瓦斯隧道必须加强通风,防止瓦斯积聚。由于停电或检修,使主要通风机停止运转,必须有恢复通风、排除瓦斯和送电的安全措施。恢复正常通风后,所有受到停风影响的地段,必须经过监测,确认无危险后方可恢复工作。所有安装电机和开关的地点20m范围内,必须检查瓦斯浓度,符合规定后才可

启动设备。局部通风机停止运转,在恢复通风前亦必须检查瓦斯浓度,符合规定方可开动局部风机,恢复正常通风。

⑦如开挖进入煤层,瓦斯排放量较大,使用一般的通风手段难以稀释到安全标准时,可超前全封闭预注浆,在开挖前沿掌子面拱部、边墙、底部轮廓线轴向辐射状布孔注浆,形成一个全封闭截堵瓦斯的帷幕。

2)瓦斯监测

要确保瓦斯隧道施工安全性,还要对瓦斯进行全过程、全方位、动态化监测,准确掌握隧道瓦斯浓度分布及变化情况。在瓦斯监测过程中,重点监测瓦斯容易积聚的位置,如隧道顶部、除尘风机出口、主机带式输送机卸料端等。

(1)气体监测系统配置

TBM 配置气体监测系统,监测的气体通常为氧气(O_2)、瓦斯(CH_4)、硫化氢(H_2S)、一氧化碳(CO)、一氧化氮(NO)、二氧化氮(NO_2)。监测器采集的数据与 TBM 数据采集系统相连,并输入 PLC 控制系统。当瓦斯浓度达到一级警报临界值时,瓦斯警报器将发出警报;当瓦斯浓度达到二级警报临界值时,TBM 停止工作,只有防爆应急设备处于工作状态。

①在 TBM 主驱动电机位置配置气体监测仪,监测数据通过电缆传输至 PLC,可通过主控室计算机显示及报警;同时,该处要配置瓦斯电闭锁装置,当瓦斯浓度超过设定值,TBM 所有电器设备(除应急照明、排水)自动断电。

②在盾尾、所有电器开关及可能产生火花处设置气体监测声光报警仪,实现整个 TBM 范围内的气体监测及报警功能。

(2)瓦斯监测管理

①TBM 范围瓦斯监测。TBM 配置瓦斯监测系统,在盾尾、所有电器开关及可能产生火花处设置瓦斯监测声光报警仪。当瓦斯浓度达到报警限值时,须立即查明原因,及时处理;当瓦斯浓度达到1%时,除排水、通风与应急照明外,TBM 所有电器设备设置自动断电,撤出人员,再行处理。

②成型隧道瓦斯监测。成型隧道每隔一定距离设置1个固定式瓦斯检测仪及声光报警器,监测数据通过光纤传输至地面调度室。

③移动监测。隧道内配备便携式瓦斯检测仪,随时检查瓦斯浓度。当瓦斯浓度达到规定值时,报告瓦斯检测员及值班领导,进行相应处理。每个班组均设置1名瓦斯检测员,在 TBM 范围及成型隧道内巡检。

3)瓦斯抽排

(1)瓦斯积聚处理

瓦斯积聚除加强通风外,还可以采用瓦斯泵抽排。在盾体顶部及刀盘等位置发生瓦斯积聚后,将瓦斯泵吸入口置于瓦斯积聚处,并将排放口置于通风口处进行抽排,使瓦斯迅速被吹散稀释。

(2)瓦斯持续涌出处理

发现瓦斯持续涌出后,将瓦斯泵吸入口放置于瓦斯涌出处(或打孔置于其内),并将瓦斯泵排放口放置于通风口进行抽排,直至瓦斯涌出浓度低于规定值,停止抽排,恢复施工。

4)瓦斯隔离

为避免瓦斯从岩层裂隙中涌进隧道,或者在突泥突水的过程中被带入隧道,需要采取瓦斯隔离措施

(注浆、施作瓦斯隔离板等),及时封闭支护。

5)火源控制

施工过程中,火源控制主要是防止明火和防止出现电火花。

(1)防止明火

防止明火的重点是对施工人员进行安全教育。建立施工人员进洞安全检查制度,严禁将烟草、火种及其他易燃物品等带进洞。此外,严禁在洞内存放烃类燃料,如需使用可燃性材料,必须将其装入防爆的容器中。

如必须在隧道内从事电焊、气焊作业,每次都必须制定安全措施,并履行动火手续。

(2)防止出现电火花

电气系统安装一定要遵循瓦斯隧道的各项要求,电缆敷设要规范,严禁带电检修及带电搬移电气设备。电缆、照明、通信系统、防爆电气设备在防静电、防带电作业等方面必须采取有效措施,以防止电火花引燃瓦斯与煤尘而引起爆炸。

6)应急处置

开挖工作面内,局部积聚的瓦斯浓度达到2%时,附近20m内必须停止工作,切断电源,及时处理。因瓦斯浓度超过规定而切断电源的电气设备,必须在瓦斯浓度降到1%以下时方可启动设备。

10.2.3 瓦斯洞段TBM设备应对措施

1)防爆型配置

(1)TBM配置的通风机、水泵、应急发电机、应急照明灯等全部为防爆设备。

(2)隧道内所有电缆采用阻燃、防爆型电缆。

(3)通风供电实行"三专两闭锁"(专用电缆、专用开关、专用变压器、风电闭锁、瓦斯电闭锁)。

(4)遵守电器设备及其他设备的安保规则,避免发生电火灾。瓦斯散发区段应使用防爆安全型的电器设备,洞内运转机械须具有防爆性能,避免运转时产生高温火花。

2)TBM操作

(1)降低刀盘转速、减小刀盘推力。

(2)考虑到煤层处TBM易下沉,将TBM调整为向上掘进趋势,以消除下沉影响。

10.3 工程案例

10.3.1 瓦斯特性及施工风险

2018年2月23日凌晨3点25分,引汉济渭工程秦岭隧洞岭北TBM施工至K47+912.7,护盾尾部7点钟位置岩体纵向节理缝隙有不明可燃气体溢出(节理面位于掘进方向左侧7点位置,斜向下延伸至底护盾下)。溢出气体被拱架支护作业中掉落的焊渣引燃,火焰高度45cm,沿节理面纵向长度95cm。现场立即扑灭火焰,并使用便携式四合一气体检测仪检测。通过检测发现溢出气体为一氧化碳和硫化氢,其中一氧化碳浓度超过1000ppm(仪器检测范围0~1000ppm),硫化氢浓度超过100ppm(仪器检测范围0~100ppm),两项有害气体均爆表。早上7点30分,检测发现,一氧化碳浓度还是超过1000ppm,硫化氢未检测到。考虑到一氧化碳和硫化氢均为有毒气体,尤其硫化氢为剧毒,为避免危及施工人员安全,暂停施工。上午10点40分,现场检测一氧化碳浓度超过1000ppm(溢出口),硫化氢未检测到。中午对此片岩体破碎区采用喷射混凝土封闭,但是有害气体还是从钢拱架背部溢出,检测发现,一氧化碳浓度超过1000ppm(溢出口),硫化氢未检测到。

为明确有害气体成分、来源、规模、压力、溢出量等,2月25日,聘请专业队伍进场,现场检测气体成分及浓度,并在现场采样进行色谱分析。同时采集岩样送检,并委托进行压力测试。

现场检测结果见表5-10-2。

有害气体检测结果 表5-10-2

检测部位	检测项目		
	CH_4(%)	CO(ppm)	H_2S(ppm)
测试时间:2月25日			
K47+919.5(着火位置溢出口)	11%	爆表(>1000)	>1
K47+939.4(冒泡处溢出口)	17%	爆表(>1000)	10
K47+979.7(TBM上层隧洞空间)	0.26%	32	0~1

现场溢出点取样色谱分析结果见表5-10-3。

色谱分析数据记录表(2018年2月26日) 表5-10-3

样品名称	里程	O_2(%)	N_2(%)	CH_4(ppm)	C_2H_6(ppm)	CO(ppm)	CO_2(ppm)	H_2S(ppm)	备注
裂隙1	K47+919.5	20.91	78.96	18			704	未检测	溢出口
裂隙2	K47+919.5	20.90	78.82	18		2	772	未检测	溢出口
仰拱冒气泡1	K47+939.4	20.55	79.24	6292	28		744	未检测	
仰拱冒气泡2	K47+939.4	20.62	79.07	10280	45		904	未检测	
隧洞内	K47+930	20.97	79.84	328	16		1868	未检测	

2月28日,专业队伍再次到现场对溢出口有害气体取样进行色谱分析,3月1日色谱分析完成,结果见表5-10-4。

色谱分析数据记录表 表5-10-4

样品名称	O_2(%)	N_2(%)	CH_4(%)	C_2H_4(ppm)	C_2H_6(ppm)	C_2H_2(ppm)	CO(ppm)	CO_2(ppm)	H_2S(ppm)
K47(1)	20.67	78.81	0.0239	0	1.32	0	2	1402	
K47(2)	20.71	78.98	0.0408	1.59	2.38	0	1	1260	
K47处洞壁	20.61	79.61	0.0064	0	0.38	0	2	567	0
冒气泡处(1)	0.72	48.88	21.28	0.40	1402	0	0	273	0
冒气泡处(2)	1.26	42.37	23.84	0	1192	0	0	378	
工作面(1)	20.67	78.78	0.0006	0	0	0	2	1589	0
工作面(2)	20.48	78.69	0.0027	0	0	0	0	1589	
刀盘(1)	20.45	78.92	0.0007	0	0	0	2	1334	
刀盘(2)	20.49	78.65	0.0007	0	0	0	3	1590	

经过对以上数据分析认为：本次有害气体溢出属岩层气，气体中不含 CO（便携式检测仪与色谱分析结果存在较大差异，经多方共同研究，以色谱分析结果为准），不具备瓦斯突出威胁。有害气体属蜂窝状、局部气体，不具备大量储存的可能。出现有害气体逸出原因可能为有害气体从其他深部区域沿构造裂隙等通道运移而来。

10.3.2 施工方案

本着安全、适用、经济的原则，在瓦斯规范规定的基础上，加强监测监控，以监测监控和安全管理为主。

1）加强施工通风

隧洞施工通风是排烟除尘和稀释有害气体的主要手段，是保证施工安全的重要前提，因此要求本隧洞施工期间必须不间断通风。

(1) 瓦斯隧洞工区施工采用压入式通风，通风设计遵循以下几点：

①隧洞内防止瓦斯积聚的最小风速不小于 1m/s；

②通风管具有抗静电、抗阻燃的性能，百米漏风率不大于 0.5%；

③通风设备采用双风机（同型号同功率备用）、双电源；

④根据洞内瓦斯浓度监测情况，可在衬砌台车等易减缓风速的地段增设沿程增压风机；在洞室等瓦斯易积聚的地方增设小型防爆型风扇，并实行"三专供电"及"两闭锁"。

(2) 在 5 号支洞洞底进行封堵，防止瓦斯工区回风进入 5、6 号之间的主洞工区及 6 号支洞工区。后期根据实际情况，可考虑于 5、6 号支洞之间的主洞内增加防爆型轴流风机，控制回风风流方向。

(3) 瓦斯工区通风至隧洞贯通。

2）瓦斯监测

为了保证隧洞施工过程中的安全，在施工期间必须不间断全程采用"人工 + 自动化"（自动监控报警系统与人工检测相结合）的方式进行瓦斯监控工作。

(1) 自动监控报警系统

自动监控报警系统通过在洞内安装的瓦斯传感器、风速传感器、一氧化碳传感器、烟雾传感器等测定洞内瓦斯浓度、风速、风量等参数，并将此信息回馈主控计算机进行分析处理，对主要风机、TBM 设备实施风电瓦斯闭锁及风量控制。瓦斯超标时，系统自动进行洞内传感器和洞内外监控中心自动声光报警，再通过设备开停传感器、馈电断电器对被控设备自动断电。系统应及时准确地对洞内各工作面的瓦斯状况进行 24h 监控。

(2) 传感器的布置

①瓦斯传感器

为了保证施工安全，瓦斯传感器需设置在隧道内的不同关键位置，如开挖工作面迎头处、开挖工作面附近的敏感（关键）设备处、回风流处、模板台车前后、5 号支洞洞底检修洞（靠 6 号支洞侧）、5 号支洞内、洞内变压器集中安设处、皮带驱动处、机电设备洞室等。

②风速传感器

风速传感器主要安装在距后配套末端 30m 的回风流处、5 号支洞洞底至掌子面的衬砌地段、5 号支洞和6号支洞之间的主洞已衬砌段、5号支洞等。

③一氧化碳传感器、温度传感器

在易自燃或有爆炸危险的瓦斯工区地段,设置一氧化碳传感器和温度传感器。模板台车前布置温度传感器。

④烟雾传感器

在 TBM 上每间隔 20m 设一处烟雾传感器。

⑤设备开停传感器、馈电状态传感器

瓦斯工区使用的主通风机、局部通风机设置有设备开停传感器,并在被控设备开关的负荷侧设置馈电状态传感器。

根据传感器的数量及种类,按控制要求配置远程断电仪。

(3) 人工监测

瓦斯段落施工时,除配置自动监测系统外,还安排了人工监测,人工监测的要求如下:

①配备专职瓦斯检测员,瓦斯检测员的瓦斯检测仪器、仪表需符合以下要求:

a. 同时配备低浓度光干涉式甲烷测定器和高浓度光干涉式甲烷测定器。

b. 配备 H_2S、CO、CO_2、CH_4 相应的气体测定器。

②洞内工程技术人员、班组长、特殊工种等主要管理人员进入瓦斯工区时,需配备便携式甲烷检测报警仪。人工瓦斯巡检地点如下:

a. 隧道内各工作面,如掌子面、仰拱、清淤点及二次衬砌等作业面。

b. 刀盘前后、盾尾周边、TBM 敏感(重要)设备处、TBM 人员集中处、后配套 30m 后的回风流处。

c. 瓦斯易发生积聚处,如拱顶、脚手架顶、台车附近、塌腔区、超挖凹腔、断面变化(设备阻挡)处、供配电室等风流不易到达的位置。

d. 断层破碎带、裂隙带及瓦斯异常涌出点。

e. 隧洞内可能产生火源的地点,如局部通风机、电机、变压器、电气开关附近、电缆接头等。

f. 其他通风死角处。

③人工巡检频率应符合下列要求:

a. 微瓦斯工区不少于 1 次/4h,低瓦斯工区、高瓦斯工区不少于 1 次/2h。

b. 开挖工作面及瓦斯涌出量较大、变化异常区域,设专人随时检测瓦斯浓度。

c. 在进行钻孔作业、塌腔处理和焊接动火时,专职瓦检员跟班作业,随时检测瓦斯。

d. 开挖工作面及台车位置的拱顶部位悬挂便携式甲烷检测报警仪,随时检测瓦斯浓度。

④瓦斯检测设备、仪器的调试、校正应满足以下要求:

a. 安全监控设备定期进行调试、校正,每月至少 1 次。

b. 采用载体催化元件的甲烷传感器、便携式甲烷检测报警仪、便携式光学甲烷检测仪,每 7d 必须使用校准气样和空气样调校 1 次。

c. 每 7d 必须对风电闭锁、瓦斯电闭锁及甲烷超限断电功能进行 1 次测试。

3) 超前地质预报

(1) 钻孔作业

①钻机采用防爆型钻机,湿式钻孔。

②开始钻孔按先开水,再开风,最后送电的顺序操作。

③结束钻孔按先关风,再关水,最后断电的顺序操作。
④钻孔直径不小于65mm,钻孔深度为25m。

本段布置3孔超前水平钻孔进行探测,具体超前水平钻探孔设计见表5-10-5、图5-10-1。

布 孔 参 数 表　　　　　　　　　　　　　　　　　　　表5-10-5

孔号	钻 孔 位 置	外插角(°)	钻孔深度(m)
1	位于隧洞轴线正上方拱顶12点位置,距中心线上方4m	5	25
2	位于隧洞轴线左侧8点位置,距中心线径向4m	5	25
3	位于隧洞轴线右侧4点位置,距中心线径向4m	5	25

(2)超前地质预报

探测方法为HSP水平声波反射法,仪器系统为HSP206T型超前地质预报仪及配套分析软件系统。现场采用阵列式探测布置方式,探测隧洞掌子面前方的围岩地质情况,结合波速变化曲线重点对围岩完整性、节理裂隙及地下水的发育情况进行分析预判,并提出相应的建议措施。

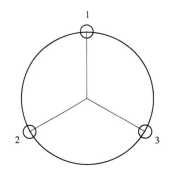

图5-10-1　超前钻孔布置图

(3)瓦斯检测实施要求

①施工时需对隧洞掌子面及超前水平钻孔进行瓦斯含量检测。

②隧洞掌子面瓦斯检测采用固定位置检测,检测位置为掌子面后方1m处的拱顶附近。

③超前探孔内瓦斯检测采用固定位置检测,位置为孔口内1m处。

④需根据瓦斯检测结果现场填写隧洞瓦斯监测记录表。

4)严格管控电气设备和作业机械

瓦斯工区使用的防爆电气设备和作业机械,在使用期间,除日常检查外,应随时由专人检查维护,不得失爆。

(1)电气设备

①TBM设备段(掌子面向后210m)照明灯具选用矿用一般型,后期根据实际检测情况调整。

②TBM设备段(掌子面向后210m)电缆连接选用防爆型,后期根据实际检测情况调整。

③容易碰到的、裸露的电气设备及机械外露的转动和传动部分,加装护罩或遮栏等防护设施。

(2)作业机械

①瓦斯工区内作业机械严禁使用汽油,可使用柴油。

②微瓦斯工区、低瓦斯工区的作业机械可使用非防爆型,机车应设置便携式甲烷报警仪,当瓦斯浓度超过0.5%时,应停止作业机械运行。

(3)TBM设备

对TBM设备进行防爆排查,关键电气及机械设备进行防爆防护。

5)气体溢出区域防护

(1)对前方揭露围岩处有气体溢出的区域,钻孔、布设锚杆、注浆,封堵溢出气体。

(2)由于系统喷锚设备距掌子面较远,在注浆后启动应急喷射混凝土系统,及时封闭围岩。

6）施工安全管理

（1）一般规定

①瓦斯隧洞开工前必须对施工作业及管理人员开展安全技术培训。电工、瓦检员等特种作业人员必须持证上岗。

②瓦斯工区应建立专门机构进行瓦斯超前预测、施工通风、瓦斯检测、电气设备与作业机械管理,设置消防设施。

③瓦斯隧道应制定施工通风、瓦斯检测、施工人员管理等制度,编制事故预防与应急预案,并经常演练。

（2）塌方处理

①瓦斯隧道塌方处理应遵循"先治理瓦斯、后处理塌方"的原则。在作业前,应先对瓦斯进行处理,待塌方区域前后20m范围内的瓦斯浓度降至0.5%以下后,方可进行塌方处理。

②瓦斯工区处理塌方应遵守下列规定：

a. 应有专项排除瓦斯方案,确保施工安全。

b. 对塌方体上方聚积的瓦斯应设置局部通风机排除。

c. 加强对塌方地段围岩岩隙的瓦斯逸出监测,掌握瓦斯浓度变化,及时发出险情预警。

d. 塌腔采用混凝土回填密实。

（3）消防安全

①洞内应设置灭火设备或设施,并保持良好状态。

②瓦斯工区火源管理要求：

a. 严格执行"严禁携带火种进入隧洞"的安全规定。

b. 洞口值班房、通风机房等洞口附近20m范围内不得有火源。

c. 瓦斯工区作业人员进洞前必须经洞口检查人员检查,确认无火源带入洞内。

d. 应减少瓦斯工区电焊、气焊、喷灯焊接、切割等工作,进行电焊、气焊、喷灯焊接、切割等工作时,必须制定安全措施,并遵守下列规定：

a）指定专人在现场检查和监督。

b）工作地点前后两端各10m范围内不得有可燃物,应有专人负责喷水并备有灭火器。

c）工作地点附近20m风流中瓦斯浓度不得大于0.5%。

d）工作完成后由专人检查,确认无残火后方可结束作业。

③瓦斯工区动火作业安全管理要求：

a. 必须建立隧洞内动火作业审批制度,制定动火作业安全技术措施,并组织作业人员学习。

b. 隧洞内供风量不足或施焊点周围20m范围内瓦斯浓度大于0.5%时,严禁动火作业。

c. 动火作业点附近必须配备灭火器等消防设施,瓦斯检测员必须现场跟踪检查动火作业点周围20m范围内的瓦斯浓度。

④瓦斯工区易燃品管理要求：

a. 瓦斯工区内不得存放各种油类,废油应及时运出洞外,不得泼洒在洞内。

b. 瓦斯工区内待用和使用过的棉纱、布头和纸张等,必须存放在密闭的铁桶内,并由专人送到洞外处理。

（4）施工人员管理

①瓦斯隧洞必须建立门禁管理系统,进洞人员严禁穿化纤衣服,禁止携带烟草、点火物品、手机、钥

匙等违禁物品。

②瓦斯隧洞各道工序、各种作业施工前,必须对作业人员严格执行安全技术交底制度。

10.3.3 应用效果

至2018年10月21日,历时249d,顺利通过1360m长瓦斯洞段,未发生任何安全事故。实时监控(有掘必测、先测后掘)、加强通风、严禁火种、控制掘进、加强防护、严格执行规范、严格设备管理与安全消防管理等措施,发挥了决定性作用。

本篇参考文献

[1] 杨继华,景来红,李清波,等.TBM施工隧洞工程地质研究与实践[M].北京:中国水利水电出版社,2018.

[2] 肖广智.不良、特殊地质条件隧道施工技术及实例[M].北京:人民交通出版社股份有限公司,2015.

[3] 荣耀,习明星,孙洋,等.不良地质地段隧道工程设计与施工案例分析[M].北京:人民交通出版社股份有限公司,2017.

[4] 何发亮,张玉川.隧道施工地质灾害与不良地质体及其预报[M].成都:西南交通大学出版社,2011.

[5] 彭仕国,宋占波,韩利民,等.全断面岩石隧道掘进机应用技术指南[M].天津:天津大学出版社,2015.

[6] 王梦恕,李典璜,等.岩石隧道掘进机(TBM)施工及工程实例[M].北京:中国铁道出版社,2004.

[7] 揣连成.TBM施工中综合地质预报技术及施工对策研究[D].大连:大连理工大学,2009.

[8] 陈方明,谢晁,蒋辉.复频电导技术在隧洞超前探水中的应用[J].人民长江,2015,46(21):1-2.

[9] 李国勇.BEAM超前地质预报技术在锦屏二级水电站中的应用[J].施工技术,2010:1-3.

[10] 齐梦学.极端恶劣地质条件下TBM施工技术与管理探讨[J].隧道建设(中英文),2018,38(12):2013-2018.

[11] 孙振川,陈建立.引松供水工程岩溶及软弱破碎地层敞开式TBM施工技术[J].隧道建设,2017,37(2):215-222.

[12] 谷金富.高渗压大流量隧洞施工涌水治理技术[J].铁道建筑,2013(05):69-71.

[13] 卿三惠,杨家松,黄世红.高压富水地层超深埋特长隧道施工技术研究[J].铁道工程学报,2009(01):86-91.

[14] 张健儒.山岭隧道软弱围岩工程地质特性及施工对策[J].隧道建设,2014,34(8):749-753.

[15] 张永双,曲永新,刘景儒,等.滇藏铁路滇西北段蒙脱石化蚀变岩的工程地质研究[J].岩土工程学报,2007,29(4):531-536.

[16] 安仓.小直径敞开式的TBM卡机脱困技术研究[J].安阳工学院学报,2018,17(6):20-23.

[17] 徐浩.富水强蚀变岩洞段注浆模拟试验及应用研究[J].水利与建筑工程学报,2018,16(6):123-128.

[18] 黄俊阁.高磨蚀性硬岩地段敞开式TBM掘进参数优化和适应性研究[J].水利水电技术,2017,48(8):90-95.

[19] 史永跃,李卫国,张美华,等.超深埋隧洞TBM施工的岩爆研究[J].水电站设计,2014,30(3):97-104.

[20] 李元,王媛,张东明,等.锦屏水电站引水隧洞极强岩爆段TBM法施工措施研究[J].成都大学学报(自然科学版),2011,30(1):86-89.

[21] 房敦敏,刘宁,张传庆,等.高地应力区大直径TBM掘进岩爆风险控制[J].岩土力学与工程学报,2013,32(10):2101-2107.

[22] 袁亮,彭邦兴.锦屏二级水电站引水隧洞岩爆段TBM穿越技术[J].水电站设计,2012,28(S):13-17.

[23] 游金虎,焦俊奇,杨延栋,等.敞开式TBM施工中岩爆防治技术初探[J].建筑机械化,2016(08):48-50.

[24] 王森昌.锦屏引水洞高地应力地质条件下TBM施工对策[J].铁道建筑技术,2011(04):28-33.

[25] 罗志虎,杨鹏飞.锦屏二级水电站TBM施工中的岩爆问题分析及对策[J].岩土工程技术,2009,23(1):52-55.

[26] 侯靖,张春生,单治钢.锦屏二级水电站深埋引水隧洞岩爆特征及防治措施[J].地下空间与工程学报,2011,7(6):1251-1257.

[27] 刘美山,杨建,葛文辉,等.锦屏二级水电站引水隧洞岩爆灾害的工程治理方法研究[J].贵州水力发电,2010,24(5):11-15.

[28] 吴昱,吴建福.岩爆洞室水胀式锚杆支护技术介绍[J].西部探矿工程,2008(11):199-200.

[29] 蒲进.调压室顶拱机械涨壳式预应力中空注浆锚杆施工技术[J].水利科技与经济,2010,16(8):941-942.

[30] 张凯,贾连辉,呼瑞红.TBM掘进机水系统的设计探讨[J].建筑机械化,2015(06):58-59.

[31] 刘金松.川藏铁路高地温隧道施工关键技术研究[J].施工技术,2018,47(1):100-102.

[32] 李湘权,代立新.发电引水隧洞高地温洞段施工降温技术[J].水利水电技术,2011,42(2):36-41.

[33] 曹正卯,杨其新,郭春.敞开式TBM掘进工作面通风环境研究[J].铁道建筑,2014(09):47-51.

[34] 陈胤,杨运良,程磊.矿井高温热害分析与治理[J].矿业快报,2008,470(6):78-79.

[35] 张瑞礼.大坡度煤矿斜井TBM施工有害气体预控技术[J].铁道建筑技术,2015(04):55-58.

[36] 李苍松,谷婷,廖烟开,等.TBM突破断层、岩溶及地下水等不良地质地段的施工预案探讨[C]//中国地质学会.全国工程地质学术年会论文集.西宁,2011.

[37] 罗武先,袁木林.敞开式TBM在吉林中部引水工程灰岩山溶隧洞中的应用[J].工程建设与管理,2018(22):60-62.

[38] 苏枢,杜长青,程向民.万家寨引黄工程TBM施工段的地质问题及施工对策[J].水利水电技术,2001,32(4):15-17.

[39] 毕守森,田淑贤,管晓炯,等.引黄工程国际Ⅱ、Ⅲ标TBM施工段溶洞处理[J].水利水电技术,2002,33(8):44-45.

[40] 陈馈,冯欢欢.TBM施工风险与应对措施[J].隧道建设,2013,33(2):91-97.

[41] 周垂一,李军,严鹏.锦屏二级水电站深埋隧洞施工难点解析[J].隧道建设,2013(06):481-488.

[42] 中铁十八局集团有限公司,中铁十八局集团隧道工程有限公司.一种用于完整硬岩的TBM滚刀刀圈:2020203514239[P].2020-10-23.

[43] 周雁领.TBM盘形滚刀的质量控制及其检测维修技术[J].现代隧道技术,2007(3):42-49.

[44] 董金玉,石尚,李建勇,等.蚀变岩工程分级与物理力学性质研究[J].工程地质学报,2022,30(3):966-974.

第6篇 TBM保养与修理

在TBM掘进过程中，刀具破岩时岩-机相互作用产生的激振力诱发主机强烈振动，在粉尘、高温、潮湿等众多因素共同影响下，TBM长期处于极端恶劣的作业环境，随着时间的推移，TBM各系统部件逐渐趋于老化失效，故障率增大。为了提升TBM设备完好率，保障TBM良好的工作状态和性能，需要进行规范化、程序化、标准化的保养与修理，为TBM顺利推进保驾护航。

TBM保养和修理主要有两方面的内容：①设备日常保养，包括设备检查、清洁、注脂等常规作业，达到减少故障、保持TBM运行状态持续良好的目的；②TBM状态监测和故障处理，恢复设备良好运行状态，保障TBM正常掘进。

本篇介绍了TBM保养和修理的原则、工作流程、技术规程和注意事项，讨论了多种常见的故障案例，并提供了典型故障排查方法和处置措施。同时，本篇提供了一线技术人员日常所需的工作规程、计划、内容、记录表格等示例，供读者参考。在工程实践中，需根据制造商提供的技术文件、维修与保养手册、操作规程等，结合本单位TBM管理相关规定，对设备保养和修理工作规程进行修订和完善。

```
																			保养要点
																	保养目的及原则
																			保养程序
													TBM保养	保养规程				保养内容
																			保养记录
																			保养信息化
															刀盘刀具保养			刀盘保养
																			刀具保养

													状态监测	状态监测的目的与范围
															状态监测部位及技术
															状态监测标准		振动监测标准
																			油液监测标准

TBM																		状态修理模式
保																		计划修理模式
养													修理模式				定期修理模式
与																		主动修理模式
修																		被动修理模式
理													TBM修理	修理要点		机械系统修理要点
																			液压系统修理要点
																			电气系统修理要点
															刀盘刀具修理		刀盘修理
																			刀具修理

															主轴承密封故障
															刀盘转接座故障
															高压电缆卷筒故障
															主驱动流量控制阀故障
															折臂吊机液压泵故障
															锚杆钻机蓄能器故障						故障现象
													故障处理案例	钢拱架拼装器驱动马达故障			故障排查及原因分析
															喷射混凝土设备导向轮故障					故障处理
															仰拱吊机行走故障						应用效果
															管片拼装机纵向移动故障
															豆砾石泵喷射压力故障
															支洞带式输送机大坡度小半径转弯改造
															TBM转场检修
```

TBM保养与修理 思维导图

- **TBM保养**
  - 保养目的及原则
  - 保养规程
    - 保养要点
    - 保养程序
    - 保养内容
    - 保养记录
    - 保养信息化
  - 刀盘刀具保养
    - 刀盘保养
    - 刀具保养

- **状态监测**
  - 状态监测的目的与范围
  - 状态监测部位及技术
  - 状态监测标准
    - 振动监测标准
    - 油液监测标准

- **TBM修理**
  - 修理模式
    - 状态修理模式
    - 计划修理模式
    - 定期修理模式
    - 主动修理模式
    - 被动修理模式
  - 修理要点
    - 机械系统修理要点
    - 液压系统修理要点
    - 电气系统修理要点
  - 刀盘刀具修理
    - 刀盘修理
    - 刀具修理

- **故障处理案例**
  - 主轴承密封故障
  - 刀盘转接座故障
  - 高压电缆卷筒故障
  - 主驱动流量控制阀故障
  - 折臂吊机液压泵故障
  - 锚杆钻机蓄能器故障
  - 钢拱架拼装器驱动马达故障
  - 喷射混凝土设备导向轮故障
  - 仰拱吊机行走故障
  - 管片拼装机纵向移动故障
  - 豆砾石泵喷射压力故障
  - 支洞带式输送机大坡度小半径转弯改造
  - TBM转场检修

  （每个案例均包含：故障现象、故障排查及原因分析、故障处理、应用效果）

第 1 章 TBM保养

TBM 保养是指在 TBM 使用期内,为保持 TBM 完整的功能与良好性能所采取的运维措施。本章介绍了 TBM 保养的工作范围、总体原则、工作内容、组织管理形式等内容。刀盘刀具是 TBM 备品备件消耗的重点管理对象,本章详细总结了刀盘刀具的保养流程、工作内容以及技术要点。本章所包含的 TBM 保养计划与内容,是众多 TBM 法隧道施工项目、多年设备保养工作实践的总结,可供 TBM 保养参考和借鉴。对于特定的 TBM 设备,需要根据制造商提供的技术文件、维保规程和使用单位的相关要求修订、完善实施性保养规程和技术内容。

1.1 保养目的及原则

1.1.1 保养目的

通过科学、规范、及时的保养工作,避免和减少 TBM 设备故障,保障 TBM 设备功能完善、性能良好,为实现 TBM 持续、均衡、快速施工奠定良好的设备基础。

1.1.2 保养原则

(1)全员参与原则

树立全员参与的理念,从掘进工班长、责任工程师到 TBM 主司机、各类操作人员、整备工班的全体人员,所有一线施工参与人员按照责任范围参与 TBM 保养工作。

(2)并行性原则

设备状态持续良好是 TBM 正常施工的基础,科学有效的保养方法是保障 TBM 状态良好的必要条件。实际上,保养占用一定的时间,掘进时间并不会减少,这是因为只有严格执行保养工作,才能消除隐患、降低故障发生率,保障有效掘进时间。因此,TBM 掘进与保养并重,只有掘进与保养相辅相成才能够保证 TBM 在良好的状态下,持续、均衡、快速施工。

(3)定期与常态化互补原则

严格遵守 TBM 保养规程,定期保养。按照每日、每周、每月、每半年、每年编制检查和保养项目,定期检查并密切关注设备的异常迹象,发现问题及时处理。

状态监测能够准确实时掌握设备状态,最大限度杜绝设备运行隐患,及时调整保养计划,避免或减缓设备状态恶化。建立 TBM 状态监测体系,制定监测计划,实施 TBM 常态化状态监测,通过分析监测结果,评估设备运行状态,对故障或异常征兆提出针对性的保养建议。

（4）责权利一致原则

明确一线施工人员在保养工作中的责权利,保证责权利的一致性。严格执行各项制度,对各类人员坚持考核上岗、逐级交接签认程序,将专人专责与全体参与相结合,避免出现人为差错。

1.2　保养规程

1.2.1　保养要点

保养要点可概括总结为"八选一定"九步作业法。

（1）选人

选定施工现场的具体人员,包括工班负责人、机械工程师、液压工程师、电气工程师和各工位操作人员,规定所辖设备的职责范围,保证设备管理人员参与度以及设备保养覆盖率。

（2）选点

在设备上确定保养的重点,即选择清洁、点检、润滑、保养的关键部位。

（3）选项

根据选定部位的特点,结合设备实际,选择必须进行的若干项保养项目。

（4）选时

排定保养项目的执行周期和执行时间。

（5）选标

对每一点的每一项操作内容,制定目标状态应达到的标准。

（6）选法

每一项操作应该有确定的工具、辅助材料和方法。

（7）选班

保养工作以整备工班为主,掘进工班要配合整备工班开展清理等保养工作。整备工班作业时间内主要进行日常保养;刀具组或刀具工班专项负责刀具的日常检查、紧固、调整与更换,以及刀盘检查保养。皮带组负责主机带式输送机、转载带式输送机、连续带式输送机等带式输送机出渣系统的全部保养工作。

（8）选路

根据设备的结构特点,按照主机结构、后配套机械结构、液压、电气、水路、气路、刀具及辅助设备等独立回路的顺序,逐一进行专项检查和修复。

（9）定记录

根据需要,做好设备安装、拆卸、作业、工班交接、例会的记录,检测异常以及保养、换油、检测、油品和材料消耗等多项记录应逐项填写在保养日报表中,并根据保养工作不断改进和完善日报表,所有记录均存档备查。

1.2.2 保养程序

TBM保养采用定期保养和常态化保养结合的形式,通常情况下每日保养4~6h,期间TBM停止掘进,由整备工班负责日常保养工作以及故障处理,待保养完成后方可开始掘进施工。在TBM掘进期间,根据掘进时间、长度以及设备巡检结果,进行常态化保养和故障处理。为确保保养质量,整备工班接班后,应在不停机的前提下巡查设备,以发现实际施工过程中可能存在的隐患。当保养结束后,整备工班还需在1~2个掘进循环内再次检查TBM各系统,以保证当日保养质量。

(1)接班与保养准备

上班换班时间为保养准备时间。

前序掘进工班班长、主司机、当班机电液工程师下班前应与整备工班对应责任人做好交接工作(必要时在接班人员进洞前通知),详细交待本班掘进期间设备的运转状态、有无异常现象、需要重点检查的部位和内容,并做好交接班记录。整备工班根据掌握的信息,结合保养内容,调整、实施当日保养工作内容。

(2)保养实施

各责任工程师按照分工,带领组员严格执行规范要求,完成当日保养任务。保养中注意检查和复核,确认符合要求才进行下一步工作。班长和责任工程师要对保养工作随时检查,发现问题须及时纠正。

(3)保养交班

整备工班完成保养工作后,应向下一掘进工班班长、主司机、责任工程师交接保养情况和注意事项;认真填写交接记录;下一掘进工班开始掘进半小时内,整备工班配合检查设备运转情况,重点关注已拆卸或调整部位,交接事项均应复核确认无误。

1.2.3 保养内容

保养分为常规保养、机电液系统保养及单项设备(子系统)保养。各系统、单项设备、元器件的保养应严格按照说明书、操作规程执行。

保养周期分为每日、每周、每月、每半年和每年,应合理确定合适的频率以保证TBM状态正常。特殊情况下,应综合考虑掘进长度和运行时间,通常按表6-1-1折算。

TBM保养周期、掘进长度、运行时间折算表 表6-1-1

TBM保养周期	等效掘进长度(m)	等效运行时间(h)
1天	20	10
1周	100	50
1月	500	250

1)常规保养

(1)清洁

掘进工班各工位的操作人员负责其工作区域(平台、轨道、栏杆)及设备控制器、仪表等表面和环境清洁。具体操作有:

①保持液压缸活塞杆外露面、精密导轨面、仪表表面、显示窗表面、需要拆卸部位的表面和注油嘴的清洁,防止油封损伤和精密表面损伤;

②不得存在锈斑、油污、泥水等问题,清理后涂抹少量润滑脂;

③必要时采取防尘、防水、防锈、防砸等措施,尤其是主机上的各液压阀、控制箱和各信号电缆,应加

焊铁板或保护套保护。

防止各结构件由于落石淤塞而造成挤压、卡滞或变形(楔形效应),进而造成旋转件同心度被破坏、托板下坠或固定螺栓折断,及时清理各死角及滑轨面的碎石、淤泥。

每班清理带式输送机底面的积渣、淤泥,并冲洗走道表面的油污;定期清理除尘器积尘。

(2)常规检查

①外观检查。

保养前,各专业工程师应在所辖范围内进行外观检查,例如相对运动表面有无积垢和损伤;主机各部件或结构件、踏板是否有被砸伤或裂纹的痕迹;各部分螺栓是否松动或脱落;各传感器是否松动或断线等;液压管路是否存在外泄漏,阀块安装是否牢固,油管接头是否松动或损坏等。

②功能检查。

只依靠外观检查或根据掘进设备运转情况记录,无法准确判断某些附属设备动作是否正常。因此,保养时尽可能在外观检查的基础上对设备进行功能检查。例如,各类吊机的动作是否正常、钢拱架安装及运送机构运转是否灵活等。

常规检查内容示例见表6-1-2。

常规检查表示例　　　　　　　　　　表6-1-2

部件(系统)	检查内容	检查标准	检查结果	备注
主机	撑靴	1.压力正常; 2.流量正常; 3.无异常噪声; 4.螺栓正常; 5.销子正常; 6.无异常报警		
	鞍架			
	后支撑			
	推进缸			
	主驱动			
	主轴承润滑			
	润滑脂			
后配套	除尘风机	无异常、噪声		
	台车车轮	无跑偏		
	(风、水、电、通信)延伸	无干涉、刮伤、划痕		
泵站	液压系统	1.压力正常; 2.液位正常; 3.无异常噪声; 4.无泄漏; 5.泵站洁净		
	润滑系统			
	钻机			
	喷锚			
	内循环			
	工业水			
管路、阀件	管路	1.无泄漏; 2.无磨损		
	阀件			
电气	操作室参数	1.电压正常; 2.电流正常; 3.无异常报警; 4.线缆无损伤; 5.照明无异常; 6.无淋水; 7.指示灯正常		
	电气柜参数			
	控制盒参数			
	线缆			
	照明			
	遥控器			
	电气柜			
	可编程逻辑控制器(PLC)			

续上表

部件(系统)	检查内容	检查标准	检查结果	备注
润滑脂	密封	1. 有脂溢出； 2. 润滑良好； 3. 无明显划痕		
	撑靴			
	鞍架			
带式输送机	滚筒	无异常噪声		
	皮带	无新增划痕		
	料斗	无漏渣		
	电流	电流正常		

(3)润滑与加油

每班应检查全部油位指示，当油位不足时，应及时查明原因。若为漏损，可补足油；若油位偏低，但仍在允许范围内，可关注油位的变化，在条件允许的情况下，可暂不补油，待达到限位时再补油。

每班要对机器重要结构部件的黄油嘴加注润滑脂，其余部位根据需要，每天或每周加注一次。TBM设备关键部位润滑脂加注示例见表6-1-3。

润滑脂加注示例　　　　　　　　　　　表6-1-3

部位		部位数×油嘴数	保养周期	备注
刀盘护盾	顶护盾液压缸	2×12	每周	两端铰接点
	侧护盾液压缸	2×4	每周	两端铰接点
	楔块液压缸	2×4	每周	两端铰接点
	底护盾液压缸	4×8	每周	两端铰接点
	护盾连接销	4×2	每周	两端铰接点
撑靴、鞍架	推进液压缸	4×2	每周	两端铰接点
	撑靴液压缸	2×12	每周	液压缸球头
	后支撑液压缸	2×2	每周	两端铰接点
	扭矩液压缸	4×2	每周	两端铰接点
	鞍架	2×4	每周	自动注脂
单项设备	钻机平台行走轮	1×8	每天	轴承
	钻机上下行走轮	2×12	每天	轴承
	钻机大臂上下液压缸	2×2	每天	两端铰接点
	钻杆上下液压缸	2×2	每天	两端铰接点
	凿岩机	2×4	每周	润滑孔
	钢拱架安装器行走轮	4×2	每周	轴承
	钢拱架撑紧液压缸	4×2	每周	两端铰接点
	仰拱吊机前后行走轮	3×4	每周	两端铰接点
	仰拱吊机转盘	1×2	每周	润滑孔
	仰拱吊机平移液压缸	2×2	每周	两端铰接点
	仰拱吊机上下	3×2	每周	链条轴承
	输送泵摆动液压缸	2×2	每周	两端铰接点
	输送泵泵送液压缸	4×2	每周	两端铰接点
	输送泵料仓	2×4	每周	两端铰接点

续上表

部位		部位数×油嘴数	保养周期	备注
后配套台车	台车行走轮	6×8	每月	轴承
	除尘风机	2×1	每半年	轴承
	新鲜二次风机	4×1	每半年	轴承
	除尘器	1×4	每月	轴承
	1号皮带滚筒	1×12	每周	两端
	2号皮带滚筒	1×16	每周	两端
	1号皮带张紧液压缸	2×2	每周	两端铰接点
	2号皮带张紧液压缸	1×2	每周	两端铰接点

（4）紧固

掘进期间主机各部位振动大，结构件螺栓易松动、脱落、断裂。保养作业时必须重点覆盖主机前部振动剧烈部位，例如主梁与机头架连接处、钢拱架拼装器回转马达、主驱动电机、减速机、推进缸销轴、作业平台螺栓等，如发现紧固件松动应及时紧固到规定的扭矩。螺栓紧固扭矩表见表6-1-4。

螺栓紧固扭矩表　　　　表6-1-4

规格	等级					
	8.8级		10.9级		12.9级	
	夹紧力(N)	扭矩(N·m)	夹紧力(N)	扭矩(N·m)	夹紧力(N)	扭矩(N·m)
M6	9280	8.6	13360	12.4	15600	14.5
M8	16960	21	24320	30	28400	35
M10	26960	42	38480	60	45040	70
M12	39120	73	56000	104	65440	122
M14	53360	116	76400	166	89600	194
M16	72800	181	104000	258	121600	302
M18	92000	257	127200	355	148800	415
M20	117600	269	162400	503	190400	590
M24	169600	631	234400	872	273600	1018
M30	169600	1254	372800	1734	435200	2024
M36	392000	2187	542400	3027	633600	3535
M39	392000	2613	648000	3917	757600	4580
M48	使用液压张紧专用工具，张紧力1450kN，液压力1350bar					

（5）调整

检查中如发现带式输送机胶带跑偏、液压系统各回路油压与设定工况不符等现象，需及时调整。

2）每日保养

每日保养计划示例见表 6-1-5。

每日保养计划表示例 表 6-1-5

系统	保养项目	保养内容	备 注
机械系统	盾体	1. 检查盾体与液压缸连接件是否松动； 2. 检查盾体有无明显破损、变形	
	液压管线	1. 液压管路是否存在破损、泄漏； 2. 接头是否松动	
	紧固件 （螺栓、销子）	1. 使用扳手点检螺栓是否紧固； 2. 检查销子是否脱落	螺栓按规定校核扭矩
	水系统	1. 检查过滤器，并按要求清洗； 2. 检查主驱动组件的水流量，按要求调整； 3. 检查是否存在泄漏、故障组件或异常； 4. 检查水泵泄漏、工作压力、是否有热敏保护、每小时起动次数、噪声等	注意保持介质清洁，若机械密封或其他部件损坏，应及时更换
	后配套	1. 检查各台车间的连接销子是否移位或丢失； 2. 在拖动后配套时检查轮对是否正常； 3. 拖拉前及时清理钢轨及附近的杂物； 4. 后配套前移时观察轮子是否可能掉道，钢轨钢枕有无异常变化	
	通风除尘	1. 检查风筒储存仓是否正常； 2. 清理软连接； 3. 检查刮灰除灰装置； 4. 检查硬质风筒连接情况	
	清洁	对操作台、扶手、连接件、行走装置、钢结构、仪表、视窗等表面环境进行清洁	
	行人道、护栏、梯子	检查辅助设备状态，是否安装适当，是否存在变形或损坏	如存在变形损坏应立即调整、补焊牢固
	焊接结构框架	是否有裂纹、氧化及变形	
	温度、振动检测	对电机、泵站、马达、减速箱等进行振动及温度检测	对数据进行纵向对比分析
电气系统	仪表	检查是否能正常工作	
	照明装置	检查所有照明装置的状态	
	动力电缆线	目测所有可触及电缆线是否损坏	电缆线应穿过电缆盘，随机器一起移动，否则会造成磨损或断裂
	二次电压	检查电压是否达到要求	
	电控柜	1. 观察配电箱内的元器件是否松动（重点是阀组柜和液压柜）； 2. 清理启动器和接触器，观察有无老化和腐蚀迹象	确保门已经关闭，清理有可能带入的脏污进入封闭区域，必须更换无法清除、潮湿或腐蚀的器件
	主驱动	1. 观察电机冷却水进排水口的接头是否牢靠； 2. 检查电机电缆和接头（如有必要，进行清洁）	检查流量及冷却水流量是否正常
	高压快速接头	确保接头牢靠	
	辅助接线箱	确保所有辅助接线箱箱门关闭严密	

续上表

系统	保养项目	保养内容	备 注
电气系统	机械联动装置	目测机械联动装置的熔丝断路器是否符合要求	检查所有活动件是否灵活运行,更换磨损严重或损坏的零件,禁止给电气控制设备加润滑油,说明书另有要求的除外
	电气控制	检查系统所有控制功能是否正常	不得短接(绕过)任何急停开关,否则会造成人员伤亡
液压系统	液压部件和管路	目测所有可触及组件是否损坏、泄漏	在带压条件下,切勿修理!切勿徒手试探带电区域!高压油喷射至皮肤时,可能会使皮肤遭受严重灼伤。请勿过度拧紧连接
	活塞杆	目测是否有刻痕或凹槽	收活塞杆之前去除锐利的毛刺
	液压及润滑油油箱、油脂桶	目测检查正常液位及润滑油温度,检查油位,如果润滑油低于可接受的液位,将导致泵无法运作。确保油箱及油脂桶无撞击或外部损坏的迹象	如液位低于正常值要及时补充。温度不得超过60℃;如果运行期间出现异常低温,则可能说明系统循环不良,应立即停机,查找问题
	泵、马达和液压阀	检查部件是否有异常噪声,紧固件是否有松动	如出现异常噪声应停机处理,直至查明异常噪声的原因和解决措施
	液压系统	检查系统在正常运行温度和压力下是否有泄漏	
	液压、润滑油过滤器	检查在运行时,润滑油过滤器状态指示器是否位于绿色区域	在初始磨合期,因为不同组件会发生初次磨损,过滤器滤芯表面会积存磨粒。首次运行500h期间应密切监督过滤器滤芯状态。当润滑油在正常运行温度下运行时,检查过滤器,如果指示灯亮红灯(在正常运行温度下),更换过滤器滤芯。通过检查回油过滤器总成中的元件,检测主轴承、主齿轮和传送小齿轮的运行状态
	量规和仪表	检查这些组件是否正常运行	
	呼吸器滤芯	检查液压缸、润滑油油箱和轴承/齿轮腔里的呼吸器滤芯	按照要求或者每隔500h更换元件(以较早者为准)
	润滑油系统	机器运行期间检测流量和压力	如流量或压力发生显著变化,表示润滑油系统存在问题,应停机并检查。如果润滑油消耗增加,密封件将恶化
	齿轮减速机	检查各减速机的流量指示器和油位窗口,检查冷却系统管路及连接,检查主轴承和小齿轮之间是否出现(通过监听及触摸)异常的声响或振动	
	主轴承密封润滑系统	检查是否正常运行	确保系统内、外密封油量充足;调整流量控制阀,控制输出流量

3）每周保养

每周保养计划示例见表6-1-6。

每周保养计划表示例　　　　　表6-1-6

系统	保养项目	保养内容	备注
机械系统	主驱动	检查电机、减速器连接件是否松动	
	主轴承	检查内、外密封端盖、锁紧装置是否正常	
	通风除尘	检查并清理尘滤网	
	水系统	1. 检查清洁所有过滤器，当需要时可更换； 2. 检查冷却循环回路浓缩冷冻剂； 3. 清洁热交换器	
	后配套	检查连接螺栓是否松动、脱落	
电气系统	电控柜、配电箱	1. 检查各接线端子，确保所有螺栓连接的接线端子牢靠、无腐蚀； 2. 对断路器进行功能测试、安全检查； 3. 检查配电箱盖是否关闭严密或损坏	确保所有电控柜和外壳门密封件处于良好状态
	主驱动机	1. 清理电机外露表面； 2. 检查冷却系统滤芯及整个系统运行情况； 3. 视觉检查、噪声检查； 4. 检查霜冻保护、螺栓紧固情况； 5. 如有必要，进行清理	清理应用干燥高压风吹扫
	带式输送机速度开关	检查装置是否松动、淤泥积聚、电线外露	
	其他	检查接地系统是否可靠	
	变频控制柜	用吸尘器清理所有变频控制柜内部	
	急停	测试急停按钮	测试完成后复位
液压系统	滤芯	拆检润滑回油磁性滤芯及压力滤芯	主轴承、大齿圈和驱动齿轮的工作情况可通过回油过滤器元件的拆检清洗来观测
	润滑脂	对所有注滑脂附件注入润滑脂（电机除外）	
	油脂泵	油脂桶最小量显示的功能检查、压力及密封环检查	油脂桶更换时要确保清洁
	减速机	齿轮油油位检查、连接螺栓紧固性检查	
	铰接接头	润滑	

4）每月保养

每月保养计划示例见表6-1-7。

每月保养计划表示例　　　　　表6-1-7

系统	保养项目	保养内容	备注
机械系统	减速机齿轮	检查有无裂缝	
	结构紧固件	检查机器主要总成的所有紧固件	依据紧固件力矩数值进行校核
	连接销和定位件	检查液压缸和铰接装置的所有连接销和定位件	
	主轴承、小齿轮	初始500h进行第一次齿轮检查，以后每1000h进行一次齿轮检查	如有损伤，立即修复
	水系统	300h后，对泵润滑油进行更换	
	电缆卷筒	检查碳刷、电连接，使用浓缩水（加热）清洁	参阅元器件说明书

续上表

系统	保养项目	保养内容	备 注
电气系统	电机	检查电机接线盒是否进水、端子是否松动	
	电气仪表	检查校准	
	连接	检查所有电气控制面板的各种开关和接线端子连接是否可靠	
	电控柜	1. 检查接触器触点是否磨损过度、灰尘积聚； 2. 检查所有开关装置中的触点状态； 3. 检查电气端子是否牢固拧紧或腐蚀	不要用锉刀修磨触点，使用氧化银触点的设备不受变色和轻微凹陷的影响，更换整套装置以免触点受力不均
	传感器	测试传感器	对比 PLC 读数
	电压	测试并记录系统电源与控制电压	机器正常运行时，测量并记录主电源电压，控制电源电压
液压系统	压力表	检查校准	
	液压、润滑系统	检查所有阀门和压力开关，并进行适当的调整	
	定量泵	确保输出值适当	
	变量泵	确保泵输出值可从零调整至最大值	
	过滤器组件	1. 检查并更换（如有必要）润滑油和液压系统的所有过滤器组件； 2. 更换液压油箱和润滑油油箱的通气孔滤芯	主轴承、主齿轮和传动小齿轮的状态可以通过检查回油过滤器总成里的组件进行监控
	减速机	每年或每 2000h 进行齿轮油更换，检查齿轮（从检查孔）是否存在磨损、损坏	及时跟进检测结果，如油品存在污染应及时更换油品
	油液	取样分析，视情况检查、更换	
	螺栓	检查螺栓是否松动、受损、缺失	

5）半年保养

半年保养计划示例见表 6-1-8。

半年保养计划表示例　　　　　　　　表 6-1-8

系统	保养项目	保养内容	备 注
机械系统	主轴承和大齿圈轮齿	通过拆卸修理盖板，检查主轴承和大齿圈的状态	拆检方法见图纸
	轴端、球头和衬套	检查是否磨损或松动	
	紧固件	检查扭矩是否适当	依据紧固件扭矩数值进行校核
	蓄能器	检查每个蓄能器的充氮情况	
	泵联轴器	加入润滑油	
	旋转部件、组装垫圈	检查能否正常运行，是否存在异响、磨损情况	
电气系统	电缆	检查电缆和电缆接头处护套是否破损	
	电控柜	检查和清理接触器、启动器、中间接触器和延时继电器	
	电机	拆下接线盒端盖，检查内部接线柱的连接是否损坏	
	冷却系统	更换冷却液，对系统进行清理	
液压系统	油箱、滤芯	排空并清洗油箱和滤芯，并检查浮动开关是否适当运行	
	液压缸	检查活塞杆防尘圈的状态	

6）每年保养

每年保养计划示例见表6-1-9。

每年保养计划表示例　　　　　　　　　　　　　　　　　　　表6-1-9

系统	保养项目	保养内容	备 注
机械系统	主轴承	检查主轴承是否可能有磨损和移动	如可行,移除刀盘,按照主轴承程序检查转动力矩
	泵	对泵轴承进行润滑	
电气系统	高压开关柜	1.清理柜内外积尘污物,紧固导体连接螺栓,对断路器等操动机构加注润滑油； 2.根据具体使用情况可做一次高压预防性实验	
	电机	1.检查电机轴承间隙,加注润滑油； 2.对磨损严重、间隙过大的轴承,必须更换	
	电池	检查控制与监控柜内部PLC的电池,视情况更换	
液压系统	主驱动减速机	检查齿轮减速机	视设备运转情况,如有必要,拆卸检查齿轮减速机
	主轴承	润滑油排出后,取下通向驱动组件的修理门并对齿轮和主轴承进行检查	
	阀	检查润滑系统的安全阀、流量控制阀及压力开关的运行状况	

7）单项设备保养

（1）锚杆钻机

锚杆钻机保养计划示例见表6-1-10。

锚杆钻机保养计划示例　　　　　　　　　　　　　　　　　　　表6-1-10

部 件	保养内容	保养周期
凿岩机	注润滑脂直至溢出；检查冲击功率、声音、振动频率是否异常	每天
管路	检查管路泄漏、磨损情况,整理管路	每天
螺栓	检查螺栓有无松动、丢失,是否存在裂纹或断裂	每天
	校核螺栓扭矩	每周
钢丝绳	检查钢丝绳张紧度,有无跳槽,是否存在磨损情况	每天
液压缸	检查有无损伤、弯曲,是否存在石块卡滞,有无泄压；清理卡滞石块等杂物	每天
脉冲润滑泵	保持齿轮油油位正常,润滑泵泵送压力合格	每天
滑道	清理滑道,检查耐磨块	每天
卷盘	对卷盘注脂至润滑脂从溢脂孔溢出,检查卷盘管线磨损	每天
行走机构	检查移动液压缸有无变形、有无异响；行走轮注脂；清理行走轨道	每天
泵站	检查螺栓、联轴器、泵站压力,清理泵站	每天
马达	检查有无泄漏、管路有无破损	每天
	检查轴承润滑	每半年
阀站	整理阀站及管路,检查管路有无破损	每天
蓄能器	检查压力（高压90bar、低压10bar）	每三天
泵站热交换器	清洗热交换器	每周
油液	检查油位,检测油品质量	每月

（2）钢拱架安装器

钢拱架安装器保养计划示例见表6-1-11。

钢拱架安装器保养计划示例   表6-1-11

部件	保养内容	保养周期
齿圈及齿轮	检查有无错齿和脱齿、螺栓有无松动，清理渣石	每天
齿圈和齿轮	检查有无错齿和脱齿、螺栓有无松动，检查啮合有无损坏，清理渣石	每天
	齿圈注脂	每月
	检查齿轮磨损情况	
行走机构	检查移动液压缸有无变形、有无异响，对行走轮注脂，清理行走轨道	每天
举升机构	伸缩机构注脂，检查螺栓有无松动	每天
夹紧装置	检查夹紧动作流畅度、固定螺栓有无松动	每天
管路	检查管路泄漏、磨损情况，整理管路	每天
螺栓	检查螺栓有无松动、丢失，是否存在裂纹或断裂	每天
	校核螺栓扭矩	每周
液压缸	检查有无损伤、弯曲，是否存在石块卡滞，有无泄压，清理卡滞石块等杂物	每天
卷盘	对卷盘注脂至润滑脂从溢脂孔溢出，检查卷盘管线磨损	每天
泵站	检查螺栓、联轴器、泵站压力，清理泵站	每天
马达	检查有无泄漏、管路有无破损	每天
	检查轴承润滑	每半年
阀站	整理阀站及管路，检查管路有无破损	每天
油液	检查油位，检测油品质量	每月

（3）吊机

吊机（含仰拱吊机、风筒吊机、物料吊机）保养计划示例见表6-1-12。

吊机保养计划示例   表6-1-12

部件	保养内容	保养周期
行走轨道	检查轨道连接处有无错台，清理行走轨道	每天
	检查磨损情况	每周
吊机链条、钢丝绳	检查链条有无打结、扭转；检查钢丝绳张紧度，有无跳槽，是否存在磨损情况	每天
	对链条、钢丝绳表面进行润滑，防止锈蚀	每周
	检查链条磨损情况	每月
管路	检查管路泄漏、磨损情况，整理管路	每天
螺栓	检查螺栓有无松动、丢失，是否存在裂纹或断裂	每天
	校核螺栓扭矩	每周
液压缸	检查有无损伤、弯曲，是否存在石块卡滞，有无泄压，清理卡滞石块等杂物	每天
卷盘	注润滑脂直至溢出，检查卷盘管线磨损	每天
泵站	检查螺栓、联轴器、泵站压力，清理泵站	每天
马达	检查有无泄漏、管路有无破损	每天
	检查轴承润滑	每半年
	马达检验	每年
阀站	整理阀站及管路，检查管路有无破损	每天
行走轮	检查负重行走有无异响，清理轮内积渣	每天

续上表

部　件	保　养　内　容	保　养　周　期
旋转机构	检查旋转动作有无异响，清理积渣	每天
吊机顶部	检查有无积水，清理积渣	每天
导链器	检查有无变形，有无异物	每三天
卷筒	注脂，检查运转过程是否有杂音	每周
控制盒	检查有无杂物、磨损情况	每月
齿轮	检查有无错齿和脱齿、螺栓有无松动，清理渣石，检查磨损情况	每月
齿轮	更换齿轮机油	每年
车架	检查磨损情况	每月
油液	检查油位，检测油品质量	每月
吊机	检查刹车、离合、扭矩	每半年
吊机	探伤检查	每年

管片拼装是 TBM 法隧道施工过程中的关键工序，管片吊机是吊运系统中不可或缺的部分。管片吊机保养计划示例见表 6-1-13。

管片吊机保养计划示例　　　　表 6-1-13

部　件	保　养　内　容	保　养　周　期
整体	检查管片吊机功能是否正常，运行控制操作是否良好	每天
整体	管片吊机清洁	每天
整体	检查导向轮、行走轮磨损是否正常无影响	每天
整体	检查行走机构的大小齿轮啮合是否正常	每月 15 日
整体	检查管片吊机行走、起升链条及其链条箱是否清洁且完好	每周一
电气部分	检查行走及上下限位是否正常	每天
电气部分	检查卷盘电缆是否损坏	每天
电气部分	检查葫芦及行走电机声音是否异常	每天
电气部分	检查葫芦及行走电机密封盖及防护是否良好	每天

（4）喷射混凝土系统

喷射混凝土系统保养计划示例见表 6-1-14。

喷射混凝土系统保养计划示例　　　　表 6-1-14

部　件	保　养　内　容	保　养　周　期
大车行走轨道	检查轨道连接处有无错台，清理积渣	每天
行走轮	检查轴承、行走轮有无损坏	每天
输送泵活塞	检查磨损情况，是否存在漏浆	每天
输送泵耐磨环	检查磨损情况，是否存在漏浆	每天
输送泵液压系统	检查漏油情况、电磁阀、液压缸动作	每天
吊罐系统	检查液压缸、电磁阀功能是否正常	每天
速凝剂系统	检查泵、管路的流量、压力是否正常	每天
螺栓	检查螺栓有无松动、丢失，是否存在裂纹或断裂	每天
螺栓	校核螺栓扭矩	每周
液压管路	检查管路泄漏、磨损情况，整理管路	每天
喷锚管路	检查管路磨损情况，清理检查管路接口，每次作业后清理管路	每天

续上表

部件	保养内容	保养周期
液压缸	检查有无损伤、弯曲,是否存在石块卡滞,有无泄压,清理卡滞石块等杂物	每天
卷盘	对卷盘注脂至润滑脂从溢脂孔溢出,检查卷盘管线磨损	每天
泵站	检查螺栓、联轴器、泵站压力,清理泵站	每天
马达	检查有无泄漏、管路有无破损	每天
马达	检查轴承润滑	每半年
阀站	整理阀站及管路,检查管路有无破损	每天
油液	检查油位,检测油品质量	每月

(5) 带式输送机

带式输送机保养计划示例见表6-1-15。

带式输送机保养计划示例　　　　表6-1-15

部件	保养内容	保养周期
胶带	检查胶带张紧力、磨损情况、有无偏移、有无夹渣,清理表面杂物	每天
胶带	中下部清理	每周
刮板和挡渣板	检查磨损情况、有无变形移位,清理杂物	每天
电缆	检测温度,清理覆盖杂物	每天
电机	检查防锈层、表面涂层、空气过滤器、温度、风扇是否正常,有无异响噪声;清理表面杂物	每天
电机	检查滚动轴承,需要时更换;更换油封,清洁散热通风道	每年
急停线	检查急停是否复位,有无干涉	每天
马达	检查有无泄漏、管路有无破损	每天
马达	检查轴承润滑	每半年
减速机	检查油位,有无异响	每天
减速机	检测油品质量	每月
减速机	检查密封、带扭矩臂的减速器(检测橡胶缓冲块,必要时进行更换)	每半年
减速机	更换润滑油,检测制动器(制动盘背板、制动盘,测量制动器厚度,测量和调整制动间隙)	每年
螺栓	检查螺栓有无松动、丢失,是否存在裂纹或断裂	每天
螺栓	校核螺栓扭矩	每周
管路	检查管路泄漏、磨损情况,整理管路	每天
液压缸	检查有无损伤、弯曲,是否存在石块卡滞,有无泄压,清理卡滞石块等杂物	每天
泵站	检查螺栓、联轴器、泵站压力,清理泵站	每天
阀站	整理阀站及管路,检查管路有无破损	每天
油液	检查油位,检测油品质量	每月
反向滚筒	检查有无损坏、磨损	每月
封闭输送区域	检查、清洗	每月
电缆走线架、反向滚轮	检查是否损坏,若有应及时更换	每月

(6) 通风除尘系统

通风除尘系统保养计划示例见表 6-1-16。

通风除尘系统保养计划示例　　　　　　　　　　　　　　表 6-1-16

部　件	保　养　内　容	保　养　周　期
滤网(除尘)	检查滤网,清理积尘	每天
风道(除尘)	清理风道积尘(除尘系统)	每天
软连接(除尘)	检查有无破损、松动、漏风	每天
通风	检查风扇、风管,电机是否存在异响	每天
轴承	检查轴承润滑,注脂	每月
万向节	检查是否存在异常	每月
叶轮	清洗叶轮,检查变形情况	每半年
螺栓	检查螺栓有无松动、丢失,是否存在裂纹或断裂	每天
螺栓	校核螺栓扭矩	每周
风管管路	检查管路磨损情况、风管风压	每天

(7) 空压机

空压机保养计划示例见表 6-1-17。

空压机保养计划示例　　　　　　　　　　　　　　表 6-1-17

部　件	保　养　内　容	保　养　周　期
冷却器、冷却剂	检查冷却剂存量,工作 150h 后,更换冷却剂过滤器	每天
冷却器、冷却剂	检查冷却剂,如需要则添加;检查是否存在泄漏、积尘、超长噪声或振动现象,如有异常,立即处理	每周
冷却器、冷却剂	检查冷却器有无异质堆积,如有积聚则使用气吹或压洗方式将其清除	每月
冷却器、冷却剂	更换冷却剂过滤器	每半年
冷却器、冷却剂	冷却剂取样分析(视情况更换)	每半年
电机	检查是否存在噪声、异常振动	每天
电机	检查滚动轴承,需要时更换,更换油封,清洁散热通风道	每年
螺栓	检查螺栓有无松动、丢失,是否存在裂纹或断裂	每天
螺栓	校核螺栓扭矩	每周
机组预滤器	清洗机组预滤器	每天
机组预滤器	检查机组预滤器的状况,如有必要,吹拭或清洗干净	每周
机组预滤器	卸除清洗,视情况更换	每月
机组预滤器	更换	每半年
储气罐	检查是否存在异常	每天
储气罐	排放储气罐内的冷凝水,检查自排装置是否正常	每周
外观	检查分离器器皿和储气间所有外部表面和设备,如发现任何过度腐蚀、机械或受力损伤,泄漏或其他磨损,立即处理并上报	每周
空气滤芯	清理空气滤芯,空压机内部	每周
空气滤芯	空气过滤器显示器在 3000h 或一年更换期之前就亮红灯,视情况更换,尘埃环境需经常更换	每半年
高温保护开关	检查运行情况	每周
安全阀	检查并重新校准	每半年
分离滤芯	更换	每半年
软管	更换所有软管	每年

续上表

部　件	保养内容	保养周期
轴承	拆下开式电动轴承,润滑	每年
皮带	检查传动皮带和弹簧	每年
皮带	更换传动皮带和气体弹簧	每2年

(8)管片拼装机

管片拼装机保养计划示例见表6-1-18。

管片拼装机保养计划示例　　　　　表6-1-18

部　件	保养内容	保养周期
整体	检查管拼装机功能是否正常,运行控制操作是否良好	每天
整体	清洁管片拼装机	每天
整体	检查导向轮、行走轮磨损是否正常无影响	每天
整体	检查行走机构的大小齿轮啮合是否正常	每月15日
整体	检查各行走、起升链条及其链条箱是否清洁且完好	每周一
电气部分	检查行走及上下限位是否正常	每天
电气部分	检查卷盘电缆是否损坏	每天
电气部分	检查拖链内油管是否摆放整齐无缠绕现象	每天
电气部分	检查按钮、继电器、接触器有无卡死、粘连现象,测试遥控操作盒	每天
电气部分	检查充电器和电池,电池应及时充电以备下次使用	每天
电气部分	检查控制箱、配电箱是否清洁、干燥,无杂物	每天
电气部分	检查拖链内电缆是否摆放整齐无缠绕现象	每天
液压、润滑系统	衬套润滑	每周
液压、润滑系统	缸体润滑	每周
液压、润滑系统	平移液压缸关节轴承润滑	每周
液压、润滑系统	回转及抓取液压缸关节轴承润滑	每周
液压、润滑系统	平移轨道润滑	每周
液压、润滑系统	平移滚轮润滑	每周
液压、润滑系统	回转支承润滑	每天
液压、润滑系统	举重钳关节轴承润滑	每3天
液压、润滑系统	轭架润滑	每3天
液压、润滑系统	齿轮啮合润滑	每周
液压、润滑系统	卸载器提升液压缸关节轴承润滑	每周
液压、润滑系统	卸载器卸载器轨道润滑	每周
液压、润滑系统	减速机齿轮油箱加齿轮油,对特定型号的减速机制动箱也要加注齿轮油	每月
液压、润滑系统	检测管片抓取机构液压系统的抓紧压力,必要时进行调整	每月
液压、润滑系统	检查油箱油位和润滑油液的油位	每天
液压、润滑系统	检查液压缸和管路有无损坏或漏油现象	每天

续上表

部件	保养内容	保养周期
机械系统	检查管片拼装机接近开关工作是否正常	每天
	检查抓取机构和管片起吊螺栓,是否有破裂或损坏	每天
	检查管片拼装机回转拖链和垂直拖链的使用情况	每天
	检查拖链每节之间是否连接正常,拖链内隔片、横杆等是否松脱、折断	每天
	检查减速机连接螺栓是否紧固	每天
	检查液压马达与减速机连接螺栓是否紧固	每天
	检查工作平台是否安全可靠	每天

(9) 注浆系统

注浆系统保养计划示例见表 6-1-19。

注浆系统保养计划示例　　　　　　表 6-1-19

部件	保养内容	保养周期
PLC	检查控制面板是否正常	每天
	检查报警信息是否及时消除	每天
	检查电气控制柜是否清洁	每天
	检查接线有无松动	每天
	检查线路是否磨损	每天
液压系统	检查泵站压力是否正常,泵声音有无异常	每天
	检查油箱油位是否正常	每天
	检查注浆泵工作有无异常,是否存在漏浆	每天
	检查活塞杆是否及时润滑	每天
	检查管路磨损情况,清理检查管路接口,每次作业后清理管路	每天
	整理阀站及管路,检查管路有无破损	每天
搅拌罐	检查电机表面涂层、温度、风扇是否正常,有无异响噪声,清理表面杂物	每天
	检查两端轴承有无泄漏情况	每天
	检查搅拌罐是否清洗干净	每天
	检查底部球阀是否转动灵活	每天

(10) 豆砾石吹填系统

豆砾石吹填系统保养计划示例见表 6-1-20。

豆砾石吹填系统保养计划示例　　　　　　表 6-1-20

部件	保养内容	保养周期
吊机系统	检查行走轨道连接处有无错台,清理行走轨道	每天
	检查行走轨道磨损情况	每周
	检查马达有无泄漏、管路有无破损	每天
	检查限位开关功能是否良好	每天
	检查遥控器功能是否良好	每天
	检查吊机控制线路是否完好	每周

续上表

部　件	保养内容	保养周期
输送带系统	检查皮带张紧力、磨损情况、有无偏移、有无夹渣,清理表面杂物	每天
	检查刮板和挡渣板磨损情况、有无变形移位,清理杂物	每天
	检查马达及减速机有无泄漏、管路有无破损	每天
	检查轴承润滑	每天
豆砾石泵	清洗机器,重点清洗物料输送相关的部件,具体包括料斗、转子腔室、出料口等	每天
	液压油检测和液压油过滤器更换检查	每月
	检查齿轮箱油,检测油品质量	每月
	停机时间大于120d时需要检查液压油过滤器	每四个月
	定期检查并加注压盘润滑油	每周

1.2.4　保养记录

所有保养工作均应准确记录并完整保存,每日提交TBM技术部存档。记录内容应包含日期、运行时间、替换部件和设备问题处置措施等。

保养记录的呈现形式为机械/电气/液压润滑系统保养记录表和单项设备保养记录表。整备工班负责人负责监督记录表填写,机械/电气/液压润滑系统责任工程师负责当班机械/电气/液压润滑系统保养记录的填写,责任工程师负责单项设备保养记录表填写。

1）机械系统保养记录表

机械系统保养记录示例见表6-1-21。

机械系统保养记录表示例　　　　表6-1-21

机械系统保养记录表					
检查人员:			检查日期:	年　月　日	
序号	保养项目	保养周期	正常	异常	备注
主机区					
1	主驱动、刀盘螺栓	每天			
2	主驱动减速机呼吸器	每天			
3	后支腿及销子	每天			
4	顶侧支撑销子	每天			
5	扭矩液压缸销子	每天			
6	楔块液压缸销子和端盖	每天			
7	推进缸销子	每天			
8	拖拉液压缸销子	每天			
9	撑靴系统	每天			
10	其他				
后配套					
1	台车轮子及销子	每天			
2	护栏及楼梯	每天			
3	风筒储存仓安放机构	每天			
4	其他				

续上表

序号	保养项目	保养周期	正常	异常	备注
除尘通风系统					
1	软连接检查及清理	每天			
2	风机检查	每天			
3	刮灰及除灰装置检查	每天			
4	硬质风筒连接检查	每天			
5	其他				
周期检查					
1	主驱动电机连接件	每周			
2	检查内密封端盖/锁紧装置	每周			
3	检查外密封端盖/锁紧装置	每周			
4	台车与台车连接螺栓	每周			
5	除尘滤网检查及清理	每周			
6	其他				

说明：

2）电气系统保养记录表

电气系统保养记录示例见表 6-1-22。

电气系统保养记录表示例 表 6-1-22

电气系统保养与修理记录表					
检查人员：				检查日期： 年 月 日	
序号	保养项目	保养周期	检查内容	正常	异常	备注
1	照明电路	每天	功能检查			
2	主驱动电机、泵站电机	每天	功能测试和安全检查			
3	动力/控制电缆	每天	有无断开、破损、刮蹭			
4	电磁阀、传感器	每天	功能测试和安全检查			
5	钻机系统	每天	功能测试和安全检查			
6	通风、除尘系统	每天	功能测试和安全系统检查			
7	喷锚系统	每天	功能测试和安全系统检查			
8	吊机系统	每天	功能测试和安全系统检查			
9	TBM 所有急停装置	每天	功能测试和安全检查			
10	冷却循环系统	每天	功能测试和安全检查			
11	工业水系统	每天	功能测试和安全检查			
12	TBM 带式输送机系统	每天	功能测试和安全检查			
13	监控系统	每天	功能测试和安全检查			
14	所有电气柜	每周	端子密封套紧密，必要时检查尘土、进水、清洁、干燥状况			
15	所有电机	每月	检查电机接线盒是否进水、端子是否松动			
16	其他					

说明：

3）液压润滑系统保养记录表

液压润滑系统和供水系统保养记录示例见表 6-1-23。

液压润滑系统和供水系统保养记录表示例　　　　表 6-1-23

\multicolumn{6}{c}{液压系统保养记录表}
检查人员：					检查日期：　　年　月　日
序号	保养项目	保养周期	正常	异常	备注
\multicolumn{6}{c}{主液压系统}
1	呼吸器、滤芯状态检查	每天			
2	液压泵声音、温度、振动	每天			
3	检查油位、压力、流量指示是否正常	每天			
4	检查管路是否磨损及泄漏	每天			
5	其他				
\multicolumn{6}{c}{润滑油和润滑脂系统}
1	油位、呼吸器、滤芯状态检查	每天			
2	润滑泵和油脂泵声音、温度、振动	每天			
3	检查压力、流量指示是否正常	每天			
4	检查管路是否磨损及泄漏	每天			
5	油脂注入情况	每天			
6	其他				
\multicolumn{6}{c}{冷却和供水系统}
1	液位、滤芯状态	每天			
2	冷却泵和水泵的声音、温度、振动	每天			
3	压力、流量指示	每天			
4	管路磨损及泄漏	每天			
5	冷却水补充	每天			
6	其他				
\multicolumn{6}{c}{主轴承}
1	主轴承密封、润滑管路	每天			
2	密封冲刷状况	每天			
3	密封压板螺栓	每天			
4	其他				
\multicolumn{6}{c}{周期检查}
1	水箱清理	每月			
2	取油样检测	每月			
3	冷却器清理及滤芯	每月			
4	滤芯清理	每月			
5	油箱清理	每季			
6	其他				
说明：					

4)单项设备保养记录表

(1)锚杆钻机保养记录表

锚杆钻机保养记录示例见表 6-1-24。

锚杆钻机保养记录表示例 表 6-1-24

锚杆钻机保养记录表			
责任工程师:			检查日期: 年 月 日
保养项目	保养周期	情况说明	备注
齿圈、线槽、钻机清理	每天		
凿岩机注润滑脂	每天		
氮气	每天		
夹钎器检查注脂	每天		
驱动马达	每天		
导向轮	每天		
齿轮啮合情况	每天		
传动齿轮固定销	每天		
液压方向执行机构情况	每天		
液压方向执行机构注脂	每天		
凿岩机推进液压缸	每天		
推进器液压缸	每天		
推进器固定螺栓	每天		
方向执行机构固定螺栓	每天		
油路、水路、气路	每天		
脉冲润滑	每天		
脉冲泵	每天		
脉冲润滑油箱	每天		
其他			
说明:			

(2)钢拱架安装器保养记录表

钢拱架安装器保养记录示例见表 6-1-25。

钢拱架安装器保养记录表示例 表 6-1-25

钢拱架安装器保养记录表			
责任工程师:			检查日期: 年 月 日
保养项目	保养周期	检查情况	备注
杂物清理	每天		
驱动马达	每天		
导向轮	每天		
注脂润滑	每天		
行走梁清理	每天		
行走轮状态	每天		

续上表

保养项目	保养周期	检查情况	备注
行走轮注脂	每天		
行走液压缸	每天		
行走液压缸注脂	每天		
其他			
说明：			

（3）吊机保养记录表

仰拱吊机、材料吊机、软风管储存筒吊机等保养记录示例见表 6-1-26，管片吊机保养记录示例见表 6-1-27。

吊机保养记录表示例 表 6-1-26

吊机保养记录表			
责任工程师：		检查日期：	年　月　日
保养项目	保养周期	检查情况	备注
行走轨道	每天		
吊机链条	每天		
仰拱吊机液压系统	每天		
行走轮	每天		
导链器	每天		
旋转机构	每天		
吊机各部位螺栓	每天		
吊机顶部	每天		
其他			
说明：			

管片吊机保养记录表示例 表 6-1-27

吊机保养记录表			
责任工程师：		检查日期：	年　月　日
保养项目	保养周期	检查情况	备注
管片吊机	每天		
行走轨道	每天		
链轮链条	每天		
电缆卷筒	每天		
抓取装置	每天		
控制箱	每天		

续上表

保养项目	保养周期	检查情况	备注
限位开关	每天		
其他			

说明：

（4）喷射混凝土系统保养记录表

喷射混凝土系统保养记录示例见表6-1-28。

喷射混凝土系统保养记录表示例　　　　　　表6-1-28

喷射混凝土系统保养记录表			
责任工程师：		检查日期： 年 月 日	
保养项目	保养周期	检查情况	备注
喷锚大车行走轨道检查	每天		
喷锚行走轮检查	每天		
喷锚大车液压系统	每天		
喷锚料输送管道	每天		
喷锚机械手	每天		
遥控器	每天		
输送泵活塞检查	每天		
输送泵耐磨环、面板	每天		
输送泵液压系统	每天		
喷锚系统吊罐系统	每天		
喷锚速凝剂系统检查	每天		
其他			

说明：

（5）带式输送机保养记录表

带式输送机保养记录示例见表6-1-29。

带式输送机保养记录表示例　　　　　　表6-1-29

带式输送机保养记录表				
责任工程师：			检查日期： 年 月 日	
部位	保养项目	保养周期	检查情况	备注
PLC	检查控制面板是否正常	每天		
	检查报警信息是否及时消除	每天		
	检查电气控制柜是否清洁	每天		
	检查接线有无松动	每天		
	检查线路是否磨损	每天		
	其他			

续上表

部位	保养项目	保养周期	检查情况	备注
主机带式输送机	检查主驱动是否运转正常	每天		
	检查主驱动螺栓是否松动	每天		
	检查主驱动接头是否漏油	每天		
	检查从动轮运转是否正常	每天		
	卸渣仓检查			
	检查从动轮润滑是否正常	每天		
	检查缓冲、硬质、防偏托辊运转是否良好	每天		
	检查胶带是否跑偏	每天		
	检查刮渣板是否正常	每天		
	检查胶带是否有破损	每天		
	检查胶带护皮是否良好	每天		
	检查轴向胶带调节液压缸滑槽是否干净	每天		
	胶带下方积渣清理	每天		
	滚筒润滑注脂	每天		
	检查张紧机构是否正常	每天		
	其他			
连续带式输送机、转渣带式输送机	检查主驱动是否运转正常	每天		
	检查主驱动接头是否漏油	每天		
	检查主驱动螺栓是否松动	每天		
	检查刮渣板是否调整	每天		
	检查卸渣仓是否正常	每天		
	检查张紧装置是否正常	每天		
	检查胶带是否有破损	每天		
	检查胶带是否跑偏	每天		
	检查缓冲、硬质、防偏托辊运转是否良好	每天		
	检查回程刮渣器是否良好	每天		
	检查从动轮运转是否正常	每天		
	检查从动轮有无油液泄漏	每天		
	检查托辊运转是否良好	每天		
	检查驱动部分是否干净	每天		
	检查储带仓有无异常	每天		
	检查支架有无变形	每天		
	其他			

说明：

(6) 通风除尘系统保养记录表

通风除尘系统保养记录示例见表 6-1-30。

通风除尘系统保养记录表示例　　　　　　　　　　　　　　表 6-1-30

通风除尘系统保养记录表				
责任工程师：				检查日期：　年　月　日
部位	保养项目	保养周期	检查情况	备注
通风系统	风机底座固定情况	每天		
	检查管路连接是否错位	每天		
	检查软连接是否破损	每天		
	检查风机噪声是否异常	每天		
	储风筒吊机检查	每天		
	其他			
除尘系统	除尘柜清理	每天		
	检查软连接是否破损	每天		
	检查管路是否积尘	每天		
	滤网检查	每天		
	刮板机构润滑和清理	每天		
	其他			
说明：				

(7) 空压机保养记录表

空压机保养记录示例见表 6-1-31。

空压机保养记录表示例　　　　　　　　　　　　　　表 6-1-31

空压机保养记录表			
责任工程师：			检查日期：　年　月　日
保养项目	保养周期	检查情况	备注
清理	每天		
储气罐排水	每天		
空压机排水	每天		
空滤清理	每天		
油位检查	每天		
压力检查	每天		
报警信息	每天		
其他			
说明：			

（8）管片拼装机保养记录表

管片拼装机保养记录示例见表6-1-32。

管片拼装机保养记录表示例 表6-1-32

管片拼装机保养记录表					
责任工程师：				检查日期： 年 月 日	
部件	保养项目	保养周期	检查情况	备注	
整体	检查管拼装机功能是否正常,运行控制操作是否良好	每天			
	管片拼装机清洁	每天			
	检查导向轮、行走轮磨损是否正常无影响	每天			
	检查行走机构的大小齿轮啮合是否正常	每月15日			
	检查各行走、起升链条及其链条箱是否清洁且完好	每周一			
电气部分	检查行走及上下限位是否正常	每天			
	检查卷盘电缆是否损坏	每天			
	检查拖链内油管是否摆放整齐,无缠绕现象	每天			
	检查按钮、继电器、接触器有无卡死、粘连现象,测试遥控操作盒	每天			
	检查充电器和电池,电池应及时充电以备下次使用	每天			
	检查控制箱、配电箱是否清洁、干燥,无杂物	每天			
	检查拖链内电缆是否摆放整齐,无缠绕现象	每天			
液压、润滑系统	衬套润滑	每周			
	缸体润滑	每周			
	平移液压缸关节轴承润滑	每周			
	回转及抓取液压缸关节轴承润滑	每周			
	平移轨道润滑	每周			
	平移滚轮润滑	每周			
	回转支承润滑	每天			
	举重钳关节轴承润滑	3天			
	轭架润滑	3天			
	齿轮啮合润滑	每周			
	卸载器提升液压缸关节轴承润滑	每周			
	卸载器卸载器轨道润滑	每周			
	减速机齿轮油箱加齿轮油,对特定型号的减速机制动箱也要加注齿轮油	每月			
	检测管片抓取机构液压系统的抓紧压力,必要时进行调整	每月			
	检查油箱油位和润滑油液的油位	每天			
	检查液压缸和管路有无损坏或漏油现象	每天			
机械系统	检查管片拼装机接近开关工作是否正常	每天			
	检查抓取机构和管片起吊螺栓是否有破裂或损坏	每天			
	检查管片拼装机回转拖链和垂直拖链的使用情况	每天			
	检查拖链每节之间是否连接正常,拖链内隔片、横杆等是否松脱、折断	每天			
	检查减速机连接螺栓是否紧固	每天			
	检查液压马达与减速机连接螺栓是否紧固	每天			
	检查工作平台是否安全可靠	每天			
说明：				

(9)注浆系统保养记录表

注浆系统保养记录示例见表6-1-33。

注浆系统保养记录表示例 表6-1-33

注浆系统保养记录表				
责任工程师：			检查日期：　　年　　月　　日	
部位	保养项目	保养周期	检查情况	备注
PLC	检查控制面板是否正常	每天		
PLC	检查报警信息是否及时消除	每天		
PLC	检查电气控制柜是否清洁	每天		
PLC	检查接线有无松动	每天		
PLC	检查线路是否磨损	每天		
PLC	其他			
泵站、阀站	检查泵站压力是否正常	每天		
泵站、阀站	检查泵声音有无异常	每天		
泵站、阀站	检查油箱油位是否正常	每天		
泵站、阀站	检查注浆泵工作有无异常	每天		
泵站、阀站	检查活塞杆是否及时润滑、清洗干净	每天		
泵站、阀站	检查管路是否清洗干净	每天		
泵站、阀站	检查阀站元件是否正常、清洗干净	每天		
泵站、阀站	其他			
搅拌罐	检查搅拌罐电机是否正常	每天		
搅拌罐	检查两端轴承有无泄漏情况	每天		
搅拌罐	检查搅拌罐是否清洗干净	每天		
搅拌罐	检查底部球阀是否转动灵活	每天		
搅拌罐	其他			
说明：				

(10)豆砾石吹填系统保养记录表

豆砾石吹填系统保养记录示例见表6-1-34。

豆砾石吹填系统保养记录表示例 表6-1-34

豆砾石吹填系统保养记录表				
责任工程师：			检查日期：　　年　　月　　日	
部位	保养项目	保养周期	检查情况	备注
吊机系统	吊机油箱油位	每天		
吊机系统	吊机配电柜	每天		
吊机系统	吊机阀组	每天		
吊机系统	检查吊机液压管路是否完好	每天		
吊机系统	检查吊机控制线路是否完好	每天		
吊机系统	检查吊机吊具是否完好	每天		
吊机系统	检查限位开关功能是否良好	每天		
吊机系统	检查遥控器功能是否良好	每天		
吊机系统	其他			

续上表

部位	保养项目	保养周期	检查情况	备注
输送带系统	检查带式输送机马达运转是否正常	每天		
	检查带式输送机托辊运转是否正常	每天		
	检查带式输送机底部是否清理干净	每天		
	检查下料斗是否完好	每天		
	检查转轴处润滑是否良好	每天		
	检查皮带内部是否夹石子	每天		
	其他			
豆砾石泵	检查泵运转是否良好	每天		
	检查声音是否正常	每天		
	检查变速箱油位是否正常	每天		
	检查控制按钮是否正常	每天		
	检查配电箱是否清理干净	每天		
	检查周围是否清理干净	每天		
	检查管路是否磨损	每天		
	检查进气管路有无异常	每天		
	其他			
说明：				

1.2.5 保养信息化

建立维保信息化管理系统，结合物联网技术针对保养计划、保养工单、保养监督、计划跟踪、保养数据、急修管理、配件管理建立全流程信息化系统，应用移动终端或手机终端应用（App），进行保养信息化录入，上传照片消点，进行智能数据分析、保养提醒和报警、故障受理与调度。同时，可进一步拓展相关功能。

1.3 刀盘刀具保养

刀盘刀具保养是 TBM 设备保养的重点对象，其关系到现场是否能连续掘进和后期的施工安排，对掘进效率以及设备寿命影响较大，可以将其作为 TBM 保养的首要任务。

本节重点介绍刀盘刀具的保养流程、工作内容以及技术要点。刀盘刀具保养工作主要包含两项基本要求：①不因保养不当，导致掘进中刀盘刀具状态异常而停机；②尽量减少占用掘进工班作业时间开展刀盘刀具保养工作，以提高 TBM 纯掘进时间利用率。

1.3.1 刀盘保养

刀盘保养关系到 TBM 当日是否具有连续掘进能力和后期的刀盘刀具状态，应根据当前的地质条件、掘进参数、刀盘刀具状态等安排好当日刀盘保养内容，必要时制定后期刀盘维修计划。

1）保养周期

（1）每日检查。每日按保养计划检查刀盘,完成相应的保养工作。

（2）交接班检查。两个掘进工班交接时停机进行刀盘检查及必要处理,保证下一掘进工班能连续掘进。

（3）故障检查。掘进中发现刀盘异常、弃渣中发现金属物等特殊情况,应立即停机检查。

在确保刀盘运转状态可靠的前提下,保养周期可根据工序安排、地质条件和刀盘状态适当调整。

2）保养内容

TBM停机状态下,检查人员进入刀盘,首先用高压水清洗刀盘,以便于清晰检查各部件,降低刀盘温度。检查内容如下：

（1）检查刀盘上所有紧固件的扭矩,确保扭矩值达到规定值；

（2）检查铲斗和刀座的焊缝情况,检查铲斗齿的磨损情况、铲斗齿螺栓是否松动及铲斗座的变形情况；

（3）检查边刀刀座外缘的损坏情况；

（4）每天检查水喷嘴是否堵塞或损坏,检查喷水系统软管防护措施是否失效、喷水嘴的喷水效果是否良好；

（5）检查除尘风筒吸水口的滤网,发现积渣应及时清理,如有破损马上更换；

（6）检查双头螺柱的螺栓及保护帽,用敲击方法检查是否松动,防松钢筋如有缺失或开焊,应及时补焊；

（7）中心回转接头应每日注脂；

（8）检查刀盘主体结构及焊缝是否有裂纹或变形（刀座与刀盘连接焊缝是重点查看部位）。

3）注意事项

（1）刀盘保养前,应由刀盘保养人员拔出主控室钥匙并妥善保管,确保主驱动系统为本地控制模式（即主控室内无法启动刀盘）后,方可进行作业。

（2）刀盘点动时,应保证保养人员处于安全空间,保持良好通讯联系,避免发生安全事故。

（3）刀盘保养前应适当降温、降尘,避免身体接触灼热的金属部件。

（4）确认无危险后保养人员方可进入掌子面工作,期间应专人负责观察警戒,避免岩石坠落伤人。当掌子面有明显塌方迹象或存在坍塌风险时,任何人不得进入掌子面作业。

（5）详细记录刀盘保养情况。

（6）检查、保养完成后,清点工具并全部移离刀盘,避免掘进时损坏刀盘及相关部件。

1.3.2 刀具保养

刀盘上配置的滚刀必须全部处于完好状态,TBM才能正常破岩,即便一把刀具损坏失效都必须停机检查更换。因此刀具需定期检查,按规范评定其状态,及时处理出现的问题,恢复整盘刀正常的破岩性能,尽量避免掘进工班作业期内因刀具问题而中断掘进。

1）检查周期

（1）周期检查

①初始掘进150m每隔4h检查一次刀具。

②初始掘进150m后,刀具检查频次可以延长到每班或每天一次,通常情况下,应能保证每班检查一次。连续两个掘进工班后,必须对掘进后的刀具运用情况作全面彻底的检查。

③更换新刀后的例行检查中,当发现刀盘区出现异常情况或岩渣中发现钢的磨损颗粒时,应立即排查原因;硬岩条件下,当发现相邻两个掘进循环的洞壁结合部呈明显沟槽、台阶或波浪形时,应考虑边刀偏磨、漏油或调向过大的可能性,及时安排检查。

(2)交接班检查

两个掘进工班交接时停机检查刀具并妥善处理,为下一掘进工班能连续掘进创造条件。

(3)新装刀具扭矩复查

对新装刀具,掘进1个循环或者1h(以先到者为准)后停机检查校核刀具安装螺栓扭矩。

(4)故障检查

掘进中发现刀具漏油、刀盘异响、弃渣中有金属物、渣量突变、超规格岩渣等特殊情况时,应停机检查。

(5)临时检查

当存在难以确定的异常现象时(掘进速度突降、扭矩异常变化、主驱动电机电流频繁大幅度跳动等),应停机临时检查。

检查周期可根据地质条件和刀盘刀具的状态适当调整,例如,在Ⅰ、Ⅱ级围岩中掘进,围岩完整性好、抗压强度高,每循环连续掘进时间长,每循环至少检查一次;连续掘进时间较长时,每1.5~2h检查一次。

2)检查内容

(1)准备工作

①手动操作,接通刀盘点动开关插座(断开与司机室的操作联系)。

②携带刀具磨损值测量工具、点检锤、撬棍、风动扳手和其他必备工具进入刀盘,接通照明灯。

③清理用高压水冲洗通道及刀盘内部,同时刀盘冲水降温。

④清洗每个刀孔内的积石、泥浆,使刀圈、刀具的安装螺栓及各测量表面清洁。

(2)刀具检查

用磨损量检测卡规检测中心刀、正刀和边刀,正确量测刀圈外轮廓,检查磨损量;同时观察刀圈的裂纹、断裂和剥落以及刀具固定螺栓的松动情况;检查刀圈是否轴向移位、挡圈是否脱落、刀圈轴承的密封是否漏油,铲斗齿是否有螺栓松动、铲斗损坏、铲斗座是否变形,以上检查结果需逐一记录在报表上。

刀具检查方法包括闻、看、摸、敲、转、量。

①闻:进入刀盘首先要闻,刀盘里有没有刀具油的气味。

②看:目测检查刀具的外观是否正常,检查刀圈是否轴向移位、挡圈是否脱落、刀圈轴承的密封是否漏油,观察刀圈的裂纹、断裂和崩刃以及刀具固定螺栓的松动情况。

③摸:通过触摸刀具的温度来判断刀具轴承磨损程度,必要时以红外测温枪检查刀具温度。

④敲:敲击检查刀具紧固件是否松动。

⑤转:确保每一把刀都要转动一圈,检查扭矩,并查看是否偏磨。

⑥量:正确量测刀圈外轮廓,检查磨损量,并做好记录。掘进期间,一般只对目测接近极限磨损量的刀具用工具检查并记录。

刀盘刀具检查过程中,应按要求填写检查表,见表6-1-35。

刀盘刀具检查表示例　　　　　　　　　　　　　　　　　　　　　　　　　表 6-1-35

刀盘刀具检查表											
掘进时间:						掘进里程:					
检查人:						日期:					
刀位号	边界值（mm）	实际磨损值（mm）	滚刀号		损坏原因	刀位号	边界值（mm）	实际磨损值（mm）	滚刀号		损坏原因
			拆刀号	装刀号					拆刀号	装刀号	
中心刀						面刀					
1						17					
2						18					
3						19					
…						…					
…						…					
面刀						边刀					
9						35					
10						36					
11						37					
…						…					
…						…					
（刀盘布置示意图）						刮渣板状态					
^						1号刀仓:					
^						2号刀仓:					
^						×号刀仓:					
^						×号刀仓:					
^						刀盘喷水状态:					
^						中心回转接头注脂:					
注意事项: 1. 新装刀具楔块必须校核扭矩,掘进完1~2个循环后复核新装刀具楔块扭矩。 2. 每天抽查未更换刀具楔块扭矩,抽检数量不得少于5把(抽检刀号:_____)。											

3）刀具更换及安装

正确更换刀具可以减少刀具的异常损坏,减少刀具消耗,减少因刀具异常损坏造成的停机,提高TBM掘进速度和纯掘进时间利用率。刀具更换原因主要包含3类:①刀圈磨损到位;②刀具异常损坏;③调整滚刀高差。其中,刀具异常损坏主要包括刀具漏油、刀圈偏磨、刀圈断裂、刀圈移位、挡圈丢失、刀具螺栓损坏等。

(1) 刀具更换条件

为了最大限度延长刀圈寿命,从刀盘边缘更换的边刀常被用来替换旧正刀,因为边刀允许磨损量大约只是正刀允许磨损量的1/2。这种延长滚刀使用寿命的方法不会对掘进作业产生不利影响。

如果出现下列情形应更换刀具：

①刀圈磨损到位。不同尺寸刀圈的报废标准不同，工程中常用的17in、18 in、19in、20in刀圈的极限磨损量一般分别为25mm、35mm、35mm、45mm。根据TBM结构和隧洞的需求，磨损量极限值会有所不同，应合理控制。边刀刀圈磨损至极限值时应调整到正刀位置，以延长刀圈使用寿命。

②刀具异常损坏时应及时更换，并检查周边岩渣堆积状态，必要时及时清理。刀具异常损坏，主要表现为：刀圈偏磨、刀圈弦磨、刀圈崩刀、刀圈断裂、刀圈移位、挡圈脱落、刀体损坏、刀轴损坏、漏油、螺栓松动、转动异常等。

(2) 刀具安装工艺

刀具应尽可能批量更换并合理控制一次更换数量。控制相邻滚刀的刀高差，刀高差过大，容易导致磨损量较小的滚刀过载，影响滚刀的使用寿命；刀圈磨损后，刃宽变大，相同贯入度所需的扭矩和推力会明显增大，破岩能力明显降低；而且滚刀磨损后若不及时更换，则铲斗、刀盘面板与岩体接触，导致关联部件损坏严重。但是，如果严重低于磨损极限时频繁更换滚刀，则不能发挥每个刀圈应有的效能，在增大刀具消耗的同时还会影响TBM的纯掘进时间。

中心刀一般要同时更换，并同时更换相邻刀位正刀。边刀一般要成组更换，并同时更换相邻刀位的正刀；相邻刀具高差应不大于8 mm。

区域批量换刀。正面刀的区域范围大，各刀位的刀圈磨损速度相差很大，因此正刀一般分区域更换，某一半径区域的刀圈磨损达到或接近磨损极限值时，应同时更换，在区域的边缘调整高差。区域的大小视刀圈磨损情况及合理使用刀圈和地质因素等综合考虑而定，但应注意充分使用刀圈和减少占用掘进工班时间，应适当缩小换刀区域，增加换刀次数。

刀具更换应填写换刀统计表，见表6-1-36。

换 刀 统 计 表　　　　表6-1-36

序　号	日期	刀轴号	刀座号	时间	换刀人	备　注
1						
2						
3						
4						
5						
...						

刀具的安装质量直接影响TBM破岩，是TBM高效掘进的关键影响因素。刀具安装须严格执行下列操作要点：

①人员撤离并点动刀盘，将要更换的滚刀转到合适的位置，清洗滚刀上和刀座内的泥渣。

②用辅助工具套住滚刀并用电动吊机或导链(为方便描述，以下称导链)拉住钢丝绳，略微带力，然后用风动扳手拆除滚刀拉紧楔块的锁紧螺母和螺杆，用撬棍配合取出挡块。

③用铜棒配合铁锤敲击并取出拉紧楔块，用专用羊角撬棍撬出滚刀，脱离刀座，上方配合提升导链，其间缓慢晃动导链，防止滚刀拉出过程中被刀孔卡死。

④滚刀脱离刀孔后快速提升至刀盘中心位置，清洗刀轴吊环安装孔，并安装吊环，记录下刀号。

⑤用导链与吊环连接，以类似方式将新刀运往安装位置，并记录刀号。

⑥仔细清洗滚刀和刀座，刀座内的泥渣应全部清洗干净。滑移至主梁前端出入口，落于洞底。

⑦调整刀轴方向至合适的安装角度，将滚刀推入刀孔，缓慢下降导链，用撬棍撬动滚刀滑入安装槽。

⑧用钢丝刷清洗拉紧楔块、挡块、螺栓（如 M30×480mm），安装螺栓并用风动扳手预紧，以扭矩扳手校核至额定扭矩。

⑨滚刀更换全部完成后，收回所有工具，严禁在刀盘内留有任何杂物。

⑩将刀盘钥匙交给 TBM 主司机，告知换刀完成，撤掉换刀警示牌。

4）刀具检查与更换安全措施

（1）进入刀盘进行作业，由指定的当班刀具工程师对作业安全负责，进行安全检查和管理。

（2）进入刀盘前，先与 TBM 主控室联系，经主司机同意后方可取掉 TBM 操作钥匙进入刀盘。TBM 主司机监控主控室，严禁刀盘旋转操作。

（3）刀具检查维护前，首先由当班小组长进入刀盘，检查掌子面，确认围岩安全后方可通知其他人员开始作业。

（4）转动刀盘由经培训合格的专人操作、专人指挥。启动前撤出刀盘内的人员和工具，操作手与刀盘前的人员（如果有）必须保持联络通畅。

（5）刀盘内空间狭窄，刀具吊运和工具移动，经常上下同时作业，要有专人指挥，互相配合，吊运重物下严禁站人。

（6）每次使用前检查起重用钢丝绳、吊环、环链等，发现损坏及不可靠者应及时更换和处理，吊装过程中必须安装牢固、可靠。

（7）刀盘控制钥匙由操作人员专人保管，当需要把钥匙交还 TBM 主控室进时，首先保证所有人员必须撤离刀盘。

（8）刀盘内人员在作业过程中必须穿戴好安全防护用品，防止意外伤害。刀盘内进行电气焊作业时要有专人监督。

（9）刀具检查与更换作业完成后，清点移除刀盘内的所有工具零部件及杂物，撤离全部人员，检查确认后，把刀盘控制钥匙交还给 TBM 主司机，并通知其刀盘检查维护完成。

5）刀具使用与保养注意事项

TBM 刀具使用与保养需要注意以下事项：

（1）达到更换条件的刀具一经发现必立即更换，并告知 TBM 主司机在恢复掘进时应减小推进速度，使刀盘面上的刀具缓慢接触掌子面。

（2）做好刀具检查、更换、故障处理的原始资料记录（文字、影像、报表）。对重大故障，必须形成书面报告，详细记录处理流程、时间、人员、方法，处理过程中存在的问题以及采取的措施。

（3）周转刀供应充足，刀具调整必须保证所有刀具的磨损值在合理范围以内，且相邻滚刀高差在技术文件的允许范围内。

（4）确保刀盘喷水系统正常工作状态，避免高温导致的刀具异常损坏。

（5）每次拆装刀具，拆卸下的楔块、压块、螺栓必须清洗干净，接触面和螺纹需用钢丝刷打磨干净，刀座必须用高压水清洗干净以后，方可安装刀具。

（6）铲斗齿磨损严重时，应及时更换，一则有利于 TBM 出渣，二则可以防止刀盘磨损。如果更换不及时，铲斗基座会因磨损严重而变形，修理困难。

(7)严格控制TBM单次调向幅度,避免刀盘刀具在启动及调向时承受过大的荷载。

(8)合理选择掘进参数(推力、扭矩、推进速度等),使其与地质条件相适应,同时兼顾施工效率和刀具保护。

(9)总结刀具磨损规律,并分析TBM掘进参数的选取是否合理、调向幅度是否过大,及时反馈给主司机。

第 2 章 状态监测

状态监测是为掌握 TBM 运行状态而采用的检查技术,其技术内容主要是对运转中的设备整体或其零部件的运转状态进行检查鉴定,以判断运转是否正常,有无异常及劣化征兆,或对异常情况进行追踪,预测劣化趋势等。

作为大型隧道施工设备,TBM 自身一般具备一套相对完整的监测系统,该监测系统利用各种传感器实时采集运行参数和设备信息(如刀盘扭矩、主驱动系统转速、电流,液压系统压力、流量等)集中传送至工控机,由 PLC 系统实现整机状态的在线监测。由于 TBM 的设备结构和系统非常庞大、复杂,其自身在线监测系统重点关注各关键设备的部分参数,其他系统和设备的参数需要另配仪器设备人员离线监测。

本章介绍了 TBM 状态监测的工作流程和内容、监测部位、监测指标、监测标准和技术要点,重点讨论了主轴承、液压系统、驱动电机等关键设备部件的监测项目和内容,本章所叙述的 TBM 状态监测内容涵盖在线和离线监测两部分,可供一线施工技术和管理人员参考。

2.1 状态监测的目的与范围

2.1.1 状态监测的目的

状态监测的目的在于掌握设备发生故障之前的异常征兆与劣化信息,掌握设备的实际特性,以便事前采取针对性措施,预防设备故障恶化,防止故障发生,减少停机损失,提高设备有效利用率同时避免过度维护,节约保养的修理费用。

2.1.2 状态监测的范围

1) 监测对象

根据 TBM 各系统和部件的重要程度和故障对施工的影响程度,状态监测以 TBM 主机为主,监测重点部位包含主轴承、大齿圈、主轴承密封、液压润滑系统、主驱动电机和减速机,带式输送机减速机等。其余液压泵站和辅助设备则根据需要,有选择地进行分项目监测。

2）监测内容

(1) 机械部件各摩擦副在运动中的磨损,会随着运转时间的推移而加剧,运动副间隙也相应增加,复杂恶劣工作环境加速了磨损进程,由此产生振动、高温、异响、动作异常等故障。故障的信息可以通过多种检测途径溯源,为故障排除隐患治理、提前预防提供依据。

(2) 通过油样光谱分析、铁谱分析和污染度分析,可以获得进入液压油域润滑油中磨损产物的种类、磨损颗粒的形貌、尺寸、含量,并由此判断机械磨损的部位及严重程度;通过油液理化指标的化验,可以得知油液的劣化情况,由油质的变化推断故障诱因;同时根据按需维修、强制保养的要求,及时更换变质的油液并延长正常油液的使用时间。

(3) 通过各种机载传感器,可以实时监测设备运转参数和运行状态;位移、压力、温度、油位、转速、电流等参数的变化对故障诊断有直接和间接的参考作用。

2.2 状态监测部位及技术

TBM 由成千上万个零部件组成,监测全部零部件,实现难度大甚至不可行,代价高而且没有必要。根据状态监测目的和范围,确定重点监测部位,选择合理的监测技术,既能保证监测效果,又能节约时间和施工成本。

2.2.1 状态监测部位

TBM 状态监测的重点部位包含主轴承和大齿圈总成、主轴承密封、液压润滑系统、主驱动电机和减速机等。各重点监测部位的监测项目和内容见表 6-2-1。

状态监测实施部位　　　　　　表 6-2-1

监测对象	监测手段	监测频率	备注
主轴承总成	目测、内窥检查	每月一次	指标异常时,应缩短监测间隔时间或随时检测
	油液分析	理化指标分析每周一次,铁谱、光谱分析每月一次	
主轴承密封	目测密封冲刷效果	每日一次	指标异常时,应缩短监测间隔时间或随时检测,必要时停机检查
	油液分析	理化指标分析每周一次,铁谱、光谱分析每月一次	
主驱动电机及减速机	振动监测	每周一次	异常时,停机拆检
	油位油液目测	每天一次	
	油液分析	每月一次	
液压润滑系统	在线监测	实时	异常时,更换油液并增加监测频次,若继续恶化,停机检查
	油液分析	每月一次	
辅助泵站	振动监测	每月一次	异常时,更换油液并增加监测频次,若继续恶化,停机检查
	油位油液目测	每日一次	
	油液分析	每月一次	

(1) 主轴承和大齿圈状态监测

主轴承总成(包括大齿圈)是 TBM 的核心部件之一,其状态完好是 TBM 正常掘进的必要条件,因此将其作为重点监测项目。主轴承和大齿圈监测方法主要包括油液光谱分析、分析式铁谱分析、油液理化指标分析(包括污染度、黏度、水分)、润滑系统运行参数检查与主轴承检修盖板内部轴承磨损状况定期检查。

磨损分析一般每月一次;当分析指标异常,为防止误判,可立即再现取样分析,根据分析结果和磨损趋势的情况适时调整取样间隔。

油液理化指标分析,原则上每周一次;可结合油箱油位例行检查,观察发现油液色泽异常时,可随时进行检测。

(2)主轴承密封状态监测

主轴承的内外密封检查,可在必要时进入主梁内的刀盘旋转部位观察,根据润滑油的泄漏情况及时取样分析,监测频次一般为每周一次。取样位置通常选择在润滑油回油截止阀处。主轴承密封的完好情况,可以通过油样中密封材料颗粒数量、形状和大小、综合污染度、水分、微量元素含量等检测结果综合分析判断。此外,通过润滑系统的回油过滤器可以检查、分析磨损产物的来源和磨损严重程度。

(3)液压润滑系统状态监测

液压润滑系统的监测,主要利用油液在线监测系统,包括油液滤清器堵塞指示、油箱油位、油压、油温和流量传感器等。了解油液中磨损产物的变化趋势,制定出磨损发生部位和严重程度的判断标准;根据油液的劣化情况,及时按需换油。一般每月在液压系统主油箱和各液压装置独立泵站油箱取样一次。

(4)主驱动电机及减速机状态监测

主驱动电机的监测主要通过手持便携式测振仪或者离线振动监测的方式进行。振动监测包含电机垂直方向、水平方向、轴线方向监测。

减速机的主要监测方法是日常油位观察和油样分析。一般每月取样一次,有异常迹象时适当调整取样间隔及时分析,必要时应拆检。

2.2.2 状态监测技术

1)机载状态监测

机载在线监测是TBM自带功能,主要利用各种传感器、摄像头等实时监测TBM关键部位或系统,监测取得的数据实时传递至操控系统分析处理。当某项参数异常时,系统会通过主控室内终端向主司机报警提示。当参数出现偏差时,系统会自动关闭相关功能操控权限,防止误操作导致重大事故发生。机载在线监测项目及内容示例见表6-2-2。

机载在线监测项目及内容示例表　　表6-2-2

监测项目	监测内容
TBM运行时间	掘进时间、停机时间、换步时间、刀盘运转时间
刀盘	转速、电流、扭矩、推力、掘进速度、状态(正转、倒转、刀盘修理)
主驱动变频器	转速、电流、频率、扭矩、状态(启动、未启动)
主驱动电机	电流、电压、转速、温度、扭矩、冷却水流量
制动器	压力、状态(温度、噪声、振动)
护盾液压缸、推进液压缸、扭矩液压缸、后支撑液压缸、撑靴液压缸等	压力、位移、状态(伸出、收回)
撑靴	水平角度、垂直角度、倾斜角度
主轴承润滑系统	压力、温度、油位、过滤器、油脂脉冲信号

续上表

监 测 项 目	监 测 内 容
液压系统	油温、油位、压力、过滤器
水系统	温度、流量、压力、转速、水箱水位
锚杆钻机	油位、过滤器
仰拱吊机	压力
带式输送机	电机电流、扭矩、频率、转速、张紧力、运转速度、状态(正转、倒转、加速、减速、打滑、急停)
除尘系统	状态(水泵、电机)
通风系统	状态(噪声、振动)
视频监控	TBM主要施工区域、机车运行区域、皮带卸渣点等主要部位
急停系统	急停设备、急停点位、PLC系统是否复位
导向系统	全站仪光线、激光靶是否干涉，数据是否正常
变压器	电压、电流、温度
变频器	转矩、温度、频率
气体监测	CH_4、CO、CO_2、O_2、H_2S 等

2）振动监测

TBM在运行过程中受掘进荷载影响会产生振动，当机械设备工作状态良好时，其振动强度在一定范围内波动；当机械设备出现故障时，振动强度一般表现为增大。不同零部件发生故障的类型和表现形式不同，其振动特征也不同。TBM在运行过程中的振动及特征信息是反映其系统状态及其变化规律的主要信号，可在振动信号特征分析的基础上，判断故障部位和性质。利用振动信号诊断设备故障是设备故障诊断中最有效、最常用的手段之一。

振动监测适用于受振动干扰较强的设备(系统)，如主轴承、减速机、泵、电机、风机等。通过定期、定点测出设备的水平、垂直、轴向的振动数值，根据振动信号特征分析，评估设备状态。通常TBM振动监测方法包括：简易振动监测、离线振动监测和在线振动监测，见表6-2-3。

常规振动监测方法表 表6-2-3

振动监测方法	监测设备	备 注
简易振动监测	简易振动监测仪（图6-2-1）	优点是对技术人员操作水平要求不高、操作简单、检测时间短、速度快，可随时随地对相应设备进行检测。缺点是测量精度低，只能测取某一时点的数值，代表性不足
离线振动监测	加速度传感器、采集服务器	在设备的水平方向、垂直方向、轴向分别安装加速度传感器采集数据。由于TBM系统庞大，振动源多，采集时干扰信号较多，对干扰信号的滤除存在一定难度，对结果的准确性有一定影响
在线振动监测	分布式、多类型网络结合的监测方案	通过对设备振动信号不间断(设备运转期间)采集数据，周期性(如：每天、周、月)分析，形成趋势图，判断设备状态是否良好，及发展趋势，分析设备异常程度。该方法对振动监测设备的防护等级要求较高，投入成本较大

图 6-2-1　手持测振仪

3）油液监测

TBM 用油液主要为液压油、润滑油(齿轮油)、润滑脂。如果将 TBM 比作人体,油液就是 TBM 的"血液",保持油液的健康对 TBM 来说意义重大,因此需要定期对油液进行监测。

油液监测以油液分析为手段,对 TBM 用油液状况实施动态监控、预测和诊断,并提出管理措施和修理的技术建议;油液分析以机械设备的磨损产物、油液状态及污染为信息源来研究和判断设备的工作状态。常用油液检测技术有:污染度分析、黏度分析、水分析、铁谱分析、光谱分析及其他。油液监测主要包含以下内容。

(1) 油液取样

为使采取的油样具有代表性与真实性,采样时应严格做到三个"必须",即必须防止从设备死角处取样,必须在设备不停机或停机后立即取样,必须在最佳位置取样。采取油样应由专人负责,根据设备不同的监测要求,按照相关标准进行。

①取样瓶与取样工具。

取样瓶为洁净的塑料瓶或玻璃瓶(50mL 或 100mL),最好是无色透明的玻璃瓶,瓶口内盖使用与油液不发生化学反应的聚四氟乙烯材质。取样瓶应妥善保管,不得随意开启或堆放,只有在取样时才能开启,取样后应立即封闭。

取样工具为真空取样器或塑料管。

②取样容量。

采取的油样容量,根据检测项目确定。单一项目检测时,可取样 50mL;如检测项目较多,可取样 100mL。

③取样时机。

为获取均匀的油样和防止加入新油后稀释油液,需在设备运行至少 30min 后或运行期间取样。

④取样登记。

为了解油样状态,应认真填写取样登记表和油样瓶标签,油样登记表和取样瓶标签示例分别见表 6-2-4、图 6-2-2。

油样登记表示例　　表 6-2-4

序　号	取样日期	取样部位	油品厂家、牌号	油样编号	取　样　人
1					
2					
3					

```
项目名称：              油样编号：
TBM 型号：              取样部位：
油品牌号：              取样时间：    年   月   日
设备运行时间：          油品运行时间：
设备运行里程：          补、换油时间：  年   月   日
  (补、换)油：          取样人：
```

图 6-2-2　取样瓶标签示例

⑤取样方法。

取样方法有：取样阀取样、取样泵取样、油路取样、吸管取样。TBM 常用的是取样阀取样、取样泵取样和油路取样，如图 6-2-3 所示。

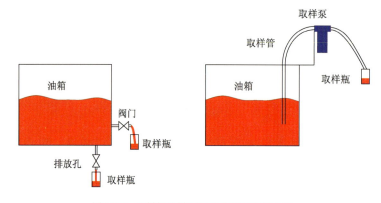

图 6-2-3　取样阀取样(左)和取样泵取样(右)

取样阀取样需要先放掉一部分油，以冲掉阀口处堆积沉积物及管路中"死油"。

取样泵取样需将取样管伸至油箱中下部，以保证所取油样的代表性。

油路取样可以选择在油品流通线路中取样，如管路中阀、滤芯等管路的接口位置。

⑥取样位置。

取样位置一般选在油液系统摩擦副之后、过滤装置之前。

⑦注意事项。

油液取样注意事项参见表 6-2-5。

油液取样注意事项表　　　　　　　　　表 6-2-5

序　号	注 意 事 项
1	为防止取样工具污染，取样器、取样瓶、取样管、取样泵等应保持清洁，单独存放于密封清洁场所
2	为防止油液间交叉污染，取样瓶、取样管为一次性使用材料，取样器、取样泵每次采样结束后需清洗、干燥后保存
3	取样时不宜将油样瓶装满，以防油液外溢
4	取样时，禁止穿戴棉织或纤维手套，以免污染油液

(2)颗粒计数分析

颗粒计数分析也称为污染度分析，是一项评定油液内非金属和金属固体颗粒的重要技术，其特点是对油样的颗粒进行分组粒度测量，并按预选的粒度范围计数，通过测定单位容积油液中污染物的个数，来反映零件或系统设备所受污染物的严重程度。颗粒计数除了对油液中的各种非金属和金属污染物颗粒按尺寸分组计数以外，还可以进一步表征油液中颗粒的分布情况与变化趋势。颗粒计数法可分为遮光型颗粒计数法、光散射型颗粒计数法、电阻型颗粒计数法以及滤膜(网)阻塞型颗粒计数法。目前，遮

光型颗粒计数法在油液污染分析中应用广泛,遮光型颗粒计数器如图 6-2-4 所示。

遮光型颗粒计数器主要特点是采用遮光型传感器,传感器由白炽灯光源或激光光源、感应区、光电二极管和前置放大器组成。光源发出的平行光束通过传感区的窗口射向一光电二极管。传感区部分由透明的光学材料制成,被测试油液沿垂直方向,流经窗口时受来自光源的平行光束照射。光电二极管将接收的光转换为电信号,经前置放大器传输到计数器。当流经传感区的油液中没有任何颗粒时,前置信号放大器的输出电压为一定值。当油液中有一个颗粒进入传感区时,一部分光被颗粒遮挡,光电二极管接收的光亮减弱,于是输出电压产生一个脉冲。由于被遮挡的光量与颗粒的投影面积成正比,因而输出电压脉冲的幅值直接反映颗粒的尺寸。计数

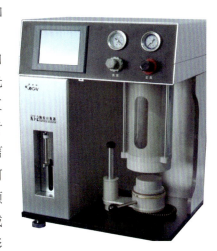

图 6-2-4　遮光型颗粒计数器

器设有若干通道,如 6 个、8 个或 12 个通道,传感器的输出信号同时传输到这些通道。根据传感器的标定曲线,预先将各个通道的阈值电压设置在与要测定的颗粒尺寸相对应的值上,因此计数器就可同时测定各尺寸范围的颗粒数。

检测油液的污染度,避免或减少因污染而导致的故障和失效,采用颗粒计数分析技术对油品进行污染度评定。颗粒计数器检测步骤如下:

①打开仪器电源,仪器自检正常后开始预热(约 30min)。

②将清洗瓶(含适量石油醚清洗液)置于气压舱,开始清洗(一般设置 5 次)。

③将待测油液摇匀后加入清洁检测瓶中,置于气压舱,开始检测(一般检测 3 次,取平均值)。

④检测结束后选择标准(ISO 或者 NAS),出具检测报告。

(3)黏度分析

黏度是评定油液质量的重要指标。影响油液黏度变化的主要原因有:油品氧化加剧,导致黏度升高;油品抗剪切性能下降,导致黏度降低;油品中混入了其他不同黏度的油品,导致黏度发生变化。油液黏度分为动力黏度和运动黏度,黏度分析一般检测油液的运动黏度。

对于液压系统中的油液,如果液压油的黏度过高,便会增加液压元件的摩擦和发热,动作不灵敏,系统内压力损失增大;如果黏度过低,就会导致系统内部漏损增大,油泵的工作效率降低。

对于润滑油油液,其黏度影响设备润滑性能,而润滑油的黏度随温度的变化是非线性的,在设备运行温度范围内,黏度变化过大难以确保设备平稳运行。因此润滑油应考虑选用具有良好黏温特性的油品,以达到对设备的润滑防护。

油液黏度一般采用黏度测定仪(图 6-2-5)检测,其检测步骤如下:

①打开电源,检查仪器运行是否正常(水浴搅拌桨开始自动搅拌,照明灯自动打开)。

②向浴缸中加水(加至距离缸口 5cm 处)。

③设定温度及毛细管常数,设定完成后开始加热、控温(水加热至试验温度时必须保持在 ±0.1℃ 误差范围内)。

④利用吸耳球将油样吸入扩张部分(液面明显高于标线 a,不要让毛细管扩张部分产生气泡),对油液进行加热。

⑤油液加热一定时间后,观察油品在管身中流动情况,计时(液面正好达到标线 a 时开始计时,液面到达标线 b 时停止计时,每次计时时间大于 10s 才有效)。

⑥重复步骤④和⑤,将第二次试验计时、第三次试验计时和第四次试验计时依次完成,试验结束(仪器自动计算试验结果)。

(4)水分析

水在油液中存在的形式有:溶解水、乳化水、游离水。水的存在会降低油膜的厚度和刚度,进而降低油膜的承载能力;水分在运动副间受高温、高压作用时,变成水汽形成小气泡,之后瞬间破裂,造成气蚀磨损;会促使油品氧化变质,加速有机酸对金属的腐蚀作用,锈蚀设备;当润滑油进水时,油和水在油泵、运动部件的搅拌作用下,各种添加剂会使油品乳化,并生成油泥。

水含量分析有物理分析法、化学分析法等。化学分析法是利用电解液试剂只跟样品中的水进行化学反应的原理,准确测量出样品中的水分含量,卡尔费休水分测定仪(微量水分测定仪)如图 6-2-6 所示。

图 6-2-5 黏度测定仪

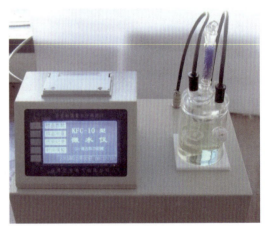

图 6-2-6 微量水分测定仪

油液水分检测步骤如下:

①打开电源,检查电解液是否有效,干燥剂是否有效,检查电解池各入口处密封是否良好,密封不足处填充密封脂。

②调节运行参数(搅拌速度、电解增益)至最合理状态,平衡电解液。

③电解液平衡后,用进样器抽取待测样品,通过进样口注入电解池阳极室(进样器应插入电解液试剂中,不应与电解池的内壁及电极接触)。

④油液电解平衡结束后,输入样品的密度,得出油液含水率。

(5)铁谱分析

铁谱分析技术产生于 20 世纪 70 年代,是目前广泛使用的油液检测技术之一。油液的铁谱分析技术是利用高梯度强磁场将油液中所包含的磨粒按其粒度大小有序地沉积在透明载体(如谱片)上,然后借助光电计数、铁谱显微镜或扫描电子显微镜对磨粒进行定性和定量分析,从而形成直读铁谱、分析铁谱、旋转铁谱与在线铁谱等不同分析技术,其中直读式铁谱仪和分析式铁谱仪应用较为广泛,如图 6-2-7 和图 6-2-8 所示。

①直读式铁谱仪。

直读式铁谱仪可以获得油液中铁磁性磨损微粒的基本参数,即大微粒读数 D_1 和小微粒读数 D_S,进而计算出相应油品指标:

磨损总量: $$Q = D_1 + D_S \qquad (6\text{-}2\text{-}1)$$

磨损严重度: $$D = D_1 - D_S \qquad (6\text{-}2\text{-}2)$$

磨损严重程度指数: $$I_S = Q \cdot D \qquad (6\text{-}2\text{-}3)$$

大微粒百分数: $$GPP = \frac{D_1}{Q} \qquad (6\text{-}2\text{-}4)$$

小微粒百分数: $$LPP = \frac{D_S}{Q} \qquad (6\text{-}2\text{-}5)$$

磨损相对严重度: $$PLP = \frac{D}{Q} \qquad (6\text{-}2\text{-}6)$$

磨粒浓度: $$WPC = \frac{Q}{样品等量指标} \qquad (6\text{-}2\text{-}7)$$

图 6-2-7　直读式铁谱仪

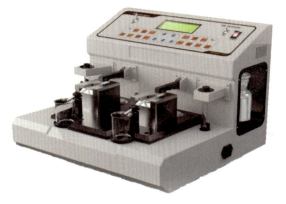

图 6-2-8　分析式铁谱仪

直读式铁谱仪分析测定的内容包括:①磨屑的浓度和颗粒大小,反映了磨损的严重程度;②磨屑的大小和外形,反映了磨屑产生的原因;③磨屑的成分,反映了磨屑产生的部位。

②分析式铁谱仪。

分析式铁谱是利用谱片来研究设备的磨损情况。利用分析式铁谱仪制作出谱片,在显微镜下研究谱片,判断设备的磨损情况,其精确度高于直读式铁谱仪。

分析式铁谱仪检测步骤参见表6-2-6。

分析式铁谱仪检测步骤　　　　　　　　　　　　　　　　　表 6-2-6

序　号	检 测 步 骤
1	将待测油样摇匀,用滴管将油样取入试管内,再另取滴管取四氯乙烯滴入试管内,进行稀释摇匀(四氯乙烯与油样比例为1∶3)
2	将试管置于抽油处,安装铁谱片(手持谱片边缘,圆点标记在右下角)以及输油管,以确保管路的密封性
3	仪器设置为抽油状态,设定抽油速度(保持油样缓慢滴落在谱片上),油样抽完为止
4	抽油结束后,进入清洗状态,设定清洗速度(保持四氯乙烯清洗液缓慢滴落在谱片上),清洗时间设定为3min
5	待谱片晾干5min左右即制谱完成
6	将制作完成的谱片置于显微镜载物台上,进行谱图的拍摄并分析
7	出具报告

铁谱分析报告示例见表6-2-7。

铁谱分析报告示例 表6-2-7

油品名称		设备使用单位		设备型号	
规格型号		取样日期		设备运转时间	
取样部位		检测日期		油品运行时间	
谱片编号					
磨损类型					
颗粒类型	颗粒数量	主要尺寸（μm）	谱图1		
正常磨损					
疲劳碎骨					
球粒					
层状磨粒					
严重磨粒			谱图2		
切削磨粒					
腐蚀磨粒					
氧化颗粒					
暗金属					
有色金属					
非金属结晶体					
非金属非晶体					
评价					
结论					
检测单位		检测人员		分析日期	

（6）光谱分析

油液光谱分析技术主要有发射光谱分析和红外光谱分析技术两种，其原理是通过元素特征光谱的差异测定元素含量。TBM主轴承、减速机等设备的磨损产物主要是 Fe、Ni、Al、Sn、Pb、Cu、Mo、Cr 等元素，空气中污染成分主要是 Si、Ca、Na、Mg 等元素，润滑油及添加剂主要成分为 P、Zn、Ca、Na、B、Ba 等元素，光谱分析通过对上述各种元素的光谱特征处理可以检测并记录多种元素的质量百万分比例值，对照相关标准 ASTM D6595—2017，分析设备磨损的部位、磨损程度、磨损趋势。光谱分析仪以及光谱分析报告示例分别如图6-2-9和表6-2-8所示。

图6-2-9 光谱分析仪

光谱分析报告示例　　　　　表6-2-8

油品名称		取样日期		样品描述	
规格型号		检测日期			
取样部位		检测单位		油品运行时间	
元素	含量(ppm)	元素	含量(ppm)	结论	
Fe		Cd			
Ag		K			
Al		B			
Cr		P			
Ni		Ca			
Si		Zn			
Cu		Ba			
Ti		Mg			
Mo					
检测员		报告签发日期			

4）其他监测

状态监测中除机载、振动、油液三种主要监测方法外，还需要根据实际情况选择辅助监测方法，以便更好地提高保养质量，确保设备状态良好。目前，TBM辅助监测方法主要有：

（1）内窥镜检测：利用工业内窥镜观察物体内部表面结构或工作状态，主要用于主轴承滚柱、滚道等人员无法直接观察的部位。

（2）声学检测：利用敲击或使用听诊仪，通过声音的变化判断设备状态，对操作人员熟练水平要求就高。目前，传统的检验方法逐渐被声学和噪声监测技术、超声波检测技术等取代。

（3）温度检测：利用测温仪器对监测部位进行温度检测，比较常用的是手持式红外测温仪。

（4）无损探伤检测：是指对材料和零部件进行非破坏性检测，以发现表面和内部缺陷的一项专门技术。在设备故障诊断中，无损检测与评价技术探求故障机理和根源，是检测缺陷，并对其作出定性、定量评定的重要手段。无损探伤检测主要有渗透探伤、磁粉探伤、超声探伤三种方式。

2.3　状态监测标准

根据不同的监测部位、监测方法，制定明确的监测标准，是状态监测分析评定的重要依据。

2.3.1　振动监测标准

为了评价泵的振动级别，按泵的中心高度 H 和转速 s 将泵分为四类，见表6-2-9。

泵 分 类 表　　　　　表6-2-9

中心高度 H(mm)	$H \leq 225$	$225 < H \leq 550$	$H > 550$
第一类转速 s(r/min)	$s \leq 1800$	$s \leq 1000$	—
第二类转速 s(r/min)	$1800 < s \leq 4500$	$1000 < s \leq 1800$	$600 < s \leq 1500$
第三类转速 s(r/min)	$4500 < s \leq 12000$	$1800 < s \leq 4500$	$1500 < s \leq 3600$
第四类转速 s(r/min)	—	$4500 < s \leq 12000$	$3600 < s \leq 12000$

注：卧式泵中心高度为泵的轴线到泵的底座上平面间的距离。立式泵中心高度是指泵的出口法兰密封面到泵轴线间的投影距离。

电机分类见表 6-2-10。

电机分类表　　　　　　　　　　　　　　　　表 6-2-10

类　别	标　准
第一类	15kW
第二类	15～75kW
第三类	安装于硬基础上的大型设备
第四类	转速高于自然频率的高速设备

确定设备(泵、电机等旋转设备)类别后,再查表 6-2-11,就可得到设备振动级别。

振动级别表　　　　　　　　　　　　　　　　表 6-2-11

| 速度有效值(mm/s) | ISO 2372 设备振动标准 ||||
| | 设备类别 ||||
	第一类	第二类	第三类	第四类
0.28	A	A	A	A
0.45	A	A	A	A
0.7	A	A	A	A
1.12	B	A	A	A
1.8	B	B	A	A
2.8	C	B	B	A
4.5	C	B	B	B
7.1	D	C	B	B
11.2	D	C	C	B
18	D	D	C	C
28	D	D	C	C
45	D	D	D	D
71	D	D	D	D

注:A 表示好,B 表示较好,C 表示允许,D 表示不允许。

2.3.2　油液监测标准

1) 油液监测标准

由于不同油液监测项目所采用的技术原理不同,其监测标准也存在明显差异,常见的油液检测项目适用的监测标准见表 6-2-12。

油液监测标准　　　　　　　　　　　　　　　　表 6-2-12

检测项目	检测油样	参考标准	备　注
光谱分析	润滑油	ASTMD6595—2017	检测各元素的比例值,结合油样及添加剂元素的比例,分析超标元素来源,确定磨损部位及磨损程度
铁谱分析	润滑油	大于 15μm 的颗粒显著增加时,可初步判断为不正常;大磨粒读数 AL、小磨粒读数 AS(分析式铁谱)可用趋势分析建立标准	借助显微镜观察谱片,分析油样铁磁性颗粒的大小、形状、密度,判断油样是否合格
污染度分析	润滑油、液压油	NAS1638(或 ISO 4406)	9 级及以下
黏度分析	润滑油、液压油		起始值的 ±10%(黏度分析分 40℃ 和 100℃,一般采用 40℃)

续上表

检测项目	检测油样	参考标准	备注
水含量	润滑油、液压油		0.1%（1000ppm）以下
温度	润滑油、液压油		温度不应大于60℃
目测	润滑油、液压油		有一定透明度,无明显杂质,无明显乳化现象

2）油液分析指标

(1) 润滑油 VG220 指标

① 黏度:220cSt/37.8℃（浮动范围不超过 ±15%）。

② 水分:<0.1%。

③ 综合污染度:能用控制钮 F 将表头指针 A 调至零位。

④ 总酸值(Total Acid Number,TAN):mgKOH/g 增加 1.0。

⑤ 总碱值(Total Base Number,TBN):参照油料报废标准。

⑥ 污染度:应符合 ISO 4406 标准要求。

⑦ 机械杂质:不大于 0.5%。

⑧ 闪点:232℃。

(2) 润滑油 VG46 指标

① 黏度:45.4cSt/40℃（浮动范围不超过 15%）。

② 水分:<0.1%。

③ 黏度指数:104。

④ 总酸值(TAN):mgKOH/g 增加 1.2（不大于 0.25～0.5）。

⑤ 总碱值(TBN):参照油料报废标准。

⑥ 污染度:正常为 7 级,应符合 ISO 4406 标准要求。

⑦ 机械杂质:不大于 0.05%。

⑧ 闪点:230℃。

(3) 油液污染度级别判定标准

油液污染度标准主要依据是 ISO 4406,见表 6-2-13。

污染度级别判定标准表 表 6-2-13

颗 粒 数		ISO 4406	颗 粒 数		ISO 4406
下限	上限	污染级别	下限	上限	污染级别
8000000	16000000	24	1000	2000	11
4000000	8000000	23	500	1000	10
2000000	4000000	22	250	500	9
1000000	2000000	21	130	250	8
500000	1000000	20	64	130	7
250000	500000	19	32	64	6
130000	250000	18	16	32	5
64000	130000	17	8	16	4
32000	64000	16	4	2	3
16000	32000	15	2	4	2
8000	16000	14	1	2	1
4000	8000	13	0.5	1	0
2000	4000	12	0.25	0.5	0.9

第 3 章 TBM修理

修理是设备出现故障时为恢复其功能与工作性能而进行的技术处置和进程管理活动。TBM 工作环境恶劣,即便规范操作和保养,由于机械设计、环境等因素的影响,运行中故障也会经常发生。为了保障 TBM 掘进效率和工程进展,需要根据故障类型确定修理方案和处置措施。

本章介绍 TBM 修理模式,机械、电气、液压系统修理要点和注意事项,重点讨论了刀盘刀具常见失效形式和检修装配应对措施。

3.1 修理模式

如发现故障隐患,应及时合理处置,减少和避免故障发生。根据 TBM 运行阶段、设备状态,提前做好备品备件储备、工机具、修理方案、人员组织等准备工作,一旦发生故障,根据操作、保养、修理以及状态监测的信息进行综合分析,及时准确地判断发生故障(隐患)的部位及原因,完善故障处理方案及时修理,恢复 TBM 性能,尽量减少故障停机时间,才能有效增加掘进时间。否则,含故障隐患强行作业将直接影响 TBM 掘进效率,还会造成设备更大损伤,处置时间增长,维修成本增加。

根据 TBM 各系统部位的特点合理选择修理模式,兼顾修理成本和施工效益,建立大成本意识,以综合效益为原则选定最佳修理方式。从修理时机、修理周期方面,TBM 修理可分为状态修理、计划修理和定期修理;从修理的主动性方面,TBM 修理可分为主动修理和被动修理,或者称之为事前修理和事后修理。上述修理模式,可单独或组合使用。

为保证设备状态持续良好,掘进期间发生影响 TBM 正常施工的设备故障,应及时处理。故障难以处理时,优先采用换件修理方法,尽快恢复掘进。

及时修理并非"零容忍",对 TBM 状态总体影响不大、也不会直接影响掘进施工的小型故障,如带式输送机胶带局部小凹坑、部分照明灯损坏、通风除尘系统管路小规模破损等,掘进期间可临时简单处理或者不处理,待保养时再妥善解决。

3.1.1 状态修理模式

TBM 的部分系统、设备、部件的运行状态对掘进施工有重大影响,有监测条件、已经建立并形成准确率较高判定标准的,可以通过状态监测,准确诊断其状态变化趋势,根据预知状态制定修理策略,在设备状态出现明显劣化时及时修理,即为状态修理模式。该修理模式一般没有固定的间隔期,根据状态监测数据变化趋势做出判断,再确定设备的修理计划。由于设备故障状态可以预知,能够周密制定修理计划,充分做好准备工作;利用整备时间修理,或同期开展其他计划耗时接近的工作,可大大提高修理效率,减少修理停机时间。

状态修理一般在设备状态明显恶化、出现故障之前实施,TBM 重点监测对象除发生突发故障外,均应推广该方式。

3.1.2　计划修理模式

定期检查设备状态,排查缺陷和隐患,据此针对性地安排修理计划,保证设备利用率。计划修理的关键在于检查,妥善安排检查设备的种类、频率、部位和技术要求,形成总体的、预防性的定期检查计划;检查后统筹安排近期的修理计划并付诸实施。

计划修理为预防性修理,一般在设备出现故障之前实施。

3.1.3　定期修理模式

关键性的零部件损坏,或零部件所处的位置难于拆装(只能在其他部件拆除后方可进行拆装的),如单独更换这类零部件将带来较大的停产损失,宜定期强制修理。定期修理实际上是一种预防性修理,它能防止和减少紧急故障的发生。对 TBM 上的关键设备,特别是一些利用率高、修理耗时长、需保证长期正常运转的设备,利用掘进施工的整备时间、正常修理作业(如批量换刀)中的停机空隙或连续带式输送机胶带硫化等计划中较长的掘进暂停时间,强制性地修理或更换这些零部件。这种修理模式成本虽然略有增加,但远小于停产引起的损失,具有较好的综合效益。

3.1.4　主动修理模式

主动修理,亦称之为事前修理,是对影响 TBM 正常施工的关键设备及零部件,加强监测、主动改善设备现状的修理模式,恢复或者改进设备性能。

有备用设备可立即切换的,在发生故障或发现了故障征兆等情况下,启用预装的设备(部件)并及时修理故障设备(部件),使其处于备用状态。该方式适用于故障频发,暂无可靠的优化改进措施,或直接影响 TBM 正常施工,且备用投入不大的设备(部件)。如主轴承润滑脂分配阀如果经常堵塞,可采取一用一备方式,一路正常使用,旁路备用,发生损坏立即切换,待故障阀件修复后作为备用。

3.1.5　被动修理模式

被动修理,亦称之为事后修理,包括两个方面,一是发生故障直接影响 TBM 正常施工的设备或部件,发现故障必须立即停机修理;二是对一些非重要设备或对掘进影响不大的零部件,出现故障时,暂时不会影响 TBM 正常施工,且立即停机修理又会占用较长时间,可采用事后修理方式。待 TBM 停机(如掘进工班刀具检查)时修理,或相邻的整备期间修理(此时必须明确记录,详细交接),但需要密切关注该部件运行状态,明显恶化前,合理处置,避免发生较大故障。

3.2 修理要点

TBM修理与其他大型设备类似,可分为机械系统、液压系统、电气系统等,故障排除方式原理上也是相同的,重点在于故障原因分析。本节列举常见故障的修理要点。

3.2.1 机械系统修理要点

TBM机械系统的修理主要针对存在相对位移、集中承受荷载的部位,如钢拱架安装系统、钻机系统、各系统液压缸及连接销轴、台车轮组、材料吊机、空压机及储气罐、通风除尘系统、供水系统等。主要损坏形式包括磨损、变形、裂纹。采用的修理方式包括更换零部件、矫正、焊接等。

1) 机械系统修理注意事项

(1) 机械系统的修理,必须在静止状态、电源断开的条件下进行。

(2) 对于大型部件修理或更换,需吊装作业时,必须核算吊点及吊具是否满足安全需求。

(3) 机械系统修理通常会大量使用电焊、火焰切割操作,修理场地应保证通风顺畅,地面无油渍积水等,并配置灭火器。

(4) 对于存在相对移动的部位(例如钢拱架夹具臂、钻机齿圈移动滑轨及轮组、钻机大臂、鞍架滑轨、台车轮组等),应布设支挡设施或吊装限位,防止修理过程中出现滑移事故。

(5) 对机械的结构、原理不熟悉,未能分析产生故障的原因或未准确判断故障部位,不可盲目拆卸零部件。

(6) 修理应以最大限度恢复原系统为主旨,在无法实现时,应尽量避免功能大幅降低。

2) 零部件更换修理注意事项

(1) 提前做好工具、材料、配件等准备工作,选择适宜的修理场地并适当清理,做好防护、断开电源。

(2) 查阅图纸和相关资料,清晰修理部分的工作原理和结构特点,掌握装配关系、配合性质,尤其是紧固件位置和装配顺序、方向,切忌盲目拆装。

(3) 更换的零部件应型号、规格相同,质量合格。装配过程中不得磕碰损伤,或使零件明显弯、扭、变形,特别是零件的配合表面不得有损伤。

(4) 使用正确的拆卸方法,保证人身和设备安全。拆卸顺序一般与装配顺序相反,根据零部件连接形式和规格尺寸,选用合适的工具和设备,对不可拆的连接或拆后降低精度的结合件,拆卸时需注意保护。

(5) 拆卸过程应做必要的记录,为装配创造条件。

(6) 更换修理期间零部件、工具应有专门的摆放设施,原则上零件、工具不允许摆放在机器上或直接放在地上,如果需要的话,应在摆放处铺设防护垫或地毯。零件拆卸后要彻底清洗,涂油防锈、保护加工面,避免丢失和破坏。细长零件要悬挂、注意防止弯曲变形。精密零件要单独存放,以免损坏,细小零件要注意防止丢失。对不能互换的零件要成组存放或打标记。

(7) 相对运动的零部件,装配时接触面应涂润滑油(脂),配合尺寸要准确。各密封处均不得存在漏油、漏水或漏气等现象。

(8) 安装时遵照"先拆后装"的原则重新装配。精密或结构复杂的部件,应画出装配草图或拆卸时做好标记,避免误装。

(9)装配后,必须按技术要求检查各部分配合或连接的正确性与可靠性,确认合格后方可试运转。

3)矫正工艺修理注意事项

矫正分为机械矫正与火焰矫正,前者是通过刚性外力来改变物体的几何形状而达到尺寸,是冷加工;后者,是通过加热方法改变物体的物理结构而达到需要的形状尺寸,是热加工。

机械矫正会用到专用大型的油压机、水压机、顶床或者大锤敲打等。机械矫正容易使金属冷作硬化,材料的塑性变差,只能用于塑性良好的材料,不允许对塑性较差和脆性材料进行机械矫正。在实际维修中,对于薄板变形,可采用锤打延伸金属,产生塑性变形。

火焰矫正引起的应力如同焊接内应力,都是内应力。不恰当的矫正产生的内应力与焊接内应力及负载应力叠加,会导致被矫正件的承载安全系数降低。因此矫正时尽量可能采用机械矫正。火焰矫正时应注意以下几点:

(1)烤火位置不得在最大应力截面附近。

(2)矫正处烤火面积在一个截面上不得过大,要多选几个截面。

(3)火焰加热温度根据材质、板厚、加热方法等参考相关规范合理选择。

(4)火焰矫正的加热速度,与板厚直接相关,可参照规范选取。

(5)火焰矫正的冷却速度主要依据材质,选择空冷或喷水冷却。

(6)加热方法分为点状加热法、线状加热法和三角形加热法。应根据矫形弓箭的材质、板厚、变形特征等合理选用。

4)焊接修理注意事项

TBM隧道内焊接维修现场环境与工作条件具有特殊性,一般在有限空间内作业,洞内环境潮湿,焊接作业前应采取针对措施或编制焊接方案,并办理相关审批手续。例如,保证作业位置空气流通,作业周围10m内应停止其他用火工作,并将易燃易爆物品移至安全场所;焊工配备个体防护用具,必须准备好消防器材,在黑暗处作业应有足够的照明;在潮湿环境作业应穿绝缘鞋或站在干燥的木板上,工作服、工作鞋、手套要保持干燥。

根据修理件的使用性能和焊接质量要求,选择合适的焊接方式,TBM修理焊接中广泛应用电弧焊和气体保护焊。

(1)电弧焊操作要点

①焊条的选择要根据被焊钢材种类、焊接部件的质量要求、焊接施工条件(板厚、坡口形状、焊接位置、焊接条件、焊后热处理及焊接操作等)、成本等综合考虑。

②电弧的长度与焊条涂料种类和药皮厚度有关。应尽可能采用短弧焊,特别是低氢焊条。短弧焊可避免大气中的 O_2、N_2 等有害气体侵入焊缝金属,形成氧化物等不良杂质而影响焊缝质量。

③焊机地线搭接必须靠近焊接区域,不可靠近电气元件位置搭铁,避免焊接大电流损坏精密电气元件,如在刀盘区域焊接时,切记不要搭接在主驱动上。

④保持适宜的焊接速度,熔渣能很好地覆盖着熔潭,使熔池内的各种杂质和气体有充分的浮出时间,避免形成焊缝的夹渣和气孔。在焊接时若运动速度太快,焊接部位冷却时,收缩应力会增大,使焊缝产生裂缝。

(2)气体保护焊操作要点

①电源、气瓶、送丝机、焊枪等连接方式正确,气压、电流合适。

②选择正确的持枪姿势:身体与焊枪处于自然状态,手腕能灵活带动焊枪平移或转动。保持焊枪匀速向前移动,可根据电流大小、熔池的形状、工件熔合情况调整焊枪前移速度,力争匀速前进。

③引弧:CO_2气体保护焊采用碰撞引弧,引弧时不必抬起焊枪,只需保证焊枪与工件距离。按下焊枪上控制开关,焊机自动提前送气,延时接通电源,保持高电压、慢送丝,当焊丝碰撞工件短路后引燃电弧。

④引燃电弧后,通常采用左焊法,焊接过程中要保持焊枪适当的倾斜和枪嘴高度,使焊接尽可能地匀速移动。当坡口较宽时为保证两侧熔合好,焊枪作横向摆动。焊接时,必须根据焊接实际效果判断焊接工艺参数是否合适。看清熔池情况、电弧稳定性、飞溅大小及焊缝成形的好坏来修正焊接工艺参数,直至满意为止。

⑤焊接结束前必须收弧。若收弧不当容易产生弧坑并出现裂纹、气孔等缺陷。

3.2.2 液压系统修理要点

液压系统的修理主要包括:液压泵、液压马达、液压缸、阀等设备与部件修理,管路、滤芯、压力表等部件更换。

液压系统修理要点包括:

(1)液压系统修理前,必须确保液压系统已停用并正确卸压,蓄能器、高压油管等要特别注意。

(2)液压系统一旦发现泄漏需立即修理,在松开任何管道连接部位时都要彻底清洁接头,采取适当的方式避免污染油液,保持液压系统清洁。

(3)修理工作结束后、重新开机前,确定所有阀件处于正确状态。

(4)液压系统工作温度不得超过70℃。

(5)所有液压管线的拆卸必须做到随时拆卸,随时封口,防止异物进入液压系统。各修理工必须随身携带一条干净纯棉毛巾及干净白绸布。

液压系统修理总体可分为3类:一是液压泵、马达、液压缸、阀件修理,二是油箱与管路修理,三是滤清器等辅件修理。

1)液压系统主要组件修理

(1)常见问题及原因分析

液压泵、马达故障主要表现为磨损、划痕、锈蚀或气蚀等。主要原因是液压泵、马达在运转过程中因工作环境恶劣,工作强度过高;或者油管更换过程中,隧道内粉尘等杂质不可避免地进入液压系统而导致泵的磨损;或者在油管更换后因排气不彻底导致液压系统内进入气体而致使泵出现气蚀现象。

液压缸故障表现为活塞杆划痕、液压缸外泄、液压缸内泄。主要原因为使用环境恶劣,维护不当,造成活塞杆、密封件损坏;或者液压缸长时间存放,密封件老化损坏;或者液压油受到污染,含有杂质,造成缸体、密封件的损伤。

阀件故障表现为无动作或部分功能缺失,故障产生的主要原因为工作强度过高,或油液受到污染所致。

(2)修理方案

液压阀件油液污染故障,可拆解、清洗后检验。根据每个液压元件的工作原理,检查每一个液压元件及主要零件,观察其能否正常动作及外观状态,对于不能够正常动作的元器件,要确认其是否能够修复。现场装配阀件时,阀杆表面淋上少许新鲜液压油,以免运行时缺油拉伤杆件,或造成液压卡紧现象;油口及接头需封闭处理,以防止污染物进入阀块;每个阀块均需做明确的标志。液压元件拆解示例如图 6-3-1 所示。

部分液压缸缸筒和活塞杆虽有划伤,但经技术处理后,不影响现场使用,可继续使用;部分密封件可按相应规程现场更换。

必要时,液压泵、马达、液压缸、阀均应根据其技术要求,全面检修,并经实验台检测合格后,安装使用。

2）油箱及油管清洗

（1）油箱清洗

经长时间运转（或存放）,需检查油箱内存放的油品质量,判断油品乳化现象、杂质和油泥含量等,如污染严重,需全面清洗。油箱底部油泥及杂质示例如图 6-3-2 所示。

图 6-3-1　拆解后的损坏阀芯

图 6-3-2　油箱底部油泥及杂质

油箱清洗步骤见表 6-3-1。

清 洗 步 骤　　　　　　　　　　　　　　表 6-3-1

序 号	工 作 内 容
1	将油箱内已变质的油品排放干净,并将残余的油泥用刮刀清理
2	用煤油进行冲洗,排放干净后再次用刮刀清理剩余油泥直至清洁
3	用面团将各角落里的剩余杂质清理干净,然后加注适量新油,冲洗后排空
4	按控制液位加注足量液压油

（2）油管更换

破损、断裂、漏油、磨损明显的油管,需要及时更换,提前排除故障隐患,一定程度上也能避免"爆管"现象。

3）辅件修理

以滤清器滤芯为例,如果控制板上灯光显示过滤器故障或 PLC 系统显示其出现故障报警,则表明过滤器滤芯可能堵塞须更换滤芯元件;如果滤清器顶部的堵塞显示开关跳起则说明滤芯物理堵塞,应更换滤芯。更换滤芯前需清洁过滤器外壳。对于直接接在液压主油路的高压过滤器,滤芯堵塞后不可清洗后继续使用,而应更换滤芯,液压设备长时间闲置再次启用前也应更换滤芯元件。更换过滤器滤芯应严格按照下列步骤进行,防止发生危险和损坏设备。

（1）断开设备开关阀门并使其降压。如果未先降压就拆开过滤器外壳，则过滤器中的残留物由于高压发生喷射性泄漏，将可能给设备和人身带来伤害；过热的液压油可引起烫伤。

（2）握住过滤器顶部的旋转把手将拧下的滤芯头和滤芯元件一起拉出。

（3）检查滤芯外壳和滤芯头是否有污染物，是否损坏，如有损坏元件须更换；并适当清洁滤芯外壳和滤芯头。

（4）确保滤芯外壳上的O形密封圈完好无损安装正确，并用干净的液压油适当清洗。

（5）将少量的干净的液压油加注在滤芯头的O形密封圈和螺纹上，并将滤芯头旋入滤芯外壳内重新安装好，检查滤芯头顶部的堵塞开关并将其复位。

（6）打开阀门给液压系统加压，测试过滤器是否泄漏。如有泄漏检查安装过程是否有错误，并更换出现故障的设备。

油润滑系统的修理可参照液压系统。

3.2.3 电气系统修理要点

1）变压器

（1）存在问题

TBM用电特点是耗电量大、负荷波动大、电动机单机功率大。由于洞内环境高温高湿，加之粉尘影响，长时间的使用容易出现母线接触面生锈、接地线腐蚀、连接螺栓松动生锈、绝缘电阻降低、变压器的周围积攒灰尘等现象，继而导致变压器出现烧损等故障。变压器烧损示例如图6-3-3所示。

图6-3-3 变压器烧损

（2）检修方案

①清扫瓷套管和外壳；检查垫片、外壳、瓷套管是否有放电痕迹、破裂；胶垫、母线、电缆是否老化、变形；更换破裂、老化或变形的零部件。

②检查接线端子、接地螺栓、母线连接螺栓是否松动。若有，用锉刀轻锉接触面后紧固螺栓或更换螺栓、弹簧垫圈，确保接触良好。

③检查变压器的接地是否良好，接地线是否腐蚀，对于腐蚀严重的进行更换。

④检查母线接触面的清洁程度，除去接触面的氧化层并涂以电力复合脂。

⑤断开高压侧的接地开关，用2500V兆欧表测定绝缘电阻，并与变压器出厂前的测定值比较。

⑥接通高压侧的接地开关，让变压器放电。

⑦接上低压侧断路器控制电源操作保险，并挂上"禁止合闸"标志牌，防止向变压器反向送电。

⑧断开高压侧接地开关，再次检查变压器现场及低压侧的控制线，无误后，合上变压器高压侧断路器，让变压器试运行。

⑨详细记录维修后试运行数据。

2）配电柜

（1）存在问题及原因分析

配电柜存在的问题及原因分析见表6-3-2。

配电柜问题及原因一览表　　表 6-3-2

存在的问题	原 因 分 析
积尘	长时间放置,导致积尘
布线系统混乱	使用过程部分故障处理后,未能及时整理线路
接触器老化锈蚀	接触器长时间使用,电器元件老化、磨损、动作不灵敏
软启动器损坏	软启动器使用时间过长
补偿电容性能下降	电容电解液流失、电容性能下降、电容击穿,控制、检测部分损坏
控制电源损坏	电缆老化、供电距离长、环境温度高、使用过程中,电源温度过高频繁报警、停机

（2）修复措施

①除尘。

配电柜内元器件上的灰尘积聚较多,采用吸尘器清理柜体、电器元件、电路板上灰尘,对于黏附较为牢固的灰尘,采用软毛刷配合清理,吸尘器跟随吸起灰尘。

对于吸尘器不易清理的部位,可以利用电吹风,但不可使用未经油气分离和干燥的压缩空气,避免水汽损坏电器元件与电路板。

②表面喷漆防锈。

详细检查配电柜内外表面,如发现油漆脱落,则应对相应区域打磨除锈,补喷防锈漆,再喷涂面漆,亦可最后整体喷涂以保证柜体颜色基本一致。

③更换软启动器。

由于长时间的使用（或放置）,自然老化严重,已经无法使用的,必须更换。

④电缆布置整理。

动力线与电力电缆和控制、信号线缆电缆应分开铺设敷设,当无法分开时,应采取金属隔离或铠装屏蔽,电缆金属隔离件和铠装金属层必须可靠接地。沿控制和信号线缆布入线槽电缆平行敷设屏蔽线。控制电缆敷设在槽盒内,排列整齐避免相互缠绕;动力线电力电缆排布整齐,并固定于线架上槽盒上。

3）电动机

（1）存在的问题及原因分析

TBM 所含电动机较多,包括主驱动电动机、液压泵站电动机、各单项系统泵站电动机、带式输送机驱动电动机、风机电动机等。电动机故障原因主要是由于长时间运转或放置,定子和转子老化,导致电动机三相电阻不平衡、对地绝缘电阻下降、轴承内润滑油变质。电动机的故障主要表现为:机械振动引起的螺栓松动、轴承故障及共振使转子偏心扫膛;电动机后端盖偏磨等。

（2）电动机故障检测

目前应用到电动机设备较为成熟的检测方法有:振动法、电流分析法、红外诊断法、噪声法等。一般选取振动诊断技术法为主要诊断方法,红外诊断和听器听诊噪声法作为辅助方法。

（3）修复方案

电动机的状态直接决定着施工的进展情况,针对不同电动机采修理措施见表 6-3-3。

电动机修理措施表　　表 6-3-3

名　称	修 理 措 施
主驱动电动机	除泥（除尘）、水套清洗、拆检、烘干绕组、检查或更换尾部回转轴承
各泵站电动机	除泥（除尘）、拆检、烘干绕组、检查或更换尾部回转轴承
风机电动机	除泥（除尘）、拆检、烘干绕组、检查或更换尾部回转轴承,对风机叶轮进行检测、平衡、探伤,找正同轴度并对表面进行处理,找相关厂家（或检测机构）进行动平衡试验

电动机修理控制要点如下：

①检测，转子抽芯解体检查。

②转子清洗、烘干，真空浸漆加强绝缘等级。

③校正、恢复原有精度及形位公差。

④轴承更换、轴承座清净内腔、换油。

⑤转子清理，除锈、喷漆，进行转子动平衡试验，最大残留不平衡量小于5g。

⑥电动机内部相间引出线进行清洁、绝缘处理。

⑦保证电动机上的附件完好。

⑧装配按有关技术要求试验，并出具试验报告单。

4）电缆

(1) 存在的问题

TBM使用的电缆按照用途主要分为两种：电力电缆和控制电缆。由于设备长期运行，或长时间搁置，会出现如下问题：

①电缆外部保护层遭到腐蚀，已经无法使用。

②大部分电缆标志很难辨识。

③部分电缆已经丢失、损坏。

(2) 修复措施

主要修复措施如下：

①电力电缆和控制电缆，分类整理敷设。

②全面除尘、清洁。

③对电力电缆利用兆欧表做绝缘测试，控制电缆利用万用表测量其通断。

④对于缺少标志的电缆，依据相关技术文件制定编码方案补装标志。

5）传感器

(1) 存在的问题

为保障TBM正常运行，对设备起到保护作用，在TBM上设有众多传感器，并以此为基础全面监控整机各相关系统，使之正常运行。例如：为了防止设备过度倾斜，安装有限位传感器；为了保证液压系统功能正常而安装有限制压力的压力传感器；为了监控油箱油位，安装有液位传感器等。

传感器可能发生的主要问题是：性能下降，损坏。

(2) 处理方案

对于存在问题的传感器，应及时更换并测试。

6）PLC系统

(1) 存在的问题

PLC系统是TBM的核心部分，其状态的好坏直接决定着设备的整体状态。由于TBM长时间使用，以及外界环境等各方面的影响，主要存在以下几个方面的问题：

①PLC模块内部堆积大量灰尘。

②安装上位机控制程序的工控机老化，部分出现了硬件故障。

③部分PLC模块出现硬件损伤。

(2)修复措施

①拆除模块并除尘。

拆除时应使用专用一字螺丝刀,以防止损坏模块的安装螺栓。取模块的接线排时用力应适当,以防止将接线端损坏。因模块的数量众多,拆除时应按照顺序存放,以防止安装时次序混乱。除尘时首先应使用毛刷轻刷,然后使用吸尘器除尘。

②检测模块,更换损坏的模块。

7)变频驱动系统

变频驱动系统由变频器、电力电缆、主驱动电动机等构成。TBM刀盘驱动功率大,驱动系统较复杂。变频器至主驱动电动机的传输电缆线路较长,且TBM工作环境恶劣,洞内潮湿施工中振动、灰尘等对变频驱动系统十分不利。常见故障的检查及修理如下。

(1)变频器无法显示

检查变频器供电回路的电压是否正常,检查主供电回路的电压是否正常,检查电缆接头是否松动,检查快熔保险是否烧坏,断路器是否合闸。如果保险熔断或断路器跳闸,不要立即送电,更不允许用铜丝代替快熔保险,要检查模块是否烧坏,确定变频器无故障后再更换保险送电。

(2)变频器显示过电压、欠电压

检查供电系统的电压波动是否在变频器允许范围内,若超过允许范围,应调整供电变压器的调压分接点。

(3)显示温度过高

检查冷却系统是否有故障,检查传动系统是否卡住。

(4)变频器显示电流过大

工作中电流过大是常见的故障,引起原因:电动机遇到冲击负载或传动系统故障;变频器输出侧短路(如电缆破损电动机烧坏);变频器自身工作不正常。

当变频器启动时出现跳闸,这是十分严重的过流现象,应检查传动系统。用兆欧表检查电动机供电电缆的相间、相地绝缘,检查电动机的相间、相地绝缘。如果电缆和电动机都没有故障,发现变频器故障,应检查其内部电路。

TBM部分常见故障、原因分析及解决措施见表6-3-4。

TBM常见故障汇总表　　　　　表6-3-4

故障表现	可能原因	解决方法
油泵不供油	泵吸入管切断阀关闭	立即打开
	油箱油量不足	立刻关闭泵,补充适量液压油
	泵和电动机的联轴器松动或折断	检查、修理或更换
	泵旋转方向错误	立即停泵,将电动机接线调相
	液压油黏度太高,通常这种情况是由于环境温度太低	改变油的黏度等级或在启动泵前预热
	吸滤器或吸油管堵塞	拔掉泵的吸油管接头,检查流量。如果流量低,清洗油箱和吸滤器,然后重新加入新的液压油
	变量泵行程或行程设置不当	调整泵的设置
	泵内部损坏-轴断裂或冲程限制不当设定	解体检查,更换损坏件

续上表

故障表现	可能原因	解决办法
油泵压力不足	泵不供油	参照泵不供油
	泵输出侧的软管断开或破裂	检查软管,更换破损件
	安全阀设置过低,或者安全阀卡锁闭	检查安全阀是否损坏,设置是否适当。如果需要检查、调整、修复或更换
	溢流阀压力设置太低或失效	确定影响系统的溢流阀,正确设置,如有必要,进行修理或更换
	泵内部损坏;低压下不能产生流量,但是负载下能够产生流量	拆下分解,更换损坏零件
泵运行噪声	因为油箱液位低使泵出现空吸	立即停机,检查液位,补充适量液压油
	吸油管渗漏导致泵空吸	立即停泵,检查吸油管连接,修理或更换
	进口堵塞	确认进口截止阀是否打开,确保进口油路畅通(滤网堵)
	呼吸器堵塞	更换呼吸器
	泵转向错误	停泵、电动机调相
	泵内部损坏	解体分解,更换损坏件
执行元件速度慢	系统有空气	排气
	控制阀阀芯未完全打开使部分旁路油回油箱	检查影响系统的操作阀工作情况,必要时修理或更换
	控制油路压力过低,先导控制阀没有完全移动到位	检查控制油路压力
	泵没有达到标称流量	重新调校,或更换
	执行元件内部磨损、密封损坏或内壁拉毛,造成旁通	拆卸检查,更换密封;如果内壁拉毛,更换执行元件
油温过高	系统泵流量设置太高,流经调压阀的流量过大引起节流高温	调整泵流量,冷却水直通水冷却器,直到温度降低
	压力补偿器调整不当或发生故障	调整、修复、更换
主机带式输送机运行速度太慢	低速开关设置不当或故障	确认皮带运行速度是否正常,否则检查低速开关是否正常
	负荷过重或受到阻碍	检查运行压力,如压力在溢流阀处调整,液流会经过溢流阀引流。停机仔细检查皮带何处阻滞
	胶带太紧	检查运行压力和张紧液压缸压力
	液压驱动所需流量不足	确保阀门全开,检查泵输出
	液压马达内泄漏	解体检查,修理或更换损坏零件
主驱动电动机不启动	变频器关闭	打开
	主轴承润滑油流量或压力低	校准流量、压力
	主轴承润滑油流量开关设置不当或故障	检查开关和连接
	支撑压力低于压力开关设置值	利用高压支撑系统伸出支撑
	支撑压力开关设置不当或故障	检查压力设置,否则检查电路
	带式输送机没运行或运行太慢	启动带式输送机,参照带式输送机运行速度太慢
	密封润滑泵液压回路不循环	查电路,检查油路分配阀功能,检查液压系统流量控制阀和电磁阀

续上表

故障表现	可能原因	解决办法
主驱动电动机不启动	电动机启动过载,跳闸	检查,再次启动
	电动机冷却回水流量不足	调整电动机水流量
液压系统和润滑系统驱动电动机不启动	断路器关闭	打开断路器
	油箱液位低	给油箱加油到适当液位
	油位开关设置不正确或功能障碍	检查运行是否适当,检查电路
	电动机启动过载、跳闸	重启电路。若不是跳闸,检查电路
密封润滑显示故障	密封润滑泵回路不循环	检查电路
	油路分配阀故障	解决油路分配阀功能故障
	油路分配阀开关不工作	在此情况不要连续运转,否则缺油润滑损坏设备,立即检查开关和电路
刀盘运转时缺水或水量不足	水阀未打开	打开供水系统闸阀
	滤水器堵塞	拆除、清洗和重新安装滤芯
	电磁控制阀故障	检查阀和电路
	喷水嘴堵塞	清洗喷嘴

3.3 刀盘刀具修理

3.3.1 刀盘修理

TBM法隧道施工过程中,刀盘常见故障主要是开裂、磨损,刀座及铲斗安装基座损坏、喷水系统损坏等。

1)裂纹

(1)原因分析

TBM掘进过程中,刀盘荷载巨大且复杂,主要包括大推力、大扭矩、频繁冲击、高频剧烈振动、偏载等,且温度高,这些都会使刀盘产生裂纹,其中在焊缝部位发生较多,刀盘开裂的原因分析如图6-3-4所示。

(2)修复措施

修复刀盘裂纹时应用刨枪去除裂纹部分材质,形成坡口,打磨后重新焊接。修复注意事项如下:

①清洁裂纹两边板面油污至露出洁净的金属面。

②用碳弧气刨、风铲或砂轮在裂纹边缘加工焊接坡口,坡口的形式应根据板厚和施工条件按相关标准要求选用。

③焊前预热,裂纹两侧及端部预热至100~150℃,并在焊接过程中保持此温度,预热温度需要根据材质按相应规范确定。

④用与钢材相匹配的低氢型焊条或超低氢型焊条施焊。例如,选用直径3.2mm的J507焊条施焊。

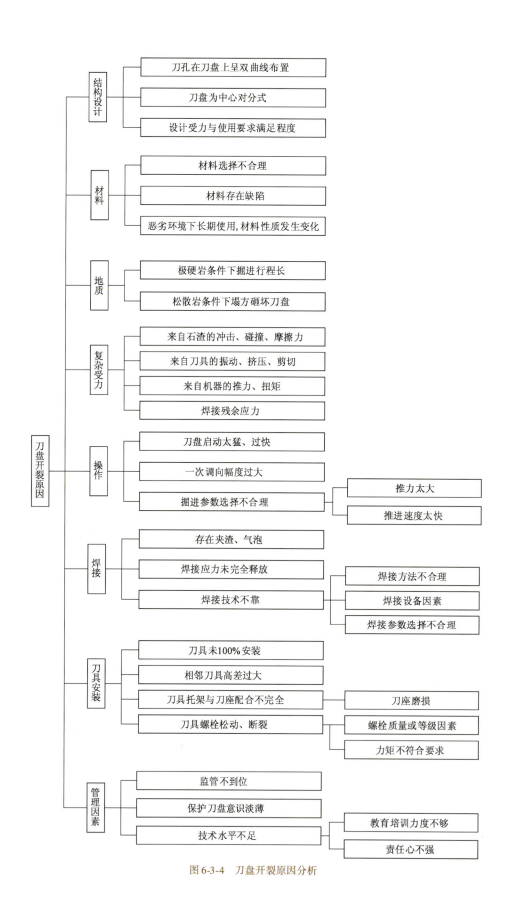

图 6-3-4　刀盘开裂原因分析

⑤尽可能用小直径焊条以分段分层逆向施焊,每一层焊道焊完后应进行锤击,消除应力。

⑥对承受动力荷载的构件,施焊后其表面应磨光,使之与原构件表面齐平,磨削痕迹线应大体与裂纹切线方向垂直。

⑦对重要结构或厚板构件,施焊后应立即进行退火处理(保温)。

⑧按设计要求检查焊缝质量。

刀盘裂纹修复示例如图 6-3-5 所示。

2)面板磨损

(1)原因分析

在掘进过程中,受岩渣冲击和大石块挤压,刀盘表面产生较大磨损。刀盘面板磨损通常损坏的是耐磨板。在掘进过程中刀盘边缘的线速度最高可达 3m/s,易造成磨损。

(2)修复措施

面板加强:刀盘面积大时,难以保证焊接强度均匀,易导致变形,要采取区别对待、化整为零、分散焊接的措施。区别对待是指刀盘正面和边缘部位的工况有区别,处理方式不同。正面面板上加焊耐磨板减少刀盘本体的磨损,而边缘则堆焊球形钉。化整为零是指在刀盘的正面焊接多块耐磨板,例如,某刀盘耐磨板厚度 12mm,单块尺寸约为 250mm×250mm,间距为 30mm,便于焊接和后期修理。分散焊接是指减少焊接热量对结构件的影响,并且可平行作业,加快整修进度。

刀盘面板磨损修复示例如图 6-3-6 ~ 图 6-3-8 所示。

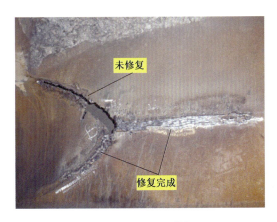

图 6-3-5 刀盘裂纹修复

图 6-3-6 耐磨板修复

图 6-3-7 刀盘面板修复

图 6-3-8 刀盘边缘耐磨条修复

3）刀座损坏

刀座形式主要分为整体式刀座和分体式刀座。一般岩石抗压强度较高，容易对刀座形成损伤，宜采取分体式刀座；反之采取整体式刀座。为适应复杂地质情况，目前主流 TBM 机型采取分体式刀座。

(1) 原因分析

刀座损伤形式主要有刀座焊缝开裂和刀座压溃。TBM 在硬岩地质条件下，需要较大推力和较高转速，刀座长时间承受的稳定荷载、振动和冲击荷载较大，易出现疲劳裂纹。刀座开裂主要体现在大号刀位正刀和边刀上。

TBM 掘进施工过程中，刀盘的推力、扭矩、振动不断变化，刀座与刀轴接触部分的局部瞬时应力超过材料屈服应力会导致微小的塑性变形，长时间积累导致刀座母材压溃。

(2) 修复措施

刀盘焊接预热温度和焊接母材材质相关，一般刀盘本体结构以及刀座焊接部位使用材质为 Q345 系列，预热温度 100～150℃，当刀盘母材变化时应相应调整预热温度。以某 TBM 刀盘刀座开裂修复为例，修复措施如下：

①用碳弧刨将刀座裂缝周围材料去除，打磨，用高压风吹净。

②焊前预热，温度控制在 200℃ 左右，不超过 300℃，并在焊接过程保持此温度。

③采用 ER50-6 焊丝打底，采用二氧化碳保护焊。

④焊接时分层分段施焊，平焊焊缝宽度不大于 12mm，立焊不大于 18mm，每一层焊道焊完后应进行锤击，消除应力。

⑤焊接完成后，利用陶瓷片加热，温度为 350℃ 左右，保温缓冷。

刀座压溃修复措施如下：

①将刀座待焊面及周边 100mm 范围清理干净，表面露出金属光泽。

②用刀座校正工装检验变形情况，确定变形量。

③根据变形量，确定修补高度，对其他机加面采取保护措施。

④滚刀刀座采用 $\phi2.5mm$ 的 J507 焊条施焊，预热温度为 100～150℃。

⑤中心滚刀刀座采用 $\phi2.5mm$ 的 J807 焊条施焊，预热温度为 150～200℃。

⑥焊接过程采用小规模焊接，堆焊高度不能高出原尺寸 1mm，减少打磨量。

⑦打磨堆焊面和原平面平齐，保证打磨面平整、光滑。

⑧打磨完成后，使用校正工装进行检验，工装与刀座接触面打磨至贴紧为合格。

4）铲斗基座损坏

(1) 原因分析

铲斗基座损坏主要原因为铲斗齿更换不及时，或边刀损坏，抑或铲斗齿螺栓松动或脱落。

(2) 修复措施

在工厂或检修洞内修理，空间足够，修理较简单；在正在掘进的隧道内修理，空间狭小，需退刀盘及适当扩挖洞宽。以洞内铲斗基座修复为例予以说明。

根据掌子面围岩情况，刀盘后退适当距离保证修理空间和围岩安全。在隧道下部人工扩挖，满足铲斗基座的拆除与安装。修理流程如图 6-3-9 所示。

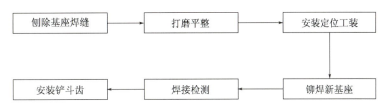

图 6-3-9　铲斗基座修理流程图

注意事项如下：

①刨除基座背部焊缝，再刨除正面焊缝，刨除正面焊缝时，要注意固定基座，防止刨除过程中基座掉落。

②刨除后需打磨平整，应打磨至与初始平面平齐，如图 6-3-10 所示。

③焊接时，焊机接地线必须靠近焊接区域，严禁远距离搭接地线。

④焊前预热处理，可使用氧乙炔火焰对待焊接处预热，预热温度 250~300℃。

⑤焊接中停焊，继续焊接前应重新测量焊缝区温度，如低于预热温度应重新进行预热，焊后使用石棉布覆盖，保温缓冷。

⑥焊接过程中需自检及互检，如发现焊接缺陷，则通知检验人员核实确认并现场处理。

⑦焊缝探伤合格后方可堆焊焊缝表面耐磨层，不允许全部焊缝焊接完成后再探伤。

⑧焊接过程注意混合气体流量，及时更换气瓶；若气体保护不良出现氮气孔时需将气孔修磨干净后方可继续施焊。

⑨焊后应去除焊渣和飞溅物，将焊缝打磨平整光滑，余高小于 3mm，要求平整的焊缝应磨平，不得留下咬边、焊瘤等常见的焊接缺陷。

5）喷水装置损坏

刀盘喷水装置在以往的施工过程中经常发生以下 3 种故障：一是喷嘴损坏；二是管道堵塞难以清理，影响喷水效果；三是软管较长易损坏，故障率高。刀盘喷嘴损坏示例如图 6-3-11 所示。

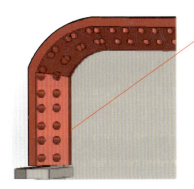

图 6-3-10　焊接面打磨平整

图 6-3-11　刀盘喷嘴损坏

在钢管上安装支管，喷水嘴安装在支管上，钢管部分采用钢板焊接防护，不易损坏。同时为防止软管的异常损坏，采用钢丝编织橡胶管以提高抗冲击能力。

6）其他典型故障

刀盘其他典型故障包括隔板开裂、限径块磨损、刀座损坏、刀孔被大块岩渣挤压变形开裂、刀盘连接螺栓断裂等，如图 6-3-12~图 6-3-18 所示。

图 6-3-12　刀盘隔板开裂

图 6-3-13　刀盘隔板修补

图 6-3-14　限径块磨损

图 6-3-15　限径块修复

图 6-3-16　刀座挤压损伤

图 6-3-17　大石块顶裂刀孔

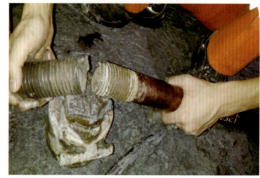

图 6-3-18　双头螺栓断裂

3.3.2 刀具修理

1）刀具失效形式

（1）正常磨损

①刀圈磨损。

滚刀的正常磨损也称滚刀均匀磨损，是指滚刀刀圈周边各部位的径向磨损程度基本相同，径向磨损量基本一致，滚刀正常磨损主要发生在相对均质地质条件的洞段。随着滚刀磨损量的增加，滚刀刃宽逐渐增加，当滚刀刃宽明显增大时，就会影响其破岩效率，影响TBM掘进速度。滚刀刀圈磨损示例如图6-3-19所示。

②轴承达到使用寿命。

图6-3-19　刀圈磨损

在正常使用条件下，轴承的失效是以滚动面上的疲劳损坏面积来衡量，其寿命为产生这一疲劳损坏前的工作时长。例如，铁姆肯（Timken）轴承的工作寿命是产生$6mm^2$疲劳剥落时的工作时长。对于不同的工作要求，疲劳剥落的大小也不同，当大于这一要求时，工作寿命可以延长。

轴承厂家提出的轴承设计寿命，是在某一负荷条件下试验得出的，在实际工作中，由于地质条件不同，刀具轴承的负荷条件不同，从轴承的损坏情况看，实际掘进的轴承负荷可能比试验负荷低。轴承设计寿命是正、边刀在掘进条件下按某刀位上工作的轴承寿命来计算的。由于各刀位的半径不同，各刀位的实际运转小时，要乘以相应系数，计算出运转时长，与设计值比较，充分结合滚刀状态决定轴承是否更换。

为保证轴承可靠运转，减少刀具故障，应尽早发现轴承的早期损坏，在损坏前予以更换，减少刀具故障及对掘进的影响；为了降低轴承消耗，应尽可能将轴承实际寿命大于设计寿命的潜在能力发挥出来。为了充分利用轴承，减少轴承消耗，又尽可能减少轴承早期损坏对刀具可靠度的影响，利用滚刀保养修理的拆解工序，加强轴承检查，提早发现有可能损坏的轴承。经大量拆检分析比较，轴承每运转300h拆卸一次是比较适当的。每300h应拆检一次，达到900h后，应强制更换。

③浮动密封磨损及其密封圈老化。

浮动密封失效主要来自两个方面，一是润滑油中有金属颗粒，主要是由于轴承损坏后产生的金属进入并损坏滑动密封面；二是橡胶密封圈老化而失去弹性，密封面密封性能劣化。橡胶圈的性能易受温度影响，刀具工作时由于地质条件的变化和刀位的不同，工作温度变化较大。因此，橡胶的老化对密封的影响的偶然性较大，是造成密封失效的重要因素。

④刀体配合性能失效。

刀体外装刀圈和挡圈、内装轴承、两侧装滑动密封和刀盖。一方面，由于轴承损坏后外圈转动的磨损和更换轴承时外圈的压出和压入导致刀体磨损，易使得刀体与其配合失效；另一方面由于刀圈以过盈配合（加热200℃安装）安装到刀体上，更换刀圈时需要先用火焰切断旧刀具上的挡圈，再用切割砂轮机切断刀圈，将刀圈退出，使得刀体在多次更换刀圈后易出现变形和磨损，导致配合失效。

（2）异常磨损

①刀圈弦磨。

滚刀弦磨又可以分为单边弦磨、多边弦磨两种情况。盘形滚刀单边弦磨是指安装在刀盘上的滚刀在掘进过程中，刀盘转动但滚刀没有跟随自转；或在滚刀安装完毕掘进初期，滚刀发生了短暂自转，此后停止自转，导致滚刀刀圈某一部位过度磨损。多边弦磨是指在滚刀发生单边弦弦磨后，偶尔转动一个角度，发生滚刀第二边弦磨，如此循环，最终形成多边磨损。刀圈弦磨示例如图 6-3-20、图 6-3-21 所示。

图 6-3-20　刀圈弦磨（单边弦磨）

图 6-3-21　刀圈弦磨（多边弦磨）

刀圈不能转动产生弦磨，其根本原因是轴承损坏，轴承损坏有两种原因：一是轴承因为冲击损坏或者疲劳损坏，二是密封损坏后失去润滑造成轴承损坏。

②刀圈偏磨。

滚刀刃部偏磨从磨损形状来看，滚刀刀刃角两侧磨损不均匀，刀刃两侧面与刀圈法线方向成不同角度，刀刃尖端呈不规则的曲线。滚刀发生偏磨的时候可能同时发生弦偏磨。

当滚刀与相邻滚刀磨损量差值较大时，这把刀在掘进过程中接触的岩壁始终是一个斜面，易发生偏磨，如图 6-3-22、图 6-3-23 所示。刀具发生偏磨一般不影响刀具的正常运转，只是磨损加剧且破岩效率有所降低。从现场经验来看，严格控制相邻刀具的刀高差，可减少刀具发生偏磨现象。

图 6-3-22　刀圈偏磨

图 6-3-23　刀圈偏磨

③刀圈崩裂。

滚刀刀圈崩裂是指滚刀刀圈发生径向开裂或崩刃，使滚刀失去破岩能力，如图 6-3-24 所示。如果受力较大，会致使刀圈脱落。滚刀刀圈断裂或崩刃一方面是由于滚刀受到过大的冲击荷载造成的，另一方面是由于刀圈热处理不当、韧性不够或者刀圈刀体过盈量过大、应力过大造成。如果刀圈已经发生磨损，尤其已经发生偏磨的情况下则更易发生刀圈的崩裂。

④刀圈卷刃。

滚刀刀圈卷刃表现为刀刃翻转或变厚,一方面是由于岩石较硬,TBM的掘进推力较大造成的;另一方面是因为刀圈热处理不当、硬度偏低造成的。

⑤刀圈波形磨损。

刃部呈波浪形,主要原因是轴承状态不佳、卡滞、刃部磨损不均匀。

⑥刀具漏油。

刀具漏油绝大多数由轴承浮动密封引起,极个别的刀具注油孔漏油。

图 6-3-24　刀圈崩刃

⑦其他异常损坏。

刀圈移位是由于刀圈与刀体配合过盈量不足,一般发生在挡圈断裂时,或者已更换了多个刀圈的刀体。挡圈断裂是由于挡圈焊接处强度不足,或者挡圈处开槽深度不够导致断裂。刀体磨损是由于刀圈超过极限磨损量而未更换造成,当刀圈发生偏磨时,往往容易导致刀体磨损。轴承损坏是由于密封失效导致轴承润滑不良、刀体内部进入泥沙或者滚刀过载导致轴承无法转动造成。

2）刀具失效影响因素及对策

滚刀磨损的影响因素可以归纳为:地质因素、机械因素、几何因素以及材料因素等。地质因素主要包括TBM开挖岩石的石英含量、抗压强度、完整性以及地应力等。机械因素主要包括盘形滚刀的荷载、贯入度等。几何因素主要包括滚刀的安装半径滚刀直径、刀刃间距以及刀刃宽度等。材料因素主要包括刀圈材料的硬度、冲击韧性等。其他因素主要包括滚刀安装高差、刃形等。

滚刀失效影响因素汇总见表 6-3-5。

滚刀失效影响因素汇总表　　表 6-3-5

影响因素	具体影响因素	影响因素分析
地质因素	等效石英含量 EQC	岩石等效石英含量越高,地层磨蚀性越强,对滚刀磨损越严重
	单轴抗压强度 UCS	岩石抗压强度越高,岩石越难破坏,滚刀破岩时所受到的荷载越大,滚刀越容易磨损
	岩石的完整性 K_V	岩石完整性越好,岩体内部结合力越大,破岩阻力越大,刀具磨损越严重
	地应力	高地应力导致岩爆,掌子面发生大块岩石掉落,容易导致滚刀的异常磨损
机械因素	滚刀垂直力 F_V	滚刀垂直力越大,岩石与刀圈接触越紧密,岩石中的硬质颗粒越容易将刀圈表面材料剥落
	贯入度 h	在滚刀荷载允许情况下,贯入度越大,滚刀与岩体磨损接触时间越短,越不易磨损
几何因素	刀间距 S	滚刀刀间距越小,相邻滚刀间的岩石越容易被剥落,滚刀磨损越小
	刃宽 T	刃宽越大,滚刀越不易磨损,滚刀磨损量越小;但完整硬岩,刃宽越大越容易卷刃,反而加快滚刀磨损
	刀圈半径 R_0	刀圈半径越大,允许的磨损量越大,所使用轴承能够承受的荷载越大,滚刀寿命越长
	安装半径 R_i	滚刀安装半径越大,刀盘旋转时滚刀运动的线性轨迹越长,滚刀的磨损量越大
材料因素	材料硬度 H_V	滚刀刃部的硬度越高,耐磨性越好,但在受到冲击荷载时容易崩刃,反而加快滚刀磨损
	材料韧性 J	刀圈刀韧性越高,硬度越低,抗冲击韧性增强,耐磨性减弱,需两者兼顾
其他因素	滚刀刃形	刀宽越小,越容易贯入岩石,但刀圈刃部允许磨损的材料越少,易于磨损
	滚刀高差	TBM破岩是多把滚刀协同作业的结果,往往高出其他滚刀的刀具损坏概率更大

以上为引起刀具失效的直接因素,除此之外,刀具轴承、密封使用性能,刀具装配质量,洞内刀具安装与检修质量,TBM掘进操作是否规范,掘进参数选择是否与围岩、刀盘刀具性能相匹配等,均与刀具失效有关。

针对以上刀具失效因素,相应的对策见表6-3-6。

滚刀失效应对措施 表6-3-6

序号	对　　策	具 体 措 施
1	优化刀盘设计	刀盘设计合理。在刀盘制造之初,刀盘设计应掌握准确的工程地勘资料,在刀具选型、布置、数量等方面更合理
2	合理选择刀圈	刀具应根据不同围岩针对设计,在刀圈耐磨、强度、韧性等方面合理匹配,以满足TBM高效掘进
3	优化轴承与密封	刀具轴承与密封的选择上应保证基本的应用,同时应用的周转次数能保证。例如,轴承普遍周转5次以上,进而降低开挖成本
4	规范刀具检修装配与安装	严格按工艺要求,查刀、换刀、检修装机,并正确安装。加强规范刀具装配、安装与检修。按刀具装配工艺要求进行刀具的组装,同时在刀具存放时避免温度的影响,在运输中避免剧烈碰撞;按要求进行刀具安装与检修
5	加强地质超前预报	加强地质预报,根据岩石特性选择适合的刀具
6	优化掘进参数	优化掘进参数。操作人员监控TBM掘进参数变化、岩渣状态等,根据围岩、设备性能、刀具状态等选择合适的掘进参数,主要包括刀盘转速、推进力、电机频率、推进速度、带式输送机转速等,并根据围岩变化及时调整,推进速度平稳,控制每循环的纠偏量

3)刀具检修与装配

(1)主导思想

刀具的检修与装配是TBM法隧道施工中的重要环节,提升刀具的可靠性保证掘进速度,降低刀具及配件消耗来降低掘进成本,促进TBM施工技术与管理水平的提高,是刀具使用过程中技术性很强的一项工作。

①及时检修从刀盘上更换下来的刀具,保证施工对刀具的需要,加快在用刀具的周转,减少刀具的备有量和资金占用。

②经过检修的刀具,应保证检修与装配质量,满足掘进要求。

③通过对刀具的检修与装配,分析刀具状态的变化和损坏形式,从中可以了解刀具及其零件的质量、前期修理检查的质量、刀盘检查及刀具安装存在的问题、地质变化和TBM操作等因素对刀具损坏的影响。及时分析提出意见,探寻刀具正常损坏与非正常损坏的原因与规律。对于正常损坏的规律要纳入修理程序;对于非正常损坏,要针对其原因,力求减少和避免。

④刀具损坏零件的修理,既要保证修理刀具的质量,又要制定严格的零件报废条件,物尽其用。现场条件下不能修理、具有批量性的损坏零件,可制定工艺要求,委外修理。

(2)检修步骤

从刀盘更换下来的刀具,要及时清理外表,为修理前的检查做好准备。

刀具检修装配步骤如图6-3-25所示,浮动密封检修流程如图6-3-26所示。

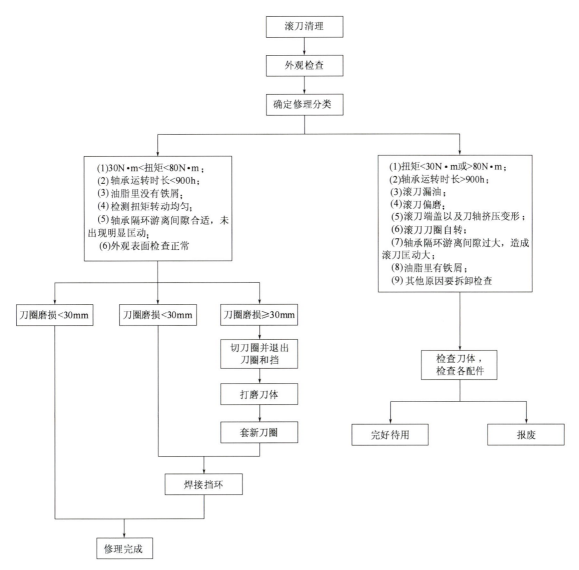

图 6-3-25　刀具检修步骤图

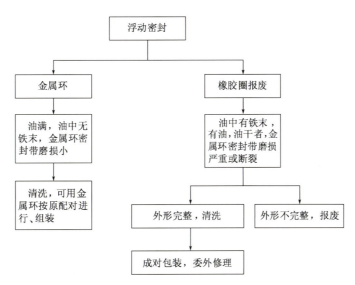

图 6-3-26　浮动密封检修流程图

（3）刀具不拆解检查

当刀具满足以下条件时，可以不拆解检查：

①刀圈磨损量正常。

②扭矩正常且转动均匀。

③轴承运转小于900h。

④前次拆卸检查后运转小于300h。

⑤端盖螺栓、螺栓孔等外观完好。

不拆解检查主要针对滚刀的磨损量、启动扭矩、润滑油润滑脂及刀体密封性检查。刀具冲洗后首先检查外观，若刀具有明显损伤，需要拆解检查；若无明显损伤，则不拆解检查。

利用刀圈磨损量卡规，检查刀圈的径向磨损量，若磨损量达到极限值，需要更换刀圈；若磨损量未达到极限值，进行其他项目检查。

利用扭矩扳手检查滚刀的启动扭矩，测得扭矩值在规定范围内为合格，如不在规定范围内，则可判断为滚刀装配或内部零部件发生损坏。

通过压力测试检查刀体的密封性，用密封测试压力表更换端盖上的一个管堵头，并利用压缩空气加压至规定的压力值（若压力无法维持5min，说明刀体密封失效）。

通过注油孔检查油脂状态，根据油脂的颜色判断是否需要更换油脂；根据油中是否含杂质来判断刀体密封情况。

（4）刀具拆解检查

当刀具出现以下情况之一，应拆解检查并采取适当修理措施。

①如轴承运转时长大于900h，应拆解检查，更换轴承。

②如前次拆解检查后运转大于300h，应拆解检查和修理。

③如扭矩大于80 N·m或小于30N·m，或转动不均匀者，应拆解检查，分析原因，进行修理。

④刀具漏油应拆解并检查原因，进行修理。

⑤端盖螺栓松动或断裂，螺孔损坏或有断栓不能取出者，应拆解检查进行修理。

刀具拆解流程如下：

①刀圈磨损量达到报废值的，去除挡圈，用切割机切断刀圈，注意不要损伤刀体。利用砂纸或砂轮机打磨刀体配合面。

②拆除锁紧螺母和端盖：螺纹界面区域涂抹润滑油，然后拆卸锁紧螺母，用起重工具拆下上端盖。

③拆除刀轴：将刀具放在刀轴套和压力平台上，对刀轴施加压力，使刀轴上的轴承内圈脱落；将工具杯放在下端盖内密封环与轴承内圈之间，利用压床对工具杯施压；刀体翻转去除另一个密封环，并拆除金属浮动密封。

④拆除轴承：如果需要更换轴承，将刀体放在压力平台上将外圈拆卸工具放入刀体内腔中（销子朝下，并在外圈拆卸工具之间），利用压床加压将轴承外圈压出；翻转刀体，将另一个外圈压出，若轴承可以继续使用，外圈与滚柱及内圈需配套使用。

（5）刀具装配

①刀圈装配。

对于未解体的刀体，直接安装刀圈；对于解体修理的刀体，也可以安装刀圈后再安装轴承、密封、刀轴和端盖等。

将刀体平放，使开口环的槽向上，用砂纸使刀体与刀圈接触面光滑，避免电动工具磨削表面；用溶解剂去除沉积在刀圈内部及刀体的表面上的油污。

用感应加热器或烤箱将刀圈加热至175℃(最高),注意刀圈温度为150~175℃的时间不可以超过5min,否则刀圈的硬度将会降低,从而缩短刀具的寿命;将刀圈滑进刀体外径,较光的一面向下;如果刀圈被卡住,用专用套筒及盖板挤压刀体肩部。

将开口卡环套进刀体,放在槽中,焊接坡口向上;用夹具挤压开口环,使焊接坡口对齐;将焊接打铁钳夹在夹具上,焊接卡环。注意,焊接部位仅限于卡环,禁止将卡环与刀圈或刀体发生焊接。

②刀体装配。

待刀圈的热量扩散到整个刀体,将刀体内表面和轴承外圈涂上抗咬合剂,用轴承外圈安装工具将轴承外圈挤压进刀体,注意确保轴承外圈受力均匀。如果外圈与内径严重错位,必须拆下外圈和刀体内径,检查是否损坏。

在刀轴底部的法兰处安装O形圈,将刀轴垂直安放,螺纹端朝上,擦除刀轴和密封端盖上的油污,沿轴向涂抹抗咬合剂;加热下端盖,最高温度不超过120℃,否则将导致O形圈损坏;将密封端盖滑动到刀轴的法兰面,密封端盖的最大挤压力不超过100kN。

将密封安装工具放在密封的一半上,这样面密封的表面就向内、而复曲面向外。必须确保复曲线的缝线与密封周边的方向相同;将密封的半圈安装在密封压盖上,向密封安装工具相反的方向均匀地推压,直至到位;正确安装后,密封面将会超出密封盖板的唇面延伸8~10mm;安装O形圈到内密封环上。

感应加热器或烤箱加热轴承内圈,不超过120℃,将轴承内圈放入刀体内的轴承外圈上;密封环和刀体安装密封周围涂抗咬合剂,用专用工具将内密封压到刀体内。

轴组件垂直放置,螺纹端在上,然后沿轴向涂抗咬合剂;降低刀体组件到刀轴上,挡圈向上;如果在下放至刀轴的过程中从刀体的密封盖板区域脱落,用少量的高温硅封将密封的复曲面粘在密封盖板区域。

在轴和底部轴承内圈上放上隔套,将加热过的轴承内圈放入刀体;安装轴承在轴和轴承外圈上,对轴承内圈施加的力不超过100kN。

上端盖与锁紧螺母:安装金属浮动密封到顶部内密封环上,安装透气阀和透气堵头到上端盖,安装金属浮动密封到上端盖上,清洁密封环,将上端盖套入刀轴;涂抗咬合剂到螺母和刀轴螺纹上,用螺母拧紧工具将螺母安装到刀轴上,将扭矩环放在刀具的开口环一端上,使六角螺栓朝上放置,并将手柄紧固在刀体上,直到紧到螺纹的尾部。

安装扭矩扳手,并拧紧螺母边测试启动扭矩,直到启动扭矩达到要求的范围;再对装配的刀具进行密封测试,达到要求后,注入新的润滑油脂;最后封堵注油孔,根据轴承的使用次数在滚刀上喷不同颜色标记,完成滚刀的装配。

刀具组装流程见表6-3-7,刀具修理记录单见表6-3-8。

刀 具 组 装 流 程 表6-3-7

序号	工　艺	图　示
1	将加热的刀圈放入刀体	

续上表

序号	工　艺	图　示
2	在轴承外圈的配合面涂抗咬合剂	
3	将轴承外圈砸入	
4	砸入挡圈	
5	加热轴承内圈、后端盖	
6	在刀轴表面涂抗咬合剂,将后端盖套入	
7	用压机给后端盖定位	

续上表

序号	工 艺	图 示
8	清洗刀体内腔	
9	清洗内密封环	
10	给后端盖装密封环	
11	给内密封环装密封环	
12	放入后轴承	
13	压入后端内密封环	

续上表

序号	工　艺	图　示
14	清洁密封环表面	
15	将刀轴组件放在压机	
16	刀体组件套入刀轴组件	
17	压后轴承使其定位	
18	放入隔环	
19	涂抗咬合剂	

续上表

序号	工　艺	图　示
20	放入前轴承	
21	压入前端内密封环	
22	清洁密封环表面	
23	涂抗咬合剂	
24	密封环表面滴油	
25	套入前端盖	

续上表

序号	工　艺	图　示
26	套入锁紧螺母	
27	压前端盖	
28	拧紧螺母	
29	加力杆拧紧螺母	
30	测扭矩	
31	边拧紧螺母,边测扭矩	

续上表

序号	工 艺	图 示
32	气压测试	
33	注油	

刀具检修装机记录单示例　　　　　　　　　　　　　　　　　　　表 6-3-8

单刀检修装机记录单
单号：_____　　　　　　日期：_____
刀具情况 单刀轴号码：_____损坏程度：完全失效□　未完全失效□ 刀圈磨损情况：正常□　偏磨□　丢失□　磨损量(mm)：_____ 旋转测试：均匀□　波动□　很难或不转□　扭矩(N·m)：_____ 气压测试：不漏气□　漏气□ 其他说明：_____
订单 修理方法1：换油,换新刀圈,最终测试　　　　　　　　　　　　　　　　　　□ 修理方法2：拆开清除受损部分(换新刀圈),换密封,最终测试　　　　　　　□ 修理方法3：拆开清除受损部分(换新刀圈),换密封和轴承,最终测试　　　□ 特别事项：_____ 日期：_____　修理人员签名：_____

续上表

使用配件					
配件名称	配件号码	数量	配件名称	配件号码	数量
刀圈			锁盖		
卡簧			塞头螺丝		
密封组件			底盖		
轴承			面盖		
轴承杯			轮毂		
密封钢环			密封圈		
轴承隔圈			密封圈		
密封圈			密封圈		
密封圈			刀轴		
滚刀油					

最终测试扭矩(N·m)：_____   日期/签名：_____

第 4 章 故障处理案例

为了最大限度降低设备故障对正常掘进的影响,TBM设备故障一旦发生,需要及时合理处理和修复,尽快恢复设备的功能和性能。由于TBM由上万个零部件组合装配而成,集多套分系统于一身,给故障排查以及故障原因分析带来了挑战。

本章总结施工实践中常见的故障类型和处置措施,提供了覆盖机械、电气、液压系统,涵盖掘进、支护、出渣、导向等功能设备的共计14项TBM故障处理案例,重点讨论了故障现象及形式、故障排查,故障原因分析以及处置方法,供TBM法隧道施工技术人员参考。同时,对于工程施工中其他类型故障模式和处置方式,应在实践中加以总结和归纳,不断丰富、优化和完善TBM故障处理技术。

4.1 主轴承密封故障

主轴承密封包含多种类型,其中唇形密封是最常见的。主轴承密封磨损容易导致主轴承润滑失效,其故障现象多为润滑油泄漏。本节分别从故障现象、故障排查溯源、故障处置3方面对主轴承密封故障案例进行分析。

4.1.1 故障现象

某TBM法隧道施工项目,在例行保养作业时,发现主轴承润滑油的油位下降约12cm(相当于约200L),且主轴承外密封油脂溢出部位有润滑油滴漏。此前检查时,未发现油位以及溢脂口部位异常,且油脂泵送频率以及消耗量正常。

对主轴承内、外迷宫密封强制注脂,两个部位溢脂口均有油脂溢出,主轴承内密封部位正常,主轴承外密封部位溢出的油脂中混有大量润滑油;24h后再次提取油脂样品,主轴承外密封部位溢出的油脂中仍然混有大量润滑油。

4.1.2 故障排查及原因分析

1)故障排查

初步断定主轴承外密封或者密封结构相关部位有损坏,为准确判定故障原因、制定解决措施,确定排查方案为:将刀盘从主轴承上脱离,拆卸迷宫密封,检查主轴承外密封,准确判定润滑油泄漏原因,制定对策并实施。主轴承故障排查流程如图6-4-1所示。

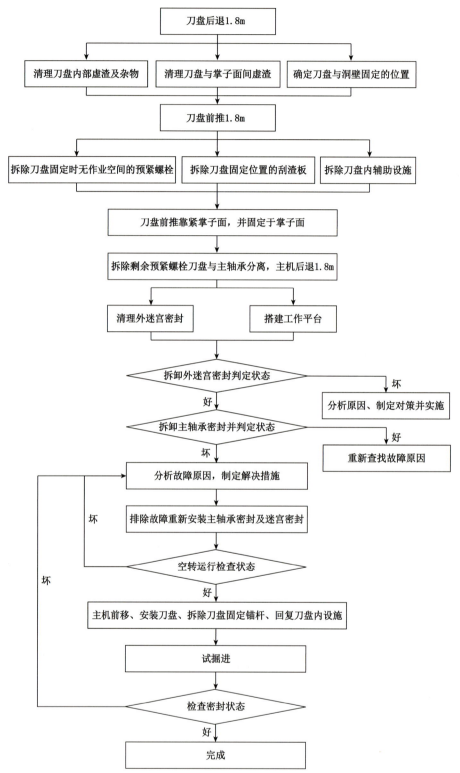

图6-4-1　主轴承外密封故障排查处理流程图

实现上述方案的关键有3点:一是刀盘顺利脱离主轴承;二是刀盘脱离主轴承后始终保持其位置和状态不变;三是确保故障处理完成之后能够顺利将刀盘安装到主轴承上。在故障排查过程中,应确保刀盘自固定在掌子面到故障排除后再与主机对接期间，能持续不动地固定在掌子面上。刀盘固定方案如下。

(1) 总体方案

刀盘总质量为 150t(包含所有盘形滚刀)，其边缘为锥面，最大直径 8.8m，其内部共分为 8 个相对独立的空间，每个空间内都有一组用于出渣的铲斗。刀盘质量和体积巨大，需将其竖直固定在掌子面并持续保持其位置、状态不变。经研究讨论确定方案为：刀盘旋转到适当的位置，拆除铲斗齿，从顶部两侧空间内铲斗位置向洞壁钻孔、安装锚杆固定刀盘；下部适当位置的两个空间内，从铲斗位置向洞壁钻孔、安装锚杆固定刀盘；同时刀盘底部以钢板支垫。刀盘固定方案如图 6-4-2 所示。

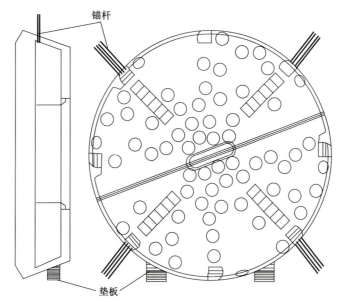

图 6-4-2　刀盘在掌子面固定方案示意图

(2) 准备工作

① 刀盘后退 1.8m，清理刀盘内部、下部的虚渣以及杂物，清理刀盘与掌子面之间的虚渣，冲洗刀盘。

② 人工测量 TBM 主机滚动角、与隧道设计中线的偏差距离和高程，调整机架到合适的角度与高度，控制刀盘拆装前后的精确角度，监控刀盘脱离后机架变形的程度。

③ 工机具与人员就位。

(3) 刀盘脱离与固定

① 锚杆布孔和标记螺栓。

把刀盘推到掌子面，旋转刀盘，使顶部两个铲斗分别位于中线左右 1.19m，作为锚杆作用面。锚杆作用面分为左上、右上、左下、右下四处，刀盘定位后以红色喷漆精确标出锚杆钻孔位置，标识要求为 ϕ40mm 圆、轮廓清晰、角度与刀盘边缘保持垂直，以利于之后锚杆与刀盘牢固焊接。刀盘固定锚杆共计 32 根，每个固定位置 8 根，分为 2 排，每排 4 根，要求 4 角处的钻孔紧贴刀盘边缘，其他 4 点均匀布置。

刀盘与主轴承之间的连接螺栓为 M64 液压预紧螺栓。由于安装位置不同，始终有部分螺栓被封闭在刀盘与主轴承之间，无法一次性全部拆除，因此，螺栓需要分两次拆卸。首先拆除刀盘固定于掌子面后无拆除作业空间的预紧螺栓，待刀盘固定后再拆除剩余部分。因此，确定锚杆钻孔位置后及时用红漆清晰地标记所有进入视野的预紧螺栓并记录其数量，未做标记的螺栓为第一步拆卸，已做标记的螺栓为第二步拆卸。

②拆卸无标记部分预紧螺栓

上述工作完成后旋转刀盘至适当位置，拆除所有未标记的螺栓，之后旋转刀盘恢复到起始位置，处于呈现所有标记钻孔的状态。该项工作必须认真核对所拆下的预紧螺栓数量为总量与已经标记数量之差，否则刀盘固定后将会有部分螺栓无法拆除，从而导致刀盘不能脱离主轴承。

③钻孔清孔

经计算，钻头规格为38mm，钻孔深度为2.5m，钻孔尽量做到呈发散状，以扩大锚杆的受力作用面。

刀盘内钻孔完毕后，在刀盘后方适当位置钻对照孔3组，要求对照孔与刀盘锚固孔两处围岩状况基本相同，且钻孔角度、深度保持一致，以便安设对照锚杆。刀盘固定锚杆与对照锚杆位置关系如图6-4-3所示。

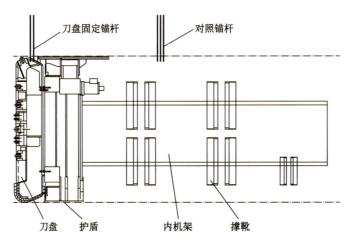

图6-4-3　刀盘固定锚杆与对照锚杆位置关系示意图

为了保证钻杆的锚固效果，装入锚固剂前必须清孔，并保证深度约为2.5m，检查结果见表6-4-1，同时检查、清理对照孔。

钻孔深度检查结果表　　　　　表6-4-1

位置	序号	孔深(m)	位置	序号	孔深(m)	位置	序号	孔深(m)	位置	序号	孔深(m)
左上	1	2.35	右上	1	2.50	左下	1	2.38	右下	1	2.25
	2	2.36		2	2.46		2	2.50		2	2.34
	3	2.48		3	2.48		3	2.43		3	2.45
	4	2.50		4	2.53		4	2.36		4	2.32
	5	2.36		5	2.48		5	2.47		5	2.41
	6	2.46		6	2.38		6	2.50		6	2.50
	7	2.32		7	2.51		7	2.36		7	2.45
	8	2.43		8	2.47		8	2.48		8	2.36

④安装锚杆与对照拉拔试验。

用锚固剂锚固φ22mm无锈砂浆锚杆，锚杆长度3m，安装顺序为左上方、右上方、左下方、右下方。同时安装对照锚杆，第一组对照锚杆和右上部锚杆的最后一根同时安装，第二组对照锚杆和右下方的最后一根锚杆同时安装，第三组对照锚杆延后第二组3h。

第三组对照锚杆安装完毕3h后做抗拉拔试验。刀盘总质量约150t，为保险起见，按照所有刀盘重力都由上部锚杆承担,则要求单根锚杆抗拔力不应小于 10t。如果第三组锚杆达不到要求,则依次进行第二组、第一组对照锚杆抗拔试验。

经试验,第三组对照锚杆单根抗拉拔力为 159.6kN,安全系数为 1.6,满足刀盘固定需要。

⑤固定刀盘。

锚杆抗拔力达到要求后,在刀盘底部的中线两侧支垫钢板,以防止刀盘下沉。支垫前再次检查确认底部清理干净,使钢板直接作用在底部的新鲜岩石上。钢板以 40mm 厚为主,外形尺寸 40cm×25cm,由下而上逐层焊接堆叠,最后采用自制的楔形机构,将刀盘垫实,并与刀盘焊接成一个整体,以保证其稳定性,刀盘底部支垫钢板实际效果如图 6-4-4 所示。

刀盘底部支垫完成后用钢板分别锁定 4 组刀盘固定锚杆,最后把四处焊接在锚杆上的钢板都焊接到刀盘上。具体做法为:每组 8 根锚杆先用 20mm 厚钢板围成矩形焊接,然后根据锚杆的间距,在预先准备好的 40mm 厚钢板上按间距钻孔并装配到锚杆上,锚杆最后用立筋钢板搭焊到底部钢板上,搭焊长度不少于 10cm,钢板与刀盘最后焊接成一体。刀盘固定锚杆实施效果如图 6-4-5 所示(为标明锚固位置,图片中尚未焊接锁定钢板)。

图 6-4-4　刀盘底部支垫钢板　　　　　图 6-4-5　固定锚杆

刀盘内工作空间狭小,温度高、通风效果差,作业过程中必须注意安全,并做好通风降温降尘工作。

2)原因分析

刀盘固定并再次检查确认后,拆除剩余的预紧螺栓,整机后退 1.8m,刀盘与主轴承分离,主轴承外迷宫密封完全外露,能清楚看到漏油的痕迹。拆检结果如下:

外迷宫螺栓扭矩正常,没有出现任何松动、断裂现象。主轴承外密封损坏状况为:第一道密封中存在明显的脂和润滑油的混合物,并且夹杂有碎石、铁屑;第二道密封有少量脂和润滑油的混合物,有少量碎石和铁屑;第三道密封从唇腰部位有 14 个破口,润滑油从破口处漏出。贴近第三道密封的两个隔环都有转动的迹象,均已磨损,密封背面将结合面磨出沟槽,并有大量的铁屑。损坏状况如图 6-4-6 所示。

综合刀盘与主轴承连接部位拆卸和排查结果,说明外密封装配存在问题,造成局部翻转,牵动密封、隔环产生不必要的转动,致使外密封撕裂。

a)外密封内油脂中含有铁屑、碎石　　　　b)外密封破损部位　　　c)隔环磨损

图 6-4-6　主轴承外密封损坏

4.1.3　故障处理

根据上述确认的故障原因,并结合损坏情况,确定处理方案为:隔环磨痕打磨处理后继续使用,第一、二道密封状况完好可继续使用,第三道密封更换新件。由于发现较早,驱动组件及主轴承内部结构未损伤,组装后以液压油冲洗干净重新注入润滑油即可。具体实施步骤如下:

(1) 打磨处理所有磨损部位。
(2) 清理密封安装部位。
(3) 安装密封及外迷宫密封。
(4) 试运转 4~6h,观察密封情况。
(5) 确认密封正常后,拆开外密封,检查隔环、密封有无相对转动。
(6) 确认正常后,重新安装密封与迷宫密封,并注脂观察。
(7) 安装重新完成后,注脂正常,主轴承运转正常,实现与刀盘的对接,开始试掘进。

4.1.4　应用效果

从发现主轴承密封漏油故障开始,果断停机,迅速制定故障排查方案,积极查找故障原因并因地制宜地制定解决方案,12d 后,顺利排除故障,恢复掘进,避免了可能由密封失效导致主轴承损坏的更严重事故。

4.2　刀盘转接座故障

引汉济渭工程秦岭隧洞全长 98.30km,设计流量 70m³/s,纵坡 1/2600,最大埋深 2012m。岭脊段采用 TBM 施工,2 台 TBM 相向掘进,中铁十八局承担岭北施工任务,中铁隧道局承担岭南施工任务。2018 年 12 月,岭北 TBM 完成合同内掘进任务,应建设单位要求继续掘进接应岭南约 3km,直至隧道贯通。

4.2.1　故障现象

2019 年 6 月 26 日凌晨 5 时 40 分,岭北 TBM 掘进至接应段里程 K45+710.1 处,掌子面 12 点~2

点钟位置和护盾左下侧 7 点钟位置发生强烈岩爆。岩爆造成掌子面形成深度约 2.5m 凹坑和左下侧起拱高约 50cm,拱架安装器左下侧受到强烈冲击导致挤压变形,刀盘前方大量岩渣堆积,刀盘被卡,护盾受挤压严重下沉至极限位置,如图 6-4-7 所示。

图 6-4-7　掌子面坍塌和左下侧起拱

6 月 27 日,岩爆区围岩稳定后进入刀盘检查发现,在 6 点钟位置主轴承内密封溢脂口有润滑油流出,油液清亮、通透,无乳化和严重污染迹象;继续全面检查主轴承内密封发现,内密封 6 点钟位置间隙变大(可看见内密封),12 点钟位置间隙变小,无缝隙,如图 6-4-8、图 6-4-9 所示。

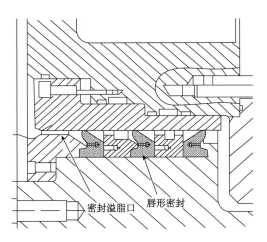

图 6-4-8　主轴承密封结构示意图

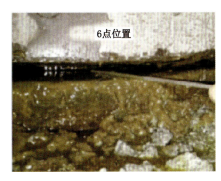 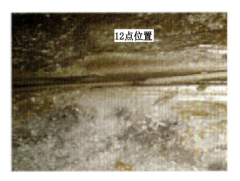

图 6-4-9　主轴承内密封 6 点、12 点钟位置间隙

多点多次全圆测量主轴承内、外密封间隙数值,单点取平均值。间隙数值显示间隙分布不均匀,且与目测观察方向(面向主驱动方向)所见异常规律一致,测量数据如图 6-4-10 所示。

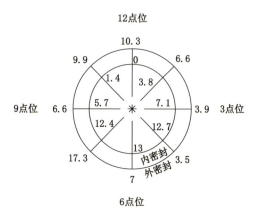

图 6-4-10　主轴承内、外密封间隙测量(单位:mm)

4.2.2　故障排查与原因分析

针对上述现象,逐项检查主驱动相关部件。

(1)双头螺柱检查

检查刀盘与主驱动连接双头螺柱,抽检 12 点、3 点、6 点、9 点钟位置,发现双头螺柱无明显松动但发生偏移,如图 6-4-11 所示,说明发生双头螺柱遭到强烈冲击导致弯曲或者与相关部件变形、连接副错位等故障。

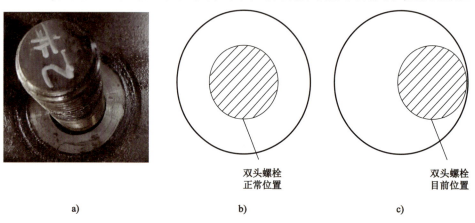

图 6-4-11　刀盘双头螺栓实物与偏移位置图

(2)油液检查

停机状态下启动主轴承油润滑系统,检查发现磁滤芯上吸附少量铁屑、回油滤芯中存在少量铜屑及漆皮,如图 6-4-12 所示。对比 2019 年 5 月 13 日上周期主轴承油液例行检查结果,磁性滤芯未见铁磁性磨粒及其他杂物,显然主轴承内侵入了杂质等异物。

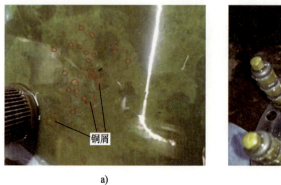
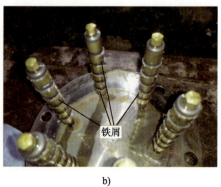

图 6-4-12　滤芯检查情况

(3)大齿圈检查

7月9日,开启备用的1号和12号主驱动预留安装孔位盖板,全面检查大齿圈,未见明显磨损痕迹,无压痕及其他异常,状态完好。测量大齿圈与机头架之间的间隙,发现最大间隙变化为0.5mm,为正常状态。

(4)转接座检查

通过1号主驱动安装孔检查发现转接座的定位环上部存在断裂、开裂情况,然后缓慢旋转刀盘,发现定位环多处严重损伤,断裂、开裂。因此全圆检查测量断裂与开裂部位,断裂长度约1.75m,开裂长度约3.5m,实物及图示如图6-4-13所示。

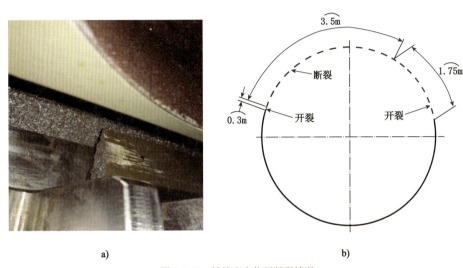

图6-4-13 转接座定位环断裂情况

(5)主轴承密封检查

拆卸主轴承内密封压盖,检查发现隔环被挤压,边缘已变形、局部有毛刺;内密封部分被挤压在耐磨环与隔环之间,局部明显磨损。

(6)微震监测数据分析

微震监测数据显示,本次岩爆能量达134.5万J,属于强烈岩爆,相当于刀盘附近发生二级地震。岩爆发生在刀盘右上方和底护盾左下方,且以右上方为主,如图6-4-14所示。

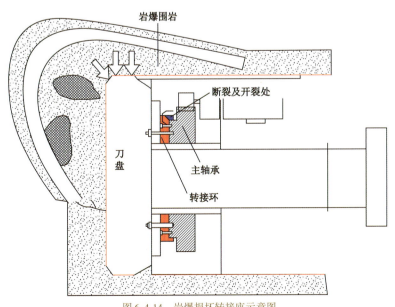

图6-4-14 岩爆损坏转接座示意图

(7)原因分析

综合分析该洞段 TBM 掘进过程中围岩变化,结合上述排查结果,判定此次故障的主要原因:强烈岩爆冲击刀盘致使转接座与主轴承发生严重错位(错位量 5mm),定位环上部发生断裂和开裂,挤压主轴承密封、隔环等部件,转接座相对于双头螺柱发生错位。损坏部件所在部位及数量统计如图 6-4-15、表 6-4-2 所示。

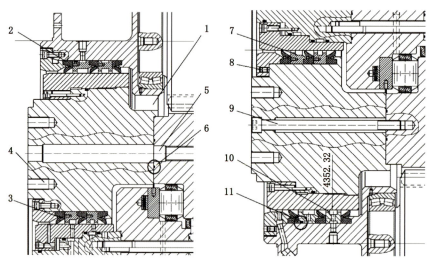

图 6-4-15 部件损坏位置图

1~11-部件损坏位置

损坏部件名称统计表 表 6-4-2

序号	名称	规格	数量	单位	位置	损坏原因
1	转接座		1	个	刀盘与主轴承之间	剪切
2	主轴承外密封		3	道		挤压
3	主轴承内密封		3	道		挤压
4	外六角螺栓	M36	80	颗	连接刀盘与转接座	剪切
5	双头螺栓	M48	80	颗		剪切
6	密封		2	道	主轴承和转接座之间	错位挤压
7	内密封隔环		2	道	内密封	挤压变形
8	内六角螺栓	M16	96	颗	密封压盖	
9	内六角螺栓	M30	16	根	连接转接座与主轴承	剪切
10	密封隔环		2	道	外密封	挤压变形
11	密封		1	道	外密封的隔环背面	挤压

4.2.3 故障处理

制造商、施工单位以及领域专家组成 TBM 主轴承故障处理专家组,经共同研究,确定处理方案如下:取出断裂及开裂的定位环,加固顶部围岩和掌子面,将刀盘固定到掌子面并与主驱动分离,拆除转接座去除所有定位环并打磨处理断口,修复转接座,改进转接座与主轴承的连接方式,检测维护主轴承,更换损坏的密封及螺栓等部件,重新安装刀盘。处理流程如图 6-4-16 所示。

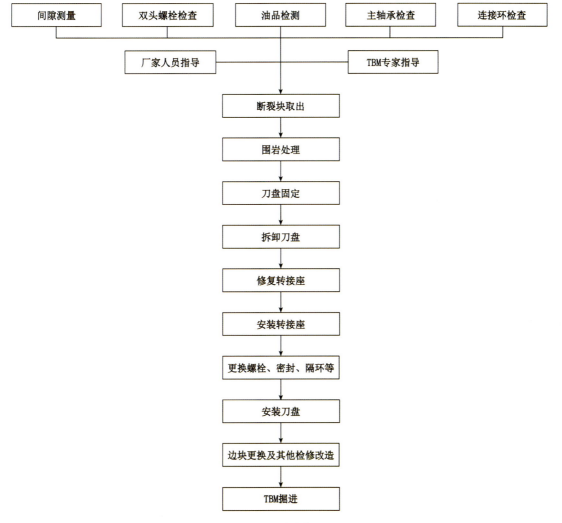

图 6-4-16 主驱动故障处理流程

(1) 围岩处理

为保证清理岩渣和故障处理时的人员、设备安全,清理护盾顶部碎石并施作管棚。

由于掌子面前方坍塌较大,无法为刀盘提供牢固支撑。人工清理松散体并施作玻璃纤维锚杆加固掌子面,下部浇筑混凝土挡墙,上部施作加固纵梁。

(2) 刀盘固定与分离

调整刀盘至设计固定姿态,缓慢推进刀盘直至贴紧挡墙,底部采用钢板及楔形块支撑,施作径向锚杆锁固刀盘。

刀盘固定后,拆除连接螺栓,TBM 后退使主驱动部件与刀盘分离。

(3) 修理与改进

刀盘分离后,依次拆卸主轴承密封、密封隔环、转接座,去除转接座定位环并打磨断口至光滑。

(4) 转接座定位

转接座定位环全部切除后,转接座的定位功能由定位销替代。定制高强度定位销 4 件替换转接座与主轴承连接螺栓(M30×400mm)对角安装主轴承螺纹孔内,通过螺栓孔定位转接座位置。

(5) 安装复位

更换损坏的主轴承密封、隔环、螺栓等部件,将转接座、密封等安装回位,然后 TBM 向前推进安装刀盘。

4.2.4 应用效果

刀盘转接座、密封结构修复后,截至 2020 年 3 月,TBM 继续掘进 200m,期间多次发生岩爆,主驱动运行正常、状态良好。

4.3 高压电缆卷筒故障

高压电缆卷筒是 TBM 高压供电设备的重要组成部分,安装于后配套台车的尾部,用于高压电缆的收放与延伸,如图 6-4-17 所示。本案例中使用的高压电缆卷筒为凯伏特(上海)动力技术有限公司生产的 F460 型,电压等级 20kV,已使用 14 个月。

图 6-4-17　高压电缆卷筒

4.3.1 故障现象

高压开闭所(20kV)断电后,高压电缆延伸,连接高压电缆快速接头,卷筒收卷电缆后,高压开闭所送电时发生过电流保护,无法合闸。引起的可能原因主要有电网中发生相间短路故障或者非正常负载增加,绝缘等级下降等。

4.3.2 故障排查与原因分析

使用 2500V 兆欧表检查电缆接头绝缘值,相-相、相-地绝缘值正常,排除电缆接头原因。使用兆欧表测量高压环网柜进线端,其绝缘值正常,排除高压环网柜故障。初步分析,为高压电缆卷筒故障。打开电缆卷筒的滑环检修门,发现内部有水滴,滑环与相线连接处螺栓有轻微电弧烧结痕迹,如图 6-4-18 所示。利用兆欧表测量相间绝缘电阻值为 3MΩ(正常值应大于 200MΩ),不满足送电要求。同时,发现电缆卷筒内部有轻微锈蚀。

通过以上现象分析可知,致使电缆卷筒送电故障的原因为,滑环检修门密封因橡胶老化、开裂导致密封失效,外部水进入。当电缆卷筒运行时,其内部产热较多,温度较高,水进入后湿度增大,在金属表面产生锈蚀。随电缆卷筒转动,卷筒内部产生水痕迹。当断电后,卷筒内部温度降低,在相线及金属表面产生凝露,致使相间绝缘变低,无法送电。

图 6-4-18　螺栓烧结、锈蚀与水痕迹现场图

4.3.3　故障处理

(1)擦拭内部水渍,使用热风枪、热风扇烘干。
(2)滑环、导线等金属表面除锈。
(3)对各相线冷缩绝缘[图 6-4-19a)],保护绝缘电阻。
(4)重新密封滑环检修门[图 6-4-19b)],并在电缆卷筒外部增设防水遮挡。

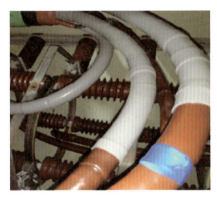

a)相线冷缩绝缘　　　　　　　　　　b)检修门密封

图 6-4-19　相线冷缩绝缘与检修门密封

4.3.4　应用效果

完成卷筒内部除湿,增强相线绝缘后,用兆欧表测量相与相、相与地绝缘电阻均超过 300MΩ,满足送电要求,实现 20kV 高压送电。高压卷筒后续运行状态良好,进行检查时内部干燥,无锈蚀。

4.4　主驱动流量控制阀故障

主驱动齿轮箱采用油润滑系统对其主轴承、轮齿、短齿轴轴承进行冷却和润滑。油润滑系统通过泵、流量控制阀、递进式分配阀对各点位定量供油,流量、压力和温度可通过主控室监测。某工程 TBM 主驱动油润滑系统供油如图 6-4-20 所示。油润滑点位 ZB1～ZB12、ZC1～ZC12 共 24 个用于短齿轴轮齿润滑,由 4 组流量控制阀、4 组递进式分配阀调节流量,保证每个点位流量不低于 0.7L/min,其中,流量控制阀出口流量不低于 4.2L/min。

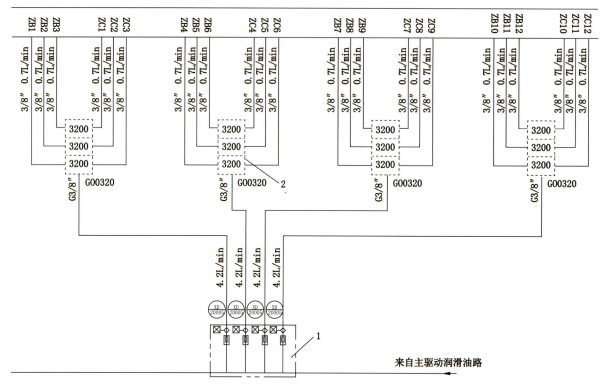

图 6-4-20　主驱动油润滑系统供油图示
1-流量控制阀；2-递进式分配阀

4.4.1　故障现象

TBM 累计掘进 900h，油润滑点位 ZB1/2/3、ZC1/2/3，流量低于 0.7L/min，上位机低于设定总值 4.2L/min，油润滑系统故障报警，致使停机。

4.4.2　故障排查与原因分析

（1）检查油润滑系统泵工作压力，结果正常，排除泵故障。

（2）检查该故障对应油路的流量控制阀，将其控制线与其他正常流量控制阀线路对调，结果与原来一致，排除控制线路故障。

（3）通过流量控制阀观察窗发现小齿轮转速较慢，且偶尔出现卡滞，判断可能是内部有杂质导致齿轮转动异常，如图 6-4-21 所示。

图 6-4-21　限流阀故障排查

(4)将流量控制阀手动调大,并使用堵头封堵其他出油口,用油冲洗故障流量控制阀,结果出油流量未发生明显变化。

(5)拆除故障流量控制阀阀芯,清洗后,流量仍未变化;对调其他正常阀芯,情况相同,故排除阀芯故障。

综上所述,判定流量控制阀损坏。

4.4.3 故障处理

更换流量控制阀(图6-4-22),在更换过程中,除保证现场清洁与油口封堵外,还要注意以下几点:

(1)流量控制阀的进油口、出油口方位正确。
(2)螺钉不能过紧,以免损坏密封及螺钉。
(3)控制线安装前需断开电源。

4.4.4 应用效果

图6-4-22　更换流量控制阀

更换新的流量控制阀后流量可达4.2L/min以上,然后调整至正常值后恢复掘进。故障排除后,TBM掘进时间超过1年,该部位流量正常,未发生因小齿轮轴承润滑系统故障导致的停机。

4.5　折臂吊机液压泵故障

TBM连接桥区域通常配置材料升降转运设备,用以物料上下运输,常用转运设备为升降平台和折臂吊机。折臂吊机以液压驱动,液压系统由电机、液压泵、油箱、负载敏感式比例多路换向阀、马达、液压缸等组成。液压泵置于油箱内部,通过联轴器与外部的电机相连,整体置于操作台下部,如图6-4-23所示。

图6-4-23　折臂吊机

4.5.1 故障现象

TBM累计掘进6个月时,操作过程中发现折臂吊机动作无力,不能起吊重物,并且各动作行动缓慢。检查液压泵压力为60bar,加载后压力值无法升高,明显低于额定压力240bar。

4.5.2 故障排查与原因分析

(1)检查油箱,发现油位正常,油液无杂质、无乳化,油温正常。

(2)检查多路换向阀,均可加载,状态正常。

(3)检查液压马达、液压缸,回油正常,无内泄。

由上述排查初步判断为液压泵故障,拆解电机、油箱,检查液压泵,参见图6-4-24。打开油箱,拆除液压泵,观察油箱无铜屑,泵体内部损坏概率较低;检查液压泵管路,发现泵出油口油管松动,结合泵运转无噪声,泵压力小,加载后压力不增加,判定液压泵压力小的故障系由其出油口压力油泄漏引起。拆卸检查,发现油管接头 O 形圈受冲击,已损坏,如图 6-4-25 所示。在工作时液压泵站与折臂吊机同时运动,并且受 TBM 掘进中连接桥区域振动因素影响,致使油箱内的液压泵出油口油管松动,加载后液压油泄漏导致失压现象。

a)　　　　　　　　　　　b)　　　　　　　　　　　c)

图 6-4-24　液压泵拆除过程

图 6-4-25　出油管路及 O 形圈损坏

4.5.3　故障处理

更换 O 形圈,紧固出油口油管,同时检查校核其他油管接头。按程序组装泵、联轴器、电机,重新加注液压油。并规定折臂吊无工作时,置于主机侧的远端,以降低振动的影响。

4.5.4　应用效果

通过以上措施,折臂吊泵站工作能力恢复,加载压力为 240bar,达到正常工作水平,液压泵压力故障得以解决。折臂吊机运行一年内,未出现同类故障,有效地保障了 TBM 施工中的材料垂直运输。

4.6　锚杆钻机蓄能器故障

锚杆钻机是凿岩机、推进梁、行走与控制系统的总称,主要用于锚杆施工的造孔工序,是敞开式

TBM初期支护的重要设备,通常布置在护盾后方(L1区)、主机尾部或者后配套区域(L2区)。

如图6-4-26所示,某敞开式TBM配置的锚杆钻机,品牌为Atlas,凿岩机型号COP 1838 HD+,单杆最大钻孔深度3.5m。该规格凿岩机目前是敞开式TBM的主流配置。锚杆钻机造孔时,液压系统压力波动较大,故在机身设有两个高、低压蓄能器,用于吸收液压系统中的冲击压力。该锚杆钻机采用隔膜式蓄能器,如图6-4-27所示,压缩气体为氮气,隔膜片将油腔与气腔隔离。当系统压力过高时,蓄能器吸收并存储能量,压力低时释放能量。同时,蓄能器有效消除压力脉动,降低油液振动和噪声,减小对设备元件的损坏。

图6-4-26 锚杆钻机

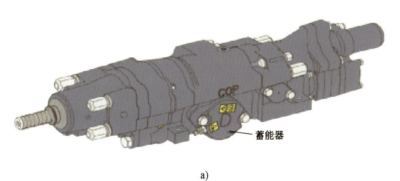

a)

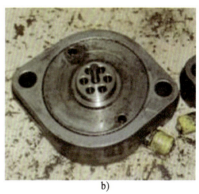

b)

图6-4-27 蓄能器及实物图

4.6.1 故障现象

TBM掘进施工12个月后,造孔时锚杆钻机升降、摆动正常,泵站压力正常,锚杆钻机空载时旋转正常,接触围岩后旋转较平时缓慢,冲击时无力,难以完成造孔作业。同时,冲击油路软管振动异常,钻机噪声较大。

4.6.2 故障排查与原因分析

(1)检查液压系统液压泵压力、流量正常,阀组动作灵活无异常,初步判断认为存在凿岩机故障的可能性。

(2)根据冲击油管震动,可能为油压力未被吸收,蓄能器可能失效。测量低压蓄能器压力为45bar,高压蓄能器压力为0bar;向高压蓄能器充氮气,压力仍无法升高,判定高压蓄能器故障。

(3)将高压蓄能器拆解后,发现隔膜片破损。高压冲击压力不能被吸收,引起油管震动,造孔冲击无力。

(4)造成隔膜片破损的主要原因是凿岩机空载冲击过多。

4.6.3 故障处理

拆解高压蓄能器,将其各元件擦拭,去除油污。安装隔膜片,使隔膜片在蓄能器腔体内上下滑动,确保无间隙、无卡滞。蓄能器拆卸安装应注意腔体内清洁、无杂物。蓄能器在机体上安装为螺栓连接,要对称施加扭矩,直至达到预紧力。高压蓄能器充氮压力90bar。蓄能器膜片更换流程如图6-4-28所示。

a) 拆解蓄能器　　　　b) 更换隔膜片　　　　c) 蓄能器装配

图6-4-28　蓄能器隔膜片更换

4.6.4 应用效果

通过以上处理,锚杆钻机造孔时钻头进入围岩后,旋转速度和冲击力恢复正常。钻孔速度2.0m/min,达到钻机设计性能。同时,冲击油管振动消失,钻机噪声降低。锚杆钻机蓄能器故障得以解决,恢复正常钻孔和冲击功能。注意,严格遵守锚杆钻机操作规范,钻头接触洞壁后开启冲击功能并立即以适宜的速度向前推进,严禁空载冲击,避免损伤蓄能器。

4.7　钢拱架拼装器驱动马达故障

钢拱架拼装器用以安装由多块型钢组成的环形拱架,其配备的齿圈能对各段拱架进行定位、卡位旋转并逐节拼装,液压缸可实现拱架的提起、轴向移动和径向的撑开和收缩,最后由液压张紧器将拱架撑紧在洞壁上。

如图6-4-29所示,旋转拼接机构由齿圈、驱动轮、支撑轮、导向轮、液压缸伸缩臂组成。齿圈安装在支撑轮、导向轮上,由驱动轮带动其旋转。驱动轮由低速马达提供动力,实现齿圈的360°旋转。液压缸伸缩臂由液压缸和导向机构组成,分为竖向2组、水平2组,实现径向撑开、收缩运动。同时,2组轴向液压缸实现液压缸伸缩臂的轴向移动。

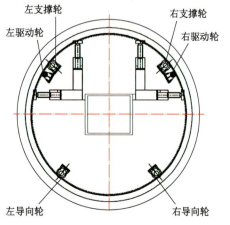

图6-4-29　钢拱架拼装器齿圈旋转机构组成

4.7.1 故障现象

TBM累计掘进5km、长时间连续在硬岩中施工,钢拱架拼装器齿圈驱动马达轴端漏油频发。更换轴封后,一般正常运行3~5个月后马达轴端出现漏油,表现为轴封损坏,严重时马达轴磨损。

4.7.2 故障排查与原因分析

通过更换多个不同品牌马达及轴封件,其漏油问题始终未得到有效解决,排除马达性能和质量原因。同时,马达与驱动轮连接紧固,未出现松动;马达与驱动轮连接良好,运转平稳、无噪声、无卡滞,排除驱动轮原因。分析钢拱架拼装器总成结构,驱动轮不承受齿圈的重力,只为其提供驱动力。但钢拱架拼装器齿圈质量约为6t,由左、右支撑轮承担。当TBM在坚硬围岩掘进时,设备受掘进荷载影响而振动剧烈,经测试振动烈度约$4g$(g为重力加速度)。左、右支撑轮易损坏致使齿圈下沉,造成齿圈重力传递至驱动轮,导致马达轴封和齿轮轴损坏,引起马达漏油现象,甚至引发驱动齿圈脱落。

4.7.3 故障处理

通过上述原因分析,为保证齿圈的稳定性,解决方案如下:

(1)支撑轮轴端是单边固定在护盾之上,是悬臂结构为了减少振动对支撑轮各部件的损坏,支撑轮轴端采用两侧固定,并分别在支撑轮两轴端安装减振装置(减振弹簧),如图6-4-30所示。

(2)为了保证驱动马达不直接受力,优化驱动马达的安装位置,故将上部的左、右驱动轮改至下方左、右导向轮区域附近。

(3)驱动轮的低速马达驱动改进为高速马达+减速机驱动形式,改进后的效果如图6-4-31所示。

图6-4-30 支撑轮减振装置

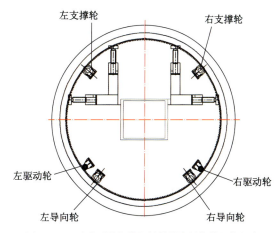

图6-4-31 改进后的钢拱架拼装器齿圈旋转机构组成

4.7.4 应用效果

钢拱架拼装器支撑轮与驱动方式的改进,解决了驱动马达的漏油问题,降低了系统的修理时间和费用,节省了人工,延长了支撑轮和马达各部件的使用寿命。在遇到复杂地质时,能快速有效地对围岩进行支护,取得了良好的经济效益。由于在实践中效果显著,后续TBM的钢拱架拼装器的结构设计,参照以上方案改进优化,已全面推广10余年。

4.8 喷射混凝土设备导向轮故障

喷射混凝土设备是敞开式TBM重要的初期支护设备,通常布置于后配套前部区域,如图6-4-32所示。喷射混凝土设备主要由混凝土泵、混凝土卸料机、喷射机械手系统、速凝剂泵、空压机等组成。

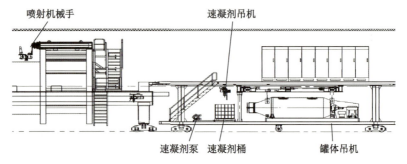

图 6-4-32　喷射混凝土设备组成

喷射机械手系统主要由旋转小车、喷射臂、旋转支撑架、平移行走机构（含轨道）等组成，如图 6-4-33 所示。喷射臂安装在旋转小车上，沿旋转支撑架圆周运动。其中旋转小车装有导向轮、齿轮、马达及减速机，旋转支撑架由轨道和齿条组成。

图 6-4-33　喷射机械手

4.8.1　故障现象

喷射混凝土作业中，旋转小车行走至旋转支撑架一侧 45°时不能移动。检查发现旋转小车略微倾斜，喷头一侧齿轮与齿条脱离，另一侧齿轮咬合，但其无法带动旋转小车行走。

4.8.2　故障排查与原因分析

（1）检查齿轮与齿条，磨损正常。调正旋转小车，两侧齿轮、齿条均可正常啮合，如图 6-4-34 所示。故排除齿轮、齿条原因。

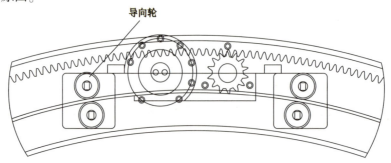

图 6-4-34　旋转小车行走机构

（2）调整旋转小车行走马达的平衡阀，使两侧马达转速一致。行走数周后，仍出现以上故障现象，故排除液压系统原因。

（3）行走过程中，发现喷头一侧导向轮卡顿，在导轨上摩擦严重。拆解导向轮发现，导向轮内轴承滚子严重磨损，轴承损坏，如图6-4-35所示。同时，发现轴承内有混凝土颗粒进入。由于导向轮位置较隐蔽，不易安装注脂管，故设计阶段设置为免维护轴承。

a)

b)

图 6-4-35　导向轮轴承损坏

导向轮轴承损坏后，行走马达受力增大，速度下降，致使两侧行走不同步，旋转小车倾斜后，一侧齿轮脱离齿条，导致旋转小车故障发生。

4.8.3　故障处理

由于导向轮与其轴承为一体设计，故更换新的导向轮。根据故障原因分析，导致轴承损坏的原因主要为导向轮运转时喷射混凝土回弹料附着于其轨道上，因工作环境恶劣，混凝土颗粒进入轴承破坏轴承密封系统。因而在TBM阶段贯通后，改造旋转小车行走机构，将行走轮润滑方式改为注脂润滑。

4.8.4　应用效果

旋转小车更换新的导向轮后正常运转，无卡顿，齿轮与齿条运转平稳，两侧马达运转同步。同时，应及时清理轨道及行走机构的回弹料，定期检查导向轮运转质量。至隧道阶段贯通，导向轮进行了部分更换，导向轮轨道磨损。故对导向轮轨道进行更换，导向轮润滑方式改进为注脂润滑。在第二阶段TBM施工中，导向轮未出现同类故障。

4.9　仰拱吊机行走故障

根据隧道结构设计要求，部分敞开式TBM配置仰拱吊机，用于在隧道底部铺设仰拱预制块。通常仰拱吊机安装运行在连接桥区域，其正上方为后配套带式输送机，运转时会有部分泥渣、泥水落至仰拱吊机上部。加之仰拱吊机工作环境恶劣，容易发生电路短路、元件锈蚀、松动等故障。

某隧道工程仰拱预制块质量为9t，仰拱吊机如图6-4-36所示。

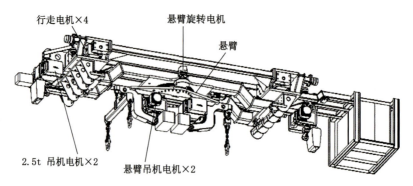

图 6-4-36　仰拱吊机示意图

4.9.1　故障现象

操作仰拱吊机前后行走，单向行走正常，返程行走无动作。检查起吊、旋转等动作正常。检查行走电机，发现 3 个电机动作正常，1 个电机无动作，其电源跳闸，送电后又跳闸。

4.9.2　故障排查与原因分析

(1) 检查空气开关，其通断正常，未短路，排除其故障。
(2) 检查交流接触器、热接触器，动作正常，内部线圈未短路，排除其故障。
(3) 检查行走电机，使用万用表电阻挡测量电机电阻，与地线之间电阻为零，故确定电机接地短路。

仰拱吊机位于连接桥下方，其上方有后配套带式输送机。TBM 法隧道施工时，输送带上的泥水、岩渣等会频繁地掉落在仰拱吊机上，造成行走电机进水短路。由于以上原因，此前已多次出现线路漏电、短路，电器件损毁，电机缺相、短路等情况。

图 6-4-37　拆除损坏电机

4.9.3　故障处理

为保证现场施工，更换故障电机（图 6-4-37），仰拱吊机可以正常行走。同时，对其所有电气设备与部件加强防护，加装防水板等，减小带式输送机运行对仰拱吊机电气系统的影响。由于仰拱吊机应用后故障率高，特别是电气系统故障占比最大，因此在 TBM 完成第一阶段隧道施工后，进行 TBM 设备的改造。仰拱吊机前后行走、链条上下、旋转、平移动作的驱动方式均改为液压马达驱动，如图 6-4-38 所示，以规避泥水对电气系统的影响，降低仰拱吊机故障发生率。

4.9.4　应用效果

故障电机更换后，仰拱吊机可以正常行走。加装防水板，加强电气系统防护后，仰拱吊机故障率下降。隧道第一阶段贯通后，对仰拱吊机进行整体更换，其问题得到彻底解决。

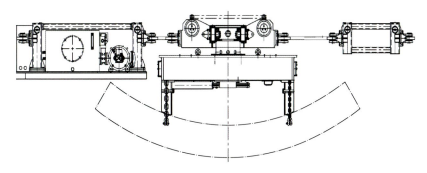

图 6-4-38　马达驱动的仰拱吊机结构

4.10　管片拼装机纵向移动故障

管片拼装机主要由主支撑梁、回转机架、移动机架、管片抓取机构和提升液压缸等组成,具有6个自由度,如图6-4-39所示。每个自由度可单独控制,也可自由组合协同控制以提高工效,管片拼装机为液压驱动。

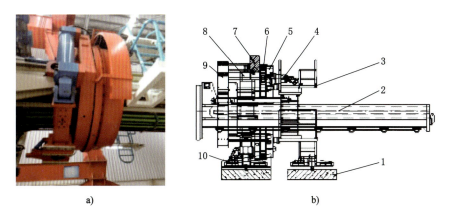

图 6-4-39　管片拼装机结构图

1-管片;2-主支撑梁;3-工作平台;4-驱动装置(减速机+液压马达);5-移动机架;6-回转支承;7-回转机架(带配重);8-提升缸;9-管路支架(拖链);10-举重钳(双孔抓持)

管片拼装机纵向移动行程2m,由安装在主支撑梁的两根液压缸完成。在管片拼装机设有行走轮,对应在主支撑梁两侧设有行走槽,行走轮内置在行走槽内,保证管片拼装机纵向移动。为防止管片拼装机行走超限,在行走槽一端设有电子限位(传感器)和机械限位。

4.10.1　故障现象

管片拼装机在使用过程中,无法正常纵向行走。用遥控器操作纵向行走,管片拼装机向前向后均无动作,而其他动作均正常。液压泵站工作正常,故障发生前未出现异常状况。

4.10.2　故障排查与原因分析

(1)检查前后液压缸行走槽内是否存在杂物。施工中,难免会存在铁块、岩渣等异物自两行走轮间缝隙进入滑槽内,此种情况下可以通过高压水枪冲洗方法将异物取出,否则破碎后取出异物。经检查行走轮处未见异物。如图6-4-40、图6-4-41所示。

图6-4-40　高压水冲洗拼装机行走滑槽

图6-4-41　拼装机滑槽内杂物

（2）检查前后行走液压缸伸出是否超限。拼装机在使用过程中,行至限位无法移动,或由于限位失效,行走液压缸伸出过长导致行走轮驶出轨道。经检查均未出现以上情况。

（3）检查遥控器及操作系统(图6-4-42、图6-4-43)。检查液压泵站启停是否正常,旋转、提升液压缸等部件运动操控是否正常。手动操作管片拼装机液压系统纵向移动换向阀,可正常移动,故判定为遥控器故障。拆解遥控器,发现纵向移动的控制线锈蚀脱焊,致使操纵管片拼装机无法纵向移动。

图6-4-42　拼装机遥控器

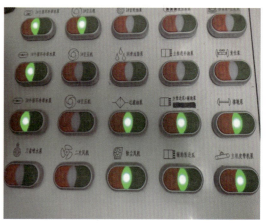

图6-4-43　拼装机液压泵站正常开启

4.10.3　故障处理

将脱落的控制线重新焊接,检查其他控制线焊接质量并补焊。由于脱焊原因为锈蚀,对遥控器内部做干燥处理,遥控器外壳用玻璃胶密封后安装。规范遥控使用方式,无工作时将其置于干燥处,严禁淋水,禁止放于强烈振动处,严防坠落,严防落物砸伤。

4.10.4　应用效果

通过以上处理,遥控器操作管片拼装机可以正常纵向移动。使用超过半年,未出现同类故障。同时,加强了遥控器维护和相关配件保障,提高其使用可靠性。

4.11 豆砾石泵喷射压力故障

护盾式 TBM 配有豆砾石泵,通过管片上预留的注浆管道将豆砾石吹填到隧道洞壁和管片外径之间的环形空腔,以保证管片结构的稳定性。豆砾石由编组列车上的豆砾石罐体运进隧道,豆砾石罐体吊机将其转运至卸料位置,通过卸料口向带式输送机上装载豆砾石,送至豆砾石泵的落料机构,豆砾石泵通过压缩空气将豆砾石吹入管片与洞壁之间的空腔。

某地铁隧道 TBM 上配置的 OCMER 公司生产的 OCM-049-MEDIA 型豆砾石泵。该机型采用业界广泛使用的转子式工作原理,如图 6-4-44 所示。物料由料斗(1)加入机器,在重力作用下落入转子腔室(2),其将与转子腔室一起绕转轴连续旋转。这时随着第一股压缩空气(3)迅速清空转子腔室,物料被带入出料腔(4),随后进入排出口(5),豆砾石泵完成一次喷射。这时会加入第二股压缩空气,有利于物料在水平管路内部流动。

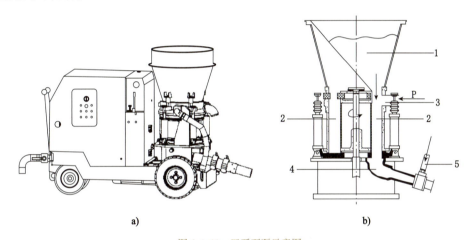

图 6-4-44 豆砾石泵示意图
1-料斗;2-转子腔室;3-压缩空气;4-出料腔;5-排出口

4.11.1 故障现象

豆砾石泵使用近一年后,其性能明显下降。与初期相比,同等条件下喷射压力降低 1/4,且设备附近粉尘量明显增加。虽然施工中能将豆砾石吹填至管片壁后,但效率较低,密实度较小,为保证施工质量及施工环境,防止设备故障增多,应对其进行检修。

4.11.2 故障排查与原因分析

检查空压机及储气罐,压缩机风压和风量满足设计需求,供气管路未漏气,管路上阀门启闭灵活。检查豆砾石输送管路,未堵塞或变形,未发现明显漏气。检查进料斗上振动器,振动正常,保证物料落入料斗,料斗存料充足,落入转子内腔顺畅。初步确定故障来源于豆砾石泵转子内部。

(1)检查上盘 2 个压缩空气排气口以及出料口的清洁程度,如图 6-4-45 所示,确认清洁无堵塞,无物料附着。

(2)检查出料口,拧松出料口的固定螺栓,尾部向机器的后方推动,出料口开口中心与转子腔室的出料点对齐,如图 6-4-46 所示。确认出料口已安放在正确位置,不会造成压力降低故障。

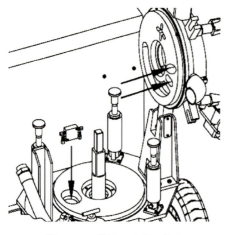 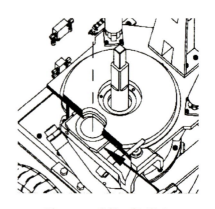

图 6-4-45　排气口、出料口检查　　　图 6-4-46　出料口位置检查

（3）检查转子转速，电机转速正常，电机电流正常，无过热。

（4）检查上部橡胶摩擦片及钢摩擦片，发现磨损严重；检查下部橡胶摩擦片和钢摩擦片，有轻微磨损。即确定造成喷射压力降低，粉尘增加故障的原因为橡胶摩擦片及钢摩擦片磨损。摩擦片磨损后，致使压缩空气压力损伤，喷射压力降低。同时，泄漏气体带出粉尘，造成施工环境恶劣。

4.11.3　故障处理

（1）更换上部摩擦片。

豆砾石泵装配有两个专用的液压活塞，通过专用吊具可以反转进料斗并吊起转子。如图 6-4-47 所示，机器进入维护状态，翻起料斗，四个液压活塞将从其底座中升起并可以将其解开（旋转 4 个压杆头）。在反转料斗前，应确保主压缩空气管已由上部垫圈支座处取料斗翻起，然后更换上橡胶摩擦片及上钢摩擦片。

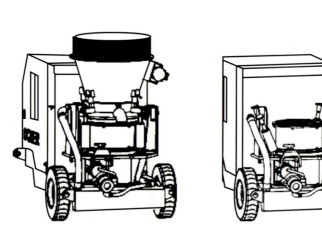

图 6-4-47　翻转进料斗

（2）拆解打磨下部摩擦片，使其表面光滑，再装入。

拆解摩擦片时，需将转子提升。操作分配器杆和控制盒，升起料斗，升起转子提升杆，用提升杆端头的螺丝紧固在转子上即可提起转子。在机器旁设置一个 90cm 高的平台，方便放置转子。最后拆解、打磨下部橡胶摩擦片和钢摩擦片并安装回位。

4.11.4 应用效果

修理后,豆砾石泵性能恢复。喷射压力恢复到正常水平,设备附近无粉尘产生。工作3个月后,喷射压力未见降低,满足施工要求。同时,根据豆砾石泵的工作强度和运行时间,定期检查。最大限度保证设备的质量,减小对TBM正常施工的影响。

4.12 支洞带式输送机大坡度小半径转弯改造

带式输送机通常用于TBM弃渣运输,转弯半径以不小于800m为宜,小半径转弯容易导致胶带跑偏、翻带、叠带等故障。由于工程建设环境限制以及施工图设计等因素影响,施工中难免遇到小半径转弯,例如城市地铁隧道等。

某引水工程"一洞双机"TBM法施工标段,支洞带式输送机同时承担2台TBM经连续带式输送机输送弃渣的运输任务。支洞带式输送机总长2520m,采用头中驱动形式($4 \times 355kW + 2 \times 355kW$),带宽1.2m,带速$0 \sim 3.5m/s$,设计运量1400t/h。带式输送机布置在支洞一侧,为落地安装,综合纵坡12%,进入支洞450m后有一转弯段,转弯半径500m、弧长509m,如图6-4-48所示。

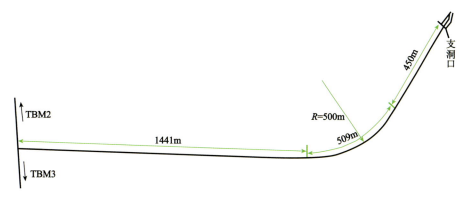

图 6-4-48 支洞示意图

4.12.1 故障现象

支洞带式输送机调试及运行初期,转弯段上层承载胶带脱离机身,坠落地面。其后,增大上层托辊组水平角度,提高托辊组给予胶带指向带式输送机中心线方向的压力,防止输送带漂移、跑偏;在转弯段带式输送机内侧设置限位轮,利用限位轮对胶带边缘的作用力,促其恢复到正常位置,如图6-4-49所示。采取以上措施后,胶带脱离机身的现象得到控制,但出现转弯段上层承载胶带叠带漏渣现象严重。

4.12.2 故障排查与原因分析

(1)承载胶带在上层槽形托辊的支撑下自然成槽,转弯段外侧略高、内侧略低,胶带外侧张力存在指向内侧的分力,因而外侧胶带存在由外向内、由高向低靠拢叠加的趋势。

(2)转弯段胶带内外两侧所受张力不同,外侧张力较大,内侧承受张力较小,甚至不受力。同时,上层承载胶带在托辊组内弧形放置。外侧受力足够大时,胶带外侧翻起,脱离机身,造成故障。

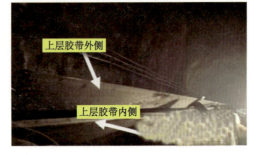

a) 翻带导致胶带脱离机身 　　　　　　　　b) 叠带

图 6-4-49　翻带与叠带故障

（3）带式输送机运行时，胶带张力增大，转弯段外侧张力增大，内侧限位轮及限位钢构的阻挡下在垂直与横向保持相对固定；带式输送机开始加载而弃渣尚未到达转弯段时，外侧张力进一步加大，而当其超过胶带承受能力时，外侧胶带就会向内侧叠加，即叠带；此时承载带有效成槽运渣横截面显著降低，弃渣被输送到转弯段后就会从内侧自然坠落，造成漏渣。

4.12.3　故障处理

合理的胶带张力是带式输送机正常运行的必要条件，因而解决带式输送机转弯段叠带、漏渣问题，不能采取降低胶带张力的方式；由于离心力的影响，转弯段胶带布置为外高内低状态也是必要的，因而转弯段外侧胶带由外向内、由高向低靠拢叠加的趋势是无法改变的。运动趋势无法改变，应从限制运动的角度研究改进措施。

（1）改进方案为采取 2 种措施相结合共同限位胶带：①转弯段外侧承载胶带边缘设置压带轮，限制胶带脱离上层托辊，但压带宽度需要合理控制，不能过大，否则影响有效运渣截面；②转弯段外侧承载胶带下部安装磁钢，磁力吸引胶带内部的钢丝绳，促使胶带紧贴上层托辊。

（2）压带轮。如图 6-4-50 所示，压带轮总成由压带轮和导渣板两部分组成，安装于带式输送机转弯段外侧，位于上层托辊之间，挤压胶带边缘，紧贴在上层托辊上，防止叠带或翻带。岩渣分布于胶带外侧边缘时，可能造成落渣，或进入压带轮于胶带之间，极易损伤胶带。为此，在压带轮后方设置导渣板，将位于胶带边缘的岩渣导向中心区域。

a) 　　　　　　　　b)

图 6-4-50　压带轮、限位轮及翻带防护架

（3）翻带防护架。为有效防止翻带时导致的胶带脱离机身故障，胶带输送机小半径转弯段设置若干翻带防护架，以型钢焊接成型架，跨装在输送机的上部，参见图 6-4-50。

(4) 限位磁钢。如图 6-4-51 所示，磁钢固定在支撑架上，在支撑架两侧装有托辊。托辊上侧高于磁钢表面 2~5mm，胶带运行时不摩擦磁钢。支撑架中部设置支撑轴，用于限位磁钢在带式输送机机身上安装。支撑轴尺寸与托辊轴相同，限位磁钢安装时不必改造托辊架。

不改变带式输送机机身，使用限位磁钢替代上层皮带托辊架外侧的一个托辊，如图 6-4-52 所示。

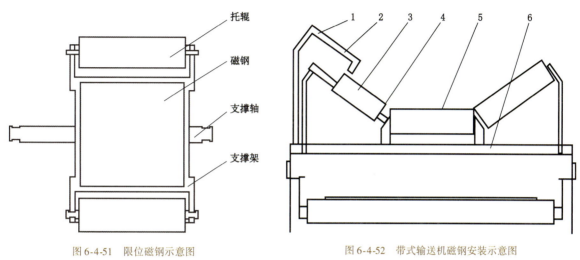

图 6-4-51　限位磁钢示意图

图 6-4-52　带式输送机磁钢安装示意图
1-托辊；2-托辊架；3-限位磁钢；4-支撑架；5-胶带；6-带式输送机机身

4.12.4　应用效果

限位轮防止胶带跑偏，压带轮总成+限位磁钢防止胶带翻带，翻带防护架防止一旦翻带造成胶带脱离机身坠落地面，多措施组合，支洞带式输送机小直径转弯段叠带和翻带故障得到有效控制，改进后连续运转超过 10 个月，未出现类似故障，运行状态良好，为 2 台 TBM 掘进施工提供了出渣保障。

4.13　TBM 转场检修

以引汉济渭秦岭隧洞岭北工程 TBM 转场检修为例，详见二维码链接。

本篇参考文献

[1] 毛美娟,朱子新,王峰.机械装备油液监控技术与应用[M].北京:国防工业出版社,2010.

[2] 杜彦良.全断面岩石隧道掘进机:TBM 维护保养与监测诊断[M].武汉:华中科技大学出版社,2013.

[3] 刘辉,杨华勇,李建斌,等.TBM 设计与施工[M].北京:人民交通出版社股份有限公司,2019.

[4] 白云,丁志诚.隧道掘进机施工技术[M].北京:中国建筑工业出版社,2008.

[5] 吴世勇,周济芳.锦屏二级水电站长引水隧洞高地应力下开敞式硬岩掘进机安全快速掘进技术研究[J].岩石力学与工程学报,2012,31(8):1655-1665.

[6] 李振明.TBM 机电设备维修保养管理系统关键技术研究[D].石家庄:石家庄铁道大学,2018.

[7] 孔祥政.TBM 主机设备的维护保养[J].东北水利水电,2016,34(10):66-68.

[8] 中华人民共和国工业和信息化部.泵的振动测量与评价方法:GB/T 29531—2013[S].北京:中国标准出版社,2013.

[9] 陈红伟.锦屏复杂地质 TBM 施工与状态监测技术研究[D].石家庄:石家庄铁道大学,2015.

[10] 曹海涛.TBM 通过部分断面开挖段的状态监测与分析[J].国防交通工程与技术,2011,9(2):54-56.

[11] 刘志华,张淑敏,刘洪.TBM 主机状态监测[J].建筑机械化,2008(08):49-51.

[12] 王满增,徐明新.TBM 故障诊断专家系统的设计与开发[J].建筑机械,2003(11):65-67.

[13] 韩亚丽.TBM 状态监测与故障诊断[J].建筑机械,2003(09):30-34.

[14] 万治昌,沙明元,周雁领.盘形滚刀的使用与研究(1)——TB880E 型掘进机在秦岭隧道施工中的应用[J].现代隧道技术,2002(05):1-11.

[15] 万治昌,沙明元,周雁领.盘形滚刀的使用与研究(2)——TB880E 型掘进机在秦岭隧道施工中的应用[J].现代隧道技术,2002(06):1-12.

[16] 万治昌,沙明元,周雁领.盘形滚刀的使用与研究(3)——TB880E 型掘进机在秦岭隧道施工中的应用[J].现代隧道技术,2003(01):1-6.

[17] 周雁领.TBM 盘形滚刀的质量控制及其检测维修技术[J].现代隧道技术,2007(03):42-49.

[18] 王雁军.TBM 主轴承故障成因分析及维保技术[J].国防交通工程与技术,2011,9(2):46-49.

[19] 齐梦学.TBM 主轴承唇形密封洞内修复技术[J].工程机械,2009,40(2):50-54+9.

[20] 王雁军.掘进机主轴承密封系统故障分析及质量保证措施[J].铁道建筑技术,2009(11):4-7.

[21] 齐梦学,陈树进.TBM主轴承内密封故障诊断与洞内修复[J].建筑机械,2009(01):104-106.

[22] 齐梦学.硬岩掘进机主轴承外密封洞内修复技术[J].建设机械技术与管理,2008(09):122-126.

[23] 苗斌.硬岩掘进机鞍架-主梁间滑动轴承安装结构改进[J].工程机械,2016(03):52-57.

[24] 苗斌.硬岩掘进机刀座损坏分析及对策[J].铁道建筑技术,2017(12):120-124.

[25] 赵战欣.TBM施工中遇到问题的分析及对策[J].国防交通工程与技术,2014,12(2):58-61+65+68.

[26] 赵战欣.TBM主轴承润滑系统减少故障的对策[J].国防交通工程与技术,2013,11(6):11-14.

[27] 齐梦学,王雁军,李宏亮.敞开式掘进机全面整修技术研究与应用[J].现代隧道技术,2009,46(4):64-70.

第 7 篇 TBM 法隧道施工组织

TBM 法隧道施工是一项复杂的系统工程,具有建设周期长、资源投入多、参与人员广、组织管理工作强度大等特点。同时,TBM 法隧道在施工过程中往往受环境、地质条件等不确定因素影响,导致施工难度大、技术工艺复杂等难题。因此,为实现施工的质量、安全、工期、造价环保等目标,TBM 法隧道的施工组织管理更需要依靠科学技术与精心组织,施工总体部署和分项施工组织相结合,主体工程和附属工程相结合,既要统筹兼顾,又要重点突出,不断优化管理,合理配置资源。

本篇从施工进度管理、设备物资管理、施工技术管理、施工质量管理、施工安全管理、绿色施工与文明施工 6 个方面对 TBM 法隧道施工组织展开论述和说明,提供了 TBM 法隧道施工组织的常用组织管理方法、模式和工作流程,重点针对施工技术管理、施工质量管理和施工安全管理介绍了可操作性强的工作流程示例,可为同类隧道工程项目的施工组织管理提供参考。

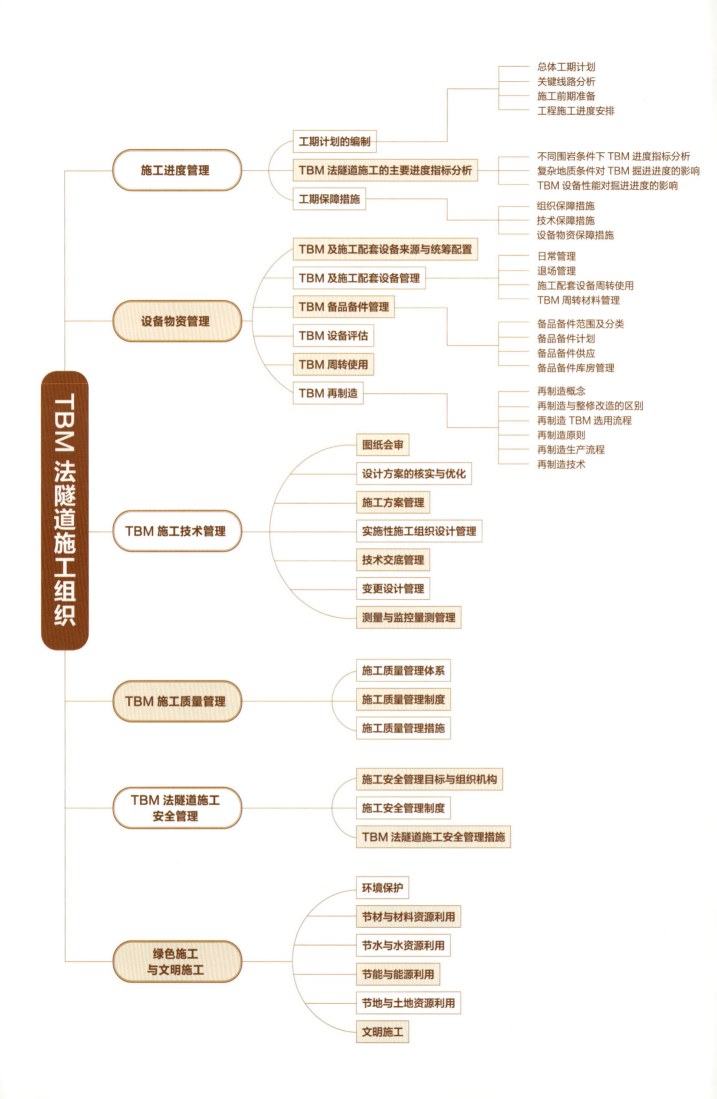

第 1 章
施工进度管理

对 TBM 法隧道而言，施工进度管理就是通过合理配置资源、优化技术方案、提高机械效率等手段实现既定的工期目标。TBM 法隧道施工进度管理，需结合施工特点编制并优化，执行过程中经常检查、对比，查找与进度计划的偏差并分析原因，制订并实施必要的整改措施，不断循环检查整改是施工进度管理的重要环节。

本章阐述工期计划编制、主体工程施工进度计划安排、工期保障措施等施工进度管理内容，重点针对主体工程进度控制以及技术、物质保障措施进行分析和讨论。

1.1 工期计划的编制

编制工期计划是以施工方案为基础，根据规定工期、物资技术供应条件、隧道地质环境条件及 TBM 装备配置特点，遵循各施工过程合理的施工顺序，统筹安排各项施工活动。

1.1.1 总体工期计划

一般而言，TBM 法隧道施工分为始发洞、TBM 掘进、衬砌等分部工程。除此以外，在编制总体工期计划时，对于新启动的 TBM 法隧道项目应考虑场地、土建工程的工期计划，以及 TBM 设备的采购与设计制造、进场、组装调试、转场、拆卸等工序的工期计划。某隧道总工期计划样表见表 7-1-1。

某隧道总工期计划表　　　　　　　表 7-1-1

序号	工程项目及说明	控制性工期	计 划 工 期
1	施工准备	×年×月×日	×年×月×日前
2	TBM 洞外组装场地开挖支护	×年×月×日	×年×月×日前
3	步进洞及始发洞开挖支护	×年×月×日	×年×月×日前
4	步进洞及始发洞底板衬砌	×年×月×日	×年×月×日前
5	始发洞边顶拱衬砌	×年×月×日	×年×月×日前
6	洞外组装场地硬化	×年×月×日	×年×月×日前
7	组装设备安装调试	×年×月×日	×年×月×日前
8	TBM 组装	×年×月×日	×年×月×日前
9	TBM 步进	×年×月×日	×年×月×日前

续上表

序号	工程项目及说明	控制性工期	计 划 工 期
10	TBM1-1 段掘进	×年×月×日	×年×月×日前
11	TBM1-1 段底板混凝土回填	×年×月×日	×年×月×日前
12	TBM1-1 段边顶拱衬砌	×年×月×日	×年×月×日前
13	TBM1-1 段灌浆	×年×月×日	×年×月×日前
14	TBM1-1 段排水孔	×年×月×日	×年×月×日前
15	TBM 检修及步进	×年×月×日	×年×月×日前
16	TBM1-2 段掘进	×年×月×日	×年×月×日前
17	TBM1-2 段底板混凝土回填	×年×月×日	×年×月×日前
18	TBM1-2 段边顶拱衬砌	×年×月×日	×年×月×日前
19	TBM1-2 段灌浆	×年×月×日	×年×月×日前
20	TBM1-2 段排水孔	×年×月×日	×年×月×日前
21	交工验收	×年×月×日	×年×月×日前

1.1.2 关键线路分析

TBM 法隧道施工是一个系统工程,必须协调好人、机、料、法、环所有生产要素,才能实现预定的工程目标。在人、机、料固定的条件下,合理制订施工组织方案,科学编制施工进度计划,并统筹安排其他各要素,这也是工程建设的核心。

施工进度计划常见的编制形式有 2 种:横道图和网络计划图。

1)横道图

最常见且被广泛应用的计划方法就是横道图。横道图是按时间坐标绘出的,横向线条表示工程各工序的施工起止时间与先后顺序,整个计划由一系列横道线条组成。横道图的优点是易于编制、简单明了、直观易懂、便于检查和计算,特别适合于现场施工管理。

2)网络计划图

网络计划图能明确地反映出工程各工序之间的相互制约和依赖关系,可以用于时间分析,找出影响工期的关键工序,以便施工管理人员集中精力抓施工中的主要矛盾,减少盲目性,而且网络计划技术基于一个定义明确的数学模型,可以借助各种调整优化方法,利用计算机进行分析计算。

在实际施工过程中,应注意横道图和网络计划图的结合使用。即在应用计算机编制施工进度计划前,先用网络计划图进行时间分析,确定关键工序,进行调整优化,然后输出相应的横道图用于指导现场施工。

3)TBM 法隧道施工进度计划编制

(1)横道图编制

①将构成整个工程的全部分项工程纵向排列填入表中。

②绘制横轴,表示可能利用的工期。

③分别计算所有分项工程施工所需要的时间。

④如果在工期内能完成整个工程,则将第③项所计算出来的各分项工程所需工期安排在图表上,分配、编排出日程表。日程表分配的目的是在预定的工期内完成整个工程,对各分项工程所需时间和施工日期进行试算分配。

(2)网络计划图编制

在项目施工中用来指导施工,控制进度的施工进度网络计划,就是经过适当优化的施工网络计划图。其编制程序如下:

①调查研究:了解和分析工程任务的构成和施工的客观条件,掌握编制进度计划所需的各种资料,特别要对施工图进行透彻研究,并尽可能对施工中可能发生的问题作出预测,考虑解决问题的对策等。

②确定方案:确定项目施工总体部署,包括划分施工阶段、选择施工方法、明确工艺流程、决定施工顺序等。这些一般都是施工组织设计中施工方案说明中的内容,且施工方案说明一般应在施工进度计划确定之前完成,故可直接从有关文件中获得。

③划分工序:根据工程内容和施工方案,将工程任务划分为若干道工序。一个项目划分为多少道工序,由项目的规模和复杂程度,以及计划管理的需要来决定,不必过分细化。大体上要求每一道工序都有明确的任务内容,有一定的实物工程量和形象进度目标,能够满足指导施工作业的需要,完成与否有明确的判别标志。

④估算时间:估算完成每道工序所需要的时间,即每项工作延续时间,这是对计划进行定量分析的基础。

⑤编制工序表:将项目的所有工序,依次列成表格、编排序号,以便于审查是否遗漏或重复,并分析相互之间的逻辑制约关系。

⑥画网络计划图:根据工序表画出网络计划图。工序表中所列出的工序逻辑关系,既包括工艺逻辑,也包含由施工组织方法决定的组织逻辑。

⑦画时标网络图:在网络计划图中加上时间横坐标就可得到时标网络图。在时标网络图中,表示工序的箭线长度受时间坐标的限制,一道工序的箭线长度在时间坐标轴上的水平投影长度就是该工序延续时间,工序的时差用波形线表示。虚工序延续时间为零,因而虚箭线在时间坐标轴上的投影长度也为零,虚工序的时差也用波形线表示。这种时标网络图可以按工序的最早开工时间来画,也可以按工序的最迟开工时间来画,在实际应用中多是前者。

⑧画资源计划用量曲线:根据时标网络图可画出施工主要资源计划用量曲线。

⑨可行性判断:主要判别资源的计划用量是否超过实际可能的投入量。如果计划用量超过实际投入量,那么这个计划是不可行的,要进行调整,需要将施工高峰错开,削减资源用量高峰;或者改变施工方法,减少资源用量,这时就要增加或改变某些组织逻辑关系,重新绘制时标网络图;如果资源计划用量不超过实际拥有量,那么这个计划是可行的。

⑩优化程度判别:可行的计划不一定是最优的计划。计划的优化是提高经济效益的关键步骤。如果计划不是最优,就要进一步优化计划方案;如果计划已经是最优,就得到可以用来指导施工、控制进度的施工网络图。大多数的工序都有确定的实物工程量,可按工序的工程量,并根据投入资源的多少及该工序的定额计算出作业时间。若该工序无定额可查,则可组织有关管理干部、技术人员、操作工人等,根据有关条件和经验,对完成该工序所需时间进行预估。

(3)网络计划关键线路时间优化

在网络计划图中,关键线路控制着任务的工期,因此缩短工期的着眼点是关键线路。但是采取硬性压缩关键工作的持续时间来达到缩短工期的目的并不是一种好办法。在网络计划关键线路的时间优化中,缩短工期主要是通过调整工作的组织措施实现。主要的优化措施包括:

①顺序作业调整为搭接作业:对于按顺序进行的工作,若紧前工作部分完成后其紧后工作就可以开始,那么就可以将各工作分别划分成若干个流水段,组织流水作业,这种方法可以明显缩短工期。搭接

作业的主要思路为：前一道工序完成一部分后，后一道工序就直接进行施工，前后工序在不同的流水段上平行作业，在保证满足必要的施工工作面的条件下，流水段分得越细，前后工序投入施工的时间间隔（流水步距）越小，施工的搭接程度越高，总工期就越短。

②对工程项目进行合理排序：如果一个施工项目可以分成若干个流水段，每个流水段都要经过相同的若干道工序，每道工序在各个流水段上的施工时间又不完全相同，为了进一步缩短工期，需选择合理的流水顺序。尽管由施工工艺决定的工作顺序不可改变，但流水段前后顺序却是可以改变的，不同的流水顺序总工期不同，可找出总工期最短的流水顺序对工程项目进行合理排序。

③推迟非关键工序的开始时间：工序 A、B 平行进行，假定 A 为非关键工序，完成 A 需 8d，B 为关键工序，完成 B 需 20d，工序 A 在工序 B 之后开始。若规定工期为 16d，为了加快关键工序 B，可以把工序 A 的人力部分转移到工序 B，这样工期就可以从原来的 20d 缩短到 16d。

④延长非关键工序的持续时间：将非关键工序的人力物力用于关键工序，以便压缩关键工序持续时间，达到缩短工期的目的。

⑤从计划外增加资源：关键线路的时间长度决定项目进度计划的总工期。若要缩短计划工期，必须压缩关键线路，即选择关键线路上的某些有可能缩短施工时间的工序，通过增加资源投入等方法，来达到压缩工期的目的。

以上③、④、⑤三种方法，当关键线路压缩以后，原来的次关键线路可能成为新的关键线路，如果其长度仍超过规定工期，则还要对这条线路的工序施工时间进行压缩，直到满足规定工期的要求为止。因此，在压缩工期时，应选择那些既是组成关键线路的工序，又是组成次关键线路的工序来压缩，将会同时缩短关键线路和次关键线路，从而最终获得适合项目工程实际情况的进度计划。

1.1.3 施工前期准备

施工前期准备包括两个方面：一是设备准备，包括 TBM 及施工配套设备的选型、采购设计制造、进场运输等；另一方面是现场施工条件准备，包括场地准备（含备件库、维修车间等）、供配电系统、供排水系统、混凝土拌和站、钢结构加工厂、混凝土构件预制场（如仰拱预制块预制厂、管片预制厂等）、带式输送机出渣系统、轨道系统、组装洞、预备洞和始发洞等设备与设施建设。

两方面的准备工作要做到时间节点吻合，特别是 TBM 运抵工地现场时，组装准备工作必须全部就绪。

1.1.4 工程施工进度安排

工程施工进度安排应以施工合同为依据，统筹考虑人力、设备、物资供应、施工方法、环境条件等因素，合理核算每个施工阶段计划工期，对不同岩性、不同级别的围岩科学规划月均进尺时，需特别关注复杂地质条件下的进度折减。

1.2 TBM 法隧道施工的主要进度指标分析

影响 TBM 进度指标的因素较多，主要包括围岩条件、复杂地质条件、TBM 工程适应性、施工配套设备选型配置的合理性、施工组织设计、设备完好率、工序衔接、人员素质与能力、物料供应、安全与质量风险防控等，这些因素都会直接影响 TBM 法隧道施工进度。

1.2.1 不同围岩条件下 TBM 进度指标分析

某隧道采用敞开式 TBM,开挖直径 7.93m,岩性以花岗岩、灰岩为主,不同地质条件下施工进度指标分析如下。

(1)Ⅱ类围岩条件下,围岩较完整,多为中硬岩、硬岩,TBM 贯入度较小,预计平均掘进速度为 20mm/min,掘进循环长度为 1.5m,则掘进一循环时间 75min,换步时间 5min。根据以往经验和统计数据,该类围岩条件下刀具磨损较严重,刀具检查更换占用时间较多,TBM 纯掘进时间利用率为 50%,则每天进尺为 13.5m。

(2)Ⅲ类围岩条件下,围岩节理较发育,TBM 贯入度相对较大,预计平均掘进速度为 42mm/min,掘进循环长度为 1.5m,则掘进一循环时间 36min,换步时间 5min。根据以往经验和统计数据,该类围岩条件下 TBM 掘进时间利用率为 55%,则每天进尺为 29m。

(3)Ⅳ类围岩条件下,围岩节理较发育,TBM 贯入度相对较大,但围岩相对破碎,支护时间较Ⅲ类有所增加,预计平均掘进速度为 40mm/min,掘进循环长度为 1.5m,则掘进一循环时间 38min,换步时间 5min。根据以往经验和统计数据,该类围岩条件下 TBM 掘进利用率为 30%,则每天进尺为 15m。

(4)Ⅴ类围岩条件下,围岩节理发育,由于受地质条件影响较大,掘进速度无法准确计算,预计平均掘进速度为 24mm/min,掘进循环长度为 0.9m,则掘进一循环时间 38min,换步时间 8min。根据以往经验和统计数据,该类围岩条件下 TBM 纯掘进时间利用率为 20%,则每天进尺为 6m。

根据以上分析,每月按 25 天计,则 TBM 在Ⅱ类、Ⅲ类、Ⅳ类、Ⅴ类围岩条件下的平均月进度分别为 330m/月、720m/月、380m/月、150m/月。

1.2.2 复杂地质条件对 TBM 掘进进度的影响

复杂地质包括:断层破碎带、高地应力、高地温、突涌水、有毒有害气体等。复杂地质条件对 TBM 法隧道施工进度的影响,举例说明如下:

(1)断层破碎带中围岩破碎,抗压强度低,容易塌方,对撑靴提供的反力不足,掘进效率低,围岩破碎可能会引起塌方,危害设备及人员的安全,严重时可能造成 TBM 卡机。如某输水隧洞,TBM 掘进遭遇破碎围岩、涌水涌泥、蚀变岩、软岩变形等复杂地质,TBM 多次卡机,2018 年掘进长度 171m,2019 年掘进长度 272m。

(2)高地应力容易引起硬岩岩爆和软岩大变形,且岩爆的发生具有不确定性,目前尚无准确预测手段;软岩变形之前的变化遵循胡克定律,变形后的发展遵循牛顿定律,然而介于两者之间的规律——何时发生变形,现有理论和技术尚未揭示。强岩爆和软岩大变形给 TBM 法施工带来巨大风险,工程进展受阻。

(3)高地温会对施工工人的身体造成极为不适影响。我国劳动法规定,环境温度高于 33℃ 即为高温作业;对于封闭空间,温度高于 30℃、湿度大于 80% 即为高温作业。高温条件会对身体机能会产生一定影响,对作业人员的工效及身体健康产生影响。高温条件同样对 TBM 设备也会造成很多不良影响:TBM 设备的液压系统在高温环境下会经常出现爆管、接头漏油、电磁阀线圈烧毁、液压阀卡死、噪声大等故障;在高温环境下电路会由于金属的热胀冷缩更易导致外皮开裂,造成短路故障;控制柜中的电气元件在高温环境也容易出现故障,工控机等关键控制部件也有可能出现死机、运行速度慢、控制失灵等故障。润滑系统在高温下长时间工作,将导致润滑系统性能变差,润滑油易变质,传动系统易磨损;电气设备在运行中如果温升或温度超过允许极限值时,易产生电气设备故障,严重时可以引起设备跳停,从而影响设备正常运转。

(4) 瓦斯等有毒有害气体对施工环境作业安全、作业人员身体健康都会产生严重的不良影响,若防范不到位,甚至会引发灾难性的事故,影响施工进度。

复杂地质隧道 TBM 法隧道施工详见第 5 篇。

1.2.3　TBM 设备性能对掘进进度的影响

根据施工经验,TBM 掘进效率通常经过 3 个阶段:第一阶段为人员和 TBM 设备磨合期,此阶段施工人员工作内容由组装转入掘进,角色转换需要一定时间熟悉,TBM 设备也存在与人、围岩的匹配性、适应性调整,这些问题需要在此阶段解决;第二阶段为高产期,经过第一阶段的磨合,人员、设备、围岩之间的适应性得以提高并达到稳定状态,具备 TBM 持续、均衡、快速施工条件,在适宜的地质条件下可实现长期稳定高产;第三阶段为进度衰减期,设备经过长时间运转后,部分零部件开始老化,故障率增高,一般情况下该阶段的生产进度将低于第二阶段,高于第一阶段,关键取决于设备维护保养和修理质量。

1.3　工期保障措施

在 TBM 法隧道施工过程中,复杂地质、设备故障、技术欠缺、物资供应不及时、施工管理落后或与工况条件不符等,都会影响施工进度。因此,必须采取有效的工期保障措施,以实现对施工进度的主动控制,提高 TBM 掘进效率,确保施工工期。本节从组织保障、技术保障、设备物资保障 3 个方面说明 TBM 法隧道施工工期保障措施。

1.3.1　组织保障措施

(1) 根据工程的特点,针对 TBM 运行与管理、超前地质预报、突(涌)水的治理、掘进与支护、原型观测、安全监测、风水电保证、物料运输供应等,成立相应的专业班组。

(2) 成立突发事件应急抢险突击队,随时处理由于特大地质灾害可能引发的突发事件和 TBM 重大设备故障。

(3) 组建公司专家协调组,提供技术、资源支持和组织协调;聘请知名专家组成技术咨询组,提供技术咨询;与相关的科研单位联合组成课题研究组,专题研究隧道施工中存在的重大技术问题。

(4) 成立超前勘探联络组,及时取得地质预报资料。

(5) 成立公司级 TBM 备件保障组,保证及时取得设备备件。

(6) 成立项目协调组,加强与相邻标段的协调、沟通。

1.3.2　技术保障措施

(1) 分别成立土木、TBM 设备集团级技术领导小组,在技术咨询团队(专家协调组、技术咨询组)的指导下,负责施工中技术难点的调研、咨询和释疑工作。

(2) 邀请专家、教授到现场指导工作,并参加技术鉴定工作。

(3) 对于施工中遇到的难题,成立技术攻关小组,开展专项技术攻关。

(4) 大力开展"四新技术"的推广应用工作。针对影响进度的地质问题、设备问题,积极采取相应措施,通过对新工艺、新材料、新设备及新方法的研究、应用、总结、改进、再应用,实现快速掘进。

(5)优化 TBM 组装程序与工作计划,节省时间。

(6)贯彻执行 TBM 持续、均衡、快速施工理念,改变传统的 TBM 进度呈"过山车"式的弊端——综合进度慢、资源浪费、成本高。

(7)对于复杂地质地段,要做好预测预报工作,提前做好各项准备工作,避免计划不到位,临时停工待料现象发生,同时做好 TBM 掘进参数的调整工作。

1.3.3 设备物资保障措施

(1)根据施工组织设计及总进度计划的要求,超前编制并落实好各阶段的人力、机械设备、材料物资及资金供应计划,确保施工进度的需要。

(2)保证主要的机械设备、TBM 备品备件、材料物资有足够的备用。

(3)施工过程中强化管理、杜绝浪费,强化对施工机械的养、用、管、修的控制,保障供应,以确保施工进度。

第 2 章
设备物资管理

设备物资在隧道施工造价中占比通常达到70%以上，同时其也是影响施工安全、质量和工期的重要因素，科学合理的设备物资管理是隧道工程顺利施工的重要保障。TBM法隧道施工中的设备物资管理涉及TBM及施工配套设备选型与配置（参阅第2篇相关内容）、TBM维护保养与修理（参阅第6篇相关内容）、物资供应与管理、备品备件供应与管理、TBM周转使用和再制造等内容。

本章介绍TBM及施工配套设备来源与统筹配置、TBM及施工配套设备管理、TBM备品备件管理、TBM设备评估、TBM周转使用、TBM再制造等内容，重点分析相关环节的业务流程、管理方式，并提供工程案例供读者参考。

2.1　TBM及施工配套设备来源与统筹配置

2.1.1　设备来源

设备来源分为新购、自有和租赁3种方式。设备应结合配置计划、上场计划和自身现有设备的状态，按"先调拨、再租赁、后购置"的原则进行配置，租赁或购置的选择需经过技术经济性论证后决策。

1）自有设备

自有TBM设备符合隧道设计断面尺寸要求，经维修、改造后保有寿命充足的，可周转使用。TBM下场后，由于施工断面不一致，无法改造或改造不经济，容易造成设备的闲置。在开挖断面一致或差别较小的情况下，TBM经检修或改造后周转使用，可避免资产流失，有效降低采购成本，减少存储、维保及看护费用。

为此，TBM下场拆卸前应做好设备状态鉴定，完成下场整修、存储、保养保管等工作，以备后续项目使用。新项目上场前，刀盘、主轴承、主电机、小齿轮及齿轮减速箱、各种单项设备、电气和液压等部件需合理检修，性能达到合格状态后方可组装、调试。TBM在上场整修过程中，可按照新启动项目的地质条件、施工需求实施必要的适应性改造。

一般情况下，若TBM能够重复利用，则其施工配套设备仍能继续使用，但是受施工条件、施工工艺、掘进长度等因素变化影响，可能导致起重设备、施工通风设备、供水设备、变配电设备等适用性不足。

TBM施工配套设备应合理充分利用自有设备。随着TBM应用越来越广泛，其施工配套设备的种类和数量也在增多，比如牵引机车、混凝土搅拌运输车、各类起重机等设备。在新项目启动时，应充分利用现有设备，将闲置的施工配套设备调拨使用，实现更好的经济效益。

自有设备应保证状态完好，在使用前，需进行设备状态评估。对于性能状况良好的设备，维保之后调拨至新项目使用；对于状况较差，但仍具有维修、利用价值的设备，可通过大修恢复设备的性能；对于部分性能不满足的设备，可经技术经济性论证分析后改造使用。

2）租赁设备

短期使用的设备可以考虑租赁。目前各城市轨道交通在建线路，租赁掘进机占的比重基本能达到40%，新建线路租赁掘进机的比重超过50%。为保证施工进度，项目对准入掘进机开累掘进里程和出厂时间有一定要求。

掘进机租赁价格核算一般考虑设备原值、开累掘进里程、摊销标准、资金成本等因素，通常按照租赁时间或者完成工程量计价。如青岛地铁使用的双护盾TBM，开挖直径为6.28m，租赁价格约9000元/延米。

TBM设备租赁合同一般会约定总工期，超出总工期有一定的免赔期限，比如延迟工期交付30天内，租赁方不收取任何额外费用，超出免赔期限后，每天收取一定金额的设备占用费。或是合同中约定在施工过程中停机，超过一定的天数后，按天收取一定金额的设备占用费。

按照惯例，一般由出租方负责进场运输，承租方负责退场运输。出租方有偿提供组装、调试指导技术服务和试掘进期间的技术服务，也可全程提供技术服务。退场时，双方按照进场交付情况进行勘验，按照合同约定划分维修责任。

TBM的采购价格则与生产厂家、规格型号、开挖直径、特殊配置有关系，目前各生产厂家均在考虑设备零部件尽量国产化、模块化、标准化配置，降低设备制造成本。租赁掘进机的设计制造要考虑变径改造的便利性和部件的通用性。

在TBM施工配套设备中，由于牵引机车的价值较高，可根据使用时间论证是否选择租赁，其他轨行式设备造价较低，通用性较差，往往调拨自有设备或者新购；在规格型号允许的情况下，带式输送机出渣系统也可以选择租赁；短期使用的自行式起重机通常选择租赁，以降低成本。

3）新购设备

若自有设备不符合设计断面尺寸要求，且市场上没有租赁资源或租赁不经济时，应考虑新购设备；若隧道掘进长度达到10 km，采用旧设备难以满足设备性能及施工进度要求时，也应采购新设备。

TBM施工配套设备根据分阶段进场计划合理调配，或维修改造后加以利用，不足部分选择租赁或新购。对于通用设备，可根据实际需求，选择采购新设备或租赁，比如25t内燃机车，只要外形尺寸合适，隧道坡度适宜，都能够作为物料运输的牵引设备来使用，具有普遍适用性。可以根据自身发展需要，选择购置；也可以结合使用期的长短，选择租赁设备作为补充而减少投入。对于定制或特种设备，在市场上难以租赁的，也应选择购置，比如门式起重机、桥式起重机等起重设备既用于TBM组装、拆卸，也用于正常施工条件下的材料倒运，因TBM直径型号及组装条件等不同，起重设备性能参数差异也很大，包括结构形式、跨度、额定起重量、起升高度、起升速度、大车运行速度等，租赁市场上难以匹配，只能选择既有设备改造或新购。只有设备使用期较短，且有租赁资源的，为减少一次性投入，才可选择租赁。

在选择设备购置时，应按照功能配套、品种品牌尽量单一、便于统一维护保养的要求选配，同时从设备价格、使用寿命、故障率、运行期间费用、售后服务等方面综合考量，选用"生产上适用、技术上可行、经济上合理"的设备。

在选择国产设备和进口设备方面,应依据综合性价比确定,包括采购成本、运营成本、故障率、使用寿命、通用性等。比如进口内燃机车,虽然一次性投入是国产机车的两倍以上,但其性能稳定,故障率低,减少了设备的大修费用,在正常维护保养的情况下,使用寿命可以达到10年以上。而国产内燃机车其故障率相对较高,且经一个项目使用2~3年后往往需要大修一次,维修时间约为3个月,维修成本为30万~40万元。经3次大修后设备总投入费用(购置成本和大修费用)与进口设备的采购价格相当。由此可见,从TBM施工滚动发展的角度考虑,选用进口内燃机车更为经济合理,且其结构尺寸较为紧凑,适应范围相对较广;仅从单个项目考虑,工期较短,为了减少投入也可选用国产设备,且随着组装工艺及生产水平的不断提高,国产设备的可靠性和适用性会大大增加。同时,电驱动牵引机车技术成熟后,可能会给长隧道施工带来新的选择。

2.1.2 统筹配置

设备统筹配置,是指在充分利用公司内部资源和对外部市场充分调研的基础上,考虑设备的通用性和适应范围,结合项目工期长短和工序安排,统筹规划,实现设备配置技术可行、经济合理、配套使用、利于周转的目的。

统筹配置的重点在于TBM施工配套设备,主要包括TBM的组装与拆卸、物料运输(包括岩渣的运出、支护等材料的运入、人员及配件的运送等)设备、供水、供电、通风设备等,保证TBM正常运转、维保以及施工。

按所属层级划分,统筹配置分为项目统筹配置和公司统筹配置两个方面。

1)项目统筹配置

项目统筹配置可充分利用其他TBM项目下场的设备,结合区域滚动发展需要购置新设备,做好设备使用衔接规划,充分发挥设备的经济效益。项目部作为施工主体,重点把控施工配套设备的初步选型、配置数量、分阶段进场计划、资金来源等,并通过经济论证分析,提供设备来源的建议,包括调拨、改造、租赁、新购等。

TBM组装与拆卸所选择的门式起重机、桥式起重机以及汽车起重机等设备,根据作业场地特点(分洞内组装和洞外组装2种)以及TBM最大部件的外形尺寸及质量来确定,其中,洞内组装的TBM与掘进断面直径有关。物料运输系统的运输能力应根据单位时间内完成的最大掘进循环数乘以每循环产生的岩渣量及所需支护量等来确定。

2)公司统筹配置

公司设备管理部门审核项目部的设备配置计划,掌握全公司各TBM项目部的设备使用动态,包括已经下场的设备资源和陆续下场的时间点,与项目部的分阶段配置计划进行匹配,以便于协调调拨,减少设备购置成本;对于不通用的设备型号采取审慎质疑的态度,必要时提出修改意见,设备型号应尽量统一,便于周转使用;对于设备的改造,审核技术可行性及经济合理性;对于设备的租赁,审核经济合理性及后续项目使用的可能性。

根据施工进度及工序安排,项目或公司应分阶段制订设备进场计划,避免前期资金支付金额较大而造成资金周转困难;分阶段设备进场时,应考虑设备交货期的影响,避免因设备采购订单不及时影响施工进度。分阶段设备进场主要考虑的是掘进工序与衬砌工序的分阶段施工,衬砌施工的物料运输设备可以在第二阶段进场；对于能够开展同步衬砌施工的，依据阶段施工的工期长短，考虑是否分阶段进购设备。分阶段进场的设备尽量统一规格型号，便于调配使用，且便于后期设备管理。

在签订设备采购合同时，可以将所需数量一次纳入合同范围，采取分批付款、分批进场的方式，数量约定以实际需求为准；避免设备一次全部进场后，后续工程变更或施工变化导致设备闲置，同时也可采用批量采购，降低采购价格，减少二次设备购置的审批环节。

3）统筹配置

某项目 TBM 法隧道开挖直径为 8.53m，施工长度为 15.4km，现浇混凝土二次衬砌。分为 2 个阶段施工，第一阶段施工长度为 9.6km，以 1 号支洞为施工通道；第二阶段施工长度 5.8km，以 2 号支洞作为施工通道，贯通后洞内拆卸并以 3 号支洞作为运输通道，3 座支洞长度在 1.7～1.9km 之间。TBM 掘进与现浇混凝土衬砌分阶段施工，即 TBM 转入第二阶段掘进后，开始第一阶段的衬砌施工。为此前期进场的施工配套设备为保证第一阶段 TBM 组装及掘进施工，后续进场的设备是保证衬砌施工用设备。具体情况见表 7-2-1、表 7-2-2。

第一批 TBM 施工配套设备配置计划　　　　　　　　　　表 7-2-1

序号	设备名称	规格型号	单位	采购数量	备注
1	桥式起重机	QE80t+80t/10t-14m-10.8m	台	1	TBM 主机组装
2	桥式起重机	QE16t+16t-14m-11.5m	台	1	TBM 后配套组装
3	主洞连续带式输送机	功率(3×300)kW，带宽 914mm	套	1	TBM 出渣
4	支洞连续带式输送机	功率(3×300)kW，带宽 914mm	套	1	TBM 出渣
5	内燃机车	进口 25t	台	5	TBM 掘进
6	混凝土搅拌运输车	国产轨行式 6m³	台	6	TBM 掘进
7	混凝土罐	6m³ 含动力单元	台	4	TBM 掘进
8	平板车	轨行式 16t	台	6	TBM 掘进
9	乘坐车	24 座	台	4	TBM 掘进
10	储风筒专用车	轨行式 16t	台	2	TBM 掘进
11	汽车平板车	9.6m	台	2	钢轨材料运输
12	汽车平板	与 6m³ 及 10m³ 搅拌运输车动力单元配合	台	4	喷射混凝土、二次衬砌、铺底搅拌运输车运输
13	电力变压器	S11-35/20-6300	台	1	TBM 掘进
14	箱式变压器	YBM12/0.4-1600	台	1	TBM 组装，带式输送机主驱动
15	箱式变压器	YBM12/0.4-2000	台	1	皮带驱动、风机、洞外生产设施
16	叉式起重机	5t	台	1	TBM 组装及材料输送
17	车床	C6240×1500	台	1	维修
18	摇臂钻床	Z3040J×10	台	1	维修
19	混凝土拌和站	HZS120	套	1	
20	通风机	T2.160.2×200.4	台	1	施工通风
	合计			45	

第二批 TBM 施工配套设备配置计划　　　　　　　　　　表 7-2-2

序号	设备名称	规格型号	单位	采购数量	备注
1	衬砌台车	16m	台	2	第一阶段贯通后衬砌用
2	内燃机车	国产 25t	台	5	衬砌、仰拱施工

续上表

序号	设备名称	规格型号	单位	采购数量	备注
3	混凝土搅拌运输车	轨行式 $10m^3$	台	10	衬砌、仰拱施工
4	混凝土罐体	$10m^3$ 含动力单元	台	4	衬砌、仰拱施工
5	汽车平板	与搅拌运输车 $10m^3$ 配合	台	2	二次衬砌、铺底搅拌运输车运输
6	混凝土输送泵	HBT60	台	3	衬砌
	合计			26	

2.2 TBM 及施工配套设备管理

为了充分发挥 TBM 的效能，确保技术状况良好，延长使用寿命，需要按相应技术规程做好 TBM 及施工配套设备的维护保养与修理工作。

2.2.1 日常管理

TBM 及施工配套设备日常管理主要通过维护保养与修理确保设备状态正常，相关内容参见第 6 篇。

2.2.2 退场管理

TBM 及施工配套设备下场后，需要合理存储，并根据计划闲置期限做好下场后以及闲置期间的维护保养工作，以保持良好的设备状态，减少设备再次上场的维修成本。

1）存储要求

（1）存储场地要求

TBM 及其施工配套设备下场后，短期内难以周转使用的，需要选择合适的场地存储。存储场地应提前考察比选，考察内容包括交通路况、运输距离、场内道路、室内面积、室外面积、租赁价格，并综合考虑起重设备配备、电力设施、排水设施、监控设施、生活设施等完备程度。考察完成后，通过方案对比，选择适宜存储且存储面积足够、交通便利、综合费用较低的方案。存储场地地面要硬化，如没有硬化，则需用妥善措施进行支撑，防止在存储过程中因地面下沉而造成的设备倾斜锈蚀。

（2）部件存储要求

部件存储应按照"分类存储、便于维保"的原则，存储 TBM 部件及其施工配套设备，并合理划分区域。

裸露的大型钢结构件存放应选择地形平坦、地势相对较高、相对干燥、利于排水的区域，结构件重心尽量放低，防止构件受到意外干扰发生失稳（移动或倾斜）。结构件底面放置枕木，妥善遮盖、利于排水，防止积水与锈蚀。精密结合面的防锈、涂油应给予充分的重视；不能裸露的结构件，应在除锈、刷防锈油、涂黄油或刷漆后严密包裹，最好置于干燥的室内保管。

贵重零部件（各类液压缸等精密零部件）必须放入库房，应尽量保持重心位置居中（左右前后），合理摆放、防止碰撞、可靠牢固定位（采用方木地脚定位、钢丝捆绑上下定位、部件相对位置顶木定位），并加锁存放。

主轴承及驱动组件，在部件外围应严密包裹塑料薄膜，并定期检查保存情况。维保时，应分别在滚子、内外滚道以及耐磨环等精密表面刷涂防锈油,整体用高强度塑料膜包裹,同时用真空泵抽出里面空气,同时严密封装,然后吊入实木包装箱,摆放若干硅胶干燥剂,可靠装订。

液压阀件、电气元件、传感器、精密零件、密封、通信器件及仓库进口配件等应分类存放,粗细分开,制作一批木包装箱,各种配件应按编号存放,同时特别注意防潮防水。

橡胶软管(液压油管、高压水管)装箱入库保存,防止烈日曝晒,因为阳光中的紫外线会加速橡胶的老化,使其变硬、变脆。各类油品(油桶)也应入库,需注意此类部件的有效期,过期无法使用,应及时妥善处置。

在全场地的范围内,须完成全面平整及对部分地面硬化施工。存放场地均应有专人守卫,防止灭失;应设置安全防火设备,防止火灾险情发生,废弃棉纱、棉布手套等易燃物品及时清理。

2）拆后保养

TBM拆后保养主要包括机械构件、电气设备、液压系统、带式输送机、刀具配件等部件的维护保养,具体内容如下:

(1)机械构件

机械构件拆卸完成后运送至存放场地整修保养。具体保养措施包括:

①刀盘中心块和刀盘边块的法兰面进行打磨去除锈蚀后,涂抹防锈油并用保鲜膜包裹,再用苫布包裹防雨。

②对于主轴承及机头架部分,主轴承是TBM极为重要的部件,主轴承的保养至关重要,保养时主要是确保主轴承腔体内有足够的润滑油防止内部结构锈蚀。首先用枕木垫高机头架减小地面对其影响,并用事先加工好的堵头将所有螺栓孔封堵,架体周边润滑接头用油管堵头封堵,以防止润滑油渗漏,再将润滑油加入主轴承内部并确保加入量满足要求,然后用盖板将电机孔封堵,将简易防雨棚拆除重新搭设彩钢房进行防雨。

③清除主梁构件内部的沉淀石粉,主梁结合面通过钢丝刷打磨后涂抹防锈油防锈,再覆盖保鲜膜进行防潮,然后包裹塑料布及苫布防雨。

④后配套台车首先割除后期附加件,如后期焊接钢筋、工具箱、加固的物料平台等。再以高压水冲洗后分类放置,分类放置的主要依据为结构划分和系统划分。按结构划分如栏杆、平台;按系统划分如风筒系统、拱架系统、喷锚系统等。

(2)电气设备

由于受潮后危害和损失比较大,电气设备要特别注重设备的防潮、防雨处理,并将其集中于室内存储。电气设备保养时首先进行全面清理,将内部杂物粉尘清理干净,在天气晴朗时进行充分晾晒或以热风机吹干。

①变压器、变频柜、主电柜、三相配电柜、发电机柜、三相辅助配电柜等重要设备用玻璃胶封堵,放置干燥剂后再用保鲜膜或塑料膜包裹,等全部防潮工作处理妥当之后进行防雨处理;驱动电机及减速机清灰后,接线盒放入干燥剂,用塑料膜包裹存放。

②对于电气元件,如摄像头,急停开关、各类插座等用塑料膜包裹后,装木箱于室内存放;高压电缆卷筒将接线端及卷筒驱动部分清理放入干燥剂后用塑料膜包裹,再用苫布整体覆盖存储;主驱动电机电缆在场地收入卷盘,用苫布覆盖。

(3)液压系统

液压系统需存储于室内,泵、马达、阀组、接头等精密部件装木箱存放。

①将各类泵站清理干净,去除表面油污。在泵内加入液压油封堵进出油口,各油箱内加入2/3及以上液压油封口存储。

②各类阀组阀件用柴油清洗干净后涂抹液压油,然后用塑料膜包裹后装箱集中放置在室内。

③所有液压缸清理后封堵油口,液压缸销耳涂防锈油后用塑料膜包裹存储,销轴清洗后涂防锈油用保鲜膜包裹存储。

(4)带式输送机

①结构件全部进行除锈处理并喷漆,在除锈的过程中及时剔除已损坏的皮带拖辊。

②门形架、三联辊架统一扎捆存储,皮带拖辊打包整齐码放。

③驱动滚筒、回程滚筒、改向滚筒等设备需进行表面清理并涂抹油脂防锈,再包裹保鲜膜及塑料膜并用苫布覆盖。

④胶带等其他部件统一放置在场地内统一区域,并用苫布覆盖,方便管理。

⑤为防止通风软管日晒雨淋加速老化,所有通风软管集中存储并搭设简易防雨棚。

(5)刀具配件

刀盘上所有滚刀运至刀具车间拆解;轴承、刀轴、挡圈等部件按类用柴油擦洗干净后,涂抹防锈油并用塑料膜包裹,装箱后置于室内存储。

3)包装

(1)包装形式

仿照TBM组装时的包装形式:裸件不予包装,但需防护;小件(机械部件、液压部件和电气部件)装木箱;胶带电缆绕卷;电柜做防水处理。

①裸件。

涂装:将结构件脱漆部位打磨清理干净,按原漆喷涂补漆。

结构件结合面及螺纹孔涂抹润滑脂并贴膜;钢丝绳回卷,表层涂抹润滑脂;胶带卷好并编号;通风软管规矩叠放,安装托盘固定;电缆及通信电缆卷盘;配电柜、泵站及其他整体式独立设备无包装。

②装箱件(木箱)。

木箱要坚固,保证箱内部件稳固。需要装箱的机械部件主要包括螺栓、螺母、垫片等,液压部件包括油管、液压缸、阀块、泵、马达等,电气部件包括配电柜、电缆、传感器、模块等。

(2)包装要求

所有设备和材料要坚固包装,防止丢失;包装按照设备特点,按需要分别加上防潮、防霉、防锈、防腐蚀的保护措施,以保证货物长期存储而不发生任何损坏、腐蚀、变质;在包装以外,还要使用泡沫塑料、海绵、苫布等材料进行适当的防护和遮盖。

货物在包装时,按类别装箱,并填写详细的装箱清单,封存于木箱外部。装箱清单应注明部件名称、零部件编号/标识编号、规格型号、安装使用部位、完好程度等信息,保存电子版和纸质版各一份,便于查询和再次使用。备品备件在包装箱外加以注明,专用工具也要分别包装。各种设备的松散零部件装入尺寸适当的箱内。

4)存储期间保养

存储期间的保养分为日常维护保养、油品检测,温、湿度检查及分系统定期保养等内容,由专人负责维保并做好记录,油品需委外检测的,其检测结果应定期存档。现场维护保养工作应留有影像资料。公司设备管理部门和TBM技术管理部门应定期检查维保工作,发现问题及时整改。

(1)日常维护保养

TBM设备维护保养按日、周、月进行,具体方案如下:

①日维护保养。

检查TBM结构件存储情况,露天存放的部件需用苫布覆盖到位,无外露部分;检查主轴承、刀盘电机、小齿轮、液压润滑泵站、液压阀件、液压缸等部件所在的密闭存储环境的温度和湿度是否达到要求(温度在20~25℃,湿度低于60%);检查电缆等包装是否出现破损,对于破损的包装及时更换;详细准确记录每日维护保养情况。

②周维护保养。

检查TBM结构件表面情况,发现涂层裂皮、脱落或表面锈蚀的部位及时处理;检查配电柜等电气精密部件,使用高压风吹洗除尘;详细准确记录每周维护保养情况。

③月维护保养。

检查减速机油位,转动电机轴,并根据实际情况加注润滑脂;检查液压缸,每月旋转活塞杆180°;装箱密闭保存的部件随机抽样开箱检查,确认无锈蚀、发霉等现象;详细准确记录每月维护保养情况。

(2)检查方式与标准

①油品检测。

定期对油品进行采样并进行理化指标检测,当油品检测指标不合格时,及时更换油品。油品检测见表7-2-3。

油 品 检 测 表　　　　　　　　　　　　　　　表7-2-3

检测项目	检测频率	检测方法	处理措施
主轴承	每2个月	油液理化指标检测	不合格时,更换油品
带式输送机驱动减速机	每3个月		
主驱动减速机			

②液压缸翻转。

液压缸翻转周期见表7-2-4。

液压缸翻转周期　　　　　　　　　　　　　　　表7-2-4

翻转项目	翻转周期	翻转方式	旋转方法	处理措施
推进液压缸	每月	180°旋转活塞杆	将待旋转液压缸置于空地,利用液压缸自重,稳定液压缸,用千斤顶缓慢旋转活塞杆	①活塞杆旋转灵活:加注黄油后放回原位;②活塞杆旋转吃力:加注黄油后反复旋转,以便充分润滑活塞杆
撑靴液压缸				
拖拉液压缸				
后支腿液压缸				

③温、湿度的检查及标准。

主轴承存储环境标准为:存储环境应满足厂家要求,温、湿度通过库房以及板房内的空调适时进行调节,以达到规定要求。库房和板房内均安置温度计、湿度计,由专人每日定时、定点进行检测,并如实记录数据。每日检测记录表样例见表7-2-5。

温度、湿度每日检测记录表　　　　　　　　　　　　　　　表7-2-5

时 间	检测位置	温度检测值	湿度检测值	检测员签名

(3) 分系统定期保养

①主驱动（包含主轴承、主驱动电机及减速机）。

主驱动齿圈解体涂抹防腐油并真空包装；减速机加注防腐油，真空包装并采用适当的方式存储；电机真空包装并保持干燥，采用适当的方式存储。

②钢结构部分。

钢结构防腐部分每半年检查一次，并根据检查结果酌情补漆；每3个月对法兰等机加工表面的防护情况进行检查，并根据检查结果酌情处理。

③液压缸。

对所有液压缸进行分解和检查，并真空包装，采用适当的方式存储，定期检查真空包装情况。

④主机润滑及液压系统。

主机润滑及液压系统的检查与保养以3个月为周期，开展的工作内容包括：检查油箱内壁的防锈油及防腐情况，如出现锈蚀立即处理；更换油箱内的干燥剂；检查滤清器的防腐情况，出现锈蚀立即处理；更换电机接线盒内的干燥剂，检查接线盒密封；检查管路及油管的封堵情况；拆除的液压阀组充满液压油密封，更换干燥剂；液压阀组有对外接口的，注满油后封闭，检查封闭情况。

主机润滑及液压系统设备检查保养后，重新妥善包装。

⑤电气系统。

妥善存放变压器，每3个月更换干燥剂；在电气柜、电气集装箱内放置干燥剂，每3个月更换一次；每3个月更换电机接线盒内的干燥剂，检查接线盒密封。

电气设备检查保养后，重新密封包装。

⑥水系统。

每3个月更换电机接线盒内的干燥剂，检查接线盒密封；清理水管卷盘转动部位水垢，涂防锈漆，加注润滑脂，每3个月检查润滑脂情况，必要时进行加注；水系统散热器放置干燥剂，每3个月更换干燥剂；每3个月更换水箱内的干燥剂。

水系统设备检查保养后，重新妥善包装。

⑦支护系统（钻机及喷射混凝土设备）。

支护系统的检查与保养以3个月为周期，开展的工作内容包括：检查减速机的齿轮油位，必要时进行加注；检查滑道的油脂情况，必要时进行涂抹；检查接触面的润滑脂情况，必要时进行涂抹；检查泵站油箱的防腐情况并更换干燥剂；更换接线盒内干燥剂；转动轴承部位加注满润滑脂。

钻机及喷射混凝土设备检查保养后，重新妥善包装。

⑧带式输送机系统。

带式输送机系统的检查与保养以3个月为周期，开展的工作内容包括：检查胶带输送机系统钢结构的防腐，出现锈蚀及时处理；检查带式输送机减速机内的齿轮油位，必要时进行加注；检查转动轴承部位润滑脂情况，必要时进行加注；检查滚筒的润滑脂情况，必要时进行加注；对已使用的皮带，清理放好，并用苫布覆盖，后期检查苫布如有损坏及时更换；对于已经使用的托辊，清理后包装存放。

⑨通风系统（洞外风机及除尘风机）。

每3个月检查风机的内外防腐情况，出现锈蚀及时处理；每3个月更换接线盒内的干燥剂。

通风设备检查保养后，重新妥善包装。

⑩起重设备。

起重设备的检查与保养以3个月为周期，开展的工作内容包括：更换接线盒内干燥剂；检查减速机的齿轮油位,必要时补充加注;检查钢丝绳及链条表面的润滑脂,必要时进行涂抹;起重设备所有润滑点须加注满润滑脂。

起重设备检查保养后,重新妥善包装。

⑪备品备件。

对已经开封后的备品备件,重新装箱保存,放置干燥剂,每 3 个月更换一次;对于刀具部件,金属部件需要涂抹防锈油,橡胶制品注意保质期。另对于整刀存放的,半年左右要检查胶圈、密封圈等橡胶制品是否失效。

⑫其他设备。

空压机定期更换油品,有条件的每 3 个月运转一次。牵引机车、轨行式混凝土搅拌运输车定期更换油品,每月空转 1 次。

2.2.3　施工配套设备周转使用

设备的周转使用是指设备下场后,经维护保养、修理或改造后在新的项目继续使用,以提高设备的利用率,充分发挥设备的经济效益。

周转使用满足的条件包括三点:一是设备的功能与性能应满足下一个项目的施工需求,与 TBM 组装、掘进、拆卸、二次衬砌等工作相匹配。二是设备的外形尺寸应与其安装的边界尺寸或 TBM 后配套的净空尺寸匹配。如果设备的性能参数不满足,则很难利用;如果外形尺寸差别不大,可视情况对设备进行改造。三是设备改造做到技术可行、经济合理。

1）周转使用的原则

(1)站在全局角度分析综合效益。旧设备与新设备相比,故障率通常会偏高,运行成本也会增加,对施工进度也会产生一定影响;但旧设备不需要购置资金,减少了设备购置成本。因此,要综合采购、检修改造、运维等方面在内的综合成本。

(2)技术可行、经济合理。设备维保后直接使用最佳,产生的费用主要是运输成本,较为经济;若设备状况较差或性能不满足,需大修或更新改造后方可使用,则应进行技术经济分析。

(3)"以大代小"可行,特别是使用频次较小的主机组装使用的起重设备,以及一次通风系统使用的变频风机等。

(4)"以大改小"可行,不能"以小改大"。例如,洞内组装使用的桥式起重机在额定起重量满足的条件下,可以将跨度改小以适应组装洞的净空尺寸。

(5)及时退出,不能因小失大。若周转使用的设备状态较差,设备主体及重要部件性能达到报废状态,维修或改造成本高,后期运营成本高,继续使用经济性差,对施工进度产生重要影响,应经过技术状态鉴定不合格后,及时退出使用,避免后期使用成本的大幅增加、严重制约施工进度。

(6)安全是第一要务,而效率也极其重要。尤其对于门式起重机、桥式起重机等特种设备,若其使用年限或闲置时间过长,结构件锈蚀严重,对安全性能产生了一定影响,应慎重使用。比如采用门式起重机翻渣,门式起重机与矿车的结构尺寸不匹配,造成倾斜角度不够而影响翻渣效率,若不能消除安全隐患而周转使用,发生问题时会严重制约施工进度。

2）周转使用的设备

(1)起重设备

起重设备主要指门式起重机、桥式起重机等,用于 TBM 组装、拆卸以及施工过程中装、卸材料。其跨度应与洞外组装场地或洞内组装拆卸洞室尺寸相适应,额定起重量满足吊装TBM最重件要求。

若TBM在洞内组装,组装洞的净空尺寸随TBM直径不同而不同,桥式起重机的跨度及额定起重量等主要参数也会存在较大差异。将额定起重量相同的门式起重机或桥式起重机的跨度改小,若在运行范围内与现有边界条件不发生干涉,则不会影响到设备的运行安全,此方案在技术方面具有可行性。设备的改造由厂家出具方案并核算费用,在技术可行、经济合理的情况下实施。门式起重机的主要参数满足组装TBM最重件及最大件尺寸要求,且组装场地与门式起重机跨度相适应的,经维修后可直接周转使用。

(2)有轨运输设备

有轨运输设备是指内燃机车、蓄电池牵引机车、矿车、混凝土搅拌运输车、仰拱预制块车、管片车、豆砾石车、砂浆车、平板车等设备。这些设备的运行区间涵盖了TBM后配套所在区域,甚至部分设备运行至连接桥区域,故其外形尺寸受后配套内部净空尺寸、甚至是连接桥区域尺寸的限制,混凝土搅拌运输车还受后配套吊装设备的质量及位置尺寸的限制。若有轨运输设备进入TBM后配套框架内部,宽度水平方向每侧应预留不小于15cm的富余量,高度垂直方向预留不小于20cm的富余量,避免出现在运行过程中因车辆的晃动而与后配套结构件产生碰撞、挤压、卡住等现象。如果采用矿车出渣,岩渣的堆积高度同样应保持上述的安全距离。

有轨运输设备一般不具备改造条件或改造经济性差。比如轨行式混凝土搅拌运输车,其额定容积是与TBM掘进循环的混凝土喷射量相匹配的,如果隧道断面差异较大,则选用的混凝土搅拌运输车规格型号为 $8m^3$、$6m^3$、$4.5m^3$ 等,不同容积的搅拌运输车不能通用;混凝土搅拌运输车的外形尺寸还要与TBM后配套的吊装位置尺寸相匹配,其质量也要满足后配套搅拌运输车起吊重物质量或其他方面的要求。设备由于受到上述容积及外形尺寸等关键参数的限制,一般不能通过改造后继续使用,或改造与采购新设备成本差异不大,不具备经济合理性。再如内燃机车为定型产品,部件安装紧凑,无法在原有基础上缩小外形尺寸或增大吨位等级,以适应后配套的尺寸限制或增大牵引力,在技术方面不可行,经济方面不合理。

有轨运输设备具有一定的通用性,一般可直接周转使用。在机车选用方面,相同吨位等级的内燃机车尽量选用结构更为紧凑、外形尺寸中宽度和高度相对较小的型号,这样适应的断面尺寸范围会更广,通用性更强。混凝土搅拌运输车涉及与TBM后配套吊装或预留位置空间的配合,在选择TBM的位置尺寸时,应与制造厂家协商,尽量选择与既有搅拌运输车的尺寸相匹配的TBM,便于周转使用。在外形尺寸方面,应优化运输设备的宽度和高度尺寸,以扩大其适用范围。

(3)带式输送机出渣系统

带式输送机出渣系统由驱动装置、储带仓及张紧装置、移动尾端、卸料装置、胶带、托辊、支架(吊链)及带式输送机支架等部分组成。其功能是与TBM后配套带式输送机搭接后,将掘进过程中产生的岩渣由洞内运输至洞外卸渣点。

为确认带式输送机部件能否周转使用,前期工作内容包括:审核运输能力是否满足、审核与TBM的安装接口尺寸是否一致、审核驱动功率是否足够(受运距、运输能力、顺逆坡及坡度等因素影响)、审核胶带型号及强度(受影响因素同上,造成带式输送机的张力不同、带宽不同、所选强度和型号不一致)、检验设备状态(比如驱动电机、齿轮箱、驱动滚筒、从动滚筒、托辊部件等,必要时请专业厂家进行检修,保证部件状态良好,设备性能无法满足要求时更换)。

对于驱动功率的审核、胶带选型及强度的验算,为提高其准确性,可由专业厂家负责设计、校核;对于TBM后配套位置的安装接口尺寸一致问题,可将带式输送机移动尾端的图纸资料在TBM设计联络阶段提供给生产厂家,在后配套空间位置尺寸能满足的情况下,优化设计方案,预留准确合适的安装位置。

带式输送机出渣系统在不能完全周转使用的情况下,可以合理组合使用。若带宽一致,则带式输送机支架、托辊、驱动装置、储带仓及张紧装置、卸料装置、移动尾端等部件均可使用;若带式输送机带宽不一致,则"以大代小"利用部分部件(比如驱动装置、储带仓及张紧装置、卸料装置、部分带式输送机支架等部件)。

(4)变配电系统

TBM 供电电压等级分为 20kV 和 10kV,以 20kV 为主;TBM 施工配套设备(除内燃动力外)的供电电压一般为 380V。一般由业主建设 35kV 变电站,TBM 施工用电从 20kV 或 10kV 高压开闭所引出,在施工现场附近设变压器室或安装箱式变压器为 TBM 施工配套设备供电。可周转使用的变配电设备为 TBM 高压开闭所设备或箱式变压器等设备。高压开闭所设备可随 TBM 一起周转使用;变电站、箱式变压器等设备的容量及一次侧、二次侧电压等级相同,便可周转使用。周转使用前,应委托有相应资质的单位检测整套设备及其电气部件是否合格。

(5)供排水设备

为保证 TBM 供水使用,依据其耗水量、TBM 掘进最高点的高程差,以及管路的延程压力损失等参数确定水泵的流量及扬程,应采取"一备一用一检修"的原则配置水泵数量。在满足水泵流量和扬程的要求下,变频供水系统允许"以大代小"周转使用。

3)周转使用案例

原项目 TBM 开挖直径为 10.23m,洞内组装,桥式起重机型号为 QE(100 + 100)/20 − 15.6 − 12,下场后存储在某场地;新项目 TBM 开挖直径为 7.93m,洞内组装,原项目与新项目组装洞室的断面尺寸不一致,不能直接调拨使用。

项目部经与生产厂家联系,出具改造方案并报价。桥式起重机的跨度由 15.6m 调整为 13.5m,裁切主梁,检修绞车等机械部件,整体喷砂喷漆;更换钢丝绳,新配电气系统(含监控系统),配备全新滑触线,改造完成后在厂内试拼装。经过改造,TBM 恢复了性能,满足了洞内安装尺寸要求,并顺利地完成了组装,减少了设备的购置成本。

2.2.4 TBM 周转材料管理

在 TBM 法隧道施工中,除使用通风管、进排水管、高压风管、普通电缆等周转材料外,还需采用钢轨、钢枕(若有)、走道板(若有)、高压电缆等专用的周转材料。在条件允许的情况下,加强周转材料的统一管理,通过集中采购或集中加工的方式可以降低购置成本;或通过项目之间的调拨使用,可增加周转次数。

为此,周转材料尽量做到型号通用,或采取"以大代小"的方式周转使用。如钢枕、走道板等尽量采用通用性设计,钢枕采用边枕和中间枕分体式设计,走道板的宽度及长度尽量统一,便于后续项目周转使用。如同等级、同材质的高压电缆,可以用截面面积大的高压电缆代替截面面积小的高压电缆、用高等级的高压电缆代替低等级的高压电缆等。

为提高周转次数,设备在拆除、运输、存储过程中应规范作业,做到"轻拿、轻放",摆放有序,避免随意切割、生拉硬拽,在运输过程中固定牢靠,必要时设置专用工装,并便于存储。

(1)高压电缆在拆除时应避免生拉硬拽造成电缆损伤。在 TBM 停机断电以后即可开始拆除 20kV/10kV 高压电缆,电缆以 400m 为一卷,接头做好防水防潮处理。电缆收卷时,有轨运输平板上放置收卷装置,边行进边收卷,注意控制机车运行速度和电缆收卷相协调,以免造成电缆绝缘层与洞壁摩擦破损。

高压电缆应室内存放,并进行防潮处理,避免阳光曝晒从而引起绝缘层老化、绝缘等级降低等问题。高压电缆再次使用时,应进行耐压试验,满足国家标准要求后方可周转使用。

(2)通风软管有轨段的拆卸,可利用机车牵引平板车与液压升降平台,边走边拆,拆下后叠放在平板车上运出洞外。若在拆卸过程中发现孔洞,应及时修补;软管运输至洞外应叠放整齐,存储于室内,避免阳光曝晒造成风管老化、变质。

(3)进水管和排水管应分别拆除、分开存储、避免混淆;在拆除过程中,管道应按顺序涂漆编号,保证后续使用连接顺畅;将法兰螺栓用扳手拆卸,不能使用火焰切割,避免损伤法兰或法兰孔。进水管应用高压风将内壁吹干,排水管用洁净水将残留的泥渣冲洗干净后,用高压风将水管的内、外壁吹干。钢管存放在焊接好的支架内,两侧设有高度不超过 2m 的挡板,保证存储安全且堆码整齐,用苫布遮盖避免锈蚀。

(4)TBM 材料运输往往采用有轨运输,对应的周转材料主要是钢轨、鱼尾板、扣件、螺栓等。洞内铺设钢轨的平顺度、稳固性及轨距决定了列车运行的平稳性,为此采购或存储的钢轨(往往是再用轨)不能出现明显的弯折或轨面磨损差异较大的现象。若钢轨出现弯折现象,应校直,不能校直的钢轨禁止洞内使用。

(5)对于已经损坏、没有修复价值的周转材料,应单独存放、及时处置,减少二次倒运、存储等费用。存储的周转材料建立台账,标明材料的规格型号、数量、存放地点等,便于后续调拨。周转材料存储期间,应定期维护保养,采取通风、晾晒、防虫蛀、防锈蚀、防变形等措施。

2.3　TBM 备品备件管理

备品备件供应的及时、准确,是保证 TBM 正常运转的关键。但由于备品备件种类繁多、规格型号不一、供应渠道多样等原因往往造成管理难度很大;另外由于设备故障的突发性、修理的不确定性、计划不到位、交货期模糊等原因,也会造成备品备件供应不及时而影响施工。因此,施工过程中应加强 TBM 项目之间通用备品备件的调剂,尤其是贵重的备品备件,统筹设计备用计划,加强调剂,可有效降低采购成本和资金占用。项目完工后,清点剩余备品备件,通用件可调拨至其他 TBM 项目;专用件应妥善保管或主动与厂家联系妥善处置。

备品备件管理应做到"保证供应、合理库存、减少积压"。用最少的备件资金与合理的库存储备,以及较高的设备可靠性和修理的计划性、经济性,保证 TBM 设备正常运行,将设备突发故障所造成的停工损失减少到最小,将设备计划修理的停歇时间和修理费用降到最低,将备件库的储备资金压缩到较低且合理的水平。

TBM 备品备件管理的主要内容包括:制定计划、审核计划、核查库存、询价、比选报价、制定订购计划、采购、入库保管、配件维护与维保、出库管理,建立台账,统计消耗等。备品备件按照系统或单项设备进行分类,并区分国产件和进口件,以便于备品备件库房的规划;计划制定主要是依据设备的预防性修理或可能发生的设备故障、TBM 备品备件的正常消耗规律,明确进口件与国产件,结合备品备件的交货期等制定备品备件需求计划;备品备件供应应选择合适的供应商或生产厂家,建立合格备品备件供应商名录,通过询比价、招标采购或集采的方式落实采购供应备品备件;库房管理重点是出、入库管理及流程控制、库房盘点、收支存报表等业务,还包括按照 TBM 备品备件的正常消耗制定补库计划,保持合理库存。

2.3.1 备品备件范围及分类

1）备品备件范围

TBM 及施工配套设备备品备件种类繁多，包括 TBM 主机至后配套的机械、电气、液压、润滑、通风、供排水等系统及各单项设备所需的零部件，TBM 施工配套设备的带式输送机（若有）、运输车辆、起重设备等所需的零部件。

2）备品备件分类

TBM 备品备件可按照核算方式、所属部位、性质种类、供货渠道分类，便于出、入库管理与采购控制。按照备品备件的性质及所属部位分类，TBM 结构部位（如刀盘系统、主驱动、护盾系统、推进支撑系统、后配套等）、单项设备（如钢拱架、锚杆钻机、混凝土喷射系统、带式输送机系统、空气压缩系统等）、通用系统（如电气系统、液压系统、润滑系统等）以及 TBM 施工配套设备（如连续带式输送机、车辆运输系统等）。据统计，备品备件可分为电气、液压、运输车辆、刀盘、刀具等共计 16 个类别，每一类又可分为若干小类，可编码管理，便于备品备件查询和出、入库。备品备件信息应包含类别、零件编号、备品备件名称、规格型号、产地（生产厂家）、使用部位等。

备品备件按照使用性能可分为新件和旧件，旧件又可分为可修复件、已修复件、报废件。旧件主要为设备上更换下来的零部件，收归库房管理，建立旧件回收台账并在库房划定专用区域存放；有修复利用价值的旧件及时安排修理，修复后按照所属类别登记入库，没有修复价值的旧件报废处理。

备品备件按照供货渠道可分为进口件、国产件、加工件。进口件的交货期比较长，一般为 3 个月以上，随着国内代理商的体系完善，将有效缩短供货周期。国产件主要为国内通用零部件，价格明显会低于进口件，且供货期较短。而加工件主要是针对 TBM 上的部分结构件或异形件，需要图纸或样品制作。

3）备品备件通用性

近年来 TBM 使用数量不断增加，不同型号、不同直径的 TBM 得到应用。TBM 系列化、标准化、模块化发展，其备品备件通用性和互换性显得越来越重要。备品备件通用，一方面可以实现 TBM 项目之间的资源共享，有效减少备件的库存量；另一方面 TBM 制造商可以减少备品备件的库存量，便于集中采购，减少采购费用。

TBM 备品备件应尽量通用，尤其是贵重备品备件，如主驱动电机、变频器、驱动小齿轮、减速机、传感器等。TBM 的系列化有利于备品备件的通用性，比如采用相同的主轴承、主轴承密封等。配置的单项设备（如锚杆钻机）选用同一品牌、同一规格型号。

2.3.2 备品备件计划

1）编制程序

项目部备品备件需求计划主要来源于各工班、TBM 技术部、库房。正常情况下，按月或周编制需求计划，紧急情况下可先采购后补报计划。

整备班依据设备维保计划，结合掘进班交接记录提出的设备问题，拟定 TBM 备品备件需求计划；掘进班一般负责提供工器具计划或施工物料计划；刀具班结合地质条件、刀具消耗情况、刀具修理与库存情况，编制刀具备品补充计划；运输班负责有轨运输车辆等设备的备品备件计划；保障班负责编制风、水、电设备及带式输送机（若有）系统的备品备件计划。

TBM 技术部负责审核、签认各工班提交的备品备件计划，并负责修理部件的计划申报。

库房管理人员依据施工消耗、经验数据以及现有库存量，制订备品备件补充计划。在补充计划编制中，应进一步核实库存量和备品备件规格型号，避免重复购置或型号错误导致不能使用。核实内容包括：备品备件的品牌、规格型号、零件号、生产序列号、使用部位、生产厂家等信息；加工件需测绘图纸时，应核实加工尺寸、所需材质、热处理工艺、公差配合等是否标注清楚。必要时，备品备件管理人员参与 TBM 维保，加强对 TBM 备品备件性能的认识。

备品备件采购人员依据需求计划，通过询比价初步确定采购价格后，编制采购计划，经审批流程后，按相应管理制度组织落实采购。

2）编制要求

（1）信息准确

TBM 出厂时，各系统或设备的备品备件都有图号、品牌、型号、产品序列号等信息。因此，在设备接受时一定要把设备或备品备件的所有信息收集齐全，以备后期采购备品备件之用。TBM 随机图纸大多包含 TBM 单项设备总成的品牌、型号、产品序列号等信息，并且部分总成的细部图也较完整；有些则需要向单项设备厂家索要具体细部图纸，以进一步确认其内部构造和备品备件型号。

另外，一些单项设备或备品备件难以从厂家获得准确信息，需维保工程师在日常修理拆机中收集备品备件信息，包括品牌、型号、产品序列号、尺寸等。

（2）前瞻性计划

备品备件供应都有交货期，进口件的交货期较长，编制备品备件计划时，要有前瞻性。需要通过 TBM 设备状态监测，做好设备计划修理工作。比如轴承等转动部件振动加剧、温升异常；导轨、导向轮磨损加重；液压马达、液压泵出现高温、异响、压力降低；根据油样分析，推断部件磨损异常等。通过现象推测设备的运行状态，提前编制出相应的修理计划和备品备件前瞻性需求计划，以便做好备品备件的储备工作。

同时，设备部门要及时与使用部门沟通，确定备品备件的交货周期。若现场备品备件需用紧急，根据制定的预案采取措施，包括寻找替代品、就近代理商、就近加工以及采取空运等措施。

（3）熟知库存情况

部分备品备件价格昂贵且不易损坏，如果提前储备占用的资金较大，但是一旦出现故障，就会造成设备停机。若不易找到替代品，如大齿圈、主轴承、主驱动电机等，为保证设备故障修理的及时性，设备管理部门应随时掌握生产厂家或代理商的库存情况，以备不时之需。

（4）合理的库存量

刀具、油品、维保耗材等消耗性备品备件，带式输送机部件、风水电等延伸性备品备件，应根据消耗规律、进度计划、备品备件供应周期综合考虑，编制采购计划，并保证一定量的库存。而对于一些磨损性较强的部件比如钻机备品备件、喷锚备品备件、液压备品备件以及因洞内潮湿、振动易损坏的电器等，可根据故障发生的频率适量存储。对通用性不强的精密件，建议多台同型号的设备共用备用件。对于工程即将结束的项目，需做好测算，避免备品备件积压。

一般在签订 TBM 采购合同时，生产厂家会提供掘进初期 2km 内的备品备件的采购清单。TBM 使用单位可根据以往积累的备品备件消耗规律，与厂家协商确定备品备件的供货范围。在试掘进过程中针对消耗的备品备件及易损件及时做好登记，掌握消耗规律，及时予以补充。

(5) 数量配套要求

有些备品备件的消耗量呈一定的比例,如刀具备品备件,刀圈磨损到一定程度(如19in 边刀刀圈磨损到15mm 需要调换,正刀刀圈磨损至30mm 或35mm 需要更换)或出现偏磨损坏后,均需要更换刀圈。而此时刀体及轴承可能没有损坏,仍可继续使用,不需要同时报废。通过积累刀具不同部件消耗比例的经验数据,合理匹配采购量,达到经济实用的目的。

连续带式输送机随隧道掘进而延伸,其所有部件均为配套使用,包括皮带架、上托辊、下托辊、防偏挡辊、托辊支撑门架、支架(或吊链)、拉线开关、标准件等。其采购计划主要依据配套的比例编制,并根据异常损坏量适当补充。

2.3.3 备品备件供应

TBM 设备在修理过程中,应使用原厂合格备品备件;若选择替代件,替代件的质量不应低于原厂备品备件质量,需要从备品备件的供应渠道和入库验收方面严格把关。若部件修理在现场不具备修理条件或不具备修理能力时,可联系外部专业厂家修理,或返厂修理。为保证备品备件质量,进口备品备件代理商须有厂家的委托授权,国产备品备件尽量从厂家直接订购。验收时核对备品备件的零件号、规格型号、生产厂家、出厂合格证等信息,进口备品备件还需要提供清关证明等质量证明文件,资料应齐全、有效;必要时可进行检测,如油品取样检测、刀具的硬度试验和尺寸测量等。

1)供应渠道

项目部在选择备品备件供应商时,尽量选择原厂或就近代理商,既能保证备件的质量,也能缩短交货周期,还能降低采购成本。部分非必需原装备品备件,可尝试更换同型号备件,但要以现场使用情况为依据。备品备件供应方式主要有以下三种:

(1)TBM 制造商供应

目前,国产 TBM 的设备性能趋于成熟,生产规模不断扩大,向系列化、通用化的方向发展。制造商为了缩短 TBM 制造周期,均有一定量的备品备件库存,包括了一些进口的关键部件。这些备品备件的存储不仅满足了交货期的要求,也为开展售后服务工作创造了便利条件。为此,从厂家采购零部件保证供应成为一种可能。一般在采购 TBM 时,厂家会提供备品备件和易损件的清单,报价相对合理,为 TBM 使用单位直接从厂家采购备品备件提供了保证。

通过市场或备品备件代理商报价,使用单位可以与制造商的备品备件价格和质量进行比选,最终选择合适的供应商。而对于部分加工件,因厂家没有提供详细图纸而不能委外加工的,可从生产厂家订购。

(2)代理商供应

部分单项设备的进口备品备件在国内有区域代理商。TBM 使用单位通过代理商之间的询比价或招标采购,获得价格上的优惠。代理商的联系方式可通过备品备件生产厂家的官网查询,代理商须提供《代理资格证书》并进行验证,保证进口备品备件供应渠道的真实性。部分产品贴有条形码可以验证产品的真伪,比如润滑油。

(3)国产部件厂家供应

刀具、液压缸、带式输送机部件、变压器等基本实现国产化,国内有专业厂家生产。这些部件可以通过招标或询比价的方式从生产厂家订购,同时也可联系厂家修理。除进口牵引机车的部件外,其他运输车辆以及门式起重机等 TBM 施工配套设备的备品备件,均可从国内厂家直接订购。

2）采购模式

(1) 招标采购

对于刀具、油品、钻机等消耗量较大、成本与资金占用较多的备品备件，应实行招标采购或集中采购。为了实现"以量换价"，降低成本，保证供应的目的，公司可统一组织备品备件的采购事宜，约定价格浮动标准，签订框架协议，各项目部以不高于框架协议的价格洽谈采购事宜，签订采购合同。同时，项目部向公司业务部门报批、备案。

刀具备品备件在实施采购前，应进行刀具试验。在同等地质条件下量化指标，刀具安装部位保持一致，进行刀具性能现场对比试验。根据试验结果，邀请招标，以性价比最优确定中标单位。

油品则根据 TBM 使用润滑油、齿轮油、液压油的品牌，选择经厂家授权的一级代理商或有竞争实力的二级代理商，组织招标采购。TBM 使用单位应坚持每批油品进场检测，避免因油品质量造成设备损坏。

(2) 网络平台供应

公司通过协议与网络平台建立联系，项目部通过注册网络平台账号，在网上发布询价单或招标公告。此供应渠道适合于通用备品备件，为保证产品质量，可指定品牌。备品备件到现场后及时检验，若产品质量不合格，应及时清退。在制订备品备件供应计划时应考虑备品备件的挂网时间，发布询价挂网时间一般不少于3d。

(3) 询比价采购或定点采购

询比价采购主要针对零星采购或是供应渠道较窄、能够供应的厂家或供应商较少、不具备招标条件或招标采购不经济而采取的一种方式。对于经常发生、批次金额不大、规格型号不确定、可就近供应的采购项目，TBM 使用单位可通过定期市场考察来选择厂家或供应商。考察内容包括：产品质量、价格、规模、信誉、资金实力、供应服务等。与厂家或供应商确定常用备品备件的种类、规格及价格，约定供应期，签订协议，定点采购。

3）分级库房供应系统

三级库房供应系统主要是针对集群化 TBM 施工，生产厂家通过建立三级库房的方式，在备品备件供应方面给予更及时、高效、便捷的服务。项目部既可以有效避免备品备件的积压，实现真正意义上的"零库存"，也可以简化库存管理环节。生产厂家则通过配件销量的增加，而实现合理的利润。三级库房存储备品备件的范围和数量，主要依据备品备件消耗量的大小及存储、运输要求，由 TBM 生产厂家和使用单位共同协商确定，并根据消耗量及时补偿或调整。

三级库房的管理由生产厂家负责，以备品备件的出库量据实结算。使用单位以"实耗量"代替"采购量"，实现了"零库存"管理。在保证 TBM 设备正常运转的前提下，使用单位应尽量减少备品备件的长期积压，减少厂家的资金积压或投入，这也是节约社会资源的需要。举例说明如下：

(1) 三级库房的设立

一级库房：设在 TBM 制造总厂或距离工程施工现场较近的分厂，储备减速机、电机、主轴承、耐磨环/带、主轴承密封、主要液压缸、油泵、马达、主电机变频器等关键部件。这类部件特点是制造周期或进口周期较长，需要提前备货；部分部件属于大型构件，运输成本高；更换备品备件的频率较低，较为贵重，存储条件要求高等。

二级库房：依据整体工程划分的段落设立库房，能辐射到相邻的几个 TBM 项目。库房由生产厂家建立，主要储备刀具、各系统主要元器件、传感器、阀组等。这些部件有一部分是消耗件，在现场库房存量不足时,可直接调用;部分备品备件是保证现场发生突发故障时,可直接提供备品备件解决现场问题。

三级库房:在 TBM 项目部现场设立备品备件库,主要储备整机所需的易损部件,厂家在现场合理储备。备品备件库用房及硬件设施由所在项目部提供,库房管理由生产厂家与使用单位协商解决。

从功能分工看,第一级和第三级库房是必须要设立的,而第二级库房可根据实际情况来确定是否设立,若二级库房不设立,则二级库房所需存储的备品备件应划归至三级库房管理。

上述三级库房是根据各级备件库职能设立,综合考虑各级库房储备,动态调整,保证供应,防止备品备件长期积压;做到备品备件供应及时,保证施工连续。

(2)供应期限

一级库房备品备件:自现场 TBM 项目部书面提出通知之日起,3d 内由厂家负责运抵交货地点,超限件以及航空公司拒运件以双方商定的期限为准。

二级库房备品备件:自现场 TBM 项目部书面提出通知之日起,除超限件外 12h 内由厂家负责运抵交货地点,超限件以双方商定的期限为准。

三级库房备品备件:买方按需随时到卖方库房领用。

(3)结算与支付

初始掘进 2km 之外的备品备件,厂家可采用寄售制进行供应和管理,并承诺一定期限内备品备件价格不高于合同约定价格(合同分项报价表中载明的项目),且不高于市场均价。TBM 项目部从厂家库房领用消耗的备品备件由双方授权代表签字确认,每月结算,付款周期协商确定。

(4)保证措施

补库:TBM 厂家根据设备进场、设备状态、修理计划及消耗情况等,建立各级备品备件动态存储系统,以确保备品备件供应及时充足。

调整:厂家按现场库存消耗动态,每月调整各级库存,保证备品备件及时供应,同时防止备品备件长期积压。

运输:生产厂家根据需要配备一定数量的服务用车,其中每个二级库房应配备一辆,以满足工地所需中小备品备件的及时调运;厂家预订信誉良好的零担物流,用于较大部件的运输,确保备品备件到达工地的时限要求。

人员配备:厂家设立备品备件管理专员,负责备品备件的统一协调管理。

及时结算:厂家与各使用单位签订月结合同,避免因手续办理和支付环节浪费时间。

2.3.4 备品备件库房管理

TBM 备品备件库房可划分为洞外库房、TBM 设备库房、刀具修理库房、机车车辆修理库房等。

洞外 TBM 备品备件库由项目部的库管员进行 24h 管理,所有备品备件的存储与发出均通过库管员审核;而 TBM 设备的备品备件由洞外领用,经 TBM 设备的备品备件库的库管员点验入库,再发给计划领用的班组,并按班组出库。洞外设刀具修理库房,领用的刀具备品备件用于刀具的修理与装配,由刀具班建立刀具领用、修理与更换台账。运输车辆领用的备品备件直接出库至运输班,由其负责对车辆的修理与维保;保障班领用的备品备件用于风水电及带式输送机的维保与延伸等。

洞内领用的备品备件由 TBM 设备的库管员开具入库单、出库单,建立出、入库台账,并按月盘点库存,编制二级收支存报表。洞外库房库管员开具入库单、出库单,建立出、入库台账,按月盘点库存,编制一级收支存报表。

出库至相应库房的账务应与大库房(通常指洞外库房)的账务相符,报表数据与实物相符,项目部对出库至相应库房的账务进行业务检查、指导、监督。

设立各类库房的目的是便于设备的及时修理与维保,掌握备品备件的实际消耗及使用部位,建立完整的设备修理台账;同时有利于统计各班消耗的备品备件,便于开展成本核算工作。现以洞外库房管理为例,说明如下:

1) 验收入库

备品备件到货后,备品备件采购人员和 TBM 采购申请人应一起配合库管员检查备品备件的质量、数量、规格,检查是否与订货清单相符,检查入库备品备件表面是否有磕碰损坏、锈蚀等质量问题,特殊情况下还需测量备品备件的实际尺寸与说明书或图纸上的技术参数是否相符。库管员认真做好备品备件到货入库验收记录,如发现不合格备品备件要及时退货;对于验收合格的备品备件,要及时开票入库,做账登记。

2) 分类存放

TBM 备品备件种类繁多,为便于查询和快速出库,应分类存放。库房规划时,应充分考虑备品备件分类分区、中间道路设置、货架摆放等。备品备件摆放须按照库房分区分类摆放;出入频繁的备品备件应靠近库房出、入口的区域存放,并易于作业;流动性差的备品备件放在距离出、入口稍远的地方。

部件摆放时,尽量将其摆放在货架上,并在电子台账上标注货架号,便于备品备件的查找;大型部件(如电动机、变频器、水泵、减速机等)不能摆放在货架上,要在库房中划设专门的区域集中摆放,并在电子台账上注明位置;对于钢结构、皮带等大型或数量较多的部件,库房中不具备存放条件的,要在库房外划设专门区域集中存放,存放时防止部件受压、受挤或受力不均导致变形损坏;存放场地须坚实平整,利于排水顺畅,还需用防水布遮盖,防止变形、锈蚀。

3) 备品备件的识别

(1) 统一备品备件编码

备品备件进行分类分区存放之后,在统一分类、规范名称的基础上,还需统一编码。备品备件编码应包含备品备件类别、备品备件名称、规格型号、件号、品牌等信息。不同厂家的备品备件安装尺寸和性能参数相同,可互换使用的可采用相同的编码,但需备注生产厂家。

(2) 备品备件目录编制

在编制货架号及备品备件代码后,库管员需编制备品备件目录。该目录应包含备品备件编码说明、备品备件代码、备品备件名称、使用部位、图纸编号、品牌、件号及库房货架号。

(3) 标签粘贴

在完成备品备件目录编制之后,库管员需将编码粘贴在相应部件上,备品备件出库时只需对照备品备件目录登编码即可,亦可扫码登记。备品备件的识别对备品备件管理非常重要,可以节省领用出库的时间,及时满足现场备品备件需求,提升库房管理效率并为备品备件采购提供便利。

4) 备品备件的出库

(1) 出库原则

备品备件的出库应坚持"先进先出"的原则,避免造成配件在库房中长期积压;坚持"谁计划、谁领用"的原则,避免错拿、错领,而影响设备修理的进度,或避免配件的闲置浪费;坚持"高效、及时"的原则,只要配件入库,及时通知使用单位领用,提高库房周转效率。

（2）出库程序

洞内工班出库：洞内 TBM 配件的领用手续由洞内工班负责人在《配件领料单》上签字，转交给运输班机车司机带出，再经洞外调度员签认后，安排专人凭《配件领料单》去洞外库房领取配件。库房库管员清点配件出库后，开具《出库单》一式三联，并由运输班收料人清点无误后，在《出库单》上签认；一联洞外库房库管员留底，一联由 TBM 洞内库房库管员签字后由机车司机返回洞外库房库管员，一联运输班留底。

运输班收料人依据《出库单》建立进洞材料登记，明确要料班及要料人，并交由洞内 TBM 库房库管员清点验收、签认；洞内库房库管员据此开具《入库单》，并及时将配件发放到要料班和要料人，开具《出库单》；最终工班负责人在《出库单》上的签认。

洞外工班出库：洞外工班领用配件需要注明修理设备的名称、编号、修理部位，由修理班组填写，经工班负责人核实确认，并在《配件领料单》签字后，指派专人去库房领用；经出库配件确认后，库管员填写《出库单》出库，双方签字确认。领用的配件由各班配件保管员做好登记台账，与修理设备及部位一致。对于有库存的配件，应妥善保管，并做好库存台账。刀具班应对刀具进行编号，做好刀具检修及报废记录，对刀具修理中更换的零部件进行登记，并做好整刀出库台账，做到账物相符。

5）配件退库与修理

出库备品备件如未使用或有剩余，要及时退回洞外库房。经 TBM 洞内库房库管员填写《出库单》，洞外库房库管员填写《退库单》签认后，各执一份，其中运输班留存一份。经使用退库后，仍可继续使用的，登记旧件回收台账；下次使用时不再做出库处理，只需在领用台账上签字即可。

对于已损坏但具有修理价值的配件，退回库房时要登记修理台账。项目可自行修理的部件，修理完毕后将修理时间、修理内容和消耗的配件金额在台账上进行登记并签认；对于委外修理的部件，修理申请经批准后，还需签认修理点验单，并在修理台账进行登记。修理申请、修理合同、修理发票和修理点验单均齐全后方可到财务部门进行修理报账。

6）库存盘点与分析

库管员做好配件出、入库登记，及时更新配件入库及出库状态；设备物资部门依据《入库单》《出库单》《退库单》等单据，每月末编制洞外库房的《配件收支存报表》，其余库房的《配件收支存报表》由各库管员编制。

月末项目部组织设备物资部门、财务部门、TBM 技术部等相关部门，对所有库房的库存配件进行盘点，核对账物是否相符。对出现盘盈、盘亏情况均应认真分析原因，保证配件库存及消耗数据的准确性。

在盘点库存的基础上，掌握消耗数据的准确性，设备物资部门总结配件的更换频率及损耗情况，并根据供货周期的长短、配件的重要程度，评估各类配件的安全库存量，调节并优化库存量。在保障设备正常运行的同时，可有效避免库存积压，减轻资金占用。

库存分析应评估配件质量的耐久性（比如刀具配件的围岩适应性），以便于对供应商作出评价，提出改进措施，或选择更加优质的供应商。对配件更换频繁的设备，提出改造更新计划或提高设备的维保级别和观测频率，以减少设备故障的发生，提高设备的完好率。总结不同围岩条件下配件的消耗成本，为 TBM 掘进施工的成本核算提供依据。

7）配件库房管理软件化

为规范 TBM 配件库房的管理，配备条码仓库管理软件，利用二维码标签打印机、二维码扫描枪和二维码数据采集器,确保每一个配件在入库时都粘贴二维码标签(标签内容包括配件名称、型号、编码及对应的二维码)。入库时,库管员通过扫描枪扫描配件上的二维码,即完成配件的入库操作;出库时,也通过扫描枪扫描配件上二维码即完成出库操作。通过二维码数据采集器可方便完成库存盘点工作,极大减少库房出入库台账的管理工作量,同时确保出入库的准确性和规范化,加快了配件的查询速度,减轻汇总统计人员的工作难度。

某辽宁西北部地区项目部实施了管理系统的试点,通过编制条形码实现了配件的扫描出、入库,方便了配件的查询并减少了配件盘点工作量,做到了出入库准确、及时、方便、快捷。

2.4 TBM 设备评估

TBM 属于大型定制施工设备,在周转使用或再制造之前,应进行设备评估。通过 TBM 设备评估有效且准确地了解设备状况,对于 TBM 的周转使用或再制造具有重要意义。

2.4.1 评估目的

(1)查明设备状态。
(2)针对新工程,为拟定 TBM 再利用方案提供技术支持。
(3)为编制工程经济投资方案、进度计划提供可靠依据。

2.4.2 评估内容

(1)功能适应性评估,如是否还具备开挖、支护等功能。
(2)性能适应性评估,如对整机的性能参数(推力、支撑力、刀盘扭矩等)进行试验核对。
(3)整机寿命评估,如关键部件(主轴承、主电机、减速机等)保有寿命是否能够满足工程使用。
(4)配置设备及零部件的评估,如系统组成(电气系统、液压系统)零部件是否被淘汰,是否还可购置储备。

2.4.3 评估方法

1)目测法

通过观察设备的外部来确定设备状态,如观察是否存在刀盘刀座损伤、钢结构锈蚀、配电柜内积尘等。

2)仪器检测法

通过内窥镜、振动测试仪、厚度测试仪等仪器诊断各系统使用状况,如主轴承间隙、电机振动、刀盘磨损等。

3)功能测试法

通过设备性能测试判断设备状态,如测试刀盘转速、推力、扭矩等。

(1)通过振动测试仪、红外热成像测试仪、故障听诊器、内窥镜等检测设备对各系统运行状况进行诊断。

(2)检验主机及后配套各系统设备运行状态功能,包括TBM运行时的参数等,对整机动作功能进行测试评估。

(3)所有油品进行检测,确保油品的质量。

(4)结合后续工程地质的条件、设计与施工情况等,提出改造升级建议。

2.4.4 评估结论

项目部针对TBM设备各系统及附属设备进行检测、评估,判断TBM现有设备功能与性能是否满足新工程需要。针对新工程地质条件、施工工况,结合设备当前状况、随机技术资料及维修改造经验,提出改造、维修方案。

2.4.5 评估报告

评估报告主要包括下述内容:

(1)项目概述:工程概况、地质情况、设计、施工组织、工期等。

(2)TBM介绍及使用情况:主要性能参数、掘进情况及主要问题。

(3)TBM工程适应性评估。

(4)TBM设备性能评估:各系统检测报告(利用观察、测量、试验检验等方法检验其是否达标)、TBM功能测试报告(如果现场具备条件,通过观察、操作检验系统的功能是否达标)。

(5)评估结论。

(6)相关附件。

2.4.6 工程案例:引汉济渭工程秦岭隧洞北TBM施工段设备状态评估

引汉济渭工程秦岭隧洞北TBM施工段设备状态评估案例见二维码链接。

2.5 TBM周转使用

为了降低造价、节约资源和缩短工期,应创造条件实现TBM周转使用。TBM的周转使用关键是要分析其利用的可能性,具备适用条件的情况下,须对TBM设备评估、保养、修复和改造等方面进行分析。

2.5.1 适用条件

(1)符合新工程工况

拟用的TBM从结构、性能和寿命上能满足新工程在施工环境、水文地质、工程条件、开挖断面设计、开挖长度、支护方式及强度等方面的需求。

(2)符合经济性需求

拟用的TBM设备成本应明显低于全新设备,在进度指标、使用成本等方面较全新设备无明显差异,在供货周期上应明显优于全新设备。

（3）质量可靠

拟用的 TBM 质量应符合相应技术标准，并应获得与全新 TBM 完全一致的质量保证。

2.5.2　适用流程

1）设备评估

参见本篇第 2.4 节。

2）制定方案

根据设备评估报告，制定 TBM 保养、维修及改造相应方案。

3）保养

保养内容见表 7-2-6。

TBM 周转使用保养表　　　　表 7-2-6

序号	系　统	保　养　内　容
1	机械系统	1. 清理结构内部及外部积渣。 2. 法兰面除锈及防锈处理。 3. 轴承润滑、螺纹孔清理、攻丝、涂油、封堵。 4. 变形结构架校正，涂装脱落结构件表面打磨喷涂
2	液压系统	1. 各类泵站清理干净，去除表面油污。泵内加入液压油并封堵进出油口。 2. 各油箱排空、清洗干净后封口存放，内置干燥剂。 3. 各类阀组阀件清洗干净然后涂油，用塑料膜包裹后装箱集中放置在室内。 4. 所有液压缸清理后封堵油口，液压缸销耳涂防锈油用塑料膜包裹
3	电气系统	1. 对电气控制柜、驱动电机等进行清理、检测、防潮、重包装、标识登记等工作，检测异常设备情况。 2. 电气元器件、电缆等进行分类、检测、清理、包装装箱等工作。标识登记以备用，缺失、损坏器件线缆于使用前新购补充

4）维修

TBM 设备经初期保养检测，校正变形结构件，表面修复完成后，结构保证完好，功能达到使用要求，满足现场施工需要。

（1）现场维修

异常设备现场拆解维修，更换已损坏或失效的配件。

（2）委外维修

现场不具备维修条件的构件可委托专业单位返厂维修，如主轴承、刀盘、变压器、控制柜、电机、液压缸等。

5）改造

（1）适应性升级改造

结合新工程对设备的特殊要求及 TBM 最新设计与配置，从有利于快速施工、技术已有改进、更符合环保节能等方面对设备进行全面升级改造。

（2）提升设备性能改造

对性能较低、重要部件已淘汰的设备，应按当前装备水平重新选型配置，规避限制施工效率、后期备品备件供货周期长的不利因素。

2.5.3 工程案例：中天山特长隧道 TBM 整修改造再利用

中天山特长隧道 TBM 整修改造再利用工程案例见二维码链接。

2.6 TBM 再制造

随着再制造技术发展越来越成熟，TBM 再制造不仅可节约施工成本，更能减少资源消耗和环境污染，是践行"绿色低碳循环发展"理念的要求，具有极高的经济效益和社会效益。

2.6.1 再制造概念

再制造的概念是指以产品全寿命周期理论为指导，以实现废旧产品性能提升为目标，以优质高效、节能、节材、环保为准则，以先进技术和产业化生产为手段，修复、改造废旧产品的一系列技术措施或工程活动的总称。

TBM 作为隧道施工的一种专用装备，属于非标产品，需根据具体情况"量身定做"。TBM 的设计寿命（掘进距离）通常为 20~25km，按照我国相关设备管理规定，其折旧年限为 10 年。截至目前，中国市场已经使用 TBM 约 150 台，近年来应用数量还在不断攀升，为了能达到优质高效、节能、节材、环保等方面的要求，有必要对废旧的 TBM 进行再制造。

TBM 再制造的重要特征是经过再制造后的 TBM 设备的质量和性能可以达到或超过新产品的水平，成本仅是新品的 50% 左右甚至更低，节能 60%、节材 70% 以上，几乎不产生固体废弃物，大气污染排放量降低 80% 以上，对保护环境贡献显著。

TBM 再制造与全新设备对比如下：

（1）技术对比

结合新工程再设计，合理选用废（旧）件进行改造或使用新件，技术水平可以基本保持与全新 TBM 同步。

（2）制造周期对比

全新国产 TBM 制造周期约 10 个月，再制造周期约 6 个月。

（3）经济对比

再制造 TBM 成本降低 30%~50%。

2.6.2 再制造与整修改造的区别

再制造与整修改造有着本质的区别。整修改造是指失效的设备恢复到具备原有功能的过程；而再制造是整修发展的高级阶段,是对传统维修概念的提升。再制造的核心是采用制造业的模式对设备进行维修改造和性能提升,是一种有着高科技含量的修复技术,而且是一种产业化的修复。整修、翻新、再制造的主要区别见表7-2-7。

整修、翻新、再制造的主要区别　　　　表7-2-7

项目	整　修	翻　新	再　制　造
应用对象	在用设备	旧设备	废(旧)设备的报废零部件
工艺技术	以换件和尺寸修复为主,辅以部分技术提升	简单拆解清洗和再装配等过程,无技术提升	采用高新技术进行修复改造和性能提升
质量标准	执行修复标准	无法达到新品质量标准	不低于新品质量标准和性能指标

2.6.3 再制造TBM选用流程

(1) 根据隧道开挖直径、支护结构条件筛选可供选择的旧TBM。

(2) 充分调查拟选旧TBM所在前续工程的工程概况、地质条件、性能、制造标准、施工业绩、施工中存在的问题以及现状等。

(3) 结合后续工程的施工环境、地质条件、开挖直径、施工图纸、进度计划等,对比分析旧TBM工程适应性。

(4) 初步评估旧TBM状态,估算再制造工作量、时间、成本等。

综合对比,选定原型机。

2.6.4 再制造原则

TBM多系统的集成具有结构复杂、零部件数量大、种类多等特点,零部件再制造的基本指导原则包括:

(1) 制定再制造工艺方案时,综合考虑经济性、技术和节能环保因素,以节能环保优先,在实现再制造的同时降低成本和对环境的负面影响。

(2) 高附加值零部件采用相应的修复再造技术恢复其性能,如零部件尺寸和质量较大,以磨损失效为主,根据其失效特点、工况对零件性能的要求,采用相应的再制造成形加工技术进行尺寸恢复和性能提升。

(3) 对于附加值较低、再制造难度大、修复过程中易形成二次污染的零部件,采用换件的方式。

(4) 对于附加值低、再制造或性能恢复难度小的外围零部件,如电机、减速机等零部件,采用委托外协加工或合作的方式进行再制造。

(5) 对于附加值高、再制造难度大的核心部件,结合企业自身新品制造优势,通过技术攻关,开发再制造新技术,形成具有自主知识产权的核心技术和产品,提高企业竞争力。

2.6.5 再制造生产流程

(1) 旧TBM性能检测及再制造可行性评估。

(2) 再制造TBM总体方案制定。

(3) 再制造TBM设计、零部件再制造加工与方案实施。

(4) 再制造TBM工厂组装、调试及验收。

2.6.6 再制造技术

1）激光熔覆

激光熔覆是指以不同的添料方式在被熔覆基体表面上放置被选择的涂层材料，经激光辐照使之和基体表面薄层同时熔化，并快速凝固后形成稀释度极低、与基体成冶金结合的表面涂层，显著改善基层表面的耐磨、耐蚀、耐热、抗氧化及电气特性的工艺方法，从而达到表面改性或修复的目的，既满足了对材料表面特定性能的要求，又节约了大量的贵重金属元素。

与堆焊、喷涂、电镀和气相沉积相比，激光熔覆具有稀释度小、组织致密、涂层与基体结合好、适合熔覆材料多、粒度及含量变化大等特点，因此激光熔覆技术应用前景十分广阔。从当前激光熔覆的应用情况来看，其主要应用于三个方面：

（1）对材料的表面改性，如燃气轮机叶片、轧辊、齿轮等。通过在材料表面添加熔覆材料并利用高能密度的激光束使之与材料表面层快速熔凝，在基材表面形成与其为冶金结合的熔覆层。熔覆层具有较高的疲劳寿命，可以有效延长部件使用寿命。

（2）对产品的表面修复，如转子、模具等。有关资料表明，修复后的部件强度可达到原强度的90%以上，其修复费用不到重置价格的1/5，更重要的是缩短了维修时间，解决了大型企业重大成套设备连续可靠运行所必须解决的专用部件快速抢修难题。另外，对关键部件表面通过激光熔覆超耐磨抗蚀合金，可以在零部件表面不变形的情况下大大提高零部件的使用寿命；对模具表面进行激光熔覆处理，不仅提高模具强度，还可以降低制造成本2/3，缩短制造周期4/5。

（3）快速原型制造。快速原型制造是利用激光熔覆技术快速制造零件的技术，利用金属粉末的逐层烧结叠加，快速制造出模型。根据给定的路线，用数控系统控制激光束来回扫描，便可逐线、逐层地熔覆堆积出任意形状的功能性金属实体零件，其密度和性能与常规金属零件完全一致。由于激光熔覆的快速凝固特征，所制造出的金属零件具有优良的质量和强度。基于激光熔覆的激光快速柔性制造技术（LRFM）或直接金属沉积（DMD）具有金属或合金材料范围广、完全冶金结合、根据零件需要变化合金成分、参数精密控制以及高度自动化等诸多优势，是目前快速直接制造诸多方法中研究最多、技术发展最成熟、最有发展前途的新型制造技术。

激光熔覆技术应用如图7-2-1所示。

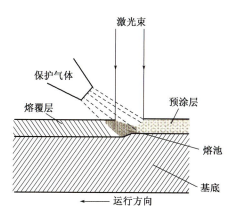

图7-2-1 激光熔覆技术应用

2）粉末冶金

粉末冶金是制取金属粉末或用金属粉末(或金属粉末与非金属粉末的混合物)作为原料,经过成形和烧结,制造金属材料、复合材料以及各种类型制品的工艺技术。粉末冶金法与生产陶瓷有相似的地方,均属于粉末烧结技术,因此,一系列粉末冶金新技术也可用于陶瓷材料的制备。由于粉末冶金技术的优点,它已成为解决新材料问题的钥匙,在新材料的发展中起着举足轻重的作用。

粉末冶金相关企业主要是适用于汽车、装备制造、金属、航空航天、军事工业、仪器仪表、五金工具、电子家电等领域的零配件生产和研究,相关原料、辅料生产,各类粉末制备设备、烧结设备制造。产品包括轴承、齿轮、硬质合金刀具、模具、摩擦制品等。军工企业中,重型的武器装备如穿甲弹与鱼雷、飞机坦克等刹车副均需采用粉末冶金技术生产。粉末冶金汽车零件近年来已成为我国粉末冶金行业最大的市场,约50%的汽车零部件为粉末冶金零部件。粉末冶金零件如图7-2-2所示。

图 7-2-2　粉末冶金零件

3）电镀

电镀是利用电解原理在某些金属表面上镀上一层其他金属或合金薄层的过程,是利用电解作用使金属或其他材料制件的表面附着一层金属膜的工艺,从而起到防止金属氧化(如锈蚀),提高耐磨性、导电性、反光性、抗腐蚀性(硫酸铜等)及增进美观等作用。电镀原理如图7-2-3所示。

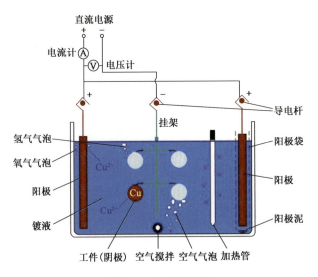

图 7-2-3　电镀原理图

电镀层比热浸层均匀,一般都较薄,从几微米到几十微米不等。电镀不仅可以在机械制品上获得装饰保护性和各种功能性的表面层,还可以修复磨损和加工失误的工件。

4）热喷涂

热喷涂是指涂层材料在高速气流的作用下雾化成微细熔滴或高温颗粒,以很高的飞行速度喷射到经过处理的工件表面,形成牢固的覆盖层,从而使工件表面获得不同硬度、耐磨、耐腐、耐热、抗氧化、隔热、绝缘、导电、密封、消毒、防微波辐射以及其他各种特殊物理化学性能。它可以在设备维修中修旧利废,使报废的零部件"起死回生",也可以在新产品制造中进行强化和预保护,使其"益寿延年"。热喷涂如图7-2-4所示。

图7-2-4　热喷涂

第 3 章
TBM法隧道施工技术管理

施工技术管理是运用管理的职能与科学的方法，全面管理施工中各项技术活动过程和技术工作，并贯穿于施工过程的全部环节。施工全过程严格按照国家的技术政策、法规、行业标准和技术规程，科学地组织各项技术工作，建立良好的技术管理程序，保证整个生产过程中能够合规、高效、全面地完成施工任务。

本章结合 TBM 法隧道施工特点，阐述图纸会审、设计方案核实与优化、施工方案管理、实施性施工组织设计管理、技术交底管理、设计变更管理、测量与监控量测管理 7 个方面的施工技术管理工作。所述内容存在一定的局限性，仅供参考。

3.1 图纸会审

施工图纸是施工和验收的主要依据之一。为使施工人员充分领会设计意图、熟悉设计内容、正确按图施工、确保施工质量、避免返工浪费，必须在工程开工前组织图纸会审。对于施工图纸中存在的差错和不合理部分，施工单位应于施工前与设计单位联系解决，以保证工程施工顺利进行。通过图纸会审，可提前规避设计中存在的缺陷及问题，加深参建各方对设计意图的认识及理解，为施工的顺利实施奠定基础。

3.1.1 会审定义

图纸会审是指工程各参建单位（建设单位、监理单位、施工单位等相关单位）在收到施工图审查机构审查合格的施工图设计文件后，在设计交底前进行全面细致的熟悉和审查施工图纸的活动。各单位相关人员熟悉工程设计文件，并参加建设单位主持的图纸会审会议，建设单位及时主持召开图纸会审会议，组织监理单位、施工单位等相关人员进行图纸会审，并整理成会审问题清单，由建设单位在设计交底前约定的时间提交设计单位。

图纸会审在施工项目经理部由施工单位总工组织，项目部主要管理人员及相关业务部室主要人员、全体技术人员参加，并整理会议纪要，与会部长（部门负责人）以上人员会签。对于重点、难点和技术复杂的工程，局部方案比选和涉及面广的原则性问题，可上报上级技术管理部门组织相关业务部门及专家审核。

3.1.2 会审内容

(1)合法性

审查设计是否符合国家、行业等有关技术规定,是否无证设计或越级设计,图纸是否经设计单位正式签署,是否是经过相关部门审查合格。相关技术规定如:《水利水电工程锚喷支护技术规范》(SL 377—2007)、《水工隧洞设计规范》(SL 279—2016)、《水利水电工程施工测量规范》(SL 52—2015)、《水利水电工程施工组织设计规范》(SL 303—2004)、《水工建筑物地下开挖工程施工规范》(SL 378—2007)、《水工建筑物水泥灌浆施工技术规范》(SL/T 62—2020)、《水利水电建设工程验收规程》(SL 223—2008)、《敞开式岩石隧道掘进机》(GB/T 34652—2017)、《地下铁道工程施工及验收标准》(GB/T 50299—2018)等。

(2)整体性

审查设计文件是否完整、齐全、清楚,图中尺寸、坐标、高程、轴线等是否准确;一套图纸前后是否一致;互相联系的各套图纸设计是否有矛盾等。例如针对TBM洞内组装的工程,审查施工图设计是否包含组装洞、步进洞、始发洞开挖、支护设计图纸;是否包括TBM掘进段开挖、支护图纸等。

(3)技术装备

审查施工技术装备条件能否满足工程设计要求,施工单位能否按照设计要求确保工程质量、安全施工。以TBM采购为例,选型时应对施工内容及要求进行审查,确保TBM整机性能满足施工要求。

(4)主要结构及部位

审查主要结构的设计在刚度、强度、稳定性等方面是否存在问题,主要部位在结构中是否合理,与TBM法隧道施工特点是否存在冲突。

(5)设计选用材料

审查设计选用的材料与采购供应的材料在品种、质量、规格、性能、数量等方面是否相符;材料来源有无保证、能否替换;图中所要求的条件能否满足;新材料、新技术的应用是否存在问题。

(6)细部事项

核对主体工程设计数量是否准确;核对各结构物设计平面位置是否符合现场地形地貌情况,设计结构物是否满足功能需要;对设计提供的控制点、线路参数进行校核,是否存在错误和遗漏;核对各个结构物设计高程是否准确。

3.1.3 会审程序

图纸会审应在开工前进行,如施工图纸在开工前未全部到齐,可先落实分部工程图纸会审。

(1)项目经理部图纸会审的一般程序为:项目部总工程师主持发言→施工图设计文件交底→各专业人员综合审核提问题→逐条研究→形成会审记录文件→签字、盖章上报、留存。

(2)参与上级单位图纸会审会议前必须组织预审,阅图中发现的问题应归纳汇总,一并提出。

(3)将设计方专人提出和解答的问题,整理成为图纸会审记录,由各方代表签字盖章认可。

(4)依据《建设工程监理规范》(GB/T 50319—2013)第5.1.2条"项目监理人员应熟悉工程设计文件,并应参加由建设单位主持的图纸会审和设计交底会议,会议纪要应由总监理工程师签认",施工前图纸会审和设计交底由建设单位主持。

3.1.4 会审记录

图纸会审后应有施工图会审记录,其中应标明:

(1)工程名称:所在工程名称,图纸中应注明。
(2)工程编号:所在工程编号,图纸中应注明。
(3)表号:图纸会审表的表号,登记所用。
(4)图纸卷册名称:所审图纸的卷册名称,图纸中应注明。
(5)图纸卷册编号:所审图纸的卷册编号,图纸中应注明。
(6)主持人:主持单位代表签字。
(7)时间:图纸会审时间,应注明年、月、日。
(8)地点:图纸会审场所。
(9)参加人员:所有参与人员,包括工程各参建单位(建设单位、监理单位、设计单位、施工单位)的与会人员。
(10)提出意见包括:①有问题的图纸编号;②提出的问题的单位(一般填写施工单位);③提出的问题(一般由施工单位提出);④对提出的问题做出的回复(由设计单位出回复)。
(11)签字、盖章:表底应有各参建单位代表(设计单位、建设单位、施工单位、监理单位)的签字,以及各单位的盖章。

3.2 设计方案的核实与优化

设计方案的核实与优化是通过核对设计文件存在的"差、错、碰、漏",在施工之前消除存在的问题,结合施工技术调查和本阶段的技术工作,提出改善设计、变更设计的建议,使设计趋于更合理,审核的同时比选施工方案,为优化施工组织设计创造条件。

3.2.1 方案核实

任何设计方案都具有局限性,需要各级工程技术人员认真复核。方案核实根据对现场的勘察及以往的成熟经验,由项目经理部总工程师主持,会同公司相关部门,核实设计方案的安全性、可行性、可靠性,内容如下:

(1)设计缺陷、错误和遗漏,充分考虑地质条件,考虑施工的可行性。
(2)施工技术和方案、施工安全措施、应用新技术合理性、适宜性。
(3)工艺流程的合理性,考虑操作的安全性。
(4)复杂地质和自然条件环境,如涌水、岩爆、塌方,考虑技术措施的安全性、可行性。

3.2.2 方案优化

针对方案核实中出现的问题,提出优化意见和建议,优化内容包括:施工技术和方案优化、施工安全措施优化、应用新技术优化、工艺流程优化、复杂地质和自然条件环境施工方案的优化等。

3.3 施工方案管理

为使施工方案能全面地指导现场施工,加强施工方案的编制和执行力度,项目部需对施工方案进行管理,加强工程项目管理的可控性、实用性、科学性、经济性。

3.3.1 常规施工方案

常规施工方案是根据某一特定工程制定的具体实施方案。其中包括 TBM 组织机构(各职能机构的构成、职责、相互关系等)、TBM 人员组成(项目负责人、各机构负责人、各专业负责人等)、TBM 技术方案(制造、进场、组装及施工进度安排、关键技术、重大施工步骤等)、TBM 安全方案(安全总体要求、施工危险因素分析、安全措施、重大施工步骤安全预案等)、TBM 材料供应[材料供应流程、接保险流程、临时(急发)材料采购流程等],此外,还有 TBM 组装场地平整方案、现场保卫方案、后勤保障方案等。

3.3.2 专项施工方案

专项施工方案按照《危险性较大的分部分项工程安全管理规定》(住建部令第 37 号)、《住房城乡建设部办公厅关于实施〈危险性较大的分部分项工程安全管理规定〉有关问题的通知》(建办质〔2018〕31号)以及《危险性较大的分部分项工程专项施工方案编制指南》中的要求内容编写,其中包括 TBM 组装(吊装)、始发、掘进、接收、拆卸、隧道衬砌及"四新技术"应用等专项施工方案。

3.4 实施性施工组织设计管理

实施性施工组织设计是指导现场施工与技术管理全面性的技术文件,是项目施工实现科学管理的重要手段。科学合理地编制、实施与管理施工组织设计,是高质量、低成本、有秩序、高效率地完成工程项目的有力保证措施。

3.4.1 编制格式

施工组织设计封面应反映工程名称、编制单位、编制时间等内容;施工组织设计次页应为格式文件封面,应包含文件编号、受控印章、文件版号、拟制部门及时间、审核部门及时间;施工组织设计第 3 页应为实施性施工组织设计审核记录表,与施工组织设计内容装订为一册。施工组织设计文字说明部分应使用 A4 纸张(210mm×297mm),附图及插图根据内容采用 A4、A3 或 A3 加长(297mm 高)纸张。

3.4.2 编制内容

1)编制说明

(1)编制依据。
①工程承包合同。
②设计文件和图纸。
③施工规范及验收标准。

④人、材、机定额。

(2)编制原则。

①贯彻执行国家和当地政府制定的方针、政策及相关的工程施工规范、规定等。

②按照基本建设施工程序合理安排施工进度,确保工期。

③贯彻技术与经济统一、科技优先的原则,积极采用适合工程的新技术、新工艺、新材料、新设备。

④发挥专业优势,组织文明施工、科学施工、均衡生产,按经济规律做好工程项目管理。

⑤符合国家环境、水土资源、文物保护及节能的要求。

(3)情况说明。

2)工程概况及特点

(1)工程概况。

①本项目工程组成及设计概况。

②重点、控制工程的简要设计说明及参数。

③主要工程数量。

④工程地质和水文地质。

⑤工程环境和施工条件。

⑥工期要求。

(2)工程特点、重点、难点分析。

3)工程施工目标

(1)工期目标。

(2)质量目标。

(3)安全目标。

(4)职业健康、环保总目标。

4)施工总体方案与方法

(1)施工顺序。

(2)施工方法。

(3)关键工序和特殊过程作业指导书。

(4)环境保护内容及方法。

(5)本项目参建员工职业健康安全状况分析与保护。

5)施工总平面布置

施工便道、生产生活场地及设施、临时供水供电供风设施、临时通信、弃渣场地等临时工程。

6)工期安排

(1)工期安排总体思路。

(2)TBM进度指标确定。

(3)施工总进度计划安排及施工网络计划。

(4)施工分项进度计划安排及横道图。

7)组织机构与资源配置

(1)组织机构与劳动力配置。

（2）设备配置。

（3）材料供应计划。

（4）资金使用计划。

8）单位工程施工的详细方法

TBM 建造、验收、运输、组装、始发、掘进、支护、出渣、风水电保障等。

9）施工保证措施

针对工程项目的特点，制定项目实施的目标和措施。应包括：

（1）创优规划及质量保证措施。

（2）安全生产、职业健康保证措施。

（3）工期的保证措施。

（4）文明施工保证措施。

（5）环境管理目标的保证措施。

（6）不良气候（含冬雨季、高低温、台风等）的施工保证措施。

10）（附）表

（1）主要工程数量表。

（2）主要材料数量表。

（3）主要施工机械设备、测量实验等配备表。

（4）劳动力数量表。

（5）年度资金使用计划表。

11）（附）图

（1）施工总平面布置图：应标明永久、临时工程（含 TBM 组装场地）位置，施工人员驻地，附近主要河流、道路、村镇等主要设施位置，砂石厂位置等。

（2）隧洞平、纵断面图。

（3）施工计划进度图。

（4）施工计划网络图。

（5）大临工程设计图。

（6）施工场地平面布置图。

（7）施工方法顺序图。

（8）关键工序施工作业图及新工艺、新技术作业图。

（9）其他图表：如材料、物资储备位置及加工场布置图、隧道供电系统图、通风、排水布置图、轨线布置图等。

3.5 技术交底管理

技术交底是为了使参与工程施工的技术人员与工人熟悉和掌握所承担的工程项目的特点、设计意图、技术要求、施工工艺及控制要点。项目部应根据工程施工复杂性、连续性和多变性的固有特点，严格贯彻技术交底责任制，加强施工质量检查、监督和管理，以达到提高施工质量的目的。

TBM 法隧道工程项目施工技术交底按性质和内容分为：TBM 设备设计制造单位对应用（施工）单位和应用单位内部的 TBM 设备使用技术交底；应用单位技术交底按内容可分为 TBM 设备设计制造交底与主控、电气、液压等系统操作、维护保养交底，按管理层次可分为 TBM 机电总工程师对所属各工种技术主管和相关技术人员进行技术交底、各工种技术主管对班组长及实际作业人员进行技术交底。

TBM 设备作业班组级技术交底内容包括：主要施工任务、设备操作工艺流程、操作要求、质量标准、设备维护保养方法、安全注意事项、环保措施、设备通病预防措施、出现紧急情况下的应急救援措施和紧急逃生措施等。

3.5.1 编制原则

TBM 工程施工组织设计交底由应用单位的技术负责人组织编制，TBM 专项施工方案技术交底和分项工程施工技术交底应由项目专业技术负责人组织编制，TBM "四新技术"交底应由项目总工程师组织有关专业人员编制，TBM 设备应用优化交底应由项目技术部门有关专业人员编制。

3.5.2 适用对象

（1）技术交底记录应包括 TBM 工程施工组织设计交底、TBM 专项施工方案技术交底、分项工程施工技术交底、"四新技术"交底和设计变更技术交底。

（2）TBM 工程施工组织设计交底应由应用单位的技术负责人（总工程师）把主要设计要求、施工措施以及重要事项对项目主要管理人员进行交底。其他工程施工组织设计应由项目土建、机电总工程师进行交底。

（3）TBM 专项施工方案技术交底应由系统专业技术负责人负责，根据专项施工方案对专业工班长进行交底。

（4）TBM 分项工程施工技术交底应由专业技术负责人向作业工班长及作业施工班组进行交底。

（5）TBM 工程"四新技术"交底应由项目土建、机电总工程师组织项目专业技术人员、作业工班长进行交底。

（6）土建设计变更技术交底应由项目技术部门根据变更要求，并结合具体施工步骤、措施及注意事项等对作业工班长进行交底。

3.5.3 交底程序

（1）项目经理部对作业工种（队）的技术交底

由项目总工程师（土建、机电）主持，在每项工程开工前，要向施工队长及技术人员进行交底。其主要内容是：重点工程实施性施工组织安排，各专项工程的施工技术要求；采用新技术、新工艺等有关工艺操作、质量、安全施工方面的具体实施要求，工程的技术标准，施工的大样图及 TBM 各系统设备操作维护保养等。

TBM 设备的主控、电气、液压等系统操作、维护保养交底，更需要内容全面、重点明确、具体详细的技术交底。书面形式采用填写"技术交底书"一式两份，一份发至作业班组作操作依据、一份留存备查，并办理交接签字手续。

（2）TBM 作业工种（队）对施工作业班组技术交底

TBM 作业班组在应用设备前，由作业工种（队）技术员向作业工班长及具体操作人员进行技术交底,并认真讲解 TBM 设备操作过程中的关键点和要领,主要采取"三工教学"形式:即工前讲解、工中指导、工后检查讲评。对班组进行的技术交底必须一式四份,两份交工人班组贯彻执行,一份存入技术档案,一份技术人员自留。

3.6 变更设计管理

TBM 法隧道施工是一个动态过程,掌子面前方的围岩经常变化,为了配合施工及确保隧道结构的安全稳定,常常会发生设计变更。变更设计应坚持实事求是,尊重合同约定,确保工程质量和施工安全,节约造价,保证工期,变更设计前应进行充分的技术、经济论证,避免主观片面性和盲目性。

3.6.1 变更设计分类

变更设计按行业规定和合同条款具体规定划分的类别和项目一般分为:

(1)小型设计变更。不涉及变更设计原则,不影响质量和安全、经济运行,不影响整洁美观,且不增减概(预)算费用的变更事项。如图纸尺寸差错更正、原材料等强换算代用、图纸细部增补详图、图纸间矛盾问题处理等。

(2)一般设计变更。工程内容有变化,但不属于重大设计变更的项目。

(3)重大设计变更。变更设计原则,变更系统方案,变更主要结构、布置、修改主要尺寸和主要材料以及设备的代用等设计变更项目。

3.6.2 变更设计程序

(1)TBM 工程变更设计必须按规定的程序和分工进行,严格遵守"先批准,后变更;先设计,后施工"的原则,未经批准不得自行组织施工。

(2)对需要进行紧急抢险的设计变更,项目法人可先进行紧急抢险处理,同时按照规定的程序办理设计变更审批手续,并附相关的影像资料说明紧急抢险的情形。

(3)TBM 项目变更设计批准后,要及时审核、修改原设计文件,并实时对设计变更进行技术交底工作。

3.6.3 资料管理

项目经理部资料管理应遵循统一规划、分级管理、专人负责的原则。

(1)项目经理部资料原则上由资料员集中统一管理,编制有效文件清单,做到文件传递有记录、卷内有目录,资料员负责项目部文件资料的报审、整理、归档移交工作。

(2)项目总工程师或项目经理负责各部种资料的检查与督促工作,确保文件资料的完整准确。

(3)各专业工程师、施工员负责施工图纸、设计变更、会审记录及提供各种试验报告等质检资料、技术资料。

(4)TBM 设备各专业工程师、技术员提供对 TBM 设备的使用、维护保养及各种监测报告等技术资料。

3.7 测量与监控量测管理

工程测量是工程建设的重要环节,测量成果是组织施工的依据,是确保工程质量的重要因素,更是保障 TBM 施工满足设计要求的基础数据。监控量测是工程安全与质量的重要手段,来自施工现场第一时间的监测资料(包括环境、TBM设备),有助于项目部分析状态变化和工作情况,发现异常时及时采取措施,并调整设计方案,防止事故发生。通过监控量测的结果也可验证设计,并为以后的设计、施工、管理和科研提供资料。加强工程测量和监控量测的管理,是提高工作效率、确保工程安全与质量的必要手段。

3.7.1　测量与监控量测管理制度

1）施工测量管理制度

(1)测量仪器设备管理制度。
(2)测量资料管理制度。
(3)控制点保护制度。
(4)复核管理制度。
(5)测量成果交底管理制度。

2）施工监测管理制度

(1)监测仪器设备使用与管理制度。
(2)资料分析过程及质量控制制度。
(3)监控量测方案审核与审定制度。
(4)监控量测信息报送。
(5)应急预警管理制度。
(6)安全保证制度。

3.7.2　测量与监控量测技术

1）TBM控制测量

施工测量需要确保TBM掘进轴线与设计轴线保持一致,也是保持工程质量的基础和前提。TBM掘进以TBM机自带导向系统为主,辅以人工测量校核,确保隧道轴线在误差允许范围内并精准贯通。施工测量用到的主要仪器有:全站仪、水准仪、精密水准仪、陀螺仪、光学对中器等。

TBM施工测量工艺流程如图7-3-1所示。

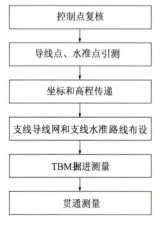

图7-3-1　施工测量流程图

(1)控制点复核

施工单位对业主提供的导线网、水准网和其他控制点进行复核,同时布设加密控制点。

(2)导线点、水准点引测

①以最近的导线点为基点,采用边角三角形引测至少三条导线点至控制点间的连线,形成闭合导线网。至端头井的平面过渡点不可超过2个,过渡点必须为固定观测平台,相邻点垂直角≤±30°,相对点位中误差≤±10mm。

②以最近的水准点为基点,将水准点引测至洞口附近,测量等级达到国家二等。洞口附近至少布设2个埋设稳定的水准点,以便相互校核。水准点应埋设混凝土普通水准标石。

(3）坐标和高程传递

①平面坐标传递。

用陀螺定向法将地面坐标及方向传递到隧道中,定向边应避免高压电磁场的影响,图 7-3-2 为陀螺坐标法传递示意图。

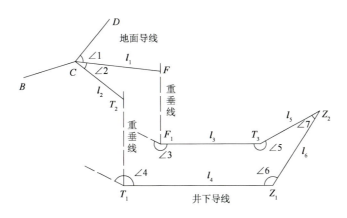

图 7-3-2　陀螺坐标法传递示意图

用全站仪做边角测量,测出 l_1、l_2、l_3、l_4、l_5、l_6 的边长及 $\angle 1$、$\angle 2$、$\angle 5$、$\angle 6$、$\angle 7$ 的角度。利用空间三角关系计算 $\angle 3$、$\angle 4$ 的角度,再结合控制点 C 的坐标推算出 Z_1、Z_2、Z_3 三点的坐标。以 Z_1Z_2、Z_3Z_2 为起始边,作为隧道掘进的起始数据。

②高程传递。

高程传递采用悬吊钢尺(检定过)法。对钢尺施加鉴定时的拉力,用 2 台精密水准仪在井上下同步观测,每次错动钢尺 3～5m,共测 3 次,高程差不大于 3mm 时,取平均值使用;当测深超过 20m 时三次误差控制在 ±5mm 以内。将高程传至井下固定点,用 6～8 个视线高,最大高差差值≤2mm,整个区间施工中,高程传递至少进行 3 次。高程传递如图 7-3-3 所示。

（4）支线导线网和支线水准路线布设

①支线导线网布设。

地下导线是保证正确开挖方向和平面贯通的地下控制网,该网为支导线网,随 TBM 掘进而延伸。网中各控制点的可靠性用相对关系和重复传递的方法检查。以联系测量的边为支导线的起始边,沿隧道设计方向布设导线,导线最好布设为 S 形,直线段导线

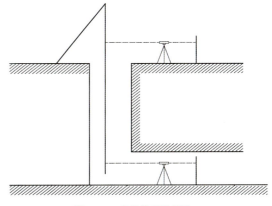

图 7-3-3　高程传递示意图

边长≥120m、曲线段导线边长 50～60m 布设一点,在曲线 5 大桩点、变坡点均要设点。如因施工测量需要,可设置加密点,设点必须遵循长边定短边的原则,加密点须检查地下控制点可靠后进行,加密点不参与地下控制网复测。

地下导线测量按Ⅰ级导线精度要求实施,采用左右角观测,g 角中误差≤5″,导线全长闭合差应≤1/14000。开挖至隧道全长 1/3 处时、2/3 处时、和距贯通 50～100m 时,分别按Ⅰ级导线精度对地下导线要求复测,确认成果是否准确,若成果不准确,则修改成果后采用新成果,保障贯通精度。

②支线水准路线布设。

地下高程控制网为支线水准路线,沿隧道一侧布设,支线水准路线随 TBM 掘进而延伸。水准点采

用Ⅱ等水准要求测量,沿隧道直线段每200m左右布设1个固定水准点,曲线段每50~60m布设1个。

地下水准测量用Ⅱ等水准测量方法和仪器施测。不符值、闭合差限差满足≤8mm的精度。开挖至隧道全长的1/3处、2/3处、贯通前50~100m时,分别按Ⅱ等水准精度对地下水准要求复测,确认成果是否准确,若成果不准确,则修改成果后采用新成果,保障高程贯通精度。

(5)TBM掘进测量

TBM掘进测量以自带导向系统为主,辅以人工测量校核。

TBM姿态测量包括纵向坡度、横向坡度、平面偏离值、高程偏离值、掌子面里程等。TBM导向系统能够全天候动态显示TBM当前位置相对于隧道设计轴线的位置偏差,主司机可根据显示的偏差及时调整TBM的掘进姿态,使得TBM能够沿着正确的方向掘进。

TBM掘进测量强制使中点的三维坐标通过洞口的导线起始边传递而来,并且在TBM法隧道施工过程中,强制对中点坐标与隧道内地下控制导线点坐标相互检核。如差值过大,需再次复核并确认无误后以地下控制导线测得的三维坐标为准。因此在掘进过程中,测量人员要牢牢掌握TBM掘进方向,让TBM沿着设计中心轴线掘进。

(6)贯通测量

TBM通过一个区间后,联测地上与地下导线网、水准网,并进行平差,为TBM贯通提供具有一定精度和密度的导线点与水准点。

①平面贯通测量:在隧道贯通面处,采用坐标法从两端测定贯通,并归算到预留洞门的断面和中线上,求得横向贯通误差和纵向贯通误差。

②高程贯通测量:用水准仪从贯通面两端测定贯通点的高程,其误差即为竖向贯通误差。

③地下控制网平差和中线调整。

隧道贯通后,地下导线则由支导线经与另一端基线边联测成为附合导线,水准导线也变成了复核水准,当闭合差不超过限差规定时,进行平差计算。按导线点平差后的坐标值调整线路中线点,改点后再进行中线点的检测,要求直线夹角不符值≤±6″,曲线上折角互差≤±7″,高程亦要用平差后的成果。将新成果作为净空测量、调整中线的起始数据。

施工测量人员的作业组织安排见表7-3-1。

施工测量人员安排　　　　　　　　表7-3-1

序 号	工 种	人 数	备 注
1	测量班长	1	
2	测量技术员	3	
3	辅助人员	5	

(7)安全生产保证措施

①现场作业戴好安全帽。

②作业过程中注意来往车辆,地面作业时如有必要可以与交警部门联系。

③对于有塌陷可能的部位,做好预防措施。

④高处作业系好安全带。

⑤注意运输车辆的过往,确保人员及仪器的安全。

2)监控量测

监控量测应预测在施工过程中对地层的不同扰动程度,地层中的应力扰动区延伸扩散,有可能引起地表、附近重要或高大建筑物产生沉降、隆起或倾斜。监控量测就是为 TBM 在掘进过程中正确调整技术参数提供信息、优化设计,使隧道施工、TBM 设备使用达到优质、安全、经济合理、施工快捷的目的。

监控量测工艺流程如图 7-3-4 所示。

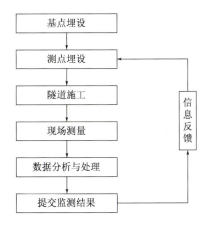

图 7-3-4 监控量测工艺流程图

(1)工艺步骤

监控量测工艺见表 7-3-2。

监 控 量 测 工 艺　　　　　　表 7-3-2

序号	监测内容	监测工艺	控 制 要 点	备　注
1	地表沉降监测	基点埋设	基点应埋设在沉降影响范围以外的稳定区域,并且应埋设在视野开阔、通视条件较好的地方;基点数量根据需要埋设,基点要牢固可靠	
		沉降测点埋设	用冲击钻在地表钻孔,然后放入长 200~300mm、直径 20~30mm 的圆头钢筋,四周用水泥砂浆填实	
		测量方法	采用精密水准测量、基点和附近水准点联测的方法取得初始高程	
		监测方法	监测时各项限差宜严格控制,每测点读数高差不宜超过 0.3mm,对不在水准路线上的监测点,一个测站不宜超过 3 个,如超过,应重读后视点读数,以作核对。首次监测应对测点进行连续两次监测,两次高程之差应小于 ±1.0mm,取平均值作为初始值	
		沉降计算	在条件许可的情况下,尽可能布设导线网,以便进行平差处理,提高监测精度,水准线路闭合差应小于 ±0.3mm(N 为测站数),然后按照测站进行平差,求得各点高程。施工前,由基点通过水准测量测出地表沉降观测点的初始高程 H_0,在施工过程中测出的高程为 H_n。则高差 $\Delta H = H_n - H_0$ 即为地表沉降值	

续上表

序号	监测内容	监测工艺	控制要点	备注
1	地表沉降监测	数据分析与处理	时间位移曲线散点图和距离位移曲线散点图根据沉降规律判断围岩稳定状态和施工措施的有效性。 当位移—时间曲线趋于平缓时,可选取合适的函数进行回归分析。预测最大沉降量。 绘制横断面和纵断面沉降槽曲线,判断施工影响范围、最大沉降坡度、最小曲率半径、土体体积损失等	
2	地表建筑沉降与倾斜监测	测点埋设	基点的埋设与地表沉降监测相同。 测点的埋设高度应方便监测,对测点应采取保护措施,避免在施工过程中受到破坏	
		监测方法	与地表沉降监测相同。建筑物下沉及倾斜计算,在条件许可的情况下,尽可能地布设导线网,以便进行平差处理,提高监测精度。施工前,由基点通过水准测量测出建筑物沉降监测点的初始高程,在施工过程中测出的高程为。则高差即为建筑物沉降值。在得到建筑物沉降值后,进行倾斜计算。 $\tan\theta = \Delta s/b = \mathrm{SH}_2/H_\mathrm{f}$ $\mathrm{SH}_2 = H_\mathrm{f} \times \Delta s/b$ 式中:SH_2——所求建筑物水平位移; θ——所求建筑物水位移产生的倾斜角	
3	数据分析与处理	—	绘制位移—时间曲线散点图,当位移—时间曲线趋于平缓时,可选取合适的函数进行回归分析,预测最大沉降量。根据所测建筑物倾斜与下沉值,判断建筑物倾斜是否超过安全控制标准及采用的工程措施的可靠性	

续上表

序号	监测内容	监测工艺	控 制 要 点	备 注
4	地下管线安全监测	测点埋设	基点的埋设与地表建筑物沉降与倾斜监测相同	
		监测方法	与地表沉降监测相同	
		管线沉降计算	在条件许可的情况下,尽可能地布设导线网,以便进行平差处理,提高监测精度。施工前,由基点通过水准测量测出建筑物沉降监测点的初始高程 H_0,在施工过程中测出的高程为 H_n。则高差 $\Delta H = H_n - H_0$ 即为地表沉降值。得到地表沉降值后,进行管线的安全检算	
		数据分析与处理	绘制位移—时间曲线散点图,据以判定施工措施的有效性。 位移—时间曲线趋于平缓时,可选取合适的函数进行回归分析,预测管线的最大沉降量。 沿管线面沉降槽曲线,判断施工影响范围、最大沉降坡度、最小曲率半径等。根据数据分析结果,检算管线的安全性	
5	隧道隆陷与隧道收敛监测	基点埋设	基点应埋设在隧道管片位移影响范围以外的始发井的基坑地板上,并应埋设两个基点,以便两个基点互相校核;基点的埋设要牢固可靠,用红油漆标明,在施工中要注意对基点地保护。隧道管片收敛监测点的布置可以用电钻打眼,用弯曲的膨胀螺栓埋设	
		测点埋设	在进行沉降测点的埋设时,先用冲击钻在管片/初期支护上钻 $\phi 10mm$ 的孔,然后放入直径为 8mm、长为 5~10cm 的半圆头钢筋,四周用水泥砂浆填实	地面下沉点 隧道收敛监测点 隧道隆陷测点 隧道隆陷测点
		监测方法	隧道隆陷监测方法与地表沉降监测方法相同。 在试掘进、正常掘进应有一次至二次回归分析;对未脱出盾尾—脱出盾尾—后备套进行内—脱出后备套进行一整套监测变形数据分析。 隧道收敛监测方法为:在进行初次监测时,应在钢卷尺上选择一个适当孔位,将钢卷尺套在尺架的固定螺杆上。孔位的选择应能使得钢卷尺张紧时与顶端接触好,拧紧钢卷尺压紧卡,记下钢卷尺孔位尺长数,并进行初次读数。 再次监测时,按前次钢卷尺孔位,将钢卷尺卡在支架的固定螺杆上,按上述相同程序操作,测得观测值 R_n	

续上表

序号	监测内容	监测工艺	控制要点	备注
5	隧道隆陷与隧道收敛监测	隆陷值计算	隧道隆陷监测基点为地面标准水准点引来高程(高程已知),在进行监测时,通过测得各测点与基点的高程差 ΔH,可得到各监测点的标准高程 Δh,然后与上次测得高程进行比较,差值 Δh 即为该测点的隆陷值。即 $\Delta H_{t(1),(2)} = \Delta h_{t(2)} - \Delta h_{t(1)}$	
		收敛值计算及其数据分析	计算净空变化值:$$U_n = R_n - R_{n-1}$$式中:U_n——第 n 次监测的净空变形值;R_n——第 n 次监测时的观测值;R_{n-1}——第 $n-1$ 次监测时的观测值。首先作出时间-收敛值及开挖面距离-位移散点图,对各监测断面内的测线进行回归分析,并用收敛监测结果判断隧道的稳定性	
		隧道隆陷数据分析与处理	绘制位移-时间曲线散点图,当位移-时间曲线趋于平缓时,可选取合适的函数形式进行回归分析	

(2)质量控制说明

①坚持由总公司精测队、分公司精测队、项目部测量组组成的三级测量复核制度。

②严格执行测量工程师复核制度。

③掘进过程中,定期对地表导线点进行测量复核,必要时,加大复测频率。

④测量所用仪器必须按有关规定定期鉴定,未经鉴定合格的仪器严禁投入使用。

⑤主导线边长不短于150m;如通视条件许可,边长尽量加长,以提高精度。

⑥测角按三等导线精度来控制,测角中误差达到±1.8″。

(3)工艺装备

监控量测的工艺装备见表7-3-3。

工 艺 装 备　　　　　　　　　　表7-3-3

序号	流程	工艺装备
1	地表沉降监测	N3 精密水准仪,钢钢尺等
2	地表建筑沉降与倾斜监测	N3 精密水准仪,钢钢尺等
3	地下管线安全监测	N3 精密水准仪,钢钢尺等
4	隧道隆陷与隧道收敛监测	N3 精密水准仪,钢钢尺、收敛计等

(4)人员安排

监控量测人员的作业组织安排见表7-3-4。

监控量测人员安排　　　　　　　　　　表7-3-4

序 号	工 种	人 数	备 注
1	测量班长	1	
2	测量技术员	2	
3	辅助人员	3	

(5)安全生产保证措施

①现场作业戴好安全帽。

②作业过程中注意来往车辆,地面作业时如有必要可以与交警部门联系。

③对于有塌陷可能的部位,做好预防措施。

④高处作业系好安全带。

第 4 章
TBM法隧道施工质量管理

随着我国基础设施建设规模的扩大,采用 TBM 施工的隧道工程逐年增加,施工质量要求也在不断提高。为了及时发现施工质量隐患并提高施工水平,加强 TBM 法隧道施工质量管理具有重要的经济和社会意义,本章结合 TBM 法隧道施工特点,从质量管理体系、质量管理制度、质量管理措施等 3 个方面,阐述 TBM 法隧道施工质量管理的方法、制度规程和措施,重点讨论 TBM 组装、掘进、支护、出渣等环节的质量管控措施,供 TBM 施工技术和质量管理人员参考使用。

4.1 施工质量管理体系

4.1.1 质量管理目标

(1)工程项目要求,即体现工程项目的固有特性和工程项目赋予的特殊特性。
(2)满足工程项目要求的内容,即满足工程项目要求所需的资源、过程、文件和活动等。
(3)质量管理目标应包括对持续改进的承诺,即体现分阶段实现的原则。

4.1.2 质量保证体系

在施工准备阶段,工程项目经理部必须建立施工质量管理组织,成立以项目经理为组长,项目总工程师和 TBM 副经理为副组长,相关部门负责人、专职质量员、技术员、施工员、施工队负责人为成员的工程质量领导小组,全面负责项目工程质量管理和控制。质量管理组织机构见图 7-4-1。

1)项目经理质量职责

(1)工程质量第一责任人,对本项目的工程质量负全面领导责任。
(2)建立健全 TBM 工程质量管理体系,组织制定质量方针,落实各项质量管理规章制度。
(3)正确处理工程质量与进度、效益的关系,严格按施工程序组织施工,合理配置资源,组织均衡生产、标准化文明施工。
(4)确定质量目标和管理计划,并将目标层层分解落实。
(5)组织经常性的质量检查,抓好过程控制,消除质量隐患,落实质量奖惩规定。

(6) 组织项目月度质量分析会议,总结项目质量情况,研究解决项目存在的重要质量问题。

(7) 推行全面质量管理,推广应用"四新技术",督促开展质量通病防治、工程创优和质量管理小组活动,保证并提高质量。

(8) 对本项目分包商(如有)的质量管理和质量保证措施负责。

(9) 及时、如实报告施工质量事故,组织事故抢险和救援,配合质量事故调查处理。

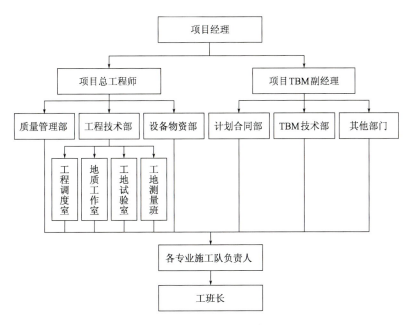

图 7-4-1　质量管理组织机构图

2）项目总工程师(总质量师)质量职责

(1) 对项目 TBM 的技术和工程质量负全面管理责任。

(2) 组织制定质量管理目标,建立健全质量管理机制,审定和批准质量管理规章制度。

(3) 参加设计文件会审,组织编制实施性施工组织设计,参与有关施工、缺陷整治、事故处理等技术方案的审定和技术交底工作。

(4) 组织编制项目质量策划,指导项目落实工程质量"首件制"和工序质量"三检制",组织处理相关质量隐患、问题、缺陷和投诉等。

(5) 负责本项目的质量监管工作,组织进行质量检查、工程实体自查、第三方检测单位工程实体检测及工程质量检验评定工作,按照闭环管理的原则,及时发现、消除质量缺陷和问题。

(6) 对未满足设计、规范要求和实体工程质量的情况,行使质量否决权。

(7) 参加项目质量检查活动和月度质量分析会议,总结项目质量情况,制定改进措施并督促落实。

(8) 督促管理人员做好现场施工过程质量控制,落实质量考核和责任追究。

(9) 配合质量事故调查处理,督促落实处理方案和防范措施,吸取事故教训,防止事故重复发生。

(10) 组织开展质量管理工作和质量管理小组活动,落实创优目标,开展创优质工程活动。

(11) 检查督促工程队(作业队、架子队或班组)严格按设计图纸、施工规范、操作规程、施工组织设计、技术交底进行施工,参与质量验收工作。

(12) 对施工测量、检验、试验和计量等工作负直接的技术责任。

3）项目 TBM 分管副经理质量职责

(1) 统筹调配生产资源,严格执行施工方案,组织落实质量保证措施,完善工作环境和条件,确保质量满足要求。

（2）制定合理的生产计划,组织均衡生产,正确处理质量与工期、效益的关系,当工期、效益与质量发生矛盾时,要优先保证工程质量。

（3）严格按施工程序和施工规范组织施工,随时掌握工程进度和工程质量情况,对违章施工现象进行制止,并交相关部门进行处理。

（4）参加质量检查,及时组织整改质量问题及隐患。

（5）严格管控分包商(如有)的施工生产活动,如实组织评价其质量诚信行为。

（6）把好生产指挥中的质量关,加强所管辖人员质量意识,督促现场生产管理人员履行质量职责,把质量控制放在工作的首位。

（7）组织施工现场落实质量通病防治活动方案,采取措施保护成品及半成品。

（8）参与、配合质量事故的调查处理,组织落实处理方案。

4）TBM 技术部质量职责

（1）参与编制施工技术管理制度、实施性施工组织设计、施工方案、专项方案、作业指导书和技术交底等技术管理资料。

（2）参与设计文件、图纸审核、技术交底工作,执行施工方案中施工工艺标准和各项措施,参与工序质量"三检制"。

（3）负责 TBM 设备操作方面的技术业务培训工作,组织技术人员、质量检查人员、旁站人员学习 TBM 相关技术规范、工艺标准。

（4）参加质量检查,对发现的质量问题,及时组织 TBM 有关人员从技术上分析查找原因,制定纠正措施并落实整改。

（5）参加质量例会,分析项目质量状况,提出改进建议。

（6）参与科技攻关、质量创优和质量管理小组活动,不断提升工程质量水平。

5）施工队长质量职责

（1）对所承担 TBM 项目的工程质量负直接责任。

（2）统筹调配生产资源,严格按设计文件、施工规范、操作规程、施工组织设计、施工方案、技术交底组织施工,并对实施情况检查。

（3）认真开展质量教育活动,推行全面质量管理,针对存在的质量通病,组织技术攻关,开展质量控制(QC)管理和创优活动。

（4）检查作业班组施工环境、设备、防护设施的质量状况和人员的施工作业行为,发现问题及时纠正解决。

（5）接受质量管理机构或人员的监督检查,及时整改、消除检查中提出的质量问题。

（6）负责所承担工程的施工质量、进度和标准化文明施工,对违反操作规程造成质量低劣的工序、分项工程必须责令改正或返工。

（7）严格管控分包商施工生产活动,参与并督促技术员做好工序过程质量控制。

（8）对发生的质量事故按规定及时上报,配合质量事故调查。

6）施工班组质量职责

（1）对所承担 TBM 项目的工程质量负直接责任。

(2)严格按照技术交底、规范、规程、标准和工艺流程组织施工。

(3)坚持班前短会制度,开展质量教育,落实创优措施。

(4)严格落实施工报检程序,认真执行自检、互检制度并留存相关记录,随时检查和分析转序班组的工程质量情况。

(5)各作业班组在班组长带领下,对各分项工程的质量情况进行自检、互查,及时总结问题并纠正错误、不断提高自己,并做到当天完成的部位当天检查,问题不过夜。

(6)对发现的质量问题(事故)及时上报,并配合问题事故调查。

7)质检员质量职责

(1)监督检查各施工单位及人员对国家有关保证质量的方针、政策、指示以及上级颁发的规章制度、命令、措施等贯彻执行。

(2)参加 TBM 工程开工前检查、工程质量定期检查,以及施工中的质量检查,并对隐蔽工程检查签证。

(3)审查有关保证质量的措施,参加技术和生产会议。

(4)参加工程质量检查,评定质量等级、竣工预检及验收交接工作。

(5)参加班组施工质量自检、互检工作,分析工程质量,随时掌握质量动态,深入班组发现问题及时解决。

(6)总结施工质量及管理工作的经验教训。

(7)督促并协助现场单位建立群众性的工程质量检查制度,指导兼职检查人员的工作。

(8)对不按规定施工或违反施工规则的情况提出改正要求,必要时签发工程质量问题通知单和质量罚款通知单,遇有严重影响后续施工质量的情况,有权责令暂停施工,并报告领导处理。

8)施工员质量职责

(1)熟悉施工图纸与设计文件,并对各工长、测量工和班组进行技术交底。

(2)严格按照施工过程控制程序进行施工,并做好施工标记和施工日志。

(3)负责 TBM 施工相关的技术鉴定和技术复核。包括对工程测量的控制轴线、高程及坐标位置复核,对基础尺寸、高程及轴线位置、构配件位置的复核,对材料、工程质量的鉴定等。

9)技术员质量职责

(1)认真熟悉施工图纸,提出图纸中存在的问题,参加图纸会审工作。

(2)做好分部分项工程技术交底资料,向各班组进行技术交底。

(3)在技术负责人领导下,负责工程的定位、放线、测平、沉降、监测记录。

(4)参与施工质量技术攻关,对保证施工质量提出技术措施。

(5)检查现场施工是否符合图纸设计和工艺操作要求。

4.1.3 质量检查验收程序

1)TBM 法隧道施工检查验收依据

TBM 法隧道施工质量按工序主要涉及开挖、管片拼装、仰拱预制块拼装、钢拱架安装、喷锚、超前支护、二次衬砌、同步注浆、二次注浆、豆砾石充填及注浆等。涉及 TBM 法隧道施工的质量检查验收的国家标准见表 7-4-1。

TBM 工程质量检查验收国家标准　　　　　　　　　　　　　　　　　　　　　表 7-4-1

序号	标准编号	标准名称
1	GB/T 50107	《混凝土强度检验评定标准》
2	GB/T 50299	《地下铁道工程施工质量验收标准》
3	GB/T 51310	《地下铁道工程施工标准》
4	GB 50164	《混凝土质量控制标准》
5	GB 50204	《混凝土结构工程施工质量验收规范》
6	GB 50086	《岩土锚杆与喷射混凝土支护工程技术规范》
7	GB 50446	《盾构法隧道施工与验收规范》
8	GB 50300	《建筑工程施工质量验收统一标准》

铁路、水利水电、城市轨道交通、市政等行业涉及 TBM 法隧道施工的质量检查验收标准分别见表 7-4-2 ~ 表 7-4-4。

TBM 工程质量检查验收标准——铁路行业　　　　　　　　　　　　　　　　　表 7-4-2

序号	标准编号	标准名称
1	铁建设〔2007〕106 号	《铁路隧道全断面岩石掘进机法技术指南》
2	TB 10424	《铁路混凝土工程施工质量验收标准》
3	TB/T 3275	《铁路混凝土》
4	TB 10753	《高速铁路隧道工程施工质量验收标准》
5	TB 10417	《铁路隧道工程施工质量验收标准》
6	TB/T 3353	《铁路隧道钢筋混凝土管片》

TBM 工程质量检查验收标准——水利水电行业　　　　　　　　　　　　　　　表 7-4-3

序号	标准编号	标准名称
1	SL 677	《水工混凝土施工规范》
2	SL 352	《水工混凝土试验规程》
3	SL 377	《水利水电工程锚喷支护技术规范》
4	SL 378	《水工建筑物地下开挖工程施工规范》
5	SL 223	《水利水电建设工程验收规程》
6	SL 734	《水利工程质量检测技术规程》
7	SL 303	《水利水电工程施工组织设计规范》
8	DL/T 5198	《水电水利工程岩壁梁施工规程》

TBM 工程质量检查验收标准——城市轨道交通、市政行业　　　　　　　　　　表 7-4-4

序号	标准编号	标准名称
1	CJJ/T 164	《盾构隧道管片质量检测技术标准》
2	—	《青岛市城市轨道交通工程 TBM 工程施工质量验收标准》

2）TBM 法隧道施工质量验收的组织和程序

(1)《铁路隧道全断面岩石掘进机法技术指南》(铁建设〔2007〕106 号)

①检验批应由施工单位自检合格后报监理单位，由监理工程师组织施工单位专职质量检查员等进行验收。监理单位应对全部主控项目进行检查，对一般项目的检查内容和数量可根据具体情况

确定。

②分项工程应由监理工程师组织施工单位分项工程技术负责人等进行验收。

③分部工程应由监理工程师组织施工单位项目负责人和技术、质量负责人等进行验收。隧道衬砌分部工程进行验收时,勘测设计单位项目负责人应参加。

④施工单位完工后,施工单位应自行组织有关人员进行检查评定,并向建设单位提交工程验收报告。

⑤建设单位收到单位工程验收报告后,应由建设单位项目负责人组织施工、设计、监理单位负责人进行单位工程验收。单位工程验收包含综合质量验收的内容,综合质量验收应符合《铁路隧道全断面岩石掘进机法技术指南》(铁建设〔2007〕106号)第19.7节的有关规定。

(2)《铁路混凝土工程施工质量验收标准》(TB 10424—2018)

①检验批应由监理工程师组织施工单位专职质量检查人员等进行验收。监理单位应对全部主控项目进行检查,一般项目的检查内容和数量可根据具体情况确定。

②分项工程应由监理工程师组织施工单位分项工程技术负责人等进行验收。勘察、设计单位应参加降水、地表注浆加固、洞内注浆、弃渣场防护等涉及环保的分项工程验收。

③分部工程应由总监理工程师组织施工单位项目负责人和技术、质量负责人等进行验收,勘察、设计单位应参加加固处理、主要结构、防排水等分部工程验收。

④单位工程完工后,施工单位应自行组织有关人员进行检查评定,监理单位应组织有关人员进行检查。存在施工质量问题时,应进行整改,整改完毕后向建设单位申请工程验收。

⑤建设单位收到单位工程验收申请后,应由建设单位项目负责人组织勘察、设计、监理、施工单位项目负责人进行单位工程验收。

(3)《高速铁路隧道工程施工质量验收标准》(TB 10753—2018)

①检验批应由监理工程师组织施工单位专职质量检查人员、施工工长等进行验收。监理单位应对全部主控项目进行检查,一般项目的检查内容和数量可根据具体情况确定。

②分项工程应由监理工程师组织施工单位分项工程技术负责人等进行验收。勘察、设计单位应参加降水、地表注浆加固、洞内注浆、弃渣场防护等涉及环保的分项工程验收。

③分部工程应由总监理工程师组织施工单位项目负责人和技术、质量负责人等进行验收,勘察、设计单位应参加加固处理、主要结构、防排水等分部工程验收。

④单位工程完工后,施工单位应自行组织有关人员进行检查验收,监理单位应组织有关人员进行检查,存在施工质量问题时,应进行整改,整改完毕后向建设单位申请单位工程验收。

⑤建设单位收到单位工程验收申请后,应由建设单位项目负责人组织勘察、设计、监理、施工单位项目负责人进行单位工程验收。

(4)《铁路隧道工程施工质量验收标准》(TB 10417—2018)

①检验批应由监理工程师组织施工单位专职质量检查人员等进行验收。监理单位应对全部主控项目进行检查,一般项目的检查内容和数量可根据具体情况确定。

②分项工程应由监理工程师组织施工单位分项工程技术负责人等进行验收。勘察、设计单位应参加降水、地表注浆加固、洞内注浆、弃渣场防护等涉及环保的分项工程验收。

③分部工程应由总监理工程师组织施工单位项目负责人和技术、质量负责人等进行验收,勘察、设计单位应参加加固处理、主要结构、防排水等分部工程验收。

④单位工程完工后,施工单位应自行组织有关人员进行检查评定,监理单位应组织有关人员进行检

查。存在施工质量问题时,应进行整改,整改完毕后向建设单位申请单位工程验收。

⑤建设单位收到单位工程验收申请后,应由建设单位项目负责人组织勘察、设计、监理、施工单位项目负责人进行单位工程验收。

(5)《水利水电建设工程验收规程》(SL 223—2018)

水利水电建设工程验收按验收主持单位可分为法人验收和政府验收。法人验收应包括分部工程验收、单位工程验收、水电站(泵站)中间机组启动验收、合同工程完工验收等;政府验收应包括阶段验收、专项验收、竣工验收等。验收主持单位可根据工程建设需要增设验收的类别和具体要求。

①分部工程验收应由项目法人(或委托监理单位)主持。验收工作组由项目法人、勘测、设计、监理、施工、主要设备制造(供应)商等单位的代表组成。运行管理单位可根据具体情况决定是否参加。质量监督机构宜派代表列席大型枢纽工程主要建筑物的分部工程验收会议。

②单位工程验收应由项目法人主持。验收工作组由项目法人、勘测、设计、监理、施工、主要设备制造(供应)商、运行管理等单位的代表组成。必要时,可邀请上述单位以外的专家参加。

③合同工程完成后,应进行合同工程完工验收。当合同工程仅包含一个单位工程(分部工程)时,宜将单位工程(分部工程)验收与合同工程完工验收一并进行,但应同时满足相应的验收条件。合同工程完工验收应由项目法人主持。验收工作组由项目法人以及与合同工程有关的勘测、设计、监理、施工、主要设备制造(供应)商等单位的代表组成。合同工程具备验收条件时,施工单位应向项目法人提出验收申请报告。项目法人应在收到验收申请报告之日起20个工作日内决定是否同意进行验收。

④阶段验收应包括枢纽工程导(截)流验收、水库下闸蓄水验收、引(调)排水工程通水验收、水电站(泵站)首(末)台机组启动验收、部分工程投入使用验收以及竣工验收主持单位根据工程建设需要增加的其他验收。阶段验收应由竣工验收主持单位或其委托的单位主持。阶段验收委员会由验收主持单位、质量和安全监督机构、运行管理单位的代表以及有关专家组成;必要时,可邀请地方人民政府以及有关部门参加。工程参建单位应派代表参加阶段验收,并作为被验收单位在验收鉴定书上签字。工程建设具备阶段验收条件时,项目法人应向竣工验收主持单位提出阶段验收申请报告。竣工验收主持单位应自收到申请报告之日起20个工作日内决定是否同意进行阶段验收。

⑤工程竣工验收前,应按有关规定进行专项验收。专项验收主持单位应按国家和相关行业的有关规定确定。项目法人应按国家和相关行业主管部门的规定,向有关部门提出专项验收申请报告,并做好有关准备和配合工作。

⑥竣工验收应在工程建设项目全部完成并满足一定运行条件后1年内进行。不能按期进行竣工验收的,经竣工验收主持单位同意,可适当延长期限,但最长不得超过6个月。一定运行条件是指:泵站工程经过一个排水或抽水期;河道疏浚工程完成后;其他工程经过6个月(经过一个汛期)至12个月。工程具备验收条件时,项目法人应向竣工验收主持单位提出竣工验收申请报告。竣工验收申请报告应经法人验收监督管理机关审查后报竣工验收主持单位,竣工验收主持单位应自收到申请报告后20个工作日内决定是否同意进行竣工验收。

(6)《地下铁道工程施工质量验收标准》(GB/T 50299—2018)

地下铁道工程施工质量验收应按检验批、分项工程、分部及子分部工程、单位及子单位工程、项目工程和竣工验收的顺序进行验收。

工程质量验收标准应符合现行国家标准《建筑工程施工质量验收统一标准》(GB 50300)的规定。

4.2 施工质量管理制度

为确保项目施工标准化管理,保证质量体系有效运行,依据《中华人民共和国建筑法》等国家有关法律法规和本企业的相关规章制度,TBM 项目部要编制符合项目实际情况的质量管理制度,明确 TBM 项目的标准化管理方针和目标,编制指导施工现场标准化管理的实施性文件。以城市轨道交通行业 TBM 法隧道施工质量管理制度为例,其他行业可参考执行。

工程质量管理制度有主要有以下几种:

(1) 工程质量责任终身负责制。
(2) 设计文件图纸审查制度。
(3) 技术交底制度。
(4) 开工报告申报审批制度。
(5) 物资管理制度。
(6) 质量检查制度(工序三检制度、工序交换制度、隐蔽工程检验制度、质量检查评比制度)。
(7) 工程质量旁站制度。
(8) 首件验收制度。
(9) 工程试验检测管理制度。
(10) 工程测量管理制度。
(11) 技术与质量培训制度。
(12) 质量例会制度。
(13) 质量经济奖惩制度。
(14) 质量事故报告和调查处理制度。
(15) 班前讲话制度。
(16) 工程创优制度。
(17) 工程质量数字图文记录制度。
(18) 质量挂牌制度。
(19) 半成品、成品保护制度。

4.3 施工质量管理措施

施工质量管理是以工序质量控制为核心,设置质量控制点,对施工质量进行预控。敞开式 TBM 施工质量控制点包括 TBM 组装、TBM 掘进、轨道铺设、拆卸及仰拱预制块等;护盾式 TBM 施工质量控制点包括 TBM 组装、TBM 掘进、轨道铺设、拆卸及管片等。前一工序往往直接影响后一工序,只有对各工序进行有效控制,才能保证隧道施工质量。所以在施工前和施工过程中,要对主要人员、原材料及中间产品、施工设备进行预控和监控,并及时检查施工质量,发现问题及时分析判断,找出诱发生产质量问题的原因,合理纠偏。

4.3.1 TBM 组装质量控制

(1) 设备的现场组装安装调试必须遵守相关服务手册及装配的技术文件。

(2)清洗部分应严格清理,露出光洁面,清洗不同材质的物件,要分清所使用的清洗剂是否正确。

(3)需要现场改造的部分在满足现场使用又不影响其他设备及功能的前提下实施。

(4)主机组装、大件吊装及装配严格遵守专用吊具的使用规定,保证人员、设备的安全;单件设备组装保证安装面结合牢靠,连接螺栓安装标准紧固到规定扭矩。

(5)液压系统组装严格控制油液的清洁,加油时采用专用滤油机,各系统的管路安装必须保证清洁。

(6)电气系统严格按照设计图纸进行安装和连接,动作前应进行仔细的确认,防止因接错线而产生无动作或造成其他事故。

4.3.2 TBM掘进质量控制

1)掘进方向控制

TBM掘进前必须校核洞轴线,TBM导向系统和人工校核两种方式相互印证,确保轴线准确无误。

(1)测量人员日常工作便是在测量数据准确地输入TBM导向系统后,根据已有测量控制点和临时水准点,每天或开挖一定长度后测量一次,然后将测量数据输入导向系统,当隧道转弯时需加密测点,且每周利用TBM停机维修的时间进行系统复核。

(2)TBM开挖轴线由导向系统控制,隧道开挖质量受主司机专业素质、操作水平、地质条件、TBM工作状况等多种因素影响。主司机必须经过专门培训,并要有一定操作经验,在开挖一循环后要依据导向系统显示的TBM当前位置与姿态及时进行调整。

(3)隧道地质条件在一定程度上对开挖质量有较大影响,当掌子面上、下或左、右两侧的围岩强度、构造发育程度相差较大时,易产生掘进轴线偏斜;当TBM通过诸如断层破碎带、强风化—全风化岩石、土洞等复杂地质洞段时,机头易下沉。遇到上述不利条件时,TBM主司机必须及时调整掘进速度、刀盘推力和刀盘转速,以便有效地控制开挖成洞质量。

(4)轴线控制:TBM掘进时,根据导向系统反馈的数据实时控制刀盘中心的偏离,并将偏差控制在30mm以内,高程宜控制为正偏差(0~30mm)。

(5)姿态调整:TBM姿态必须结合隧道设计轴线进行调整,这是一个动态控制的过程。TBM掘进过程中,主司机应根据线路走向及时调整姿态,保证机器的姿态与线路的走向相匹配。

(6)调节量控制:主司机通过调节主推液压缸的推力来控制刀盘中心位置,每环掘进调节量约3~5mm,以不造成边刀损坏为准。

(7)趋势调节:TBM掘进时,主司机应随时关注TBM的掘进姿态及趋势,合理选择操作控制,预判TBM掘进趋势,趋势调节不能变化太大,切勿急于纠偏。

(8)纠偏处理:主司机发现TBM姿态出现偏差时应及时纠偏,按"勤纠偏、小纠偏"的原则,使TBM实际位置和隧道设计轴线在容许的偏差范围内。当TBM掘进轴线偏差超过±30mm时,必须查明偏差原因,及时将机器偏差调整至0~30mm;当TBM掘进轴线偏差超过±50mm时应立即停机,分析造成偏差的原因,并制定切实可行的纠偏措施后方可掘进。纠偏过程中,主司机应控制TBM掘进速度不宜太快,一般控制在正常掘进速度的30%~50%。

2)初期支护质量控制

(1)锚杆

①锚杆及砂浆等原材料经检验合格后才能投入使用。

②锚杆直径、长度、材质和锚孔的孔深、孔斜、孔径、间距均严格按设计要求控制。钻孔时严格控制钻孔角度,钻孔误差小于1°,注浆时应准确控制浆液配合比及注浆压力。

③锚杆安装要规范,锚固剂或砂浆填充要饱满。锚杆注浆应采用专用注浆设备,注浆前检查注浆器工作性能,用水或稀水泥浆润滑管路。施工人员应拌匀砂浆并防止石块或其他杂物混入,砂浆随拌随用,且初凝前必须使用完毕。

④锚杆注浆后,在砂浆凝固前,不得敲击、碰撞和拉拔锚杆。

⑤锚杆在存放、运输和安装过程中,应防止明显的弯曲、扭转,应保持杆体和各部件的完好,不得破坏隔离架、防腐套管、注浆管、排气导管及其他附件,不得损伤杆体上的螺纹。

⑥预应力锚杆安装前应检查孔深,以锚杆就位后其外露段的螺纹长度作为安装托板、螺母等部件为标准。孔口应该用早强砂浆作平整处理,其强度应能承担锚杆张拉的最大荷载。

⑦当使用自由段带套管的预应力锚杆时,应在锚固段长度和自由段长度内采取同步灌浆的方式。当使用自由段无套管的预应力锚杆时,需二次注浆,第一次灌浆时,必须保证锚固段长度内灌满,但浆液不得流入自由段,锚杆张拉锚固后,应对自由段进行第二次灌浆。灌浆材料达到设计强度时,方可切除外露的预应力锚杆,切口位置至外锚具的距离不应小于100mm。

⑧自进式锚杆安装前,应检查锚杆体中和钻头的水孔是否畅通,若有异物堵塞,应及时清理。锚杆体钻进至设计深度后,应用水和空气洗孔,直至孔口返水或返气,方可将钻机和连接套卸下,并及时安装垫板及螺母,临时固定杆体。

(2)喷射混凝土

①速凝剂等原材料经检验合格后才能投入使用。

②在喷射前对喷射面进行检查,并做好以下准备工作:清除开挖面的浮石、墙脚的岩渣和堆积物;处理好光滑岩面;用高压水冲洗喷面,对遇水易潮解的泥化岩层,应采用高压风清扫岩面;埋设控制喷射混凝土厚度的标志;作业区应具有良好的通风和充足的照明设施。

③当遇到涌水地段时采取以下措施:当涌水量小时,在涌水处理设导管排水,导水效果不好的含水层可设盲沟排水,淋水处可设截水圈排水;对于大流量涌水,需埋设导流管引流,在不影响喷射效果的情况下再施喷。

④喷射混凝土应分段分片依次作业,喷射顺序自下而上,混凝土尽量一次喷射完成。喷锚时,喷头要均匀扫射,保证喷射混凝土平整度,遇到钢筋网或拱架地段要加强喷护。

⑤喷射混凝土施工按施工图纸要求布设钢筋网,钢筋网的间距、钢筋直径、保护层厚度均应满足设计要求。

⑥喷射混凝土终凝2h后,应喷水养护;养护一般不得少于7d,重要工程不得少于14d;气温低于+5℃时,不得喷水养护。当喷射混凝土周围的空气湿度达到或超过85%时,经监理人同意,可自然养护。

(3)钢拱架

①钢拱架安装前应检查制作的质量是否满足设计要求。相邻钢拱架通过纵向连接筋连接成整体,安装完毕后宜立即喷射混凝土将其覆盖;钢拱架安装必须准确测定位置,上下左右不得有偏斜;钢拱架间连接筋必须要焊接牢固,确保钢拱架稳定;钢拱架与岩面之间的空隙必须喷混凝土充填密实。

②钢拱架在架设过程中,要通过精细测量布设高程和拱脚点,保证架设钢拱架平面与隧洞中线垂直,使其发挥其最大支承能力。

③隧道发生较大塌方时,向拱架外侧的塌腔内灌注混凝土一定要密实、无空洞。

④加强围岩量测,并将分析结果及时反馈,制定相应对策。

(4) 钢筋排

①钢筋排覆盖隧道拱顶范围不小于120°。

②钢筋排应配合钢拱架安装使用,起到稳固围岩,防止塌方、掉块等作用。

③钢筋排应具有足够承载力,在塌落岩石压载下不变形,通常采用 $\phi16mm$、$\phi22mm$ 螺纹钢。

④钢筋排间隙适宜,不易漏渣。

(5) 钢筋网

①推荐采用模具加工钢筋网。

②应在初喷一层混凝土后再进行钢筋网的铺设,使钢筋网紧贴岩面。钢筋网宜随受喷面起伏铺设,并在锚杆安设后进行,与受喷面间隙宜控制在 20~30mm 之间。

③钢筋网应与锚杆或其他固定装置连接牢固,在喷射混凝土时不得晃动。

④钢筋搭接长度不得小于 35 倍钢筋直径,并不得小于一个网格长边尺寸。

(6) 化学灌浆

①浆液使用效果与地质状况相匹配,包括扩散能力、凝结时间、止水效果等。

②浆液应满足施工要求,如毒性、寿命、价格等。

4.3.3 仰拱预制块质量控制

1) 仰拱预制块生产

(1) 钢筋笼加工、混凝土拌和及灌注应执行现行《混凝土结构工程施工质量验收规范》(GB 50204)。

(2) 使用中的模具应定期进行检查,发现变形、损坏、密封不严等情况应废弃。

(3) 钢筋截断、弯制精度:受力钢筋长度允许误差为 +10mm,弯曲钢筋的弯折位置允许误差为 +20mm,箍筋长度允许误差为 5mm。

(4) 混凝土拌和站安装调试并经过计量鉴定后方可投入使用。混凝拌和时严格控制用水量,集料含水量有较大变化时应适量调整,保持正常的水灰比。

(5) 设立专业仰拱预制块养护小组,采取程序化、标准化养护作业。严格控制仰拱预制块生产车间室温,保证仰拱预制块拆模时的温度与室温,将室温与室外温差控制在10℃以内。

(6) 仰拱预制块出厂前,逐块进行尺寸、外观等检测,不合格品不允许出厂。

(7) 仰拱预制块生产过程中要同步制作混凝土试件,保证仰拱预制块抗压强度满足设计要求。若该批混凝土试件不合格,同批生产的仰拱预制块全部报弃。

2) 仰拱预制块安装

(1) 仰拱预制块铺设中线、高程以及仰拱预制块间接缝、错台应符合设计要求。

(2) 仰拱预制块安装及测量人员素质、技术水平是影响仰拱预制块安装质量的主要因素,必须加强相关人员的技术培训。

(3) 仰拱预制块铺设前必须将底部清理干净。底部清理要求仰拱铺设位置做到无虚渣、无积水、无杂物、无油污。施作隔水围堰,用高压水冲洗仰拱预制块底部基岩后,采用自吸泵将仰拱预制块部位的积水抽排干净。自检合格后报请监理验收,合格后方能进入下一道工序。

(4)仰拱预制块铺设测量要精确,利用安装在仰拱中心水沟的激光指向仪和水平道尺定出仰拱预制块的中线和高程,横向误差为±5mm、允许误差为±5mm、高程允许误差为±3mm。仰拱预制块就位后,再次使用激光指向仪和道尺检查复核其中线和水平,严禁随隧道开挖中线随意铺设。仰拱预制块底部用水泥垫块支撑固定,两侧用三角形水泥块支撑牢固。

(5)仰拱预制块铺设时,前后两块仰拱预制块对接要密实,不允许出现大的错台,否则会导致临时轨道铺设困难。

3)仰拱预制块细石混凝土回填

(1)仰拱预制块底部回填灌注采用C20细石混凝土(按设计要求)。

(2)使用混凝土搅拌运输车和插入式振捣器,从已安装好的仰拱预制块两侧对称灌注和振捣。

4)仰拱预制块底部注浆

(1)灌浆浆液设备设于连接桥一侧平台上,浆液质量控制是确保仰拱预制块底部浆液强度和后配套系统安全通过的关键,浆液配合比必须符合设计要求。

(2)TBM通过后,从仰拱预制块的注浆孔压注水泥浆,注浆压力控制在0.3~0.4MPa。浆液从仰拱预制块注浆孔进行灌注,注浆压力要严格控制,压力过高会顶起仰拱预制块,压力过低会导致注浆不密实。每个注浆孔需经过检测,确认注浆饱满后方能停止注浆。

(3)仰拱预制块底部注浆时,前端仰拱预制块前部必须采用模板封堵,以防浆液外漏。

(4)在注浆14d后采用物探方法(如地质雷达)检查仰拱预制块底部的密实度,达不到密实要求时,重新清孔补注浆。

4.3.4 管片质量控制

预制混凝土管片是护盾式TBM施工隧道的衬砌结构,承担着抵抗土层压力、地下水压力以及一些特殊荷载的作用。管片质量直接关系到隧道的整体质量和安全,影响隧道的防水性能及耐久性能。

1)管片生产

(1)管片钢筋及预埋件。严格控制钢筋的加工尺寸精度,钢筋的调直、下料、弯弧、弯曲均采用人工配合钢筋加工机械完成,然后进行部件检查,清理出不合格的钢筋部件。焊接前焊接处不应有水锈、油渍等,焊接后焊接处不应有缺口、裂纹及较大的金属焊瘤,焊缝长度、厚度必须符合设计要求,焊后焊渣需清理干净。钢筋笼制作成型后,实测检验并填写记录,合格后存至存放区,并标明合格标识牌。螺杆头部须全部插入到手孔座的模孔内,防止连接不紧出现缝隙造成漏浆。管片脱模后应及时清理手孔、吊装孔内的残留混凝土,防止混凝土阻塞吊具或管片螺栓掉入其中。

(2)管片混凝土。管片衬砌表面应密实、光洁、平整、边棱完整无缺损;在存储和运输过程中应对管片采取有效的保护措施,管片拼装前应严格检查,确保密封垫槽沟及平面转角处没有剥落缺损,不合格的管片应修补。

(3)管片养护。管片出模后及时规范养护,放入养护池时管片表层混凝土与养护水的温差不得大于20℃;湿养护不间断,养护时间不小于14d;管片在水池中养护时,经常检查水温,防止水温过高或过低;冬季时应该采取保暖措施,防止养护池和管片表面结冰,对混凝土产生不良影响。

2)管片运输与存放

(1)管片脱模后应在管片纵缝面易见位置印制表示生产日期、制造编号及管片分块号等不易被抹掉的明显标记。

(2)管片内弧面向上呈元宝状平稳放置,底部应加垫木或软物隔离。

(3)2块以上堆放时,应在各块管片之间加垫柔性材料的垫块。

(4)管片堆放场地必须坚实、平稳,管片堆放整齐、堆放高度不多于四块以防损伤和腐蚀。

(5)管片运输应缓慢、平稳、不倾倒,管片间不碰撞。

(6)对于存储、运输中受到损伤的管片,根据技术负责人的指示,采取废弃、修补等措施。

3)管片防水

(1)管片成品应按有关规定进行检漏测试,检漏的抗渗压力应比设计的抗渗等级高一级,管片在设计检漏压力下恒压2h,不得出现渗漏水现象,渗水深度不超过50mm,则判定管片抗渗性能合格。

(2)为满足防水构造需求,在管片的环缝、纵缝面设有一道弹性密封垫槽及嵌缝槽。

(3)管片拼装前应逐块对粘贴的防水密封条进行检查,拼装不得损坏防水密封条,当隧道基本稳定后,应及时作嵌缝防水处理。

(4)管片拼装时应在封顶块防水密封条周围涂抹黄油,防止安装时摩擦力过大,损坏密封条。

4)管片安装

管片安装为TBM隧道施工的重要工序,管片安装质量直接关系到隧道外观、耐久性、防水性等质量问题。若管片安装出现问题,不但施工进度慢,还会造成隧道错台、管片破损等重大质量问题,导致后期施工缝处渗漏水严重,甚至造成线路侵限。

(1)螺栓机械性能不小于6.8级;螺母的机械性能不小于6级;垫片机械性能等级最低为$H_V=140$;螺栓、螺母、垫片全部热浸锌。

(2)测量TBM尾盾内水平和垂直位置的辅助推进液压缸行程以及上一环管片与盾尾之间的间隙。通过计算楔形量,合理选择管片的适用类型,并确定拼装点位。

(3)管片拼装前,应对管片安装区进行清理,清除污泥、污水,保证安装区及管片相接面的清洁。

(4)管片拼装时,应选用经验丰富的管片操作手控制管片拼装机,按"单动作、慢速度、勤点动"原则,控制拼装器的动作协调,动作前应注意观察管片移动区域的环境。通过测量管片间的错台和内弧面特征点的距离,调整管片位置。拼装检验符合设计及规范要求后,再将对应位置的液压缸撑紧,定位管片。

(5)管片定位后,及时安装连接螺栓,并紧固螺母,先安装环向螺栓,再安装纵向螺栓。管片拼装成环时,其连接螺栓应先初步拧紧,脱出盾尾后再次拧紧,当后续TBM掘进至每环管片拼装之前,应对相邻已成环的3环范围内的管片螺栓进行全面检查并复紧。

(6)管片在盾尾内拼装完成时,偏差控制:高程和平面≤±50mm,每环相邻管片高差≤5mm,纵向相邻环管片高差≤6mm,衬砌环椭圆度小于5‰D(D为直径)。

(7)定期跟踪测量已安装管片的轴线偏差、椭圆度及错台情况,以指导管片拼装质量控制。

(8)加强对施工人员的管片选型理论培训,定期组织施工人员技能培训和考核,加强对施工人员的质量意识教育,施工人员理论和现场考核均合格后方可上岗,严格执行技术交底制度。

(9)安排质检人员全过程跟班作业,进行指导、监督、检查。

(10)建立健全管片拼装小组质量管理办法,制定有效的奖罚制度,提高管片小组施工质量意识和责任心。

5)管片豆砾石吹填

TBM法隧道根据工程性质执行相关国家及行业的质量标准。

(1)切实做好吹填工作前的准备工作,组织技术交底,使员工熟悉施工方案、操作规程和技术标准。员工上岗前必须统一参加培训。

(2)按照施工规范和施工合同的吹填技术要求,制定工程质量保证制度。

(3)豆砾石材料应选择质地坚硬、级配良好、洁净的碎石,含泥量不得超标,存放期间防止污染,粒径一般为5~10mm。

(4)豆砾石吹填要紧跟管片拼装,确保脱出盾尾的管片背后及时吹填豆砾石。

(5)吹填豆砾石时,必须保持风压,在每环管片背后应采用多孔吹填,保证管片背后吹填密实。

(6)回填记录要翔实。每一个回填单元都必须做好详细记录,保证数据完整准确。对于班组之间工作交接单元回填情况,施工人员应做到心中有数,防止漏灌。

(7)回填设备要完好,要做到豆砾石吹填的连续性。

(8)质量控制实行"三检制",即施工班组自检、施工员复检、项目部专职质检员终检。

6)管片背后注浆

(1)TBM法隧道管片背后注浆应根据工程性质执行相关国家及行业的质量标准。

(2)切实做好注浆工作前的准备工作,组织技术交底,使员工熟悉施工方案、操作规程和技术标准。

(3)按照施工规范和施工合同的回填灌浆技术要求,制定工程质量保证措施。严格按照设计配合比拌制浆液,拌和要均匀,拌制好的浆液通过检查浆液相对密度检查拌制效果,浆液要随用随拌。

(4)员工上岗前必须参加岗前培训,熟悉注浆流程和技术规范。

(5)按设计要求使用未受潮、无结块的水泥,按照规定做好定期抽检工作,不满足质量标准的严禁使用。浆用水标准为饮用水要求,非饮用水如地表水、池塘水等需作水质检验,合格后方可使用。严格执行监理批准的施工配合比,计量、配料要准确,浆液搅拌均匀、浆液密度稳定。

(6)管片脱出盾尾后,每间隔约20环在管片背后全环设置封闭环,封闭环通过注浆孔灌注水泥-水玻璃双浆液快速凝结成环,注浆量及封闭效果通过现场试验确定。

(7)注浆从拱腰开始,注完顶部再注底部,注浆压力控制在0.2~0.3MPa,并采用注浆记录仪测定实际注浆量。通过注浆压力和注浆量双指标控制,确保灌浆密实。

(8)加强隧道内外监控量测。根据洞身、地表及周围建筑物变形的监测数据进行信息反馈,及时修正注浆参数。

4.3.5 轨道铺设质量控制

(1)螺栓、螺母、轨道压板机械性能满足紧固件相关国家标准要求。

(2)钢轨性能、尺寸等满足现行《铁路用热轧钢轨》(GB/T 2585)要求。

(3)鱼尾板(轨道接头夹板,俗称道夹板)满足现行《轻轨用接头夹板》(GB 11265)要求。

(4)仰拱预制块或钢枕铺设横向误差为±5mm、中线允许误差为±5mm、高程允许误差为±3mm。

(5)钢枕钻孔定位准确,孔位偏差为±3mm。

(6)清除轨道压板与仰拱预制块或钢枕间的杂物,螺栓紧固后保证紧密贴合。

(7)钢轨就位后,先后安装轨道夹板和鱼尾板(若有),边调整钢轨位置边拧紧螺栓。

(8)必要时设置铺轨测量基标,控制铺轨线性和顺直度。直线段每300m应埋设一个控制基标,曲线段每150m应设置一个控制基标。控制基标测设宜采用极坐标方法放样平面位置,采用水准测量的方法测量其初始高程。

(9)钢轨间端头高程允许误差为±3mm。

(10)紧固后的螺栓与承轨槽面垂直,歪斜不得大于2°。

4.3.6 拆卸质量控制

(1)TBM拆卸前要组织培训。

(2)应根据服务手册和工艺设计要求,编写拆卸施工细则,按照部位和系统制定拆卸施工质量标准。

(3)各结构件的接合面按技术要求无损拆卸,检验后涂抹防锈油,其他部位涂防锈漆。

(4)各类螺栓及销子应尽量无损伤拆卸,拆卸后及时清洗、分类、统计并核对,缺少件及时统计上报。

(5)各类液压管路必须用堵头堵好,阀块接口也要堵好并进行防锈处理后进行包裹。

(6)各类电气元件按照技术规范进行清理和防潮包装,缺损件及时统计上报。

(7)做好拆卸记录工作,将拆卸过程中的重点、难点予以详细记录,以便查询和总结。

第 5 章
TBM法隧道施工安全管理

TBM法隧道施工具有施工进度快、洞身成型效果好、自动化程度高等明显的优势。然而，TBM作为大型综合性施工设备，由于施工工艺复杂，并受复杂地质条件等影响，给作业过程中的安全管理工作带来了极大的考验和挑战。因此，为了提升施工效率，推动施工有序进行，做好TBM法隧道施工安全管理尤为重要。本章基于TBM法隧道施工特点，从施工安全管理体系、施工安全管理制度、施工安全管理措施3个方面，重点阐述TBM法隧道施工安全管理要点。

5.1 施工安全管理目标与组织机构

5.1.1 施工安全管理目标

施工安全目标是通过层层分解和设定目标，建立自上而下、完整的目标体系，达到全员参与、全面管理的目的，充分体现"安全生产，人人有责"的原则，进而保证企业安全总目标的实现。

5.1.2 施工安全生产管理组织机构

1）施工安全管理机构的组成

施工安全管理组织机构设置如图7-5-1所示。

2）主要管理人员职能

安全生产第一责任人为项目经理，有时设安全总监、安全副经理或类似岗位，岗位职责如下：
（1）项目经理
①认真贯彻国家有关安全生产法律、法规及上级公司有关安全生产管理规定。
②成立安全生产领导小组，建立健全安全保证体系，并将安全生产工作纳入重要议事日程。
③主持召开安全生产会议，分析项目部安全生产形势，研究制定对策。
④签发有关安全生产工作重大决策和事项，审定安全生产方面的重要奖惩决定。

⑤制定和实施项目部中、长期安全生产工作整体规划,确定项目部年度安全生产目标,组织编制安全教育和培训计划,定期通报学习项目部安全生产情况和措施。

⑥建立项目部的安全生产监督管理机制,配备足够、符合要求的监督管理力量,完善安全生产监督管理手段,保证安全生产费用和投入落实到位。

⑦组织并完善项目部安全生产规章制度、操作规范以及计划、目标,并督促执行到位,保证并实施项目部安全生产的检查、考核和奖惩。

⑧建立健全事故隐患排查管理制度,督促、检查项目部安全生产工作,及时消除安全隐患。

⑨组织制定并实施项目部生产安全事故应急救援预案,在紧急情况发生时按照规定程序启动应急预案。

⑩及时、如实报告生产安全事故,协助事故救援和配合事故调查,提出处理意见和改进措施,并督促落实防范措施,预防事故重复发生。

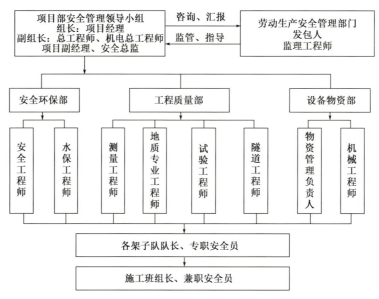

图 7-5-1 施工安全管理机构组成

(2)项目安全总监

①对项目的安全进行监督检查。

②认真执行安全生产规定,监督安全管理人员的配备和安全费用的落实。

③协助制定项目有关安全管理制度、安全事故应急预案。对危险源的识别进行审核,对安全监督管理进行总体策划并组织实施。

④参与编制项目安全设施和消防设施方案,合理布置现场安全警示标志。

⑤参加现场机械设备、安全设施、电力设施和消防设施的验收。组织定期安全检查,组织安全管理人员每天巡查,督促隐患整改。

⑥对存在重大安全隐患的分部分项工程,有权下达停工整改决定。

⑦落实员工安全教育、培训、持证上岗的相关规定,组织作业人员完成入场三级安全教育。

⑧组织开展安全生产月、安全文明工地创建活动,督促主责部门及时上报有关活动资料。发生事故应立即报告,并迅速参与抢救。

⑨归口管理有关安全资料。

(3)项目总工程师

①对项目工程中的安全负技术责任。

②贯彻、落实安全生产方针、政策、严格执行安全技术规程、规范、标准,结合项目工程特点,主持项目工程的安全技术交底。

③参加或组织编制施工组织设计。编制、审查施工方案时,要制定、审查安全技术措施,保证其可行性与针对性,并随时检查、监督、落实。

④主持制定技术措施计划和季节性施工方案,同时制定相应的安全技术措施并监督执行,及时解决执行中出现的问题。

⑤项目工程采用新材料、新技术、新工艺时,要及时上报,经批准后方可实施,同时要组织上岗人员的安全技术培训、教育,认真执行相应的安全技术措施与安全操作工艺、要求,预防施工中因化学物品引起的火灾、中毒或其他新工艺实施中可能造成的事故。

⑥主持安全防护设施和设备的验收,发现设备、设施的不正常情况后及时采取措施,严格禁止不符合标准要求的防护设备、设施投入使用。参加安全检查,对施工中存在的不安全因素,从技术方面提出整改意见和办法进行消除。

⑦参加、配合因工伤亡及重大未遂事故的调查,从技术上分析事故原因,提出防范措施、意见。

(4) 项目副经理(TBM 副经理)

①对 TBM 工区的安全生产工作负有直接领导责任。

②协助项目经理做好本项目 TBM 安全生产管理的工作,坚持"管生产必须管安全"的原则,落实各项安全技术措施和安全组织措施,监督检查管理人员履行安全生产职责、作业人员执行安全操作规程。

③组织 TBM 工区各种形式的安全生产检查,负责项目部及上级提出的安全问题的整改落实。

④一旦发生事故,应积极组织抢救,妥善保护现场,按有关规定及时上报,并按"四不放过"原则认真处理。

⑤积极开展安全教育工作,组织 TBM 工区作业人员的日常安全教育培训,确保施工安全。

⑥严格执行安全行业标准和操作规程,牢固树立"安全第一"的思想,确保施工生产中的人身安全。

⑦严禁施工现场违章作业与违章指挥现象。

⑧检查 TBM 各班组的班前安全教育情况,发现问题及时督促整改。

⑨监督安全措施落实情况,追究和处理安全责任事故。

⑩负责 TBM 及配套附属设施的安全运行。

(5) 机电总工程师

①协助 TBM 副经理做好安全生产的技术工作。

②参与编制施工组织设计、特殊复杂工程项目或专业性工程项目施工方案。

③对涉及 TBM 设备方案,是否具备安全技术措施及其可行性,提出指导性意见。

④检查 TBM 法隧道施工中是否有违章作业与违章指挥现象,规范施工生产。

⑤与项目总工程师一起组织 TBM 各部室、班组进行员工的安全技术教育培训,制定培训计划,并督促培训落实。

⑥参与临时设施、构筑物、施工临时用电、TBM 设备组装等安全技术方案的编制,满足安全生产有关规定。

⑦规范场区安全用电情况,督促违规用电的整改。

⑧与项目总工程师一起制定"四新"技术新施工方法的安全措施和安全操作规程。

⑨进行 TBM 技术攻关活动,推进科研课题的研究,保证其内容实施的安全性。

（6）TBM项目安全管理部门负责人

①执行与工程安全管理相关的国家与行业法规、规范、标准。

②结合规范、法律法规、技术规程和现场实际情况等要求参与编制各项安全管理制度。

③参与组织编写安全专项方案和安全技术交底。

④开展日常、定期、专项和经常性的安全检查，督促、检查整改措施的落实，及时消除安全隐患。

⑤负责对工程项目安全、职业健康工作的监督、检查，对工程项目施工安全、职业健康的各项措施的落实进行监督、检查。

⑥发现事故隐患及时向领导报告，对违章指挥、违章操作的行为，应立即制止。

⑦依据工程图纸、地质资料、施工环境，组织对工程施工过程的危险危害因素进行辨识，确定重大危险源，参与编制重大危险源控制方案，报项目领导逐级审核。

⑧编制安全措施费使用计划，监督检查安全措施费的使用、统计工作，监督检查特种作业人员持证上岗和特种设备检测工作情况。

⑨监督检查项目安全技术措施和专项工程的安全技术交底落实情况。

⑩参加伤亡事故的调查和处理，做好工伤事故的统计、建立伤亡事故台账。

⑪负责落实外部（建设单位、监理单位等）以及上级和地方各级单位检查发现存在安全问题的整改、闭合，并将有关安全的重大问题及时上报传递。

⑫组织开展安全检查活动，协助有关部门做好安全生产的宣传教育和培训工作，推广安全生产先进经验。

⑬协助审查作业队伍安全资格，签订合同中安全条款，明确双方的安全责任。

⑭对各级安全管理人员开展经常性安全教育，逐步提高安全管理水平。建立健全安全管理台账。

⑮负责进场员工的安全教育培训、考核。

⑯负责现场安全标志标牌、警戒带（灯）等警示用品的统计，交由相关部门集中采购。

（7）工程质量部安全职责

①在编制施工组织设计和方案时，承担安全技术措施的设计和编制。施工组织设计变更时，应及时对安全措施进行修订。

②采用新技术、新工艺、新材料、新设备时，必须符合安全生产要求，必须制定相应的安全技术措施和安全操作规程。

③负责编制、审查安全技术规程、作业规程和操作规程，并监督实施情况。

④负责研究、解决生产施工中粉尘、中毒、噪声等方面的危害治理问题，不断改善劳动工作条件。

⑤协同有关部门做好职工的安全技术教育与考核。

⑥参加伤亡事故调查分析，从技术方面提出事故原因和防范措施。

（8）设备物资部安全职责

①贯彻国家、上级主管部门有关机械电气设备、仓储物资及危险品管理规定，对管辖范围内的安全生产负责。

②负责按计划、保质保量采购供应项目所需要的机电设备、材料、配件，其质量必须符合安全标准。

③负责制定机械设备的使用、维修、保养、报废的安全管理制度和安全操作规程，并监督检查机械设备的正确使用，确保机械设备的安全防护装置齐全、灵敏、有效。

④负责机械设备的安装、改装和拆除安全措施的制定和作业过程中的安全监督，负责对机电设备的运行技术检验和性能试验。

⑤定期组织机械设备安全大检查,对机械设备使用过程中存在的安全隐患及时进行处理,消除事故隐患。

⑥负责物资机电事故的调查、分析和处理,提出改进措施。

(9)TBM架子队队长

①对TBM掘进生产的施工现场安全负责。

②坚持按基本建设程序和施工程序办事,正确处理进度与质量的关系,杜绝忽视工程安全和质量的思想倾向。

③合理安排TBM法隧道施工作业,落实施工准备,均衡安全、生产、文明施工。

④参加安全检查,对查出的隐患提出技术改进措施并落实。保证掘进、支护(包括打锚杆、挂网、立钢拱架、临时支护、超前支护、封堵、灌注混凝土、渗漏处理等)、喷锚(混凝土放料、输送、喷射)、钢枕和轨道铺设的安全性。

⑤对TBM相关机械液压电气安全操作负责,规范现场施工。

⑥规范物料存放,合理调配材料运输。

⑦负责掘进期间TBM运行状况的巡查、刀具检查和各独立设备监护、必需的保养及应急修理。

⑧负责后配套设备的日常安全检查维护,确保其运行安全。组织本班组的班前安全教育及日常安全教育。

(10)专职安全人员

①认真贯彻执行安全生产法令、法规,具体落实各项安全生产规章制度。

②配合有关部门做好对施工人员的三级安全教育、节假日的安全教育、各工种换岗教育和特殊工种培训取证工作教育,并记录在案。

③健全安全管理台账。

④负责施工现场安全日常检查并做好检查记录。

⑤对作业人员违规违章行为有权予以纠正或查处。

⑥现场监督危险性较大工程安全专项施工方案实施情况。

⑦对施工现场存在的安全隐患有权责令立即整改。

⑧掌握安全动态,发现事故苗头及时采取预防措施,组织班组开展安全活动,提供安全技术咨询。

⑨检查劳动保护用品的质量,反馈使用信息,对进入现场使用的各种安全用品及机械设备,配合设备、材料部门进行验收检查工作。

⑩组织、参与安全技术交底,对施工全过程的安全实施控制,并做好记录。

⑪贯彻安全保证体系中的各项安全技术措施,组织参与安全设施、施工用电、施工机械的验收。

⑫协助上级部门的安全检查,如实汇报工程项目的安全状况。

⑬对于发现的重大安全隐患,有权向企业安全管理机构报告,依法报告安全事故情况。

⑭参与事故的调查、分析,提出处理意见,协助处理工伤事故,参与制定纠正和预防措施,防止事故再次发生。

⑮参与对劳务分包作业队的安全技术交底、教育工作,负责对劳务分包作业队在施工过程中的安全连续监控,并做好监控记录。

⑯参与协助对项目存在隐患的安全设施、过程和行为进行控制,参与制定纠正和预防措施,并验证纠正预防措施。

5.1.3 主要危险源辨识与风险评价

1）术语与定义

《职业健康安全管理体系 要求及使用指南》(GB/T 45001—2020)中定义：危险源可包括可能导致伤害或危险状态的来源或可能因暴露而导致伤害和健康损害的环境。

危险源辨识是指识别危险源的存在并确定其特性的过程，旨在事先确定所有由组织活动产生、可能导致人身伤害或健康损害的根源、状态或行为（或其组合）。

风险是指发生危险事件或有害暴露的可能性与由该事件或暴露可造成的人身伤害或健康损害的严重性的组合。

风险评价是指对危险源导致的风险进行评估，对现有控制措施的充分性加以考虑以及对风险是否可接受予以确认的过程。

2）风险等级划分

为对施工项目进行风险量化评估，需要对其风险进行等级划分，不同的评估方法相应的风险等级划分方法也不尽相同，目前国内外各行业的风险等级划分还没有一个统一标准，有的行业按照4级划分，有的行业按照5级划分。TBM法隧道施工要按照行业关于风险管理的相关要求，根据施工内容对危险源进行辨识后，对危险源的风险等级进行评价，按照风险分级管理的原则，制定风险管控措施。对危险源实施有效管理，从而从根本上遏制事故的发生。

(1) 铁路建设工程风险等级标准

按照《铁路建设工程风险管理技术规范》(Q/CR 9006—2014)，根据风险事件发生的概率等级和后果，将风险等级分为极高、高度、中度和低度4级。

(2) 城市轨道交通工程风险等级标准

按照《城市轨道交通地下工程建设风险管理规范》(GB 50652—2011)，根据风险发生的可能性和风险损失，工程建设风险等级标准宜分为4级。

(3) 城市建设大型工程风险等级标准

按照《大型工程技术风险控制要点》(建质函〔2018〕28号)，工程建设风险事件按照不同风险程度可分为4个等级：一级风险，风险等级最高，风险后果是灾难性的，并造成恶劣社会影响和政治影响；二级风险，风险等级较高，风险后果严重，可能在较大范围内造成破坏或人员伤亡；三级风险，风险等级一般，风险后果一般，对工程建设可能造成破坏的范围较小；四级风险，风险等级较低，风险后果在一定条件下可以忽略，对工程本身以及人员等不会造成较大损失。

(4) 水利水电工程危险性等级划分标准

按照《水利水电工程施工危险源辨识与风险评价导则（试行）》(办监督函〔2018〕1693号)，危险源风险等级划分按照作业条件危险性评价法将为危险性等级划分为4级，分别为低风险、一般风险、较大风险、重大风险。

3）危险源辨识与风险评价常用方法

危险源辨识和评价的方法很多，企业和TBM项目部应根据各自的实际情况选择使用。《风险管理 风险评估技术》(GB/T 27921—2011)中对32个风险评估技术系统阐述了在风险评估各阶段适用性以及概念、特征等,TBM法隧道施工过程中的风险/危险源管理要参照该规范,同时按照行业要求具体使用风险评估技术,准确识别危险源并进行有效的评价。在不同行业关于风险管理的要求上,比如:《铁路建设工程风险管理技术规范》(Q/CR 9006—2014)中关于风险辨识和估计的方法有核对表法、专家调查法、头脑风暴法、层次分析法、蒙特卡洛法和风险矩阵法;《城市轨道交通地下工程建设风险管理规范》(GB 50652—2011)中关于风险辨识和分析的方法有检查表法、专家调查法以及工程施工风险管理的综合风险分析方法(如该规范附录C中的专家信心指数法、模糊层次综合评估方法、工程类比分析法、事故树法、影像图方法、风险评价矩阵法、模糊事故树分析法);《水利水电工程施工危险源辨识与风险评价导则(试行)》(办监督函〔2018〕1693号)中危险源辨识和风险等级评价的方法有直接判定法、安全检查表法、预先危险性分析法、因果分析法及作业条件危险性评价法。

近年来,危险源的风险等级评价使用作业条件危险性评价法较多,下面依据《水利水电工程施工危险源辨识与风险评价导则(试行)》(办监督函〔2018〕1693号)关于作业条件危险性(7-5-1)评价法(LEC法)的具体规定,阐述采用作业条件危险性评价法进行危险源的风险等级评价。

(1)作业条件危险性评价法中危险性大小值D按式(7-5-1)计算:

$$D = LEC \tag{7-5-1}$$

式中:D——危险性大小值;

L——发生事故或危险事件的可能性;

E——人体暴露于危险环境的频率;

C——危险严重程度。

(2)事故或危险性事件发生的可能性L值与作业类型有关,可根据施工工期制定出相应的L值判定指标,L值可按表7-5-1的规定确定。

事故或危险性事件发生的可能性L值对照表 表7-5-1

序号	L值	事故发生的可能性	序号	L值	事故发生的可能性
1	10	完全可以预料	4	1	可能性小,完全意外
2	6	相当可能	5	0.5	很不可能,可以设想
3	3	可能,但不经常	6	0.2	极不可能

(3)人体暴露于危险环境的频率E值与工程类型无关,仅与施工作业时间长短有关,可从人体暴露于危险环境的频率,或危险环境人员的分布及人员出入的多少,或设备及装置的影响因素,分析、确定E值的大小,可按表7-5-2的规定确定。

暴露于危险环境的频率E值对照表 表7-5-2

序号	E值	暴露于危险环境的频繁程度	序号	E值	暴露于危险环境的频繁程度
1	10	连续暴露	4	2	每月1次暴露
2	6	每天工作时间内暴露	5	1	每年几次暴露
3	3	每周1次,或偶然暴露	6	0.5	非常罕见暴露

(4)发生事故可能造成的后果,即危险严重程度C值与危险源在触发因素作用下发生事故时产生后果的严重程度有关,可从人身安全、财产及经济损失、社会影响等因素,分析危险源发生事故可能产生的后果确定C值,可按表7-5-3的规定确定。

危险严重程度 C 值对照表　　　　　表 7-5-3

序号	C 值	危险严重度因素
1	100	造成 30 人以上(含 30 人)死亡,或者 100 人以上重伤(包括急性工业中毒,下同),或者 1 亿元以上直接经济损失
2	40	造成 10~29 人死亡,或者 50~99 人重伤,或者 5000 万元以上 1 亿元以下直接经济损失
3	15	造成 3~9 人死亡,或者 10~49 人重伤,或者 1000 万元以上 5000 万元以下直接经济损失
4	7	造成 3 人以下死亡,或者 10 人以下重伤,或者 1000 万元以下直接经济损失
5	3	无人员死亡、致残或重伤,或很小的财产损失
6	1	引人注目,不利于基本的安全卫生要求

(5)危险源风险等级划分以作业条件危险性大小 D 值作为标准,按表 7-5-4 的规定确定。

作业条件危险性评价法危险性等级划分标准　　　　　表 7-5-4

区 间	危险程度	风险等级
$D > 320$	极其危险,不能继续作业	重大风险
$320 \geq D > 160$	高度危险,需要立即整改	较大风险
$160 \geq D > 70$	一般危险(或显著危险),需要整改	一般风险
$D \leq 70$	稍有危险,需要注意(或可以接受)	低风险

(6)TBM 项目应结合施工现场具体施工内容,根据工程施工现场情况和管理特点,合理确定 L、E 和 C 值。各类一般危险源的 L、E 和 C 值赋分参考取值范围及判定风险等级范围可参见《水利水电工程施工危险源辨识与风险评价导则(试行)》(办监督函〔2018〕1693 号)附件《水利水电工程施工一般危险源 LEC 法风险评价赋分表》。以敞开式 TBM 施工水工隧洞为例,需考虑组装洞(检修洞)、斜井和有轨运输等施工主体结构和施工内容。

5.2　施工安全管理制度

施工安全管理制度统计见表 7-5-5。

施工安全管理制度统计　　　　　表 7-5-5

序 号	名　称	序 号	名　称
1	班组工前隐患排查制度	5	防护用品使用保管制度
2	隐患排查治理制度	6	特种作业管理制度
3	应急管理制度	7	特种设备安全管理制度
4	安全技术交底制度	8	(安全)专项(施工)方案管理制度

5.3　TBM 法隧道施工安全管理措施

5.3.1　TBM 安全操作规程

1)总则

(1)TBM 操作人员必须经过专业培训,并取得上岗证书后,方可进行相关工作。

(2) 进入TBM施工区域的所有人员必须正确佩戴安全帽和安全防护用品；工作人员进入生产现场禁止穿拖鞋、凉鞋、高跟鞋、短裤；长发必须用发卡卡住或扎起，工作人员禁止穿裙子；进入TBM区域作业人员禁止饮酒和吸烟。

(3) 工作人员应熟悉作业环境和施工条件，听从指挥，遵守现场安全规定。

(4) 工作人员在作业过程中，应集中精力正确操作，注意TBM工况，不得擅自离开工作岗位，尤其在工作状态时严禁将机械交给其他无证人员操作，严禁无关人员进入作业区或操作室。

(5) 操作人员必须按照设备的使用说明书规定的技术性能、承载能力和使用条件正确操作、合理使用，严禁违章作业，严禁超负荷作业或随意扩大使用范围。

(6) 操作人员必须严格遵守机械设备的有关维护保养规定，认真及时地做好各级保养，确保TBM处于完好状态。

(7) 严格执行交接班制度，认真填写交接班记录；接班的人员经检查确认无误后，方可进行工作。

(8) TBM工作人员应熟悉设备上的所有安全保障设备，以便在发生危险时能利用这些设备来避免和消除危险。

(9) 发生紧急故障或事故的状态下应立即按下紧急状态停止按钮，阻止事故的继续发生。

(10) 机械上的各种安全防护装置及监测、指示、仪表、报警等自动报警、信号装置应完好齐全，有缺陷时应及时修复，安全防护装置不完整或已失效的机械不得使用。在工作区域的所有人员应熟悉TBM上所有警示灯、警报器所表示含义。

(11) 工作人员应熟悉设备内的通信联络系统，并定期检查确保通信设备能正常使用。

(12) 工作人员应经常检查防火系统配备的完整性及功能的可靠性。在工作过程中必须防止火灾的发生，避免产生火灾隐患。

(13) TBM应配备灭火器及消防、救生器材；除限定位置外不得堆放易燃、易爆物品。

(14) 配电室、空压机房等易于发生危险的场所，应设置围栏和警告标志，非工作人员未经批准不得入内。喷射混凝土、钢拱架、注浆等重要作业区域，应设立警告标志并建立安全预防制度。

(15) 易燃、易爆、剧毒、放射性及腐蚀性强等危险物品应明确分类、妥善存放，并设专人管理。

(16) 暴露于机体外部的运动机构、部件或高温、高压带电等有可能伤人的部分，应装设防护罩等安全设施。

(17) 在特殊环境工作的人员须配备防护装备。

(18) 机械设备使用的润滑油脂，应符合说明书中所规定的种类和牌号。

(19) 精密机械设备应装防尘、防潮、防震、保温等防护设施。

(20) 禁止移动、缠绕、损坏安全保障设备。

(21) 禁止改变TBM控制系统的程序。

(22) TBM上所有安全标志必须完整且容易识别。

(23) TBM不得带病运转，运转中发现异常时，应先停机检查，排除故障后方可使用。

(24) 对规程尚未列入的新机型，管理部门必须根据生产厂商说明书要求，制定安全技术操作规程并进行相关培训后，方可投入使用。

2) TBM主控室安全操作规程

(1) 操作程序

① 初步检查和调整。

a. 在每班作业之前和每次停机(无论时间长短)后、再次启动之前都要按步骤进行。

b. 确保刀盘、带式输送机和其他所有运动部件周围没有人员。主控室与维修人员一起确认机器启动前所有的部件和系统处于非维修状态。

c. 确保润滑油和液压油的油位处于合适的位置，如有必要在启动前添加适量的油液。

d. 确保所有泵的进口阀都已经打开。

e. 检查所有电控柜和照明配电盘的断路器处于闭合状态。

f. 确保所有液压控制开关处于中间或中立位置，逆时针旋转推进压力调整器到尽头。

g. 检查供水系统的连接，确认阀门都处于打开状态。

②启动程序。

a. 把控制钥匙插入电源钥匙开关并转到接通的位置。

b. 按下重置按钮将系统重置。

c. 检查仪表的正常状态：液压和润滑系统显示无压力；电流表读数为零（如果电流表没归零，调整面板上的调整螺钉让指针归零）；水压力表显示显示相应的压力。

d. 按下警报器相应的控制按钮，让声音报警器持续响 10s 左右，提醒作业人员设备即将启动。

e. 观察撑靴压力显示屏，如果压力正常则依次启动水系统、液压系统、润滑系统。观察图示信息以检查各个系统的运行情况，若不正常应及时进行检查。

f. 检查后支撑液压缸的压力、位置。

g. 将撑靴高压选择开关旋至伸出位置，观察撑靴压力显示，压力应稳定。在掘进过程中，撑靴高压选择开关应始终处于伸出位置。

h. 同时操作扭矩液压缸，将设备的重力及时传递至撑靴上。将后支撑液压缸选择开关打到缩回位置直至后支腿离隧洞底板 50mm（根据地质情况可以适当调整）。

i. 将左侧和右侧选择开关打到伸出位置直到侧护盾完全撑到洞壁上，两侧伸长量尽量相等。将左侧楔块和右侧楔块选择开关打到伸出位置，直到楔块楔紧侧支撑，将开关置中。

j. 在围岩稳定洞段，将顶护盾选择开关打到伸出位置，撑紧洞壁后将开关打到中间位置。压力设定保持顶护盾满足最小拖拉力即可。

k. 观察冷却水指示模块并按下相应的控制按钮接通冷却水。

l. 观察刀盘喷水指示模块并按下相应的控制按钮启动刀盘喷水。

m. 观察带式输送机控制界面，并按下启动控制按钮，警报器将自动报警 15s 以提醒有关人员带式输送机即将启动，警报结束后带式输送机系统自动启动。

n. 观察主驱动电机控制界面，设定需要的刀盘速度，并按下相应的控制按钮启动刀盘电机。并观察主驱动电机的图示信息来检查电机的运行情况。

o. 根据导向系统信息适当调整 TBM 刀盘的姿态，确保掘进方向和设备姿态处于正常水平。

p. 调整推进流量选择开关至相应的位置，可调整掘进机推进速度达到期望值，压力显示在推进压力表，将推进选择开关打到伸出位置，开始向前掘进。

③停机程序。

a. 将推进高压选择开关放到缩回位置使推进压力降为0，将开关置中。

b. 刀盘继续旋转几圈，以清除刀盘和溜渣槽上的岩渣。按下刀盘停止按钮，将刀盘停止，停止刀盘喷水。

c. 带式输送机上岩渣清空后，按下停止控制按钮停止带式输送机。

d. 伸出后支撑直到接触底板,掘进机尾部开始抬升并达到规定压力,将开关置中。

e. 将撑靴控制旋钮置于高压伸出位置。

f. 关闭其他系统。

g. 关闭主控钥匙开关并拔出钥匙。主司机离开控制台时,控制钥匙由当班主司机保管直到交给下一班主司机。

h. 紧急停机时所有的急停开关都是串联的,因此按任何急停开关都可以停止 TBM 的所有运转。

④刀盘点动旋转。

掘进作业时,操作台启动钥匙开关是闭合的,而点动站钥匙开关是断开的。进行刀盘点动运转时,主司机必须按下面的顺序操作:

a. 控制台钥匙开关和点动钥匙开关由于共用同一把钥匙,任何时间隧洞内只允许有一把钥匙。否则,有可能由于疏忽而在刀盘区域有人作业时运转刀盘,从而造成严重事故。

b. 关闭操作台钥匙开关并取下钥匙,以关闭操作台所有的输出和控制。操作控制板的显示/信息及 PLC 的输入仍在运行,操作控制板的控制功能已关闭。

c. 将钥匙插入点动工作站的点动开关,转动钥匙开关接通,启动点动站。

d. 转动并接通点动许用开关,通过变频驱动系统(VFD)进行刀盘点动,变频驱动控制刀盘电机以固定的速度旋转。

e. 每一名进入刀盘的作业人员必须用自己的禁止锁将许用开关联锁,并要始终随身携带钥匙。如有两名以上的人员进入,必须采用附加的锁定装置,否则,有可能出现由于疏忽而在刀盘区域有人作业时运转刀盘,从而造成作业人员的严重伤亡。

f. 按住点动旋转启动按钮。如果所有的条件均满足,点动蜂鸣器开始慢慢鸣响(2s 周期)。5s 以后,PLC 控制器启动刀盘电机。当刀盘不转时,液压控制的刀盘制动器将自动作用。

g. 从点动运转恢复到正常的掘进作业,主司机必须确保所有作业人员从刀盘中出来,并取下各自锁定在点动许用开关上的禁止锁。

h. 点动运行过程中,出现以下故障/条件点动运行将断开:按下任何急停开关;变频驱动系统故障;点动钥匙或点动许用开关断开。

5.3.2 施工安全管理要点

1)一般规定

(1)施工单位应建立健全安全生产保障体系和规章制度,对施工人员进行安全教育和培训。TBM 作业人员必须经过专业培训考核合格并取得相应操作证后方能上岗。

(2)TBM 在复杂地质条件下施工前,组织专家评审施工方案,编制安全事故应急救援预案,并经建设单位审批。

(3)编制安全作业规程和作业指导书,关键工序编制专项安全技术措施,经监理单位审批后实施。施工前对作业人员进行安全技术交底。

(4)建立健全机械设备管理制度,定期对设备进行安全检查、维护。

(5)TBM 施工的隧道应开展超前地质预报,判断围岩类别、岩性、稳定性、整体性、抗压强度等,通过超前地质预报工作达到快速补充和检验地质资料的目的,避免漏报重大地质灾害点(段)。

(6)TBM 法隧道施工中应结合工程施工环境、地质和水文条件编制完善的施工监控量测方案。当出现变形异常情况必须加强监测频率,选择具有专业资质的第三方机构进行量测复核工作。

2) TBM 运输、存放安全

TBM 超限件较多,运输时依照 TBM 结构图纸熟悉吊点位置,确保吊点牢靠及满足吊装要求。施工单位应提前确定运输路线,确保道路满足大件运输条件。吊装运输由专业公司负责。

(1) 运输前准备

① 线路踏勘,对运输需要通过的道路进行提前排查和调查。

② 大件运输设备的选择及配置。

③ 大件运输中的安全措施。

④ 大件运输安全应急预案。

⑤ 存放场地规划。

⑥ 存放场地安全防护措施。

⑦ 转运计划等。

(2) 道路运输安全

① 贯彻《中华人民共和国道路安全法》,加强驾驶人操作技能、职业道德、安全意识教育和运输法规等知识的培训和考核,确保驾驶人素质能够适应职业要求,实行持证上岗制度。

② 建立健全道路运输安全规章制度。

③ 运输前对道路进行排查、维护和清理,保证道路安全和畅通;危险地带和事故多发路段,设置安全隔离墩及指示、警告牌等。

④ 选择有经验的大件运输公司,并安排专人跟车。

⑤ 做好运输安全检查和安全管理,消除安全隐患。严禁疲劳驾驶,严禁酒后驾车,严禁超载、超速、超限行为。

⑥ 做好运输车辆维护保养和更新改造,运输设备性能保持良好。

⑦ 做好与地方交管部门的沟通和联系。

⑧ 编制突发事件应急救援预案,适时演练。出现紧急突发情况时按照预案及时采取措施。

⑨ 车辆运输坚持"三个合理安排""五定"的方法。"三个合理安排"即合理安排运输计划、合理安排车辆、合理安排装卸;"五定"即定人、定车、定任务、定行车路线、定物资类别。

(3) 转场运输安全

① 编制转场专项方案、工作计划和流程。

② 编制转场安全技术交底,并按交底程序组织培训教育和交底。

③ 转场过程中统一指挥,做好临时场内交通管制。

④ 洞口、支洞和主洞交叉口、组装洞、检修洞等施工场地,设置"缓行"等警示标志,安排人员指挥交通。

⑤ 车辆运输坚持"三个合理安排""五定"的方法。

⑥ 在运送零部件时,要求驾驶人操作精力集中、谨慎慢行;安全人员提前通知道路人员避让,防止碰撞伤人等事件发生。

⑦ 做好运输车辆维护保养和更新改造工作,运输设备性能保持良好。

(4) 存放安全

临时存放场地周边应有安全网、栏墙,设专人 24h 看守,对出入的车辆和人员应有登记。

3）吊装、组装、步进安全

(1)经考试合格并持有操作证者方准操作,做到持证上岗。

(2)根据 TBM 设备部件的最大质量和尺寸,确定吊装设备的型号和结构。吊装设备必须选择符合安全要求并具备相应资质的专业厂家生产的产品。门式起重机或桥式起重机组装完成后必须试运行,并由当地质量技术监督部门进行质量验收,合格后方可启用。

(3)TBM 及后配套大件起吊前,应对吊具和钢丝绳进行验算校核。吊装作业应由专人负责指挥,各大型部件应选择合理的吊点吊运,吊装应平稳,严禁起吊速度过快和吊件长时间在空中停留。

(4)TBM 组装完成后,对各项系统先空载调试,再整机空载调试。

(5)在工作期间操作者必须精神集中,夜间作业时必须有足够灯光照明,严禁酒后参加吊运组装工作。

(6)吊装作业前必须严格检查起重设备各部件的可靠性和安全性并试吊,必须经常检查电气设备及各传动装置是否正常。

(7)要定期检查吊机、制动是否完好,及时更换损坏部件。检查钢丝绳和吊钩是否完好无损、钢丝绳在卷筒和滑轮中缠绕是否正常。

(8)起重机的大车或小车开动时、吊钩在起吊时、重物运行线路上有人时,必须发出警告信号。

(9)有主、副钩的起重机,钩上不准挂其他辅助吊具、不允许 2 个钩同时吊运 2 个工作物。

(10)吊运过程中,被吊物的高度要高于地面设备或其他物件 0.5m 以上。在吊运的物件上,不准有浮放的物件、工具等。

(11)吊运重物过程中,不准调整制动器。

(12)严格执行"十不吊":指挥信号不明或乱指挥不吊;超负荷不吊;工件紧固不牢不吊;吊物上面有人不吊;安全装置不灵不吊;埋在地下的物件不吊;光线隐暗看不清不吊;斜位工件不吊;棱角物件或重物边缘锋利面,没有防护措施的不吊;重物越过人头不吊。

(13)所有安装用吊点的锚杆应做拉拔试验,试验合格后方可使用。

(14)对于 TBM 上的吊机、吊具、升降平台等机构,使用前必须检查有无故障,防护措施是否有效。

(15)TBM 组装场地应进行硬化处理,场地表面平整度和强度应满足 TBM 组装和步进的要求。

(16)TBM 步进过程中各个移动部位应有专人观察,并及时和指挥人员沟通,由步进操作人员根据具体情况控制。

(17)TBM 施工配套设备选型应满足隧道长度、转弯半径、坡度、列车编组荷载等指标的安全要求。

(18)隧道内各系统应布置合理,机车运输系统、人行系统、配套管线在隧道断面上布置应保持相应的安全间距,严禁发生交叉。

4）TBM 掘进安全

(1)参加 TBM 施工的全体人员,作业前必须熟悉有关的安全要求和说明后方能上机作业。上班时按要求佩戴标牌、安全帽及其他劳动保护用品;施工人员根据不同的作业性质,穿戴相应的服装、防护用具。

(2)护盾式 TBM 始发时,始发台必须牢固可靠,敞开式 TBM 应确保撑靴撑紧始发洞壁。

(3)在换步和掘进期间严格按规定步骤动作,严禁违规操作和过载运转。TBM 主司机在换步掘进期间要时刻警惕,操作机器的同时观察各项数据显示和监视器状况,如发现 TBM 主机附近工作人员处于危险地带,要及时通知其离开。

(4) TBM 试掘进时，应以低转速、小扭矩、小推力掘进，逐步探索人-机-岩在本工程的适应性，充分磨合、掌握其规律后再适当提高掘进速度。

(5) TBM 掘进前应施作超前地质预报，必须根据隧道的地质条件，选择合理的掘进参数或掘进模式。

(6) TBM 启动、掘进和停机等必须按照 TBM 操作手册的程序操作。

(7) TBM 运行前应发出警告信号，确认所有人员远离危险区域后方可按操作顺序开机启动。

(8) TBM 掘进过程中应加强巡视，确保设备运转良好；应确认开挖面支护、仰拱预制块铺设、管片安装、渣车到位、带式输送机正常、作业人员到位等情况，确保掘进正常。

(9) 敞开式 TBM 在撑靴回缩之前，后支撑与洞底必须接触。TBM 在重新撑紧期间，撑靴移动区域内不得有人。在后配套系统拖拉期间，拖拉液压缸区域和后配套位移区域不得有人。

(10) TBM 掘进期间，主机下作业人员时刻注意洞壁围岩变化，防止落石伤人；及时进行岩石的支护处理，在特殊地段掘进时，支护区域内配有经验丰富的施工安全员。调向期间，主机前部支护人员必须站到安全区域，严禁脚踏防护栏工作；撑靴撑紧期间，附近严禁站人，以防误伤或因撑靴撑紧导致岩石脱落伤人。无紧急情况严禁拽拉输送机两侧紧急制动线，严禁关闭主机上任何紧急制动开关，严禁跨越和在胶带上行走，紧急情况下，必须与主控室保持联系。

(11) 对于 TBM 上的吊机、吊具、升降平台等机构，使用前必须检查有无故障，防护措施是否有效。严禁超载使用吊机；严禁使用材料升降平台运人；严禁在升降平台下停留。工作人员要定期检查吊机制动是否完好、吊索是否损伤，及时更换损坏部件。吊机只能在竖直方向起吊重物。禁止使用吊机沿轨道方向拖拉重物。

(12) 制定人员疏散方案。隧道随时可能发生工作面坍塌、涌水、火灾、有害气体超标、岩爆、岩石坠落等意外情况，工作人员应提高警惕，发生险情或出现报警信号后，迅速组织有序的疏散撤离。

(13) 特殊区域应挂有相应的警示标志。如运转时的高温设备、带电设备上挂有警示标牌，易产生落物区域也悬挂小心落物砸伤的警示标牌。

5）TBM 支护安全

(1) 敞开式 TBM 应根据围岩条件选择合理的初期支护，初期支护应及时施作，并按有关标准要求进行监控量测。

(2) 敞开式 TBM 支护过程中，锚杆钻机、钢拱架拼装器、喷射混凝土机械手等设备回转半径下严禁站人，设备抓举材料时必须牢固可靠。

(3) 隧道支护施工作业面用电应符合临时用电的要求，其照明应满足安全作业的需要。

(4) 隧道支护每项工序施工前均应检查作业面，清除松动的岩石和喷射混凝土块。

(5) 隧道支护施工质量必须达到有关标准规定的要求。超前支护前加固掌子面，每循环之间应有足够的搭接长度与初期支护有效连接。

(6) 复杂地质条件下应根据具体地质情况采取超前支护、预加固处理方案和安全保障措施。

(7) 应按设计和工艺流程施工，负责各工序的安全检查，每次支护作业均应进行安全检查。

(8) 管棚和小导管施工前应检验作业台（架）安全性能，施工过程中应保持稳定。

(9) 管棚和小导管施工前应检查钻机、注浆机及配套设备、风水管等施工机具的安全性能，施工过程中应确保钻机稳定牢靠，注浆管接头及高压风水连接牢固。

(10) 管棚和小导管施工过程中应指定专人负责对开挖工作面进行安全观测。

（11）管棚和小导管施工中应按作业程序和技术要求进行钻进、安装、注浆作业。

（12）管棚作业换钻杆及超前小导管作业顶进钢管时，应防止钻杆、钢管掉落伤人。

（13）管棚作业起吊钻杆及其他物件时，应指定专人指挥，统一口令，起吊范围内严禁站人。

（14）在水压较高的隧道进行管棚钻孔作业时，应选择适合较高水压的钻孔设备，钻孔设备应采取防突水突泥冲出的反推或栓锚措施；应安装满足水压要求的带止水阀门的孔口管，孔口管应安装牢固；作业时作业人员不应站立在孔口正面，且应远离孔口。

（15）管棚施工时应记录钻机钻进的各项技术参数，观察钻渣排出和孔内出水的情况，并与超前地质预报的结果核对。出现异常时，应及时报告并妥善处理。

（16）管棚和小导管在运输时应根据运输机械、洞内临时存放场地大小、各类作业台架腹下净空限界确定运输长度和质量。

（17）管棚和小导管在作业平台上临时存放时，应根据平台设计荷载及安全性能检算结果确定存放数量和高度，同时应有防止其滚落、滑落的防护措施；在洞内空地堆放时除应采取防止其滚落的措施外，还应设置醒目的安全警示标志。

（18）预注浆必须安装流量计和压力表，严禁注浆压力超过注浆管和止浆设施的最大额定值。注浆管接头应连接牢固，防止爆管伤人。

（19）预注浆过程中应安排专人对其影响范围内的围岩和结构进行观察和量测，防止因注浆压力过大而引起围岩失稳和结构损坏。

（20）采用预注浆加固围岩或止水，每循环结束后应采取超前探孔或取芯等手段检查注浆效果，达到要求后方可进入下道工序施工。

（21）喷射混凝土作业前应清除工作面松动的岩石，确认作业区无塌方、落石等危险源存在。

（22）喷射混凝土作业人员应佩戴防尘口罩、防护眼镜等防护用具，并避免直接接触液体速凝剂，不慎接触后应立即用清水冲洗。

（23）非施工人员不得进入正在进行喷射混凝土的作业区，施工中喷嘴前严禁站人。

（24）喷射混凝土作业中如发生输料管路堵塞或爆裂时，必须依次停止投料、送水和供风。

（25）喷射混凝土施工中应经常检查输料管、接头，当有磨损、击穿或松脱时应及时处理。

（26）在有水地段喷射混凝土前应对渗漏水采取适当措施，应将分散的渗水集中引出，严禁采用防水布或铁皮等材料大面积引水，造成喷射混凝土与岩面分离。喷射混凝土中采用特殊添加材料在有水地段直接作业时，应先进行试验，满足要求后方可推广使用。

（27）锚杆的设置应尽量沿隧道轮廓法线方向，倾斜岩层应与岩面或围岩主要节理面垂直。锚杆施工时应根据锚杆设置及围岩实际情况及时调整锚孔角度并采用合适的钻杆和钻进方法。

（28）锚孔钻进作业时，应保持钻机及作业平台稳定牢靠，除钻机操作人员外还应安排至少一人协助作业，作业人员均应佩戴安全带、安全帽、防护眼罩等防护用品。

（29）锚杆的类型、规格和质量必须符合国家现行标准的规定。各种锚杆必须上垫板、带螺母，垫板与锚杆间不应采用焊接连接；垫板应紧贴孔口混凝土，并随时检查锚杆头的变形情况，及时紧固垫板螺母。

（30）围岩破碎、自稳时间短、地应力较大洞段，应采用早强砂浆锚杆或早强中空注浆锚杆，亦可采取增加锚杆数量、选用高强锚杆、加大锚杆长度和直径、加大钻孔直径、提高黏结材料的黏结性能等措施。

（31）全长黏结型锚杆应抽查锚杆的砂浆饱满度，预应力锚杆应抽查预应力施加情况。

（32）锚杆安设后不得随意敲击,其端部在锚固材料终凝前不得悬挂重物。

（33）型钢拱架应采用冷弯工艺加工,严禁采取气割、烧割等损伤母材的弯制办法;格栅拱架应采用胎膜焊接;所有部件连接应焊接牢固;加工的成品经验收合格方可使用。

（34）隧道内搬运钢架应装载牢固、固定可靠,防止发生碰撞和掉落。

（35）拱架节段及钢架之间应及时连接牢固,防止倾倒,拱架背后的空隙必须用喷射混凝土充填密实,严禁填充片石等其他材料;拱架安装完成后应及时施作锁脚锚杆（管）,并与之连接牢固,拱架底脚严禁悬空或置于虚渣上。

（36）拱架的垂直度必须严格控制,不符合要求的钢架应返工重做。

6）TBM 到达掘进安全

（1）TBM 到达掘进前,必须制定到达掘进施工方案,进行技术交底。

（2）TBM 到达掘进的最后 20m 应根据围岩的地质情况确定合理的掘进参数,减小推力,降低推进速度,并及时支护或回填注浆。

（3）双护盾 TBM 到达段拼装管片后,应设置管片纵向拉紧装置。

（4）TBM 到达掘进应增加监测的频次,及时通过监控量测掌握贯通面及附近围岩的变形和地表沉降的情况。

（5）隧道贯通前,应做好出洞场地、贯通段或洞口段的加固工作。贯通面前方区域应设置安全警戒,禁止人员入内。

（6）隧道贯通时应保持洞内外联络畅通。

7）复杂地质 TBM 施工安全

（1）隧道施工前必须根据设计提供的工程地质及水文地质资料,结合现场实际情况分析研究,制定完整的施工技术方案和应急预案。TBM 进入复杂地质洞段前,必须详细查明和分析工程的地质状况和隧道周围环境,对复杂地质条件下的施工制定可靠的施工技术措施。

（2）制定超前地质预报方案,并按根据地质预报的结果及时调整施工方案;加强监控量测工作,并及时反馈量测结果。

（3）TBM 在软弱围岩中掘进时,应按照下列要求作业：

①减缓掘进速度,必要时应先停机加固支护处理再掘进。

②根据围岩坍塌的不同程度,采取适宜的支护方式。

③敞开式 TBM 在软弱围岩中掘进,撑靴压力不应太高、刀盘扭矩不应过大。

④换步时,撑靴的支撑位置应错开钢拱架及洞壁的破碎部位。当洞壁没有适合撑靴的位置或围岩强度太低时,必须适当加固洞壁。

⑤对富水软弱破碎围岩应采取加强排水的技术措施。

⑥双护盾式 TBM 通过软弱围岩时,应减少刀盘喷水、降低刀盘转速和推力、减少单位时间内出渣量、不停机持续稳步通过,防止塌方;还应安装重型管片、及时填充豆砾石并注浆,待 TBM 通过后再进行固结注浆。

（4）隧道施工中可能发生岩爆时,应遵循"以防为主,防治结合"的原则,加强超前地质地貌预报。当发现有强烈岩爆存在的可能时,应及时研究施工对策措施。

（5）TBM 能通过的小规模岩溶洞段,应按下列要求施工：

①隧道通过岩溶地区时,施工前应根据设计图、施工现场情况和超前地质预报,判断溶洞的状况,及

时适当调整施工方案。

②掘进过程中,通过调整掘进参数控制掘进方向,减缓掘进速度,尽量使刀盘受力均匀。

(6)TBM通过大变形洞段时,应按下列要求施工:

①敞开式TBM施工时,应采用弹性软式透水管将水归入沟槽,引至洞内水沟。初期支护应采用喷射混凝土、钢筋网、锚杆、钢架等手段,必要时可采用钢纤维混凝土或加设钢筋网。

②衬砌应在围岩变形基本稳定、变形速度小于0.5mm/d后施作。在衬砌混凝土强度达到设计强度的100%时方可拆模。

③护盾式TBM施工应持续稳步通过,尽量减少停机时间。必要时可使用扩孔刀具加大开挖直径,减少卡机危险。

(7)TBM通过高瓦斯洞段时,应配备瓦斯探测设备。当瓦斯超过一定浓度时,应停止主机作业,强制执行二次通风系统工作等保护程序。

8)管片(仰拱预制块)拼装安全

(1)护盾式TBM施工前,核对隧道沿线地质资料,必要时对地质复杂洞段进行复查。同时,应查清沿线地下管线,并确认管线是否有渗漏,施工中采取切实可行的保护措施,确保管线的安全和正常使用以及TBM顺利安全施工。

(2)首环管片拼装应保证密封,防止管片后漏浆。

(3)护盾式TBM始发时,应控制推力、掘进速度和刀盘转速,避免进洞时洞口端墙塌落和顶坏管片。

(4)护盾式TBM拼装管片时,拼装范围内不得有人和障碍物。管片拼装完成后及时充填豆砾石,并注入砂浆固结,达到管片后孔隙填充密实的要求。

(5)专人负责管片拼装操作,技术人员必须对支护和衬砌作业全程监护以确保安全。

(6)护盾式TBM在掘进过程中,根据地质、线路平面与纵断面等条件,正确编组推进液压缸或辅推液压缸。控制好液压缸作用在管片上的位置,避免在掘进过程中顶裂管片。

(7)护盾式TBM经过浅埋段时应根据实际情况,合理选用加强型管片。

(8)护盾式TBM掘进过程中遇到有发生塌方或遇到障碍、滚动角过大,掘进方向偏离过大、掘进参数异常等上述之一的情况时,应停止掘进,分析原因并采取措施。

(9)管片验收合格后方可运至工地。管片堆放场地应坚实平稳,拼装前应编号并进行防水处理,管片转运及拼装设备经检查合格后方可拼装管片。

(10)管片拼装过程中,应保持TBM状态稳定,防止护盾式TBM后退和已安装管片受损。

(11)管片拼装成环时,其连接螺栓应先初步拧紧,脱出盾尾后再次紧固。TBM掘进至下一环管片拼装前,全面检查并复紧相邻已成环的3环管片螺栓。

(12)必要时进行超前地质预报,提前探明前方复杂地质条件,采取相应措施,并制定应急预案。

(13)护盾式TBM通过拱顶岩层较薄、人工填土厚、围岩破碎的洞段时,应控制掘进参数,持续稳步通过,尽量保持掌子面稳定,必要时超前加固后再掘进。

9)豆砾石回填安全

(1)豆砾石回填安装喷头要牢固,回填过程中要观察管道运行情况,调整好风压、风量,防止喷头脱落、管道爆裂和堵塞。

(2)豆砾石回填设备必须定期维修保养、及时修理,防止机械事故发生。

(3)施工人员必须按时上下班,坚守工作岗位,严禁串岗、脱岗。

10)管片背后注浆安全

(1)注浆头安装要牢固,灌注过程中工人要观察管道运行情况,调整好压力,防止注浆头脱落、管道爆裂和堵塞。

(2)灌浆设备必须定期维修保养、及时修理,防止机械事故发生。

(3)施工人员必须按时上下班,坚守工作岗位,严禁串岗、脱岗。

11)刀具更换安全

(1)参与换刀人员必须身体健康、动作敏捷、善于协作,年龄在55岁以下,在生产活动中无习惯性违章操作记录且无心脏病、眼疾、呼吸系统等病史。

(2)换刀人员必须熟悉掌子面地质特点及刀盘构造、性能和安全操作知识,遵守安全操作规程和安全生产纪律。

(3)刀盘内设安全员(可兼职),如果发现有突水、突泥、坍塌等不稳定迹象,立即告知换刀人员,及时有序撤离,避免安全事故。作业过程中保持肃静,严禁高声喧哗,现场作业只能有指挥人员和换刀人员的对话声音。作业过程中必须保证作业通道畅通,换刀人员一旦发生危险可迅速撤离至刀盘外。

(4)换刀前,以手持式气体检测仪检查是否存在有毒有害气体,防止有毒有害气体危及作业人员生命安全。

(5)换刀吊具在作业前,应进行严格的安全检查和测试,吊具应牢固可靠,防止刀具在拆换起吊过程中坠落下伤人、砸坏设备设施。

(6)换刀人员进入刀盘作业前必须首先将点动控制盒按入,切断主控室对刀盘的控制。TBM主司机必须在主控室内坚守岗位。

(7)主机带式输送机的移动操作要指定专人负责,并对其操纵手柄进行锁定或挂"勿动"指示牌,防止他人误操作。

(8)在刀盘区进入掌子面作业时应有不少于2人进入相互配合,并严格控制人数,禁止非必要人员进入;进入掌子面后首先检查掌子面是否有脱松的危石,并及时处理。

(9)点动刀盘由专人操作和指挥,换刀人员首先撤离刀盘,刀盘内的零部件工具杂物等全部应搬走。

(10)刀盘前焊接作业时,必须安排专人看管电气焊接设备与机具。

(11)刀盘内照明采用安全电压,并配置应急灯。

(12)刀具搬运要轻拿轻放,防止刀具意外滑落。

(13)禁止任何无关人员进入换刀作业区。

(14)由于受作业环境限制,换刀空间狭小,刀具在拆换吊装过程中,必须保证换刀人员人身安全,严禁在视线不清、情况不明、换刀人员安全无保障的情况下作业。

(15)保持洞内24h送风、送电,各值班员人员严禁离开岗位。

(16)作业现场必需备有清洁饮用水和医药急救箱。

(17)认真执行交接班制度,每班次必须做好班前安全检查,遇有不安全问题,在未排除之前或责任未分清之前不得交接班。填写交接班记录。交接班人员无异议,签字后方可认为交接班完毕。

(18)所有人有权拒绝违章指挥,有责任和义务按时完成安全隐患整改。

12)有轨运输安全

(1)必须按设计图铺设轨道,严格控制好轨距、线间距和线形。轨道必须平顺,钢轨与轨枕间必须固定牢靠;轨枕和轨距拉杆必须符合安装规定。

(2)TBM施工运输需制定安全操作规程,运输操作人员应经专业培训,考核合格后持证上岗。

(3)机车司机及其他相关人员必须严格按照《机车安全操作规程》操作。司机行车过程严格听从调度及信号员的指令操作,严禁随意操作。行驶前应鸣笛,并注意机车前方行人和障碍物。

(4)机车牵引能力应满足隧道最大纵坡和运输质量的要求。

(5)机车行驶时应符合下列规定:

①开车前,工作人员必须前后检查各类物件必须放置稳妥、捆绑安全,运输不得超载、超宽和超长。

②机车在启动和行驶过程中,必须开启灯光等警示。同时,应注意机车行驶中的动态。

③限制机车行驶速度,通过道岔时行驶速度不得超过5km/h,通过其他洞段时行驶速度不得超过15km/h。

④机车在进入和离开后配套台车时应鸣笛,且减速慢行。扳道员应保证扳道过程中不出差错,并派专人负责养护轨道。

⑤行驶中严禁司机、调车员将身体任何部位伸出限界外。

⑥机车长距离运输会车时,应按照轻车避让重车的原则,保证重载列车运行畅通。

⑦车辆行驶时,应与信号、指挥人员保持通信畅通,以利协调配合。

⑧加强线路信号管理,确保信号准确无误。

(6)车辆脱轨时,必须立即停车处理。

(7)列车编组必须可靠连接,并设置软连接作为保险,摘挂后调车、编组和停留时,应有防溜车措施;机车发生溜车时,司机要及时通知附近作业人员采取相应措施,人员及时躲避。

(8)两组列车在同方向行驶时,其间隔距离不得小于100m。

(9)载人列车必须制定保证安全的措施,列车行驶中和尚未停稳前严禁人员上下。

(10)进出隧道人员必须走人行专用通道,不得与车辆抢道和进入轨行区。

13)带式运输机出渣安全

(1)带式输送机输送能力应满足TBM最大生产能力。

(2)带式输送机机架应坚固,满足平、正、直的要求。

(3)必须按带式输送机的使用与保养规程定期对电气、机械、液压等系统进行检查、保养与修理。

(4)应设专人检查胶带的跑偏情况并及时调整。

(5)应按照技术要求设置出渣、转渣装载装置。

(6)启动带式输送机前,应发出声光警示。空载启动后,应检查各部位的运转和胶带张紧情况,如无异常,达到调定转速后,方可装载岩渣。

(7)输送机在运转中严禁修理和调整。

(8)TBM上,带式输送机两侧应加设护栏等防护装置。

(9)及时清除胶带上的附着物。

(10)带式输送机运行中严禁跨越(专用道除外)。

(11)除检验外,人员严禁在胶带上逗留。

(12)停机后要关闭电源。

14）TBM 拆卸安全

（1）洞内拆卸时，拆卸洞室应选择在围岩稳定、整体性较好的位置，尺寸应满足洞内吊装的工作条件。

（2）洞内、洞外设备拆卸场地的地基应夯实、表面平整，强度应达到设备吊装承载力的要求，并必须在 TBM 贯通前完工。

（3）TBM 拆卸应遵循技术文件相关要求。

（4）桥式起重机、门式起重机的使用操作必须依照起重设备安全操作规程。

（5）制定 TBM 拆解拆卸方案或措施，经过审批后执行。

（6）严禁司机在负载悬吊时离开起重机。

（7）吊装时应严格使用完好无损、与构件吨位匹配的专用吊具和索具，严禁使用明显破损的钢丝绳或吊带，不得打结后再次使用。专用吊具等每班作业前要进行检查，发现破损、断线问题时及时更换。

（8）起重机工作时，禁止任何人在重物下方及起重机工作区域逗留、通行。

（9）司机操作要精力集中、小心谨慎，绝对服从指挥者命令，做到吊卸物体慢、轻、准。

（10）起重司机和起重指挥人员要有丰富的拆卸经验，必须持证上岗。

（11）作业人员必须正确佩戴安全帽、穿绝缘鞋或防滑鞋，高空作业必须正确系好安全带。

（12）人员站立位置的表面油污必须及时清理并擦干，以免滑倒造成损伤。

（13）高处作业所用材料要堆放平稳，不得妨碍作业，并制定防止坠落的措施；使用工具应防止工具坠落伤人的措施；工具用完应随手放入工具袋内；上下传递物件时禁止抛掷。

（14）拆卸工作中要注意防火、防触电、防高空坠落、防机械挤伤和防高空坠物等安全事项。

（15）在焊接作业时，焊接用氧气、乙炔等储气瓶要求放置在焊点 10m 以外的安全区域，与易燃易爆品的距离大于 30m，特别是在高空焊接作业时，要严禁储气瓶放在焊点下方。作业人员必须佩戴护目镜及防护手套，氧气乙炔使用必须符合规范，氧气瓶与乙炔瓶最小间距为 5m。

（16）所用的枕木、各种油等易燃品较多，因此在场内安置多处灭火器等消防设施。

（17）正确选择安装工具，严禁超量程使用。

（18）为保证用电安全，凡可能漏电伤人的设备必须设置接地，并派专门电工定期进行检查和维修。对于电压高于 24V 的电气设备，不允许工作人员站在水中操作。所有电气设备配电箱内的开关、电器必须完整无损、接线正确，设置漏电保护器。所有用电设备的安装、维修或拆除均由专业工人完成，其他人员不允许进行电工作业。

（19）拆卸液压管路时，必须及时堵好，防止灰尘进入管路和阀块等，同时要及时清理现场，防止起火。现场配置足够数量的灭火器。

（20）专用液压机具和电气设备应由专人使用和管理，用电设备和线路布置合理、规范，防止触电。

（21）作业人员必须进行岗前技术和安全教育培训，设置专职安全员。

15）施工供排水安全

（1）安全用电必须符合相关用电标准和规范。

（2）经常检查配电柜、电机、水泵，防止电气设备受潮。

（3）经常检查盾尾内部的悬挂排污水泵的导链是否完好，确保水泵安全。

（4）供水水池根据机械及管路的要求防止水压过高。

（5）供排水管路铺设宜避开地质不良地段，管路铺设不宜采用高架的形式。

（6）检修供排水管路前,应先关闭控制该段管路的闸阀。

（7）泵站由经培训合格的专人负责运行和管理。

16）施工用电安全

（1）施工用电必须执行《施工现场临时用电安全技术规范》（JGJ 46—2005）有关规定。

（2）建立临时用电施工组织设计（专项方案）和安全用电技术措施的编制、审批制度,并建立相应的技术档案。

（3）施工现场存在 5 台及以上或设备总容量在 50kW 及以上的用电设备时需编制临时用电专项方案。

（4）施工用电采用"三相五线"制,按"一机一闸一漏保"防护。

（5）应使用标准电线,电箱内开关电器必须完整无损,接线正确,电箱内设置漏电保护器。同一移动开关箱严禁有 380V 和 220V 两种电压等级。

（6）在潮湿、漏水环境中电气设备应具有相应的防水等级。

（7）隧洞内各部照明电压要求为:开挖、支撑及衬砌作业段为 12～36V,成洞地段为 100～220V,手提作业灯为 12～36V。

（8）所有的动力线和照明线应当保持绝缘状态。

（9）动力线和照明用线应当在隧洞的一侧布置,并与电话线或通信线路保持适当的距离。所有的线路应当使用具有绝缘能力的绝缘子将线牢靠固定在洞壁上。

（10）上岗人员必须持有关部门核发的上岗证书,严禁无证上岗。

（11）做好技术交底制度和培训。专业电工、各类用电人员介绍临时用电施工组织设计和安全用电技术措施的总体意图、技术内容和注意事项,并应在技术交底文字资料上履行交底人和被交底人的签字手续,注明交底日期。项目部定期对专业电工和各类用电人员进行用电安全教育和培训。

（12）做好安全检查。从临时用电工程开始,定期对临时用电工程进行检测,主要内容:接地电阻值、电气设备绝缘电阻值、漏电保护器动作参数等。

（13）加强用电设备日常和定期维修工作,及时发现和消除隐患,并建立维保修理记录,记载维保修理时间、地点、设备、内容、技术措施、处理结果、执行人员、验收人员等。

（14）隧洞内的用电线路和照明设备必须由专业电工负责检修管理,检修电路与照明设备时应切断电源。

（15）工程竣工后,临时用电工程的拆除应有统一的组织指挥,并规定拆除时间、人员、程序、办法、注意事项和防护措施等。

17）通风除尘安全

（1）除尘风机的开启和关闭要严格按照设备操作规程执行,不得违章作业。

（2）软风管储存筒更换前要检查吊具的完好性,更换过程中储风筒下禁止人员停留和工作。

（3）储风筒运输必须固定牢固,以防滑溜。

（4）隧道施工应采取综合防尘防毒措施,并定期检查粉尘及有害气体浓度。

（5）喷射混凝土粉尘浓度达不到标准时,应采取防尘除尘措施。

18）轨道施工安全

（1）钢轨、道岔的装卸和运送

①装卸钢轨时要配足人员,配备专人指挥,不得猛摔钢轨。

②钢轨装车时两端要匀称,并装得牢固可靠,以保持运行平稳。

③用平板车装运钢轨时,车板周边设置挡杆,防止振动时钢轨滑落。

④运送道岔时,先将道岔拆开,然后装车运送。

(2)轨道铺设

①铺道前先准备好材料、工具和量具等。

②铺设顺序为:铺设轨枕、铺设钢轨、接轨并安装夹板、安装扣件、调平拨直(初调)、按质量标准进行最后调整。

③安装夹板时不准用手试探钢轨连接孔。

④在一节轨道两端同时工作时,一端移动钢轨时必须通知另一端。调校轨道时,人要骑居轨顶,手捏轨身,缓慢移动,以防钢轨落下伤人。

⑤螺杆道钉必须拧实,不得松动。

⑥用起道器时必须随起随垫,以防起道器跑牙或歪斜伤人。

⑦铺设弯道时,外轨应抬高、内轨应加宽,其抬高和加宽数值按作业规程执行,半径应符合设计要求。

(3)轨道拆除

①在轨道拆除前,应检查隧道内是否有应运出的物料或设备。如果有应报有关负责人,处理后再拆除轨道。

②轨道拆除时如有锈蚀无法正常拆卸的螺栓,可用气割切断,但附近不得有易燃物。

③在隧道中拆除轨道用机车运送钢轨时,末节平板车轮必须设置铁鞋,以防溜车。

19)设备维护安全

TBM及施工配套设备的保养和检修工作应在机器停止操作时进行。

(1)机械部分维护安全

①作业前必须熟悉设备工作原理和构造,注意有关安全事项和说明。

②保养之前,必须将可能对人体产生危险的压力管路和预紧弹簧卸压。

③保养过程中,必须使设备可靠停机,液压机构安全闭锁,主司机遵守技术文件规定的启动和停机规定,非主司机人员不得擅自操作TBM主机。

④设备保养之前应保持手柄、台阶、扶手、平台和梯子的清洁,及时擦净油污;清理设备时,要遮盖或用胶带封住所有外漏的精密螺纹和精密配合表面,包括电机、电器开关、裸露接头和控制柜。焊接、切削和磨削工作之前要清理周围场所,去除灰尘和可燃物质,以免引发火灾。

⑤完成保养后,正确安装液压和压缩空气管路,及时恢复曾经拆过的安全保护装置,并认真复核。

⑥使用合适、完善的提升装置吊装大件和独立部件,做到连接可靠、起吊平稳,保证装置有足够的承载力,保证工作人员决不在起吊物下停留或工作。

⑦高处的保养工作,不要使用设备部件做攀爬工具,应用梯子或搭建好的工作平台,或使用安全适用的爬升装置。悬空作业时必须系好安全带和安全绳。

⑧运动部件区域维修作业前,应停止设备运行。

(2)电气部分维护安全

①电气系统维修前,必须断开电气设备的开关,并防止意外重启。

②严格执行服务手册电气部分的安全操作规程及相关技术标准。

③电气工作人员必须穿绝缘鞋,佩戴安全帽,带电作业时必须戴绝缘手套,使用绝缘工具。

④维修过程中设备必须断电,并设置相应的安全警示标志,防止误操作带来人员或设备的伤害。

⑤维修时,有电源隔离保护的零部件必须做隔离保护;操作高压组件时,应在隔离后将供电电缆和高压组件可靠接地。

⑥接线应规范,线头不能留毛刺,并注意保持维修部位的清洁。

⑦需要通过电脑来检测和处理故障时,须确保程序和数据不会更改;必须更改的数据由具有相应专业能力和权限的电气工程师确认后方可执行。电脑联机作业时,无关人员不得操作电脑,切忌工作人员不关机离开或者无人看守。

（3）液压部分维护安全

①液压系统维修前,必须关闭相关阀门并降压,以免高压伤人,防止液压缸的缩回和液压马达的意外运行。

②油的排放回收必须严格执行国家环保规定。

③加油时尽量一次加完1桶油,剩余油品按相关规程妥善保管。

④新油不得加入严重老化或污染的油液中。

⑤检查液压系统时应保证必要的清洁,擦拭液压系统元件要用无纤维制品或特殊纸巾,禁止使用棉纱。清洗液压系统时,清洗剂不要落入部件的密封中,清洗完毕后及时装配或妥善保护。

（4）其他维护安全

①压缩空气和供水系统维修时,应关闭相应阀门并降压。

②现场应配备完善的消防设备,使用明火、电焊作业时,应有专人监控,附近不应有可燃物;当不能避开可燃物时,必须使用阻燃物覆盖。

5.3.3 安全应急预案

项目部应根据国家的法律、法规及相关要求,结合工程的危险源状况、危险性分析和可能发生的事故特点,制定施工现场生产安全事故应急救援预案。

1）应急组织机构

项目部一般应建立施工安全事故应急处置组织机构,如图7-5-2所示。

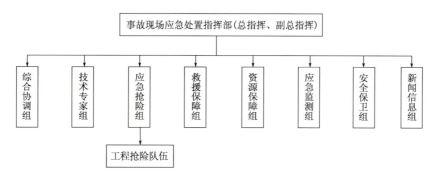

图7-5-2 安全事故应急处置组织机构

2）应急组织机构职责

（1）事故现场应急处置指挥部

①事故发生时,项目经理立即启动现场应急救援预案,并通知现场各应急救援小组迅速到位,开展

应急救援工作。

②项目经理收集和核实现场应急救援信息、情况,及时向指挥中心汇报,接受指挥中心指令。

③项目经理对现场存储的应急救援物资、装备做好日常维护、保养工作,及时进行更新、更换和补充,确保有效。

④项目经理应定期组织开展各类应急演练活动,对应急救援工作进行总结评估,针对不足和问题制定防范和改进措施,同时负责具体落实后期处置中的各项工作。

(2)应急处置工作组

①总指挥:由项目经理担任总指挥,其职责是组织、指挥和配合、协调现场应急救援工作,对现场处置的重大事项进行决策,发布和解除应急救援命令;将事故基本情况、应急救援采取措施与方案及存在的问题等事项向上级单位报告,并负责落实督办上级领导指示和要求;应急救援行动超出项目部救援能力范围的,及时上报上级单位及领导,请求启动上级应急救援预案;批准各种应急培训、演练计划,并领导组织应急演练。批准主要应急物资的储备和救援装备的购买、更新。

②副总指挥:由安全总监总工程师或副经理担任副总指挥,其职责是当总指挥不在岗时,代理总指挥行使总指挥职责,负责现场应急救援工作;总指挥部在岗时,协助总指挥开展现场应急救援,做好交办的工作;负责应急救援各项工作的协调及信息传递;负责各项应急救援措施、方案的落实,并向总指挥提出控制事故扩大的对策和建议。

③综合协调组:负责接警、通知和发布紧急公告;了解、收集和上传下达有关信息,联络有关部门和单位;负责构建现场应急指挥机构(含各工作组),分配工作区域和分发标明应急人员身份的袖章等标识,协调各工作组和各方面的应急处置工作以及指派专人对现场应急抢险人员的安全进行监控。

④安全保卫组:先行组织保安及有关人员,对事故现场及周边道路进行警戒、控制,为抢险物资、设备、人员开辟好专用运输通道,必要时组织有序疏散,登记疏散人员和物资。

⑤应急监测组:负责组织现场出险范围、地质条件的探测和勘察;负责现场及毗邻区域的建(构)筑物、管线、支撑(加固)结构和地面的稳定性的监测,及时向应急指挥部汇报监测结果。

⑥应急抢险组:组织应急抢险队开展现场应急抢险救援或配合当地政府、建设单位的专业应急抢险队伍进行抢险救援工作。

⑦资源保障组:负责建立、维护、更新工程应急抢险物资信息数据库,明确装备的类型、数量、性能和现场存放位置;负责与场外单位的协调,联系救援抢险所需的特殊设备物资并及时调到现场。

⑧技术专家组:负责组建由勘察、设计、施工技术专家组成的抢险专家库;就应急准备工作中的重要问题进行研究、提供建议;组织专家组成员开展活动,编制应急技术和信息资料;组织专家制定应急救援技术方案,开展工程结构安全性评估,根据监测到的结果来评估事态发展,为抢险救援等工作提供技术支持。

⑨救援保障组:负责与当地医疗救护中心联系,做好受伤、中毒人员的紧急输送和救护工作,以及伤亡人员的善后工作。同时,负责救援人员生活必需品的提供。

⑩新闻信息组:负责事故应急处置和抢险救援的新闻报道工作,在事件第一现场接待新闻媒体记者,视情况向媒体提供新闻通稿,全程跟踪媒体报道,并安排人员记录抢险工作。

上述工作小组应事前建立并演练,一旦启动应急预案,即赶赴现场投入抢险。

3)预警及信息报告

(1)应急预防

应急预防是应急救援的关键过程,是针对可能发生的事故,为迅速有效地开展应急行动而预先所做

的各种工作,其目标是保持应急救援所需的应急能力,其主要工作包括:

①建立完善的应急体系。

②危险源辨识。

③准备应急资源。

④组建抢险队,进行应急培训。

⑤进行应急演练,提高应急救援能力。

⑥签订互助协议,确保应急资源共享。

(2)预警

①当发现事故或事故征兆而短时间内得不到有效控制或事故有扩大可能时,工作人员可采用报警器、网络、移动电话、对讲机、固定电话等方式预警。

②工作人员根据行业行政管理部门相关规范和规定列出分部分项危险源。如《水利水电工程施工安全管理导则》(SL 721—2015)、《危险性较大的分部分项工程安全管理规定》(住建部令第 37 号)与《住房城乡建设部办公厅关于实施〈危险性较大的分部分项工程安全管理规定〉有关问题的通知》(建办质〔2018〕31 号)列出分部分项危险源,当工程发生险情或事故时要第一时间发出预警和上报。

当项目负责人收到预警信息后,及时研究和判断,采取有效措施消除隐患,防范事态进一步扩大。若出现事态不可控或有扩大的趋势,项目负责人要立即启动项目部应急救援预案,开展应急救援,并将信息报上级单位应急救援领导机构。上级单位收到信息报告后,启动本单位应急救援预案,并第一时间向事发地政府有关部门上报。

(3)信息报告

①信息接收与通报。

公司和项目部建立信息通信网络,设值班电话和各级人员移动电话联系网,实行 24h 值班制度,确保信息畅通无阻。

事故发生后,发现事故的第一人要立即向项目负责人报告,项目负责人接到报告后,在指挥应急行动的同时,要将上报人姓名、事故类别、事故简单情况(有无人员伤亡)、初步原因及采取的措施和存在的问题等向公司报告;事故出现新情况后,应当及时补报。情况紧急时,事发现场有关人员可以直接向事发地政府有关部门报告。

②信息上报。

公司收到事故报告后,1h 内向事发地县级以上人民政府安全生产监督管理部门和负有安全生产监督管理职责的有关部门报告。内容包括:发生事故的单位名称及工程详细名称;事故发生的时间、地点;事故的简要经过、伤亡人数、直接经济损失的初步估计;事故原因、性质的初步判断;事故抢救处理的情况和采取的措施;需要有关部门和单位协助事故抢救和处理的有关事宜。

③信息传递。

当发生的事故可能波及其他区域时,由现场应急指挥部通过电话、人员信息传递等手段,迅速向周边单位、人员发出预警和告知,并采取必要的防范措施。新闻信息组作为应急救援信息管理部门,负责信息对外把关和传递工作。

4)应急响应

(1)响应流程

施工安全事故的应急响应程序按过程可分为接警、响应级别确定、报警、应急启动、救援行动、扩大应急、应急恢复和应急结束等过程,如图 7-5-3 所示。

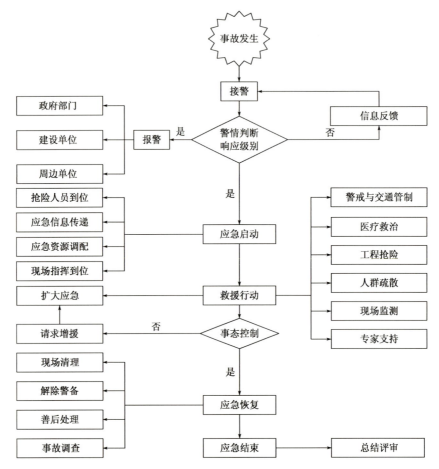

图 7-5-3　事故应急响应基本程序

(2) 响应分级

根据生产安全事故(以下简称事故)造成的人员伤亡或者直接经济损失,事故一般分为以下等级:

①特别重大事故,是指造成 30 人以上死亡,或者 100 人以上重伤(包括急性工业中毒,下同),或者 1 亿元以上直接经济损失的事故。

②重大事故,是指造成 10 人以上 30 人以下死亡,或者 50 人以上 100 人以下重伤,或者 5000 万元以上 1 亿元以下直接经济损失的事故。

③较大事故,是指造成 3 人以上 10 人以下死亡,或者 10 人以上 50 人以下重伤,或者 1000 万元以上 5000 万元以下直接经济损失的事故。

④一般事故,是指造成 3 人以下死亡,或者 10 人以下重伤,或者 1000 万元以下直接经济损失的事故。

(3) 处置措施

①现场应急救援工作及时性原则:先撤人、后排险;先防险、后救人;先防险、后排险。

②事故发生后及时发出报警信号,互相帮助,积极组织自救;采取紧急救援措施,防止事故扩大和引发次生灾害,特别是突发事件发生初期能采取的各种紧急措施,如紧急断电、组织撤离、救助伤员、现场保护等;及时向现场应急指挥部报告,必要时向相邻可依托力量求救;为参加应急救援人员配备相应的

防护装备(隔热、防毒等)及检测仪器。

③做好紧急医疗救护和现场卫生处置工作,及时组织救治及护送受伤人员到医疗急救中心医治。

④单位负责人接到报告后,应当于1h内向事故发生地县级以上人民政府安全生产监督管理部门和负有安全生产监督管理职责的有关部门报告。情况紧急时,事故现场有关人员可以直接向事故发生地县级以上人民政府安全生产监督管理部门和负有安全生产监督管理职责的有关部门报告。

⑤及时掌握事故的发展情况,根据变化修改、调整和完善现场救援措施、方案和资源配置。

(4)应急结束

①当事故现场对人员、财产、公共安全的危害性已消除,伤亡人员和群众已得到医疗救护和安置,财产得到妥善保护,施工现场恢复正常生产时,经公司应急指挥部总指挥批准后,现场应急救援工作结束,并通知本单位相关部门、周边单位及人员事故危险已解除,应急救援队伍撤离现场。

②应急救援结束后,公司应及时组织和指导项目经理部进行应急救援过程和保障等总结评估工作,总结经验教训,评估处置能力,针对问题和不足制定防范和改进措施,防止类似事故再次发生。应急救援结束1个月内,将总结评估报告报公司应急指挥部。

5)信息公开

(1)信息公开要严格遵守国家法律法规,做到及时主动、客观公正、真实准确。

(2)新闻信息组负责应急救援信息收集、整理,做好信息提供和把关,并配合事发地政府有关应急救援信息公布工作。

6)后期处置

(1)现场检测和恢复。

(2)医疗救治。

(3)善后赔偿。

(4)应急救援能力的评估及应急预案的修订。

7)应急保障措施

应急保障措施包括:通信与信息保障、应急队伍保障、物资装备保障。

5.3.4 典型事故应急处置要点

针对TBM法隧道施工中发生频率较高的事故,本节给出了应急技术要点,可根据这些编制相应的应急预案,以便事故发生时及时启动预案,使事故造成的损失和影响降至最低程度。

1)隧道坍塌事故

(1)当发现隧道坍塌时,发现人应及时发出警告信号,在危险区域的人员立即撤离,同时禁止其他工作人员接近或进入危险区域。工作人员撤离至安全位置后,及时清点现场施工人员数量,查看有无人员伤亡情况。工作人员应切断设备运行电源,使设备处于停机状态,最大限度保护TBM,同时也防止因TBM设备动作导致塌方进一步扩大。

(2)当班工班长、现场值班技术人员应立即向项目经理、安全总监、总工程师、监理工程师报告。在城市施工时,如果坍塌段上方有道路或建筑物、小区,项目部要派人进行交通疏散,严禁车辆、行人从塌方(冒顶)地段上方或紧邻通过。在山岭隧道施工时,如果坍塌段上方是河谷,项目部要派人对河谷进行地表勘察,研究并制定处理措施。

(3)项目部在接到报告后应派遣有关人员应立即赶往现场,并向业主及上级管理部门报告,涉及地下管线、建筑物时,应立即向相关产权单位报告;相关产权单位在接到事故报告后,尽快组织专业抢修队伍到达出事现场进行原因分析,共同组织抢修。抢修人员应对受影响的建(构)筑物、管线架设临时支撑,防止建(构)筑物、管线受到继续破坏,对受影响的燃气、供水、供热等地下管线采取停止运营、导流等措施防止产生更大灾害。

(4)在报告的同时,安全总监、总工程师组织相关专家进行原因分析,制定并实施处理方案;事故现场组织调配抢险机械设备、抢险物资及人员,以配合专业队伍进行抢险工作。安排专人对现场抢险人员的抢险行为进行安全监控,在确保救援人员无生命安全威胁的情况下开展抢救工作。当险情危及人身安全时,人员应尽快撤离危险区,在安全位置守候待命,以便及时抢救,抢救过程中一定要保证抢救人员的生命安全,防止坍塌损害进一步扩大。

(5)发现坍塌要及时抢救。塌方可能对受害者造成两种严重的后果:一是土埋窒息,迅速造成受困者死亡;二是土方石块压埋肢体,引起挤压综合征。石块土方压埋肢体时间较长,大腿等肌肉丰满处细胞易坏死,产生有毒物质,人一旦被救出,肢体重压解除,毒素就进入血液循环,会引起急性肾功能衰竭。其表现为伤部边缘出现红斑,肢体肿胀,伤员口干舌燥,恶心呕吐,厌食、烦躁乱动。抢救全身被土埋者,根据伤员所处的方向确定部位,先挖去其头部的土物,使被埋者尽量露出头部,迅速清洁其口、鼻周围的泥土,保持呼吸畅通,必要时紧急实施心肺复苏(人工呼吸),然后再挖出身体的其他部位。对呼吸、心跳停止者,应立即进行人工呼吸和胸部按压。对各种外伤应急现场处理。如果局部肢体受挤压,在局部解除压力后,应立即用夹板将伤肢牢牢固定,严禁不必要的肢体活动,伤部应暴露在凉爽空气中。当抢救出伤员时,应根据伤者的伤势程度,医务人员实施必要的现场救治措施(如止血、包扎等)后,按"先重后轻"的原则,立即将伤者送医院进行抢救、治疗。

(6)若坍塌特别严重,自身救援能力有限时,项目部应立即上报地方政府或相关救助部门,请求紧急救援,同时做好相关配合救援工作。

(7)坍塌稳定后,如塌方段有渗水,抢修人员应采用聚氯乙烯管(PVC管)引流处理,防止渗水软化塌方土体,从而引起连续塌方事故;并用方木、工字钢等支撑塌方区域,及时挂网喷射混凝土,封闭塌方岩体,并加固相邻区域洞室。塌方处理完成后加强塌方处的监测,每天观测频率3次以上并及时上报监测情况,至变形稳定。

(8)研究制定坍塌体清理以及TBM卡机脱困措施,确保不发生次生事故。

2)隧道突水、突泥(砂)事故

(1)发生险情后,发现人应及时发出警告信号,通知在危险区域的人员立即撤离,同时禁止其他工作人员接近或进入危险区域。工作人员撤离至安全位置后,及时清点现场施工人员数量,查看有无人员伤亡情况,并切断设备运行电源,使设备处于停机状态。

(2)事故发生后,在确认现场事态不会进一步扩大的前提下,事故现场负责人等相关人员应及时赶赴现场,施工现场的抢险救援小组成员必须接受统一指挥,投入抢险救援工作。

(3)工作人员应及时启动设备自带或备用应急抽排水设备及时将污水(泥)抽排至TBM污水箱或TBM后配套尾部,保证TBM设备不会被污水(泥)淹没。

(4)对于规模小的涌水段,开挖过程中在围岩稳定、能安全通过时尽量维持涌突水的排水通路,严禁随意封堵,通过后采用封堵和导排措施治理集中的涌突水。若有滴水和线状渗水,TBM可正常掘进,掘进过程中利用TBM自带的锚杆钻机对出水点钻排水孔,埋设导管排水,导水效果不好的设盲沟或截水圈排水。根据掌子面集中涌突水情况,若隧道底部水位满足施工条件,仰拱预制块作业区具备作业能力且围岩稳定性较好时,TBM正常掘进。待出水点出护盾后,采用锚杆钻机施工排水孔、导排;若遇地下水压力较大,采用钢板将地下水引至隧洞边墙上,待TBM通过后进行堵水注浆处理。

(5)对于规模大的涌水段,工作人员应通过物探、超前钻孔等超前地质预报方法判明前方掌子面,当出现突涌水流量大、隧洞底部不具备作业条件时,必须立刻停止掘进,采取超前小导管、管棚支护、超前注浆进行封堵处理,必要时增加设备。注浆处理根据实际情况 选择水泥—水玻璃双液浆、高强混凝土(HSC)水泥浆、超细水泥—水玻璃浆和聚氨酯类化学灌浆材料,待出水量明显减小、具备掘进条件时再行掘进。与此同时,临时增加大功率潜水泵和抽水管路,将水抽排至后配套之外至少50m区域。超前注浆加固后,掌子面围岩条件仍无实质性改良的情况下,则调整施工方案,超前管棚、超前预注浆等加固及堵水处理。

(6)对于出现突泥的情况,根据突泥程度,工作人员制定清淤和加固措施,可采取注浆封堵、加固措施,然后采用超前管棚注浆预加固后再掘进。若突泥量大,采用以上加固措施后仍不具备掘进条件或处理时间长、工期不可控时,则采取从护盾后部绕到TBM前方矿山法开挖,TBM步进通过。

(7)管片若有渗漏,对管片壁后进行二次注浆,阻断汇水通道,利用堵漏材料进行封堵,在相应位置安装球阀,必要时泄压,如上述措施效果不佳时,可采用聚氨酯压注封堵。

(8)当事故有可能危及周围居民的安全时,发现人应立即通知政府组织及当地居委会,组织居民安全有序的撤离。专人负责事故现场设立警戒线,封锁现场通道,做好媒体接待,根据实际情况及时向周边居民发布安民告示。

3)岩爆事故

(1)岩爆发生后,TBM应立即停机躲避,同时做好观察和记录,包括岩爆的位置、爆落规模、弹射的速度和距离、岩爆前后的声响等,并尽快对岩爆强度初步分级,根据岩爆强度等级确定应急措施。

(2)在通过岩爆地段时,TBM设备需增设临时防护设施,给主要设备安装防护网、防护钢板或防护棚。

(3)项目部给施工人员配发钢盔、防弹背心。需在TBM主机顶部作业时,可在护盾尾部设置拦截网片,减少飞石伤人可能。遇到强烈及以上等级岩爆,危险区域不得作业,必须将作业人员撤离至安全地段。

(4)岩爆施工区段设置警示标牌,配置安全防护用品箱,提示进洞人员佩戴好安全防护用品。

(5)加强现场岩爆监测、警戒及巡回检查,必要时及时躲避。中等岩爆区域按10m/处、强烈岩爆区域按5m/处进行布控监测,测量频率按监控量测规范要求执行。数据处理要求及时,并及时反馈指导施工。

(6)加强对施工人员岩爆知识教育,强化作业人员安全纪律教育以及岩爆常识、防护知识的学习;严格执行有关技术和安全操作规程;危险地段增设照明并设醒目标志。

(7)针对轻微岩爆,主要采取"喷水+应力释放孔+锚+网+喷"加强支护,这也是防治岩爆较为成熟和有效的办法。在掘进过程中按照设计做好系统支护外,主要针对拱部120°范围采取挂网、加密锚杆等措施,必要时施作应力释放孔,并对出露围岩喷水,以适当改变岩石力学性质,降低岩石的脆性;如岩爆形成围岩崩塌体积较大,应及时喷射混凝土加固围岩,必要拼装组织架,安装钢筋排加强支护。此外,可以采用柔性防护网代替传统钢筋网,利用涨壳式预应力中空锚杆能有效、快速地控制岩爆引起的坍塌规模,达到快速支护、确保施工安全的目的。

(8)针对中等岩爆,主要措施为加强支护,采用"喷水+钢筋排+锚杆+钢拱架+喷纤维混凝土"支护方式。锚杆要快速实施,能够迅速锚固围岩,可将普通垫片式锚杆改为大垫板涨壳式预应力中空注浆锚杆,提前施加预应力。纤维混凝土的凝固速度快、强度高,能快速封闭和加固围岩。中等岩爆洞段一般需要安设钢拱架,钢拱架规格建议适当加大。

(9)针对强烈岩爆,如监测存在高地应力情况,则可能出现强烈岩爆,常规支护措施将无法应对,必须超前处置,利用 TBM 配套的超前钻机在拱部 120°范围内施作超前钻孔,孔深 10~30m 不等,而后往孔内注射高压水释放部分地应力,或者控制爆破释放地应力,待岩体出露护盾后加强支护,必要时可安设钢管片。

4)有轨运输车辆溜车事故

(1)发生溜车事故时,当班司机及现场值班人员及时向施工作业人员预警,作业人员不得在轨行区停留,及时避让溜车车辆,避免伤人事故发生。

(2)现场人员应立即向调度或值班经理汇报,项目部根据事态情况启动相应的应急响应程序。救援人员赶赴现场制定应急处置方案、抢救受伤人员。

(3)受伤人员救出后按方案抢修设备,排除故障,恢复施工。

(4)车辆脱轨复位时,必须有专人负责指挥、协调、监护复位过程。脱轨车辆先抬一端上轨,后抬另一端复位。用撬杠使车辆复位时,应注意自身及他人安全。手握撬杠时,不能握满把,防止压挤手。无论何种情况,工作人员头部及身体其他部位严禁探入狭小空间作业。无关人员严禁在附近逗留或作业。

5)触电事故

(1)迅速断电:发现有人触电后,要迅速使触电者脱离触电状态。工作人员应拉下电闸、切断电源,或用不导电的竹、木棍将导电体与触电者分开。如果开关不在附近或临时无法准确判断开关位置,应用适当的绝缘工具将触电者与电源分开,不可直接用手和金属及潮湿的物件作为救护工具。为避免触电者脱离电源后可能的摔伤,应考虑防摔措施,使触电人脱离带电体并进行救护。在未切断电源或触电者未脱离电源时,切忌触摸触电者。

(2)事故上报:立即向项目部应急抢险领导小组汇报事故发生情况并寻求支持。

(3)现场保护:维护现场秩序,严密保护事故现场,防止发生二次触电。

(4)呼叫医院:立即拨打 120 向当地急救中心求助(医院在附近时直接送往医院),应详细说明事故地点、严重程度、本单位的联系电话,并派人到路口接应。切忌对触电者进行背、抱、抬等可能加速触电者死亡的搬运。

(5)现场急救:如果触电者处于"假死"状态,5min 内是抢救触电者的黄金时间,任何在事故现场的人员都有责任就地、迅速、正确、不间断地抢救,只有医务人员判定触电者已经死亡,才能停止抢救。抢救触电者生命的基本措施是通畅气道、心肺复苏(人工呼气和胸外按压)。通畅气道应使触电者就近平躺于地上,迅速解开其领扣、围巾、紧身衣和裤带,清除口中异物,采用仰头抬颌法通畅气道。心肺复苏需要对呼吸和心跳停止者采取就地口对口人工呼吸和心脏胸外挤压等措施,直至呼吸和心跳恢复为止,有条件时令触电者直接吸氧效果更佳。不能轻易对触电者注射肾上腺素(强心针),肾上腺素虽然有使停止跳动的心脏恢复跳动的作用,但是也可以使心脏的微弱跳动变为心室颤动,并由此导致心脏停止跳动而死亡。因此,只有经过人工呼吸和胸外心脏挤压法无效,且心电图显示心脏确已停止跳动,又备有心脏除颤装置的条件下,才可以注射肾上腺素。对于触电者所受的外伤,应根据不同情况酌情处理,对不危及生命的轻度外伤,可以在触电急救后处理;对严重的外伤,其处理工作则应与触电急救同时进行。

6）火灾事故

（1）火灾事故发生后,必须在消防应急指挥部统一领导下,根据火灾发生的规模、危害程度及火灾发生阶段,采取适宜的处置方法和策略。

（2）前期处置:火灾初期的规模不大,此时项目部要迅速组织力量,赶赴现场扑救,同时马上向指挥部报告火灾大小、势态、危害及现场扑救情况和人员物资等基本情况,根据火灾情况,及时拨打119火警电话及与电力部门、医院取得联系,做好情报信息传递工作。初始阶段要发挥工地现场人员力量对火灾及时扑救,力争将火灾事故消灭在初始阶段。

（3）中期处置:火灾中期随着事态发展,现场人员增多,要充分发挥消防应急指挥部作用。第一,接到火灾报警后,指挥部人员应迅速赶赴现场组织扑救。第二,要做好现场人员疏散和机械设备等转移工作,做好道路交通疏通工作,确保消防车和消防人员扑救顺畅及人、财、物安全转移。第三,组织消防队员、职工群众合力扑救,统一指挥、有序扑救,必要时向当地政府、派出所或附近居委会求援;对需拆除房屋、物资及时拆除,形成隔离带,以防火灾进一步蔓延。第四,提供后勤保障,对需要人员、物资、车辆等进行调配,确保火灾现场所需。

（4）后期处置:火灾扑灭后,指挥部组织人员善后处理,首先配合消防队、公安机关进行事故调查,调查分析事故原因、损失情况,其次与电力部门、当地居民等相关方面取得沟通,协商解决因火灾造成的损失。

（5）隧道内TBM火灾应急处置:

①首先发现起火的人应立即呼救报警,迅速关闭TBM电源,第一时间停止TBM各机械设备运转,在场员工均应立即协助灭火。

②因隧道内场地狭小,火灾短时间内会产生大量有毒有害气体且极易扩散,有关人员组织抢险的同时第一时间疏散无关人员。

③迅速将着火物附近的可燃、易燃物移开,并用现场的灭火器材灭火。工作人员应对高压油管或压力容器进行泄压或实施有效保护,防止火势蔓延被破坏后,高压、高温的液体、气体伤人。

④对TBM重要部位如电气设备等进行保护。应急抢险人员要佩戴防护用具（如呼吸器等）后,方可实施较长时间的现场救援。在烟雾中抢救时,工作人员应用湿手巾捂住口鼻,烟雾较大时务必佩戴防毒面具和正压式空气呼吸器。

⑤当大火凶猛无法扑灭并且火势仍在蔓延时,应立即组织人员一方面延缓火势的蔓延,另一方面在大火蔓延的前方设置隔离区(清除可燃性物质、向隔离区所有结构喷水、或隔离区内设置不可燃材料如砂、土等)。

⑥当大火区域内有人员时,应立即组织人员抢救工作,消防人员未到位时,可用水将全身淋湿,用湿布将嘴和鼻包住后冲进大火内开展抢救工作,当抢救人员感到头晕或身体不适时,应立即停止抢救工作,并撤离出大火区域休息。

⑦油类或电线失火时应用砂或石棉被等物扑灭,切勿用水扑救。衣服着火后,应立即脱离险境,就地打滚灭火或向他人求助以灭火器等方式灭火,但不能带火奔跑,这样不利于灭火,并加重呼吸道烧伤。

⑧先救人、后救物。抢救物品时应抢救账册、凭证及重要文件或贵重物品,如TBM操作手册等。当

现场人员根本无法阻止大火蔓延时,应立即组织人员撤离现场。在灭火过程中,当有消防人员进场后,项目部所有人员均服从消防人员的指挥,必须配合采取灭火。

(6)被困人员被抢救出火海时如果被救人员还有意识,应立即将其远离大火区域,身体不适者立即送往医院;当被救人员发生昏迷时,应立即用湿毛巾对其进行擦拭,同时送往医院;当被救人员休克时,应立即对其进行人工呼吸、压迫胸腔等抢救工作,同时送往医院。

第 6 章
绿色施工与文明施工

绿色施工是指 TBM 法隧道施工过程中,在保证质量、安全等基本要求的前提下,通过科学管理和技术改进,最大限度地节约资源并减少对环境负面影响的施工活动,实现四节一环保(节能、节地、节水、节材和环境保护)目标。绿色施工应符合国家的法律、法规及相关的标准规范,实现经济效益、社会效益和环境效益的统一。文明施工是指保持 TBM 隧道施工场地整洁卫生、施工组织科学、施工程序合理的一种施工活动。一个项目的文明施工水平也是该项目所属企业各项管理工作水平的综合体现。文明施工不仅要着重做好现场的场容管理工作,而且还要相应做好现场材料、设备、安全、技术、保卫、消防和生活卫生等方面的管理工作。

本章主要介绍 TBM 法隧道施工环境保护、节约物资与资源利用、节约用水、节能减排、节约土地、文明施工等方面内容,为参建人员提供参考。

6.1 环境保护

6.1.1 文物与树木保护

文物及古树是祖先留给我们的宝贵财富,也是中华民族文化传承的载体,对于研究历史上各个朝代的政治、经济、军事、文化等有着重要的意义。从国家、民族的角度来讲,保护好文物与古树可以增强民族凝聚力,提高人们的爱国热情,对于加强社会主义精神文明和物质文明建设有着重要的意义。

(1)树木保护

对于 TBM 法隧道施工必需的施工界限内外的植物、树木等尽力维持原状;砍除树木和其他经济植物时,应事先征得所有者和业主的同意,严禁超范围砍伐。当涉及古树名木时,应经主管部门审查批准,履行主管部门批准的保护方案。

(2)文物保护

TBM 法隧道施工过程中一旦发现文物,立即停止施工,保护现场通报文物部门并协助做好工作。

6.1.2 扬尘控制

减少可吸入颗粒物的空气污染对于有效控制施工扬尘污染非常重要。

(1)运送弃渣土方、垃圾、设备及建筑材料等,不污损场外道路。运输容易散落、飞扬、流漏的物料的车辆时,工作人员必须采取措施封闭严密,保证车辆清洁。

(2)针对TBM法隧道施工现场土方开挖作业,采取洒水、覆盖等措施,达到作业区目测扬尘高度小于1.5m的要求,不扩散到场区外。

(3)TBM法隧道施工现场非作业区达到目测无扬尘的要求,对现场易飞扬物质采取有效措施,如洒水、地面硬化、围挡、密网覆盖、封闭等,防止扬尘产生。

(4)TBM掘进时,刀盘前应喷水降温、降尘并开启除尘系统;带式输送机增设喷水嘴、雾化器除尘;洞外落渣点射雾炮除尘。

6.1.3 有害气体排放控制

(1)TBM设备用油要求不易挥发,且对含有害物质的材料进行复检,合格后方可使用。

(2)施工现场严禁焚烧各类废弃物。

(3)施工车辆、机械设备的尾气排放应符合国家和地方规定的排放标准。

(4)长大隧道洞口至作业面全段定期开展气体检测。

6.1.4 垃圾控制

(1)施工现场垃圾桶应分为可回收利用与不可回收利用2类,施工场地生活垃圾实行袋装化,并定期清运。

(2)有毒有害的废弃物应封闭回收,不应混放,且有毒有害废物分类率应达到100%。

(3)TBM设备上应设置可移动厕所,隧道内严禁随意大、小便。

6.1.5 光污染控制

光污染主要是因室外照明的光干扰所引起的,项目部要加强光污染危害的教育,参与监督实施绿色照明。

(1)尽量避免或减少施工过程中的光污染,施工现场大型照明灯安装要有俯射角度,要设置挡光板控制照明光的照射角度,应无直射光线射入非施工区。

(2)夜间施工使用的照明灯要采取遮光措施,透光方向集中在施工范围,减少对周围生活区的干扰。

(3)电焊作业采取遮挡措施,避免电焊弧光外泄。

6.1.6 噪声与振动控制

减少施工噪声影响应从噪声传播途径、噪声源入手,减轻噪声对施工现场及场外的影响。切断施工噪声的传播途径,可以对施工现场采取遮挡、封闭、绿化等吸声、隔声措施。从噪声源减少噪声,对机械设备采取必要的消声、隔振和减振措施,同时做好机械设备日常维护工作。施工现场场界噪声应符合规定。

(1)TBM施工组织采用两班或三班制作业,使工人每个工作日实际接触噪声的时间符合国家标准,工人日接触噪声时间标准见表7-6-1。

噪声时间标准

表 7-6-1

每个工作日接触噪声时间（h）	新建、扩建、改建企业允许噪声[dB(A)]	现有企业暂时达不到标准允许噪声[dB(A)]
8	85	90
4	88	93
2	91	96
1	94	99
最高不得超过115dB(A)		

（2）使用低噪声、低振动的机具，采取隔音与隔振措施，避免或减少施工噪声和振动。

（3）合理布置各种施工作业区和生活工作区，利用距离、隔墙使噪声大幅度自然衰减。

（4）尽量避免在夜间进行有较大噪声的施工作业，如不可避免应提前公示告知。

6.1.7 水污染与土壤污染控制

土壤和地下水的污染问题十分严重和普遍，地下水和土壤一旦遭受污染，治理和恢复非常困难。

1）水污染控制

（1）TBM施工产生的污水排放达到国家标准《污水综合排放标准》（GB 8978—1996）的要求；污水排放委托有资质的单位作废水水质检测，提供相应的污水检测报告。

（2）在施工现场针对不同来源、不同性质的污水，采取适宜的处理方式，设置相应的沉淀池、隔油池、化粪池等处理设施以及污水净化设备。如在TBM设备液压油、润滑油部位设置接油装置、在施工现场搅拌机前后、混凝土泵车及运输车辆清洗处均设置沉淀池。

（3）施工现场化学品等有毒材料、油料等物品均放置在专门的库房，地面做防渗漏处理；废弃的油料和化学溶剂交由材料部门集中处理，不得随意倾倒。

（4）生活、施工污水一般统一排放到经许可的区域或管道，经过必要的处理后排放。

2）土壤保护

（1）保护地表环境，防止土壤侵蚀、流失。因施工造成的裸土，及时覆盖砂石或种植速生草种，以减少土壤侵蚀；因施工造成发生地表径流土壤流失的情况，采取设置地表排水系统、稳定斜坡、覆盖植被等措施，减少土壤流失。

（2）保证沉淀池、隔油池、化粪池等不发生堵塞、渗漏、溢出等现象，及时清掏各类池内沉淀物。

（3）对于有毒有害废弃物如电池、墨盒、油漆、涂料等回收后交由有资质的单位处理，不能作为建筑垃圾外运，避免污染土壤和地下水。

6.2 节材与材料资源利用

6.2.1 材料选用

（1）建筑材料的选用首先遵循使用性能、施工性能、经济性等适用性原则。

（2）建筑材料的健康度往往与环保性联系在一起，材料通常对外界环境的危害也易转移到人体自身从而引发多种疾病。在材料使用时应根据材料的用途,考虑耐久性、环保性、健康度,不得图一时利益却忽略了对环境不健康的影响。

6.2.2　配置计划

根据施工进度、材料周转时间、库存情况等制定采购计划,并合理确定采购数量、进场时间和批次,避免一次性超量采购过多,造成积压或浪费。

6.2.3　材料产地

材料采购时,除查验生产资质、产品合格证书,也要查验生产企业的《企业环境保护承诺书》,必要时实地考察。

6.2.4　堆放存储

现场材料堆放有序,存储环境适宜,措施得当;保管制度健全,责任落实到位。

6.2.5　周转材料保养维护

采取技术和管理措施提高模板、脚手架、供排水管路、钢轨及扣件等的周转次数,使用过程中规范操作、加强保护、减少损毁;拆后及时清理,合理防护;做到材料运输工具适宜,装卸方法得当,防止损坏和遗散;材料存储期间正确支垫、遮盖和保养,防止风吹、日晒、雨淋、水浸。

6.2.6　限额领料

实行材料调拨制度,奖励节约、处罚浪费;小型材料依照施工预算,实行限额领料。

6.2.7　回收利用

对于工程中的周转性材料加强管理,提高利用次数;对于工地的物资、设备加强管理,加强日常维护保养,通过技术革新、修旧利废,减少报废的数量。

6.2.8　既有设施利用

对于新上工程,要充分依据现场条件统筹规划,合理布置,做到现有设施、自然环境的充分利用,做到尽量少挖、少建,做到人与自然的和谐、统一。

6.3　节水与水资源利用

6.3.1　用水指标与计量管理

施工现场分别对生活用水与工程用水确定用水定额指标,并计量管理。混凝土拌和站等用水集中的区域和工艺点进行专项计量考核。TBM冷却用水采用闭式循环系统,严禁使用开式系统。破岩及环境降尘用水应充分雾化,减少耗水量。施工现场车辆冲洗、喷洒路面、绿化浇灌等尽量使用处理合格后的施工废水,少用或不使用清水。现场搅拌用水、养护用水采取有效的节水措施,严禁无措施浇水养护混凝土。

6.3.2 管路设计与防渗漏

施工现场洞内外供水管网根据用水量设计布置,管径合理、管路简捷,安排专人检查供水管网和用水器具的漏损情况,及时采取必要的措施,有效降低供水管网漏损,确保供水系统的稳定运行。

6.3.3 节水器具

施工现场生产、生活用水必须使用节水型器具,施工现场用水器具必须符合《节水型生活用水器具》(CJ/T 164—2014)标准中的规定及《节水型产品通用技术条件》(GB/T 18870—2011)的要求。

6.3.4 非传统水回收利用

施工废水综合利用过程中,应制定有效的水质检测与卫生保障措施,避免对人体健康、工程质量以及周围环境产生不良影响。

6.3.5 地下水资源保护

TBM 法隧道施工时,安排专人观察和记录地下、地表水位,发现水位突然变化时,及时向施工部门反映并查明原因,如因施工引起则立即采取适宜措施,保护水资源。

6.4 节能与能源利用

6.4.1 节能措施

(1)施工前对所有参建人员开展节能教育,树立节约能源的意识,养成良好的习惯。
(2)制定合理施工能耗指标,提高施工能源利用率。
(3)设立能耗监督小组,负责过程监督,奖优惩劣,发现浪费立即制止并予以处罚。

6.4.2 施工用电及照明

TBM 设备高压供电接入时应充分考虑施工长度,确保接入电缆过电截面积经济合理,220V 或 380V 单相用电设备接入 220V 或 380V 三相系统时,宜使三相平衡。

照明器具选用节能型器具,电路合理设计布置。

6.4.3 可再生能源

可再生能源是指自然界中可以不断利用、循环再生的一种能源,例如太阳能、风能、水能、生物质能、海洋能、潮汐能、地热能等。

施工现场应因地制宜,尽可能利用可再生能源。如西北等光照充足地区可以利用太阳能作夜间路灯照明、加热沐浴水等。

6.4.4 能耗计量

TBM 法隧道施工现场分别设定生产、生活、办公和施工设备的用电控制指标并计量,定期核算、对比分析,适时采取预防与纠正措施。

6.4.5 机械设备管理

加强机械设备管理,杜绝机械事故的发生,充分发挥现有设备的优势,确保设备正常运行和有效的使用。

(1)建立 TBM 及其施工配套设备管理制度,开展用电、用油计量,完善设备档案,及时做好维修保养工作,使机械设备保持低耗、高效的状态。

(2)选择功率与负载相匹配的 TBM 及其他施工机械设备,避免大功率施工机械设备长时间低负载运行。机电安装可采用节电型机械设备,如逆变式电焊机和能耗低、效率高的手持电动工具等,以利节电。机械设备宜使用节能型油料添加剂,在可能的情况下考虑回收利用,节约油量。

(3)合理安排工序,提高 TBM 等设备的使用率和满载率,降低各种设备的单位耗能。

(4)优先使用国家、行业推荐的节能、高效、环保的设备和机具,如变频驱动技术的设备等。

6.5 节地与土地资源利用

6.5.1 场地规划与布置

TBM 项目上场即要根据批准的占地面积合理规划,根据工程规模及现场条件确定现场临时设施(机修库、备件库等)规模,明确占地指标;现场总平面布置做到科学、合理、紧凑,在满足安全文明施工要求的前提下尽量减少占地面积、尽量利用荒废土地。施工过程按照各阶段情况实施动态管理,绘制分阶段施工平面布置图,做到现场规范整洁、道路畅通。

6.5.2 临时用地

临时用地是指工程建设施工和地质勘察需要临时使用、在施工或者勘察完毕后不再需要使用的国有或者集体所有的土地,包括临时建筑或其他设施而使用的土地。

(1)优化深基坑施工方案,减少土方开挖和回填量,最大限度地减少对土地的扰动,保护周边自然生态环境。

(2)临时占地宜使用荒地、废地,不占用、少占用农田和耕地。工程完工后,及时对占地恢复原地形、地貌,使施工活动对周边环境的影响降至最低。

(3)利用和保护施工用地范围内原有植被和建筑。对于施工周期较长的现场,可按建筑永久绿化的要求,安排场地新建绿化。

6.5.3 土方开挖

土方开挖施工应减少土方开挖量,最大限度地减少对土地的扰动,保护周边自然生态环境。

6.6 文明施工

6.6.1 文明施工保证体系

TBM项目开工之初,组建由项目经理任组长的文明施工领导小组和组织机构,建立文明施工保证体系,如图7-6-1所示。

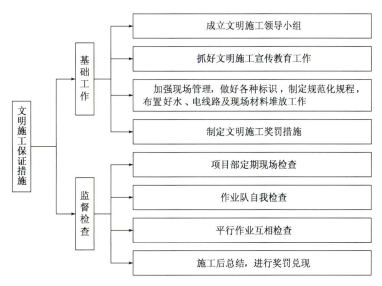

图7-6-1 文明施工保证体系框图

6.6.2 场容场貌管理

(1)充分结合TBM法隧道施工特点和特色,统筹规划场地布置,突出企业文化和TBM特色。
(2)施行封闭管理,施工区、办公生活区均设置围栏,门口设置门卫。
(3)施行责任制挂牌管理,施工区、办公生活区划定文明施工责任区,挂牌并公示责任人。
(4)施行标准化管理,结合企业相关管理要求、TBM品牌建设,建立健全文明施工标准和规范。
(5)建立检查评比制度,施工区、办公生活区均定期检查、不定期抽查。
(6)建立企业文化展示,规范七牌一图等展示内容,并结合项目特点适度调整,凸显TBM元素。
(7)施工区、办公生活区、施工便道等位置,规范设置标牌标语,既展示企业形象、宣传工程,又提供工程必要信息,更主要的是时刻提醒全体员工注意安全生产、文明施工,如设置标准的道路信号、报警信号、危险信号、控制信号、指示信号、设备铭牌及维修巡检标识牌等。派专人负责检查,发现损坏后及时修复。
(8)环境整洁,干净卫生,分门别类,各归其位,污水不外溢,垃圾不乱放,定期消杀,预防疾病。

6.6.3 材料设备管理

(1)保持施工现场整洁,保证材料堆放区域与建筑物之间的空间关系布置合理,避免因不规范的堆放而影响原材料的质量受损或失效,消除安全隐患。
(2)按照施工现场平面布置图划定的位置堆放成品、半成品及原材料,做到图物相符。

(3)材料堆码高度适宜,不可过高,防止倒塌。
(4)TBM备品备件库房内所有材料堆放整齐,并悬挂名称、品种、规格等标牌。
(5)材料存放采取防火、防锈蚀、防雨措施;洞内工作区域内材料、器具要堆放整齐,采取防锈蚀、防潮措施。
(6)对成品进行严格的保护措施,严禁污染、损坏成品。
(7)设备存放场地平整、坚实,设备分类停靠整齐、擦拭干净、妥善保养,这是文明施工的需要,更是保持设备良好状态的需要。

6.6.4 办公生活区管理

(1)办公生活设施是满足日常办公生活需要的基础设施,为杜绝安全隐患,办公生活设施必须符合安全规范。
(2)宿舍、办公用房防火等级符合有关消防安全技术规范要求,若使用彩钢房宜符合A级阻燃要求,必要时采用砖房或砖混结构房屋;屋顶用防火材料覆盖,做到稳固、安全、清洁,并满足消防要求。
(3)施工区、材料设备存放区与办公生活区应隔离布置。
(4)办公室、食堂、厕所、浴室等设施搭建标准、要求符合相关规定,人均住房面积 $5m^2$ 左右,并进行适当分隔。
(5)生产、生活用房具备良好的防潮、通风、采光、隔热保温等措施,设有盥洗室。夏季有防暑降温和防蚊措施,冬季宿舍内有采暖和防一氧化碳中毒措施(限北方地区)。
(6)施工现场设立医疗点,或者与当地邻近的具有相应能力的医疗机构建立合作关系。
(7)办公生活区用电线路严格按临时用电设计架设,严禁任意拉线接电,严禁宿舍内使用电炉和明火烧煮食物。

6.6.5 卫生管理

(1)施工生产区、办公生活区室内外均保持整洁、卫生、有序,无污水、无污染,垃圾集中存放、及时清理、合理处置。
(2)建立卫生检查评比制度,为职工健康保驾护航。
(3)食堂设专人管理,所有从业人员必须取得从业资格证、健康证,严格执行《中华人民共和国食品卫生法》等相关法规、制度。
(4)施工现场设茶水供应点,炉具茶具随时消毒。
(5)厕所、盥洗室、浴室要合理配置,有条件时专人保洁,或者轮班保洁,确保卫生。
(6)水污染、大气污染、噪声污染控制参见相关章节。

6.6.6 消防管理

(1)加强消防安全管理,预防火灾,减少火灾危害。
(2)施工现场建立消防管理制度,建立消防领导小组,落实消防责任制和责任人员,做到思想重视、措施跟上、管理到位。
(3)定期对施工现场有关人员进行消防教育,落实消防措施。
(4)现场必须有消防平面布置图,临时设施按消防条例有关规定搭设,做到标准、规范。

(5) TBM 设备供电所等防火重点部位要按规定设置灭火器和消防沙箱,并有专人负责,对违反消防条例的有关人员进行严肃处理。

(6) 现场必须办理动火审批手续或指定动火监护人员。

6.6.7 综合管理措施

(1) 建立保卫机构,统一领导治安保卫工作。

(2) 施工生产区、办公生活区、隧道洞口设门卫和(或)自动识别闸门,严格执行出入制度。全体员工需佩戴胸卡或者具有类似身份识别功能的配饰,非本工程人员进入场区时需经相关人员批准、通知门卫后放行,并且要有专人接待。

(3) 全体员工不得酗酒,严禁酒后进入施工现场。

(4) 不得携带违禁品进入施工生产区、办公生活区。

(5) 严格材料设备进出场管理。

(6) 经常开展防火、防汛、防盗、防爆等安保安全检查,排查隐患,及时采取措施,堵塞漏洞。

(7) 遵守当地政府、公安部门的相关管理规定。

(8) 尽量减少对周边其他生产生活的影响,加强与当地政府、公安、社区、居民的协调。

本篇参考文献

[1] 中华人民共和国铁道部.铁路隧道全断面岩石掘进机法技术指南:铁建设[2007]106 号[S].北京:中国铁道出版社,2007.

[2] 中国机械工业联合会.全断面隧道掘进机 术语和商业规格:GB/T 34354—2017[S].北京:中国标准出版社,2017.

[3] 邓勇,齐梦学.硬岩掘进机施工技术及工程实践[M].天津:天津大学出版社,2010.

[4] 蔡大为.引红济石引水隧洞软岩变形特征及 TBM 施工控制[J].陕西水利,2017(01):39-41.

[5] 王梦恕.中国盾构和掘进机隧道技术现状、存在的问题及发展思路[J].隧道建设,2014,34(3):179-187.

[6] 齐梦学.TB880E 型掘进机施工速度分析[J].建设机械技术与管理,2005(09):79-83.

[7] 中华人民共和国水利部.水利工程概预算补充定额(掘进机施工隧洞工程)[M].郑州:黄河水利出版社,2007.

[8] 齐梦学,周雁领.TBM 隧道施工 SPS(持续、均衡、快速)作业法研究及应用[J].隧道建设(中英文),2018,38(11):1860-1867.

[9] 齐梦学,王雁军,李宏亮.敞开式掘进机全面整修技术研究与应用[J].现代隧道技术,2009,46(4):64-70.

[10] 郭京波,周罘鑫,刘进志.全断面隧道掘进机再制造技术现状及发展[J].工程机械,2015,46(11):48-53+8.

[11] 齐梦学.再制造 TBM 在我国应用初探[J].国防交通工程与技术,2011,9(4):5-8+53.

[12] 曲长海,吴根生.TBM 维修改造可行性论证及思考[J].东北水利水电,2014,32(3):5-6+23+71.

[13] 康宝生.绿色环保经济发展与隧道掘进机再制造探析[J].隧道建设,2013,33(4):259-265.

[14] 杨庆辉,周雁领,齐梦学,等.再制造 TBM 应用及质量控制措施探讨[J].国防交通工程与技术,2015,13(2):1-5.

[15] 孙海波.敞开式 TBM 再制造关键技术与实践[J].建筑机械化,2017,38(12):41-46.

[16] 中国机械工业联合会.全断面隧道掘进机 敞开式岩石隧道掘进机:GB/T 34652—2017[S].北京:中国标准出版社,2017.

[17] 中华人民共和国水利部.水利水电地下工程施工组织设计规范:SL 642—2013[S].北京:中国水

利水电出版社,2013.

[18] 中华人民共和国住房和城乡建设部.建设工程监理规范:GB/T 50319—2013[S].北京:中国建筑工业出版社,2013.

[19] 国家能源局.水工建筑物水泥灌浆施工技术规范:DL/T 5148—2021[S].北京:中国电力出版社,2021.

[20] 中华人民共和国水利部.水利水电工程锚喷支护技术规范:SL 377—2007[S].北京:中国水利水电出版社,2008.

[21] 中华人民共和国水利部.水工建筑物地下开挖工程施工规范:SL 378—2007[S].北京:中国水利水电出版社,2008.

[22] 国家铁路局.铁路工程结构混凝土强度检测规程:TB 10426—2019[S].北京:中国铁道出版社,2019.

[23] 中华人民共和国水利部.水利水电工程施工组织设计规范:SL 303—2017[S].北京:中国水利水电出版社,2017.

[24] 国家铁路局.铁路瓦斯隧道技术规范:TB 10120—2019[S].北京:中国铁道出版社,2019.

[25] 国家铁路局.铁路工程地质勘察规范:TB 10012—2019[S].北京:中国铁道出版社,2019.

[26] 国家铁路局.铁路工程岩土分类标准:TB 10077—2019[S].北京:中国铁道出版社,2019.

[27] 中华人民共和国住房和城乡建设部,国家市场监督管理总局.地下铁道工程施工质量验收标准:GB/T 50299—2018[S].北京:中国建筑工业出版社,2018.

[28] 中华人民共和国水利部.水利水电工程施工测量规范:SL 52—2015[S].北京:中国水利水电出版社,2015.

[29] 中华人民共和国水利部.水工隧洞设计规范:SL 279—2016[S].北京:中国水利水电出版社,2016.

APPENDIX
附录

附录一　国内(大陆地区)TBM 工程统计表

附录二　敞开式 TBM 主要技术参数表

附录三　单护盾 TBM 主要技术参数表

附录四　双护盾 TBM 主要技术参数表